清通志堂本周易本義

第一册

元 胡一桂 撰

山東省圖書館藏清康熙間刻《通志堂經解》本

山東人民出版社·濟南

圖書在版編目（CIP）數據

清通志堂本周易本義 /（元）胡一桂撰 .— 濟南：山東人民出版社，2024.3
（儒典）
ISBN 978-7-209-14320-2

Ⅰ．①清… Ⅱ．①胡… Ⅲ．①《周易》- 注釋 Ⅳ．① B221.2

中國國家版本館 CIP 數據核字（2024）第 036788 號

項目統籌：胡長青
責任編輯：張艷艷
裝幀設計：武　斌
項目完成：文化藝術編輯室

清通志堂本周易本義
〔元〕胡一桂撰

主管單位　山東出版傳媒股份有限公司
出版發行　山東人民出版社
出 版 人　胡長青
社　　址　濟南市市中區舜耕路517號
郵　　編　250003
電　　話　總編室（0531）82098914
　　　　　市場部（0531）82098027
網　　址　http://www.sd-book.com.cn
印　　裝　山東華立印務有限公司
經　　銷　新華書店

規　　格　16開（160mm×240mm）
印　　張　28
字　　數　224千字
版　　次　2024年3月第1版
印　　次　2024年3月第1次
ISBN 978-7-209-14320-2
定　　價　68.00圓（全二册）
　　　　　如有印裝質量問題，請與出版社總編室聯繫調換。

#《儒典》選刊工作團隊

學術顧問　杜澤遜　李振聚　徐　泳
項目統籌　胡長青
責任編輯　劉　晨　劉嬌嬌　張艷艷
　　　　　吕士遠　趙　菲　劉一星

前言

中國是一個文明古國、文化大國，中華文化源遠流長，博大精深。在中國歷史上影響較大的是孔子創立的儒家思想，因此整理儒家經典、注解儒家經典，爲儒家經典的現代化闡釋提供权威、典范、精粹的典籍文本，是推進中華優秀傳統文化創造性轉化、創新性發展的奠基性工作和重要任務。

中國經學史是中國學術史的核心，歷史上創造的文本方面和經解方面的輝煌成果，大量失傳了。西漢是經學的第一個興盛期，除了當時非主流的《詩經》毛傳以外，其他經師的注釋後來全部失傳了。東漢的經解衹有鄭玄、何休等少數人的著作留存下來，其餘也大都失傳了。南北朝至隋朝興盛的義疏之學，其成果僅有皇侃《論語疏》幸存於日本。五代時期精心校刻的《九經》、北宋時期國子監重刻的《九經》以及校刻的單疏本，也全部失傳。南宋國子監刻的單疏本，我國僅存《周易正義》、《爾雅疏》、《春秋公羊疏》（三十卷殘存七卷）、《春秋穀梁疏》（十二卷殘存七卷），日本保存了《尚書正義》、《毛詩正義》、《禮記正義》（七十卷殘存八卷）、《周禮疏》（日本傳抄本）、《春秋公羊疏》（日本傳抄本）、《春秋正義》（日本傳抄本）。南宋兩浙東路茶鹽司刻八行本，我國保存下來的有《周禮疏》、《禮記正義》、《春秋左傳正義》（紹興府刻）、《論語注疏解經》（二十卷殘存十卷）、《孟子注疏解經》（存臺北『故宮』），日本保存有《周易注疏》《尚書正義》（凡兩部，其中一部被清楊守敬購歸）。南宋福建刻十行本，我國僅存《春秋穀梁注疏》、《春秋左傳注疏》（六十卷，一半在大陸，一半在臺灣），日本保存有《毛詩注疏》《春秋左傳注疏》。從這些情況可以看出，經書代表性的早期注釋和早期版本國内失傳嚴重，有的僅保存在東鄰日本。

鑒於這樣的現實，一百多年來我國學術界、出版界努力搜集影印了多種珍貴版本，但是在系統性、全面性和準確性方面都還存在一定的差距。例如唐代開成石經共十二部經典，石碑在明代嘉靖年間地震中受到損害，明代萬曆初年西安府學等學校師生曾把損失的文字補刻在另外的小石上，立於唐碑之旁。近年影印出版唐石經拓本多次，都是以唐代石刻與明代補刻割裂配補的裱本爲底本。由於明代補刻采用的是唐碑的字形，這種配補本難以區分唐刻與明代補刻，不便使用，亟需單獨影印唐碑拓本。

爲把幸存於世的、具有代表性的早期經解成果以及早期經典文本收集起來，系統地影印出版，我們規劃了《儒典》編纂出版項目。

《儒典》出版後受到文化學術界廣泛關注和好評，爲了滿足廣大讀者的需求，現陸續出版平裝單行本。共收録一百十一種元典，共計三百九十七册，收録底本大體可分爲八個系列：經注本（以開成石經、宋刊本爲主。開成石經僅有經文，無注，但它是用經注本删去注文形成的）、經注附釋文本、纂圖互注本、單疏本、八行本、十行本、宋元人經注系列、明清人經注系列。

《儒典》是王志民、杜澤遜先生主編的。本次出版單行本，特請杜澤遜、李振聚、徐泳先生幫助酌定選目。特此説明。

二〇二四年二月二十八日

目録

第一册

第二册

胡一桂易本義附録纂註啓蒙翼傳合序

考亭之學一再傳後惟新安尤盛父兄師友各自名家若玉齋雙湖父子其最著也雙湖名一桂字庭芳領宋景定甲子鄉薦入元隱居著書以闡爲文公講學之地過其鄉訪求緒論復從建安熊禾勿軒游與之上下講議者十餘年歸則裒集諸家之說疏朱子之言爲易本義附録纂疏及啓蒙翼傳二書論者謂其得朱子源委之正勿軒嘗謂之曰更得詩書春秋周禮儀禮一如易書以復六經之舊豈非文公所望於吾輩者乎惜先生僅成此二書及書說詩傳附録纂疏而他書竟未及爲也嘗觀漢人經學各有師法

此韋表微有九經師授譜劉餗有授經圖李燾亦有五經傳授著其流派咸有條理近代經學至朱子而得其歸若節齋蔡氏槃澗董氏之於易九峯蔡氏之於書傳貽輔氏之於詩清江張氏之於春秋勉齋黃氏信齋楊氏之於禮皆朱子嫡嗣也再傳而後懷孟金華新安鄱陽其傳益著其派益廣茍能爲之稽其授受別其源流使後之學者知淵源之有自豈不爲明經者之一助乎今世通經學古之士必有繼而爲之者尤予所望也

康熙丁巳陽月納蘭成德容若序

周易上經第一

朱子本義

新安後學胡一桂附錄纂註

周代名也易書名也其卦本伏羲所畫有交易變易之義故謂之易其辭則文王周公所繫故繫之周以其簡帙重大故分爲上下兩篇經則伏羲之畫文王周公之辭也并孔子所作之傳十篇凡十二篇中間頗爲諸儒所亂近世晁氏始正其失而未能盡合古文呂氏又更定著爲經二卷傳十卷乃復孔氏之舊云

附錄 問伏羲始畫八卦其六十四者文王後來重之耶抑伏羲已自畫了耶看先天圖則有八卦便有六十四卦伏羲已有六畫矣如何曰周禮三易經卦皆八其別皆六十有四便見不是文王重又曰伏羲已上但有此六畫而无文字可傳到得文王周公乃繫之以辭銖問交易變易如何曰陰陽有箇流行底有箇定位底一動一靜互爲其根便是流行底寒往暑來是也分陰分陽兩儀立焉便是定位底天地上下四方是也易有兩義一是變易便是流行底一是交易便是對待底義剛又曰變易如陰變而陽陽變而陰老陰變少陽老陽變少陰之類正是筮占之法交易如陽交於陰陰交於陽之類卦圖上謂天地定位山澤通氣雷風相薄水火不相射八卦相錯是也煇彖辭文王作爻辭周公作皆先儒從來恁地說且得依他謂爻辭爲周公作者爻辭中多說文王不應是文王自說也銖古文

周易經傳十二篇東萊呂氏所定某嘗以爲易經本爲卜筮而作皆因吉凶以示訓戒故其言雖約而所包甚廣夫子作傳亦畧舉其一端以見凡例而已然自諸儒分經合傳之後學者便文取義往往未及玩心全經遽執傳之一端以爲定說於是一卦一爻僅爲一事而易之爲用反有所局而無以通乎天下之故若是者某蓋病之是以三復伯恭之書而有發焉非特爲其章句之近古而已也書漳州所刊古易後

【纂註】孔氏曰卦者掛也言懸掛物象以示人也蔡氏曰卦者事物之質也原事物之始要事物之終以爲質也爻者效也效事物之時而動也

䷀ 乾下乾上

乾元亨利貞 六畫者伏羲所畫之卦也⚊者奇也陽之數也乾者健也陽之性也本註乾字三畫卦之名也下者內卦也上者外卦也經文乾字六畫卦之名也伏羲仰觀俯察見陰陽有奇偶之數故畫一奇以象陽畫一偶以象陰見一陰一陽有各生一陰一陽之象故自下而上再倍而三以成八卦見陽之性健而其成形之大者爲天故三畫之卦名之曰乾而擬之於天也三畫已具八卦已成則又三倍其畫以成六畫而爲八卦之上各加八卦以成六十四卦也此卦六畫皆奇上下皆乾則陽之純而健之至也故乾之名天之象皆不易焉元亨利貞文王所繫之辭以斷一卦之吉凶所謂彖辭者也元大也亨通也利宜也貞正而固也文王以爲乾道大通而至正故於筮得此卦而六爻皆不變者言其占當得大通而必利在正固然後可以保其終也此聖人所以作易教人卜筮而可以開物成務之精意餘卦放此

【附錄】問陽⚊陰⚋如何曰乾一而實坤二而虛乾只

是一箇物事充實偏滿天之包内皆天之氣坤便有開闔人傑天自是一地自是二凡物皆然蓋天之形雖包乎地之外而其氣實透乎地之中地雖是一塊物事在天之中實虛容得天許多氣乾靜專動直大生都是一底意思大而无間斷故曰大生坤則靜翕動闢便是兩箇物事其翕也兩箇之聚其闢也兩箇之開這中間便容得天之氣所以說廣生又曰陰自是虧不可盈[redacted]兩箇方做得一箇渾天地間无非一陰一陽之理有理則有象有象則數便在其間蓋所謂數者秖是氣之分限節度處得陽必奇得陰必偶凡物皆然故聖人以之畫卦也銖天之性情則是一箇健健故不息使天有一時息地須落下去緣他運轉周流无一時息故局得地在中間今只於地信得他是斷然不息[redacted]卦辭未見取象之意其成形之大者爲天及擬之於天二句恐當於大傳言之下文天之象不易之句亦然坤放此曰纔設此卦時便有此象了故於此預言之後面卦辭中亦有兼象說者不得不預言也道夫乾坤只是卦名乾只是箇健坤只是箇順純是陽所以健純是陰所以順至健爲天至順爲地所以後來取象乾便是天坤便是地淵問六十四卦名曰卦之未畫也因觀天地自然之法象而畫及既畫也一卦自有一卦之象象謂有箇形似也故聖人即其象而命之名以爻之進退言則如剝復之類以形之肖似言則如井鼎之類問不知是伏羲名抑文王所立曰不可考銖問卦下之辭爲彖辭何也曰此只是彖辭孔子曰知者觀其彖辭則思過半矣彖斷也陸氏音中語所謂彖之經也大哉乾元以下孔子釋經之辭亦謂之彖所謂彖之傳也同上正字不能盡貞之義須用連正固說其義方全正字也有固字意但不分明終是欠闕正如孟子所謂知斯二者弗去是也知斯是正意弗去是固意道夫易中多言貞如利貞貞吉利永貞之類皆是要人守貞時舉或謂又有所謂不可貞者如何曰也是這

纂註　程子曰乾天也天者天之形體乾者天之性情乾健也健而無息之謂乾夫天專言之則道也天且弗違是也分而言之則以形體謂之天以主宰謂之帝以功用謂之鬼神以妙用謂之神以性情謂之乾意思只是不可以爲貞而固守之道夫

初九潛龍勿用

初九者卦下陽爻之名凡畫卦者自下而上故以下爻爲初陽數九爲老七爲少老變而少不變故謂陽爻爲九潛龍勿用周公所繫之辭以斷一爻之吉凶所謂爻辭者也潛藏也龍陽物也初陽在下未可施用故其象爲潛龍其占曰勿用凡遇乾而此爻變者當觀此象而玩其占也餘爻放此

附録　七八九六所以爲陰陽之老少者其説本於圖書定於四象其歸奇之數亦因揲而得之耳以圖書論之虛中爲太極奇偶各二十爲兩儀而爲四象者圖之一合六二合七三合八四合九書之一含九二含八三含七四含六以畫卦言之自太極生兩儀一爲陽二爲陰陽之上生一陽謂之太陽生一陰謂之少陰陰之上生一陽謂之少陽生一陰謂之太陰四象既立太陽居一而含九少陰居二而含八少陽居三而含七太陰居四而含六以揲蓍論之參天兩地而倚數奇陽體圓其法徑一圍三而用其全故少之數三偶陰體方其法徑一圍四而用其半故多之數二歸奇積三三爲九則其過揲者四九而爲三十六矣歸奇積三二爲六則其過揲者四六而爲二十四矣歸奇積兩三一二而爲八則其過揲者四八而爲三十二矣歸奇積一三兩二而爲七則其過揲者四七而爲二十八矣又曰七八九六[illegible]以流行經緯乎陰陽之間而別其老少以辨其[illegible]或專以一三五爲九二四爲六則雖合於積數之九六至下七八則有不可得而通者矣蓍卦考誤曰陽進陰退者九六爲老七八爲少然陽極於九則退八而爲陰陰極於六則進七而爲陽凡占所以用九六而不

用七八蓋取其變也答方[redacted]潛龍勿用是自家未當出之時須韜晦方始无咎若於此而不能韜晦必須有咎賀孫易如一箇鏡相似看甚物來都能照得如所謂潛龍只是有箇潛龍之象自天子至於庶人看甚人來都使得孔子說龍德而隱不易乎世以下便就事上指說了然會看底會得卦爻本意却不妨當此時居此位作此人也須知得他是假托說是包含說假托說不惹着那事包含說是說箇象在箇裏而无所不包也銖又曰初九潛龍勿用只是取象戒占者之辭解者遂去上面生義理以初九當潛龍勿用初九是箇甚麽如何會勿用試討箇人來看倜【纂註】程子曰理无形也故假象以顯義乾以龍爲象龍之爲物靈變不測故以象乾道變化陽氣消息聖人進退初九在一卦之下爲始物之端陽氣方萌聖人側微若龍之潛隱未可自用當養晦以俟時蔡氏曰初位也九爻也初二三四五上爲位之陰陽九六爲爻之陰陽又曰氣消息自下而上故畫卦自下始又曰潛象初龍象九

九二見龍在田利見大人二謂自下而上第二爻也後放此九二剛健中正出潛離隱澤及於物物所利見故其象爲見龍在田其占爲利見大人九二雖未得位而大人之德已著常人不足以當之故值此爻之變者但爲利見此人而已蓋亦謂在下之大人也此以爻與占者相爲主賓自爲一例若有見龍之德則爲利見九五在上之大人矣【附錄】見龍在田利見大人有德者亦謂之大人言人若尋師若要見好人時占得此爻則吉義剛其他爻象占者當之唯九二見龍人當不得所以只得把爻做主占者做客淵【纂註】程子曰田地上也出見地上其德已著以聖人言之舜之佃漁時也利見大德之君以行其道君亦利見大德之臣以共成其功天下利見大德之人以被其澤

九三君子終日

乾乾夕惕若厲无咎

九陽爻三陽位重剛不中居下之上乃危地也然性體剛健有能乾乾惕厲之象故其占如此君子指占者而言言能憂懼如是則雖處危地而无咎也

附錄 九三此爻才剛位危須着乾乾夕惕若厲方可无咎若九二則以剛居中位易處了故凡剛而處危疑之地皆當乾乾夕惕若厲則无咎也此爻大意只是如此祖道厲无咎是一句它後面有此剣如頻復厲无咎是也厲多是陽爻說淵无咎是上不至於吉下不至于凶正恰好處輝易之爲書廣大悉備人皆可得而用初无聖凡之别以某觀之毋問聖人與凡庶但當此時便當恁地若止以舜當之九三君德已著爲危疑之地則千百年間只有箇舜禹用得也淵問九三不言象何也曰九三陽剛不中居下之上有強力勞苦之象不可言龍故特指言乾乾惕若而已言有乾乾惕厲之象也德明九三不言象亦不可曉若說龍時這亦[redacted]早處他所以說君子乾乾夕惕只此意淵

纂註 蔡氏曰乾乾行事不息也下乾終而上乾繼之故曰乾乾○愚謂乾爻皆言龍獨三不言龍蓋初二爲地地則龍之下位五上爲天天則龍之上位三四爲人人位則非龍之所據三乃人道之首故繫之君子而以德言四將離乎人位故可以躍言矣況六爻不言乾而三獨言乾乾蓋乾乃陽之性龍特陽之象不言其象而兩言其性謂之非龍可乎

九四或躍在淵无咎

或者疑而未定之辭躍者无所緣而絕於地特未飛耳淵者上空下洞深昧不測之所龍之在是若下於田或躍而起則向乎天矣九陽四陰居上之下改革之際進退未定之時也故其象如此其占能隨時進退則无咎也

附錄 田是平所在縱有水亦淺淵是深處不可測躍得便上天去不得依舊在淵裏皆不可測不似九二安穩此時進退不得皆不出我

只聽天時了銖或問胡安定將乾九四爲儲君不知可否曰看易不可恁地易只是古人卜筮之書如五雖主君位而言然亦有不可專主君位言者天下事有那一箇道理自然是有若只將九四爲儲位說則古人未立太子者不成虛却此一爻如一爻只主一事則易三百八十四爻乃止三百八十四件事邪去僞

纂註 程子曰舜之歷試時也

九五飛龍在天利見大人 剛健中正以居尊位如以聖人之德居聖人之位故其象如此而占法與九二同特所利見者在上之大人爾若有其位則爲利見九二在下之大人也

附録 大祖一日問王昭素曰九五飛龍在天利見大人常人何可占得此卦昭素曰何害若臣等占得則陛下是飛龍在天臣等利見大人是利見陛下也說得最好銖通論二五兩爻 此兩爻當以所占之人之德觀之若已是有九二之德占得九二爻則爲利見九五大德之君若常人无九二之德占得此則只爲利見九二之大人爾已爲九五之君而有九五之德占得九五爻則爲利見九二大德之臣若九二之人占得之則爲利見此九五大德之人各隨所占之人以爻與占者相爲主賓也銖兩箇利見大人向來人都說不通不知易本是卜筮之書天子自有天子利見大人處大臣自有大臣利見大人處君臣自有君臣利見大人處士庶人自有士庶人利見大人處當時何曾有甚麽人對甚麽人說賀孫

纂註 [redacted]氏曰聖人既得天位則利見在下大德之人與共成天下之事天下同利見大德之君也

上九亢龍有悔 上者最上一爻之名亢者過於上而不能下之意也陽極於上動必有悔故其象占如此

附録 上九云亢龍有悔若占得此爻必須以亢滿爲戒如這般爻最是易之大義易之爲書大抵於盛滿時致戒蓋陽氣正長必有消退之漸自是

理勢如此又云當盛極之時便須慮其亢如當堯之時須交付與舜否則堯之後天下事未可知又云康節所以見得透看他說話多以盛滿爲戒如云只喜成徵醺不喜成酩酊又云康節多於消長之交看賀孫

【纂註】程子曰九五者位之極中正者得時之極過此則亢矣上九至於亢極故有悔也有過則有悔惟聖人知進退存亡而无過則不至於悔也

徐氏曰堯老而舜攝極則變變則通此无悔之道也

用九見羣龍无首吉

用九言凡筮得陽爻者皆用九而不用七蓋諸卦百九十二陽爻之通例也以此卦純陽而居首故於此發之而聖人因繫之辭使遇此卦而六爻皆變者即此占之蓋六陽皆變剛而能柔吉之道也故爲羣龍无首之象而其占爲如是則吉也春秋傳曰乾之坤曰見羣龍无首吉蓋即純坤卦辭牝馬之貞先迷後得東北喪朋之意

【附錄】用九不用七且如得純乾卦皆七數這却是不變底未當得九未在這裏面所以只占上面彖辭用九蓋是說變淵 凡說文字須有情理用九當如歐公說方有情理蓋爲是卜筮言所以須着有用九用六銖 看來當以見羣龍无首爲句蓋六陽已盛如羣龍然龍之剛猛尤在首故見其无首則吉大意只是要剛而能柔自人君至士庶皆須如此若說爲天下先便只人主方用得以下更使不得恐不如此砥 伯豐問如何便是先迷後得東北喪朋之意曰只是无首所以言牝馬之貞砥

【纂註】蔡氏曰羣龍六龍也六爻皆老陽則變而之坤矣首先也坤先迷故不可爲首

䷁ 坤下坤上

坤元亨利牝馬之貞君子有攸往先迷後得

主利西南得朋東北喪朋安貞吉一者偶也陰之數也坤者順也陰之性也註中者三畫卦之名也經中者六畫卦之名也陰之成形莫大於地此卦三畫皆偶故名坤而象地重之又得坤焉則是陰之純順之至故其名與象皆不易也牝馬順而健行者陽先陰後陽主義陰主利西南陰方東北陽方安順之爲也貞健之守也遇此卦者其占爲大亨而利以順健爲貞如有所往則先迷後得而主於利往西南則得朋往東北則喪朋大抵能安於正則吉也

附錄

坤卦利牝馬之貞不可將利字自作一句後云主利却當如此絕句必大問牝馬取其柔順行健之象坤順而言健何也曰守得這柔順亦堅確故有健象柔順而不堅確則不足以配乾矣銖君子有攸往何也曰此是虛句意在下句伊川解云君子所行柔順而利且貞恐非也蓋言君子有所往先迷後得主利也銖大槩是陰減陽一半就前後言没了前一截就四方言没了東北一截陽却是全體淵問西南得朋東北喪朋何也曰陰不比陽陰只理會得一半不似陽兼得陰故无所不利陰半用故得於西南喪於東北先迷後得亦然銖問得朋喪朋曰占得坤卦從西南方得其朋從東北方失其朋西南陰方東北陽方坤比乾減半輝乾主義坤主利占得這卦便主利底事不是坤道主利萬物乃是此卦占得時主有利淵安貞之吉他這分段只到這裏若更妄作以求全時便凶了在人亦當如此淵陰體柔躁只爲他柔所以躁躁是那欲動而不得動之意剛則便動矣柔躁自不能守所以說安貞吉同上問牝馬之貞曰乾卦元亨利貞便都好故云利永貞到坤只一半好故云利牝馬之貞則是亦有不利者又曰西南得地與類行自是好東北不得地自然喪朋甾

纂註

程子曰乾坤德同而貞體異乾以剛固爲貞坤以柔順爲貞又曰陰從陽者也待唱而和

陰而先陽則爲迷錯居後乃得其常也蔡氏曰乾貞剛健專固坤貞柔順承從又曰先迷陰无首也後得主利陰從陽也○愚謂彖辭文王所作也西南得朋東北喪朋後天八卦之位也至哉文王之作易也其當西伯之時羑里之囚邪味安貞吉之辭文王之心盡於此矣今觀自利牝馬貞而下反覆致戒无非所以謹守爲臣之分使凡居坤位者一守之以貞也萬世而下可以想見文王之心且可爲不安貞而占者之戒矣

初六履霜堅冰至

六陰爻之名陰數六老而八少故謂陰爻爲六也霜陰氣所結盛則水凍而爲冰此爻陰始生於下其端甚微而其勢必盛故其象如履霜則知堅冰之將至也夫陰陽者造化之本不能相无而消長有常亦非人所能損益也然陽主生陰主殺則其類有淑慝之分焉故聖人作易於其不能相无者既以健順仁義之屬明之而无所偏主至其消長之際淑慝之分則未嘗不致其扶陽抑陰之意焉蓋所以贊化育而參天地者其旨深矣不言其占者謹微之意已可見於象中矣

【附録】陰陽有以動靜言者有以善惡言者如乾元資始坤元資生則獨陽不生獨陰不成造化周流須是並用如履霜堅冰至則一陰之生便如一賊這道理在人如何看直看是一般道理橫看是一般道理所以謂之易道夫履霜堅冰不著占自分曉占者目前未見有害却有未萌之禍所宜戒謹也砥（通論乾初九爻）如得乾卦上五爻不變而初爻變示人以勿用之理也得坤初爻變告人以履霜之漸也顯子

【纂註】蔡氏曰霜陰氣始凝也履象初霜象六堅冰陰氣盛極也霜之積則必有堅冰至戒辭也諸爻曰足曰趾曰拇曰履皆取在下而象初也○愚謂堅冰陰盛上象

六二直方大不習无不利

柔順貞固坤之直也賦形有定坤之方也德合无疆坤之大也六二柔順而中

正又得坤道之純者故其德内直外方而又盛大不待學習而无不利占者有其德則其占如是也

附録

方是一定不變之意坤受天之氣而生物故其直止是一定輝坤是純陰一卦諸爻皆不中正五雖中亦以陰居陽唯六二居中得正爲坤之最盛者故以象言之則有是三者之德而不習无不利占者得之有是則吉文蔚六二直方大坤卦中唯這一爻最精粹蓋五雖尊位却是陽位破了體四重陰而不中三又不正唯此爻得中正所以就這說箇直方大此是說坤卦之本體然而本意却是教人知道這爻有這箇德不待習學而无不利人占得這爻時若能直能方能大則亦不習无不利却不是要發明坤道淵問不習无不利或以爲此是成德之事或以爲學者須時習然後至於不習曰不是如此聖人作易只是説此爻中有此象若占得此爻便應此事有此用未說到時習至於不習與成德之事在學者固當如此然聖人作易未有此意在某説易所以與先儒不同正在於此銖

纂註

徐氏曰生物而无所回撓非直乎賦形而无所移易非方乎

六三含章可貞或從王事无成有終

六陰三陽内含章美可貞以守然居下之上不終含藏故或時出而從上之事則始雖无成而後必有終爻有此象故戒占者有此德則如此占也

附録

六三便夾些陽了陰則渾是不發底如六三之爻有陽所以言含章若无陽何由有章含章爲是有陽半動半靜之爻若六四則渾是柔了所以括囊淵録

纂註

徐氏曰成謂專成无成謂陰承陽但當盡臣道不可有所專成也有終陰之事也陽不足於後代其終者陰也三下卦之終故亦以終言又曰三與五同功而異位三居下卦之上故又有從王事之象劉氏曰三五皆陰爻陽位故三曰含章五曰文在中

六四括囊无咎

大五十二小一千一百七十三

无咎 括囊言結囊口而不出也咎者過實之名謹密如是則无咎而亦无譽矣六四重陰不中故其象占如此蓋或事當謹密或時當隱遁也

【附錄】問重陰不中何以見其有括囊之象曰陰而又陰其結塞不開則爲括囊矣道夫　坤六四不止言大臣事在位者便當去未仕者便當隱必大

六五黃裳元吉 黃中色裳下飾六五以陰居尊中順之德充諸內而見於外故其象如此而其占爲大善之吉也占者德必如是則其占亦如是矣春秋傳南蒯將叛筮得此爻以爲大吉子服惠伯曰忠信之事則可不然必敗外強内温忠也和以率貞信也故曰黃裳元吉黃中之色也裳下之飾也元善之長也中不忠不得其色下不共不得其飾事雖善不得其極且夫易不可以占險三者有闕筮雖當未也後蒯果敗此可以見占法矣

【附錄】易本是箇卜筮之書聖人因之以明教因其疑以示訓中間都是正吉不曾有不正而吉大率是爲君子設非小人盜賊所得竊取而用如黃裳元吉須是居中在下方始會大吉不然則大凶賀孫　通論乾九五爻　大率乾是做坤是守乾如活龍相似氣燄猛烈故九五便言飛龍在天文言解得活潑潑地到坤便說得善了只說黃裳元吉文言只說黃中通理正位居體而已必大　乾之九五自是剛健底道理坤之六五自是柔順底道理各隨它陰陽自有一箇道理其爲九六不同所以在那五處亦不同這箇五之柔順從那六裏來淵

【纂註】蔡氏曰黃象五裳象六程子曰黃中色裳下服守中而居下則元吉謂守其分也五尊位也陰者臣道也婦道也臣居尊位羿莽是也猶可言也婦居尊位女媧武氏是也非常之變不可言也故有黃裳之戒而不盡言也

上六龍戰于野其血玄黃 陰盛之極至與陽爭兩敗俱傷其象如此占者如是其凶可知

【附錄】

坤六爻雖有重輕大槩皆是持守收斂畏謹底意思砥【通論】乾上九爻子耕問乾上九只言亢坤上六却言戰何也曰乾无對待只有乾而已故不言坤坤則不可无乾陰體不足常虧欠若无乾便没上截大抵陰陽二物本則无陰只是陽盡處便是陰了必大

【纂註】徐氏曰龍陽象野極外之地上象陽大陰小陰本不能與陽爭六陰已窮于上十月之卦也至此陰盛陽微故爻稱龍戰于野說卦又曰戰乎乾言陰陽相薄也驗諸氣候而可見血傷也玄陽也黃陰也陰陽既爭則皆不能无傷故又有其血玄黃之象也

用六利永貞

用六言凡得陰爻者皆用六而不用八亦通例也以此卦純陰而居首故發之遇此卦而六爻俱變者其占如此辭蓋陰柔不能固守變而爲陽則能永貞矣故戒占者以利永貞即乾之利貞也自坤而變故不足於元亨云

【附録】【通論乾坤二用】用九用六當從歐公爲揲蓍變卦之凡例蓋陽爻百九十二皆用九而不用七陰爻百九十二皆用六而不用八也特以乾坤二卦純陽純陰而居篇首故就此發之又嘗因其說而推之竊以爲凡得乾而六爻純九得坤而六爻純六者皆當直就此爻占其所繫之辭不必更看所變之卦左傳蔡墨說可以見其一隅也荅虞大中乾吉在无首坤利在永貞這只說二用變卦乾吉在无首言卦之本體元是六龍今變爲陰頭面雖變渾身却只是龍只是一无頭底龍相似坤利在永貞這坤却不得見他元亨只得永貞坤本卦固有元亨變卦却无淵後漢魏伯陽參同契曰二用无爻位周流行六虛二用者用九用六也六虛者即初二三四五上六爻位也言二用雖无爻位而常周流乎乾坤六爻之間也僩【通論乾坤大旨】乾道奮發而有爲坤道靜定而有守佐乾卦連致知格物誠意正心都統了坤卦只是說箇持守柔順正固而已坤卦是箇无頭底物事事事都不能爲首只是循規蹈矩

乙于二百六十二

依而行之乾父坤母意亦可見如云先迷後得先迷无首也後得後則有獲也乾則不言所利坤則利牝馬之貞毋毋不同所以康節云乾无十坤无一乾至九止奇數也坤自二始偶數也或云乾无十者有坤以成之坤无一者有乾以首之曰然僴又曰乾從知處說坤從守處說淵

䷂ 震下坎上 **屯元亨利貞勿用有攸往利建侯** 震坎皆三畫卦之名震一陽動於二陰之下故其德爲動其象爲雷坎一陽陷於二陰之間故其德爲陷爲險其象爲雲爲雨爲水屯六畫卦之名也難也物始生而未通之意故其爲字象草穿地始出而未甲也其卦以震遇坎乾坤始交而遇險陷故其名爲屯震動在下坎險在上是能動乎險中能動雖可以亨而在險則宜守貞而未可遽進故筮得之者其占爲大亨而利於貞但未可遽有所往爾又初九陽居陰下而爲成卦之主是能以賢下人得民而可君之象故筮立君者遇之則吉也

【附錄】彖辭一句蓋取初九一爻之義爲成卦之主一陽居二陰之下有以賢下人爲民歸往之象故宜立君故象曰以貴下賤大得民也易只三處言利建侯屯兩言之豫一言之皆言立君左氏分明有立君之說衛公子元遇屯則可見矣但他又說名元是有元之象或問元者善之長曰公子元夢康叔謂己曰元康叔名之可謂長矣銖凡易中利字多爲占者設蓋是活人方有利不利若是卦畫何利不利之有如屯利建侯乃是占得此卦者之利晉文公曾占得此卦屯豫皆有此辭果能得國若常人見之亦隨高下自有箇主宰底道理但古者卜立君卜大遷卜大封是事體重者故爻辭以其重者言之必大

【纂註】程子曰萬物始生鬱結未通故爲盈塞於天地之間至通暢茂盛則塞意亡矣○愚謂屯卦自二至四有互體之坤故取建侯象國語司空

季子爲晉公子重耳占得國遇屯當取互體坤象矣

初九磐桓利居貞利建侯

磐桓難進貌屯難之初以陽在下又居動體而上應陰柔險陷之爻故有磐桓之象然居得其貞故其占利於居貞又本成卦之主以陽下陰爲民所歸侯之象也故其象又如此而占者如是則利建以爲侯也

【附録】卦辭通論一卦所謂侯者乃屬他人即爻之初九也爻辭專言一爻所謂侯者乃其自己也道夫

【纂註】徐氏曰或問利建侯彖曰不寧宜急爻言磐桓宜緩何也曰彖主建侯者而言將賴以濟也不可不急爻主爲侯者而言既建已爲侯自當審固根本相時而動乃能濟也不容不緩愚謂屯卦惟初九一爻最重故卦辭道蓋並行而不相悖也○所謂利貞利建侯惟初九爻當之

六二屯如邅如乘馬班如匪寇婚媾女子貞不字十年乃字

班分布不進之貌字許嫁也禮曰女子許嫁笄而字六二陰柔中正有應於上而乘初剛故爲所難而邅回不進然初非爲寇也乃求與己爲婚媾爾但己守貞故不之許至於十年數窮理極則妄求者去正應者合而可許矣爻有此象故因以戒占者

【纂註】徐氏曰愚聞之師曰易之道有己正而他爻取之以爲邪者有己凶而他爻得之以獲吉者屯之初非不正也而二近之則爲寇旅之上非不凶也而五承之得譽命

六三即鹿无虞惟入于林中君子幾不如舍往吝

陰柔居下不中不正上无正應妄行取困爲逐鹿无虞陷入林中之象君子見幾不如舍去若往逐而不舍必致羞吝戒占者宜如是也

【纂註】虞只是虞人六三陰柔在下而居陽位陰不安於陰

故貪求陽欲乘陰則妄行故爲即鹿无虞陷入林中之象銖若不舍而往是致吝之道這道理若人做事如求官爵者求之不已便是取吝之道求財利者求之不已亦是取吝之道賀孫

六四乘馬班如求婚媾往吉无不利 陰柔居上進故爲乘馬班如之象然初九守正居下以應於己故其占爲下求婚媾則吉也

附錄 問六四求婚媾此婚媾疑指初九之陽婚媾是陰何陽亦可言曰婚媾通指陰陽但程傳謂六四往求初九之婚媾則恐其未然也銖 ○愚謂本義云下求婚媾是指初九在下來求四爲婚媾求者在彼往者在我故吉不然豈有陽不倡而陰反倡男不行而女先行以是爲吉无不利者乎

九五屯其膏小貞吉大貞凶 九五雖以陽剛中正居尊位然當屯之時陷於險中雖有六二正應而陰柔才弱不足以濟初九得民於下衆皆歸之九五坎體有膏潤而不得施爲屯其膏之象占者以處小事則守貞猶可獲吉以處大事則雖正亦不免於凶

纂註 蔡氏曰屯者物始生之時初與五皆剛而初得時五雖以剛居中正之位弗及之矣程子曰人君之屯膏澤有所不下是威權去己也威權去己而欲驟正之求凶之道魯昭公高貴鄉公之事是也故小貞則吉小貞漸正之也若盤庚周宣修德用賢復先王之政諸侯復朝以道馴致爲之不暴也又非恬然不爲若唐僖昭也

上六乘馬班如泣血漣如 陰柔无應處屯之終進无所之憂懼而已故其象如此

附錄 通論諸卦屯是陰陽未通之時蹇是流行之中有蹇滯困則窮矣 ○愚謂說卦震坎稱馬蓋本諸此曰馵足曰美脊以初中二陽名也坎上震下故爻多馬象二乘初上乘五四應初亦云乘若三爻乘馬皆稱班

如而上獨泣者以時當屯難宜班如而不可速往然二四皆有正應可歸上獨窮極下又无應所以泣也

䷃ 坎下艮上 蒙亨匪我求童蒙童蒙求我初筮告再三瀆瀆則不告利貞

艮亦三畫卦之名一陽止於二陰之上故其德爲止其象爲山蒙昧也物生之初蒙昧未明也其卦以坎遇艮山下有險蒙之地也内險外止蒙之意也故其名爲蒙亨以下占辭也九二内卦之主以剛居中能發人之蒙者而與六五陰陽相應故遇此卦者有亨道也我二也童蒙幼穉而蒙昧謂五也筮者明則人當求我而其亨在人筮者暗則我當求人而亨在我人求我者當視其可否而應之我求人者當致其精一而扣之而明者之養蒙與蒙者之自養又皆利於以貞也

附録 問蒙之地蒙之意如何曰山下已是窮極險處又遇險前後不得故於此蒙昧也蒙之意是指心下鶻突煇問分人我說筮與乾九二九五利見大人占同否曰某作如此說初勝近世人硬裝一往事說得來窒礙費力銖視其可否而應之者蓋視其來求我之發蒙者有初筮之誠則告之再三煩瀆則不告之也致精一而叩之者蓋我求人以發蒙則當盡初筮之誠而不可有再三之瀆也銖

纂註 徐氏曰初筮主九二言再三主上九言卦有内外内卦初筮外卦再筮二當初卦之中上居再筮之三也

初六發蒙利用刑人用說桎梏以往吝

以陰居下蒙之甚也占者遇此當發其蒙然發之之道當痛懲而暫舍之以觀其後若遂往而不舍則致羞吝矣戒占者當如是也

附録 卦辭有平易底有難曉底利用刑人用脫桎梏粗說時如今人打棒也須與他說了桎梏

方可一向枷他便是以往吝這只是說治蒙者當寬慢蓋法當如此【纂註】蔡氏曰刑桎梏皆坎象

九二包蒙吉納婦吉子克家九二以剛陽爲内卦之主統治羣陰當發蒙之任者然所治既廣物性不齊不可一槩取必其爻之德剛而不過爲能有所包容之象又以陽受陰爲納婦之象又居下位而能任上事爲子克家之象故占者有其德而當其事則如是而吉也【附錄】卦中說剛中最好看剛故能包蒙不剛則方且爲物所蒙剛而不中亦不能包蒙如上九過剛而不中所以爲擊蒙此一卦緊要是九二一爻爲主所以治蒙者只在兩箇陽爻而上九過剛故只以九二爲主而二與五應亦助得五去治蒙大抵蒙卦除了初爻統說治蒙底道理其餘三四五皆是蒙者所以惟九二一爻爲治蒙之主時舉【纂註】蔡氏曰婦五也以剛柔相應言子二也以剛居内言

六三勿用取女見金夫不有躬无攸利六三陰柔不中不正女之見金夫而不能有其身之象也占者遇之則其取女必得如是之人无所利矣金夫蓋以金賂已而挑之若魯秋胡之爲者【附錄】問不有躬曰在乎以立己爲先應事爲後而今人平日講究所以治國平天下之道而自家身己全不曾理會得若能理會自家身己雖與外事若茫然不相接然明德在這裏了新民只現成推將去賀孫【纂註】蔡氏曰金夫二也程子曰三正應在上舍而從二是女之見金夫也女之從人當由正禮乃見人之多金說而從之不能有其身者也无所往而利矣○愚謂勿用取无攸利實戒占者之言若六三之人自占得此則知其見弃於人者若是亦可内省而自改也

六四困蒙吝既遠於陽又无正應爲困於蒙之象占者如是可羞吝也能求

二〇

剛明之德而親近之則可免矣

纂註 蔡氏曰困讀如困而不學之困徐氏曰陷二柔之中无得乎開明之道困於蒙者也故吝

六五童蒙吉

柔中居尊下應九二純一未發以聽於人故其象爲童蒙而其占爲如是則吉也 ○愚謂童蒙艮少男象卦辭童蒙亦指五言以童蒙之五應剛中之二太甲成王之於伊尹周公是也

上九擊蒙不利爲寇利禦寇

以剛居上治蒙過剛故爲擊蒙之象然取必太過攻治太深則必反爲之害惟捍其外誘以全其眞純則雖過於嚴密乃爲得宜故戒占者如此凡事皆然不止爲誨人也

附録 蒙卦上九雖小不利然卦爻亦自好蓋上九以剛陽居上擊去蒙蔽只要恰好不要太過太過則於彼有傷而我亦失其所以擊蒙之道如人合喫十五棒若只決它十五棒則彼亦无辭而足以禦寇若再加五棒則太過而反害人矣爲寇者爲人之害也禦寇者止人之害也如人疾病醫者用藥對病則彼足以驅病而我亦得爲醫者之道若藥不對病則反害他人而我亦失爲醫之道矣所以象曰利用禦寇上下順也惟如此則上下兩順而无害 僩

纂註 徐氏曰上過剛不中又居過高之位在下者既昏蒙而在上者又高亢情意不接彼此扞格乃以爲瀆而至於擊蒙也

䷄ 乾下坎上

需有孚光亨貞吉利涉大川

需待也以乾遇坎乾健坎險以剛遇險而不遽進以陷於險待之義也孚信之在中者也其卦九五以坎體中實陽剛中正而居尊位爲有孚得正之象坎水在前乾健臨之將涉水而不輕進之象故占者爲有所待而能有信則光亨矣若又得正則吉而利涉大川正固无所不利而涉川尤貴於能待則不欲速而犯難也

附録 問乾陽上進之物前

遇坎險不可遽進以陷於險故爲需曰遇此時節當隨遠隨近寧耐以待之直至需于泥已甚狠當矣然能敬愼亦不致敗至於九五需得好只是又難得這般時節當此時只當安以待之爾至上六居險之極又有三陽並進六不當位又處陰柔亦只得敬以待之則吉銖【纂註】劉壽翁曰五剛實在中有孚也柔不能陷光亨貞吉也利涉大川剛健不陷也○愚謂卦辭取涉川象凡八需訟同人蠱大畜益渙中孚需乾方遇坎健足以行故云利涉訟䷅乾巳過坎健无所施故云不利涉二卦取乾坎象又訟與同人䷌互巽及有離象蠱䷑與大畜䷙互震皆取木象益䷩兼取震巽木象中孚䷼取巽木行兊澤象渙䷺取巽木行坎水象而二卦又皆互震木象又自蠱而下卦體或四爻或五爻皆有虛舟之象焉以是知文王取涉川象大槩有見於乾坎震巽中孚之兊同人之離至若大畜之艮非所取義也爻取涉川象凡四已見卦圖中

初九需于郊利用恒无咎

郊曠遠之地未近於險之象也而初九陽剛又有能恒於其所之象故戒占者能如是則无咎也【纂註】程子曰君子之需時也安靜自守志雖有需而恬然若將終身焉乃能用恒也雖不進而志動者不能安其恒也

九二需于沙小有言終吉

沙則近於險矣言語之傷亦災害之小者漸進近坎故有此象剛中能需故得終吉戒占者當如是也【纂註】程子曰坎爲水水近則有沙

九三需于泥致寇至

泥將陷於險矣寇則害之大者九三去險愈近而過剛不中故其象如此【纂註】蔡氏曰泥迫水矣寇坎也

六四需于血出自穴

血者殺傷之地穴者險陷之所四交坎體入乎險矣故爲需于血之象然柔得其正需而不進

故又爲出自穴之象占者如是則雖在傷地而終得出也【附錄】問程傳謂穴物之所安如何曰穴是陷處喚做所安處不得分明有箇坎陷也一句柔得正了需而不進故能出於坎陷四又是坎體之初有出底道理到那上六則索性陷了淵【纂註】蔡氏曰血穴皆坎象三剛進逼故有傷

九五需于酒食貞吉

酒食宴樂之具言安以待之九五陽剛中正需于尊位故有此象占者如是而貞固則吉也【附錄】需只是待當此之時別无作爲只有箇待底道理然又須是貞方吉淵【纂註】徐氏曰貞吉者得需之正而吉也不然宴酣无度非正也凶可知矣○愚謂酒食坎象

上六入于穴有不速之客三人來敬之終吉

陰居險極无復有需有陷而入穴之象下應九三九三與下二陽需極並進爲不速客三人之象柔不能禦而能順之有敬之之象占者當陷險中然於非意之來敬以待之則得終吉也【附錄】【通論需訟諸卦】福州劉昭信易說云見險而止爲需見險而不止爲訟能通其變爲隨不能通其變爲蠱近解多引之僩又曰能安其分則爲需不能安其分則爲訟此是說對卦淵

䷅ 坎下乾上 **訟有孚窒惕中吉終凶利見大人不利涉大川**

訟爭辯也上乾下坎乾剛坎險上剛以制其下下險以伺其上又爲內險而外健又爲己險而彼健皆訟之道也九二中實上无應與又爲加憂且於卦變自遯而來爲剛來居二而當下卦之中有有孚而見窒能懼而得中之象上九過剛居訟之極有終極其訟之象九五剛健中正以居尊位有大人之象以

剛乘險以實履陷有不利涉大川之象故戒占者必有爭辯之事而隨其所處爲吉凶也【附錄】爭辯攻責也如今訟人攻責其短而訟之自訟則反之於身亦若此僩九二正應在五五亦陽故爲窒塞之象淵【纂註】丘行可曰字從言從公言出於公則爲訟不公則爲誣爲詐非訟也

初六不永所事小有言終吉陰柔居下不能終訟故其象占如此【附錄】此爻是陰柔之人不會十分與人訟那人也无十分傷犯底事但只略去訟之才辨得明便止所以曰終吉也輝【纂註】毛伯玉曰所事爭辨之事也有言訟訴之言也不永謂柔小亦柔也

九二不克訟歸而逋其邑人三百戶无眚九二陽剛爲險之主本欲訟者也然以剛居柔得下之中而上應九五陽剛居尊勢不可敵故其象占如此邑人三百戶邑之小者言自處卑約以免災患占者如是則无眚矣【纂註】徐氏曰歸而逋逃退處卑小可无災眚所以示屈服之意也苟逋避不敵猶處大邑雖曰退聽迹尚可疑如都城百雉足以偶國臧武仲據防請後豈理也哉○愚謂位柔故不克訟處二陰之間故有歸逋小邑之象不訟而逋故无眚

六三食舊德貞厲終吉或從王事无成食猶食邑之食言所享也六三陰柔非能訟者故守舊居貞則雖危而終吉然或出而從上之事則亦必无成功占者守常而不出則善也【附錄】問必无成功似與象辭從上吉也之意不協又與坤六三文言亦不協是只作占辭解所以如此否曰易中經傳不同如此處多且兼存之然經意是本傳辭是第二節話淵食舊德句貞句厲句終吉句淵【纂註】程子曰舊德謂處其素分○

愚謂三坎體有食象

九四不克訟復即命渝安貞吉

即就也命正理也渝變也九四剛而不中故有訟象以其居柔故又爲不克而復就正理渝變其心安處於貞之象占者如是則吉也

【附録】復即命渝言復就命而變其不順之命淵不克訟句復即命句渝句安貞句吉易辭只是元排幾句在此伊川作變其不安貞者爲安貞作一句讀恐不甚自然銖

九五訟元吉

陽剛中正以居尊位聽訟而得其平者也占者遇之訟而有理必獲伸矣

【附録】此爻便似坤六二爻有占无象蓋爻便是象訟元吉便是占淵

上九或錫之鞶帶終朝三褫之

鞶帶命服之飾褫奪也以剛居訟極終訟而能勝之故有錫命受服之象然以訟得之豈能安久故又有終朝三褫之象其占爲終訟无理而或取勝然其所得終必失之聖人爲戒之意深矣

【附録】（總論六爻）問觀訟一卦之體只是訟不可成初只不永所事二不克訟三守舊居正非能訟者四不克訟而能復就正理渝變心志安處於正五聽訟元吉上雖有鞶帶之錫而不免有終朝之褫首尾皆是不可訟之意故彖曰訟不可成也曰然銖

【纂註】馮氏曰或者未必之辭訟雖獲勝所喪已多設有可得亦不足敬隨得隨喪况未必有得乎甚言訟之不可終極也

䷆ 坎下坤上 **師貞丈人吉无咎**

師兵衆也下坎上坤坎險坤順坎水坤地古者寓兵於農伏至險於大順藏不測於至靜之中又卦惟九二一陽居下卦之中爲將之象上下五陰順而從之爲衆之象九二以剛居下而用事六五以柔居上而任之爲人君命將出師之

象故其卦之名曰師丈人長老之稱用師之道利於得正而任老成之人乃得吉而无咎戒占者亦必如是也【附録】吉无咎謂如一件事自家做出來好方得无罪咎若做得不好雖是好事也則有咎无咎吉謂如一件事元是合做底自家做出來又好如所謂戰則克祭則受福戰而臨事懼好謀成祭而恭敬齊肅便是无咎克與受福便是吉如師之道既已正了又用丈人率之如此則是都做得是便是吉了更有甚咎淵【纂註】蔡氏曰丈人二也吉无咎斷辭

初六師出以律否臧凶律法也否臧謂不善也晁氏曰否字先儒多作不是也在卦之初爲師之始出師之道當謹其始以律則吉不臧則凶戒占者當謹始而守法也

九二在師中吉无咎王三錫命九二在下爲衆陰所歸而有剛中之德上應於五而爲所寵任故其象占如此淵○愚謂九二爲成卦之主卦辭丈人吉无咎惟二當之王指五言

六三師或輿尸凶輿尸謂師徒撓敗輿尸而歸也以陰居陽才弱志剛不中不正而犯非其分故其象占如此【附録】問伊川訓輿尸爲衆主如何曰從來有輿尸血刃之說看來只是兵敗輿尸而歸之義砥【纂註】丘行可曰輿尸而歸趙括長平之戰是也坎爲輪輿也坤爲衆尸也

六四師左次无咎左次謂退舍也陰柔不中而居陰得正故其象如此全師以退賢於六三遠矣故其占如此【纂註】程子曰見可而進知難而退師之常也度不能勝而完師以退愈於覆敗遠矣可進而退乃爲咎也易發此義以示後世其仁深矣○愚案春秋傳曰凡師一宿爲舍再宿爲信過信爲次左次退舍而宿也與次于郎之次同兵法前爲右後爲左故上將軍居右偏將軍居

左則知師以右爲重左蓋不用之地也四左次與明夷四左腹同坤體之下也

六五田有禽利執言无咎長子帥師弟子輿尸貞凶

六五用師之主柔順而中不爲兵端者也敵加於己不得已而應之故爲田有禽之象而其占利以搏執而无咎也言語辭也長子九二也弟子三四也又戒占者專於委任若使君子任事而又使小人參之則是使之輿尸而歸故雖貞而亦不免於凶也【附録】問易爻取義如師之六五長子帥師乃是本爻有此象又卻說弟子輿尸何也曰此假設之辭也言若弟子輿尸則凶矣問此例恐與家人嗃嗃而繼以婦子嘻嘻同曰然淵【纂註】程子曰五興師之主故言興師任將之道蠻夷猾夏寇賊姦宄爲生民之害若禽獸入田侵害稼穡於義宜獵取之如此而動乃得无咎若輕動以毒天下其咎大矣執言奉辭也明其罪以討之也若秦皇漢武皆窮山林以索禽獸者也非田有禽也任將之道當以長子帥師弟子非長也自古任將不專而致覆敗者如晉荀林父邲之戰唐郭子儀相州之敗是也

上六大君有命開國承家小人勿用

師之終順之極論功行賞之時也坤爲土故有開國承家之象然小人則雖有功亦不可使之得有爵土但優以金帛可也戒行賞之人於小人則不可用此占而小人遇之亦不得用此爻也【附録】先生說舊時只作論功行賞之時不可及小人今思量理去不得他既一例有功如何不及他看來開國承家一句是公共得底未分別君子小人小人勿用則是更勿用他與之謀議計畫耳漢光武能用此道自定天下後一例論功行封其所以用之在左右者則鄧禹耿弇賈復數人他不與焉因問云古人論功行封眞箇裂土與之守非如後世虛

帶爵邑也若使小人參其間則誠有病弊曰勢不容不封他但聖人别有以處之如舜封象則使吏治其國若是小人亦自有以處之也此義方思量得未曾改入

本義

䷇坤下坎上 **比吉原筮元永貞无咎不寧方來後夫凶** 比親輔也九五以陽剛居上之中而得其正上下五陰比而從之以一人而撫萬邦以四海而仰一人之象故筮得之者則當爲人所親輔然必再筮以自審有元善長永貞固之德然後可以當衆之歸而无咎其未比而有所不安者亦將皆來歸之若又遲而後至則此交已固彼來已晚而得凶矣若欲比人則亦以此而反觀之爾

附録 問比卦是人君爲人所比之象曰也不必拘若三家村中推一箇人作頭首是爲人所比也須自審自家才德可爲之否所以原筮元永貞也有開後夫不必如伊川説左襄二十五年齊崔武子卜娶妻卦云入于其宫不見其妻凶人以爲凶他云先夫已當之矣此云先夫則彼云後夫正是一樣語陽便是夫陰便是婦砥後夫凶言九五既爲衆陰所歸若後面更添一箇陽來則必凶古人如袁紹劉馥劉繇劉備之事可見兩雄不並棲之義淵

纂註 徐氏曰夫五剛也後夫謂後乎夫上也上居卦終比五獨後也比道貴先比而獨後則失所當比而凶矣○愚謂六十四卦惟蒙比以筮言蒙貴初而比貴原者蓋發蒙之道當視其初筮之專誠顯比之道當致其原筮而謹審又二爲蒙主而當下卦故曰初五爲比主而當上卦故曰原所以不同也

初六有孚比之无咎有孚盈缶終來有它吉 比之

初貴乎有信則可以无咎矣若其充實則又有他吉也【附録】終來有它說將來似顯比便有那周遍底意思淵○愚謂有他指五言五非正應故言有他蓋初與四皆陰无應而五顯比在上惟積誠意以比五終來必得比而吉也

六二比之自內貞吉柔順中正上應九五自內比外而得其貞吉之道也占者如是則貞而吉矣

六三比之匪人陰柔不中正承乘應皆陰所比皆非其人之象其占大凶不言可知矣【附録】問比之匪人曰初應四四是外比於賢爲比得其人二應五五爲顯比之君亦爲比得其人惟六三應上上爲比之无首爲比之匪人也時舉

六四外比之貞吉以柔居柔外比九五爲得其貞吉之道也占者如是則貞而吉矣

九五顯比王用三驅失前禽邑人不誠吉一陽居尊剛健中正卦之羣陰皆來比己顯其比而无私如天子不合圍開一面之網來者不拒去者不追故爲用三驅失前禽而邑人不誠之象蓋雖私屬亦喻上意不相警備以求必得也凡此皆吉之道占者如是則吉也【附録】田獵之禮置旃以爲門刈草以爲長圍田獵者自門驅而入禽獸向我出者皆免惟驅而入者皆獲故以前禽比去者不追獲者比來則取之大意如此治聖人於人來者不拒去者不追如何一一要私意周旋才恁地便滯於一偏況天理自不如此賀孫如有聞无聲言其自不相告誡又如歸市者不止芸者不變相似淵【纂註】蔡氏曰前禽謂上也上獨後比五即舍之三驅失前禽之象○愚謂五陰爻皆稱比之比乎五也九五獨稱顯比爲衆陰所比也用三驅而取順喻下四陰失前禽而舍逆喻上一陰也

上六比之无首

凶陰柔居上无以比下凶之道也故爲无首之象而其占則凶也〔纂註〕徐氏曰首先也无首不先也衆皆比五上獨後之比不先也故有无首凶之象彖旣言後夫凶此又言无首凶則凡比所當比而懷私顧戀不能早從而至於凶者必矣○愚謂徐說與本義微異然以六爻觀之自九五一爻稱顯比外餘五爻皆稱比之之辭初比之无咎二四比之貞吉皆以其比五也獨三比之匪人而傷上比之无首而凶是三上自相爲比而不比五也如是則上六无首凶正與彖辭後夫凶應亦足以發本義未發之旨或謂前禽指三與上三居內卦之前而比之匪人上居外卦之前而比之无首皆爲失前禽之象亦通故并備之

䷈ 乾下巽上 **小畜亨密雲不雨自我西郊** 巽亦三畫卦之名一陰伏於二陽之下故其德爲巽爲入其象爲風爲木小陰也畜止之之義也上巽下乾以陰畜陽又卦惟六四一陰上下五陽皆爲所畜故爲小畜又以陰畜陽能繫而不能固亦爲所畜者小之象內健外巽二五皆陽各居一卦之中而用事有剛而能中其志得行之象故其占當得亨通然畜未極而施未行故有密雲不雨自我西郊之象蓋密雲陰物西郊陰方我者文王自我也文王演易於羑里視岐周爲西方正小畜之時也筮者得之則占亦如其象云〔附錄〕問此卦是以小人畜君子如何曰易不可專就人上說且就陰陽上看分明巽畜乾陰畜陽故謂之小若配之人事則爲小人畜君子也得爲臣畜君也得爲因小小事畜止也得不可泥定事說時舉　小畜但能畜得九三一爻而已九三是近他底那兩爻自牽連上來淵　小畜亨是說陽緣畜他不住故陽得自亨橫渠言易爲君子

謀不爲小人謀凡言亨者是說陽到得說陰處便分曉說道小人吉亨字便是下面剛中而志行乃亨淵問密雲不雨自我西郊曰此是以巽畜乾巽順乾健畜他不得故不能雨凡雨者陰氣盛凝結得密故溫潤下降爲雨且如飯甑蓋得密了氣鬱不通四面方有濕汗今乾上進一陰止他不得所以彖中云上往也是指乾欲上進之象到上九畜極則散遂爲既雨既處矣時舉

纂註

蔡氏曰密雲四也我亦謂四西郊陰方雲自西而東陰先倡也故雲雖密而不雨程子曰陽倡而陰和順也故和若陰先陽倡不順也故不和不和則不能成雨雲雖密而不雨者自我西郊故也據四而言故云自我畜陽者四畜之主○愚謂陰陽和洽則散而爲雨陰少則陽氣泄而不收小畜一陰畜五陽是也○也陰多則陽氣鬱而不達小過四陰包二陽是也故皆不能成雨自二至四互兌故稱西郊

初九復自道何其咎吉

下卦乾體本皆在上之物志欲上進而爲陰所畜然初九體乾居下得正前遠於陰雖與四爲正應而能自守以正不爲所畜故有進復自道之象占者如是則无咎而吉也

附録

問此爻與四相正應爲四所畜者乃云復自道何邪曰易有不必泥爻義看者如此爻只平看自好復與復卦之復不同復卦言已前不見了這陽如今復在此復自道是復他本位從道路上去如无往不復之復淵

九二牽復吉

三陽志同而九二漸進於陰以其剛中故能與初九牽連而復亦吉道也占者如是則吉矣

九三輿說輻夫妻反目

九三亦欲上進然剛而不中迫近於陰而又非正應但以陰陽相說而爲所係畜不能自進故有輿說輻之象然以志剛故又不能平而與之爭故爲夫妻反目之象戒占者如是則不得進而有所爭也

附録

先生說此爻因云被

子能

他畜止不得進必與有爭自家必要進時如何須是正室方得輝九三一爻可謂不好然能以剛自守則雖得此爻而凶不應矣銖

纂註

蔡氏曰夫三也妻四也三昵四而非正反爲柔制故至反目

六四有孚血去惕出无咎

以一陰畜衆陽本有傷害憂懼以其柔順得正虛中巽體二陽助之是有孚而血去惕出之象也无咎宜矣故戒占者亦有其德則无咎也○愚謂血陰傷象惕多懼象下迫於三故象如此占者有孚誠得陽剛之助可免傷懼而无咎矣

九五有孚攣如富以其鄰

巽體三爻同力畜乾鄰之象也而九五居中處尊勢能有爲以兼乎上下故爲有孚攣固用富厚之力而以其鄰之象以猶春秋以某師之以言能左右之也占者有孚則能如是也

附錄

問本義云巽體三爻同力畜乾鄰之象也據程傳則曰以一陰畜五陽曰以統體言之固是以一陰畜五陽然就九五而言則下與四比上與上連爲鄰之象謂巽三爻同力畜乾却見得自上畜下之意分明淵問小畜以一陰而畜五陽而九五乃云富以其鄰是與六四之陰并力而畜下三陽不知九五何故反助陰邪曰九五上九同巽之體故助之也銖總論泰謙爻富以其鄰言有富厚之力而能用其鄰不富以其鄰言不待富厚之力而能用其鄰淵

上九既雨既處尚德載婦貞厲月幾望君子征凶

畜極而成陰陽和矣故爲既雨既處之象蓋尊尚陰德至於積滿而然也陰加於陽故雖貞亦厲然陰既盛而亢陽則君子亦不可以有行矣其占如此爲戒深矣

附錄

小畜雖是陰畜陽到極處和而爲雨畢竟陰制陽不順所以雖貞亦厲砥既雨既處言便做畜得住了做得雨後這氣畢竟便透出散了

德積是説陰德婦人雖貞亦危月幾滿便虧君子到此亦行不得這是那陰陽皆不利底象淵

纂註 晁氏曰昔不雨者今旣雨矣昔尚往者今旣處矣尚德載不至于脫輻也婦貞厲不至於反目也畜道之大成也程子曰婦貞厲謂以陰畜陽以柔制剛婦若貞固守此危厲之道也安有婦制其夫臣制其君而能安者乎丘行可曰妻者齊也三反目則稱妻言相敵也婦者順也上旣雨則稱婦言相順也(總論六爻)蔡氏曰小畜下三爻受畜者也上三爻爲畜者也四柔下畜三剛本難也而得五與合志故畜得住五又得四爲畜主四五相與而後能畜至上九則小畜之道成矣 ○ 愚謂旣雨畜極而通象旣處上象婦巽象婦之所尚在於德之能載今乃居上而以畜制爲事當小畜之時雖爲得正亦危道矣月陰象幾望陰浸盛而敵陽此時君子亦不可以有行也尚德載婦貞厲此爲妻占月幾望君子征凶此爲夫占君子對婦言也

☰☱ 兌下乾上

履虎尾不咥人亨 兌亦三畫卦之名一陰見於二陽之上故其德爲説其象爲澤履有所躡而進之意也以兌遇乾和説以躡剛強之後有履虎尾而不見傷之象

附録 履卦以陰躡陽是隨後躡他如蹈他脚跡相似所以云履虎尾是隨後履他尾故於卦之三四爻發虎尾義便是陰去躡他陽背脊後處

纂註 蔡氏曰兌有虎象三爲兌終故曰尾此又一說也 ○ 愚謂三言履虎尾是以三履四以乾剛強爲虎而四爲尾也四言履虎尾是以兌爲虎而三爲尾也又兌位西乾位西北由西而北兌正履乾後以柔履剛是亦爲履虎尾之象然則彖辭乃文王所作其發後天卦旨歟

初九素履往无咎 以陽在下居履之初未爲物遷率其素履者也占者如是則往

二千二百六十一

而无咎也【纂註】程子曰初處至下素在下者也陽剛之才可以上進若安其卑下之素而往則无咎矣夫人不能自安於貧賤之素則其進也乃貪躁而求動求去乎貧賤非欲有爲也既得其進驕溢必矣故往則有咎賢者則安履其素其處也樂其進也將有爲也故得其進則有爲而无不善乃守其素履者也安履其素而往者非苟利也獨行其願耳若欲貴之心與行道之心交戰于中豈能安履其素也子能

九二履道坦坦幽人貞吉剛中在下无應於上故爲履道平坦幽獨守貞之象幽人履道而遇其占則貞而吉矣【附錄】道即路也伊川說履道坦坦處好【纂註】程子曰九三居柔寬裕得中其所履坦坦然平易之道也雖所履得坦易之道亦必幽靜安恬之人處之則能貞固而吉也

六三眇能視跛能履履虎尾咥人凶武人爲于大君六二

不中不正柔而志剛以此履乾必見傷害故其象如此而占者凶又爲剛武之人得志而肆暴之象如秦政項籍豈能久也【纂註】蔡氏曰眇跛爻柔也能視能履位剛也徐古爲曰卦有兌互體有巽離離爲目巽多白眼故有眇能視象巽爲股兌爲毀折故有跛能履象兌終有虎尾象兌爲口有咥人象互體巽爲躁卦武人以之故○愚謂武人陰象以一柔爲成卦之主而統五剛巽之初亦曰利武人之貞○有武人爲大君之象或曰六三陰柔非武人之象不知陽類多是寬和仁厚底人陰類多是勇敢強暴底人陽主生陰主殺陽之氣温厚陰之氣嚴凝也

九四履虎尾愬愬終吉九四亦以不中不正履九五之剛然以剛居柔故能戒懼而得終吉○愚謂卦爻之辭取履虎尾象凡三○卦辭不咥人亨九四愬愬終吉獨

六三咥人凶者蓋卦辭統論一卦之體爻則逐爻取義以卦言則兑以和說而履乾剛之後非決行不顧者故不咥人亨以爻言三正當兑口以柔爻而蹈剛位和說之體不具所以咥人凶四位雖不正然以剛履柔剛不至於強暴所以能戒懼而終吉故不同也

九五夬履貞厲

九五以剛中正履帝位而下以兑說應之凡事必行无所疑礙故其象為夬決其履雖使得貞亦危道也故其占為雖貞而危為戒深矣

〔附録〕夬決也夬履是做得忒快雖合履底也有危厲淵叔重問彖言剛中正履帝位而不疚此是指九五而言然爻則云夬履貞厲與彖相反何也曰九五是以剛居上下臨柔說之人故決然自為而无所疑不自知其過於剛耳時舉

〔纂註〕程子曰五以陽剛乾體居至尊之位任其剛決而行者也知此則雖得正猶危厲也古之聖人居天下之尊明足以照剛足以決勢足以專然而未嘗不盡天下之議雖芻蕘之微必取乃其所以為聖也履帝位而光明者也若自任剛明決行不顧雖使得正亦危道也可固守乎有剛明之才茍專自任猶為危道況剛明不足者乎

上九視履考祥其旋元吉

視履之終以考其祥周旋无虧則得元吉占者禍福視其所履而未定也

〔附録〕視履考祥居履之終視其所履而考其祥做得周備底則大吉若是半截時无由考得其祥後面半截却不好未可知旋是那團旋來却到那起頭處淵

䷊ 乾下坤上

泰小往大來吉亨

泰通也為卦天地交而二氣通故為泰正月之卦也小謂陰大謂陽言坤往居外乾來居内又自歸妹來則六往居四九來居三也占者有陽剛之德則吉而亨矣

初九拔茅茹以其彚征

吉三陽在下相連而進拔茅連茹之象征行之吉也占者陽剛則其征吉矣郭璞洞林讀至彚字絶句下卦放此〔附録〕拔茅茹者物象也以其彚化之者人也道夫

九二包荒用馮河不遐遺朋亡得尚于中行

九二以剛居柔在下之中上有六五之應主乎泰而得中道者也占者能包容荒穢而果斷剛決不遺遐遠而不昵朋比則合乎此爻中行之道矣〔附録〕包荒便用馮河不遐遺便朋亡意只如此念成〔纂註〕蔡氏曰荒遠也无舟渡河曰馮謂勇者包荒所包者遠也用馮河勇者亦用也不遐遺謂自近至遠也朋亡謂不獨用其朋類也包荒與不遐遺似而不遐遺實也用馮河與朋亡似而朋亡廣也其於地則无所不周於人則无所不用所以爲泰也尚與尚公主之尚同中行五也泰之六爻惟此以剛居中故備泰之道

九三无平不陂无往不復艱貞无咎勿恤其孚于食有福

將過乎中泰將極而否欲來之時也恤憂也孚所期之信也戒占者艱難守貞則无咎而有福〔附録〕問泰卦无平不陂无往不復與城復于隍因言否泰相乘如此聖人因以垂戒曰此亦事勢之必然治久必亂亂久必治天下无久而不變之理子善遂言天下治亂皆生於人心治久則人心放肆故亂因以生亂極則人心恐懼故治由此起曰固是生於人心然履其運者必有變化持守之道可也如明皇開元之治自是好了若但能把捉不至如天寶之放肆則後來亦不應如此狼狽　銖　因言觀聖人立象係辭當好時便須有戒懼收斂底意當不好時便須有艱難守貞底意徹首徹尾不過敬而已卦中无全好者亦无全不好者大率敬則好不敬則不好先生頷之　銖　勿恤其孚只

作一句讀孚只是信此言勿恤後來信與不信義剛于食有福如食舊德之食砥【纂註】蔡氏曰孚信然之謂良享也居三之時艱苦剛貞不可以時之將陂而怠其心乃可无咎勿恤其孚又不可以陰之必復而動其心丘行可曰孚指六四不誠以孚之孚言不可以三陰之將復而動其慮惟嚴於自守以防之則庶幾長享所有之福矣徐古為曰小人之所以勝君子者非乘其怠則攻其隙艱則无怠之可乘貞則无隙之可攻如此則可以无咎可以勿憂其孚矣或曰陰陽交運否泰相仍時勢然也雖艱貞勿恤如之何曰平陂往復者天運之不能无艱貞勿恤者人事之所當盡天人有交勝之理處其交履其會者必有變化持守之道若一諉之天運以爲无預於人事則聖人之易可无作矣

六四翩翩不富以其鄰不戒以孚

已過乎中泰已極矣故三陰翩然而下復不待富而其類從之不待戒令而信也其占爲有小人合交以害正道君子所當戒也陰虛陽實故凡言不富者皆陰爻也【附録】不富以其鄰言不待富厚之力而能用其鄰也淵【纂註】徐氏曰先儒有言從善如登從惡如崩言爲善之難而從惡之易也善陽也惡陰也陽性固升亦必引翼扶持而後進陰性本下不待招麾呼號而相與就下已有不可禦之勢矣

六五帝乙歸妹以祉元吉

以陰居尊爲泰之主柔中虛己下應九二吉之道也而帝乙歸妹之時亦嘗占得此爻占者如是則有祉而元吉矣凡經以古人爲言如高宗箕子之類者皆放此○愚案泰六五與歸妹六五爻同有帝乙歸妹之辭或曰泰三四五爻互易則爲歸妹泰之五即歸妹之五也故其辭同如无妄大畜說牛損益說龜夬姤說臀无膚既濟未濟說鬼方此皆是反對卦爻取義无妄之三即大畜之四損之

三百卅三

五即益之二夬之四即姤之三既濟之三即未濟之四是或一例也亦通故併記之

上六城復于隍勿用師自邑告命貞吝泰極而否城復于隍之象戒占者不可力爭但可自守雖得其貞亦不免於羞吝也【附録】城隍邑皆土地坤象淵【纂註】程子曰掘隍土積累以成城如治道積累以成泰及泰之終將反于否如城土頹圮復反于隍也徐氏曰古之人君有處泰之道既泰忽安逸而不戒卒至於喪師敗國窮守一邑而播告之修不能及遠雖貞固自保卒貽千古之羞者蓋不知此爻之義也

坤下乾上**否之匪人不利君子貞大往小來**否閉塞也七月之卦也正與泰反故曰匪人謂非人道也其占不利於君子之貞道蓋乾往居外坤來居內又自漸卦而來則九往居四六來居三也或疑之匪人三字衍文由比六三而誤也傳不特解其義亦可見【纂註】劉氏曰否塞之時雖不利君子之貞而君子之貞不可无也守此不變時之否道之亨也故曰國有道不變塞焉國无道至死不變然後足爲君子

初六拔茅茹以其彙貞吉亨三陰在下當否之時小人連類而進之象而初之惡則未形也故戒其貞則吉而亨蓋能如是則變而爲君子矣【附録】拔茅茹貞吉亨這是吉凶未判時若能於此改變時小人便做君子君子小人只是箇貞不貞淵

六二包承小人吉大人否亨陰柔而中正小人而能包容承順乎君子之象小人之吉道也故占者小人如是則吉大人則當安守其否而後道亨蓋不可以彼包承於我而自失其守也【附録】包承也是包得

許多承順底意思學蒙横渠説易爲君子謀不爲小人謀蓋自太極一判而來便已如此了曰論其極是如此然小人亦具此理只是他自反悖了君子治之不過即其固有者以正之而已易中亦有時爲小人謀如包承小人吉大人否亨言小人當否之時能包承君子則吉但此雖爲小人謀乃所以爲君子謀也

纂註 蔡氏曰包者爻之柔承者二與五應而包承之五不惑其包承自守不失則身雖否而道自亨也○愚謂指大人爲五正與五爻大人相合蓋位中而應也大人五也

六三包羞以陰居陽而不中正小人志於傷善而未能也故爲包羞之象然以其未發故无凶咎之戒

附録 包羞是有意傷善而未能之意他六二尚自包承到六三巳是要害君子然做事不得所以包許多羞恥淵六三所以不能害君子亦是被他陽壓了但包羞是他做得不好事只得慚惶更不敢對人説

九四有命无咎疇離祉否過中矣將濟之時也九四以陽居陰不極其剛故其占爲有命无咎而疇類三陽皆獲其福也命謂天命

附録 否已過中上三爻是説君子言君子有天命而无咎淵這裏是吉凶未判須是有命方得无咎如須得一箇幸會方能轉禍爲福文蔚

纂註 徐氏曰陰往陽來天之常道否已過中泰復來也離麗也否九四有命即泰九三无平不陂无往不復之義言陰陽往來泰否反復天運固如此也

九五休否大人吉其亡其亡繫于苞桑陽剛中正以居尊位能休時之否大人之事也故此爻之占大人遇之則吉然又當戒懼如繫辭傳所云也

附録 問看否泰二卦見得泰无不否否无不泰當泰將否之時若是有手段底則稍遲得曰自古由治而入亂者易由亂而入治者難治

二十三百五十

世稍不支梧便入亂去亂時須是大人休否方得學蒙銖問其亡其亡繫于苞桑曰有戒懼危亡之心則便有苞桑係固之象蓋能戒懼危亡則如係苞桑堅固不拔矣如此說則象占乃有收殺非是其亡其亡而又係于苞桑也銖【纂註】程子曰大人當位能以其道休息天下之否循致於泰猶未離於否也故有其亡之戒不可便爲安肆當深慮遠戒常虞否之復來曰其亡矣其亡矣其繫于苞桑謂爲安固之道如維繫于苞桑也漢王允唐李德裕不知此戒所以致禍敗

上九傾否先否後喜以陽剛居否極能傾時之否者也其占爲先否後喜

【附録】總論六爻

大抵易爲君子謀且如否内三爻是小人得志時然不大段會做得事初則如此二又如此三雖做得些箇也不濟事到四便說君子得時否漸次反泰底道理五之苞桑上之傾否到這裏便傾了否做泰淵陰之與陽自是不可相无者今以四時寒暑而論若是无陰陽亦做事不成但以善惡及君子小人而論聖人直是要消盡了惡去盡了小人蓋亦抑陰進陽之義某於坤卦亦曾略發此意今有一樣人議論謂君子小人相對小人不可大故去他則反激其禍且如舜舉皐陶湯舉伊尹不仁者遠所謂去小人非必盡滅其類只是君子道盛小人自化雖有些少无狀處亦不敢發出來豈必勦滅之乎文蔚【纂註】程子曰物理極而必反故否極則泰上九否既極矣否道傾而變也先極否也後傾喜也否傾則泰矣後喜也又曰反危爲安易亂爲治必有陽剛之才而後能故否之上九則能傾否屯之上六則不能變屯也

䷌ 離下乾上 **同人于野亨利涉大川利君子貞**離亦三畫卦之名一陰麗於二

陽之間故其德爲麗爲文明其象爲火爲日爲電同人與人同也以離遇乾火上同于天六二得位得中而上應九五又卦惟一陰而五陽同與之故爲同人于野謂曠遠而無私也有亨道矣以健而行故能涉川爲卦內文明而外剛健六二中正而有應則君子之道也占者能如是則亨而又可涉險然必其所同合於君子之道乃爲利也【纂註】蔡氏曰野曠野之地乾象也利涉大川乾健離虛也

初九同人于門无咎

同人之初未有私主以剛在下上无係應可以无咎故其象占如此【附錄】凡一爻皆具二義吉者苟不如此則凶凶者苟不如此則吉如同人于門須是自出門去與人同則无咎若以人從欲則凶必大【纂註】蔡氏曰門一也同人之始出門即同未見遠近廣狹之情故无咎進即遇二故有此象丘行可曰兩戶爲門陰畫偶有門之象同人隨之初九節之九二皆前遇偶故謂之門一扇爲戶陽畫奇有戶之象節之初九亦前遇奇故謂之戶戶一而門二也

六二同人于宗吝

宗黨也六二雖中且正然有應於上不能大同而係於私吝之道也故其象占如此【附錄】易雖抑陰然有時把陰爲主如同人是也然此一陰雖是一卦之主又却柔弱做主不得祇銖問六二與九五柔剛中正上下相應可謂盡善却有同人于宗吝與先號咷之象曰以其太好兩者時位相應意趣相合只知欵密却无至公大同之心未免係於私故有吝觀二人同心其利斷金同心之言其臭如蘭固是他好處猶有失以其係於私暱而不能同也大凡悔者自凶而趨吉吝者自吉而趨凶銖【纂註】蔡氏曰宗謂二與五本應故曰宗

九三伏戎于莽升其高陵三歲不興

剛而不中上无正應欲同於二而非其正懼九五之

見攻故有此象

附録

九三只是伏于高陵之草莽中三歲不敢出與九四乘其墉皆爲剛盛而高三欲同二懼五見攻故升高伏戎欲敵之五剛不可奪故三歲不興而象曰不能行也銖問三四皆有爭奪之義何也曰只是爭六二一爻凡易之情近而不相得則凶六二與九五相應三以剛居剛則便迷而不反四以剛居柔便有反側底道理初上則在事外不相干涉所以无爭必大

纂註

程子曰卦惟一陰諸陽皆欲同之二以中正與五應三以剛強欲奪而同之然理不直義不勝故不敢顯發伏藏兵戎于林莽中懷惡而內負不直故又畏懼時升高陵以顧望如此至於三歲之久終不敢興此爻深見小人之情狀然不曰凶者以不敢發故未至於凶也○愚謂戎兵戎離象三居上卦之下有伏象居下卦之上有升高陵象位三有三歲象

九四乘其墉弗克攻吉

剛不中正又无應與亦欲同於六二而爲三所隔故爲乘墉以攻之象然以剛居柔故有自反而不克攻之象占者如是則是能改過而得吉也

纂註

蔡氏曰墉高處即四近五之地乘其墉才剛欲侵五也弗克攻志弱也

九五同人先號咷而後笑大師克相遇

五剛中正二以柔中正相應於下同心者也而爲三四所隔不得其同然義理所同物不得而間之故有此象然六二柔弱而三四剛強故必用大師以勝之然後得相遇也

附録

銖問二五同心爲三四所隔故先號咷師克相遇則後笑曰然

上九同人于郊无悔

居外无應物莫與同然亦可以无悔故其象占如此郊在野之內未至於曠遠但荒僻无與同爾

附録

同人于野是廣大无我之意同人于郊是无可與同之人取義不同自不相悖時舉

纂註

蔡氏曰國外曰郊郊外曰野雖在卦上猶未出乎卦也故曰郊 ○ 愚嘗疑此爻之旨而以諸爻例觀之初二五上皆稱同人獨三四不言同而曰伏戎不興乘墉弗克攻此則无與之同者也二之同宗而吝五之師克而同一不免於吝一不免於用師則於至公自然之道尚有可議者若初之同人于門上之同人于郊郊對門而言卦之首末可見曰无咎則同人之初已无疵之可咎曰无悔則同人之終又无過之可悔此皆同人之善者也今本義以爲无可與同以其无應而言耳然上雖无應之可同而爻辭實有同人之義況初九一爻亦无應此例可推姑記其說于此

䷍ 乾下離上

大有元亨

大有所有之大也離居乾上火在天上无所不照又六五一陰居尊得中而五陽應之故爲大有乾健離明居尊應天有亨之道占者有其德則大善而亨也 ○ 愚謂易以陽爲大凡卦稱大皆以陽得名大有以一陰統五陽大畜以一陽畜三陽大過四陽過盛於中大壯四陽壯長於下皆名之曰大也

初九无交害匪咎艱則无咎

雖當大有之時然以陽居下上无係應而在事初未涉乎害者也何咎之有然亦必艱以處之則无咎戒占者宜如是也

附錄 易之書大抵教人戒謹恐懼无有以爲易而處之者雖至易之事亦必以艱難處之然後无咎僴

纂註 蔡氏曰交即應之謂五之交如是也大有之初去五遠而非應无交也故有害之者害非己致故曰匪咎艱難處之其咎可无徐氏曰先師從橫渠之說蓋六五柔得尊位爲大有之主或應或近未見其有害者故六五曰厥孚交如二應於五三亨于五四與上近五遠而无交者惟初而已獨无得乎五是以无交而有害也世之君子固有當時之盛乃獨窮而在下不獲乎上患難之來有所不免亦

惟修身補過以竢之耳是不失此爻之義也

九二大車以載有攸往无咎　剛中在下得應乎上爲大車以載之象有所往而如是可以无咎矣占者必有此德乃應其占也

纂註　蔡氏曰大車二也載謂載五也剛健居中而應五故有大車以載之象

九三公用亨于天子小人弗克　亨春秋傳作享謂朝獻也古者亨通之亨享獻之享烹飪之烹皆作亨字九三居下之上公侯之象剛而得正上有六五之君虛中下賢故爲亨于天子之象占者有其德則其占如是小人无剛正之德則雖得此爻不能當也

附録　古文无享字亨享亨只通用如公用亨于天子解作享字便不是學蒙此亨字已有左氏所引可證如隨之王用亨于西山亦是祭享之享无疑

○愚案春秋傳曰晉文公將納王使卜偃筮之遇大有之睽曰吉遇公用亨于天子之卦戰克而王亨吉孰大焉則是卜偃時已讀爲亨矣

九四匪其彭无咎　彭字音義未詳程傳曰盛貌理或當然六五柔中之君九四以剛近之有僭偪之嫌然以其處柔也故有不極其盛之象而得无咎戒占者宜如是也

纂註　程子曰九四居大有之時已過中矣是大有之盛者也過盛則凶咎所由生故處之之道匪其彭則得无咎謂能謙損不處其太盛也彭盛多貌詩載驅行人彭彭行人盛多之狀大明駟騵彭彭言武王戎馬之盛也

六五厥孚交如威如吉　大有之世柔順而中以處尊位虛已以應九二之賢而上下歸之是其孚信之交也然君道貴剛大柔則廢當以威濟之則吉故其象占如此亦戒辭也

纂註　程子曰虛中爲孚信之象當大有之時人心安易若專尚柔順則陵慢生矣故必威如則吉旣以柔

大六十六小二千二百二

和孚信接下衆志說從又以威嚴使之畏善處有者也吉可知矣 ○愚謂六五位剛故有威如之象 **上九自天祐之吉无不利** 大有之世以剛居上而能下從六五是能履信思順而尚賢也滿而不溢故其占如此 附録 五之交孚信也而上能履之謙退不居思順也志從於五尚賢也天之所助者順人之所助者信所以有自天祐之吉无不利之象皆文繫辭此數句此爻遂无收殺以此見聖人讀易見爻辭有不分明處則於繫辭傳說破如此類是也

䷎ 艮下坤上 **謙亨君子有終** 謙者有而不居之義止乎內而順乎外謙之意也山至高而地至卑乃屈而止於其下謙之象也占者如是則亨通而有終矣有終謂先屈而後伸也 附録 謙便能亨又爲君子有終之象淵 篹註 徐氏曰君子有終主九三而言九三一卦之主而又居下卦之終故曰有終又諸卦三爻多言終

初六謙謙君子用涉大川吉 以柔處下謙之至也君子之行也以此涉難何往不濟故占者如是則利以涉川也 篹註 程子曰自處至謙衆所共與也雖用涉險難亦无患害況居平易乎何所不吉也 ○愚謂前有互體之坎故以大川言

六二鳴謙貞吉 柔順中正以謙有聞貞而且吉者也故其占如此 附録 鳴謙在六二又言貞者言謙而有聞須得其貞則吉蓋六二以陰處陰所以戒他要貞謙而不貞則近於邪佞上六之鳴却不同處謙之極而有聞則失謙本意蓋謙本不要人知況在人之上而有聞乎此所以志未得

九三勞謙君子有終

吉 卦唯一陽居下之上剛而得正上下所歸有功勞而能謙尤人所難故有終而吉占者如是則如其應矣 纂註 程子曰古之人有當之者
周公是也身當天下之大任上奉幼弱之主謙恭自牧蹇蹇如畏然可謂有勞而能謙矣○愚謂三居互體坎中故稱勞說卦亦曰坎勞卦也九三以一陽
爻為成卦之主 **六四无不利撝謙** 柔而得正上而能下其占无不利矣然居九三之上故戒以更當發
故爻辭與卦同
揮其謙以示不敢自安之意也 纂註 程子曰撝施布之象如人手之撝也動息進退必施其謙蓋居多懼之地又在賢臣之上故也 **六五**
不富以其鄰利用侵伐无不利 以柔居尊在上而能謙者也故為不富而能以其鄰之象蓋從
之者衆矣猶有未服者則利以征之而於他事亦无不利人有是德則如其占也 附錄 問謙是不與人爭如何五上言侵伐行師曰老子言大國
以下小國則取小國小國以下大國則取大國言抗兵相加哀者勝矣孫子曰
始如處女敵人開戶後如脫兎敵不及拒大抵謙自是用兵之道只退處一步
耳所以利用侵伐也蓋自初六積到六五上六謙亦極矣自宜人人服之尚更
不服則非人矣故利用侵伐也又曰坤為地為衆凡說國邑征伐處多是因坤
文蔚 **上六鳴謙利用行師征邑國** 謙極有聞人之所與故可用行師然以其質柔而无位故可以
征己之邑國而已 附錄 上六取象行師有坤處多言師如泰上六城復于隍勿用師之類坤為土土為國故云征邑國也砥 ○愚謂謙一卦六
爻下三爻皆吉而无凶上三爻皆利而无害易中吉利罕有若是純全
者謙之效固如此然艮體稱吉而坤體稱利者靜則多吉順則多利也

䷏ 坤下震上 **豫利建侯行師** 豫和樂也人心和樂以應其上也九四一陽上下應之其志得行又以坤遇震爲順以動故其卦爲豫而其占利以立君用師也 【纂註】蔡氏曰侯震也震爲長子有君道故屯利建侯亦取震象師坤也易言用師皆取坤象丘行可曰屯有震无坤則言建侯而不言行師謙有坤无震則言行師而不言建侯此合震坤成卦故兼之

初六鳴豫凶 陰柔小人上有強援得時主事故不勝其豫而以自鳴凶之道也故其占如此卦之得名本爲和樂然卦辭爲衆樂之義爻辭除九四與卦同外皆爲自樂所以有吉凶之異 【纂註】程子曰鳴發於聲也

六二介于石不終日貞吉 豫雖主樂然易以溺人溺則反而憂矣卦獨此爻中而得正是上下皆溺於豫而獨能以中正自守其介如石也其德安靜而堅確故其思慮明審不俟終日而見凡事之幾微也大學曰安而後能慮慮而後能得意正如此占者如是則貞而吉矣 【纂註】蔡氏曰坤體居中靜之至者又與四无係介然自守不流於豫石者安靜之象故取以爲象程子曰豫之諸爻多不得正惟六二中正无應爲自守之象當豫之時獨能以中正自守可謂特立之操是其節介于石之堅也介于石其介如石也人於豫樂心說之故遲遲遂至於耽戀不能已二以中正自守其介如石其去之速不俟終日故貞正而吉也處豫不可安且久也久則溺矣如二可謂見幾而作者也張舜文曰互體艮有石象

六三盱豫悔遲有悔 盱上視也陰不中正而近於四四爲卦主故六三上視於四而下溺於豫宜有悔者也故其象如此而其占爲事當速悔若悔之遲則必有悔也 【附錄】盱豫悔言覷着六四之豫便當速悔遲時便有悔淵問上視於

一千一百八十五

四而下溺於豫未曉曰趨時附勢以得富貴而自以爲樂者也道夫

九四由豫大有得勿疑朋盍簪

九四卦之所由以爲豫者也故其象如此而其占爲大有得然又當至誠不疑則朋類合而從之矣故又因而戒之簪聚也又速也

【附録】由豫猶言由頤淵四以震體之陽爲陰主如大臣轉天下之危爲安上无爲而下佚樂故曰豫學蒙

【纂註】徐氏曰大剛也一剛而得五柔故曰大有得居位非正故有疑朋謂衆柔丘行可曰盍合也簪聚也簪笄屬所以聚髮也卦五柔爻皆斷一剛爻獨連故以簪爲象

六五貞疾恒不死

當豫之時以柔居尊沈溺於豫又乘九四之剛衆不附而大勢危故爲貞疾之象然以其得中故又爲恒不死之象即象而觀占在其中矣

【纂註】程子曰權之所主衆之所歸皆在於四四陽剛得衆非耽惑柔弱之君所能制乃柔弱不能自立之君受制於專權之臣也居得君位貞也受制於下疾也六居尊位權雖失而位未亡故云貞疾恒不死如漢魏末世之君也

上六冥豫成有渝无咎

以陰柔居豫極爲昏冥於豫之象以其動體故又爲其事雖成而能有渝之象戒占者如是則能補過而无咎所以廣遷善之門也

【纂註】【總論六爻】丘行可曰豫以九四一爻爲主其位上逼六五有權臣處君側之象故本爻謂之由豫以衆陰由己而豫也在他爻皆以不從四爲善初應則鳴豫凶三比則盱豫悔五乘則貞疾恒不死上同震體亦不免於冥豫而後有渝焉惟六二一爻陰柔中正與四无係獨能介于石不終日而貞吉豫之不可溺也如此徐氏曰豫有三義曰和豫曰逸豫曰備豫彖象所言和豫也六爻所言逸豫也豫備不虞卦爻无此義傳曰重門擊柝以待暴客蓋取諸豫此備豫也

☱☳ 震下兌上 **隨元亨利貞无咎** 隨從也以卦變言之本自困卦九來居初又自噬嗑九來居五而自未濟來者兼此二變皆剛來隨柔之義以二體言之爲此動而彼說亦隨之義故爲隨已能隨物物來隨已彼此相從其通易矣故其占爲元亨然必利於貞乃得无咎若所隨不貞則雖大亨而不免於有咎矣春秋傳穆姜曰有是四德隨而无咎我皆无之豈隨也哉今案四德雖非本義然其下云云深得占法之意

【纂註】程子曰隨之道可以致大亨也君子之道爲衆所隨與已隨於人及臨事擇所隨皆隨也隨得其道則可以致大亨也凡人君之從善臣下之奉命學者之從義臨事而從長皆隨也隨之道利在於貞正隨得其正然後能大亨而无咎失其正則有咎矣豈能亨乎

初九官有渝貞吉出門交有功 卦以物隨爲義爻以隨物爲義初九以陽居下爲震之主卦之所以爲隨者也旣有所隨則有所偏主而變其常矣惟得其貞則吉又當出門以交不私其隨則有功也故其象占如此亦因以戒之

【附録】問官是主字之義是一卦之主首變得貞便吉不貞便凶曰是如此又曰這是變了只是要出門交便有功砥

【纂註】蔡氏曰門二也徐氏曰二居中得正初隨之而不失其正則有功也程子曰人心所從多所親愛者也常人之情愛之則見其是惡之則見其非故妻孥之言雖失而多從所憎之言雖善而爲惡也苟以親愛而隨之則是私情所與豈合正理故出門而交則有功也

六二係小子失丈夫 初陽在下而近五陽正應而遠二陰柔不能自守以須正應故其象如此凶咎可知不假言矣

【附録】係小子失丈夫程傳是淵

【纂註】程子曰二應五而比初隨先於近柔不能固守故爲之戒云若

係小子則失丈夫也初陽在下小子也五正應在上丈夫也二若志係於初則失九五之正應是失丈夫也

六三係丈夫失小子隨有求得利居貞　丈夫謂九四小子亦謂初也三近係四而失於初其象與六二正相反四陽當任而己隨之有求必得然非正應故有不正而爲邪媚之嫌故其占如此而又戒以居貞也

〔纂註〕程子曰四亦无應无隨之者近得三之隨必與之親善故三之隨四有求必得也雖然固不可非理枉道以隨於上苟取愛悅以遂所求乃小子邪諂趨利之爲也故云利居貞自處於正則所謂有求而必得者乃正事君子之隨也

九四隨有獲貞凶有孚在道以明何咎　九四以剛居上之下與五同德故其占隨而有獲然勢凌於五故雖貞而凶唯有孚在道而明則上安而下從之可以无咎也占者當時之任宜審此戒

九五孚于嘉吉　陽剛中正下應中正是信于善也占者如是其吉宜矣

上六拘係之乃從維之王用亨于西山　居隨之極隨之固結而不可解者也誠意之極可通神明故其占爲王用亨于西山亨亦當作祭享之享自周而言岐山在西凡卜祭山川者得之其誠意如是則吉也　○　愚謂當隨之世陰柔不能自立必附陽而後能有立故三陰爻皆言係取依係於人而能立之象如是則一卦取陰隨陽之義爲多

䷑ 巽下艮上 **蠱元亨利涉大川先甲三日後甲三日**　蠱壞極而有事

也其卦艮剛居上巽柔居下上下不交下卑巽而上苟止故其卦爲蠱或曰剛上柔下謂卦變自賁來者初上二下自井來者五上上下自既濟來者兼之亦剛上而柔下皆所以爲蠱也蠱壞之極亂當復治故其占爲元亨而利涉大川甲日之始事之端也先甲三日辛也後甲三日丁也前事過中而將壞則可自新以爲後事之端而不使至於大壞後事方始而尚新然更當致其丁寧之意以監其前事之失而不使至於速壞聖人之戒深矣

【附録】上頭底只管剛下頭底只管要柔又只巽順事事不向前下卑巽而上苟止安得不蠱舊聞趙德莊如此說必大皿蟲爲蠱言器中盛那蟲教它自相併便是積畜到那壞爛底意思一似漢唐之衰弄得來到那極弊大壞時所以言元亨蓋極弊則將復治故言元亨淵

【纂註】程子曰既蠱則有復治之理自古治必因亂亂則開治理自然也則能致元亨也甲數之首事之始也治蠱之道當思慮其先後三日推原先後爲救弊可久之道先甲謂先於此究其所以然也後甲謂後於此慮其將然也一日二日至於三日言慮之深推之遠也究其所以然則知救之之道慮其將然則知備之之方善救則前弊可革善備則後利可久此古之聖王所以新天下而垂後世也後之治蠱者不明聖人先甲後甲之誡慮淺而事近故勞於救亂而亂不革功未成而弊已生矣

初六幹父之蠱有子考无咎厲終吉

幹如木之幹枝葉之所附而立者也蠱者前人已壞之緒故諸爻皆有父母之象子能幹之則飭治而振起矣初六蠱未深而事易濟故其占爲有子則能治蠱而考得无咎然亦危矣戒占者宜如是又知危而能戒則終吉也

【附録】問有子考无咎與意承考之考皆是指父在父在而得云考何也曰古人多通言如康誥大傷厥考心可見銖

【纂註】程子曰子幹父

蠱之道能堪其事則爲有子而考得无咎不然則爲父之累故必惕厲則得終吉也處卑而尸尊事自當兢畏則可以終吉

九二幹母之蠱不可貞九二剛中上應六五子幹母蠱而得中之象以剛乘柔而治其壞故又戒以不可堅貞言當巽以入之也【附錄】幹母之蠱程傳是植【纂註】程子曰子之於母當以柔巽輔導之使得於義不順而致敗蠱則子之罪也從容將順豈无道乎若伸己陽剛之道遽然矯拂則傷恩所害大矣安能入乎在乎屈己下意巽順將承使之身正事治而已故曰不可貞謂不可貞固盡其剛直之道如是乃得中道也

九三幹父之蠱小有悔无大咎過剛不中故小有悔巽體得正故无大咎【纂註】程子曰三以陽處剛而不中剛之過也然而在巽體雖剛過而不爲无順順事親之本也又居得正故无大過以剛陽之才克幹其事雖以剛過而有小小之悔終无大過咎也然有小悔已非善事親也

六四裕父之蠱往見吝以陰居陰不能有爲寬裕以治蠱之象也如是則蠱將日深故往則見吝戒占者不可如是也【附錄】三四兩爻說得悔吝最分明九三有悔而无咎由凶而趨吉也六四雖目下无事然却終吝由吉而趨凶也元祐間劉莘老劉器之之徒必欲盡去小人却是未免有悔至其他諸公欲且寬裕无事莫大段整頓不知目前雖遮掩拖延得過後面憂吝却多可以見聖人之深戒銖【纂註】劉壽翁曰強以立事爲幹怠而委事爲裕事弊而裕之弊益甚矣蓋六四體艮之止而爻位俱柔夫貞固足以幹事今止者怠柔者懦怠且懦皆增益其蠱者也持是以往吝道也安能治蠱邪

六五幹父之蠱用譽柔中居尊而九二承之以德以

此幹蠱可致聞譽故其象占如此【纂註】程子曰五居尊位以陰柔之質下應九二陽剛之臣而倚任之然已實陰柔故不能爲創始開基之事承其舊業則可矣故爲幹父之蠱夫創業垂統之事非剛明之才則不能繼世之君雖柔弱之資苟能任剛賢則可以爲善繼而成令譽也太甲成王皆以臣而用譽者也

上九不事王侯高尚其事

剛陽居上在事之外故爲此象而占與戒皆在其中矣【附錄】不事王侯无位之地如何出得來便幹箇甚麽柄問占與戒皆在其中曰有此事則其占如此又戒其必如此乃可也若得此象而不能從則有凶矣當此時節若能斷然不事王侯高尚其事不半上落下或出或入則其志貞可法則矣只爲人不能如此也銖【纂註】徐氏曰陽剛居上下無應與又居艮體在事之外故爲不事王侯高尚其事之象程子曰賢人君子不偶於時而高潔自守不累於世務則自善其身尊高敦尚其事守其志節而已士之自高尚亦非一道有懷抱道德不偶於時而高潔自守者有知止足之道退而自保者有量能度分安於不求知者有清介自守不屑天下之事獨潔其身者所處雖有得失小大之殊皆自高尚其事者也（總論六爻）蔡氏曰蠱者壞極而有事也前事既壞後事必飭猶父没則子當繼之故取家事爲象然爲家之道貴剛柔得中過於剛則悔過於柔則吝故九三有悔六四見吝也初六九二六五上九或位剛爻柔或位柔爻剛剛柔相濟皆得治蠱之道者也○愚謂蠱以父母取象者家之蠱乃前人已壞之事卦之蠱由巽艮而成則巽艮有父母致蠱之象矣爻則逐爻取義故皆以子幹蠱爲言上獨不取子象者以幹至五而用譽无復蠱之可幹故又取不事王侯之象諸爻中幹父者凡四幹母者惟一又見母道巽順猶爲未害父乃止而不爲其弊有不可勝言者

一千一百八十九

䷒兌下坤上**臨元亨利貞至于八月有凶**臨進而淩逼於物也二陽浸長以逼於陰故爲臨十二月之卦也又其爲卦下兌說上坤順九二以剛居中上應六五故占者大亨而利於貞然至于八月當有凶也八月謂自復卦一陽之月至于遯卦二陰之月陰長陽遯之時也或曰八月謂夏正八月於卦爲觀亦臨之反對也又因占而戒之【附錄】問臨字不特是上臨下之謂凡進而逼近者皆謂之臨曰然學蒙問八月有兩說孰長曰前說是周正八月後說是夏正八月恐文王繫卦時只用周正紀之不可知也銖【纂註】蔡氏曰臨與遯反臨爲建丑之月則遯爲建未之月也自臨之初爻至遯之二爻在卦經八爻於月經八月剛柔皆變臨盡消矣故曰至于八月有凶程子曰二陽方長於下陽道嚮盛之時聖人豫爲之戒四陽雖方盛至於八月則其道消矣是有凶也大率聖人爲戒必於方盛之時方盛而慮衰則可以防其滿極而圖永久若既衰而後戒亦无及矣自古天下安治未有久而不亂者蓋不能戒於盛也方其盛而不知戒故狃安富則驕侈生樂舒肆則綱紀壞忘禍亂則釁孽萌是以浸淫不知亂之至也

初九咸臨貞吉卦唯二陽偏臨四陰故二爻皆有咸臨之象初九剛而得正故其占爲貞吉

九二咸臨吉无不利剛得中而勢上進故其占吉而无不利也

六三甘臨无攸利既憂之无咎陰柔不中正而居下之上爲以甘說臨人之象其占固无所利然能憂而改之則无咎也勉人遷善爲教深矣【附錄】三近二陽也去臨他如小人在上位卻把甘言好語臨在下之君子砥【纂註】蔡氏曰爻柔而位不正兌體而迫於剛故以甘說邪

君宣

佞而臨乎二也然剛長以正又豈甘說邪佞之所利也能順剛長之正理憂懼知變不爲甘說之態雖咎亦不長也

六四至臨无咎 處得其位下應初九相臨之至宜无咎者也 （附録）至臨无咎未是極好只是與初相臨得切至故謂之至砥

六五知臨大君之宜吉 以柔居中下應九二不自用而任人乃知之事而大君之宜吉之道也

上六敦臨吉无咎 居卦之上處臨之終敦厚於臨吉而无咎之道也故其象占如此 （附録）上六敦臨自至臨積累至極處有敦篤之義艮上九亦謂之敦艮復上六不好了所以只於五爻謂之敦復居臨之時二陽得時上進陰不敢與之爭而志與之應象所謂在內者非謂正應只是內卦與二陽應也又曰此便是好卦不獨說道理自是好讀所謂卦有大小辭有險易此便是大底卦砥 （纂註）二剛浸長進逼於柔此雖成卦之體而雜卦又曰臨觀之義或與或求與者又言上下相與爲臨也爻辭初二咸臨此下臨上剛臨柔也三甘臨四至臨五知臨上敦臨此上臨下柔臨剛也上下相臨所謂與也

䷓ 坤下巽上 **觀盥而不薦有孚顒若** 觀者有以中正示人而爲人所仰也九五居上四陰仰之又內順外巽而九五以中正示天下所以爲觀盥將祭而潔手也薦奉酒食以祭也顒然尊嚴之貌言致其潔清而不輕自用則其孚信在中而顒然可仰戒占者常如是也或曰有孚顒若謂在下之人信而仰之也此卦四陰長而二陽消正爲八月之卦而名卦繫辭更取他義亦扶陽抑陰之意 （附録）問觀盥而不薦只是取未薦之時誠意渾全而未散今乃云觀盥而不薦何也曰祭祀无不薦者此是假設來說薦是用事了盥是未用事之初云不薦者言常持

得這誠敬如盥之意常在若薦則是用出用出則纔畢便過了无復有初意矣詩云心乎愛矣遐不謂矣中心藏之何日忘之楚詞云愛君子兮不敢言正是此意說出這愛了則都无事可把持矣惟其不說但藏在中心所以常見其不忘也學蒙問本義以爲致其潔清而不輕自用則是聖人在上視聽言動皆當爲天下法而不敢輕亦猶祭祀之時致其潔清而不敢輕用否曰然僩伊川云人君正其表儀以爲下民之觀當莊嚴如始盥之初勿使誠意少散如既薦之後某看觀卦意思不是如此觀義自說聖人至德出治天下自然而化更不待用力而下莫不觀感而化故取義於盥意謂積誠信之至但是盥滌而不待乎薦亨有孚巳自顯若故彖曰下觀而化也賀孫問四陰長而二陽消正八月之卦而名卦繫辭不取此義何也曰只爲九五中正以觀示天下事都別了以此見易不可執一看所謂不可爲典要唯變所適也銖問觀陰盛而不言凶咎何也曰此卦取義不同蓋陰雖盛而於九五之君乃當正位故只取爲觀於下之義而不取陰盛之象也時舉問觀觀之義曰自上示下曰觀去聲自下觀上曰觀平聲故卦名之觀去聲六爻之觀皆平聲僩〇愚謂此卦四陰長一陽消名卦繫辭雖取他義而初則稱小人且致戒於君子五上皆稱君子无咎崇陽抑陰之意爻尤可見

初六童觀小人无咎君子吝 卦以觀示爲義據九五爲主也爻以觀瞻爲義皆觀乎九五也初六陰柔在下不能遠見童觀之象小人之道君子之羞也故其占在小人則无咎君子得之則可羞矣

六二闚觀利女貞 陰柔居內而觀乎外闚觀之象女子之貞也故其占如此丈夫得之則非所利矣

【纂註】徐氏曰闚門中視也陰柔居內而觀外雖與五爲應前爲三四所蔽所見不明闚觀之象

六三觀

我生進退 我生我之所行也六三居下之上可進可退故不觀九五而獨觀己所行之通塞以爲進退占者宜自審也 **六四觀國之光利用賓于王** 六四最近於五故有此象其占爲利於朝覲仕進也 纂註 程子曰觀莫明於近五以陽剛中正居尊位聖賢之君也四切近之觀見其道故云觀國之光觀見國之盛德光輝也不指君之身而云國者在人君而言豈止觀其行一身乎當觀天下之政化則人君之道德可見矣利用賓于王聖明在上則懷抱才德之人皆願進於朝輔戴之以康濟天下四旣觀見人君之德國家之治光華盛美所宜賓于王朝古者有賢德之人則人君賓禮之故士之仕進於朝則謂之賓 **九五觀我生君子无咎** 九五陽剛中正以居尊位其下四陰仰而觀之君子之象也故戒居此位得此占者當觀己所行必其陽剛中正亦如是焉則得无咎也 **上九觀其生君子无咎** 上九陽剛居尊位之上雖不當事任而亦爲下所觀故其戒辭略與五同但以我爲其小有主賓之異耳

附錄 其生謂言行事爲之見於外者 荅呂光祖砥問觀我生觀其生之別曰我者彼我對待之言是以彼觀此觀其生是以此自觀六三之觀我生進退者事君則觀其言聽計從治民則觀其政教可行膏澤可下可以見自家所施之當否而爲進退九五之觀我生如觀風俗之媺惡臣民之從違可以觀自家所施之善惡上九之觀其生則自就自家視聽言動應事接物處自觀僴觀我是自觀如視履考祥底語勢觀其亦是自觀却從別人說易中其字不說別人只是自家如乘其墉之類僴九五上九君子无咎蓋於君子有陽剛之德故无咎小人无此德自不當得此爻銖總論六爻問觀六爻一爻勝似一爻豈

所據之位愈高則所見愈大耶曰上二爻意思自別下四爻是以所據之位愈近則所見愈親切意思學蒙

䷔ 震下離上 **噬嗑亨利用獄** 噬齧也嗑合也物有間者齧而合之也爲卦上下兩陽而中虛頤口之象九四一陽間於其中必齧之而後合故爲噬嗑其占當得亨通者有間故不通齧之而合則亨通矣又三陰三陽剛柔中半下動上明下雷上電本自益卦六四之柔上行以至於五而得其中是知以陰居陽雖不當位而利用獄蓋治獄之道唯威與明而得其中之爲貴故筮得之者有其德則應其占也【纂註】程子曰聖人以卦象而比於天下之事在口則爲有物隔而不得合在天下則爲有強梗或讒邪間隔其間故不得合也當用刑法小則懲誡大則誅戮以除去之然後天下之治得成矣至於一國一家至於萬事所以不合者皆由有間也无間則合矣○愚謂易六十四卦彖辭惟噬嗑取象於獄者以上下兩陽而中虛有獄之象九四一陽間於其中有獄囚之象明照而威震動必察情噬之使嗑有利用獄之象也

初九屨校滅趾无咎 初上无位爲受刑之象中四爻爲用刑之象初在卦始罪薄過小又在卦下故爲屨校滅趾之象止惡於初故得无咎占者小傷而无咎也【纂註】蔡氏曰屨履也校械也滅没也趾在下人所用以行者初象滅趾謂受刑於初所傷者小也止惡於初則小懲大戒罪過止息而不行故无咎

六二噬膚滅鼻无咎 祭有膚鼎蓋肉之柔脆噬而易嗑者六二中正故其所治如噬膚之易然以柔乘剛故雖甚易亦不免於傷滅其鼻占者雖傷而終无咎也【纂註】蔡氏曰以六居二故曰噬膚鼻體之中正者也乘剛非六二所安故又取滅鼻爲象

六

三噬腊肉遇毒小吝无咎　腊肉謂獸腊全體骨而爲之者堅韌之物也陰柔不中正治人而人不服爲噬腊遇毒之象占雖小吝然時當噬嗑於義爲无咎也

附録　腊肉遇毒則是所噬者堅韌難合六三以陰柔不中正而遇此所以遇毒而小吝然此亦是合當治者但難治耳治之雖小吝終无咎也

九四噬乾胏得金矢利艱貞吉　胏肉之帶骨者與胾通周禮獄訟入鈞金束矢而後聽之九四以剛居柔得用刑之道故有此象言所噬愈堅而得聽訟之宜也然必利於艱難貞固則吉戒占者宜如是也

附録　得金矢荊公巳嘗引周禮鈞金之說僴問不知古人獄要鈞金束矢之意如何曰這不見得想是詞訟時便令他納此教他无切要底事不敢來又問如此則不問曲直一例出此則實有冤枉者亦懼而不敢訴矣曰這却須是大切要底事如平常事又別有所在

纂註　程子曰在噬嗑四最爲○愚案周禮秋官大司寇以兩造禁民訟入束矢於朝然後聽之以兩劑禁民獄入鈞金三日乃致于朝然後聽之注訟謂以財貨相告者造至也使訟者兩至既兩至使入束矢乃治之不至不入束矢則是自服不直者也必入束矢者取其直也古者一弓百矢束矢其百矢與獄謂相告以罪名者劑今券書使獄者各齎券書既兩券書使入鈞金又三日乃治之重刑也不券書不入金則是亦自服不直者也必入金者取其堅也三十斤曰鈞

六五噬乾肉得黃金貞厲无咎　噬乾肉難於膚而易於腊胏者也黃中色金亦謂鈞金六五柔順而中以居尊位用刑於人人无不服故有此象然必貞厲乃得无咎亦戒占者之辭

附録　總論四五兩爻問九四利艱貞六五貞厲皆有艱難貞固危懼之意

故皆為戒占者之辭曰亦是爻中元有此道理大抵纔是治人彼必為
敵不是易事故雖時位卦德得用刑之宜亦須以艱難貞固處之銖
蔡氏曰貞位正也厲乘剛也无咎
得當者以柔治剛不至乎過也

上九何校滅耳凶

何負也過極之
陽在卦之上惡
極罪大凶之道也
故其象占如此【纂註】
總論六爻蔡氏曰噬之用在中故中四爻為噬也初
上二爻受噬者也為噬故爻辭皆稱噬受噬故爻无
噬辭丘行可曰初過小而在下故屨校滅趾為用獄之始上惡極而怙終故何
校滅耳為用獄之終中四爻治獄之人然卦才剛柔不同噬之難易亦異二以
柔居柔於象為噬膚易噬者也五以柔居剛剛柔得中於象為噬乾肉比噬膚
則難矣三柔中有剛肉藏骨之象故曰噬腊肉比乾肉又難也四剛中有柔骨
聯肉之象故曰噬乾胏胏則骨大於腊噬之最難者也此中四爻之別也○愚
然二滅鼻三遇毒四艱貞五貞厲者言治獄之道當致謹而不可輕也　謂
以全體言九四為一卦之間則受噬者在四彖辭利用獄是刑四也以六爻言
則受噬者在初上故初上皆受刑四反為噬之主與三陰爻同噬之彖爻取象
有不同如此爻中稱腊稱乾
皆離象故說卦曰離為乾卦

䷕ 離下艮上 **賁亨小利有攸往**

賁飾也卦自損來者柔自三來而文二
剛自二上而文三自既濟而來者柔自
上來而文五剛自五上而文上又內離而外艮有文明而各得其分之象故為
賁占者以其柔來文剛陽得陰助而離明於內故為亨以其剛上文柔而艮止
於外故小
利有所往【纂註】
徐氏曰有質必有文質者本也文者所以賁飾之也賁以剛
柔往來交錯為文而成卦而剛大柔小乾剛為質於內而柔

來文之本剛得柔大者遯矣又六二中正得位无往不通故亨坤柔爲質於外而剛往文之本柔得剛小者利矣

初九賁其趾舍車而徒剛德明體自賁於下爲舍非道之車而安於徒步之象占者自處當如是也

【纂註】程子曰趾取在下而所以行也君子修飾之道正其所行守節處義其行不苟義或不當則舍車輿而寧徒行衆人之所羞而君子以爲賁也

六二賁其須二以陰柔居中正三以陽剛而得正皆无應與故二附三而動有賁須之象占者宜從上之陽剛而動也

【纂註】程子曰須隨頤而動者也動止惟係於所附

九三賁如濡如永貞吉一陽居二陰之間得其賁而潤澤者也然不可溺於所安故有永貞之戒

【纂註】蔡氏曰三陷二柔之中有坎象故曰濡如坎剛中心亨故永貞吉

六四賁如皤如白馬翰如匪寇婚媾皤白也馬人所乘人白則馬亦白矣四與初相賁者乃爲九三所隔而不得遂故皤如而其往求之心如飛翰之疾也然九三剛正非爲寇者也乃求婚媾爾故其象如此

【附錄】此爻无所賁飾其馬亦白也言无飾之象如此學蒙○愚謂馬震坎象皆取互體指九三言也翰如言九三求六四之心如飛翰之疾也

六五賁于丘園束帛戔戔吝終吉六五柔中爲賁之主敦本尚實得賁之道故有丘園之象然陰性吝嗇故有束帛戔戔之象束帛薄物戔戔淺小之意人而如此雖可羞吝然禮奢寧儉故得終吉

【附錄】問敦本尚實莫是反朴還淳之義曰賁取賁飾之義他今却來賁田園爲農圃之事當賁之時若是鄙吝然却得終吉吉則有喜故象云有喜也砥六五是止

體上比於九漸漸到極處若一向賁飾去亦自不好須是收斂方得砥問或以戔戔爲盛多貌曰非也戔戔者淺小義凡淺字箋字皆從戔字人桀戔戔是狹小不足之意六居尊位却如此敦本尚儉便似嗇吝如衛文公漢文帝雖○愚是吝却終吉此在賁卦有反本之義到上九便白賁和束帛之類都沒了案子夏傳云束帛五疋爲束三玄二纁象陰陽也

上九白賁无咎 賁極反本復於无色善補過矣故其象占如此 附録 賁飾之事太盛則有咎所以處太盛之終則歸於白賁勢當然也僩

䷖ 坤下艮上 **剥不利有攸往** 剥落也五陰在下而方生一陽在上而將盡陰盛長而陽消落九月之卦也陰盛陽衰小人壯而君子病又內坤外艮有順時而止之象故占得之者不可以有所往也

初六剥牀以足蔑貞凶 剥自下起滅貞則凶故其占如此蔑滅也 纂註 蔡氏曰牀者人之所安其體則上實下虛故取以象剥足在下又取以象初蔑无也貞正也謂上剛初去上最遠剥滅于下而自失其正故曰蔑貞陽不可无也蔑貞凶矣故戒

六二剥牀以辨蔑貞凶 辨牀幹也進而上矣 附録 問剥之初與二蔑貞凶是以陰蔑陽以小人蔑君子之貞道凶之象也不知只是陽與君子當之則凶爲復陰與小人亦自爲凶曰自古小人蔑害君子終亦有凶但此爻象只是說陽與君子之凶也 纂註 孔氏曰辨謂牀身之下足之上分辨處也

六三剥之无咎 衆陰方剥陽而己獨應之失其黨而從正无咎之道也占者如是則得无咎 纂註 程子曰三處剥之道爲无咎如東漢呂強

足也六四剝牀以膚凶陰禍切身故不復言蔑貞而直言凶也六五貫魚以宮人寵无不利魚陰物宮人陰之美而受制於陽者也五爲衆陰之長當率其類受制於陽故有此象而占者如是則无不利也

質叅註

程子曰剝及君位剝之極也其凶可知故更不言剝而別設義以開小人遷善之門五羣陰之主也魚陰物故以爲象五能使羣陰順序如貫魚然反獲寵愛於在上之陽如宮人則无不利也一陽在上衆陰有順從之道故發此義張舜元曰柔得尊位衆陰以次相傳有后以宮人備數進御於君之象南軒張子曰五雖君位而卦有陰爲之主不取君義者坤剝遯明夷歸妹旅也非人君所處故无君義

上九碩果不食君子得輿小人剝廬一陽在上剝未盡而能復生君子在上則爲衆陰所載小人居之則剝極於上自失所覆而无復碩果得輿之象矣取象既明而君子小人其占不同聖人之情益可見矣

附錄

只不食便有復生之意士繇上九之象謂一陽在上如碩大之果人不及食而獨留於上如君子在上而小人皆載於下則是君子之得輿也然小人雖載君子乃欲自下而剝之則是自剝其廬耳蓋唯君子乃能覆蓋小人小人必賴君子以保其身今小人欲剝君子則君子亡而小人亦无所容其身如自剝其廬也且看自古小人欲害君子害得盡後國破家亡其小人曾有存活得者否故聖人象曰君子得輿民所載也小人剝廬終不可用也若人占得此爻則爲君子之所爲者必吉而爲小人之所爲者必凶矣其象如此而理在其中却不是因欲說道理而後說象也時舉陰到這裏時把他這些陽都剝了此是自剝其廬舍无安身處衆小人托一君子爲庇覆若更剝了是自剝其廬舍便不成剝

千二百五十七

了淵〔總論剝復二卦〕自觀至剝三十日剝方盡自剝至坤三十日復方成坤三十日陽漸長至冬至方是一陽第二陽方從此生去陰剝每日剝三十分之一一月方剝得盡陽長每日長三十分之一一月方長得成一陽陰剝時一日十二時亦每時中漸漸剝全一日方剝得三十分之一陽長之漸亦如此長黄榦舉冬至子之半先生曰正是及子之半方成一陽子之半後第二陽方生虞復之六恰似月弦望便見得陰陽生逐漸如此陰不會一上剝陽不會一上長寓

〔纂註〕蔡氏曰君子謂剛也輿者在下載上之物謂衆柔也主剛而言則一剛在上而乘衆柔故有君子得輿之象小人衆柔也廬者在上庇下之物謂剛也主柔而言則衆柔下進而剝剛故有小人剝廬之象程子曰諸陽消剝已盡獨有上九一爻尚存如碩大之果不見食將有復生之理上九亦變則純陰矣然陽无可盡之理變於上則生於下无間可容息也聖人發明此理以見陽與君子之道不可亡也或曰剝盡則爲純坤豈復有陽乎曰以卦配月則坤當十月以氣消息言則陽剝爲坤陽來爲復陽未嘗盡也剝盡於上則復生於下故十月謂之陽月恐疑其无陽也陰亦然聖人不言耳〇案朱子云陽无可盡之理說得甚精且以卦配月剝九月坤十月復十一月剝一陽尚存復一陽已生又坤純陰陽氣闕了三十日安得謂之无盡嘗細考之這一陽不是忽地生出纔交立冬便萌芽下面有些氣象了上面剝一分下面便萌芽一分上面剝二分下面便萌芽二分積累到那復處方成一陽坤初六便是陽已萌了或問陽无可盡之理變於上則生於下无間可容息竊意變於上則生於下乃剝復相因之理畢竟須經由坤坤純陰无陽如此陽有斷絶也何以能生於復曰凡陰陽之生一爻當一月須是滿三十日方滿得那腔子做得一畫成今坤卦非是无陽始生甚微未滿那腔子做一畫未成非是坤卦純陰便无陽也然此

亦不是深奥事但伊川欠幾句説漸消漸長之意故今人做一箇大事看道大問陰亦然聖人不言耳今以夬乾姤推之可見但所謂聖人不言者何如曰聖人所以不言者這便是一箇參贊裁成之道蓋抑陰而進陽長善而消惡用君子而退小人這便可見此理自是恁地雖堯舜之世豈无小人但有聖人壓在上面不容他出而有爲耳豈能使之无邪

䷗ 震下坤上 **復亨出入无疾朋來无咎反復其道七日來復利有攸往**

復陽復生於下也剝盡則爲純坤十月之卦而陽氣已生於下矣積之踰月然後一陽之體始成而來復故十有一月其卦爲復以其陽既往而復反故有亨道又內震外坤有陽動於下而以順上行之象故其占又爲已之出入既得无疾朋類之來亦得无咎又自五月姤卦一陰始生至此七爻而一陽來復乃天運之自然故其占又爲反復其道至於七日當得來復又以剛德方長故其占又爲利有攸往也反復其道往而復來來而復往之意七日者所占來復之期也

附録 陽无驟生之理如冬至前十月中氣是小雪陽已生三十分之一分到得冬至前幾日須已生到二十七八分到至日方成一畫不是昨日全无今日一旦便都復了大抵剝盡處便生如列子所謂運轉无已天地密移疇覺之哉凡一氣不頓進一形不頓虧亦是不覺其成不覺其虧蓋陰陽浸消浸長人之一身自少及老亦莫不然賀孫如人胞胎十月具方成箇兒子植從十月積起至冬至成一爻不成一陽是陡頓生亦須以分毫積起且天運流行本无一息間斷豈解一月无陽且如木之黃落時萌芽已生了不特如此木之冬青者必先萌芽而後舊葉方落

若論變時天地无時不變如楞嚴經第二卷首段所載非惟一歲有變月亦有之非惟月有變日亦有之非惟日有變時亦有之但人不知耳此說亦是義剛問復一陽動於下而云朋來无咎何也曰方一陽生未有朋類必竟是陽長將次漸進以其爲君子之道故亨通而无咎也砥七日只取七義猶八月有凶只取八義淵 纂註 蔡氏曰出謂由剝上出而爲坤入謂由坤下入而爲復又曰陽自建午之月漸消漸剝至建子之月而爲復在卦經七爻於時經七月故曰七日來復不言月而言日 ○愚謂出入朋來復義无疾无咎亨義七日來復論陽之長也猶八月有凶論陽之消者猶詩所謂一之日二之日也也七八皆取爻義論其消曰月者幸其消之遲論其長曰日者幸其長之速也

初九不遠復无祇悔元吉

一陽復生於下復之主也祇抵也又居事初失之未遠能復於善不抵於悔向善而吉之道也故其象占如此 附錄 出入无時是此心豈知雞犬易追尋請看屏上初爻旨便識名齋用意深復齋偶題復雖一陽生然而與衆陰不相亂如人之善端方萌雖小而不爲衆惡所遏底意思學蒙問一陽復在人言之只是善端萌處否曰以善言之是善端方萌處以惡言之昏迷中有悔悟向善意便是復如睡到忽然醒覺時亦是復氣象又如人之沉滯道不得行到極處忽少亨通雖未大行已有可行之兆亦是復這道理千變萬化隨所在无不渾淪淳 纂註 程子曰復爲反善之義失而後有復不失則何復之有唯失之不遠而復則不至於悔大善而吉也

六二休復吉

柔順中正近於初九而能下之復之休美吉之道也 附錄 初爻爲仁之體六二爻能下之謂下附於仁者學莫便於近乎仁既得仁者而親之資其善以自益則力不勞而學美矣故曰休復吉僩

六三頻

復厲无咎以陰居陽不中不正又處動極復而不固屢失屢復之象屢失故危復則无咎故其占又如此 纂註 程子曰復善而屢失危之道也聖人開遷善之道與其復而危其屢失故云厲无咎不可以頻失而戒其復也頻失則爲危屢復何咎過在失而不在復也

六四中行獨復四處羣陰之中而獨與初應爲與衆俱行而獨能從善之象當此之時陽氣甚微未足以有爲故不言吉然理所當然吉凶非所論也董子曰仁人者正其義不謀其利明其道不計其功於剝之六三及此爻而見之

六五敦復无悔以中順居尊而當復之時敦復之象无悔之道也 纂註 蔡氏曰敦厚也坤象雖與初无繫而處位得中能自厚於復者故无悔

上六迷復凶有災眚用行師終有大敗以其國君凶至于十年不克征以陰柔居復終終迷不復之象凶之道也故其占如此以猶及也 附録 過而能改則亦有可以進善迷而不復自是无說所以无往而不凶若三歲猶是有箇期限到十年便是无說了砥

總論 一卦萬物職職其生不窮孰其尸之造化爲工陰闔陽開一動一靜於穆无疆全體妙用奚獨於斯潛陽壯陰而曰昭哉此天地心蓋翕无餘斯闢之始生意蓊然具此全美其在于人曰性之仁斂藏方寸包括无垠有茁其萌有惻其隱于以充之四海其準曰惟茲今眇綿之間是用齋戒掩身閉關仰止羲圖稽經協傳敢贊一辭以詔无倦復卦贊昔者聖人作易以擬陰陽之變於陽之消於上而息於下也爲卦曰復復反也言陽之既往而來反也夫大德敦化而不窮豈假夫既消之氣以爲方息之資也哉亦見其絕於彼而生於此而因以著其往來之象爾唯

人亦然大和保合善端无窮所謂復者非曰追夫已放之心而還之録夫已棄之善而屬之也亦曰不肆焉以騁於外則本心全體即此而存固然之善自有所不能已爾嗚呼聖人於復之卦所以賛其可以見天地之心而又以爲德之本者其不以此歟復齋記通論復姤二卦朱光遍炎宇微陰眇重淵寒威閉九野陽德昭窮泉文明昧謹獨昏迷有開先幾微諒難忽善端本綿綿掩身事齋戒及此防未然閉關息商旅絶彼柔道牽感興詩問陰何以比小人曰有時如此平看之則都好以類言之則有不好然亦只是皮不好骨子却好大抵發生都則是一箇陽氣只是有消長陽消一分下面陰生一分又不是討箇陰來即是陽消處便是陰故陽來謂之復復者是本來物事陰來謂之姤姤是偶然相遇蔓孫先生云看來天地中間此氣升降上下當分爲六層十一月冬至自下面第一層生起直到第六層上至天爲四月陽氣纔生足便消下面陰氣便生只是這一氣升降循環不已往來乎六層之中也或問月令中天氣下降地氣上騰此又似天地之氣相交合否曰只是這一氣陽極則陽消而陰生陰極則陰消而陽生天氣下降便是冬至復卦之時陽氣在下面生起故云下降或曰如此則陰是消於上而陽生於下都不見得天氣下降曰也須一轉則陽氣在下故從下生也今以天運言之則一月自運一匝然又有那大轉底時候蓋天本是箇大底物須大着心胷看不可拘一不通也通論復艮二卦復卦便是一大翻轉底艮卦艮卦便是兩箇翻轉復卦復是五陰下一陽艮是二陰上一陽陽是動底物事陰是靜底物事凡陽在下便是震動底意思在上則没去處了只得止故曰艮其止賀孫

纂註 程子曰災天災自外來眚已過由內作蔡氏曰迷迷失也位亢而獨遠乎剛不能自復者也南軒張子曰易之爻辭鮮有如是之詳其凶鮮有如是之極者而獨於復之上六言之蓋自亡家

覆國反道敗德无所不在其源蓋起於一念之微不能制遏之爾夫以陰柔之才去本之遠所謂人欲肆而天理滅者故有大敗終凶之戒【總論六爻】丘行可曰復六爻有動而即復者初之不遠復是也有屢失屢復者六三之頻復是也有終身不復者上六之迷復是也有資人而復者三之休復下仁四之獨復從道是也有不資人而復者六五之敦復自考是也初爲明睿之君子知過則改上也二四爲樂善之賢者舍己從人次也六五爲不踐跡之善人自厚其身又其次也六三爲改過不勇之人復而失失而復抑又其次也上六則物慾沉滯本心喪失下愚不移者也尚何復之可言哉民斯爲下矣

䷘ 震下乾上 **无妄元亨利貞其匪正有眚不利有攸往** 无妄

實理自然之謂史記作无望謂无所期望而有得焉者其義亦通爲卦自訟而變九自二來而居於初又爲震主動而不妄者也故爲无妄又二體震動而乾健九五剛中而應六二故其占大亨而利於正若其不正則有眚而不利有所往也【附録】无望字出春申君傳正合无妄之災无妄之疾亦見得古人相傳尚識得當時此意也銖无妄是箇不指望偶然底卦忽然而有福忽然而有禍如人方病忽勿藥而愈是所謂无妄也據諸爻名義合作无望不知孔子何故說歸无妄僩直卿云說實理字又說自然字便有精處在且如天命流行祇有箇自然底道理不期然而不能不然者也天下雷行物與无妄是一自然之理无妄一卦雖云禍福之來也无常然自家所守者不可以不利於貞不可以彼之无常而吾之所守亦爲之无常也若所守匪正則有眚矣眚即災也看來微有不同爾災是偶然生於彼者眚是過誤致然書曰眚災肆赦春秋曰肆大眚皆以其過誤而赦之也僩眚是過誤災便直是自外來砥【纂註】

千一百八十四

程子曰動以天爲无妄動以人欲則妄矣无妄言至誠也至誠天之道也天之化育生生不窮各正其性命乃无妄也人能合无妄之道則所謂與天地合其德也无妄有大亨之理利貞法无妄之道利在貞正失正則妄也雖无邪心苟不合正理則妄也乃邪心也

初九无妄往吉

以剛在内誠之主也如是而往其吉可知故其象占如此【纂註】徐氏曰初剛當位而動爲无妄之主動以正者如是而行何往非吉

六二不耕穫不菑畬則利有攸往

柔順中正因時順理而无私意期望之心故有不耕穫不菑畬之象言其无所爲於前无所冀於後也占者如是則利有所往矣【附錄】看來只是也不耕也不穫只見成領會他物事淵爻辭分明説道不耕穫了自有一般時節都不須作爲祇當謂此爻乃自始至終都不營爲而偶然有得之意耕穫菑畬率事之始終而言也當无妄之世事蓋有如此者若以義言則聖人之无爲而治學者之不要人爵而人爵從之皆是也大抵此爻所謂无妄之福而六三所謂无妄之禍也當

六三无妄之災或繫之牛行人之得邑人之災

卦之六爻皆无妄者也六三處不得正故遇其占者无故而有災如行人牽牛以去而居者反遭詰捕之擾也【附錄】六三便是无妄之災或繫之牛行人之得何預邑人事而邑人之災如諺曰閉門屋裏坐禍從天上來是也此是占辭然吉凶以貞勝有雖得凶而不可避者縱貧賤窮困死亡却无悔吝故横渠云不可避吝趨吉一以貞勝者是也祗【纂註】劉壽翁曰六三才柔而位不當所謂匪正者也故有災然出於意料之外故曰无妄之災○愚謂牛離象初至四似離繫艮止義二至四互艮行人震動象

邑人艮止象

九四可貞无咎 陽剛乾體下无應與可固守而无咎不可以有爲之占也

九五无妄之疾勿藥有喜 乾剛中正以居尊而下應亦中正无妄之至也如是而有疾勿藥而自愈矣故其象占如此 附録 問九五陽剛中正以居尊位无妄之至何爲而有疾曰此是不期而有此但聽其自爾久則自定所以勿藥有喜而无疾也大抵无妄一卦固是无妄但亦有无故非意之事故聖人因象示戒銖

上九无妄行有眚无攸利 上九非有妄也但以其窮極而不可行爾故其象占如此

䷙ 乾下艮上 **大畜利貞不家食吉利涉大川** 大陽也以艮畜乾又畜之大者也又以内乾剛健外艮篤實輝光是以能日新其德而爲畜之大也以卦變言此卦自需而來九自五而上以卦體言六五尊而尚之以卦德言又能止健皆非大正不能故其占爲利貞而不家食吉也又六五下應於乾爲應乎天故其占又爲利涉大川也不家食謂食禄於朝不食於家也 附録 先生論大畜卦因言某作本義欲將文王卦辭只大綱依文王本義略説至其所以然之故却於孔子彖辭中發之且如大畜利貞不家食吉利涉大川只是占得大畜者爲利貞不家食而吉利於涉大川至於剛上尚賢等處乃孔子發明各有所主爻象亦然如此則不失文王本意又可見孔子之意銖○愚謂利貞指九三言也故爻惟九三有利貞之辭不家食吉利涉大川即利有攸往之義卦辭惟九三爻當之大畜以艮上乾得名而自利貞以下則皆取乾上進行健之義

大抵易窮則變畜極則通名卦所主雖在於畜而卦辭則不專取畜義斯其所以爲易也

初九有厲利已乾之三陽爲艮所止故內外之卦各取其義初九爲六四所止故其占往則有危而利於止也

九二輿說輹九二亦爲六五所畜以其處中故能自止而不進有此象也

九三良馬逐利艱貞日閑輿衛利有攸往三以陽居健極上以陽居畜極極而通之時也又皆陽爻故不相畜而俱進有良馬逐之象焉然過剛銳進故其占必戒以艱貞閑習乃利於有往也曰當爲日月之日

【附錄】時舉問九六爲正應皆陰皆陽則爲无應獨畜卦不爾何也曰陽爲陰所畜九三與上九皆陽皆欲上進故但以同類相求也又曰上九已通達无礙只是滔滔去九三過剛銳進故戒以艱貞閑習蓋初二兩爻皆爲所畜獨九二一爻自進爾銖良馬逐可謂通快矣然必艱難貞正又且日閑輿衛然後利有攸往設若恃馬之壯而忘艱貞之戒則必不利矣

【纂註】蔡氏曰凡剛進而上遇柔則利遇剛則不利如大壯之四曰藩決不羸大畜之三曰良馬逐皆前遇乎柔也大壯之初曰征凶三曰羝羊觸藩羸其角大畜之初曰有厲利已皆前遇夫剛也○愚謂良馬乾象說卦稱乾爲馬蓋括此爻之例也

六四童牛之牿元吉童者未角之稱牿施橫木於牛角以防其觸詩所謂楅衡者是也止於未角之時爲力則易大善之吉也故其象占如此學記曰禁於未發之謂豫正此意也

【纂註】程子曰人之惡止於初則易既盛而後禁則扞格而難勝故上之惡既甚則雖聖人救之不能免違拂下之惡既甚則雖聖人治之不能免刑戮莫若止於初童牛而加牿則元吉也○愚案詩傳云楅衡施於牛角所以止觸也

周禮封人云凡祭飾其牛牲設其楅衡是也牛離象三至上以離童艮象牿艮止義大畜之六四在无妄則爲六三故无妄稱或繫之牛而大畜稱童牛之牿皆於離艮取象與義也

六五豶豕之牙吉陽已進而止之不若初之易矣然以柔居中而當尊位是以得其機會而可制故其象如此占雖吉而不言元也

（纂註）程子曰豕剛躁之物而牙爲猛利若強制其牙則用力勞而不能止其躁猛雖縶之維之不能使之變也若豶去其勢則牙雖存而剛躁自止其用如此所以吉也君子法豶豕之義知天下之惡不可以力制也則察其機持其要塞絕其本原故不假刑法嚴峻而惡自止也王氏曰豕去勢曰豶蓋牡豕曰豭攻其特而去之曰豶

上九何天之衢亨何天之衢言何其通達之甚也畜極而通豁達无礙故其象占如此

（附錄）讀書須是先看一件了然後再看一件若是畜積處多忽然爆開來自然所得者大易所謂何天之衢亨是也人傑

（通論）大畜之旨小畜以巽之柔順而畜三陽畜他不住大畜則以艮畜乾畜得有力所以喚作大畜淵

（總論六爻）大畜下三爻取自畜而不進上三爻取畜彼而不使進然四能止六於初故爲力易五陽已進而止之則難但以柔居尊得其機會可制故亦吉但不能如四之元吉爾銖

䷚ 震下艮上 **頤貞吉觀頤自求口實**頤口旁也口食物以自養故爲養義爲卦上下二陽內含四陰外實內虛上止下動爲頤之象養之義也貞吉者占者得貞則吉觀頤謂觀其所養之道自求口實謂觀其所以養身之術皆得貞則吉也

（附錄）問本義所養之道與養身之術曰所養之道如學聖賢之道則爲正黃老申商則爲非凡見於修身行義皆是也所養之術則飲食起居者是也學蒙頤須是

一千二百七十一

貞則吉何以觀其貞不貞蓋觀頤是觀其養德是貞不貞自求口食是又觀其養身是貞不貞淵

初九舍爾靈龜觀我朶頤凶　靈龜不食之物朶垂也朶頤欲食之貌初九陽剛在下足以不食乃上應六四之陰而動於欲凶之道也故其象占如此

纂註　徐氏曰頤卦全體內柔外剛有龜象朶動也頤頷也朶頤下動震象又曰靈龜以靜爲養朶頤以動爲養也舍爾靈龜而觀我朶頤者失其靜養之道而溺於動養之欲也○愚謂爾我若作四與初言謂初自舍爾之靈龜反觀我而朶頤也

六二顚頤拂經于丘頤征凶　求養於初則顚倒而違於常理求養於上則往而得凶丘土之高者上之象也

附録　直卿云頤之六爻只是顚拂二字求養於下則爲顚求食於上則爲拂六二比初而求上故顚頤當爲句拂經于丘頤爲句征凶則其占辭也六三拂頤雖與上爲正應然畢竟是求於上以養己所以有拂頤之象故雖貞亦凶也六四顚頤固與初爲正應然是賴初之養以養人故雖顚亦吉六五拂經則是比於上所以有拂經之象然是賴上九之養以養人所以居貞而吉但不能自養不可涉大川爾○愚謂勉齋所讀六二爻句雖與本義不同然證之以五爻拂經亦通若二之顚頤與四同拂經與五同而吉凶異者此又係兩卦體蓋頤養之道以安靜爲无失二動體故顚拂而凶四五靜體故雖顚拂亦吉震三爻凶艮三爻吉可見矣丘頤指上艮爲山象

六三拂頤貞凶十年勿用无攸利　陰柔不中正以處動極拂於頤矣既拂於頤雖貞亦凶故其象占如此

纂註　徐氏曰十者數之終十年勿用謂終不可用无所往而利也

六四顚頤吉虎視

耽耽其欲逐逐无咎柔居上而得正所應又正而賴其養以施於下故雖顚而吉虎視耽耽下而專也其欲逐逐求而繼也又能如是則无咎矣〔附録〕銖問其欲逐逐如何曰求養於下以養人必當繼繼求之不厭乎數然後可以養人而不窮不然則所以養人者必无繼矣以四而賴養於初六是顚倒但是求養以養人所以雖顚而吉銖〔纂註〕蔡氏曰艮體靜止是能靜以待養於初故吉

六五拂經居貞吉不可涉大川六五陰柔不正居尊位而不能養人反賴上九之養故其象占如此〔附録〕六五居貞吉正如洪範用靜吉用作凶所以不可涉大川六五不能養人反賴上九之養是已拂其常矣故守常則吉而涉險阻則不可也銖五陰柔之才但守貞則吉故不可以涉患難僩〔纂註〕〔通論〕豫六五丘行可曰豫五不言豫以豫悅之權由乎四也頤五不言頤以頤養之權由乎上也五君位也豫頤六五不能自有其權者以弱而迫於強臣故也然頤五承剛故雖拂經而居貞則吉豫五乘剛是以有貞疾未亡之戒

上九由頤厲吉利涉大川六五賴上九之養以養人是物由上九以養也位高任重故厲而吉陽剛在上故利涉川〔纂註〕丘行可曰養人之權在五而已居其上爲衆所歸位高任重易失之專故必以危厲處之而後得吉也

䷛ 巽下兌上 大過棟橈利有攸往亨大陽也四陽居中過盛故爲大過上下二陰不勝其重故有棟橈之象又以四陽雖過而二五得中內巽外說有可行之道故利有所往而得亨也〔附録〕問大過既棟橈是不好了又如何利有攸往曰彖辭可見

棟橈是以卦體本末弱而言卦體自不好了却因剛過而中巽而説行如此所以利有攸往乃亨也砥

初六藉用白茅无咎

當大過之時以陰柔居巽下過於畏慎而无咎者也故其象占如此白茅物之潔者

附録 藉用白茅亦有過慎之意此是大過之初所以其過尚小在淵

纂註 馮氏曰藉以初言茅以六言取以柔乘剛之象

九二枯楊生稊老夫得其女妻无不利

陽過之始而比初陰故其象占如此稊根也榮於下者也榮於下則生於上矣夫雖老而得女妻猶能成生育之功也

○愚謂楊木多傍水而生巽木近兌澤故有楊象當大過之時又有枯楊象

九三棟橈凶

三四二爻居卦之中棟之象也九三以剛居剛不勝其重故象橈而占凶

○愚謂九三以剛居剛本无橈象而云不勝其重故橈者非謂九三自不勝其重指初言耳又以全體觀之三四爲棟三在四下亦有傾橈之象彖稱棟橈獨九三當之三其致橈之由者歟

九四棟隆吉有他吝

以陽居陰過而不過故其象隆而占吉然下應初六以柔濟之則過於柔矣故又戒以有他則吝也

纂註 蔡氏曰他謂初也四位高初柔在下不能致橈故曰棟隆吉然四與初應或牽於柔亦吝道也故曰有他吝

○愚謂三四爲棟四在三上有棟隆之象

九五枯楊生華老婦得其士夫无咎无譽

九五陽過之極又比過極之陰故其象占皆與二反

○愚謂老婦上也士夫五也華英也生華榮於上也取上得柔象非五求上乃上求五故无咎然婦老如此无足稱矣故无譽五乃二之反故二五象占皆相反

上六過涉滅

頂凶无咎處過極之地才弱不足以濟然於義爲无咎矣蓋殺身成仁之事故其象占亦如此

〔附録〕象曰不可咎也某謂東漢諸人不量淺深至於殺身亡家此是凶然而其心何罪故不可咎也賜〔總論一卦〕問大過卦曰大過陽剛過盛不相對值之義故六爻中无全吉者除了初六是過於畏慎无咎外九二雖无不利然老夫得女妻畢竟是不相當所以象言過以相與也九四雖吉而又有他吝九五以士夫爲老婦所得但能无咎亦不爲全吉至於上六過涉滅頂凶无咎則是事雖凶而義則无咎也銖〔通論大小過〕程先生說此爲大過即是常事之大者耳使如說權即經之意都是多說了蓋大過是事之大過小過是事之小過大過便如堯舜之揖遜湯武之征伐這都是常人做不得底事唯聖人做得故謂之大過是大過人底事小過便如行過乎恭喪過乎哀用過乎儉事之小過得些子底常人皆能之若當大過之時做大過底事當小過之時做小過底事當過而過理也豈可謂大過不是事之過只是事之平常乎大過之事聖人極是不得已處且如堯舜之有朱均豈不欲多立賢輔以立其子然理到這裏做不得只得如此湯武之於桀紂豈不欲多方恐懼之使之悔過自省然理到這裏做不得只得放伐而後已皆是事之不得已處只着如此做故雖過乎事而不過乎理也煇又曰易傳道无不中无不常聖人有小過无大過看來亦不消如此說聖人既說有大過直是有此事須云大過亦是常理始得又曰四陽在中如何是大過二陽在中又如何是小過這兩卦曉不得砥

〔纂註〕蔡氏曰涉以兌言頂以上言柔過乎上故有滅頂之象凶亦多矣〔總論六爻〕馮氏曰易大抵上下畫停者從中分反對爲象非內外相應之例也頤中孚小過皆然而此卦尤明三與四對皆爲棟象上隆下橈也二與五對爲枯楊之象上華下稊也初與上對初爲藉用白茅而上

為過涉　○愚謂過有過多之意大小則以陰陽言大過陽多於陰而稱大小過滅頂也　陰多於陽而稱小然大過以四陽在中言小過以四陰在外言者以陽自內而過者為主陰自外而過者為客亦內陽外陰之微意又嘗細觀之大過兌巽之合陰卦多陽者也小過震艮之合陽卦多陰者也不以三畫卦論陰陽者蓋主全體為言爾

䷜ 坎下坎上　**習坎有孚維心亨行有尚**　習重習也坎險陷也其象為水陽陷陰中外虛而中實也此卦上下皆坎是為重險中實為有孚心亨之象以是而行必有功矣故其占如此

附錄　問橫渠云博學於文只要得習坎心亨何也曰見得這事理透了處斷便无疑行之又果決便是習坎心亨凡事皆如此且以看文字一節論之如到那一處見這說又好見那說又是如此有碍如彼又不通便是險阻處到這裏須討一路去方透便是習坎心亨　個又云不特看文字且如學這一件物事未學時心裏不曉既學得了心裏便通曉得這一事若這一事曉不得於這事上心便黑暗

纂註　程子曰陽實在中為中有孚信維心亨維其心誠一故能亨通至誠可以通金石蹈水火何險難之不可亨也行有尚謂以誠一而行則能出險有可嘉尚謂有功也不然則常在險中矣

初六習坎入于坎窞凶　以陰柔居重險之下其陷益深故其象占如此

纂註　程子曰窞坎中之陷處

九二坎有險求小得　處重險之中未能自出故為有險之象然剛而得中故其占可以求小得也　○愚謂小指陰言一剛居中兩陰附比故有求小得之象

六三來之

坎坎險且枕入于坎窞勿用 以陰柔不中正而履重險之間來往皆險前險而後枕其窞益深不可用也故其象占如此枕倚着未安之意 附録 來之自是兩字各有所指謂下來亦坎上往亦坎之往也進退皆有險也銖險且枕只是前後皆是枕便如枕頭之枕砥○愚謂險下險也且枕又枕乎上險也下坎將終而上坎繼之故有此象

六四樽酒簋貳用缶納約自牖終无咎 晁氏云先儒讀樽酒簋貳爲一句貳用缶爲一句今從之貳益之也周禮大祭三貳弟子職左執虛豆右執挾匕周旋而貳是也九五尊位六四近之在險之時剛柔相際故有但用薄禮益以誠心進結自牖之象牖非所由之正而室之所以受明也始雖艱阻終得无咎故其占如此 附録 樽酒簋做一句自是說文如此砥又曰今人硬作貳簋其實无貳簋之實陸德明自注斷人自不曾去看如所謂貳乃是周禮大祭三貳之貳是副貳之義此不是某穿鑿却有古本若自強爲一說无來歷不是聖賢言語矣蓋卿不由戶而自牖以言艱險之時不可直致也季札納約自牖雖有向明之意然非是路之正淵或問其次致曲與易中納約自牖之意亦略相似納約自牖是因人之明而導之致曲是因己之明而推之是如此否曰是時舉終无咎者始雖不甚好然於義理无害故終亦无咎无咎者善補過之謂也銖

九五坎不盈祗既平无咎 九五雖在坎中然以陽剛中正居尊位而其時亦將出矣故其象占如此 附録 祗字他无說處看來只得作抵字解後卦亦然不盈是未平但將來必會平二與五雖是陷于險中畢竟是陽會動陷他不得如有孚如維心亨如行有尚皆是他砥

上六係用

徽纆寘于叢棘三歲不得凶 以陰柔居險極故其象占如此【附錄】徽纆釋文云三股曰徽兩股曰纆皆索名【纂註】徐氏曰徽纆叢棘皆坎象程子曰上六以陰柔居險之極陷之深者也取牢獄爲喻如係縛之徽纆自寘于叢棘之中陰柔而陷之深其不能出矣故云至於三歲之久不得免也其凶可知叢棘如今之棘寺云

䷝ 離下離上 離利貞亨畜牝牛吉 離麗也陰麗於陽其象爲火體陰而用陽也物之所麗貴乎得正牝牛柔順之物也故占者能貞則亨而畜牝牛則吉也【附錄】離便是麗附着之意易中多說做麗也有兼說明處也有單說明處明是離之體麗是麗着底意思離字古人多用做麗着說然而物相離去也只是這字富貴不離其身東坡說道剩箇不字便是這意古來自有這般兩用底字且如亂字又喚做治淵問離卦是陽包陰占利畜牝牛便也是宜畜柔順之物否曰然砥【纂註】程子曰離麗也明也取其陰麗於上下之陽則爲附麗之義取其中虛則爲明義其象爲火爲日（ ）愚謂文王於坤取牝馬象於離取牝牛象固自不同也後之言象者但見說卦乾爲馬坤爲牛於是坤之馬反欲求之乾離之牛反欲求之坤未免膠泥而有不通者豈知夫子於說卦取象又自有所見本不必盡同於先聖豈可以六子之象爲文王周公之象哉

初九履錯然敬之无咎 以剛居下而處明體志欲上進故有履錯然之象敬之則无咎矣戒占者宜如是也【纂註】徐氏曰履在下之象錯然交雜之貌居離之始才剛而妄動識淺而未明所履乖錯未得其當烏能无咎惟能敬慎則其咎可免也

六二黃

離元吉 黃中色柔麗乎中而得其正故其象占如此 【附録】惟六二一爻柔麗乎中而得其正故元吉六五雖是柔麗乎中而不得其正特借中而包正耳時舉 ○ 愚謂二中正故元吉五中而不正故雖吉而不可謂之元

九三日昃之離不鼓缶而歌則大耋之嗟凶 重離之間前明將盡故有日昃之象不安常以自樂則不能自處而凶矣戒占者宜如是也 【附録】叔重問日昃之離曰死生常理也若不能安常以自樂則不免有嗟戚又問生之有死猶晝之必夜故君子當觀日昃之象以自處曰人固知常理如此只是臨時自不能安耳時舉 【纂註】蔡氏曰日離象昃昳也下體之極明將衰也鼓缶而歌當衰而樂也大耋之嗟當衰而哀也夫有盛必有衰有始必有終有生必有死理之常也明智君子亦惟順其常而已不樂則哀皆為生死動其心而不能順其常者也故凶 ○ 愚謂記七十曰耋左傳云天子以伯舅耋老是也

九四突如其來如焚如死如棄如 後明將繼之時而九四以剛迫之故其象如此 【附録】九四有侵凌六五之象故曰突如其來如離為火則有自焚之義故曰焚如死如棄如言其焚死而棄也砥焚如弗戢自焚之意淵 【纂註】程子曰九四離下體而升上體繼明之初剛躁而不中正突如其來失善繼之道又承六五陰柔之君有剛盛陵爍之勢氣焰如焚故曰焚如四之所行不善如此必被禍害故曰死如衆所棄絕故曰棄如

六五出涕沱若戚嗟若吉 以陰居尊柔麗乎中然不得其正而迫於上下之陽故憂懼如此然後得吉戒占者宜如是也 【纂註】程子曰六五有文明之德然以柔居上在

下无助獨附麗於剛強之間危懼之勢也惟其明也故能畏懼之深至於出涕憂慮之深至於戚嗟所以能保其吉也【總論二五爻】鄭東谷曰二五皆以柔麗剛二之辭安五之辭危者二得位五失位也失位則危知危則吉【總論坎離】蔡氏曰坎之時用在中二五皆卦之中也五當位而二不當位故五爲勝離之時用在中二五皆卦之中也二當位而五不當位故二爲勝

上九王用出征有嘉折首獲匪其醜无咎

剛明及遠威振而刑不濫无咎之道也故其象占如此

【附錄】【總論坎離】坎象爲陰水體陽而用陰蓋三畫卦中陽而外陰者也離象爲火火體陰而用陽蓋三畫卦中陰而外陽者也時舉水質陰而性本陽火質陽而性本陰水外暗而內明以其根於陽也火外明而內暗以其根於陰也周子太極圖陽動之中有黑底陰靜之中有白底是也橫渠曰陰陽之精互藏其宅正此意也砥

【纂註】蔡氏曰王五也上九以陽剛居五之上處離之極剛明可以及遠五惟用之出征則有嘉美之功折取也首尤魁也醜類也然出征之道不可恃剛太過惟折取其魁首執獲其非類而已所謂殲厥渠魁脅從罔治也故无咎又曰離爲甲冑戈兵故有征伐之象

周易上經第一

後學 成德 挍訂

周易下經第二

朱子本義

新安後學胡一桂附錄纂註

䷞ 艮下兌上 **咸亨利貞取女吉** 咸交感也兌柔在上艮剛在下而交相感應又艮止則感之專兌說則應之至又艮以少男下於兌之少女男先於女得男女之正婚姻之時故其卦爲咸其占亨而利貞取女則吉蓋感有必通之理然不以貞則失其亨而所爲皆凶矣

〔纂註〕程子曰咸感也不曰感者咸有皆義男女交相感也物之相感莫如男女而少復甚焉凡君臣上下以至萬物皆有相感之道物之相感則有亨通之理君臣能相感則君臣之道通上下能相感則上下之志通以至父子夫婦親戚朋友皆情意相感則和順而亨通事物皆然故咸有亨之理也利貞相感之道利於正也不以正則入於邪惡矣如夫婦之淫姣君臣之媚說上下之以邪僻皆相感之不以正也取女吉以卦才言也柔上剛下二氣感應以相與止而說男下女以此義取女則得正而吉也

初六咸其拇 拇足大指也咸以人身取象感於最下咸拇之象也感之尚淺欲進未能故不言吉凶此卦雖主於感然六爻皆宜靜而不宜動也

〔附錄〕咸皆是感動之義問內卦艮止也何以皆說動曰艮雖是止然咸有交感之義都是要動所以都說動卦體雖說動然纔動便不吉動之所以不吉者以其內卦屬艮故也僩

六二咸其腓凶居吉

腓足肚也欲行則先自動躁妄而不能固守者也二當其處又以陰柔不能固守故取其象然有中正之德能居其所故其占動凶而靜吉也〔纂註〕徐氏曰咸體宜靜二柔不知順理而躁妄失正故凶

九三咸其股執其隨往吝 股隨足而動不能自專者也執者主當持守之意下二爻皆欲動者三亦不能自守而隨之往則吝矣故其象占如此

九四貞吉悔亡憧憧往來朋從爾思 九四居股之上脢之下又當三陽之中心之象咸之主也心之感物當正而固乃得其理今九四乃以陽居陰爲失其正而不能固故因占設戒以爲能正而固則吉而悔亡若憧憧往來不能正固而累於私感則但其朋類從之不復能及遠矣〔附録〕往來有自然之理惟正靜爲主則吉而悔亡至於憧憧則私意爲主而思慮之所及者朋從所不及者不從矣是以事未至則迎之事已過則將之全掉脫不下今人皆患於無公平之心所以事物之來少有私意雜焉則陷於所偏重矣 木之 往來是感應合當底憧憧是私感應自是當有只是不當私感應爾 淵 問往來是心中憧憧然往來猶言往來于懷否曰非也曰這只是對那日往則月來底說那箇是自然之往來此憧憧者是加私意不好底往來憧憧只是加一箇忙迫底心不能順自然之理猶言助長正心與計獲相似方往時又便要來方來時又便要往只是一箇忙又曰憧憧是一心方欲感它一心又欲它來應如正其誼便欲謀其利明其道便欲計其功又如赤子入井之時此心方怵惕要去救它又欲它父母道是好這便是憧憧底病個聖人未嘗不教人思只是不可憧憧這便是私了感應自有箇自然底道理何必思它 淵 〔纂註〕蔡氏曰四當心位不曰咸其心者感通之道如天地聖人无不感通者亦惟此理之公無係於

物云爾有心則拘矣故不言心程子曰聖人感天下之心如寒暑雨暘无不通无不應者亦貞而已矣貞者虛中無我之謂也貞一則所感无不通若往來憧憧然用其私心以感物則思之所及者能感而動所不及者不能感也是其朋類則從其思也以有係之私心既主於一隅一事豈能廓然無所不通乎定性書曰天地之常以其心普萬物而無心聖人之常以其情順萬物而無情故君子之學莫若廓然而大公物來而順應○朱子曰廓然大公便不是憧憧物來順應便不是朋從爾思此只是比而不周周而不比之意

九五咸其脢无悔 脢背肉在心上而相背不能感物而無私繫九五適當其處故取其象而戒占者以能如是則雖不能感物而亦可以無悔也

〖纂註〗蔡氏曰脢無所感者無所感故無悔

上六咸其輔頰舌 輔頰舌皆所以言者而在身之上上六以陰居說之終處咸之極感人以言而無其實又兌爲口舌故其象如此凶咎可知

〖附錄〗〖總論六爻〗咸上一畫如人口中三畫有腹背之象下有人脚之象 砥

〖纂註〗〖總論六爻〗蔡氏曰咸感也感通之理具于人之一心唯能存其寂然不動之體則感而無不通矣故無心者不能感而用心者不能感感也初之拇二之腓三之股上之輔頰舌皆用於心以動爲感者也五之脢無心而不能感者也故皆不得咸感之正惟四當心位可得咸感之正者然有心於致感則所感非光大之感也故又以憧憧之思爲戒

䷟ 巽下震上

恒亨无咎利貞利有攸往 恒常久也爲卦震剛在上巽柔在下震雷巽風二物相與巽順震動爲巽而動二體六爻陰陽相應四者皆理之常故爲恒其占爲能久於其道則亨而無咎然又必利於守貞則乃爲得所常久之道而利有所

一千一百卆

往也【附錄】恒非一定之謂故晝則必夜夜而復晝寒則必暑暑而復寒若一定則不常也其在人冬日則飲湯夏日則飲水可以仕則仕可以止則止今日道合便從明日不合則去又如孟子辭齊王之金而受薛宋之饋皆隨時變易故可以爲常也道夫如君尊臣卑分固不易然上下不交也不得父子固是親親然所謂命士以上父子皆異宮則又有變焉惟其如此所以爲恒論其體終是常然體之常所以爲用之變用之變所以爲體之常祗能常而後能變及其變也常亦只在其中個【纂註】程子曰恒而能亨乃无咎也恒而不可以亨非可常之道也爲有咎矣夫所謂恒謂可恒久之道非守一隅而不知變也故利於有往惟其有往故能恒也一定則不能常矣徐氏曰聞之師曰恒有二義有不易之恒有不已之恒利貞者不易之恒也利有攸往者不已之恒也合而言之乃常道也倚於一偏則非道矣

初六浚恒貞凶无攸利

初與四爲正應理之常也然初居下而在初未可以深有所求四震體而陽性上而不下又爲二三所隔應初之意異乎常矣初之柔暗不能度勢又以陰居巽下爲巽之主其性務入故深以常理求之浚恒之象也占者如此則雖貞亦凶而无所利矣【纂註】程子曰世之責望故素而致悔咎者皆浚恒者也

九二悔亡

以陽居陰本當有悔以其久中故得亡也

九三不恒其德或承之羞貞吝

位雖得正然過剛不中志從於上不能久於其所故爲不恒其德或承之羞之象或者不知其何人之辭承奉也言人皆得奉而進之不知其所自來也貞吝者正而不恒爲可羞吝中戒占者之辭【附錄】承如承奉之承如人送羞辱與之也燾

九四田无禽

以陽居陰久非其位故爲此象占者田无

李立

所獲而凡事亦不得其所求也【纂註】蔡氏曰四爲動主處位不中好變者也以好變之心應浚恒之初必不能相有也故曰无禽田者奔馳无常所故取以爲象

六五恒其德貞婦人吉夫子凶以柔中而應剛中常久不易正而固矣然乃婦人之道非夫子之宜也故其象占如此【附錄】問婦人從一而終以順爲正夫子則制義者也若從婦道則凶曰固是如此然須看得象占分明六五有恒其德貞之象占者若婦人則吉夫子則凶所謂吉凶者非爻之能吉凶爻有此象而占者視其德而有吉凶耳且如此爻不是既爲婦人又爲夫子只是有恒其德貞之象而以占者之德爲吉凶耳銖

上六振恒凶振者動之速也上六居恒之極處震之終恒極則不常震終則過動又陰柔不能固守居上非其所安故有振恒之象而其占則凶也【纂註】〔總論六爻〕蔡氏曰恒常也一體而含二義蓋將自其不易者而觀之則窮天地亘古今而不可變也自其不已者而觀之則寒暑者晝夜而其變未常已也故知不易者則拘常知不已者則厭常皆不得恒之正也初柔拘常而過求乎常故凶上柔居終三四位不正皆偏乎不已者也或厭常或亂常故凶且吝惟二五居中幾於得恒之正者然五位雖剛而爻柔故不能制義而凶二爻雖剛而位柔僅能久中无悔而皆非有得乎恒之正也語恒之正其惟彖乎〔總論咸恒二卦〕程子曰天地萬物之本夫婦人倫之始所以上經首乾坤下經首咸繼以恒也蔡氏曰上篇首乾坤言天地氣化之道下篇首咸恒言男女形化之道氣形之分雖有兩端究其所自則一原耳形化即氣化也使形化或息則氣化復作矣積土之草木聚水之蟲魚皆自然而生者也又曰咸少男在少女之下以男下女是男女交感之義恒長男在長女之上男尊女卑夫婦居室之常道也論

交感之情則少爲深切論尊卑之敘則長當謹正故兌艮爲咸而震巽爲恒也

䷠艮下乾上**遯亨小利貞**遯退避也爲卦二陰浸長陽當退避故爲遯六月之卦也陽雖當遯然九五當位而下有六二之應若猶可以有爲但二陰浸長於下則其勢不可以不遯故其占爲君子能遯則身雖退而道亨小人則利於守正不可以浸長之故而遂侵迫於陽也小謂陰柔小人也此卦之占與否之初二兩爻相類【附錄】遯字雖是逃隱大抵亦取遠去之意所以六爻在上漸遠者愈善也學掌問小利貞是見其浸長故戒令其貞正且以寬君子之患然亦是它之福曰是如此與否初二兩爻義相似砥

初六遯尾厲勿用有攸往遯而在後尾之象危之道也占者不可以有所往但晦處靜俟可免災爾【附錄】遯尾厲這時節去不逮了所以危厲不可有所往只得看它如何淵【纂註】蔡氏曰遯剛退也以柔居下見剛者遯亦從而遯凡從物者必居後故曰尾不當遯而遯故厲勿用有攸往以其質居其時不可遯也

六二執之用黃牛之革莫之勝說以中順自守人莫能解必遯之志也占者固守亦當如是【附錄】此言象而占在其中六二亦有此德也說吐活反【纂註】蔡氏曰執固結之義程子曰黃中色牛順物革堅固之物如執係之以牛革也○愚謂遯以四陽之遯得名初遯則厲二不言遯三四五上皆言遯是陰爻无取於遯之義也二以近三陰陽相得固結而不可解所以六二言執而九三言係未見其有遯之義也今本義謂二有必遯之志愚非敢求異也姑記其說如此

九三係遯有疾厲畜臣妾

吉 下比二陰當遯而有所係之象有疾而危之道也然以畜臣妾則吉蓋君子之於小人惟臣妾則不必其賢而可畜爾故其占如此 〔附錄〕徐氏曰係戀也三比乎二宜遯而係故曰係遯遯之爲義宜遠小人以陽附陰有所係戀不能遠害故有疾柔將剝剛故有危臣妾謂三係戀之私恩懷小人女子之道也故以畜臣妾則吉施於大事則不可也

九四好遯君子吉小人否 下應初六而乾體剛健有好而能絕之以遯之象也唯自克之君子能之而小人不能故占者君子則吉而小人否也 〔附錄〕否方九反鉄 〔纂註〕徐氏曰好猶情好契好也四爻剛位柔故又設小人之戒

九五嘉遯貞吉 剛陽中正下應六二亦柔順而中正遯之嘉美者也占者如是而貞則吉矣 〔附錄〕問九五以剛陽中正漸向遯極故爲嘉嘉美未是極處故戒以貞正則吉曰是如此便是剛當位而應處是去得恰好時節小人亦未嫌自家只是自家合去莫見小人不嫌却與相接而不去便是不好所以戒它貞正始得 砥

上九肥遯无不利 以剛陽居卦外下无係應遯之遠而處之裕者也故其象占如此肥者寬裕自得之意 〔纂註〕蔡氏曰遯者陽避陰君子所以遠小人貴速不貴遲貴遠不貴近上九去柔最遠高而无應剛而能決遯之速者也故无不利

䷡ 乾下震上 **大壯利貞** 大謂陽也四陽盛長故爲大壯二月之卦也陽壯則占者吉亨不假言但利在正固而已

初九壯于趾征凶有孚 趾在下而進動之物也剛陽處下而當壯時壯于進者也故有此象居下而壯于進其凶必矣故其占又

如此【纂註】徐氏曰趾在下初象三剛在前未可進也趾進則進犯乎剛而其凶必矣○愚謂必字釋有孚義**九二貞吉**以陽居陰已不得其正矣然所處得中則猶可因以不失其正故戒占者使因中以求正然後可以得吉也**九三小人用壯君子用罔貞厲羝羊觸藩羸其角**過剛不中當壯之時是小人用壯而君子則用罔也罔无也視有如无君子之過於勇者也如此則雖貞亦危矣羝羊剛壯喜觸之物藩籬也羸困也貞厲之占其象如此【纂註】蔡氏曰用壯无禮之勇也用罔不慮之決也處位不中而好進前犯乎剛固守乎此以爲正則危矣大壯三四五爻有兌象兼三爻看亦有兌象兌爲羊羝羊喜用其角而觸者藩四也羸拘纍纏繞也進則爲四所困故以羝羊羸角爲象**九四貞吉悔亡藩決不羸壯于大輿之輹**貞吉悔亡與咸九四同占藩決不羸承上文而言也決開也三前有四猶有藩焉四前二陰則藩決矣壯于大輿之輹亦可進之象也以陽居陰不極其剛故其象如此也【附録】〔通論二四爻〕九二貞吉只是自守而不進九四却是有可進之象此卦爻之好者蓋以陽居陰不極其剛而前遇二陰有藩決之象所以爲進非如九二前有三四二陽隔之不得進也銖【纂註】蔡氏曰九四爲壯之主以剛決柔壯之正者也位不當故有悔得正而吉其悔可亡藩五也決開也以剛決柔易而无困也輹在車之下所用以行者下乘三剛壯輹之象**六五喪羊于易无悔**卦體似兌有羊象焉外柔而内剛者也獨六五以柔居中不能抵觸雖失其壯然亦无所悔矣其象如此而占亦與咸九五同易容易之意言

忽然不覺其亡也或作疆埸之埸亦通漢食貨志埸作易 附錄 此卦多說羊是兌之屬蔡季通曰這箇是夾註底兌卦兩畫當一畫淵 纂註 徐氏曰六五爲剛所決故曰喪羊然以柔居中易而无拒故无悔

上六羝羊觸藩不能退不能遂

无攸利艱則吉 壯終動極故觸藩而不能退然其質本柔故又不能遂其進也其象如此其占可知然猶幸其不剛故能艱以處則尚可以得吉也 附錄 上六取喻甚巧蓋壯終動極无可去處如羝羊之角掛于藩上不能退遂然艱則吉者畢竟有可進之理但必艱始吉耳 銖或問恐此艱字只作艱難其事而不敢求進不已則吉如大畜九三利艱貞之艱說如何曰當如大畜例通論諸卦問大壯本好爻中取却不好睽本不好爻中取却好如六五對九二處非其位九四對上九本非相應都成好爻不知何故曰大壯便是過了纔過便不好却是易之取爻多爲占者而言占法取變爻便是到此處變了所以困卦雖是不好然其閒利用祭祀之屬却都好問此正與見羣龍无首吉利永貞一般曰然却是變了故如此道夫 纂註 蔡氏曰羝羊取在上用角之義大壯之時剛者壯也柔居動體之極見剛者壯亦從之而用壯不知其不可也故其進退皆无所利艱則吉者苟知其難能安乎柔而不進則吉也○愚謂九三居乾體之極在下卦之上剛動而欲進上六居震體之極在上卦之上動極而在上故皆取羝羊用角之義又三與上爲正應本當有合者也然三欲進而爲四所隔故羸其角而不能應乎上上雖與三爲應而窮於上故旣不能退而得乎三又不能遂而成其進故无攸利必艱難自守以待之庶可成其吉耳

䷢ 坤下離上 **晉康侯用錫馬蕃庶晝日三接** 晉進也康侯安國之侯也錫馬蕃庶晝日三接言多受大賜而顯被親禮也蓋其爲卦上離下坤有日出地上之象順而麗乎大明之德又其變自觀而來爲六四之柔進而上行以至於五占者有是三者則亦當有是寵也

纂註 徐氏曰晉進也不謂之進而謂之晉者晉有明盛之義故爲晉上離下坤大明在上下體順附有諸侯承王之象馬坤象蕃庶坤衆象晝日三接離明在上象如晉文公朝王王賜之車輅弓矢命之曰敬服王命以綏四國受策三出出入三覲事見左傳僖公二十八年

初六晉如摧如貞吉罔孚裕无咎 以陰居下應不中正有欲進見摧之象占者如是而能守貞則吉設不爲人所信亦當處以寬裕則无咎也

附錄 問晉如摧如象也貞吉占辭曰罔孚裕无咎又是解上兩句恐貞吉說不明故又曉之銖

纂註 毛氏曰摧如在彼而吾不可以不正罔孚在上而吾不可以不裕

六二晉如愁如貞吉受茲介福于其王母 六二中正上无應援故欲進而愁占者如是而能守貞則吉而受福于王母也王母指六五蓋享先妣之吉占而凡以陰居尊者皆其類也

附錄 問享先妣之吉占曰周禮有享先妣之禮大司樂乃舞夷則歌小呂舞大濩以享先妣銖

纂註 徐氏曰六二欲進而才柔无應故晉如復愁如言不能无憂也然上雖无應而同德相感故受茲介福于其王母也介大也言受六五之福也

六三衆允悔亡 三不中正宜有悔者以其與下二陰皆欲上進是以爲衆所信而悔亡也

附錄 衆允象也悔亡占也銖 問六三如何見得爲衆

所信處既不中正衆亦不信雖云信之亦安能悔亡曰晉之時二陰皆欲上進三處地較近故二陰皆從之以進問如何得悔亡曰居非其位本當有悔以其得衆故悔可亡

【纂註】徐氏曰衆坤象蔡氏曰晉進也惟明故能進初二在下遠明而未敢進故摧如愁如三順極明近與衆同志上行故衆允悔亡○愚謂三處順之極由初之罔孚二之愁如以至於三則順之極而衆允矣

九四晉如鼫鼠貞厲

不中不正以竊高位貪而畏人蓋危道也故爲鼫鼠之象占者如是雖貞亦危也

【纂註】蔡氏曰九四下連二三有艮象故稱鼠才剛故稱鼫位柔爻剛貪據高位喜接衆柔前畏大明之君而不敢進鼫鼠之象也守此之貞危孰甚焉故曰貞厲

六五悔亡失得勿恤往吉无不利

以陰居陽宜有悔矣以大明在上而下皆順從故占者得之則其悔亡又一切去其計功謀利之心則往吉而无不利也然亦必有其德乃應其占爾

【附録】失得勿恤此說失也不須問他得也不須問他自是好猶言勝負兵家之常云爾此卦六爻无如此爻吉淵失得勿恤只是自家自作敎是莫管它得失如仁人正其誼不謀其利明其道不計其功相似又曰人當着此爻則大勢已好雖有所失得亦不必慮而自无所不利也僩

上九晉其角維用伐邑厲吉无咎貞吝

角剛而居上上九剛進之極有其象矣占者得之而以伐其私邑則雖危而吉且无咎然以極剛治小邑雖得其貞亦可吝矣

【附録】問上九剛進之極以伐私邑安得吉而无咎曰以其剛故可伐邑若不剛則則不能伐邑矣但易中言伐邑皆是用之於小若伐國則其用大矣如高宗伐鬼方三年克之之類維用伐邑則不可用之於大可知維用以伐邑然亦必能

自危厲乃可以吉而无咎過剛而能危厲則不至於過矣道夫伐邑如墮費隳
郈之類是也銖上九貞吝不在克治正以其克治之難而言其合下有此吝爾
貞吝之義諸義只云貞固守此則吝【纂註】徐氏曰離爲戈兵故有伐象邑
不應於此獨云於正道爲吝也必大　謂内地之私邑坤體在下之象○
愚謂晉其角與姤其角同義皆剛上
之象厲惟於四上爻言之剛爻故厲

䷣ 離下坤上 明夷利艱貞 夷傷也爲卦下離上坤日入地中明而見傷之象故爲明夷又其上六爲暗之主六五近之故占者利於艱難以守貞而自晦其明也

初九明夷于飛垂其翼君子于行三日不食有攸往主人有言 飛而垂翼見傷之象占者行而不食所如不合時義當然不得而避之也

【纂註】蔡氏曰曰飛曰行曰往皆進之謂也曰垂翼曰不食曰有言皆傷之謂也言當明夷之初進而有傷也取上獨遠故傷者淺程子曰昏暗在上傷陽之明使不得上進是于飛而傷其翼也翼傷故垂君子于行三日不食君子明照見事之微故行去避之謂去其祿位而退藏也三日不食言困窮之極也夫知幾者君子之獨見非衆人所能識也故明夷之始見傷未顯而去之則世俗孰不疑怪故有所往則主人有言也然君子不以世俗之見怪而遲疑其行也若俟衆人盡識則傷已及而不能去矣此薛方所以爲明而揚雄所以不獲其去也

六二明夷夷于左股用拯馬壯吉 傷而未切救之速則免矣故其象占如此

【纂註】徐氏曰初傷其翼所傷猶淺二傷及股則害于行矣二在下故曰左兵法前爲右

後爲左今人以下移爲左遷夷于左股傷于下也馬壯則行速言救之道速則獲免於難而吉也程子曰足者所以行也股在脛足之上於行之用爲不甚切左又非便用者手足之用以右爲便惟蹶張用左蓋右立爲本也夷于左股謂傷害其行而不甚切雖然亦必自免有道拯用壯健之馬則獲免之速而吉也

九三明夷于南狩得其大首不可疾貞 以剛居剛又在明體之上而屈於至闇之下正於上六闇主爲應故有向明除害得其首惡之象然不可以亟也故有不可疾貞之戒成湯起於夏臺文王興於羑里正合此爻之義而小事亦有然者

【纂註】蔡氏曰南狩離明之狩也大首上也

六四入于左腹獲明夷之心于出門庭 此爻之義未詳竊疑左腹者幽隱之處獲明夷之心于出門庭者得意於遠去之義言筮而得此者其自處當如是也蓋離體爲至明之德坤體爲至暗之地下三爻明在闇外故隨其遠近高下而處之不同六四以柔正居闇地而尚淺故猶可以得意於遠去五以柔中居闇地而已迫故爲内難正志以晦其明之象上則極乎闇矣故爲自傷其明以至於闇而又足以傷人之明蓋下五爻皆爲君子獨上一爻爲闇君也

【附録】六四爻説者却以爲是姦邪之臣先蠱惑其君心而後肆行於外殊不是上六是闇主六五却不作君説六四之與上六既非正應又不相比又況下三爻皆説明夷是好底何獨此爻却作不好説故某於此爻之義未詳但以意觀之六四居闇地而尚淺猶可以得志而遠去故雖入于幽隱之處猶能獲明夷之心于出門庭也鉄于出門庭言君子去暗尚遠可以得其本心而遠去淵

【纂註】劉壽翁曰微子帝乙之元子紂之庶兄也知其君之不可以圖存也又知商之不可復興

二千二百二十一

也事之不可諫之不從其留也无救於宗祀之滅其去也猶足以存什一於千百也故曰獲明夷之心象曰獲心意者微子獲存宗祀之心意也〇愚謂腹坤象四進坤體故曰入其去上六猶隔六五故以四爲左腹獲得也傷人之明者上也入其腹得其傷明之心故曰獲明夷之心幸而稍隔尚可避去故曰于出門庭

六五箕子之明夷利貞居至闇之地近至闇之君而能正其志箕子之象也貞之至也利貞以戒占者

【附錄】問商有三仁集註言三子之行不同而同出於至誠惻怛之意微子之去欲存宗祀比干之死欲紂改行可見其至誠惻怛處不知箕子至誠惻怛何以見曰箕子比干都是一樣心箕子偶然不撞着紂之怒自不殺它然它見比干恁地死若更死諫无益於國徒使人君有殺諫臣之名就它處此最難微子去却易比干一向諫死又却索性箕子在半上落下最是難處被它監繫在那裏不免佯狂所以易中特說箕子之明夷可見其難處故彖曰利艱貞晦其明也内難而能正其志箕子以之它外雖狂而心則定也寓爻說貞而不言艱者蓋言箕子則艱可見不必更言之淵

上六不明晦初登于天後入于地以陰居坤之極不明其德以至於晦始則處高位以傷人之明終必至於自傷而墜厥命故其象如此而占亦在其中矣

【纂註】徐氏曰下三爻離體明也上三爻坤體暗也上六暗極所以爲明夷之主也故不言明夷下五爻皆所以處明夷之道而有遠近淺深之殊者也故皆言明夷初明雖傷去上最遠垂翼而已二則傷股而害已深矣以其在下居中去上猶遠有可極之道也三則與上爲正應可以南狩而獲其大首矣四入坤晦之門庭其暗尚淺有可去之道五則迫近於難義不可去亦惟艱貞自晦其明而已此紂之時聖賢所處之道不同

有如○愚謂下五爻皆説明夷是有明而見傷者也上一爻説不明晦是實晦此而不明者也以卦言則傷離之明者在坤坤爲晦以爻言則傷下五爻之明者在上上獨爲晦各有不同也

䷤ 離下巽上 **家人利女貞** 家人者一家之人卦之九五六二外内各得其正故爲家人利女貞者欲先正乎内也内正則外无不正矣 纂註 蔡氏曰女二也二居内而位正利女正也 ○ 愚謂四亦女之正者然爻惟二稱貞吉則六二一爻尤重

初九閑有家悔亡 初九以剛陽處有家之始能防閑之其悔亡矣戒占者當如是也 纂註 程子曰初家道之始也有家之始苟不閑之以法度則人情流放必至於有悔失長幼之序亂男女之别傷恩義害倫理无所不至能以法度閑之於始則无是矣故悔亡

六二无攸遂在中饋貞吉 六二柔順中正女之正位乎内者也故其象占如此 纂註 徐氏曰六二以柔居中巽順應五婦之道也遂專成也婦人无所專成惟在主中饋而已所謂惟酒食是議者也貞吉者居中得正固守巽順之道所以吉也 ○ 愚謂采蘩采蘋之祭祀爲不失職大夫妻共祭祀爲循法度祭祀蓋饋事之大者婦无遂事惟在中饋可見矣故六二貞吉惟以在中饋言彖辭所謂利女貞者其六二當之歟

九三家人嗃嗃悔厲吉婦子嘻嘻終吝 以剛居剛而不中過乎剛者也故有嗃嗃嚴厲之象如是則雖有悔厲而吉也嘻嘻者嗃嗃之反吝之道也占者各以其德爲應故兩言之 附録 先生因喫茶罷曰物之甘者喫過必酸苦

者喫過必甘茶本苦物喫過却甘問此理如何曰也是一箇道理如始於憂勤終於逸樂理而後和蓋禮本天下之至嚴行之各得其分則至和又如家人嗃嗃悔厲吉婦子嘻嘻終吝都是此理【纂註】徐氏曰嗃嗃嚴急之意嘻嘻笑樂无節也九三以剛居剛而不中故有嗃嗃之象比乎二四兩柔之間故又有嘻嘻之象治家之道易以情勝義苟剛而不中雖過於嚴而有悔厲然而家道齊肅人心祇畏猶爲家之吉而未失道也若笑樂无節而情愛暱比之私勝則敗度喪禮失節亂倫家道所由以壞也豈不終可吝乎

六四富家大吉　陽主義陰主利以陰居陰而在上位能富其家者也【附錄】占法陽主貴陰主富淵【纂註】徐氏曰六四當位應剛又介二剛之間以柔得剛以虛受實莫此之盛故曰富家大吉

九五王假有家勿恤吉　假至也如假于大廟之假有家猶言有國也九五剛健中正下應六二之柔順中正王者以是至于其家則勿用憂恤而吉可必矣蓋聘納后妃之吉占而凡有是德者遇之則吉也【附錄】王假有家言到這裏方具得許多物事有妻有妾方始成箇家淵有家之有只是如夙夜浚明有家亮采有邦之有有字虛字非如奄有四方之有銖

上九有孚威如終吉　上九以剛居上在卦之終故言正家久遠之道占者必有誠信威嚴則終吉也【纂註】徐氏曰上九以陽剛居卦之終家道大成人信之矣故曰有孚然不以人信而或弛律身益嚴故曰威如身愈修則家愈齊保家之道也故曰終吉

䷥ 兌下離上

睽小事吉　睽乖異也爲卦上火下澤性相違異中女少女志不同歸故爲睽然以卦德言之內說而外明以卦

變言之則自離來者柔進居三自中孚來者柔進居五自家人來者兼之以卦體言之則六五得中而下應九二之剛是以其占不可大事而小事尚有吉之道也

初九悔亡喪馬勿逐自復見惡人无咎上无正應有悔也而居睽之時同德相應其悔亡矣故有喪馬勿逐而自復之象然亦必見惡人然後可以避咎如孔子之於陽貨也【附錄】喪馬勿逐自復大率睽之諸爻都如此多說先異而後同淵問見惡人其義何取曰以其當睽之時故須見惡人乃能无咎道夫【纂註】程子曰馬所以行也陽上行者也睽獨无與則不能行是喪其馬也四與之合則能行矣是勿逐而馬復得也惡人與己乖異者也見者與相通也當睽之時雖同德者相與然小人乖異者衆若弃絶之不幾盡天下以仇君子乎如此則失含弘之義致凶之道也又安能化不善而使之合乎故必見惡人則无咎也古之聖王所以能化姦凶爲善良革仇敵爲臣民者由弗絶也

九二遇主于巷无咎二五陰陽正應居睽之時乖戾不合必委曲相求而得會遇乃爲无咎故其象占如此【纂註】程子曰所謂委曲者以善道宛轉將就使合而已非枉己屈道也當睽之時君心未合賢臣在下竭力盡誠期使之信合而已至誠以感動之盡力以扶持之明義理以致其知杜蔽惑以誠其意如是宛轉以求其合也遇非枉道迎逢也巷非邪僻曲徑也故夫子特云遇主于巷未失道也

六三見輿曳其牛掣其人天且劓无初有終六三上九正應而三居二陽之間後爲二所曳前爲四所掣而當睽之時上九猜狠方深故又有髡劓之傷然邪不勝正終必得合故其象占如此【附錄】天合作而剃鬚也篆文天作亢方子【纂

【註】蔡氏曰輿二也牛四也

九四睽孤遇元夫交孚厲无咎睽孤謂无應遇元夫謂得初九交孚謂同德相信然當睽時故必危厲乃得无咎占者亦如是也

六五悔亡厥宗噬膚往何咎以陰居陽悔也居中得應故能亡之厥宗指九二噬膚言易合六五有柔中之德故其象占如此【附錄】宗如同人于宗之宗淵

上九睽孤見豕負塗載鬼一車先張之弧後說之弧匪寇婚媾往遇雨則吉睽孤謂六三爲二陽所制而已以剛處明極睽極之地又自猜狠而乖離也見豕負塗見其汚也載鬼一車以无爲有也張弧欲射之也說弧疑稍釋也匪寇婚媾知其非寇而實親也往遇雨則吉疑盡釋而睽合也上九之與六三先睽後合故其象占如此【附錄】載鬼一車等語爲它這般事是差異底事所以把世間差異底明之道夫【通論】小畜上九爻小畜之上九曰既雨既處睽之上九曰往遇雨則吉者畜極則通睽極則和陰陽之氣至是而方暢也【纂註】徐氏曰上與三應本非孤者三柔爲二四所制而未應是睽極而孤處者也豕鬼皆指三言惡而疑之甚者也弧亦謂三陰也往遇雨則吉言往與三合而得吉也

䷦ 艮下坎上 **蹇利西南不利東北利見大人貞吉**蹇難也足不能進行之難也爲卦艮下坎上見險而止故爲蹇西南平易東北險阻又艮方也方在蹇中不宜走險又卦自小過而來陽進則往居五而得中退則入於艮而不進故其

占曰利西南不利東北當蹇之時必見大人然後可以濟難又必守貞然後得吉而卦之九五剛健中正有大人之象自二以上五爻皆得正位則又貞之義也故其占又曰利見大人貞吉蓋見險者貴於能止而又不可以終於止處險者利於進而不可失其正也【附錄】西南是說坤卦分曉但不知從何插入這坤卦來此須是箇變例大率陽卦多自陰來陰卦多自陽來坎是坤第二畫變艮是第三畫變往往只取坎艮變坤義方子【纂註】程子曰西南坤方坤地也體順而易東北艮方艮山也體止而險在蹇難之時利於順處平易之地不利止於危險處順易則難可紓止於險則難益甚矣○愚謂坎屬北方艮屬東北方合艮坎而爲蹇是不利東北也二陽盡變而之坤則是離東北而就西南矣指言西南者以平易險阻對言之爾

初六往蹇來譽往遇險來得譽【纂註】程子曰六居蹇之初陰柔无援往進則益入於蹇矣來者對往之辭上進則爲往不進則爲來止而不進則有見幾知時之美譽也

六二王臣蹇蹇匪躬之故柔順中正正應在上而在險中故蹇而又蹇以求濟之非以其身之故也不言吉凶者占者但當鞠躬盡力而已至於成敗利鈍則非所論也【纂註】蔡氏曰王臣爲五之臣也蹇蹇入難之深也匪躬之故爲王之事也

九三往蹇來反反就二陰得其所安【纂註】徐氏曰九三當位與上爲應上柔无位不足與濟難故曰往蹇

六四往蹇來連連於九三合力以濟【纂註】徐氏曰六四近君往從乎五則陰柔不足以濟五之蹇惟下連九三率引以進乃克有濟

九五大蹇朋來大蹇者非常之蹇九五居尊而有剛健中正之德必有朋來而助之者占者有是德則有是助

矣【附錄】處九五尊位而居蹇中所以爲大蹇所謂遺大投艱于朕身人君當此之時須屈羣策用羣力乃可濟也儞或問何故爲大蹇曰五是爲蹇主凡人臣之蹇只是一事至大蹇須人王當之砥【纂註】徐氏曰朋謂三五與三皆陽故曰朋○愚謂五爲濟蹇之主二爲濟蹇之臣故五稱大蹇二稱蹇蹇

上六往蹇來碩吉利見大人已在卦極往无所之益以蹇耳來就九五與之濟蹇則有碩大之功大人指九五曉占者宜如是也【附錄】〈總論六爻〉問往蹇來譽曰來往二字唯程傳言上進則爲往不進則爲來說得極好今人或謂六四往蹇來連是來就三九三往蹇來反是來就二上往蹇來碩是來就五已說得通但初六來譽則位居最下无可來之地其說不得通矣故不若程傳好只是不往爲佳耳不往者守而不進故不進則爲來諸爻皆不言吉蓋未離乎蹇中也至上六往蹇來碩吉却是蹇極有濟之理既是不往唯守於蹇則必得見九五之大人與共濟蹇而有碩大之功也銖【纂註】徐氏曰碩大也剛也近附九五之大人故曰來碩下得乎剛可以出蹇故吉也〈總論六爻〉程子曰蹇之時惟能止爲善故諸爻除九五六二外皆以往爲失來爲得蔡氏曰惟二五居中得位濟蹇者也故不言往來

䷧ 坎下震上 **解利西南无所往其來復吉有攸往夙吉**解難之散也居險能動則出於險之外矣解之象也難之既解利於平易安靜不欲久爲煩擾日其卦自升來三往居四入於坤體二居其所而又得中故利於西南平易之地若无所往則宜來復其所而安靜若尚有所往則宜早往早復不可久煩擾也【纂註】蔡氏曰坎難震動動則離乎難解之義也利西南者坎震

東北之卦也難解於東北至西南則无不利矣无所往其來復吉往進也來復退歸也謂二難既解則居中以復其安靜也○主內象吉有攸往夙吉夙早也難有未解者當急往而解之不可久擾也○主外象言

初六无咎

難既解矣以柔在下上有正應何咎之有故其占如此

九二田獲三狐得黃矢貞吉

此爻取象之意未詳或曰卦凡四陰除六五君位餘三陰則三狐之象也大抵此爻爲卜田之吉占亦爲去邪媚而得中直之象能守其貞則无不吉矣

〔纂註〕徐氏曰狐者隱伏之物坎象黃矢中直象貞吉謂得中道而吉也程子曰九二以剛中之才上應六五之君用於時者也天下小人常衆六五以陰柔居高位其明易蔽其威易犯其斷不果而易惑小人一近之則移其心矣況險難方解二既當用必須能去小人則可以正君心而行其剛中之道田者去害之事狐者邪媚之獸三狐指卦之三陰時之小人也獲謂變化除去之如田之獲狐也羣邪不去君心一入則中直之道无由行矣桓敬之不去武三思是也

六三負且乘致寇至貞吝

繫辭備矣貞吝言雖以正得之亦可羞也唯避而去之爲可免爾

〔附錄〕六居三大率少有好底負且乘聖人這裏又見得有這箇小人乘君子之器底象故又於此發出這道理來淵

〔纂註〕徐氏曰負謂上負九四乘謂下乘九二三以柔處二剛之中頑然不解故有負且乘致寇至之象貞固守此豈不可吝○愚謂坎爲輿爲盜六三坎體自三至五又有互體之坎故有負乘致寇之象又負四乘二爲上所射亦有致寇至象

九四解而拇朋至斯孚

拇指初初與四皆不得其位而相應應之不以正者也然四陽初陰其類不同若能解而去之則君子之朋至

而相信矣【附録】四能解其拇者以四雖陰位而才則陽與初六陰柔則爲有間所以能解去其拇故得陽剛之朋類至而相信矣鉄【纂註】徐氏曰朋謂二四與二皆剛故曰朋解之時陽能解陰剛能解柔九四欲解初六在下之陰解而拇也

六五君子維有解吉有孚于小人卦凡四陰而六五當君位與三陰同類者必解而去之則吉也孚驗也君子有解以小人之退爲驗也【纂註】程子曰六五居尊位爲解之主人君之解也以君子通言之君子所親比者必君子也所解去者必小人也驗之于小人小人之黨既去則是君子能有解也

上六公用射隼于高墉之上獲之无不利繫辭備矣【纂註】蔡氏曰公五也用謂五用上也隼鷙鳥害之物謂三也墉内外之限三所居之地也解之不解者惟三用其所應而解之獲之必矣故曰无不利

䷨兌下艮上**損有孚元吉无咎可貞利有攸往曷之用二簋可用享**損減省也爲卦損下卦上畫之陽益上卦上畫之陰損兌澤之深益艮山之高損下益上損内益外剝民奉君之象所以爲損也損所當損而有孚信則其占當有此下四者之應矣曷之用二簋可用享言當損時則至薄无害【附録】二簋與簋貳字不同可見其義亦不同淵【纂註】蔡氏曰内本乾外本坤乾上爻與坤上爻往來本剛得柔爲損本柔得剛爲益凡卦以内爲貞主貞而言故爲損徐氏曰孚信實也損所當損適時之宜而有孚信可行之理所謂有孚也可貞者可以正固守此也其道可行故利往損而有孚則元吉无咎可貞而利有攸往也蓋損者拂人情之事易

至凶咎故特詳之曷之用問辭二簋享答辭下之奉上槩謂之享燕禮之重亦
謂之享古者享禮以四簋爲中陳饋八簋爲盛當損之時二簋雖薄而亦可用
享也程子曰損者損過而就中損浮末而就本實也聖人以寧儉爲禮之本故
於損發明其義享祀之禮其文最繁然以誠敬爲本多儀備物所以將飾其誠
敬之心飾過其誠則爲僞矣損飾所以存誠也二簋之約可用享祭言在乎誠
而已誠爲本也天下之害无不由末之勝也峻宇雕牆本於宮室酒池肉林本
於飲食淫酷殘忍本於刑罰窮兵黷武本於征討凡人欲之過者皆本於奉養
其流之遠則爲害矣先王制其本者天理也後人流於末者人欲也損之義損
人欲以復天理而已

初九已事遄往无咎酌損之

初九當損下益上之時上應六四之陰輟所爲之事
而速往以益之无咎之道也故其象占如
此然居下而益上亦當斟酌其淺深也

〔纂註〕徐氏曰損者人情之所難而
初又最下不可過損損下太
過則其本傷矣必斟酌其義之淺
深而不失損已益人之道可也

九二利貞征凶弗損益之

九二剛中志在自守
不肯妄進故占者利貞而征則凶也弗
損益之言不變其所守乃所以益上也

〔纂註〕程子曰不自損其剛貞則能益
其上乃益之也若失其剛貞而
用柔說適足以損之而已世之愚者雖无邪心而唯知竭力順上爲忠者蓋
不知弗損益之之義也游氏曰允之情說而陽性好動故有利貞征凶之戒

六三三人行則損一人一人行則得其友

下卦本乾而損上爻以益坤三人行而損
一人也一陽上而一陰下一人行而得其友也兩相
與則專參則雜而亂卦有此象故戒占者當致一也

〔附録〕三人行損一人三陽
損一一人行得其友

一陽上去換得一陰來淵

【篆註】蔡氏曰萬化不窮惟二而已三則爲贅所當損也

六四損其疾使遄有喜无咎

以初九之陽剛益已而損其陰柔之疾唯速則善戒占者如是則无咎也

【篆註】徐氏曰柔過爲疾忿欲之類是也又曰才柔苟止而或怠於從善初剛在下亦每難於益已苟非自損其過自治其私汲汲然以好善求益爲心則應者緩而益者寡也能无咎乎凡言有喜有慶者皆内外相應之情也

【總論諸爻】南軒張子曰當損而不損過也不當損而損之亦過也酌損之弗損益之者言不過損也所謂損一人損其疾者皆理之所當損也

六五或益之十朋之龜弗克違元吉

柔順虛中以居尊位當損之時受天下之益者也兩龜爲朋十朋之龜大寶也或以此益之而不能辭其吉可知占者有是德則獲其應也

【附録】易象自是一法如離爲龜則損益卦皆說龜此類甚多僩

損益二卦說龜一在二一在五是顛倒說去未濟與既濟說鬼方亦然輝

【篆註】蔡氏曰元龜直二十大貝雙貝曰朋十朋元龜也元龜有國之大寶言益之大也弗克違者不求而必至之意故元吉東谷鄭氏曰凡曰或益曰有它吉曰有隕自天曰自上祐皆謂之不期於得之也徐氏曰班固食貨志元龜岠冉長尺二寸直二千一百六十爲大貝十朋注云兩貝爲朋朋直二百一十六元龜十朋故二千一百六十也又有公龜九寸爲壯貝十朋侯龜七寸以上爲幺貝十朋子龜五寸以上爲小貝十朋是爲龜寶四品

上九弗損益之无咎貞吉利有攸往得臣无家

上九當損下益上之時居卦之上受益之極而欲自損以益人也然居上而益下有所謂惠而不費者不待損己然後可

以益人也能如是則无咎然亦必以貞則吉而利有所往惠而不費其惠廣矣故又曰得臣无家【附錄】得臣无家猶言化家爲國相似得臣有家其所得也小矣无家則可見其大淵總論損益卦陳埴說損益先生曰勢自是如此有人主出來也只因這箇勢自住不得到這裏方看做是如何唯是聖人能順得這勢盡得這道理以下人不能識得損益之宜便會錯了壞了也自是立不得寓大抵損益二卦諸爻皆互換損好益卻不好如損六五卻成益六二損上九好益上九卻不好淵【纂註】徐氏曰利有攸往得臣无家謂柔往剛來得三之應不安處于下而應上之篤也總論六爻蔡氏曰損之爲義損下益上聖人不得已而用之故卦下之辭必曰有孚釋彖必言時爻辭初曰酌損二上皆曰弗損四但損其疾而已五則无損而大有益惟三當可損之時耳大象言懲忿窒慾此則不嫌於損爻辭兼言益益不兼言損意亦可見○愚謂上與三爲正應利有攸往上應乎三也得臣无家三應乎上也故六三曰得友上九曰得臣

䷩ 震下巽上 **益利有攸往利涉大川**益增益也爲卦損上卦初畫之陽益下卦初畫之陰自上卦而下於下卦之下故爲益卦之九五六二皆得中正下震上巽皆木之象故其占利有所往而利涉大川也【附錄】巽爲木是卦中取象震爲木乃東方屬木五行之木也璘【纂註】蔡氏曰乾下爻與坤下爻往來剛來居內故曰益剛柔往來二五中正故利有攸往上巽下震木下動也故利涉大川

初九利用爲大作元吉无咎初雖居下然當益下之時受上之益者也不可徒然无所報效故利用爲

一千〃九十六

大作必元吉〔附錄〕吉是事咎是道理蓋有事雖吉而理則過差者是之謂吉
然後得无咎　而有咎淵初九在下爲四所任而作大事必盡善而後无
咎若所作不盡善未免有咎也故孔子釋之曰下不厚事若〔纂註〕徐氏曰初
在下之人爲在上之人作事未能盡善自應有咎也人傑　剛在下爲
動之主當益之時受上之益者也宜用之爲大有興作之事然位卑志剛力小
任重則有所不堪故曰下不厚事惟處之當用之審大善而吉乃可无咎苟輕
用敗事无益有害皆爲有咎
此先王所以重用民力也

六二或益之十朋之龜弗克違永貞吉王用享于帝吉

六二當益下之時虛中處下故其象占與損六
五同然爻位皆陰故以永貞爲戒以其居下而
受上之益故又〔附錄〕或益之十朋之龜句弗克違句子顯王
爲卜郊之吉占　用享于帝吉是祭則受福底道理淵

六三益之用凶事无咎有孚中行告公用圭

六三陰柔不中不正不當得
益者也然當益下之時居下
之上故有益之以凶事者蓋警戒震動乃所以益之也占者如此〔附錄〕益之
然後可以无咎又戒以有孚中行而告公用圭也用圭所以通信　用凶
事猶書言用降我凶〔纂註〕蔡氏曰凶事困心衡慮之事也六三與上爲應故
德嘉績于朕躬高　有凶事之象中行在一卦之中也故三四皆曰中
行圭所以通其中之信告公雖見於外而所用者亦唯在通中之信而已徐
氏曰三與上應而以爲有凶事者以上有或擊之凶而三位又多凶故也

六四中行告公從利用爲依遷國

三四皆不得中故皆以中行爲
戒此言以益下爲心而合於中

行則告公而見從矣傳曰周之東遷晉鄭焉依蓋古者遷
國以益下必有所依然後能立此爻又爲遷國之吉占也【附録】程昌寓守壽春虜人來占
得此爻遷來鼎州【纂註】徐氏曰四與初爲往來之爻有下遷之象遷國順下
後平楊么有功淵　而動也古者建國有不便於民則視民利用遷然必
有所依以立國蔡
氏曰依謂近五也
九五有孚惠心勿問元吉有孚惠我德
上
有
信以惠于下則下亦有信以【纂註】蔡氏曰心二也惠順也我以有孚而順二之
惠于上矣不問而元吉可知　心洪範所謂皇建有極用敷錫厥庶民者也
有不待形諸言語而獲元吉也二亦以有孚
而順五之德洪範所謂錫汝保極者是也
上九莫益之或擊之立心勿恒凶
以陽居益之極求益不已故
莫益而或擊之立心勿恒戒之也【附録】或字衆无定主之辭言非但
一人擊之也立心勿恒勿字只
是不字非禁【纂註】程子曰利者衆人所同欲苟公其心不失正理則與衆同
止之辭也銖　利无侵於人人亦欲與之若切於好利嚴於自私求自益
以損於人則人亦與之力爭故　○愚謂恒九三亦巽體亦有不恒其德之戒說卦謂
莫肯益之而有擊奪之者矣　巽爲不果爲進退爲躁卦其立心勿恒之意歟

䷪ 乾下兊上

夬揚于王庭孚號有厲告自邑不利即戎利有攸往
夬決也陽決陰也三月之卦也以五陽去一陰決之而已然其決之也
必正名其罪而盡誠以呼號其衆相與合力然亦尚有危厲不可安
肆又當先治其私而不可專尚威【附録】夬以五陽之盛而比一陰猶欲決之
武則利有所往也皆戒之之辭　故其繇曰揚于王庭孚號有厲告自

邑不利即戎利有攸往蓋雖危懼自修不極其武而揚庭孚號利有攸往初不顧後患而小却也荅陳仝父孚號有厲若合開口處便雖有劍從自家頭上落也須着說但使功罪各當是非顯白於吾何慊道夫上卦有兌體兌爲口故多言號錄【纂註】程子曰小人衰微君子道盛當顯行之於公朝使人明知善惡故云揚于王庭徐氏曰王五也王庭君位之前利有攸往者順剛而動其究爲乾往无不利也

初九壯于前趾往不勝爲咎 前猶進也當決之時居下任壯不勝宜矣故其象占如此【附錄】壯于前趾與大壯初爻同此卦大率似大壯只爭一畫【纂註】蔡氏曰壯者決之勇也徐氏曰趾在體之下初象程子曰九陽爻而乾體乃在下而居決時壯于前進者也夬之時而往往決也故以勝負言九居初而壯於進躁於動者也故有不勝之戒陰雖將盡而已之躁動自宜有不勝之咎不計彼也

九二惕號莫夜有戎勿恤 九二當決之時剛而居柔又得中道故能憂惕號呼以自戒備而莫夜有戎亦可无患也【附錄】王子獻卜遇夬之九二卜者告之曰必夜有驚恐後有兵權未幾果夜遇寇旋得洪帥高

九三壯于頄有凶君子夬夬獨行遇雨若濡有慍无咎 頄顴也九三當決之時以剛而過乎中是欲決小人而剛壯見于面目也如是則有凶道矣然在衆陽之中獨與上六爲應若能果決其決不係私情則雖合於上六如獨行遇雨至於若濡而爲君子所慍然終必能決去小人而无所咎也溫嶠之於王敦其事類此【附錄】卦中與復卦六四有獨字此卦諸爻皆欲去陰獨此爻與上六爲應也自是惡模棱砥問壯于頄曰君子之去小人不必悻

悻然見於面目至於遇雨而爲所濡濕雖爲衆陽所慍然志在決陰必能終去小人故亦可得无咎也蓋九三雖與上爲應而實以剛居剛有能決之象故壯于頄則有凶而和柔以去之乃无咎如王允之於董卓温嶠之於王敦是也淵有慍也自是不能堪正如顏杲卿使安祿山受其衣服至道間與其徒曰吾輩何爲服此歸而借兵伐之正此類也砥【纂註】蔡氏曰雨上也獨行遇雨獨應乎上也若濡不至爲雨所濡也有慍有決之之意也以是爲決決而无咎惟君子能之故稱君子

九四臀无膚其行次且牽羊悔亡聞言不信以陽居陰不中不正居則不安行則不進若不與衆陽競進而安出其後則可以亡其悔然當決之時志在上進必不能也占者聞言而信則轉凶而吉矣牽羊者當其前則不進縱之使前而隨其後則可以行矣【附録】牽羊悔亡其說得之許慎之淵【纂註】蔡氏曰臀无膚後傷乎三也其行次且前犯乎五也次且不進貌羊兌象五也牽羊謂牽挽五而進不暴可以免悔也聞言不信居位不當雖聞牽羊之義亦不信也○愚謂兌有言象

九五莧陸夬夬中行无咎莧陸今馬齒莧感陰氣之多者九五當決之時爲決之主而切近上六之陰如莧陸然若決而決之而又不爲過暴合於中行則无咎矣戒占者當如是也【附録】莧陸是兩物莧者馬齒莧陸者章陸皆感陰氣多之物也藥中用商陸其子紅學蒙中行无咎言人能剛決自勝其私合於中行則无咎但能補過而已未是極至處這是說那微茫間有些个意思斷未得釋氏所謂流注想荀子謂偷則自行便是這意思照管不着便走將那裏去爻雖無此意孔子作象所以裨爻辭之不足如自我致寇敬慎不敗之類甚多中行无咎易中却

一千二百卅二

不恁地看言人占得此爻者能中則无咎不然則有咎淵

上六无號終有凶

陰柔小人居窮極之時黨類已盡無所號呼終必有凶也占者有君子之德則其敵當之不然反是

【附錄】【總論一卦】問以五陽決一陰君子盛而小人衰卦爻之辭猶如此嚴謹豈去小人之道須先自治而嚴厲戒懼不可安肆邪曰觀上六一爻則小人勢窮无號有凶之時而君子去之之道猶當如此嚴謹自做手脚葢不可以其勢衰而安意自肆也其爲戒深矣銖

【纂註】【總論六爻】徐氏曰夬決也以盛進之五剛決衰退之一柔其勢若甚易然而聖人不敢以易而忽之故於夬之一卦丁寧深切其道貴審而不貴迫所以周防戒備者無所不至又曰君子自治甚嚴治人甚寬固不爲疾惡之已甚未嘗容惡而不去也俾小人自知惡大罪積不可久居其上而甘心于退屈也衆剛從而決之則不勞餘力一決而爲乾矣若虞朝之去四凶周室之誅三監藹藹賢材之盛无復貞勝之憂是得決之義也後世衆賢在位得時得君其始未嘗不欲去小人以除君側之惡大抵不知夬夬之義而勇於一決機失事敗禍亂相尋卒貽衆君子之害而家國從之者何可勝數可不戒哉

䷫ 巽下乾上

姤女壯勿用取女

姤遇也決盡則爲純乾四月之卦至姤然後一陰可見而爲五月之卦以其本非所望而卒然值之如不期而遇者故爲遇遇已非正又一陰而遇五陽則女德不正而壯之甚也取以自配必害乎陽故其象占如此

【附錄】不是說陰漸長爲女壯乃是一陰遇五陽大率一个女遇五陽是个不正當底如人盡夫也之事淵上面五爻皆陽下面只一陰五陽便立不住了大雅

【纂註】程子曰一陰始生自是而長漸以盛矣是女之將壯長也陰長則陽消女壯則男弱故戒勿用取如是之女取女者欲其柔和順從以成家道姤乃

方進之陰漸壯而敵陽者是以不可取也女漸壯則失男女之正家道敗矣姤雖一陰甚微然有漸壯之道所以戒也

初六繫于金柅貞吉有攸往見凶羸豕孚蹢躅柅所以止車以金爲之其剛可知一陰始生靜貞則吉往進則凶故以二義戒小人使不害於君子則有吉而无凶然其勢不可止也故以羸豕蹢躅曉君子使深爲之備云

【附録】歐公章疏言地震山石崩入于悔某謂正是羸豕蹢躅之義當極治時巳栽培得這般物事在這裏了故直至如今道夫

【纂註】徐氏曰金柅謂二繫牽也柔方進而遇二則牽於二而止故曰繫于金柅豕陰躁之物羸豕初象蹢躅跳躑也豕雖羸弱性必躁動言陰雖微而其勢漸進信不可止也

九二包有魚无咎不利賓魚陰物二與初遇爲包有魚之象然制之在巳故猶可以无咎若不制而使遇於衆則其爲害廣矣故其象占如此

【纂註】程子曰姤遇也二與初密比相遇者也在它卦則初正應於四在姤則以遇爲重包者苴裹也魚陰物故初取魚象二於初若能固畜之如包苴之有魚則於遇爲无咎矣

九三臀无膚其行次且厲无大咎九三過剛不中下不遇於初上无應於上居則不安行則不進故其象占如此然旣无所遇則无陰邪之傷故雖危厲而无大咎也

【纂註】徐氏曰剛居不正之位而承乘皆剛後傷乎二前犯乎四故有臀无膚其行次且之象 ○愚謂姤者夬之反姤之九三在夬爲九四故皆有臀无膚其行次且之象

九四包无魚起凶初六正應巳遇於二而不及於己故其象占如此

【纂註】徐氏曰四與初爲正應宜相遇也遇先於近初

柔近二二包有魚矣四遠而不遇雖應而无得故曰包无魚起妄動也彼得則此失四既失所遇安處順守可也苟妄動而求必得之則凶矣

九五 **以杞包瓜含章有隕自天** 瓜陰物之在下者甘美而善潰杞高大堅實之木也五以剛陽中正主卦於上而下防始生必潰之陰其象如此然陰陽迭勝時運之常若能含晦章美靜以制之則可以回造化矣有隕自天本无而倏有之象 〔附錄〕 有隕自天言能回造化則陽氣復自天而隕復生上來都換了這時節 淵

上九 **姤其角吝无咎** 角剛乎上者上九以剛居上而无位不得其遇故其象占與九三類 〔纂註〕 徐氏曰上九處姤之窮與初无遇雖吝然亦无咎陰不必遇也 〔總論六爻〕 蔡氏曰姤者以一柔遇剛而成卦遇非正道惟近者得之而正應者反凶也二最近故先有之三之厲以隔乎二而不遇也五之含蓄雖无相遇之道而處位中正也上之吝最遠而窮也四之起凶遇不利正應也

䷬ 坤下兌上 **萃亨王假有廟利見大人亨利貞用大牲吉利有攸往** 萃聚也坤順兌說九五剛中而二應之又爲澤上於地萬物萃聚之象故爲萃亨字衍文王假有廟言王者可以至乎宗廟之中王者卜祭之吉占也祭義曰公假于太廟是也廟所以聚祖考之精神又必能聚己之精神則可以至於廟而承祖考也物既聚則必見大人而後可以得亨然又必利於貞所聚不貞則亦不能亨也大牲必聚而後有聚則可以有所往皆占吉而有戒之辭 〔附錄〕 大率人之精神聚於己祖之精

神聚於廟今人擇日祀神多取神在日亦取聚意銖問卦取聚之意曰數句是占辭非發明萃聚之意也此是諸儒說易之大病非聖人繫辭而明吉凶之意荅潘謙之

纂註 徐氏曰大人五也貞二五位正也當萃之時利見大人則萃道亨也然必利於貞聚不以正其能亨乎大牲血祭之盛也物萃則用大牲以祭所以稱其萃之義也故吉時萃則動无不順故利有攸往程子曰王者萃聚天下之道至於有廟極也羣生至衆也而可一其歸仰人心莫知其鄉也而能致其誠敬鬼神之不可度也而能致其來格天下萃合人心總攝衆志之道非一其至大莫過於宗廟故王者萃天下之道至於有廟則萃道之至也

初六有孚不終乃亂乃萃若號一握為笑勿恤往无咎

初六上應九四而隔於二陰當萃之時不能自守是有孚而不終志亂而妄聚也若號呼正應則衆以為笑但勿恤而往從正應則无咎矣戒占者當如是也

六二引吉无咎孚乃利用禴

二應五而雜於二陰之間必牽引以萃乃吉而无咎又二中正柔順虛中以上應五剛健中正誠實而下交故卜祭者有其孚誠則雖薄物亦可以祭矣

纂註 徐氏曰二五正應宜萃也二以柔居柔中類聚而安於下五以衆歸於四有位而匪孚雖應猶未萃也人之情相求則合相持則睽二五本應相引而萃則吉无咎

六三萃如嗟如无攸利往无咎小吝

六三陰柔不中不正上无應與欲求萃於近而不得故嗟如而无所利唯往從於上可以无咎然不得其萃困然後往復得陰極无位之爻亦可小羞矣戒占者當近捨不正之彊援而遠結正應之窮交則无咎也

九四大吉

一千·五十五

无咎 上比九五下比衆陰得其萃矣然以陽居陰不正故戒占者必大吉然後得无咎也 【纂註】 蔡氏曰大者周徧之意下得乎民上得乎君大之義也居臣位而據有衆柔非萃之正必上下周徧乃爲大吉可以无咎不然則田常季氏之徒耳

九五萃有位无咎匪孚元永貞悔亡 九五剛陽中正當萃之時而居尊固无咎矣若有未信則亦脩其元永貞之德而悔亡矣戒占者當如是 【附録】 問九五以陽剛中正當萃之時而居尊位安得又有匪孚曰此言有位而无德則雖萃而不能使人信故人有不信當脩其元永貞之德而後悔亡也銖 【纂註】 程子曰元永貞者君之德民所歸也故比天下與萃天下之道皆在此三者

上六齎咨涕洟无咎 處萃之終陰柔无位求萃不得故戒占者必如是然後可以无咎也 【纂註】 厚齋馮氏曰上卦兑說也說極而悲故其象占如此 ○ 愚謂兑體故有齎咨涕洟象

䷭ 巽下坤上 **升元亨用見大人勿恤南征吉** 升進而上也卦自解來柔上居四内巽外順九二剛中而五應之是以其占如此南征前進也 【附録】 南征吉巽坤二卦拱得箇南如看命人虛拱底說話砥 【纂註】 徐氏曰大人二也用見大人五當應二也恤憂也六五柔中之君用見九二剛中之臣以升于治勿憂勿退但當前進自獲吉也柔退多憂故戒

初六允升大吉 初以柔順居下巽之主也當升之時巽於二陽占者如之則信能升而大吉矣 【纂註】 程子曰初以柔居巽體之下上

承九二之剛巽之至者也二以剛中之德上應於君當升之任者也允信從也初之柔巽惟信從於二信二而從之同升乃大吉也**九二孚乃利用禴无咎**義見萃卦○愚謂萃六二以中虛爲孚而與九五應升九二以中實爲孚而與六五應虛實雖不同而孚則一而已**九三升虛邑**陽實陰虛而坤有國邑之象九三以陽剛當升時而進臨於坤故其象占如此【纂註】徐氏曰九三陽升進臨於坤前无疑礙如入无人之邑言至易也**六四王用亨于岐山吉无咎**義見隨卦【附録】張洽問亨于岐山曰只是亨字時舉此是王者有事于山川之封人傑王亨于岐山與亨于西山只是說祭山川【總論萃升卦】問升萃二卦多是言祭亨萃固取聚義不知升何取義曰人積其誠意以事鬼神有升而上通之義銖○愚謂本義於隨卦就周言岐山則王指文王孟子曰太王邑於岐山之下居焉則文王亦居岐也**六五貞吉升階**以陰居陽當升而居尊位必能貞固則可以得吉而升階矣階升之易者【附録】【通論萃九五爻】升六五貞吉升階與萃有位匪孚元永貞悔亡皆謂其有位必當有其德若无其德則萃雖有位而人不信雖有升階之象而不足以升矣銖**上六冥升利于不息之貞**以陰居升極昏冥不已者也占者遇此无適而利但可反其不已於升之心施之於不息之貞而已【纂註】程子曰六以陰居升之極昏冥於升知進而不知止者其爲不明甚矣君子於貞正之德終日乾乾自強不息如上六不已之心用之於此則利也以小人貪求无已之心移於進善則何善如之

䷮坎下兌上**困亨貞大人吉无咎有言不信**困者窮而不能自振之義坎剛爲兌柔所揜九二爲二陰所揜四五爲上六所揜所以爲困坎險兌說處險而說是身雖困而道則亨也二五剛中又有大人之象占者處困能亨則得其貞矣非大人其孰能之故曰貞又曰大人者明不正之小人不能當也有言不信又戒以當務晦默不可尚口益取困窮

【附録】困卦難理會不可曉易中有數卦如此繫辭云卦有小大辭有險易辭也者各指其所之困是箇極不好底卦所以卦辭也做得如此難曉如蹇剥否睽皆是不好卦只是剥則分明是剥所以分曉困卦是箇進退不得窮極底卦所以難曉其大意亦可見個

【纂註】徐氏曰兌口不掩言象坎剛中有孚信象坎兌相失故有言不信處困之時當務晦默尚口多言人誰信之困且窮而已故戒

初六臀困于株木入于幽谷三歲不覿臀物之底也困于株木傷而不能安也初六以陰柔處困之底居暗之甚故其象占如此

【附録】初六在困之下至困者也株木不可坐臀在株木上其不安可知學蒙

【纂註】徐氏曰株木根株无枝葉之木在下初象幽谷幽深之谷坎陷象覿見也初柔本與四應困而在下故有臀困于株木之象坎陷益下又有入于幽谷三歲不覿之象不覿初不見四也

九二困于酒食朱紱方來利用享祀征凶无咎困于酒食厭飫苦惱之意酒食人之所欲然醉飽過宜則是反爲所困矣朱紱方來上應之也九二有剛中之德以處困時雖無凶害而反困於得其所欲之多故其象如此而其占利以享祀若征行則非其時故凶而於義爲无咎也

【附

【録】問厭飫於所欲如何曰此是困於好底事在困之時有困於好事者有困於不好事者此爻是好爻當困時則困於好事如感時花濺淚恨別鳥驚心花鳥好娛戲底物這時却發人不好底意思是因好物困也酒食厭飫亦是如此淵問朱紱方來利用享祀曰以之事君則君應之以之祀神則神應之輝

六三困于石據于蒺蔾入于其宮不見其妻凶

陰柔而不中正故有此象而其占則凶石指四蒺蔾指二宮謂三而妻則六也其義則繫辭備矣【附録】六三陽之陰上六陰之陰故將六三言之則上爲妻淵【纂註】程子曰石堅重難勝之物蒺蔾刺不可據之物三以剛險而上進則二陽在上力不能勝堅不可犯益自困耳困于石也以不善之德居九二剛中之上其不安猶藉刺據蒺蔾也○愚謂蒺蔾茨草坎象

九四來徐徐困于金車吝有終

初六九四之正應九四處位不當不能濟物而初六方困於下又爲九二所隔故其象如此然邪不勝正故其占雖爲可吝而必有終也金車爲九二象未詳疑坎有輪象也【纂註】徐氏曰來謂初來應也徐徐緩貌

九五劓刖困于赤紱乃徐有說利用祭祀

劓刖者傷於上下上下既傷則赤紱无所用而反爲困矣九五當困之時上爲陰揜下則乘剛故有此象然剛中而說體故能遲久而有說也占具象中又利祭祀久當獲福【附録】通論六二爻問二五皆利用祭祀是如何曰它得中正又似取无應而心專一底意思淵朱紱赤紱若如程傳說朱芾王者之服赤紱臣下之服使書傳說臣下皆是赤紱則可詩中却有朱芾斯皇一句是說方叔於理又

似不通淵 ○愚按赤紱則詩候人三百赤紱采菽赤紱在股天子所予車攻赤紱金易記玉藻一命緼紱幽衡再命赤紱幽衡三命赤紱葱衡大夫以上赤紱乘軒則赤紱爲臣下服明矣若朱紱則采芑云方叔受其命服朱紱斯皇乃方叔受命之服方叔周宣王卿士斯干云朱芾斯皇乃宣王所生子之服程傳未知何據惟白虎通云芾者蔽也行以蔽前天子朱芾諸侯赤紱註疏家亦云天子諸侯大夫士紱各有制程傳想本此但於經无證耳芾韍紱並通用

【纂註】徐氏曰徐有說謂二五中直同德相應始雖未應緩則應也蔡氏曰享狹而祭廣君臣之位不同故所用亦異

上六困于葛藟于臲卼曰動悔有悔征吉 以陰柔處困極故有困于葛藟于臲卼曰動悔之象然物窮則變故其占曰若能有悔則可以征而吉矣

【纂註】徐氏曰葛藟纏繞之物臲卼危動之狀位高象震无咎者存乎悔言困已極矣有悔則可出困而征吉矣困窮而通其謂是夫 ○愚謂藟似葛之草詩疏云一名巨荒似蘡薁連蔓而生爻柔象臲卼乘剛不安象

䷯ 巽下坎上 井改邑不改井无喪无得往來井井汔至亦未繘井羸其瓶凶 井者穴地出水之處以巽木入乎坎水之下而上出其水故爲井改邑不改井故无喪无得而往者來者皆井其井也汔幾也繘綆也羸敗也汲井幾至未盡綆而敗其瓶則凶也其占爲事仍舊无得喪而又當敬勉不可幾成而敗也

【附録】井是那掇不動底物事所以改邑不改井淵汔至是作一句亦未繘井羸其瓶是一句意幾至而止如綆未及井而瓶敗言功不成也學蒙

【纂註】

徐氏曰以卦體言初柔爲泉眼二三剛爲泉實四柔爲井中空處五剛爲泉實已汲將出井也上柔爲井空處也有全井象程子曰邑可改而之它井不可遷也故曰改邑不改井汲之而不竭存之而不盈无喪无得也至者皆得其用往來井井也无喪无得其德也常往來井井其用也周

初六井泥不食舊井无禽井以陽剛爲泉上出爲功初六以陰居下故爲此象蓋井不泉而泥則人所不食而禽鳥亦莫之顧

【纂註】徐氏曰初六陰柔在井之下有泥象又曰人品汚下不能強於爲善无用於世爲人所棄觀於此爻可以知所當勉矣

九二井谷射鮒甕敝漏九二剛中有泉之象然上无正應下比初六功不上行故其象如此

【附錄】鮒沙隨以爲井有蝦蟆廣

【纂註】徐氏曰井谷者井旁穴也射下注也鮒泥中微物蛙屬謂初甕瓦汲水瓶也九二剛中上无應與下比初六不上出而下注有井谷射鮒之象又爲泉實可汲而在甕敝漏之象在井而射鮒在甕而敝漏皆无與之故也嘗謂人才生世自非果於暴棄甘爲下流之歸者不可與爲善苟陽剛之禀資質之美者皆可以進德良由上无應與而爲之誘掖汲引者故上達之難下達之易也

九三井渫不食爲我心惻可用汲王明並受其福渫不停汚也井渫不食而使人心惻可用汲矣王明則汲井以及物而施者受者並受其福也九三以陽居陽在下之上而未爲時用故其象占如此

【附錄】可用汲以上三句是象下兩句是占大槩是說理決不是說汲井又曰若非王明則无以收拾人才淵

【纂註】徐氏曰渫潔治也惻傷怛也三以剛乘剛有井渫之象在下故又有不食之象有清潔之泉而不見食其心寧

不惻然有感故爲我心惻可用汲者與上爲應亦有可使汲之道王明謂五也三與五皆陽剛五之剛即三之渫者也五上出三應上五食則三亦食故曰王明並受其福

六四井甃无咎

以六居四雖得其正然陰柔不泉則但能脩治而无及物之功故其象爲井甃而占則无咎占者能自脩治則雖無及物之功而亦可以无咎矣

【纂註】徐氏曰甃甎砌累也四下乘井渫之剛雖才柔未能上出然无初之泥非二之谷上承井洌之剛將上出矣砌甃其井脩治之使勿壞雖未有濟物之功亦可无咎

九五井洌寒泉食

洌潔也陽剛中正功及於物故爲此象占者有其德則契其象也

【纂註】程子曰五以陽剛中正居高位其才其德盡善盡美井洌寒泉食也洌謂甘潔也井泉以寒爲美甘潔之寒泉可爲人食也於井道爲至善也然而不言吉者井以上出爲成功未至於上未及用也

上六井收勿幕有孚元吉

收汲取也晁氏云收鹿盧收繘者也亦通幕蔽覆也有孚謂其出有原而不窮也井以上出爲功而坎口不揜故上六雖非陽剛而其象如此然占者應之則必有孚乃元吉也

【附録】收雖作去聲讀義只是收也淵

【纂註】程子曰他卦之終爲極爲變唯井與鼎終乃爲成功是以吉也

【總論六爻】西溪李氏曰初井泥二井谷皆廢井也三井渫則渫初之泥四井甃則甃二之谷既渫且甃則井道全也故五井洌而泉寒上井收而勿幕功始及物而井道大成矣

䷰ 離下兌上

革巳日乃孚元亨利貞悔亡

革變革也兌澤在上離火在下火然則水

乾水決則火滅中少二女合爲一卦而少上中下志不相得故其卦爲革也變革之初人未之信故必已日而後信又以其內有文明之德而外有和說之氣故其占爲有所更革皆大亨而得其貞所革皆當而所革之悔亡也一有不貞則所革不信不通而反有悔矣 附錄 通論睽革卦 問革與睽相類睽上火下澤則不相入此火在澤下有變革之理睽中女在前少女在後有相離之義而此以中女繼少女故曰革 王氏曰民可與習常難與通變可與樂成難與慮始革之道即日不孚已日乃孚也 纂註 蔡氏曰革不可遽必已日而後革已日二日也徐氏曰元亨利貞悔亡者變有大通之理也然必利於貞則其悔可亡變不以貞則事有不可勝悔者古人所以重改作也

初九鞏用黃牛之革 雖當革時居初无應未可有爲故爲此象鞏固也黃中色牛順物革所以固物亦取卦名而義不同也其占爲當堅確固守而不可以有爲聖人之於變革其謹如此

六二已日乃革之征吉无咎 六二柔順中正而爲文明之主有應於上於是可以革矣然必已日然後革之則征吉而无咎戒占者猶未可以遽變也 纂註 蔡氏曰一爻爲一日過於初故曰已日已日乃可革以時征即革之謂五剛爲應故吉而无咎

九三征凶貞厲革言三就有孚 過剛不中居離之極躁動于革者也故其占有征凶貞厲之戒然其時則當革故至於革言三就則亦有孚而可革也 附錄 革言三就言三番結果成就如第一番商量這个是當革不當革說或一番又更如此商量一番然後說成了却不是三人來說淵 纂註 蔡氏曰處革之後猶征不已則凶若一於貞固失繼革之義則危就成也初未可革二則革之

不盛

三則有孚故曰三就有孚緍雲馮氏曰下卦之終火進遇澤故征凶也

九四悔亡有孚改命吉以陽居陰故有悔然卦已過中水火之際乃革之時而剛柔不偏又革之用也是以悔亡然又必有孚然後革乃可獲吉明占者有其德而當其時又必有信乃悔亡而得吉也【纂註】蔡氏曰革則有悔悔亡革而當也當則人心皆信之矣故可改前之命令湯武革命是也

九五大人虎變未占有孚虎大人之象變謂希革而毛毨也在大人則自新新民之極順天應人之時也九五以陽剛中正爲革之主故有此象占而得此則有此應然亦必自其未占之時人已信其如此乃足以當之爾【附錄】或問大人虎變是就事上變君子豹變是就身上變曰豈止是事上也從裏面做出來這个事却不只是空殼子做得文王其命維新也是它自新後如此堯克明俊德然後黎民於變大人虎變正如孟子所謂所過者化所存者神上下與天地同流豈曰小補之哉補只是這个裏破補這一些如聖人却是渾淪都換過了如爐鞴相似補只是錮露聖人都是渾淪換過【纂註】蔡氏曰剛居中正故曰大人虎兌象虎變威德變動自然變化之義占問決也未占有孚孚之素也

上六君子豹變小人革面征凶居貞吉革道已成君子如豹之變小人亦革面以聽從矣不可以往而居貞則吉變革之事非得已者不可以過而上六之才亦不可以有行也故占者如之【附錄】總論六爻革下三爻有謹重難改之意上三爻則革而善蓋事有新故革者變故而爲新也下三爻則故事也未變之時必當謹審於其先上三爻則變而爲新事矣故漸漸好曰然又曰乾卦到九四爻謂乾道乃革也是到這方變了

學蒙〔纂註〕徐氏曰豹虎屬亦兊象豹變謂如豹之變其文蔚然居柔變化小於虎也小人顔面難孚至此已革其外貌而從之矣此承上爻而言革道已成征則凶居貞則吉天下之事始則患其難革終則患其難守居貞之吉故於革之終言之

䷱ 巽下離上

鼎元吉亨 鼎亨飪之器爲卦下陰爲足二三四陽爲腹五陰爲耳上陽爲鉉有鼎之象又以巽木入離火而致亨飪鼎之用也故其卦爲鼎下巽巽也上離爲目而五爲耳有內巽順而外聰明之象卦自巽來陰進居五而下應九二之陽故其占曰元亨吉衍文也

〔纂註〕徐氏曰巽下離上柔居五位得中應剛大善而亨通也故曰元亨以彖考之恐元吉字

初六鼎顛趾利出否得妾以其子无咎 居鼎之下鼎趾之象也上應九四則顛矣然當卦初鼎未有實而舊有否惡之積焉因其顛而出之則爲利矣得妾而因得其子亦由是也此爻之象如此而其占无咎蓋因敗以爲功因賤以致貴也

〔附錄〕或曰據此爻是凡事須用與它翻轉了却能致利曰不然只是偶然如此此本是不好底爻却因禍致福所謂不幸中之幸蓋鼎顛趾本是不好因顛傾出鼎中惡穢之物所以反得利而无咎非是故意欲翻轉鼎趾而求利也人傑　得妾是无緊要其重却在以其子處淵

〔纂註〕徐氏曰妾初也子四也柔巽處卑妾之象也從剛應四以其子也言妾雖賤從子貴也

九二鼎有實我仇有疾不我能即吉 以剛居中鼎有實之象也我仇謂初陰陽相求而非正則相陷於惡而爲仇矣二能以剛中自守則初雖近不能以就之矣是以其象如此而其占爲如是則吉也

〔纂註〕徐氏

一千二百四十六

曰怨耦曰仇不善之疋也謂初五爲正應而密比初柔陰陽相疋而非正是初爲我仇也即就也初自顛趾有疾也不能就二是我仇有疾不我能即也故吉

不盛

九三鼎耳革其行塞雉膏不食方雨虧悔終吉以陽居鼎腹之中本有美實者也然以過剛失中越五應上又居下之極爲變革之時故爲鼎耳方革而不可舉移雖承上卦文明之腴有雉膏之美而不得以爲人食然以陽居陽爲得其正苟能自守則陰陽將和而失其悔矣占者如是則初雖不利而終得吉也

【附錄】問鼎耳革是如何曰三與五不相應五是鼎耳鼎无耳動不得革是換變之義它在上下之間與五不相當是鼎耳變革了不可舉移雖有雉膏而不食此是陽爻陰陽終必和故有方雨之吉學蒙

【纂註】徐氏曰鼎耳六五也革變革爲異也塞不通雉離象膏爻柔象雉膏謂六五也亦以鼎實取象三以陽剛之才而居巽之上其才足以有濟而於六五无相遇之道有革異之情故其行則不通於雉膏則不食猶人有才德而不爲時用不得君之祿而食之也方雨虧悔終吉雨陰陽和合而成方雨且將雨也虧失也三懷才不遇有不足之悔然五有聰明之德三終上進之物方將和合而相得始雖有不足之悔而終獲相遇之吉也

九四鼎折足覆公餗其形渥凶晁氏曰形渥諸本作刑剭謂重刑也今從之九四居上任重者也而下應初六之陰則不勝其任矣故其象如此而其占凶也

【纂註】蔡氏曰足初也餗鼎實也下應乎初初趾方顛故有折足之象足折則鼎覆而失其實矣○愚按邵氏聞見後錄云王弼注鼎其形渥凶以爲沾濡之形也蓋弼不知古易形作刑偓作剭音屋故新唐史元載贊用刑剭亦周禮剭誅云按元載以罪誅贊云易稱鼎折

足其刑剭諒哉周禮秋官司烜氏軍旅修火禁邦若屋誅鄭司農云屋誅謂夷三族屋讀如其刑剭之剭謂所殺不於市而以適甸師氏者也

六五

鼎黃耳金鉉利貞五於象爲耳而有剛德故云黃耳金堅剛之物鉉貫耳以舉鼎者也五虛中以應九二之堅剛故其象如此而其占則利在貞固而已或曰金鉉以上九而言更詳之【附錄】六五只爲上已當玉鉉了却下取九二之應來當金鉉蓋推排到這裏无去處了淵錄【纂註】程子曰五在鼎上耳之象也鼎之舉措在耳爲鼎之主也鉉加耳者也二應於五來從於耳者鉉也二有剛中之德陽體剛中色黃故爲金鉉五文明得中而應剛二剛中巽體而上應相應至善矣所利在貞固而已六五居中應中不至於失正而質本陰柔故戒以貞固於中也

上九

鼎玉鉉大吉无不利上於象爲鉉而以陽居陰剛而能溫故有玉鉉之象而其占爲大吉无不利蓋有是德則如其占也【纂註】徐氏曰鼎以上出爲用鉉所以舉鼎也五與上皆在上故皆以鉉言金一於剛玉則具剛柔之德玉鉉者上九爻剛而位柔也大吉无不利鼎道大成矣

䷲ 震下震上

震亨震來虩虩笑言啞啞震驚百里不喪匕鬯震動也一陽始生於二陰之下震而動也其象爲雷其屬爲長子震有亨道震來當震之來時也虩虩恐懼驚顧之貌震驚百里以雷言匕所以舉鼎實鬯以秬黍酒和鬱金所以灌地降神者也不喪匕鬯以長子言也此卦之占爲能恐懼則致福而不失其所主之重【附錄】震來虩虩是震

之初震得來如此言人常似那震來時虩虩地便能笑言啞啞到得震驚百里時也不喪匕鬯這个相連做一串下來淵震卦震亨至不喪匕鬯作一項看後來出可以守宗廟社稷又做一項看震便自是亨震來虩虩是恐懼顧慮而後便笑言啞啞震驚百里便也不喪匕鬯文王語以是解震亨了孔子又自說長子事文王之語簡重精切孔子之言方始條暢須析開看方得祇震主器事未必彖辭便有此意看來只是傳中方說淵

〔纂註〕徐氏曰當震之來則恐懼虩虩然也先震而後定則先恐而後安笑言啞啞也○愚謂啞啞恐懼尚未全散貌鬱金按周禮鬱人註鬱金香草築鬱金煮之以和鬯酒鄭司農云十葉爲貫百二十貫爲築煮之焦中停於祭前鬱草若蘭鬯人註云鬯釀秬爲酒芬芳條暢於上下也秬黑黍大暑而種故曰黍

初九震來虩虩後笑言啞啞吉

成震之主處震之初故其占如此

〔纂註〕蔡氏曰震之用在下初與四皆在卦之下而四泥於柔而未光初剛无係必達於上故吉○愚謂初九爻辭與卦辭同者以其爲成卦之主故耳

六二震來厲億喪貝躋于九陵勿逐七日得

六二乘初九之剛故當震之來而危厲也億字未詳又當喪其貨貝而升於九陵之上然柔順中正足以自守故不求而自獲也此爻占具象中但九陵七日之象則未詳耳

〔纂註〕蔡氏曰震來初也厲二也初震而上故危萬萬爲億億猶大也貝所有之資也其來也盛故大喪其所有也躋升也九陵至高之陵也逐追也七日卦有六位七乃更始也雖大有所喪事既終時既易當自復也

六三震蘇蘇震行无眚

蘇蘇緩散自失之狀以陰居陽當震時而居不正是以如此占者

若因懼而能行以去其不正則可以无眚矣〔纂註〕徐氏曰三去初雖遠而處位不當初震之來其勢猶未及已行而去之乃可无眚

九四震遂泥以剛處柔不中不正陷於二陰之間不能自震也遂者无反之意泥滯溺也○愚按漢五行志李奇曰震有互體坎水象四爲泥在水中故曰震遂泥

六五震往來厲億无喪有事以六居五而處震時无時而不危也以其得中故無所喪而能有事也占者不失其中則雖危无喪矣〔纂註〕蔡氏曰震往來四也厲五也○愚謂證以六二爻則五乘乎四往來正指四言蓋此爻實與二爻相似而相反二曰震來厲五曰震往來厲二曰億喪貝五曰億无喪有事所以相似者以重卦言之上卦之五實即下卦之二所以相反者二乘乎初初之來也有可畏之勢故其爻厲而有喪五乘乎四四既下牽於柔來而復往以至遂泥則其震緩矣故其爻雖厲而无喪所以不同

上六震索索視矍矍征凶震不于其躬于其鄰无咎婚媾有言以陰柔處震極故爲索索矍矍之象以是而行其凶必矣然能及其震未及其身之時恐懼修省則可以无咎而亦不能免於婚媾之有言戒占者當如是也〔附錄〕上六不全好但能恐懼於未及身之時可得无咎然亦不免它人言語祇〔纂註〕徐氏曰索索志氣不存之貌當震而懼氣索然也矍矍不定之貌氣索而目亦爲之動也三則初震尚及故行則无眚上則四震不及征則凶矣言不當行也躬謂上鄰謂五四震往來勢緩力弱不能及上故曰不于其躬僅能及五故曰于其隣震緩如此宜無咎也與三无應故婚媾有言

䷳ 艮下艮上 艮其背不獲其身行其庭不見其人无咎

艮止也一陽止於二陰之上陽自下升極上而止也其象爲山取坤地而隆其上之狀亦止於極而不進之意也其占則必能止于背而不有其身行其庭而不見其人乃无咎也蓋身動物也唯背爲止艮其背則止於所當止也止於所當止則不隨身而動矣是不有其身也如是則雖行於庭除有人之地而亦不見其人矣蓋艮其背而不獲其身者止而止也行其庭而不見其人者行而止也動靜各止其所而皆主夫靜焉所以得无咎也

附錄

艮其背背只言止人之四體皆能動惟背不動取止之義也德明止於所當止渾只見道理合當如此入自家一分不得着一些私意不得不獲其身不于自家事淵又曰欲出於身人纔要一件物事便須以身已去對副它若无所欲却只恁地平平過便似无此身一般了賀孫又曰不獲其身但見得事之當止不見此身之爲利害纔將此身預其間則道理便壞了古人所以殺身成仁舍生取義者只爲不見此身方能如此學蒙看此段工夫全在艮其背上人多是將行其庭對此句說便不是了行其庭則是輕說過緣艮其背既盡得了則不獲其身行其庭不見其人矣艮其背是止於所當止之地不獲其身行其庭不見其人萬物各止其所便都統一是理也不見有已不見有人都只見此理學蒙伯豐問此莫是舜禹有天下而不與之意否曰不相似如遺書中所謂百官萬務金革百萬之衆飲水曲肱樂在其中萬變皆在人其實无一事是此般氣象人傑明道曰與其非外而是內不若內外之兩忘也說得最好便是不獲其身行其庭不見其人不見有物不見有我只見其所當止也如爲人君止於仁不知下面道如何只是我當止於仁爲人臣止於敬不知上面道如何只是我當止於敬只認我所當

一三〇

止也以至父子夫婦朋友大事小事莫不皆然賀孫此段分作兩截却是艮其背不獲其身是靜之止行其庭不見其人爲動之止總說則艮其背是止之時當其所止了所以止時自不獲其身行時自不見其人此一句乃艮其背之效驗所以彖辭先說止其所也上下敵應不相與也却云是以不獲其身行其庭不見其人也學蒙

初六艮其趾无咎利永貞以陰柔居艮初爲艮趾之象占者如之則无咎而又以其陰柔故又戒其利永貞也

纂註 程子曰六在最下趾象動之先也艮其趾止於動之初也事止於初未至失止故无咎也以柔居下患其不能常也不能固也故方止之初戒以利在常永貞固則不失正之道也

六二艮其腓不拯其隨其心不快六二居中得正既止其腓矣三爲限則腓所隨也而過剛不中以止乎上二雖中正而體柔弱不能往而拯之是以其心不快也此爻占在象中下爻放此

附録 問程子謂二不得以拯三之不中則勉而隨之不拯而惟隨也恐惟字未的當若不拯而惟隨則如樂正子之於子敖冉求之於季氏也當只言不拯其所隨故其心不快如孔孟之於時君諫不行言不聽則去而已勉而隨之恐非時止之義荅云得之荅時與通論咸卦艮其腓咸其腓二卦皆就人身上取義而皆取靜如艮其趾言止其動便无咎艮其腓腓亦是動物不能拯其隨所以其心不快咸其腓亦是欲隨股而動動則凶不動則吉當

纂註 徐氏曰二有中正之德宜止不動然艮主在剛故其隨在三三剛列夤不得止之宜二不能拯救其失故曰不拯其隨以二之中正而柔弱不能拯其所隨豈其所欲哉故其心不快

九三艮其限列其夤厲薰心限身上下之際即腰胯也夤膂也止于腓則不

進而已九三以過剛不中當限之處而艮其限則不得屈伸而上下判隔如列其夤矣危厲薰心不安之甚也〔纂註〕程子曰三以剛居剛而不中爲成艮之主決止之極也已在下體之上而隔上下之限皆爲止義故爲艮其限是確乎止而不復能進退者也在人身如列絕其夤上下不相從屬也止道貴乎得宜行止不能以時而定於一其堅強如此則處世乖戾與物睽絕其危甚矣故厲薰心

六四艮其身无咎以陰居陰時止而止故爲艮其身之象而占得无咎也〔纂註〕徐氏曰諸卦惟咸與艮以身取象四當心位不言心者心不可見身者心之區宇也其身止則知其心之止矣

六五艮其輔言有序悔亡六五當輔之處故其象如此而其占悔亡也悔謂以陰居陽〔附錄〕嘗說賈誼固有才文章亦雄偉只是言語太迫失進言之序看有甚事都一齊說了宜乎絳灌之徒不說而文帝謙遜未遑也且如一間破屋教自家脩須有先後緩急之序不成一齊拆了雜然並脩看它會做事底人便別如韓信鄧禹諸葛孔明輩无不有一定之規模漸漸做將去所以所爲皆卓然有成這樣人方有定力會做事如賈誼胷次終是鬧着事不得有些子在胷中盡要迸出來只管跳躑爆趠不已如乘生駒相似制御它未下所以言語无序而不能有所爲也易曰艮其輔言有序聖人之意可見矣僩〔纂註〕徐氏曰輔頰車也在上之象艮止其輔則言不妄出而有序矣以柔居尊宜有悔矣以五不失其中故其悔可亡

上九敦艮吉以陽剛居止之極敦厚於止者也〔附錄〕〔通論諸卦〕艮居外卦者八而皆吉惟蒙卦半吉半凶如賁之上九白賁无咎上得志也大畜上九何天之衢道大行也蠱之上九不事王侯志可則也頤上九由頤厲吉大有慶也損上

九弗損益之大得志也艮上九敦艮之吉以厚終也蒙上九擊蒙不利爲寇利禦寇雖小不利然卦爻亦自好沈僩〔總論艮卦〕艮卦是箇最好底卦動靜不失其時其道光明剛健篤實輝光日新其德皆艮之象也僩艮就人身取象上一畫有頭之象中二陰有口之象所以艮其輔於五爻見内卦之下亦有足之象砥咸艮皆以人身爲象但艮卦又差一位 道夫 【纂註】徐氏曰敦厚也乾上爻交坤而爲艮皆有厚象易諸爻取厚象者三敦臨敦復敦艮皆上卦坤艮下无應與能自厚其德爲臨爲復也艮之三與上皆艮之主三限於柔列夤薰心惟上以厚終止於至善所謂止其所者也故獨吉蔡氏曰艮止也其時用在上上與三皆所以爲艮也三上牽二柔不得爲艮之體矣全艮之時用者獨在乎上也 ○ 愚謂差一位咸九四爲心而艮九三爲心咸上六爲輔而艮六五爲輔也大要欲以九當心以六當輔故不能不差一位爾

䷴ 艮下巽上 **漸女歸吉利貞** 漸漸進也爲卦止於下而巽於上不遽進之義有女歸之象焉又自二至五位皆得正故其占爲女歸吉而又戒以利貞也 【纂註】程子曰卽漸體而言中二爻交也由二爻之交然後男女各得正位也天下之事進必以漸者莫如女歸臣之進於朝人之進於事固當有序不以其序則凌節犯義凶咎隨之然以義之輕重廉恥之道女之從人最爲大也故以女歸爲義

初六鴻漸于干小子厲有言无咎 鴻之行有序而進有漸干水涯也始進於下未得所安而上復无應故其象如此而其占則爲小子厲雖有言而於義則无咎也 【纂註】蔡氏曰小子幼稚也柔居初故稱小子程子曰若漸之初而用剛急進則失漸之義不能

進而有咎必矣○愚謂小子艮象**六二鴻漸于磐飲食衎衎吉**磐大石也漸遠於水進於磐而益安矣衎衎和樂意六二柔順中正進以其漸而上有九五之應故其象如此而占則吉也【纂註】徐氏曰磐石之安平者進於干矣○愚謂坎體鴻水有飲食象**九三鴻漸于陸夫征不復婦孕不育凶利禦寇**鳥陸非所安也九三過剛不中而无應故其象如此而其占夫征則不復婦孕則不育凶莫甚焉然以其過剛也故利禦寇【附錄】九三爻雖不好夫征不復婦孕不育却利禦寇令術家擇日利婚姻底日不宜用兵利相戰底日不宜婚姻正是此意蓋用兵則要相殺相勝婚姻則要和合故用有不同也學蒙夫征不復婦孕不育是取離爲大腹象【纂註】徐氏曰陸平原也又進於磐矣夫謂三婦謂四與小畜同義三四位皆不中相比而无應相比則相親而易合无應則无道而相求夫陽也征往也三說四陰往不以正故征則不敢復也婦陰也孕得陽也四從三陽合不以正故孕則不敢育也其凶宜矣蓋因卦有女歸之象故以夫婦言禦寇艮止象此爻占凶凡皆不利惟利用禦寇謂情好相比可濟患難也**六四鴻漸于木或得其桷无咎**鴻不木棲桷平柯也或得平柯則可以安矣六四乘剛而順巽故其象如此占者如之則无咎也【纂註】程子曰鴻趾連不能握枝故不木棲桷橫平之柯唯平柯之上乃能安處謂四之處本危或能自得安寧之道則无咎也**九五鴻漸于陵婦三歲不孕終莫之勝吉**陵高阜也九五居尊六二正應在下而爲三四所隔然終不能奪其

正也故其象如此而占者如是則吉也〔篹註〕程子曰三比二四比五皆隔其交者也未能即合故三歲不孕然中正之道有必亨之理不正者豈能隔害之故終莫之能勝但其合有漸耳終得吉也以不正而敵中正一時之爲耳久其能勝乎

上九鴻漸于陸其羽可用爲儀吉

胡氏程氏皆云陸當作逵謂雲路也今以韻讀之良是儀羽旄旌纛之飾也上九至高出乎人位之外而其羽毛可用以爲儀飾位雖極高而不爲无用之象故其占爲如是則吉也〔篹註〕程子曰羽鴻所用以進也上九在至高之位於漸之時居巽之極必有其序如鴻之飛于雲空在人則超逸乎常事之外者也進至於是不失其漸賢達之高致也故可用爲儀法而吉也

䷵ 兌下震上 **歸妹征凶无攸利**

婦人謂嫁曰歸妹少女也兌以少女而從震之長男而其情又爲以說而動皆非正也故卦爲歸妹而卦之諸爻自二至五皆不得正三五又皆以柔乘剛故其占征凶而无所利也

初九歸妹以娣跛能履征吉

初九居下而无正應故爲娣象然陽剛在女子爲賢正之德但爲娣之賤僅能承助其君而已故又爲跛能履之象而其占則征吉也〔篹註〕蔡氏曰娣女弟也謂媵屬女居下位娣之象也无應不行故跛居位得當而近二故能履適二而媵乎五得娣之正也故征吉

九二眇能視利幽人之貞

眇能視承上爻而言九二陽剛得中女之賢也上有正應而反陰柔不正乃女賢而配不良不能大成內助之功故爲眇能視之象而其占則利幽人之貞也幽人亦抱道守正而不偶者也〔篹註〕蔡氏曰失位故愚眇居中故能視○謂

初二眇跛允毀折象履卦六三亦允體故取象同

六三歸妹以須反歸以娣 六三陰柔而不中正又爲說之主女之不正人莫之取者也故未得所適而反歸爲娣之象或曰須女之賤者

纂註 徐氏曰須待也三居下體之上本非賤者居位不當爲說之主而上无應女之不正欲歸而未得所適宜待也而急於從人无受之者既不得爲人配而反歸爲娣是自賤也夫人志在禄位而不自重欲速好進而甘於卑下卒爲人所賤者何以異此

九四歸妹愆期遲歸有時 九四以陽居上體而无正應賢女不輕從人而愆期以待所歸之象正與六三相反

纂註 徐氏曰愆期過時也以陽居上體是女尊貴而有賢正之德也以其无應未得其歸是賢女不輕從人而難於擇配故能愆期遲歸待得佳配而後行非如三之反歸以娣也○愚謂三爲說主四爲動主彖傳謂說以動所歸妹是也四男而三女明矣今爻辭四亦以女言至於三爻稱賢女而以五爲不良之配則二女而五男也至五又稱帝女以下應於二爲下嫁之象則五又爲女而二又爲男矣其不可爲典要類如此

六五帝乙歸妹其君之袂不如其娣之袂良月幾望吉 六五柔中居尊下應九二尚德而不貴飾故爲帝女下嫁而服不盛之象然女德之盛无以加此故又爲月幾望之象而占者如之則吉也

纂註 程子曰王姬下嫁自古而然至帝乙而後正婚姻之禮明男女之分雖至貴之女不得失柔巽之道有貴驕之志故易中陰尊而謙降者則曰帝乙歸妹泰六五是也貴女之歸惟謙降以從禮乃尊高之德也不事容飾以說於人也娣媵者以容飾爲事者也衣袂所以爲容飾也六五尊貴之

女尚禮而不尚飾故其衣袂不及其娣之袂良也良美好也月望陰之盈也盈則敵陽矣幾望未至於盈也五之貴高常不至於盈極則不亢其夫乃爲吉也女之處尊 ○愚謂君女之尊稱謂五娣謂初與三故兩爻皆稱娣也貴之道也

上六女承筐无實士刲羊无血无攸利 上六以陰柔居歸妹之終而无應約婚而不終者也故其象如此而於占爲无所利也

纂註 誠齋楊氏曰震有虛筐象兌羊象上與三皆陰无應故有承筐无實刲羊无血象 ○愚謂婦職助祭則以筐實蘋藻之屬諸侯卿大夫皆親割牲取血以祭今无實无血是夫婦之禮不成而祭祀无主此約婚不終而无攸利者也爻惟以士女稱之未成夫婦之禮可見按左僖十五年晉獻公筮嫁伯姬于秦遇歸妹之睽史蘇占之曰不吉其繇曰士刲羊亦无衁也女承筐亦无貺也注衁血也貺賜也刲羊士之功承筐女之職上六无應所求不獲故下刲无血上承无實不吉之義也

䷶ 離下震上 **豐亨王假之勿憂宜日中** 豐大也以明而動盛大之勢也故其占有亨道焉然王者至此盛極當衰則又有憂道焉聖人以爲徒憂无益但能守常不至於過盛則可矣故戒以勿憂宜日中也

附錄 問此卦後面爻不甚好曰是忒豐大了這物事盛極去不得了必衰人君於此之時當如奉盤水戰兢自持方无傾側滿溢之患若纔有纖毫驕矜自滿之心即敗矣所以此處極難紹聖中羣臣創爲豐亨豫大之說當時某論某人曰當豐亨豫大之時而爲因陋就簡之說君臣上下動以此藉口於是安意肆志无所不爲而大禍起矣倜

初九遇其配主雖旬无咎往有尚 配主謂四旬均也謂皆陽也當豐之時明動相

資故初九之遇九四雖皆陽剛而其占如此也【纂註】蔡氏曰初四爻皆剛則相敵理勢之常也惟豐盛之時事物至多其明易惑故以剛明同德而相遇雖均无咎往有尚謂往應四也

六二豐其蔀日中見斗往得疑疾有孚發若吉

六二居豐之時爲離之主至明者也而上應六五之柔暗故爲豐蔀見斗之象蔀障蔽也大其障蔽故日中而昏也往而從之則昏暗之主必反見疑唯在積其誠意以感發之則吉戒占者宜如是也虛中有孚之象

九三豐其沛日中見沬折其右肱无咎

沛一作旆謂幡幔也其蔽甚於蔀矣沬小星也三處明極而應上六雖不可用而非咎也故其象占如此【纂註】徐氏曰三與上應上柔闇極甚於二四所見益小故取見沬爲象折毀也右肱謂上也前爲右右肱人之所用而最便者三欲用上之切如右肱也上闇益甚失其所應如折其右肱无所賴矣○愚謂三至五兊體有毀折象

九四豐其蔀日中見斗遇其夷主吉

象與六二同夷等夷也謂初九也其占爲當豐而遇暗主下就同德則吉也【附録】問九四近幽暗之君所以有豐其蔀日中見斗之象亦是它本身不中正所致故象云位不當也曰也是如此學蒙【纂註】徐氏曰夷主謂四與初皆剛同德相應故初以四爲配主四以初爲夷主也○愚謂配者配合之義彼來爲我配也夷者等夷之義與我爲等夷也皆陽故皆曰主

六五來章有慶譽吉

質雖柔暗若能來致天下之明則有慶譽而吉矣蓋因其柔暗而設此以開之占者能如是則如其占矣【纂註】徐氏曰章謂二也二居文明之中有

章美之才者也來謂來之也以六五柔中之君而能來六二中正之臣資其開導之益則有慶且有譽矣此二五同德相照得處豐之道故吉

上六豐其屋蔀其家闚其戶闃其无人三歲不覿凶以陰柔居豐極處動終明極而反暗者也故爲豐大其屋而反以自蔽之象无人不覿亦言障蔽之深其凶甚矣

䷷ 艮下離上

旅小亨旅貞吉旅羈旅也山止於下火炎於上爲去其所止而不處之象故爲旅以六五得中於外而順乎上下之二陽艮止而離麗於明故其占可以小亨而能守其旅之貞則吉旅非常居若可苟者然道无不在故自有其正不可須臾離也

纂註 徐氏曰小亨謂五柔居尊位小者亨也

初六旅瑣瑣斯其所取災當旅之時以陰柔居下位故其象占如此

纂註 徐氏曰瑣瑣猥細狀初以陰處下是柔弱卑賤之人既處旅困而鄙猥瑣細无所不至志意窮迫所向不通此所以自取災也

六二旅即次懷其資得童僕貞即次則安懷資則裕得其童僕之貞信則无欺而有賴旅之最吉者也二有柔順中正之德故其象占如此

纂註 徐氏曰即就也次舍也資財貨也六二居位得中旅即次也上得乎剛懷其資也下得乎柔得童僕也貞位當也

九三旅焚其次喪其童僕貞厲過剛不中居下之上故其象占如此喪其童僕則不止於失其心矣故貞字連下句爲義

纂註 徐氏曰三位高而近離有焚象童僕初也柔本從剛三位高而不中无以得童僕之心

初柔爲二所得則三喪其童僕也旅貴柔中旅之貞也三剛貞而不中危厲之道也故旣焚其次又喪其童僕所傷多矣

九四旅于處得其資斧我心不快以陽居陰處上之下用柔能下故其象占如此然非其正位又上无陽剛之與下唯陰柔之應故其心有所不快也

【附錄】資斧有做齎斧說底資斧在離上說也自分曉然而旅中亦豈可无備禦底物事這便是淵

【纂註】程子曰四陽剛雖不中而處在上體下有用柔能下之象得旅之宜也然非正位故雖得其處止不若二之就次舍也徐氏曰才剛得其資斧也或曰資當作齊案漢書王莽遣王尋屯洛陽將發亡其黃鉞其士房楊曰此經所謂喪其齊斧者也應劭云齊利也讀如齊衰之齊資齊音同誤作資○愚謂離爲戈兵故有斧象

六五射雉一矢亡終以譽命雉文明之物離之象也六五柔順文明又得中道爲離之主故得此爻者爲射雉之象雖不无亡矢之費而所喪不多終有譽命也

【附錄】易中凡言終吉者皆是初不甚好學蒙

上九鳥焚其巢旅人先笑後號咷喪牛于易凶上九過剛處旅之上離之極驕而不順凶之道也故其象占如此

【纂註】徐氏曰上位極高鳥巢之象牛亦離象○愚謂鳥牛焚喪皆離象巢上象居高故笑焚巢故號咷喪牛于易與大壯五同驕先笑也不順喪牛也皆致凶之道

䷸ 巽下巽上

巽小亨利有攸往利見大人巽入也一陰伏於二陽之下其性能巽以入也

其象爲風亦取入義陰爲主故其占爲小亨以陰從陽故又利有所往然必知所從乃得其正故又曰利見大人也【纂註】蔡氏曰小亨柔長也利有攸往柔皆順乎剛也利見大人剛居二五也

初六進退利武人之貞

初六以陰柔居下爲巽之主卑巽之過故爲進退不果之象若以武人之貞處之則有以濟其所不及而得所宜矣【纂註】蔡氏曰進退巽柔不決也利武人之貞斷決也位剛故有此象

九二巽在牀下用史巫紛若吉无咎

二以陽處陰而居下有不安之意然當巽之時不厭其卑而二又居中不至已甚故其占爲能過於巽而丁寧煩悉其辭以自道達則可以吉而无咎亦竭誠意以祭祀之吉占也【纂註】徐氏曰牀人所安其體上實下虛巽之象也九二雖剛然居柔用巽過於所安故曰巽在牀下人之卑巽而過於所安非恐怯則諂說皆非正也史祝史巫覡也紛若丁寧煩悉之意過巽非宜惟用史巫煩悉其辭導達誠意以事神明非畏非諂乃得中道吉且无咎也 ○愚謂牀巽木象史巫紛若互體兌象

九三頻巽吝

過剛不中居下之上非能巽者勉爲屢失吝之道也故其象占如此【附錄】頻巽不比頻復頻復是好事所以頻復爲无咎巽不是大故好底事九三別无伎倆只管今日巽了明日又巽自是可吝【纂註】蔡氏曰爻位皆剛勉強爲巽者故屢巽屢否豈不可吝

六四悔亡田獲三品

陰柔无應承乘皆剛宜有悔也而以陰居陰處上之下故得悔亡而又爲卜田之吉占也三品者一爲乾豆一爲賓客一以充庖 ○愚案王制天子諸侯无事則歲三田一爲乾豆二爲賓客三爲充君之庖穀梁桓四年四時之田用三焉唯其所先得一爲乾豆云云注乾豆

謂腊之以爲祭祀豆實也**九五貞吉悔亡无不利无初有終先庚三日後庚三日吉**九五剛健中正而居巽體故有悔以有貞而吉也故得亡其悔而无不利有悔是无初也亡之是有終也庚更也事之變也先庚三日丁也後庚三日癸也丁所以丁寧於其變之前癸所以揆度於其變之後有所變更而得此占者如是則吉也

【附錄】先庚三日後庚三日又以設此爲卜模樣蠱之先甲三日是辛後甲三日是丁此卦先庚三日亦是丁丁與辛皆是古人祭祀之日但癸日不見用處淵

【纂註】蔡氏曰剛體近柔宜有悔位中正故吉而悔亡无不利也

上九巽在牀下喪其資斧貞凶巽在牀下過於巽者也喪其資斧失所以斷也如是則雖貞亦凶矣居巽之極失其陽剛之德故其象占如此

【纂註】【總論六爻】黃宗台曰巽以初與四爲上初進退四有獲何也初在下卦伏亦甚焉四在上卦巽其揚揚矣凡巽不欲過二中吉五中正吉三過中故吝上窮巽故凶

䷹ 兌下兌上**兌亨利貞**兌說也一陰進乎二陽之上喜之見乎外也其象爲澤取其說萬物又取坎水而塞其下流之象卦體剛中而柔外剛中故說而亨柔外故利於貞蓋說有亨道而其妄說不可以不戒故其占如此又柔外故爲說亨剛中故利於貞亦一義也

【附錄】川壅爲澤坎爲川兌爲澤澤是水不流底却下一畫閉合時便成兌卦便是川壅爲澤之象淵

【纂註】程子曰說致亨之道也能說於物物莫不說而與之足以致亨然爲說之道利於貞正非道求說則爲邪諂而有悔咎

初九和兌吉以陽爻居說體而處最下又无係應故其象占

如此【纂註】蔡氏曰和者不流於邪也爻位皆剛不比於柔得說之正和而不流者也故吉

九二孚兌吉悔亡剛中為孚居陰為悔占者以孚而說則吉而悔亡矣

六三來兌凶陰柔不中正為兌之主上无所應而反來就二陽以求說凶之道也

九四商兌未寧介疾有喜四上承九五之中正而下比六三之柔邪故不能決而商度所說未能有定然質本陽剛故能介然守正而疾惡柔邪也如此則有喜矣象占如此為戒深矣【纂註】徐氏曰兩間謂之介分限也人有節守亦謂之介若介然守正而疾遠邪惡將得君行道福慶及物為有喜也天下之理是非不兩立公私不並行好善則疾惡從正則遠邪此君子小人之分也然邪念未易去也自非介然剛特有守之君子鮮不為邪柔之所移奪一牽於柔則將淪胥而為小人之歸矣豈不可畏哉況夫以陽剛之才處近君之位詔王以八柄馭臣者也所以奔走服役於其下而求說於我者无所不至況又與之親比者乎商兌未寧正天理人慾公私界限處不可不審所從也聖人以介疾有喜言之所以開示正道隄防邪心其意切矣

九五孚于剝有厲剝謂陰能剝陽者也九五陽剛中正然當說之時而居尊位密近上六上六陰柔為說之主處說之極能妄說以剝陽者也故其占但戒以信于上六則有危也【纂註】徐氏曰上柔處說之極无他係應惟附五以求說也五位雖當上柔親附說而信之必至剝剛故曰孚于剝

上六引兌上六成說之主以陰居說之極引下二陽相與為說而不能必其從也故九五當戒而此爻不言其吉凶

䷺ 坎下巽上 渙亨王假有廟利涉大川利貞

渙散也爲卦下坎上巽風行水上離披解散之象故爲渙其變則本自漸卦九來居二而得中六往居三得九之位而上同於四故其占可亨又以祖考之精神既散故王者當至于廟以聚之又以巽木坎水舟楫之象故利涉大川其曰利貞則占者之深戒也

附錄 此卦只是卜祭吉又更宜涉川淵 通論萃卦 問萃言王假有廟是卦中有萃聚之象故可爲聚祖考之精神而享祭之吉占渙卦既散而不聚不知何處有立廟之義恐是卦外之意謂渙散之時當聚祖考之精神耶爲是下卦是坎有幽陰之義因此象而設立廟之義耶曰坎固是有鬼神之義然此卦未必是因此爲義且作因渙散而立廟說學蒙

纂註 徐氏曰利貞不正而固則渙者終於渙而不復可聚矣五剛中故利貞

初六用拯馬壯吉

居卦之初渙之始也始渙而拯之爲力既易又有壯馬其吉可知初六非有濟渙之才但能順乎九二故其象占如此

纂註 徐氏曰馬所用以行者馬壯則行速謂二剛也程子曰二有剛中之才初陰柔順兩皆无應无應則親比相求初之柔順而託於剛中之才以拯其渙如得壯馬而致遠必有濟矣六爻獨初不云渙者離散之勢辨之宜早方始而拯之則不至於渙也○愚謂馬坎象明夷三至四亦有坎體故其象同

九二渙奔其机悔亡

九而居二宜有悔也然當渙之時來而不窮能亡其悔者也故其象占如此蓋九奔而二机也

附錄 九二渙奔其机是以卦變言之自三來居二得中而不窮所以爲安如机之安也以人事言之是來就安處學蒙

纂註 徐氏曰奔來之急也机憑據以安者謂二也

六三渙其躬无悔

陰柔而不中正有私於己之象也然居得陽位志在濟時能散其私以得无悔故其占如此大率此上四爻皆因渙以濟渙者也

纂註 徐氏曰三與上應上血去惕出而能遠害三志在外故亦渙其躬之患害而无悔也

六四渙其羣元吉渙有丘匪夷所思

居陰得正上承九五當濟渙之任者也下无應與爲能散其朋黨之象占者如是則大善而吉又言能散其小羣以成大羣使所散者聚而若丘則非常人思慮之所及也

附錄 老蘇云渙之六四曰渙其羣元吉夫羣者聖人之所欲渙以混一天下者也蓋六四能渙小人之私羣成天下之公道此所以元吉也蘇說是渙了小小底羣隊併做一个東坡所謂合小以爲大大以爲一且如我太祖取蜀取江南皆是渙其羣渙有丘之義道夫又曰六四一爻未見有大好處今爻辭却說得恁地浩大皆不可曉

纂註 徐氏曰羣同類也丘聚之高也夷等夷也猶豐九四遇其夷主之夷四本居二與初三皆柔同類而等夷者也今柔進居四散其同類之私羣而上聚乎五故元吉渙下聚上渙有丘也匪夷所思言非其等夷所能思及此也

九五渙汗其大號渙王居无咎

陽剛中正以居尊位當渙之時能散其號令與其居積則可以濟渙而无咎矣故其象占如此九五巽體有號令之象汗謂如汗之出而不反也渙王居如陸贄所謂散小儲而成大儲之意

附錄 渙汗其大號聖人當初就人身上說一汗字爲象不爲无意蓋人君之號令當出乎人君之中心由中而外由近而遠雖至幽至遠之處无不被而及之亦猶人身之汗出於中而浹于四體也道夫 號令所當散如汗之出千毛百竅中迸散出來這个物出不會反却不是說那號令之出不當反只是取其如汗之散出自有不反底

意思淵

上九渙其血去逖出无咎上九以陽居渙極能出乎渙故其象占如此血謂傷害逖當作惕與小畜六四同言渙其血則去渙其惕則出也

附錄總論一卦渙卦亦不可曉只以大意看則人之所當渙者莫甚於己私其次便渙散其宅羣隊合以成大其次便須渙散其號令與其居積以周於人其次便渙去患害人傑渙是渙散底意思物事有當散底號令當散積聚當散羣隊當散淵

纂註總論六爻蔡氏曰渙散也以成卦言之則在二與四以治渙言之則唯五與四當位故於五曰正位於四曰得位四能渙其羣而上同五能正王位而出令所以濟渙也初與三救渙者也三則自治其渙上則避渙而已

䷻兌下坎上

節亨苦節不可貞節有限而止也為卦下兌上坎澤上有水其容有限故為節節固自有亨道矣又其體陰陽各半而二五皆陽故其占得亨然至於太甚則苦矣故又戒以不可守以為貞也

初九不出戶庭无咎戶庭戶外之庭也陽剛得正居節之初未可以行能節而止者也故其象占如此

九二不出門庭凶門庭門內之庭也九二當可行之時而失剛不正上无應與知節而不知通故其象占如此

附錄問君子之道貴乎得中節之過雖非中道然亦愈於不節者如何便會凶如九二不出門庭雖是失時亦未失為恬退守節者乃為凶何也曰這處便局定不得若以占言之自有相應處眼下皆未見得若以道理言之則有可為之時乃不出而為之這便是凶之道不是別更有凶又曰時乎時乎不再來如何可失戶庭是初爻之象門庭是第二爻之象戶庭未出去在門

庭則已稍出矣就爻位上推戶庭主心門庭主事淵

六三不節若則嗟若无咎 陰柔而不中正以當節時非能節者故其象占如此

【篹註】徐氏曰三柔不中正而處說之極說而不知節者也說極則悲故曰不節若則嗟若不節之嗟己所自致无所歸咎故曰无咎

六四安節亨 柔順得正上承九五自然有節者也故其象占如此

【附録】安節是安穩自在

【篹註】蔡氏曰安者順而无所勉強之謂當位故安得五故亨

九五甘節吉往有尚 所謂當位以節中正以通者也故其象占如此

【附録】九五甘節與禮之用和爲貴相似是不辛苦喫力底意思甘便對那苦淵

上六苦節貞凶悔亡 居節之極故爲苦節既處過極故雖得正而不免於凶然禮奢寧儉故雖有悔而終得亡之也

【篹註】程子曰固守則凶 ○愚謂卦辭戒苦節之不可貞而上以苦節爲貞而至於凶悔雖亡而凶不可免信矣苦節之不可爲貞也

䷼ 兌下巽上

中孚豚魚吉利涉大川利貞 孚信也爲卦二陰在內四陽在外而二五之陽皆得其中以一卦言之爲中虛以二體言之爲中實皆孚信之象也又下說以應上上巽以順下亦爲孚義豚魚无知之物又木在澤上外實內虛皆舟楫之象至信可感豚魚涉險難而不可以失其貞故占者能致豚魚之應則吉而利涉大川又必利於貞也

【附録】問孚字與信字想亦有別曰伊川云存於中爲孚見於事爲信說得極好學蒙中孚是箇卵象是鳥之未出殼底孚亦是那孚膜意思淵因舉字說孚字從爪從子如鳥抱子之象今之乳字

也一邊從孚蓋中所抱者實有物也【纂註】蔡氏曰虛者所以受信實者所以中間實有物所以人自信之學蒙爲信中孚之義也程子曰豚躁魚冥物之難感者也孚信感於豚魚則无不至矣所以吉也張子曰上以巽施之下以說承之其中必有感化而出者焉孚者覆乳之象者也夫覆乳者必剛外而柔内雖柔内非陽則不生故剛得中而爲孚也

初九虞吉有他不燕當中孚之初上應六四能度其可信而信之則吉復有它焉則失其所以度之之正而不得其所安矣戒占者之辭也

九二鳴鶴在陰其子和之我有好爵吾與爾靡之九二中孚之實而九五亦以中孚之實應之故有鶴鳴子和我爵爾靡之象鶴在陰謂九居二好爵謂得中靡與縻同言懿德人之所好故好爵雖我之所獨有而彼亦繫恋之也【附錄】看來我有好爵吾與爾縻之是兩个都要這物事所以鶴鳴子和是兩个中心都愛所以相應如此輝【纂註】徐氏曰鳴鶴在陰謂九居二其子和之謂五我有好爵謂五與爾靡之謂二九二以實感九五以實應又卦體中虛无所隔塞有孚于中自然相應

六三得敵或鼓或罷或泣或歌敵謂上九信之窮者六三陰柔不中正以居說極而與之爲應故不能自主而其象如此【附錄】不中不正所以歌泣悲樂都无常也輝

六四月幾望馬匹亡无咎六四居陰得正位近於君爲月幾望之象馬匹謂初與己爲匹四乃絶之而上以信於五故爲馬匹亡之象占者如是則无咎也【纂註】徐氏曰月受日光望則與日敵矣四柔近五有月幾望之象馬己所乘者謂三○愚謂自二至四有震

一四八

故有馬象指三爲馬正與小象辭合

九五有孚攣如无咎　九五剛健中正中孚之實而居尊位爲孚之主者也下應九二與之同德故其象占如此【纂註】徐氏曰攣如固結之義位正而有孚是以誠實固結天下之心若拘攣然又下應九二之剛君道如此可謂不失其正矣○愚謂三四中虛二五中實固皆孚信之象然陽體實能有孚陰體虛不能有孚故二五有相孚之義三四則无取也

上九翰音登于天貞凶　居信之極而不知變雖得其貞亦凶道也故其象占如此雞曰翰音乃巽之象居巽之極爲登于天雞非登天之物而欲登天信非所信而不知變亦猶是也【附錄】翰音登天言不知變者蓋一向恁麼去不知道去不得【纂註】徐氏曰翰音羽翰之音也音登于天虛聲遠聞也有信之名无信之實以此爲正固守則凶上居終故戒又曰月令註有孚甲孚乳之說與中孚取鶴鳴翰音之象同意又曰鳥之孚卵皆如期不失信也

䷽ 艮下震上 **小過亨利貞可小事不可大事飛鳥遺之音不宜上宜下大吉**　小謂陰也爲卦四陰在外二陽在内陰多於陽小者過也既過於陽可以亨矣然必利於守貞則又不可以不戒也卦之二五皆以柔而得中故可小事三四皆以剛失位而不中故不可大事卦體内實外虛如鳥之飛其聲下而不上故能致飛鳥遺音之應則宜下而大吉亦不可大事之類也【附錄】問致飛鳥遺音之應是如何曰看這象似有羽蟲之孽之意如賈誼鵩鳥之類學蒙【纂註】蔡氏曰卦

體有飛鳥之象中二爻象身上下四爻象翼小過柔爲主柔性下故宜下則大吉

初六飛鳥以凶

初六陰柔上應九四又居過時上而不下者也飛鳥遺音不宜上宜下故其象占如此郭璞洞林占得此者或致羽蟲之孽

附錄 飛鳥以凶只是取其飛過高了不是取遺音之義煒若占得者更无可避之

纂註 徐氏曰初柔本下而上與四應四動體初從四而動如鳥之飛動而不止又小過之理故象曰不可如何也必大義上逆下順初躁動而從上失宜下之義故凶

六二過其祖遇其妣不及其君遇其臣无咎

六二柔順中正進則過三四而遇六五是過陽而反遇陰也如此則不及六五而自得其分是不及君而適遇其臣也皆過而不過守正得中之意无咎之道也故其象占如此

附錄 三父四祖五便當妣過祖而遇其妣是過陽而遇陰然而陽不可過則不能及六五却反回來六三上面淵

纂註 程子曰陽在上者父之象尊於父者祖之象四在三上故爲祖二與五居相應之地同有柔中之德志不從於三四故過四而遇五是過其祖也五陰而尊祖妣之象與二同德相應在它卦則陰陽相求過之時必過其常故異也无所不過故二從五亦戒其過不及其君遇其臣謂上進而不陵及於君適當臣道則无咎也遇當也過臣之分則其咎可知

九三弗過防之從或戕之凶

小過之時事每當過然後得中九三以剛居正衆陰所欲害者也而自恃其剛不肯過爲之備故其象占如此若占者能過防之則可以免矣

附錄 弗過防之則是不能過防之也四字只是一句至弗過遇之皆是兩字爲絕句義更不可曉煇○愚謂弗過防之亦當兩字爲絕句盖小過乃陰過之時故二陽爻皆稱弗過是

言陽弗能過也防之防陰也言弗能過之則當防之若不防而反從之則彼或得以戕我而凶矣二陰在下有上進之勢故當防

九四无咎弗過遇之往厲必戒勿用永貞

當過之時以剛處柔過乎恭矣无咎之道也弗過遇之言弗過於剛而適合其宜也往則過矣故有厲而當戒陽性堅剛故又戒以勿用永貞言當隨時之宜不可固守也或曰弗過遇之若依六二爻例則當如此說若依九三爻例則過遇當如過防之義未詳孰是當闕以俟知者 ○ 愚謂九四弗過與九三同義遇之前遇乎陰也上往則危厲必當致其戒謹然陽性本上故又戒其勿用永貞言不必永久貞固以自守但戒謹則可免厲矣二陰在上有遇之之勢故當戒

六五密雲不雨自我西郊公弋取彼在穴

以陰居尊又當陰過之時不能有爲而弋取六二以爲助故有此象在穴陰物也兩陰相得其不能濟大事可知

【附錄】密雲不雨大槩做不得底意思淵弋是俊壯底意却只弋得這般物事

【纂註】徐氏曰柔盛居上密雲之象陰陽和則成雨皆陰无應有不雨之象西郊互體兌象與小畜卦象同公謂五弋射取也彼謂二在穴二柔居中象因卦有飛鳥之象故曰弋彼在穴

上六弗遇過之飛鳥離之凶是謂災眚

六以陰居動體之上處陰過之極過之已高而甚遠者也故其象占如此或曰遇過恐亦只當作過遇義同九四未知是否

【附錄】通論中孚小過中孚有卵象小過有飛鳥之象中間二畫是鳥腹上下四陰是鳥翼象鳥出乎卵此小過所以次中孚也煇通論大小過二卦小過是過於慈惠之類大過是剛嚴果毅底氣象

【纂註】蔡氏曰過

化之

遇五也今在五上故弗遇過之過乎五也離○愚謂此爻與四正相反九四曰
過之遠也過而不中故凶天災人眚俱有也○弗過遇之上六曰弗遇過之弗
過遇之者陽微而弗能過乎陰反遇乎陰也弗遇過之者陰上而弗能遇陽反
過乎陽也小過陰過而陽弗過之時故四言弗過而上言過四前有陰有相遇
之理上已過陽无復遇之期故四言遇而上言弗遇亦可見也飛鳥離之取遠
過之象陰過如此非陰之福也災眚薦至凶孰甚焉此可爲小人過盛者之戒

䷾ 離下坎上 **既濟亨小利貞初吉終亂** 既濟事之既成也爲卦水火相交各得其用六爻之
位各得其正故爲既濟亨小當爲小亨大抵 【附錄】 大率到那既濟時了便有
此卦及六爻占辭皆有警戒之意時當然也 不好去所以說小亨如唐
時正觀之盛便向那不好處淵既濟是已濟了大事都巳亨過了只更小小
底正在亨通若能戒謹恐懼得常似今猶自得不然便一向不好去了學蒙
【纂註】 蔡氏曰亨小所亨者小謂二也六爻獨二有亨之道體柔故曰亨小利
貞六位當也初吉二也離明在内終亂上也既濟之終爲未濟矣又坎
難在 ○愚謂一卦三陰皆在三陽之上亦有小者
外 在上而亨之義蓋陰陽交而成濟故亨也 **初九曳其輪濡其尾**
无咎 輪在下尾在後初之象也曳輪則車不前濡尾則狐不 【附錄】 曳輪濡尾
濟既濟之初謹戒如是无咎之道占者如是則无咎矣 是爭些子
時候是欲到與未到之間不是不欲濟是要濟而未敢輕濟如曹操臨敵意思
安閒如不欲戰老子所謂猶若冬涉川之象涉則畢竟涉只是畏那寒了未敢
便 【纂註】 蔡氏曰輪坎象狐 **六二婦喪其茀勿逐七日得** 二以文
涉 有濡尾象亦坎象 明中正

之德上應九五剛陽中正之君宜得行其志而九五居既濟之時不能下賢以行其道故二有婦喪其茀之象茀婦車之蔽言失其所以行也然中正之道不可終廢時過則行矣故又有勿逐而自得之戒【纂註】徐氏曰卦有六位七日得則剛柔變而失者復得矣與震六二同

九三高宗伐鬼方三年克之小人勿用既濟之時以剛居剛高宗伐鬼方之象也三年克之言其久而後克戒占者不可輕動之意小人勿用占法與師上六同【附録】高宗伐鬼方疑是高宗舊日占得此爻故聖人引之證此爻之吉凶如此如箕子之明夷利貞帝乙歸妹皆恐是如此又曰漢時去古未遠想見卜筮之書皆存如漢文帝之占大横庚庚都是傳古人說話又曰夏啓以光想是夏啓曾占得此卦燀【纂註】徐氏曰鬼方幽遠小國也蒼頡篇云鬼遠也近坎有鬼方象離體有伐象盡坎三爻而成既濟有三年克之象三當既濟之中以剛居剛欲兼舉内外之治故有高宗伐鬼方之象○愚案鬼方夏曰獯鬻商曰鬼方周曰玁狁漢曰匈奴魏曰突厥突厥右匈奴北部見唐高祖武德元年紀註

六四繻有衣袽終日戒既濟之時以柔居柔能預備而戒懼者也故其象如此程子曰繻當作濡衣袽所以塞舟之罅漏【附録】六四以柔居柔能慮患預防蓋是心低小底人便能慮事柔善底人心不麄慮事細密剛果之人心麄不解如此淵【纂註】蔡氏曰繻帛之美者袽衣之敝者既濟過中時日變矣故四有衣袽之戒言繻雖美則必至於有袽事雖濟則必至於未濟必須終日戒懼乎此則憂疑可釋而不至於終亂矣

九五東鄰殺牛不如西鄰之禴祭實受其福東陽

千九十四

西陰言九五居尊而時已過不如六二之在下而始得時也又當文王與紂之事故其象占如此彖辭初吉終亂亦此意也【附錄】問九五爻以言紂雖貴爲天子祭祀之盛而不若文王薄祭却可以受福蓋時之興衰自是如此曰揚子雲云十六日月雖鈌未多更圓似生明之時必竟是漸鈌去月初雖小於生魄時必竟是長底時節問占得此爻則如何曰這當看所值之時何如大意不得便宜【纂註】程子曰殺牛盛祭也禴薄祭也盛不如薄者時不同也二五皆中正二在濟下尚有進也故受福五處濟極无所進矣

上六濡其首厲　既濟之極險體之上而以陰柔處之爲狐涉水而濡其首之象占者不戒危之道也【附錄】總論上三爻既濟上三爻皆漸漸不好蓋出明而入險四有衣袽之象曰有所疑也便是不美之端倪自此已露五殺牛則太自過盛上濡首則極而亂矣不知如何曰時運到那時都過了康節所謂飲酒酩酊開花離披時節所以有這樣不好底意思出來 學蒙

䷿ 坎下離上 **未濟亨小狐汔濟濡其尾无攸利**　未濟事未成之時也水火不交不相爲用卦之六爻皆失其位故爲未濟汔幾也幾濟而濡尾猶未濟也占者如此何所利哉【附錄】問未濟所以亨者謂之未濟便自有濟之理但尚遲遲故謂之未濟而柔中又自有亨之道曰然 砥【纂註】蔡氏曰狐坎象尾指初

初六濡其尾吝　以陰居下當未濟之初未能自進故其象占如此【纂註】徐氏曰既濟初濡其尾无咎未濟初濡其尾吝者既濟之初才剛足以有濟又下卦離體明也

明則知緩急之宜而不急濟又苟知緩濟之義則雖濡尾亦終濟矣故无咎未濟之初才柔不足以濟天下又下卦坎體陷也陷則冒險以進而急於求濟不知未濟之義則至於濡尾而不能濟矣故可吝

九二曳其輪貞吉

以九二應六五而居柔得中爲能自止而不進得爲下之正也故其象占如此

〔纂註〕蔡氏曰以剛居中上應六五有才濟難者也然以剛應柔易生陵忽之心故能緩其所以行乃得正而吉也

六三未濟征凶利涉大川

陰柔不中正居未濟之時以征則凶然以柔乘剛將出乎坎有利涉之象故其占如此葢行者可以水浮而不可以陸走也或疑利字上當有不字

〔纂註〕劉壽翁曰六三居險之極未能出險而陰柔失位才不足以濟又求進焉凶可知矣烏能涉大難乎既曰未濟征凶又曰利涉大川文義相背本義或疑利字上有不字爲得之大抵未濟下三爻皆未能出險三與初爻皆陰柔才不足以濟險九二剛中才足以濟險時未可進守貞則吉以此推之三非利涉可知矣

九四貞吉悔亡震用伐鬼方三年有賞于大國

以九居四不貞而有悔也能勉而貞則悔亡矣然以不貞之資欲勉而貞非極其陽剛用力之久不能也故爲伐鬼方三年而受賞之象

〔纂註〕徐氏曰下履乎坎有難未濟亦有伐鬼方之象臨事而懼不恃剛以急取至于三年之久還師論功受賞開國此其所謂貞吉也 ○愚謂乘坎故亦有鬼方象滿離三爻則未濟終須濟故有三年有賞之象

六五貞吉无悔君子之光有孚吉

以六居五亦非貞也然文明之主居中應剛虛心以求下之助故得貞而吉且无悔又有光輝之盛

信實而不妄吉而又吉也【纂註】蔡氏曰文明之主故稱君子之光下得二四恭順剛明之臣故有孚吉

上九有孚于飲酒无咎濡其首有孚失是

以剛明居未濟之極時將可以有為而自信自養以俟命无咎之道也若縱而不反如狐之涉水而濡其首則過於自信而失其義矣

【附錄】總論六爻大槩未濟之下卦皆是未可進用濡尾曳輪皆是此意六三未離坎體便也不好到四五已出乎險方好上六又不全好【通論】既濟未濟兩卦各自說濡尾濡首不必拘說在此言尾在彼言首大槩既濟是那日中衙晡時候盛了只向衰去未濟是那五更初時只是向明去聖人當初見這个爻裏有這个意思便說出這一爻來又曰它曳輪濡尾在既濟為无咎在未濟則或吝或貞吉這便有不同淵未濟與既濟諸爻頭尾相似中間三四兩爻如損益模樣顛倒了淵

【纂註】蔡氏曰五為濟主三四助之已成濟功矣已獨處上无所用力惟于飲酒自樂不妄生事乃為无咎徐氏曰濡坎象首上象【通論】既濟未濟蔡氏曰既濟之後必亂故主在初卦而亨取二未濟之後必濟故主在上卦而亨取五又曰坎者陰陷陽而陽難離者陰麗陽而陽明是坎雖陽卦而陽不得用離雖陰卦而陽猶得用故既濟未濟名義主坎以坎陽卦也其亨主離以離陽得用也劉壽翁曰未濟下三爻未出險初濡尾二曳輪三征凶上三爻已出險矣四志行五有孚吉上有孚飲酒而已既濟吉少凶多未濟吉多凶少雖吉未嘗不戒也【通論上下經】隆山李氏曰陰陽之氣往來乎天地之間或不能无過差故聖人作易大過之後繼之以坎離者陰陽之中所以救大過之弊也小過之後繼之以既濟未濟者即坎離之中所以救小過之弊也厚齋馮氏曰過之大故繼之以坎離之全過之小故繼之以坎離之交西谿李氏曰上

篇首乾坤終坎離下篇首咸恒終既未濟亦坎離也天地之道不過陰陽五行之用莫先於水火上篇首天地陰陽之正也故以水火之正終焉下篇首夫婦陰陽之交也故以水火之交終焉

周易下經第二

後學　成德　挍訂

周易彖上傳第一

朱子本義

新安後學胡一桂附録纂註

彖即文王所繫之辭上者經之上篇傳者孔子所以釋經之辭也後凡言傳者放此【附録】彖辭極精説得卦中情狀最出分明是聖人所作　道夫

大哉乾元萬物資始乃統天此專以天道明乾義又析元亨利貞爲四德以發明之而此一節首釋元義也大哉嘆辭元大也始也乾元天德之大始故萬物之生皆資之以爲始也又爲四德之首而貫乎天德之始終故曰統天【附録】乾者萬物之始對坤而言天地之道也元者萬物之始對亨利貞而言四時之序也答連嵩卿萬物資始與資之深資於事父以事君之資皆訓取字淵問乾元統天曰乾元只是天之性情不是兩箇物事如人之精神豈可謂人自是人精神自是精神乎輝【纂註】蔡氏曰天道流行雖有元亨利貞之分而其所以無間斷者實惟一元之運行故曰統天程子曰四德之元猶五常之仁偏言則一事專言則包四者

雲行雨施品物流形此釋乾之亨也【纂註】蔡氏曰雲行雨施亨之見乎氣也品物流形亨之見乎形也

大明終始六位時成

時乘六龍以御天始即元也終即貞也不終則無始不貞則無以爲元也此言聖人大明乾道之終始則見卦之六位各以時成而乘此六陽以行天道是乃聖人之元亨也

【附錄】這段易傳說得不分曉語錄中有一段卻分曉乃是楊遵道所錄云人能大明天道之終始這處下箇人字是緊切底字淵天人一理人之動乃天之運也然以私意而動則人而非天矣惟其潛見飛躍各得其時則是以人當天也然不言當天而言御天以見遲速進退之在我爾雖云在我然心理合一初無二體但主心而言爾答方士繇乾道終始即四德也始即元終即貞六爻之位由此而立耳以時成者言各以其時而成潛見飛躍皆以時耳然皆四德之流行也初九九二之半即所謂元九二之半與九三即所謂亨九四與九五之半即所謂利九五之半與上九即所謂貞蓋聖人大明乾道之終始故見六位各以時成乘此六位之時以當天運而四德之所以終而復始應變而不窮也銖這一段說聖人之元亨六位六龍只與譬喻相似聖人之六位如隱顯進退行藏潛龍時便當隱去見龍時便是他出來如孔子爲魯司寇時便是他大故顯了到那獲麟絶筆便是他亢龍時這是在下之聖人然這卦大槩是說那聖人得位底若使聖人在下亦自有个元亨利貞如首出庶物不必在上方如此如孔子出類拔萃便是首出庶物著書立言澤及後世便是萬國咸寧淵

乾道變化各正性命保合大和乃利貞變者化之漸化者變之成物所受爲性天所賦爲命大和陰陽會合沖和之氣也各正者得於有生之初保合者全於已生之後此言乾道變化无所不利而萬物各得其性命以自全以釋利貞之義也

【附錄】變者化之漸化者變之成如昨日是夏今日立秋爲變到那全然天

涼没一些熱時是化煇如天命之謂性孟子道性善便是就人身上說性易之所言乃是說天人相接處各正性命底便是乾道變化底又曰性命便是當初合下分付底賜問保合大和乃利貞曰天之生物莫不各有箇軀殼如人之有體果實之有皮核有箇軀殼保合以全之則眞性常存生生不窮如一粒之穀外面有箇殼以裹之方其發一萌芽之始是物之元也及其抽枝長葉則是物之亨到得生實欲成未成之際此便是利及其既實而堅此便是貞矣蓋乾道變化發生之始此是元也到各正性命小以遂其小大以遂其大則是亨矣能保合以全其大和之性則可利貞有閙保合大和即是保合此生理也天地氤氳乃天地保合此生物之理及其萬物化生之後則萬物各自保合其生理不保合則無物矣煇

首出庶物萬國咸寧

聖人在上高出於物猶乾道之變化也萬國各得其所而咸寧猶萬物之各正性命而保合大和也此言聖人之利貞也蓋嘗統而論之元者物之始生亨者物之暢茂利則向於實也貞則實之成也實之既成則其根蔕脫落可復種而生矣此四德之所以循環而無端也然而四者之閒生氣流行而無閒斷此元之所以包四德而統天也其以聖人而言則孔子之意蓋以此卦爲聖人得天位行天道而致太平之占也雖其文義有非文王之舊者然讀者各以其意求之則並行而不悖也他卦放此

附錄 首出庶物須是聰明睿知高出庶物之上以君天下方得萬國咸寧禮記云聰明睿知足以有臨也須聰明睿知皆過於天下之人方可臨得他砥所謂大哉乾元萬物資始至哉坤元萬物資生那元字便是生物之仁資始是得其氣資生是成其形到得亨便是彰著利便是結聚貞便是收斂收斂既無形迹又須復生至如夜半子時猶未動在到寅卯便生巳午便著申酉便結亥子丑便實及至寅又生他這箇

只管運轉一歲有一歲之運一月有一月之運一日有一日之運一時有一時之運雖一息之微亦有四箇段子恁地運轉道夫四德之元專言之則全體生生之理也故足以包四者偏言之則指萬物之發端而已故止於一事淵元亨利貞四字文王本意在乾坤者只與屯等卦一般是大亨而利於貞爾至孔子作彖傳文言始以乾坤爲四德而諸卦自如其舊二聖人之意非有不同蓋各自發明一理爾今學者且自當虛心玩味各隨本文之意而體會之其不同處自不妨不可遽以己意橫作主張答趙彥肅人只見夫子於乾坤文言解作四德他卦只云大亨以正便須要於乾坤四德說教大於他卦畢竟本皆占也又曰聖人作易本爲卜筮然其辭固包義理在其中孔子恐人只於卜筮上求一向泥著方只以義理解之如乾卦元亨利貞文王之辭在占法又是二事云占得此純乾之卦者大亨以貞也大亨言其吉然所利者須是貞此爲之戒辭也文言方解作四德

至哉坤元萬物資生乃順承天此以地道明坤之義而首言元也至極也比大義差緩始者氣之始生者形之生順承天施地之道也【附錄】〔總論乾元坤元〕徐渙云萬物資乾以始而有氣資坤以生而有形氣至而生生即坤元亦通淵資乾以始便資坤以生不爭得霎時坤之所生即乾之所始者【纂註】徐氏曰至哉贊坤元承乾元之大亦无不至也程子曰萬物資乾以始資坤以生父母之道也

坤厚載物德合无疆含弘光大品物咸亨言亨也德合无疆謂配乾也【纂註】程子曰坤之德厚特載萬物合於乾之无疆者也含包容也弘寬裕也光昭明也大博厚也有此四德故能成天之功品物咸得亨

遂蔡氏曰含弘坤之事也光大乾之事也德合乎乾故亦至乎光大也**牝馬地類行地无疆柔順利貞君子攸行**言利貞也馬乾之象而以爲地類者牝陰物而馬又行地之物也行地无疆則順而健矣柔順利貞坤之德也君子攸行人之所行如坤之德也所行如是則其占如下文所云也**先迷失道後順得常西南得朋乃與類行東北喪朋乃終有慶**陽大陰小陽得兼陰陰不得兼陽故坤之德常減於乾之半也東北雖喪朋然反之西南則終有慶矣

附錄

易中說到那陽處便扶助推移他到那陰處便抑遏纔絕他淵以文王八卦論之則自西北之乾以至東方之震皆父與三男之位也自東南之巽以至西方之兌皆母與三女之位也故彖辭以東北爲陽方西南爲陰方答袁樞乃終有慶既言終有慶則慶不在今爲他是箇柔順底物東北陽方非他所安之地自是喪朋喪朋於東北則必反於西南是終有慶也正如先迷後得爲他柔順故先迷柔順而不失乎健故後得所以卦下言牝馬之貞喪朋先迷便是牝有慶後得便是馬將牝馬字分開却形容得意思文蔚問大抵柔順中正底人做越常過分事不得只是循常守分時又却自做得他底事曰是如此文蔚**安貞之吉應地无疆**安而且貞地之德也

纂註

丘行可曰坤彖三无疆字其指各異德合无疆乾之无疆也行地无疆坤之无疆也應地无疆君子之无疆也无疆天德也惟地能合天之无疆則地亦无疆君子能法地之无疆則君子亦无疆然則君子法地地法天皆不出於一天德之无疆而已矣

一千五百廿五

屯剛柔始交而難生以二體釋卦名義始交謂震難生謂坎【附錄】剛柔始交只指震言所謂震一索而得男也銖　始交謂震難生謂坎是楊龜山解必大

動乎險中大亨貞以二體之德釋卦辭動震之爲也險坎之地也自此以下釋元亨利貞乃用文王本意【附錄】銖問自此以下釋元亨利貞乃用文王本意何也曰文王說元亨利貞只是說乾道大通而至正故筮得者其占當得大通而利於貞固至孔子方作四德說後人不知將謂文王作易便作四德說則非也如屯卦所謂元亨利貞者以其能動則可以亨而在險則宜守貞故筮得之者其占爲大亨而利於貞初非謂德也故孔子釋此彖辭只曰動乎險中大亨貞是用文王本意釋之也銖

雷雨之動滿盈天造草昧宜建侯而不寧以二體之象釋卦辭雷震象雨坎象天造猶言天運草雜亂昧冥晦也陰陽交而雷雨作雜亂冥晦塞乎兩間天下未定名分未明宜立君以統治而未可遽謂安寧之時也不取初九爻義者取義多端姑舉其一也【附錄】雷雨之動滿盈亦是那鬱塞底意思淵　天造草昧宜建侯而不寧孔子又是別發出一道理說當此擾攘之時不可无君故須立君砥不可道建侯便了須更自以爲不安寧方可淵【纂註】蔡氏曰草萌地中未明之象總論彖傳丘行可曰彖傳大率於章首先釋卦名義次釋卦辭又次釋卦義有未盡者從而推廣之此彖傳之定例也其辭則雜取卦體卦象卦德卦變四者互明之卦體以兩體及六爻之義言如剛柔始交震而難生坎之類是也卦象以天地雷風山澤水火言如雷雨之動滿盈之類是也卦德以健順明險動入止說言如動乎險中之類是也卦變以剛柔往來上下言如柔來文剛

雍堯之

分剛上而文柔之類是也自也以下大要皆不越乎此矣

蒙山下有險險而止蒙以卦象卦德釋卦名有兩義【附錄】山下有險是卦象險而止是卦德蒙有二義險而止險在內止在外自家這裏先自不安穩了外面更去不得便是蒙昧之象若見險而能止則爲蹇却是險在外自家這裏見去不得所以不去故曰知矣哉淵

蒙亨以亨行時中也匪我求童蒙童蒙求我志應也初筮告以剛中也再三瀆瀆則不告瀆蒙也蒙以養正聖功也以卦體釋卦辭也九二以可亨之道發人之蒙而又得其時之中謂如下文所指之事皆以亨行而當其可也志應者二剛明五柔暗故二不求五而五求二其志自相應也以剛中者以剛而中故能告而有節也瀆筮者二三則問者固瀆而告者亦瀆矣蒙以養正乃作聖之功所以釋利貞之義也【附錄】問何以見當其可曰下文所謂二五以志相應而初筮則告之再三瀆則不告皆時中也初筮告以剛中者亦指九二有剛中之德故能告而有節即所謂以剛而中也銖蒙昧之時先自養教正當了到開發時便有作聖之功若蒙昧之中已自不正他日何由會有聖功淵【纂註】程子曰五之志應於二也賢者在下豈可自進以求於君苟自求之必無能信用之理古之人所以必待人君致敬盡禮而後往者非欲自爲髙大蓋其尊德樂道不如是不足與有爲也又曰未發之謂蒙以純一未發之蒙而養其正乃作聖之功也發而後禁則扞格而難勝養正於蒙學

之至善也

需須也險在前也剛健而不陷其義不困窮矣此以卦德釋卦名義【纂註】徐氏曰剛健謂乾陷謂坎惟剛健故不陷**需有孚光亨貞吉位乎天位以正中也利涉大川往有功也**以卦體及兩象釋卦辭【附録】以正中以中正也只一般只是要協韻淵

訟上剛下險險而健訟以卦德釋卦名義【纂註】程子曰訟之為卦上剛下險險而又健也又為險健相接內險外健皆所以為訟也若健而不險不生訟也險而不健不能訟也險而又健是以訟也**訟有孚窒惕中吉剛來而得中也終凶訟不可成也利見大人尚中正也不利涉大川入于淵也**以卦變卦體卦象釋卦辭【附録】問剛來而得中曰大抵上體是剛下體是柔一剛下而變柔則為剛來今訟之上體是純剛安得謂之剛來邪以某觀之訟卦本是遯卦變來遯之六二為訟之六三其九三卻下而為九二乃為訟耳時舉銖問終凶訟不可成即本義所指卦體曰然【纂註】蔡氏曰剛來得中乾自外來交坤而為坎也諸卦言往來上下多主本卦剛柔相交而言如隨蠱賁渙之類是也惟訟與无妄上乾下坎震一剛自外來非由本卦來往故訟曰剛來无妄曰剛自外來

師衆也貞正也能以衆正可以王矣此以卦體釋師貞之義以謂能左右之也一陽在下之中而五陰皆爲所以也能以衆正則王者之師矣剛中而應行險而順以此毒天下而民從之吉又何咎矣又以卦體卦德釋丈人吉无咎之義剛中謂九二應謂六五應之行險謂行危道順謂順人心此非有老成之德者不能也毒害也師旅之興不无害於天下然而以其有是才德是以民悅而從之也纂註徐氏曰剛中而應行險而順此爲將之道蓋不剛則无威嚴而不足以服衆過剛則暴而无以懷之有剛中之才而信任不專亦不能有成功此師所以貴乎剛中而應也兵凶器戰危事不得已而與師動衆禁暴除亂此師所以貴乎行險而順也丈人吉无咎伊尹太公方叔元老文武吉甫足以當之漢趙充國唐郭子儀其庶幾乎○愚謂險坎德順坤德

比吉也此三字疑衍文比輔也下順從也此以卦體釋卦名義附録比輔也解比字下順從也解吉字

原筮元永貞无咎以剛中也不寧方來上下應也後夫凶其道窮也亦以卦體釋卦辭剛中謂五上下謂五陰也纂註徐氏曰後夫凶如萬國朝禹而防風後至天下歸漢而田橫不來如隗囂公孫述之徒終何如哉道窮致凶所自取也通論蒙比卦丘行可曰蒙內卦坎爲初筮彖釋之曰以剛中謂九二也比外卦坎爲原筮原再也彖釋之曰以剛中謂九五也

小畜柔得位而上下應之曰小畜以卦體釋卦名義柔得位指六居四上下謂五陽健而巽剛中而志行乃亨以卦德卦體而言陽猶可亨也【纂註】蔡氏曰剛中五也志行五與四合而小畜之志得行也密雲不雨尚往也自我西郊施未行也尚往言畜之未極其氣猶上進也【附錄】密雲不雨尚往也蓋止是下氣上升所以未能雨必是上氣蔽蓋无發泄處方能有雨橫渠正蒙論風雷雲雨之說最分曉木之以陰畜陽三陽上往而陰畜不住所以不雨正如甑蒸飯漏氣則不成水无水淚下也煇【纂註】蔡氏曰尚往陽升而陰不能固也施未行未能降而爲雨也

履柔履剛也以二體釋卦名義說而應乎乾是以履虎尾不咥人亨以卦德釋彖辭剛中正履帝位而不疚光明也又以卦體明之指九五也【纂註】程子曰九五以陽剛中正尊履帝位苟无疚病則履道之至善光明者也疚謂疵病夬履是也光明德盛而輝光也

泰小往大來吉亨則是天地交而萬物通也上下交而其志同也内陽而外陰内健而外順内君子而外

小人君子道長小人道消也

〔附録〕易之陰陽以天地自然之氣論之則不可相无以君子小人之象言之則聖人之意未嘗不欲天下之盡爲君子而无小人也遇來教謂吾道无對不當與世俗較勝負此説美矣而亦非鄙意之所安也夫道固无對者也然其中却着不得許多異端邪説直須一一剔出後方曉然見得箇精神純粹无對之道若和泥合水便只着箇无對包了切恐此无對中却多藏得病痛也孟子言楊墨之道不熄孔子之道不著而大易於君子小人之際其較量勝負尤爲詳密豈其未知无對之道耶蓋无對之中一有陰則有陽有善則有惡陽消則陰長君子進而小人退循環無窮初不害其爲无對也答東莱陰陽各有一半聖人於泰否只爲陽説道理看來聖人出來做須有一箇道理使得天下皆爲君子世間人多言君子小人常相半不可太去治之急迫之却爲害不然如舜湯舉皋陶伊尹不仁者遠自是小人皆不爲非被君子夾持得皆革面做好人了砥聖人作易以立人極其義以君子爲主故爲君子謀而不爲小人謀觀泰否剥復名卦之意可見矣而曰古今豈有无小人之國其不知易甚哉鄭公藝圃折衷辨天地之化不越乎一陰一陽兩端而已其性雖未嘗一日不相反然亦不可以一日而相无也聖人作易常以陽爲君子而引翼扶持惟恐其不盛陰爲小人排擯抑黜惟恐其不衰何哉蓋陽之德剛陰之德柔剛者常公柔者常私剛者常明柔者常闇剛者未嘗不正柔者未嘗不邪剛者未嘗不大柔者未嘗不小公明正大之人用於世則天下蒙其福私闇邪辟之人得其志則天下受其禍此理之必然也金華潘公文集序

〔纂註〕丘行可曰三陽三陰之卦凡二十而言卦變者十有三泰否隨蠱噬嗑賁咸恒損益漸渙節是也聖人首以往來言於泰否者所以發卦變之凡例蓋泰否者乾坤二體之往來

而他卦者乾坤之一爻由泰否而往來也

否之匪人不利君子貞大往小來則是天地不交而萬物不通也上下不交而天下无邦也內陰而外陽內柔而外剛內小人而外君子小人道長君子道消也【附錄】某看人也須是剛雖則是偏然較之柔不同易以陽剛爲君子陰柔爲小人若是柔弱不剛之質少間都不會振奮只會困倒了淵【纂註】程子曰天地之氣不交則萬物無生成之理上下之義不交則天下无邦國之道建邦國所以爲治也上施政以治民民戴君而從命上下相交所以治安也今上下不交是天下无邦國之道也蔡氏曰釋彖言陰陽者獨泰否兩卦而已否者氣藏乎質而不交故又以剛柔言

同人柔得位得中而應乎乾曰同人以卦體釋卦名義柔謂六二乾謂九五同人曰衍文同人于野亨利涉大川乾行也文明以健中正而應君子正也唯君子爲能通天下之志以卦德卦體釋卦辭通天下之志乃爲大同不然則是私情之合而已何以致亨而利涉哉【附錄】乾行也言須是這般剛健之人方做得這般事若是柔弱者如何會出去外面

同人又去涉險淵【纂註】程子曰天下之志萬殊理則一也君子明理故能通天下之志聖人視億兆之心猶一心者通於理而已文明則能燭理故能明大同之義剛健則能克己故能盡大同之道然後能中正合乎乾行也

大有柔得尊位大中而上下應之曰大有以卦體釋卦名義柔謂六五上下謂五陽其德剛健而文明應乎天而時行是以元亨以卦德卦體釋卦辭應天指六五也【附錄】文是文章明是明著易中多言文明文明是二字廣【纂註】程子曰元者物之先也物之先豈有不善者乎事成而後有敗敗非先成者也興而後有衰衰固後於興也得而後有失非得何以有失也至於善惡治亂是非天下之事莫不皆然必善為先故文言曰元者善之長也

謙亨天道下濟而光明地道卑而上行言謙之必亨天道虧盈而益謙地道變盈而流謙鬼神害盈而福謙人道惡盈而好謙謙尊而光卑而不可踰君子之終也變謂傾壞流謂聚而歸之人能謙則其居尊者其德愈光其居卑者人亦莫能過此君子所以有終也【附錄】問天道福善禍淫此理定否曰如何不定自是

道理當如此賞善罰惡亦是理當如此不如此便是失其常理又問或有不如此者何也曰福善禍淫其常理也若不如此便是天也把捉不定了又曰天莫之爲而爲他亦何常有意只是理自是如此且如冬寒夏熱此是常理當如此若冬熱夏寒便是失其常理又曰變盈流謙楊子雲言山殺瘦澤增高此是說山上、土爲水漂流下來山便瘦澤便高淵鬼神言禍言福是有些造化之柄如言與鬼神合其吉凶到鬼神便說吉凶字淵天道是就寒暑往來說地道是就地形高下說鬼神是就禍福上說各自主一事而言時舉謙之爲義不知天地人鬼何以皆好尚之蓋太極中本无物若事業功勞又於我何有觀天地生物而不言所利可見矣賀孫以尊而行謙則其道光以卑而行謙則其德不可踰【纂註】蔡氏曰下濟而光明艮也艮有光明之象故艮之彖曰其道光明謂艮陽止乎上陰不得而掩之故光明卑而上行坤也虧盈益謙以日月陰陽言變盈流謙以山谷川澤言害盈福謙以災祥禍福言惡盈好謙以予奪進退言程子曰謙者人之至德故聖人詳言之所以戒盈而勸謙也郭氏曰四者非有心如是其道自然故皆曰道 ○愚謂下濟與卑謙義光明上行亨義艮一陽居上卦之下天道下濟而光明也坤三陰居下卦之上地道卑而上行也

豫剛應而志行順以動豫以卦體卦德釋卦名義豫順以動故天地如之而況建侯行師乎以卦德釋卦辭【纂註】程子曰天地之道萬物之理惟至順而已大人所以先天後天而不違者亦順乎理而已天地以順動故日月不過而四時不忒聖

人以順動則刑罰清而民服豫之時義大矣哉極言之而贊其大也【附錄】刑罰不清民不服只爲舉動不順了致得民不服便是徒配了他亦不服豫之時義言豫時底道理淵

隨剛來而下柔動而說隨以卦變卦德釋卦名義【附錄】凡卦皆從内說出去若說說而動却是自家說他後動不成隨了我動彼說此之謂隨也淵

大亨貞无咎而天下隨時王肅本時作之今當從之釋卦辭言能如此則天下之所從也

隨時之義大矣哉王肅本時字在之字下今當從之【纂註】蔡氏曰天下所隨者聖人之時而聖人制作又當隨天下之時禮樂法度始於伏羲成於周者豈聖人知慮有所不及哉此隨時之義所以大也

蠱剛上而柔下巽而止蠱以卦體卦變卦德釋卦名義蓋如此則積弊而至於蠱矣【附錄】問剛在上而柔在下爲卦體下卑巽而上苟止所以爲蠱此卦德自賁井既濟來皆剛上而柔下此卦變曰是銖剛上而柔下巽而止蠱此是言致蠱之由非治蠱之道必大大凡看易先看成卦之義險而健則成訟巽而止則成蠱艮上而巽下艮剛居上巽柔居下上高亢而不下交下卑巽而不能救此所以蠱壞也巽而止只是巽順便止了更无所施爲如何治蠱德明

蠱元亨而天下治也利涉大川往有事也先甲三日

後甲三日終則有始天行也釋卦辭治蠱至於元亨則亂而復治之象也亂之終治之始天運然也

〈附錄〉問蠱是壞亂之象雖亂極必治如何便會元亨曰亂極必治天道循環自是如此如五胡亂華以至於隋必有唐太宗者出又如五季必生太祖皇帝若不如此便无天道了所以彖曰蠱元亨而天下治也砥必須是大善亨通而後天下治淵〈互論蠱漸卦〉易要分內外卦看如巽而止則成蠱止而巽便不同蓋先止而後巽却是有根株了方巽將去故爲漸必大

臨剛浸而長以卦體釋卦名〈纂註〉徐氏曰浸漸也陰符經曰天地之道浸亦用此義言一氣不頓進一形不頓虧二陽長於下而漸進也

說而順剛中而應又以卦德卦體言卦之善大亨以正天之道也當剛長之時又有此善故其占如此也

至於八月有凶消不久也言雖天運之當然然君子宜知所戒〈附錄〉〈總論彖辭〉剛浸而長已下三句解臨字大亨以正便是天之道也解元亨字須用說八月有凶者蓋要反那二陽說淵〈纂註〉徐氏曰陰陽消長若循環然彖易聖人深言消長之機其來甚速吉凶靡定禍福何常思患豫防君子所當戒懼也

大觀在上順而巽中正以觀天下以卦體卦德釋卦名義〈纂註〉徐氏曰大剛也二剛在上下示衆柔故曰大觀在上順巽以卦德言中正五也大觀在上以位言順巽中正以德言有其位无其德不足以觀天下有其德无其位亦不足以

觀天下

觀盥而不薦有孚顒若下觀而化也釋卦辭【纂註】徐氏曰下觀而化以四陰觀二陽言謂上有精潔誠敬之德顒然可仰則天下有所觀感而化如舜恭己正南面而天下自治文王不大聲以色而萬邦作孚自然之感固如此也

觀天之神道而四時不忒聖人以神道設教而天下服矣極言觀之道也四時不忒天之所以爲觀也神道設教聖人之所以爲觀也【附錄】觀天之神道只是自然運行底道理四時自然不忒聖人以神道亦是說他有教人自然觀感處淵【總論彖辭】盥非灌之義盥本爲薦而不薦是欲畜其誠意以觀示民使民觀感而化之義有孚顒若便是那下觀而化卻不是說人君身上事聖人以神道設教是聖人不犯手做底即是盥而不薦之義順而巽中正以觀天下謂以此觀示之也

頤中有物曰噬嗑以卦體釋卦名義 **噬嗑而亨剛柔分動而明雷電合而章柔得中而上行雖不當位利用獄也**又以卦名卦體卦德二象卦變釋卦辭【附錄】張洽問易中言剛柔分兩處一是噬嗑一是節此難解曰只是一卦三陰三陽謂之剛柔分曰易中三陰三陽卦多獨於此言之何也曰偶於此言之其他卦則別有義時舉○愚謂下體本坤分初柔上而爲五上體本乾分五剛下而爲初此剛柔分也柔得中而上行即初柔上行而得中也噬嗑剛柔分而柔得中節剛柔分而剛得中故於兩卦發其義

賁亨亨字疑衍柔來而文剛故亨分剛上而文柔故小利有攸往天文也以卦變釋卦辭剛柔之交自然之象故曰天文先儒說天文上當有剛柔交錯四字理或然也〔纂註〕蔡氏曰柔來而文剛二也坤下交乾而爲離也分剛上而文柔上也乾上交坤而爲艮也剛柔往來自然之文故曰天文文明以止人文也又以卦德言之止謂各得其分觀乎天文以察時變觀乎人文以化成天下極言賁道之大也〔纂註〕程子曰天文謂日月星辰之錯列寒暑往來之代變觀其運行以察四時之遷改也人文人理之倫序觀天文以教化天下成其禮俗乃聖人用賁之道也

剝剝也柔變剛也以卦體釋卦名義言柔進于陽變剛爲柔也不利有攸往小人長也順而止之觀象也君子尚消息盈虛天行也以卦體卦德釋卦辭〔纂註〕丘行可曰順而止之合二德言君子觀衆陰剝陽之象惟順時而止不敢輕進以冒小人之禍所以防其剝也然豈終止哉天道循環无往不復陽消而息陰盈而虛剝極於上則復反於下乃天運之當然也是以君子尚之此處剝之要道也

復亨剛反剛反則亨〔附錄〕問剛反當作一句曰然此二字是解復亨下云動而以順行是解出入无疾以下時舉動

而以順行是以出入无疾朋來无咎以卦德而言反復其道七日來復天行也陰陽消息天運然也

【附錄】消長之道自然如此故曰天行處陰之極亂者復治往者復還凶者復吉危者復安天地自然之運也僴

利有攸往剛長也以卦體而言既生則漸長矣

復其見天地之心乎積陰之下一陽復生天地生物之心幾於滅息而至此乃復可見在人則為靜極而動惡極而善本心幾息而復見之端也程子論之詳矣而邵子詩亦曰冬至子之半天心无改移一陽初動處萬物未生時玄酒味方淡大音聲正希此言如不信更請問包羲至哉言也學者宜盡心焉

【附錄】問見天地之心曰復未見造化而造化之心於此可見可學問天地之心雖靜未嘗不流行何為必於復乃見天地之心曰三陽之時萬物蕃新只見物之盛大天地之心却不可見惟是一陽初復萬物未生冷冷靜靜而一陽既動生物之心闖然而見雖在積陰之中自掩藏不得此所以必於復見天地之心也銖如一堆火自其初動以至漸漸發過消盡為灰其消之未盡處固天地之心也然却消盡底亦天地之心也但那箇不如那新生底鮮好故指那接頭再生者言之則可以見天地之心親切又曰要說得見字親切蓋此時天地之間无物可見天地之心只有一陽初生淨淨潔潔見得天地之心在此若是三陽發生萬物之後則天地之心盡散在萬物不能見得如此端的又曰這處在天地則為陰陽在人則為善惡有不善未嘗不知知之未嘗復行不善處便是陰知處便屬陽上五陰下一陽是當沉迷蔽固之時忽然一夕醒覺便是陽動處齊宣王興甲兵危士臣搆怨於諸侯可謂極矣及其不忍觳觫即見善端之

一千五百四

萌肯從這裏做去雖三王事業何患不到寓淳問一陽復在人言之只是善端
萌處否曰以善言之是善端方萌處以惡言之昏迷中有悔悟向善意便是復
又如人之沉滯道不得行到極處忽小亨通雖未大行已有可行之兆亦是復
這道理千變萬化隨所在无不渾淪又曰陰陽生殺固无間斷而亦不容並行
且如人方窮物慾豈可便謂其間天理元不間斷而且肆其慾哉要須窮慾之
心滅息然後天理乃得萌耳荅王遇復有兩樣有善惡之復有動靜之復兩樣
復自不相須須各看得分曉終日營營與萬物並馳忽然有惻隱是非羞惡之
心發見此善惡爲陰陽也若寂然至靜之中有一念之動此動靜爲陰陽也僩
[論程傳]程先生說天地以生物爲心最好此乃是无心之心也人傑道夫言向
者先生教思量天地有心无心近思之切謂天地无心便是天地之心若使其
有心必有思量有營爲天地曷嘗有思慮來然其所以四時行百物生者蓋以
其合當如此便如此不待思惟此所以爲天之道荅曰如此則易所謂復其見
天地之心正大而天地之情可見又如何如公所說祇說得他无心處耳若果
无心則須牛生出馬桃樹上發李花他又却自定心便是主宰處所以謂
天地以生物爲心某謂天地別无勾當只是以生物爲心一元之氣運轉
流通略无停間只是生出許多物事而已又曰天地有箇无心之心復卦一陽
生於下便是生物之心又如所謂惟皇上帝降衷于下民天道福善禍淫這便
自分明有箇人在裏面主宰相似道夫天地以生物爲心者也雖氣有闔闢物
有盈虛而天地之心則亘古亘今未始有毫釐之間也故陽極於外復生於內
聖人以爲於此可以見天地之心焉蓋其復者氣也其所以復者則有自來矣
向非天地之心生生不息則陽之極也一絕而不復續矣尚何以生於內而爲
闔闢之无窮乎荅敬夫鄭兄問程傳云先儒皆以靜見天地之心因舉王輔嗣

說寂然至无乃天地心曰他說无是亂說若靜處說无不知下面一畫作甚麽寓可學問靜亦是心而心未見曰固是但又須靜中含動意始得又曰上五陰亦不可說无說无便死了无復生成之意如何見其心可學問程子以動之端爲天地之心動乃心之發處何故云天地之心曰此須就卦上看上坤下震坤是靜震是動十月純坤當貞之時萬物收斂寂無蹤跡到此一陽復上便是動然不直下動字却云動之端端又從此起雖動而物未生未到大動處凡發生萬物都從這裏起豈不是天地之心渾十月陽氣收斂一時關閉得盡天地生物之心固未嘗息但无端倪可見惟一陽初動則生意始發露出乃始可見端緒也言動之頭緒於此處起於此起處方見得天地之心也銖〔論遺書〕程子曰聖人无復故未嘗見其心者蓋天地之氣所以有陽之復者以其有陰故也衆人之心所以有善之復者以其有惡故也若聖人之心則天理渾然初无間斷人孰得以窺其心之起滅邪若靜而復動則亦有之但不可以善惡而爲言耳荅吳翌道夫切謂聖人之心天地之心也天地之心可見則聖人之心亦可見況夫復之爲卦一陽復於積陰之下乃天地生物之心也聖人雖无復然是心之用因時而彰故堯之不虐舜之好生禹之拯溺湯之救民於水火文王之視民如傷是皆以天地之心爲心者也而謂不可見何哉曰大抵易之言陰陽有指君子小人而言有指天理人慾而言有指動靜之機而言初不可以一偏而論如天下皆君子而无小人皆天理而无人慾其善无以加有若動不可以无靜靜不可以无動蓋造化不能以獨成而或者見其相資而不可相无也遂以爲天下不可皆君子而无小人不能皆天理而无人慾此得其一偏之論只如有不善未嘗不知知之未嘗復行此賢者之心因復而見者至若聖人則无此故其心不可見然亦有因其動而見其心者正如公所謂堯之不虐舜之好生皆

是因其動而見其心者道夫堯舜孔子之心千古常在聖人之心周流運行何往而不可見此獨曰聖人无復未嘗見其心者只爲是因說復卦而言繫辭曰復小而辯於物蓋復卦是一陽方生於羣陰之下如幽暗中一點白便是小而辯也又曰復其見天地之心若聖人之心純於善而已所以謂未嘗見其心者只是言不見有昬蔽忽明之心如所謂幽暗中一點白者而已但此等說話只可就此一路看去纔轉入別處便不分明也 謨〔論邵子詩〕立冬是十月初小雪是十月中大雪是十一月初冬至是十一月中小寒是十二月初大寒是十二月中冬至子之半即十二月之半也人言夜半子時冬至蓋夜半以前一半已屬子時今推五行者多不之知然數每從這裏處起略不差移此所以爲天心道夫一陽方動處萬物未生時此是欲動未動之間如見赤子入井之初方怵惕惻隱而未成怵惕惻隱之時故冬至子之半是康節常要就中間說子之半則是未成子方離於亥而爲子方四五分常要說陰陽之間動靜之間與周程之說不同周程只是體用動靜互換无極康節只要說循環便須指消息動靜之間而言學蒙當是時一陽初動萬物未生无聲臭氣味之可尋可見所謂元酒味方淡大音聲正希也道夫〔通論復艮二卦〕存養是靜工夫省察是動工夫其靜時思慮未萌知覺不昧乃復所謂見天地之心靜中之動也其動時發皆中節止於其則乃艮之不獲其身不見其人動中之靜也窮理讀書皆是動中工夫木之

〔纂註〕程子曰一陽復於下乃天地生物之心也先儒皆以靜爲見天地之心蓋不知動之端乃天地之心也非知道者孰能識之又遺書曰復非天地心復則見天地心聖人未嘗復故未嘗見其心

无妄剛自外來而爲主於内動而健剛中而應大亨

以正天之命也其匪正有眚不利有攸往无妄之往何之矣天命不佑行矣哉以卦變卦德卦體言卦之善如此故其占當獲大亨而利於正乃天命之當然也其有不正則不利有所往欲何往哉蓋其逆天之命而天不佑之故不可以有行也【附録】剛自外來說卦變動而健說卦德剛中而應說卦體大亨以正說元亨利貞淵天之命也天之道也義只一般但取其成韻耳不必強分賀孫【纂註】蔡氏曰剛自外來而爲主於內初也乾交坤而爲震也非本體來往故曰外來

大畜剛健篤實輝光日新其德以卦德釋卦名義【附録】篤實便有輝光艮止便能篤實顯子剛上而尚賢能止健大正也以卦變卦體釋卦辭【附録】能止健不說健而止見得是艮來止乾是以艮之止止乾之健淵不家食吉養賢也亦取尚賢之象○愚謂艮剛畜乾有養賢之象尚賢以上九一陽言養賢以乾三陽言利涉大川應乎天也亦以卦體而言○愚謂六五下與乾應故曰應天

頤貞吉養正則吉也觀頤觀其所養也自求口實觀其自養也釋卦辭【附録】觀其所養只是說君子之所養養浩然之氣模樣自養則如爵祿下至於飲食之類是說自求口實

天地養萬物聖人養賢以及萬民頤之時大矣哉極言養道而贊之

大過大者過也以卦體釋卦名義棟橈本末弱也復以卦體釋卦辭本謂初末謂上弱謂陰柔剛過而中巽而說行利有攸往乃亨又以卦體卦德釋卦辭大過之時大矣哉大過之時非有大過人之材不能濟也故嘆其大【纂註】程子曰大過之時其事甚大如立非常之大事興不世之大功成絕俗之大德皆大過之事也徐氏曰時字當玩自是時節當如此適其時當其事雖曰大過而不悖於道所謂剛過而中巽而說行者如堯舜之禪授而謳歌獄訟之皆歸湯武之放伐而徯后迎師之恐後所以成大功而濟於時焉苟非其時則堯舜亦且傳子而不傳賢矣湯武亦只守臣節而不敢革夏革殷矣時不可失此聖賢所以當天運立大事成大業也否則大亂之道而謂之利且亨可乎

習坎重險也釋卦名義水流而不盈行險而不失其信以卦象釋有孚之義言內實而行有常也【附錄】水流不盈纔一坎滿便流出去行險不失其信是說決定如此維心亨乃以剛中也行有尚往有功也以剛在中心亨之象如是而往必有功也【纂註】蔡氏曰剛中二五也往有功動則出坎也天

險不可升也地險山川丘陵也王公設險以守其國險之時用大矣哉極言之而贊其大也

離麗也日月麗乎天百穀草木麗乎土重明以麗乎正乃化成天下釋卦名義附錄重明是五二君臣重明之義大象又説大人繼世重明之義不同淵柔麗乎中正故亨是以畜牝牛吉也以卦體釋卦辭附錄六二中正六五中而不正今言麗乎正麗乎中正次第説六二分數多惟這爻較好故元吉六五雖柔麗乎中而不得其正特借中字而包正字爾時舉

周易彖上傳第一

後學 成德 校訂

周易彖下傳第二

朱子本義

新安後學胡一桂附録纂註

咸感也釋卦名義【纂註】丘行可曰咸非訓感咸故感耳凡物兩相對待而後感應之理生故咸有感義又曰咸者感也所以感者心也无心者不能感故咸加心而爲感有心於感者亦不能咸感故感无心而爲咸惟无容心於感然後无所不感也柔上而剛下二氣感應以相與止而說男下女是以亨利貞取女吉也以卦體卦德卦象釋卦辭或以卦變言柔上剛下之義曰咸自旅來柔上居六剛下居五也亦通【纂註】蔡氏曰柔上上也坤上交乾而爲兑也剛下三也乾下交坤而爲艮也馮氏曰柔上剛下感應相與所以爲亨止而說所以利貞男下女所以取女吉也天地感而萬物化生聖人感人心而天下和平觀其所感而天地萬物之情可見矣極言感通之理

恒久也剛上而柔下雷風相與巽而動剛柔皆應恒

七百廿五

以卦體卦象卦德釋卦名義或以卦變言剛上柔下之義曰恒自豐來剛上居二柔下居初也亦通**恒亨无咎利貞久於其道也天地之道恒久而不已也**恒固能亨且无咎矣然必利於貞乃爲久於其道不貞則久非其道矣天地之道所以長久亦以貞而已矣**利有攸往終則有始也**久於其道終也利有攸往始也動靜相生循環之理然必靜爲主也〔纂註〕程子曰恒非一定之謂也一定則不能常矣惟隨時變易乃常道也故云利有攸往明理之如是懼人之泥於常也**日月得天而能久照四時變化而能久成聖人久於其道而天下化成觀其所恒而天地萬物之情可見矣**極言恒久之道

遯亨遯而亨也剛當位而應與時行也以九五一爻釋亨義〔附録〕遯而亨也分明是說能遯便亨下面更說剛當位而應與時行也是何如曰此所以遯而亨也陰尚微爲他剛當位而應所以能知時而遯是能與時待不然便是與時背砥**小利貞浸而長也**以下二陰釋小利貞〔附録〕問小利貞浸而長也是見其浸長故設戒令其貞正且以寛君子之患然亦是他之福曰是如此與否初二兩爻相似砥〔纂註〕程子曰聖賢之於天下雖知道之將廢豈肯坐視其亂而不救必區區致力於

范玉生

未極之間強此之衰艱彼之進圖其暫安苟得爲之孔孟之所屑爲也案語錄盤澗問本義釋小利貞與程傳不同朱子曰若如程傳則於剛當位而應與時行也下當云止而健陰浸而長故小利貞今但言小利貞浸而長也而不言陰進而長則小指陰小之小可知況當遯去之時事勢已有不容正之者程傳雖善而有不通矣

遯之時義大矣哉 陰方浸長處之爲難故其時義爲尤大 ○愚謂遯以二陰之長成卦而以四陽之遯得名易爲君子謀名卦必以陽爲主如是則時義之大亦以陽之能遯爲大也

大壯大者壯也剛以動故壯 釋卦名義以卦體言則陽長過中大者壯也以卦德言則乾剛震動所以壯也

大壯利貞大者正也正大而天地之情可見矣 釋利貞之義而極言之 附錄 問大者正與正大不同上大字是指陽下正大是說理曰然亦緣上面有大者正字方說此學蒙問如何見天地之情曰正大便見得天地之情天地只是正大未嘗有些子邪處道夫

晉進也 釋卦名義 **明出地上順而麗乎大明柔進而上行是以康侯用錫馬蕃庶晝日三接也** 以卦象卦德卦變釋卦辭 纂註 丘行可曰明出地上離秉坤也順而麗乎大明坤附離也柔進而上行六自四上行而進于五也大明之君諸侯順附被其寵錫待遇之禮而衆多榮顯也

明入地中明夷以卦象釋卦名內文明而外柔順以蒙大難文王以之以卦德釋卦義蒙大難謂遭紂之亂而見囚也利艱貞晦其明也內難而能正其志箕子以之以六五一爻之義釋卦辭內難謂爲紂近親在其國內如六五之近於上六也【附錄】文王箕子大槩皆是晦其明然文王之外柔順是本分自然做底箕子晦其明又曰艱貞是他那佯狂底意思便是艱難底氣象淵【纂註】横渠張子曰文王難在外箕子難在內丘行可曰內文明則不失已而詭隨外柔順則不逆時而干禍文王盡全卦之義故以二體言箕子得一爻之義故以六五言

家人女正位乎內男正位乎外男女正天地之大義也以卦體九五六二釋利女貞之義○愚謂卦以二體言故惟言利女貞而說離分數多彖傳就二五言故說男女正而內外爻義兼備又廣彖辭之旨也

家人有嚴君焉父母之謂也亦謂二五父父子子兄兄弟弟夫夫婦婦而家道正正家而天下定矣上父初子五三夫四二婦五兄三弟以卦畫推之又有此象【纂註】趙氏曰父義母慈母何以亦稱嚴蓋母之不嚴家之蠹也瀆上下之分庇子弟之過亂內外之别㛦帷薄之儀父雖嚴有不能盡察者必父母尊嚴內外齊肅然後父尊子卑兄友弟恭夫制婦聽各盡其道而後家道正正家而天下定矣

睽火動而上澤動而下二女同居其志不同行以卦象釋卦名義説而麗乎明柔進而上行得中而應乎剛是以小事吉以卦德卦變卦體釋卦辭天地睽而其事同也男女睽而其志通也萬物睽而其事類也睽之時用大矣哉極言其理而贊之

纂註 程子曰天高地下其體睽也然陽降陰升相合而化育之事則同也男女異質睽也而相求之志則通也生物萬殊睽也然而得天地之和稟陰陽之氣則相類也物雖異而理本同故天下之大羣生之衆睽散萬殊而聖人爲能同之處睽之時合睽之用其事至大故云大矣哉

蹇難也險在前也見險而能止知矣哉以卦德釋卦名義而贊其美蹇利西南往得中也不利東北其道窮也利見大人往有功也當位貞吉以正邦也蹇之時用大矣哉以卦變卦體釋卦辭而贊其時用之大也○愚謂往得中五也其道窮三也利見大人以下皆指五言

解險以動動而免乎險解以卦德釋卦名義解利西南往得衆

也其來復吉乃得中也有攸往夙吉往有功也以卦變釋卦辭坤爲衆得衆謂九四入坤體得中有功皆指九二也天地解而雷雨作雷雨作而百果草木皆甲坼解之時大矣哉極言而贊其大也【附録】陰陽之氣閉結之極忽然迸散出做這雷雨只管閉結了若不解散如何會有雷雨作小畜所以不能成雨者畜不極也淵

損損下益上其道上行以卦體釋卦名義○愚謂損内卦乾九三之剛益上卦坤上六之柔而成損是爲損下益上主剛而言故曰其道上行損而有孚元吉无咎可貞利有攸往曷之用二簋可用享二簋應有時損剛益柔有時損益盈虛與時偕行此釋卦辭時謂當損之時【附録】損上益下曰益損下益上曰損所以然者蓋本厚則邦寧而君安乃所以爲益也否則反是個【纂註】程子曰有本必有末有實必有文天下萬事无不然者无本不立无文不行父子主恩必有嚴順之體君臣主敬必有承接之儀禮讓存乎内待威儀而後行尊卑有其序非物采則无别文之與實相須而不可闕也及夫文之勝末之流遠本喪實乃當損之時也夫子恐人之泥言也故復明之曰二簋之質用之當有時非所用而用之不可也謂文飾未過而損之與損之至於過甚則非也損剛益柔有時剛爲過柔爲不足損益

皆損剛益柔也必順時而行不當時而損益之則非也

益損上益下民說无疆自上下下其道大光以卦體釋卦名義【纂註】徐氏曰損上益下者損上之剛益下之柔也下卦坤坤柔爲民坤得益故民說无疆上乾之下爻下爲坤之下爻自上下下也天道下濟而光明其道大光也故爲益

利有攸往中正有慶利涉大川木道乃行以卦體卦象釋卦辭【附錄】問木字本益字之誤如何曰看來只是木字渙卦說乘木有功中孚說乘木舟虛以此見得淵某見一朋友說有八卦之金木水火土有五行之金木水火土如乾爲金易卦之金也兌之金五行之金也巽爲木卦中取象也震爲木乃東方屬木五行之木也五行取四維也夫僞【纂註】程子曰五以陽剛中正居尊位二復以中正應之是以中正之道益天下天下受其福惠也

益動而巽日進无疆天施地生其益无方凡益之道與時偕行動巽二卦之德乾下施坤上生亦上文卦體之義又以此極言贊益之大【纂註】蔡氏曰无疆以悠久言无方以廣大言與時偕行又言凡益之道當適乎時也程子曰天地之益无窮者理而巳矣聖人利益天下之道應時順理與天地合與時偕行也

夬決也剛決柔也健而說決而和釋卦名義而贊其德揚于王庭

柔乘五剛也孚號有厲其危乃光也告自邑不利即戎所尚乃窮也利有攸往剛長乃終也此釋卦辭柔乘五剛以卦體言謂以一小人加于衆君子之上是其罪也剛長乃終謂一變則爲純乾也

附錄

彖云利有攸往剛長乃終今人以爲陽不能无陰中國不能无夷狄君子不能无小人故小人不可盡去今觀剛長乃終之言則聖人豈不欲小人之盡去耶但所以決之者自有道耳

纂註

徐氏曰陽剛之長當終於六位不可有未盡之陰也除惡務本君子雖盛不可以小人之勢孤謂无能爲不盡去之而存其孽也唐五王不去一武三思而患生於所忽不旋踵而君子之禍烈矣聖人於夬設戒之意蓋深

姤遇也柔遇剛也釋卦名

附錄

人日用間誠意十分爲善矣或有一分不好底意思潛發以間於其間此意一發便由邪徑以長姤一陰生五陽便立不住了以此見凡於一事一念之微苟有不善之當防皆不可忽大雅

勿用取女不可與長也釋卦辭

纂註

程子曰取女者欲長久而成家也漸長之陰將消於陽不可與之長久也凡女子小人夷狄勢苟漸盛何可與久故戒勿用取如是之女

天地相遇品物咸章也以卦體言○愚謂以乾遇巽巽得坤初爻而成故有天地相遇之象又巽爲東南之卦萬物絜齊之時故有品物咸章之象

剛遇中正天下大行也指九五

附

【錄】姤不是好底卦然天地相遇以下却又甚好蓋天地相遇又自別取一義剛遇中正只取九五或謂亦以九二言非也銖

姤之時義大矣哉 幾微之際聖人所謹 【附錄】上面說天地相遇至天下大行正是好時節而不好之漸已生於微矣故當謹於此學蒙

【纂註】程子曰天地不相遇則萬物不生君臣不相遇則政治不興聖賢不相遇則道德不亨事物不相遇則功用不成姤之時與義皆甚大也

萃聚也順以說剛中而應故聚也 以卦德卦體釋卦名義 **王假有廟致孝亨也利見大人亨聚以正也用大牲吉利有攸往順天命也** 釋卦辭 【附錄】順天命伊川說萃時若不用大牲便是那以天下儉其親相似也有此理這時節比不得那利用禴之事

觀其所聚而天地萬物之情可見矣 極言其理而贊之 【纂註】徐氏曰天地萬物高下散殊感則見其情之通恆則見其情之久聚則見其情之同不于其聚而觀之情之一者不可得而見矣

柔以時升 以卦變釋卦名 **巽而順剛中而應是以大亨** 以卦德卦體釋卦辭 ○愚謂易以陽爲大巽順不足以大亨必剛中而應是以大亨大亨之功非剛中之九二上應六五則不能致也 **用見大人勿恤有慶也南征吉志行也**

困剛揜也以卦體釋卦名險以說困而不失其所亨其唯君子乎貞大人吉以剛中也有言不信尚口乃窮也以卦德卦體釋卦辭○愚謂剛中指二五口兌象上六爲兌之主居窮極之地故有尚口乃窮之象

巽乎水而上水井井養而不窮也以卦象釋卦名義改邑不改井乃以剛中也汔至亦未繘井未有功也羸其缾是以凶也以卦體釋卦辭无喪无得往來井井兩句意與不改井同故不復出剛中以二五而言未有功而敗其缾所以凶也【纂註】晁氏曰或謂彖主三陽言五井冽寒泉食是陽剛居得中正邑可改而井不可改也三井渫不食是水未見於用未有功也二甕敝漏是既不得水幷其缾而亡之羸其缾而凶者也

革水火相息二女同居其志不相得曰革以卦象釋卦名義大略與睽相似然以相違而爲睽相息而爲革也息滅息也又爲生息之義滅息而後生息也【纂註】金陵王氏曰澤火非如坎離有陰陽相運之道其相遇則相息而已其相息也唯勝者能革其不勝者耳巳日乃孚革而信之文明以說大亨

以正革而當其悔乃亡以卦德釋卦辭【纂註】程子曰離爲文明兌爲說文明則理无不盡事无不察說
則人心和順革而能照察事理和順人心可致大亨而得貞正如是變革得其至當故悔亡也**天地革而四時成湯**
武革命順乎天而應乎人革之時大矣哉極言而贊其大【附錄】
革是更革之謂須是翻轉更變一番所謂上下與天地同流豈曰小補之哉小
補之者謂扶衰救弊逐些補緝如錮露家事相似若是更革則須徹底重新鑄
造非止補苴罅漏而已湯武順天應人是如此【通論】兌卦易言順天應人後來
盡說應天順人非也又曰順天應人革就革命上說言順天理應人心胡致堂
管見中○愚案梁武帝受禪顔見遠不食卒帝曰我自應天從人何預士夫事
辨得好　管見曰易之革曰湯武革命順乎天而應乎人未聞應乎天也應者
對感而言人事作於下則天理應乎上豈曰天感乎上而人應乎下歟爲是言
者不知天之爲天矣故易惟曰順乎天順乎天者順理也後世務名不務實以
兵取國者曰吾應天順人也相承
而罔察至以爲尊號其失遠矣

鼎象也以木巽火亨飪也聖人亨以享上帝而大亨
以養聖賢以卦體二象釋卦名義因極其大而言之享帝貴誠用犢而已養賢則饔飧牢禮當極其盛故曰大亨【纂註】蔡氏
曰亨飪鼎之用也變腥而爲熟易堅而爲柔亨飪不過祭祀賓
客二事而祭之大者无出於上帝賓客之重者无過於聖賢**巽而耳目**

聰明柔進而上行得中而應乎剛是以元亨以卦象卦變卦體釋卦辭

纂註 程子曰離明而中虛於上爲耳目聰明之象

震亨震有亨道不待言也震來虩虩恐致福也笑言啞啞後有則也恐致福恐懼以致福也則法也震驚百里驚遠而懼邇也出可以守宗廟社稷以爲祭主也程子以爲邇也下脫不喪匕鬯四字今從之出謂繼世而主祭也或云出則鬯字之誤

艮止也時止則止時行則行動靜不失其時其道光明此釋卦名艮之義則止也然行止各有其時故時止而止止也時行而行亦止也艮體篤實故又有光明之義大畜於艮亦以煇光言

附錄 行固非止然行而不失其理乃所止也僴問艮之象何以爲光明曰定則明凡人胷次煩擾則愈見昏昧中有定止則自然光明莊子所謂泰宇定則天光發是也學蒙○愚謂艮一陽見於二陰之上陽明著見陰莫得而掩蔽之故艮獨稱光明

艮其止止其所也上下敵應不相與也是以不獲其身行其庭不見其人无咎也此釋卦辭易背爲止以明背即止也背者止之所也以卦體言内外之卦陰陽敵應而不相與也不相與則内不見已外不見人而无咎矣晁

氏云艮其止當依卦辭作背 附録 八純卦皆不相與只是艮卦是止尢不相與内不見己是内卦外不見人是外卦兩卦各自去淵

漸之進也女歸吉也之字疑衍或是漸字進得位往有功也進以正可以正邦也以卦變釋利貞之意蓋此卦之變自渙而來九進居三自旅而來九進居五皆爲得位之正其位剛得中也以卦體言謂九五止而巽動不窮也以卦德言漸進之義 纂註 程子曰内艮止外巽順止爲安靜之象巽爲和順之義人之進也若以欲心之動則躁而不得其漸故有困窮在漸之義内止靜而外巽順故其進動不有困窮也

歸妹天地之大義也天地不交而萬物不興歸妹人之終始也釋卦名義也歸者女之終生育者人之始 纂註 程子曰天地不交則萬物何從而生女之歸男乃生生相續之道男女交而後有生息有生息而後其終不窮前者有終而後者有始相續不窮是人之終始也說以動所歸妹也又以卦德言之 附録 歸妹未有不好只是說以動帶累他征凶位不當也无攸利柔乘剛也又以卦體釋卦辭男女之交本皆正理惟若此卦則不得其正也 纂註 程子曰歸妹諸爻皆不當位又有乘剛之過二五皆乘剛男女有尊卑之序夫婦有倡隨之禮此常理也如恒是也苟不有常正之道徇情肆欲唯說是動則夫婦瀆亂男牽欲而失其剛婦紐說而忘其順如歸妹之乘剛是也所以凶无往而

利○愚謂動而說爲隨此陽倡而陰和男行而女從得男女之正故元亨利貞也○說以動爲歸妹則是陰反先倡而陽和女反先行而男從失男女之正故征凶无攸利柔乘剛柔謂三五剛謂二四皆陰陽失位也

豐大也明以動故豐以卦德釋卦名義【附録】明以動故豐以明心應事物非明則動无所之非動則明无所用徒明不行則明无所用空明而已徒行不明則行无所向冥行而已伯羽

王假之尚大也勿憂宜日中宜照天下也釋卦辭【附録】王假之尚大也只是王者至此極大底時節所尚者皆大事箇問君德如日之中乃能盡照天下否曰易如此看不得只是如日之中則自然照天下却不可將作道理解他箇

日中則昃月盈則食天地盈虛與時消息而況於人乎況於鬼神乎此又發明卦辭外意言不可過中也【附録】物到盛時必衰雖鬼神有所不能違也箇天地是舉其全體而言鬼神是指其中運動變化者通上徹下而言如雨風露雷草木之類皆是又曰豐卦彖許多言語其實則在日中則昃月盈則食天地盈虛與時消息數語上這盛得極常須謹守得日中時候方得不然偃仆傾壞了又曰這處去危亡只是一間耳須是兢兢如奉槃水方得又曰這便是康節所謂酩酊離披時候如何不憂懼謹畏宣政間有以奢侈爲言者小人都云當豐亨豫大之時須是恁地奢泰方得所以一向放肆如何得不亂學蒙

旅小亨柔得中乎外而順乎剛止而麗乎明是以小亨旅貞吉也以卦體卦德釋卦辭旅之時義大矣哉旅之時爲難處【纂註】徐氏曰一柔在外而處二剛之中是羈旅之人交於強有力者苟非善處卑則取辱高則招禍鮮不失矣惟於止知其所止无私交无暗事非賢不主非善不與止而麗乎明也夫如是內不失己外不失人雖在旅困亦可小亨得旅之正而吉也

重巽以申命釋卦義也巽順而入必究乎下命令之義重巽故爲申命也【附錄】巽是重卦故曰重巽八卦之象皆如此個申字是叮嚀反復之意風无所不入如命令之叮嚀告戒无所不至故象以之學蒙剛巽乎中正而志行柔皆順乎剛是以小亨利有攸往利見大人以卦體釋卦辭剛巽乎中正而志行指九五柔謂初四

兌說也釋卦名義剛中而柔外說以利貞是以順乎天而應乎人說以先民民忘其勞說以犯難民忘其死說之大民勸矣哉以卦體釋卦辭而極言之【附錄】說若不是剛中便是違道干譽便成邪媚下面許多道理都從這箇剛中

柔外來淵【纂註】徐氏曰剛中二五也柔外三上也剛中而柔外則立已者正而說人者非邪矣程子曰陽剛居中中心誠實之象柔爻在外接物和柔之象故爲說利貞說之以道宜正也說而能貞是以上順天理下應人心說道之至正至善者也若夫違道以干百姓之譽者苟取一時之說耳非君子之正道也君子之道其說於民如天地之施感於其心而說服無斁故以之先民則民心悅隨而忘其勞率之以犯難則民心說服於義而不恤其死說道之大民莫不知勸勸謂信之而勉力順從

渙亨剛來而不窮柔得位乎外而上同以卦變釋卦辭【附錄】剛來而不窮是居位得中若在下則窮矣學蒙剛來而不窮是九三來做二柔得位而上同是六二上做三此說有些不穩却爲是六三不喚做得位○愚謂本義以卦變自漸來故指柔爲三三却未爲得位蔡氏指柔爲四則四正得位外謂外卦上同謂上同於五似爲得之**王假有廟王乃在中也**中謂廟中【附錄】此卦只是卜祭吉又更宜涉川王乃在中是指廟中言王指九五言宜在廟祭祀淵**利涉大川乘木有功也**

節亨剛柔分而剛得中以卦體釋卦辭○愚謂下體本乾分三剛上而爲五上體本坤分五柔下而爲三是剛上而得五之中也**苦節不可貞其道窮也**又以理言**說以行險當位**

以節中正以通又以卦德卦體言之當位中正指五又坎爲通說以行險程說是也【附録】說則欲進而有險在前進去不得故有節止之義又曰節便是阻節之意坎爲通水在中閒流而不止也【纂註】程子曰人於所說則不知已遇艱險則思止方說而止爲節之義當位以節五居尊位主節者也處得中正節而能通也中正則通過則苦矣又曰以剛中正爲節如懲忿窒慾損過抑有餘是也不正之節如嗇節於用懦節於行是也

天地節而四時成節以制度不傷財不害民極言節道【附録】天地節而四時成天地轉來到這裏相節了更沒去處今年冬盡了明年又是春夏秋冬到這裏厮匝了更去不得這箇拆做兩截兩截又拆做四截便是春夏秋冬他是自然之節初無人使他聖人則因其自然之節而節之如脩道之謂教天秩有禮之類皆是天地則和這箇都无只是自然如此聖人法天做這許多節指出來淵

中孚柔在內而剛得中說而巽孚乃化邦也以卦體卦德釋卦名義【附録】柔在內而剛得中這箇是就全體看則中虛就二體看則中實他都見得有孚信之意故喚作中孚伊川此二句却說得好

豚魚吉信及豚魚也利涉大川乘木舟虛也以卦象言【纂註】吳氏曰先儒以豚魚爲二物實一物耳蓋兊澤巽風豚魚生於澤而主風古云江豚魚出而風今江湖行舟之人見江豚作則知風之至天下之物皆有自然之信凡天機之

觸天籟之鳴非物能然也皆天理之眞天道之妙流行貫通在物有不能違耳**中孚以利貞乃應乎天也**信而正則應乎天矣

小過小者過而亨也以卦體釋卦名義與其辭**過以利貞與時行也柔得中是以小事吉也**以二五言**剛失位而不中是以不可大事也**以三四言**有飛鳥之象焉飛鳥遺之音不宜上宜下大吉上逆而下順也**以卦體言【附錄】行過恭用過儉皆是宜下之意煇【纂註】蔡氏曰卦體有飛鳥之象中二爻象身上四爻象翼上逆而下順陰之道也

旣濟亨小者亨也濟下疑脫小字**利貞剛柔正而位當也**以卦體言**初吉柔得中也**指六二**終止則亂其道窮也**【纂註】程子曰天下之事不進則退无一定之理濟之終不濟而止矣无常止也衰亂至矣葢其道已窮極也九五之才非不善也時極道窮理當必變也聖人至此奈何曰唯聖人爲能通其變於未窮不使至於極也堯舜是也故有終而无亂丘行可曰人之常情處无事則止心生止則心有所怠而不復進此亂之所從起處多事則戒心生戒則心有

王仪公

所畏而不敢肆此治之所由兆治亂者天也所以制其治亂者人也彖曰終亂而傳曰終止則亂止則亂矣不止亂安從生玩止一辭則知夫子有功於賛易也

未濟亨柔得中也 指六五言 附録 問未濟所以亨者便是有濟之理而柔得中又有亨之道曰然學履

小狐汔濟未出中也濡其尾无攸利不續終也 附録 汔字訓幾與井卦同既曰幾便是未濟未出中不獨是説九二通一卦之體皆是未出乎坎險所以未濟學履不續終也是首濟而尾濡不能濟不相接續去故曰不續終也狐尾大濡其尾則濟不得矣

雖不當位剛柔應也 纂註 馮氏曰六爻雖不當位而剛柔皆應苟能協力以濟亦可致亨未濟者終濟矣

周易彖下傳第二

後學 成德 校訂

大四四小二百廿三

[illegible]

十

王仪公

周易象上傳第三

朱子本義

新安後學胡一桂附錄纂註

象者卦之上下兩象及兩象之六爻周公所繫之辭也

附錄 易象說 易之有象其取之有所從其推之有所用非苟爲寓言也然兩漢諸儒必欲究其所從則既滯泥而不通王弼以來直欲推其所用則又踈略而無據二者皆失之一偏而不能闕其所疑之過也且以一端論之乾之爲馬坤之爲牛說卦有明文矣馬之爲健牛之爲順在物有常理矣至於案文索卦若屯之有馬而無乾離之有牛而無坤乾之六龍則或疑於震坤之牝馬則當反爲乾是皆有不可曉者是以漢儒求之說卦而不得則遂相與創爲互體變體五行納甲飛伏之法參互以求而幸其偶合其說雖詳然其不可通者終不可通其可通者又皆傅會穿鑿而非有自然之勢唯其一二之適然而無待於巧說者爲若可信然上無所關於義理之本原下無所資於人事之訓戒則又何必苦心極力以求於此而欲必得之哉故王弼曰義苟應健何必乾乃爲馬爻苟合順何必坤乃爲牛而程子亦曰理無形也故假象以顯義此其所以破先儒膠固支離之失而開後學玩辭玩占之方則至矣然觀其意又似直以易之取象無復有所自來但如詩之比興孟子之譬喻而已如是則說卦之作爲無所與於易而近取諸身遠取諸物者亦剩語矣故疑

其說亦若有未盡者因切論之以爲易之取象固必有所自來而其爲說已具於太卜之官顧今不可復考則姑闕之而直據辭中之象以求象中之意使冒以爲訓戒而決吉凶如王氏程子與吾本義之云者其亦足矣固不必深求其象之所自來然亦不可直謂假設而遽欲忘之也○看易若靠定象看便滋味長若只懸空看也没甚意思煇王弼伊川於象底意思不可見却只就他那象上推求道理淵○愚嘗謂數聖人取象各有不同故說卦言象求之於經不盡合蓋夫子所自取之象惟多不必盡同於先聖也朱子嘗曰伏羲自是伏羲易文王周公自是文王周公易夫子自是夫子易以此求之得其要矣詳見易象圖說

天行健君子以自彊不息

天乾卦之象也凡重卦皆取重義此獨不然者天一而已但言天行則見其一日一周而明日又一周若重復之象非至健不能也君子法之不以人欲害其天德之剛則自彊而不息矣

附錄

乾卦有兩乾是兩天也昨日行一天也今日行又一天也其實一天而行健不已此所以爲天行健也人傑胡安定說得好曰天者乾之形乾者天之用天形蒼然南極入地下三十六度北極出地上三十六度狀如倚杵其用則一晝一夜行九十餘萬天之行健可知故君子法之以自彊不息云淵因言天之氣運轉不息故閣得地在中間如弄椀珠底只運動不住故在空中不墜少有息則墜矣銖君子以自彊不息非是說去趕逐他學他如此不息只是常存得此心則天理常行而周流不息矣煇天行健以氣言之則一晝一夜周乎三百六十五度而又過一度以理言之則於穆不已無間容息豈不是至健僴○愚謂六十四卦大象皆著一以字以者所

以體易而用之也即一以字示萬世學者用易之方不可不察也

潛龍勿用陽在下也陽謂九下謂潛

見龍在田德施普也

附録 如日方升雖未中天而其光已無所不被矣銖

終日乾乾反復道也反復重複踐行之意

纂註 徐氏曰反復往來必由乎道動循天理雖危而安也三位在二體之中可進而上可退而下故言反復

或躍在淵進无咎也可以進而不必進也

纂註 徂徠石氏曰爻辭但云或躍无咎夫子必謂須進乃加進字以斷其疑以進爲无咎不進則有咎矣以進釋躍字

飛龍在天大人造也造猶作也

亢龍有悔盈不可久也

纂註 丘行可曰盈謂陽極釋亢字不可久謂陰生釋有悔字

用九天德不可爲首也言陽剛不可爲物先故六陽皆變而吉〇天行以下先儒謂之大象潛龍以下先儒謂之小象後放此

附録 乾爲萬物之始故天下之物無不資之以始但其六爻有時而皆變故有羣龍无首之象而君子體之則當謙恭卑順不敢爲天下先耳非謂可天德而不可爲首若曰乾不爲首則萬物何所資始而又誰爲之首乎

纂註 徐氏曰六爻皆用九則乾變之坤九者剛健之極天之德也天德不可爲首指卦變言即坤无首之義非謂乾剛有所不足也善用九者物極必變剛而能柔不爲物先用坤道也

地勢坤君子以厚德載物地坤之象亦一而已故不言重而言其勢之順則見其高下相因之無窮至順

極厚而無所不載也【附錄】地之勢常有順底道理且如這箇平地面前便有坡陀處那突然起底也日順淵銖問地勢猶言高下相因之勢以其順且厚否曰高下相因只是順若厚又是一箇道理然惟其厚所以上下只管相因去只見得他順若是薄底物高下只管相因則傾陷了不能如此之無窮矣惟其高下相因無窮所以爲至順也君子體之惟至厚爲能載物也

履霜堅冰陰始凝也馴致其道至堅冰也案魏志作初六履霜今當從之馴順習也

六二之動直以方也不習无不利地道光也含章可貞以時發也或從王事知光大也【纂註】程子曰夫子懼人守文而不達義也又從而明之言義所當爲則以時而發非含藏終不爲也又曰象只舉上句解義則幷及下文或從王事而能無成有終者是其知之光大也唯其知之光大故能含晦淺暗之人有善唯恐人不知豈能含章也

括囊无咎愼不害也黃裳元吉文在中也文在中而見於外也

龍戰于野其道窮也用六永貞以大終也初陰後陽故曰大終【附錄】坤六爻皆陰其始本小到此陰皆變陽所謂以大終也言始小而終大文蔚

雲雷屯君子以經綸坎不言水而言雲者未通之意經綸治絲之事經引之綸理之也屯難之世君子有爲之時也

纂註 馮氏曰雲雷方作而未有雨有屯結之象君子觀象以治世之屯猶治絲者既經之又綸之所以解其結而使就條理也 ○ 愚謂坎在上爲雲未下而成雨故雲雷屯言陰陽之未通也

雖盤桓志行正也以貴下賤大得民也

纂註 程子曰陽居陰下貴下賤之象方屯之時陰柔不能自存有一陽剛之才衆所歸從更能自處卑下所以大得民也

六二之難乘剛也十年乃字反常也即鹿无虞以從禽也君子舍之往吝窮也

纂註 程子曰事不可而妄動以從欲也无虞而即鹿以從禽也當屯之時不可動而動猶无虞而即鹿以有從禽之心也君子則見幾而舍之不從若往則可吝而困窮矣

求而往明也屯其膏施未光也泣血漣如何可長也

山下出泉蒙君子以果行育德 泉水之始出者必行而有漸也

附錄 育德有山之象果行有水之象

纂註 徐氏曰蒙而未知所適也必體坎之剛中以決果其行而達之蒙而未有所害也必體艮之靜止以養育其德而成之

利用刑人以正法也 發蒙之初法不可不正懲戒所以正法也

子克家剛柔接也 指二五之應

纂註 程子曰二五剛柔之情相接故得行其剛中之道成發蒙之功苟非上下之情親二雖剛中安能尸其事乎

勿用取女行

不順也順當作愼蓋順愼古字通用荀子順墨作愼墨且行不愼於經意尤親切困蒙之吝獨遠實也實協韻去聲纂註徐氏曰剛實發蒙四獨遠之困於蒙者也故吝童蒙之吉順以巽也○愚謂順以爻柔言巽以巽志應二言利用禦寇上下順也禦寇以剛上下皆得其道附錄上九一陽而衆陰隨之如人皆順從於我故能禦寇須是自家屋裏人從我方能去理會外頭人若自家屋裏人不從時如何去禦得寇所以象曰上下順也煇

雲上於天需君子以飲食宴樂雲上於天無所復爲待其陰陽之和而自雨爾事之當需者亦不容更有所爲但飲食宴樂俟其自至而巳一有所爲則非需也附錄問屯需二象皆陰陽未和洽成雨之象然屯言經綸而需言飲食宴樂何也曰需是緩意在他無所致力只得飲食宴樂屯是物之始生象草木出地之狀其初出時欲破地面而出不無齟齬艱難故當爲經綸其義不同時舉纂註程子曰君子觀象懷其道義安以待時飲食以養其氣體宴樂以和其心志所謂居易以俟命也○愚謂飲食坎象宴樂樂天也乾象

需于郊不犯難行也利用恒无咎未失常也需于沙衍在中也雖小有言以吉終也衍寬意以寬居中不急進也需于泥災在外也自我致寇敬愼不敗也外謂外卦敬愼不敗發明占外之占聖人示人之意切矣附錄銖問占外

之占何也曰象中本無此意占者不可無此意所謂占外意也銖孔子雖說推明義理這般所在又變例推明占筮之意需于泥災在外占得此象雖若不吉然能敬慎則不敗又能忍以需待處之得其道所以不凶【纂註】丘行可曰寇坎也三既迫坎則害已切己故曰致寇至夫坎險在外未嘗迫人由人急於求進自迫於險以致禍敗象以自我釋之明致災之由不在他人也然於此能以敬慎自處則亦不至於敗也

需于血順以聽也【纂註】丘行可曰需之三四乾坎之會也三恃健冒險而進四據險以待乾之來聖人於三之象以敬告之能敬則不犯坎矣於四之象以順告之能順則不忤乾矣二者交盡其道此處需之要也

酒食貞吉以中正也不速之客來敬之終吉雖不當位未大失也以陰居上是爲當位言不當位未詳【附錄】凡初上二爻皆無位二士三卿大夫四大臣五君位上六之不當位如父母老不任家事而退閒僧家之有西堂之類銖【纂註】蔡氏曰敬故未大失

天與水違行訟君子以作事謀始天上水下其行相違作事謀始訟端絕矣**不永所事訟不可長也雖小有言其辨明也不克訟歸逋竄也自下訟上患至掇也**掇自取也【纂註】程子曰自下而訟其上義乖勢屈禍患之至猶掇拾而取之言易得也

食舊德從上吉也從上吉謂隨人則吉明自主事則無成功也復即命渝安貞不失也訟元吉以中正也中則聽不偏正則斷合理以訟受服亦不足敬也

地中有水師君子以容民畜衆水不外於地兵不外於民故能養民則可以得衆矣纂註劉壽翁曰古者兵農合一居則爲比閭族黨之民役則爲伍兩軍旅之衆此衆即此民也故曰水不外於地兵不外於民君子觀象容之畜之於無事之時用之於有事之日故曰能養民則可以得衆矣

師出以律失律凶也在師中吉承天寵也王三錫命懷萬邦也纂註程子曰在師中吉者以其承天之寵任也天謂王也人臣非君寵任之則安得專征之權而有成功之吉象以二專主其事故發此義王三錫以恩命褒其成功所以懷萬邦也

師或輿尸大无功也左次无咎未失常也知難而退師之常也長子帥師以中行也弟子輿尸使不當也大君有命以正功也小人勿用必亂邦也聖人之戒深矣

地上有水比先王以建萬國親諸侯地上有水水比於地不容有間建國親侯亦先

王所以比於天下而無間者也彖意人來比我此取我往比人【附錄】伊川言建萬國以比民言民不可盡得而比故建諸侯使比民而天子所親者諸侯而已這便是他比天下之道淵【纂註】程子曰親比而無間者莫如水在地上所以爲比也先王觀比之象以建萬國親諸侯建立萬國所以比民親撫諸侯所以比天下也

比之初六有他吉也比之自內不自失也得正則不自失矣【纂註】程子曰守己中正之道以待上之求乃不自失也

比之匪人不亦傷乎【纂註】徐氏曰三居不正之位而應上比之匪人也上比无首而凶已乃應之亦可傷矣馬援勸隗囂專意東方而隗囂降蜀至於殺身亡宗爲天下笑者非大可傷乎

外比於賢以從上也顯比之吉位正中也舍逆取順失前禽也邑人不誡上使中也由上之德使不偏也

比之无首无所終也以上下之象言之則爲无首以始終之象言之則爲无終无首則无終矣

風行天上小畜君子以懿文德風有氣而無質能畜而不能久故爲小畜之象懿文德言未能厚積而遠施也

復自道其義吉也牽復在中亦不自失也亦者承上爻義

夫妻反目不能正室也程子曰說輻反目三自爲也【纂註】程子曰陰制於陽者也今反制陽如夫妻之反

目也反目謂怒目相視不順其夫而反制之也婦人爲夫寵惑既而遂反制其夫未有夫不失道而妻能制之也故說輻反目三自爲也三自處不以道故四得制之不使進猶夫不能正室家故致反目也

有孚惕出上合志也有孚攣如不獨富也既雨既處德積載也君子征凶有所疑也【纂註】疑均敵也柔畜既盛必敵剛也蔡氏

上天下澤履君子以辯上下定民志程傳備矣【纂註】程子曰天在上澤居下上下之正理也人之所履當如是故取其象而爲履君子觀履之象以辯別上下之分以定其民志夫上下之分明而後民志有定民志定然後可以言治民志不定天下不可得而治也古之時公卿大夫而下位各稱其德終身居之得其分也位未稱德則君舉而進之士修其學學至而君求之皆非有預於已也農工商賈勤其事而所享有限故皆有定志而天下之心可一後世自庶士至於公卿日至於尊榮農工商賈日至於富侈億兆之心交騖於利天下紛然如之何其可一也欲其不亂難矣此由上下無定志也君子觀履之象而辯上下使各當其分以定民之心志也

素履之往獨行願也【纂註】程子曰安履其素而往者非苟利也獨行其志願耳若欲貴之心與行道之心交戰於中豈能安履其素也

幽人貞吉中不自亂也【纂註】徐氏曰上無應與而獨善其身日用常行坦然平易不爲艱難阻絶之行自守以正而外物不亂所

以吉也眇能視不足以有明也跛能履不足以與行也咥人之凶位不當也武人爲于大君志剛也愬愬終吉志行也史履貞厲位正當也傷於所恃元吉在上大有慶也若得元吉則大有福慶也

天地交泰后以財成天地之道輔相天地之宜以左右民財成以制其過輔相以補其不及

附錄 問聖人財成輔相之功當無時而不然何獨於泰卦言之曰天地交泰萬物各遂其理聖人自此方能致用若天地閉塞萬物不生聖人亦無所施其巧輝財成猶裁截成就之也輔相只於財成處以補其不及而已財成眼前皆可見且如君臣父子兄弟夫婦聖人爲制下許多禮數倫序只此便是財成處至大至小之事皆是固是萬物本有此道理若非聖人財成亦不能得如此齊整此皆天地之所不能爲而聖人能之所以贊天地之化育而功與天地參也又問繼天立極曰天只生得許多人物與許多道理然天却自做不得所以必得聖人爲之修道立教以敎化百姓所謂財成天地之道輔相天地之宜是也蓋天做不得底須聖人爲他做也又問輔相財成學者日用處有否曰飢食渴飲冬裘夏葛耒耜罔罟皆是個財成是裁做段子底輔相是佐助他底天地之化儱侗相續下來聖人便裁作段子如氣化一年一周聖人與他截做春夏秋冬四時淵問乾健坤順如何

得有過不及之差曰乾坤者一氣運於無心不能無過不及之差聖人有心以爲之主故無過不及之失所以天地之功必有待於聖人長孺【纂註】蔡氏曰天地之道謂日月寒暑之往來東西南北之經緯天地之宜謂春生秋殺高黍下稻於道則制裁其節於宜贊助之而已又曰天地之道以氣形全體言天地之宜以時勢所適言財成者因其全體而裁制其節使不過輔相者隨其所宜而贊助其所不及如氣化流行籠統相續聖人則爲之裁制以分春夏秋冬之節地形廣邈經緯交錯聖人則爲之裁制其東西南北之限此財成天地之道也春生秋殺此時運之自然高黍下稻此地勢之所宜也聖人則輔相之使當春而耕當秋而斂高者種黍下者種稻此輔相天地之宜也

拔茅征吉志在外也【纂註】蔡氏曰在外謂應陰也陰爲民君子在内則恩澤及乎民也

包荒得尚于中行以光大也无平不陂天地際也【纂註】徐氏曰乾坤相遇之際泰否反復之機實在於此可不戒哉

翩翩不富皆失實也不戒以孚中心願也陰本居下在上爲失實

以祉元吉中以行願也【纂註】徐氏曰中以行願居中應二行其志願非勉強也

城復于隍其命亂也命亂故復否告命所以治之也

天地不交否君子以儉德辟難不可榮以祿收斂其德不形於外以辟

小人之難人不得以祿位榮之【纂註】蔡氏曰天地不交二氣鬱塞否之象也順陽消之象而晦處窮約也

拔茅貞吉志在君也小人而變爲君子則能以愛君爲念而不計其私矣

大人否亨不亂羣也言不亂於小人之羣

包羞位不當也【纂註】程子曰陰柔居否不中不正所爲可羞者處不當故也處不當位所爲不以道也

有命无咎志行也大人之吉位正當也【纂註】程子曰有大人之德而得至尊之正位故能休天下之否是以吉也無其位則雖有其道將何爲乎故聖人之位謂之大寶

否終則傾何可長也【纂註】程子曰豈有長否之理極而必反理之常也

天與火同人君子以類族辯物天在上而火炎上其性同也類族辯物所以審異而致同也

【附錄】類族如青底做一類白底做一類恁地類了同底自同異底自異淵類族是就人上說辯物是就物上說天下有不可以皆同之理故隨他地頭去分別類族如分姓氏張姓作一類李姓作一類辯物如牛是一類馬是一類就其異處以致其同此其所以爲同學蒙【纂註】馮氏曰類族是如天之兼覆辯物是如火之燭照

出門同人又誰咎也【纂註】程子曰出門同人所同者廣無所偏私人之同也有厚薄親踈之異過咎所由生既無偏黨誰其咎之

同人于宗吝道也伏戎于莽敵剛也

大一百七十六小六百八十六

三歲不興安行也言不能行纂註蔡氏曰敵謂五安何也安往而不得貧賤之安乘其墉義弗克也其吉則困而反則也乘其墉矣則非其力之不足也特以義之弗克而不攻耳能以義斷困而反於法則故吉也同人之先以中直也大師相遇言相克也直謂理直同人于郊志未得也纂註蔡氏曰未及乎野未盡乎大同之道故曰志未得也

火在天上大有君子以遏惡揚善順天休命火在天上所照者廣為大有之象所有既大無以治之則釁孽萌於其閒矣天命有善而無惡故遏惡揚善所以順天反之於身亦若是而巳矣附錄天道喜善而惡惡遏惡而揚善非順天休命而何蓋鄉堯舜之治既舉元凱必放共兜此易所謂遏惡揚善順天休命者也蓋善者天理之本然惡者人欲之邪妄是以天之為道既福善禍淫又以賞罰之權寄之司牧使之有補助其禍福之所不及戊申封事纂註蔡氏曰遏惡揚善離象順天休命乾象

大有初九无交害也大車以載積中不敗也公用亨于天子小人害也纂註程子曰民衆財豐反擅其富彊益為不順是小人大有則為害又大有為小人之害匪其彭无咎明辯晢也晢明貌纂註蔡氏曰居離明之始故能辯其理之必至厥孚交如信以發

志也一人之信足以發上下之志也威如之吉易而无備也太柔則人將易之而无畏備之心

大有上吉自天祐也

地中有山謙君子以裒多益寡稱物平施以卑蘊高謙之象也裒多益寡所以稱物之宜而平其施損高增卑以趨於平亦謙之意也【附錄】問謙是損高就低使教恰好曰大抵人多見得在己者高在人者卑謙則抑己之高而卑以下人便是平也學蒙臣伏見近年百事多務含容曲直是非兩無所問似聞聖意謂如此處置方得均平然臣切有疑焉易象曰稱物平施蓋古之欲為平者必稱其物之大小高下而為其施之多寡厚薄然後乃得其平若不問其是非曲直而待之如一則是善者常不得伸而惡者反幸而免以此為平是乃所以為大不平也戊申封事

謙謙君子卑以自牧也【纂註】程子曰自牧自處也詩云自牧歸荑蔡氏曰牧養也

鳴謙貞吉中心得也

勞謙君子萬民服也【纂註】蔡氏曰萬民衆柔義

无不利撝謙不違則也言不為過

利用侵伐征不服也【纂註】蔡氏曰不服謂四

鳴謙志未得也可用行師征邑國也陰柔无位才力不足故其志未得而至於行師然亦適足以治其私邑而已【纂註】丘行可曰二與上皆曰鳴謙以有感乎三也然柔近剛則先得乎剛二比三近也故中心得上應三遠也故志未得

雷出地奮豫先王以作樂崇德殷薦之上帝以配祖
考雷出地奮和之至也先王作樂既象其聲又取其義殷盛也【附錄】象其聲者謂雷取其義者謂和崇德謂著其德作樂所以發揚其德時舉
先王作樂其功德便自不可掩砥問崇德如大韶大武之類否曰是先王作樂無處不用如宴饗飲食之時無不用此特言其大者爾學蒙【纂註】程子
曰雷者陽氣奮發陰氣相薄而成聲陽始潛閉地中及其動則出地奮震也始閉鬱及奮發則通達和豫故為豫也坤順震動和順積中而發於聲樂之象也
潘氏曰樂之為用朝覲聘饗祭祀各有所主惟郊祀上帝則大合古今衆樂而奏之大司樂圜丘之奏樂極九變是也故曰殷薦之上帝以配祖考郊祀后稷
以配天配以祖也宗祀文王於明堂以配上帝配以考也初六鳴豫志窮凶也窮謂滿極不終日貞
吉以中正也盱豫有悔位不當也由豫大有得志大
行也六五貞疾乘剛也恒不死中未亡也冥豫在上
何可長也

澤中有雷隨君子以嚮晦入宴息雷藏澤中隨時休息【纂註】馮氏曰雷發聲於震
之春收聲於兌之秋由震而兌雷藏澤中與時休息為隨時之象日出於東方之震而入於西方之兌由震而兌自明嚮晦出於明者至晦而入也勞者宴作

者息矣所以用隨也天地之隨爲晝夜爲寒暑爲古今君子之隨爲動息爲語默爲行藏一晝一夜之頃而動息隨之況於消息盈虛之大者乎黄宗台曰卦爻取隨時而動大象取隨時而息

官有渝從正吉也出門交有功不失也係小子弗兼與也

纂註 程子曰人之所隨得正則遠邪從非則失是無兩從之理二苟係初則失正矣弗能兼與也故以戒人從正當專一也

係丈夫志舍下也隨有獲其義凶也有孚在道明功也孚于嘉吉位正中也拘係之上窮也窮極也

山下有風蠱君子以振民育德山下有風物壞而有事矣而事莫大於二者乃治己治人之道也

附録 當蠱之時必有以振起聳動民之觀聽而在己進德不已必須有此二者則可以治蠱矣振民有風之象育德有山之象

纂註 徐氏曰山下有風風薄山而迴物○愚謂育德山象如皆散亂蠱之象也山之養成材力也

幹父之蠱意承考也

纂註 鄭氏曰子改父道始雖勞而終則吉蓋其事若不順而其意則在於承其父也

幹母之蠱得中道也幹父之蠱終无咎也裕父之蠱往未得也幹父用裕承以德也不事王侯志可則也

澤上有地臨君子以教思无窮容保民无疆地臨於澤上臨下也二者皆臨下之事教之无窮者兑也容之无疆者坤也【纂註】蔡氏曰教思无窮澤潤地之象也容保民无疆地容澤之象也咸臨貞吉志行正也咸臨吉无不利未順命也未詳【纂註】蔡氏曰命君命謂五也徐氏曰二剛咸臨有進逼陵躐之勢五柔二剛有君弱臣強之疑以此相臨豈能遽合自二言之其初未順命也然五以柔中用二二以剛中應五豈終不順哉聖人以未順命釋之欲人知以道事君而不苟於從上也甘臨位不當也既憂之咎不長也至臨无咎位當也大君之宜行中之謂也敦臨之吉志在内也

風行地上觀先王以省方觀民設教省方以觀民設教以爲觀【纂註】程子曰風行地上周及庶物爲由歷周覽之象故先王體之爲省方之禮以觀民俗而設政教也設教者如奢則約之以儉儉則示之以禮是也省方觀民也設教爲民觀也初六童觀小人道也闚觀女貞亦可醜也在丈夫則爲醜也觀我生進退未失道也觀國之光尚賓也觀我生觀民

也此夫子以義言之明人君觀已所行不但一身之得失又當觀民德之善否以自省察也觀其生志未平也志未平言雖不得位未可忘戒懼也

雷電噬嗑先王以明罰勑法雷電當作電雷

【附錄】【通論豐象】噬嗑明在上動在下是明得事理先立這法在此未有犯底人留待異時之用故云明罰勑法豐威在上明在下是用這法時須用明見下情曲折方得不然威動於上必有過錯也故折獄致刑此是伊川意其說極好道夫

【纂註】程子曰象无倒置者疑此文互也雷電相須並見之物亦有嗑象電明而雷威先王觀電雷之象法其明與威以明其刑罰勑其法令法者明事理而為之防者也蔡氏曰明罰離象勑法震象徐氏曰明罰者所以示民而使之知所避勑法者所以防民而使之知所畏此先王忠厚之意也未至折獄致刑處故與豐象異然罰之當避人猶有冒罰而為之法之可畏人猶有犯法而不顧者先王不得已而後用刑也

屨校滅趾不行也滅趾又有不進於惡之象噬膚滅鼻乘剛也遇毒位不當也利艱貞吉未光也貞厲无咎得當也何校滅耳聰不明也滅耳蓋罪其聽之不聰也若能審聽而早圖之則無此凶矣

山下有火賁君子以明庶政无敢折獄山下有火明不及遠明庶政事之小者折

獄事之大者内離明而外艮止故取象如此【附錄】明庶政是就離上説无敢折獄是就艮上説政是事之小者可以用明獄是大事一折便了明在内不能及他故止而不敢折也學蒙【通論】旅卦象賁内明外止雖然内明是箇止殺底明所以不敢用其明以折獄與山上有火旅君子以明謹用刑而不留獄相似而相反賁内明外止旅外明内止其象不同如此僩問苟明見其情罪之是非亦何難於折獄曰是他自有箇象如此遇著此象底便用如此然獄亦自有出三八棒便了底亦有須待囚訊鞫勘録問結證而後了底書曰要囚服念五六日至于旬時丕蔽要囚周禮秋官亦有此數語便是有合如此者若獄未具而決之是所謂敢決獄也若獄已具而留之不決是所謂留獄也不留獄者謂訊囚結證已畢而即決之也僩止在外明在内故明政而不敢折獄止在内明在外故明慎用刑而不留獄又曰如今州郡治獄禁勘審覆自有許多節次過乎此而不決便是留獄不及乎此而決便是敢於折獄【纂註】蔡氏曰有山之材而照之以火則光彩外著賁之象也明庶政離明象政者治之具所當文飾也无敢折獄艮止象折獄貴乎情實賁則文飾而没其情矣

舍車而徒義弗乘也君子之取舍決於義而已【纂註】蔡氏曰處卦最下亦理無可乘之者故曰義弗乘也

賁其須與上興也永貞之吉終莫之陵也【纂註】蔡氏曰陵侮也三能永貞則二柔雖比已而端如然終莫之陵侮而不全陷溺也

六四當位疑也匪寇婚媾終无尤也當位疑謂所當之位可疑也終无尤謂若守正而不與亦无他患也

六五之吉有喜也白賁无咎上

得志也【附錄】問何謂得志曰居卦之上在事之外不假文飾而有自然之文便是優游自得也銖

山附於地剥上以厚下安宅【附錄】厚下者乃所以安宅如山附於地惟其地厚所以山安其居而不摇人君厚下以得民則位亦安而不摇猶所謂本固邦寧也僩【纂註】蔡氏曰厚下坤象安宅艮象劉壽翁曰厚下安宅此言治剥之道○愚謂剥者崩頹之義五陰自下而上剥一陽將見艮剥爲坤則山剥爲地矣山附於地未可言剥然以五陰剥一陽言之則有山崩爲地之勢故名之曰剥爲人上者觀象而知所以厚下安宅則又善於用剥者也

剥牀以足以滅下也剥牀以辨未有與也言未大盛【纂註】程子曰陰之剥陽得以益盛者以陽不有與故也小人剥君子若君子有與則可以勝小人不能爲害矣言未有與剥之未盛有與猶可勝也示人之意深矣丘行可曰與應也凡陰陽相應則爲有與困九四應六五言有與是也陰陽不應則爲無與井九二不應九五言無與是也咸六爻皆應則謂感應以相與艮六爻皆不應則謂之敵應不相與剥之未有與者是言當剥之時在上未有陽以應陰無以止陰之進也大凡小人爲害使其間有一君子與之爲應以遏止之則其心猶有所顧忌而不敢肆使雖爲惡未至如是之甚也惟其未有與此剥道所以進長而不可救也聖人於此不謂之無與而謂之未有與蓋不忍陰邪之害正而猶冀有人以止之也其意深矣亦通

剥之无咎失上下也上下謂四陰剥牀以膚切近災也以宮人寵終无尤也君子得

輿民所載也小人剝廬終不可用也

雷在地中復先王以至日閉關商旅不行后不省方安靜以養微陽也月令是月齊戒掩身以待陰陽之所定【附錄】至日閉關正是於巳動之後要以安靜養之蓋一陽初復陽氣甚微勞動他不得故當安靜以養微陽如人善端初萌正欲靜以養之方能盛大銖古人所以四十強而仕者前面許多年亦且養其善端若一下便出來與事物衮了豈不壞事賀孫

不遠之復以修身也【附錄】易傳惟其知不善則速改以從善這般說語好簡當文蔚休復之吉以下仁也【纂註】徐氏曰仁謂初剛剛復於下在人則惻隱之心仁之端也初不遠復二從初而復故曰以下仁也頻復之厲義无咎也中行獨復以從道也敦復无悔中以自考也考成也【纂註】程子曰五處中而體順能敦篤其志以中道自成可以无咎自成謂成其中順之德迷復之凶反君道也【纂註】劉壽翁曰動靜天道之復也善惡人道之復也故彖象言動靜之復六爻皆言善惡之復復者剛之反也自五及初皆以從剛爲復五之自考不如四之從道四之從道不如二之下仁二之下仁不如初之修身三頻復雖危猶知復也上迷復反道則不知復矣徐氏曰上六位高而無下仁之美剛遠而失遷善之機厚極而有難開之蔽柔終而無改過之勇是昬迷而不知復者也

天下雷行物與无妄先王以茂對時育萬物天下雷行震動發生萬物各正其性命是物物而與之以无妄也先王法此以對時育物因其所性而不爲私焉无妄之往得志也不耕穫未富也富如非富天下之富言非計其利而爲之也行人得牛邑人災也可貞无咎固有之也有猶守也无妄之藥不可試也既已无妄而復藥之則反爲妄而生疾矣試謂少嘗之也无妄之行窮之災也

天在山中大畜君子以多識前言往行以畜其德天在山中不必實有其事但以其象言之耳【附錄】書雖是古人書今日讀之所以畜自家之德道夫 通論小畜象艮山是堅剛之物故能力畜三陽巽是柔軟之物止能小畜之而已時舉大畜多識前言往行以畜其德小畜只做得這些文德如威儀文辭之類淵【纂註】程子曰天至大而在山之中所畜至大之象君子觀象以大其蘊畜人之蘊畜由學而大在多聞前古聖賢之言與行考跡以觀其用察言以求其心識而得之以成其德大畜之義也有厲利已不犯災也輿說輹中无尤也利有攸往上合志也六四元吉有喜也六五之吉有慶也何天之衢道

大行也

山下有雷頤君子以慎言語節飲食二者養德養身之切務【附録】或云諺有禍從口出病從口入甚好曰前輩曾用以解慎言語節飲食廣【纂註】程子曰慎言語以養其德節飲食以養其體蔡氏曰慎節主靜艮象言語飲食主動震象

觀我朶頤亦不足貴也六二征凶行失類也初上皆非其類也

十年勿用道大悖也顛頤之吉上施光也居貞之吉

順以從上也由頤厲吉大有慶也

澤滅木大過君子以獨立不懼遯世无悶澤滅於木大過之象也不懼无悶大過之行也【附録】澤在上木在下澤水高漲浸沒了木是爲大過木雖爲水浸而未嘗動故君子觀之而獨立不懼遯世无悶也砥【纂註】蔡氏曰獨立不懼巽木象遯世无悶兊說象

藉用白茅柔在下也老夫女妻過以相與也棟橈之凶不可以有輔也棟隆之吉不橈乎下也枯楊生華何可久也老婦士夫亦可醜也過涉之

凶不可咎也【附錄】不可咎是他做得是了不可咎他砥

水洊至習坎君子以常德行習教事治己治人皆必重習然後熟而安之【纂註】蔡氏曰常德行坎剛中象習教事重坎象

習坎入坎失道凶也求小得未出中也

來之坎坎中无功也樽酒簋貳剛柔際也陸氏釋文本无貳字今從之

坎不盈中未大也有中德而未大【附錄】水之爲物其在坎只能平自不能盈故曰不盈盈高之義中未大者平則是得中不盈是未大也砥

上六失道凶三歲也

明兩作離大人以繼明照于四方作起也【附錄】明兩作猶言水洊至今日明來日又明若說兩明却是兩箇日頭淵明便是指日而言砥

履錯之敬以辟咎也

黄離元吉得中道也

日昃之離何可久也

突如其來如无所容也无所容言焚死棄也

六五之吉離王公也

王用出征以正邦也

周易象上傳第三

後學成德挍訂

清通志堂本周易本義

第二册

元 胡一桂撰

山東省圖書館藏清康熙間刻《通志堂經解》本

山東人民出版社·濟南

周易象下傳第四

朱子本義

新安後學胡一桂附録纂註

山上有澤咸君子以虛受人山上有澤以虛而通也附録上兊下艮兊上闕有澤口之象兊下二陽畫有澤底之象艮上一畫陽有土之象下二陰畫中虛便是滲水之象砥纂註程子曰澤性潤下土性受潤澤在山上而漸潤通徹是二物之氣相感通也君子觀山澤通氣之象而虛其中以受於人夫人中虛則能受實則不能入矣虛中者無我也中無私主則無感不通以量而容之擇交而受之此聖人有感必通之道也

咸其拇志在外也纂註蔡氏曰外謂四也

雖凶居吉順不害也纂註程子曰二居中正其才本善以其在咸之時質柔上應故戒以先動求君則凶居以自守則吉象復明之云非戒之不得相感唯順理則不害謂守道不先動也

咸其股亦不處也志在隨人所執下也言亦者因前二爻皆欲動而云也二爻陰躁其動也宜九三陽剛居止之極宜靜而動可吝之甚也纂註徐氏曰世之君子位居人上所守不正感不以道而反徇夫褻御臣僕在下者之私情至於多行可愧者皆執其隨者也

貞吉悔亡未感害也憧憧往來

未光大也感害言不正而感則有害也咸其脢志末也志末謂不能感物咸其輔頰舌滕口說也滕騰通用【纂註】程子曰唯至誠爲能感人乃以柔說騰揚於口舌言說豈能感於人乎

雷風恒君子以立不易方【纂註】丘行可曰巽入也而在內震出也而在外二物各居其位則謂之恒故君子體之而立不易方若雷入而從風風出而從雷二物易位而相從則謂之益矣故君子體之亦有遷改之義此恒益之所以不同也浚恒之凶始求深也九二悔亡能久中也不恒其德无所容也【纂註】程子曰不常之人无所容處其身也久非其位安得禽也婦人貞吉從一而終也夫子制義從婦凶也【纂註】徐氏曰以順爲正者妾婦之道婦人當一於從而守其終則吉若夫子則制義者也從婦之道則爲凶矣振恒在上大无功也

天下有山遯君子以遠小人不惡而嚴天體無窮山高有限遯之象也嚴者君子自守之常而小人自不能近【附錄】問遯字雖是逃隱大抵亦取遠去之意天上山下相去甚遼絕象云君子以遠小人則君子如天小人如山相絕之義須如此方得所以六爻在上而漸遠者愈善也曰恁地推得好學蒙【纂註】蔡氏曰遠小人艮象不惡而嚴乾象遯尾之厲

不往何災也執用黃牛固志也係遯之厲有疾憊也畜臣妾吉不可大事也君子好遯小人否也嘉遯貞吉以正志也肥遯无不利无所疑也

雷在天上大壯君子以非禮弗履自勝者強附錄雷在天上是甚生威嚴人之克己能如雷在天上則威嚴果決以去其惡而必於為善若半上落下則不濟事何以為君子須是如雷在天上方能克去非禮輝纂註程子曰古人云自勝之謂強赴湯火蹈白刃武夫之勇可能也至於克己復禮則非君子之大壯不可能也故曰君子以非禮勿履蔡氏曰禮者正大之文以天而動取二象言

壯于趾其孚窮也言必困窮纂註程子曰在最下而用壯以行可必信其窮困而凶也九二貞吉以中也小人用壯君子罔也小人以壯敗君子以罔困藩決不羸尚往也纂註蔡氏曰尚往者前无困沮可以上進也故曰尚往喪羊于易位不當也不能退不能遂不詳也艱則吉咎不長也纂註蔡氏曰詳審也不詳謂不審

明出地上晉君子以自昭明德昭明之也晉如摧如獨行正也

裕无咎未受命也初居下位未有官守之命〔纂註〕徐氏曰居无位之初以寬裕自處不汲汲於求進乃其宜也故无咎若已受命則是當事有官職苟一於裕則有曠廢之失能无咎乎受茲介福以中正也眾允之志上行也〔纂註〕程子曰上行下從大明之君眾志之所同也鼫鼠貞厲位不當也失得勿恤往有慶也維用伐邑道未光也

明入地中明夷君子以涖眾用晦而明〔附錄〕晦地象明日象晦則是不察察若晦而不明則晦得沒理會了故外晦而內必明乃好學蒙〔纂註〕蔡氏曰涖明離象眾晦坤象君子于行義不食也唯義所在不食可也六二之吉順以則也南狩之志乃大得也入于左腹獲心意也箕子之貞明不可息也初登于天照四國也照四國以位言後入于地失則也

風自火出家人君子以言有物而行有恆身修則家治矣〔附錄〕火中有風如一爐火光此氣自薰蒸上出是也此只是言自內及外之意燀〔纂註〕程子曰正家之本在正其身君子觀風自火出之象知事之由內而

出故所言必有物所行必有恒也物謂事實恒謂常度法則也德業之著於外由言行之謹於內也言謹行修則身正而家治矣 **閑有家志未變也** 志未變而預防之 纂註 程子曰閑之於家人志意未變之前是以悔亡志變而後治則所傷多矣乃有悔也 **六二之吉順以巽也家人嗃嗃未失也婦子嘻嘻失家節也富家大吉順在位也王假有家交相愛也** 程子曰夫愛其內助婦愛其刑家 **威如之吉反身之謂也** 謂非作威也反身自治則人畏服之矣

上火下澤睽君子以同而異 二卦合體而性不同

附錄 銖問君子以同而異曰此是取兩象合體爲同而其性各異在人則是和而不同之意蓋其趨則同而所以爲同則異如伯夷柳下惠伊尹三子所趨不同而其歸則一彖辭言睽則同大象言同而異在人則出處語默雖不同而同歸於理講論文字爲說不同而同於求合義理立朝論事所見不同而同於忠君本義所謂二卦合體者言同也而性不同者言異也以同而異語意與用晦而明似又問睽卦无正應而同德相應者何也曰无正應所以爲睽當睽之時當合者既離其離者却合也銖 君子有同處有異處如所謂周而不比羣而不黨是也大抵易中六十四象下句皆是就人事之近處說不必深去求他此處伊川說得甚好學蒙 纂註 程子曰君子觀睽異之象於大同之中而知所當異也夫聖賢之處世在人理之常莫不大同於世俗所同者則有時而獨異蓋於秉彝則同矣於世俗之失則異也不能大

同者亂常拂理之人也不能獨異者隨俗習非之人也要在同而能異耳見惡人以辟咎也遇主于巷未失道也本其正應非有邪也見輿曳位不當也无初有終遇剛也纂註程子曰有終者終必與上九遇合乃遇剛也不正而合未有久而不離者也合以正道自無終睽之理故賢者順理而安行知者知幾而固守交孚无咎志行也厥宗噬膚往有慶也遇雨之吉羣疑亡也

山上有水蹇君子以反身修德纂註程子曰君子之遇艱阻必反求諸己而益自修孟子曰行有不得者皆反求諸己故遇艱蹇必自省於身有失而致之乎是反身也有所未善則改之無歉於心則加勉乃自修其德也君子修德以俟時而已○愚謂反身即思不出位之義艮象修德即常德行之義坎象坎在艮下爲蒙而稱君子以果行育德坎在艮上爲蹇而稱君子以反身修德蓋反身如山不動而修德如水滋潤乎山之象也往蹇來譽宜待也王臣蹇蹇終无尤也事雖不濟亦無可尤往蹇來反內喜之也往蹇來連當位實也大蹇朋來以中節也往蹇來碩志在內也利見大人以

從貴也

雷雨作解君子以赦過宥罪〔纂註〕蔡氏曰赦宥解義過動震象罪陷坎象○愚謂坎在上爲雲在下爲雨方雲雷而爲屯則陰陽之未通今雷雨作解則陰陽之已通矣屯其爲難之始解其散屯之難者歟

剛柔之際義无咎也〔纂註〕蔡氏曰際謂交際柔居解初入坎尚淺而承剛應剛得剛柔交際之宜難必解者也故曰義无咎也

九二貞吉得中道也負且乘亦可醜也自我致戎又誰咎也

解而拇未當位也君子有解小人退也公用射隼以解悖也〔纂註〕蔡氏曰悖逆也解悖謂解三之悖逆而卒得其順也

山下有澤損君子以懲忿窒欲君子修身所當損者莫切於此〔附錄〕問懲忿窒欲忿怒易發難制故曰懲懲是戒於後欲之起則甚微漸漸到熾處故曰窒窒謂窒於初古人說情竇竇是罅隙須是窒其罅隙曰懲也不專是戒於後若是怒時也須去懲治他始得懲者懲於今而戒於後耳窒亦非是真有箇孔穴去塞了但遏絶之使不行耳又曰懲忿如救火窒欲如防水大雅問何以窒欲莫是欲心一萌當思禮義以勝之否曰然又曰觀山之象以懲忿觀澤之象以窒欲欲如汚澤然其中穢濁解汚染人須當填塞了廣問觀山之象以懲忿是如何曰

人怒時自是恁地突兀起來故孫權曰令人氣湧如山【纂註】蔡氏曰山下之澤潤上行而水漸減損之象也懲止也窒塞也忿則陵物欲則溺己二者皆所當損懲忿艮象窒欲兌象

已事遄往尚合志也尚上通

九二利貞中以為志也一人行三則疑也損其疾亦可喜也六五元吉自上祐也弗損益之大得志也

風雷益君子以見善則遷有過則改風雷之勢交相助益遷善改過益之大者而其相益亦猶是也【附錄】遷善當如風之速改過當如雷之猛祖道曰莫是才遷善便是改過否曰不然遷善字輕改過字重遷善如慘淡之物要使之白改過如黑之物要使之白用力自是不同遷善者但是見人做得一事強似我心有所未安即便遷之若改過須是大段勇猛始得祖道風是一箇急底物見人之善己將不及遷之如風之急雷是一箇勇決底物己有過便斷然改之如雷之勇決不容其些子遲緩

元吉无咎下不厚事也下本不當任厚事故不如是則不足以塞咎也【附錄】利用遷國一爻象只曰下不厚事也自此推之則凡居下者不當厚事如子之於父臣之於君僚屬之於官長皆不可以踰分越職縱可為亦須是盡善方能無過所以有元吉无咎之戒也謨

或益之自外來也或者眾無定主之辭

益用凶事固有之也益用凶事欲其困心衡慮而固有之也

告公從以

益志也有孚惠心勿問之矣惠我德大得志也莫益之偏辭也或擊之自外來也莫益之者猶從其求益之偏辭而言也若究而言之則又有擊之者矣

澤上於天夬君子以施祿及下居德則忌澤上於天潰決之勢也施祿及下潰決之意也居德則忌未詳○愚謂施祿及下乃在上者之常事遽以德自居非所宜也故忌

不勝而往咎也

有戎勿恤得中道也【纂註】蔡氏曰先事則當惕及事不可憂得中道也

君子夬夬終无咎也

其行次且位不當也聞言不信聰不明也

中行无咎中未光也程傳備矣【附錄】中未光也事雖正而意潛有所係吝如所謂流注不斷皆意不誠之本也錄【纂註】程子曰夫人心正意誠乃能極中正之道而充實光輝五心有所比以義之不可而決之雖行於外不失中正之義可以无咎然於中道則未得爲光大也蓋人心一有所欲則離道矣

无號之凶終不可長也

天下有風姤后以施命誥四方【纂註】蔡氏曰風行天下物無不遇姤之象也施乾象命巽象誥四方取風行天下之象

繫于金柅柔道牽也牽進也以其進故止之

包有魚義不

及賓也其行次且行未牽也无魚之凶遠民也民之去已猶己遠之【纂註】徐氏曰民謂初柔遠民謂去初遠也九五含章中正也有隕自天志不舍命也○愚謂命謂天命命即理也志不違於天理所以有自天之福姤其角上窮吝也

澤上於地萃君子以除戎器戒不虞除者修而聚之之謂【附錄】大凡物聚衆盛必有事故當豫爲之備如人少處必無爭纔人多少間便自有爭所以當豫爲之防也又澤本地中今却上於地上是水盛有潰決奔突之憂故其取象如此僩○愚謂除戎器澤容水象戒不虞地順象乃亂乃萃其志亂也引吉无咎終未變也往无咎上巽也【纂註】蔡氏曰從上二陽有巽體大吉无咎位不當也萃有位志未光也未光謂匪孚齎咨涕洟未安上也

地中生木升君子以順德積小以高大王肅本順作慎今按他書引此亦多作慎意尤明白蓋古字通用也說見上篇蒙卦【附錄】曾考究得樹木之生日日滋長若一日不長便將枯瘁便是生理不接學者之於學不可一日少懈大抵德須日日要進若一日不進便退便昏近來學者纔相踈便都休了其弊蓋以此必大【纂註】徐氏曰順德坤象積小高大巽木象允升大

吉上合志也九二之孚有喜也升虛邑无所疑也王用亨于岐山順事也以順而升登祭於山之象貞吉升階大得志也

纂註 蔡氏曰萃者澤聚於下故九五志未光升者木升於上故六五大得志

冥升在上消不富也

澤无水困君子以致命遂志水下漏則澤上枯故曰澤无水致命猶言授命言持以與人而不之有也能如是則雖困而亨矣

附錄 君子道窮之時但當委致其命以遂吾之志而已致命猶送這命與他不復爲吾之有雖委致其命而志則自遂無所回屈論語中致字都是委致之致事君能致其身與士見危致命見危授命皆是此意授亦致字之意言將這命授與之也倘困厄有重輕力量有小大若能一日十二辰檢點自己念慮動作都是合宜仰不愧俯不怍如此而不幸塡溝壑喪身隕命有不暇恤只得成就一箇是處如此則方寸之間全是天理雖遇大困厄有致命遂志而已亦不知有人之是非向背惟其是而已大雅○愚謂水在澤下則是澤漏而無水致命是兌澤涸象遂志是坎心亨象

入于幽谷幽不明也困于酒食中有慶也據于蒺藜乘剛也入于其宮不見其妻不祥也來徐徐志在下也雖不當位有與也劓刖志未得也乃徐有說以中直也

利用祭祀受福也困于葛藟未當也動悔有悔吉行也

木上有水井君子以勞民勸相木上有水津潤上行井之象也勞民者以君養民勸相者使民相養皆取井養之義附錄井象只取巽入之義不取木義淵僴問木上有水之義曰如草木之生津潤皆上行露水直至樹末此即木上有水之義雖至小之物亦然如石菖蒲每晨葉尾皆潮水珠雖藏之密室亦然非露水也又云上面露珠便是下面水上去大率裏面水氣上則外面底也上問井字之義與木上有水何與曰木上有水便如井中之水水本在井底却能汲上來供人食用故取象如此淵或謂木爲汲器則後面却有缾缾自是瓦器此不可曉

井泥不食下也舊井无禽時舍也言爲時所棄

井谷射鮒无與也

井渫不食行惻也求王明受福也行惻者行道之人皆以爲惻

井甃无咎修井也

寒泉之食中正也元吉在上大成也

澤中有火革君子以治歷明時四時之變革之大者附錄水能滅火則只是說陰盛陽衰火盛則克水水盛則克火此是澤中有火之象便有那四時改革底意思君子觀這象便去治歷明時淵澤中有火革是言陰陽相勝復故君子治歷明時高○愚謂以兌繼離是以秋繼夏有暑往寒來之象故君子體之以治歷明時

鞏用黃牛不可以有爲

也巳日革之行有嘉也革言三就又何之矣言巳審改命之吉信志也大人虎變其文炳也君子豹變其文蔚也小人革面順以從君也

木上有火鼎君子以正位凝命鼎重器也故有正位凝命之意凝猶至道不凝之凝傳所謂協于上下以承天休者也【附錄】正位凝命言人君臨朝也須端莊安重一似那鼎相似安在這裏不動然後可以凝住那天之命所謂協于上下以承天休齋【纂註】丘行可曰正位離象離有南面之位凝命巽象巽爲命或謂革四言改命鼎言凝命蓋凝其巳改之命也以鼎繼革欲人於變革之後以端重守之其旨微矣

鼎顛趾未悖也利出否以從貴也鼎而顛趾悖道也而因可出否以從貴則未爲悖也從貴謂應四亦爲取新之意

鼎有實慎所之也我仇有疾終无尤也有實而不慎其所往則爲仇所即而陷於惡矣【纂註】程子曰二不昵初而上從六三之正應乃是慎所之也初比巳而非正是有疾也自守以正彼不能即我所以終无尤也

鼎耳革失其義也【纂註】徐氏曰君臣以義合志也鼎耳革其行塞雉膏不食則於義乖矣故曰失其義也

覆公餗信如何也言失信也

鼎黄耳中以爲實也

玉鉉在上剛柔節也

洊雷震君子以恐懼修省【纂註】程子曰君子畏天之威則修正其身思省其過咎而改之震來虩虩恐致福也笑言啞啞後有則也震來厲乘剛也震蘇蘇位不當也震遂泥未光也震往來厲危行也其事在中大无喪也震索索中未得也雖凶无咎畏鄰戒也中謂中心

兼山艮君子以思不出其位艮其趾未失正也不拯其隨未退聽也三止乎上亦不肯退而聽乎二也艮其限危薰心也艮其身止諸躬也艮其輔以中正也正字羨文協韻可見敦艮之吉以厚終也

山上有木漸君子以居賢德善俗二者皆當以漸而進疑賢字衍或善下有脫字【附錄】

山上有木木漸長則山漸高所以爲漸纂註蔡氏曰居德艮止象善俗巽入象居德以漸而進善俗以剛而入也小子之厲義无咎也飲食衎衎不素飽也素飽如詩言素飧得之以道則不爲徒飽而處之安矣夫征不復離羣醜也婦孕不育失其道也利用禦寇順相保也或得其桷順以巽也終莫之勝吉得所願也其羽可用爲儀吉不可亂也漸進愈高而不爲無用其志卓然豈可得而亂哉

澤上有雷歸妹君子以永終知敝雷動澤隨歸妹之象君子觀其合之不正知其終之有敝也推之事物莫不皆然纂註程子曰永終謂生息嗣續永久其傳也知敝謂知物有敝壞而爲相繼之道也又曰夫婦之道當常永有終必知其有敝壞之理而戒慎之敝壞謂離隙歸妹說以動者也歸妹以娣以恒也跛能履吉相承也恒謂有恒久之德利幽人之貞未變常也歸妹以須未當也愆期之志有待而行也帝乙歸妹不如其娣之袂良也其位在中以貴行也以其有中德之貴而行故不尚飾上六无實承虛筐也

雷電皆至豐君子以折獄致刑取其威照並行之象〔纂註〕程子曰雷電皆至明震並行也二體相合故云皆至明動相資成豐之象離明也照察之象震動也威斷之象折獄者必照其情實惟明克允致刑者以威其姦惡惟斷乃成故君子觀雷電明動之象以折獄致刑也蔡氏曰折獄離明象致刑震懼象震者陽破陰刑者君子所以懼小人

雖旬无咎過旬災也戒占者不可求勝其配亦爻辭外意

有孚發若信以發志也

豐其沛不可大事也折其右肱終不可用也

豐其蔀位不當也日中見斗幽不明也遇其夷主吉行也

六五之吉有慶也

豐其屋天際翔也闚其戶閴其无人自藏也藏謂障蔽〔附錄〕天際翔也是其屋高大至於天際却只是自障蔽又曰似是說如翬斯飛樣言其屋之大蔽障闊淵

山上有火旅君子以明慎用刑而不留獄慎刑如山不留如火〔纂註〕蔡氏曰火行山上而不留旅之象也明離象慎用刑艮象不留獄火行不處之象

旅瑣瑣志窮災也

得童僕貞終无尤也

旅焚其次亦以傷矣以旅與下其義

喪也以旅之時而與下之道如此義當喪也旅于處未得位也得其資斧心未快也終以譽命上逮也上逮言其譽命聞於上也以旅在上其義焚也喪牛于易終莫之聞也

隨風巽君子以申命行事隨相繼之義【附錄】巽風也風之次物無處不入無物不鼓動詔令之入人淪肌浹髓亦如風之動物也僩【纂註】蔡氏曰申命重巽象行事風象進退志疑也利武人之貞志治也紛若之吉得中也頻巽之吝志窮也田獲三品有功也九五之吉位正中也巽在牀下上窮也喪其資斧正乎凶也正乎凶言必凶

麗澤兌君子以朋友講習兩澤相麗互相滋益朋友講習其象如此【纂註】蔡氏曰講兌象習重兌象

徐氏曰天下之至可說者無如朋友講習講而不習則言語徒詳紬繹無得雖曰為學亦將枯燥生澁而無可嗜之味危殆杌隉而無可即之安矣豈終能悅懌於心乎故必從容論說以講之於先又必切實體驗以習之於後則心與理相涵而所知者益精身與事相安而所能者益固麗澤之益庶乎其有相滋之

實而眞說在我矣和兌之吉行未疑也居卦之初其說也正未有所疑也纂註蔡氏曰初未牽於陰所行未有疑惑若四比三有商兌之疑矣孚兌之吉信志也纂註程子曰心之所存爲志二剛實居中孚信存於中也志存誠信豈至說小人而自失乎是以吉也來兌之凶位不當也九四之喜有慶也孚于剝位正當也與履九五同上六引兌未光也纂註馮氏曰小人欺蔽其君厭然掩其陰柔晦昧之迹卒爲陽明之害者皆其心之未光者爲之也

風行水上渙先王以享于帝立廟皆所以合其散纂註徐氏曰風行水上渙散披離渙之象也先王享帝立廟所以合其渙也此誠敬仁孝之至幽無不格散無不聚故於彖象申言之初六之吉順也渙奔其机得願也渙其躬志在外也渙其羣元吉光大也王居无咎正位也渙其血遠害也

澤上有水節君子以制數度議德行纂註蔡氏曰澤容水而有限節之象也制數度節乎外也兌見象議德行節乎內也坎心亨象程子曰君子觀節之象制立數度所以爲節也數多寡度法制議德行者存諸中爲德發於外爲行

人之德行當義則中節議謂商度求中節也

不出戶庭知通塞也纂註蔡氏曰塞謂二剛在前不出門庭凶失時極也纂註丘行可曰前無剛塞可以有行之時也極中也知守位之中而不知失時之中故凶

不節之嗟又誰咎也此无咎與諸爻異言无所歸咎也

安節之亨承上道也

甘節之吉居位中也

苦節貞凶其道窮也

澤上有風中孚君子以議獄緩死風感水受中孚之象議獄緩死中孚之意

附錄議獄緩死只是以誠意求之澤上有風感得水動議獄緩死則能感人心淵須是澤中之水海即澤之大者方能相從乎風若溪湍之水其性急流就下風又不奈他何纂註蔡氏曰議獄兌象緩死巽象徐氏曰象言刑獄者五噬嗑賁豐旅中孚離爲戈兵有刑獄象又取離明照知情實則刑不濫也中孚厚畫底離噬嗑豐兼取震賁旅兼取艮者明以察其情動以致其決噬嗑去間豐多故非震以動之無以威衆也賁過於文旅不留獄非艮以止之或輕於用刑也蓋獄乃人命所繫一成不可變聖人立象盡意而致其謹審如此○愚謂象言刑獄五卦噬嗑豐以其有離之明震之威也賁次噬嗑旅次豐離明不易震皆反爲艮矣蓋明貴無時不然威則有時當止至於中孚則全體似離互體有震艮而又兌以議之巽以緩之聖人即象垂教其忠厚惻怛之意見於謹刑如此何其仁哉五卦中文王唯於噬嗑取象夫子即噬嗑賁豐旅中孚以盡其義

初九虞吉志未變也其子

和之中心願也或鼓或罷位不當也馬匹亡絕類上也有孚攣如位正當也翰音登于天何可長也

山上有雷小過君子以行過乎恭喪過乎哀用過乎儉山上有雷其聲小過三者之過皆小者之過可過於小而不可過於大可以小過而不可甚過彖所謂可小事而宜下者也【附錄】聲在高處是小過之義淵[互論大過卦義]小過大率是過得不多如大過便說獨立不懼小過只說這行喪用度都只是小事又曰小過是過於慈惠之類大過是剛嚴果毅底氣象偏

飛鳥以凶不可如何也不及其君臣不可過也所以不及其君而還遇臣者以臣不可過故也【纂註】程子曰過之時事無不過其常故於上進則戒及其君臣不可過不可過者臣之分也從或戕之凶如何也弗過遇之位不當也往厲必戒終不可長也爻義未明此亦當闕密雲不雨已上也已上太高也弗遇過之已亢也

水在火上既濟君子以思患而豫防之【纂註】蔡氏曰思患坎難象豫防離明象

曳其輪義无咎也七日得以中道也三年克之憊

也【附錄】用兵不得已以高宗之賢三年而克鬼方亦不勝其憊矣蓋言兵不可輕用也學履終日戒有所疑也

東鄰殺牛不如西鄰之時也實受其福吉大來也濡其首厲何可久也

火在水上未濟君子以慎辨物居方水火異物各居其所故君子觀象而審辨之【纂註】蔡氏曰慎坎象辨離象

濡其尾亦不知極也極字未詳考上下韻亦不協或恐是敬字今且闕之【附錄】極字或云當作拯字

九二貞吉中以行正也九居二本非正以中故得正也

未濟征凶位不當也

貞吉悔亡志行也

君子之光其暉吉也暉者光之散也

飲酒濡首亦不知節也

周易象下傳第四

後學 成德 挍訂

周易繫辭上傳第五

朱子本義

新安後學胡一桂附録纂註

繫辭本謂文王周公所作之辭繫於卦爻之下者即今經文此篇乃孔子所述繫辭之傳也以其通論一經之大體凡例故无經可附而自分上下

附録 繫辭幷彖爻辭亦是蓋彖繫於全卦之下而爻分繫於逐爻之下其經只是連書幷在卦下不再畫卦如今所定本也荅仁傑云

大傳言繫辭者四今考其二上文皆兼卦爻而言恐不得專以爲爻辭其一雖專指爻辭則爻辭固繫辭之一也其一爲七八九六而言七八九六雖是逐爻之數然全卦七八則當占本卦辭三爻七八則當占兩卦辭全卦九六則當占之卦辭卦辭固不害其爲繫辭也荅仁傑

繫辭之語甚爲精密是易之括例歐公却疑繫辭非孔子作謂繫辭文言若是孔子做如何又却有子曰字某嘗疑此等處如五峯刻通書相似去了本來所有篇名却於每篇之首加一周子曰字次第易繫文言亦是門人弟子所勦入耳道夫

纂註 程子曰聖人用意深處全在繫辭

天尊地卑乾坤定矣卑高以陳貴賤位矣動靜有常剛柔斷矣方以類聚物以羣分吉凶生矣在天成象

在地成形變化見矣天地者陰陽形氣之實體乾坤者易中純陰純陽之卦名也卑高者天地萬物上下之位貴賤者易中卦爻上下之位也動者陽之常靜者陰之常剛柔者易中卦爻陰陽之稱也方謂事情所向言事物善惡各以類分而吉凶者易中卦爻占決之辭也象者日月星辰之屬形者山川動植之屬變化者易中蓍策卦爻陰變爲陽陽化爲陰者也此言聖人作易因陰陽之實體爲卦爻之法象莊周所謂易以道陰陽此之謂也

【附錄】此只是說乾坤之卦在易則有乾坤非是因有天地而始定乾坤觀天地則見易也易之六爻有貴賤之位故曰列貴賤者存乎位問陰陽以氣言剛柔以質言既有卦爻可見則當以質言而不得以陰陽言矣故彖辭多言剛柔不言陰陽曰是 銖 方向也所向善則善底人皆來聚所向惡則惡底人皆來聚物又是通天下之物而言是箇好物則所聚者皆好物事也若是箇不好底物事則所聚者皆不好底物事也又曰方是訓事訓術訓道 謨 善有善類惡有惡類隨其善惡而類聚羣分善者吉惡者凶而吉凶亦由是而生爾 淵 變化二字下章說得最分曉變是自陰而陽自動而靜易中說變化唯此處最親切 文蔚 銖問變化非因象形而後有也變化流行非象形則无以見故因象形而變化之迹可見也日月星辰象也山川動植形也象陽氣所爲形陰氣所爲然陽中有陰則日星陽也月辰陰也陰中有陽則山陰而川陽然陰陽又未嘗不相錯而各自爲陰陽細推之可見矣不知是否荅云亦是 銖 問繫辭第一章第一節蓋言聖人因造化之自然以作易曰論其初則是因天地之自然而著之於書後來人說又是見天地之實體而知易之書是如此如見天之尊地之卑却知得易之所謂乾坤者如此見天之高地之下却知得易之所分貴賤者是如此又曰此是因至著之象以見至微之理 僩 天尊地卑以下上

一截皆說前面道理下一截是說易書聖人做這箇易與天地準處如此〔總論數節〕天尊地卑至變化見矣是舉天地事理以明易自是故以下却舉易以明天地間事人傑

是故剛柔相摩八卦相盪此言易卦之變化也六十四卦之初剛柔兩畫而已兩相摩而爲四四相摩而爲八八相盪而爲六十四〔附錄〕摩如物在一物上面摩旋底意思亦相交底意思如今人磨子相似下面一片不動上面一片只管摩旋動每一卦生八卦故謂摩盪銖摩是那兩箇物事相摩戛盪則是圜轉推盪將推盪不曾住自兩儀生四象以至自八卦而生六十四皆是從上加去下體不動上面一片只管摩旋出來摩是八卦以前事盪是八卦以後爲六十四卦底事盪是有那八卦了團旋推盪那六十四卦出來漢書所謂盪軍是圜轉去殺他磨轉他底意思淵相盪只是相摩又盪比摩便闊了輝繫辭中說是故字都是喚那下文起也有相連處也有不相連處淵

鼓之以雷霆潤之以風雨日月運行一寒一暑此變化之成象者〔附錄〕鼓之以雷霆以下四句是說易中所有淵

乾道成男坤道成女此變化之成形者此兩節又明易之見於實體者與上文相發明也〔附錄〕乾道成男坤道成女則凡天下之男皆乾之氣凡天下之女皆坤之氣從這裏便徹上徹下都即是一箇氣賀孫成男成女是通人物而言之雖植物亦有牝牡之類皆離陰陽二字不得淵豈得男便都无陰女便都无陽這般須錯看淳祖〔總論上文數節〕剛柔相摩八卦相盪方是說做這卦做這卦了那雷霆風雨日月寒暑之變化皆在這卦中那成男成女之變化也在這卦中見造化關捩子纔動那許多物事都出來易只是模寫他這箇淵游氣紛擾合而成質者生人物之萬

殊陰陽兩端循環不已者立天地之大義陰陽循環如磨游氣紛擾如磨中出者易曰剛柔相摩八卦相盪鼓之以雷霆潤之以風雨日月運行一寒一暑此陰陽之循環立天地之大義也乾道成男坤道成女此游氣紛擾生人物之萬殊也閎祖

乾知大始坤作成物

知猶主也乾主始物而坤作成之承上文男女而言乾坤之理蓋凡物之屬乎陰陽者莫不如此大抵陽先陰後陽施陰受陽之輕清未形而陰之重濁有迹也

附錄　知如知州知縣之知節　知訓管字不當解作知見之知蓋卿　呂祖儉問程子云乾當始物當字如何形容曰乾便是物之大始故以當字言之最爲密切又曰乾爲其初爲其萌芽坤作成物坤管下面一截有所作爲節　大始是萬物資始成物是萬物資生大始未有形知之而已成物乃流行之時故有爲蓋卿　乾只是氣之統體无所不包但自其氣之動而言則爲陽自其氣之靜而言則爲陰所以陽常兼陰陰不得兼陽陽大陰小陽全陰半陽饒陰乏而陰必附陽皆此意也邵子曰陽不能獨立必得陰而後立故陽以陰爲基陰不能自見必待陽而後見故陰以陽爲倡陽知其始而享其成陰效其法而終其勞也

乾以易知坤以簡能

乾健而動即其所知便能始物而无所難故爲以易而知大始坤順而靜凡其所能皆從乎陽而不自作故爲以簡而能成物

附錄　乾德剛健他做時便通透障蔽他不得人剛健者亦如此淵　乾惟行健其所施爲自是容易觀造化生長則可見只是這氣一過時萬物皆生了可見其易僴健則自是易這如龍興而雲從虎嘯而風生鴻毛之遇順風巨魚之縱大壑都不費力砥　坤最省事即承受那乾底生將出來便見得是順若不順如何配陽而生物簡只順從而已木之　乾健不息惟主於生物都无許多艱深險阻故能以易而知大始坤順承天惟以成物

都无許多繁擾作爲故能以簡而作成物銖乾以易知乾陽物也陽剛健故作爲易成坤以簡能坤因乾先發得有頭腦特因而爲之故簡節易簡只健順可見且以人論之有人甚健則遇事自然易易是不難又如人稟得性順及其作事便自然簡簡是不繁然乾之易只管上一截事到下一截却屬坤故易坤只是承乾不著做上一截事只做下面一截故簡如乾以易知坤以簡能知是做起頭能是做了觀隤然確然亦可見易簡之理

易則易知簡則易從易知則有親易從則有功有親則可久有功則可大可久則賢人之德可大則賢人之業

人之所爲如乾之易則其心明白而人易知如坤之簡則其事要約而人易從易知則與之同心者多故有親易從則與之協力者衆故有功有親則一於內故可久有功則兼於外故可大德謂得於己者業謂成於事者上言乾坤之德不同此言人法乾坤之道至此則可以爲賢矣

附録 乾以易知坤以簡能易簡在乾坤易則易知簡則易從却以人事言之兩箇易字又自不同一箇是簡易之易一箇是難易之易文蔚問本義云知則同心從則協力如何曰易知底人人心自然去親他若其中險深不可測則人誰親之做事不繁碎人所易從有人從之功便可成若是頭項多做得來艱難底必无人從之如何得有功讀可久可大則爲賢人之德業而今工夫易得間斷便是不能久見道理偏滯不開展便是不能大須是兩頭齊著工夫方始得個有親可久爲賢人之德是就存主處言有功可大爲賢人之業是就做事處言蓋自乾以易知便是指存主處坤以簡能便是指做事處故易簡而天下之理得則與天地參矣銖德者得之於心謂之

德如得這孝則爲孝之德業是做得成頭緒有次第不然泛泛做只是俗事更无可守處必大先生曰鵝湖之會子靜作詩云易簡工夫終久大彼所謂易簡者苟簡容易耳全看得不仔細乾以易知者乾是至健要做便做直是易坤是至順順理而爲故曰簡此言造化之理至於可久則賢人之德可久者日新而不已可大則賢人之業可大者富有而无疆易簡有幾多事在豈容易苟簡之云乎人傑

易簡而天下之理得矣

天下之理得而成位乎其中矣成位謂成人之位其中謂天地之中至此則體道之極功聖人之能事可以與天地參矣○此第一章以造化之實明作經之理又言乾坤之理分見於天地而人兼體之也（附錄）自天尊地卑至變化見矣是舉天地事理以明易自是故以下是舉易以明天地間事

聖人設卦觀象繫辭焉而明吉凶象者物之似也此言聖人作易觀卦爻之象而繫以辭也（附錄）自伏羲而上但有此六爻而無文字可傳到得文王周公乃繫以辭故曰聖人設卦觀象繫辭焉而明吉凶蓋是卦之未畫也因觀天地自然之法象而畫及其既畫也一卦自有一卦之象象謂有箇形似也故聖人即其象而命之名以爻之進退而言則如剥復之類以形之肖似而言則如井鼎之類此是伏羲即卦體之全而立箇名如此及文王觀卦體之象而爲之彖辭周公視卦爻之變而爲之爻辭而吉凶之象益著矣賀孫

剛柔相推而生變化言卦爻陰陽迭相推盪而陰或變陽陽或化陰聖人所以觀象而繫辭衆人所以因著而求卦者也（附錄）易中說卦爻多只是說剛柔不全就陰陽上說卦爻是有形質了陰陽全是氣

是故吉凶

者失得之象也悔吝者憂虞之象也吉凶悔吝者易之辭也得失憂虞者事之變也得則吉失則凶憂虞雖未至凶然已足以致悔而取羞矣蓋吉凶相對而悔吝居其中間悔自凶而趨吉吝自吉而向凶也故聖人觀卦爻之中或有此象則繫之以此辭也

【附錄】學蒙問本義悔自凶而趨吉吝自吉而向凶切意人心本善物各有理若心之所發鄙吝而不知悔這便是自吉而向凶先生曰不然吉凶悔吝正是對那剛柔變化說剛極便柔柔極便剛這四箇循環如春夏秋冬相似凶便是冬悔便是春吉便是夏吝便是秋秋又是冬冬去曰此以配陰陽則其屬當如此於人事上說則如何曰天下事未嘗不生於憂患而死於安樂若這吉中不知戒懼自是生出吝來雖未至於凶畢竟是向那凶路去又曰日中則昃月盈則食自古極亂未有不生於極治學蒙悔吝便是吉凶底交互處悔是吉之漸吝是凶之端文蔚悔屬陽吝屬陰悔是逞快做出事來了有錯失處這便生悔所以屬陽吝則是那猥猥衰衰不分明底所以屬陰亦猶驕是氣盈吝是氣歉又曰過便悔不及便吝必大吉凶悔吝四者正如剛柔變化相似四者循環周而復始悔了便吉吉了便吝吝了便凶凶了便悔正如生於憂患死於安樂相似蓋憂苦患難中心愧悔便是吉之漸及至吉了少間便安意肆志必至做出不好可羞吝底事出來這便是吝吝便是凶之漸矣又至凶矣又却悔只管循環不已正如剛柔變化剛了化化了柔柔了變變便是剛亦循環不已僩

【纂註】蔡氏曰象者有其髣髴而未形之謂其辭之吉者則得之象可由之而見其辭之凶者則失之象可由之而見其辭悔吝者則憂虞之象可由之而見憂慮也虞度也能慮能度則可免失而致得矣此言上文觀象繫辭明吉凶之義

變化者進退之象也剛

柔者晝夜之象也六爻之動三極之道也柔變而趨於剛者退極而進也剛化而趨於柔者進極而退也既變而剛則晝而陽矣既化而柔則夜而陰矣六爻初二爲地三四爲人五上爲天動即變化也極至也三極天地人之至理三才各一太極也此明剛柔相推以生變化而變化之極復爲剛柔流行於一卦六爻之間而占者得因所值以斷吉凶也

附録　銖謂變化者進退之象是剛柔之未定者剛柔者晝夜之象是變化之已成者猶言子午卯酉卯酉是陰陽之未定子午是陰陽之已定銖且以一歲言之自冬至至春分是進到一半所以謂之分自春分至夏至是進到極處故謂之至進之過則退至秋分是退到一半處到冬至也是退到極處天下事物皆有此兩箇賀孫　銖問變者化之漸化者變之成蓋化无痕迹變有頭面逐漸消縮去无痕迹以至於无者化也陽化爲陰剛化爲柔暖化爲寒是也其勢浸長突然改換有頭面者變也陰變爲陽柔變爲剛寒變爲暖是也陽化爲陰是進極而回故爲退陰變爲陽則退極而上故爲進故曰變化者進退之象也先生云得之銖

總論上文　聖人設卦觀象至生變化三句是題目下文是解說吉凶悔吝自大說去小處變化剛柔自小說去大處吉凶悔吝說人事變化剛柔說卦畫從剛柔而變化又自變化而剛柔所以言變化之極者未到極處未成這物必大

是故君子所居而安者易之序也所樂而玩者爻之辭也易之序謂卦爻所著事理當然之次第玩者觀之詳

附録　易之序謂卦及爻之初終如潛見飛躍循其序則安爻之辭橫渠謂每讀每有益所以可樂必大

是故君子居則觀其

象而玩其辭動則觀其變而玩其占是以自天祐之吉无不利

象辭變已見上凡單言變者化在其中占謂其所值吉凶之決也○此第二章言聖人作易君子學易之事【附録】問居則觀其象而玩其辭動則觀其變而玩其占如何曰閑常理會得此道理動時則可以此占決必大蓋易有象然後有辭筮有變然後有占象之變也在理而未形於事者也辭則各因象而指其吉凶占則又因吾所值之辭而決焉其示人也益以詳矣故君子居而學易則既觀象矣又玩辭以考其所處之當否動而諏筮則既觀變矣又玩占以考其所值之吉凶善而吉者則行否而凶者則止是以動靜之間舉无違理而自天祐之吉无不利也蓋觀者一見而決玩者反覆而不舍之辭也蒼丘子野如潛龍勿用其理當此時只當潛晦不當用若占得此爻凡事便未可做所謂君子動則觀其變而玩其占亦當知其理如此賀孫【纂註】觀象玩辭學易也觀變玩占用易也學易則無所不盡其理用易則惟盡乎一爻之時蔡氏

彖者言乎象者也爻者言乎變者也

彖謂卦辭文王所作者爻謂爻辭周公所作者象指全體而言變指一節而言【附録】爻是兩箇爻义看來只是交變之義卦分明似將一片木畫卦於壁上所以爲卦

吉凶者言乎其失得也悔吝者言乎其小疵也无咎者善補過也

此卦爻辭之通例【附録】問所以謂之小疵者只是以其未便至於吉凶否曰悔是知道是錯便有進善之理吝只是心下不足又不肯說只管蔭惡庇護没分曉然未至大過故曰小疵必大

是故列貴賤者存乎位齊小大者存乎卦辨吉凶者存乎辭位謂六爻之位齊猶定也小謂陰大謂陽附錄問上下貴賤之位何也曰二四則四貴而二賤五三則五貴而三賤上初則上貴而初賤上雖无位然本是貴重所謂貴而无位高而无民在人君則爲天子父爲天子師在他人則清高而在物外不與事者此所以爲貴也銖問齊小大者存乎卦龜山曰陽大陰小如何曰齊如分辨之義一云猶斷也小謂否睽之類大謂泰謙之類必大憂悔吝者存乎介震无咎者存乎悔介謂辨別之端蓋善惡已動而未形之時也於此憂之則不至於悔吝矣震動也知悔則有以動其補過之心而可以无咎矣附錄問悔吝未至於吉凶是那初萌動可以向吉凶之微處介又是悔吝之微處介字如所謂界介至界限之界介是善惡初分界處於此憂之則不至於悔吝矣曰然煇震動也欲動而无咎當存乎悔耳謨是故卦有小大辭有險易辭也者各指其所之小險大易各隨所向○此第三章釋卦爻辭之通例附錄看來只是好底卦便是大不好底卦便是小如復如泰如大有夬之類是好底卦如睽如困如小過之類是不好底卦譬如人光明磊落便是好人昏昧迷暗便是不好人所以謂卦有小大辭有險易大卦辭便平易小卦辭便艱險即此可見矣易與天地準故能彌綸天地之道易書卦爻具有天地之道與之齊準彌如彌縫之彌有終竟聯合之意綸有選擇條理之意附錄彌若今所謂封彌之彌是恁地糊合之使泯无縫罅

底意思綸如絡絲之綸自有條理又曰綸謂兩條絲相合各有條理言雖是彌得外面无縫罅而中則事事物物各有條理彌則有脗合不滲漏之意綸有條理精密之意彌如大德敦化綸如小德川流彌而不綸則空疎无物綸而非彌則判然不相干此二字見得聖人下字甚密義剛如天地之化雖是周密渾然无有縫罅而其中萬事萬物莫不各有條理此易彌綸之理然也聖人用易彌綸天地之道亦是如此淵凡天地有許多道理易上皆有所以與天地準而能彌綸天地之道又曰天地有未至處易却能彌綸得他

仰以觀於天文俯以察於地理是故知幽明之故原始反終故知死生之說精氣爲物游魂爲變是故知鬼神之情狀

此窮理之事以者聖人以易之書也易者陰陽而已幽明死生鬼神皆陰陽之變天地之道也天文則有晝夜上下地理則有南北高深原者推之於前反者要之於後陰精陽氣聚而成物神之申也魂游魄降散而爲變鬼之歸也

附錄 觀察天地之文理是就這裏地盤上言始終生死是以循環言精氣鬼神以聚散言其實不過陰陽兩端而已人傑問天文則有晝夜上下地理則有南北高深故是幽明之所以然者曰晝明夜幽上明下幽觀晝夜之運日月星辰之上下可見天文幽明之所以然也南明北幽高明深幽觀南北高深可見地理幽明之所以然也人傑問天文爲陽地理爲陰是否曰然然天亦具陰陽日是陽月是陰晝是陽夜是陰地東南是陽西北是陰平坦是陽險阻是陰高者是陽下者是陰必大正蒙方其形也有以知幽之因方其不形也有以知明之故蓋以形之時幽之因已在此不形之際其明之故已在此聚

者散之因散者聚之故寓問原始反終曰反只如折轉來謂方推原其始却折轉來看其終原字反字皆就人說反如回頭之意必大精氣爲物游魂爲變天地陰陽之氣交合便成人物到得魂氣歸於天體魄降於地是爲鬼便是變了賀孫精氣爲物是合精與氣而成物精魄而氣魂也游魂爲變變則是魂魄相離獨說游魂而不言魄魂離魄之意自可見矣義剛精聚則魄聚氣聚則魂聚是以爲人物之體至於精竭魄降則氣散魂游而無所歸矣降者屈而無形故謂之鬼游者伸而不測故謂之神卜蘇易陰陽之始交天一生水物生始化曰魄既生魄煖者爲魂先有魂而後有魄故魂常爲主爲幹僩若以精氣言則是有精氣者方有魂魄但出底氣便是魂精便是魄譬如燒香燒得出來底汁子便是魄那成煙後香底便是魂魂者魄之光燄魄者魂之根本義剛魂氣升於天體魄歸於地魂氣上升體魄下降不特人也凡物之枯敗其香氣騰上物則腐於下推此可見寓精氣爲物游魂爲變只是聚散聚而爲物神也散而爲變鬼也神屬陽鬼屬陰又錯綜而横看之則精爲陰氣爲陽就人身而言雖是屬陽然體魄已屬陰蓋生之中已帶箇死底道理變雖屬陽然魂氣上游體魄下降亦是具陰陽如言徂落徂升也便是魂之游落即魄之降古人祭祀求諸陽所以求其魂求諸陰所以求其魄必大陽魂爲神陰魄爲鬼鬼陰之靈神陽之靈此以二氣言也然二氣之分實一氣之運故凡氣之來而方伸者爲神氣之往而既屈者爲鬼陽主伸陰主屈此以一氣言也故以二氣言則陰爲鬼陽爲神以一氣言則方伸之氣亦有伸有屈其方伸者神之神其既屈者神之鬼既屈之氣亦有屈有伸其既屈者鬼之鬼其來格者鬼之神天地神物皆然不離此氣之往來屈伸合散而已此所謂可錯綜者也銖宰我曰吾聞鬼神之名不知其所謂子曰氣也者神之盛也魄也者鬼之盛也合鬼與神教之至也注謂

君茂

口鼻嘘吸爲氣耳目聰明爲魄氣屬陽魄屬陰而今有人說眼光落這便是魄降今人將死有云魄落若氣則升而散故云魂氣歸於天體魄歸於地賀孫橫渠云物之初生氣日至而滋息物生既盈氣日反而游散至之謂神以其伸也反之謂鬼以其歸也天下萬事萬物自古及今只是箇陰陽消息屈伸橫渠將屈伸說得貫通賀孫橫渠說精氣自无而有游魂自有而无其說亦自分曉必大賀孫問游魂爲變間有爲妖孽者是如何得未散曰游字是漸漸散若是爲妖孽者多只不得其死其氣未散故鬱結而成妖孽若是尫羸病死底人這氣消耗盡了方死豈復更鬱結成妖孽然不得其死者久之亦散又如其取精多其用物弘如伯有者亦是卒未散也賀孫

與天地相似故不違知周乎萬物而道濟天下故不過旁行而不流樂天知命故不憂安土敦乎仁故能愛

此聖人盡性之事也天地之道知仁而已知周萬物者天也道濟天下者地也知且仁則知而不過矣旁行者行權之知也不流者守正之仁也既樂天理而又知天命故能无憂而其知益深隨處皆安而无一息之不仁故能不忘其濟物之心而仁益篤蓋仁者愛之理愛者仁之用故其相爲表裏如此

附錄 知是先知得較虛故屬之天道濟天下則普濟萬物有實惠及民故屬之地人傑與天地相似故不違凡其不違以其與天地相似若此心有外必其與天地不相似矣又曰與天地相似方且无外凡事都不出這天地範圍之內所以方始得知周乎萬物而道又能濟天下旁行便也不走作又曰此下數句皆是與天地相似之事人傑旁行而不流旁行是可與權乃推行處又曰如云行小變而不失大常必大旁行而不流

樂天知命故不憂此兩句本皆是知之事蓋不流便是貞也不流是本旁行是應變處无本則不能應變能應變而无本則流入變詐細分之則旁行屬知不流屬仁其實此二句皆是知之事對下文安土敦乎仁故能愛一句專說仁也人傑安土者隨寓而安敦是敦厚去盡已私渾是天理更无夾雜充足盈滿便是敦厚於仁底意思只是既仁又仁便是敦乎仁敦仁是體能愛是及物處必大樂天知命主知言是崇德事安土敦仁主禮言是廣業事必大總論上文二節上文易與天地準是言易之道與天地準此言與天地相似故不違是言聖人之道與天地相似此下數句皆是與天地相似之事上文易與天地準下數句皆是與天地準之事人傑易與天地準故能彌綸天地之道此指書而言自仰觀俯察以下須是有人始得蓋聖人因易之書而窮理盡性之事也萊呂祖謙

○愚謂與天地相似故不違此統論聖人之體段知周萬物道濟天下故不過此指知仁與天地相似之實處不過對不違而言惟其相似則配合无間所以不違惟其周萬物濟天下則廣大无外所以不過旁行而不流樂天知命故不憂即周萬物之知而似乎天也安土敦乎仁故能愛即道濟天下之仁而似乎地也不憂對能愛而言惟知與天相似則極其高明矣隨其所行泛應曲當此動而樂天之事也何憂之有惟仁與地相似則極其博厚矣隨其所處厚重不遷此靜而安土之事也何所不愛之有此聖人仁智盡性之學而上下與天地同流者蓋如此

範圍天地之化而不過曲成萬物而不遺通乎晝夜之道而知故神无方而易无體此聖人至命之事也範如鑄金之有模範圍匡郭也天地之化无窮而聖人爲之範圍不使過於中道所謂裁成者也通猶兼

也晝夜即幽明生死鬼神之謂如此然後可見至神之妙无有方所易之變化无有形體也○此第四章言易道之大聖人用之如此【附録】問範圍天地之化而不過曰天地之化滔滔無窮如一爐金汁鎔化不息聖人則爲之鑄瀉成器使歸摹範匡郭不使過於中道也人傑天地之化本不可測度聖人做一箇模範範如鑄冶模範圍如圍畧聖人於天地之化恰如用範來做成箇物事都包畧了試言一端如一歲分四時十二月二十四氣之類必大問如天之生物至秋而成聖人則爲之斂藏人之生也欲動情勝聖人則爲之教化防範此皆是範圍使不過之事否曰範圍之事闊大此亦其一事也又問就身上看如何曰事事物物无非天地之化皆當有以範圍之就喜怒哀樂而言喜其所當喜怒其所當怒哀其所當哀樂其所當樂皆範圍也又曰自有大底範圍又自有小底範圍而今且就身上看一事有一箇範圍曲成萬物而不遺此又是隨事物之分量形質隨其大小闊狹長短方圓无不各成就此物之理无有遺闕人傑範圍天地是極其大而言曲成萬物是極其小而言範圍如大德敦化曲成如小德川流人傑通乎晝夜之道而知通訓兼兼晝與夜皆知也人傑問神无方而易无體曰能範圍之而不過曲成之而不遺兼通而无所不知方始見得這神无方易无體若範圍有不盡而曲成有所遺通晝而不通夜通夜而不通晝便是不知便是神有方而易有體了淵神无方而易无體神便是在陰底又忽然在陽在陽底又忽然在陰易便是或爲陽或爲陰如爲春又爲夏爲秋又爲冬交錯代換而不可以形體拘也人傑神自是无方易自是无體方是四方上下神却或在此或在彼故云无方易无體者或自陰而陽或自陽而陰无確定底故云无體淵易无體這箇物事逐日各自是箇頭面日異而時不同淵【纂註】蔡氏曰天地之化雨暘寒燠之類常雨常暘化之過也聖

大十七小一千二百七十四

君靜

人則能範圍之而使之不過一動一植不得其遂則爲有遺矣聖人則能委曲成就而使之不遺

一陰一陽之謂道陰陽迭運者氣也其理則所謂道

附錄 一陰一陽往來不息則是道之全體非陰陽之外別有道也又曰陰陽氣也所以陰陽道也道也者陰陽之理也荅子重銖問一陰一陽之謂道曰此與下文一闔一闢謂之變語意相似陰陽非道也一陰又一陽循環不已乃道也往來循環不已之意此理即道也銖自一日言之則晝陽而夜陰自一月言之則望前爲陽望後爲陰自一歲言之則春夏爲陽秋冬爲陰從古至今恁地滚將去只這箇陰陽孰使之然哉乃道也學蒙陰陽之端動靜之機而已動極而靜靜極而動故陰中有陽陽中有陰未有獨立而孤居者此一陰一陽所以爲道也下蘇易大傳既曰形而上者謂之道矣而又曰一陰一陽之謂道此豈眞以陰陽爲形而上者哉正所以見一陰一陽雖屬形器然其所以爲一陰而一陽者乃道體之所爲也荅陸九淵

繼之者善也成之者性也道具於陰而行乎陽繼言其發也善謂化育之功陽之事也成言其具也性謂物之所受言物生則有性而各具是道也陰之事也周子程子之書言之備矣

附錄 太極動極而靜靜而生陰不成動以前便无靜程子言動靜无端陰陽无始蓋此亦且從邪動處說起若論邪動以前又有靜靜以前又有動如云一陰一陽之謂道繼之者善也這繼字便是動之頭若只一闔一闢而无繼便是合殺了又問繼是動靜之間否曰是靜之終動之始也且如四時到得冬月萬物都歸窠了若不生來年便都息了蓋是貞而復生元无窮如此義剛繼之者善易中本是就造化上說到下句成之者性方以人物而言灝陳淳問繼之者善成之者性曰這箇理在天地間只是善无有不善者生物得來方始名曰性只是這箇理

在天則曰命在人則曰性流行於造化處是善凝成於我即是性繼是接續綿綿不息之意成是凝成有主之意大雅造化所以發育萬物者爲繼善萬物各正其性命者爲成性繼善是動處成性是靜處繼善是流行出來成性則各自成箇物事繼善便是元亨成性便是利貞及至成之者性各自成箇物事恰似造化都无可做了及至春來又流行出來又是繼善譬如禾穀一般到秋斂冬藏千條萬穟各自成一箇物事了及至春又各自發生出以至人物以至禽獸皆是如此義剛　周子通書誠上第一曰誠者聖人之本大哉乾元萬物資始誠之源也乾道變化各正性命誠斯立焉純粹至善者也故曰一陰一陽之謂道繼之者善也成之者性也元亨誠之通利貞誠之復大哉易也性命之源乎先生釋之曰此書與太極圖相表裏誠即所謂太極也言乾坤之元萬物所取以爲始者乃實理流出而賦於人之本如水之有源即圖之陽動也天所賦爲命物所受爲性言乾道變化而萬物各得受其所賦之正則實理於是而各爲一物之主矣即圖之陰靜也純不雜也粹無疵也言天之所賦物之所受皆實理之本然无不善之雜陰陽氣也形而下者也所以一陰一陽者理也形而上者也道即理之謂也繼之者氣之方出而未有所成之謂也善即理之方行而未有所立之名也陽之屬也誠之源也成則物之已成性則理之已立者也陰之屬也誠之立也元始亨通利遂貞正乾之四德也通者方出而賦於物善之繼也復者各得而藏於己性之成也易者交錯代換之名卦爻之立由是而已天地之間陰陽交錯而實理流行一賦一受於其中亦猶是也又通書後録曰善之與性固不可謂有二物也然繼之者善自其陰陽變化而言也成之者性自夫人物稟受而言也陰陽變化流行而未有窮陽之動也人物稟受一定而不可復易陰之靜也以此辨之亦安得無二者之分哉然性善形而上者也陰陽

形而下者也周子之意亦豈直指善爲陽而性爲陰哉但語其分則以爲當屬之此耳人傑繼善成性分屬陰陽乃通書首章之意但熟之自可見矣蓋天地變化不爲無陰然物之未形則屬乎陽物正其性不爲無陽然形器已定則屬乎陰荅德明問明道先生曰人生而靜以上不容說才說性時便已不是性也凡人說性只是說繼之者善也孟子言人性善是也夫所謂繼之者善也者猶水流而就下也先生曰此繼之者善也指發處而言之也性之在人猶水之在山其清不可得而見也流出而見其清然後知其本清也所以孟子只說見孺子入井皆有怵惕惻隱之心處指以示人使知性之本善也易所謂繼之者善也在性之先此所引繼之者善也在性之後蓋易以天道之流行者言此以人性之發見者言惟天道流行如此所以人性發見亦如此閎祖繼之者善也周子是說生生之善程子說作人性之善用處各自不同人傑

纂註 蔡氏曰陰陽非道陰陽運而不滯乎陰陽者道也繼善陽也陽動之始純而不雜元者善之長是也成性陰也陰靜之間物各有受各正性命是也凡人之性皆具是道但其稟受之際有清濁之偏昏明之異故仁者稟陰之多而其所見則謂道止於仁知者稟陽之多而其所見則謂道止於知至於百姓則又昏昏由之而不知其爲仁爲知此君子之道所以鮮也此一節言道之在人自生知安行以下不能不有所偏必如上章窮理乃能盡性至命此學易者之極功而作易者之本意也又曰繼善陽也成性陰也此以天命之序而言陰陽也仁者陰也知者陽也此以物受之性而言陰陽也然陽之所以爲陽者皆動而无體也陰之所以爲陰者皆靜而有體也

仁者見之謂之仁知者見之謂之知百姓日用而不知故君子之道

鮮矣仁陽知陰各得是道之一隅故隨其所見而目爲全體也日用不知則莫不飲食鮮能知味者又其每下者也然亦莫不有是道焉或曰上章以知屬乎天仁屬乎地與此不同何也曰彼以清濁言此以動靜言〔附錄〕此言萬物各具是性但氣稟不同各以其性之所近者闚之故仁者只見得他發生流動處而以爲仁知者只見得他貞靜處便以爲知下此一等百姓日用之間習矣不著行矣不察所以君子之道鮮矣煇

顯諸仁藏諸用鼓萬物而不與聖人同憂盛德大業至矣哉顯自內而外也仁謂造化之功德之發也藏自外而內也用謂機緘之妙業之本也程子曰天地无心而成化聖人有心而無爲〔附錄〕顯諸仁是用底迹藏諸用是仁底心顯諸仁是流行發見處藏諸用是流行發見底物事顯諸仁千頭萬緒藏諸用只是一箇物事作顯諸仁底骨子顯諸仁如春生夏長其發生彰露可見者藏諸用是所以生長者藏在裏面而不可見人傑譬之仁發出來便是惻隱之心便是顯諸仁仁便藏在惻隱之心裏面便是骨子天下萬事萬物其粲然發見處皆是顯然者然一事自是一事一物自成一物便是用藏在這裏顯諸仁者德之所以盛藏諸用者業之所以成鼓萬物而不與聖人同憂此正是顯諸仁藏諸用底時節盛德大業便是顯諸仁藏諸用成就處也又曰無心便是不憂成化便是鼓萬物天地鼓萬物亦何嘗有心來譲天地造化是自然聖人雖生知安行然畢竟是有心去做所以說不與聖人同憂淵〔纂註〕蔡氏曰用者神運無迹仁者庶物露生故在天則生者爲仁而所以生者爲用在聖人則發者爲仁而所以發者爲知天不可以知言也知不離乎心有心則有憂此天人之道所以分也故曰鼓萬物而不與聖人同憂仁與用

天地之德業而其盛大又有非聖人所能至者故曰至矣哉

富有之謂大業日新之謂盛德

張子曰富有者大而無外日新者久而無窮

附録　先說箇富有方始說日新此與說宇宙相似先是有這箇物事了方始相連相續去　淵　富有之謂大業言萬物萬事無非得此理所謂富有也日新是只管運用流行生生不已富有之謂大業以人言之須是天下事無不理會方得若才工夫不到業無由得大少間措置事業便有欠闕此便有病　僩

纂註　蔡氏曰富有廣大不禦日新悠久無疆天高地下萬物散殊其富有之謂歟陰陽升降變化不窮其日新之謂歟

生生之謂易

陰生陽陽生陰其變無窮理與書皆然也

成象之謂乾效法之謂坤

效呈也法謂造化之詳密而可見者

附録　象謂風霆雨露日星只是箇象效法則效其形法而可見也　人傑　此依舊只是陰陽凡屬陽者便只箇象而已象是方做未成之意便如日月星辰亦無實體只是箇懸象如此效陳也呈也一似說效羊效犬效馬又云效字難看如效順效忠效力之效有陳獻底意思言陳出許多物事　淵　法是一成已定之物如條法亦是一成已定之法可以形狀者乾便略坤便備　必大　大槩乾底只是成得這箇大象到得坤底則漸次詳密資始資生於此可見　淵

極數知來之謂占通變之謂事

占筮也事之未定者屬乎陽也事行事也占之已決者屬乎陰也極數知來所以通事之變張忠定公言公事有陰陽意蓋如此

附録　占出這事變人便依他這箇做便通變而爲事看來聖人到這處便說在占上去則此書分明是要占矣　學蒙　張乖崖說公事未判時屬陽已判後屬陰便是此意公事未判生殺輕重都未

定今已判了更不可易又曰乖崖曾見希夷來其言亦自太極圖淵自富有至效法是說其理如此用處却在那極數知來與通變謂事上面蓋說上面許多道理要做這般用顯子

纂註 蔡氏曰極數極著數也通變通卦變也

陰陽不測之謂神 張子曰兩在故不測○此第五章言道之體用不外乎陰陽而其所以然者則未嘗倚於陰陽也

附錄 陰陽不測之謂神是總結這一段不測者是在這裏又在那裏便只是這一箇物事走來走去无處不在六十四卦都說了這又說三百八十四爻許多變化都只是這一箇物事周流其間學蒙

夫易廣矣大矣以言乎遠則不禦以言乎邇則靜而正以言乎天地之間則備矣 不禦言无盡靜而正言即物而理存備言無所不有

附錄 易不是象乾坤乾坤乃是易之子目下面一壁子是乾一壁子是坤蓋說易之廣大是這乾便做他那大坤便做他那廣淵靜而正謂觸處皆見有此道不待安排不待措置雖至小至近至鄙至陋之事無不見有隨處皆是無所欠闕只觀之人便見人傑動時須此道理都是眞實所以下箇正字必大

夫乾其靜也專其動也直是以大生焉夫坤其靜也翕其動也闢是以廣生焉 乾坤各有動靜於其四德見之靜體而動用靜別而動交也乾一而實故以質言而曰大坤二而虛故以量言而曰廣蓋天之形雖包於地之外而其氣常行乎地之中也易之所以廣大者以此

附錄 乾不專一則不能直遂坤不翕聚則不能發育荅胡廣仲健者乾之性情如剛健底

人便靜時亦有箇要興作做事底意思故曰其靜也專順者坤之性情如柔順底人靜時只有箇收斂而已故曰其靜也翕必大天之性情健而無息其靜也專是性其動也闢是情坤亦然又曰專直則只是一物直去翕闢則是二箇翕則闔闢則開此奇偶之形也又曰陰偏只得一半兩箇方做得一箇學蒙陰是兩件陰爻兩畫是兩開去翕是兩合必大以形言之則天包地外地在天中所以說天之質大以氣言之則天包著地天之氣卻盡在地之中盡承受得那天之氣所以說地之量廣大只是一箇物事一故實從裏面便實出來流行發生只是一箇物事所以說一而實地雖堅實然卻虛所以天之氣流行乎地之中皆從地裏發出來所以說二而虛用之云地如人之肺形質雖硬而中本虛故陽氣升降乎其中無所障礙雖金石也透過去地便承受得這氣發育萬物曰然要之天之形如一箇鼓鞴中間包得許多氣開闔消長中間盡是這氣升降往來緣中間虛所以容得以其包得地所以說其質之大以其容得天之氣所以說其量之廣非是說地之形有盡故以量言也今治曆家用律呂候氣其法最精氣之至也分寸不差是這氣都在地中透上來如十一月冬至黃鍾管距地九寸以葭灰實其中至之日氣至灰去晷刻不差又云看來天地中間此氣升降上下當分爲六層十一月冬至自下面第一層生起直到第六層上極至天是爲四月陽氣既生足便消下面陰氣便生只是這一氣升降循環不已往來乎六層之中也人傑乾靜專動直而大生坤靜翕動闢而廣生這說陰陽體性如此卦畫也髣髴似恁地又曰這箇只是說理然也是說畫有這理便有是畫畫是載得那理底淵

廣大配天地變通配四時陰陽之義配日月易簡之善配至德易之廣大變通與其

所言陰陽之説易簡之德配之天道人事則如此○此第六章

附録 廣大配天地以下以易配天易簡之善配至德以易配人人傑問配是配合底意思否曰是相似之意欲見其廣大則於天地乎觀之欲見其變通則於四時乎觀之欲知陰陽之義觀於日月可見欲知易簡之善觀於人之至德可見易簡是當行之理至德是自家所得者義剛

子曰易其至矣乎夫易聖人所以崇德而廣業也知崇禮卑崇效天卑法地十翼皆夫子所作不應自著子曰字疑皆後人所加也窮理則知崇如天而德崇循理則禮卑如地而業廣此其取類又以清濁言也

附録 知崇天也是致知事禮卑地也是踐履事知識貴乎高明踐履貴乎著實知既高明須是放低著實做去銖知識日多則知益高積累多則業益廣燁知卻要極於高明禮卻要極於卑順如禮儀三百威儀三千纖悉委曲無非至卑之事如羹之有菜者用梜其無菜者不用梜主人升東階客上自西階皆不可亂然不是强安排皆是天理之自然人傑林宰問卑字如何解曰只是卑約意須常本卑約之意方可行禮若知則超越流通无往不可也淵知崇禮卑這是兩截知崇是知識超邁禮卑是須就切實處行若知不高則識見淺陋若履不切則所行不實知識高便是象天所行實便是法地賀孫兩脚踏地做方得若是著件物事塡一二尺高便不穩了如何會廣地卑便會廣世上更無卑似地底淵人之知識不可不高而行之在乎小心如大學之格物致知是知崇之事誠意正心修身齊家治國平天下是禮卑之事賀孫學只是知與禮他這意思卻好禮便細密中庸致廣大盡精微等語皆是知禮淵

天地設位而易行乎其中矣

大十三小千一百三

成性存存道義之門天地設位而變化行猶知禮存性而道義出也成性本成之性也存存謂存而又存不已之意也○此第七章【附錄】問天地設位至道義之門曰上文言知崇禮卑崇效天卑法地人崇其知須如天之高卑其禮須如地之下矣天地設位一句只是引起要說知崇禮卑人之知禮能如天地便能成性存存道義便自此出所謂道義便是易也成性存存不必專指聖人言謨性是自家所以得於天底道義是衆人公共底夔孫成性只是本來性不曾作壞底存謂常在這裏存之又存詠成性只是一箇渾淪之性存而不失此便是道義之門便是生生不已處有開天地設位而易行乎其中以造化言之也乾坤成列而易立乎其中以卦位言之也荅連嵩卿【纂註】蔡氏曰道義之在造化則謂之易易之在人則謂之道義位謂有位可行門謂有門可出存存謂存之又存使之有體如天地也故有天地之位而後易行有知禮之門而後道義出

聖人有以見天下之賾而擬諸其形容象其物宜是故謂之象賾雜亂也象卦之象如說卦所列者【附錄】說文賾雜亂也古無此字只作嘖今從匝亦口之義必大與傳嘖有煩言之嘖同那從口這從匝是箇口裏說話多雜亂底意思所以下面說不可惡若喚做好字不應說箇可惡字也探賾索隱若與人說話時也須聽他雜亂說將出不底方可索他那隱底淵問聖人有以見天下之賾是說卦畫之初否曰正是說卦畫之初聖人只是見陰陽之變化雜見便畫出一畫便有一箇象只管生去只管不同六十四卦自六十四樣便生到千以上卦亦自一卦一樣學蒙問擬諸形容者度陰陽之形容蓋聖人見陰陽變化雜亂於是比度其形容而象物宜是故謂之象曰也

不公

是如此嘗得郭子和書云其先人云不獨是天地雷風水火山澤之謂象只是卦畫便是象自說得好

聖人有以見天下之動而觀其會通以行其典禮繫辭焉以斷其吉凶是故謂之爻會謂理之所聚而不可遺處通謂理之可行而無所礙處如庖丁解牛會則其族而通則其虛也

附錄

聖人有以見天下之動言事若未動時不見得道理是如何人平不語水平不流須是動方見得觀會通行典禮只是說道觀他會通處却求箇道理來區處他所謂卦爻之動便是法象故曰爻也者效天下之動者也淵會便是四邊合聚來處通便是空處行得去便是通道夫一卦之中自有會通六爻又各自有會通且如屯卦初九在卦之下未可以進爲屯之義乾坤始交而遇險陷亦屯之義似草穿地而未申亦屯之義凡此數義皆是屯之會聚處若盤桓利居貞便是一箇合行底却是通處也學蒙會是衆理聚處便有許多難易窒礙必於其中得其通處乃可行爾如庖丁解牛於族處却批大郤導大窾此是筋骨叢雜之所得其可通之理故十九年而刃若新發於硎且如事理間若不於會處理會却只見得一偏如何行得通須是於會處都理會其間却自有箇通處便如脉理相似又曰會而不通則窒礙而不可行通而不會亦不知許多曲直錯雜處故必觀會通而始可行典禮必大會通者觀衆理之會擇其通者而行且如有一事關著許多道理也有父子之倫也有君臣之倫也有夫婦之倫若是父子重則就父子行將去而他有所不暇計若君臣重則行君臣之義而他不暇計若父母之恩重則使得身體髮膚受之父母不敢毀傷之義而委致其身之說不可行若君臣之義重則當委致其身而不敢毀傷之說不暇顧此之謂觀會通個

典禮猶常禮常法又曰禮便是節文也升降揖遜是禮之節文這禮字又說得闊凡事物之常皆是又曰如堯舜揖遜湯武征伐皆是典禮處典禮只是常事祗

言天下之至賾而不可惡也言天下之至動而不可亂也惡猶厭也【附錄】先儒多以賾字爲至妙之意若如此說則何以謂之不可惡賾只是箇雜亂冗閙底意思言之而不惡者精粗本末無不盡也謨義剛云惡字有三音或亞或如字或烏故反曰烏故切於義爲近只是說雖是如此勞攘事多然也不可厭惡問賾是說事物如此不是說卦上否曰卦亦如此三百八十四爻是多少雜亂學蒙不可惡者言雖是雜亂聖人卻於雜亂中見其不雜亂之理必大雜亂處人易得厭惡然而這都是道理合有底事自合理會故不可惡動亦是合有底事然上面各自有道理故自不可亂輝

擬之而後言議之而後動擬議以成其變化觀象玩辭觀變玩占而法行之此下六爻則其例也【附錄】此變化只就人事說擬議只是裁度自家言動使合於理變易以從道之意如擬議得是便吉擬議未善則凶謨

鳴鶴在陰其子和之我有好爵我與爾靡之子曰君子居其室出其言善則千里之外應之況其邇者乎居其室出其言不善則千里之外違之況其邇者乎言出乎身加乎民行發乎

李立

邇見乎遠言行君子之樞機樞機之發榮辱之主也言行君子之所以動天地也可不慎乎釋中孚九二爻義附錄鶴鳴子和好爵爾靡此本是說誠信感通之理夫子却專以言行論之蓋誠信感通莫大於言行謨言行樞機是言所發者至近而所應者甚遠否曰樞機便是鳴鶴在陰下面大槩只說這意都不解著我有好爵二句學蒙纂註蔡氏曰萬化不窮感應二端而已故夫子取中孚九二之辭而推廣其理也居其室即在陰之義出其言即鳴鶴之義千里之外應之即其子和之之義特主乎人而爲言耳感應者心也言者心之聲行者心之迹言行乃感應之樞機也善者至善之理也一不善則悖理矣人以善而感應則感應同乎天矣故曰動天地

同人先號咷而後笑子曰君子之道或出或處或默或語二人同心其利斷金同心之言其臭如蘭釋同人九五爻義言君子之道初若不同而後實無間斷金如蘭言物莫能間而其言有味也附錄同心之利雖金石之堅亦被他斷決將去斷是斷做兩段學蒙

初六藉用白茅无咎子曰苟錯諸地而可矣藉之用茅何咎之有慎之至也夫茅之爲物薄而用可重也慎斯術也以往其无所失矣釋大

大三百十六三万四

過初六爻義 纂註 蔡氏曰物之置於地也亦可安矣而又藉之以茅過於愼也凡天下之事過則有失惟過於愼則无所失故无咎

勞謙君子有終吉子曰勞而不伐有功而不德厚之至也語以其功下人者也德言盛禮言恭謙也者致恭以存其位者也釋謙九三爻義德言盛禮言恭言德欲其盛禮欲其恭也亢龍有悔子曰貴而无位高而无民賢人在下位而无輔是以動而有悔也釋乾上九爻義當屬文言此蓋重出不出戶庭无咎子曰亂之所生也則言語以爲階君不密則失臣臣不密則失身幾事不密則害成是以君子愼密而不出也釋節初九爻義子曰作易者其知盜乎易曰負且乘致寇至負也者小人之事也乘也者君子之器也小人而乘君子之器盜思奪之矣上慢下暴盜思伐之矣慢藏誨盜冶容誨淫易

曰負且乘致寇至盜之招也釋解六三爻義〇此第八章言卦爻之用【纂註】蔡氏曰自中孚初爻至此乃夫子擬議之辭而爲三百八十四爻之凡例也爻之有義非辭不明而天下之事變化無窮又豈辭之所能備哉苟玩之者拘而不通則一爻不過一事而已擬議以成其變化其所以示人者詳矣然夫子之辭又特發其端耳學易者當玩而有得也

天一地二天三地四天五地六天七地八天九地十此簡本在第十章之首程子曰宜在此今從之此言天地之數陽奇陰偶即所謂河圖者也其位一六居下二七居上三八居左四九居右五十居中就此章而言之則中五爲衍母次十爲衍子次一二三四爲四象之位次六七八九爲四象之數二老位於西北二少位於東南其數則各以其類交錯於外也【附錄】總論下文數節　來諭謂某不當以大衍之數參乎河圖之數此亦存說矣數之爲數雖各主於一義然其參伍錯綜無所不通則有非人之所能爲者其所不合固不容以強合其所必合則縱橫反覆如合符契亦非人之所能強離也若於此見得自然契合不假安排底道理方知造化工夫神妙巧密若論易文則自大衍之數五十至再扐而後掛便接乾之策二百一十有六至可與祐神矣爲一節是論大衍之數自天一至地十却連天數五至行鬼神也爲一節是論河圖五十五之數今其文間斷差錯不相連接舛誤甚明伊川先生已嘗釐正啓蒙雖依此寫而不曾推論其所以然者故覽者不之察耳荅袁樞看繫辭須先看自大衍之數以下皆是說卜筮若不是說卜筮却是說一箇无頭底物今人誠不知易可學【纂註】蔡氏曰天地者陰陽對待之定體也一至十者陰陽流行之次序也然對待非流行則不能變化流行非對待

則不能自行而五十五者則流行之細分也天數五地數五五位相得而各有合天數二十有五地數三十凡天地之數五十有五此所以成變化而行鬼神也此簡本在大衍之後今按宜在此天數五者一三五七九皆奇也地數五者二四六八十皆偶也相得謂一與二三與四五與六七與八九與十各以奇偶爲類而自相得有合謂一與六二與七三與八四與九五與十皆兩相合二十有五者五奇之積也三十者五偶之積也變化謂一變生水而六化成之二化生火而七變成之三變生木而八化成之四化生金而九變成之五變生土而十化成之鬼神謂凡奇偶生成之屈伸往來者

附錄

相得各有合在十干甲乙木丙丁火戊己土庚辛金壬癸水便是相得甲與己合乙與庚合丙與辛合丁與壬合戊與癸合便是各有合又曰五行本只是五而有十者蓋一箇便包兩箇如木便包甲乙火便包丙丁土便包戊己金便包庚辛水便包壬癸所以爲十學蒙

大衍之數五十其用四十有九分而爲二以象兩掛一以象三揲之以四以象四時歸奇於扐以象閏五歲再閏故再扐而後掛大衍之數五十蓋以河圖中宮天五乘地十而得之至用以筮則又止用四十有九蓋皆出於理勢之自然而非人之知力所能損益也兩謂天地也掛懸其一於左手小指之間也三三才也揲間而數之也奇所揲四數之餘也扐

勒於左手中三指之兩間也閏積月之餘日而成月者也五歲之間再積日而再成月故五歲之中凡有再閏然後別起積分如一掛之後左右各一揲而一扐故五者之中凡有再扐然後別起一掛也

附録

河圖五十五是天地自然之數大衍五十是聖人去這河圖裏面取那天五地十衍出這箇數大槩河圖是自然底大衍是用以揲蓍求卦底淵 或問大衍之義曰天地之數五十有五虛其中金木水火土五數便是五十又虛天一故用四十有九此一說也三天兩地便是虛去天一只用天三對地二耳又五爲生數之極十爲成數之極以五乘十以十乘五亦爲五十此一說也又數始於一成於五小衍之成十大衍之成五十此又一說也數家之說雖多不同某謂此說却分曉蕃奇者左右四揲之餘也扐指間也謂四揲左手之策而歸其餘於无名指間四揲右手之策而歸其餘於中指之間也與郭子和 聖人下字皆有義掛者挂也扐者扐於二指之中也賀孫 掛一一歲揲右二歲扐右三歲一閏揲左四歲扐左五歲再閏也人傑 一掛之間凡再扐即五歲之間凡再閏之象也與郭子和

總論數節 繫辭言蓍法大抵只是解其大略想別有文字今不可見但如天數五地數五此是舊文五位相得而各有合是孔子解文天數二十有五地數三十凡天地之數五十有五 此是舊文此所以成變化而行鬼神此是孔子解文分而爲二是本文以象兩是解掛一揲之以四歸奇於扐皆是本文以象三以象四時以象閏之類皆是解文也乾之策二百一十有六坤之策百四十有四孔子則斷之以當期之日二篇之策萬有一千五百二十孔子則斷之以當萬物之數於此可見謨 蓍卦當初聖人用之亦須有箇見成圖筭後自失其傳所僅存者只有這幾句其間已自是添入字去說他了賀孫

乾之策二百一十有六坤之

策百四十有四凡三百有六十當期之日凡此策數生於四象蓋河圖四面太陽居一而連九少陰居二而連八少陽居三而連七太陰居四而連六揲蓍之法則通計三變之餘去其初掛之一凡四爲奇凡八爲偶奇圓圍三偶方圍四三用其全四用其半積而數之則爲六七八九而第三變揲數策數亦皆符會蓋餘三奇則九而其揲亦九策亦四九三十六是爲居一之太陽餘二奇一偶則八而其揲亦八策亦四八三十二是爲居二之少陰二偶一奇則七而其揲亦七策亦四七二十八是爲居三之少陽三偶則六而其揲亦六策亦四六二十四是爲居四之老陰是其變化往來進退離合之妙皆出自然非人之所能爲也少陰退而未極乎虛少陽進而未極乎盈故此獨以老陽老陰計乾坤六爻之策數餘可推而知也期周一歲也凡三百六十五日四分日之一此特舉成數而槩言之耳

附録 策者蓍之莖數曲禮所謂策爲筮者是也大傳所謂乾坤二篇之策者正以其掛扐之外見存蓍數爲言耳蓋揲蓍之法凡三揲掛扐通十三策而見存三十六策則爲老陽之爻三揲掛扐通十七策而見存三十二策則爲少陰之爻三揲掛扐通二十一策而見存二十八策則爲少陽之爻三揲掛扐通二十五策而見存二十四策則爲老陰之爻大傳專以六爻乘二老而言故曰乾之策二百一十有六坤之策百四十有四凡三百有六十其實六爻之爲陰陽者老少錯雜其積而爲乾者未必皆老陽其積而爲坤者未必皆老陰其爲六子諸卦者或陽或陰亦互有老少焉蓋老少之別本所以生爻而非所以名卦今但以乾有老陽之象坤有老陰之象六子有少陰陽之象且均其策數又偶合焉而因假此以明彼則可若便以乾六爻皆爲老陽坤六爻皆爲老陰六子皆爲少陽少陰則恐其未安也但三百六十者陰

四之合其數必齊若乾坤之爻而皆得於少陰陽也則乾之策六其三十八而爲百六十八坤之策六其三十二而爲百九十二其合亦爲三百六十此則不可易也荅程迥著之一籌謂之一策策中乘除之數則直謂之數策數云者凡手中之數皆是如禮曰倒策側龜於君前有誅龜策弊則埋之不可以既揲餘數不爲策也必大此凡言策數雖指掛扐之外過揲見存之著數而言然不以掛扐之內所餘之著不爲策也著卦考誤【纂註】蔡氏曰天地之運大小皆極於三百六十大衍乾坤之策當期之日眞所謂與天相似也

二篇之策萬有一千五百二十當萬物之數也二篇謂上下經凡陽爻百九十二得六千九百一十二策陰爻百九十二得四千六百八策合之得其數【附錄】二篇之策當萬物之數亦是取象之辭不是萬物恰有此數必大

是故四營而成易十有八變而成卦四營謂分二掛一揲四歸奇也易變也謂一變也三變成爻十八變則成六爻也【附錄】易字只是箇變字四度經營方成一變若說易之一變却不可這處未下得卦字亦未下得爻字只下得易字淵營謂經營易即變也謂分二掛一揲四歸奇凡四度經營蓍策乃成一變也積十二營三掛六扐乃成三變然後成爻十有八變而成卦者謂既三變而成一爻復合四十九蓍如前經營以爲一變積十八變則成六爻而爲一卦也

八卦而小成謂九變而成三畫得內卦也

引而伸之觸類而長之天下之能事畢矣謂已成六爻而視其爻之變與不變以爲動靜則一卦可變而爲六十四卦以定吉凶凡四千九十六卦也

顯道神

德行是故可與酬酢可與祐神矣道因辭顯行以數神酬酢謂應對祐神謂助神化之功

【附錄】道較微妙無形影因卦辭說出來道這是吉這是凶這可爲這不可爲德行是人做底事因數推出來方知得這不是人硬恁地做都是神之所爲學蒙德行是人事粗做底只是人爲若決之於鬼神德行便神淵此說著龜之用也道理因此顯著德行是人事却須取必於著既知吉凶而後可以酬酢事變神不能自說吉凶與人必俟易始著見是易能祐助於神也當

【纂註】蔡氏曰顯道闡幽也神德行微顯也如是則可以應變而助神矣

子曰知變化之道者其知神之所爲乎變化之道即上文數法是也皆非人之所能爲故夫子嘆之而門人加子曰以別上文也○此第九章言天地大衍之數揲蓍求卦之法然亦略矣意其詳具於太卜筮人之官而今不可考耳其可推者啓蒙備言之

【附錄】銖問陽化爲陰陰變爲陽者變化也所以變化者道也道者本然之妙變化者所乘之機故陰變陽化而道无不在兩在故不測故曰知變化之道者其知神之所爲乎不審可如此看否曰亦得之銖

易有聖人之道四焉以言者尚其辭以動者尚其變以制器者尚其象以卜筮者尚其占四者皆變化之道神之所爲者也

【附錄】問以字是指以易而言否曰然又問以言者尚其辭以言是取其言以明理斷事如論語上舉不恒其德或承之羞之類否曰是學蒙問以卜筮者尚其占卜用龜亦使易占否曰不用只是文勢如此學蒙問辭占是一類動制器是一類所以下文至精合辭占說

至變合變象説曰然辭占是一類者曉得辭方知得占若與人説話曉得他言語方見他胸中底藴變是事之始象是事之已形者故亦是一類學蒙

是以君子將有爲也將有行也問焉而以言其受命也如嚮无有遠近幽深遂知來物非天下之至精其孰能與於此此尚辭尚占之事言人以蓍問易求其卦爻之辭而以之發言處事則易受人之命而有以告之如嚮之應聲以決其未來之吉凶也以言與以言者尚其辭之以言義同命則將筮而告蓍之語冠禮筮日宰自右贊命是也附録問焉而以言若以上下文義推之而以言則是命筮之辭古人亦大段重筮但而以言三字義拗若作以易之言如所謂不恒其德或承之羞不占只是以其言又於上下文不順學蒙

參伍以變錯綜其數通其變遂成天地之文極其數遂定天下之象非天下之至變其孰能與於此此尚象之事變則象之未定者也參者三數之也伍者五數之也既參以變又伍以變一先一後更相考覈以審其多寡之實也錯者交而互之一左一右之謂也綜者總而挈之一低一昂之謂也此亦皆是揲蓍求卦之事蓋通三揲兩手之策以成陰陽老少之畫究七八九六之數以定卦爻動静之象也參伍錯綜皆古語而參伍尤難曉按荀子云窺敵制變欲伍以參韓非曰省同異之言以知朋黨之分偶參伍之驗以責陳言之實又曰參之以比物伍之以合參史記曰必參而伍之又曰參伍不失漢書曰參伍其賈

大一百盅小九九又十五以類相準此足以相發明矣

附録　參以三數之也伍以五數之也如云什伍其民如云或相什伯非眞爲參與伍而已也蓋紀數之法以參數之則遇五而齊以五數之則遇三而會又曰若其他數猶可湊參伍兩數自是參差不齊所以舉爲言又曰揲蓍本無參數伍數之法只言交互參考皆有自然之數如三三爲九三二爲六之類雖不用以揲蓍而推考變通則未嘗不用也謨錯者交而互之一左一右之謂如乾對坤坎對離自是交錯綜者總而挈之且以七八九六明之六七八九便是次序然而七是陽六壓他不得便當挨上七生八八生九九又須挨上便是一低一昂學蒙錯綜是兩樣錯是往來交錯之義有迭相爲用之意綜者條而理之也如機上織底綜一箇上去一箇下來陽上去做陰陰下來做陽如綜相似淵錯綜其數便又是七八九六九對八便是東西相錯六上生七爲陽九下生八爲陰便是上下爲綜義剛錯綜自是兩事參伍錯綜又各是一事參伍所以通之其治之也簡而疎錯綜所以極之其治之也繁而密僩成天地之文者若卦爻之陳列變態者是也定天下之象者物象皆有定理足以經綸天下之事也人傑○愚按楊倞荀子註伍參猶雜也使間諜或參之或伍之於敵間而盡知其事史記引周書曰必參而伍之註三卿五大夫欲更議也

易无思也无爲也寂然不動感而遂通天下之故非天下之至神其孰能與於此

此四者之體所以立而用所以行者也易指蓍卦无思无爲言其无心也寂然者感之體感通者寂之用人心之妙其動靜亦如此

附録　蓍卦何嘗有思有爲但只是扣著便應无所不通所以爲神耳非是別有至神在蓍卦之外也答祖儉易是箇无情底物事故寂然不動占之者吉

凶善惡隨事著見乃感而遂通也時舉易无思慮也无作爲也其寂然者无時而不感其感通者无時而不寂也是乃天命之全體人心之至正所謂體用之一源流行而不息者也疑若不可以時處分矣然於其未發也見其感通之體於其已發也見其寂然之用亦各有當而實未嘗分焉雜著人之一身知覺運用莫非神之所爲則心者固所以主於身而无動靜語默之間者也然方其靜也事物未至思慮未萌而一性渾然道義全具其所謂中是乃心之所以爲體而寂然不動者也及其動也事物交至思慮萌焉則七情迭用各有攸主其所謂和乃是心之所以爲用感而遂通者也然性之靜也不能不動也而必有節焉是則心之所以寂然感通周流貫徹而體用未始相離也又曰方其存也思慮未萌而知覺不昧是則靜中之動復之所以見天地之心也及其察也事物紛糾而品節不差是則動中之靜艮之所以不獲其身不見其人也有以主乎靜中之動是以寂而未嘗不感有以察乎動中之靜是以感而未嘗不寂寂而常感感而常寂此心之所以周流貫徹而无一毫之不仁也荅欽夫寂是體感是用當其寂時理固在此必感而後發如仁感爲惻隱未感時只是仁義感爲羞惡未感時只是義可學問胡氏說多指心作巳發曰便是錯了縱使巳發感之體固在所謂動中未嘗不靜如此則流行發見而卓然有不可移今只指作巳發一齊无本了終日只得奔波急迫大錯了淵看來寂然不動衆人皆有是心至感而遂通處獨聖人能之衆人却不然蓋他雖具此心未發時巳自汩亂了思慮紛擾夢寐顛倒可見若无聖人操存之道至感發處如何會得如聖人中節寓寂然不動感而遂通天下之故與窮理盡性以至於命本只是說易不是說人諸家皆是借來就人上說亦通閎祖

夫易聖人之所以極深而研幾也研猶審也

幾微也所以極深者至精也所以研幾者至變也

附錄 問如何是極深曰聖人都曉得至深難見底道理都就易中見得問如所謂幽明之故死生之說鬼神之情狀之類否曰然問如何是研幾曰便是研磨出那幾微處且如一箇卦在這裏便有吉凶有悔吝幾微毫釐處都研出來又問如此說正與本義所謂所以極深者至精也所以研幾者至變也正相發明曰然道夫易便有那深有那幾聖人便用極出那深研出那幾研是研磨到底之意詩書禮樂皆是說那已有底事惟是易說那未有底事研幾是不待他顯著只在那茫昧時都處置了淵研便是研窮他幾便是周子所謂動而未形有无之間者也學蒙知至如極深能慮便是研幾夔孫

唯深也故能通天下之志唯幾也故能成天下之務唯神也故不疾而速不行而至所以通志而成務者神之所爲也

附錄 深就心上說幾就事上說幾便是有那事了雖是微畢竟是有深在心甚玄奧幾在事半微半顯淵深是幽深通是開通人所以蔽塞只爲他淺若是深後便能開通人志道理若淺如何開通得人所謂通天下之志亦只是說開物相似所以下一句也說箇成務易是說未有底六十四卦皆是如此淵

子曰易有聖人之道四焉者此之謂也○此第十章承上章之意言易之用有此四者

附錄 變化之道莫非神之所爲也故知變化之道則知神之所爲矣易有聖人之道四焉所謂變化之道也觀變玩占可以見其精之至矣玩辭觀象可以見其變之至矣然非有寂然感通之神則亦何以爲精爲變而成變化之道哉此變化之道所以爲神之所爲也所以極深者以其精也所以研幾者

以其變也極深研幾所以不疾而速不行而至者以其神也此又覆明上文之意復以易有聖人之道四焉者結之也或曰至精至變皆以書言之矣至神之妙亦以書言可乎曰至神之妙固无不在詳考之文意則實亦以書言之也所謂无思无爲寂然不動云者言在冊象在畫蓍在櫝而變未形也至於玩辭觀象而揲蓍以變則感而遂通天下之故矣推而極於天地之大反而驗諸心術之微其一動一靜循環始終之際至神之妙亦如此而已矣嗚呼此其所以不疾而速不行而至也歟精變神說

子曰夫易何爲者也夫易開物成務冒天下之道如斯而已者也是故聖人以通天下之志以定天下之業以斷天下之疑開物成務謂使人卜筮以知吉凶而成事業冒天下之道謂卦爻既設而天下之道皆在其中

附錄 物是人物務是事務冒只是罩得天下許多道理在裏自今觀之也是如何出得他箇道夫讀繫辭須見得如何是開物如何是成務又如何是冒天下之道須要就卦中一一見得許多道理然後可讀蓋易之爲書大抵皆因卜筮而設敎逐爻開示吉凶包括无遺如將天下許多道理包藏在其中故曰冒天下之道由卜筮而推上通鬼神下通事物精及於无形粗及於有象如包罩在此隨取隨得謨此是說蓍龜若不指蓍龜何以言通之定之斷之必大聖人作易敎他占吉則爲凶則否所謂通志定業斷疑者即此也

是故蓍之德圓而神卦之德方以知六爻之義易以貢聖人以此洗心退

藏於密吉凶與民同患神以知來知以藏往其孰能與於此哉古之聰明叡知神武而不殺者夫圓神謂變化无方方知謂事有定理易以貢謂變易以告人聖人體具三者之德而无一毫之累无事則其心寂然人莫能窺有事則神知之用隨感而應所謂无卜筮而知吉凶也神武不殺得其理而不假其物之謂

附錄 蓍以七爲數是未成卦時所用未有定體故其德圓而神所以知來卦以八爲數是因蓍之變而成巳有定體故其德方以知所以藏往荅何鎬此字指蓍卦之德六爻之義而言洗心言聖人玩此理而默契其妙也荅王遇聖人之心渾只是圓神方知易貢三箇物事更無別物一似洗得來潔靜了又曰是以耶易來洗濯自家心了更没些私意小知在裏許聖人便似耶易了淵退藏於密時固是不用這物事吉凶與民同患也不用這物事用神而不用蓍用知而不用卦全不犯手退藏於密是不用事時到他用事也不犯手事未到時先安排在這裏了事到時恁地來恁地應淵一卦之中凡爻辭所載皆是巳著底道理此藏往也占得此爻却因巳見底道理推未來底事便是知來必大神以知來如明鏡然事物來都看見知以藏往只是見在有底事他都識得又曰都藏得在這裏面學蒙如揲蓍然當其未揲也都不知成卦了則事都絣定在上面了便是藏往聖人於天下自是所當者摧所向者伏然而他都不費手脚這便是神武不殺學蒙

是以明於天之道而察於民之故是興神物以前民用聖人以此齊戒以神明其德

夫神物謂蓍龜湛然純一之謂齊肅然警惕之謂戒明天道故知神物之可興察民故故知其用之不可不有以開其先是以作爲卜筮以教人而於此焉齊戒以考其占使其心神明不測如鬼神之能知來也

附錄

齊戒敬也聖人无一時一事而不敬此特因卜筮而言尤見其精誠之至如孔子所慎齊戰疾之意也荅敬夫　胡叔器問齊戒只是敬否曰也是敬但齊較詳於戒戒到湛然純一時郤肅然警惕也无了義剛　聖人於卜筮其齊戒之心虛靜純一戒謹恐懼卻只是退聽於鬼神學蒙　問天之道便是民之故否曰到得極處固只是一箇道理看時須做兩處看方看得周匝无虧欠處問天之道只是福善禍淫之類否曰如陰陽變化春何爲而生秋何爲而殺夏何爲而暑冬何爲而寒皆要理會得問民之故如君臣父子之類否曰故只是事凡民日用皆是若只理會得民之故卻理會不得天之道便即民之故亦未是在到得極時固只是一理要之須是都理會周匝始得道夫　問明察之義有淺深否曰察深於明明只是大槩明得這道理耳孟子所言明察與易明於天道察於民故同去僞　聖人見得天道知得人事都是這箇道理看見蓍龜之靈都包得這道理於是作爲卜筮使民因卜筮皆知得道理都在這裏面了荅敬夫　是興神物以前民用此言有以開民使民都知前時民皆塞吉凶利害是非都不知因這箇開了便能如神明然此便是神明其德又曰民用之則民神明聖人用之則自神明其德淵便是聖人也要神明這箇本是一箇靈聖底物事自家齊戒便會靈聖不齊戒便不靈聖古人所以七日戒三日齊義剛　設爲卜筮以爲民之嚮導聖人於此又要以卜筮而齊戒以神明其德顯道神德行便似這神字猶言凶吉若有神陰相之相似都不是自家做得卻都若神之所爲學蒙

總論一節

是以明於天之道至以前民用此言作易之事也聖人以此齊戒以神明其德夫此

言用易之事也荅敬夫（總論上一節）洗心退藏言體知來藏往言用然亦只言體用具矣而未及用出來下文是興神物以前民用方發出許多道理以盡見於用也然前段必結之以聰明叡知神武而不殺者只是譬喻著龜雖未用而神靈之理具在猶武是殺人底事聖人却存此神武而不殺也謨著德已下言皆已具此理但未用之於卜筮至明於天之道已下方說卜筮乃是發用處是興神物以前民用蓋聖人已具此理復就著龜上發明之使民亦得以前知也聖人以此齊戒以神明其德德即聖人之德又即卜筮以齊戒神明之必大方其退藏而與民同患之用已具及其應變則又以齊戒而神明其德此則非聖人不能與荅西山洗心聖人玩辭觀象理與心會也齊戒聖人觀變玩占臨事而敬也荅何鎬聖人此心虛明自然具衆理卦爻許多不是安排對副與人看是甚人來自然撞著易如此聖人也如此所以說箇著之德卦之德明其德淵

是故闔戶謂之坤闢戶謂之乾一闔一闢謂之變往來不窮謂之通見乃謂之象形乃謂之器制而用之謂之法利用出入民咸用之謂之神

闔闢動靜之機也先言坤者由靜而動也乾坤變通者化育之功也見象形器者生物之序也法者聖人修道之所爲而神者百姓自然之日用也【附錄】闔闢乾坤理與事皆如此書亦如此這箇則說理底意思多淵問易中多言變通之意如何曰處得恰好處便昰通問往來不窮謂之通如何曰處得好便不窮不通便窮道夫見乃謂象只是說動而未形有无之間者幾底意思幾雖是未形然畢竟是有箇物了淵利用出入者

便是民生日用都離他不得淵民之於易隨取而各足易之於民周徧而不窮所以謂之神學蒙

【纂註】徐氏曰天道流行有動有靜猶戶之闔闢也陽之噓也戶之闢也羣蟄由是而作也是謂之乾陰之翕也戶之闔也羣動由是而息也是謂之坤先坤後乾陰陽之義也一闔一闢交易代換是謂之變往來不窮運行悠久是謂之通物生之初微而可見則謂之象物成之後實而有形則謂之器聖人因象器之自然修道立教制器利用有不容違之則是謂之法民生日用出而作固利也入而處亦利也是法也即易之形象變通乾坤闔闢至妙之理或出或入民咸用之是謂之神

是故易有太極是生兩儀兩儀生四象四象生八卦一每生二自然之理也易者陰陽之變太極者其理也兩儀者始爲一畫以分陰陽四象者次爲二畫以分太少八卦者次爲三畫而三才之象始備此數言者實聖人作易自然之次第有不假絲毫智力而成者畫卦揲蓍其序皆然詳見序例啓蒙

【附錄】此太極却是爲畫卦設當未畫卦前太極只是一箇渾淪底道理裏面包含陰陽剛柔奇偶无所不有及畫一奇一偶是生兩儀再於一奇畫上加一奇此是陽中之陽又於一奇畫上加一偶此是陽中之陰又於一偶上加一奇此是陰中之陽又於一偶上加一偶此是陰中之陰是謂四象所謂八卦者一象上有兩卦每象各添一奇一偶便是八卦四象如春夏秋冬金木水火東西南北無不可推矣謨太極不離乎兩儀四象八卦如曰一陰一陽之謂道指陰陽爲道固不可而道則不離乎陰陽也必大太極便是一到得生兩儀時這太極便在兩儀中生四象時這太極便在四象中生八卦時這太極便在八卦中道夫銖謂自兩儀生四象則老陽老陰不動而少陰少陽則交自四象生八卦則乾坤震巽不動而

離兊坎艮則交銖此一節乃孔子發明伏羲畫卦自然之形體次第最爲切要古今說者唯康節明道二先生爲能之故康節之言曰一分爲二二分爲四四分爲八八分爲十六十六分爲三十二三十二分爲六十四猶根之有榦榦之有支愈大則愈小愈細則愈繁而明道以爲加一倍法其發明孔子之言又可謂最要切矣與郭子和此乃學易綱領開卷第一義然古今未見有識之者至康節先生始傳先天之學而得其說且以爲伏羲之易也說卦天地定位一章先天圖乾一兊二離三震四巽五坎六艮七坤八之序皆本於此若自八卦而上又放此而生之至於六畫則八卦相重而爲六十四卦矣苔虞太中伏羲畫八卦只此數畫該盡天下萬物之理廣八卦列於六經爲萬世文字之祖苔呂祖謙〔總論上文〕闔闢往來乃是易之道易有太極則承上文而言所以往來開闢而无窮者以其有是理耳有是理則天地設位而易行乎其中矣兩而生四四而生八至於八則三變相因而三才可見故聖人因之畫爲八卦以形變易之妙而定吉凶至此然後可以言書耳苔西山〔通論說卦數章〕太極兩儀四象八卦者伏羲畫卦之法也說卦天地定位至坤以藏之以前伏羲所畫八卦之位也帝出乎震以下文王即伏羲已成之卦而推其義類之辭也木之

八卦定吉凶吉凶生大業有吉有凶是生大業

〔附錄〕卦畫既立便有吉凶在裏蓋是陰陽往來交錯於其間時則有消長之不同長者便爲主消者便爲客事則有當否之或異當者便爲善否者便爲惡即其主客善惡之辨而吉凶見矣故曰八卦定吉凶吉凶既決定而不差則以之立事而大業自此生矣此聖人作易教民卜筮而以開天下之愚以定天下之志以成天下之事者如此賀孫

是故法象莫大乎天地變通莫大乎四

時懸象著明莫大乎日月崇高莫大乎富貴備物致用立成器以爲天下利莫大乎聖人探賾索隱鉤深致遠以定天下之吉凶成天下之亹亹者莫大乎著龜富貴謂有天下履帝位立下疑有闕文亹亹猶勉勉也疑則怠決故勉

附録 賾是雜亂不是妙字本從口是喧閙意從匠亦然學蒙探賾索隱若與人說話時也須聽他雜亂說出來方可索他隱底淵問定吉凶成亹亹莫大乎著龜如何曰人到疑而不能決處便放倒了不肯向前既得卜筮知其吉凶自然勉勉住不得則其所以亹亹者是卜筮成之也必大

纂註 徐氏曰法謂效法象謂成象萬物之生有顯有微皆法象也而莫大乎天地萬化之運終則有始皆變通也而莫大乎四時天文煥爛皆懸象著明也而莫大乎日月崇高以位言而貴爲天子富有四海者爲尤大智者創物巧者述之皆足以爲利而物无不備用无不致立成器以爲天下利者惟聖人爲大賾隱以物象言深遠以事理言探之索之則賾者陳而隱者顯矣鉤謂曲而取之致謂推而極之則深者出而遠者至矣卦爻示人者明若觀火則有以決其吉凶而勉其有成也故曰成天下之亹亹者莫大乎著龜上三言以易之在造化者言也下三言以易之在人事者言也天地有自然之法象非崇高富貴位與天地並何以修道而立教四時有自然之變通非聖人作易變通盡利何以神化而宜民日月之明旁燭幽遐非易之示人本隱之顯何以開物成務是三言者各有所合也蔡氏曰立字下當有象字

是故天生神物

聖人則之天地變化聖人效之天垂象見吉凶聖人象之河出圖洛出書聖人則之此四者聖人作易之所由也河圖洛書詳見啓蒙○愚謂神物謂蓍則之而四十九之用成變化謂陰陽效之而卦爻動靜備象謂日月星辰循度失度而吉凶見象之而卦爻有以斷吉凶皆作易之本也易有四象所以示也繫辭焉所以告也定之以吉凶所以斷也四象謂陰陽老少示謂示人以所值之卦爻○此第十一章專言卜筮易曰自天祐之吉无不利子曰祐者助也天之所助者順也人之所助者信也履信思乎順又以尚賢也是以自天祐之吉无不利也釋大有上九爻義然在此无所屬或恐是錯簡宜在第七章之末子曰書不盡言言不盡意然則聖人之意其不可見乎子曰聖人立象以盡意設卦以盡情僞繫辭焉以盡其言變而通之以盡利鼓之舞之以盡神言之所傳者淺象之所示者深觀奇偶二畫包含變化无有窮盡則可見矣變通鼓

舞以事而言兩子曰字宜衍其一蓋子曰字皆後人所加故有此誤如近世通書乃周子所自作亦爲後人每章加以周子曰字其設問荅處正如此也【附録】立象盡意不獨是聖人有這意思寫出來自是他象上有這意設卦以盡情僞不成聖人有情又有僞自是卦上有這情僞看來情僞只是箇好與不好如剥五陰只是要害一箇陽這是不好底情便是僞如復如臨便是好底卦便是眞情學蒙變而通之以盡利此言占得此卦陰陽老少交變因其變便有通之理鼓之舞之以盡神未占得則有所疑既占則无所疑自然使人脚輕手快行得順便如大衍之後言顯道神德行是故可與酬酢可與祐神定天下之吉凶成天下之亹亹皆是鼓之舞之之意元裕變通盡利鼓舞盡神是言立象設卦繫辭皆爲卜筮之用而天下之人方知所以趨吉避凶奮然有所興作不知手之舞之足之蹈之之意故曰定天下之吉凶成天下之亹亹者莫大乎蓍龜猶懼迫天下之人勉之爲善相似謨鼓之舞之便无所用力自是聖人敎化如此鼓舞於占上分數較多自是樂會得而不自知因舉橫渠云巫風其鼓舞之盡神者與巫字從工兩邊人字是取象其舉神巫者祀神如舞雩之類皆須舞蓋以通暢其和氣達於神明僩問鼓舞恐是振揚發明底意思否曰然蓋提撕警覺使人各爲其所當爲也道夫

乾坤其易之緼邪乾坤成列而易立乎其中矣乾坤毁則无以見易易不可見則乾坤或幾乎息矣

緼所包畜者猶衣之著也易之所有陰陽而已凡陽皆乾凡陰皆坤畫卦定位則二者成列而易之體立矣乾坤毁謂卦畫不立乾坤息謂變化不行【附録】向論衣㡼緼袍緼是綿絮胎今看此緼字正是如此取義

大十小一千○六十

易已著此理乾坤則是體骨必大乾坤成列便是乾一至坤八都成列了其變易方立其中若只是一陰一陽則未有變易在又曰有這卦則有變易无這卦便无這易了又曰此段以乾坤爲主學蒙易不過只是一箇陰陽奇偶千變萬變則易之體立若奇偶不交變奇純是奇偶純是偶去那裏見易易不可見則陰陽奇偶之用亦何自而辨元裕自易道體統而言則乾陽坤陰一動一靜乃其緼也自乾坤成列而觀則易之爲道又不在乾坤之外惟不在外故曰乾坤毀則无以見易易不可見而乾坤或幾乎息矣荅欽夫

是故形而上者謂之道形而下者謂之器化而裁之謂之變推而行之謂之通舉而措之天下之民謂之事業

卦爻陰陽皆形而下者其理則道也因其自然之化而裁制之變之義也變通二字上章以天言此章以人言

附録

問陰陽如何是形而下者曰一物便有陰陽便有作用寒暖生殺皆見得是形而下者木之凡有形有象者皆器也其所以爲是器之理者則道也如所謂始終晦明奇偶之屬皆陰陽所爲之器獨其所以爲是器之理如目之明耳之聰父之慈子之孝乃爲道耳荅九淵　形而上者指理形而下者指事物事事物物皆有理事物可見而其理難知即事即物便要見得此理只是如此看但要其實於事物上見得這道理然後於己有益謨　形以上底虛渾是道理形以下底實便是器淵　器亦道也道亦器也道未嘗離乎器道只是器之理學蒙　道非器不形器非道不立夔孫　化是漸漸消化亹亹地去有漸底意思不見其化之迹且如而今天氣漸漸化涼將去到得立秋便截段這已後是秋便是變又曰只就那化中裁截取便是變道夫　化是因其自

然而化裁是人為變是變了他且如自初一至三十日便是化到這三十日便截段做一月明日便屬後月便是變又如今年三百六十日須待日日漸次進去到那滿時這便是化自春而夏夏而秋秋而冬聖人去這裏截做四時這便是變化不是一日内便頓然恁地人之進德亦如此三十而立不到那三十時便立須從十五志學漸漸化去方到淵又如星辰運行无頃刻停息若逐時記之自不勝其記以昬旦記之則一日差一度然亦記不得所以只於逐月截段道昬某中旦某中逐日便是化到這一月處便是變學蒙處得恰好處便是通推而行之便是就這上行將去且如亢龍有悔是不通了處得來无悔便是通變是就時就事上說通是就上面處得行處說故曰通其變只要常教流通不窮問如富貴貧賤夷狄患難這是變行乎富貴行乎貧賤行乎夷狄行乎患難至於无入而不自得便是通否曰然道夫化而裁之屬前項事謂漸漸化去裁制成變則謂之變推而行之屬後項事謂推而為別一卦了則通行无礙故為通舉而措之天下謂之事業便只是定天下吉凶成天下亹亹者元裕如陰陽兩爻自此之彼自彼之此若不截斷則豈有定體通是通其變將已截斷者推而行之便是通謂如占得乾之履便是九三如乾乾不息則我所行者以此而措之於民則謂之事業也必大化而裁之方是分下頭項推而行之便是見於事如堯典分命羲和許多事便是化而裁之到敬授人時便是推而行之學蒙

【纂註】張子正蒙曰化而裁之存乎變存四時之變則周歲之化可裁存晝夜之變則百刻之化可裁推而行之存乎通推四時而行則能存周歲之通推晝夜而行則能存百刻之通

是故夫象聖人有以見天下之賾而擬諸其形容象其物宜是故謂

之象聖人有以見天下之動而觀其會通以行其典禮繫辭焉以斷其吉凶是故謂之爻重出以起下文極天下之賾者存乎卦鼓天下之動者存乎辭卦即象也辭即爻也附録極天下之賾者存乎卦卦體之中備陰陽變易之形容鼓天下之動者存乎辭是說出這天下之動如鼓之舞之相似如初九當潛則鼓之以勿用九二當見則鼓之以利見大人若无辭則都發不出了必大化而裁之存乎變推而行之存乎通神而明之存乎其人默而成之不言而信存乎德行卦爻所以變通者在人人之所以能神而明之者在德○此第十二章附録問化而裁之謂之變化而裁之存乎變如何分曰上文化而裁之喚做變下是就這變處見得化而裁之學蒙變化字多相對說化裁之變又說得來重如云幽則有鬼神鬼神本皆屬幽然以鬼神二字相對說則鬼屬幽神又自屬明變化相對說則變是長化是消倜神明一段是與形而上之道相對說自形而上之道說至變通事業是自至約處說入至粗處自極天下之賾存乎卦至神而明之又自至粗上說入至約處默而成之不言而信則說得又微矣元裕

周易繫辭上傳第五　後學　成德　挍訂

周易繫辭下傳第六

朱子本義

新安後學胡一桂附録纂註

八卦成列象在其中矣因而重之爻在其中矣成列謂乾一兌二離三震四巽五坎六艮七坤八之類象謂卦之形體也因而重之謂各因一卦而以八卦次第加之爲六十四也爻六爻也既重而後卦有六爻也【附録】八卦所以成列乃是從太極兩儀四象漸次生出以至於此畫成之後方見其有三才之象非聖人因見三才遂以己意思惟而連畫三爻以象之也因而重之亦是因八卦之已成各就上面接次生出逐爻則更加三變方成六十四卦若待生全卦則只用一變便成六十四卦雖有遲速之不同然皆自然漸次生出各有行列次第畫成之後然後見其可盡天下之變不是聖人見下三爻不足以盡天下之變然後别生計較又并畫上三爻以盡之也此等皆是作易妙處方其畫時雖是聖人亦自不知裏面有許多巧妙奇特直是要人細心體認不可草草立說荅袁樞

剛柔相推變在其中矣繫辭焉而命之動在其中矣剛柔相推而卦爻之變往來交錯無不可見聖人因其如此而皆繫之辭以命其吉凶則占者所值當動之爻象亦不出乎此矣【附録】變是就剛柔交錯而成卦爻上言動是專指當占之爻言如二爻變則占

大一百七十一小八自七十一
者以上爻爲主這上爻便是動如五爻變一爻不變則
占者以不變爻爲主則這不變底便見動處也學蒙
動者也吉凶悔吝皆辭之所命也
然必因卦爻之動而後見剛柔者立本者也變通者
趣時者也一剛一柔各有定位
自此而彼變以從時【附錄】此兩句亦相對說剛柔者陰陽之質
是移不得之定體故謂之本若剛變
爲柔柔變爲剛便是變通之用必大剛柔兩箇是本變通便只是其往來者學蒙
【互論上繫】剛柔者立本者也變通者趣時者也便與變化者進退之象也剛柔
者晝夜之象也一樣學蒙剛柔者晝夜之象【纂註】蔡氏曰剛柔者變通之本
所謂立本變化者進退之象所謂趣時文蔚體變通者剛柔之時用吉
凶者貞勝者也貞正也常也物以其所正爲常者也天下之
事非吉則凶非凶則吉常相勝而不已也【附錄】問貞勝一
段張程之說孰是曰吉凶二者常須有一个勝故曰貞勝貞所以訓常者易傳
解此處多云正固固乃常也爲正字盡貞不得故又著一固字謂如雖是正又
須常固守之【纂註】張子曰有義命當吉當凶當亨當否者聖人不使避凶趣吉
然後爲貞一以貞勝而不顧如大人否亨有隕自天過涉滅頂凶无咎
損益龜不克違及其命亂之類三者情異不可不察按朱子曰張子貞勝之說
雖非經旨然其說亦自好便只行得他說有甚不可大凡看人解經雖有與經
意稍遠然其說是底自是一說不可廢他又曰吉凶以貞勝有雖凶而不可避
者縱貧賤窮困死亡却非悔吝故横渠云不可避凶趣吉一以貞勝者是也
天地之道貞觀者也日月之道貞明者也天下之動

貞夫一者也觀示也天下之動其變无窮然順理則吉逆理則凶則其所正而常者亦一理而已矣【附錄】天地之道則常示日月之道則常明天下之動雖不齊常有一箇是底故曰貞夫一文蔚

夫乾確然示人易矣夫坤隤然示人簡矣確然健貌隤然順貌所謂貞觀者也

爻也者效此者也象也者像此者也此謂上文乾坤所示之理爻之奇偶卦之消息所以效而象之【附錄】問效此是效乾坤之變化而分六爻像此是像乾坤之虛實而爲奇偶曰效此便是乾坤之理象只是像其奇偶學蒙

爻象動乎內吉凶見乎外功業見乎變聖人之情見乎辭內謂著卦之中外謂著卦之外變即動乎內之變辭即見乎外之辭【附錄】先生問曰如何是爻象動乎內吉凶見乎外如何分或曰陰陽老少在分掛揲歸之時而吉凶乃見於成卦之後曰也是如此然內外字猶言先後顯微學蒙功業見乎變是就那動底爻見得這功業字似吉凶生大業之業猶言事變庶事相似學蒙

天地之大德曰生聖人之大寶曰位何以守位曰仁何以聚人曰財理財正辭禁民爲非曰義曰人之人今本作仁呂氏從古蓋所謂非衆罔與守邦○此第一章言卦爻吉凶造化功業【附錄】天地以生物爲心蓋天地之間品物萬形各有所事唯天確然於上地隤然於下一無所爲只以生物爲事故易曰天地之大

德曰生而程子亦曰天只是以生爲道荅欽夫後世只爲這兩箇不相對有位底無德有德底無位有位則事事做得淵理財言你底還你我底還我正辭言是底說是不是底說不是猶所謂正名淵問人君臨天下大事小事只是理財正辭如何曰理財是因上文而言聚得許多人在這裏無財何以養之有財不能理却也不得正辭便只是分別是非又曰教化便却在正辭裏面了學蒙

古者包犧氏之王天下也仰則觀象於天俯則觀法於地觀鳥獸之文與地之宜近取諸身遠取諸物於是始作八卦以通神明之德以類萬物之情

王昭素曰與地之宜諸本多有天字俯仰遠近所取不一然不過以驗陰陽消息兩端而已神明之德如健順動止之性萬物之情如雷風山澤之象

附錄

文蔚曰先生易中謂伏羲作易驗陰陽消息兩端而已此語最盡曰陰陽雖是兩箇字然却是一氣之消息一進一退一消一長進處便是陽退處便是陰長處便是陽消處便是陰只是這一氣之消息做出古今天地間無限事來所以陰陽做一箇說亦得做兩箇說亦得古者伏羲觀鳥獸之文與地之宜那時未有文字只是仰觀俯察而已想得聖人心細雖以鳥獸羽毛之微也盡察得有陰陽今人心粗如何察得或曰伊川見兔曰察此亦可畫卦便是此義曰就這一端上亦可以見耳凡草木禽獸無不有陰陽鯉魚脊上有三十六鱗龍脊上有八十一鱗龍不曾見鯉魚有之又龜背上文中間一簇成五段文兩邊各插四段共成八文又八文之外兩邊周圍共二十四段中間五段者五行也兩邊插八段者八卦

也周圍二十四段者二十四氣也箇箇如此又如草木之有雌雄銀杏桐楮牝牡麻竹之類皆然又樹木向陽處則堅實其背陰處必虛軟男生必伏女生必偃蓋男陽氣在背女陽氣在腹僴聖人作易之初蓋是仰觀俯察見得盈乎天地之間者無非一陰一陽之理有是理則有是象有是象則其數便自在這裏非特圖書爲然蓋所謂數者祇是氣之分限節度處得陽必奇得陰必偶凡物皆然而圖書特爲巧而著耳賀孫 萬物之情盡於八卦而震巽坎離艮兌又總於乾坤曰動曰陷曰止皆健底意思曰麗曰說曰入皆順底意思聖人下此八字極狀得八卦情盡必大 【纂註】蔡氏曰聖人所畫之卦精可以通神明之德粗可以類萬物之情神明之德不可見者也故曰通萬物之情可見者也故曰類

作結繩而爲罔罟以佃以漁蓋取諸離兩目相承而物麗焉 【附錄】蓋取等字乃摹樣是恁地 【纂註】徐氏曰離體中虛兩目相承而物麗之罔罟之象

包犧氏没神農氏作斲木爲耜揉木爲耒耒耨之利以教天下蓋取諸益二體皆木上入下動天下之益莫大於此 【附錄】問本義上入下動於卦義則是於取象有所未曉曰耜乃今之鏵胡瓜切鍫七消切耒乃鏵柄雖是下入必竟是上面用力方得入學蒙蓋字便是一个半間半界底字如取諸益離不是先有見乎離而後爲網罟先有見乎益而後爲耒耜之屬聖人亦只是見魚鼈之屬欲有以取之遂做物事去攔截他欲得耕種見土地硬遂做物事去剔起他却合於離之象合於益之象又曰有取其象者有取其意者賀孫

日中爲市致天下之民

聚天下之貨交易而退各得其所蓋取諸噬嗑日中爲市上明而下動又借噬爲市嗑爲合也纂註蔡氏曰天下之民不同業天下之貨不同用致而聚者噬而嗑之之義也神農氏沒黃帝堯舜氏作通其變使民不倦神而化之使民宜之易窮則變變則通通則久是以自天祐之吉无不利黃帝堯舜垂衣裳而天下治蓋取諸乾坤乾坤變化而无爲附錄黃帝堯舜氏到這時候合當如此變易窮則變道理亦如此垂衣裳而天下治是大變他以前底事了淵通其變須是得一箇人通其變若聽其自變如何得賀孫纂註蔡氏曰乾上坤下垂衣裳而治之義刳木爲舟剡木爲楫舟楫之利以濟不通致遠以利天下蓋取諸渙木在水上也致遠以利天下疑衍服牛乘馬引重致遠以利天下蓋取諸隨下動上說纂註蔡氏曰服乘皆隨之義重門擊柝以待暴客蓋取諸豫豫備之意附錄重門擊柝以待暴客只是豫備之意却須待用互體推艮爲門闕雷震乎外之意弦木爲弧剡木爲矢只是睽乖故有威天下之象亦必待穿鑿附會就卦中推出制器之義殊不

知卦中但有此理而已所以孔子各以蓋取諸某卦言之初亦不過謂其大意云耳謨

斷木爲杵掘地爲臼臼杵之利萬民以濟蓋取諸小過下止上動弦木爲弧剡木爲矢弧矢之利以威天下蓋取諸睽睽乖然後威以服之上古穴居而野處後世聖人易之以宮室上棟下宇以待風雨蓋取諸大壯壯固之意

【纂註】蔡氏曰棟屋脊檁也宇椽也棟直承而上故曰上棟宇兩垂而下故曰下宇棟取四剛義宇取二柔義

古之葬者厚衣之以薪葬之中野不封不樹喪期无數後世聖人易之以棺槨蓋取諸大過送死大事而過於厚上古結繩而治後世聖人易之以書契百官以治萬民以察蓋取諸夬明決之義○此第二章言聖人制器尚象之事

【附錄】上古結繩而治後世易之以書契天下事有古未之爲而後人爲之固不可无者此類是也如年號一事古所未有後世既置便不可廢胡文定却以後世建年號爲非以爲年號之美有時而窮不若只作元年二年三年也此殊不然三代以前事迹多有不可考者正緣无年號所以事无統紀難記如云某年王某月箇箇相似更无理會處及漢既建年號於是事乃

各有所紀屬而可記而今有年號猶自姦僞百出若只寫一年兩年三年則官
司詞訴簿曆憑何而決少間更无討理會處嘗見前輩說有兩家爭田地甲
家賣在元祐幾年乙家買在其先甲家遂將元字改擦作嘉字乙家別將出文
字又在嘉祐之先甲家遂又將嘉祐字塗擦作皇祐有年號猶自被人如此无
後如何倜結繩今溪洞諸蠻猶有此俗又有刻板者年
月日時以至人馬糧草之數皆刻板爲記都不相亂倜
【纂註】蔡氏曰言有所不
能記者則造書以
記之事有所不能信者則
造契以信之取明決之義

是故易者象也象也者像也易卦之形理之似也

【附録】易也者象也象也者像也只是髣髴說不可求得太深　佐易者象也是
總說起言易不過只言陰陽之象下云像也材也天下之動也則皆是
說耶上面
象字學蒙

彖者材也彖言一卦之材

爻也者效天下之動者也效放也

是故吉凶生而悔吝著也悔吝本微因此而著○此第三章

陽卦多陰陰卦多陽震坎艮爲陽卦皆一陽二陰巽離兌爲陰卦皆一陰二陽

其故何也陽卦奇陰卦耦凡陽卦皆五畫凡陰卦皆四畫

【附録】問陽卦多陰至陰卦偶曰陽卦五畫所以多陰陰卦
四畫所以多陽因爲之說曰陽卦宜多陽而多陰陰
卦宜多陰而多陽其故何也蓋陽卦之數必五奇數也奇則陰畫自多陰卦之
數必四偶數也偶則陽畫自多其多陰多陽皆自然而然非人力所能參也先
生曰是
學蒙
○愚因語録而推八卦奇偶之畫每卦雖各得其三而合之則爲六乾
坤合爲六震巽合亦六坎離合亦六艮兌合亦六適符老陰掛扐之

用數總之則四六二十四畫而成老陰過揲之數若無與於老陽之數矣然以陽卦五畫陰卦四畫觀之奇偶之合又皆老陽掛扐之用數故乾坤合爲九震巽合亦九坎離合亦九艮兌合亦九悉數之實成三十六而爲老陽過揲之數焉此乾坤用九用六其數默見於卦畫之可推者如此雖出於偶然其實亦莫非自然之妙也豈可以人力參哉

其德行何也陽一君而二民君子之道也陰二君而一民小人之道也君謂陽民謂陰○此第四章

附錄 二君一民試教一箇民而有兩箇君看是甚摹樣淵

纂註 徐氏曰君謂陽民謂陰君子之道以陽統陰小人之道以陰統陽

易曰憧憧往來朋從爾思子曰天下何思何慮天下同歸而殊塗一致而百慮天下何思何慮引咸九四爻辭而釋之言理本無二而殊塗百慮莫非自然何以思慮爲哉必思而從則所從者亦狹矣

附錄 感應之理本不消思慮空費思量空費計較空費安排只順其自然而已個

纂註 蔡氏曰天下萬殊何思何慮而能感之以其迹而言則歸雖同而塗則殊以其心而言則志雖一而慮則百殊塗百慮紛然並作果何從而思何從而慮也

日往則月來月往則日來日月相推而明生焉寒往則暑來暑往則寒來寒暑相推而歲成焉往者屈也來者信也

大一百四十七　小八百六九

屈信相感而利生焉言往來屈信皆感應自然之常理加憧憧焉則入於私矣所以必思而後有從也【附錄】日往則月來一段乃承上章憧憧往來而言往來皆人所不能無者但憧憧則不可學蒙往來自不妨如日往月來寒往暑來皆是常理只著箇憧憧便鬧了德明【纂註】程子曰感動也有感必有應凡有動皆爲感感則必有應所應復爲感感復爲應所以不巳也按朱子釋之曰如日往則感得那月來月往則感得那日來寒往則感得那暑來暑往則感得那寒來一感一應一往一來其理無窮感應之理是如此曰此以感應之理言之非有情者云有動皆爲感似以有情者言曰父慈則感得那子愈孝子孝則感得那父愈慈其理亦只一般又曰凡在天地之間無非感應之理造化與人事皆是感應且如雨暘雨不成只管雨便感得箇暘出來暘不成只管暘暘已是應處又感得雨來是所謂感復有應所應復爲感寒暑晝夜無非此理至如人睡夜不成只管睡不起至曉須著起來一日運動向晦亦須當息凡一死一生一出一入一往一來一語一默皆是感應如古今天下有一盛則有一衰聖人在上兢兢業業必曰保治及到衰廢自是整頓不起然不成一向如此必有興起時節

尺蠖之屈以求伸也龍蛇之蟄以存身也精義入神以致用也利用安身以崇德也因言屈信往來之理而又推以言學亦有自然之機也精研其義至於入神屈之至也然乃所以爲出而致用之本利其施用無適不安伸之極也然乃所以爲入而崇德之資內外交相養互相發也【附錄】尺蠖若不屈則伸不得龍蛇若不蟄便不伏得氣如何存得身精義入神疑其與行處不相關然而見得

道理通徹乃所以致用利用安身與崇德不相關然而動作得其理則德自崇天下萬事萬變無有不感通往來之理學蒙尺蠖屈便要求伸龍蛇蟄便要存身精研義理無毫釐絲忽之差入那神妙處這便是要出來致用外面用得利而安身乃所以入來自崇己德致用之用即是利用之用所以横渠云精義入神事豫吾内求利吾外利用安身素利吾外致養吾内淵精義入神正與利用安身爲對其曰精此義而入於神猶曰利其用以安身耳荅江元適精義二字聞諸長者所謂義者宜而已矣物之有宜有不宜事之有可有不可吾心處之知其各有定分而不可易所謂義也精義者精諸此而已所謂精云者猶曰察之云耳精之之至而入於神則於事物所宜毫釐委曲之間無所不悉有不可容言之妙矣此所以致用而用無不利也同上義至於精則應事接物之間無一非義不問小事大事千變萬化改頭換面出來自家應副他如利刃快劍相似迎刃而解件件判作兩邊去賀孫精義入神以致用也蓋唯如此然後可以應務未至於此則凡所作爲皆出於私意之鑿冥行而已雖使或中君子不貴也荅程洵大雅問利者義之和也順利此道以安此身則德亦從而進矣曰孔子遭許多困厄身亦危矣而德亦進何也大雅云身安而後德進者君子之常孔子遭變權之以宜寧身不安德則須進曰然大雅

過此以往未之或知也窮神知化德之盛也下學之事盡力於精義利用而交養互發之機自不能已自是以上則亦無所用其力矣至於窮神知化乃德盛仁熟而自致耳然不知者往而屈也自致者來而信也是亦感應自然之理而已張子曰氣有陰陽推行有漸爲化合一不測爲神此上四節皆以釋咸九四爻義

附録 夫子之教顔子只是博文約禮二事至於欲罷不能既竭吾才如有所立

卓爾處只欠箇熟所謂過此以往未之或知也窮神知化德之盛也人傑過此以往未之或知亦只是雖欲從之末由也已之意德明窮神知化德之盛這德字只是上面崇德之德德盛後便能窮神知化便如聰明睿知皆由此出自誠而明相似淵林問正蒙形而上者得辭斯得象矣神爲不測故緩辭不足以盡神化爲難知故急辭不足以盡化如何是緩辭急辭曰神自是急辭化是漸漸而化若急辭形容之不可寓化是逐些子挨將去底一日復一日一月復一月節節挨將去便成一年這是化神是一箇物事或在彼或在此當其在陰時全體在陰在陽時全體在陽都只是這一物兩處都在不可測故謂之神橫渠云一故神兩故化又注云兩在故不測這說得甚分曉淵總論一章之旨天下何思何慮便是先打破那思字却說那同歸殊途一致百慮又再說天下何思何慮謂何用如此憧憧往來而爲此朋從之思也日月寒暑之往來尺蠖龍蛇之屈伸皆是自然底道理不往則不來不屈則不能伸也今之爲學亦只是如此精義入神用力於內乃所以致用乎外利用安身求利於外乃所以崇德於內只是如此做將去雖至於窮神知化地位亦只是德盛仁熟之所至何思何慮之有謨

易曰困于石據于蒺藜入于其宮不見其妻凶子曰非所困而困焉名必辱非所據而據焉身必危既辱且危死期將至妻其可得見邪釋困六三爻義

附錄 非所困而困焉名必辱大意指困于石說石是挨動不得底物事自是不須去動他若只管去用力徒自困耳又曰且以人事言之有著力不得處若只管著力去做少間去做不成他人便道自家無能便是辱了名

或曰若在其位則做得曰自是如此文意義謂不可做底事便不可入頭去做學蒙易曰公用射隼于高墉之上獲之无不利子曰隼者禽也弓矢者器也射之者人也君子藏器於身待時而動何不利之有動而不括是以出而有獲語成器而動者也括結礙也此釋解上六爻義

【附錄】張欽夫說易謂只依孔子繫辭說便了如說公用射隼至成器而動者也只如此說便了固是如此聖人之意只恁地說不得緣在當時只理會得象數故聖人明之以理賀孫又曰孔子自是發出言外意學蒙

子曰小人不恥不仁不畏不義不見利不勸不威不懲小懲而大誡此小人之福也易曰屨校滅趾无咎此之謂也此釋噬嗑初九爻義

【纂註】厚齋馮氏曰不以不仁爲恥故見利而後勸於爲仁不以不義爲畏故畏威而後懲於不義

善不積不足以成名惡不積不足以滅身小人以小善爲无益而弗爲也以小惡爲无傷而弗去也故惡積而不可掩罪大而不可解易曰何

校滅耳凶此釋噬嗑上九爻義子曰危者安其位者也亡者保其存者也亂者有其治者也是故君子安而不忘危存而不忘亡治而不忘亂是以身安而國家可保也易曰其亡其亡繫于包桑此釋否九五爻義【附錄】問危者以其位爲可安而不知戒故危亡者以其存爲可保故亡亂者有其治是自有其治如有其善之有故亂曰保字說得較牽強只是常有危亡與亂之慮可以安其位保其存有其治學蒙子曰德薄而位尊知小而謀大力小而任重鮮不及矣易曰鼎折足覆公餗其形渥凶言不勝其任也此釋鼎九四爻義子曰知幾其神乎君子上交不諂下交不瀆其知幾乎幾者動之微吉之先見者也君子見幾而作不俟終日易曰介于石不終日貞吉介如石焉寧用終日斷可識矣君子知微知彰知柔知剛萬夫之望此釋豫六二爻義漢書吉之之

閒有凶字【附錄】魏問幾者動之微吉之先見者也曰似是漏字漢書上引此句說幾者動之微吉凶之先見者也似說得是幾自是有善有惡君子見幾亦是方舍惡從善賀孫幾是動之微是欲動未動之間便有善惡便須就這處理會若至於發著之甚則亦不濟事矣更怎生理會所以聖賢說戒謹乎其所不睹恐懼乎其所不聞蓋幾微之際大是要切道夫君子上交不諂下交不瀆他這下面說幾最要看箇幾字只爭些子凡事未至而空說道理易見事已至而顯然道理也易見惟事之方萌而動之微處此最難見或問幾者動之微何以獨於上交下交言之曰上交要恭遜便不知不覺有箇諂底意思在裏頭下交不瀆亦是如此所謂幾者只才覺得近諂近瀆勿令如此此便是知幾僩上交著些取奉之心下交便有傲慢又曰這事難如邦有道危言危行邦無道危行言遜今有一樣人其不畏者又言過於直其畏謹者又縮做一團更不敢說一句話此便是曉不得那幾若知幾則自中節無此病矣僩知微知彰知柔知剛是四件事既知微又知彰既知柔又知剛所以爲民之望也學蒙【纂註】程子曰夫子因二之見幾而極言知幾之道夫見事之幾微者其神妙矣乎君子上交不至於諂下交不至於瀆者蓋知幾也不知幾則至於過而不已交於上以恭巽故過則爲諂交於下以和易故過則爲瀆君子見於幾微故不至於過也所謂幾者始動之微也吉凶之端可見而未著者也獨言吉者見之於先豈復至有凶也

子曰顏氏之子其殆庶幾乎有不善未嘗不知知之未嘗復行也易曰不遠復无祇悔元吉

殆危也庶幾近意言近道也此釋復初九爻義【附錄】殆是幾乎之義又曰是近義又曰殆危是爭些子底

意思學蒙直是顏子天資好如至清之水纖芥必見蓋卿

天地絪緼萬物化醇男女構精萬物化生易曰三人行則損一人一人行則得其友言致一也絪緼交密之狀醇謂厚而凝也言氣化者也化生形化者也此釋損六三爻義【附錄】致一是專一之義程先生言之詳矣天地男女都是兩箇方得專一若三箇更亂了程先生說初與二三與上四與五皆兩箇相與自說得好初二二陽四五二陰同德相比三與上應皆兩兩相與學蒙

子曰君子安其身而後動易其心而後語定其交而後求君子修此三者故全也危以動則民不與也懼以語則民不應也无交而求則民不與也莫之與則傷之者至矣易曰莫益之或擊之立心勿恒凶此釋益上九爻義○此第五章【附錄】夫子云不學詩无以言先儒以爲心平氣和則能言易曰易其心而後語也荅劉玶

子曰乾坤其易之門邪乾陽物也坤陰物也陰陽合德而剛柔有體以體天地之撰以通神明之德諸卦剛柔之體皆以乾坤合德而成故曰乾坤易之門撰猶事也【附錄】

乾坤易之門不是乾坤別有易只易便是乾坤乾坤便是那兩扇門相似一扇開便一扇閉只是一箇陰陽做底如闔戶謂之坤闢戶謂之乾淵撰是所爲又曰只是說他做處淵【纂註】徐氏曰陽畫爲乾陰畫爲坤門猶闔戶闢戶之義一闔一闢爲易之門其變無窮皆二物也陰陽合德謂二物交錯而相得有合剛柔有體謂成卦爻之體也天地之撰陰陽造化之迹也有形可擬故曰體天地之撰言聖人作易皆以體法造化之事而效其至著者也神明之德陰陽健順之性也有理可推故曰通通神明之德言易書既作又以通知造化之理而極於至微者也蔡氏曰乾坤合而後成衆卦爻之體如剛來而下柔剛上而柔下此類皆由乾坤相合而成所謂陰陽合德而剛柔有體也

其稱名也雜而不越於稽其類其衰世之意邪萬物雖多無不出於陰陽之變故卦爻之義雖雜出而不差繆然非上古淳質之時思慮所及也故以爲衰世之意蓋指文王與紂之時也【附錄】問其稱名也雜而不越是指繫辭而言是指卦名而言曰他後兩三番說名後又舉起九卦說看來只是爲卦名學蒙於稽其類是說稽攷其事類淵其衰世之意邪伏羲畫卦這般事都已有了只是未曾經歷到文王時世變不好古來未曾有底事都有了他一一經歷這崎嶇萬變過來所以說出那卦辭如箕子之明夷如入于左腹獲明夷之心于出門庭此若不是經歷如何說得淵【纂註】徐氏曰上古之世俗朴民淳迷於吉凶之途而莫知所趨故伏羲畫卦以教之占而吉凶以明斯民由之而無疑也雖乾陽坤陰剛柔交錯顯而體天地之撰微而通神明之德然剛勝則吉柔勝則凶亦未嘗費辭也中古以來人心變詐迷謬愈甚文王周公於是繫卦爻之辭稱名辨物稽類考占以開示陰陽之義易之道雖無餘蘊而

大字二少一千七十七

聖人憂患後世之意蓋亦有不得已焉者故下文又申言之

夫易彰往而察來而微顯闡幽開而當名辨物正言斷辭則備矣

而微顯恐當作微顯而開而之而亦疑有誤

【附錄】
問彰往察來如神以知來知以藏往相似往是已定底如天地陰陽之變皆已見在這卦上了曰是學蒙往者如陰消陽長來者事之未來吉凶淵微顯闡幽幽者不可見便就這顯處說出來顯者便就上面尋出這不可見底教人知學蒙微顯闡幽便是顯道神德行德行顯然可見者道不可見者微顯闡幽是將道來事上看言那箇雖是粗底然皆出於道義之蘊微顯所以闡幽闡幽所以微顯只是一箇物事淵

其稱名也小其取類也大其旨遠其辭文其言曲而中其事肆而隱因貳以濟民行以明失得之報

肆陳也貳疑也○此第六章多闕文疑字不可盡通後皆倣此

【纂註】
徐氏曰往謂陰陽消長剛柔變化卦爻所藏者易皆著而明之故曰彰往來謂吉凶未定事之方來者占筮中所告可以前知故曰察來顯者微之使求其原故曰微顯幽者闡之使見其端故曰闡幽當名謂父子君臣之分貴賤上下之等各當其位也辨物謂乾馬坤牛離火坎水頤果莧陸之類悉辨其似也正言謂元亨利貞直方大之辭正其言以曉人也斷辭謂利涉大川不利涉大川可小事不可大事之語有以決其疑也負乘往來事名之小者也茅棘豕雉物名之小者也所稱雖小而其所取之類皆本於陰陽非稱名也小取類也大乎旨謂所示之理文謂經緯錯綜也極天下之賾凡天地陰陽道德性命之奧象皆示

之而其所繫之辭經緯錯綜皆有自然之文非其言遠其辭文乎曲委曲也凡委曲其文者未必皆中乎理易則言雖曲而無不中也肆陳也凡敷陳其事者無有隱而不彰易則事雖肆而其理未嘗不隱也貳疑也報猶應也失得之報吉凶之應也因民之疑貳而決其疑以濟其所行有以明著其吉凶之應也

○愚謂此一節上六句皆是抑揚說易書所載名雖小而類則大旨雖遠而辭則文言雖曲而理則中事雖肆而理則隱正與書直而溫寬而栗等語同意

易之興也其於中古乎作易者其有憂患乎夏商之末易道中微文王拘於羑里而繫彖辭易道復興

附錄 鄭仲履問作易者其有憂患乎如何只取九卦先生云聖人論處憂患偶然說此九卦意思自足若更添一卦也不妨更不說一卦也不妨只就此九卦中亦自儘有道理且易中儘有處憂患底卦非謂九卦之外皆非所以處憂患也若以困爲處憂患底卦則屯蹇非處憂患而何觀聖人之經正不當如此後世拘於象數之學乃以爲九陽數聖人之舉九卦蓋合此數也尤泥而不通矣顯子

是故履德之基也謙德之柄也復德之本也恒德之固也損德之修也益德之裕也困德之辯也井德之地也巽德之制也履禮也上天下澤定分不易必謹乎此然後其德有以爲基而立也謙者自卑而尊人又爲禮者之所當執持而不可失者也九卦皆反身修德以處憂患之事也而有序焉基所以立柄所以持復者心不外而善端存恒者守不變而常且久懲忿窒慾以修身遷善改過以長善困以自驗其力

井以不變其所然後能巽順於理以制事變也

附錄　履德之基只是要以踐履爲本謙德之柄只是要謙退若處患難而矯亢自高取禍必矣復德之本如孟子所謂自反困德之辯其處困而通則可以辯其是困而不通則可以辯其非損是懲忿窒慾益是修德益令廣大巽德之制巽以行權巽只是低心下意要制事須是將心入那事裏去順他道理方能制事方能行權若心麤只從事皮上綽過如此權便錯了學蒙井居其所而遷又云井德之地也蓋井有定體不動然水流出去而不窮猶人心有守不動而應變於外則不窮也德之地地是那不動地頭學蒙巽爲資斧所以多作斷制之義蓋巽之義非順字所能盡順而能入之謂巽一陰入在二陽之下是入細直徹到底不只到皮子上者如此方斷得殺若不見得盡如何可以行權必大

纂註　徐氏曰履踐也基猶基址禮卑如地人之踐履一循乎禮是從實地上立步步步皆實則德有其基自下積累而上故曰德之基復爲反善之義人非聖人不能不流於惡能於念慮之萌人所不知己所獨知之處審其幾而復於善焉是德有其本也人處困窮出處語默之間取予辭受之際最可觀德當義則爲君子違理則爲小人明辯於斯所以自驗其所守也

履和而至謙尊而光復小而辨於物恒雜而不厭損先難而後易益長裕而不設困窮而通井居其所而遷巽稱而隱

此如書之九德禮非強世然事皆至極謙以自卑而尊且光復陽微而不亂於羣陰恒處雜而常德不厭損欲先難習熟則易益但充長而不造作困身困而道亨井不動而及物巽稱物之宜而潛隱不露

附錄　履之爲卦君臣上下各履其位而得

其和者也和則疑於平易而非極至之義然各得其所而不亂是乃所以爲至也又曰履和而至以下皆是反説謙尊而光若秦人尊君卑臣則雖尊而不光故謙則尊而又光復是一陽生於羣陰之下如幽暗中一點白便是白而辨也復雖一陽生然而與衆陰却不相亂人之善端方萌雖小然而衆惡却遏他不得學蒙損先難而後易不探虎穴不得虎子須是捨身入裏面去如搏寇讎方得之若輕可地説得不濟事顯子如子産爲政鄭人歌之曰孰殺子産吾其與之及三年人復歌而頌之蓋事之初在我亦有所勉強在人亦有所難堪久之當事理順人心這裏方易便如利者義之和一般義是一箇制斷物事恰似不和久之事得其宜乃所以爲利如萬物到秋許多嚴凝肅殺之氣似可畏然萬物到這裏若不得此氣收斂凝結許多生意又無所成就其難者乃所以爲易也僩益長裕而不設長裕只是一事但充長自家物事教寬裕而已困窮而通此因困卦説澤无水困君子以致命遂志蓋此是致命遂志之時所以困彖曰險以説困而不失其所亨其惟君子乎蓋取困而能説也井居其所而遷井是掇不動之物然其水却流行出去利物僩井有本故澤及於物而井未嘗動故曰居其所而遷如人有德而後能施以及人然其德性未嘗動也銖既説井以辯義又説井居其所而遷井是不可動物事水却可隨所汲而往如道之正體却一定於此而隨事制宜自莫不當所以説井以辯義又云井居其所而遷賀孫巽稱而隱巽是箇卑巽底物事如兊見而巽伏也自是箇隱伏底物事蓋巽一陰在下二陽在上陰初生時已自稱量得箇道理了不待顯而後見如事到面前自家便有一箇道理處置他不待發露出來又曰稱而隱是巽順恰好底道理有隱而不能稱量者有能稱量而不能隱伏至露形迹者皆非巽之道也巽德之制也巽以行權都是此意僩陳才卿問隱字何訓曰隱不見如風之動物

无物不入但見其動而不見【纂註】徐氏曰設施爲也自然充長不待施爲以求
其形權之爲用亦猶是也個　其益也益之道當俟其涵養從容自然有得
不可萌欲速助長之心設謂有所安排布置要如何也蔡氏曰和則不能必至
而履之和則能至尊者不能必光而謙之尊則能光微昧者不辨於物而復之
小則能辨雜者人厭之而恒之雜則不厭難者不易而損之先難則有後易之
理設施爲也裕則多施爲而益之裕則不施窮則不通而困之窮則能通遷謂
養物不窮也居其所則不遷而井之居則能遷稱輕重等也稱
則形著而巽之稱則能隱此如書之九德蓋兼體用而言也

履以和行謙以制禮復以自知恒以一德損以遠害益以興利困以寡怨井以辯義巽以行權

寡怨謂少所怨尤辨義謂安而能慮○此第七章三陳九卦以明處憂患之道【附録】禮主卑下履也是那踐履處所行若不由履自是乖戾所以曰履以和行謙又更卑下所以節制乎禮又曰禮是自家恁地卑下謙
是應物而言學蒙困以寡怨是得其處困之道故無所怨於天無所尤於人若
不得其道則有所怨尤矣個井以辯義謂安而能慮蓋守得自家心先定方能
辨事之是非若自家心先不定事到面前安能辨其義邪個問井以辨義是大
小多寡所施各當如上文居其所而遷是否曰然必大又曰兊見而巽伏權是隱
然做底物事若顯然地做却不成行權淵巽只柔順低心下意底意義人至行
權處不少巽順如何行得蓋卿才卿問巽以行權曰見得道理精熟後於物之
精微委曲處無處不入所以說巽以行權又曰這說在九卦之後是這八卦事
了方可以行權銖三陳九卦初無他意觀上面其有憂患一句便見得聖人說

處憂患之道聖人去這裏偶然見得有此理便就○愚謂三陳九卦自有次第這裏說出聖人如雲行水流初無定相不可確定第一節論九卦之德第二節論九卦之材第三節方論聖人用九卦以處憂患之道故皆以以之一字言之亦如六十四卦大象必著一以字以明其用易也

易之爲書也不可遠爲道也屢遷變動不居周流六虛上下無常剛柔相易不可爲典要唯變所適遠猶忘也周流六虛謂陰陽流行於卦之六位

【附錄】謂易之所言无非天地自然之理人生日用之所不能須臾離者故曰不可遠曰是學蒙易不是確定硬本子有陽居陽爻而吉底又有凶底有有應而吉底有有應而凶底是不可爲典要之書這个是有許多變所以如此淵大傳說上下無常唯變所適便見得易人人可用不是死法雖道是二五是中却其間有位二五而不吉者有當位而吉亦有當位而不吉者若楊雄太元皆排定了第幾爻吉第幾爻凶此便是死法賀孫

【纂註】蔡氏曰易之爲書以下總言爲書爲道以起下文兩節之意變動不居至唯變所適言易道之屢遷也卦雖六位而剛柔爻畫往來如寄非實有也故以虛言揲蓍求卦易之變動初無定體而周流乎六虛之位或自上而降或由下而升上下無常也柔來文剛分剛上而文柔剛柔相易也

其出入以度外內使知懼此句未詳疑有脫誤

【附錄】問據文勢則外內使知懼合作使內外知懼曰是如此學蒙使知懼便是使人有戒懼之意易中說如此則吉如此則凶是也既知懼則雖无師保一似臨父母相似

又明於憂患與故无

有師保如臨父母雖无師保而常若父母臨之戒懼之至【纂註】蔡氏曰其出入以度至如臨父母此言易書之不可遠也出謂卦爻自內往交於外入謂卦爻自外來居於內度節度也故謂憂患所以然也言易之爲書其出其入皆有度不差或內或外皆使人知所恐懼而修省也憂患之來既知所處矣又推其所以然而安於所遇也雖无師保之嚴如臨父母之側易之書其可親也如此信乎其不可遠也

初率其辭而揆其方既有典常苟非其人道不虛行方道也始由辭以度其理則見其有典常矣然神而明之則存乎其人也○此第八章【附錄】既有典常是一定了占得他這爻了吉凶自定這便是有典常淵【纂註】蔡氏曰此合書與道爲言也

易之爲書也原始要終以爲質也六爻相雜唯其時物也質謂卦體卦必舉其始終而後成體爻則唯其時物而已【纂註】徐氏曰此總言聖人作易所以立卦生爻之義下文又逐爻分說而申明之也質謂卦體時謂六位之時物謂陰陽二物也原其事之始要其事之終以爲一卦之體質卦有六爻剛柔錯雜隨其時辨其物言卦雖有全體而爻亦无定用也

其初難知其上易知本末也初辭擬之卒成之終此言初上二爻【纂註】蔡氏曰初爻者卦之本本則其質未明故難知上爻者卦之末末則其質已著故易知難知則所繫之辭必擬議而後得易知但卒其卦之辭而成其卦之終也

若夫雜物撰德辯是與非

則非其中爻不備此謂卦中四爻附録先儒解此多以爲互體如屯卦震下坎上䷂就中間四爻觀之自二至四則爲坤自三至五則爲艮故曰非其中爻不備互體說漢儒多用之左傳中一處占得觀卦處亦舉得分明看來此說不可廢學蒙○愚謂物謂內外卦陰陽二物雜謂自其中四爻雜而互之又自成兩卦之德也故謂之撰是非者當位不當位中不中正不正也內外卦旣足以示人矣復自互體而辯之則是是非非於是乎益可見焉噫亦要存亡吉凶則居可知矣知者觀其彖辭則思過半矣彖統論一卦六爻之體二與四同功而異位其善不同二多譽四多懼近也柔之爲道不利遠者其要无咎其用柔中也此以下論中爻同功謂皆陰位異位謂遠近不同四近君故多懼柔不利遠而二多譽者以其柔中也附録問其要无咎其用柔中也近君則當柔和遠去則當有強毅剛正之象始得此二之所以不利然而居中所以无咎曰也是恁地說又曰其要无咎若作去聲則是要約之義若作平聲則是要其歸之之意又曰其要只欲无咎三與五同功而異位三多凶五多功貴賤之等也其柔危其剛勝邪三五同陽位而貴賤不同然以柔居之則危唯剛則能勝之○此第九章易之爲書也廣大悉備有天道焉有人

道焉有地道焉兼三才而兩之故六六者非他也三才之道也三畫已具三才重之故六而以上二爻爲天中二爻爲人下二爻爲地道有變動故曰爻爻有等故曰物物相雜故曰文文不當故吉凶生焉道有變動謂卦之一體等謂遠近貴賤之差相雜謂剛柔之位相間不當謂爻不當位○此第十章【纂註】徐氏曰卦之全體三才之道也道則變動不居如潛見躍飛之類皆道之變動而謂之爻爻也者效天下之動也或剛或柔而小大有等故謂之物物即陰陽二物也一不獨立二則爲文陰陽兩物交相錯雜故謂之文陽居陽位陰居陰位當也陽居陰位陰居陽位不當也吉凶由是而生則可以觀變玩占而見其文之著矣易之興也其當殷之末世周之盛德耶當文王與紂之事耶是故其辭危危者使平易者使傾其道甚大百物不廢懼以終始其要无咎此之謂易之道也危懼故得平安慢易則必傾覆易之道也○此第十一章【附錄】其辭危是有危懼之意故危懼者使之平安慢易使之傾覆易之書於萬物之理無所不具故曰百物不廢其要无咎學蒙【纂註】徐氏曰知易之道而有所恐懼可使安平也不由其道而有所慢易必至傾覆也故曰危者使平易者使傾然非有使之也天之生物必因材而篤焉故栽者

培之傾者覆之亦自然之理也

夫乾天下之至健也德行恒易以知險夫坤天下之至順也德行恒簡以知阻至健則所行無難故易至順則所行不煩故簡然其於事皆有以知其難而不敢易以處之也是以其有憂患則健者如自高臨下而知其險順者如自下趨上而知其阻蓋雖易而知險則不陷於險矣既簡而又知阻則不困於阻矣所以能危能懼而無易者之傾也

附錄

問乾至健也至恒簡以知阻見得乾是至健不息之物經歷艱險處多雖有險處皆不足爲他之病足以進之而無難底意思否曰不然舊亦嘗如此說覺得終是硬說易本意正要人知險而不進不說是我至健了凡有險阻只恁冒進而無難如此大非聖人作易之意觀其上文云易之興也其於中古乎至其要无咎此之謂易之道也看他此語是什麽恐懼危險不敢輕進之意乾之道便是如此卦中皆然所以多說見險而能止如需卦之類可見易之道正是要人知進退存亡之道若是冒險前進必陷於險知進而不知退知存而不知亡豈乾之道邪惟其至健而知險故止於險而不陷於險也又曰此是就人事上說又曰易之爲書大槩要人謹密戒懼以免患難若恃其至健而不恤險難豈易之道邪倜順自是畏謹宜其不越夫險如健却宜其不畏險然却知險而不去蓋他當憂患之際故也又曰若長是易時更有甚麽險他便不知險矣若長是簡時更有甚麽阻他便不知阻矣只是當憂患之際方見得同上乾天下之至健更著思量看來聖人無冒險之事須是知險便不進向前去他只是不直撞向前自別有一箇路去如舜知子之不肖則以天下授禹賀孫乾健而以易臨下故知下之險險底意思在下坤順而以簡承上故知上之阻阻是自家低他却高底意

大全止一千一百廿六

思自上面下來到那去不得處便是險自下而上上到那去不得處便是阻淵須因登山就山上得其説自上而下所見爲險故以乾言自下而上所向爲阻故以坤言**能説諸心能研諸侯之慮定天下之吉凶成天下之亹亹者**侯之二字衍説諸心者心與理會乾之事也研諸慮者理因慮審坤之事也説諸心故有以定吉凶研諸慮故有以成亹亹

【附録】説諸心有自然底意思故屬陽研諸慮有作爲底意思故屬陰謨説諸心只是見過了便説這箇屬陽研諸慮是研窮到底似那安而能慮直是仔細了這箇屬陰淵定吉凶乾也成亹亹坤也事之未定者屬乎陽定吉凶所以爲乾事之已爲者屬陰成亹亹者所以爲坤謨且以做事言之吉凶未定時人自意思懶散不肯做去吉凶定了他自勉勉做將去所以屬陰大率陽是輕清底物事之輕清底屬陽陰是重濁底物事之重濁底屬陰淵能説諸心能研諸慮方始能定天下之吉凶成天下之亹亹者凡事見得通透了自是歡説既説諸心是都理會得了於事上更審一番便是研諸慮研是更云研磨他定天下之吉凶是割判得這事成天下之亹亹是做得事業學蒙**是故變化云爲吉事有祥象事知器占事知來**變化云爲故象事可以知器吉事有祥故占事可以知來

【附録】變化者陰陽之所爲云爲者人事之所作上兩句只説理如此下兩句是人就理上知得在陰陽則爲變化在人事則爲云爲吉事自有祥兆惟其理如此故於變化云爲則象之而知已有之器於占事有祥則占之而知未然之事也問器字則是凡於有形之實事者皆爲器否先生云易中器字是恁地説又曰變化云爲是明吉事有祥是幽象事知器是

人事占事知來是筮象事知器是人做這事占事知來是他方有禎祥見乎蓍龜之類吉事有凶事亦有淵詶易書中有許多變化云爲又吉事皆有休祥之應所以象事者於此而知器占事者於此而知來曰是

天地設位聖人成能人謀鬼謀百姓與能天地設位而聖人作易以成其功於是人謀鬼謀雖百姓之愚皆得以與其能

附錄 天地設位四句說天人合處天地設位使聖人成其功能人謀鬼謀則雖百姓亦可以與其能成能與能雖大小不同然亦是小小底造化之功用然百姓與能却須因蓍龜而方知得淵 人謀鬼謀與洪範之謀及乃心謀及卜筮謀及卿士謀及庶人相似

八卦以象告爻彖以情言剛柔雜居而吉凶可見矣象謂卦畫爻彖謂卦爻辭

變動以利言吉凶以情遷是故愛惡相攻而吉凶生遠近相取而悔吝生情僞相感而利害生凡易之情近而不相得則凶或害之悔且吝不相得謂相惡也凶害悔吝皆由此生

附錄 問易之情近而不相得則凶或害之悔且吝如何先生云此疑是指占法而言想古人占法今不見得蓋遠而不相得則安能爲害惟切近不相得則凶害便能相及也一箇凶人在五湖四海之內安能害自家若與之爲鄰近則有害矣又問云此如今人占火珠林課底若是凶神動與世不相關不能爲害惟是克世則方能爲害否先生云恐是這一樣意思

纂註 徐氏曰易道變

動開物成務以利言也而卦爻之辭有吉有凶以其情之有所遷耳愛惡相攻如訟九四不克訟復即命以與四相愛也謙六五利用侵伐上六利用行師以與九三相愛也同人九三伏戎于莽惡九五也九五大師克相遇惡三四也遠近相取如姤九五以杞包瓜上九姤其角遠取初六也解六三負且乘近取二四也豫六三盱豫近取九四也情僞相感如中孚九二鳴鶴在陰以情感乎五也屯六四求婚媾往以情感乎初也蒙六三見金夫不有躬以僞感乎二也漸九三夫征不復婦孕不育以僞感乎四也凡此皆以情遷者也〇愚謂變動即上文爻有變動是已以利言者爻之變動本皆教人趨吉避凶而歸於利耳然不免吉凶殊分者由情而遷也情有善有不善善則遷於吉不善則遷於凶至是不能皆歸於利矣是故以下愛惡遠近情僞所謂情也相攻相取相感遷之由也吉凶悔吝利害總名之曰吉凶也愛惡相攻因於遠近相取遠近相取因於情僞相感相感者情之始交利害之開端也相取者迹之已著悔吝之途分也相攻則事之已極吉凶之不可移也此三言皆吉凶以情遷之事凡易之情以下獨舉近者總言之近而相取其情乃不相得此必其初之以僞感終至於惡而相攻是以凶耳既至於凶其於害悔吝可知矣即此一條備三者而明之大要欲人警省悔心生而吉利隨之終歸夫變動之利不墮於情遷之凶耳易之道固如此也

將叛者其辭慙中心疑者其辭枝吉人之辭寡躁人之辭多誣善之人其辭游失其守者其辭屈

卦爻之辭 附錄 問八卦以象告至失其守其辭屈切疑自吉凶可見矣而上只是總說易書所載如此自變動以利言而下就人占時上說如亦由是也

何先生曰然銖

纂註 徐氏曰叛背叛也背叛正理其中有慊則發於辭自然慙怍也枝如木之有枝開兩岐疑者可否未決則其辭不直截成兩岐也誣善者謂謗善爲惡言語不實如物在水上浮游不定失其守者言見理不定無所操執其辭多屈而不伸也言心之聲由乎中而見乎外孟子詖淫邪遁一章意亦如此厚齋馮氏曰六辭與易全不相關恐斷簡錯見於此或曰諸如此類易各準其情而爲辭然誣善失守恐不入卦爻王介甫曰易之辭必不慙枝游屈也王介甫郭子和○愚謂六辭與易誠不相關意者指尚占命筮之辭上傳蓋嘗疑之不敢彊通○曰君子將有爲也將有行也問焉而以言其受命也如嚮夫子於此又發其情以見命筮之際本諸中形諸外自有不可掩者神物之著顧不能前知吉凶以告之乎亦欲人謹其事而重其筮也

周易繫辭下傳第六

後學 成德 校訂

周易文言傳第七

朱子本義

新安後學胡一桂附錄纂註

此篇申彖傳象傳之意以盡乾坤二卦之蘊而餘卦之說因可以例推云【纂註】蔡氏曰文飾也言辭也文飾彖象之辭以盡彖象之意乾坤居衆卦之首故特詳之而餘卦之說亦可以類而推也

元者善之長也亨者嘉之會也利者義之和也貞者事之幹也

元者生物之始天地之德莫先於此故於時爲春於人則爲仁而衆善之長也亨者生物之通物至於此莫不嘉美故於時爲夏於人則爲禮而衆美之會也利者生物之遂物各得宜不相妨害故於時爲秋於人則爲義而得其分之和貞者生物之成實理具備隨在各足故於時爲冬於人則爲智而爲衆事之幹幹木之身枝葉所依以立者也【附錄】萬物之生天命流行自始至終無非此理但初生之際淳粹未散尤易見爾只如元亨利貞皆是善而元則爲善之長亨利貞皆自這來仁義禮智亦皆是善而仁則爲善之首義禮智皆從這出淵元者天地生物之心得之最先而兼統四者故曰元者善之長嘉美也會猶齊也嘉會衆美之會猶言齊好也春天發生萬物未大故齊到夏時洪纖高下各各暢茂蓋春方生育至此乃無一物不暢茂

其在人則禮儀三百威儀三千事事物物大大小小一齊到恰好處所謂動容周旋皆中禮故於時爲夏於人爲禮謨就亨者嘉之會觀之嘉字是實會字是虛嘉會足以合禮則嘉字却輕會字却重謨文言只說利者義之和是掉了那利蓋是不去利上求利只義之和處便是利輝利是那義裏面生出來底凡事處置得合宜利便隨之所以云利者義之和是義便兼得和若只理會和却是從中間半截做下去遺了上面一截義底小人只理會後面一截君子却從頭來植以理言之義自是箇斷制底氣象有凜然不可犯處似不和矣然實則和蓋分別後萬物各得其所却是和若臣而僭君子而犯父不安其分便是不義不義則不和矣孟子云未有仁而遺其親者也未有義而後其君者也却是這意思只是箇依本分若依本分時你得你底我得我底則自然和而有別若上下交爭利則上下相侵相奪便是不義不義便不和矣有開看來義之爲義只是一箇宜其初則甚嚴如男正位乎外女正位乎內直是有內外之辨君尊於上臣卑於下尊卑大小截然不可犯似若不和之甚然能使之各得其宜則其和也孰大於是至於天地萬物無不得其所亦只是義之和耳此只是就義由便有箇和謨幹猶身之有骨故版築之栽謂之楨幹此可以識貞之理矣淵

君子體仁足以長人嘉會足以合禮利物足以和義貞固足以幹事以仁爲體則無一物不在所愛之中故足以長人嘉其所會則無不合禮使物各得所利則義無不和貞固者知正之所在而固守之所謂知而弗去者也故足以爲事之幹

附錄

以仁爲體謂身便是仁也淵體仁如體物相似人在那仁裏做箇骨子故謂之體仁仁是道理須有近人做得他骨子比而效之之說却覺得未是節體仁不是將仁來爲我

之體我之體便都是仁也倜會是禮發見之後意思却在未發見之前嘉會未說到那禮上然能如此則便能合禮會字說萬物一齊發見在這裏處得盡是謂之嘉會如只一事兩事嘉美時未爲嘉會淵厚薄親疎尊卑小大相接之禮各有節文無不中節則所會皆美所以能合於禮也銖利物使萬物各得其所乃是義之和處義自然和不是義外別有和顯于貞固是固得恰好如尾生之信不貞之固須固得好方是貞人傑貞固二字與體仁嘉會利物之文不同屬比方者便著用兩字方能盡之必大貞正也知其正之所在固守而不去故足爲事之幹幹事言事之所依以立蓋正而能固萬物依此而立在人則是智至靈至明是是非非確然不可移易不可欺瞞所以能立事也幹如木之幹事如木之枝葉貞固者正而固守之貞固在事是與立箇骨子所以爲事之幹欲爲事而非此貞固便植立不起自然倒了讀元者善之長以下四句說天德之自然君子體仁以下四句說人事之當然銖君子體仁以下倒用上面四箇字極有力

〔纂註〕徐氏曰嘉會謂嘉其所會致美於動容周旋之際而三千三百之儀無一不中於理故足以合禮

君子行此四德者故曰乾元亨利貞

非君子之至健無以行此故曰乾元亨利貞○此第一節申彖傳之意與春秋傳所載穆姜之言不異疑古者已有此語穆姜稱之而夫子亦有取焉故下文別以子曰表孔子之辭蓋傳者欲以明此章之爲古語也

〔附錄〕生是元長是亨收斂是利藏是貞只是一氣理無形故就氣上看理也是恁地節以天道言之爲元亨利貞以四時言之爲春夏秋冬以人道言之爲仁義禮智以氣候言之爲溫涼燥濕以方言之爲東西南北節以五臟言之如肝屬木木便是元心屬火火便是亨肺屬金金便是利腎屬水水便是貞道夫仁爲四德之首而智則

大七七六小一千九十六

能成始而成終猶元爲四德之長然元不生於元而生於貞蓋天地之化不翕聚則不能發散理固然也仁智交際之間乃萬化之機軸此理循環不窮脗合無間不貞則無以爲元也録知覺自是智之事在四德是貞字而知所以近乎仁便是四端循環處若無這知便起這仁不得淵氣無始無終是從元處說起元之前又是貞了如子時是今日子之前又是昨日之亥無空闕時又曰乾四德元最重其次貞亦重以明始終之義非元則無以生非貞則無以終非終則無以爲始不始則不能成終矣

初九曰潛龍勿用何謂也子曰龍德而隱者也不易乎世不成乎名遯世无悶不見是而无悶樂則行之憂則違之確乎其不可拔潛龍也

龍德聖人之德也在下故隱易謂變其所守大抵乾卦六爻文言皆以聖人明之有隱顯而無淺深也【附錄】確乎其不可拔非專謂退遯不改其操憂樂行違時焉而已其守無自而可奪如富貴不淫貧賤不移之意淵【纂註】程子曰初九守其道不隨世而變晦其行不求知於時自信自樂見可而動知難而避其守堅不可奪潛龍之德也徐氏曰遯世无悶者安土樂天也樂行憂違最說出潛龍意思初九備聖人之德從容無礙日用之間無非此道之流行意苟順適與物無忤則不私其有庶同於人陽之舒也此樂則行之之意也少有拂逆我心不快則超然順避不失於已陰之翕也此憂則違之之意也樂行憂違雖不凝滯於物而所以立己者蓋確乎其不可拔非守道之固者能之乎此其所以爲潛龍也

九二曰見龍在田利見大人何

謂也子曰龍德而正中者也庸言之信庸行之謹閑邪存其誠善世而不伐德博而化易曰見龍在田利見大人君德也正中不潛而未躍之時也常言亦信常行亦謹盛德之至也閑邪存其誠無斁亦保之意言君德也者釋大人之爲九二也【附錄】庸言庸行盛德之至到這裏不消得恁地猶自閑邪存誠便是無斁亦保言雖無厭斁亦當保也淵既處無過之地則惟在閑邪存誠而已雖曰無過然而不閑則有過矣側夫子怕人不把九二做大人別討一箇所以說箇君德也兩處皆如此說龍德正中以下皆君德言雖不當君位却有君德所以做大人淵

九三曰君子終日乾乾夕惕若厲无咎何謂也子曰君子進德修業忠信所以進德也修辭立其誠所以居業也知至至之可與幾也知終終之可與存義也是故居上位而不驕在下位而不憂故乾乾因其時而惕雖危无咎矣忠信主於心者無一念之不誠也修辭見於事者無一言之不實也雖有忠信之心然非修辭立誠則無以居之知至至之進德之事知終終之居業之事所以終日乾乾而夕猶惕若者以此故也可上可下不驕不憂所謂无咎也【附錄】

忠信猶言實其善之謂能實其爲善之意自是住不得德不期進而自進猶飢之欲食自不可已學蒙因舉破釜甑燒廬舍持三日糧示士卒必死無還心如此方會斷殺忠信便是有這心如此方會進德賜忠信則無事不誠實猶木之有根其生自不能已佐本義云主於心者無一念之不誠蓋無一念不誠然後有以爲進德之地若有不實如捕風捉影德何由進須是表裏皆實無一毫之僞德方日新大抵以忠信爲本忠信只是實若無實如何會進如播種相似須是實有種子下在泥中方會日日見發生若把箇空殼下在裏面如何會發生道理須是實見得若徒將耳聽過將口說過濟甚事忠信所以爲實者且如孝須實是孝方始那孝之德一日進一日若不實却自無根了如何會進今日覺見恁地去明日便漸能熟明日方見得有一二分後日便見有三四分意思自然覺得不同賀孫忠信所以進德者欲吾之心實明是理而眞好惡之若好好色而惡惡臭也修辭立誠以居業者欲吾之謹夫所發以致其實而尤先於言語之易放而難收也荅輩豐進德則所知所行自進不已居業則只在此住了不去只看進字居字可見進者日新而不已居者一定而不易學蒙進如日知其所亡只管進前去居如月無忘其所能只管日日恁地做賀孫德者得之於心者也業者乃事之就緒者也如古人所謂業已如是也廣言是行之表凡人所行者無不發出來也是一件大事淵人多因言語上便不忠信首先是言語修辭只是言顧行行顧言之意又曰出辭氣斯遠鄙倍是修辭立其誠意思賀孫誠便即是忠信修省言辭便是要立得忠信若口不擇言只管逢事便說則忠信亦被汩沒動蕩立不住了賀孫知至至之屬忠信進德底意思蓋是見得在那裏如望見在那裏相似便要到那裏所以曰可與幾也進字貼著幾字至字貼著進字知終終之屬修辭立誠居業底意思蓋已在這裏做硬做到那裏所以曰可與

存義若是見得不去行時也如何存得許多道理惟是見得而又能行方可以存義也居字貼著存字終字貼著居字燀知至則知其道之所止至之乃行矣而驗其所知也知終見其道之極至終之乃力行而期至於歸宿之地也僩知至知終不是言修爲先後之漸只是見德業内外之別蓋心則至誠以進德身則修辭以居業又曰忠信進德修辭立誠居業工夫之條件也知至至之止可與存義工夫之功程也此一段只是說終日乾乾而已學蒙忠信進德與知至至之可與幾也這幾句都是去底字修辭立誠與知終終之可與存義都是住底字賜銖問本義云乾六爻文言皆以聖人明之但九三一爻又似說學者事曰聖人亦是如此進德亦是如此居業只是在學者則勉強而行之在聖人則自然安而行之知至知終亦然銖九三雖曰聖人之學其實通上下而言學者亦可用力聖學淵源幾無餘蘊矣忠信心也修辭事也然蘊於心者所以見於事也修於事者所以養其心也此聖人之學所以内外兩進而非判然兩事也

(總論九二九三爻)九二處得其中却不費力若九三則剛而不中過高而危故有乾乾之戒人傑問閑邪存誠與修辭立誠相似否曰閑邪存誠不大段用力修辭立誠大段費氣力賜謹信存誠是裏面工夫無迹忠信進德修業居業是外面事微有迹在聖人分位皆做得自別銖

【纂註】程子曰内積忠信所以進德也擇言篤志所以居業也知至至之致知也求知所至而後至之知之在先故可與幾所謂始條理者智之事也知終終之力行也既知所終則力進而終之守之在後故可與存義所謂終條理者聖之事也此學之始終也又曰修辭立其誠不可不仔細理會言能修省言辭便是要立誠若只是修飾言辭爲心只是爲僞也修其言辭正爲體當自家敬以直内義以方外之實事道之浩浩何處下手惟立誠才有可居之處有可居之處則可以修業也終日乾乾

夫大事却只是忠信所以進德爲實下手處修辭立其誠爲實修業處九四曰或躍在淵无咎何謂也子曰上下无常非爲邪也進退无恒非離羣也君子進德修業欲及時也故无咎內卦以德學言外卦以時位言進德修業九三備矣此則欲其及時而進也附錄此説文言六段蓋雖言德學而時位亦在其中非德學何以處時位學蒙問上下无常進退无恒非爲邪枉非離羣類則其心之所處果安在哉曰隨時而變動靜不失其宜乃進德修業之實也淵君子進德修業不但爲一身亦欲有爲於天下及時而進賜纂註張氏曰上與進釋躍義下與退釋在淵義无常无恒釋或義非爲邪非離羣釋无咎義九五曰飛龍在天利見大人何謂也子曰同聲相應同氣相求水流濕火就燥雲從龍風從虎聖人作而萬物覩本乎天者親上本乎地者親下則各從其類也作起也物猶人也覩釋利見之意也本乎天者謂動物本乎地者謂植物物各從其類聖人人類之首也故興起於上則人皆見之附錄本乎天者親上凡動物首向上是親乎上人類是也本乎地者親下凡植物首向下是親乎下草木是也禽獸首多横所以無智此本康節説銖天下所患無君不患無臣有如是君必有如是臣雖使而今無少間也必有出來雲從龍風從虎只怕不是

眞箇龍虎若是眞龍虎必生風致雲也 僩 文言分明是以聖人爲龍以作言飛以萬物覩解利見大人只是言天下利見夫大德之君也 道夫

上九

曰亢龍有悔何謂也子曰貴而无位高而无民賢人在下位而无輔是以動而有悔也

賢人在下位謂九五以下无輔以上九過高志滿不來輔助之也○此第二節申象傳之意

附錄 問王弼說初上無陰陽定位如何曰伊川說陰陽奇耦豈容無也乾上九貴而无位需上九不當位乃爵祿之位非陰陽之位此說極好 學蒙

總論六爻 易卦爻辭本只是各著本卦本爻之象明吉凶之占[redacted]非是就聖賢地位說道理也故乾六爻自天子以至於庶人自聖人以至於愚不肖筮或得之義皆有取但純陽之德剛健之至若以義類推之則爲聖人之象而其六位之高下又有似聖人之進退故文言因潛見飛躍自然之文而以聖人之迹各明其義位有高下而德無淺深也然其本意亦甚分明未嘗過爲深巧且如初九則是德已成而行未著故衆人未見其德而君子之心確然已有以自信也九二則人見其庸言庸行閑邪存誠之道又從而化之也九三則雖涉此危地而但進德修業之不已也九四則其位愈進其危益甚而亦但知循理不恤其他也九五則以天德居天位而天下莫不仰觀之也上九則過極而亢不能無悔矣若以德言則愈進愈高此當爲聖而不可知之地又豈有可悔邪 人傑 問九二說聖人之德已備何故九三又言進德修業知至至之曰聖人只逐爻取象此一不是言德學節次是言居位節次六爻皆是聖人之德只所處之位不同初爻言不易乎世不成乎名稱潛龍也已是說聖人之德了只是潛而未用耳到九二却恰好其化已能及人矣蓋正是

人位所以恰好到九三居下卦之上位已高了那時節無可做只得恐懼進德修業乾乾不息此便是伊周地位九四位便乖不似九二安穩此時進退不得皆不由我只聽天時了以聖人明之便是舜歷試文王三分有二湯武鳴條牧野時到上九又亢了看來人處大運中無一時閑吉凶悔吝一息不曾停如大車輪一般一恁滚將去聖人只隨他恁地去看道理如何這裏則將這道理處之那裏則將那道理處之淳

潛龍勿用下也見龍在田時舍也言未爲時用也終日乾乾行事也或躍在淵自試也未據有爲姑試其可飛龍在天上治也居上以治下亢龍有悔窮之災也乾元用九天下治也言乾元用九見與他卦不同君道剛而能柔天下無不治矣○此第三節再申前意

附録 九是天德健中便自有順用之則天下治如下文乃見天則便是天德砥

潛龍勿用陽氣潛藏見龍在田天下文明雖不在上位然天下已被其化終日乾乾與時偕行時當然也或躍在淵乾道乃革離下而上變革之時飛龍在天乃位乎天德天德即天位也蓋唯有是德乃宜居是位故以明之亢龍有悔與時偕極乾元用九乃見天則剛而能柔天之法也○此第四節又申前意乾元者始而亨者也始則必亨理勢然矣

利貞者性情也收斂歸藏乃見性情之實【附錄】始而亨是生出去利貞是收斂了方見性情所以言元亨誠之通利貞誠之復砥性情是乾元之性情始而亨時是乾之發用處共是一箇性情到那利貞處一箇有一箇性情百谷草木皆有箇性情了元亨方是他開花結子時到利貞時方見得他底性情就這上看乾之性情便見得這是箇誠之復處淵人只到秋冬疑若不見生意不知都已收斂在內必大如樹上開一花結一子未到利貞處尚是運下面氣去蔭他及到利貞處自不用恁地節

乾始能以美利利天下不言所利大矣哉始者元而亨也利天下者利也不言所利者貞也或曰坤利牝馬則言所利矣【附錄】不言所利明道云不有其功常久而不已者乾也淵乾則無所不利坤則只利牝馬之貞則有所不利矣【纂註】程子曰乾始之道能使庶類生成天下蒙其美利而不言所利者蓋無所不利非可指名也故贊其利之大曰大矣哉蔡氏曰不言所利此所以為大也如言利建侯利涉大川則言所利矣

大哉乾乎剛健中正純粹精也剛以體言健兼用言中者其行無過不及正者其立不偏四者乾之德也純者不雜於陰柔粹者不雜於邪惡蓋剛健中正之至極而精者又純粹之至極也或疑乾剛無柔不得言中正者不然也天地之間本一氣之流行而有動靜耳以其流行之體統而言則但謂之乾而無所不包矣以其動靜分之然後有陰陽剛柔之別也【附錄】大哉乾乎陽氣方流行固已包了全體陰便在這裏了所以說剛健中正然不可道這裏却夾雜些陰柔所以却說純粹精淵剛健中正為其嫌於不中正所以說箇中正陽剛自是全體豈得不中正這君近日趙善譽者著一件易說道只乾

坤二卦便偏了。乾只是剛底一邊，坤只是柔底一邊。某説與他道：聖人做一部易，如何却將兩箇偏底物事放在劈頭？如何不討箇渾淪底放在那裏？本義中便是破他説。淵大哉乾元萬物資始乾道變化各正性命只乾便是氣之統體物之所資始物之所正性命豈非無所不包但自其氣之動而言則爲陽自其氣之靜而言則爲陰所以陽常兼陰陰不得兼陽皆此意也錄

六爻發揮旁通情也旁通猶言曲盡纂註蔡氏曰剛則不屈健則不息中則無過不及正則不偏不倚純粹精則不雜數德無一之不備者惟九五當之兼用六爻以發揮其義者欲旁通以盡夫事物之情耳

時乘六龍以御天也雲行雨施天下平也言聖人時乘六龍以御天則如天之雲行雨施而天下平也○

君子以成德爲行日可見之行也潛之爲言也隱而未見行而未成是以君子弗用也成德已成之德也初九固成德但其行未可見耳此第五節復申首章之意附錄問行而未成曰只是事業未就又問乾六爻皆聖人事安得有未成曰雖是聖人畢竟初九行而未成問此只論事業不論德否曰且如伊尹居有莘之時便是行而未成文蔚○愚謂德行以在身者而言見之行以在事者而言初九德成行立固自可以見之行事矣但其時位方當潛隱故其德行雖可見之行而時位未能成其所行也是以爻辭以勿用言之

君子學以聚之問以辨之寬以居之仁以行之易曰見龍在田利見

大人君德也 蓋由四者以成大人之德再言君德以深明九二之爲人人也【附錄】學以聚之問以辨之既探討得是當且放頓寬大田地待觸類自然有會合處故曰寬以居之【纂註】徐氏曰德者〻所得於天之理雖我之所固有然亦未嘗不散在事事物物之間苟不務學則無以會聚衆理而有諸己也學而弗問亦無以辨別衆理使之條件不紊而精粗本末或不知所擇也學聚矣問辨矣必有涵養寛裕之意自莫匪從容中道之妙故横渠張子曰心大則百物皆通心小則百物皆病必寛以居之則吾之所以學聚問辨者常見其與心爲一矣然仁者心之全德生生而不窮也德至於仁與天同運無一息間斷則吾之所居者固非徒大而無實亦非固守而不化者也此仁以行之乃學問之極功君子之成德龍德正中所以爲九二之大人歟

九三重剛而不中上不在天下不在田故乾乾因其時而惕雖危无咎矣 重剛謂陽爻陽位【纂註】蔡氏曰天五也田二也上未至乎五下巳離乎二進德修業乾乾行事因其時而惕則雖危而可无咎矣

九四重剛而不中上不在天下不在田中不在人故或之或之者疑之也故无咎 九四非重剛重字疑衍在人謂三或者隨時而未定也【附錄】九四中不在人則其進而至乎九五之位亦無嫌矣但君子本非有此心故云或躍而文言又以非爲邪也等語釋之蓉方士縣【纂註】蔡氏曰重剛謂重乾也以六爻之卦言之則三四居中以重剛三爻之卦言之則二五爲中三四非中

夫大人者與天

地合其德與日月合其明與四時合其序與鬼神合其吉凶先天而天弗違後天而奉天時天且弗違而況於人乎況於鬼神乎

大人即釋爻辭所利見之大人也有是德而當其位乃可當之人與天地鬼神本無二理特蔽於有我之私是以梏於形體而不能相通大人無私以道爲體曾何彼此先後之可言哉先天不違謂意之所爲默與道契後天奉時謂知理如是奉而行之回紇謂郭子儀曰卜者言此行當見一大人而還其占蓋與此合若子儀者雖未及乎夫子之所論然其至公無我亦可謂當時之大人矣

附錄

問聖人與天爲一安有先後之殊曰只是聖人意要如此天便順從先後相應不差毫釐時舉先天後天乃是左右參贊之意如左傳云實先後之意思却在中間正合天運不差毫釐所謂啐啄同時也與欽夫謨問胡文定公云舜先天而天弗違志壹則動氣也孔子後天而奉天時氣壹則動志也如何曰先天而天弗違者舜先作韶樂而鳳凰來儀後天而奉天時者孔子因獲麟而作春秋志壹動氣氣壹動志皆借孟子之言而形容天地感格之意謨天地只以形言先天而天弗違者如禮雖先王未之有而可以義起之類蓋雖天所未爲而吾意之所爲自與道契天亦不能違也後天而奉天時如天敘有典天秩有禮之類雖天之所已爲而理之所在吾亦奉而行之耳蓋大人無私以道爲體此一節是釋大人之德銖

纂註

程子曰大人與天地日月四時鬼神合者合乎道也天地者道也鬼神者造化之迹也聖人先於天而天同之後於天而能順天者合於道而已合於道則人與鬼神豈能違也張子曰鬼神者二氣之良能

也○按朱子曰將天地對日月四時鬼神說便只是指形而下者言傳曰天地者道也某未敢道是○愚謂天地日月四時鬼神者以形氣言也而其所以爲德明序吉凶者以道言也大人之與合亦合其道而已

亢之爲言也知進而不知退知存而不知亡知得而不知喪所以動而有悔也**其唯聖人乎知進退存亡而不失其正者其唯聖人乎**知其理勢如是而處之以道則不至於有悔矣固非計私以避害者也再言其唯聖人乎始若設問而卒自應之也○此第六節復申第二第三第四節之意

坤至柔而動也剛至靜而德方剛方釋牝馬之貞也方謂生物有常【附錄】坤只是承天如一氣之施坤則盡能發生承載非剛則安能如此僩問程傳云坤道至柔而動則剛坤體至靜而德則方柔與剛相反靜與方疑相似何也曰靜無形方有體方謂生物有常言其德方正一定確然不易而生物有常也靜言其體則不可得見方言其德則是其著也銖問坤之德恐似此處順只是順理不是柔順之順曰也是柔順只是他都有力乾行健固是有力坤雖柔順亦是決然恁地順不是柔弱放倒了所以聖人亦說坤至柔而動也剛至靜而德方道夫【纂註】徐氏曰柔剛釋牝馬靜方釋貞

後得主而有常程傳曰主下當有利字【纂註】徐氏曰後得主而有常再釋利義謂處後順乾則得其道而主利可以常久也

含萬物而化光復明其義【纂註】徐氏曰即含弘光大之謂

坤道其順乎承

天而時行復明順承天之義〇此以上申彖傳之意〇附錄未有乾行而坤止此說是且如乾施物坤不應則不能生物既會生物便是動若不是他健後如何配乾只是健得來順

積善之家必有餘慶積不善之家必有餘殃臣弑其君子弑其父非一朝一夕之故其所由來者漸矣由辯之不早辯也易曰履霜堅冰至蓋言順也古字順慎通用按此當作慎言當辯之於微也附錄陰陽皆自微至著不是陰便積著陽便合下具足此處亦不說這箇意履霜堅冰只是說那微時便須著慎來所以說蓋言慎也由辯之不早辯李光祖云不早辯他直到得郎當了却方辯剗地激成事來此說最好淵纂註程子曰天下之事未有不由積而成家之所積者善則福慶及於子孫所積不善則災殃流於後世其大至於弑逆之禍皆因積累而至非朝夕所能成也明者則知漸不可長小積成大辯之於早不使順長故天下之惡無由而成乃知霜冰之戒也霜而至於冰小惡而至於大皆事勢之順長也石氏曰孔子言積善之家必有餘慶勸忠臣孝子也積不善之家必有餘殃懼亂臣賊子也庶乎爲臣子者希福而爲善懼禍而不敢爲惡此聖人之心也臣弑其君以下罪君父也言毋比小人必有弑逆之禍積謂從微至著凡大惡非一朝一夕卒暴而成若君父一見其不善必即去之則不至成惡由辯之不早至於弑逆君父之罪也

直其正也方其義也君子敬以直內義以方外敬義立而德

不孤直方大不習无不利則不疑其所行也此以學言之也正謂本體

義謂裁制敬則本體之守也直內方外程傳備矣【附錄】敬以直內是持守工夫義以方外是講學工夫不孤言大也疑故習而後利不疑則何假於習升卿 敬以直內是立己之本是無纖毫私意胷中洞然徹上徹下表裏如一義以方外是見得是處決定是恁地截然方方正正賀孫 方外之方謂有義以處之事皆合宜移易不得如物之方截然不可動若圓物則可運而轉也必大 端莊嚴肅則敬便存須是將敬來做本領涵養得貫通時纔敬以直內便義以方外義便有敬敬便有義淵 主敬爲爲學之要固是然平日工夫不可全靠箇敬字不理會義惟集義以驅利欲之蔽則於敬益有助工夫不可偏廢精粗本末融液貫通乃善學耳荅吳昶 敬義二者相濟則無失大雅 孤猶偏也敬義既立則德不偏孤不孤言德盛又曰不孤正是發明大字意思謂德盛者得之矣易中所說與論語不同德盛逢原者易之說也善以類應者論語之說也荅方誼

【總論】六二爻辭六二爻聖人本意謂人占得此爻者若直方大則不習自无不利夫子遂從而解之將敬字解直字將義字解方字德不孤解大字敬而無義則做出事來必錯了只義而無敬則無本何以爲義皆是孤也須是敬義立方不孤以之事君則忠於君以之事親則說於親以之交朋友則信於朋友自然不習而无不利矣 當

【通論】乾九二爻文言問乾之九二是聖人之德坤之六二是賢人之德如何曰只爲九二是見成底不待修爲自庸言之信至德博而化此即聖人之德也坤六二直方大不習无不利須是敬以直內義以方外如此方能德不孤方即是大耳此是自直與方以至於大修爲之序如此是賢人之德也有開 【通論】乾九三文言坤只說得持守一邊事如乾九三言忠信所以進

大全三十二王百卌

君靜

德修辭立誠所以居業便連致知持守都說了坤從首至尾皆去那一箇頭如云後得主而有常或從王事无成有終皆是無頭文蔚曰此見聖人賢人之分不同處曰然文蔚忠信所以進德是乾健工夫蓋是剛健純粹兢兢業業日進而自不已如活龍然精采氣燄自有不可及者直內方外是坤順工夫蓋是固執持守依文按本底做將去所以爲學者事也人傑忠信進德是健底意思是硬立脚做去敬以直內是順底意思是恁地收斂做去寓乾卦正從知處說坤卦只從守處說乾卦分明是先見得這箇透徹便一直做將去如忠信所以進德幾句却是徑前做去有勇猛嚴厲斬截剛果之意坤卦未到這地位敬以直內義以方外未免謹貼把捉有箇持守底意思在砥問修辭恐是顏子非禮勿言之類敬義如仲弓問仁之類修辭等處如剛健進前一刀兩斷工夫故屬陽而曰乾道敬義夾持是退步收斂確實靜定工夫故屬陰而曰坤道不知可如此看否曰極是銖

【纂註】程子曰君子主敬以直其內守義以方其外敬立而內直義形而外方義形於外非在外也敬義既立其德盛矣不期大而大矣德不孤也無所用而不周無所施而不利孰爲疑乎。按朱子釋之曰敬立而內自直義形而外自方若欲以敬要去直內以義要去方外則非矣又曰義形而外方義是心頭斷事底心斷於內而外便方正萬物各得其宜

陰雖有美含之以從王事弗敢成也地道也妻道也臣道也地道无成而代有終也

【纂註】丘行可曰美陽也六三陰中有陽故曰有美釋章義。○愚謂美三象含六象弗敢成謂弗敢專成也

天地變化草木蕃天地閉賢人隱易

曰括囊无咎无譽蓋言謹也〔附錄〕草木蕃如說草木暢茂人傑〔纂註〕程子曰充廣得去則天地變化草木蕃充廣不去則天地閉賢人隱○按仁父問此意如何朱子曰己所不欲勿施於人只管充廣將去則萬物只管各得其所若充之於一家則一家得其所充之於一鄉則一鄉得其所充之於天下則天下得其所如何不天地變化草木蕃若充廣不去則出門便有礙又曰推己及物推得去則物我貫通自有箇生生無窮底意思便有天地變化草木蕃氣象天地只是這般道理若推不去物我隔絶欲利於己不利於人欲己之富欲人之貧欲己之壽欲人之夭似這氣象全然閉塞隔絶了便似天地閉賢人隱

君子黃中通理黃中言中德在內釋黃字之義也正位居體雖在尊位而居下體釋裳字之義也美在其中而暢於四支發於事業美之至也美在其中復釋黃中暢於四支復釋居體〔附錄〕〔通論〕三五天地之間萬物粲然而陳者皆陰麗於陽其美外見者也六三六五皆以陰居陽故三則曰陰雖有美而五則曰美在其中然三方進而位不中者也故陰雖有美而尚含之五正位而居體者也故美在其中而發於事業人臣事業之著於世固自有時殆不可挾才能而躐進以取三五同功嫌迫之禍也〔纂註〕徐氏曰黃中中德在內通理文無不通言柔順之德蘊乎內而至盛也釋黃義正位當在中之位居體居下體而不僣言柔順之德形於外而得當也釋裳義黃中通理則美在其中而暢於四支正位居體則可發於事業二五皆中二內卦之中其發於外者不疑其所行而已五外卦之中其施於外者有事業之可觀坤道之美至此極矣故曰美之至也嘗謂黃中

通理四字當玩涵養不熟操守不固天理有一毫之未純人欲有一毫之未去未得爲黃中也涵養熟矣操守固矣天理全而人欲去矣然條理未達脉絡未貫則是蘊於内者雖有中和渾厚之美而無融暢貫通之妙未得爲通理也必黃中而通理暢於四支發於事業而後爲美之至孟子曰充實而有光輝之謂大大而化之之謂聖亦此意也丹家亦取此義魏伯陽參同契曰黃中漸通理潤澤達肌膚但作用不同此爲義理存養皆天公諸人也彼爲血氣保固由人私諸己也學者又不可以不辨

陰疑於陽必戰爲其嫌於无陽也故稱龍焉猶未離其類也故稱血焉夫玄黃者天地之雜也天玄而地黃

疑謂均敵而無小大之差也坤雖無陽然陽未嘗無也血陰屬蓋氣陽而血陰也玄黃者天地之正色言陰陽皆傷也○此以上申象傳之意

【纂註】蔡氏曰十月爲純坤之月六爻皆陰然生生之理無頃刻而息一陽雖生於子而實始於亥十月之陽特未成爻耳聖人爲其純陰而或嫌於無陽也故稱龍以明之古人謂十月爲陽月者蓋出此

周易文言傳第七

後學　成德　挍訂

周易説卦傳第八

朱子本義

新安後學胡一桂附録纂註

昔者聖人之作易也幽贊於神明而生蓍幽贊神明猶言贊化育龜筴傳曰天下和平王道得而蓍莖長丈其叢生滿百莖

附録 蓍便是大衍之數五十能贊化育和氣充塞所以生出這物事淵

參天兩地而倚數天圓地方圓者一而圍三三各一奇故參天而爲三方者一而圍四四合二偶故兩地而爲二數皆倚此而起故揲蓍三變之末其餘三奇則三三而九三偶則三二而六兩二一三則爲七兩三一二則爲八

附録 問參天兩地舊說以爲五生數中天參地兩不知其說如何曰如此却只是三天二地不見參兩之意又曰這却是積數不是倚數參天者參之以三兩地者兩之以二也以方圓而言參兩如天之圓徑一則以圍三而參之地之方徑一則以圍四而兩之否曰是道夫天一而圍三地一而圍四然天全用而地半用如參天爲三而兩地爲二也銖天圓得數之三地方得數之四又曰一箇天參之而爲三一箇地兩之而爲二三三爲九三二爲六兩其三一其二爲八兩其二一其三爲七高參天兩地而倚數此在揲蓍上說三者元是箇三數底物事自家從而三之兩者元是箇兩底物事自家從而兩之雖然却只是說得箇三兩在未見得成何數倚數云者似把幾件物事挨放這裏且如

先得箇三再得箇三只成六又得箇三方成九若得箇二却成八恁地倚得數出來淵

觀變於陰陽而立卦發揮於剛柔而生爻

附錄　問陰陽剛柔一也而別言之何也曰觀變於陰陽近於造化而言發揮剛柔近於人事而言且如泰卦以卦言之只見得小往大來陰陽消長之意爻裏面便有包荒之類道夫分奇偶便是畫積畫便成卦卦中看畫便是爻學蒙問既有卦則有爻矣先言卦而後言爻何也曰自作易而言之則有爻而後有卦此却是以後人觀易而言方其立卦時只見得是卦及細別之則有六爻道夫

纂註　蔡氏曰陰陽七八九六也觀七八九六之變則卦可得而立矣陰陽之變即所以爲爻後言發揮剛柔而生爻者蓋未入用則謂之陰陽已入用則謂之剛柔也

和順於道德而理於義窮理盡性以至於命

和順從容無所乖逆統言之也理謂隨事得其條理析言之也窮天下之理盡人物之性而合於天道此聖人作易之極功也○此第一章

附錄　問和順道德而理於義是就聖人上說是就易上說曰是說易又問和順是聖人和順否曰是易之和順道德而理於義如吉凶消長之道順而無逆是和順道德也理於義則又極其細而言隨事各得其宜之謂也學蒙　和順道德而理於義是統說底窮理盡性至命是分說底上一句是離合言之下一句以淺深言之淵　和順道德是默契本原處理於義是應變合宜處物物皆有理須一一推窮性則是理之極處故云盡命則性之所自來處故云至荅許昇窮理是理會得道理窮盡盡性是做到盡處如能事父然後盡仁之性能事君然後盡義之性閎祖　窮理是知盡性是行如爲子知所以爲孝爲臣知所以爲忠此窮理也爲子能孝爲臣能忠此盡性也能窮

其理而充其性之所有方謂之盡以至於命是拖脚說得於天者蓋性是我之所至者命是天之所以與我者也昔嘗與人論舜事舜盡事親之道至天下之爲父子者定知此者窮理者也能此者盡性者也必大窮理盡性至命本是就易上說易上皆說物理便是窮理盡性即此便是至命也淳 互論上傳 窮理是知上說盡性是仁上說言能造其極也至於範圍天地是至命事言與造化一般淵

昔者聖人之作易也將以順性命之理是以立天之道曰陰與陽立地之道曰柔與剛立人之道曰仁與義兼三材而兩之故易六畫而成卦分陰分陽迭用剛柔故易六位而成章

兼三材而兩之總言六畫又細分之則陰陽之位間雜而成文章也○此第二章

附錄 昔者聖人之作易將以順性命之理聖人作易只是要發揮性命之理摹寫那箇物事下文所說陰陽剛柔仁義便是性中有這箇物事淵問道理也陰陽氣也何故以陰陽爲道曰形而上者謂之道形而下者謂之器明道以爲須著如此說然器亦道道亦器也道未嘗離乎器道只是器之理如這交椅是器可坐便是交椅之理如這人身是器語言動作便是人之理理只在器上所以一陰一陽之謂道淳問陰陽以氣言剛柔則有形質可見矣至仁與義則又合氣與形而理具焉然亦一而已矣蓋陰陽者陽中之陰陽柔剛者陰中之陰陽也仁義者陰陽合氣剛柔成質而是理始爲人道之極也然仁爲陽剛義爲陰柔仁主發生義主收斂故其分屬如此或謂楊子雲說君子於仁也

柔於義也剛蓋取其相濟而相爲用之意曰仁體剛而用柔義體柔而用剛銖陰陽剛柔仁義看來當曰義與仁當以仁對陽仁若不是陽剛如何做得許多造化義雖剛却主於收斂仁却主發舒這也是陽中之陰陰中之陽互藏其根之意且如今人用賞罰到賜與人自是無疑便做將去若是刑殺時便遲義屬陰袁機仲卽謂義是剛底物合屬陽仁是柔底物合屬陰殊不知舒暢發達便是那剛底意思收斂藏縮便是那柔底意思又云以氣之呼吸言之則呼爲陽吸爲陰吸便是收斂底意鄉飲酒義云温厚之氣盛於東南此天地之仁氣也嚴凝之氣盛於西北此天地之義氣也僩蓋嘗論之陽主進而陰主退陽主息而陰主消進而息者其氣强退而消者其氣弱此陰陽之所以爲柔剛也陽剛温厚居東南主春夏而以作長爲事陰柔嚴凝居西北主秋冬而以斂藏爲事作長爲生斂藏爲殺此剛柔之所以爲仁義也以此觀之則陰陽剛柔仁義之位豈不曉然而楊子雲之所謂於仁也柔於義也剛者乃自其用處之末流言之蓋亦所謂陽中之陰陰中之陽固不妨自爲一義但不可以雜乎此而論之耳荅袁樞仁義禮知既知得界限分曉又須知四者之中仁義是箇對立底關鍵蓋仁仁也而禮則仁之著義義也而知則義之藏春夏秋冬雖爲四時然春夏皆陽之屬也秋冬皆陰之屬也故曰立天之道曰陰與陽立地之道曰柔與剛立人之道曰仁與義是知天地之道不兩則不能以立故端雖有四而立之者則兩耳塤問兼三材如何分曰以一卦言之上兩畫是天中兩畫是人下兩畫是地初剛而二柔三仁而四義五陽而上陰兩卦各自看則上與三爲天五與二爲人四與初爲地問以八卦言之則九三者天之陽六三者天之陰九二者人之仁六二者人之義初九者地之剛初六者地之柔不知是否曰恁地看也得如上便是天之陰三便是天之陽五便是人之仁二是人之義四是地之

柔初是地之剛道夫天下道理只是一箇包兩箇五行五箇便是十箇甲乙便是兩箇木丙丁便是兩箇火戊己便是兩箇土金水亦然所謂兼三材而兩之便都是如此義剛

天地定位山澤通氣雷風相薄水火不相射八卦相錯

邵子曰此伏羲八卦之位乾南坤北離東坎西兌居東南震居東北巽居西南艮居西北於是八卦相交而成六十四卦所謂先天之學也

附錄 問山澤通氣只爲兩卦相對所以氣通曰澤氣升於山爲雲爲雨是山通澤之氣山之泉脉流於澤爲泉爲水是澤通山之氣道夫

山澤通氣水火不相射山澤一高一下而水脉相爲灌輸也水火下然上沸而不相滅息也僩問水火不相射或音石或音亦孰是曰音石水火與雷風山澤不相類本是相克底物事今却相應而不相害問若以不相厭射而言則與上文相類如何曰不相射乃下文不相悖之意不相悖乃不相害也水火本相害之物便如未濟之水火亦是中間有物隔之若無物隔之則相害矣此乃以其不相害而明其相應也道夫問八卦相錯曰乾坤自是箇不動底物事動是陰陽如一陰對一陽一陽對一陰六十四卦圓轉皆如此相錯輝

總論一章 說卦天地定位一章先天圖乾一兌二離三震四巽五坎六艮七坤八之序皆本於此若自八卦之上又放此而生之至六畫則八卦相重而成六十四卦矣六十四卦之上又放此而生之至十二畫則六十四卦相重而成四千九十六卦矣焦貢易林是也荅虞大中

數往者順知來者逆是故易逆數也

起震而歷離兌以至於乾數已生之卦也自巽而歷坎艮以至於坤推未生之卦也易之生卦則以乾兌離震巽坎艮坤爲次故皆逆數也○此第三章

附錄 數往者順

這一段是從卦氣上看來也是從卦畫生處看來淵

雷以動之風以散之雨以潤之日以晅之艮以止之兌以說之乾以君之坤以藏之

此卦位相對與上章同○此第四章【附録】雷以動之四句取象義多故以象言艮以止之四句取卦義多故以卦言學蒙【纂註】蔡氏曰動則物萌散則物具二者言生物之功也潤則物滋晅則物舒二者言長物之功也止則物成說則物遂二者言收物之功也君則物有所歸藏則物有所息二者言藏物之功也又曰此章卦位相對與上章同而上章則言卦象自相為用此章則言八卦造物流行有生長收藏之事也

帝出乎震齊乎巽相見乎離致役乎坤說言乎兌戰乎乾勞乎坎成言乎艮

帝者天之主宰邵子曰此卦位乃文王所定所謂後天之學也【附録】帝出乎震萬物發生便是他主宰從這裏出問戰乎乾曰是箇肅殺收成底時節故曰戰勞乎坎恐是萬物有所歸有箇勞倈安定他之義又曰似乎慰勞之意言萬物皆歸藏於此用慰勞他並道夫潘時舉問據下文萬物之所歸也故曰勞乎坎意勞字當作去聲曰恐如此【纂註】蔡氏曰帝者以主宰乎物為言也出者發露之謂震居東方於時為春齊者畢達之謂巽居東南於時為春夏之交也相見物形明盛皆相見也離居南方於時為夏致猶委也委役於萬物無不養也坤居西南於時為秋夏之交也說言者物形至此充足而說也兌居西方於時為秋戰者陽氣始萌陰凝而戰也乾居西北於時為秋冬之交也勞者陽方勌乎戰故勞坎居北方於時為冬成言者陽

氣至此物之所成終而成始也○愚謂自巽至兑皆陰卦忽與乾艮居東北於時爲冬春之交也○遇陰疑於陽必戰故曰戰乎乾萬物出乎震震東方也齊乎巽巽東南也齊也者言萬物之潔齊也離也者明也萬物皆相見南方之卦也聖人南面而聽天下嚮明而治蓋取諸此也坤也者地也萬物皆致養焉故曰致役乎坤兑正秋也萬物之所說也故曰說言乎兑戰乎乾乾西北之卦也言陰陽相薄也坎者水也正北方之卦也勞卦也萬物之所歸也故曰勞乎坎艮東北之卦也萬物之所成終而所成始也故曰成言乎艮上言帝此言萬物之隨帝以出入也○此第五章所推卦位之說多未詳者

附錄

離中虛明可以爲南方之卦道夫乾陽也乃居西北故曰陰陽相薄道夫

論文王八卦

帝出乎震與萬物出乎震這兩段說文王卦問何以知爲文王卦曰邵子說如此道夫

論羲文卦位

問仔細看此數段前兩段第三第四章說伏羲卦位後兩段自帝出乎震以下說文王卦位自神也者妙萬物而爲言下有兩段

共第六章前一段乃文王卦位後一段乃伏羲底恐夫子之意以爲伏羲文王所定方位不同如此然生育萬物既如文王所次則其方位非如伏羲所定亦不能變化既成萬物無伏羲底則做文王底不出竊恐文義如此說較分明曰如是則其歸却在伏羲上恁地說也好但後兩段第六章却除了乾坤何也荅曰竊恐著一句神也者妙萬物而爲言引起則乾坤在其中矣曰恐是如此並道夫【纂註】蔡氏曰帝之出入不可見而爲物者可見故又以物言焉氣無物不行物無氣不生然氣之生也有漸不能遽遍乎物自帝出乎震至成言乎艮一氣流行之漸生成之功也震巽離乾坎艮皆以方言兌以時言坤以地言所以然者夫子欲備三者之義互言之耳是雖有三又足以見其未嘗相離之義也徐氏曰坎離天地之大用也得乾坤之中氣故離火居南坎水居北也震動也物生之初也故居東兌說也物成之後也故居西此四者各居正位也震屬木巽亦屬木震陽木也巽陰木也故巽居東南巳之位也兌屬金乾亦屬金兌陰金也乾陽金也故乾居西北亥之方也坤艮皆土也坤陰土艮陽土坤居西南艮居東北者所以均旺乎四時也此四者分居四隅也後天八卦以震巽離坤兌乾坎艮爲次者震巽屬木木生火故離次之離火生土故坤次之坤土生金故兌乾次之金生水故坎次之水非土亦不能以生木故艮次之水土又生木木又生火八卦之用五行之生循環無窮此所以爲造化流行之序也○愚謂邵子以此兩段屬之文王八卦意其本之文王卦辭坤西南得朋東北喪朋正此兩段之方位也蹇解卦辭亦然

神也者妙萬物而爲言者也動萬物者莫疾乎雷橈萬物者莫疾乎風燥萬物者莫熯乎火

說萬物者莫說乎澤潤萬物者莫潤乎水終萬物始萬物者莫盛乎艮故水火相逮雷風不相悖山澤通氣然後能變化既成萬物也此去乾坤而專言六子以見神之所爲然其位序亦用上章之說未詳其義〇此第六章

附錄 此兩段却除了乾坤著一句神也者妙萬物而爲言引起則乾坤在其中矣且如雷風水火山澤自不可便喚做神神者乃其所以動所以撓者是也道夫水火不相逮一段又似與上面水火不相射同義又自是伏羲卦竊謂上言六子用文王八卦之位者以六子之主時成用而言故以四時爲序而用文王後天之序下言六子用伏羲八卦之位者推六子之所以主時成用而言故以陰陽交合爲義而用伏羲八卦之序蓋陰陽各以其偶合而六子之用行所以能變化盡成萬物也文王八卦則兌震以長男而合少女艮巽以長女而合少男皆非其偶故自動萬物者莫疾乎雷至終萬物始萬物者莫盛乎艮皆別言六子之用故以四時之次言之而用文王八卦之序下則推其所以成用於陰陽各得其偶故用伏羲八卦若上用伏羲卦次則四時失其序下用文王八卦則兌震艮巽皆非其偶矣伏羲卦序與今卦序不同不知孔子創爲之而作序卦邪抑自文王周公繫辭之後已更伏羲之序如此而孔子特以序卦明義邪銖

纂註 徐氏曰伏羲八卦方位主造化對待之體而言文王八卦方位主造化流行之用而言對待非流行則不能變化流行非對待則不能自行

乾健也坤順也震動也巽入也坎陷也離

麗也艮止也兌說也此言八卦之性情○此第七章【附錄】八卦謂之性者言其本性如此謂之情者言其發用亦如此淵萬物之情盡於八卦而震巽坎離艮兌又總於乾坤曰動曰陷曰止皆健底意思曰麗曰說曰入皆順底意思聖人下此八字極狀得八卦性情盡必大伏羲八卦只此數畫該盡天下萬物之理陽在下爲震震動也在上爲艮艮止也陽在下自動在上自止廣【纂註】蔡氏曰乾純陽剛故健坤純陰柔故順震坎艮陽卦陽生乎二陰之下則剛而進故動在二陰之中則剛爲陰所溺故陷出二陰之上雖剛則亦無所往矣故止巽離兌陰卦陰成乎二陽之下以順而伏故入在二陽之中以順而附故麗在二陽之上以順而見故說○愚謂自第七章至篇末皆言先天對待之易

乾爲馬坤爲牛震爲龍巽爲雞坎爲豕離爲雉艮爲狗兌爲羊遠取諸物如此○此第八章【附錄】乾爲馬而乾之象却說龍恪說象牽合不得如坤爲牛遍求諸卦必要尋箇牛或以一體取或以一爻取如坤牛不可見便於離一畫是牛顯子取象亦有來歷不是假說譬喻但今以說卦求之多所不通故不得已而闕之或且從先儒之說耳可學易象也須有此理但恁地零零碎碎去牽合附會得來不濟事須是見一箇大原許多名物件數皆貫通在裏面方是顯子【纂註】蔡氏曰馬善行而健牛能載而順龍變而動雞知時而伏豕內剛雉外文明狗外剛內柔羊內很外說此以八卦取諸物也○愚嘗妄論夫子於八卦取象有括文王周公彖爻之例者有自括大象之例者又有於說卦別取者如上章天地山澤雷風水火是括大象之例如此章乾馬兌羊巽雞離雉是括周公爻例周公於大畜乾爻稱馬大壯似兌稱羊中

孚巽爻稱雞暌互坎卦稱豕至若坤牛震龍艮狗實夫子於說卦又有所取而前聖未有其例者也下章皆然數聖人取象本各不同如必欲執彖爻之象盡求合於說卦則多不通矣嘗作易象圖幷說附於五贊後庶幾於數聖人取象各有所得不至滯而不通也

乾爲首坤爲腹震爲足巽爲股坎爲耳離爲目艮爲手兌爲口近取諸身如此

○此第九章【附錄】問艮何以爲手曰手去捉定那物便是艮義剛【纂註】蔡氏曰首實而居上腹虛而容物足居下而善動股居下而善隨耳以陽在內而聰目以陽在外而明手在上而止物口在上而能說○愚謂夫子於此章取象坤爲腹與明夷六四同巽爲股與咸九三互體同兌爲口與咸上六輔頰舌同外餘皆自取

乾天也故稱乎父坤地也故稱乎母震一索而得男故謂之長男巽一索而得女故謂之長女坎再索而得男故謂之中男離再索而得女故謂之中女艮三索而得男故謂之少男兌三索而得女故謂之少女索求也謂揲蓍以求爻也男女指卦中一陰一陽之爻而言○此第十章【附錄】震一索而得男是一索得陽爻而後成震故謂之長男又曰一說是就變體上說是就坤上求到一陽爻而成震卦一說乃是揲蓍求卦求到一陽後面二陰便是震卦求得一陰後面二陽便是巽卦學蒙看來

不當專作揲蓍看揲蓍有依不得這序時便說不通大槩只是坤求於乾而得
震坎艮乾求於坤而得巽離兌一二三者以其畫之次序言也顯子初間畫卦
時也不恁地只是畫成八卦後便見有此象耳義剛又
曰是巳有此卦了就此卦生出此義所謂後天之學

纂註 蔡氏曰乾坤交而
生震巽坎離艮兌
故以能生者爲父母而生者爲子一索再索三索者以初中終三畫 ○ 愚謂父
而取此長中少之序也震坎艮皆陽故曰男巽離兌皆陰故曰女　母六子
之象亦夫子所自取參之伏羲八卦乾居南而稱父坤居北而稱母乾一索於
坤得坤初爻而生巽坤一索於乾得乾初爻而生震即邵子所謂母孕長男而
爲復父生長女而爲姤之義乾再索於坤得坤中爻而生離三索於坤得坤上
爻而生兌坤再索於乾得乾中爻而生坎三索於乾得乾上爻而生艮巽離兌
雖各得坤一爻而生然本乾體故皆從父於東南震坎艮雖各得乾一爻而生
然本坤體故皆從母於西北至若文王八卦乾統三男於西北坤統三女於東
南是旣生之後男皆從父女皆從母又自不同也先天卦配父母六子之義夫
子觀伏羲對待之卦推其未明之象以爲說實先儒所未發而愚偶有見焉耳

乾爲天爲圜爲君爲父爲玉爲金爲寒爲冰爲大赤
爲良馬爲老馬爲瘠馬爲駁馬爲木果　荀九家此下有爲
龍爲直爲衣爲言

纂註 韓康伯註曰荀爽有九家集解蔡氏曰積陽故爲天陽體動故爲圜尊而
上故爲君性剛故爲玉爲金純陽故色爲大赤健故爲良馬陽之極故又爲
老馬爲瘠馬圜而在上故爲木果寒冰駁未詳 ○ 愚謂夫子取乾卦象稱馬本
或曰純陽之反又曰駁馬其色中正相半也　之大畜爻外餘皆所自取如

乾天坤地之類亦皆夫子大象也

坤爲地爲母爲布爲釜爲吝嗇爲均爲子母牛爲大輿爲文爲衆爲柄其於地也爲黑荀九家有爲牝爲迷爲方爲囊爲裳爲黃爲帛爲漿

【纂註】蔡氏曰積陰故爲地動闢而廣故爲布爲均虛而聚物故爲釜靜而翕故爲吝嗇性順故爲子母牛載物故爲大輿有形而柔順故爲文數偶故爲衆有形可執故爲柄純陰故其色爲黑○愚謂夫子取坤卦象稱輿本之剝上九之爻稱衆本之晉六三之爻餘皆所自取

震爲雷爲龍爲玄黃爲旉爲大塗爲長子爲決躁爲蒼筤竹爲萑葦其於馬也爲善鳴爲馵足爲作足爲的顙其於稼也爲反生其究爲健爲蕃鮮荀九家有爲玉爲鵠爲鼓

【纂註】蔡氏曰陽動於陰下故爲雷陰陽始交故爲玄黃陽氣始施故爲旉萬物畢出故爲大塗動故爲決躁氣始亨故於馬爲善鳴陽在下故又爲馵足爲作足陰在上故爲的顙的白色而顙在上也剛反動故於稼爲反生長必終於乾故其究爲健蒼筤竹萑葦蕃鮮未詳○徐氏曰馬馵馬後左足白也作謂雙舉也○愚謂夫子取震卦象稱雷本彖辭震驚百里稱長子本師五爻互體稱馬本屯卦諸爻餘皆所自取

巽爲木爲風爲長女爲繩直爲工爲白爲長爲高爲進退爲不

果爲臭其於人也爲寡髮爲廣顙爲多白眼爲近利市三倍其究爲躁卦荀九家有爲楊爲鸛纂註蔡氏曰下入而上升故爲木一陰爲二陽所得故爲風二陽上達故爲繩直爲長爲高陰卦故其色爲白一陰盤旋於二陽之下故爲進退爲不果陰氣迴旋而不散故爲臭髮陰也陽盛於上故於人爲寡髮陽在上故爲廣顙三爻皆變故爲震震又巽反亦爲震震爲決躁○愚謂夫子於巽卦取象稱故其究爲躁卦工多白眼近利市三倍皆未詳　木本之漸六四爻外餘皆所自取

坎爲水爲溝瀆爲隱伏爲矯輮爲弓輪其於人也爲加憂爲心病爲耳痛爲血卦爲赤其於馬也爲美脊爲亟心爲下首爲薄蹄爲曳其於輿也爲多眚爲通爲月爲盜其於木也爲堅多心荀九家有爲宮爲律爲可爲棟爲叢棘爲狐爲蒺藜爲桎梏纂註蔡氏傳曰內明外暗者水與月也坎內陽外陰故爲水水流而不盈故爲溝瀆陽溺陰中故爲隱伏一陽鬱乎二陰故爲矯輮爲弓輪陽陷陰中故爲加憂爲心病爲耳痛陽卦故其色爲赤剛在中故於馬爲美脊爲亟心上柔故又爲下首下柔故又爲薄蹄剛繫於柔故爲曳下柔故於輿爲多眚維心亨故爲通內明外暗故爲月陽隱陰中故爲盜剛在中故於木爲堅多心爲血卦未詳○徐氏曰血傷也爻辭言血者皆坎象○

愚謂夫子取坎卦象如輪本既未濟爻如心本坎卦彖如血本需卦爻如馬本屯卦爻如輿本睽卦爻如盜本蒙賁等卦爻此外皆所自取

離爲火爲日爲電爲中女爲甲冑爲戈兵其於人也爲大腹爲乾卦爲鱉爲蟹爲蠃爲蚌爲龜其於木也爲科上槁荀九家有爲牝牛

【纂註】蔡氏曰内暗外明者火與日也離内陰外陽故爲火爲日陰麗於陽則光故爲電剛在外故爲甲冑爲戈兵中虚故於人爲大腹火熯燥故爲乾卦外剛内柔故爲鱉爲蟹爲蠃爲蚌爲龜中虚故於木爲科上槁○愚謂夫子取離卦象如日本離晉革豐彖辭如龜本頤損益似體此外皆所自取

艮爲山爲徑路爲小石爲門闕爲果蓏爲閽寺爲指爲狗爲鼠爲黔喙之屬其於木也爲堅多節荀九家有爲鼻爲虎爲狐

【附錄】陳安卿說麻衣易以艮爲鼻先生曰鼻者面之山晉管輅已如此說義剛

【纂註】蔡氏曰陽高出陰上故爲山上通故爲徑路一陽露於上故爲小石上實下虛故爲門闕陽在上而果蓏成於上故爲果蓏陽止故爲閽寺爲指前剛故爲鼠爲黔喙之屬上剛故於木爲堅多節○愚謂夫子取艮卦象如石本諸豫互體之爻如鼠本諸晉互體之爻如果本諸剝上爻此外皆所自取

兌爲澤爲少女爲巫爲口舌爲毀折爲附決其於地也爲剛

鹵爲妾爲羊　荀九家有爲常爲輔頰○此第十一章廣八卦之象其間多不可曉者求之於經亦不盡合也〔纂註〕蔡氏曰陰潤而下故爲澤說見乎外故爲巫爲口舌陰窮故爲毀折陰附陽決故爲附決上柔下剛故爲剛鹵少女從姊爲娣故爲妾內很外說故爲羊○愚謂夫子取兌卦象如巫本巽互體如口舌本咸上六如羊本大壯夬歸妹此外皆所自取說卦之象夫子所自取爲多括前聖之例爲少故求之於經不盡合也〔互論〕邵子發明之朱子表章之然後羲文之易辨明於世而夫子所論八卦方位之不同夫子初未嘗有先後天之分也自〔啓蒙〕愚嘗考之說卦所論八卦方位之對待流行而先後天之分較然矣今觀不同始各有歸著俾學者觀於卦位之對待流行而先後天之分較然矣今觀第六章自神也者妙萬物而爲言至莫盛乎艮是承前章論後天八卦之位自水火不相逮至既成萬物也仍是先天八卦位次啓蒙亦已言之矣若自第七章至第十章啓蒙引之以爲文王觀已成之卦推未明之象以爲說而謂之後天之學入用之位愚竊謂自七章至篇末十一章皆先天八卦位次而夫子推未明之象以爲說故其卦次與第三章第四章同姑附臆說於此

周易說卦傳第八

後學　成德　挍訂

周易序卦傳第九

朱子本義

新安後學胡一桂附錄纂註

總論序卦 問序卦或謂非聖人之書信乎曰此沙隨程氏之說也先儒以爲非聖人之縕某以爲謂之非易之精則可謂非易之縕則不可周子分精與縕字甚分明序卦却正是易之縕事事夾雜有在裏面問何謂易之精曰如易有太極是生兩儀兩儀生四象四象生八卦這便是易之精問如序卦中亦見消長進退之義喚做不是精不得曰此正是事事夾雜有在裏面正是縕須是自一箇生出來以至於無窮便是精道夫 **纂註** 程子曰乾坤天地之道陰陽之本故爲上篇之首坎離陰陽之成質故爲上篇之終咸恒夫婦之道生育之本故爲下篇之首未濟坎離之合既濟坎離之交合而交則生物陰陽之功也故爲下篇之終二篇之卦既分而後推其義而爲之次序卦是也

有天地然後萬物生焉盈天地之間者唯萬物故受之以屯屯者盈也屯者物之始生也物生必蒙故受之以蒙蒙者蒙也物之穉也物穉不可不養也故受

五百八十六

之以需需者飲食之道也飲食必有訟故受之以訟訟必有衆起故受之以師師者衆也衆必有所比故受之以比比者比也比必有所畜故受之以小畜物畜然後有禮故受之以履履而泰然後安故受之以泰晁氏云鄭無而泰二字　泰者通也物不可以終通故受之以否物不可以終否故受之以同人與人同者物必歸焉故受之以大有有大者不可以盈故受之以謙有大而能謙必豫故受之以豫豫必有隨故受之以隨以喜隨人者必有事故受之以蠱蠱者事也有事而後可大故受之以臨臨者大也物大然後可觀故受之以觀可觀而後有所合故受之以噬嗑嗑者合也物不

可以苟合而已故受之以賁賁者飾也致飾然後亨則盡矣故受之以剥剥者剥也物不可以終盡剥窮上反下故受之以復復則不妄矣故受之以无妄有无妄然後可畜故受之以大畜物畜然後可養故受之以頤頤者養也不養則不可動故受之以大過【附錄】問不養則不可動故受之以大過何也曰動則過矣故小過亦曰有其信者必行之故受之以小過道夫物不可以終過故受之以坎坎者陷也陷必有所麗故受之以離離者麗也右上篇

有天地然後有萬物有萬物然後有男女有男女然後有夫婦有夫婦然後有父子有父子然後有君臣有君臣然後有上下有上下然後禮義有所錯【附錄】問序卦中六十四卦獨不言咸何也曰夫婦之道即咸也曰亦如上經不言乾坤但言天地則乾坤可見否曰然道夫夫婦

之道不可以不久也故受之以恒恒者久也物不可以久居其所故受之以遯遯者退也物不可以終遯故受之以大壯物不可以終壯故受之以晉【附錄】問物不可以終壯故受之以晉傳曰物无壯而終止之理既壯盛則必進竊意物進而後至於壯盛既壯盛則衰退繼之矣今曰壯盛則必進此義如何曰物固有壯而後進者亦有進而後壯者其義自有不同此各隨其事而言難以一說拘也且以十二月卦論大壯之為夬夬之為乾豈非壯而後進乎至乾乃極而衰耳又問壯與晉何別曰不但如此壯而已又更須進一步也道夫晉者進也進必有所傷故受之以明夷夷者傷也傷於外者必反於家故受之以家人家道窮必乖故受之以睽睽者乖也乖必有難故受之以蹇蹇者難也物不可以終難故受之以解解者緩也緩必有所失【附錄】問緩字恐不是遲緩之緩乃是懈怠之意故曰解緩也曰緩字是散意道夫故受之以損損而不已必益故受之以益益而不已必

決故受之以夬夬者決也決必有所遇故受之以姤
姤者遇也物相遇而後聚故受之以萃萃者聚也聚
而上者謂之升故受之以升升而不已必困故受之
以困困乎上者必反下故受之以井井道不可不革
故受之以革革物者莫若鼎故受之以鼎主器者莫
若長子故受之以震震者動也物不可以終動止之
故受之以艮艮者止也物不可以終止故受之以漸
漸者進也進必有所歸故受之以歸妹得其所歸者
必大故受之以豐豐者大也窮大者必失其居故受
之以旅旅而無所容故受之以巽巽者入也入而後
說之故受之以兑兑者說也說而後散之故受之以

三百十三

渙渙者離也物不可以終離故受之以節節而信之故受之以中孚有其信者必行之故受之以小過有過物者必濟故受之以既濟物不可窮也故受之以未濟終焉右下篇

周易序卦傳第九

後學成德挍訂

周易雜卦傳第十

朱子本義

新安後學胡一桂附録纂註

總論雜卦 雜卦反對之義只是反覆則其吉凶禍福動靜剛柔皆相反了蒼虞大中

乾剛坤柔 附録 剛柔雖各有所偏必相錯而後得中然在乾坤二卦之全體當剛而剛當柔而柔則不待相錯而不害其全矣其爻位之無過不及者如乾坤之二五亦不待相錯而不害其爲中矣陰陽變化而太極之妙無不在焉於此蓋可見也今謂乾剛坤柔便有所偏恐於二卦之彖及二五之爻有不通者蒼虞大中

比樂師憂臨觀之義或與或求 以我臨物曰與物來觀我曰求或曰二卦互有與求之義 附録 臨觀更有與求之義臨以二陽言之則二陽可以臨上四陰以卦中爻言之則六五上六又以上而臨下觀自下而觀上則爲觀是平聲自上而爲物之觀是去聲道夫

屯見而不失其居蒙雜而著 屯震遇坎震動故見坎險不行也蒙坎遇艮坎幽昧艮光明也或曰屯以初言蒙以二言 纂註 蔡氏曰屯物之始生故見主初也未得位而利居貞故不失其居蒙然而生故雜二爲蒙主而能治之使明故著

震起也艮止也損益盛衰之始也 纂註 蔡氏

曰震陽起於下艮陽止於上損者盛之始益者衰之始大畜時也无妄災也止健者時有適然无妄而災自外至

纂註 蔡氏曰剛健者難畜當剛止之時故能畜莫非災也无妄之災乃所謂災也萃聚而升不來也纂註 蔡氏曰澤聚而下木升而上謙輕而豫怠也附録 謙輕是自謙抑不自尊重道夫輕是自卑小之義說豫之極便放倒了如上文冥豫是也去僞噬嗑食也賁无色也白受采纂註 蔡氏曰頤中有物故食賁則其色不常故无色兌見而巽伏也兌陰外見巽陰内伏隨无故也蠱則飭也隨前无故蠱後當飭剥爛也復反也纂註 蔡氏曰剥則陽爛復則陽反晉晝也明夷誅也誅傷也

纂註 蔡氏曰晉離在上而明著夷離在下而明傷井通而困相遇也剛柔相遇而剛見揜也纂註 蔡氏曰井往而不窮故爲通困剛揜也剛與柔相遇也咸速也恒久也咸速恒久纂註 蔡氏曰有感則應故速常故能久渙離也節止也纂註 蔡氏曰風散水故離澤防水故止解緩也蹇難也附録 散緩意如縱弛之類道夫睽外也家人内也否泰反其類也大壯則止遯則退也止謂不退纂註 蔡氏曰大壯陰止遯陽退徐氏曰雜卦言止者三艮止也謂陽升於上止而不進天之道也節止也謂有所限節而

過止之人之力也大壯則止謂四陽方壯止而不退亦天道也大有衆也同人親也革去故也鼎取新也小過過也中孚信也纂註蔡氏曰莫非過也小過之過乃所謂過也小者能過豈常理哉莫非信也中孚之信乃所謂信也信出於中豈要約之所能致哉豐多故也親寡旅也既明且動其故多矣離上而坎下也火炎上水潤下小畜寡也履不處也不處行進之義需不進也訟不親也大過顛也纂註徐氏曰本末弱故顛姤遇也柔遇剛也漸女歸待男行也附錄女待男而行所以爲漸淵頤養正也既濟定也纂註蔡氏曰六位皆當故定歸妹女之終也未濟男之窮也附錄伊川說未濟男之窮爲三陽失位以爲斯義也得之成都隱者見張欽夫說伊川之在涪也一日讀易有剗桶人以此問伊川伊川不能荅其人云三陽失位故伊川記之不知此語火珠林上巳有蓋伊川未嘗看雜書所以被他說動了淵夬決也剛決柔也君子道長小人道憂也自姤以下卦不反對或疑其錯簡今以韻協之又似非誤未詳何義纂註蔡氏曰自姤以下有亂簡按雜卦例皆反對協韻爲序今以其例改正大過顛也頤養正也既濟定也未濟男之窮也歸妹女之終也漸女歸待男行也姤遇也柔遇剛也夬決也

大二百九小四百六

剛決柔也君子道長小人道憂也　○愚謂雜卦以乾爲首不終之以他卦而必終之以夬者蓋夬以五陽決一陰決去一陰則復爲乾矣故曰君子道長小人道憂也易爲君子謀大哉言矣

周易雜卦傳第十

後學成德校訂

周易本義五贊第十一

朱子系述

新安後學胡一桂附錄纂註

原象

愚按五贊大要皆教人以象占之學首篇原奇偶之象推象之由也次篇述作者之旨爲占而作也三篇明筮以發其占四篇稽類以考其象五篇以警學名欲人讀易之際常如卜筮之臨假象辭以爲儀則而終趨於吉是又會象占而一之也先生嘗曰某解易只作卜筮之書今五贊皆以象占示教其旨深矣

太一肇判陰降陽升陽一以施陰兩而承惟皇昊羲仰觀俯察奇偶既陳兩儀斯設既幹乃支一各生兩陰陽交錯以立四象奇加以奇曰陽之陽奇而加偶陽陰以章偶而加奇陰内陽外偶復加偶陰與陰會

兩一既分一復生兩三才在目八卦指掌奇奇而奇
初一曰乾奇奇而偶兑次二焉奇偶而奇次三曰離
奇偶而偶四震以隨偶奇而奇巽居次五偶奇而偶
坎六斯覩偶偶而奇艮居次七偶偶而偶坤八以畢
初畫爲儀中畫爲象上畫卦成人文斯朗因而重之
一貞八悔六十四卦由内達外【附錄】貞悔出洪範貞是正底便是體悔是過底動則有悔凡悔都是過了方悔這悔是過底意思亦是多底意思下三爻便是正卦上三爻似是過多了亦似今占卜分甚主客賀孫貞是事之始悔是事之終貞是事之主悔是事之客貞是在我底悔是應人底一貞八悔如乾至泰内體皆乾是一貞外體八卦是八悔餘放此義剛交易爲體往
此來彼【附錄】先天圖一邊本都是陽一邊本都是陰陽中有陰陰中有陽便是陽往交易陰陰來交易陽兩邊各各相對其實非此往彼來只其象如此僩變易爲用時靜時動降帝而王傳夏歷商有
占无文民用弗章文王繫彖周公繫爻視此八卦二

純六爻乃乾斯父乃坤斯母震坎艮男巽離兌女離
南坎北震東兌西乾坤艮巽位以四維建官立師命
曰周易孔聖傳之是爲十翼遭秦弗燼及宋而明邵
傳羲畫程演周經象陳數列言盡理得彌億萬年
永著常式

述言

昔在上古世質民淳是非莫別利害不分風氣旣開
乃生聖人聰明睿知出類超羣仰觀俯察始畫奇偶
敎之卜筮以斷可否作爲君師開鑿戶牖民用不迷
以有常守降及中古世變風移淳澆質喪民僞日滋
穆穆文王身蒙大難安土樂天惟世之患乃本卦義

繫此彖辭爰及周公六爻是資因事設教丁寧詳密必中必正乃亨乃吉語子惟孝語臣則忠鈎深闡微如日之中爰暨末流淫於術數僂句成欺黃裳亦誤

纂註 左傳昭公二十五年臧昭伯如晉臧會竊其寶龜僂句以卜爲信與僭僭吉後平子立會會曰僂句不余欺也註僂句龜所出地名僭不信也謂求立爲臧氏後也黃裳事見坤卦六五爻

大哉孔子晚好是書韋編既絕八索以祛乃作彖象十翼之篇專用義理發揮經言居省象辭動察變占存亡進退陟降飛潛曰毫曰釐匪差匪繆假我數年庶无大咎巽惟三古四聖一心垂象炳明千載是臨惟是學者不本其初文辭象數或肆或拘嗟予小子既微且陋鑽仰没身奚測奚究匪警滋蕪匪識滋漏維用存疑敢曰垂後

明筮

倚數之元參天兩地衍而極之五十乃備是曰大衍虛一无爲其爲用者四十九蓍信手平分置右於几取右一蓍掛左小指乃以右手揲左之策四四之餘歸之於扐初扐左手无名指間右策左揲將指是安再扐之奇通掛之筭不五則九是謂一變置此掛扐再用存策分掛揲歸復準前式三亦如之奇皆四八三變既備數斯可察數之可察其辨伊何四五爲少八九爲多三少爲九是曰老陽三多爲六老陰是當一少兩多少陽之七孰八少陰少兩多一既得初爻復合前蓍四十有九如前之爲三變一爻通十八變

六爻發揮卦體可見老極而變少守其常六爻皆守彖辭是當變視其爻兩兼首尾變及三爻占兩卦體或四或五視彼所存四二五一二分一專皆變而他新成舊毀消息盈虛舍此視彼乾占用九坤占用六泰愕匪人姤喜來復

稽類

八卦之象說卦詳焉考之於經其用弗專彖以情言象以象告惟是之求斯得其要乾健天行坤順地從震動爲雷巽入木風坎險水泉亦雲亦雨離麗文明電日而火艮止爲山兌說爲澤以是舉之其要斯得凡卦六虛奇偶殊位奇陽偶陰各以其類得位爲正

二五爲中二臣五君初始上終貞悔體分爻以位應陰陽相求乃得其正凡陽斯淑君子居之凡陰斯慝小人是爲常可類求變非例測非常曷變謹此爲則

警學

讀易之法先正其心肅容端席有翼其臨於卦於爻如筮斯得假彼象辭爲我儀則字從其訓句逆其情事因其理意適其平曰否曰臧如目斯見曰止曰行如足斯踐毋寬以略毋密以窮毋固而可毋必而通平易從容自表而裏及其貫之萬事一理理定既實事來尚虛用應始有體該本无稽實待虛存體應用執古御今由靜制動

附錄 聖人作易只說一箇理都未曾有許多事却待甚麽事來湊所謂事來尚虛蓋

謂事之方來尚虛而未有若論其理則先自定固已實矣用應始有謂理之用實故有體該本無謂理之體該萬物初無形迹可見故無下云稽考實理以待事物之來存此理之體以應無窮之用執古古便是易書裏面言語御今今便是今日之事以靜制動理便是靜底事便是動底敬之潔靜精微是之謂易體之在我動有常吉在昔程氏繼周紹孔奧指宏綱星陳極拱惟斯未啓以俟後人小子狂簡敢述而申

周易本義五贊第十一

後學　成德　挍訂

周易本義筮儀第十二

新安後學胡一桂附録纂註

擇地潔處爲蓍室南戶置牀於室中央牀大約長五尺廣三尺毋太近壁蓍五十莖韜以纁帛貯以皂囊納之櫝中置於牀北櫝以竹筒或堅木或布漆爲之圓徑三寸如蓍之長半爲底半爲蓋下别爲臺函之使不偃仆附録蒿固非蓍然亦猶是其類若以木碁行算金錢當之則其去蓍益遠矣荅曾三異設木格於櫝南居牀二分之北格以横木板爲之高一尺長竟牀當中爲兩大刻相距一尺大刻之西爲三小刻相距各五寸許下施横足側立案上置香爐一於格南香合一於爐南日炷香致敬將筮則洒掃拂拭滌硯一注水及筆一墨一黄漆板一於爐東東上筮者齊潔衣冠北面盥手焚香致敬筮者北面見儀禮若使人筮則主人焚香畢少退北面立筮者進立於牀前少西南向受命主人直述所占之事筮者許諾主人右還西向立筮者右還北向立兩手奉櫝蓋置於格南爐北

出著於櫝去囊解韜置於櫝東合五十策兩手執之熏於爐上（此後所用著策之數其說並見啓蒙）命之曰假爾泰筮有常假爾泰筮有常某官姓名今以某事云云未知可否爰質所疑於神於靈吉凶得失悔吝憂虞惟爾有神尚明告之乃以右手取其一策反於櫝中而以左右手中分四十九策置格之左右兩大刻（此第一營所謂分而爲二以象兩者也）次以左手取左大刻之策執之而以右手取右大刻之一策掛於左手之小指間（此第二營所謂掛一以象三者也）次以右手四揲左手之策（此第三營之半所謂揲之以四以象四時者也）次歸其所餘之策或一或二或三或四而扐之左手無名指間（此第四營之半所謂歸奇於扐以象閏者也）次以右手反過揲之策於左大刻遂取右大刻之策執之

而以左手四揲之此第三營之半次歸其所餘之策如前而扐之左手中指之間此第四營之半所謂再扐以象再閏者也一變所餘之策左一則右必三左二則右亦二左三則右必一左四則右亦四通掛一之策不五則九五以一其四而爲奇九以兩其四而爲偶奇者三而偶者一也次以右手反過揲之策於右大刻而合左手一掛二扐之策置於格上第一小刻以東爲上後放此是爲一變再以兩手取左右大刻之蓍合之或四十四策或四十策復四營如第一變之儀而置其掛扐之策於格上第二小刻是爲二變二變所餘之策左一則右必二左二則右必一左三則右必四左四則右必三通掛一之策不四則八四以一其四而爲奇八以兩其四而爲偶奇偶各得四之二焉又再取左右大刻之蓍合之或四十策或三十六策或三十二策復四營如第二變之儀而置其掛扐之策於格上第三小刻是爲三變三變餘策與二變同三變既畢乃視其三變所得掛扐過揲之策而畫其

爻於版掛扐之數五四爲奇九八爲偶掛扐三奇合十三策則過揲三十六策而爲老陽其畫爲口所謂重也掛扐兩奇一偶合十七策則過揲三十二策而爲少陰其畫爲--所謂拆也掛扐兩偶一奇合二十一策則過揲二十八策而爲少陽其畫爲一所謂單也掛扐三偶合二十五策則過揲二十四策而爲老陰其畫爲乂所謂交也【附錄】交者拆之聚故爲老陰重者單之積故爲老陽如是每三變而成爻第一第四第七第十第十三第十六凡六變並同但第三變以下不命而但用四十九蓍耳第二第五第八第十一第十四第十七凡六變亦同第三第六第九第十二第十五第十八凡六變亦同凡十有八變而成卦乃考其卦之變而占其事之吉凶卦變別有圖說見啓蒙禮畢韜蓍襲之以囊入櫝加蓋斂筆研墨版再焚香致敬而退如使人筮則主人焚香揖筮者而退

周易本義筮儀第十二

後學　成德　挍訂

周易本義圖録第十三

新安後學胡一桂學

愚按易有卦象爻象有卦序有卦互體本義皆未有圖今爲圖并說及有文言辨十翼論各一篇不敢列于九圖悉附五賛後云

卦象圖

易大傳曰庖羲氏仰以觀於天文俯以察於地理觀鳥獸之文與地之宜近取諸身遠取諸物始作八卦卦即象也至文王周公孔子象益著焉而其所謂象亦不過天文地理人事鳥獸草木數端而已朱子嘗謂四聖之易各有不同不可作一例看故今列爲此圖天地人物之象畢具而羲文周孔取象之同異皆於此可見云

伏羲卦	文王彖	周公爻	孔子大象文言說卦
☰ 乾	大川 需訟取乾健兼坎險 同人取乾健兼互巽大畜	龍 乾六爻 馬 大畜九三良馬	天 圜 寒 冰

取乾健兼互震

輿大畜二　大壯四　小畜三

車大有二

玉　金

君　父

首　馬良老瘠駁

木果　大赤

☷

坤

康侯晉坤上象

行師豫坤衆象

廟萃坤上象又互巽體木在土上象

馬坤牝馬晉錫馬

大牲萃

王母晉二　腹夷四

師泰謙復並上爻　征伐謙上

邑國　邑泰上比五指上體升三指下體

國家謙上　國益四互體

城隍泰上　輿剝三指下體

龍坤上　玄黃坤上

地　臣

母　妻

腹　衆

輿　釜

柄　牛

文　布

吝嗇　均

☳震

頤 口也震遇艮象以全體取後同

震 驚百里即雷也

七日 復全體取象

大川 益震巽木象

侯 屯豫建侯屬震又坤上象屯互坤

口 頤震遇艮全體取象

七日 震二

九陵 震二

侯 屯初

長子 師五指互體

馬 屯乘馬中孚馬匹互體

雷 大塗

長子 足

龍 馬善鳴馵足作足的顙

竹 萑葦

稼 玄黃

旉 健

決躁 蕃鮮

☴巽

井 巽遇坎象

鼎 巽遇離象

雲 小畜巽一陰在乾天上象

大川 蠱下巽又互震中孚上巽又互震

女 家人女正姤女壯漸女歸

棟 大過棟橈巽遇兌全體取象

豚魚 中孚又兌體只取陰物象

月雨 小畜上陰象

號 渙五體令也

婦 小畜上

臀 姤三

棟 大過與彖同

林 巽二上木象

資 旅四互體巽上財也

翰音 中孚上

木 漸四

楊 大過三五互反體

風 長女 雞

寡髮 廣顙

白眼 股

工 市

利 木

白 臭

長 高

繩直 進退

坎

大川需訟取坎兼乾行象渙取坎又取巽木在坎上象
濡未濟
心坎心亨
廟渙取坎有幽陰象亦取上體巽木象
狐未濟

雨睽上五指下互體　濡賁三互體既初近互既上未初　大川謙初近互體未三　泥需三又震四互體
塗睽上指下互體　穴需
窞坎初三　幽谷困
石困　弟子師五指二
寇蒙上指下體賁四互體需三指上體解三　血需
酒上飲酒下近坎體需五酒食坎樽酒未
車賁初近互體困四指坎　輿睽三互體
輪上爻下近坎既初近互未二　弧矢睽上指下互體
刑桎梏蒙初　徽纆坎
馬屯賁互體〇夷渙睽變體　狐解二
豕睽上　株木困
蒺藜困　叢棘困

不果　躁卦
月　雨
雲　泉
水　溝瀆
中男　加憂
心病　耳痛
血卦　盜
弓　輪
輿多眚　馬美脊亟心下首薄蹄
豕　木堅多心
赤　隱伏
矯揉　通

☲ 離

日晉革豐

明明夷

光需互體

南升南征朱子曰坤巽拱離

女家人

獄噬嗑上離初至四似離

牝牛離

日離豐 光未五

南夷三 焚旅上火也

婦既二漸三五朱子曰互體 股夷二

征離上 伐晉上

牛睽三五體无妄初四似體又互艮旅上革初既五指下體大畜似體

隼解上指三五互體 雉鼎三指上體旅五

鳥旅上 鶴中孚二指互體

飛夷初 龜頤損益似體

日 明

火 電

中女 目

大腹 甲冑

戈兵 鼈

蟹 蠃

蚌 龜

雉 木科上槁

乾卦

☶ 艮

旅 艮遇離爲旅

童蒙蒙

背艮

大川頤五不利涉艮象頤上利涉陽爻象爻全體虛舟象

丘賁五頤二指上又渙四互體 石豫二

身艮卦全體取象 童蒙蒙

童僕旅二三 廬剥上全體似艮

山 徑路

小石

少男 手

指

☱兌

歸妹 兌遇震象

飛鳥 小過艮遇震 全體取象

八月 臨兌遇坤 全體取象
西郊 小畜互兌
女 咸
號 夬
言 困
二簋 損遇艮全體 取卦名義
豚魚 中孚又巽象

牀 剝似艮
牛 大畜童牛又三上似體童艮 象无妄三係牛互體係艮止 義遯二黃牛執革艮止義
豶豕 大畜五豶 艮義
虎視 頤四
鼠 晉四鼫 鼠互體
碩果 剝上

雨濡 夬上鼎三互體
西郊 小過五 互體
西山 隨上升 四云岐 山互體
女 歸上指 下體
史巫 巽三 互體
臀 夬四
涕洟 離五互 體萃上
眇跛 履漸
涉滅 大過上
虎 履三四 革五上
羊 大壯似體 夬四歸上

門闕 閽寺
狗 鼠
黔喙
木 堅多節
果蓏

地 剛鹵
澤
少女 妾
巫 口舌
毀折 附決
羊

爻象圖

爻	象
陽爻通稱	大 泰否彖　君子 泰否 謙彖 ○乾三小畜上謙三觀初反說又五上剝上遯四壯三明初夬三○君子亦有取於陰爻者但陽爻无稱小人 復彖○　朋 泰二咸四 蹇五解四　富 小畜五
⚊上九	天 乾有　天衢 大畜　郊 同人　耳 噬　玉鉉 鼎　角 晉姤　何 噬
⚊九五	天 乾姤　王 夬萃豐 渙彖○ 家人渙訟 三觀四井 三並指五　大君 師上 指五　夫 隨二上夬夫 指五大過 上夫指五夫 子反說　脢 咸　國 觀四指五　朱紱 困二指 五　杞 姤　含章 姤　中行 夬五
⚊九四	丈夫 隨三 指四　乾姊 噬　金矢 噬
⚊九三	日夕 乾　日昃 離　高陵 同人　公 大有　夫 小畜　頄 夬三　股 咸　夤 艮　墉 同人　莽 同人　終 乾謙下 升上
⚊九二	田 乾　沙 屯遠坎取　大人 升困彖 乾　丈人 師彖　子 蒙　夫 蒙二金夫指 二大過老夫　幽人 履歸妹　門庭 節　机 渙　金柅 姤初 指二　赤紱 困　黄矢 解　中 師泰
⚊初九	郊 屯遠坎取　孚 隨二三 指初　元夫 睽四指 初　女妻 大過二 指初　屨 噬　趾 噬賁壯夬　徒 賁　門 同人隨　戶庭 節　尾 既濟　茅 泰

陰爻通稱：小（泰否賁遯睽旅巽小過既濟彖辭）　小人（否二觀初剝上指下陰遯四壯三皆反說革上）　君子（坤同人彖屯三謙初解三革上未五）　宫人（剝五）　不富（泰四謙五）　血（坤上屯三需四小畜四渙上指三）　魚（剝五姤二四）

上六：野（坤）　公（解）　老婦（大過五指上）　頂（大過）　首（既濟）　前禽（比五指上）　終（坤）

六五：天子（有三指五）　大君（臨）　國君（復上指五）　王（師二離上蹇三並指五）　王母（晉三指五）　婦人（蒙二指五恒五）　輔（艮）　黃（坤噬鼎）　金（噬鼎）　乾肉（噬）　來章（豐）

六四：公（益）　妻（小畜三指四）　身（艮）　出門庭（明）　括囊（坤）　中行（復四指五）（陰中益四指卦中）

六三：從王（坤訟）　公（益三）　武人（履）　女（蒙）　墉（解上指三）　腊肉（噬陽位）　含章（坤陽位）　中行（益三下卦中）　終（坤睽下卦上）

六二：臣（蹇）　臣妾（遯三指二）　女子（屯觀）　婦（既濟）　中饋（家人）　鼻（噬）　腓（咸艮）　宗（同人）　黃（離）

初六：霜（坤）　子（蠱）　童（觀）　小子（漸）　武人（巽）　妾（鼎）　趾（鼎艮）　拇（咸解四指初）　臀（困）　尾（遯未濟）　豕（姤）　茅（否大過）　瓜（姤五指初）

世儒言象尚矣率多祖說卦子彖爻孫卦體其有不合說卦者則委曲牽合傅會以幸其中而數聖人取象之意胥失之矣何則卦者象之原也彖者言象之始也爻者言象之衍也說卦者總彖爻取象之例也然夫子夢周公而心文王參包羲於未畫其於說卦明象不特括彖爻之例又自有出於彖爻之外者不可不察也姑即數卦論之坤爲馬離爲牛文王之彖也乾稱龍馬（稱龍見乾六爻稱馬見大畜爻）震坎稱乘馬（見屯卦）周公之爻也自文王取象觀之乾何嘗稱馬坤何嘗稱牛震何嘗稱龍周公雖於大畜之乾稱馬而於乾本卦但稱龍坤亦未嘗稱牛震亦未

嘗稱龍也夫子則直曰乾爲馬坤爲牛震爲龍是
豈故欲異於文王周公哉又自有見於卦爻之象而
取之也或者不察但見乾馬坤牛載於說卦舉凡
卦爻之言馬必求之乾言牛必求之坤如王輔嗣所
謂定馬於乾案　　卦有馬無乾則僞說滋謾者
自漢儒以來不能不墮此弊矣然輔嗣雖知非先
儒之失實自未嘗勘破夫子取象本不必同於先
聖是以卒無一說以爲之剖決但謂不必泥象至
有忘象之論是亦甚未爲得也近世西蜀大儒隆
山李先生優於明象者也其論坤卦直曰乾既稱
馬坤不得不稱牝以別之殊不知彖文王所作文王

彖乾何嘗稱馬而顧於坤乃稱牝以求别於乾也此亦祖說卦以爲論而其失殆有甚焉者然則說卦不足據歟曰由文王而周公由周公而孔子故彖而後有爻爻而後有說卦其人非一時其書非一手其取象非一端故朱夫子嘗謂伏羲自是伏羲易文王自是文王易周公自是周公易孔子自是孔子易各有不同於其不同之中而求其同可也遽謂孔子易即文王周公之易而以彖爻大象盡求合於說卦不可也蓋自諸儒分經合傳之後學者便文取義往往混而同之其患故如此愚嘗妄謂說卦之言象其有合於彖爻者則括彖爻

之例也（如震坎稱馬之類）其有不合於彖爻者則又夫子之所自取也（如坤牛震龍之類）其有彖爻所未取而取者則又夫子所以括大象之例（如乾天坤地之類）而亦有出於大象之外者也（如乾父坤母之類）以此求之其亦庶乎不至於膠且泥矣雖然彖爻所取之象猶略耳如乾爻雖象以龍而彖於元亨利貞之外象則未之聞（文王於乾無所取象）坤彖雖象以馬而自牝馬之外他象則未之見至吾夫子以八物窮卦爻之情以八德狀卦爻之性而六十四卦大象如乾則統象於天坤則統象於地象屯以雲雷象蒙以山泉直曲盡卦爻之妙而發文王周公不言之祕又爲之說卦以旁通之微夫子則天

地山澤雷風水火之象健順動入陷麗止說之德終莫能以自著何以致用於天下此萬世而後決嫌疑定猶豫謀之卜筮皆有所觀玩而不迷於吉凶悔吝之塗者夫子之功實倍三聖窮天地亘古今而不可泯滅者也或疑八物之象見於左傳謂夫子之前已有者非也愚於文言辨論之詳矣世儒但區區文字間以求其言象之合莫究其施於實用功在生民德侔天地是豈足與論夫子之盛哉朱夫子易象說既深足以破古今忘象泥象者一偏

晏亞夫之錄以爲非圖無以見凡例愚不敢謹遵遺訓而以彖爻大象文言說卦凡言象者分八卦爲圖而以天文地理人事鳥獸草木爲

次列八卦於其上位四聖於其左按圖而觀取象之同異庶乎其可見矣前說

聖人取象非一端有取之全體者有取之各體者有取之互體者有取之似體者有取之應體者有雖無其象而取卦名義者有取之逐爻者有取之遠近取之陰陽之爻者如頤如井如鼎此伏羲取之全體者卦即象也如大過棟橈小過飛鳥如剝之牀咸艮之身如六十四卦之大象此文王周公孔子取之全體者如屯豫建侯則侯屬震大畜良馬則馬屬乾說卦八物各屬八卦此皆取之各體者如同人　畜　取互體震巽中孚賁稱馬

兼取互體震坎頤　大壯似兌而稱羊
明夷互坎無應而稱喪馬二簋無其象而義取諸
損此皆取之互體似體應體與夫卦名義者悉見
彖爻中至於逐爻取義而分遠近陰陽則文王周
公彖爻難以槩舉愚旣分八卦爲圖各疏羲文周
孔之尤而逐爻取象則別爲圖以該之庶幾不至
混殽以便觀玩非敢自謂有得於易也嘗試論之
羲之象在卦中文之象取其大綱周公雖本之文
王已多其所自取夫子雖本之文王周公然其同
者間見而其所自取者抑不止如周公之多於文
王矣然則易之取象實至夫子而大備也微夫子

之象不可也但讀易者毋執周公之象以求之文王又毋執夫子之象以求之文王周公同者自同異者自異要皆各明夫伏羲之卦可也必欲牽合傅會　強而同之是亂數聖人之象也亂數聖人之象而象象終不可悟其亦弗思之甚也續說

卦序圖

卦	綜	注
䷀ 乾		
䷁ 坤		
䷂ 屯	蒙	
䷄ 需	訟	需訟變晉明夷
䷆ 師	比	
䷈ 小畜	履	
䷊ 泰	否	泰否變損益
䷌ 同人	大有	
䷎ 謙	豫	
䷞ 咸	恒	
䷠ 遯	大壯	
䷢ 晉	明夷	
䷤ 家人	睽	
䷦ 蹇	解	
䷨ 損	益	
䷪ 夬	姤	
䷬ 萃	升	
䷮ 困	井	

蠱 隨

觀 臨

賁 噬嗑

復 剝

大畜 无妄

頤 似離

大過 似坎

坎

離

鼎 革

艮 震

歸妹 漸

旅 豐

兌 巽

節 渙

中孚 中孚似頤厚畫離體

小過 小過似大過厚畫坎體

未濟 既濟 既未坎離之交不交

愚按易緯書曰易六十四卦文王以上下經分之邵

子震巽首乾坤中坎離終水火之交不交皆至理也又曰乾坤坎離上篇之用兌艮震巽下篇之用頤中孚大小過二篇之正又曰天有二正（乾離）地有二正（坤坎）共用二變以成八卦也（二變震巽震反為艮巽反為兌合四正卦為八卦）天有四正（坤坎兼頤中孚頤似離中孚厚畫離）地有四正（坤坎兼大小過大過似坎小過厚畫坎）共用二十八變以成六十四卦也（二十八卦反覆為五十六通上八卦為六十四）是以小成之卦正者四變者二共六卦也大成之卦正者八變者二十八共三十六卦也（三十六指上下經各十八卦而言三十六是天地間真數天南極入地三十六度北極出地三十六度亦理數之極至者）

環溪李氏曰經分上下見於大傳大衍章二篇之策之語兼序卦至坎離別起文義而上經首乾坤是二老對立下經首咸是二少合體故序卦上經

隱乾坤之名下經獨隱咸之名以[redacted]見者上經需訟對下經晉明夷需訟變之盡爲[redacted][redacted]爲需上經泰否對下經損益泰否乾坤之交不交損益咸恒之交不交也上經自屯蒙至臨觀下經自遯大壯至革鼎此屯蒙變之盡爲革鼎臨觀變之盡爲遯大壯也上經頤與大過偶而在坎離之前下經中孚與小過偶而在既濟未濟之前上經終於坎離下經終於既濟未濟而既濟未濟者坎離之交不交也頤似離大過似坎而坎離繼之中孚厚畫離小過厚畫坎而既未濟繼之此坎離又爲乾坤震巽艮兊之用也上經五十二陽爻五十六陰爻下經五十六陽爻五十二陰爻以此觀之信知經分上下必有至理

惜乎其說不傳未能究其所以然者愚謂序卦至理雖不可以淺窺然諸儒之論亦得其略矣故不敢復贅爲之說云

卦互體圖

乾互體凡十二卦

凡十六乾。與坤卦爻陰陽相對

乾 夬 大有 大壯 同人 革

姤 大過 鼎 恒 遯 咸

兌互體凡十六卦

凡十六兌。與艮卦爻陰陽相對

大有 大壯 小畜 需 大畜 泰 離 豐

鼎 恒 巽 井 蠱 升 旅 小過

離互體凡十六卦

凡十六離。與坎卦爻陰陽相對

小畜 需 履 兌 睽 歸妹 家人 既濟

巽 井 訟 困 未濟 解 漸 蹇

震互體凡十六卦

凡十六震。與巽卦爻陰陽相對

大畜 泰 中孚 節 損 臨 賁 明夷

蠱 升 渙 坎 蒙 師 艮 謙

巽互體凡十六卦

凡十六巽。與震卦爻陰陽相對

萃 否 小過 旅 咸 遯 困 訟

隨 无妄 豐 離 革 同人 兌 履

坎互體凡十六卦

凡十六坎。與離卦爻陰陽相對

豫 晉 謙 艮 蹇 漸 解 未濟

震 噬嗑 明夷 賁 既濟 家人 歸妹 睽

艮互體凡十六卦

凡十六艮。與兌卦爻陰陽相對

比 觀 豫 晉 萃 否 坎 渙

屯 益 震 噬嗑 隨 无妄 節 中孚

坤互體凡十二卦凡十六坤○與乾卦爻陰陽相對

䷁坤　䷖剝　䷇比　䷓觀　䷆師　䷃蒙

䷗復　䷚頤　䷂屯　䷩益　䷒臨　䷨損

易大傳曰若夫雜物撰德辯是與非則非其中爻不備本義曰此謂卦中四爻語錄曰先儒解此多以爲互體如屯䷂震下坎上就中間四爻觀之自二至四則爲坤自三至五則爲艮故曰非其中爻不備互體說漢儒多用之左傳占得觀卦處亦舉得分明看來此說不可廢陳厲公生敬仲筮之遇觀䷓之否䷋曰坤土也巽風也乾天也風爲天於土上山也有山之材而照之以天光於是乎居土上兩

卦皆有互體之艮故言山今分八卦爲圖揭中四爻以明　卦位爲次圖成而卦爻陰陽各各相對莫不有　若以六十四卦橫圖觀之尤有可言者自第二畫至第四畫陽儀中互四乾四兌四離四震四巽四坎四艮四坤陰儀中亦互四乾至四坤兩以四卦數之而周六十四卦自第三畫至第五畫陽儀中前十六卦互二乾至二坤後十六卦亦互二乾至二坤陰儀中互體亦然四以二卦數之而周六十四卦然後合全體觀之自初畫至三畫一箇乾一至坤八而該六十四二畫至四畫兩箇乾一至坤八而該六十四四畫至上畫

八箇乾一至坤八而六十四卦成矣加倍而生以次而位乾一坤八之序一皆順數之而不紊焉此又其自然之妙也至若乾卦中四爻自互二乾并二體爲四乾坤卦中四爻自互二坤并二體爲四坤是乾皆互乾坤皆互坤陰陽　而不雜也三男之卦各聚三男三女之卦各聚三女如震卦自二至四互艮自三至五互坎坎卦自二至四互震自三至五互艮艮卦自二至四互坎自三至五互震各并本卦而三男備巽離兑三女之卦互體亦然陽皆互陽陰皆互陰女不紊男男不紊女此又自然而然不加人力有不容言之妙者其他亦有一卦備三男三女者

小畜備三女而臨之以父豫備三男而臨之以母節備三男而少女間之旅備三女而少男間之如革如鼎此父之臨三女也如蒙如屯此母之臨三男也如豐如井則長男中男間三女如渙如噬則長女中女間三男此皆父母男女雜居而不純者也謂互體非易中一義斷斷乎其不可也讀易者其可忽諸

易十翼論

易之有十翼猶天之有日月人之有耳目輕重之有權衡長短之有尺度誠易之門庭象數之機括也十翼不作易之名且不立卦畫於誰乎吾不得而知也辭繫於誰乎吾不得而知也卦辭將何用乎吾不得而知也乾烏知其爲天乎坤烏知其爲地乎震巽坎離艮兑烏知其爲雷風水火山澤乎十翼作矣易之名立矣卦然後知其爲羲之畫也辭然後知其爲文之繇也卦辭然後知其爲卜筮之用也乾然後知其爲天坤然後知其爲地震巽坎離艮兑然後知其爲雷風水火山澤也不特此爾讀仰觀俯察章則知伏

羲氏觀易之寓讀神物變化章則知伏羲默得易之要讀極儀象卦成列因重章則知伏羲之位與六十四卦之次是伏羲之易非十翼無以自

易之興也當殷之末世周之盛德邪當文王與紂之事邪

其爲文王之興易矣易之作也其於中古乎作易者其有憂患乎以至九卦之陳盡本全卦之序吾又知文王爲憂患而作易不徒繫以辭而序易亦出於文王矣帝出乎震齊乎巽以下後天八卦方位之序不一言之是文王之易非十翼亦無以自白於世也其曰聖人作易生蓍倚數立卦生爻以和道德以順性命此言聖人不徒畫爲一定之

卦而用易有蓍如此其曰大衍之數五十分二掛一揲四歸奇再扐後掛此明揲蓍之法以垂萬世而本末曲盡無遺者又如此其曰繫辭焉以明吉凶又曰繫辭焉以斷吉凶又曰繫辭焉以盡言變而通之以盡利鼓之舞之以盡神此明聖人繫辭亦無非所以爲尚占之用　此羲文之易非十翼亦無以闡其用於世也以至八卦不徒　八物之象而天之健地之順雷風之動入坎離之陷麗山澤之止說必毫分而絲析之唯恐斯人知其象而莫知其德及夫六十四卦之大象論象之後必示人以　易之方不啻耳提面命之敎是卦爻之性情非十翼亦無以發其藴

於世也吾故曰易之有十翼猶天之有日月人之有
耳目輕重之有權衡長短之有尺度誠易之門庭象
數之機括者此也猶未也蓋至於崇陽抑陰進君子
退小人尊卑之分貴賤之等與夫幽明之故死生之
說鬼神之情狀凡可因以發明性命道德之蘊以淑
身心者纖悉畢言之於是易始不徒局於象數卜筮
之　至精至變至神之妙天下萬世皆由之
以識太極　道而盡事物之情雖不假
卜筮亦自足以爲吉凶之前知矣十翼之作其有功
於萬世固如此哉不然如爻辭先儒以爲繫於周公
至引韓宣子適魯見易象而知周公之德爲證亦可

謂有據矣然夫子於十翼所未明言後世遂不免紛紛之疑卒莫能有一定之說雖以朱夫子亦不過曰是先儒之言且得從之則亦莫能必其作於周公也而況卦也彖也卜筮也八卦之性情也微十翼欲其不憒然於人心不可也嗚呼易之不可無十翼審矣近世歐公乃不能不致疑於其書童子問中直以繫辭與文言爲非夫子作是何其無見於易一至此耶猶幸而朱夫子之論昭如也本義啓蒙不作如之何其可也

文言辨

或疑文言非夫子作蓋以第一節與穆姜之言不異本義以爲疑古有此語穆姜稱之夫子亦有取焉得之矣然猶以爲疑古有之初亦未嘗質言之者蓋嘗妄論之曰若果如或疑則何止文言雖大象亦謂之非夫子作可也何者八卦取象雖多而其要者則天地山澤雷木風水雲泉雨火電日皆大象取者今考文言彖辭自震雷之外震驚百里即雷也離雖取象於日而未嘗象火周公爻辭自巽木漸四文離火離豐之外雖三取雨象亦未嘗專取坎他則未之聞焉至夫子翼易始列八物之象而六十四卦大象於是乎始各有定屬如是則夫

子以前凡引易者不當有同焉者也而左傳所載卜筮之辭多取八物之象此皆　引易以占者如此若然則大象亦謂之非夫子作

已前元有可也謂夫子作者非也今欲知其果作於夫子而無疑其將何說以證嘗反覆思之而得其說春秋夫子筆削之經也左傳春秋經傳也夫子繫易實在作春秋之前絕筆於獲麟蓋不特春秋之絕筆亦諸經之絕筆也左氏生夫子之後尊信夫子春秋始為之傳由此觀之謂易有取於左傳乎抑左傳有取於易也又況左傳所載當時語其事則髣髴其文多出於自為如呂相絕秦書今觀其文法要皆左

氏之筆而穆姜爲人淫慝迷亂安得自知其過而有此正六之言如棄位而姣等語決知非出於其口如是則四德之說是左氏本文言語作爲穆姜之言明矣至若占辭多取諸八物亦非當時史氏語本夫子大象以文之一時不暇詳審遽以夫子所作之辭爲夫子以前之人之辭也又如國語載司空季子爲晉文公占[redacted]之辭又不特取諸八物且有及於坎勞卦之説如是則弁與説卦亦謂之非夫子作可乎大抵居今之世讀古聖人書只當以經證經不當以傳證經若經有可疑他經無證闕之可也何況夫子十翼其目可數今乃因傳文反致疑於經可乎

愚是以知文言大象眞夫子作而左氏所引不足爲
惑故不得不辨

本義啓蒙論

有天地矣可無易乎不可也有易矣可無本義啓蒙乎不可也金聲玉振集大成衆言殽亂折諸聖朱夫子其聖人之徒歟蓋自漢儒始變亂古易至有流爲術數之歸而卒大亂於王弼且雜以虛無之論吾易遂晦蝕於天下寥寥千載孰覺我人太極有圖易通有書發往古不傳之祕開萬世理學之源斯道始有係屬迨夫易傳寫胸中之成書皇極具經世之大法正蒙闡象數之條目是雖古經變亂未就釐正而術數虛無之學爲之一洗吾易粲然復明未幾陋儒妄作異論蠭起易置圖書 指 邵子 林栗 冒爲著述 麻衣

易之類 易道又幾晦蝕朱夫子勃興探前聖之精微破俗學之繆妄本義啓蒙有作而後吾易復明於後世愚嘗謂孔聖以來朱夫子有功於易斷斷乎其不可及者蓋以本義之爲書也圖書位定而天地自然之易明先[redacted]羲文之易辨二篇十翼不相混雜易經始爲之復[redacted]三百八十四爻兩言以蔽之曰象占而觀玩不涉虛無至於崇陽抑陰進君子退小人發於坤初六之爻者不過數語而天之經地之義人之紀易之要領直包括無遺恨此本義不可少於天下也啓蒙之爲書也本圖書則揭天生神物之章而易之本原正原卦畫則表易有太極章而易之

位列明明著策則發明大衍章而揲扐之法定考變
占則博取左氏傳以明斷例而吉凶趨避之見審合
四篇大旨壹皆寓尊陽之微意而小人盜賊不得竊
取而用此啓蒙不可少於天下也語錄成書如
　麻衣劉牧與夫林栗袁樞之徒所以惑世誣民
者莫不　　黜其僞折其悖摧陷廓清羽翼數
聖人之易於天下此愚所謂自孔聖以來朱夫子有
功於易斷斷乎不可及者豈誣也哉或曰是則然矣
易者陰陽剛柔仁義性命道德之書今斷然蔽之以卜筮
得毋局於一偏而不免漢儒術數之弊乎且繫辭明
言易有聖人之道四焉今本義惟以象占分之而不

及辭變得毋四者之目遺其二乎吁是皆未之思也易固陰陽剛柔仁義性命道德之書而卜筮者正將使人盡仁義之道參陰陽剛柔以順性命以和道德耳豈徒託之空言而不見諸實用乎又況卜筮之頃至理無乎不在正得聖人作易本意朱子已嘗言之奈何以此疑吾易乎至於聖人之道雖有四實不離乎二有象而後有辭有占而後有變不得於象則玩辭爲空言不由於占則觀變於何所故有象辭有占辭占而後有卦變爻辭舉象占則辭變在其中若惟舉占則象辭變在其中此四者之序由輕歸重辭變統於象占象又統於占所以本義舉象占而統論

易書一以貫之曰占謂之有遺可乎哉或又曰易之所重在占固也人之於易必占而後可用不占則易竟無用矣乎曰不然也朱子嘗曰凡讀一卦一爻便如占筮所得虛心以求辭義之所歸以爲凶吉可否之決然後考其象之所以然求其理之所以然推之於事使上自王公下至民庶所以修身治國皆有所用初未嘗不示人以學易而用之之方也必曰占乎而後用之朱子之志荒矣

周易本義圖録第十三

後學 成德 挍訂

元本孟子集成

第一册

元 吴真子撰

元刻本

山東人民出版社·濟南

圖書在版編目（CIP）數據

元本孟子集成 / (元) 吴真子撰 .— 濟南：山東人民出版社，2024.3
(儒典)
ISBN 978-7-209-14310-3

Ⅰ. ①元… Ⅱ. ①吴… Ⅲ. ①《孟子》- 注釋 Ⅳ. ① B222.52

中國國家版本館 CIP 數據核字（2024）第 038794 號

項目統籌：胡長青
責任編輯：張艷艷
裝幀設計：武　斌
項目完成：文化藝術編輯室

元本孟子集成
〔元〕吴真子撰

主管單位　山東出版傳媒股份有限公司
出版發行　山東人民出版社
出 版 人　胡長青
社　　址　濟南市市中區舜耕路517號
郵　　編　250003
電　　話　總編室（0531）82098914
　　　　　市場部（0531）82098027
網　　址　http://www.sd-book.com.cn
印　　裝　山東華立印務有限公司
經　　銷　新華書店

規　　格　16開（160mm×240mm）
印　　張　79.25
字　　數　634千字
版　　次　2024年3月第1版
印　　次　2024年3月第1次
ISBN　978-7-209-14310-3
定　　價　190.00圓（全四册）

《儒典》選刊工作團隊

學術顧問　杜澤遜　李振聚　徐　泳

項目統籌　胡長青

責任編輯　劉　晨　劉嬌嬌　張艷艷

呂士遠　趙　菲　劉一星

前言

中國是一個文明古國、文化大國，中華文化源遠流長，博大精深。在中國歷史上影響較大的是孔子創立的儒家思想，因此整理儒家經典、注解儒家經典，爲儒家經典的現代化闡釋提供权威、典范、精粹的典籍文本，是推進中華優秀傳統文化創造性轉化、創新性發展的奠基性工作和重要任務。

中國經學史是中國學術史的核心，歷史上創造的文本方面和經解方面的輝煌成果，大量失傳了。西漢是經學的第一個興盛期，除了當時非主流的《詩經》毛傳以外，其他經師的注釋後來全部失傳了。東漢的經解衹有鄭玄、何休等少數人的著作留存下來，其餘也大都失傳了。南北朝至隋朝興盛的義疏之學，其成果僅有皇侃《論語疏》幸存於日本。五代時期精心校刻的《九經》、北宋時期國子監重刻的《九經》以及校刻的單疏本，也全部失傳。南宋國子監刻的單疏本，我國僅存《周易正義》、《爾雅疏》、《春秋公羊疏》（三十卷殘存七卷）、《春秋穀梁疏》（十二卷殘存七卷），日本保存了《尚書正義》、《毛詩正義》、《禮記正義》（七十卷殘存八卷）、《周禮疏》（日本傳抄本）、《春秋公羊疏》（日本傳抄本）、《春秋正義》（日本傳抄本）。南宋兩浙東路茶鹽司刻八行本，我國保存下來的有《周禮疏》、《禮記正義》、《春秋左傳正義》（紹興府刻）、《論語注疏解經》（二十卷殘存十卷）、《孟子注疏解經》（存臺北「故宫」），日本保存有《周易注疏》《尚書正義》（凡兩部，其中一部被清楊守敬購歸）。南宋福建刻十行本，我國僅存《春秋穀梁注疏》、《春秋左傳注疏》（六十卷，一半在大陸，一半在臺灣），日本保存有《毛詩注疏》《春秋左傳注疏》。從這些情況可以看出，經書代表性的早期注釋和早期版本國内失傳嚴重，有的僅保存在東鄰日本。

鑒於這樣的現實，一百多年來我國學術界、出版界努力搜集影印了多種珍貴版本，但是在系統性、全面性和準確性方面都還存在一定的差距。例如唐代開成石經共十二部經典，石碑在明代嘉靖年間地震中受到損害，明代萬曆初年西安府學等學校師生曾把損失的文字補刻在另外的小石上，立於唐碑之旁。近年影印出版唐石經拓本多次，都是以唐代石刻與明代補刻割裂配補的裱本爲底本。由於明代補刻采用的是唐碑的字形，這種配補本難以區分唐刻與明代補刻，不便使用，亟需單獨影印唐碑拓本。

爲把幸存於世的、具有代表性的早期經解成果以及早期經典文本收集起來，系統地影印出版，我們規劃了《儒典》編纂出版項目。

《儒典》出版後受到文化學術界廣泛關注和好評，爲了滿足廣大讀者的需求，現陸續出版平裝單行本。共收録一百十一種元典，共計三百九十七册，收録底本大體可分爲八個系列：經注本（以開成石經、宋刊本爲主。開成石經僅有經文，無注，但它是用經注本删去注文形成的）、經注附釋文本、纂圖互注本、單疏本、八行本、十行本、宋元人經注系列、明清人經注系列。

《儒典》是王志民、杜澤遜先生主編的。本次出版單行本，特請杜澤遜、李振聚、徐泳先生幫助酌定選目。特此説明。

二〇二四年二月二十八日

目録

第一册

第二册

第三册

第四册

朱子集註序說

文集　語録　或問　（附）蔡氏集疏　趙氏纂疏

史記列傳孟軻趙氏曰孟子魯公族孟孫之後漢書註云字子車一說字子輿○趙氏名岐字邠卿東漢京兆人騶人也騶亦作鄒本邾國也○纂疏趙氏曰按鄒在漢魯國騶縣受業子思之門人子思孔子之孫名伋○索隱云王劭以人爲衍字而趙氏註及孔叢等書亦皆云孟子親受業於子思未知是否○文集曰孔叢子雖僞書然與趙岐未知其孰先後也姑存之○纂疏輔氏曰子思之門人無有顯名於後者而孟子獨得子思之傳則知親受業於子思者而爲是而集註兩存其說蓋自古聖賢固有聞而知之者不必待耳傳面命而後得也又以中庸一書觀之所以傳授心法開示蘊奧如此其至則當時門弟子中皆無見而知之者哉孟子從而受之愈益光明

宜有之也道既通趙氏曰孟子通五經尤長於詩書程子曰孟子曰可以仕則仕
可以止則止可以久則久可以速則速孔子聖之時者也故知易者莫如孟子又曰王者
之迹熄而詩亡詩亡然後春秋作又曰春秋無義戰又曰春秋天子之事故知春秋者莫
如孟子尹氏曰以此而言則趙氏謂孟子長於詩書而已豈知孟子者哉○纂疏輔氏曰
趙氏但引詩書而云爾非能有見於孟子之道能至於程子知易知春秋之說則皆以其
言而得之非真有見於孟子之心與道者不能也五經雖異其理則一其時又去孔子未
遠孟子必皆一一理會得透徹又何有長短於其間哉游事齊宣王宣
王不能用適梁梁惠王不果所言則見以爲
迂遠而闊於事情按史記梁惠王之三十五年乙酉孟子始至梁其後
二十三年當齊湣王之十年丁未齊人伐燕而孟子在齊故古史謂孟子先事齊宣王後

乃見梁惠王、襄王、齊湣王，獨孟子以伐燕為宣王時事，與史記荀子等書皆不合，而通鑑以伐燕之歲為宣王十九年，則是孟子先游梁而後至齊見宣王矣。然考異亦無他據，又未知孰是也。○（集疏）纂輯蔡氏曰：按通鑑綱目，周顯王二十三年書孟軻至魏，慎靚王二年書魏君罃卒，孟軻去魏適齊，朱子蓋不從史記本傳也。○（纂疏）輔氏曰：詳考朱子之說，則當以史記古史為正，伐燕實湣王十時事，恐是後世傳寫誤以湣作宣耳。當是之時，秦用商鞅，楚魏用吳起，齊用孫子、田忌。天下方務於合從連衡，以攻伐為賢，而孟軻乃述唐虞三代之德，（纂疏）輔氏曰：此是太史公所見，略與韓子論其所傳相似。是以所如者不合。退而與萬章之徒序詩書，述仲尼之意，作孟子七篇。趙氏曰：凡二百六十一章，三萬四千六百八十五字韓子曰孟軻之書非軻自著軻既沒其徒萬章公孫丑相與記軻所言焉耳愚按二說不同史記近是○韓子名愈字退之鄧州人（一）又集門問亭謚謂史記近是而於滕文公首章註曰門人不能盡記其辭又第四章註曰記者之誤如何門前説見後而熟失之熟讀七篇觀其筆勢如鎔鑄而成非綴緝可就也論語便是記錄綴緝所為非一筆文字矣

韓子曰堯以是傳之舜舜以是傳之禹禹以是傳之湯湯以是傳之文武周公文武周公傳之孔子孔子傳之孟軻軻之死不得其傳焉荀與揚也擇焉而不精語焉而不詳。程子曰韓子此語非是蹈襲前人又非鑿空撰得出必有所見不知言所傳者何事○荀子名況趙蘭陵

人揚子名雄漢蜀郡人○文集曰此非深知
所傳者何事則未易言也堯舜之所以為堯
舜以其盡此心之體而已禹湯文武周公孔
子傳之以至於孟子其間相望有或數百年
者非得口傳耳授密相付屬也特此心之體
隱乎百姓日用之間賢者識其大不賢者識
其小而體其全且盡
者則為得其傳耳
○又曰孟氏醇乎醇者
也荀與揚大醇而小疵
程子曰韓子論孟子
甚善非見得孟子意
亦道不到其論荀揚則非也荀子極偏駁只
一句性惡大本已失揚子雖少過然亦不識
性更說甚道○文集曰韓子謂荀揚大醇小
疵非是就他論性處說只是說其與田駢
慎到申不害韓非之徒觀之則荀揚為大醇
耳韓子只是說那一邊然以這邊觀之則湊
不著故覺得為非若是會說底說那一邊亦
自湊著這一邊○語錄曰程子說荀揚等語
是就分金秤
上說下來
○又曰孔子之道大而能博門

弟子不能徧觀而盡識也故學焉而皆得其性之所近其後離散分處諸侯之國又各以其所能授弟子源遠而末益分惟孟軻師子思而子思之學出於曾子自孔子没獨孟軻氏之傳得其宗故求觀聖人之道者必自孟子始　程子曰孔子言參也魯然顔子没後終得聖人之道者曾子也觀其啓手足時之言可以見矣所傳者子思孟子皆其學也○文集曰問大是就渾淪處説博是就該貫處説否曰韓子亦未必有此意但如此看亦自好問學焉而皆得其性之所近曰政事者就政事上學得文學者就文學上學得德行言語者就德行言語上學得○集疏覽齋蔡氏曰聞程子又曰曾子傳聖人學其德後來不可測安知其不至聖人如言吾得正而斃

曰看他氣象極好被他所見處大又曰傳經爲難如聖人之後纔百年傳之已差聖人之學若非子思孟子則幾乎息矣○繫辭輔氏曰韓子但言孔門諸子唯曾子之學獨傳而有子思孟軻然不言其所以獨傳之故故程子又從而發明之以爲曾子以魯資質魯鈍故用功於内者深篤惟貫觀其啓手足之言所謂一息尚存此志不容少懈者此聖道之所以終傳而有子思孟子之學也○又曰揚子雲曰古者楊墨塞路孟子辭而闢之廓如也夫楊墨行正道廢孟子雖賢聖不得位空言無施雖切何補然賴其言而今之學者尚知宗孔氏崇仁義貴王賤霸而已其大經大法皆亡滅而不救壞爛而不收所謂存十一於千百安在其

能鄒如也然向無孟氏則皆服左衽而言侏離矣故愈嘗推尊孟氏以爲功不在禹下者爲此也

或問於程子曰孟子還可謂聖人否程子曰未敢便道他是聖人然學已到至處愚按至字恐當作聖字○〔纂疏〕輔氏曰學已到聖處以其知言也未敢便道他是聖人以其行言也孟子論大而化之之謂聖聖而不可知之之謂神與夫聖智巧力之譬精密切當非想像臆度之所能及是其學已到聖處也然其英氣未化有圭角見處故未敢便道他是聖人也其推度審矣○程子又曰孟子有功於聖門不可勝言

仲尼只說一箇仁義孟子開口便說仁義仲

尼只説一箇志孟子便説許多養氣出來只
此二字其功甚多【纂疏】輔氏曰或疑二字當作二事言仁義養氣自是二事言二字則包不盡矣曰不然孟子有功於聖門不可勝言者蓋總言仁義養氣二事若只此二字其功具多則又專指養氣言也蓋夫子只説一箇立人之道曰仁義而已孟子則開口便説仁義如對梁惠王與宋牼可見養氣二字則又發夫子之所未發使夫氣質剛柔之不齊者皆無有巽懦怯弱之態勇猛奮發於道義而各得以充滿夫仁義之旨其功多矣○又曰孟子有大功於世以其言性善
也【纂疏】輔氏曰孟子言性善使天下之人資質之美者聞之必求其所以善而復其本資質之不善者聞之則亦無不知所以自反而不流於惡此其所以有大功於世也○
又曰孟子性善養氣之論皆前聖所未發【集疏】

覺軒蔡氏曰聞程子又曰堯與舜更無優劣及至湯武便別孟子言性之反之自古無人如此說只孟子分別出來便知得堯舜是生而知之湯武是學而能之○〔纂疏〕輔氏曰孟子之學已到聖處見得透徹所以發明得出

○又曰學者全要識時若不識時不足以言學顏子陋巷自樂以有孔子在焉若孟子之時世既無人安可不以道自任

〔纂疏〕輔氏曰時固不可不識記言堯授舜舜授禹湯放桀武王伐紂時也此識時者也與程子所論顏孟之意同若不識時則以數聖賢之道爲不同矣孟子謂孔子爲聖之時又論禹稷顏回曾子子思同道且曰易地則皆然孟子可謂識時矣則其以道自任者宜也

○又曰孟子有些英氣才有英氣便有圭角英氣甚害事如顏子便渾厚不同

顏子去聖人只豪髮間孟子大賢亞聖之次也或曰英氣見於甚處曰但以孔子之言比之便可見且如冰與水精非不光比之玉自是有溫潤含蓄氣象無許多光耀也集疏覺軒蔡氏曰闇程子又曰仲尼元氣也顏子春生也孟子并秋殺盡見仲尼無所不包顏子示不違如愚之學於後世有自然之和氣不言而化者也孟子則露其材蓋亦時然而已仲尼天地也顏子和風慶雲也孟子泰山巖巖之氣象也觀其言皆可見之矣仲尼無迹顏子微有迹孟子其迹著孔子儘是明快人顏子儘豈弟孟子儘雄辯○纂疏輔氏曰英氣是剛明秀發之氣此自是好底氣質然在學者分上則不必論此學要變化氣質渾然純是義理如張子所謂德勝於氣性命於德方始是成就處雖是好氣質若銷化未盡猶有圭角

則有時而發故於義理甚害事也若顏子之質雖甚剛明然其學力到後便自渾厚不同其去聖人只隔一膜故可爲聖人之亞而孟子地位又爲其次也○又曰冰與水之精及玉之比也固自精切然却只以言語論之何也言心聲也德之符也有德者必有言若就言上看得分明則其德無餘蘊矣玉有溫潤含蓄氣象所以爲寶人有溫潤含蓄氣象所以爲聖其理一也

楊氏曰孟子一書只是要正人心教人存心養性收其放心至論仁義禮智則以惻隱羞惡辭遜是非之心爲之端論邪說之害則曰生於其心害於其政論事君則曰格君心之非一正君而國定千變萬化只說從心上來人

能正心則事無足爲者矣大學之脩身齊家
治國平天下其本只是正心誠意而已心得
其正然後知性之善故孟子遇人便道性善
或問心得其正然後知性之善語若倒置何
耶曰此語亦非無理但文意不全如有病者
蓋知性之善然後能正其心心得其正然後
有以真知性之爲善而不疑耳○纂疏輔氏
曰楊氏發明孟子千變萬化只說從心上來
甚說得孟子意而又可以使學者知爲學之
要至論人能正心則事無足爲者則其語亦
失之太快觀大學正心之後於脩身齊家治
國平天下更有工夫在後又說大學之脩身
齊家治國平天下其本只是正心誠意而已
却自說得好心得其正然後知性之善此說
尤精心者性之郛郭心不得其正則性亦不
得其正矣必使忿懥恐懼好樂憂患一循其
自然之則而不失其正然後吾之性本然純

之教人性非所
盧陵人○纂疏輔氏亐未及識孔孟之所謂
甫涉寂滅之云人性非所先且人性上不
舛所以爲萬世法亦是率性而
亻循天理是也外邊用計用數假
食立得功業只是人欲之私與聖賢作處天
地懸隔纂疏輔氏曰此說判斷二帝三王及漢唐以後爲治之道所以不同明白
詳盡眞可以繼孟子之傳矣

孟子卷第一

○**諸儒集成之書**

朱子集註　朱子集義　朱子語録　朱子或問

南軒張氏註　黄氏講義　蔡氏集疏　趙氏纂疏

梁惠王章句上　凡七章

孟子見梁惠王

梁惠王魏侯罃也都大梁僭稱王謚曰惠史記惠王三十五年卑禮厚幣以招賢者而孟軻至梁

或問問孟子不見諸侯此其見梁惠王何也曰不見諸侯者不先往見也見梁惠王者答其禮也蓋先王之禮未仕者不得見於諸侯戰國之時士鮮自重而孟子猶守先王之禮故其所居之國而不仕焉則必其君先就見之然後往見之若異國之君不得越境而來則必以禮貌先焉然後往答其禮耳故史記以爲梁惠王卑禮厚幣以招

賢者而孟子至于梁。得其事之實矣。

【音釋】趙氏曰：梁，魏，初都安邑，在漢河東郡安邑縣，至惠王徙大梁，在漢陳留郡浚儀縣。

王曰：叟！不遠千里而來，亦將有以利吾國乎？

叟，長老之稱。王所謂利，蓋富國彊兵之類。

【諸儒】**總論三章之旨**

問：公孫丑言孟子不見諸侯，何故千里來見梁惠王？曰：以史記考之，是梁惠王招之而至。其曰"千里而來"者，亦是愍勞之辭爾。孟子出處必不錯了，如一日在諸侯國內，雖不為臣，亦有時去見他。若言諸侯來召，則他便不去。蓋孟子以賓師自處，諸侯有謀則就之。如孟子一日將見王，王不合使人來道："我本就見，緣有疾，不可以風，不知可以來見否？"孟子纔聞此語，便不肯去。周謨

【纂疏】西山真氏曰：孟子初見惠王，惠王首以利國為問，蓋自春秋至于戰國，先王之道不明，人心陷溺，惟知有利而已。

孟子對曰：王何必曰利？亦有仁義而已矣。

仁者心之德丶愛之理●心之德心理屬事義●
有心之制事之宜制屬
心宜屬事●心之制
是一件事心之德言德
字都包四端蓋人禀
天地生物之心以爲仁
義礼智流而爲元亨利
貞元便於四德通行
處見在生物念也仁
便於四端發動處
亦見此生物之心也由
流而溯其源因著
蒻以探其本就心德
愛理言之德是仁之
体愛是仁之用就愛之
理言之則理是体愛
是用合愛理事言之
言之則理是体宜是
用

仁者心之德愛之理義者心之制事之宜也此此二六
乃一章之大指下文乃詳言之後多倣此
【語錄】仁兼義言者是言體專言者是兼體用而言(甘節)○
仁因爲體義因爲用然仁義各有體用各有動靜更
細驗之(輿賀孫)○仁言心之德便見得可包四者義言心
之制却只是說義而已(輔廣)○所謂事之宜方是指那事
物當然之理未說到處置合宜處也(所謂)○問德與理俱
以體言制與宜俱以用言否曰心之德是渾淪說愛之理
方說到親切處心之制却是說義之體程子所謂處物爲
義是也揚雄言義以宜之韓愈言行而宜之之謂義若只
以義爲宜則義有在外意須如程子言處物爲義則是
物者在心而非外也事之宜雖若在外然所以制其義則
在心也(輿賀孫)○【語錄】○又曰仁對義爲體用仁又自
有仁之體用義又自有義之體用心之制是就義之全體
處說事之宜是就千條萬緒各有所宜處說事之宜亦非
是在外之事說凡事之來其中各有箇宜處便是義因舉
程子曰在物爲理處物爲義非此句則後來人恐未免有
義外之見○又云義之在心如利刃然物來觸之便成兩
片○問心之制是裁制曰是問莫是以制其心曰制如利
斧事來劈將去可底從這一邊去不可底從那一邊去○

又曰我纔見箇事來便知這箇事合恁地處此便是事之宜也義如刀相似其[illegible]可以割制他物纔到面前便判將去若鋒與刀初未嘗相離也

【纂疏】陳氏曰義就心上論則是心之裁制決斷處宜字乃裁斷後事裁斷當理然後得宜凡事到面前便須有剖判是可是否若可否都不能剖判便是此心頑鈍無義了○西山真氏曰孟子七篇以仁義為首程子有曰孔子言仁未嘗兼義獨於易曰立人之道曰仁與義而孟子言仁必以義配可謂有功於聖門矣

王曰何以利吾國大夫曰何以利吾家士庶人曰何以利吾身上下交征利而國危矣萬乘之國弒其君者必千乘之家千乘之國弒其君者必百乘之家萬取千焉千取百焉不為不多矣苟為後義而先利不奪不饜乘去聲饜於豔反

此言求利之害以明上文何必曰利之意也征取也
上取乎下下取乎上故曰交征國危謂將有弒奪之
禍乘車數也萬乘之國者天子畿内地方千里出車
萬乘千乘之家者天子之公卿采地方百里出車千
乘也千乘之國諸侯之國百乘之家諸侯之大夫也
弒下殺上也饜足也言臣之於君每十分而取其一
分亦已多矣若又以義爲後以利爲先則不弒其君
而盡奪之其心未肯以爲足也

張氏注 取程子云齊語謂其數取其遠近

纂疏 輔氏曰集註發明不奪不饜最說得人心求利之意
出蓋尚義則循理而有制徇利則橫流而無節故雖
弒其君而盡奪之而其心猶有所不足也〇西山真氏曰
理明則尊卑上下之分定不然則凡有血氣者皆思自足
其欲非盡攘上之所有不止也於是篡弒之事興其害有
不勝言者吁可畏哉〇趙氏曰古者方里爲井四井爲邑
四邑爲丘四丘爲甸甸六十四井五百十二家通出甲士
三人步卒七十二人牛十二頭兵車一乘故周禮甸讀爲

乘。天子畿方千里，提封百萬井，除山川溝瀆、城池、邑居、園
囿、術路之屬，定出賦六十四萬井，戎車萬乘，故稱萬乘之
國。天子之公卿采地，在畿內，《周禮》所謂都鄙也。雖上公不
過百里，出賦六萬四千井，戎車千乘，故稱千乘之家。諸侯
之國，則畿外五等之封也。大國亦不過百里，出賦六萬四
千井，戎車千乘，故稱千乘之國。諸侯之大夫采地，其大者
亦出賦六千四百井，戎
車百乘，故稱百乘之家。

未有仁而遺其親者也，未有義而後其君者也。

此言仁義未嘗不利，以明上文亦有仁義而已之意
也。遺，猶棄也。後，不急也。言仁者必愛其親，義者必急
其君。故人君躬行仁義而無求利之心，則其下化之，
自親戴於己也。

【纂疏】輔氏曰：愛親者仁之實也，故仁者必愛其親；敬君者
義之實也，故義者必急其君，急者不後也。蓋於義言
之，則莫急於君也。○又曰：仁義，人心之固有。人君躬行仁
義以感之，而無求利之心以誘之，則人心之固有者亦皆

孟子句句是事實說仁義便說未有仁而遺親義而後君爲仁義事實說不實者有此不樂便說[illegible]王靈臺靈[illegible]呂[illegible][illegible]以[illegible]爲司樂事實

興起而自然尊君親也有不待外求而勉强爲之者也

王亦曰仁義而已矣何必曰利

重言之以結上文兩節之意○此章言仁義根於人心之固有天理之公也利心生於物我之相形人欲之私也循天理則不求利而自無不利徇人欲則求利未得而害已隨之所謂毫釐之差千里之繆此孟子之書所以造端託始之深意學者所宜精察而明辨也○太史公曰余讀孟子書至梁惠王問何以利吾國未嘗不廢書而歎也曰嗟乎利誠亂之始也夫子罕言利常防其源也故曰放於利而行多怨自天子以至於庶人好利之弊何以異哉○程子曰君子未嘗不欲利但專以利爲心則有害惟仁義則不求利而未嘗不利也當是之時天下之人惟利是求而

不復知有仁義故孟子言仁義而不言利所以拔本塞源而救其弊此聖賢之心也司馬氏名遷西漢龍門人爲太史令自號太史公

集義

明道先生曰仲尼言仁未嘗兼義獨於易曰立人之道曰仁與義而孟子言仁必以義配蓋仁者體也義者用也知義之爲用而不外焉者可與語道矣世之所論於義者多外之不然則混而無別非知仁義之說者也

伊川先生曰利者衆人之所同欲也專欲益己其害大矣欲之甚則昏蔽而忘義理求之極則侵奪而致怨仇夫子曰放於利而行多怨孟子謂先利則不奪不饜誠哉是言也○范氏曰利之說有二有利物之利有利己之利所謂利物之利者周易乾卦四德元亨利貞文言曰利者義之和也君子法天行四德利物足以和義利物者天之大德春生夏長秋收冬藏雷以動之風以散之雨以潤之日以烜之所以始終成萬物無非是利而天未嘗言之聖人法天兼利天下故泰卦曰后以財成天地之道輔相天地之宜以左右民繫辭曰備物致用立成器以爲天下利莫大乎聖人聖人作事興非欲利天下耒耜臼杵舟楫弧矢服牛乘馬引重致遠皆所以利天下聖人唯言利物之利不

言利己之私利所謂利己之利者不過富國彊兵豊財用實府
庫而已利於己必有害於人益於己必有損於人聖人知
其如此是故君子罕言利又曰君子喻於義小人喻於利
揚氏曰君子以義爲利不以利爲利使民不後其君親
則國治矣利孰大焉故曰亦有仁義而已何必曰利尸
氏曰梁惠王以利國爲言而孟子對以仁義者蓋以利爲
事則不奪不饜矣知仁而不遺其親
知義而不後其君則爲利也博矣
【語録】凡事不可先有利心纔説有利必害於義聖人做處
説處只向義邊來然義未嘗不利但不可先説道利
不可先有求利之心○先生云三山黄登云天下一切人
都被這些子壞了纔把害對利便事事上只見得利害便
不問義理須知道利乃對義纔明得義利便自無爭之
事【潘時舉】○義利之辨初時尚相對在若少間主義功深
後那利如何着得如小小補益不勞而却矣【曾祖道】○孟
子於義利間辨得毫釐不差見一事來便劈做兩片便辨
箇是與不是這便是集義處【潘時舉】○伊洛發明未接物
甘敬爲善一段工夫須要精進乃佳不爾幾無所據以審
夫義利之分也答曰
事必張○【饒氏録】

或問人之所以爲性者五而獨舉仁義何也曰天地之所以生物者不過乎陰陽五行而五行實一陰陽也故人之所以爲性者雖有仁義禮智信之殊然曰仁義則其大端已舉矣蓋以陰陽五行而言則木火皆陽金水皆陰而土無不在以性而言則禮者仁之餘智者義之歸而信亦無不在也曰其或主於愛或主於宜而所施亦有親之不同何也曰仁者人也其發則專主於愛而愛莫切於愛親故人仁則必不遺其親矣義者宜也其發則事皆得其宜而所宜者莫大於尊君故人義則必不後其君矣曰然則其以爲體用而不可混者何也曰仁存諸心性之所以爲體也義制夫事性之所以爲用也是豈可以混而無別哉然又有一說焉以其性而言之則皆體也以其情而言之則皆用也以陰陽言之則義體而仁用也以存心制事言之則仁體而義用也錯綜交羅惟其所當而莫不各有條理焉　曰子謂仁義未嘗不利則是所謂仁義者乃所以爲求利之資乎曰不然也仁義天理之自然也居仁由義循天理而不得不然者也然仁義得於此則君臣父子之間以至於天下之事自無一物不得其所者而初非有求利之心也易所謂利者義之和正謂此爾曰然則孟子何不以是爲言也曰仁義固無不利矣然以是爲言則

人之爲仁義也不免有求利之心焉一有求利之心則利不可得而其害至矣此孟子所以拔本塞源而救其弊也且夫利者義之和固聖人之言矣然或不明其意頗有以爲義無利則不和故必以利濟義然後合於人情者雖其未聞人道又有陷溺其心而失聖言之本旨然亦可見利之難言矣程子所謂欲之甚則昏蔽而忘義理求之極則侵奪而致仇怨學者所宜日深省也曰然則太史公之歎其果何知孟子之學耶曰未必知也以其言之偶得其要是以謹而著之目

【張氏註】梁惠王與孟子相見之初而遽發何以利吾國之問蓋自王者之迹熄而霸說盛行一時謀國者不復知義理之爲貴專圖所以爲利者惠王習夫言利之俗徒見强弱之相形巧智之相乘而知謀國有利而已是以此問發於見賢之初也孟子告之以王何必曰利亦有仁義而已矣先正其心而引之以當道也於是言利之爲害蓋王欲利吾國則大夫欲利其家士庶人欲利其身矣上下交鶩於利而國其有不危者乎故萬乘之國弑君者必千乘之家千乘之國弑君者必百乘之家惟其以利爲先而不顧於義則其勢必至於不奪則不饜利之所在豈復知

有君不親之之爲重哉然則欲利反所以害之也若在上者皆爲仁義以爲本則在下者亦將惟仁義之趨仁莫大於愛親義莫先於尊君人知仁義之趨則其有遺其親而後其君者乎此其益於人之國可謂大矣蓋行仁義非欲其利之而仁義之行固無不利者也其所以反復警告者深切著明王道之本實在於此故重言之曰亦有仁義而已矣何必曰利

集說 蔡氏曰仁與禮相通義與智相通仁流行則使自有節在其中義流行則使自有識在其中故上曰仁義

又云仁禮陽也仁未著而禮已著未著者陽之體故上仁義智陰也義有形而智無形有形者陰之體故上義○覺軒蔡氏曰集註謂循天理則不求利而自無不利此發明孟子未有仁而遺其親未有義而後其君之意也徇人欲則求利未得而害已隨之此發明孟子苟爲後義而先利不奪不饜之意也朱子又曰聖賢之言所以要辨別教分明但只要向義邊一直去更不通思量第二著若行義時便說道有利則此心已傾邪向那邊去固是未有仁而遺其親未有義而後其君纔於爲仁爲義時便要說不遺不後則是先有心於爲利聖賢直要人止向一路做去不要做這一邊又思量那一邊此又推孟子之意而極言之也蓋天理人欲之差毫釐繆以千里至可畏也學者須知孟子不

遺其親不後其君之說不過推仁義中有自然之利耳非謂方為仁時便計不遺其親之利方為義時便計不後其君之利也蓋緣先萌利心則必害於義所以孟子申言亦有仁義而已矣何必曰利學者細玩而已矣何必之辭見得孟子語意嚴厲斬釘截鐵斷斷然仁義更不向利上去後世若董仲舒正其義不謀其利明其道不計其功意者其亦得其傳者與學者開卷便當精察明辨於義利之間則庶乎用心不差而可以得入道之門矣。

【纂疏】輔氏曰註云仁義根於人心之固有者天以是理賦予於人而人則以是理於其心中也曰根者如草木之根於地也曰固有者又見其非可移彼以植此氣聚乎此則理命乎此未有此氣而先有此理也人人具足物物圓成故曰天理之公也○利心人本無之只緣有己有物彼此相形便生出箇較短量長爭多競少之意來遂欲己長人短人少己多偏陂反側惟己是徇故曰人欲之私也○循天道者無所為而為故不求利然成己成物各得其宜故自無不利○徇人欲者有所為而為故求利而未必得然好人害物招尤取禍害常隨之○太史公之說似踈而實密似闊而實切似淡泊而實有意味嗟歎而言誠有以深發於人心學者最宜深玩其曰自天子至於庶

人好利之弊何以異此故者正説得孟子上下交征不奪不饜之意也○又曰利者民生所不可無者也故乾之四德曰利書之三德曰利此所謂君子未嘗不欲利也但專欲求利則不顧義理專欲利己則必害於人惟能循仁義而行則體順有常而自無不利

○孟子見梁惠王王立於沼上顧鴻鴈麋鹿曰賢者亦樂此乎（樂音洛篇內同）

孟子對曰賢者而後樂此不賢者雖有此不樂也

沼池也鴻鴈之大者麋鹿之大者

此一章之大指

詩云經始靈臺經之營之庶民攻之不日成之經始勿亟庶民子來王在靈囿麀鹿攸伏麀鹿濯濯白鳥鶴鶴王在靈沼於牣魚躍文王以民力為臺

爲沼而民歡樂之謂其臺曰靈臺謂其沼曰靈沼樂其有麋鹿魚鼈古之人與民偕樂故能樂也亟音棘麀音憂鶴詩作翯戶角反於音烏

此引詩而釋之以明賢者而後樂此之意詩大雅靈臺之篇經量度也靈臺文王臺名也營謀爲也攻治也不日不終日也亟速也言文王戒以勿亟也子來如子來趨父事也靈囿靈沼臺下有囿囿中有沼也麀牝鹿也伏安其所不驚動也濯濯肥澤貌鶴鶴潔白貌於歎美辭牣滿也孟子言文王雖用民力而民反歡樂之既加以美名而又樂其所有蓋由文王能愛其民故民樂其樂而文王亦得以享其樂也

語錄靈臺臺國之有臺所以望氛祲察災祥時觀游節勞佚也謂之靈者言其倏然而成如神靈之所爲也○不日者非民來作之不終日而成○勿亟者文王心恐煩民戒令勿亟○子來者如子趨父事不召自來也○靈囿臺

下有囿所以域養禽獸 並見詩傳

張氏註 攻作治之也牣滿也

纂疏 饒氏曰按左傳云秦獲晉侯以歸乃舍諸靈臺杜氏注云在京兆鄠縣周之故臺也鹿牡曰麌牝曰麀攸所也鹿至易驚動不驚動而攸伏者無害獸之心故鹿信之而弗疑也

湯誓曰時日害喪予及女偕亡民欲與之偕亡雖有臺池鳥獸豈能獨樂哉 害音曷喪去聲女音汝

此引書而釋之以明不賢者雖有此不樂之意也湯誓商書篇名時是也日指夏桀害何也桀嘗自言吾有天下如天之有日日亡吾乃亡耳民怨其虐故因其自言而目之曰此日何時亡乎若亡則我寧與之俱亡蓋欲其亡之甚也孟子引此以明君獨樂而不恤其民則民怨之而不能保其樂也

集義　横渠先生曰不賢者民將去之故不保其樂也

語錄　曰此非教君以求利而苟幸其言之易行但其理自然此耳○王德脩說孟子沼上對梁之辭孫（李閎祖）

○又見雪宮章

祝氏錄　二章之說曰張子不保其樂之說尚矣其曰聖賢言

或問　極婉順未嘗咈人情者亦施於此章則可彼或出於人情之不止又安可以不咈乎

張氏註　梁惠王顧鴻鴈麋鹿而謂孟子孟子若告之曰賢者何樂乎此則非惟告人之道不當爾而於理亦有未完也劉曰賢者而後樂此不賢者雖有此不樂也辭氣不迫而理則完矣蓋王之所謂樂者人欲之私期以自逸者也孟子之所謂賢者而後樂此者天理之公與民偕樂者也文王之詩曰經始靈臺經之營之庶民攻之不日成之言文王始欲為此臺方經營規度而庶民皆來效其力不日而有成以文王之無欲為然民主民既安樂矣而文王為臺則民亦豈不樂夫君之樂哉經始勿亟庶民子來曰勿亟者以見文王之心惟恐其勞民也曰子來者以

言民之樂爲如子之趨其父事也文王則勿亟庶民則子來君民之相與如此王在靈囿麀鹿攸伏又曰麀鹿濯濯白鳥鶴鶴王在靈沼於牣魚躍重言物之樂其生以見文王之仁被於庶物而民亦樂夫文王之囿如此其蕃且美也曰古之人與民偕樂故能樂也此賢者而後樂此者也湯誓曰時日害喪予及女偕亡民曰曷時日而喪乎予欲與女偕亡也其獻苦之甚至於此曰民欲與之皆亡雖有臺池鳥獸豈能獨樂哉此不賢者雖有此不樂者也吁乎民一也得其心則子來而樂君之樂失其心則害喪而亡君之亡究其本則由夫順理與徇欲之分而已人君苟常懷以不敢自樂爲心則足以遏人欲矣常懷與民偕樂之心則足以擴天理矣可不念哉

【纂疏】趙氏曰集註引言出尚書大傳

○梁惠王曰寡人之於國也盡心焉耳矣河內凶則移其民於河東移其粟於河內河東凶亦然察鄰國之政無如寡人之用心者鄰國之民不加少

寡人之民不加多何也

寡人諸侯自稱言寡德之人也河内河東皆魏地凶歲不熟也移民以就食移粟以給其老稚之不能移者

孟子對曰王好戰請以戰喻塡然鼓之兵刃既接棄甲曳兵而走或百步而後止或五十步而後止以五十步笑百步則何如曰不可直不百步耳是亦走也曰王如知此則無望民之多於鄰國也

好去聲塡音田

塡鼓音也兵以鼓進以金退直猶但也言此以譬鄰國不卹其民惠王能行小惠然皆不能行王道以養其民不可以此而笑彼也○楊氏曰移民移粟荒政之所不廢也然不能行先王之道而徒以是爲盡心

焉則未矣。

【纂疏】輔氏曰：周禮以荒政十有二聚萬民，雖無所謂移粟之事，然大荒大札，則令邦國移民以辟災就賤，蓋在後世歲或歉於此而豐於彼，則移民移粟固有所不可廢。若夫先王之道所以制民之產，豐年固使之仰事俯育而無憾，又積三十年之耕而有九年之食，則雖有旱乾水溢而民無菜色，其視區區移民移粟之事，顧何足以爲盡心而望民之多於鄰國哉。○趙氏曰：塡然，鼓音之塞滿也。

不違農時，穀不可勝食也；數罟不入洿池，魚鼈不可勝食也；斧斤以時入山林，材木不可勝用也。穀與魚鼈不可勝食，材木不可勝用，是使民養生喪死無憾也。養生喪死無憾，王道之始也。勝音升。數音促。罟音古。洿音烏。

農時，謂春耕夏耘秋收之時。凡有興作，不違此時，至冬乃役之也。不可勝食，言多也。數，密也。罟，網也。洿，窊也。

下之地水所聚也古者網罟必用四寸之目魚不滿尺市不得鬻人不得食山林川澤與民共之而有厲禁草木零落然後斧斤入焉此皆為治之初法制未備且因天地自然之利而撙節愛養之事也然飲食宮室所以養生祭祀棺槨所以送死皆民所急而不可無者今皆有以資之則人無所恨矣王道以得民心為本故以此為王道之始

纂疏 輔氏曰為治之初法制所以未大備者一則民生淳龐求用多為之防二則天下之事要非一聖人之所能盡也天地自然之利謂五穀魚鼈材木之類撙節愛養之事謂不違農時不用數罟斧斤以時入山林之類○又曰養生送死乃人世之始終於是二者皆有以濟之則人世之始終一無所憾而民心得矣此其所以為王道之始也○趙氏曰洿者濁水不流之小坎也

五畝之宅樹之以桑五十者可以衣帛矣雞豚狗

五畝之宅百畝之田是法制五十衣帛七十食肉是品節有制法無品節則法而不足用有品節無法制則於何處取用

彘之畜無失其時七十者可以食肉矣百畝之田勿奪其時數口之家可以無飢矣謹庠序之教申之以孝悌之義頒白者不負戴於道路矣七十者衣帛食肉黎民不飢不寒然而不王者未之有也衣去聲畜敕六反數去聲王去聲凡有天下者人稱之曰王則平聲據其身臨天下而言曰王則去聲後皆放此

五畝之宅一夫所受二畝半在田二畝半在邑田中不得有木恐妨五穀故於墻下植桑以供蠶事五十始衰非帛不暖未五十者不得衣也畜養也時謂孕字之時如孟春犧牲毋用牝之類也七十非肉不飽未七十者不得食也百畝之田亦一夫所受至此則經界正井地均無不受田之家矣庠序皆學名也申重也丁寧反覆之意善事父母爲孝善事兄長爲悌

須與班同老人頭半白黑者也負任在背戴任在首夫民衣食不足則不暇治禮義而飽煖無教則又近於禽獸故既富而教以孝悌則人知愛親敬長而代其勞不使之負戴於道路矣衣帛食肉但言七十舉重以見輕也黎黑也黎民黑髮之人猶秦言黔首也少壯之人雖不得衣帛食肉然亦不至於飢寒也此言盡法制品節之詳極財成輔相之道以左右民是王道之成也

語錄 曰閭有序而鄉有庠序以明教庠則行禮而視化焉見文獻

纂疏 輔氏曰註云盡法制品節之詳極財成輔相之道則民情之變故已備見聖人之制作已大成以左右民則不推制民之產使之有以養其生而又爲之庠校之教使之得以全其性如放勳所謂匡之直之輔之翼之使自得之是爲王道之大成也○趙氏曰古以百步爲畝今以二百四十步爲畝古之百畝當今之四十一畝也經界謂治地分田經畫其溝塗封植之界也井地即井田也田有定分故無不受之家古者一夫一婦受私田百畝公田十

畝是爲八百八十畝餘二十畝八家分之得二畝半以爲廬舍在城邑之居亦各得二畝半春令民畢出在野冬則畢入於邑在野曰廬在邑曰里廬各在其田中而里聚居也

狗彘食人食而不知檢塗有餓莩而不知發人死則曰非我也歲也是何異於刺人而殺之曰非我也兵也王無罪歲斯天下之民至焉莩平表反刺七亦反

檢制也莩餓死人也發發倉廩以賑貸也歲謂歲之豐凶也惠王不能制民之產又使狗彘得以食人之食則與先王制度品節之意異矣至於民飢而死猶不知發則其所移特民間之粟而已乃以民不加多歸罪於歲凶是知刃之殺人而不知操刃者之殺人也不罪歲則必能自反而益修其政天下之民至焉則不但多於鄰國而已○程子曰孟子之論王道不過如此可謂實矣又曰孔子之時周室雖微天下猶

知尊周之爲義，故春秋以尊周爲本。至孟子時，七國爭雄，天下不復知有周，而生民之塗炭已極。當是時，諸侯能行王道，則可以王矣。此孟子所以勸齊梁之君也。蓋王者，天下之義主也，聖賢亦何心哉？視天命之改與未改耳。

【集義】伊川先生曰：孟子論王道便實。徒善不足以爲政，徒法不能以自行。便先從養生上說，將去。既庶既富，然後以飽食煖衣爲不可，故教之也。

【總論一章之旨】

問：移民移粟之政，周官稟人之職，未嘗廢。孟子非之者，豈以惠士不知仁政之本耶？曰：此無異議，但當熟玩孟子所說王政之始終，其措置施行之方略、次第，具答張敬之。○問：觀程子之論，則孔子尙說着周，至孟子則都不說了。曰：然。當時六國如此強盛，各自擅得箇身已如此，天子勢均力敵，如何地做？不知孟子奈何得下？奈何不下？想得也須滅却一兩箇方始得。看來當時六國君不是秦，始皇出來從頭打疊一番，做甚合殺。問：王者金曰不殺一不辜，行一不義事，勢到不得已處，也只得如此做。曰：然。如湯東征西怨，南征北怨，滅國者五十便是如此只是也不叫做殺不辜行一不義我這裏方行仁義之師救民於水火之中你即抗拒不服如何不伐得聖人恁地恁地說如此到得後來都不如此了閎氏錄○問程子說大命之改莫是大勢已去否曰然見文集

朱子辨李泰伯常語

曰謂周顯王未聞有惡行特微弱耳而孟子不使齊梁事之以是咎孟子愚謂周以失道寖微滅孔子作春秋僉云尊周然貶天子以達王事二百四十二年之間亦屢書矣至於顯王之時天下不知有周室蓋人心離而天命改久矣是時有王者作亦不待滅周而後天下定于一也聖人心與天同而無所適莫豈其拳拳於已廢之衰周而使斯人坐蒙其禍無已哉臯陶曰天聰明自我民聰明天明畏自我民明威達于上下敬哉有土知此則知天矣聖人之心豈異是耶又曰李氏謂天下可無孟子不可無六經可無王道不可無天子愚謂有孟子而後六經之用明有王道而後天子之位定有六經而無孟子則楊墨之仁義所以流也有天子而無王道則桀紂之殘賊所以禍也故嘗譬之六經如千斛之舟而孟子如運舟之人天子猶長民之吏而王道猶吏師之法今曰六經可以無孟子天子可以無王道則是舟無人吏無法將焉用之矣李氏自以為懼學者之迷惑

而爲是言曾不知仁之
迷惑也亦甚矣【鄒氏注】
【或問】曰必五十七十而後衣帛七十而後食肉何也曰此先王
品節之意所以教民尊長敬老而節用勤生也若其
意則豈不欲少者之皆衣帛而肉食哉顧其財有不贍則
老者或反不得其所當得耳賈誼有言曰古之治天下者至
纖至悉故其蓄積足恃亦此意也曰謹庠序以申孝悌之
義徐氏之說奈何其上老者衣帛食肉而少者不與則民
固已知尊老以養於之義矣盡力以其養老之而教固已行其間
然猶以爲未也故又爲之庠序以申之而致其詳焉蓋孟
子之意未必然然
其爲說亦密矣
【張氏注】梁惠王自以其移粟移民爲盡心於國而恤其民
不加於鄰國不知其操術既同雖曰盡心而爲之
亦何以相遠哉故孟子爲設五十步笑百步之喻欲使之
變革當時之爲而取法於先王之政也因其好戰而以戰
爲喻亦告人之一術也考孟子所陳不過欲民養生喪死
無憾而已老者衣帛食肉黎民不飢不寒而已蓋王者以
得民爲本而得民之道實在於此故也不違農時數罟不
入洿池與魚鼈不可勝食材木不可勝用而則有以供其

養生喪死之須而使之無憾曰王道之始者使民養生喪死無憾而後王政可以次第而行如下所陳蓋其大綱也制民之居各以五畝教之樹畜以養其老而五十者得以衣帛七十者得以食肉制民之田一夫授之百畝不奪其時而數口之家可以無飢衣帛食肉必曰五十七十者蓋民之欲無窮而桑蠶畜養之利有限苟不爲之制則爭逐其欲而老者或不得以衣帛食肉矣又使民知老者之當養其老幼之有別教亦行乎其中矣於是立之庠序以謹其教庠序之教孝悌爲先申云者申其義以告之也夫自鄉黨之間而各立之學以教民孝悌薰陶漸漬之深其君子固有以自得其良心而其小人亦知畏義而遠罪至於班白者不負戴於道路則民以見孝悌之教行於細民而負戴者亦知有親而王道成矣又終之曰老者衣帛食肉黎民不飢不寒然而不王者未之有也夫老者則衣帛食肉黎民則不飢不寒皆得其所如此此天下所以歸往而王道所由成也狗彘食人食而不知檢謂糶穀粟奉養之物而不知收撿也塗有餓莩而不知發謂賑民之死而不知發廩以救也操術若此不以人死歸罪於歲是與刺而殺之者何以異望人之歸已不亦難乎故又曰王無罪歲斯天下之民至焉欲使之深自反也

【集疏】覺軒蔡氏曰：按常平蓋古法，孟子言「狗彘食人食而不知檢，塗有餓莩而不知發」。今文作「檢」，班氏《食貨志》作「斂」，是也。夫豐歲不斂，飢歲不發，豈所謂常平乎？周官司稼所謂「視年之上下，出斂法」，正謂此耳。○又曰：五畝之宅一條，孟子又三言之：一則以告梁惠王，一則以告齊宣王，一則直以爲文王之善養老。竊意孟子得時行道，必以此爲先務，皆平日當時以爲迂闊而不見用，卒使先王善政不復見于後世，可勝歎哉！

【纂疏】輔氏曰：天下無理外之事，亦無事外之理。理貫於事，事統於理。惟物格知至，則理事一如，但言其事而理自無違矣。如孟子之論王道是也。○又曰：王者天下之義主。云者，在天下之義當以爲主也。春秋之時，周室雖微，而天下猶知尊周之爲義，則是於義猶以爲主也。故孔子以尊周爲本。至七國時，天下已不復知有周，則是人心之義不以爲主矣。故孟子勸齊梁之君以行王道，而孔孟亦何心哉？視天命之改與未改而已。然天命之改與未改，亦視人心之向背而已。人心猶知尊周之爲義，則是天命之未改也。人心不復知有周，則是天命之已改矣。又況生民之塗炭已極，仁者固不當坐視而莫之救，此則所謂仁之至，義之盡也。○潛室陳氏曰：此是孔孟均是天心，以天自處

周有一日天命便當出爲周文王孔子是也一日天命去周便當爲周武王孟子是也

○梁惠王曰寡人願安承教

承上章言願安意以承教。

輔氏曰既著箇梁惠王曰字則只是分爲兩章雖分爲兩章然其實只是一時説話以梃與刃以刃與政有以異乎皆所以重明殺人非只與不可罪歲之意

孟子對曰殺人以梃與刃有以異乎曰無以異也

梃徒頂反。

梃杖也

以刃與政有以異乎曰無以異也

孟子又問而王答也

曰庖有肥肉廄有肥馬民有飢色野有餓莩此率

獸而食人也。

厚斂於民以養禽獸而使民飢以死則無異於驅獸以食人矣。

獸相食且人惡之爲民父母行政不免於率獸而食人惡在其爲民父母也

惡之之惡去聲惡在之惡平聲

君者民之父母也惡在猶言何在也

仲尼曰始作俑者其無後乎爲其象人而用之也如之何其使斯民飢而死也

俑音勇爲去聲

俑從葬木偶人也古之葬者束草爲人以爲從衛謂之芻靈略似人形而已中古易之以俑則有面目機發而太似人矣故孔子惡其不仁而言其必無後也孟子言此作俑者但用象人以葬孔子猶惡之況實

使民飢而死乎○李氏曰為人君者固未嘗有率獸食人之心然徇一己之欲而不恤其民則其流必至於此故以為民父母告之夫父母之於子為之就利避害未嘗頃刻而忘于懷何至視之不如犬馬乎李氏名郁字光祖

張氏註　惠王聞孟子之言至深切也於是有願安承教之問蓋孟子復因前所言而重以曉之夫知以梃與刃殺人之無以異則刃與政之殺人獨有異乎此因前所謂何以異於刺人而殺之之意也知獸相食人且惡之則率獸食人者又豈不甚可畏乎此因前所謂狗彘食人食塗有餓莩之意也若自奉養之侈知肥其庖廄之肉與馬而民之死於溝壑也其嘗亦不察其民之可貴有甚於禽獸哉推其崇欲之故是以寞然安行於率獸食人之事而莫之察爾古者塗車芻靈有形而不備也至其為木偶則象人而用之於是不仁矣故夫子因殉葬之憫而歎作俑之無後以其不可長也象人而用之者猶不可而况於使斯民飢而死者乎則其亡國敗家也何日之有孟子之言豈獨為惠王之藥石後之有國者其亦深反復於斯焉

集疏 覺軒蔡氏曰：梁王願安承教，是其猶有好善慕德之良心也。及聞孟子率獸食人之說，非不嚴厲懇切，卒亦悠悠無所施爲，可見天資之不高也。

纂疏 輔氏曰：李氏發明得最好。雖大無道之君，亦豈有率獸食人之心？然徇一己之私欲而不卹其民，則其流必至於此。人心之所以爲危也。故孟子以爲民父母告之。爲人上者，必能體父母於其子頃刻不忘之心，則庶幾其能盡保民之道矣。○趙氏曰：以木人送葬，設機而能踊跳，故名之曰俑。

○梁惠王曰：「晉國，天下莫強焉，叟之所知也。及寡人之身，東敗於齊，長子死焉；西喪地於秦七百里；南辱於楚。寡人恥之，願比死者一洒之，如之何則可？」長，上聲。喪，去聲。比，必二反。洒與洗同。

魏本晉大夫魏斯，與韓氏、趙氏共分晉地，號曰三晉。

故惠王猶自謂晉國惠王三十年齊擊魏破其軍虜太子申十七年秦取魏少梁後魏又數獻地於秦又與楚將昭陽戰敗亡其七邑比猶爲也言欲爲死者雪其恥也

纂疏 輔氏曰惠王之志疑若剛勇而有爲者然細考之史則其敗於三國皆非義舉也徒以爭城爭地不失之貪則失之忿事既如此猶不知所以自反乃於見賢之際歷敘其喪敗而欲與死者一洗之此正如匹夫賤人勢屈無聊不勝其忿而求一快者所爲耳豈有君人之度而知所謂大勇之理哉○趙氏曰按魏斯者所謂文侯也與趙籍韓虔俱爲晉大夫三分其地號曰三晉惠王文侯之孫故猶自謂晉國

孟子對曰地方百里而可以王

百里小國也然能行仁政則天下之民歸之矣

王如施仁政於民省刑罰薄稅斂深耕易耨壯者以暇日修其孝悌忠信入以事其父兄出以事其

長上可使制梃以撻秦楚之堅甲利兵矣省所梗反斂易皆去聲耨奴豆反長上聲。

省刑罰薄稅斂此二者仁政之大目也易治也耨耘也盡己之謂忠以實之謂信君行仁政則民得盡力於農畝而又有暇日以脩禮義是以尊君親上而樂於效死也。

【語錄】孟子告梁王省刑薄斂修孝悌忠信便可制梃撻秦楚堅甲利兵夫緜地迫近於秦無時不受兵割地求成無虛日孟子之言似非迂闊易否曰自是響應如此當時之人焦熬已甚率雖欣鼓舞之民而征之自是見效速後來公子無忌率五國師直擣至函谷關可見廢德明○又辨李氏常語曰孟子教諸侯行仁義以救百姓倒懸之急因言其效以為苟能行此則天下必將歸之至於仁乎義達而天下之人各得其欲心之所同然者則雖三代之治何以加此。

【纂疏】

易耨芸苗令簡易也

【張氏注】轉民曰仁政在於養民而已省刑罰則民不至無所錯其手足而得以安其生薄稅斂則民不至有所闕於衣食而得以保其生故孟子言仁政首及此二者下面數句則又其效驗也深耕易耨則薄稅斂之所致也重稅厚斂則民不聊生民不聊生則其於農事亦苟且鹵莽而已壯者以暇日脩其孝悌忠信入以事父兄出以事長上則省刑罰之所致也嚴刑峻罰則民不樂生民不樂生則其於入道亦何暇脩為之哉

【纂疏】

彼奪其民時使不得耕耨以養其父母父母凍餓兄弟妻子離散養去聲

彼謂敵國也。

彼陷溺其民王往而征之夫誰與王敵夫音扶。

陷陷於阱溺溺於水暴虐之意征正也以彼暴虐其民而率吾尊君親上之民往正其罪彼民方怨其上

而樂歸於我，則誰與我為敵哉。

曰：仁者無敵，王請勿疑。

仁者無敵，蓋古語也。百里可王，以此而已。恐王疑其迂闊，故勉使勿疑也。○孔氏曰：惠王之志在於報怨，孟子之論在於救民。所謂惟天吏則可以伐之，蓋孟子之本意。孔氏名文仲，字經父，臨江人。

【集義】楊氏曰：視民如傷，夫誰與為敵。○尹氏曰：仁者無敵，以力不以哉，惑而不為驕耳。

【張氏註】惠王謂秦楚之強而憤其師之敗，欲比死者一洒之，是乃不勝其忿欲之私耳。孟子所以告之者，乃為國之常道。曰地方百里而可以王，孟子豈徒為是言哉？其所施為皆有實事，而知其必然也。下所陳亦其大綱爾：省刑罰，薄稅斂，深耕易耨，使之安於田里，惟其有以仰事俯育，故可使民壯者以暇日脩其孝悌忠信。古者鄉有庠，黨有塾，皆講明所以脩孝悌忠信之教也。民知孝悌忠信之為貴，則入有以事其父兄，出有以事其長上矣。愛敬之心篤，則於其君長之事將如子弟之於父兄，有不期然而然者矣。民心一，則天下孰禦焉？故曰可使制梃以撻秦

犍之堅甲利兵矣蓋民心一也有以得乎吾國之民則他
國之民亦將歸心焉彼方陷溺其民吾往而征之其誰與
爲敵故曰仁者無敵無敵云者言天下皆歸心而無我敵
者又曰王請勿疑夫七政之所以不行者以時君謀利計
功之念深每每致疑而莫肯行故也使其以先王之治
爲必可法以聖賢之言爲必可信而力行之則孰禦焉
【講義】曰自功利之説勝而王道始不行於後世夫功利之
所以勝者以其有立至之效王道之不行以其迂闊
而不切事情也孟子生於戰國之世告齊梁之君非王道
不言而言王若易然何也王者之道本乎人心據乎大理
人均具此心心均具此理即是理而行之三綱既正九疇
既叙則人皆知尊其君親其上初豈有甚高難行之事謂
王道爲迂闊而惟功利之從則曰兵可强也國可富也縱
橫變詐崎嶇險側哄人心逆天理君臣父子之間且不能
以相保而何以固吾國乎然則立至之效乃速亡之兆也
湯武以仁義而王戰國以功利而亡此萬世之龜鑑也然
天下皆知尊湯武而不免於蹈戰國之覆轍者則其識見
之卑趨嚮之謬而自不覺也若昔聖賢無位以行其道於
是惟明古先帝王之事業而載之方策大綱小紀本數末
度粲然目睫之易見也今乃指爲迂闊而莫之講故自成

東沒而民生不見先王之治由此比皆故也鄙夫寓人竊國之寵而卒以誤國誠可嘆也學孟子之言而不深思而熟玩哉

【纂疏】輔氏曰詳考孔氏之言蓋恐有當報者亦有不當報者若惠王之事則所謂不當報者也下當報者而報則見忿懥者之所爲曰忿懥者之所爲則以重怨激燒愈熾撲愈熾不去於大敗極壞而不已若所謂忘火殺民則王誠御但成亡以成物　一日有一日之功其曰爲天吏則可以伐之則其所以自治者嚴矣

○孟子見梁襄王襄王，惠王子，名赫。出語人曰：望之不似人君，就之而不見所畏焉。卒然問曰：天下惡乎定？吾對曰：定于一。語，去聲。卒，七沒反。惡，平聲。

語，告也。不似人君、不見所畏，言其無威儀也。卒然，急遽之貌。蓋容貌詞氣乃德之符，其外如此，則其中之所存者可知。王問列國分爭，天下當何所定。孟子對以必合于一，然後定也。

纂疏 輔氏曰容貌詞氣形於外者德則存於中者形於外者則存於中者之符也襄王望之不似人君則容貌無可敬之儀也就之而不見所畏則容貌無可畏之威也卒然而問則其詞氣又急遽而無存也其形於外者如此則其中之輕脫荒肆可知矣

孰能一之

王問也

對曰不嗜殺人者能一之

嗜甘也

孰能與之

王復問也與猶歸也

對曰天下莫不與也王知夫苗乎七八月之間旱則苗槁矣天油然作雲沛然下雨則苗浡然興之

矣其如是孰能禦之今夫天下之人牧未有不嗜殺人者也如有不嗜殺人者則天下之民皆引領而望之矣誠如是也民歸之由水之就下沛然誰能禦之夫音扶浡音勃由當作猶古字借用後多放此

周七八月夏五六月也油然雲盛貌沛然雨盛貌浡然興起貌禦禁止也人牧謂牧民之君也領頸也蓋好生惡死人心所同故人君不嗜殺人則天下悅而歸之○蘇氏曰孟子之言非苟爲大而已然不深原其意而詳究其實未有不以爲迂者矣予觀孟子以來自漢高祖及光武及唐太宗及我 太祖皇帝能一天下者四君皆以不嗜殺人致之其餘殺人愈多而天下愈亂秦晋及隋力能合之而好殺不已故或合而復分或遂以亡國孟子之言豈偶然而已哉蘇氏名軾字子瞻

【或問】問孟子以梁襄王不似人君又不見所畏而譏之然則必以勢位自爲高而傲威嚴以待物邪曰不然也夫有諸中者必形諸外有人君之德則必有人君之容有人君之容則不必作威而自有可畏之威矣曰言乏之急遽亦何譏邪曰艮之六五以中正而言有序孔氏亦曰志定者其言重以舒不定者其言輕以疾然則言貌固皆内德之符也不惟可以觀人學者尤當以自省也曰孔子居是邦不非其大夫而孟子譏其君之失如此何邪曰聖賢之分固不同矣且孔子仕於諸侯而孟子爲之賓師其勢又不同也抑七篇之中無復與襄王言者豈孟子自是而不復入於梁邪

【張氏註】望之不似人君無可敬之儀也就之而不見所畏無可畏之威也卒然而問則又發言之無序也觀其威儀聽其發言君子之於人也其大略亦可得矣孟子對以定于一若謂其有以一之則天下斷定矣襄王問孰能一之又對以不嗜殺人者能一之蓋不嗜殺人者本其良心之能愛者也夫人皆有是心戰國之君何獨至於嗜殺而不之恤哉惟其淪胥陷溺以至此極也於是時而有存不嗜殺之志者則天下之歸孰禦焉譬之苗槁之時天油然作雲沛然下雨則苗浡然而興言其應之速也如此又譬之水之就下言其從之易也如此蓋君不嗜殺人之

心推而達之則其心氣之所感動政教之所薰烝億兆生衆舉在吾仁愛之中則其心孰不一於此故在我者翕之而無不悅附者矣在我者離之而無不渙散矣在我者忍之而在彼亦忍於我矣然則不嗜殺人之心人主其可不兢兢業業以養其原乎

【集疏】覺軒蔡氏曰好生而不嗜殺者天地生物之心也必得天地此心然後可以爲天之子爲民之父母蘇氏謂能一天下者四君以其有此心秦晉及隋失國者以其失此心貢萬世人牧之龜鑑也

【集疏】輔氏曰嗜如人口之嗜美味也○又曰不嗜殺之對以見理勢之當然非有爲而爲之者也蓋人君之心誠能不嗜殺人則舉天下之人皆在吾仁愛之中又孰有渙散乖離而不一歸於我哉固非以不嗜殺人爲一天下之具也又曰蘇氏所謂孟子之言豈偶然而已哉若亦有據理而言之耳然惟知學者知其爲實語也不然須深原其意而詳究其實然後知之此亦窮理之一端

○齊宣王問曰齊桓晉文之事可得聞乎

齊宣王，姓田氏，名辟彊，諸侯僭稱王也。齊威公，名小白。晉文公，名重耳。皆霸諸侯者。

纂疏 趙氏曰：按田氏本陳公子完之後，初以陳爲氏，後改姓田。至田和始篡齊而有之。辟彊，和之曾孫，是爲宣王。

孟子對曰：「仲尼之徒無道桓文之事者，是以後世無傳焉，臣未之聞也。無以，則王乎？」

道，言也。董子曰：「仲尼之門，五尺童子羞稱五霸，爲其先詐力而後仁義也。」亦此意也。以、已通用。無已，必欲言之而不止也。王，謂王天下之道。董子名仲舒，西漢廣川人。

集義 明道先生曰：得天下之正理，極人倫之至者，堯舜之道也；用其私心，依仁義之偏者，霸者之事也。王道如砥，本乎人情，出乎禮義，若履大路而行，無復回曲。霸者崎嶇反側於曲徑之中，而卒不可與入堯舜之道。故誠心而王則王矣，假之而霸則霸矣，二者其道不同，在審其初而已。○伊川先生曰：孔子之時，諸侯甚強大，然皆周所封建也。周之典禮雖甚廢壞，然未泯也，故齊晉之霸，挾尊王之義，則不能自立。至孟子時，則異矣。天下之大國七，非周所命者四先王之政絶而澤竭矣王者天下之義主也民以爲王則謂之天王天子民不以爲王則獨夫而已矣故孟子勉齊梁以王者與孔子之所以告諸侯不同君子之救世時行而已矣○范氏曰按論語孔子曰桓公九合諸侯不以兵車管仲之力也微管仲吾其被髮左衽矣孔子美齊桓管仲之功如此孟子言仲尼之門無道桓文之事者聖人於人苟有一善無所不取齊桓管仲有功於天下故孔子稱之若其道則聖人之所不取也○楊氏曰齊宣王見孟子於雪宮曰賢者亦有此樂乎孟子對以晏子之言則霸者之事非無傳也孟子務引其君以當道則桓文之事特詭遇而已大匠不爲拙工改廢繩墨故曰無已則王乎

【或問】董子暨子范楊氏之言備矣然推其意猶有可言者古之聖人致誠心以順天理而天下自服王者之道也齊威晉文則假仁義以濟私欲而已

【纂疏】輔氏曰孟子之說略與董子之說詳故引以爲說夫仲尼門人所學者大學之序所行者先難後獲之仁其心思念慮未嘗到功利上自然無有道威文之事者○西山眞氏曰孟子之後其能深闢五霸者惟仲舒爲然

齕下沒切

曰德何如則可以王矣曰保民而王莫之能禦也

保愛護也

纂疏 輔氏曰保如保赤子之保有終始周旋之意言其愛護斯民始終無間斷周旋無遺闕○西山真氏曰保云者愛護育養之意王道不外乎保民而保民又不外乎此心

曰若寡人者可以保民乎哉曰可曰何由知吾可也曰臣聞之胡齕曰王坐於堂上有牽牛而過堂下者王見之曰牛何之對曰將以釁鐘王曰舍之吾不忍其觳觫若無罪而就死地對曰然則廢釁鐘與曰何可廢也以羊易之不識有諸

齕音紇舍上聲觳音斛觫音速與平聲

胡齕齊臣也釁鐘新鑄鐘成而殺牲取血以塗其釁

鄰也。觳觫，恐懼貌。孟子述所聞胡齕之語而問王，不知果有此事否。

【纂疏】趙氏曰：古者器成而釁以血，所以攘却不祥也。周禮云：上春釁寶鎮及寶器。

曰：有之。曰：是心足以王矣。百姓皆以王爲愛也，臣固知王之不忍也。

王見牛之觳觫而不忍殺，即所謂惻隱之心，仁之端也。擴而充之，則可以保四海矣。故孟子指而言之，欲王察識於此而擴充之也。愛，猶吝也。

王曰：然。誠有百姓者。齊國雖褊小，吾何愛一牛？即不忍其觳觫，若無罪而就死地，故以羊易之也。

言以羊易牛，其迹似吝，實有如百姓所譏者。然我之心不如是也。

【纂疏】輔氏曰使宣王一向有學問之功知所察之要則因孟子之言汲汲求而識其不忍之實矣亦何暇更辯百姓之言今宣王乃汲汲於百姓之譏是辯而但略及其所以不忍者以自解則是前日都不知講學也

曰王無異於百姓之以王爲愛也以小易大彼惡知之王若隱其無罪而就死地則牛羊何擇焉王笑曰是誠何心哉我非愛其財而易之以羊也宜乎百姓之謂我愛也惡平聲

異怪也隱痛也擇猶分也言牛羊皆無罪而死何所分別而以羊易牛乎孟子故設此難欲王反求而得其本心王不能然故卒無以自解於百姓之言

【纂疏】輔氏曰宣王既無講學之功不知反求之理而徒自辯解於百姓之言故孟子又設此以問難之蓋欲王反求而得其本心不忍之實而王終不能然也而但以百姓之言爲宜是卒無以自解於百姓之言也

曰無傷也是乃仁術也見牛未見羊也君子之於禽獸也見其生不忍見其死聞其聲不忍食其肉是以君子遠庖廚也（遠去聲）

無傷言雖有百姓之言不為害也術謂法之巧者蓋殺牛既所不忍釁鍾又不可廢於此無以處之則此心雖發而終不得施矣然見牛則此心已發而不可遏未見羊則其理未形而無所妨故以羊易牛則二者得以兩全而無害此所以為仁之術也聲謂將死而哀鳴也蓋人之於禽獸同生而異類故用之以禮而不忍之心施於見聞之所及其所以必遠庖廚者亦以預養是心而廣為仁之術也

【集說】橫渠先生曰城郭之利未足以保民為天下者當如父母之衛其愛子愛孫也如此而後為王者之道故曰保民而王楊氏曰孟子之道其要在心術如是心足以王矣此言極好心術最是正何所施而不可學者須是就

心上做工夫

【語錄】問仁術曰術未必便是全不好且如仁術見牛之觳觫是仁心到這裏處置不得若無術以處之是自家這仁心抑遏不得流行故以羊易之這是用術處有此術方得自家仁心流行潘植○【祝氏錄】○曰術字本非不好底字只緣後人把做變詐看了便道是不好卻不知天下事有難處處須著有箇巧底道理始得當齊宣王見牛之時惻隱之心已發乎中又見釁鐘事大似住不得只得以不見者而易之乃是他既周旋得那事又不抑遏了這箇不忍之心則此心乃得流行若當此之時無箇措置便抑遏了這箇不忍之心遂不得而流行矣此乃所謂術也【潛氏錄】

【或問】齊王不忍一牛之死其事微矣而孟子遽以是心爲足以王者何也曰不忍者心之發而仁者天地生物之心而人之所得以爲心者也是心之存則其於親也必知所以親之於民也必知所以仁之於物也必知所以愛之矣然人或蔽於物欲之私而失其本心之正故其所發有不然者然其根於天地之性者則終不可得而亡也故間而值其不蔽之時則以隨事而發見焉若齊王之興兵結怨而急於戰伐之功則其所蔽爲不淺矣然其不忍一

牛之死前則不可不謂之惻隱之發而仁之端也古之聖王所以博施濟衆而仁覆天下亦即是心以推之而已豈自外乎哉王既不能自知而反以有是之為問則孟子安得不指此而開示之耶然戰國之時舉世役於功利而不知仁義之固有以齊之百姓又未見王之所以及民之功是以疑其貪一牛之利非孟子得其本心之正而有以通天下之志盡人物之情亦孰知此為本心之發而足以王於天下哉然則孟子既告之矣而王猶不能自得其說何也曰固也是其蔽之極深是以暫明而遽昧也曰君子之遠庖廚何也曰禽獸之生與人異然原其稟氣賦形之所自而察其悅生惡死之大情則亦未始不與人同也故君子嘗見其生則不忍見其死嘗聞其聲則不忍食其肉蓋本心之發自有不能已者非有所為而為之也曰然則曷為不若遷之止殺而撤肉也曰人物並生於天地之間本同一理而稟氣有異焉稟其清明純粹則為人稟其昏濁偏駁則為物故人之與人自為同類而物莫得以班焉乃天理人心之自然非有所造作而故為是等差也故君子之於民則仁之雖其有罪猶不得已然後斷以義而殺之於物則愛之而已食之以時用之以禮不身翦不暴殄而儉足以為養矣五心俟此其愛之者仁也其殺之者義也人物

異矣。仁義不偏，此先王之道所以爲正，非異端之比也。彼浮屠之於物則固仁之過矣，而於其親乃反恝然無情也。其錯亂顛倒乃如此，而又何足法哉？曰：器成而釁之，禮也。今以小不忍而易以他牲，可乎？曰：釁鐘禮之小者，失之未足以狹夫大體，而不忍之心，仁之端也。由是充之，則仁有不可勝用者。其大小輕重之際，蓋有分矣。孟子所以急於此而緩於彼，豈無意哉？曰：所謂見牛未見羊者，豈必見之而後有是心耶？曰：心體渾然，無內外動靜始終之間。未見之時，此心固自若也，但未感而無自以發耳。然齊王之不忍施於見聞之所及，又正合乎愛物淺深之宜。若仁民之心，則豈爲其不見之故而忍以無罪殺之哉？凡觀齊王聞孟子之言而心復有戚戚焉，則此心之未嘗亡而感之無不應者，又可見矣。

【集疏】蔡氏曰：仁術猶心術也。樂記註：術，所由也。又曰：術猶道也。此言仁術，是仁心所發之路。

【纂疏】輔氏曰：宣王既無以自解於百姓之言，故孟子告以雖有百姓之言而不爲害，以解其心之所惑，然後告以其羊易牛者，是乃爲仁之術，而亦吾心本然之善，而宣王實不知也。○又曰：註云術謂法之巧者，巧亦非穿鑿以爲巧善隨物賦形委曲折而得以遂吾此心之所欲○又曰殺牛既所不忍釁鍾又不可廢此乃事理膠轕之會而人之所難處者也苟或無以處之則此心雖發而終不得施矣此心雖發而終不得施則是天命有時而不流行也是以君子有貴於學問之工夫見牛則此心已發此心已發則不可遏其流行之體未見羊則其理未形其理未形則無所妨理則心之所具者也理既未形而彼雖用之則在我者不贅故無所妨此即文所謂君子之於禽獸其不忍之心施於見聞之所及者是也見聞不及則於我無妨於心無妨謂理事無礙也於此之時而能以羊易牛則二者得以兩全而無害所謂仁義並行而不相悖是乃爲仁之術也所謂法之巧者也宣王雖未嘗知學問然其所爲能適其宜若此者蓋其良心之發偶無物欲之蔽而又習聞釁鍾之禮不可廢是以能暗合於義理也○又曰人於禽獸同生異類唯其生同而類異故其待禽獸與待人不同所謂用之以禮則如記所言國君無故不殺牛大夫無故不殺羊士無故不殺犬豕與天子無故殺三田之類皆是所謂不忍之心施於見聞之所及則如宣王見牛之觳觫而不忍殺乃以羊易之孟子所謂見其生不忍見其死聞其聲不忍食其肉是以君子遠庖廚之類皆是然二

者人固多由之而不自覺也○又曰唯其不忍之心止施於見聞之所及故古之君子知學問者必遠其庖廚乃所以預養是不忍之心不使之見其生聞其聲以推廣其爲仁之術不必屑屑然以其所不見而易其所見也孟子言此以見宣王之初心本無不善以羊易牛然後仁義之心得以兩全而無害也○西山真氏曰處事不可無法雖有此心而無法以處之則亦徒善而已

王說曰詩云他人有心予忖度之夫子之謂也夫我乃行之反而求之不得吾心夫子言之於我心有戚戚焉此心之所以合於王者何也說音悅忖七本反度待洛反夫我之夫音扶

詩小雅巧言之篇戚戚心動貌王因孟子之言而前日之心復萌乃知此心不從外得然猶未知所以反其本而推之也

纂疏 輔氏曰：戚戚，心動而有所慘傷也。孟子所言正盡其理，故宣王前日之心復動于中，而委蛇曲折之意莫不盡見，而亦莫非吾心本然之善，非從外而得者。非孟子據理之極，知言之要，深得夫開導誘掖之術，而抽其端緒以告之，則何能使宣王前日不忍之心復萌也哉？宣王此心雖發動，而其端尚微，其體未充，而又未知所以用力推廣之方也，故孟子此下復以用力、用明、用恩之說以曉切之。

曰：有復於王者曰：吾力足以舉百鈞，而不足以舉一羽；明足以察秋毫之末，而不見輿薪，則王許之乎？曰：否。今恩足以及禽獸，而功不至於百姓者，獨何與？然則一羽之不舉，為不用力焉；輿薪之不見，為不用明焉；百姓之不見保，為不用恩焉。故王之不王，不為也，非不能也。與平聲。為不之為，去聲。

僕白也鈞三十斤白鈞至重難舉也羽鳥羽一羽至輕易舉也秋毫之末毛至秋而末銳小而難見也輿薪以車載薪大而易見也許猶可也今恩以下又孟子之言也蓋天地之性人為貴故人之與人又為同類而相親是以惻隱之發則於民切而於物緩推廣仁術則仁民易而愛物難今王此心能及物矣則其保民而王非不能也但自不肯為耳

【纂疏】輔氏曰註云人之與人同類相親此與上文所謂人與禽獸同生而異類故待之不同之說皆是發分金等子上說將來夫天地之性人為貴而人之與人又為同類而相親故惻隱之發於民切於物緩皆自然而然雖至愚之人亦莫不然學者須是臨事體察看教分曉不可模糊卒略聽其自然事過便休若夫推廣仁術則仁民易而愛物難所以難所以易者且以凡人言之推廣出心愛及同類者其勢便其事易至於物則有不得已而資以為用者使之皆被吾之愛而無傷則其勢遠其事難自君人者言之發政施仁使民得以遂其生者其勢便其為易極

輔以財成之道使庶類蕃殖鳥獸魚鼈咸若者其勢遠其事難今王此心既發於見牛之際而又有以處之而使其心得以流行矣則是於其勢遠而事難者既能有以及之則以是心而施於勢近而事易與之同類而相親所謂保民而王者則豈有不能者哉但自不肯為耳○西山真氏曰孟子為王羽輿薪之譬以明愛物之難而仁民之易宣王既能為其所難而不能為其所易何哉○趙氏曰按五權之法[illegible]二十四銖為兩十六兩為斤三十斤為鈞四鈞為石

曰不為者與不能者之形何以異曰挾太山以超北海語人曰我不能是誠不能也為長者折枝語人曰我不能是不為也非不能也故王之不王非挾太山以超北海之類也王之不王是折枝之類也

語去聲為長之為去聲長上聲折之舌反

形狀也挾以腋持物也超躍而過也為長者折枝以長者之命折草木之枝言不難也是心固有不待外

求橫而充之在我而已何難之有

纂疏 輔氏曰是心乃我之固有橫而充之在我而已如有耳目而自視自聽有手足而自執自行固不難也

老吾老以及人之老幼吾幼以及人之幼天下可運於掌詩云刑于寡妻至于兄弟以御于家邦言舉斯心加諸彼而已故推恩足以保四海不推恩無以保妻子古之人所以大過人者無他焉善推其所為而已矣今恩足以及禽獸而功不至於百姓者獨何與與平聲

老以老事之也吾老謂我之父兄人之老謂人之父兄幼以幼畜之也吾幼謂我之子弟人之幼謂人之子弟運於掌言易也詩大雅思齊之篇刑法也寡妻寡德之妻謙辭也御治也不能推恩則衆叛親離故

無以保妻子蓋骨肉之親本同一氣又非但若人之同類而已故古人必由親親推之然後及於仁民又推其餘然後及於愛物皆由近以及遠自易以及難今王反之則必有故矣故復推本而再問之

張氏注 缺缺也。

纂疏 輔氏曰註云骨肉之親本同一氣此與天之生物一本同意蓋人之骨肉本同一氣而生又非但若人之同類而已故於心爲至親至切而行仁必自孝弟始然後可以推而及民與物亦勢有近遠當由近以及遠事有難易當自易以及難老吾老幼吾幼以及人之老幼用寡妻至兄弟以御于家邦此蓋自然之序而人所不能自已者若或反此則必有其故矣是不可不致其克復之功使之循序而進不然則倒行而逆施之如無源之水無根之木不旋踵而竭涸枯瘁矣○此以貞民日由親以及民由民以及物此古人之善推也能及物而不能及民此豈王之不善推也

權然後知輕重度然後知長短物皆然心爲甚王

請度之度之之度，待洛反。

權，稱錘也。度，丈尺也。度之，謂稱量之也。言物之輕重長短，人所難齊，必以權度度之而後可見。若心之應物，則其輕重長短之難齊，而不可不度以本然之權度，又有甚於物者。今王恩及禽獸，而功不至於百姓，是其愛物之心重且長，而仁民之心輕且短，失其當然之序而不自知也。故上文既發其端，而於此請王度之也。

語錄 物易見，心無形。度物之輕重長短易，度心之輕重長短難。度物差了，只是一事；心差了時，萬事差。所以心爲甚。又曰：以理度心。又曰：以本然之權度度心。又曰：愛物宜輕，仁民宜重，此是權度，以此去度。甘節 ○問：本然之權度。曰：本然之權度，亦只是此心。此心本然萬理皆具，應物之時，須是子細看合如何，便是本然之權度也。如齊王見牛而不忍之心見，此是合權度處，及至興甲兵、危士臣、結怨於諸侯，却忍爲之，便是不合權度，失其本心。

或問 老吾老以及人之老，幼吾幼以及人之幼，而天下可運於掌，何也？曰：天地之間，人物之衆，其理本一，而分

未嘗不殊也以其理一故推己可以及人以其分殊故立
愛必自親始爲天下者誠能推其心而不失其序則雖天
下之大而親踈遠邇無一物不得所焉其治豈不易哉曰
心有輕重長短而又曰當以心爲權度權量之語甚有病
然曰輕重長短之當然而本心之正理則其爲權
度而權量之者亦以此心之用而反求之耳
【張氏註】五霸以利率天下充塞仁義之正塗其甚矣其爲天
下後世害也所以又五霸之盛而其爲害則又甚焉
蓋後之人見其一時之功業烜赫而趨之其心先蠹仁義之
說爲難入也齊宣王問孟子以桓文之事亦其心所甘日之
所素用者孟子曰無以則王乎新其舊習使之灑然知有
王道之可貴也宣王驟聞斯言其意必有甚高難行之事故
曰德何如則可以王矣孟子徵之以一言曰保民而王莫
乎斯言也固足以盡王道矣保民云者若保赤子之保也宣
王自視歉然懼力不足也而不知保民之道雖甚大而其
端則不遠惠不能掩擴充之耳故孟子引見牛之事以
告使知不忍之心己實有之反而推之也夫宣王坐堂上
牽牛過堂下而不忍之心於此盡不出於計較作爲而其
端因物發見也曰是心足以王矣言不忍之心王所固有
但畏以王者責於是反復明其當時之心而警悟之且謂

百姓但見王之隱於牛而不隱於羊故以為以小易大然
無傷也是乃仁術也猶言仁之道理也見牛未見羊愛心
形於所見是乃仁術也君子之於禽獸見其生不忍見其
死聞其聲不忍食其肉故遠庖廚是亦此意爾王聞斯言
有得於其心而詠詩謂己雖行之及反而求之則有不能以
自得者及孟子伸其端緒以告則戚戚然有動于中當時
不忍之意宛然而形也故問此心之合於王道者何故蓋
親親而仁民仁民而愛物此天理之大同由一本而其施
有序也豈有於一牛則能不忍而不能以保民者蓋方見
牛而不忍者無以蔽之而其愛物之端發見也而不能加
恩於民者有以蔽之而仁民之理不著也然即其愛物之
端可以知夫仁民之理素具能反而循其不忍之實則其
所謂仁民者固可得也故以不能舉一羽見輿薪為喻以
謂非其力與明之不足於此乃不用之故耳恩足以及禽
獸而功不至於百姓者亦以其不用其恩故爾其不用者
乃不為而非不能也老吾老以及人之老幼吾幼以及人
之幼所謂由一本以推之者也治天下可運於掌者言其
易也文王之刑于寡妻至于兄弟以御于家邦亦舉斯心
加諸彼而已蓋無非是心之所存也聖人雖無事乎推然
其自身以及家自家以及國亦必有序故推恩足以保四

無者愛無所不被也不推恩無以保妻子息其所為愛之
理也故古之人所以大過人者無他焉在於善推所為而
已矣如老吾老幼吾幼以及人之老幼是已孟子之意非
使之以其愛物者及人蓋使之因其愛物以循其不忍之
實而反其所謂一本者親親而仁民仁民而愛物也此
謂一道也又重言曰今恩足以及禽獸而功不至於百姓
者獨何與欲其深察其然也權而後知其輕重度而後知
其長短物莫不然而心為甚者言理之輕重長短存於心
者尤貴於察而知也孟試思夫恩足以及禽獸而功不至
於百姓者獨何與則可見其非不能也亦不為而已矣反
復啟告所謂引其
君以當道者與
輔氏曰試云失其當然之序此指宣王之心偏詖處
言之也以先見得其輕重長短如此分明了然後究
其所以然之故則吾心之蔽始可去而本然之理始可復
此孟子所以引物資權度之說而使王自稱量其心也○
趙氏曰稱上謂之衡稱錘謂之權權分
寸尺丈引各以十累起謂之五度
抑王興甲兵危士臣構怨於諸侯然後快於心與

所

抑，發語辭。士，戰士也。構，結也。孟子以王愛民之心所以輕且短者，必其以是三者爲快也。然三事實非人心之所快，有甚於殺觳觫之牛者，故指以問王，欲其以此而度之也。

輔氏曰：孟子既引物資權度之說，而請王權量其心，然又恐不知所以權量之要，故舉興甲兵、危士臣、結怨於諸侯三事，使王度之。蓋宣王愛民之心所以輕且短者，實以是三者之爲快也。夫此三事乃人心之所不忍，有甚於殺觳觫之牛者，若以是爲快，則宜乎愛民之心輕且短也。

王曰：否，吾何快於是？將以求吾所大欲也。

不快於此者，心之正也；而必爲此者，欲誘之也。欲之所誘者獨在於是，是以其心尚明於他而獨暗於此。此其愛民之心所以輕短，而功不至於百姓也。

輔氏曰：辟土地，朝秦楚，莅中國，撫四夷，是其本志也。興甲兵，危士臣，結怨於諸侯，則末流之細目。有是志

則有是禍矣指其末流之禍則以爲不快於此者心之明
也而卒溺於初志之失而不知以者貪欲誘之也其心尚明
於他者謂不忍一牛之觳觫也而
獨暗於此者謂功不至於百姓也

曰王之所大欲可得聞與王笑而不言曰爲肥甘不足於口與輕煖不足於體與抑爲采色不足視於目與聲音不足聽於耳與便嬖不足使令於前與王之諸臣皆足以供之而王豈爲是哉曰否吾不爲是也曰然則王之所大欲可知已欲辟土地朝秦楚莅中國而撫四夷也以若所爲求若所欲猶緣木而求魚也與平聲爲肥抑爲豈爲不爲之爲皆去聲便令皆平聲辟與闢同朝音潮

便嬖近習嬖幸之人也已語助辭辟開廣也朝致其來朝也秦楚皆大國莅臨也若如此也所爲指興兵

[illegible]之事。緣木求魚，言必不可得。

纂疏　翁氏曰：按秦跨有禹貢雍梁二州之地，楚盡有荊州，西據漢中，北至汝南，故皆為大國。

王曰：若是其甚與？曰：殆有甚焉。緣木求魚，雖不得魚，無後災。以若所為，求若所欲，盡心力而為之，後必有災。曰：可得聞與？曰：鄒人與楚人戰，則王以為孰勝？曰：楚人勝。曰：然則小固不可以敵大，寡固不可以敵眾，弱固不可以敵彊。海內之地，方千里者九，齊集有其一。以一服八，何以異於鄒敵楚哉？蓋亦反其本矣。甚與、聞與之與，平聲。

殆、蓋皆發語辭。鄒小國，楚大國。齊集有其一，言集合齊地，其方千里，是有天下九分之一也。以一服八，必不能勝，所謂後災也。反本說見下文。

今王發政施仁使天下仕者皆欲立於王之朝耕者皆欲耕於王之野商賈皆欲藏於王之市行旅皆欲出於王之塗天下之欲疾其君者皆欲赴愬於王其若是孰能禦之朝音潮賈音古愬與訴同

行貨曰商居貨曰賈發政施仁所以王天下之本也近者悅遠者來則大小彊弱非所論矣蓋力求所欲則所欲者反不可得能反其本則所欲者不求而至與首章意同

【[illegible]】孟子復發端以問謂王之欲在於辟土地朝秦楚莅中國而撫四夷求遂其所欲而獨區區於興甲兵危士臣構怨於諸侯非特無是理且將召後災蓋以兵力爲勝負則當推小大強弱衆寡之計以吾之一而當天下之八其不敗亡者幾希然於此有道焉小大強弱衆寡蓋不必論盍亦反其本而已其本安在特在於發政施仁而已發政施仁則吾國之仕者無不得效其才而天下之仕[illegible]欲吾朝吾國之耕者皆得其時而天下之農皆

[illegible]耕於吾野商賈之在吾國者無苛征之患而天下之商
皆願藏於吾市行旅之經吾國者無之困之憂而天下之
行旅皆願出於吾之途鄰國之困於虐政者聞吾之風皆
願赴愬於我而孰能禦之夫行王政者其心非欲傾他國
以自利也推其以生民之困苦爲己任行吾之所當爲而
天下歸心焉耳夫欲辟土地朝秦楚涖中國而撫四夷自
世俗之務功名者言之則以爲有志而自聖賢觀之直不
本乎公理則特亦出於快求矜伐之私耳豈王惟汲汲於
濟其私故顛亦錯亂非惟不能究齊而禍患從之蹈乎欲
者固危殆之道也若由孟子所言以發政施仁爲事則是
公理之所存可大之業自爾馴致此天理人欲之分也或
者疑孟子勸時君行王政爲失孔子尊周之義然孟子蓋嘗
論之矣曰孔子之時諸侯且畏彊大然皆周之所封建也周
之典禮雖甚廢壞然未泯絕故齊晉以之霸非挾尊王之義
則不能以自立至于孟子時則異矣天下之大國七非周所
命者四先王之政絕而澤竭矣夫王者天下之義主也民
以爲王則謂之天王天子民不以爲王則獨夫而已矣二
周之君雖無大惡見絕於天下然獨夫也故孟子勸齊梁
以王者與孔子之時不同君子之救世時行而已矣愚以
爲孔子之作春秋文王事殷之意與孟子勸時君行王政

湯武順天之心也學者
所宜深思而明辨之
【音義】勑民已力求所欲則徇欲也有爲而爲之也計獲求得用力雖勞而所欲者反不如所期則能反其本則循理也無所爲而爲之也先難後獲得先事後得而可大之業自循循至此天理人欲之分也

王曰吾惽不能進於是矣願夫子輔吾志明以教我我雖不敏請嘗試之曰無恆産而有恆心者惟士爲能若民則無恆産因無恆心苟無恆心放辟邪侈無不爲已及陷於罪然後從而刑之是罔民也焉有仁人在位罔民而可爲也惽與昏同曰胡登反辟與僻同焉於虔反

恆常也産生業也常産可常生之業也常心人所常有之善心也士嘗學問知義理故雖無常産而有常心民則不能然矣罔猶羅網欺其不見而取之也

輔氏曰：恒產，常生之業，則下文所言五畝之宅、百畝之田是也。恒心，人常有之善心，則下文所言孝悌禮義是也。善又禮義之總名也。蓋民無常產，所以無常心，故不知禮義而陷於放辟邪侈也。若遂從而刑之，是誠無異於以羅網罔民，欺其不見而取之也。

是故明君制民之產，必使仰足以事父母，俯足以畜妻子，樂歲終身飽，凶年免於死亡，然後驅而之善，故民之從之也輕。畜許六反，下同。

輕，猶易也。此言民有常產而有常心也。

今也制民之產，仰不足以事父母，俯不足以畜妻子，樂歲終身苦，凶年不免於死亡，此惟救死而恐不贍，奚暇治禮義哉？治平聲。凡治字為理物之義者平聲，為已理之義者去聲，後皆放此。

贍，足也。此所謂無常產而無常心者也。

八四

王欲行之則盍反其本矣

盍何不也使民有常産者又發政施仁之本也說具下文

【纂疏】輔氏曰盍不反其本者言其當反本也則盍反其本者責其何不反本也其辭約而有警重矣

五畝之宅樹之以桑五十者可以衣帛矣雞豚狗彘之畜無失其時七十者可以食肉矣百畝之田勿奪其時八口之家可以無飢矣謹庠序之教申之以孝悌之義頒白者不負戴於道路矣老者衣帛食肉黎民不飢不寒然而不王者未之有也音見前章

此言制民之産之法也趙氏曰八口之家次上農夫也此王政之本常生之道故孟子為齊梁之君各陳之也楊氏曰為天下者舉斯心加諸彼而已然雖有

仁心仁聞而民不被其澤者不行先王之道故也故以惻民之產告之○此章言人君當黜霸功行王道而王道之要不過推其不忍之心以行不忍之政而已齊王非無此心而奪於功利之私不能擴充以行仁政雖以孟子反覆曉告精切如此而蔽固已深終不能悟是可歎也

【語錄】東萊呂氏曰治道有本末先後而言之亦須有序孟子先以見牛啟發齊宣王良心切至語意深以乃備五畝百畝之說若未孚信遽及施行古先制度則或逆疑其迂吾說格而不得入矣朱子復之曰論治固有序然體用亦非判然各爲一事與今日言此而明日言彼之理如孟子論愛牛制產本末雖殊然亦磬其說於一談之間大抵聖賢之言隨機應物初無理事精粗之別其所以格君心者自是其精神力量有感動人處非爲恐彼疑吾說之迂而姑論無事之理以嘗試之也若必如此則便是世俗較計利害之私何處更有聖賢氣象邪見蔡氏録

【張氏註】孟子既詳告宣王申言之矣而宣王方且謂惛不能進意欲孟子扶持其志以其可行者告之欲嘗試

焉此其見之未明而信之未篤也孟子復爲指梁事實使之可舉而行之蓋王者之政大要使民有恒心而已民皆有恒心則禮義興行王政四達而不悖矣然而無恒産而有恒心者惟士爲能盡士服先王之教故知義而忘利身可窮而守不踰至於民則又焉可以見而責之乎一有飢寒之迫則利欲動而恒心亡矣恒心既亡則將何所不至無足怪也以至陷於罪戾則又從而刑之是豈民之罪哉君無以養之使之顛越至此是與設網罟以陷之者何以異故曰罔民也仁人其忍爲此乎故必制民之産使有以仰事使有以俯育樂歲周飽矣而凶年亦無死亡之憂然後教之以禮義故人之從之也輕輕云者身無他慮惟上命之從也不然救死之不暇雖曰強之其將能乎王欲行仁政之所爲則當反其本而已本者何也下所陳農桑之事是也其事與告梁惠王者同蓋爲國之本也豈特當時所宜然哉實萬世之常法也嗟乎是書綱領首篇之義亦略可見矣抑嘗及孟子所以告當時者如對鴻鴈麋鹿之問則曰賢者而後樂此對好樂之問則曰王之好樂甚則齊國其庶幾乎對好色好貨之問則曰大王好色公劉好貨詳引之以當道而其辭氣不迫也至於梁惠王發何以利吾國之問則應之曰王何必曰利齊宣王發齊桓晉文

之問即應之曰仲尼之徒無道桓文之事者公孫丑論管仲晏子之功則曰管仲曾西之所不為而子為我願之乎宋牼將言交兵之不利則曰先生之號則不可未嘗不反復其說而闢之又何其嚴也自後世觀之後數說比之前數者宜若未至甚害而攻之反甚切何歟蓋前數者一病為一事耳故紬繹其說之端以示之使之曉然知反躬之要則天理可明而人欲可遏矣至於霸者功利之說易以惑人人或趨之則大體一差無往而非病雖有嘉言善道亦何由入戰國之諸侯其失正在乎此故闢之不可以不嚴聖賢之大旨亦可見矣

講義 曰儒術之不見用於世功利之說常易以求售曰兵可彊國可富也然挾區區之小數而不知為國之大體相傾相詐相戕相賊而吾國之民固已不得其生矣儒術則不然自五畝之宅百畝之田使民養生喪死而無憾然後教之以孝悌忠信不悖吾之民皆知尊君親上而天下之人亦皆引領而望之矣夫所謂仁者民之父母也父母之於子必先有以養之而又有以教之然後為之子者得以全其父母之身今也為民父母聽其自生自死自愚自智而莫之問也又倡為功利之說以斲喪之豈為民父母之道哉故孟子論王道必曰仁政以論仁政必曰井地斷[illegible]

知其不可易也孟子之言既不用於齊梁之君後世知讀其書而不能用其道故雖數千年而帝王之盛卒不復見可歎也哉

〔纂疏〕輔氏曰註引趙氏說八口以上次農夫言此者舉其次多者耳所謂王政之本常生之道故以告齊梁之君者其說亦得其要○又曰楊氏之說本末具舉首尾該盡亦深得孟子之意○又曰集註所斷章指數語尤包括得意盡而深嘆孟子之精切與宣王之不悟熟讀而詳玩之尤使人慨然於世變之衰而聖賢之道不得行也

孟子卷第一

孟子卷之二

諸儒集成之書

朱子集註　朱子集義　朱子語録　朱子或問

南軒張氏註　黄氏講義　蔡氏集疏　趙氏纂疏

梁惠王章句下

凡十六章

莊暴見孟子曰暴見於王王語暴以好樂暴未有以對也曰好樂何如孟子曰王之好樂甚則齊國其庶幾乎見於之見音現下見於同語去聲下同好去聲篇内並同

莊暴齊臣也庶幾近辭也言近於治

他日見於王曰王嘗語莊子以好樂有諸王變乎

色曰寡人非能好先王之樂也直好世俗之樂耳

變色者慚其好之不正也

曰王之好樂甚則齊其庶幾乎今之樂猶古之樂也

今樂世俗之樂古樂先王之樂

曰可得聞與曰獨樂樂與人樂樂孰樂曰不若與人曰與少樂樂與衆樂樂孰樂曰不若與衆

聞與之與平聲樂樂下字音洛孰樂亦音洛

獨樂不若與人與少樂不若與衆亦人之常情也

臣請爲王言樂

爲去聲

此以下皆孟子之言也

今王鼓樂於此百姓聞王鐘鼓之聲管籥之音舉

疾首蹙頞而相告曰吾王之好鼓樂夫何使我至於此極也父子不相見兄弟妻子離散今王田獵於此百姓聞王車馬之音見羽旄之美舉疾首蹙頞而相告曰吾王之好田獵夫何使我至於此極也父子不相見兄弟妻子離散此無他不與民同樂也蹙子六反頞音遏夫音扶同樂之樂音洛

鍾鼓管籥皆樂器也舉皆也疾首頭痛也蹙聚也頞頞也人憂戚則蹙其頞極窮也羽羽旄屬不與民同樂謂獨樂其身而不恤其民使之窮困也

張氏註 管笙也籥如笛而六孔或曰三孔

纂疏 趙氏曰管笙也籥簫也○又曰春秋傳說宣子假羽旄於齊晉人假羽旄於鄭杜預曰以析羽為旌

緫王者旌車之所建也又按周禮司常九旗之數有全羽析羽釋云全羽析羽皆有旄而無帛也

今王鼓樂於此百姓聞王鍾鼓之聲管籥之音舉欣欣然有喜色而相告曰吾王庶幾無疾病與何以能鼓樂也今王田獵於此百姓聞王車馬之音見羽旄之美舉欣欣然有喜色而相告曰吾王庶幾無疾病與何以能田獵也此無他與民同樂也

病與之與平聲同樂之樂音洛

與民同樂者推好樂之心以行仁政使民各得其所也

今王與百姓同樂則王矣

好樂而能與百姓同之則天下之民歸之矣所謂齊其庶幾者如此○范氏曰戰國之時民窮財盡人君惟

徧以南面之樂自奉其身孟子切於救民故因齊王之好樂開導其善心深勸其與民同樂而謂今樂猶古樂其實今樂古樂何可同也但與民同樂之意則無古今之異耳若必欲以禮樂治天下當如孔子之言必用韶舞必放鄭聲蓋孔子之言為邦之正道孟子之言救時之急務所以不同楊氏曰樂以和為主使人聞鐘鼓管絃之音而疾首蹙頞則雖奏以咸英韶濩無補於治也故孟子告齊王以此姑正其本而已

或問范楊之說不同何也曰非不同也范氏以孟子之言為救時之急務而楊氏亦以為姑正其本則其意同皆以為使孟子得政於齊則夫所謂世俗之樂者必將以漸而去之矣但二說皆有所未竟故使人不能無疑然從范氏之說不過為失孟子之微意而未害乎為邦之正道從楊氏之說則是古樂終不必復今樂終不必廢而於孟子之意為邦之道將兩失之則不可以不審也

張氏註 莊暴以爲宣王好樂之問問於孟子孟子舉莊暴之語以告於王因而擴之以公理可謂善啓告者矣曰今之樂猶古之樂也意以爲得其所以與民同樂者則今古之樂無以異也問獨樂樂與人樂樂而王應曰不若與人又問與少樂樂與衆樂樂而王應曰不若與衆是王是非之心未嘗亡也則因此而推原所以爲樂者若鼓樂于此田獵于此而使百姓疾首蹙頞以相告是君不恤乎民而民亦視之如疾也然則何樂之有若聞鍾鼓之聲管籥車馬之音見羽旄之美而欣欣然有喜色以相告樂王之無疾病是君以民爲一體而民亦以君爲心矣然則其樂爲何如哉由是觀之則與民同其樂者固樂之本也誠能存是心而充之則人將被其澤歸往之惟恐後而有不王者乎或曰如孟子之說與民同樂則世俗之樂好之果無傷乎曰好世俗之樂者私欲而與民同樂者公心也能廣充是心則必能行先王之政以追先王之治世俗之樂且將消釋而胥變矣孟子不遽詆其所好而獨廣之以公理可謂善啓告者也

纂疏 輔氏曰范氏辯孔子孟子之說可謂平正明白無餘蘊矣而楊氏論樂以和爲主以與民同樂爲樂之本

又何以見范氏之説。

○齊宣王問曰：文王之囿方七十里，有諸？孟子對曰：於傳有之。囿音又。傳，直戀反。

囿者，蕃育鳥獸之所。古者四時之田，皆於農隙以講武事，然不欲馳騖於稼穡場圃之中，故度閒曠之地以爲囿。然文王七十里之囿，其亦三分天下有其二之後也與？傳，謂古書。

纂疏 輔氏曰：大宰九職，以園圃毓草木，藪牧養蕃鳥獸，今乃以囿爲蕃育鳥獸之所，何也？觀此章所言，及文王靈囿所有，與衛獻公之射鴻于囿，春秋之書築鹿囿，則可知矣。况説文又有養獸曰囿之訓乎。○又曰：文王由方百里起，不應有七十里之囿，故疑其在三分天下有其二之後。○又曰：傳謂古書，孟子時有之，今不復存矣。然孟子所謂於傳有之者，亦言據古書有此説耳，然亦未必其然否也。

曰若是其大乎曰民猶以爲小也曰寡人之囿方
四十里民猶以爲大何也曰文王之囿方七十里
芻蕘者往焉雉兎者往焉與民同之民以爲小不
亦宜乎芻音初蕘音饒

芻草也蕘薪也

芻蕘者取薪之人雉兎者獵人

臣始至於境問國之大禁然後敢入臣聞郊關之
內有囿方四十里殺其麋鹿者如殺人之罪則是
方四十里爲阱於國中民以爲大不亦宜乎阱才性反

禮入國而問禁國外百里爲郊郊外有關阱坎也以
陷獸者言陷民於死也

孟子所謂傳有之者，想他須有據。曰：孟子此說，其意只在諷齊宣王爾。若文王之囿果然縱一切人往，則雖七十里之大，不過幾時求爲赤地矣，又焉得有林木鳥獸之遺哉？况周之盛時，雖天下小林猶有厲禁，豈有君之苑囿反縱芻蕘往而不禁之乎？亦照是理矣。漢武帝所規上林苑只有二三十里，當時諸臣已皆以爲言，豈有文王之囿反如是之大[illegible]。

總論一章之旨

張氏註

齊宣王以文王之囿爲問，意者宣王欲盛其苑囿禽獸之觀，而其姦邪便佞之臣道諛於旁，以逢其欲，假借文王之事以爲言。自古姦邪便佞之逢其君，未有不出於此者。文王豈築七十里之囿哉？蓋七十里之間，文王四時蒐田之所及，而民以爲文王之囿也。何以知其然？以所謂芻蕘者得往，雉兔者得往，而知其然也。與民同之，則民以爲小，不亦宜乎？今齊國之囿，乃宣王之所自私，以肆其娛樂之所，且故有大禁焉。四十里之間，殺其麋鹿者如殺人之罪，愛麋鹿有甚於人者，蓋蔽於耳目之欲，而不知人命之重也。然則其爲囿也，與設阱以待人者何以異？民見王自以爲樂，而不吾恤也；又見王設爲厲禁，賤民而貴物，已方且憂畏之不暇，寧不以爲廣乎？丁顯曰：始至於

境問國之大禁而後敢入又以見聖賢舉措之精密也蓋
君是邦則當循是邦之法入境而問焉理之所當然也聖
賢未嘗不然其文理密察旨意深遠學
者不可以為細事忽之而不精思也

纂疏 趙氏曰五十里為近郊百里為遠郊閔者蓋郊之門

○齊宣王問曰交鄰國有道乎孟子對曰有惟仁
者為能以大事小是故湯事葛文王事昆夷惟智
者為能以小事大故大王事獯鬻句踐事吳獯音熏鬻音育句音鉤

仁人之心寬洪惻怛而無較計大小強弱之私故小
國雖或不恭而吾所以字之之心自不能已智者明
義理識時勢故大國雖見侵陵而吾所以事之之禮
尤不敢廢湯事見後篇文王事見詩大雅大王事見
後章所謂狄人即獯鬻也句踐越王名事見吳國語史記

【語録】問仁者爲能以大事小是仁者之心寬洪惻怛便是
小國不恭亦撓他不動智者爲能以小事大蓋知者
見得利害甚明故祇得事大曰不特是見得利害明且
自合恁地小之事大弱之事強皆是道理合恁地趙氏録
【集疏】覺軒蔡氏曰按詩大雅緜篇肆不殄厥慍亦不隕厥
問柞棫拔矣行道兌矣混夷駾矣維其喙矣又按國
語吴語越王棲於會稽之上使大夫種行成於吴曰寡
君之師徒不足以辱君矣願以金玉子女賂君之辱夫差
欲與之成子胥諫越人飾美女八人納之太宰嚭曰子苟
赦越國之罪又有美於此者進之嚭曰古之伐國者服之
而已今已服矣又何求焉夫差與之成而
去之句踐後與范蠡深謀十年而竟滅吴
【纂疏】輔氏曰寬洪惻怛足以盡仁人之心寬洪者仁之量
也惻怛者仁之意也仁與物無對一視同仁自不見
大小彊弱之意也豈復較計之私哉故小國雖或不恭而
吾之所以字之之心自不能已尤更詳得仁字體用分曉
蓋仁心本無間斷也明義理識時勢足以盡智者之用明
義理謂明得吾心義理之原識時勢謂識得在外時勢之
輕重唯其知得方能故以循之是以大國或見侵陵則在
我事之之禮自不敢廢若元不知則更論甚敢與不敢所

天者理而已矣仁者便從容中道自然順理智者都不是自然順理亦是知得此道理故奉順而不違

謂不敢廢大姑是知之極致也。○又曰集註只言義理時勢而已若言利害便流於私欲只要就利避害更不節義理當如何矣○潛室陳氏曰仁者無計較之私忘其孰大而孰小智者有量度之明自知不能敵大○趙氏曰獯鬻者匈奴之別號。

以大事小者樂天者也以小事大者畏天者也樂天者保天下畏天者保其國樂音洛

天者理而已矣大之事小小之事大皆理之當然也自然合理故曰樂天不敢違理故曰畏天包含徧覆無不周徧保天下之氣象也制節謹度不敢縱逸保一國之規模也。

【集義】伊川先生曰凡人有所計較者皆私意也仁者欲人之善而矜人之惡不計較小大強弱而事之故能保天下犯而不較亦樂天順理者也呂氏曰畏天者以人畏天天人未合樂天者天人已合天道在己

或問樂天畏天之說，見詳後，有可得而聞者乎？曰：予謂之亡友何叔京曰：仁者以天下爲度，一視而同仁，惟欲使人各得其所，不復計彼此强弱之勢，故以大事小，而不以爲難。如葛與昆夷之無道，湯文慇懃而厚恤之，及終不可化，而禍及於人，然後不得已而征伐之，仁之至也。智者達於事變，而知理之當然，故以小事大，而不敢忽，然而以自强於政治，則於有以自立，如獯鬻與吳之方强，大王句踐外卑弱而事之，內則治其國家，和其民人，終焉或興王業，或刷其恥，此智之明也。使湯文徇養夷葛，惡極而不能去，是不仁而縱亂也。使大王句踐惟敵人之畏己，而終不能自强，是無恥而苟安也，又何取於仁智哉？

纂疏輔氏曰：天者理而已矣，即程子所謂天專言之則道也。以道理言，則大者自當事小，此天之所以覆地也；小者自當事大，此坤之所以承乾也。自然合理，仁之事也，與天爲一，故曰樂天；不敢違理，智之事也，與天爲二，故曰畏天。○又曰：保天下、保一國，言仁智者之氣象規模有此效也，非謂仁者智者之心欲其如此也。

詩云：畏天之威，于時保之。

周頌我將之篇時是也

總論一章之旨 問樂天畏天不同以仁者而居小國固不免爲智者之事使智者而居大國則未必能爲仁者之舉何者智者分別曲直未必能容忍而不與之較如仁者之爲也曰得之容備謙之○仁者與天爲一智者聽天所命與天爲一者嘉人之善矜人之惡無所擇於利害故能以大事小聽天所命者循理而行順時而動不敢用其私心故能以小事大然此亦各因一事而言惟仁者能如此智者能如此耳非專以事大事小爲仁智之分辨天畏天之別也仁者固能事小然豈不能事大智者固能事大然豈不能事小但其事之之情則有樂天畏天之異耳保天下保一國以其德之厚薄量之大小而言亦無一定之拘畏天之威于時保之特智者畏天而保其國之事也所云忘私克己乃畏天之事樂天則無私之可忘無己之可克矣度德量力乃計利害之私智者知天理之當然而敬以循之所以爲畏天也答[illegible]○[illegible]氏錄同

王曰大哉言矣寡人有疾寡人好勇

言以好勇故不能事大而恤小也。

【纂疏】輔氏曰：齊王唯其好勇，故但欲辟土地、朝秦楚以爭地爭城，以刈其人民而已，故不能知事大之禮，又不能存恤小之仁。

對曰：王請無好小勇。夫撫劍疾視曰：彼惡敢當我哉！此匹夫之勇，敵一人者也。王請大之！夫撫之夫音扶，惡平聲。

疾視，怒目而視也。小勇，血氣所為。大勇，義理所發。

【纂疏】趙氏曰：血氣所為之勇，如潢潦之水，暴集隨涸，故謂之小。義理所發之勇，如天開地闢，自不能已，故謂之大。

詩云：王赫斯怒，爰整其旅，以遏徂莒，以篤周祜，以對于天下。此文王之勇也。文王一怒而安天下之民。

詩大雅皇矣篇。赫赫，赫然怒貌。爰，於也。旅，衆也。遏，詩作

按止也徂往也莒詩作旅徂旅謂密人侵阮徂共之衆也篤厚也祜福也對答也以答天下仰望之心也此文王之大勇也

纂疏 趙氏曰按密國在今寧州阮國在今涇州共阮地今有共池侵阮阻共蓋侵阮直至共之地也

書曰天降下民作之君作之師惟曰其助上帝寵之四方有罪無罪惟我在天下曷敢有越厥志一人衡行於天下武王恥之此武王之勇也而武王亦一怒而安天下之民衡與横同

書周書泰誓之篇也然所引與今書文小異今且依此解之寵之四方寵異之於四方也有罪者我得而誅之無罪者我得而安之我既在此則天下何敢有過越其心志而作亂者乎衡行謂作亂也

意如此，而言武王亦大勇也。

【纂疏】輔氏曰：寵異，謂天寵異武王於天下也。亶聰明，是以天德寵異之也；作元后，是以天之寵異之也。○又曰：心志謂天下之心志也。人之作亂，皆過越其心志之故耳。君守其心志，無所過越，則何至有作亂之事乎？此武王以天下之重自任也。

今王亦一怒而安天下之民，民惟恐王之不好勇也。

王若能如文武之爲，則天下之民望其一怒以除暴亂，而拯己於水火之中，惟恐王之不好勇耳。○此章言人君能懲小忿，則能恤小事大以交鄰國；能養大勇，則能除暴救民以安天下。張敬夫曰：小勇者，血氣之怒也；大勇者，理義之怒也。血氣之怒不可有，理義之怒不可無。知此，則可以見性情之正，而識天理人欲之分矣。

【張氏注】齊宣王亦厭夫兵戈之相尋矣，是以有交鄰國之問。孟子則爲陳交鄰國之道有二端焉，若湯文之以蓋不忍坐視其民之困窮不擇強弱以感之庶幾有以服其民也若大王之於獯鬻句踐之於吳則其勢力誠不能以相及若強而與之抗則國將隨之是以從而事之也仁者愛人故能以大事小知者知幾故能以小事大樂天者安天理者也畏天者自敬天命者也其仁如天則天下孰不歸之故樂天者保天下而畏天者亦有以保其國焉仁智之分固有間也雖然所謂畏天者亦豈但事大國而無所為耶蓋未嘗委於命而已也故修德行政以光啓王業者大王也養民訓兵以爭霸者句踐也宣王不知孟子之言足自大內顧不能勝其忿疾之私故以好勇為言孟子因而擴之以所以明天理而遏人欲也夫勇有大小血氣之勇勇之小也義理之勇勇之大也以血氣為勇則其勇不出於血氣之內勢力可勝也利害可絀也義理之勇不以血氣鬭力無所加利害無所絀也故曰王請無好小勇欲其攝於義理也夫聖人非無怒也其動不以血氣而以理可怒在彼而理在此聖人何加毫末于以文武之事觀之則可見矣詩人之咏文王有曰王赫斯怒爰整其旅以遏徂莒以篤周祜以對于天下謂之王見密人之為民害則赫怒整旅以遏其所行之眾而篤周家之福以答天下望周之心是文王之怒以安天下而不以己也故曰文王一

怒而安天下之民逸書之稱武王有曰天降下民作之君作之師惟曰其助上帝寵綏四方有罪無罪惟我在天下曷敢有越厥志謂君師之任當助上帝以寵綏斯民四方之有罪無罪其責在吾之身天下孰敢有越此志者乎一人逆理而動則武王以為己之恥是武王以天下自任也故曰武王亦一怒而安天下之民孟子勸陳文武之事則申告之曰今王亦一怒而安天下之民民惟恐王之不好勇也方戰國之際其民之憔悴於虐政亦既極矣顧乃於匹獨不一怒而區區於尋干戈較強弱不亦悖乎使王撫然以天下為公不徇血氣之小行公義之道而篤救民之志則王政將以亨而畢不期於求天下而天下歸戴之不可暇矣噫血氣之怒人主不可有也而義理之怒人主不可不無也嘗苦言之逆耳而至於殺諫臣忿小夷之不賓而至於斃中國懲修欲之不廣而至於竭天下之膏血是皆血氣之使也其不至於亡國也幾希此怒豈宜有乎若夫漢高帝怒項籍之放弒其主而楚漢之勢遂分光武怒王莽之絕滅其宗而炎下之微遂復周平王惟不怒犬戎驪山之事也故東周卒以不振晉元帝惟不怒胡羯青衣之恥也故神州卒以淪亡然則此怒又豈可無乎知彼之不可有而此之不可無則可以見性情之正以識天理人欲之分

【纂疏】輔氏曰：章旨之說，語簡意盡。蓋君人者必能懲小忿，然後能養大勇，所謂人能有所不爲，然後可以有爲也。○又曰：張氏之說發明先儒所未到。怒乃人情之所不能無者，情則性之動也，但所發有理義血氣之不同。發於義理則爲性情之正，發於血氣則爲人欲而不正耳。理義血氣，是乃天理人欲之分也。

○齊宣王見孟子於雪宮。王曰：「賢者亦有此樂乎？」孟子對曰：「有。人不得，則非其上矣。樂，音洛，下同。

雪宮，離宮名。言人君能與民同樂，則人皆有此樂；不然則下之不得此樂者，必有非其君上之心。明人君當與民同樂，不可使人有不得者，非但當與賢者共之而已也。

【纂疏】輔氏曰：離宮，離猶別也，別在其所居宮室之外，故曰離宮。君能與民同樂，則人皆有此樂，此釋有之一字。

不得而非其上者非也爲民上而不與民同樂者亦非也

下不安分上不恤民皆非理也

【纂疏】輔氏曰下不得而非其上者不知命也故謂之不安分爲民上而不與民同樂者不知義也故謂之不恤民皆不知理者也

樂民之樂者民亦樂其樂憂民之憂者民亦憂其憂樂以天下憂以天下然而不王者未之有也

樂民之樂而民樂其樂則樂以天下矣憂民之憂而民憂其憂則憂以天下矣

【纂疏】輔氏曰君以民之樂爲樂則民亦以君之樂爲樂如是則樂不以一己而以天下君以民之憂爲憂而民亦以君之憂爲憂如是則憂不以一己而以天下憂樂皆不以己而以天下則君以民爲體民以君爲心天下雖大

北民雖多然其權忻愉怡痒疴疾痛舉切於吾之身矣君能體恤如此則天下之民其將何往雖欲不王不可得也

○西山眞氏曰因己之樂而圖民之憂是之謂與民同樂因民之憂而不敢恣己之樂是之謂與民同憂樂與民同而民不與其君同其憂樂者鮮矣故爲人君者不以己之樂爲樂而以天下之樂爲樂不以己之憂爲憂而以天下之憂爲憂如此而天下不歸者未之有也

昔者齊景公問於晏子曰吾欲觀於轉附朝儛遵海而南放於琅邪吾何脩而可以比於先王觀也

朝音潮放上聲

晏子齊臣名嬰轉附朝儛皆山名也遵循也放至也琅邪齊東南境上邑名觀遊也

【張氏註】轉附朝儛皆山或云朝水名

晏子對曰善哉問也天子適諸侯曰巡狩巡狩者

巡所守也諸侯朝於天子曰述職述職者述所職也無非事者春省耕而補不足秋省斂而助不給夏諺曰吾王不遊吾何以休吾王不豫吾何以助一遊一豫為諸侯度斂力撿反省悉井反

述陳也省視也斂收穫也給亦足也夏諺夏時之俗語也豫樂也巡所守巡行諸侯所守之土也述所職陳其所受之職也皆無有無事而空行者而又春秋循行郊野察民之所不足而補助之故夏諺以為王者一遊一豫皆有恩惠以及民而諸侯皆取法焉不敢無事慢遊以病其民也

【纂疏】趙氏曰巡所守者自上察下也述所職者自下達上也王十二歲一巡守諸侯六年一朝

今也不然師行而糧食飢者弗食勞者弗息睊睊

胥讒，民乃作慝。方命虐民，飲食若流。流連荒亡，為諸侯憂。睊，古縣反。

今，謂晏子時也。師，衆也。二千五百人為師。春秋傳曰：君行師從。糧，謂糗糒之屬。睊睊，側目貌。胥，相也。讒，謗也。慝，惡也。言民不勝其勞，而起謗怨也。方，逆也。命，王命也。若流，如水之流無窮極也。流連荒亡，解見下文。諸侯，謂附庸之國縣邑之長。

張氏注 睊睊，側目相視。胥相交叱。

纂疏 輔氏曰：王者之命諸侯，豈固欲其如此哉？不過使民愛養斯民而已。逆王命，則虐必及其民矣。○又曰：此晏子主言齊事，而云為諸侯憂，故知為附庸之君縣邑之長也。

從流下而忘反謂之流，從流上而忘反謂之連，從獸無厭謂之荒，樂酒無厭謂之亡。亡，厭平聲。

此釋上文之義也從流下謂放舟隨水而下從流上謂挽舟逆水而上從獸田獵也荒廢也樂酒以飲酒爲樂也亡猶失也言廢時失事也

【疏】輙代上誰以以爲喪亡然此四弊相等不應樂酒之凶獨極言其喪國日下文但言荒亡之行耳亦未可便以爲喪亡之言也故棄此別爲此說當由

先王無流連之樂荒亡之行惟君所行也行去聲

言先王之法今時之弊二者惟在君所行耳

景公說大戒於國出舍於郊於是始興發補不足召大師曰爲我作君臣相說之樂蓋徵招角招是也其詩曰畜君何尤畜君者好君也說音悅爲去聲樂如字畜□里反招與韶同□□六反

戒告命也出舍自責以省民也興發發倉廩也太師樂官也君臣己與晏子也樂有五聲三曰角爲民四曰徵爲事招舜樂也其詩徵招角招之詩也尤過也言晏子能畜止其君之欲宜爲君之所尤然其心則何過哉孟子釋之以爲臣能畜止其君之欲乃是愛其君者也○尹氏曰君之與民貴賤雖不同然其心未始有異也孟子之言可謂深切矣齊王不能推而用之惜哉 尹氏名焞字彥明

集義 楊氏曰角爲民徵爲事巡所守述所職省耕斂皆民事也故齊景公作君臣相說之樂曰徵招角招也

纂疏 曰楊氏之言巧矣未知其說之爲然也○王德脩曰孟子沼上之對其辭遜雪宮之對其辭誇先生曰分得好學 閔祖

張氏註 齊宣王問孟子賢者亦有此樂乎與梁惠王所謂賢者亦樂此乎意有異否曰有異焉大抵惠王之晉文下於宣王者方其顧鴻鴈麋鹿蓋有矜誇之意而宣王則疑賢者之不肯有此樂也爲愈矣孟子之對則各因

其材而篤焉其對惠王也告之以獨樂之不得其樂明言
夏桀之事所以爲其驕惰也其對齊宣王也則陳義以擴其
心志所以引而進之也然大意皆主於不當自樂其身當
與民同樂而已有人不得則非其上矣謂人固有不得其
樂而非其上者不得其樂而非其上固非也然而自人主
言之則不當怪其非已而以自反爲貴盡爲民上而不與
民同樂亦非也樂民之樂者以民之樂爲己之樂也憂民
之憂者以民之憂爲己之憂也惟吾樂民之樂故民亦樂
吾之樂惟吾憂民之憂故民亦憂吾之憂憂樂不以己而
以天下是天理之公也於是晏子又舉景公晏子之事蓋道其
國之故典以告之也景公見先王亦有遊觀之事欲比而
爲之是以問其故晏子言古者天子有巡狩之典諸侯有
述職之禮無非爲民事之故也巡狩述職之外則又有春
秋省耕省斂矣天子則於畿內諸侯則于國中省耕而補
不足省斂而助不給蓋亦無非民事也民則曰吾王不遊
吾何以休吾王不豫吾何以助謂吾王之出省耕省斂而
吾得以蒙休息而賴其助焉則固樂夫吾王之出也然則
一遊一豫之間亦足爲諸侯之法矣今也不然其出也直
以肆其欲而已師行以其衆行也以其衆行而無糧食飢
者既不得食而勞者又不得息焉嘗不之卹也民既困苦

睊睊睢睢然又相爲讒以作慝而已大命謂逆天之命也天之立君以爲民也虐民是所以爲之命也飲食若流謂極其飲食之欲也從流下而忘反謂之流從流上而忘反謂之連言其從流上下樂游而忘歸也從獸無厭謂之荒樂酒無厭謂之亡言其逐欲而不能止也先王之游豈有是哉景公聞晏子斯言而說之則易其游觀之意而爲節民之舉出舍於郊興發以補其不足者命太師作徵招角招之樂以見君臣相說之意以晏子之言爲愛君而有感於其中也宣王能有取於晏子之言則庶幾知所以取於先王矣或曰孟子不道桓文而羞管晏今乃引晏子之言何如蓋不道桓文而羞管晏者其大法也其言況事有可取者亦不可以廢也樂與人爲善之心也

〔蔡氏〕出舍於郊則是欲行上文所謂省行郊野察民之不足而補助之法故下文即言興發以補不足也

○又曰鼓樂蓋極於和樂故取其名以見和樂之意○又曰尹氏曰言可以有味熟讀而詳玩之自有感發於人心而孟子之意亦無餘蘊矣○西山眞氏曰易之大小畜皆以止爲義只止君之欲者乃所以爲愛君也縱君之欲者其得爲愛君乎史言臣之以憸惑其君之有欲姦臣之以惟忠其君之無欲○漢氏曰樂之五聲宮商角徵羽是也角

主木木聲清濁中其數多少中以爲民徵主火火聲稍輕其數稍少故爲事事謂人之所營事務也徵角皆以招名之以爲作歌以康庶事哉琴歌南風以阜民財之意

○齊宣王問曰人皆謂我毀明堂毀諸已乎

趙氏曰明堂太山明堂周天子東巡守朝諸侯之處漢時遺址尚在人欲毀之者蓋以天子不復巡守諸侯又不當居之也王問當毀之乎且止乎

朱子明堂說

曰論明堂之制者非一竊意當有九室如井田之制東之中爲青陽太廟東之南爲青陽右个東之北爲青陽左个南之中爲明堂太廟南之東即東之南爲明堂左个南之西即西之南爲明堂右个西之中爲總章太廟西之南即南之西爲總章左个西之北即北之西爲總章右个北之中爲玄堂太廟北之東即東之北爲玄堂右个北之西即西之北爲玄堂左个中是爲太廟太室凡四方之太廟異方所其左个右个則青陽之左个乃玄堂之右个乃總章之左个也總章之右个乃玄堂之左个明堂之左个乃青陽之右个也但隨其時之

方位闢門耳太廟太室則每季十八日天子
居焉古人制事多用井田遺意此恐然也

或問 說者謂明堂齊之潛禮之所信乎曰不然也漢書舊
言泰山東北阯古有明堂處則趙氏之說不誣矣

纂疏 輔氏曰漢書郊祀志武帝元封元年封泰山泰山東
北阯古時有明堂處一云○又曰欲毀明堂正與子貢
欲去告朔餼羊之意同以
其無用故欲毀去之也

孟子對曰夫明堂者王者之堂也王欲行王政則
勿毀之矣 夫音扶

明堂王者所居以出政令之所也能行王政則亦可
以王矣何必毀哉

總論二章之旨 問范氏曰君行王政雖明堂可以勿毀
向況於雪宮竊謂其不如范氏之說見
明堂反不若雪宮之當存也曰明
堂非諸侯所宜有者此說如此

王曰王政可得聞與 與平聲 對曰昔者文王之治岐也耕

者九一仕者世禄關市譏而不征澤梁無禁罪人
不孥老而無妻曰鰥老而無夫曰寡老而無子曰
獨幼而無父曰孤此四者天下之窮民而無告者
文王發政施仁必先斯四者詩云哿矣富人哀此
煢獨與平聲孥音奴鰥姑頑反哿古可反煢音瓊

岐周之舊國也九一者井田之制也方一里爲一井
其田九百畝中畫井字界爲九區一區之中爲田百
畝中百畝爲公田外八百畝爲私田八家各受私田
百畝而同養公田是九分而稅其一也世禄者先王
之世仕者之子孫皆教之教之而成材則官之如不
足用亦使之不失其禄蓋其先世嘗有功德於民故
報之如此忠厚之至也關謂道路之關市謂都邑之

市譏察也征稅也關市之吏察異服異言之人而不征商賈之稅也澤謂瀦水梁謂魚梁與民同利不設禁也孥妻子也惡惡止其身不及妻子也先王養民之政導其妻子使之養其老而恤其幼不幸而有鰥寡孤獨之人無父母妻子之養則尤宜憐恤故必以爲先也詩小雅正月之篇哿可也煢困悴貌

【纂疏】輔氏曰治岐之政耕者九一是助法也又周禮則易而爲徹聖人之於法度非有所不得已則不應變易之易助爲徹蓋不可知要必出於不得已也若斯民侵失先公後私之意則必田畝之官曠有怠於公而緩於私之失故不變其法雖一夫受田百畝而與同溝共井之人通力合作計畝均收大率民得其九公取其一故謂之徹其以一分饒與民則又亦變狹而之寬因以寓厚民之意也○又曰關市譏而不征周禮則關市有征周公之意是必將以抑商賈而歸之農也及其弊也則有爲暴之譏焉以此見變法易令之識非易事也澤梁不禁至周禮則山澤皆有厲禁亦禁其暴殄天物者而使取之以其時而已○又曰先王以民爲體雖無尺寸之膚不養然於心腹腠理易於

傷犯處尤當有以愛護之此又輔仁之台而王政之本也
○潜室陳氏曰文王治岐關市不征澤梁無禁因民所利
而利之乃王道之始成周門關之譏皆有限守川林川澤
悉有厲禁繁密大備乃王道之成○趙氏曰按岐山在漢
右扶風美陽縣西北唐屬岐州岐山縣宋朝屬鳳
翔府蓋前扶縣也岐山之陽有周原焉周之舊國

王曰善哉言乎曰王如善之則何爲不行王曰寡人有疾寡人好貨對曰昔者公劉好貨詩云乃積乃倉乃裹餱糧于槖于囊思戢用光弓矢斯張干戈戚揚爰方啟行故居者有積倉行者有裹糧也然後可以爰方啟行王如好貨與百姓同之於王何有

餱音侯槖音托
戢詩作輯音集

王自以爲好貨故取民無制而不能行此王政公劉
后稷之曾孫也詩大雅公劉之篇積露積也餱乾糧

也。無底曰槖，有底曰囊，皆所以盛餱糧也。戢，安集也。言思安集其民人，以光大其國家也。戚，斧也。揚，鉞也。爰，於也。啓行，言往遷于豳也。何有，言不難也。孟子言公劉之民富足如此，是公劉好貨，而能推己之心以及民也。今王好貨，亦能如此，則其於王天下也何難之有。

張氏註 于槖于囊，謂裹餱糧於槖囊中也。餱糧，乾飯也。思戢用光，思安民以光其業也。戚揚，戚，斧也；揚，鉞也。

纂疏 西山真氏曰：人君豈能不事儲峙之富，但能推此心使民亦有餱糧之積，可也。○趙氏曰：按后稷生不窋，不窋生鞠陶，鞠陶生公劉，是后稷之曾孫。○又曰：鉞大斧小。大公六韜云：大柯斧，一名天鉞，是鉞大於斧也。○按舜封后稷于邰，不窋失其官守，而自竄於戎狄之間，公劉始立國於豳之谷。豳，今邠州三水縣。

王曰：寡人有疾，寡人好色。對曰：昔者大王好色，愛厥妃。詩云：古公亶甫，來朝走馬，率西水滸，至于岐

下爰及姜女聿來胥宇當是時也內無怨女外無
曠夫王如好色與百姓同之於王何有大音泰
王又言此者好色則心志蠱惑用度奢侈而不能行
王政也大王公劉九世孫詩大雅緜之篇也古公大
王之本號後乃追尊為大王也亶父大王名也來朝
走馬避狄人之難也率循也滸水厓也岐下岐山之
下也姜女大王之妃也胥相也宇居也曠空也無怨
曠者是大王好色而能推己之心以及民也○楊氏
曰孟子與人君言皆所以擴充其善心而格其非心
不止就事論事若使為人臣者論事每如此豈不能
堯舜其君乎愚謂此篇自首章至此大意皆同蓋鍾
鼓苑囿遊觀之樂與夫好勇好貨好色之心皆天理
之所有而人情之所不能無者然天理人欲同行異
情循理而公於天下者聖賢之所以盡其性也縱欲

而私於一己者眾人之所以滅其天也二者之間不能以髮而其是非得失之歸相去遠矣故孟子因時君之問而剖析於幾微之際皆所以遏人欲而存天理其法似疏而實密其事似易而實難學者以身體之則有以識其非曲學阿世之言而知所以克己復禮之端矣

語錄　問好色好貨亦是委曲誘掖之意否曰卻不是告以好色好貨只是告以公劉大王之事此兩事看來卻似易持去做時多少難。葉賀孫。○問孟子答梁惠王問利直掃除之此處又卻如此引導之何也曰此處亦自分義利特人不察耳。鄭可學。○又與學者書曰近看孟子說見得此老直是把得定但常放到極險處方與一斡轉斡轉後使見天理人欲直是判然非有命世之才見道極分明不能如此然亦只此便是英氣害事者便是才高無可依據處學者不可以不知此。○蔡氏錄

或問　曰齊王之小勇亦所以害夫達德故孟子請其無好此小勇而大之非欲其反此小勇而大之也好貨好色

人情所不免但齊王專於私己而不思及於民故孟子欲其與民同之耳欲因其好以公而利導之也

張氏註

人皆謂宣王毁明堂[illegible]太甚藉之意而孟子所以使之勿毁者以不欲絶先王之義蓋使王者之宫則制度典章猶可因是而求故爾於是以行王政告之周家王政自文王始治岐之法則經理天下之法也耕者九一八家各耕百畝而同養公田助而不税此之任者出禄賦之采地也關市譏而不征禁系常禁奇衰而已不征其地也澤梁無禁與人共之也罪人不孥不及其妻子也凡此皆王政之綱目也而發政施仁必先於鰥寡孤獨蓋是四者人情之所易以忽而文王每篤之不使其無告也此可見公平均一不遺匹夫匹婦亡人之心于政之本也宣王聞斯言之甚易明白也故有善哉言乎之歎夫天下之患莫大於善善而不能用故曰王如善之則何為不行而宣王自謂有好貨好色之疾孟子因其自謂有疾如良醫之治病隨以藥之夫好貨與好色人欲之流不可為也今王自謂疾在於好貨而告之以公劉好貨王自謂疾在於好色而告之以大王好色是則有深意矣夫公劉果好貨乎哉公劉將遷國于豳使居者有積倉行者有裹[illegible]行是其所謂好貨者[illegible]

大王果好色乎哉大王[illegible]

宇于岐下爰及是時也內外無有怨曠焉得其所所謂好貨好色者

財己與百姓皆安於室家之常而已夫其爲貨與色者如

此蓋天理之公且當者也故再言與百姓同之於乎何有

夫與百姓同之則何有於己哉人之於貨與色也惟其有

於己也是故崇欲而莫知紀極夫其所自爲者不過於六

尺之軀而已豈不殆哉苟能推與百姓同之之心則廓然大

公循乎至當天理者而人欲滅矣此所謂引之以當道者哉

【纂疏】輔氏曰孟子對時君之言其所以充其善而救其非

者乃陳善閉邪之事若夫就事論事則是後世不知

學者之所爲淺暗拘滯從以激其君而使之拒而不說耳若

夫孟子之事則亦勉強做不得須是學到孟子地位方能如

此知言養氣然後自然有出等功用也揚氏所謂豈不能

堯舜其君則必據理而言之其君之聽與不聽用與不

用則不可得而必也○又曰鍾鼓苑囿遊觀之樂與夫好

勇好貨好色之心以常情論之則雖若不可以爲齊王言

之則以爲難而又自以爲疾恐不足行王道然以實理言

之則是固天理人情之所不能無者但有理與欲公與私

之異耳故集註舉胡氏知言之說所謂天理人欲同行而

異情者而繼之以夫聖賢之與衆人其於好貨好色其行

猶同而其情則異循理而公天下者聖賢之所以盡其性
此則公劉大王與民共欲之事也縱欲而私於一己者衆
人之所以滅其天理此則齊王自以爲疾之事也二者同
異不過毫髮之間而其終之是非得失則其相去遂有霄
壤之判如此其詳言之不但發其理之
蘊以欲使學者因其言以反諸身至誠體察於所謂毫髮
之際然後力求所以循夫理而去其欲○又曰註云法
似疏而密事似易而難蓋不直斥其好貨好色則似若疏
且易矣然必使之爲公劉大王之事推己之心以及其民
循理而不縱欲公天下而不私一己則其實又甚密而且
難矣法指孟子之說事指公劉大王之事非孟子據理之
極知言之要何能辨析其精微如此哉○又曰讀之者須
既其文而不究其實則亦不知夫其意之所在故集註又
欲學者體之以心驗之以身真有以見夫毫釐之辨同行
異情之實貫夫天理人欲界限之不可相入然後識孟子
貞我曲存所以之說而已之所以克去私意復歸於禮之
緒小可得而默識矣○內山貞民曰人君豈能無好匹
之奉惟能推此心使民亦有配偶之安可也○趙氏曰按
公劉生慶節慶節生皇僕皇僕生差弗差弗生毀隃毀隃
生公非公非生高圉高圉生亞圉亞圉生公叔祖類公叔祖

生大王，是公劉之九世孫。古公猶言先公也。蓋不追王前之本號，古公當殷末時，猶尚質，故質以名言。①又曰古公避狄之難，其來以早朝之時，疾走其馬，循西水涯漆沮之側，東行而至於岐山之下。

○孟子謂齊宣王曰：王之臣有託其妻子於其友而之楚遊者，比其反也，則凍餒其妻子，則如之何？王曰：棄之。比必二反

託，寄也。比，及也。棄，絕也。

曰：士師不能治士，則如之何？王曰：已之。

士師，獄官也。其屬有鄉士、遂士之官，士師皆當治之。已，罷去也。

曰：四境之內不治，則如之何？王顧左右而言他。治去聲

孟子將問此，而先設上二事以發之，及此而王不能荅也。其憚於自責，恥於下問如此，不足與有爲可知

矣○趙氏曰言君臣上下各勤其任無墮其職乃安其身

【張氏註】爲一國之牧則當任一國之責有一夫不獲其所皆吾之罪也能存是心而後有以君國子民矣夫受友之託其孥而凍餒之是負其託也爲士師而不能治士是曠其官也友之負託士之曠官則王既知之矣而王獨不自念吾受一國之託乃使四境之內不治誰之責歟王顧左右而言他蓋有所愧於中也王雖愧於中然有護疾忌醫之意故但顧左右而言他使王於此而能沛然遷其所愧反躬自責訪孟子所以治四境之道而行之則豈不庶矣乎。

【纂疏】輔氏曰常人之情知人則明自知則暗孟子將以四境之內不治問王故先設此二事以開其明而使之自知其職有不舉也王顧左右而言他則亦自知其曠職爲可愧矣然知之非艱行之爲艱使齊王沛然遷其所愧反躬自責訪孟子所以治四境之道而力行之則齊國其庶幾矣今乃不然顧左右以釋其愧言他事以亂其辭有護疾忌醫之心無責己求言之志則其不足與有爲可知矣○註云各勤其任指心而言無墮其職指事而言君臣

以盡其心以盡
其事則心身乃安

○孟子見齊宣王曰所謂故國者非謂有喬木之謂也有世臣之謂也王無親臣矣昔者所進今日不知其亡也

世臣累世勳舊之臣與國同休戚者也親臣君所親信之臣與君同休戚者也此言喬木世臣皆故國所宜有然所以爲故國者則在此而不在彼也昨日所進用之人今日有亡去而不知者則無親臣矣况世臣乎

纂疏 輔氏曰世臣謂如畢公弼亮四世之類是也服勤王家至歷累世則自然與國同休戚矣親臣謂腹心之臣如漢之蕭何唐之房杜是也君臣一體自然與之同休戚矣○又曰威齊之爲國舊矣故曰故國喬木乃年深高大之木亦故國之所宜有但所以爲故國者則以其有世臣而非以其有喬木也故國不可無世臣人君不可無親臣今

齊王之臣昨日所進而用之者今日亡去而不知則雖親臣亦無之矣況世臣乎舊說皆以親臣便爲世臣故其辭膠轕不分曉集註始分爲兩人然後其意明白

王曰吾何以識其不才而舍之舍上聲

王意以爲此亡去者皆不才之人我初不知而誤用之故今不以其去爲意耳因問何以先識其不才而舍之邪

【纂疏】輔氏曰君不先言齊王之意則問此一句似無來歷也蓋言亡去於此始悟其始之所進者擇之不精故問何以辨之於初也宣王皆質實亦明快易曉者

曰國君進賢如不得已將使卑踰尊疏踰戚可不慎與與平聲

如不得已言謹之至也蓋尊尊親親禮之常也然或尊者親者未必賢則必進疏遠之賢而用之是使卑

者踰尊疏者踰戚非禮之常故不可不謹也

【纂疏】輔氏曰先儒皆以如不得已一句連下文説言不得已則將使卑踰尊疏踰戚故不可不謹雖若可通然如此則是國君用人唯於不得已之際乃致其謹且下文但言因國人之言自察其賢否而用舍之亦未嘗言其不得已之意故集註直以如不得已一句連上文説言如不得已是至謹之意以君於進賢之際皆不可不謹故於下段結之云所謂進賢如不得已者如此至於尊者親者未必賢則又將進其疏遠之賢者而用之至使卑者踰尊疏者踰戚則又非禮之常尤不可不謹也

左右皆曰賢未可也諸大夫皆曰賢未可也國人皆曰賢然後察之見賢焉然後用之左右皆曰不可勿聽諸大夫皆曰不可勿聽國人皆曰不可然後察之見不可焉然後去之上聲

左右近臣其言固未可信諸大夫之言爲可信矣然

猶恐其蔽於私也。至於國人，則其論公矣。然猶必察之者，蓋人有同俗而爲衆所悦者，亦有特立而爲俗所憎者，故必自察之，而親見其賢否之實，然後從而用舍之，則於賢者知之深，任之重，而不才者不得以幸進矣。所謂進賢如不得已者如此。

纂疏　輔氏曰：左右近臣未必盡賢，故其言不可以爲信。諸大夫則職位尊矣，不容有不賢者，然猶恐其或有蔽抄也。至於舉國之人皆以爲然，則其論公矣。然世又有同俗而爲衆所悦者，特立而爲俗所憎者，故又必自察之。所謂察之，則必因言以察其心，考迹以察其用，如孔子之視所以，觀所由，察所安，然後能親見其賢否之實，從而用舍之，則於賢者非徒知之，知之必深而無所疑；非徒任之，任之必重而不可易。至於不才，亦不容於幸進矣。

左右皆曰可殺，勿聽；諸大夫皆曰可殺，勿聽；國人皆曰可殺，然後察之，見可殺焉，然後殺之，故曰國人殺之也。

此者非獨以此進退人才，至於用刑亦以此道。蓋所謂天命天討，皆非人君之所得私也。

【集義】楊氏曰：孟子論用人、去人、殺人，雖不聽左右諸大夫之毀譽，亦不聽國人之言，但因國人之公是非，吾從而察之，必有見焉，然後行。若初無所見，姑信已爲之，亦必終爲人所惑，不能固執矣。

【發明】䣱氏曰：命有德，討有罪，二事相反而實相連，故因論進退人才而併及於用刑。舜之於四凶，孔子之於少正卯，皆天理人情之至，所謂天討也。

如此，然後可以爲民父母。

傳曰：民之所好好之，民之所惡惡之，此謂民之父母。

【張氏注】所謂世臣者，以其德業有俗於前人也。古者不出官，推其賢可用，則君委而用之。日有舊官，則國勢重，蓋民望之所歸，吾心之所倚賴，而其所薦忠貞，與國同休戚，又有非他人比。若如伊陟、臣扈之徒是也。迨周衰，用不以賢而以世，世卿見譏於春秋，而世家子孫亦復不務官脩，鮮克由禮，甚至於竊國柄、爲亂階，豈復有古之哉謂世臣也哉王無親臣矣親信腹心之臣謂世臣也昔者所進今日不知其亡也既無親臣則取之於疏遠而昔之所進者又皆不得其人至于今日亦不知其亡也吾何以識其不才而舍之者謂何以測之於初也孟子於是為陳黜陟進退人才之道用人者當求之於世家如不得已則取之於卑且疏者夫使卑踰尊疏踰戚非常之舉也故曰國君進賢如不得已然後使卑踰尊疏踰戚可不慎與下所言謹之之道也左右之言勿聽諸大夫之言勿聽必考於國人之公論雖然諸大夫之言而勿獨聽亦非欲屏絶於其間也謂大夫雖以為賢又必合以國人之公論然後可耳合諸公論矣則又必察之於己明見其所以為賢也以為不可也然後用之則無貳而去之則無疑既言進退人才之道矣而復及於可殺者何邪蓋如舜之於四凶孔子之於少正卯天討之施有不可已者也曰國人殺之也言非己殺之因國人之公耳然則其用是人也亦非吾用之國人用之也其去是人也亦非吾去之國人去之也蓋天聰明自我民聰明天明畏自我民明威國人之公即天理之所有苟有一毫私意加於其間則失大同之公義而非天之理矣夫人君之職莫大於保民而保民之道莫先於用人故曰如此然後可以為民父母

○齊宣王問曰：湯放桀，武王伐紂，有諸？孟子對曰：於傳有之。傳，直戀反。

放，置也。書云：成湯放桀于南巢。

纂疏 蔡氏曰：南巢，地名，廬江六縣有居巢城，桀奔于此，因以放之也。

曰：臣弑其君可乎？

桀紂，天子；湯武，諸侯。

曰：賊仁者謂之賊，賊義者謂之殘，殘賊之人謂之一夫。聞誅一夫紂矣，未聞弑君也。

賊，害也。殘，傷也。害仁者，凶暴淫虐，滅絕天理，故謂之賊。害義者，顛倒錯亂，傷敗彝倫，故謂之殘。一夫，言衆叛親離，不復以爲君也。書曰：獨夫紂。蓋四海歸之，則爲天子；天下叛之，則爲獨夫。所以深警齊王，垂戒後世也。○王勉曰：斷言也，惟在下者有湯武之仁，而在上者有桀紂之暴則可，不然是未免於篡弒之罪也。勉，建陽人。

【語録】問：賊仁是絕滅天理，賊義是傷敗彝倫否？曰：傷敗彝倫只是小小傷敗常理，如不以禮食，不親迎之類。若是那紾兄之臂，踰東家底，便是絕滅天理。○丹書怠勝敬者滅，則滅仁者謂之賊之意；欲勝義者凶，則滅義者謂之殘之意。賊義是就一事上說，賊仁是就心上說。其實賊義便是賊那仁底，但分而言之則如此。義剛。○賊仁便是將三綱五常、天敘之典、天秩之禮一齊壞了。義隨事制宜，賊義只是於此一事不是，更有他事在。力行。○因舉賊仁者謂之賊，賊義者謂之殘。問在坐或對曰：賊仁是害心之理，賊義是於所行處傷其理。先生曰：如此說，便是告子義在外了。義在內，又在外。義是度事之宜，度是心，度之然此處何以別。蓋賊仁之罪重，賊義之罪輕。仁義都是心之天理，仁是根本，賊仁則大倫大法虧滅了，便是殺人底人一般。義就一節一事上言，一事不合宜，便傷義，似手足上傷損一般，所傷者小，猶可補。

〔□氏曰〕孟子之對無乃太勁矣乎蓋明言理之所在以斷宣王之心也夫仁義者人道之常也賊夫仁義是殘殺人道也故賊夫惻隱之端至於暴虐肆行而莫之顧也賊夫羞惡之端至於放僻邪侈而莫之止也夫仁義之在天下彼豈能賊之哉實自殘賊于獨躬耳為君若此則上焉斷棄天命下焉不有民物謂之一夫不亦宜乎嗚呼孟子斯言昭示萬世為人上者聞之知天命之可畏仁義之為重名位之不可以恃也其亦兢兢以自強乎。

〔纂疏〕輔氏曰賊之為害深殘之為害淺以凶暴諂言指發於中者而言顛倒錯繆指見於事者而言然發於中者必見於外見於事者實生於心滅絕天理則是殄閼其根本傷敗彝倫則是悖害其枝葉此賊仁賊義之全亡又有輕重之不同也○又曰衆叛親離不復以為君此賊仁賊義衆惡皆備之證驗也○又曰此事自人君言之則理所當然自臣下言之則不得已之大變故集註舉王氏數語所以著萬世為人臣者之戒

○孟子見齊宣王曰為巨室則必使工師求大木工師得大木則王喜以為能勝其任也匠人斲而

小之，則王怒，以為不勝其任矣。夫人幼而學之，壯而欲行之，王曰：姑舍女所學而從我，則何如？勝平聲。夫音扶。舍上聲。女音汝，下同。

巨室，大宮也。工師，匠人之長。匠人，衆工人也。姑，且也。言賢人所學者大，而王欲小之也。

【纂疏】輔氏曰：匠人為衆工人，則工師乃衆工人之師，故知其為長也。

今有璞玉於此，雖萬鎰，必使玉人彫琢之。至於治國家，則曰：姑舍女所學而從我，則何以異於教玉人彫琢玉哉？鎰音溢。

璞，玉之在石中者。鎰，二十兩也。玉人，玉工也。不敢自治而付之能者，愛之甚也。治國家則殉私欲而不任

[illegible]其愛國家不如愛玉也○范氏曰古之賢者常患人君不能行其所學而世之庸君亦常患賢者不能從其所好是以君臣相遇自古以爲難孔孟終身而不遇蓋以此耳

總論二節之旨　問後譬只得申解前譬曰兩譬又似不相似不知如何做得恁地嵯峨揚至

張氏註　古人之學本於格物致知誠意正心而治國平天下之道在於此成己成物無二致也故其所欲行者即其平日之所學者其本末先後皆有節章而不可少紊自非人君信之之篤任之之專則寧終身不用而已矣不肯舍己以徇人也若君人者欲其舍所學以從己則焉得賢者而用之哉夫斲大木而小之則以爲不勝任今君子所學者先王之道乃使舍之以從己是豈非斲而小之之比乎委玉人彫琢而亦聽其所爲且徇之以治國家不聽其所爲而惟欲其己之從是何異委玉於人而教之以彫琢乎然則君君者亦可以察此矣

纂疏　輔氏曰人唯愛玉唯恐損之故不敢自治而必付之能者至於治國家乃不任賢者而徇私欲以爲之則

輯曰治之乃所以害之是愛國家反不如愛玉也○又曰德義則當責成於己禹否則當聽命於天○趙氏曰國語云二十四兩爲鎰禮云朝一鎰米註亦謂二十四兩趙岐註以爲二十兩

○齊人伐燕勝之

按史記燕王噲讓國於其相子之而國大亂齊因伐之燕士卒不戰城門不閉遂大勝燕

集義 沈氏曰子噲不得與人燕子之不得受燕於子噲君不君臣不臣此燕之所以破也

宣王問曰或謂寡人勿取或謂寡人取之以萬乘之國伐萬乘之國五旬而舉之人力不至於此不取必有天殃取之何如 乘去聲下同

以伐燕爲宣王事與史記諸書不同已見序說

語錄 齊人伐燕孟子以爲齊宣王史記以爲湣王溫公平生不喜孟子以通鑑卻不取史記而獨取孟子皆不

可曉。荀子亦云：「湣王伐燕。」然則非宣王明矣。問：「孟子以不諫」曰：「想得湣王後來做得不好，門人爲孟子諱，故改爲宣王耳。」問：「湣王若此之暴，豈能慚於孟子？」曰：「既做得不是，說得也是也，亦豈不愧也？溫公通鑑中自移了十年。據史記，湣王十年伐燕，今溫公信孟子，改爲宣王，遂硬移進十年。溫公又擬荀子亦如此。又云：史記魏惠王三十六年惠王死，襄王立，襄王死，哀王立。今汲冢竹書不如此，以爲魏惠王先未稱王時爲侯三十六年，乃稱王，遂爲後元年，又十六年而惠王卒。即無哀王，惠王三十六年了，便是襄王。史記誤以後元年爲哀王立，故又多了一哀王。汲冢是魏安釐王時書，記其本國事，必不會錯。溫公取竹書不信史記此一段，却是。」（淵。僩）○【[illegible][illegible]語錄】

【纂疏】輔氏曰：「伐燕實湣王事，序說辨之已明。今此作宣王者，後出傳寫之誤也。」

孟子對曰：「取之而燕民悅，則取之。古之人有行之者，武王是也。取之而燕民不悅，則勿取。古之人有行之者，文王是也。

商紂之世文王三分天下有其二以服事商至武王十有三年乃伐紂而有天下○張子曰此事間不容髮一日之間天命未絶則是君臣當日命絶則爲獨夫然命之絶否何以知之人情而已諸侯不期而會者八百武王安得而止之哉

【集義】橫渠先生曰取之而燕民悅則取不悅則勿取屬文王武王而言者後人指成功而言之之辭也文王未嘗有心以取天下惟以紂不改爲惡稍改則率天下而事之矣至武王時不道則已甚矣

【語錄】問取之而燕民不悅則勿取古之人有行之者文王是也竊疑文王大聖人於君臣之義尊卑之等豈不洞見而容有革商之念哉曰此等處難說孔子謂可與立未可與權到那時事勢自是要住不得後來人把文王說得忒恁地却做一箇道行看着不做聲不做氣如此形容文王都没情理以詩書考之全不是如此如詩自從大王至王季說來如云至于大王實始翦商如下武之詩有聲之詩都說文王出做事且如伐崇一節是做甚麼又不

是一項小小侵掠，乃是大征伐。詢爾仇方，同爾兄弟，以爾
鉤援，與爾臨衝，以伐崇墉，此見大段動衆。岐山之下與崇
相去自是多少里，因甚如此？這般處要做文王無意出做
事，都不得。又如說侵自阮疆，陟我高岡，無矢我陵，我陵我
阿，無飲我泉，我泉我池，這看見都自據有其土地，這自大
段施張了。或云紂命文王得專征伐，紂不得已命之，文王
不得已受之。橫渠云：不以聲色爲政，不以革命有中國，默
順帝則而天下歸焉，其惟文王乎！若如此說，恰似內無純
臣之義，外亦不屬於商。這也未可如此，只是事勢自是不
可已。只當商之季，七顛八倒，上下崩頹，忽於岐山下突出
許多人，也是誰當得？文王之事，惟孟子識之。故七篇之中
所以告列國之君，莫非以王道。葉賀孫○又曰：此亦
是爲齊王欲取燕，故引之於文武之道，非謂文王欲取商
以商人不悅即止，武王見商人悅而歸之而遂往取之也。
如言仲尼不有天下，益、伊尹、周公不有天下，皆益、周公、伊
尹、仲尼皆有天下之顯而以無天子薦之，與天意未合，
所廢而不得乎。直是論其理如此耳。只此類皆須研究體
味，見得聖人之心脫落自在，無絲毫甚繁處，方見義理之
精微，於日用中自然得力。所謂知
至而意誠也。閎記作閎宗○祝氏錄

〔或問〕問文武之事與燕之取燕若不同者而孟子引之何耶曰張子詳矣第深考之則於文武之心孟子之意其庶幾乎

〔纂疏〕輔氏曰文王武王豈有一毫利天下之心哉亦順天命而不敢違焉耳而張子之説爲尤嚴所謂間不容髮之際非理明義精德全聖人者孰能與之而無愧哉才有一毫利心則失之矣然則命之絶否則亦不過察於人情則又與孟子之言實相表裏也

以萬乘之國伐萬乘之國簞食壺漿以迎王師豈有他哉避水火也如水益深如火益熱亦運而已矣簞音丹食音嗣

簞竹器食飯也運轉也言齊若更爲暴虐則民將轉而望救於他人矣○趙氏曰征伐之道當順民心民心悅則天意得矣

□氏註 燕王噲嘗亂以位讓子之子之南面行王事三年國大亂百姓恫怨太子平被攻子之不克結難數月死者數萬人百姓離志宣王舉師攻之是以君出其易也宣王見其勝之之易則遂有取之之意故以問孟子。孟子之意欲其以燕民之悅與不悅而驗天命之從違也故舉文武之事以告之夫文武豈有利天下之心哉順天命而不違焉耳人心之所在天命之所存也燕國之亂若此民蓋猒之故以萬乘之國伐萬乘之國而簞食壺漿以迎王師宣王伐之而救其民則可矣若不察於人心天命之所存連利燕之意而欲取之則是以亂易亂其猒苦將又甚矣幾何其不復運轉而他之乎故曰如水益深如火益熱亦運而已矣

纂疏 輔氏曰趙氏發明得人心天意爲一之理亦明切。○趙氏曰圓曰簞方曰笥皆飯器也以竹爲之

○齊人伐燕取之諸侯將謀救燕宣王曰諸侯多謀伐寡人者何以待之孟子對曰臣聞七十里爲政於天下者湯是也未聞以千里畏人者也

千里畏人指齊王也

書曰湯一征自葛始天下信之東面而征西夷怨南面而征北狄怨曰奚爲後我民望之若大旱之望雲霓也歸市者不止耕者不變誅其君而弔其民若時雨降民大悅書曰徯我后后來其蘇霓五稽反徯胡禮反

兩引書皆商書仲虺之誥文也與今書文亦小異一征初征也天下信之信其志在救民不爲暴也奚爲後我言湯何爲不先來征我之國也霓虹也雲合則雨虹見則止變動也徯待也后君也蘇復生也他國之民皆以湯爲我君而待其來使己得蘇息也此言湯之所以七十里而爲政於天下也

蔡氏曰湯師之未加者則欣然望其來曰何獨後予湯之所往伐者則曰待我之久矣后來我其復生乎

[illegible]之民皆以湯爲我　[illegible]而望其來者如此

[illegible]趙氏曰按爾雅云雲出天之正氣霓出地之正氣雌謂之虹雄謂之霓則雲陽物也陰陽和而既雨則雲散而虹霓見矣

今燕虐其民王往而征之民以爲將拯己於水火之中也簞食壺漿以迎王師若殺其父兄係累其子弟毀其宗廟遷其重器如之何其可也天下固畏齊之彊也今又倍地而不行仁政是動天下之兵也累力追反

拯救也係累猶縛也重器寶器也畏忌也倍地并燕而有一倍之地也齊之取燕若能如湯之征葛則燕人悅之[illegible]政於天下矣今乃不行仁政而

肆爲殘虐則無以慰燕民之望而服諸侯之心是以

不免乎以千里而畏人也

王速出令反其旄倪止其重器謀於燕衆置君而

後去之則猶可及止也旄讀與耄同倪五稽反

反還也旄老人也倪小兒也謂所虜略之老小也猶

尚也及止及其未發而止之也○范氏曰孟子事齊

梁之君論道德則必稱堯舜論征伐則必稱湯武蓋

治民不法堯舜則是爲暴行師不法湯武則是爲亂

豈可謂吾君不能而舍所學以徇之哉

[illegible]氏註 齊宣王既取燕而諸侯謀伐之宣王有利燕之心

則諸侯有利齊之意矣宣王聞諸侯之將伐己也

則又懼焉孟子謂成湯以七十里而爲政於天下今宣王

以千里而反畏人欲其察夫義利之分也湯之征葛也非

利其土地也非利其人民也非利其貨賄也爲其殺黍餉

之童子而征之耳故天下信成湯之心其十一征皆之[illegible]

[illegible]不詳見矣其征始於葛以至於韋顧昆吾夏桀則其爲者也東征而西夷怨南征而北狄怨者言遠至於要荒之外亦無不望其澤之亟加於己也孟子言民之望湯則曰若大旱之望雲霓言湯之慰民望則曰若時雨降是見民之望湯精誠切至而湯之撫民浹洽慰滿如此夫用兵以伐國而歸市者不止於耕者不變於野如其常日然則其順民心而無秋毫之驚擾可知矣蓋其用之也誅其君之罪弔其民之父母於暴虐而已非有他也曰徯我后后來其蘇湯未有天下而民固已后之亦猶文王之詩稱文王爲父母也今宣王之伐燕也民望其庶幾拯己於水火之中而乃殺其父兄係累其子弟毀其宗廟遷其重器則是快己之私欲圖彼之利以亂易亂而已天下素畏齊之強今見其地倍於曩時而仁政不行焉則將共疾其利爭起而圖之固無足怪適足以自召天下之兵也然於此猶有強禍之策焉反其旄倪止其重器謀於燕衆置君而後去之此轉禍之策已雖固已失之於初然使是心一回則人情猶可復天怒猶可解四方諸侯亦將畏其義而不敢圖矣此特如反手之間而宣王人欲方熾不能自克故諸侯救之燕人叛之比及一世而燕昭王復先世之讎湣王卒死於燕齊祀不絕如綫是其取燕卒所以動天下之兵也豈

不信哉

纂疏 輔氏曰范氏發明孟子此意甚好蓋莫非道也而堯舜之道則正道也莫非師也而湯武之師則天討也

集註又益以豈可謂吾君不能而舍所學以徇之哉一句尤爲痛切於學者誠萬世臣子事君之大法也

○鄒與魯鬨穆公問曰吾有司死者三十三人而民莫之死也誅之則不可勝誅不誅則疾視其長上之死而不救如之何則可也鬨胡弄反勝平聲長上聲下同

鬨鬪聲也穆公鄒君也不可勝誅言人衆不可盡誅也長上謂有司也民怨其上故疾視其死而不救也

孟子對曰凶年饑歲君之民老弱轉乎溝壑壯者散而之四方者幾千人矣而君之倉廩實府庫充有司莫以告是上慢而殘下也曾子曰戒之戒之

出乎爾者反乎爾者也夫民今而後得反之也君無尤焉饑上聲夫音扶

轉飢餓輾轉而死也充滿也上謂君及有司也尤過也

君行仁政斯民親其上死其長矣

君不仁而求富是以有司知重斂而不知恤民故君行仁政則有司皆愛其民而民亦愛之矣○范氏曰書曰民惟邦本本固邦寧有倉廩府庫所以為民也豐年則斂之凶年則散之恤其飢寒救其疾苦是以民親愛其上有危難則赴救之如子弟之衛父兄手足之捍頭目也穆公不能反己猶欲歸罪於民豈不誤哉

張氏注 鄒穆公疾民視其長上之死而不救孟子謂不可獨以此罪民盖我實有以致之也凶年饑歲斯民

得徂流離而君之粟積於倉君財積於府庫有司莫以告而殘之是上驕慢以殘其下而不卹也夫在上者不以民為心則民亦豈以在上者為心哉善乎曾子之言也出乎爾者反乎爾者也蓋有出所以有反也天下未有無其反者人特不察耳是以君子敬其所出也曰夫民今而後得反之也可謂深切矣蓋有司視民之死而不之救則民視有司之死而亦莫之救矣此也亦以為得反之者也然則於此其可不深自省察而以行仁政為急乎君行仁政而以民為心民之疾痛疴癢無不切於己則民亦將以君為心而親其上死其長矣此處賤長與出然則曾子戒之戒之之語非特為人上者不可斯須忘也儉身者亦當深體之耳

【纂疏】輔氏曰以己況民說得君民相與之義甚明且曰穆公不能反己而猶欲歸罪於民豈不謬哉此段辭意溫厚最宜詳玩

○滕文公問曰：滕，小國也，間於齊楚。事齊乎？事楚乎？

滕，國名。間，去聲。乎，平聲。

纂疏 趙氏曰按滕國在漢沛郡公丘縣東南

孟子對曰是謀非吾所能及也無已則有一焉鑿斯池也築斯城也與民守之效死而民弗去則是可爲也

無已見前篇一謂一說也效猶致也國君死社稷故致死以守國至於民亦爲之死守而不去則非有以深得其心者不能也○此章言有國者當守義而愛民不可僥倖而苟免

纂疏 輔氏曰築城鑿池致死以守者守義也使民亦爲之死守而不去則非愛民者不能也若夫間於二國而徒欲擇彊者而事之以覬一日之安則是僥倖而苟免也

○滕文公問曰齊人將築薛吾甚恐如之何則可

薛國名近滕齊取其地而城之故文公恐其偪己而恐也

纂疏 趙氏曰按薛國即漢魯國薛縣與滕相密邇

孟子對曰昔者大王居邠狄人侵之去之岐山之下居焉非擇而取之不得已也邠與豳同

邠地名言大王非以岐下爲善擇取而居之也詳見下章

苟爲善後世子孫必有王者矣君子創業垂統爲可繼也若夫成功則天也君如彼何哉彊爲善而已矣夫音扶彊上聲

創造統緒也言能爲善則如大王雖失其地而其後世遂有天下乃天理也然君子造基業於前而垂統

然於後但能不失其正令後世可繼續而行耳若夫成功則豈可必乎彼齊也君之力旣無如之何則但彊於爲善使其可繼而俟命於天耳〇此章言人君但當竭力於其所當爲不可徼幸於其所難必

【輯錄】曰孟子言君若夫成功則天也君如彼何哉彊爲善而已矣初無望報之心也苟爲善後世子孫必有王者矣乃爲大王避狄而言易大傳曰積善之家必有餘慶書曰作善降之百祥亦嘗望報乎

【或問】孟子以文王之事告滕何也曰李氏有言孟子數語文公以太王之事蓋以其國小人弱不過能爲善以待子孫其次則效死而已固不以湯文之事望之也然當時諸侯賢而有禮能篤信孟子之言而力行之未有能過之者惜其國小人弱非有湯文之德不能以興起爾故曰雖有智慧不如乘勢雖有鎡基不如待時斯言得之矣

【纂疏】輔氏曰勉彊於其所當爲若彊爲善之事也僥倖於其所難必者期後世之必興也

〇滕文公問曰滕小國也竭力以事大國則不得

免焉。始之何則可。孟子對曰。昔者大王居邠。狄人侵之。事之以皮幣。不得免焉。事之以犬馬。不得免焉。事之以珠玉。不得免焉。乃屬其耆老而告之曰。狄人之所欲者。吾土地也。吾聞之也。君子不以其所以養人者害人。二三子何患乎無君。我將去之。去邠。踰梁山。邑于岐山之下居焉。邠人曰。仁人也。不可失也。從之者如歸市。屬音燭

皮。謂虎豹麋鹿之皮也。幣。帛也。屬。會集也。土地本生物以養人。今爭地而殺人。是以其所以養人者害人也。邑。作邑也。歸市。人衆而爭先也

集義 伊川先生曰。衆人必當就禮法。自大賢以上。則看他如何。不可拘也。且守社稷者國君之職也。大王則委而

去之守宗廟者天子之職堯舜則以天下與人如三聖賢無常他人則不可

輯録曰大賢以上不可以禮法拘者若權而得中是亦禮法而已矣但常人未至於此則不可輕效聖賢所爲

尊不盡乎禮法之變

而不可佚其常也

或曰世守也非身之所能爲也效死勿去

又言或謂土地乃先人所受而世守之者非己所能專但當效死守之不可舍去此國君死社稷之常法

傳所謂國滅君死之正也正謂此也

君請擇於斯二者

能如大王則避之不能則謹守常法蓋遷國以圖存者權也守正而俟死者義也審己量力擇而處之可也○楊氏曰孟子之於文公始告之以效死而已禮之正也至其甚恐則以大王之事告之非得已也然

無大王之德而去則民或不從而遂至於亡則又不若效死之爲愈故又請擇於斯二者又曰孟子所論自世俗觀之則可謂無謀矣然理之可爲者不過如此○舍此則必爲儀秦之爲矣凡事求可功求成取必於智謀之末而不循天理之正者非聖賢之道也

【語類】問集註云蓋遷國以圖存者權也效死勿去者義也義當改作經字否先生曰思之誠是若義便近權或可如此或可如彼皆義也經則一定而不易既對了須着用經字賀[illegible]

【總論二三章之旨】問孟子答滕文公三段皆是無可奈何只得勉之爲善之辭想見滕國至弱都主張不起故如此也先生曰只得如此是吾得正而斃焉之意蓋滕是必亡無可疑者況王政不是一日行得底事他又界在齊楚之間二國視之如泰山之壓雞卵耳若教他粗成次第此二國亦必不見容也昔湯與文王之興皆在空閑之地無人來覷他故日漸盛大若滕則實是難保也當時[illegible]

【張氏曰】滕文公以國小而迫於大邦爲慮，[illegible]孟子，孟子告之，亦可謂曲盡也。始則以間於齊楚而欲擇其強者以事之。孟子謂是謀非吾所能及，意以爲與其望二國之矜己以求安，則不若思所以自強而立國。蓋在人者不可必，而在己者有可爲。鑿斯池，築斯城，與民效死以守之，是在我所當爲之事。爲吾所當爲而已。雖然，固國以得民爲本。鑿池築城，固所當爲，苟民心不附，雖有金城湯池，誰與守乎？孟子之意，又在於效死而民弗去耳。夫使民至於效死而不忍去，非得之有素，不能然也。齊人有築薛之舉，文公復有間焉。孟子陳大王之事以開廣之。夫國君死社稷，常法也。大王居邠而即岐，何也？蓋大王之於社稷也，乃所以創業垂統也。謂邠迫近狄，備禦之不暇，欲以立國而能嚴，孫謀懼其難也。故徙而東焉，其東徙也，至于岐山而就居之，非擇而取之也。蓋不得不徙也，而爲善後世子孫必有王者，可謂爲善者備天理而不以己私也。爲善者初不期於後世之有王者，而必有王者，理則然也。故曰君子創業垂統爲可繼也。若夫成功則天也，開以大功之規，爲其可繼者而已，而不必其成功也。若有期於成功之意，則欲速而見利，私意所生，無復可繼之實矣。上世聖人有制未艱者，有作書契者，有易宮室棺槨者，其事難若

一聖人可盡爲必待屢變聖然後備者聖人因時立政可
繼之規因循也後世之事業往往如浮泡遇日隨即掃空
無可玩味必近功而不爲可繼且又從而勉之曰君如彼
何哉彊爲善而已矣言在彼者不可得而然而在己者可
得而勉也又公他日又有問焉孟子已陳其義於前日矣
又併舉二說以告之素本其則皆區區智謀之末而非天
理之正君子體道以大事以交鄰事以犬馬事以珠玉本
期以保民也而狄人侵陵不已是欲吾土地也曰君子不
以其所以養人者害人謂土地本以養人今爲土地之故
而使民被其殘賊吾所不忍也其言何其忠厚而不迫耶
大王之遷本以全民而不敢必民之歸而強民以從也特
曰二三子何患乎無君此天地之以貞保民之主也民必
自不肯釋乎大王而曰仁人也不可失也非特斯言有以
感動之蓋民之戴其仁有素矣故曰從之者如歸市人之
歸市也各以其所欲推恐後也以見其誠心樂趨無一毫
強勉之意斷然大王之事非德盛而達權者不足以與之
其次則死社稷之義乃常道曰世守謂受之先王也非己
之所能爲也受之先王當爲先王守之死而後已耳孟子
之說不越是二端若外
此固全未見其可也

梁惠王下

胡氏曰遷國以圖存者大王是也守正俟死者國君死社稷是也在文公唯有此二法故併舉以告之然權非大賢以上不能為純則人皆當勉也故使文公已量力擇而取其一焉夫大王之事非文公所能為然則孟子之意固欲文公勉守其常法耳○又曰擇民二條說盡事理而後條尤有補於世教

○魯平公將出嬖人臧倉者請曰他日君出則必命有司所之今乘輿已駕矣有司未知所之敢請公曰將見孟子曰何哉君所為輕身以先於匹夫者以為賢乎禮義由賢者出而孟子之後喪踰前喪君無見焉公曰諾乘去聲

乘輿車也駕駕馬也孟子前喪父後喪母踰過也言其厚母薄父也諾應辭也

樂正子入見曰君奚為不見孟軻也曰或告寡人

曰孟子之後喪踰前喪是以不往見也曰何哉君所謂踰者前以士後以大夫前以三鼎而後以五鼎與曰否謂棺椁衣衾之美也曰非所謂踰也貧富不同也入見以明君明踰所以齊

樂正子孟子弟子也仕於魯三鼎士祭禮五鼎大夫祭禮

纂疏 趙氏曰士爵卑而賤大夫爵尊而貴中庸曰子爲士祭以士子爲大夫祭以大夫此祭鼎所以有三與五之異

樂正子見孟子曰克告於君君爲來見也嬖人有臧倉者沮君君是以不果來也曰行或使之止或尼之行止非人所能也吾之不遇魯侯天也臧氏

之？子焉能使予不遇哉？為，去聲。沮，慈呂反。尼，女乙反。焉，於虔反。

克，樂正子名。沮、尼，皆止之之意也。言人之行，必有人使之者；其止，必有人尼之者。然其所以行，所以止，則固有天命，而非此人所能使，亦非此人所能尼也。然則我之不遇，豈臧倉之所能為哉？○此章言聖賢之出處，關時運之盛衰，乃天命之所為，非人力之可及。

集義 范氏曰：魯侯或行或止，己之遇與不遇，皆係於天，豈由臧氏子哉？然在孟子則可以言天，在魯侯不可以言天。賢人在己者有義，在天者有命，脩其在己者，而聽其在天者，或用之則行，舍之則藏，皆天也。

語錄 問：魯平公極是箇衰弱底人，不知孟子如何見他，如何孟子出大機會，以向措置宣王一節，這箇不相遇非他也。湛見無可成之理，無相際。

張氏注 臧倉知平公之所以欲見孟子者，為其有禮義也，則告以過其禮義之術，投平公之意，自解小人之情最盡如此臧倉君所以沮平公者蓋知孟子之言信用則已將不得以安于君側故也原平公之始將見孟子非見賢之明也特以樂正子之言而起聽耳使其見之果明則信之必篤何至因臧倉一言而遂止乎樂正子則從而辨之謂喪禮稱家之有無君子不以天下儉其親之義也前後貧富之不同則棺槨衣衾之美何怪其有異乎然平公之心既已惑矣亦莫如之何也孟子所以答樂正子者辭氣不迫而婉亦無不盡者矣行或使之止或尼之謂魯侯之欲行以樂正子之使之也而其中止者以臧倉之沮之也然或使之或尼之然其行止實非人之所能爲也之不遇者蓋天而已使天而欲平治天下則豈臧倉所得而沮之乎蓋莫之爲而爲者天也衆人違之君子順之聖人純天故孟子謂吾之不遇魯侯天也而孔子謂天之未喪斯文也匡人其如予何玩其辭意亦可見聖賢之分矣

輯釋 輔氏曰凡人之行止須有人使之尼之或以多歸咎其使尼之人然在君子觀之則其人之所以行所以止者固自有天命存焉實非是人之所能使所能尼也此孟子之出處實關時運之盛衰然則其所以不遇魯侯者又豈臧倉君所能爲哉○又曰章旨之說深得聖賢出處之意蓋孟子將未說以世俗之心窺孟子故孟子以此發之

孟子卷之二

孟子卷第三　諸儒附録

朱子集註　朱子集義　朱子語録　朱子或問

南軒張氏註　黄氏講義　蔡氏集疏　趙氏纂疏

公孫丑章句上

凡九章

公孫丑問曰夫子當路於齊管仲晏子之功可復許乎復扶又反

公孫丑孟子弟子齊人也當路居要地也管仲齊大夫名夷吾相威公霸諸侯許猶期也孟子未嘗得政丑蓋設辭以問也

【纂疏】輔氏曰此必是丑初見孟子時事觀其語意尚以管晏望孟子不敢以管晏之功自期則是今未知孟子也○西山眞氏曰齊宣王既慕威文而公孫丑復慕管晏蓋霸者功利之說深入人心爲日已久故不惟時君慕之而學者亦慕之也

孟子曰子誠齊人也知管仲晏子而已矣

齊人但知其國有二子而已不復知有聖賢之事

【纂疏】輔氏曰丑世衰道微聖學不明人不知有學問則亦不復知有聖賢之事業雖有英才美質不過溺於時俗之見聞而已此齊人之所以但知其國之有二子也

或問乎曾西曰吾子與子路孰賢曾西蹵然曰吾先子之所畏也曰然則吾子與管仲孰賢曾西艴然不悅曰爾何曾比予於管仲管仲得君如彼其

專也。行乎國政如彼其卑也。爾何曾比予於是。蹵子六反。艴音拂，又音勃。曾音增。

如彼其久也功烈

孟子引曾西與或人問答如此。曾西，曾子之孫。蹵，不安貌。先子，曾子也。艴，怒色也。曾之言則也。烈，猶光也。威公獨任管仲四十餘年，是專且久也。管仲不知王道而行霸術，故言功烈之卑也。楊氏曰：孔子言子路之才，曰千乘之國可使治其賦也。使其見於施爲，如是而已。其於九合諸侯、一正天下，固有所不逮也。然則曾西推尊子路如此，而羞比管仲者何哉？譬之御者，子路則範我馳驅而不獲者也；管仲之功，詭遇而獲禽耳。曾西，仲尼之徒也，故不道管仲之事。

語錄　問：聖人分明是大管仲之功，而孟子硬以爲卑，如何？曰：孟子見得不肯做他底，是見他做得不那規模來低

義明　○一段詳見論語集

問管仲吾其被髮左衽章

艴然不悅之色、

張氏注

輔氏曰楊氏斷置得極分明子路之才視管仲誠爲不及然子路之所存則聖人之道其於管仲之事蓋

纂疏

有所不屑爲者或曰楊氏本說但云子路譬之御者則範我馳驅者若管仲蓋詭遇耳此則是以御而譬其所爲、說到功上今集註增益之曰子路則範我馳驅而不獲者也管仲之功則詭遇而獲禽耳則是併與功都說了然按孟子謂我馳驅是一人不獲又是一人詭遇是一人獲禽又是一人今若只作一人說則似以子路爲御之善而射不善然射御又非一人所能兼若恐不若只從其本說之爲得也曰非是之謂也集註之意蓋謂子路是範我馳驅而不遇王者故不獲耳管仲則詭遇以逢威公之爲故得禽多耳○西山眞氏曰晏子於齊固無功烈之足言若管仲者孔子蓋嘗以如其仁稱之孟子乃孔子者也何其言之異邪孔子之稱管仲攘夷狄而尊中夏也孟子所譏議其舍王道而用霸術也所指固不同矣然孔子雖稱其功而器小之譏不知禮之議固未嘗略況世變日下使孟子而不復議其舍王用霸之罪則人將翕然趨於霸矣彼流俗溺說從而效之邪以止防民商鞅申不害之流鷁以詐

力富國而甘處於霸之下者

曰管仲曾西之所不爲也而子爲我願之乎爲之爲去声

曰孟子言也顯猶榮也

曰管仲以其君霸晏子以其君顯管仲晏子猶不足爲與與平声

顯顯名也

曰以齊王由反手也王去声由猶通

反手言易也

輯錄 問以齊王猶反手不知置周王於何地曰此難言以意會如湯武之事是也春秋定襄間周室猶得言子時天命人心已離矣余夫子為〇祝氏錄

張氏註 夫以子路一匹夫事業曾未著當時而曾西其況則安然而擢以爲己何敢與之與管仲乎

[illegible]相九合諸侯一匡天下功業如此其著而曾西簡之則艴然不悅以為何乃比己如是果何哉此等者所精思力體以究其所以然也一言以蔽之亦在於義利之分而已子路在聖門雖未班乎顏閔之列然觀其進德之勇克己之嚴蓋有諸己而充實者其用力於斯道也久矣雖其事業不著於時而其規模固王者之道也至於管晏朝夕之所以勉己勉人者莫非圖功而計利耳故得君之專行政之久而其事業有限蓋不出於功利之中君子不貴也然則其意味相去豈不如碔砆之於美玉乎學者無慕乎管仲之功而深求乎子路之心則聖人之門可循而進矣雖然子路嘗以管仲為未仁矣子之言乃若取之何哉子路兼人其進也勇其於管仲蓋了然明見其失以為不足道者也而夫子之意則謂觀人之法雖見其失而其可取者亦不可廢所以故舉其事功而取之所以涵養子路之知也若孟子之答公孫丑則正其本而言之俾丑知其方也聖賢答問抑揚自有深意

纂疏 輔氏曰反手譬如人自以手反覆此易為用

曰若是則弟子之惑滋甚且以文王之德百年而

後崩猶未洽於天下武王周公繼之然後大行今言王若易然則文王不足法與易去声下同 與平声

滋益也文王九十七而崩言百年舉成數也文王三分天下才有其二武王克商乃有天下周公相成王制禮作樂然後教化大行

曰文王何可當也由湯至於武丁賢聖之君六七作天下歸殷久矣久則難變也武丁朝諸侯有天下猶運之掌也紂之去武丁未久也其故家遺俗流風善政猶有存者又有微子微仲王子比干箕子膠鬲皆賢人也相與輔相之故久而後失之也尺地莫非其有也一民莫非其臣也然而文王猶方

百里起，是以難也。朝音潮。鬲音隔，又音歷。輔相之相，去聲。猶方之猶，與由通。○當，猶敵也。商自成湯至于武丁，中間太甲、太戊、祖乙、盤庚皆賢聖之君。作，起也。自武丁至紂凡七世。故家，舊臣之家也。

齊人有言曰：「雖有智慧，不如乘勢；雖有鎡基，不如待時。」今時則易然也。鎡音茲。○鎡基，田器也。時，謂耕種之時。

纂疏　趙氏曰：鎡基，蓋耒耜之屬，或云大鉏也。

夏后、殷、周之盛，地未有過千里者也，而齊有其地矣；雞鳴狗吠相聞，而達乎四境，而齊有其民矣。地不改辟矣，民不改聚矣，行仁政而王，莫之能禦也。

闘同

此言其勢之易也三代盛時王畿不過千里今齊已有之異於文王之百里又雞犬之聲相聞自國都以至于四境言民居稠密也

且王者之不作未有疏於此時者也民之憔悴於虐政未有甚於此時者也飢者易爲食渴者易爲飲

此言其時之易也自文武至此七百餘年異於商之賢聖繼作民苦虐政之甚異於紂之猶有善政易爲飲食言飢渴之甚不待甘美也

孔子曰德之流行速於置郵而傳命郵音尤

置驛也郵馹也所以傳命也孟子引孔子之言如此

當今之時萬乘之國行仁政民之悅之猶解倒懸

也故事半古之人功必倍之惟此時爲然爲去聲

倒懸諭困苦也所施之事半於古人而功倍於古人

由時勢易而德行速也

長氏注

公孫丑聞以齊王猶反手之論則益疑而未信故引文武之事以譬之孟子謂文王何可當也謂文王之德之盛爲不可及也由湯至於武丁賢聖之君六七作其間如太甲沃丁祖乙盤庚皆賢君也而太戊武丁則幾於聖矣聖賢之君相望如此其志氣之所感發德澤之所漸被爲如何紂去武丁之沒實百十有一載而孟子以爲未遠者蓋武丁之澤其流長故其故家遺俗之所傳流風善政之所以爲未泯没而又有賢臣以輔之故雖以紂之無道亦在位又三十四祀而後周代之所謂久而後失之者也然以紂有天下之大而周卒以百里興亦可見文王之莫可當矣此論其理勢之然非謂文王而有取商之心也齊人有言蓋里諺也理有可取雖里諺之微聖賢所取之也夫不可爲者勢與時也夏后殷周之盛王畿不過千里今之齊既有其地矣雞鳴狗吠相聞而達乎四境則齊

亦有其民矣地不必求辟也民不必求聚也惟當行仁政而已則其王也孰能禦焉蓋自幽王之後王政不復見於天下王者之不作斯民之憔悴皆未有甚於斯時矣其愁苦也深則其思治也切如飢渴者易爲飲食也則引孔子之言以爲盛德之流行速於置郵而傳命言其感通之速也猶解倒懸云者皆言其困之極而望之切也事半於古之人而功則倍勢與時則然耳

【發明】猶民曰以德行之速乘時勢之易此真有所不難也

○公孫丑問曰夫子加齊之卿相得行道焉雖由此霸王不異矣如此則動心否乎孟子曰否我四十不動心相去聲

此承上章文設問孟子若得位而行道則雖由此而成霸王之業亦不足怪任大責重如此亦有所恐懼疑惑而動其心乎四十強仕君子道明德立之時孔

子四十而不動心，亦不動心之謂。

【語録】言雖由此而爲霸爲王不是差異。○公孫丑問孟子動心否乎，非謂孟子以卿相富貴動其心，謂霸王事大，恐孟子擔當不過，有所疑懼而動其心也。不知霸王當甚閑事。李閎祖【饒氏録】○孟子不動心，非如楊雄之說。廖德明。○此章當從程子能無畏難而動其心乎之說，則一章之指首尾貫通矣。丑非疑孟子以得位爲樂而動其心，故孟子所答之意亦不爲此。詳味可見矣。答徐彦章。○問不動心恐只是三十而立，未到不惑處。曰：這便是不惑知言處。可見孟子是義精理明，天下之物不足以動其心，不是把捉得定。黄榦。○【祝氏録】

【或問】問孟子之不動心。曰：盡心知性，無所疑惑，動皆合義，無畏怯。雖當盛位行大道，亦沛然行其所無事而已。何心動之有。易所謂不疑其所行者蓋如此，而孔子之不惑亦其事也。

【纂疏】輔氏曰：上章乃公孫丑設辭以問孟子，若當要路於齊，齊國管晏二子之功可復以自許否乎。孟子既言二子之功不足爲，而以齊王猶反手之說告之矣，故丑復設辭以問孟子：若遂得位以行道，則雖由此而成霸王之業是亦宜然而不足怪矣其所以王霸爲言者丑方聞孟子之説而未能無疑育於世俗之論而不肯遽捨也○又曰註云任大責重任大謂加齊之卿相責重謂人望以霸王之業凡人氣稟弱小而不知持養者遇事便疑惑恐懼以動其心況任大責重如此其心豈有不動者哉想公孫丑正未免此故以爲問蓋疑孟子擔當不大有所疑懼而動心也○又曰此豈以一日遇而仕非道明德立則何以仕哉孔子之不惑則道明之謂也孟子之不動心則德立之謂也唯其不惑然後能不動心也大抵人年四十亦是箇大節指所以使之出仕而夫子亦嘗曰年四十而見惡焉其終也已○陵陽李氏曰明則不疑立則不懼然未有不明而能立者故知言養氣雖二事並進而其序必以知言爲先孔子不惑則自不動矣萬氏曰集註乃是借彼以明此猶言孔子之不惑亦如此而已今曰孔子不惑亦不疑之謂不疑則自不動矣以不動爲聖人之不惑以不惑而後能不動似非所以言聖人恐於集註之意不能無小差也集註不惑章又云於事理之當然皆無所疑則知之明而無所事守矣既曰無所事守則不動心乃其餘事斯又足以見其道明德立非有次第也黄氏曰萬説是也萬之疑過矣

曰若是則夫子過孟賁遠矣曰是不難告子先我
不動心賁音奔
孟賁勇士告子名不害孟賁血氣之勇丑蓋借之以
贊孟子不動心之難孟子言告子未爲知道乃能先
我不動心則此亦未足爲難也
【纂疏】告子不動心是硬把定李閎祖○告子之不動心是
強法或強制而能不動不可知或臨大事而能不動
亦未可知非若孟子酬酢萬變
而不動也金去僞○【祝氏録】
【張氏註】公孫丑以爲孟子于心苟行道若一日得齊之卿相
而道德行焉宜其有以動乎中也丑蓋未知夫君
子中天下而立定四海之民所性不存焉者也我四十不
動心蓋自察之精而知其至此時而然也丑以爲甚難也
故謂過孟賁遠矣孟子告之爲是亦不難告子先我而
不動心者蓋不動心未足以盡聖賢之蘊也雖然不動心
則同而所以不動者則異孟子以集義爲本告子則以義
爲外故在孟子則心體周流人欲不萌而物各止其所告

也在告子則心制其欲事固無難而能不動者也其所以異者學者可不深究與

【纂疏】輔氏曰孟賁血氣之勇雖非孟子等倫然時人莫不以賁爲難能故丑借以贊孟子不動心之難耳○又曰告子外義未爲知道然未嘗一日不動心其不動心又先於孟子以此觀之則不動心未足爲難可知也○趙氏曰孟賁衛人能生拔牛角秦武好多力之士賁往歸之

曰不動心有道乎曰有

程子曰心有主則能不動矣

【纂疏】輔氏曰程子之說本云不動心有道如數子皆中有所主使心不動所謂數子者即併下文黝舍言之黝舍二子其麤厲又非告子比然其心一以必勝爲主一以不懼爲主故其心亦皆有不動以此觀之則程子正意可見不然則如黝舍二子事皆有窒礙說不合也

北宮黝之養勇也不膚撓不目逃思以一豪挫於

若撻之於市朝不受於褐寬博亦不受於萬乘
之君視刺萬乘之君若刺褐夫無嚴諸侯惡聲至
必反之

北宮姓黝名膚撓肌膚被刺而撓屈也目逃目被刺
而轉睛逃避也挫猶辱也褐毛布寬博寬大之衣賤
者之服也不受者不受其挫也刺殺也嚴畏憚也言
無可畏憚之諸侯也黝蓋刺客之流以必勝為主而
不動心者也

張氏注 褐寬博賤
夫被褐者

纂說 輔氏曰註云黝蓋刺客之流以其言所謂視刺萬乘之
君若刺褐夫而知之也以必勝為主而不動心者亦
以其言而知之也其心以必勝夫人為主故無有尊貴親疏
之一如匹夫不受其挫反報之○趙氏曰以毳織布曰褐

孟施舍之所養勇也曰視不勝猶勝也量敵而後

進慮勝而後會是畏三軍者也舍豈能為必勝哉

能無懼而已矣。舍去聲下同。

孟姓施發語聲舍名也會合戰也舍自言其戰雖不

勝亦無所懼若量敵慮勝而後進戰則是無勇而畏

三軍矣舍蓋力戰之士以無懼為主而不動心者也

【語錄】問孟施舍量敵慮勝似有懼也乃曰能無懼如何曰量敵慮勝是畏三軍者此孟施舍譏別人舍自云我

則能無懼而已〔舍自偽〕【輯錄】○問施發語聲何也曰此

是古語所以後面只稱舍字可見問有何例可援曰如孟之

反舟之僑尹公之他之類。

參德明○【倪氏輯釋同】

【纂疏】輔氏曰註云舍蓋力戰之士亦以其言是而知之也惟

其心以無懼為主故不問其彼之衆寡我之勝否遇

敵則戰也

孟施舍似曾子北宮黝似子夏夫二子之勇未知

其孰賢，然而孟施舍守約也。夫音扶。

黝務敵人，舍專守己；子夏篤信聖人，曾子反求諸己。故二子之與曾子、子夏，雖非等倫，然論其氣象則各有所似。賢猶勝也。約，要也。言論二子之勇則未知誰勝，論其所守則舍比於黝為得其要也。

【輯録】孟子言此二子之勇，未知其孰勝，但孟施舍所守得其要也。蓋不論其勇之孰勝，但論其守之孰約，且二子之似曾子、子夏，直以其守氣養勇之分量淺深為有所似耳，豈以其德哉？呂伯恭

【語録】○問：如何是孟施舍守約處？曰：此言黝便勝人，孟施舍却只是能無懼而已矣。故曰視不勝猶勝也，此是孟施舍自言其勇如此。舍去為

問：子夏篤信聖人，曾子反求諸己。曾子以求諸己固可見處，子夏篤信聖人何以言之？曰：此因孟子說數文義推究，亦無事實可指，但將其平日所言詳味之，有篤信聖人氣象。○又曰：子夏篤信聖人，但看他言語，如博學篤志、切問近思之類，便見得他有個緊要底意

●以[illegible]註○輯録○胡氏編在內

【纂疏】輔氏曰註云黜務敵人謂黜專以必勝於人爲主也舍專守己謂舍專以我無所懼爲主也○又曰黜務敵人則不屈於外舍專守己則無懼於我是舍之比黜所守爲得其要也○昭武李氏曰集註以子夏爲篤信聖人至若曾子則以爲明理爲篤信者特堅守不恐之謂於反身處未有以知其實也若反身而實則理無不明行無不慊矣○黃氏曰子夏未盡反身善學曾子而言也子夏之文字看着聖人篤信而進取之曾子之文以是黜撿自身○又曰北宮黝之勇只要與人鬭故子夏之文字似之孟施舍之勇只是要不能不懼故曾子之文字似之

昔者曾子謂子襄曰：子好勇乎？吾嘗聞大勇於夫子矣：自反而不縮，雖褐寬博，吾不惴焉；自反而縮，雖千萬人，吾往矣。好，去聲。惴，之瑞反。

此言曾子之勇也。子襄，曾子弟子也。夫子，孔子也。縮，直也。檀弓曰：古者冠縮縫，今也衡縫。又曰：棺束縮二衡三。惴，恐懼之也。往，往而敵之也。

【音義】縮直也。儀禮禮記多有此字。縮與衡字作對。下文直養之說蓋本於此。乃一章大指所繫不可失也。君[illegible]彦章。○一【說約】

【總論曾子二節之旨】此言黝子孟施舍只是不畏死而不動心。告子是不認義理而不動心。曾子是自反而縮而不動心。養德明。○【蔡氏錄】

【賞疏】胡氏曰。凡物縮之則直。衡之則横。古尚質。故冠之古者相似而有横縱之異。○又曰。古者以皮束棺蓋不用鐵故也。爲直者一。爲横者二。

孟施舍之守氣。又不如曾子之守約也。

言孟施舍雖似曾子。然其所守乃一身之氣。又不如曾子之反身循理。所守尤得其要也。孟子之不動心。其原蓋出於此。下文詳之。

【集義】明道先生曰。北宮黝要之以必爲。孟施舍推之以不懼。北宮黝或未能無懼。故黝不如施舍之守約。此子夏信道篤曾子見理明故二子各有所似又曰勇一也有勇於氣有勇於義仍以北宮黝之養勇也必爲而已矣孟施舍之能無懼也無懼則能守約比子夏之孝雖博然不若曾子之守禮爲約故以黝似子夏舍似曾子也又曰子夏之勇未可知却因北宮黝而見。

語錄　今人把守氣不如守約做題目此不成題目氣是實物約是工夫守氣子對不等守約只是所守之約言北宮黝之守氣不似孟施舍守氣之約孟施舍之守氣又不似曾子之守約也孟施舍就氣上做工夫曾子就理上做工夫（陳淳）

○**祝氏附錄**

總論二節之旨

孟施舍與北宮黝皆只是勇夫比曾子不同如北宮黝孟施舍孟賁只是就勇上言如子襄曾子告子是就義理上言（金去僞）○公孫丑問不動心章孟子說告子謂子襄一段已自盡了只爲公孫丑問得無了期故後面有許多說話（張自修）○此一段爲被他轉轉問所以答得亦周而然止就前段看語脉氣象雖無後截亦自可見前一截已自具得後面許多意思足（葉賀孫）○**祝氏附錄**

或問孟施舍之於曾子北宫黝之於子夏奚何曰二人勇力之士耳孟子特以其氣象之所似而明之耳非以其道爲同乎二子也孟子之言得之矣曰孟子既以孟施舍爲守約矣又曰舍之守氣不如曾子之守約何也曰守約云者言其所守之得其要耳非以約爲一物而可守也蓋黝舍皆守氣以養勇然以黝比舍則舍之守爲得其要至以舍而比於曾子則曾子之守又約爲得其要也

張氏注 公孫丑問不動心有道否孟子先言北宫黝孟施舍之事言此二子者所以不動心之道也北宫黝期於必爲者也膚撓者有所動於躰也目逃者有所逃於目也不膚撓不目逃盡思以一毫挫於人若撻之於市朝也其所不欲受於匹夫者亦不受於萬乘之君視刺萬乘之君若刺匹夫無諸侯威嚴之可畏以惡聲至則以惡聲反之是皆必爲而無所畏者然但爲守其外而猶未及乎守氣也若孟施舍推之以無懼則愈之又視不勝猶勝則不以勝負累其中也謂量敵而進慮勝而動是猶以三軍爲畏者吾則不能爲必勝能無懼而已此約其在我守氣者也孟施舍似曾子北宫黝似子夏言其氣象有似乎二子也曾子明理自克者也孟施舍不能於外故有似焉

夏篤志力行者北宮黝之堅強不屈故有似焉二子不知
其勇之所成就彼此之孰賢然孟施舍之比北宮黝則為
守約也於是舉曾子之所謂勇曾子謂聞大勇於夫子矣
自反而不縮則雖被褐之匹夫吾亦不得而惴之自反而
縮則雖千萬人之敵亦可往蓋直則盛曲則餒故也縮訓直禮
弓曰古之冠縮縫不徇乎外惟自反而求太理義之所安
其所守者約而已約謂義也然則又豈孟施舍守氣者之
所可及乎夫子路問强夫子告之以和而不流中立而不
倚而以強矯為質申棖有慾則不以剛許
之聖人所謂勇者所謂剛者蓋如此也
【纂疏】輔氏曰論舍之氣象雖大略有似於曾子然舍之所
守不過是一身之血氣固未嘗反之於心以自顧其
直與不直也其視曾子之自反而以縮不縮為勇怯則其
所守之要非舍之所能知所可比也反身謂自反循理謂
直○又曰引曾子謂子襄之言以明不動心之由在於自
反而縮以見己之所以不動心亦是如此其意至此已足
矣下文則是緣公孫丑反復
問難故又說得如此詳盡
曰敢問夫子之不動心與告子之不動心可得聞

孟子論不動心歸善養
心無暴其氣全然
我知言我善養浩然
之氣而不及志者持其志故
義理之養孟子養氣全
以集義我乃持其志也

告子曰不得於言勿求於心不得於心勿求於氣不得於心勿求於氣可不得於言勿求於心不可夫志氣之帥也氣體之充也夫志至焉氣次焉故曰持其志無暴其氣閒與之與平聲夫志之夫音扶

此一節公孫丑之問孟子誦告子之言又斷以己意而告之也告子謂於言有所不達則當舍置其言而不必反求其理於心於心有所不安則當力制其心而不必更求其助於氣此所以固守其心而不動之速也孟子既誦其言而斷之曰彼謂不得於心而勿求諸氣者急於本而緩其末猶之可也謂不得於言而不求諸心則既失於外而遂遺其內其不可也必矣然凡曰可者亦僅可而有所未盡之詞耳若論其極則志固心之所之而爲氣之將帥然氣亦人之所

以充滿於身而爲志之卒徒者也故志固爲至極而
氣即次之人固當敬守其志然亦不可不致養其氣
蓋其內外本末交相培養此則孟子之心所以未嘗
必其不動而自然不動之大略也
【語錄】不得於言勿求於心是心與言不相干不得於心勿
求於氣是心與氣不相貫也孟子引告子之言以告
丑也告子之意以爲言語之失當直求之於言學而足以
動吾之心念慮之失當直求之於心而不必更求之於氣
蓋其天資剛勁有過人者力能堅忍固執以守其偏之
見所以卒雖不正而能先孟子不動心也觀其論性數章
理屈詞窮則屢變其說以取勝終不能從容反覆審思明
辨因其所言之失而反之於心以求至當之歸此其不得
於言而不求諸心之驗也○告子只去守箇心得定都不
管外面是亦得不是亦得孟子之意謂是心有所失則見
於言如肝病見於目相似（陽述）【熊氏錄】○不得於心
勿求於氣者不失其本則猶可也不得於言而不求於心
以養其所失則中頑然而無所知覺無以擇乎義之所安
故斷之以不可【[illegible]】○問氣體之充曰都是這一[illegible]

身上生出，如人之五臟，皆是從這上生出來。（甚要緊）

【總論三節之旨】不得於心，勿求於氣，可；不得於言，勿求於心，不可。孟子既引告子之言而論其得失如此。夫心之不正，未必皆氣使之，故勿求於氣，未爲甚失。至言之不當，未有不出於心者，而曰勿求於心，則有所不可矣。程子曰：人必有仁義之心，然後有仁義之氣，睟然達於外。所以不得於心，勿求於氣，可也。又曰：告子不得於言，勿求於心，蓋不知義在內也。皆此意也。然以下文觀之，氣亦能反動其心，則勿求於氣之說，未爲盡善，但心動氣之時多，氣動心之時少，故孟子取其彼善於此而已。凡曰可者，皆僅可而未盡之詞也。至於言，則雖發乎口，而實出於心，內有蔽陷離窮之病，則外有詖淫邪遁之失。不得於言而每求諸心，則其察理日益精矣。孟子所以知言養氣以爲不動心之本者，用此道也。而告子反之，是徒見其言之發於外，而不知其出於中，亦義外之意也。其害理深矣。故孟子斷然以爲不可。於此可見告子之不動心，所以異於孟子，而亦豈能終不動者哉（與張敬夫）。○【語錄】

【張[illegible]】告子所謂不得於言者，言有所不得也；謂言不中禮，不必求於心，此特擇言未精耳，務擇其言而已。

若不得於言而求之於心則是自累其心也不得於心者心有所不得也心失其平不必求於氣此特持心未固耳務持其心而已若舍心而求於言則將見舍本而末無以制矣此告子所以不動心之道也孟子則以謂不得於心勿求於氣斯言可也至於不得於言勿求於心則不可耳蓋其不得於言是其心有所未得者也心不識之也未親則言之有不得固宜此正當反求於心也乃強欲擇言而不務求於心是以義爲外而不知心外之本一矣以是而曰不動心是乃徒制其心而未嘗明見夫理之所安者然則此不有弊乎

【纂疏】輔氏曰集註違字與離違之違同言而不能違違乃其所以失也舍置其言謂置其前言而別更爲說也若言有所不違而反求其理於心則是因言之失而自累其心也安字與於汝安乎之安同心而亂枕不安則是失其心之正也力制其心謂硬把定其心也若心有所不安而更求其助於氣則是舍其本而從事於表也此四句乃告子不動心之法蓋告子只就心上整理堅持其心言與氣皆以爲末節而不理會平居惟恐動着他心故雖義理亦皆以爲在外而不敢認爲己有程子所謂不知義在內者是也此其所以未四十而能先孟子不動心也

○又曰不得於心勿求於氣可氣固有時而能動其心然心之不正則未必皆氣使之大抵心是本氣是末故程子亦曰人必有仁義之心然後有仁義之氣睟然達於外此不得於心勿求諸氣所以爲急於本而緩其末猶之可也猶言尚爲可也○又曰不得於言勿求於心不可言心聲也雖發於口而實出於心言有不順理不通達即是心有不順理不通達處也不得於言須就心上理會心正而明則言無不達矣告子反之是因其言之或失於外而遂遺其所以然者於內而不求也是則豈可哉故曰其不可也必矣○潛室陳氏曰言上有病便是他心上有病當反求諸心可也告子乃言不求於心此是它不知言處孟子與告子正相反故於詖淫邪遁之辭而知其所受病之處蓋詖淫邪遁言之病也蔽陷離窮心之病也因其言之病知其心之病孟子所以爲知言○又曰以下文氣志貴於交相養之說觀之則勿求於氣之說尚未爲盡善○又曰心有知而氣無知雖云氣一則能動志然大抵是氣隨心動故以志爲氣之將帥氣從志所使猶卒徒之聽命於將帥也不言心而言志者有志者心之動而有所之處志即心也但志則就其動處言故尤切目下文又言是氣也而反動其心亦可見矣心無形而氣有質雖云心爲本氣爲末然

人之所以充滿其身而不至餒之者實賴氣爲志之卒徒也。志而無氣則志無所使，亦由將帥而無卒徒則亦虛名而已。○又曰志與氣雖有緩急之分而實不爭多則兩下皆不可不俾會，故註云人當敬守其志而又不可不致養其氣。守即持也，敬則已一而無適也，欲持守其志只敬不可以敬。程子謂帥氣者在志，養志者在直內，切要之道無如敬以直內。出養氣則無暴其氣也，凡氣發得暴者皆失其養故也。必言致者，兒養氣之辦須是以集義爲本而又無正忘助長之私，方得其養也。○又言與心雖有內外，心與氣雖有本末，而內外本末貫[illegible][illegible]相培養。孟子雖不及言上工夫，然朱子嘗謂言上亦不可無工夫，故程子有言發禁躁妄，內斯靜專，乃大兩皆要到，然後言順氣平而其心自然不動。孟子養氣後面更有許多說話在，然其不動心之大略則貝見於此。其視告子外義而不顧言時而氣硬守定其心而不動者，殆不可同年而語矣。

既曰志至焉氣次焉，又曰持其志無暴其氣者，何也？曰：志壹則動氣，氣壹則動志也。今夫蹶者趨者，

是氣也而反動其心夫音扶

公孫丑見孟子言志至而氣次故問如此則專持其志可矣又言無暴其氣何也壹專一也蹶顛躓也趨走也孟子言志之所向專一則氣固從之然氣之所在專一則志亦反爲之動如人顛躓趨走則氣專在是而反動其心焉所以既持其志而又必無暴其氣也程子曰志動氣者什九氣動志者什一

集義 明道先生曰持其志無暴亂其氣兩事也伊川先生曰持其志無暴其氣內外交相養也

問志至焉氣次焉曰只是一箇緩急底意思志雖爲至然氣亦次之蓋爲告子將氣說得太低了故說此論志

語錄 最緊要氣亦不可緩故曰志至焉氣次焉持其志毋暴其氣是兩邊做工夫志即是心之所向而今欲做一件事這便是志持其志便是養心不是持志外別有箇養心問志與氣如何分別曰且以喜怒言之有一件事這裏便合當審處是當喜是當怒若當喜也須喜當怒也須怒這便是持其志若喜得過分一向喜怒得過分一向怒則氣便麤暴

了使是暴其氣志卻反爲所動今夫蹶者趨者是氣也他心本不曾動只是忽然喫一跌氣打一暴則其心便動了葉賀孫黎氏錄○志至氣次只是引後一步出氣亦隨之而動公孫丑只就志理會理會得志氣自隨之不必更問氣也故又問曰持其志無暴其氣何也此孟子下文專說氣夫蹶趨之氣亦能動心更參詳明○問蹶趨反動其心若是志養得堅定莫須蹶趨亦不能動得否曰蹶趨自是動其心人之奔走如何心不動得曰蹶趨多遇於猝然不可支吾之際所以易動得心曰是○又曰今人奔走而來偶喫一跌其氣必逆而心不定是氣之能動其心如人於忙急之中理會甚事亦是氣未定也輔氏錄○持其志便收斂只持其志便內外肅然又曰持其志是心之方張處便持着葉賀孫○遺書曰志一則動氣氣一則動志外書曰志專一則動氣氣專一則動志二說孰是曰此必一日之語學者同聽之而所記各有淺深類多如此志一動則動氣氣一動則動志此言未說動氣動志而先言志動氣動又添入一動字了故不若後說所記得其本旨蓋曰志專一則固可以動氣而氣專一亦可以動其志也周謨○程子有言志一氣一專一之意若志專在邪僻豈不動氣氣專在喜怒豈不動志當依此說答林擇之○內有私意

而至於遷怒者志動氣也有為怒氣所動而遷若氣動志
也〔楊道夫〕○問胡文定云舜先天而天弗違志壹則動氣
也孔子後天而奉天時氣壹則動志也如何曰先天而天
弗違者舜先作韶樂而鳳凰來儀後天而奉天時若孔子
因獲麟而作春秋志壹動氣氣壹動志皆借孟子之言形
容天地感格之意〔周謨〕○問持其志無暴其氣處古人在
車聞鸞和行則有佩玉凡此皆所以無暴其氣今人既無
此不知如何而為無暴曰凡人多動作多語笑做力所不
及底事皆是暴其氣且如只行得五十里却硬要行百里
只舉得五十斤重却硬要舉百斤凡此類皆能動其氣今
學者要須事事節約莫教過當此便是養氣之道也〔潘時
舉〕○持其志無暴其氣內外交相養蓋既要持志又須無
暴其氣持志養氣二者工夫不可偏廢以氣壹則動志志
壹則動氣觀之則見交相為養之理矣〔程端蒙〕○氣若併
在一處自然引動著志古人所以
動息有養也〔黃升卿〕○〔潘氏錄〕
〔或問〕持志養氣之為交養何也曰持志所以直其內也無
暴其氣所以防於外也兩者各致其功而無所偏廢
焉則志正而氣自完氣完而志益正其於存養之功自將
無一息之不存矣曰程子所謂志動氣者什九氣動志者

什一何也曰此言其多少之分也而孟子所以猶有取於勿求於氣之云者而不盡善之於此亦可見矣

張氏註 程子曰心之所存爲志蓋志無迹而氣有形志者氣之帥所以帥其氣者也志在於此則氣隨之矣氣者體之充所以充其體者也存其氣則有其體矣志至焉言志之所至氣次之而至也然氣志貴於相交持其志無暴其氣者所以交相養也持其志所以御氣而無暴其氣者又所以從其志也公孫丑聞此言則疑之謂旣曰志至焉氣次焉宜若只持其志足矣而又以無暴其氣爲言何也孟子謂志一則動氣而氣一亦有時而動志是以貴於交相養也壹與一同動志則氣亦隨之而動矣然一動氣亦能以動志觀蹶者趨者則可見也夫蹶趨者氣也而心爲之臲卼而不安是氣亦能動志也然志動氣爲多而氣動志爲寡故程子曰志動氣者什九氣動志者什一雖然自常人不知用力者言之終日之間志動氣而氣復動其志無窮已也蓋志爲物所奪而氣以動氣動而志復爲之不寧志不寧而氣益決驟矣君子主敬以爲本當其志之所存主持而不失故其氣不亂而又察其氣之所行安馴而無暴故其志不搖中正和平適蕩充裕而德業日新焉此交相養之道孳者不可以不思也

【纂疏】輔氏曰：此見丑之有志於孝也。使其無志于孝，則問孟子之言亦漫聽之而已，必不能如是問之反覆也。○又曰：集註「壹，專一也」，此本程子說。但初說以爲壹與一字同，「一動氣則動志，一動志則動氣」，此爲養氣者言也。若成德者，志已堅定，則氣不能動志。末後雖分得好，但說「一動氣則便動志，一動志則便動氣」，亦太說得輕了。全禁二說以爲志專一則動氣，氣專一則動志。若志專在淫僻，則豈不動氣？氣專在喜怒，亦豈不動志？故蹶者趨者反動其心，此卻說得好。○又曰：註云「志之所向專一，則氣固從之；然氣之所在專一，則志亦反爲之動」。蓋志者，心之所之，故可言向；氣則做出來底，便是不可以向言，只得下「在」字。如蹶者趨者，要如此者是心使，及其蹶趨則是氣也。此其察理精矣。○又曰：什九什一，所以極言其多與少耳。所以如此說者，只是要以志爲主，工夫須多在志上方可。故程子又有說曰：「志動氣者多，氣動志者少。雖氣亦能動志，然亦在持其志而已。」

敢問夫子惡乎長？曰：我知言，我善養吾浩然之氣。

惡，平聲。

公孫丑復問孟子之不動心所以異於告子如此者有何所長而能然而孟子又詳告之以其故也知言者盡心知性於凡天下之言無不有以究極其理而識其是非得失之所以然也浩然盛大流行之貌氣即所謂體之充者本自浩然失養故餒惟孟子為善養之以復其初也蓋惟知言則有以明夫道義而於天下之事無所疑養氣則有以配夫道義而於天下之事無所懼此其所以當大任而不動心也告子之學與此正相反其不動心殆亦冥然無覺悍然不顧而已爾

集義　明道先生曰孟子知言便是知道伊川先生曰浩然之氣須見是一箇物如顏子言如有所立卓爾孟子言躍如也卓爾躍如分明見得方可養謝氏曰知言是智養氣是仁

語錄　公孫丑既知告子之失而未知孟子之所以得敢問焉而孟子告之我知言者能識群言之是非也浩然

盛大流行之貌蓋天地之氣而吾之所得以充其躰者也
孟子能知人言之是非告子乃自以其言為外而不復考
其得失孟子之言養氣而告子乃以為末而不求其得失可
見矣〈程端蒙〉○知言則有以明夫道義而於天下之事無
所懼〈呂燾〉○知言便是窮理不先窮理見得是非如何養
得氣須是道理一一審處得是其氣方充大○孟子論浩
然之氣一段緊要全在知言上所以大學許多工夫全在
格物致知〈潘淵〉○知言養氣雖是兩事其實相關正如致
知格物正心誠意之類君知言便見得是非邪正義理昭
然此浩然之氣自生〈金去僞〉○孟子說養氣先說知言知
得言語之是非得失斷然無疑方能養此氣也〈厲人傑〉○
問知言在養氣之先如何曰知是知得此理告子便不理
會故以義為外〈廖德明〉〈閻氏錄〉○浩然之氣乃指其本來
體段而言集註謂躰之充者說言之耳然亦非外此而別
有浩然之氣也〈見文集〉〈輔氏錄〉○又曰向來以告子不得
於言謂是自已之言非他人之言然與後言之義不同此
是告子聞他人之言不得其義理又如讀古人之書有不
得其言之義皆以為無害事但心不動足矣不知言便不
知義所以外義也如詖淫邪遁亦只是他人言故曰生於
其心其字便是謂他人也又言亦謂以言語大於德行言

語亦大難若非燭理洞徹胷次坦然即酬
酢應對鮮失多矣〈廖德明〉○【蔡氏錄】
【或問】知言養氣之說如何曰孟子之不動心知言以開其
前故無所疑養氣以培其後故無所懾如智勇萬人之將
勝敗之形得失之筭已判然於胸中而後率虎貔貅百萬之
衆又皆望其指麾聽其金鼓故勇爲之赴湯蹈火有死無二
是以千里轉戰所向無前其視北宮之不動心亦猶勇夫
悍卒初無定勝料敵之識又無蚍蜉蟻子之援徒恃其所
養勇而蔽身以赴敵也其不爲人所擒者特幸而已夫告
子之言他雖無所考論然以孟子此章之言反復求之則
亦有說然可見而無疑者蓋其先引告子之言以張本於
前後言己之所長以著明於後今以其同者而比之則告
子所不得之言即孟子之所知之言告子所勿求之氣即孟
子所養之氣也以其異者而反之則凡告子之所以失即
孟子之所以得孟子之所以得即告子之所以失也是其
彼此之相形前後之相照固有不待安排而不可移易者
【集說】賁輯蔡氏曰不得於言集註與語錄不同當從後語未及修改耶
【發明】輔氏曰盡心知至也知性物格也物格知至則凡天
下之事過乎吾前者其理皆軒豁呈露無所遁情況

言心之聲也一接乎耳則豈不能究極其理而識其是非得失之所以然邪言有是非得失而所以然者則心也心存蔽陷離窮之病則言有詖淫邪遁之失矣○又曰盛大言其體流行言其用才有小則便非氣之本體才鬱塞則便非氣之本用氣即天地之氣而人之所以充滿其身者其本然之體則自是浩然由失其養故餒乏而不充云體唯孟子善養之故復其初而成浩然也○又曰註中疑懼二字以應此章第一節疑惑恐懼字也道體也義用也言道義以該體用也知言則於道義窮極無餘一事來則以一理應之夫復何疑之有養氣則於道義默識得起勇猛果決而不留行夫復何懼之有○又曰孟子能知人言之是非告子乃自以其言為外而不復考孟子善養其氣而告子乃以氣為末而不知求此所謂正相反也其不動心者不過是硬把定其心宜其貿然都無知覺於一切事皆漠然與之扞格而不顧其亦豈能終不動哉然其所以能不動者亦幸而已

敢問何謂浩然之氣曰難言也

孟子先言知言而丑先問氣者承上文方論志氣而

言也難言者蓋其心所獨得而無形聲之驗有未易
以言語形容者故程子曰觀此一言則孟子之實有
是氣可知矣

【輯釋】孟子先說知言後說養氣而公孫丑先問氣者向來
只為他承上文方論志氣而言故如此今看來不然只是
公孫丑會問纔留得知言在後面問者蓋知言是末後合
尖上事如大學說正心脩身只合殺在致知在格物一句
蓋是用工夫起頭處呂壽○問浩然之氣即是人所受於
天地之正氣否曰然又問與血氣如何曰只是一氣
義理附於其中則為浩然之氣若不由義理而發則只為
血氣然人所稟氣亦自不同有稟得盛者則為人強壯隨
分亦有立作使之做事亦隨分做得出若稟得衰者則委
靡巽懦都不解有所立作惟是養成浩然之氣則却與天
地為一更無限量【輯講】○問養氣曰酬酢應接舉皆合義
則俯仰並無愧怍故此氣自然盛大流行呂壽○氣只是
一箇氣但從義理中出來者即浩然之氣從血氣中
身上出來者乃血氣之氣耳李閎祖○【集說】

【纂疏】趙氏曰註一難言者蓋其心所獨得謂非人所言
知有形有聲則有可指之驗惟無形聲之可驗則

言語誠有未易形容者矣。

其爲氣也，至大至剛，以直養而無害，則塞于天地之間。

至大初無限量，至剛不可屈撓。蓋天地之正氣，而人得以生者，其體段本如是也。惟其自反而縮，則得其所養；而又無所作爲以害之，則其本體不虧而充塞無間矣。程子曰：「天人一也，更不分別。浩然之氣，乃吾氣也。養而無害，則塞乎天地；一爲私意所蔽，則欿然而餒，卻甚小也。」謝氏曰：「浩然之氣，須於心得其正時識取。」又曰：「浩然是無虧欠時。」

【語錄】伊川於至大至剛以直處點句，先生却於剛字下點句。先生曰：若於直字斷句，則養字全無骨肋，只是自反而縮，是以直養而無害也。○至大至剛，氣之本體；以直養而無害，是用功處；塞乎天地，乃其效也。○又曰：氣雖有清濁厚薄之不齊，然論其本則未嘗異也。所謂至大至剛者，乃氣之本體如此。○充塞是遍滿之意。○又曰：有一等不滿不足之意，則非塞矣。○【潘時舉錄】○又曰：浩然之氣剛果，意思如長江大河浩浩然而來也。富貴貧賤威武不能移屈之類，皆低不可以語此。公孫丑本意只是設問孟子能擔當得此樣大事否，故孟子所答只說許多剛勇，故說出浩然之氣，只就問答本文看之，便見子細。周謨○浩然之氣塞乎天地，只是氣魄大，如所謂氣蓋世。陳文蔚【倪氏】【錄】○又云：天地之氣剛至堅，如金石無所不透，故人之氣亦然，蓋其本體如此。又云：浩然之氣只是氣大敢做，而今一樣人畏避退縮，事事不敢做，只是氣小。有一樣人未必識道理，然事事敢做，是他氣大，如項羽力拔山氣蓋世，便是這樣氣。○又曰：人須是有蓋世之氣方得。又云：如古人臨之以死生禍福而不恐，敢去罵賊，敢去徇國，是他養得這氣大了，不怕他。又也是識道理，故能如此。○關人李復字履中，及識橫渠先生，紹聖間為西邊使者，博記能文，今信州有潏水集者即其文也。其間有論孟子養氣，謂動必由理，故仰不愧於天，俯不怍於人，無憂無懼，其氣自充乎？舍是則明有人非，幽有鬼責，自慊於中，氣為之喪矣。此語雖疏，然却得其大旨，近世諸儒之論多以過高而失

甚者流於老莊而不知不若此說之為得也〔蔡氏録〕○
直養而無害則上文自反而縮之意人能集義則無不直
而氣浩然矣答林德久○問塞乎天地之間是元氣體段
合下如此或又言只是不疑其行無往不利向壯曰只為
有此體段所以無往不
利不然須有礙處〔沈僴〕

總論二節之旨

若以直字為句當云至大至剛至直又
此章前後相應皆是此意先言自反而
縮後言配義與道所謂以直養而無害乃自反而縮之意
萬人傑○又云是集義所生義亦只是直意〔黃罃〕○問他
書不說養氣只孟子言之何故曰這源流便在那箇心廣
體胖內省不疚夫何憂何懼處來大抵只是一氣又不是
別將箇甚底去養他但集義便是養氣知言便是知得這
義人能仰不愧俯不怍時看這氣自是浩然塞乎天地之
間〔黃罃録〕

〔蔡氏録〕

總論三節之旨

曰浩然之氣不須多言這只是氣自氣
餒無氣餒而已人若有氣餒方做得事
成於世間禍福得喪利害方敵得去不被他恐動若無氣
餒便做人衰颯懾怯於世間禍福利害易得恐動只是如

此他本只是答公孫丑不動心纏來纏去說出許多養氣知言集義其實只是一箇不動心人若能不動心何事不可爲然其所謂不動心不在他求只在自家知言集義則此氣自然發生於中不是只行一兩事合義便謂可以掩襲於外而得之也孔子曰不得中行而與之必也狂狷乎看來這道理須是剛硬立得脚住方能有所成只觀孔子晚年方得箇曾子曾子得子思子思得孟子看來此諸聖賢都是如此剛果決烈方能傳得這箇道理若慈善柔弱底終不濟事如曾子之爲人語孟中諸語可見子思亦是如此如云標使者出諸大門之外又云以德則子事我者也奚可以與我友孟子亦是如此所以皆做得成斈聖人之道者須是有膽志其決烈勇猛於世間禍福利害得喪不足以動其心方能立得脚住若不如此都靠不得況當世衰道微之時尤用硬着脊梁無所屈撓方得然其工夫只在自反常直仰不愧天俯不怍人則自然如此不在他求也又曰如今人多將顏子做箇柔善底人看殊不知顏子乃是大勇只是他剛果得來細密不發露如箇有大氣力底人都不使出只是無人抵得他孟子則攘臂扼腕盡發於外論其氣象則孟子麄似顏子顏子較小如孔子孔子則渾然無迹顏子微有迹孟子其迹盡見然斈者則須

自粗以入細須先剛硬有所卓立然後斷

斷加功如顏子孔子也洗僴○祝氏録

或問趙氏以至大至剛以直爲句而程子從之今從

何也曰程子之前固有以至大至剛四字爲句者矣

則此讀疑亦有所自來不獨出於近世之俗師也今以直

字屬之上句則與剛字語意重複徒爲贅剩而無他發明

若以直字屬之下句則與上文自反

而縮之意首尾相應脈絡貫通矣

纂疏輔氏曰至大初無限量者謂充塞宇宙而無有邊表

之處窮盡之時也至剛不可屈撓者謂堅勁果決雖

金石亦透過舉天下萬物不能屈抑之也此乃天地之正

氣而人得以生者人固是稟天地之正氣以生然其間亦

不能無盛衰之異此但言目盛者目其躰段本如是者孟

子以至大至剛指言氣之本相他初無限量便是盛大不

可屈撓便是流行即所謂浩然之氣也不言用者舉躰則

足以該之矣人稟得此氣以生然只是所爲凡事合

義自反而直俯仰無所愧怍則乃爲得其所養而又

無所作爲如正忘助長以爲之害則是氣之躰始爲無所

虧欠而充塞乎天地之中更無有爲之間隔者矣○又曰

浩然之氣本是天地之正氣然天人一理故孟子更不分

無是餒也與行有不慊於心則餒矣二餒字如何曰無是餒也是無其為氣則道義餒行有不慊於心則餒是無此道義則氣餒所指各不同蓋二者相資論其用則道義非氣亦不行論其体則氣非道義無以主

剛直以爲己之氣也養而無害則全得其本體而塞乎天地若不務集義而所爲一有私意遮碍了則便不流行而欿然餒矣不足以充乎身而失其盛大之體也○又曰謝氏謂心得其正如大學所謂正心與四者之累則心始得其正矣心得其正則氣之盛大流行者自可見故人當於此際體認取盛大流行則其氣方始無所虧欠也

其爲氣也配義與道無是餒也

配者合而有助之意義者人心之裁制道者天理之自然餒飢乏而氣不充體也言人能養成此氣則其氣合乎義道而爲之助使其行之勇決無所疑憚若無此氣則其一時所爲雖未必不出於道義然其體有所不充則亦不免於疑懼而不足以有爲矣

語錄 先生因舉延平李先生之言曰配是襯貼起來却說得配字親切又曰道義在人須是將浩然之氣襯貼起則道義自然張王所謂配合而助之者乃是襯貼起不也先生作而言曰此說非與孟子不合者天厭之天厭之

義蓋卿廖氏錄○問配字從前只訓作合今以助意釋之有據否曰非謂配便是助但養得那氣充不餒方合得那道義所以說有助之意○又曰義者人心節制之用道者人事當然之理○問合而有助之意如何曰若無氣以配之則道義無助○又曰謂養成浩然之氣以配道義方繳貼得起不然雖有道義其氣懾怯安能有爲○又曰將這氣去助道義方能行得去若平時不養得此氣自衰颯了合當做底事也畏縮不敢去做如朝廷欲去這小人我道理直了有甚怕他不敢動着知他是小人不敢去他只是我這氣自如此便是合下無工夫輔氏錄○配義與道配從而合之也氣須是隨那道義如云地配天地須在天後隨而合之婦配夫亦然必竟道義是形而上者氣是形而下者若道義則別而言則道是體義是用體是舉他體統而言義是就此一事所處而言如父當慈子當孝君當仁臣當敬此義也所以慈孝所以仁敬則道也故孟子後面只說集義（程端蒙）○問氣之所配若廣矣何故只說義與道曰道是體義是用程子曰在物爲理處物爲義道則是物我公共自然之理義則吾心之能斷制者所用以處此理者也（輔廣）○又曰道義是公共無形影底物事氣是自家身上底道義是無情底物自家若無浩氣則道義自道義

二一四

氣自氣如何能助得他又曰只是有氣魄便做得出（林夔孫）○問配義之配何謂合而有助之意曰此語已精如有正將又立箇副將以配他乃所以助他天下莫强於理義當然是義義總名是道以道義爲主有此浩然之氣去助他方勇敢果決以進如這事合當恁地然是義也自家勇敢果決去做便是有此浩然之氣去助他有人分明知得合當恁地做又恧縮不敢去做便是餒了無此浩然之氣（陳植）○問無是餒也是指義是指氣曰這是說氣（王力行）○無是餒也有一樣人非不知道義但爲氣怯更襯貼道義不起（李閎祖）○沈氏錄

總論二節之旨

兩箇其爲氣也前箇是說氣之體段如此後箇是說這氣可將如此用（沈僩）○孟子兩言其爲氣也云云即當以氣字爲主而以下文天地道義等字爲客方是文意（吕子約）○問配者助也是氣助道義而行又曰集義所生是氣又自集義而後生莫是氣與道義兩相爲用否曰是兩相助底意初下工夫時便自集義然後生那浩然之氣氣已養成又却助道義而行（陳淳）○沈氏錄

或問 問何以言氣之配義與道也曰道體也義用也（二者皆理也形而上者也氣也者器也形而下者也以本

體言之則有是理然後有是氣而理之所以行又必因氣以爲質也以人言之則必明道集義然後能生浩然之氣而義與道也又因是氣而後得以行焉蓋三者雖有上下體用之殊然其渾合而無間也乃如此苟爲不知所以養焉而有以害之則理自理氣自氣其浩然而充者且爲慊然之餒矣或略知道義之爲貴而欲持之而有爲所且散漫蕭索而不能以自振矣

【纂疏】輔氏曰註云配者合而有助之意此意本於李先生曰配是襯貼起來朱子謂襯貼二字說配字極親切蓋道義是虛底物本自孤單得這氣襯貼起來便自張大無所不達今人做事亦有合於道義者但無此氣則只是一箇衰底人李先生又曰氣與道義一衮發出來朱子謂衮出來說得道理好孟子分明說配義與道不得兩物相補貼只是一衮發出來故朱子用此意而又就配字說出此句蓋已極於精切矣○又曰餒如人之不食而飢餒便覺得其體虛乏而不充也○又曰氣合乎道義而爲之助便是一衮出來之意

是集義所生者非義襲而取之也行有不慊於心

先說氣配義與道到養氣處却說集義而不及道者道是体義是用浩然之氣自体看用其体配道從用配義故曰配義與道其体用一兩言用則体在其中体工夫只在用上故只說集義

則餒矣。我故曰，告子未嘗知義，以其外之也。慊，口簟反，又口劫反。

集義，猶言積善，蓋欲事事皆合於義也。襲，掩取也，如齊侯襲莒之襲。言氣雖可以配乎道義，而其養之之始，乃由事皆合義，自反常直，是以無所愧怍，而此氣自然發生於中。非由只行一事偶合於義，便可掩襲於外而得之也。慊，快也，足也。言所行一有不合於義，而自反不直，則不足於心，而其體有所不充矣。然則義豈在外哉？告子不知此理，乃曰仁內義外，而不復以義為事，則必不能集義以生浩然之氣矣。上文不得於言勿求於心，即外義之意，詳見告子上篇。

語錄 孟子許多論氣，只在集義所生者一句上。（儒用）○孟子做義上工夫多，大小大養氣只是一箇集義。○問集義之說，曰：資禀粹明者，自然而行，無非是義，如舜由仁義行是也。其他須是見得有義有不義，義便去行，不義便

二一七

不去行集義云者謂今日行一義明日又行一義積累既
多自覺胸中慊足無不滿之意則浩然之氣自然而生。
又曰只是件件要合宜自然積得多。又曰只是無一事
不求箇是而已矣。又曰此氣乃集義而生事皆合義則
胸中浩然俯仰無所愧怍矣〔見文集〕。曰事事都要合道
理纔有些子不合道理心下便不足纔事事合道理便仰
不愧俯不怍。○問集義所生者一向曰是集義者言是此
心中分别這是義了方做出來使配合得道義而行之非
是自外面尋得來也黄卓此上三句本是說氣下兩句是
字與非字爲對襲字與生字爲對其意蓋曰此氣乃集義
而自生於中非行義而襲取之於外云爾非謂義本是外
襲也答項平父。○生正與取字對說生是自裏面生出取
是自外面取來葉賀孫。○集義故能生浩然之氣問向不
言仁曰浩然之氣只是仰不愧俯不怍無一毫不快於心
自生浩然之氣只合說得義義便事事合宜廖德明。○集
義須是積習持養則氣自然生非謂一事合宜便可掩取
其氣以歸於已也李閎祖。○曰襲如用兵之襲有襲奪之
意如掩人不備而攻襲之又如纔做一件好事自以爲義
便將來長多少精神遂謂浩然之氣可攫拏而來此
謂義襲而取之然無此底道理只是些客氣耳不久則消

二一八

○又曰襲如掩襲相似非順理而行有積習工夫者也○其曰是集義所生者言此氣是積累行義之功而自生於內也其曰非義襲而取之也言此氣非是所行之義潛往掩襲而取之也其曰行有不慊於心則餒矣者言心有不慊即是不合於義而此氣不生也是豈可得而掩取哉告子乃不知此而以義爲外則其不動心也直强制之而頑然不動耳非有此氣而自然不動也故又曰我故曰告子未嘗知義以其外之也（僩錄）○曰告子之病蓋不知心之慊處即是義之所安其不慊處即是不合於義故直以義爲外而不求見文集○問集註云外義之意蓋告子外之而不求非欲求之於外也曰告子直是將義屛除去只就心上理會因舉陸子靜云讀書講求義理正是告子義外工夫某以爲不然如子靜不讀書不求義理只靜坐澄心却似告子外義○（廣錄）

總論二節之旨

問集義是要講究書中道理曰此又是窮理不是集義集義是行底工夫只是事事都要合義窮理則在知言之前窮理是識知言工夫能窮理然後能知言（陳淳）○所謂集義所生者須是平時

有集義工夫始得到行這道義時氣自去助他集義是平時積累下了配義與道是卒然臨事配道義行將去此兩項各有攸處(孫寓)。〇方集義以生此氣則須要勉強及到配義與道則道義之行愈覺剛果更無疑滞尚何恐懼之有。(周謨)

總論三節之旨

問浩然之氣與集義所生曰浩然要事事合宜一事餒便行不得(鄭可學)。〇先生問那處是一章要緊處或舉持其志無暴其氣對先生曰不妨此又與舉集義所生對先生曰然因言欲養浩然之氣則在於直要得直則在於集義集義者事事要得合義也合義則仰不愧俯不怍(節賀孫)。〇以直養是自反而縮集義是直養然此工夫須積漸集義自能生此浩然之氣不是行一二件合義底事能搏取浩然之氣也集義是歲月之功襲取是一朝一夕之事從而掩取終非已有也([illegible]明)。〇[illegible]氏錄

張氏註 孟子謂我善養吾浩然之氣而先曰我知言蓋不知言則詖邪淫遁可以亂之而失養氣之理故也公孫丑問浩然之氣則應之曰難言也詳味此語固可以見孟子之所自得者至矣夫人與天地萬物同體其氣本

相與流通而無間惟人之私有以害之故自局於形躰之間而失其流通之理雖其自局之而其所爲流通者亦未嘗不在也故貴於養之養之而無害則浩然塞乎天地之間矣其充塞也非自外求氣躰固若此也所謂至大至剛以直者以此三者形容氣躰也大則無與對而不可陷直則無所屈此三者闕一則於氣躰爲未盡也至大至剛又曰以直者有其勢然也養之而無有害之者則充塞于天地之間也在坤交六二所謂直方大即此所謂至大至剛以直也塞乎天地之間則易所謂不疑其所行之地也又曰配義與道配之爲言合也自氣而言固可云合只道躰也義用也自不知養者言之一身之氣與道義爲得而合君養成此氣則其用無非義而其躰則道也蓋浩然之氣貫乎躰用通乎隱顯而無間故也無是餒也言無使是之餒也其不可使之餒者以其集義所生故也集義者積衆義也蓋得於義則慊慊則氣所以生也積之之久則一息之不替一事之必躰衆義輻湊心廣躰胖俯仰無怍而浩然之氣充塞矣其生也非自外也集義所以生也故曰非義襲而取之也非氣爲一物義在外襲取爲我有也我固有之也故所行有一毫不足於吾心則欿然而餒餒則息其生理矣然則告子以義爲外是不知義之存乎人心也則其

其養氣也一
不有害乎

【纂疏】輔氏曰集謂積集於此不一而足○又曰氣雖可以配道義使之張大無所不達然其養之之始則在乎集義以生之君我之所爲事事合義自反而常直則仰無所愧俯無所怍而浩然之氣自然發生於中也所謂自然發生於中一句甚要切說得生字分明蓋孟子之意但謂集義乃是氣之所由生非是要人切切然集夫義以養其氣若切切然要集義以養氣則便有行道以襲取之意○又曰慊是心自所銜之義而此所謂慊者則銜其快與足也○又曰氣是集衆義而生故不可不積若所行一有不合於義則自反便不直自反既不直便自不足於心才有不足於心則氣之體便有所不充矣○又曰所行一有不合於義則自反便不直心之理便不足氣之體便不充則義之不在外也明矣今告子乃曰仁內也非外也義外也非內也直是將義穿除去更不復以爲事只就心上理會則是全然不知此理矣浩然之氣將何自而能生哉○又曰告子謂言有所不得以義則當舍置其所言者而別更爲說若言有所不得而反求於心則是因言之失而自累其心乎君居唯恐動着他心故謂義亦以爲在外而不敢窮究

直養而無害是以養之正道集義所生是養之之功有事勿忘是做工夫處

已自此即外義之意也

必有事焉而勿正心勿忘勿助長也無若宋人然宋人有閔其苗之不長而揠之者芒芒然歸謂其人曰今日病矣予助苗長矣其子趨而往視之苗則槁矣天下之不助苗長者寡矣以為無益而舍之者不耘苗者也助之長者揠苗者也非徒無益而又害之長上声揠烏八反舍上声

必有事焉而勿正趙氏程子以七字為句近世或并下文心字讀之者亦通必有事焉有所事也如有事於顓臾之有事正預期也春秋傳曰戰不正勝是也如作正心義亦同此與大學之所謂正心者語意自

不同也此言養氣者必以集義爲事而勿預期其效其或未充則但當勿忘其所有事而不可作爲以助其長乃集義養氣之節度也閔憂也揠拔也芒芒無知之貌其人家人也病疲倦也舍之不耘者忘其所有事揠而助之長者正之不得而妄有作爲者也然不耘則失養而已揠則反以害之無是二者則氣得其養而無所害矣如告子不能集義而欲彊制其心則必不能免於正助之病其於所謂浩然者蓋不惟不善養而又反害之矣

集義 伊川先生曰配義與道道是體義是用配者合也氣盡是有形體故言合氣者是積義所生者卻言配義如以金爲器既成則目爲金器可也又曰是集義所生非義襲而取之也集義是積義所生如集大成若累土爲山須是積土乃成山非是山已成形乃名爲義或問敬義只一理否曰敬只是持己之道義便知有是有非不知集義卻是都無事又曰敬只是涵養必有事焉須當集義

語錄　必有事焉須是把做事去做如主敬也須把做事去主如求放心也須把做事去求如窮理也須是把做事去窮（沈僩）○必有事焉而勿正這裏是天命流行處（閎祖）○勿正心勿期其浩然也勿忘者勿忘其下工夫也助長者無不畏之心而強爲不畏之形（用節）趙氏錄○有所事只是集義也○有事非是用力之地乃言須當用力也○正者等待期望之意見文集○正則有所待蓋必之意古人言正字皆謂必也○正字與孟子說正心之正一般○集義是養氣之丹頭必有事是集義之大法言必有事者是養氣之法度也○問必有事焉者言養氣必以集義爲事勿正者勿待也勿忘者勿忘其以集義爲事也助長者是待之不得而拔之使長也言人能集義以養其浩然之氣故事物之來自有以應之不可萌一毫期待之心少間待之不得則必出於私意有所作爲而逆其天理是助長也（黃卓）趙氏錄○孟子必有事焉勿忘是論集義工夫勿正與勿助長是論氣之本體上添一件物事不得（黃㽦）○正是期待之意如一邊集義一邊在此等待那氣生今日等不見明日又等不見等來等去便卻去助長勿忘勿助只論養氣（僩）○必有事焉而勿正心勿忘勿助長孟子意是說做功夫處程子卻引來鳶飛魚躍處自然道理

只知得氣爲飛出路便了得出語又如必有事焉程子謂有事於敬此處那有敬意亦是借來做自己說孟子所謂有事只是集義勿正是勿望氣之生義集則氣自生我只集義不要等待氣之生若等待便非苦使去助氣使他長了氣未至於浩然便作起令張巳謂巳剛毅無所屈撓便要發揮去做事便是助長陳淳沈氏録○又曰養氣一章在不動心不動心在勇勇在氣氣在集義勿忘勿助長又是那集義底節度若告子則更不理會言之得失事之是非氣之有平不平只是硬制壓那心使不動恰如説打硬修行一般○胡氏録

總論孟程之旨

曰必有事焉而勿正心勿忘勿助長是養氣中一節目不要等待不要催促程子曰勿忘勿助長之間正當處也當處二字並去聲此語更宜玩味又云孟子只是就養氣上說程子說得又高須是看孟子又看程子說便見得孟子只說勿忘勿助長程子之言於其中自有箇自然底氣象必有事焉只消此一句這事都了下面而勿正心勿忘勿助長恰似剩語却被這三句撑拄夾持得不活轉不自在只是必有事焉一向這事都了只是緊喫醒這事物便在這裏點着便動只此便是天命流行處便是天命之謂性率性之謂道便是仁

義之心便是推原上帝降衷于下民謝氏所謂活潑潑地
只是說此一子更不待想像求之分明在這裏瞻着便應又
問此氣是當初稟得天地底來便自浩然是後來集義方
生曰本自浩然被人自少時壞了今當集義方能生曰有
人不知集義合下來便恁地剛勇如何曰此只是麄氣便
是北宮黝孟施舍之勇底亦終有餒時此章須從頭節節
看來看去首尾貫通見得活方好不
可只略微涉說得去便了○蔡節齋

或問曰氣所以配乎道義者也而又曰集義所生何耶曰
是則程子金器土山之喻至矣而吾只所謂有理然後
有氣故必明道集義然後能生浩然之氣者亦詳且明矣
曰孟子深闢義外之說矣而其言曰集義又似有取乎彼
而集之於此者何也曰義者心之所以制事而合宜之謂
也事物之來無不以是裁之而必合其宜焉是則所謂集
義者也豈曰取於彼而集於此哉曰有事勿正勿忘勿助
何謂也曰必有事焉言以當有所事乎此也如有事於顓
臾有事於上帝之類勿正者言不可預期其效也春秋傳曰
師出不正反戰不正勝言其不可期也心勿忘者言不可
忘其所有事也勿助長者不可強其所未充也大抵今人
之於義理或欲以頃刻為之期而不為其事其或能有所為者則亦

必期其效期而不至則或以爲無益而忘之或不耘其苗速而助之此卽人之揠苗也故孟子言養氣者惟當集義以爲事而不可期於襲取之功不可以集義爲無益而忘之又不可以其氣未充而助之也然則助長之害甚於舍之何也曰舍之之害特不耘乎義之所在無以慊足其心而已助之長則知其不慊而反作僞以張之此蓋異二者其爲罪之輕重可見矣曰以上下文意推之孟子之所謂有事者集義而已至於程子之論則每以有事爲敬爲言何哉曰孟子之學以義爲養氣之本程子之學以敬爲入德之門此其言之所以異也然義非敬則不能以自集故孟子雖言集義而必先之以持志敬非義則不能以自行故程子雖言持敬而於其門人南傳得敬之問亦未嘗不以集義爲言也曰上文兼言志氣而以持志爲主此乃專言養氣而不及持志何邪曰養氣以集義爲功而集義以居敬爲本此言集義則固非持志不能矣程子曰志爲之主乃能生浩然之氣至於浩氣已成則又何者爲志氣之別正謂此也

張氏曰此言養氣之法有事者有所事云也而勿正者無期之之意也心勿忘者勿忘其所事也勿助長者

特其自充不可強使之充也此爲循天理之當然而不以人爲加之雖然欲不忘則近於助長欲不助長則或忘之是二者之間守之爲難也此言以必有事焉士孟子之所謂有事者其集義乎然學者多知忘之爲害而未知助長之爲害尤甚也故引宋人揠苗爲喻閔其苗之不長猶憂其氣之不充者也揠之以助其長猶作其氣而使之充也芒芒然曰今日病矣言雖勞如此然益而反有害也天下之不助苗長者寡矣謂天下之學者往往墮於助長之病也以集義爲無益而忘之者若不耘苗者也不耘苗則苗日瘁矣不集義則氣日餒矣強作其氣而使之充者揠苗者也拔苗反以傷其本助長反以害其氣蓋私意橫生害乎天理則其枯然愈遠矣若夫善養氣者則集義而已無必其成之意也推其正不舍而亦不迫切故氣得其養而浩然者可以馴致焉猶夫善養苗者耘耔浸灌不失其時雨露之滋天時之至其長也蓋有不期然而然者是皆循天理之固然行其所無事而已其道豈不要哉或曰二程先生多以必有事焉爲有事乎敬而孟子則主於集義有異乎曰無以異也孟子所謂持志者即敬之道也非持其志其能以集義乎敬與義蓋相須而成者也故坤六二之直方大君子[illegible]之亦本於敬以直內義以方外也此孔孟之

程子蓋得之矣學者所宜深思焉。

【纂疏】黄氏曰：有事猶言有所作爲。○輔氏曰：勿正心，謂勿以其心預期之也。若大學之所謂正心，則謂無忿懥樂憂四者之累，而心體自得其正耳，其語意固不同也。○又曰：必有事焉者，謂必以集義爲事也；勿預期其效者，謂勿正也；勿忘，謂雖以集義爲事，或心生而未熟，或集義而未多，氣雖生而未至於充盛，則但當勿忘其所集義之事也；勿助長，謂不可用意作爲以助氣之長也。夫養氣固在於集義，然其所以集義之節度則又當如是也。○又曰：舍之而不耘者，是忘其集義之事者也；助之長者，是預期之而不得，乃妄意作爲以助氣之長者也。然忘其集義之事，則氣失其養，不能發生而已；至於妄有作爲以助氣之長，則氣反被害，將如苗之槁死而後已也。苟集義而不忘其所事，則氣得其養；勿正而不妄作爲，則氣無所害。如此，則日引月長，而充塞天地之體、沛然流行之用，將不期然而然矣。夫其所謂揠，則反以害之者，正指告子而言也。蓋告子不能集義而欲彊制其心，則必不能免於正助之病，其於所謂浩然者，蓋不惟不善養，而又反害之矣。○趙氏曰：告子之事雖不可詳考，然即其以義爲外而彊制其心與

人辯論則自執己私屢變其說展轉求勝則其狹陋蔽固有害於盛大流行之體亦已多矣

何謂知言曰詖辭知其所蔽淫辭知其所陷邪辭知其所離遁辭知其所窮生於其心害於其政發於其政害於其事聖人復起必從吾言矣詖彼寄反復扶又反

公孫丑復問而孟子答之也詖偏陂也淫放蕩也邪邪僻也遁逃避也四者相因言之病也蔽遮隔也陷沉溺也離叛去也窮困屈也四者亦相因則心之失也人之有言皆本於心明乎正理而無蔽然後其言平正通達而無病苟爲不然則必有是四者之病矣即其言之病而知其心之失又知其害於政事之決然而不可易者如此非心通於道而無疑於天下之理其孰能之彼告子者不得於言而不肯求之於心至爲義外之說則自不免於四者之病其何以知天

下之言而無所疑哉程子曰心通乎道然後能辨是非如持權衡以較輕重孟子所謂知言是也又曰孟子知言正如人在堂上方能辨堂下人曲直若猶未免雜於堂下衆人之中則不能辨決矣

【集義】横渠先生曰詖辭謂險側不平規模太窄太險陂則入於詖知其蔽在於一方也淫辭謂太過太侈規模太寬太廣則入於貪知其病在於陷溺也邪辭非君小人邪辟罪惡祗言其稍偏則知其離於道遁辭謂失其守者其辭蛩己無所執守人窮之東遂東人窮之西遂西自信不篤故也呂氏曰詖謟見小而不見大故其辭詖如申韓只見刑名便謂可以治國此目不見大道如坐井視天井蛙不可以語東海之樂陷者務多不務約故其辭淫如司馬遷之類汎濫雜博不知統要蓋陷在衆多之中不能自出如人陷入大水杳無津涯罔知所濟離者見左而不見右如楊子爲我墨子兼愛夷清惠和皆只是一偏不能兼濟蓋將道分離開故其辭邪窮者知所避而不知歸故其辭遁如莊周浮屠務欲脱去形迹殊無歸者故其言惟欲之逃避所惡而不知所向如人逃避不得其所益以窮矣

孟子說知言處只有詖淫邪遁四者知言是幾多工
語錄夫何故只說此四字蓋天下之理不過是與非而已
既知得箇非便識箇是矣僩○詖淫邪遁蔽陷離窮四
者相因心有所蔽只見一邊不見一邊如楊氏爲我墨氏
兼愛各只見一邊故其辭詖而不平蔽則陷陷深入之義
也故其辭放蕩而過陷則離離是開去愈遠也故其辭邪
離則窮窮是說不去也故其辭遁遁如夷之之言是也李
閎祖況氏錄○詖是偏詖只是見得一邊此理本平正他
只說一邊[illegible]一邊看不見便是爲物蔽了字凡從皮皆是
一邊意如跛是脚一長一短坡是山一邊斜○淫者說得
周遮浩瀚○陷是身陷在那裏如陷溺於水只見水不見
岸了[illegible]錄○詖辭初間只是偏了所以偏者止緣他蔽
了一邊如被物隔了只見一邊初[illegible]是如此後來只
管陷入裏面去漸漸只管說得闊了支[illegible]溢纔恁地陷
入深了於是一向背却正路遂與正路相離了既離去了
正路他那物事不成物事畢竟用不得其說必至於窮爲
是他說窮了又爲一說以自遁如佛家之說賀孫○問
楊墨似詖莊列似淫儀秦似邪佛似遁曰不必如此分別
有則四者俱有其序自如此德明○詖是偏詖說得一
邊長一邊短其辭如此則知其心有所蔽淫是說有所蔽

說得淋虛張其辭如此則知其心有所陷邪是既陷後一向邪僻離叛將去道是既離後走漸底話如墨者夷之他說愛無差等却又說施由親始據此不肯拔一毛以利天下又道說天下非拔一毛所能利若人人不拔一毛則天下利矣如佛氏他本無父母却說父母經這是他道了○問橫渠曰詖辭徇難近於並耕爲我淫辭放後近於兼愛齊物邪辭離正近於隘與不恭遁辭無守近於揣摩說難呂氏以申韓爲詖馬遷之類爲淫楊墨[illegible]患爲邪莊周爲晉爲遁今集註則以四者爲相因而無所分屬是異端必兼此四者而有之矣曰橫渠論釋氏其言流遁失守窮大則偏倚行則詖致曲則邪出話其他分析之說然未詳其相因之序而錯言之亦未盡善也只以大○孟子知言一段程子所謂如在堂上便能辨堂下人曲直只言高如衆人了便見得衆人與人一般低立堂下如何辨得人長短黃士毅〔說氏錄〕○問所謂在堂上者莫只是喻邪心通於道者否曰此只是言見識高似他方能辨他是非得失若見識與他一般如何解辨得他○〔道氏錄〕

總論三節之旨

孟子之學蓋以窮理集義爲始不動心爲效蓋唯窮理爲能知言唯集義爲能

養其浩然之氣，理明而無所疑，氣充而無所懼，故能當大任而不動心，考於本章次第可見矣。與郭中卿

總論二章之旨

問：孟子知言處，生於其心，害於其政，先政而後事；闢楊墨處，作於其心，害於其事，先事而後政。先生曰：先事而後政，是自微而至著；先政而後事，是自大本而至節目。見雜記 倪氏錄

或問：張子、呂氏四辭之說如何？曰：詖而不安，則必爲淫辭以張其說，而過實則必有邪辭以離於道，邪必有窮，故必爲遁辭以自解免。凡曰異端，無不具此。

講義曰：孟子嘗言養心矣，又嘗言養其性矣。性即所理也，心具此理者也。有以養之，則人欲不能爲天理之害，操存寡欲養之之方也，而又有所謂養氣者，何哉？陰陽五行氣也，所以然者理也，精粗本一原，顯微本無間也。陽一噓而萬物生，陰一翕而萬物成，寒暑之往來，風雷之鼓舞，無非是氣之用也。自陰陽以生，則吾之氣固與天地相爲流通矣。是則所謂浩然而至大至剛者也。有以養之，則富貴不能淫，貧賤不能移，威武不能屈。堯舜之事業，孔孟之道德，孰非是氣之所爲乎？苟失其養，則委靡卑陋，凡猥瑣之得則躍躍以喜，毫末之失則戚戚以悲，聞公卿

大人之名則側有帖耳君不可及語賢人君子之道則望洋而嘆之恍然以鷩爲媚竈爲墦間爲妾婦此豈氣之本然哉養不養之間君子小人之所由分也孟子發明養氣之論有功於後世大矣然其所以養氣者必先於集義所以集義者必先於知言惟知言則是非邪正曉然於胸中動容周旋無適而不合於義夫是以仰不愧俯不怍有以全乎浩然剛大之體矣養性也養心也養氣也蓋一理而已然養氣之論何獨至於孟子而發歟夫子罕言之矣内省不疚夫何憂何懼此養氣之論所自來也

【集疏】蔡氏曰知言是知事知則善惡正邪皆當知之此之所知獨詖淫邪遁之辭何也蓋孟子孟子之時楊墨之言盈天下正人心息邪說莫此爲急故曰楊墨之道不息孔子之道不著此其意也

【纂疏】輔氏曰詖蕩譎無檢說得漸次奢張逆濫去○又曰邪辭謂不正說得一向喎邪乖僻去○又曰逃避謂走閃說得皆成回互走作去○又曰註云四者相因言之病偏陂則必放蕩放蕩則必邪辟邪辟則必逃避四者相因皆言之病也言形於外詖淫之病言○又曰叛去謂其心與正理違叛愈去愈遠○困屈謂其心於理有不通而困

蹎躋屈。○註云四者相因，心之失，遮陷則必流溺，流溺則必叛去，叛去則必困屈，四者亦相因，則心之失也。心有於中，故以失言。○又曰：言之四病，與心之四失，表裏又相因也。言，心聲也。故集註曰：人之有言，皆本於心，蔽則心之初失也。其心明乎正理而無蔽，則陷離窮之三失皆無之矣。○潛室陳氏曰：辭之偏詖者，由其心之蔽於理；辭之淫放者，由其心之陷於欲；辭之邪僻者，由其心之離於道；辭之逃遁者，由其心之窮於義理也。○輔氏曰：孟子之所以能知言也，因其言之病，而知其心之失，是則其用而知其辭也。又知其害於政事之決然而不可易者如此，是擴其始而知其終也。非心與理一，其於天下之事如燭照數計，略無所疑者，何能如是哉。不然，則知其用者或不知其辭，見其始者或不見其終者有矣。○又曰：告子之學離本末，隳內外，而不足以知夫道之實也。既不能知天下之言而無所疑，則所謂不動心者，亦頑然不覺，悍然不顧而已矣。○又曰：程子曰心通乎道，謂心與理一，則其於天下是非得失，眞如持權衡於此，而輕重分毫之不差，蓋不待求而知、思而得也。至於見識不超出於衆人之上，則亦安能辨衆人之曲直邪非？淑到孟子地位，則何能以是言之哉。

業。我子貢善爲說辭，冉牛閔子顏淵善言德行，孔子兼之，曰：我於辭命則不能也。然則夫子既聖矣乎？行，去聲。

此一節林氏以爲皆公孫丑之問是也。說辭，言語也。德行，得於心而見於行事者也。三子善言德行者，身有之，故言之親切而有味也。公孫丑言數子各有所長，而孔子兼之，然猶自謂不能於辭命。今孟子乃自謂我能知言，又善養氣，則是兼言語德行而有之，然則豈不既聖矣乎？此夫子指孟子也。○程子曰：孔子自謂不能於辭命者，欲使學者務本而已。林氏名之奇，三山人。

語錄　問：善爲說辭，則於德行或有所未至；善言德行，則所言皆其自己分上事也。曰：此說得之。答程允夫。○祝氏附錄

纂疏　輔氏曰：林氏之說當矣。先儒皆有所不及者，蓋惑於兩夫子字而然。今以此夫子字爲指孟子而言，下段

夫子字爲指孔子而言然後明白無疑也○又曰二子善言德行者大凡非得於心躬於身而貌言之其支離蔓衍斷眞失正者固不足論設使偶合於理則以輕虛浮淺無沈着痛快之意又無含蓄有餘之味不堪咀嚼不堪涵泳必矣惟冉閔顏三子者有心得之身躬之所以言之親切而有味可以涵泳而咀嚼然其所以爲善也○又曰知言則在我在人一也知其如此則於言語辭命何患其不能哉至於氣則必將見於行事況此章本爲當大事不動心而言則夫養氣豈非德行乎○又曰辭命在聖人豈有不能所以如此說者正欲教學者務本耳與論語所謂文莫吾猶人也躬行君子則吾未之有得同意

曰惡是何言也昔者子貢問於孔子曰夫子聖矣乎孔子曰聖則吾不能我學不厭而教不倦也子貢曰學不厭智也教不倦仁也仁且智夫子既聖矣乎夫聖孔子不居是何言也惡平聲夫聖之夫音扶

惡驚歎辭也。昔者以下，孟子不敢當丑之言，而引孔子子貢問答之辭以告之也。此夫子，指孔子也。學不厭者，知之所以自明，教不倦者，仁之所以及物。再言是何言也，以深拒之。

語錄 成己仁也，成物知也，是用。學不厭知也，是躰；教不倦仁也，是用。（李閎祖）饒氏錄

昔者竊聞之，子夏、子游、子張皆有聖人之一體，冉牛、閔子、顏淵則具體而微。敢問所安。

此一節林氏亦以為皆公孫丑之問是也。一體猶一肢也。具體而微，謂有其全體，但未廣大耳。安，處也。公孫丑復問孟子既不敢比孔子，則於此數子欲何所處也。

或問 六子之不同，曰：聖人之道大而無不該，雖門弟子不能徧觀而盡識也，故文字焉而各得其性之所近，如游夏得其文文字，子張得其威儀，皆一躰也；冉牛閔子顏淵氣質不偏，理義完具，故其默而識之，不言而信者，猶皆具有聖

人之全體也猶役於思勉囿於形而未占聖〻之
大而化之無復限量之可言故以爲其體而微顯

張氏註

孟子知道故知言不知言則詖淫邪遁足以亂之
矣夫爲詖淫邪遁之說者蓋畢亦高明之士惜其
所見之差是以流而不自知詖淫邪遁四者足以盡異
端之失矣詖者險詖也淫者放蕩也邪者偏戾之辭也遁
者展轉而不知其極也今試觀異端之說可以推類而見
君告子杞柳杯棬其詖辭也與若楊氏爲我墨氏兼愛其
邪辭也與至於臣道之說則列御寇莊周之書其矣夫其
所爲詖者以其有所蔽而不通也其所以爲淫者以其有
所陷溺而蕩也邪者以其支離而偏也遁者以其有所窮
而展轉他出也知其所以然者以吾不蔽不陷不離不窮
故也孟子方論知言而曰生於其心害於其政發於其政
害於其事蓋心之所存莫揜乎外見乎外者果乃在中者
也詖淫邪遁生於心則施於政者必有害害於政則害於
事矣論知言而及此成己成物無一故也善爲說辭者得
所以爲辭之道也善言德行者其見於言者乃其躬行者
也其氣味有間矣孔子兼之而孟子自謂於辭命則不能
示斈者以務本之意也丑聞我於辭命則不能之言以爲
孟子其聖矣孟子怫然謂丑子猶謂聖吾不能而況於已

乎學不厭教不倦是乃聖人所爲至誠無息者也夫子雖
不居聖而既其辭矣我所以聖者亦可得而推矣故子貢曰
學不厭智也教不倦仁也仁且智夫子既聖矣子貢之稱
仁智具中庸成己仁也成物智也之辭蓋相表裏互明仁
智之體用也公西華亦嘗聞斯言矣而曰正唯弟子不能
學也不若子貢之言有功用也子夏子游子張皆有聖人
之一體冉牛閔子顏淵則具體而微此言聖人未易可幾
也子游子夏子張皆聖門之高弟然其所得則各不同曰
游之藝子夏之文子張之高明皆其所得於一體者也若
冉閔顏淵則備聖人之德特未能盡充耳故曰具體而微
顏子在三子之中蓋進乎欲化未
化之間者其微也如毫髮之間耳

【纂疏】輔氏曰孟子謂人之有是四體則一體猶一肢具體
謂得其全體者宜也夫游夏以文學名子張以高明
稱是固各得聖人之一體矣子游子夏子張冉閔顏子之德行則具
有聖人之全體但養之未至充之未全故未極於廣大耳
使其極於廣大則是固聖人天地之德也然此論亦未得
爲精細蓋冉閔顏子皆以德行稱然恐冉閔二子之或
至終未及於顏子也至顏子之
而聖則與聖人相去特一間耳

二四二

曰：姑舍是。舍，上聲。

孟子言且置是者，不欲以數子所至者自畫也。

〔總論一節之旨〕孟子說知言養氣上，是到聖人後起必從吾言矣。此公孫丑疑孟子說得知言養氣忒擔當得大，故引我於辭命則不能以詰孟子。孟子對以惡是何言也。公孫丑又問昔者子貢、子張皆得聖人之一體，公孫丑意欲以孟子比聖人，故孟子推尊聖人，以爲己不敢當，遂云姑舍是。舍，去聲。○〔祝氏錄〕

〔纂疏〕陵陽李氏問：即集註之說，則孟子猶有不足於顏子歟？天台潘氏曰：孟子之志願學孔子，是誠有不足於顏子者，蓋非不足於顏子，以顏子不幸短命而未至於聖人之域耳。前輩云：纔避第一等事與別人做，便是自暴自棄。蓋古人之志，大率如此。然立志之後，要須力行以躋其志，不可徒有此志也。○趙氏曰：學未至於聖人，孟子之心終未慊也。觀下文乃所願學孔子，則可見矣。

曰：伯夷、伊尹何如？曰：不同道。非其君不事，非其民不使治則進亂則退伯夷也何事非君何使非民治亦進亂亦進伊尹也可以仕則仕可以止則止可以久則久可以速則速孔子也皆古聖人也吾未能有行焉乃所願則學孔子也

伯夷孤竹君之長子兄弟遜國避紂隱居聞文王之德而歸之及武王伐紂去而餓死伊尹有莘之處士湯聘而用之使之就桀桀不能用復歸於湯如是者五乃相湯而伐桀也三聖人事詳見此篇之末及萬章下篇

伯夷伊尹於孔子若是班乎曰否自有生民以來未有孔子也

班齊等之貌公孫丑問而孟子答之以不同也

孟子既言夷之隘惠之不恭言其……又曰……天下……不相掩……為百世師者……世俗之同流合汙……之意……唯室

纂疏 輔氏曰：自生民以來，未有孔子，則伯夷伊尹者，不得與之齊等矣。

曰：然則有同與？曰：有。得百里之地而君之，皆能以朝諸侯有天下；行一不義，殺一不辜而得天下，皆不為也。是則同。與平聲。朝音潮。

有言有同也。以百里而王天下，德之盛也；行一不義，殺一不辜而得天下，有所不為，心之正也。聖人之所以為聖人，其本根節目之大者，惟在於此。於此不同，則亦不足以為聖人矣。

語錄 問：浩然之氣後面說伯夷伊尹孔子是則同處。曰：後面自是散說出去，不須更回引前頭。這裏地位極高，浩然之氣又不足言，不須更說氣了。有百里之地則足以有天下，然行一不義，殺一不辜則有所不為，此是甚麼樣氣象！大段是極至處了。雖使可以得天下，定定不肯將一豪之私來壞了。這全體古之聖人，其大根腳同處皆在此。

非伊尹非其義也非其道也一介不以與人一介不以取諸人繫馬千駟祿之天下弗視弗顧與此所論一般聖人同處大槩皆在於此此而不同則不足以言聖人矣潛室

○陳氏○又曰根本節目不容不同得百里之地而朝諸侯有天下此是甚次第人行一不義殺一不辜而得天下有所不為直是守得定也○蔡氏

或問曰伯夷伊尹之行一不義殺一不辜而得天下有所不為何以言之也曰以其讓國而逃諫伐而餓非其道義一介不以取予於人推之則可見矣

集說覺軒蔡氏曰行一不義殺一不辜而得天下皆不為也是則同此見孟子心通乎聖而君羣聖人之心所以不約而同者惟在於此故集註以為根本節目之大者學者讀此便當戒懼謹獨定守此心雖小小利害亦不可放過

纂疏輔氏曰得百里之地而君之皆能以朝諸侯有天下非德之盛何以及此此即所謂本根之大者也行一不義殺一不辜而得天下不為非心得其正而不為外物所動者何以及此此即所謂節目之大者也本根之大不立因無以為節目之正節目之大不正則所謂本根者又豈能至於若是之盛哉

曰敢問其所以異曰宰我子貢有若智足以知聖人汙不至阿其所好汙音蛙好去聲

汙下也三子智足以知夫子之道假使汙下必不阿私所好而空譽之明其言之可信也

語錄 汙是汙下不平處或當時方言未可知當屬下文讀矣亦上句絕○讀氏錄同

張氏注 汙秋地

纂疏 輔氏曰智足以知聖人則其智識高明矣阿私所好而空譽之則其識趣汙下矣高明與汙下正相反高明則必不至汙下矣反覆極言之以明三子之言必可信耳

宰我曰以予觀於夫子賢於堯舜遠矣

程子曰語聖則不異事功則有異夫子賢於堯舜語事功也蓋堯舜治天下夫子又推其道以垂教萬世

堯舜之道非得孔子則後世亦何所據哉

【[illegible]】輔氏曰語聖則不異以其德言也事功則有異就其所爲事與成功而言也堯舜治天下夫子又推其道以垂教萬世此言事功久近之不同也堯舜之道非得孔子則後世亦何所據哉此言事功始終成就之不同也○潛室陳氏曰衣於斯食於斯寢且處於斯終身由而不自知夫子之功所以賢於堯舜天長地久雖堯舜不能與也○又曰當時若無孔子今人連堯舜也不識

子貢曰見其禮而知其政聞其樂而知其德由百世之後等百世之王莫之能違也自生民以來未有夫子也

言大凡見人之禮則可以知其政聞人之樂則可以知其德是以我從百世之後差等百世之王無有能遁其情者而見其皆莫若夫子之盛也

纂疏 輔氏曰禮者政之本也見人之禮則知其政有徵其末而知其本也樂者禮之發也聞人之樂而知其德者因其發而知其蘊也大凡者皆言其理實如是也○又曰推其理之如是故我從百世之後以是等差百世之王其政之優劣德之高下莫不表見無有一人能遁其情者也況其賢莫若夫子也

有若曰豈惟民哉麒麟之於走獸鳳凰之於飛鳥太山之於丘垤河海之於行潦類也聖人之於民亦類也出於其類拔乎其萃自生民以來未有盛於孔子也垤大結反潦音老

麒麟毛蟲之長鳳凰羽蟲之長垤蟻封也行潦道上無源之水也出高出也拔特起也萃聚也言自古聖人固皆異於衆人然未有如孔子之尤盛者也○程子曰孟子此章擴前聖所未發學者所宜潛心而玩索也

【集義】伊川先生曰：三子之論聖人皆非善稱聖人者，如顔子便不如此道，但言仰之彌高，鑽之彌堅而已。後來惟孟子善形容聖人氣象，曰子溫而厲，威而不猛，恭而安。又鄉黨一篇形容得動容注措甚好，使學者宛如見聖人。

【張氏注】丑既問諸子之成就，於是問孟子以所安何如。孟子應之曰姑舍是，不敢自方於前賢。其氣象偏厚如此。復舉伯夷伊尹以問。孟子謂其道之不同，蓋非其君不事，非其民不使，治則進，亂則退，伯夷也。何事非君，何使非民，治亦進，亂亦進，伊尹也。夫三子所爲若是，蓋其氣稟之所明者在是，終身從事乎此，而有以極其至也。至於孔子則天也，可以仕則仕，可以止則止，可以久則久，可以速則速，此非謂度其可而爲之也，蓋無不當其可也。伯夷伊尹就其所至而成聖者，故皆以古聖人稱之，然吾於伯夷伊尹雖未能及，而所願學則孔子耳。蓋二子雖聖於清於任，然其所循而入者，終未免乎有毫釐之偏，從而學焉則其偏將愈甚，譬猶射者必志於正鵠，舍正鵠而他求，則其差將不可勝言矣。公孫丑疑伯夷伊尹之於孔子若是其不可班，孟子對以不獨伯夷伊尹之不可班，生民以來未有若孔子也。丑於是問其所同，而復問其所異，若丑者亦可謂善問矣。使二子得君百里之地，必將有王道行王

政民之歸之也歟故皆可以朝諸侯一天下然二子正
義明道者也雖不得天下行一不義殺一不辜所不忍為
也是與夫子同者也至其所以異孟子獨舉宰我有若子
貢之所以稱夫子者將使丑深思而自得之也智足以知
聖人蓋其所見有以窺聖人之蘊智之事也三子者非私
阿其所好者也而宰我則以夫子賢於堯舜子貢則以夫
子見禮知政聞樂知德其所損益由百世之後等百世之
王將莫之能違有若則以為聖人出乎人之類自生民以
來未有盛者矣三子者知足以知聖人而非阿其所好則
其為是言也豈苟然乎哉其必有所謂矣今試以賢於堯
舜論之堯舜孔子俱生知之聖也語聖則有輕重優劣於
其間然孔子立教垂範而傳之後世其事業為無窮也或
乃謂夫子萬世南面而廟祀以此為非堯
舜可及噫乎此又何加損益於夫子哉

集說 覺軒蔡氏曰按三子之贊夫子宰我以事功言子貢
以禮樂言有若以出類拔萃言子貢之言辭用該至
尤為詳盡更以宮牆日月借天不可階升之喻參玩之益
知夫子之所以為盛曠古今所未有而子貢之所以為善
言聖人也

如桓公問罪於楚以周爲主其事屬
孟子不説假義
只説假仁者仁包五
常言仁則義在其
如晉伐原示信大
蒐示禮皆假仁處

集說 輔氏曰文字者須是潛心玩索庶幾有得於心若泛然讀過則亦何能有益哉○趙氏曰牝曰麒牡曰麟麏身牛尾一角不踐生草雄曰鳳雌曰凰狀如鶴五色而文○又曰三子所論皆以事功言但宰我之所言者帝也子貢之所言者王也有若之所言者聖他此其爲不同耳

○孟子曰以力假仁者霸霸必有大國以德行仁者王王不待大湯以七十里文王以百里

力謂土地甲兵之力假仁者本無是心而借其事以爲功者也霸若齊桓晉文是也以德行仁則自吾之得於己者推之無適而非仁也

語錄 以德行仁者王所謂德者非止謂有救民於水火之誠心這德字又說得來闊是自己身上事都做得來是無一不備了所以行出去便是仁○又曰且如成湯不邇聲色不殖貨利德懋懋官功懋懋賞用人惟己改過不吝克寬克仁彰信兆民是先有前面底方能彰信兆民救民於水火之中若無前面底雖欲救民於水火之中

不可得也。武王亶聰明作元后，是亶聰明方能作元后。救民於水火之中，若無這亶聰明，雖欲救民，其道何由？呂壽○行仁便自仁中行出，皆仁之德。若假仁便是將其甲兵之強，財賦之多，足以欺人，是假仁之名，以欺其衆，非有仁之實也。黄卓。○饒氏曰○又云：王不待大，言不待大國而可以王，如湯以七十里，文王以百里；霸者則須有如是資力方可以服人。問霸之義？曰：霸即伯也。漢書引哉生魄作哉生霸，古字霸伯通用。鄒氏曰纂疏輔氏曰：力如今人之言事力也。蓋生於己之所有而霸者之所自有，其大者則土地甲兵也。假仁者謂己本無是仁心，徒以其土地甲兵之力而借夫仁之一二事以圖霸之功，如齊威晉文也。五霸獨以威文言者，舉其盛者也。夫假仁者固不足道，然有土地甲兵之力而不借仁以行之，則雖霸者之功亦無由可致矣。○又曰：德謂得於己而不失者也，仁則性之所固有也，自吾之得於己者推而行之，則唯吾之所爲，往救乎尊闔闢斂散，自然無所往而非仁矣。

以力服人者，非心服也，力不贍也；以德服人者，中

心悅而誠服也如七十子之服孔子也詩云自西自東自南自北無思不服此之謂也

贍足也詩大雅文王有聲之篇王霸之心誠僞不同故人所以應之者其不同亦如此○鄒氏曰以力服人者有意於服人而人不敢不服以德服人者無意於服人而人不能不服從古以來論王霸者多矣未有若此章之深切而著明也○鄒氏名浩字志完毗陵人

【或問】王霸之別曰以力假仁者不知仁之在己而假之也以德行仁則其仁在我而惟所行矣以執轅濤塗侵曹伐衛之事而視夫東征西怨虞芮質成者則人心之服與不服可見若七十子之從孔子至於流離飢餓而不去此又非有名位勢力以驅之也孟子真可謂長於譬喻也

【張氏註】王霸之分德與力也以力假仁者以其勢力假仁之事以行之如齊桓責包茅於楚會王世子於首

止衣裳之會不以兵車之類是也惟其大國也故其力得
以脅諸國而從之不然其能以強人乎君夫以德行仁則
是以德而行其仁成至誠惻怛本於其心而形於事爲如
木之有本水之有源也曰王不待大蓋言無所資於力也
觀湯與文王則可以見或以七十里或以百里則其力可
知矣然則天下歸之者豈非以德乎蓋以力服人者特以
力不贍之故不得已而服之而其中心固莫之服也至於
以德服人雖無意於人之服而人將中心悅而誠服之如
七十子之服孔子淡洽充蒲盎然服從無一毫勉強之意
詩云自西自東自南自北無思不服言感無不通也回視
區區勢力欲以服
人者不亦陋乎
【發揮】鄒氏曰以力假仁者僞也假而行之終非己者非僞
而何以德行仁者誠也所謂誠者成己者也己以僞
感人以僞應已以誠感人以誠應如形聲影響之相隨蓋
不容次有異也○又曰鄒氏以有意無意釋力與德字最
爲精當要然其所謂無意者非如木石之無意者無期以之
私意耳若夫正心脩身之道則自有不可已者至謂自古
論王霸未有如是之深切者明者亦爲得之其視董子美
王賦鈥之論荀子隆禮尊賢重法愛民與夫曰將曰駁諸

説皆爲優六

○孟子曰仁則榮不仁則辱今惡辱而居不仁是猶惡濕而居下也惡去聲下同

好榮惡辱人之常情然徒惡之而不去其得之之道不能免也

【語錄】仁則榮不仁則辱此亦只是爲下等人言是下等人他豈以榮辱之故而後行仁哉沈僴○伊川易傳比卦彖辭有云以聖人之公言之固至誠求天下之比以安民也以後王之私言之不求下民之附則危亡至矣蓋且得他畏危亡之禍而求所以比附其民猶勝於全不顧者正謂此也○【纂疏】

【纂疏】輔氏曰本天理者常安榮徇人欲者常危辱固天理之自然也好榮而惡辱亦人情之同然也然心爲之宰則以其情而順其理好榮而居仁惡辱而不居不仁皆辱也以苟不宰則肆其情而咈其理好榮而不居仁惡辱而居不仁若是也夫惡辱而居不仁其爲得失是非甚易見也而情性之不治者每蹈焉而不自知故以惡濕而居

〔不〕之事言仁蓋仁者心之德與事皆從心上發出心仁則事皆合理事皆合理則其心之仁可知

下者曉之夫惡濕而居下此又易見之甚而人未有不知避者故以是曉之而欲其省覺也夫惡辱者羞義之端也居不仁者不仁不智者之所爲也不仁則不足以安其守不智則不足以決其行故雖惡辱而終不能免辱也

如惡之莫如貴德而尊士賢者在位能者在職國家閒暇及是時明其政刑雖大國必畏之矣閒音閑

此因其惡辱之情而進之以彊仁之事也貴德猶尚德也士則指其人而言之賢有德者使之在位則足以正君而善俗能有才者使之在職則足以修政而立事國家閒暇可以有爲之時也詳味及字則惟日不足之意可見矣

〔集註〕輔氏曰註云彊仁者勉者之仁勉彊於行仁者也所謂安仁利仁之事亦自此而造耳○又曰春秋傳曰及猶汲汲也及我欲之詳味此意則惟日不足之意可見矣

詩云迨天之未陰雨徹彼桑土綢繆牖户今此下民或敢侮予孔子曰爲此詩者其知道乎能治其國家誰敢侮之徹直列反土音杜綢音稠繆武彪反

詩豳風鴟鴞之篇周公之所作也迨及也徹取也桑土桑根之皮也綢繆纏綿補葺也牖户巢之通氣出入處也予鳥自謂也言我之備患詳密如此今此在下之人或敢有侮予者乎周公以鳥之爲巢如此比君之爲國亦當思患而預防之孔子讀而賛之以爲知道也

【語錄】曰託爲鳥言我及天未陰雨之時而往取桑根以纏綿巢之隙穴使之堅固以備陰雨之患則此下土之民誰敢有侮予者見詩傳

【張氏注】徹取也綢繆纏綿也

【纂疏】輔氏曰鴟鴞之詩則周公所作所謂安仁者之事而非彊仁者之所能也故孔子讀之以爲知道知道則仁矣詳味集註思患預防之義則仁之理亦自可識非是則公之存者能之乎○西山眞氏曰孟子引鴟鴞之詩以爲彼羽毛微類而能於未雨之時豫爲之備矧今國家閒暇不能修明政刑顧乃耽細娛而忘大患可乎昔人有言燕雀處堂母子相安自以爲樂也突決棟焚而母子恬然不知禍之將及是燕雀之智不及鴟鴞遠矣爲國者必能憂勤兢畏以圖安而不爲般樂怠傲以自禍庶幾免於燕雀之譏乎

今國家閒暇及是時般樂怠傲是自求禍也般音盤樂音洛敖音傲

言其縱欲偷安亦惟日不足也

【纂疏】輔氏曰縱欲則無緣得當乎理偷安則是私心之所爲其爲不仁甚矣

禍福無不自己求之者

結上文之意

詩云永言配命自求多福太甲曰天作孽猶可違自作孽不可活此之謂也孽魚列反

詩大雅文王之篇求長也言猶念也配合也命天命也此言福之自己求者太甲商書篇名孽禍也違避也活生也書作逭逭猶緩也此言禍之自己求者

或問國家閒暇及是時明其政刑何也曰國家閒暇人心無事日力有餘可以從容審諦而有所爲之時也然人情安肆則亦易以怠惰是以因循苟且常失其可爲之時以至於蠱弊積而禍敗生則倉皇迫遽雖欲爲之而有所不及矣故惡夫不仁之等者必及此可爲之時而爲之則可以無因循之失而有積累之功觀乃不然而欲及此之時肆其荒樂惟恐日之不足其甚者雖明知禍患之來近在朝夕而不暇顧也若高緯揚廣之流是矣其國有不亡哉曰夫子引鴟鴞之詩而歎其知道何也曰孔子誦周公之詩而有感於其言也然聖人之所謂知道者如此而

近世陋儒乃有謂釋氏之徒知道而不可以治世者，異乎孔子之言矣。夫知道矣而不可以治世，則彼所謂道者果何物哉？

張氏注 仁者非有意於榮，仁者自固榮也。在身則心和而氣平，德性尊而暴慢遠；在家則父子親而兄弟睦，夫婦義而長幼序；推之於國則國治，施之於天下而天下平，焉往而不樂也？苟夫不仁之人，咈理而徇欲，一身將不能以自保，而況於其他乎？夫人之理，孰不惟辱之惡，而乃自勉於不仁，則以私欲蔽之，而昧夫榮辱之幾故也。如惡之則當勉於爲仁而已，如下所云是也。孟子言之以貴德尊士爲先者，蓋人主有貴德尊士之心，則以先王之道爲可信，儒者之說爲可行，然後賢者可得而進，善言可得而入矣。故雖貴德而尊士，而後賢者在位，能者在職。賢者以位言，能者以職言，任賢使能之意也。然所謂能者，蓋以忠信而有才者目。不忠信之人，雖有小才，猶豺狼之不可邇也，而尚可賦以職乎？賢者在位，能者在職，則可以因國家閒暇之時明其政刑也。賢能用而政刑明，則其於天下孰禦焉？故曰雖大國必畏之矣。於是舉周公治天之未陰雨之詩以爲。蓋天未陰雨而徹桑土，綢繆牖戶，是措於國家安泰之日而微理滿豫者也蓋消息盈虛之相盪安危治亂之〻承理之常然非知道者孰能審微於未兆而御變於將然哉故孔子曰爲此詩者其知道乎能治其國家誰敢侮之今乃於國家閒暇之時般樂怠傲則人孰不啓侮之心哉故曰是自求禍也以是觀之則夫禍福雖命於天而發之豈不自於人乎詩所謂永言配命自求多福言武王之德有以配上帝之命永言其配命則有以見其自求多福也書所謂天作孽猶可違自作孽不可活也言天之降災猶可避已自致災其可避乎此又申言禍福自已之意然而一言以蔽之本乎仁與不仁之分而已

論義

曰人稟五行之秀氣以生所稟之理則爲仁義禮智信此天之所以予我而人之所以爲人也天生五才缺一不可在易之乾則曰元亨利貞在人之德則曰仁義禮智而不及乎信者何也仁義禮智貞非實理之所爲猶土之居中而旺於四季也故四端不言信而信在其中矣仁義禮智四者並立聖人於易傳曰立人之道曰仁與義七篇之書亦多以仁義並言而又不及乎禮智者何也仁屬乎陽禮則陽之極義屬乎陰智則陰之極猶夏者春之極而冬者秋之極也故專言仁義而禮智在其中矣至於孔門師生之問答又皆以求仁爲先而不及乎義孟子

出齒亦特以仁爲言者又何也蓋仁者天地生物之心而人之所得以爲心者也四序之運莫非生意之流行此心之外亦莫非仁道之流行乎君仁臣忠父慈子孝兄友弟恭夫義婦從與夫交朋友之信不仁而能若是乎苟盡此心則汝當尊敬亦理之必然也世教不明人心邪僻父子兄弟之間猶不能以相保況欲望其仁民愛物乎㝢宙內此之間莫非私意之流行相傾相詐相戕相賊無一物得遂其生者至於天下之人牧未有不嗜殺人則私設猶生天理滅矣不知人心既失國且有不亡者乎此孟子於戰國之際深明榮辱得失之端其惻怛之心切矣

〔集說〕覺軒蔡氏曰及時而明其政刑自求多福也仁則榮者如此及時而般樂怠敖自作孽也不仁則辱者如此

○孟子曰尊賢使能俊傑在位則天下之士皆悅而願立於其朝矣（朝音潮）

俊傑才德之異於衆者

市廛而不征法而不廛則天下之商皆悅而願藏

於其市矣。

廛，市宅也。張子曰：或賦其市地之廛，而不征其貨；或治之以市官之法，而不賦其廛。蓋逐末者多則廛以抑之，少則不必廛也。

〔附錄〕市廛而不征，謂使居市之廛者各出廛賦若干，如今人賃鋪面相似，更不征稅其所貨之物。法而不廛，則但治之以市官之法而已，雖廛賦亦不取之也。問：古之為市者，以其所有易其所無者，有司者治之耳。此是周禮市官之法否？曰：然。如漢之獄市之類，皆是古之遺制，蓋自有一箇所在以為市，其中自有許多事。〔附錄〕○市廛而不征。問：此市在何處？曰：此都邑之市，人君國都如井田樣畫為九區，面朝背市，左祖右社，中間一區則君之宮室，宮室前一區為外朝，外朝會藏庫之屬皆在焉。後一區為市，市四面有門，每日市門開則商賈百物皆入焉。賦其廛者，謂收其市地錢，如今民間之鋪面錢。蓋逐末者多則賦其廛以抑之；少則不廛而但治以市官之法，所以招徠之也。市官之法，如周禮司市平物價、治爭訟、譏察異言異服之類。市中惟民乃得入，凡公卿大夫有爵位者及士者皆不得入，又則有罰。如國君過市，則刑人赦；夫人過市，則罰之幕；世子過市，則罰之帟；命夫過市，則罰之蓋；命婦過市，則罰之帷之類。左右各三區，皆民所居，而外朝一區，左則宗廟，右則社稷在焉。以此國君都邑規模之大槩也。說備○[illegible]

關，譏而不征，則天下之旅皆悅而願出於其路矣。

纂疏 輔氏曰：賦廛之說，雖張子以意度言之，然論孟子所論征商，的知此譏又夫以如之說，則知先王之政必是如此。

解見前篇。

耕者助而不稅，則天下之農皆悅而願耕於其野矣。

但使出力以助耕公田，而不稅其私田也。

纂疏 輔氏曰：助而不稅，則是用助法而不用貢法。周之徹法，通用一者。

廛，無夫里之布，則天下之民皆悅而願為之氓矣。氓音盲

周禮：宅不毛者有里布，民無職事者出夫家之征。鄭

氏謂宅不種桑麻者罰之使出一里二十五家之布民無常業者罰之使出一夫百畝之稅一家力役之征也今戰國時一切取之市宅之民已賦其廛又令出此夫里之布非先王之法也氓民也

語錄 曰問一里二十五家之布曰亦不可考又問民無常業者罰之如何罰得恁地重曰後世之法與此正相反農民賦稅丁錢却重而游手浮浪之民泰然都不管他 趙氏錄

纂疏 輔氏曰先王之政宅不種桑麻與閑民無職事者上之人皆有法以抑之此所以當其盛時民皆着業而無游手與其甚貧困者所謂窮民不過鰥寡孤獨四者而已○又曰戰國之時一切取之民此則是末流之害縱人欲而滅天理者之所爲也斯民何其不幸哉

信能行此五者則鄰國之民仰之若父母矣率其子弟攻其父母自生民以來未有能濟者也如此

則無敵於天下無敵於天下者天吏也然而不王者未之有也

呂氏曰奉行天命謂之天吏廢興存亡惟天所命不敢不從若湯武是也○此章言能行王政則寇戎為父子不行王政則赤子為仇讎

[illegible] 時子曰市廛而不征市宅之地也有廛稅更不征其物法而不廛稅有常法不以廛故而厚其稅廛無夫里之布廛自有稅無此二布此章言欲救當時之弊在乎力行以反當時之失而已當時諸侯之所以失人心者以其不用賢能又以其廢先王之法為暴斂之事也苟知其然而力行以反之則天下斯歸之矣古之人君於賢則尊之於能則使之故俊傑在位而天下之士聞風而莫不願立於其朝古之民其居業於市者既有廛稅則不復征其物而其為稅也則有常法不以其居廛而厚也故商賈願藏於其市其為關也禁異服識異言本以譏察而已非為政也故行旅願出於其塗其於田也八家皆私百畝同養公田不復畝而稅也故農願耕於其野居廛者既有

敍矣則七八佈興里而不復重征之故民願爲之氓戰國之際一切反是而五者皆有不然之意焉是可惜也有能於此卑當世之失而取法先王之事則其歸之孰禦然其亟在夫力行之而已故曰信能行此五者則鄰國之民仰之若父母矣夫天下之心一也吾國之人戴我如父母則鄰國之人聞之亦將父母我矣彼雖欲率其民以攻我而其心既如吾之子弟豈有子弟而肯攻其父母乎夫吏云者奉天命以行事者也民之所歸即天所與也有以得民心則爲得天心矣其曰無敵於天下者天下皆爲吾子弟也而尚何敵之有豈不深切著明矣哉

【纂疏】輔氏曰奉行天命則謂之天之吏廢興存亡惟天所命不敢不從者如栽培傾覆推亡固存者是也若湯武者湯武以征伐得天下其迹著故也要之聖人得位者皆能爲之故曰無敵於天下者天吏也○又曰集註斷章所以極言行王政與不行者之得失使後之人君知所警勸也

○孟子曰人皆有不忍人之心

天地以生物爲心而所生之物因各得夫天地生物

之心以爲心所以人皆有不忍人之心也。

【語錄】天地以生物爲心天包着地別無所作爲只是生物而已亘古亘今生生不窮人物則得此生物之心以爲心所以箇箇肯他本不須說以生物爲心緣做箇語句難故着箇以生物爲心○【沈僩錄】天地以生物爲心譬如甑蒸飯炁從裏面蒸上去上面又下來只管在裏面袞便蒸得熟天地只是包得許多氣在這裏無出處袞一番便生一番物他別無勾當只得生物不似得人便有許多應接所謂爲心者如云天命豈是諄諄然命之所謂爲心亦豈切切然做如磨子相似只是會磨出這物事○又曰天地生物自是温暖和煦這箇便是仁所以人物得之無不有慈愛惻怛之心○又曰無天地生物之心則沒這身纔有這血氣之身便具天地生物之心矣○【趙氏曰】西山真氏曰天地造物無他作爲以生物爲事觀【纂疏】夫春夏秋冬往古來今生意同流何嘗一息間斷天地之心於此可見萬物之生既從天地生意中出故物物皆具此理何況人爲最靈宜乎皆有不忍人之心也

先王有不忍人之心斯有不忍人之政矣以不忍

人之心行不忍人之政治天下可運之掌上

言衆人雖有不忍人之心然物欲害之存焉者寡故不能察識而推之政事之閒惟聖人全體此心隨感而應故其所行無非不忍人之政也

【纂疏】輔氏曰孟子言先王如此則便見得衆人不能如此集註又發明衆人之所以不能然之故與夫先王之所以能然之由使學者得以致知而力行也夫人皆有是不忍人之心惟學然後能知之衆人是指不知學者故言物欲害之存焉者寡所以不能察其端緒而推廣之於政事之閒先王則指聖人也聖人更不言察識推廣之事但言全體此心隨感而應故其所行無非不忍人之政也此則亦可見聖人之忠恕矣以不忍人之心行不忍人之政則體用兼備而天下雖大皆在吾性分之中治之固爲近且易耳○西山眞氏曰人有是心而私欲閒之故不能達之於用惟聖人全體此心私欲不雜故有此仁心便有此仁政自然流出更無壅遏天下雖大運以此心而有餘矣

所以謂人皆有不忍人之心者今人乍見孺子將

入於井皆有怵惕惻隱之心非所以內交於孺子之父母也非所以要譽於鄉黨朋友也非惡其聲而然也怵音黜內讀爲納要平聲惡去聲下同

乍猶忽也怵惕驚動貌惻傷之切也隱痛之深也此即所謂不忍人之心也內結也要求聲名也言乍見之時便有此心隨見而發非由此三者而然也程子曰滿腔子是惻隱之心謝氏曰人須是識其真心方乍見孺子入井之時其心怵惕乃真心也非思而得非勉而中天理之自然也內交要譽惡其聲而然即人欲之私矣

語錄 惻隱是初頭子隱是痛○方其乍見孺子入井時也著手脚不得縱有許多私意也未暇思量到更遲霎時則了不得也○如孺子入井如何不推得曰只他能底出來只推將惻隱之心出來蓋理各有路如做得穿窬底事如何令人不羞惡偶遇人衣冠而揖我便亦揖他如何不恭敬事有是非必辨別其是非看是甚麼去感得他一般出

之甘節○又曰赤子入井時怵惕惻隱之心只這些子仁身得時却好看○又曰怵惕惻隱存於人心自恁惻惻然未大段發出○問惡其聲集註云聲名也是惡其被不救人之名否曰然萬人傑【諸氏說】○曰腔子言軀殼上滿腔子只是言充塞周徧本來如此○又曰此是就人身上指出理充塞處最為親切若於此見得即萬物一體更無內外之別若見不得却去腔子外尋則莽莽蕩蕩無交涉矣並見文集○腔子只是此心內虛處○又曰滿腔子是只在這軀殼裏腔子乃洛中俗語○又曰只是滿這軀殼都是惻隱之心纔築著便是這箇物事出來大感則大應小感則小應恰似大段痛傷固是痛只如針子略挑血出也便痛故日用所當應接更無些子間隔癢痾疾痛莫不相關纔是有些子不通處便是被些私意隔了○又曰腔子身裏也言滿身裏皆惻隱之心在腔子裏亦只云心在身裏問心所發處不一便說惻隱如此曰惻隱之心渾身皆是無處不發如見赤子有惻隱之心見一蟻子亦豈無此心○

【諸氏說】輔氏曰怵然惕然皆是其心驚懼而急迫之意緣其

【纂疏】卒作而見故其心有所驚懼而動也惻傷之切者謂

傷之切於己也。隱痛之深者，謂痛之發於理也。林栩中也。隱痛自淺而深也。此皆所以名狀不忍人之心，亦可謂善於形容者矣。○又曰：謝氏要人識得此個真心，學者先識得此心，然後有進步處。非思而得，非勉而中，所以言天理自然之妙。內交要譽惡其聲而然，所以言人欲造作之私。○慶陽李氏謂孟子指人身言之。天地之間，充塞上下，渾然生物之意，無有空虛。人得此以為心，則亦四體百骸充塞流通，無非此惻隱之心，觸處即是，無有欠闕也。黃氏曰：極是。○西山真氏曰：孺子未有所知而將入于井，凡見之者無問賢愚，皆有惻怛傷痛之心。方其此心驟發之時，非欲以此納交，非欲以此干譽，又非以避不仁之名也。倉卒之間，無安排，無矯飾，而天機自動，此所謂真心也。

由是觀之，無惻隱之心，非人也；無羞惡之心，非人也；無辭讓之心，非人也；無是非之心，非人也。惡，去聲，下同。

羞，恥己之不善也。惡，憎人之不善也。辭，解使去己也。讓，推以與人也。是，知其善而以為是也。非，知其惡而以為非也。人之所以為心，不外乎是四者，故因論惻

隱而忘數之言人若無此則不得謂之人所以明其

必有也

[語錄]問滿腔子是惻隱之心曰此身軀殼謂之腔子而今

人滿身知痛處可見[董銖]○滿腔子只是惻隱之心不

特是惻隱之心滿腔子是羞惡之心滿腔子是辭遜之心

滿腔子是是非之心彌滿充塞都無空缺處[淵]○先生

問上蔡見明道先生舉史文成誦明道謂其玩物喪志上

蔡汗流浹背面發赤色明道云此便是惻隱之心公且道

上蔡聞得過失愧赧皇恐自是羞惡之心如何却說道見

得惻隱之心公之曰惟是有惻隱之心方會動若無惻隱

之心却不會動惟是先動方始有羞惡方始有恭敬方始

有是非動處便是惻隱若不會動却不成人若不從動處

發出所謂羞惡者非羞惡所謂恭敬者非恭敬所謂是非

者非是非天地生生之理這些動意未嘗止息看如何梏

亡亦未嘗盡消滅自是有時而動學者只怕間斷了[賀

孫]○是非辭遜羞惡雖是與惻隱並說但此三者皆是自

惻隱中發出來因有惻隱後方有此三者惻

隱比三者又較大得些子[義剛]○[illegible]

[纂疏]蔡氏曰惻者傷其失仁於外也隱者痛其失仁而不

忍於中也羞者以己非義而恥之惡者以他非義而惡之以其

非義而憎之於外也辭者以其非禮而不受於己也讓者以其非禮而還之於人也是者以其善之未分而是之也非者以其惡之未分而非之也

【纂疏】黃氏曰是猶言狠驁傷人害物則無復惻隱之心矣頑鈍嗜利寡廉鮮恥則無復羞惡之心矣驕淫矜誇傲狠凌物則無復辭讓之心矣背善趨惡昏正習邪則無復是非之心矣如此則雖具人之形以生亦何以異於禽獸哉○輔氏曰人之所以為心雖不外是四者然仁則又貫乎三者之中故此因論惻隱而悉數之也至於言人若無此心則非人也者所以明其必有而使人知反求之於己也○西山真氏曰孟子始言惻隱之心至此則兼羞惡辭遜是非而言者蓋仁為衆善之長有惻隱則三者從之矣惻隱不存則三者亦何自哉○又曰賦形為人孰無此心苟無此心則非人矣然所謂無者豈其固然哉私欲蔽之而失其本真耳

惻隱之心仁之端也羞惡之心義之端也辭讓之心禮之端也是非之心智之端也

惻隱羞惡辭讓是非情也。仁義禮智性也。心統性情者也。端緒也。因其情之發而性之本然可得而見，猶有物在中而緒見於外也。

通證　天之生物，各付一性，性非有物，只是一箇道理之在我者耳。故性之爲體，只是仁義禮智信五者，天下道理不出於五者之中。所謂信者，是箇真實無妄底道理，如仁義禮智皆真實無妄者也。故信不須說，只仁義禮智四字於中各有分別，不可不辨。蓋仁是溫和慈愛底道理，義是廉恥羞惡底道理，禮是恭敬撙節底道理，智是分別是非底道理。凡此四者具於人心，乃性之本體。方其未發，漠然無形象之可見，及其發而爲用，則仁者爲惻隱，義者爲羞惡，禮者爲恭敬，智者爲是非，隨事發見，各有條理而不相殽亂，所謂情也。故孟子曰：惻隱之心，仁之端也；羞惡之心，義之端也；辭遜之心，禮之端也；是非之心，智之端也。謂之端者，猶有物在中而不可見，必因其端緒發見於外，然後可得而尋也。蓋一心之中，仁義禮智各有界限，而其性情體用又各自有分別，須是見得分明，然後知此四者之中又自見得仁義兩字是箇大界限，如天地造化四序流行，而其實不過於一陰一陽而已。仁字是箇生底意思，通貫周流於四者之中。仁固仁之本體，義則仁之斷制，禮則仁之節文，智則仁之分別也。正如春之生氣貫徹四時，春則生之生也，夏則生之長也，秋則生之收也，冬則生之藏也。（玉山講義）

○問：「孟子說仁義禮智，義在第二；太極圖以義配利，則在第三。」曰：「仁義禮智，猶言東西南北；元亨利貞，猶言東南西北。一箇是對說，一箇是從一邊說起。」（夔孫）

○問：「仁義禮智，何為以智為後？」曰：「孟子只循環說。智本來是藏仁禮義，惟是知恁地了，方恁地，是仁禮義都藏在智裏面。如元亨利貞，貞是智，貞卻藏元亨利意思。如春夏秋冬，冬是智，冬之內藏春生、夏長、秋成意思在裏面。」（賀孫）

○問：「仁如五行之木，若不是先有箇木，便亦生下面四箇不得。」曰：「若無木便無火，無火便無金，無金便無水。」（揚道夫）

○問：「性中只有四端，信是如何？」曰：「如惻隱羞惡，實是惻隱羞惡，信便在其中。」（閎祖）

○問：「孟子以四端屬諸心，二程以四端屬諸情，何也？」曰：「心包性情者也。自其動者言之，雖謂之情亦可。」（萬人傑）

○又曰：「天地只是一氣，便自分陰陽。緣有陰陽二氣相感，化生萬物，故事物未嘗無對。天便對地，生便對死，語默動靜皆然，以其種如此故也。所以四端只舉仁義，亦如陰陽。故曰：『立天之道曰陰與陽，立人之道曰仁與義。』」（[illegible]）

○又曰：「四端八箇字，每字是一意：惻是方惻，

二七七

[illegible]此[illegible]起隱惻然之後隱痛比惻為深羞者羞己之
非惡者惡人之惡辭者辭己之物讓者讓與他人是非自
有兩樣分明但仁是總名若說仁義便如陰陽若說四端
便如四時若分四端八字便如八節○問元亨利貞有
次第仁義禮智因發而感則無次第曰發時無次第生時皆
有次第李方子[illegible]祝氏錄○問四端之端集註以為端緒向
見蔡季通說端乃是尾如何曰以躰用言之有躰而後有
用故端亦可謂之尾若以始終言之則四端是始發處故
亦可以端緒言之二者各有所指自不相礙也輔廣○惻
隱羞惡辭遜是非皆是情惻隱是仁之發謂惻隱是仁却
不得所以說道是仁之端端便是那端緒了黃義剛祝氏錄
○性為體情為用而心則貫之○曰性是理之總名仁義
禮智皆性中一理之名惻隱羞惡是非辭遜是情之所發
之名其端所發其機皆從此心出來性不是別有一箇物
在心裏此心具此性情○又曰性情與心固是一理然命
之以心知似包著這性情在裏面○又曰性是靜情是動
心則兼動靜而言或指體或指用隨人所看○又曰統猶
兼也○又曰性者心之理情者心之用心者性情之主○
又曰性對情言心對性情言合如此是性動處是情主宰
是心大抵心與性似一而二似二而一此處最當體認○

又曰性情皆出於心故心能統之統如統兵之統言有以主之也。又曰統是主宰如統百萬軍心是渾然底物性是有此理情是動處。又曰心主宰之謂也動靜皆主宰非是靜時無所用及至動時方有主宰也言主宰則混然體統自在其中統攝性情非儱侗與性情為一物而不分別也。又曰心之全體湛然虛明萬理具足無一毫私欲之間其流行該徧貫乎動靜而妙用又無不在焉故以其未發而全體者言之則性也以其已發而妙用者言之則情也然心統性情只就渾淪一物之中指其已發未發而為言爾非是性是一箇地頭情又是一箇地頭如此懸隔也。又曰仁義禮智是心統性惻隱羞惡辭遜是非是心統情。【通氏錄】

【集疏】蔡氏曰性不可見以其初發之端緒而見其性之本然。又曰毋端兩字有內外人已之分惟是非一端則兩字皆在內而照乎外蓋仁義禮皆在內而外接乎物惟智則獨在內而外照乎物也。又云性者天命之謂人生而靜性之理也其理之妙蓋不容言孟子道性善必於初動之端求之以其必然之妙可得而言然性之動也順則無端可見繆則有端可指惻隱羞惡辭讓是非皆以接于人者言也其[illegible]義禮智之常繆之[illegible]即是而反驗

其本如人之端則知其本然之善明矣○覺軒蔡氏曰心統性情自性而言則此端爲尾自情而言則端爲始此其所以不相病也歟

【纂疏】黄氏曰統字兼兩義有訓總字者有訓主字者非性情之外別有心只是總性情而謂之心雖便是性情然又能爲性情之主宰故兼此兩義而謂之統也○北溪陳氏曰惻隱羞惡等以情言仁義等以性言必又言心在其中者所以統性情而爲之主也○又曰四端之說是就外面可見底以驗其中之所有性是裏面有是四者之躰故四者端緒自然發見於外○又曰四者端緒日用間常常發見只是人看理不明故茫然不知得○輔氏曰緒謂頭緒也因惻隱羞惡辭遜是非之情發而仁義禮智之本然之性可得而見猶有物在中而其頭緒見於外也○潛室陳氏曰端者端倪也物之緒也譬之繭絲外有一條緒便知得内有一團絲若其無絲在内則緒何由而見於外

人之有是四端也猶其有四體也有是四端而自謂不能者自賊者也謂其君不能者賊其君者也

四體四支人之所必有者也自謂不能者物欲蔽之耳

【集説】輔氏曰人所必有應上明其必有之説物欲蔽之應上物欲蔽之之説

凡有四端於我者知皆擴而充之矣若火之始然泉之始達苟能充之足以保四海苟不充之不足以事父母擴音廓

擴推廣之意充滿也四端在我隨處發見知皆即此推廣而充滿其本然之量則其日新又新將有不能自已者矣能由此而遂充之則四海雖遠亦吾度内無難保者不能充之則雖事之至近而不能矣○此章所論人之性情心之體用本然全具而各有條理如此學者於此反求默識而擴充之則天之所以與我者可以無不盡矣程子曰人皆有是心惟君子為能擴而充之不能然者皆自棄也然其充與不充亦在

我而已矣。又曰：四端不言信者，既有誠心為四端，則信在其中矣。愚按四端之信，猶五行之土，無定位，無成名，無專氣，而水火金木無不待是以生者，故土於四行無不在，於四時則寄王焉，其理亦猶是也。

【集義】明道先生曰：仁義禮智信，於性上要言此五事，惻隱則屬愛，乃情也，非性也。因其惻隱之心，知其有仁。唯四者有端，而信無端，有不信，更無無信。伊川先生曰：孟子曰：惻隱之心，仁也。後人遂以愛為仁。惻隱固是愛也，愛自是情，仁自是性，豈可專以愛為仁？孟子曰：惻隱為仁，蓋為前已言惻隱之心，仁之端也。既曰仁之端，則不可便謂之仁。退之言博愛之謂仁，非也。仁者固博愛，然便以博愛為仁，則不可。

【語錄】孟子説得最好，人之一心，在外者又要收入來，在內者又要推出去。孟子一部書，皆是此意。大抵一收一放，一闔一闢，道理森然。此四者，皆我所固有，才初發時，毫毛如也，及推廣將去，充滿其量，其廣大無窮。輸處○曰：擴是張開，充是放滿。○此心之量，本足以包括天地，兼利萬物，只是人自不能充滿其量，所以推不去，或能推之於一家而不能推之於一國或能推之於一國而不足以及天下此皆是未足以盡其本然之量須是充滿其量自然足以保四海沈僩○又曰日新又新常常如此無間斷也○上只說知得擴而充之只說知得了要推擴以充滿此心之量下云苟能充之足以保四海是能充滿此心之量上帶知皆擴字說下就能充滿說推廣而後能充充則不以說廣也夔孫○知字且是知得如此下說到苟能充之足以保四海即擴了廣字只說充字蓋知字與始然始達字相應充字與保四海相應纔說知得便自不能已若火始然便不可遏泉纔達便涓涓流而不絕僩時舉○問推字與充字曰推是從這裏推將去如老吾老以及人之老幼吾幼以及人之幼到得充則填得來滿了如注水相似推是注下水去充則注得這一器滿了蓋仁義之性本自充塞天地若自家不能貫充則無緣得這殼子滿僩○信充是誠實此四者實有是仁實有是義禮智皆然○曰如五行之有土非土則不足以載四者又如土於四時各寄王十八日或謂王於戊己然季夏乃土之本宮故尤王於夏末月令載中央土者以此故也說趙氏錄同

或問孟子畢竟論不忍人之心而後乃及乎四端何也曰不忍之心即惻隱之謂也蓋性之爲德無所不具總之

則推仁義禮智而一以包三者仁也情之所發無
所不通總之則推是四端而一以貫三者惻隱也

張氏注 人受天地之中以生仁義禮智皆具於其性而其
所謂仁者乃愛之理之所存也推其有是理故其
發見爲不忍人之心皆有是心然爲私欲所蔽則不能推其
而達之而失其性之所有者先王有不忍人之心斯有不
忍人之政者則以其私欲盡已天理純備故能盡其用於
事事物物之間亦以是心而行是政先王之所以王天下
者不越於此而已雖然何以知人皆有是心以其乍見孺
子而知之也公曰乍見者方是時非安排作爲之所可及
而其端發見也怵惕惻隱者怵動于中惻然有隱者方是
時非以内交非以要譽非以惡其聲而怵惕惻隱形焉是
其中心不忍之實也此非其所素有者耶豈以内交要譽惡
其聲之類一毫萌焉則爲私欲蔽其本心矣以惻隱之心
人之所固有則夫羞惡之心辭讓之心是非之心亦其所
固有也仁義禮智具於性而其端緒之著見則爲惻隱羞
惡辭讓是非之心人之良心具是四者萬善皆管焉外此
則非性之所有妄而已矣人之爲人孰不具是性若無是
四端則亦非人之道矣然分而論之其别有四端總四體
然自位各置不容相奪而其體用互爲相須合而言之則

人皆可兼并也故原其未發則仁之體立而義禮智即是而存焉循其既發則惻隱之心形而其羞惡辭讓是非亦出是而著焉故孟子首舉不忍人之心而後復詳於四端也人有之而自謂不能是自賊其良心者也謂其君不能是賊其君之良心者也言不忍人之心而遂及於不忍人之政言四端之在人不可自謂不能而遂及於不可謂其君之不能蓋成己成物一致也又曰凡有四端於我者知皆擴而充之矣謂自知之皆有是四者皆當擴而充之若火之始然泉之始達蓋無窮也充大惻隱之端而至於仁不可勝用充大羞惡之端而至於義不可勝用充大辭讓之端而至於禮無所不備充夫是非之端而至於智無所不備然皆理之具於性者而非外爲之也雖然四端管乎萬善而仁則貫乎四端而克己者又所以爲仁之要也齊者欲皆擴而充之請以克己爲先

【集說】黄氏曰仁義禮智心之體也惻隱羞惡辭遜是非心之用也人稟五行之氣以生有是氣則必有是理仁義禮智者木火金水之理也有是體則必有是用惻隱羞惡辭遜是非者仁義禮智之用也莫不有是氣則莫不有是理莫不有是體則莫不有是用此天之所以予我而人之所以爲人者也天下之人飢食而渴飲趨利而避害則

知之矣至於天之與我而人之所以爲人者乃反不知焉
何哉孟子閔斯人之愚而莫之覺也既啓以孺子入井之
端又告之以火然泉達之始知是理而充之則足以保四
海不充之則不足以事父母充不充之間而功用之遠絶
乃如此其教人之意亦切矣○西山真氏曰人能體天地
之心以爲心因其善端之發保養扶持充其所以言之者
若火之然因而噓之若泉始達因而導之則一念之惻隱
可以澤百世一念之羞惡可以正萬民堯舜之仁湯武之
義所以與天地同其大者以其能充之也桀紂豈無仁義
之心其所以與禽獸不異者以其遏絶之也故曰苟能充
之足以保四海苟不能充之不足以事父母嗚呼孟子之
言痛切至此其可不深思所警哉學者一念之萌則察其
所發果天理邪抑人欲也如其發於天理則充而長之發
於人欲則窒而絶之夫如是然後不失其所以爲人之理
若夫顛倒於利害之途昏迷於嗜慾之境善端戕
絶正理消亡則孟子之所謂非人也可不懼哉
【纂疏】輔氏曰集註反求默識者格物致知窮理之事也廣
充之者誠意正心力行之事也既能窮理又能力行
則天之所以與我仁義禮智之性可以各各充滿其量而
無遺憾矣前言日新又新猶有不能自已所以言其推廣

之意於其始也。此言天之所與我者，可以無不盡矣，所以言充滿於其後之意也。○又曰：存守之謂，乃為仁由己之意。熟玩之自有以啓人進德之誠。○潛室陳氏曰：信者實有此者也。四端不得信則不成四端。○又曰：五行無土位，位在四象之中；五常無信位，位在四端之中。○趙氏曰：足以保四海，極其遠而言之也；不足以事父母，極其近而言之也。

○孟子曰：矢人豈不仁於函人哉？矢人唯恐不傷人，函人唯恐傷人。巫匠亦然。故術不可不慎也。函音含。

函，甲也。惻隱之心，人皆有之，是矢人之心本非不如函人之仁也。巫者為人祈祝，利人之生；匠者作為棺椁，利人之死。

纂疏　趙氏曰：函矢之為義，取其能以禦以身。

孔子曰：里仁為美。擇不處仁，焉得智？夫仁，天之尊爵也，人之安宅也。莫之禦而不仁，是不智也。焉，於虔反。夫音扶。

里有仁厚之俗者猶以爲美人擇所以自處而不於仁安得爲智乎此孔子之言也仁義禮智皆天所與之良貴而仁者天地生物之心得之最先而兼統四者所謂元者善之長也故曰尊爵在人則爲本心全體之德有天理自然之安無人欲陷溺之危人當常在其中而不可須臾離者也故曰安宅此又孟子釋孔子之意以爲仁道之大如此而自不爲之豈非不智之甚乎

【語錄】問仁者天地生物之心得之最先而兼統四者所謂元者善之長也如何見得之最先曰人先得那生底道理所謂心生道也有是心斯具是形以生也【[illegible]】【[illegible]氏】錄○又曰元亨利貞皆是善而元則爲善之長亨利貞皆是那裏來仁義禮智亦皆自善也而仁則爲萬善之首義禮智皆從這裏出○【語錄】

【纂疏】輔氏曰五性皆是天之賦與於人者故良貴謂天所予我自然之貴也貴字正對爵字而言○又曰五性皆人心之德而仁則周貫乎四者之中故爲本心全體之德天理有則而不流故有自然之安人欲橫流而無止

故有陷溺之危。克盡人欲，純是天理，方始是仁，此所以有安而無危也。人當安處其中而不可須臾離，則所謂依於仁，造次必於是，顛沛必於是之意。此聖門學者必以求仁爲先務也。○又曰：仁者，天理之本然，無人欲之陷危，人當常居其中而不可有須臾之離，故曰安宅。○又曰：莫之禦而不仁，則是自不爲之耳。○西山眞氏曰：仁者，我所自有，苟欲爲之，誰能止者？乃甘心於不仁，豈非不智乎？故仁智二者，常相須焉。不仁則不智矣，不智斯不仁矣。

不仁不智，無禮無義，人役也。人役而恥爲役，由弓人而恥爲弓，矢人而恥爲矢也。由與猶通。

以不仁故不智，不智故不知禮義之所在。

纂疏　輔氏曰：不仁則頑然不覺，不智則懵然無知。故不仁則不智，而下句只言不智者，蒙上句故不必言也。既頑然不覺，又懵然無知，則自然不知禮義之所在。

如恥之，莫如爲仁。

此亦因人愧恥之心，而引之使志於仁也。不言智禮義者，仁該全體，能爲仁則三者在其中矣。

仁者如射，射者正己而後發，發而不中，不怨勝己者，反求諸己而已矣。

爲仁由己，而由人乎哉？

張氏註

矢人與函人、巫與匠，俱人也，而其所欲之異者，以其操術然也。故夫人自處於不仁，爲忮爲殘忍，至於嗜殺人而不顧，夫豈獨異於人哉？惟其所處每在乎人欲之中，安習滋長，以至於此。其性本同，而其習有寶壅之異，可不畏歟！孔子曰：「里仁爲美，擇不處仁，焉得智？」謂居里以親仁爲美，而吾所以自處者不能擇而處仁，是不智也。孟子從而發明之曰：「夫仁，天之尊爵也，人之安宅也。」尊爵，言其至善爲可尊貴也；安宅，言其所止爲甚安固也。擇術而自處於不仁，其不智甚矣。不仁不智，則悖理而害於事，無禮無義矣。若是者，爲人役者也。蓋自失其所謂尊爵安宅者，則斯自取於辱矣。人之爲人役也，雖有恥之之心，然其擇術自取於此，而何可免乎？若有恥之之心，則當易其操術，爲仁可也。爲仁者亦反求之己而已，故以射爲喻。今夫射者，正己毫釐之未正，則其發也有尋丈之差，故必先正其己正己矣而其發猶有未中焉不怨他人以益求吾所未至而已爲仁者何以異於是此章雖爲當時諸侯而發而實自天子至於庶人皆當深體之也

○孟子曰子路人告之以有過則喜

喜其得聞而改之其勇於自修如此周子曰仲由喜聞過令名無窮焉今人有過不喜人規如護疾而忌醫寧滅其身而無悟也噫程子曰子路人告之以有過則喜亦可謂百世之師矣○周子名惇頤舂陵人號濂溪先生

纂疏 輔氏曰人受天地之中以生本自無過所以有過者非出於氣稟之偏則由乎物欲之誘人能知而改之則可以復於本然之善不知則其過愈深將陷溺焉而失其所以爲人矣是豈可不懼哉人有告我以過我因得而改之以復於善則又豈可不以爲喜乎然非子路之勇於自脩則亦不能然也自脩兩字雖出大學而集註於此下此二字極有意○又曰周子是反說程子是順說亦可謂百世之師者一以言喜得聞其過而改之則必能全天之

所以告我者亦皆之以爲聖爲賢故可以爲百世之師也
以見能勇於自脩如此者實難其人故可以爲百世之師也

禹聞善言則拜

書曰禹拜昌言蓋不待有過而能屈己以受天下之善也

纂疏 輔氏曰子路賢者也故不能無過但勇於自脩是以喜於得聞而改之禹則聖人也其心純是天理全然之善故不待其有過但一聞善言則至誠欽服而拜而受之

大舜有大焉善與人同舍己從人樂取於人以爲善

舍上聲樂音洛

言舜之所爲又有大於禹與子路者善與人同公天下之善而不爲私也己未善則無所係吝而舍以從人人有善則不待勉強而取之於己此善與人同之目也

或問 善與人同曰善者天下之公理本無在己在人之別人有身不能無私於己故有物我之分焉惟舜之心

無一豪有我之私是以能公天下之善以爲善而不知其孰爲在己孰爲在人所謂善與人同也舍己從人言其不先立己而虛心以聽天下之公蓋不知善之在己也樂取於人以爲善言其見人之善則至誠樂取而行之於身蓋不知善之在人也此二者善與人同之目也然謂之舍己者特言其公私順理而已非謂己有不善而舍之也謂之樂取者又以見其心與理一安而行之非有强勉之意也此二句本一事特交互言之以見聖人之心表裏無間如此耳

【纂疏】輔氏曰舜禹雖皆是聖人然禹則學而知者舜則生而知者故亦不無大小之別禹聞善言則拜聞之者禹也言之者人也以我之聞彼之善拜以受之猶有人己之分也至於舜則善與人同耳善與人同者蓋善乃天下之公非人己所得而私者故同公天下之善而不爲私也○又曰此兩句乃是善與人同之條目凡人之情己有不善則必有係吝而不能舍以從人人之有善則雖欲勉彊而不能取之於己是皆不能以善爲天下公共底道理而各自以爲私故唯大舜善與人同公天下之善而不爲私故己或未善則無一豪係吝之私而脫然舍以從人人

之有善則不用一豪勉彊之意而樂然取之於己如是則通天下唯善之同而初無在己在人之異也

自耕稼陶漁以至爲帝無非取於人者

舜之側微耕于歷山陶于河濱漁于雷澤

〔集疏〕趙氏曰按歷山在河東○濟陰定陶西南有陶丘亭○雷夏兖州澤在濟陰

取諸人以爲善是與人爲善者也故君子莫大乎與人爲善

與猶許也助也取彼之善而爲之於我則彼益勸於爲善矣是我助其爲善也能使天下之人皆勸於爲善君子之善孰大於此○此章言聖賢樂善之誠初無彼此之間故其在人者有以裕於己在己者有以及於人

〔[illegible]〕横渠先生曰舜爲天下達善達不善無物我之私循理者共悅之不循理者共改之改之者過

雖在人猶在己不忘自訟焉其悅之者善雖在己盍取諸
人而爲必以與人爲善以天下不善以天下是之謂達善
達不善謝氏曰子路揀難割處便
舍了故孟子將來與舜禹齊與擧

總論一章之旨 三者本意似只是取人但有淺深而與
人爲善乃是孟子再疊一意以發明之
否曰然勉齋黃氏曰禹聞善言則自然着意做舜與人同是
自然氣象聖人之心拜聞出於誠意然拜是容貌間未見得
行不行若舜則自見於行事處己未善則舍己之未善而
從人之善人有善則取人之善而爲己之善又樂於見取
便是許助他
爲善也陳氏

或問 張子之說如何曰雖非本
文正意而其言有可玩者

張氏注 季路人告之有過則喜蓋人之質不能無偏偏則
爲過偏而不知自省而不知改焉則其偏也終進
而過亦不可勝言矣故君子貴於強矯貴於勿憚改然而
猶患在己有所蔽而不能以盡察以樂聞他人之箴己過之
在己而得他人指之是助吾之所未及也雖然此非能克
其驕吝者不能驕則自以爲善而惡人之議己吝則安其

故常而不能以從人之善季路用力於克己不止以不求其功深矣人告之以有過則喜無驕吝之私循理而事天若也至於禹聞善言則拜則其道弘矣禹聖人也纖毫之過猶將不萌于中其於人之善言也蓋其胸中之所素有而固樂夫從天下之善也故聞善言則拜非樂夫若能之乎至於舜則所謂其盛無以加矣論大舜之所以大獨曰善與人同而已所謂善與人同者舍己從人樂取諸人以為善也夫善者天下之公非有我之所得私也必曰舍己者善有己則不能以大同乎物故爾樂取諸人以為善蓋通天下惟善之同而無在己在人之異也自耕稼陶漁以至為帝無非取於人者在人賢者識其大者不賢者識其小者莫不有是道焉聖人則能取諸人而盡諸己耳故又從而明之曰取諸人以為善是與人為善也取諸人者是與人同為善也此舜之所以為大而無以加與天為一者也

【纂疏】輔氏曰舜之取人以為善初未嘗有助人為善之意也孟子推說其事故以為取諸人以為善乃是助人之為善也因吾取人之善以為善而使天下之人皆勸於為善則是聖人成己成物之事故集註曰君子之善莫大於此○又曰集註斷章聖賢之言兼子路禹舜之事而言之也三人者雖有淺深之不同然其樂善之誠皆無彼此

惡惡之心是孟子伯夷之心

之間使子路而有彼此之間則於人告其有過之時未必不以爲誣訐而畏之矣尚向善之有誠惟有樂善之誠無彼此之間故在人之善有以裕於己無非取於人者是也在己之善有以及於人又是與人爲善者是也

○孟子曰伯夷非其君不事非其友不友不立於惡人之朝不與惡人言立於惡人之朝與惡人言如以朝衣朝冠坐於塗炭推惡惡之心思與鄉人立其冠不正望望然去之若將浼焉是故諸侯雖有善其辭命而至者不受也不受也者是亦不屑就已朝音潮惡惡上去聲下如字浼莫罪反

塗泥也鄉人鄉里之常人也望望去而不顧之貌浼污也趙氏曰屑潔也說文曰動作切切也不屑就言不以就之爲潔而切切於是也已語助辭

【纂疏】輔氏曰：如集註解胥字，方說得柳下惠之意出。先儒多解胥為轉，轉者不盡其義也。詩所謂不胥以穀也者，亦疑此意。

柳下惠不羞汙君，不卑小官；進不隱賢，必以其道；遺佚而不怨，阨窮而不憫。故曰：『爾為爾，我為我，雖袒裼裸裎於我側，爾焉能浼我哉？』故由由然與之偕而不自失焉，援而止之而止。援而止之而止者，是亦不屑去已。」佚音逸。袒音但。裼音錫。裸，魯果反。裎音呈。焉能之焉，於虔反。

柳下惠，魯大夫展禽，居柳下而謚惠也。不隱賢，不枉道也。遺佚，放棄也。阨，困也。憫，憂也。爾為爾至焉能浼我哉，惠之言也。袒裼，露臂也。裸裎，露身也。由由，自得之貌。偕，並處也。不自失，不失其正也。援而止之而止者，言欲去而可留也。

【通】闡集註謂不隱賢，不枉道也。愚……必以其道意……

相連曰：……向……相承只作一……句讀……孟子善……

○不隱賢謂不隱遯其賢如己當廉却以利自汚己當勇却以怯自處之類方是隱賢是枉道也萬人傑○又問所以不辭作不蔽賢謂其下文云必以其道若作蔽賢說則下文不同矣曰然萬人傑○又曰進不隱賢便是必以其道人有所見不肯發出尚有所藏便是枉道○又問尋常看此一句只云進鋭不敢自隱其賢凡有所蘊皆樂於發用然而却不安進二句微兩意看曰恁地也得楊至

總論二節之旨

伯夷不屑就已注云屑絜也絜猶美也苟以其辭命禮意之美而就之是切切於是也然伯夷雖有美其辭命而至者亦不屑就而況不道而無禮者固速去之矣世之所謂清者不就惡人用若善辭命而來者固有時而就之惟伯夷不然此其所以為聖之清也柳下惠不屑之意亦然○不屑就不屑去說文說屑字云動作切切也只是不汲汲於就不汲汲於去屑字却是重黃士毅

孟子曰伯夷隘柳下惠不恭隘與不恭君子不由也

隘狹窄也不恭簡慢也夷惠之行固皆造乎至極之

比。然既有所偏，則不能無弊，故不可由也。

【集義】尹氏曰：孟子謂伯夷聖之清，柳下惠聖之和，而又曰隘與不恭者，何也？孟子非謂夷惠爲聖人也，得聖人之極清極和者耳。夷惠之清和，聖人之清和也，而其流之弊必至於隘與不恭，故孟子立教，拔其本而塞其源。

【語錄】曰問不恭是處已如此，是待人如此。曰：是待人如此。蓋其玩世，視他人如無也。○夷隘惠不恭，不必言効，只二子所爲已有弊矣。〔沈僩〕○或問：隘與不恭，明道云此非是瑕疵夷惠之語，言其弊必至於此。今觀伯夷果似隘者，柳下惠果似不恭者，豈得謂其弊必至於此哉？曰：伯夷既清，必有隘處；下惠既和，必有不恭處。道理自是如此，孟子恐後人以隘處爲清，以不恭處爲和，故曰隘與不恭，君子不由也。〔金去僞〕〔[illegible]〕同。

柳下惠不恭，是他玩世，不把人做人看，如袒裼裸裎於我側是已。邵堯夫正是

【總論一節之旨】

這意思，皇極經世書成，封做一卷，題云文字上呈堯夫。

【總論二章之旨】

或問：伯夷之清而不念舊惡，柳下惠之和而不以三公易其介，此其所以爲

聖之清聖之和也但其流弊則有隘與不恭之失曰這也是諸先生恐傷觸二子所以說流弊今以聖人斷二子則二子多有欠闕處縂有欠闕處便有弊所以孟子自說他隘與不恭不曾說末流如此如不念舊惡不以三公易其介固是清和好處然十分只救得一分救不得那九分清和之偏處了○夷清惠和卻得一偏也○学之使有隘不恭處使偽夫学和愈不恭故大学清愈隘可也可謂百世師謂能使薄者寬鄙者敦焉若以君子不由不由其隘與不恭則誤

○陳氏說

張氏註 伯夷不已其清柳下惠不已其和伯夷惡惡之心是仁者之能惡也非其君則不事非其友則不友不立於惡人之朝不與惡人言方是時諸侯雖有善其辭命而至者以其人不可與處則不受蓋惟恐其有害於己之道也故曰不屑就謂不輕就也柳下惠不以事汙君為羞不以居下位為卑其進也不自隱其賢而必以其道其遇也則遺佚而不怨阨窮而不憫由由然與之偕而不自失由由者和而不流之意援而止之則止其心庶幾乎道之可行屑可為也故曰不屑去謂不輕去也然而伯夷非不就也特不輕就耳下惠非不去也特不輕去耳伯夷聞

文王作興則曰盍歸乎來下惠爲士師蓋嘗三黜是則伯夷果長往而不來者乎下惠果苟容而居位者乎此其就清和之中處之而盡其道然而於是一端終有所未化故其意昧有所偏重而未免乎流弊也故夫思與鄉人處其衣冠不正望望然去之若將浼焉此其流弊得無有入於隘者乎曰爾爲爾我爲我雖袒裼裸裎於我側而不以爲浼此其流弊得無有入於不恭者乎其端蓋毫釐之間從而由之則其弊有甚於其所爲隘與不恭者君子所不由而所願則學孔子者也

纂疏 輔氏曰由清和而至於聖則是造乎至極之地也然其初不能無偏故其終不免有弊君子不由者謂於理有不可由也詳味二子之行則所謂卑狹與簡慢者見矣○潛室陳氏曰夷惠皆絕德而不合中庸故好處直是可學弊處卻不當學

孟子卷第三

元本孟子集成

第二册

元 吴真子撰

元刻本

山東人民出版社·濟南

孟子卷第四

○諸儒集成之書

朱子集註　朱子集義　朱子語録　朱子或問

南軒張氏註　黃氏講義　蔡氏集疏　趙氏纂疏

公孫丑章句下

凡十四章自第二章以下記孟子出處行實爲詳。

孟子曰天時不如地利地利不如人和。

天時謂時日支干孤虛王相之屬也地利險阻城池之固也人和謂得民心之和也。

語録　曰孤虛以方位言如俗言向某方利某方不利之類王相指日時說僴

集疏　覺軒蔡氏曰時四時也日日辰也史記註八甲孤虛法甲子旬戌亥爲孤辰巳爲虛甲戌旬申酉爲孤寅

卯爲虛。甲申旬午未爲孤，子丑爲虛。甲午旬辰巳爲孤，戌亥爲虛。甲辰旬寅卯爲孤，申酉爲虛。甲寅旬子丑爲孤，午未爲虛。劉歆《七畧》有《風后孤虛》二十卷。王、相，如東方木王、相於卯之類。

【纂疏】輔氏曰：時，十二時也。日，十日也。支，十二支也。干，十干也。孤虛，星也。王、相，五氣之盛衰也。其法具於六壬書，所由來者遠矣。○趙氏曰：孤虛之法，以一畫爲孤，無畫爲虛，二畫爲實，以六十甲子日定東西南北四方，然後知其孤虛實，而向背之，即知吉凶矣。

三里之城，七里之郭，環而攻之而不勝。夫環而攻之，必有得天時者矣，然而不勝者，是天時不如地利也。扶，大音。

三里七里，城郭之小者。郭，外城。環，圍也。言四面攻圍，曠日持久，必有值天時之善者。

城非不高也池非不深也兵革非不堅利也米粟非不多也委而去之是地利不如人和也

革甲也粟穀也委棄也言不得民心民不爲守也

【[illegible]】趙氏曰古者之甲以革爲之故謂又爲攻皮之工後世始用金曰鎧

故曰域民不以封疆之界固國不以山谿之險威天下不以兵革之利得道者多助失道者寡助寡助之至親戚畔之多助之至天下順之

域界限也

以天下之所順攻親戚之所畔故君子有不戰戰必勝矣

言不戰則已戰則必勝○尹氏曰言得天下者凡以得民

心而已。

（張氏曰）所謂天時者，用兵乘機得其時也；地利者，得其形勢也；人和者，上下一心而協同也。域民不以封疆之界，固國不以山谿之險，威天下不以兵革之利，然則果何所恃哉？以吾得道而多助故耳。得道者，順乎理而已。吾猶順理，則人心悅服矣。先王之所以致人和者，在此而極夫多助之效，至於天下順之，其王也孰禦焉。一失道則寡叛人心，心之所睽，雖親亦踈也，不亦孤且殆哉？是雖有高城深池，雖與爲守，然則有天下者，其可不以得人心爲急乎？雖然，孟子謂域民不以封疆，固國不以山谿，威天下不以兵革，而先王封疆之制，其詳於周官；設險守國，與夫弧矢之利，並著於易經，何耶？蓋先王之言，亦與民同患，其爲治也兼用兼講，本末具舉，道得於己，固有以一天下之心，而法制詳密，又有以周天下之慮，此其治所以常久而安固也。若孟子之言，則舉其本而明之，有其本而後法制不爲虛器也。

（集說）覺軒蔡氏曰：杜牧云：唐自元和以後二十年間，凡四代，猶以十萬之衆圍之，攻其南不拔，攻其北不拔，攻其東不拔攻其西不拔其四受圍之通有十歲七歲之內東西南北豈無所德何背乎相吉辰哉其不拔者以其城高池深糧多也一也又武王伐紂師次于汜水共頭山風雨疾雷鼓旗毀折散附人歲龜以言凶太公乃焚龜折蓍舉衆先涉遂滅紂宋高祖圍慕容超於廣固將攻城諸將諫曰今日往亡兵家所忌高祖曰我往彼亡吉孰大焉乃命悉登遂克廣固後魏武帝討慕容麟甲子晦日進軍太史令鼂崇奏曰昔紂以甲子日亡帝曰周武王豈不以甲子日勝乎崇無以對遂戰破之

【纂疏】輔氏曰計云不戰則已戰則必勝此帝王常勝之道而夫子所謂我戰必克者蓋爲是也

○孟子將朝王王使人來曰寡人如就見者也有寒疾不可以風朝將視朝不識可使寡人得見乎對曰不幸而有疾不能造朝章內朝並音潮惟朝將之朝如字造七到反下同

王。齊王也。孟子本將朝王。王不知而託疾以召孟子。故孟子亦以疾辭也。

【語錄】問。莫是以齊王不合託疾召孟子。曰。未論齊王託疾。看孟子之意。只說他不合來召。蓋在他國時。諸侯無越境之理。只得以幣來聘。故賢者受其幣而往見之。所謂答禮行義是也。如見梁惠王。是惠王先來聘之。既至其國。或爲賓師。有事則王自來見。或自往見王。但召之則不可。召之則有自尊之意。故不往見也。答陳代如不待其招而往。何哉。此以往他國而言。答萬章天子不召師而況諸侯乎。此以在其國而言。

【或問】孟子本欲朝王矣。王召之則辭而不往。何也。曰。孟子於齊。實處賓師之位。而未嘗受祿。盖非齊王之所得臣。位其相見之節。王就而見孟子。則可。孟子自往而見王。則不可。王而召之。則既失禮矣。而其託疾者。又不誠也。則若之何而可往哉。

【纂疏】輔氏曰。孟子本將朝王者。禮也。王不知而託疾以召孟子。故孟子亦以疾辭者。義也。於此可見孟子之[illegible]

至公無私因事制宜如權衡然物有輕重則權亦從而前卻也

明日出弔於東郭氏公孫丑曰昔者辭以病今日弔或者不可乎曰昔者疾今日愈如之何不弔

東郭氏齊大夫家也昔者昨日也或者疑辭辭疾而出弔與孔子不見孺悲取瑟而歌同意

【疏】輔氏曰孔子以疾辭孺悲而不出見然又取瑟而歌使之知其非疾所以警教孺悲也孟子以疾辭齊王而不往朝然又出弔東郭而使之知其非疾者亦所以警教齊王也但皆聖賢至誠應物而得時中之義也

王使人問疾醫來孟仲子對曰昔者有王命有采薪之憂不能造朝今病小愈趨造於朝我不識能至否乎使數人要於路曰請必無歸而造

於朝與（平）

孟仲子、趙氏以為孟子之從昆弟學於孟子者也。采薪之憂、言病不能采薪、謙辭也。仲子權辭以對、又使人要孟子令勿歸而造朝、以實己言。

【纂疏】輔氏曰、仲子雖學於孟子、然未免於世俗之習、懾於勢之尊、而不知在己之有義、勝義又多矣、而不察其誠之不誠、故作此態、亦世俗之常情也。

不得已而之景丑氏宿焉。景子曰、內則父子、外則君臣、人之大倫也。父子主恩、君臣主敬。丑見王之敬子也、未見所以敬王也。曰、惡、是何言也。齊人無以仁義與王言者、豈以仁義為不美也。其心曰、是何足與言仁義也云爾、則不敬莫大

是我非堯舜之道不敢以陳於王前故齊人莫如我敬王也惡平聲下同

景丑氏齊大夫家也景子景丑也惡歎辭也景丑所言敬之小者也孟子所言敬之大者也

【纂疏】輔氏曰景丑之說擎跽曲拳奔走承順之敬世俗之所知故曰敬之小孟子所言陳善閉邪責難於君敬聖賢之所行故曰敬之大也○西山真氏曰景子但聞命奔走為敬其君不知以堯舜之道告其君者乃敬之大者也僕隸之臣唯唯承命外若敬其君然心實薄之曰是何足與言仁義此不敬之大者也齊人之敬君以貌孟子之敬君以心

景子曰否非此之謂也禮曰父召無諾君命召不俟駕固將朝也聞王命而遂不果宜與夫禮若不

相似然。夫音扶

禮曰父命呼唯而不諾又曰君命召在官不俟屨在外不俟車言孟子本欲朝王而聞命中止似與此禮之意不同也

曰豈謂是與曾子曰晉楚之富不可及也彼以其富我以吾仁彼以其爵我以吾義吾何慊乎哉夫豈不義而曾子言之是或一道也天下有達尊三爵一齒一德一朝廷莫如爵鄉黨莫如齒輔世長民莫如德惡得有其一以慢其二哉與平聲慊口簟反長上聲

慊恨也少也或作嗛字書以爲口銜物也然則慊亦但爲心有所銜之義其爲快爲足爲恨爲少則因其事而所銜有不同耳孟子言我之意非如景子之所言者因

引曾子之言而云夫此豈是不義而曾子肯以爲言是或別有一種道理也達道也蓋通天下之所尊有此三者曾子之說蓋以德言之也今齊王但有爵耳安得以此慢於齒德乎

【語錄】曰夫豈不義而曾子言之以勢役使曾子而愚人也則可若是義理不是則曾子豈肯恁地說了讀疑孟辨曰孟子固將朝王矣而王以疾要之則孟子辭不往其意若曰自我而朝王則貴貴也貴貴義也而何不可之有以王召我則非尊賢之禮矣如是而往於我何所當哉又曰二子達尊之義蓋謂達者通也三者不相值則各伸其尊而已無所屈一或相值則通視其重之所在而致隆焉故朝廷之上以伊尹周公之忠聖耆德而祗奉嗣王若孺子不敢以其齒德加焉至論輔世長民之任則太甲成王固拜手稽首於伊尹周公之前矣其迭爲屈伸以致崇極之義不異於孟子之言也故曰通視其重之所在而致隆焉唯可與權者知之矣又曰爵也齒也蓋有偶然而得之者是以其尊施於朝廷若則不及於鄉黨施於鄉黨若則不及於朝廷而人之敬之也亦或以貌而不以心惟德也者得於心充於身刑於家推於鄉黨而達於朝廷者也曾子曰彼以其富我以吾仁彼以其爵我以吾義子思曰事之云乎

豈曰友之云乎。孟子曰惡得有其一以慢其二。師弟子之間氣類相合如此。○蔡氏錄

纂疏 輔氏曰道雖一本而其用則有萬不同時異事殊則聖人處之各自成一樣禮經之說固是正理然曾子之說又也別是一般道理也。○又曰自天下有達尊三以下則是孟子自說而集註所謂曾子之說蓋以德言者得指吾仁吾義云耳

故將大有爲之君，必有所不召之臣。欲有謀焉，則就之。其尊德樂道，不如是，不足與有爲也。樂音

大有爲之君，大有作爲非常之君也。○程子曰：古之人所以必待人君致敬盡禮而後往者，非欲自爲尊大也，爲是故耳。

纂疏 輔氏曰以爲欲自尊大者此俗之見也不足與有爲者君子之心也君子之所爲衆人固不識者正謂此也

故湯之於伊尹，學焉而後臣之，故不勞而王；桓

公之於管仲學焉而後臣之故不勞而霸

先從受學師之也後以爲臣任之也

今天下地醜德齊莫能相尚無他好臣其所教而不好臣其所受教

醜類也尚過也所教謂聽從於己可役之者也所受教謂己之所從學者也

湯之於伊尹桓公之於管仲則不敢召管仲且猶不可召而況不爲管仲者乎

不爲管仲孟子自謂也范氏曰孟子之於齊處賓師之位非當仕有官職者故其言如此○此章見賓師不以趨走承順爲恭而以責難陳善爲敬人君不以崇高富貴爲重而以貴德尊士爲賢則上下交而德業成矣

張氏注

聖賢之舉措皆有精義存焉衆人之未易識也故燔肉不至不稅冕而行其不知者則以爲爲肉其知者則以爲爲無禮而皆非孔子之意孟子之不朝王而出弔其不知者幾何其不以爲要君其知者則亦以爲太甚矣自公孫丑孟仲子以門人近屬朝夕相親而猶不克知也則又何怪於景丑氏乎乃若孟子之所處蓋精微矣且孟子將朝王是固欲朝王也及王使人來告謂欲就見而以疾不果則遂不往何哉蓋王本不欲見孟子而固爲之辭以要之此私意之所生也孟子方欲消其邪志引以當道其可徇其私意之所爲乎於是以疾辭而不往方欲朝王聞王之言若此而不往惟義所適也明日出弔於東郭氏正欲王知其以疾辭而深惟其如此亦孔子取瑟而歌之意也公孫丑不知以爲太迂也孟子告之曰昔者疾今日愈如之何不弔其辭氣亦從容不迫矣若其深意則欲丑自思而得之也亦未識孟子之意則使人問疾醫來而孟子有出弔孟仲子懼王以爲僞也則詭辭而對曰孟子之出周將朝矣孟仲子此言之發蓋不與孟子之心而徇私情之細也使孟仲子而知孟子之心則告之曰昨日疾今日愈而出弔矣則豈不正大矣乎而爲是紛紛也孟仲子既爲是言則使人要於路以告欲孟子遂朝王以實夫朝使人之辭孟子不得已而宿於景丑氏孟仲子既以是對

則其宿於景丑氏也意者不得已明日而往見於王乎景
子問孟子之所以處者則以為不敬於王也孟子為言敬
王之義以為若以僕僕然惟命之共而謂之敬則僕妾服
役之事耳敬君者尊君而不敢慢也古人知仁義為貴而
謂其君不足以言仁義其為慢而誣之甚焉孟子知人
皆可以為堯舜彼望宣王以堯舜之事非堯舜之道則不
敢陳也然則其敬王則大於此或曰孟子謂齊人莫如我
敬王也不可為已大不謙乎蓋不直則道不見云然者所
以明敬王之義也景丑引孔子不俟駕之事以告謂尸以
為不敬者為是故也孟子則曰豈謂是歟謂不俟駕之意
非若景子之說也孟子蓋嘗言之矣孔子當仕有官職而
以其官召之故不俟駕也於是舉曾子之言曾子非以仁
義與彼較輕重也蓋世衰道微競於勢利君以此驕士而
亦不知自重趨嚮服役之不暇不知仁義在躬何所慕乎
外故曰吾何慊乎哉有所慊則有所望於人則為富貴之
所屈若無所求豈不綽綽然有餘裕哉故曰夫豈不義而
曾子言之是或一道也天下有達尊三言天下之所通尊
也朝廷上爵則貴賤有等而爭陵犯息矣鄉黨有齒則
長幼以序而暴慢屏矣夫爵施於朝廷者也齒用於鄉黨
者也至於德又通上下所當尊者德之所以為可尊以其

輔世長民所賴哉也大有為之君必有不召之臣不召云
者非惟不敢召亦不可召也其尊德樂道之心不如是則
信任不篤豈能輔之以有為乎學焉而後臣者以學為先
而未敢遽臣之也惟其學焉則同德協志其謀無一二慮而事
無不成矣好臣其所教而不好臣其所受教此為國之大
患蓋長傲自居德日喪而不自知也湯於伊尹桓公於管
仲王霸之分固不相侔然其為學焉而後臣之則一也孟
子此章於公孫丑孟仲子則告之不詳二子學者也欲其
深省而自識焉至於景子則陳義委曲者明如此景子大
夫也庶幾其明此義而有以啓悟於宣王之心孟子於宣
王庶幾有望焉然孟子初不可召而後復為卿於齊何
也蓋使宣王而能若湯之於伊尹桓公之於管仲則孟
子得以行其道是其所望也而莫之能焉然為卿而留於齊
猶望其感悟於終也聖賢伸縮變化各有深意學者所宜
盡心焉

【纂疏】輔氏曰不為管仲而孟子到此不得已而直言之不如
是則公孫丑之徒終不足以知此義也○又曰天地
交而萬物遂上下交而後德業成此自然之理也世衰道
微君不能止於仁而惟知恃勢以驕其臣臣不能止於敬

三一八

而惟知自徇以陷夫君上下之情扞格而不接德之與業

淺散而無成天下日趨於大亂極敗而世俗猶以孟子為

迂闊於事

亦可悲矣

○陳臻問曰前日於齊王餽兼金一百而不受

於宋餽七十鎰而受於薛餽五十鎰而受前日

之不受是則今日之受非也今日之受是則前

日之不受非也夫子必居一於此矣

陳臻孟子弟子兼金好金也其價兼倍於常者一百

百鎰也

孟子曰皆是也

皆適於義也

纂疏輔氏曰以事言則或受或不受固不一也以義言則

受者義所當受也不受者義所不當受也故曰皆適

於義也陳臻只就事上校量孟子則以義爲斷制也

當在宋也予將有遠行行者必以贐辭曰餽贐予何爲不受贐徐刃反

贐送行者之禮也

當在薛也予有戒心辭曰聞戒故爲兵餽之予何爲不受爲兵之爲去聲

時人有欲害孟子者孟子設兵以戒備之薛君以金餽孟子爲兵備辭曰聞子之有戒心也

若於齊則未有處也無處而餽之是貨之也焉有君子而可以貨取乎焉於虔反

無遠行戒心之事是未有所處也取猶致也○尹氏

曰言君子之辭受取予唯當於理而已

張氏註 凡人之所以遲回於辭受之際若以爲外物所動故也蓋於其所不當受而受其動於物固也若於所當受而不受是亦爲物所動而已矣何則以其蔽於理而見物之大也若夫聖賢從容不迫惟義之安而外物何有于故以舜受堯之天下而不爲泰亦曰義當然爾若於義也無所則雖簞食豆羹不可取也簞食豆羹之與天下其大小固有間矣物則有大小而義之所在則一也惟孟子此章言辭受之義可謂明矣亦前日則不受在今日則受義之所在而已予將有遠行而辭曰餽贐予有戒心而辭曰聞戒故爲兵餽之是其餽也有名而受之也有義矣若於齊則未有處也未有處者於義無所居也於義無所居徒然受之可乎夫義存則爲義也義之不存則是貨之而已君子豈可以貨而取之乎取之云者猶曰以此得之云爾孟子此章學者玩之非特可以知辭受之義而亦可以知所以與矣

纂疏 輔氏曰理體也義用也當於理則是適於義也○問孟子但有辭有受有取初無予之事而尹氏併言辭

受取乎若何也曰學者玩此章非非特可以知辭受之義而亦可以知所守矣

○孟子之平陸謂其大夫曰子之持戟之士一日而三失伍則去之否乎曰不待三

去上聲

平陸齊下邑也大夫邑宰也戟有枝兵也士戰士也伍行列也去之殺之也

然則子之失伍也亦多矣凶年饑歲子之民老羸轉於溝壑壯者散而之四方者幾千人矣曰此非距心之所得爲也

幾上聲

子之失伍言其失職猶士之失伍也距心大夫名對言此乃王之大政使然非我所得專爲也

曰今有受人之牛羊而爲之牧之者則必爲之

求牧與芻矣求牧與芻而不得則反諸其人乎抑亦立而視其死與曰此則距心之罪也爲去聲邪與之與平聲

牧之養之也牧牧地也芻草也孟子言若不得自專何不致其事而去

他日見於王曰王之爲都者臣知五人焉知其罪者惟孔距心爲王誦之王曰此則寡人之罪也見音現爲王之爲去聲

爲都治邑也邑有先君之廟曰都孔大夫姓也爲王誦其語欲以風曉王也○陳氏曰孟子一言而齊之君臣舉知其罪固足以興邦矣然而齊卒不得爲善國者豈非說而不繹從而不改故邪陳氏名暘字晋臣三山人

【語錄】左傳邑有先君之廟曰都嘗謂都須便自有廟如周時太王廟在岐文王廟在豐是也如武王祭太王則於岐祭文王則於豐王朝步自周至于豐是自岐至豐以告文王之廟也又如晉獻公使申生祭于曲沃武公雖自曲沃入晉而其先君之廟則仍在曲沃而不徙也又如魯祖文王鄭祖厲王則諸侯祖天子矣三威祖威公則大夫祖諸侯矣故禮運曰諸侯不得祖天子大夫不得祖諸侯公廟之設私家非禮也自三桓始也是三桓各立桓公廟於其邑也又曰七之爲都又恐是周禮所謂都鄙之都周禮曰四縣爲都都鞠廣【通義】

【張氏註】人君有民與其臣其司牧之責當以保民爲己任耳戰國之君臣莫知其任也故孟子以此問於距心焉夫特戰之士卒其伍以戰若有失亡則以不職而去之矣今分任牧民之責而不存心於民平時不爲備禦而安集之計凶年饑歲使之轉死流散坐視而不能救其所以失此之失伍者不亦多乎距心以爲己大夫也有不得專以爲此君與人臣之貪耳孟子以求牧與芻爲譬謂既已受其民固當思所以救之者告於君與大臣而行之則爲不負其任若告之而不聽則又當同棄其位乎寧去其位坐視民之死而莫能救其義何居距心聞斯言也而動于

三二四

中而知其罪孟子既有以感發距心矣而又舉距心之所以感發者以告於王而王亦有動焉然皆于蚳有感於是言而發政施仁之實則莫之聞也故治氏亦爲此所謂說而不繹從而不改雖孔子亦末如之何也

纂疏 輔氏曰孟子一言而齊之君臣舉知其罪者理明辭達長於譬喻而能感發於人故也然齊之君臣雖知其罪而終不能改繹者志小氣輕志小則易足蓋元不曾有大底規模氣輕則多率多率則凡事說過便休都無那自訟自責之意如此則何緣會改

○孟子謂蚳鼃曰子之辭靈丘而請士師似也爲其可以言也今既數月矣未可以言與蚳音遲鼃烏花反爲去聲與平聲

蚳鼃齊大夫也靈丘齊下邑似也言所爲近似有理可以言謂士師近王得以諫刑罰之不中者

蚳鼃諫於王而不用致爲臣而去

致猶還也

齊人曰所以爲蚳鼃則善矣所以自爲則吾不知也爲去言

譏孟子道不行而不能去也

公都子以告

公都子孟子弟子也

曰吾聞之也有官守者不得其職則去有言責者不得其言則去我無官守我無言責也則吾進退豈不綽綽然有餘裕哉

官守以官爲守者言責以言爲責者綽綽緩寛貌裕寛意也

孟子居賓師之位，未嘗受禄，故其進退之際，寬裕如此。尹氏曰：進退久速，當於理而已。

張氏註 所居之時雖同，而所處之地有異，則其進退語默各有攸當，不得而齊也。蚳鼃之在靈丘，其職未可以言也，而請士師，庶幾乎欲有補於君也。士師掌國之刑罰，而近於王，有關於朝，有關於政，士師所當言也。故孟子以數月為淹久，而欲其言。蚳鼃於是諫於王，言不用而去之，庶幾得為臣之義矣。齊人以為孟子所以為蚳鼃者固善，而孟子之於齊胥不諫乎？若諫而不聽，則曷不遂去之乎？蓋齊人未知義之所在也。人有官守者，其守在官，不得其職則當去；有言責者，其責在言，足不得其言，可不去乎？若孟子則異乎此矣。居賓師之地，無官守言責之拘，故得以從容不迫，陳善閉邪，以俟其改，故曰：則吾進退豈不綽綽然有餘裕哉！言可以徐觀乎進退之宜也。然齊致為臣而歸何哉？蓋其誠意備至，啓告曲盡，而王終莫之悟也，則有不得已者焉。而亡猶出晝，猶庶幾王之改之，亦可謂從容矣。蓋進退久速，無非義之所在也。

【纂疏】輔氏曰：在易晉之初六曰「罔孚，裕无咎」。程子曰：夫子恐後人不達寬裕之意，居位者廢職失守以為裕，故特云「初六裕則无咎」者，始進未受命當職任故也。若有官守，不信於上而失其職，一日不可居也。由是觀之，凡始進未受命者，苟上未見信，猶可以寬裕自守，況孟子處賓師之位，又未嘗受祿乎？宜其進退寬裕如此也。一有官守言責，則當自盡其職，不可如此矣。蚳鼃是有言責者，孔距心是有官守者。蚳鼃聞孟子之言，雖不自以為罪，然遂諫於王而不用，致為臣而去。孔距心雖知其為罪，却只說過了便休。蚳鼃之資質賢於距心多矣。今學者須當學蚳鼃則改過勇，而進德當日新也。○又曰：註引尹氏之說，與上章君子之辭受取予，惟當於理而已，同意。言孟子之辭受取予進退久速，雖有不同，然非有所愛惜過甚於其間也，一當乎天理而已矣。玩味其言，可發深省。嘗謂聖賢之曉人，常寬裕委曲而無迫切之意，人見其如此也，則曰聖賢之術也，而不知聖賢初無心也，理當然耳。故其所為無迹。後世妄意聖人之所為，而挾術以諫，務欲其迹露如纖微望獻陵之事可見。雖此所一時之事，然原是心以事君，則不求其矣。

○孟子為卿於齊，出弔於滕，王使蓋大夫王驩

爲輔行王驩朝暮見反齊滕之路未嘗與之言行事也蓋古盍反見音現

蓋齊下邑也王驩王嬖臣也輔行副使也反往而還也行事使事也

纂疏 輔氏曰使事謂弔祭之禮辭令之儀及禮文制數皆所以此行也

公孫丑曰齊卿之位不爲小矣齊滕之路不爲近矣反之而未嘗與言行事何也曰夫既或治之予何言哉夫音扶

王驩蓋攝卿以行故曰齊卿夫既或治之言有司已治之矣孟子之待小人不惡而嚴如此

語錄 曰賓師如何曰當時有所謂客卿者是也大槩尊禮之而不居職任事但召之則不往又却爲使出弔於

滕〔錄〕文之○
又見離婁下
【饒氏註】王驩齊之嬖人也出弔於滕乃報文公之常事孟子
雖爲媚而實貪鄙也則夫禮文制數固可付之於
有司是王驩雖曰輔行然齊王之意特欲藉孟子以爲重
有司之事不敢以煩孟子而王驩則行之者也孟子往反齊滕
之路亦不與言行事公孫丑固知孟子於驩難與言也獨
疑行事之間豈無當言者盡未知孟子深得夫御小人不
惡而嚴之道耳禮文制數既有有司之事孟子者特統其大
綱於上而驩則共其事於下若驩於事上之禮有失邦交
之儀有闕則孟子固有以勅之矣觀驩於孟子意亦知所
敬畏者故朝暮見而不敢以失禮驩之爲人亦克勝其職
者故曰夫既或治之予何言哉使其不克治則孟子不免
有言也惟有言也將以正其事之失也彼既或治之未見
有可正之事則亦烏用有言也玩此辭氣不亦正大
而謹嚴乎君子待小人之道於斯可見之矣
【纂疏】輔氏曰夫既或治之正答公孫丑未嘗與之言行事
一句也孟子言所謂使事有司既已治之而得其宜
矣自不須更與之言也只此句便見孟子之待小人不
惡而嚴之意使有司不能治其事於禮文制數有所闕不

齊卿，而孟子固不與驩言，則非所謂不惡矣。今有司既已能治辦其事，而猶與之言，則便有術之之意，而不可謂之嚴矣。然自將情觀之，則孟子之不與驩言，不以爲惡之而不欲與之言，則以爲易之而不足與之言矣。夫與惡之而不欲與之言，與易之而不足與之言，則忽然臨與物，孟子無見於也。但言有司既已能治辦其事，而不與之言，則小是順理之事，而其中自有不從而嚴之意耳。故愚嘗謂君子之待小人，不可一日而無惡意，有容德而無過禮。惡惡之心，雖不能無，然亦不爲已甚之疾也。

○孟子自齊葬於魯，反於齊，止於嬴。充虞請曰：「前日不知虞之不肖，使虞敦匠事。嚴，虞不敢請。今願竊有請也：木若以美然。」

孟子仕於齊，喪母，歸葬於魯。嬴，齊南邑。充虞，孟子弟子，嘗董治作棺之事者也。嚴，急也。木，棺木也。以，已通。以美，太美也。

曰古者棺椁無度中古棺七寸椁稱之自天子達於庶人非直爲觀美也然後盡於人心稱去聲

度厚薄尺寸也中古周公制禮時也椁稱之與棺相稱也欲其堅厚久遠非特爲人觀視之美而已

纂疏輔氏曰古者棺椁無度者想只是過於厚斷十二封喪葬取之大過可見至周公制禮時然爲七寸之制也棺七寸則椁亦七寸也○又曰人子之喪親所以爲之棺椁者蓋欲其堅厚以歷久遠而已非是欲爲人觀視之美也蓋必如此然後於人心爲盡耳盡於人心此一句須當自體之若後世之厚葬却只是欲爲人觀美之故也

不得不可以爲悅無財不可以爲悅得之爲有財古之人皆用之吾何爲獨不然

不得謂法制所不當得得之爲有財言得之而又爲有財也或曰爲當作而

【纂疏】輔氏曰先儒多以七寸之棺自天子達於庶人與下文得之爲有財兩句斷故解不得者不可爲無財之故耳集註不從者此蓋孟子因而從古葬禮如重累之數牆翣之飾既有定制則不可得以爲儉非獨指棺椁言之也兼孟子自做兩句分說下來得之爲有財又足總說上文意是兩意或者又以爲當作而則尤分曉爲作而是字誤也

且比化者無使土親膚於人心獨無恔乎比必二反恔音效

比猶爲也化者死者也恔快也言爲死者不使土近其肌膚於人子之心豈不快然無所恨乎

【纂疏】輔氏曰謂厚其棺椁者正爲死者不欲使土近其肌膚耳雖如此則人子之心始以爲快而無所慊恨也有所恨則是有所不快處則是其心有所不盡也

吾聞之君子不以天下儉其親

送終之禮所當得爲而不自盡是爲天下愛惜此物而薄

於吾親也。

或問 不以天下儉其親，曰：以猶爲也。不爲天下惜棺槨之費，而儉於其親也。王氏中說記太原府君之門曰：「上布被二十年不易，已無爲貴天下也。」文意正與此同。

輔氏註 緣人之情不忍於其親，故於其終而藏也，必爲之深長之思焉。先王制禮，本乎人心者也。故重累之數、牆翣之飾，凡涉乎禮文度數者，莫不有貴賤等威之不侔，至於棺槨之厚薄，則自天子至於庶人無二制，蓋其所爲親身者莫切乎此。雖位有貴賤，而人子之心所以愛其親則同也。是豈爲觀美哉？其中心所以自盡者如此，有不得自盡，則中心有所不悅焉。蓋欲使比及其化而土不全於親膚，而後庶幾無所恨也。故不得則不可以爲悅，而無財則不可以爲悅，其不得者特以無財之故耳。力可爲之而不爲，是以天下儉其親也。孝子之心其忍於是乎？然墨子之薄葬，固賊夫良心，而後世厚葬之過，其失均也。蓋曰盡於人心，則不可以有加也。過是而有加焉，則亦非大理矣。

【纂疏】呂氏曰：謂云所當得爲而不自盡，則便是倒行逆施，不順理底。於所厚者薄，則無所不薄矣。墨子之葬以薄爲道者，即是此意。

○沈同以其私問曰：「燕可伐與？」孟子曰：「可。子噲不得與人燕，子之不得受燕於子噲。有仕於此，而子悅之，不告於王而私與之吾子之祿爵；夫士也，亦無王命而私受之於子，則可乎？何以異於是？伐與之與，平聲。下伐與、殺與同。夫，音扶。

沈同，齊臣。以私問，非王命也。子噲、子之，事見前篇。諸侯土地人民，受之天子，傳之先君，私以與人，則與者受者皆有罪也。仕，爲官也。士，即從仕之人也。

【語錄】孟子答沈同伐燕一章，誠爲未盡，何以異於是，上下更合說，須是弔民伐罪，不行殘虐之主，方可以伐之。

如是乃善又孟子居齊齊問又伐燕之事必親見之齊王乃
無一語謀於孟子而孟子亦無一語諫之何也想得孟子
亦必以伐之爲是但不意齊師之暴虐耳不然齊有一大
事如此而齊王不相謀孟子豈可更居齊耶沈僴**闕氏錄**

張氏註 孟子論堯舜授受之際一以天言之蓋非堯得授
舜以天下也亦非舜得受堯之天下也天與之而
已聖人與天合德故先天而天弗違後天而奉天時非有
一毫人爲與於其間也子噲蓋闇堯舜之事而不務愛子
之之私欲假此事而以國授焉是其授也子噲之私意非
天意也而子之受之也亦固利其國耳又豈天意乎哉故
孟子答沈同之問以爲子噲不得與人燕子之不得受燕
於子噲又從而引喻以告之如沈同之祿爵王命之也沈
同不告王而以祿爵與人其受之也亦無王命而私受之
其不可也明矣繼先王之世以有國而以私意相與受授其
可乎此燕所爲有可伐之罪也

纂疏 輔氏曰沈同問燕可伐否耳固不問以齊伐燕爲如
何也若是以王命來問孟子必當詳告之不但曰可
而已也○又曰註云與者受者皆有罪謂不由其道安取
安守如子噲子之之徒者由其道則三聖之授受乃所天

三三六

而天弗違之事
不可以罪言矣

齊人伐燕或問曰勸齊伐燕有諸曰未也沈同問燕可伐與吾應之曰可彼然而伐之也彼如曰孰可以伐之則將應之曰爲天吏則可以伐之今有殺人者或問之曰人可殺與則將應之曰可彼如曰孰可以殺之則將應之曰爲士師則可以殺之今以燕伐燕何爲勸之哉

天吏解見上篇言齊無道與燕無異如以燕伐燕也史記亦謂孟子勸齊伐燕蓋傳聞此說之誤○楊氏曰燕固可伐矣故孟子曰可使齊王能誅其君弔其民何不可之有乃殺其父兄虜其子弟而後燕人畔之乃以是歸咎孟子

之言則誤矣。
【集義】范氏曰孟子所言燕王噲不當以國與人燕相子之不當受人之國君不君臣不臣此燕之所以破也。
【語錄】史記云孟軻謂齊王曰今伐燕此文武之時不可失也此亦當時傳之誤而史氏輕信之耳其曰文武之時則前篇所謂燕民悅則取之燕民不悅則勿取之亦皆如直以文武之事許齊王哉○又讀疑孟辯曰聖賢之心如明鑑止水求者照之然亦照其面我者而已矣固不能探其背而逆照之也况問之以私而不及公問燕而不及齊惟以私而問燕伐燕之可伐孟子之所宜知也惟不以公而問齊故齊之不可伐孟子之所不宜對也溫公疑孟子坐視齊伐燕而不諫余隱之以為孟子必不免賂謁故不諫溫公之疑固未當而隱之又以受人之禦孟子言取之而燕民悅則取之取之而燕民不悅則勿取然則燕之可取不可取決於民之悅否而已使齊能誅君弔民拯之於水火之中則烏乎而不可取哉○【蔡氏語錄】○又曰孟子言伐燕勵有四而燕必子君臣如此問有同伐之理然孟子不曾教齊不伐亦不曾教齊必伐但惟天吏則可以伐之〔金子大爲〕○【語錄】

或問 或謂孟子於沈同之問是為不盡其辭以告之也曰沈同固非能伐燕者且其以私來問又不言求之將伐燕也則直以可伐之理告之足矣正不當逐探其情而預為之設辭以待之則是猜防險詖以私爾豈所謂聖賢之心哉且齊雖無道若能救燕之遺民於水火之中而無殺戮繫累之暴則其伐之也亦何為而不可哉

張氏註 所謂天吏者其德有以當天命之以討有罪湯武是也故天吏之得討罪猶士師之得殺人同命士師者君也而命天吏者天也何從而知天命之人之所歸天之所命也燕雖有可伐之罪然齊不得而伐之者齊非天吏故也何以知齊之非天吏乎以齊君之所為與夫人心而知之也有人於此其罪雖可殺然行道之人不得而殺之也惟士師當其任則得以殺之也蓋亦非士師得專之也君所命也天吏之討有罪亦天所命云爾沈同以其私問燕可伐與孟子對之曰可言燕有可伐之罪也使沈同而問齊可伐燕與則孟子固將言齊未可以伐之理也問答抑揚次第固當爾也

○燕人畔王曰吾甚慚於孟子

齊破燕後二年燕人共立太子平爲王

陳賈曰王無患焉王自以爲與周公孰仁且智王曰惡是何言也曰周公使管叔監殷管叔以殷畔知而使之是不仁也不知而使之是不智也仁智周公未之盡也而況於王乎賈請見而解之惡監皆平聲

陳賈齊大夫也管叔名鮮武王弟周公兄也武王勝商殺紂立紂子武庚而使管叔與弟蔡叔霍叔監其國武王崩成王幼周公攝政管叔與武庚畔周公討而誅之也

蔡氏曰周公攝政管叔於周公爲兄於所親故流言公將不利於孺子周公避位居東後成王悟迎周公歸叔懼遂與武庚叛成王命周公征討而誅戮之

見孟子問曰周公何人也曰古聖人也曰使管叔監殷管叔以殷畔也有諸曰然曰周公知其將畔而使之與曰不知也然則聖人且有過與曰周公弟也管叔兄也周公之過不亦宜乎與平聲

言周公乃管叔之弟管叔乃周公之兄然則周公不知管叔之將畔而使之其過有所不免矣或曰周公之殺管叔不如舜之封象何也游氏曰象之惡已著而其志不過富貴而已故舜得以是而全之若管叔之惡則未著而其志其才皆非象比也周公詎忍逆探其兄之惡而棄之耶周公愛兄宜無不盡者管叔之事聖人之不幸也舜誠信而喜象周公誠信而任管叔此天理人倫之至其用心一也

【語錄】曰周公當初也看那兄弟不過不是怕武庚叛故遣管蔡霍叔去監他為其至親可恃不知他反去與那

武庚同作一黨不知如何紂出得箇兒子也恁地狡猾想
見他日夜炒那管叔被詐周公是弟今欲寡爲天子彼是兄
今却只恁地管叔被他炒得心熱他料
又無以所以便發出這件事來○[illegible]
【纂疏】輔氏曰集註採程子游氏說合而成之可謂曲盡
人情矣舜與周公皆是處聖人之不幸使其易地而
處則皆然也此乃是以天理人倫之極至處○又曰周
公以親親之故不忍料其兄之惡而使之故不免有過是以
孟子亦以爲周公之過不亦
宜乎不說周公爲無過也

且古之君子過則改之今之君子過則順之古之
君子其過也如日月之食民皆見之及其更也民
皆仰之今之君子豈徒順之又從爲之辭（更平聲）

順猶遂也更改也辭辯也更之則無損於明故民仰之順
而爲之辭則其過愈深矣責賈不能勉其君以遷善改過
而教之以遂非文過也○林氏曰齊王慚於孟子蓋羞惡之

心有不能自已者使其臣有能因是心而將順之則義不可勝用矣而陳賈鄙夫方且爲之曲爲辯說而沮其遷善改過之心長其飾非拒諫之惡故孟子深責之然此書記事散出而無先後之次故其說必參考而後通若以第二篇十章十一章置於前章之後此章之前則孟子之意不待論說而自明矣

【精義】伊川先生曰象憂亦憂象喜亦喜盡天理人情於是爲至舜之於象周公之於管叔其用心一也管叔未嘗有惡也使周公逆知其將畔果何心哉惟其管叔之畔非周公所能知也則其過有所不免矣故孟子曰周公之過不亦宜乎

【語錄】問周公誅管叔自公義言之其心固正大直截自私恩言之其情終有不自滿處所以孟子謂周公之過不亦宜乎者以此曰周公豈得已爲此哉莫到恁地較好

致堂胡氏曰象得罪於舜故封之管蔡流言將危周公以間王室得罪於天下故誅之非周公誅之天下之所當誅也周公豈得而私之哉後世如有若不幸而有害兄之

弟如象則當如舜封之是也不幸而有亂天下之兄如管蔡則當如周公誅之是也舜處其常周公處其變此聖人所以同歸於道也

陳惇〇饒氏錄甚矣小人之為人害也燕人畔而齊王以為甚慙

張氏曰於孟子使其即是心而知悔其庶矣乎而陳賈遽曰王無患焉遂引周公之事以為周公且有過而況於我其辭婉而巧使王聞是言將頓忘其慙悔之心而復起其驕怠之意甚矣小人之為人害也聽言者可不察與周公之事孟子答之可謂辭簡而理盡矣賈曰周公知其將畔而使之與則應之曰不知也賈曰然則聖人且有過與則應之曰周公弟也管叔兄也周公之過不亦宜乎斯兩言也而周公之心若揭日月矣蓋周公之心亦舜象憂亦憂象喜亦喜之心也仁人之於兄弟也親愛之而已矣若逆料其將畔而豫變之則誠何心哉以其同氣而逆之蓋兄弟親愛之至情而天理之大公也又曰周公之過不亦宜乎親愛之而不知其將叛其過也宜矣孟子既答賈周公問矣而知賈之意蓋為齊王文其過設也則又為言古人改過之道古之君子有過則改之改之則其過亡矣以日月之食為喻言其不自掩也今人見其過而不更也非徒

順之而又從而爲之辭爲之辭則是誕散文飾於過失之中又生過焉私意横流有不可掩者矣故謂陳賈者爲其君爲辭者也其責君之也不亦宜乎嗟乎是豈特在上之君子當深復乎此大之特身毁過爲大若夫因循自恕一有順之之意恐當深察而力反之况可爲之辭乎

[illegible]輔氏曰林氏說得齊王之心發觀由陳賈之意邪數孟子責陳賈之言深切數句見又明所以啓發萬世之爲君臣者有所懲因是以而將順之者則如孟子因齊王見牛不忍之心而引之使保民者是也

○孟子致爲臣而歸

孟子久於齊而道不行故去

王就見孟子曰前日願見而不可得得侍同朝甚喜今又棄寡人而歸不識可以繼此而得見乎對曰不敢請耳固所願也他日王謂時子曰

我欲中國而授孟子室養弟子以萬鍾使諸大夫國人皆有所矜式子盍爲我言之朝音潮爲去聲

時子齊臣也中國當國之中也萬鍾穀禄之數也鍾量名受六斛四斗矜敬也式法也盍何不也

纂疏 趙氏曰四豆爲區區受斗六升四區爲釜釜受六斗四升十釜爲鍾鍾受六斛四斗

時子因陳子而以告孟子陳子以時子之言告孟子

陳子即陳臻也

孟子曰然夫時子惡知其不可也如使予欲富辭十萬而受萬是爲欲富乎夫音扶惡平聲

孟子既以道不行而去則其義不可以復留而時子不知則又有難顯言者故但言設使我欲富則我前日爲卿嘗

辭十萬之祿今乃受此萬鍾之饋是我雖欲富亦不

爲此也

纂箋 輔氏曰註一云孟子有難顯言者顯言之則訐揚齊王之失而有咎於我固所願也○又曰時子不知我之去乃爲道之不行而於義不可不去耳今乃以是誘我設使我誠欲其富則前日又辭十萬之祿今日乃受萬鍾之饋則豈欲富者乎齊王時子之事是皆就人欲計較中來若孟子之意則道合則從不合則去又奚用是多端也哉

季孫曰異哉子叔疑使己爲政不用則亦已矣又使其子弟爲卿人亦孰不欲富貴而獨於富貴之中有私龍斷焉龍音壟

此孟子引季孫之語也季孫子叔疑不知何時人龍斷岡壟之斷而高也義見下文蓋子叔疑嘗不用而使其子弟爲卿季孫譏其既不得於此而又欲求得於彼如下文賤丈夫登龍斷者之所爲也孟子引此以明道既不行復

受其祿則無以異於此矣

【纂疏】輔氏曰與季孫所譏子叔疑之事以見我不敢效此之意辭祿而受饋雖多寡之不同畢竟是既不得於此而又求得於彼也

古之爲市者以其所有易其所無者有司者治之耳有賤丈夫焉必求龍斷而登之以左右望而罔市利人皆以爲賤故從而征之征商自此賤丈夫始矣

孟子釋龍斷之說如此治之謂治其爭訟左右望者欲得此而又取彼也罔謂罔羅取之也從而征之謂人惡其專利故就征其稅後世緣此遂征商人也○程子曰齊王所以處孟子者未爲不可孟子亦非不肯爲國人矜式者但齊王實非欲尊孟子乃欲以利誘之故孟子拒而不受

【張氏注】孟子爲卿於齊庶幾乎道之行也道不得行則去爲臣而歸於其歸也王猶有眷眷之意而欲繼此以見焉見王有善意也則臣不敢請耳固所願也其進退伸縮何常一於義而已既而王與時子謀欲養弟子以萬鍾是王之意徒欲祿夫孟子而非爲道也此豈孟子之心哉故曰如使予欲富辭十萬而受萬是爲欲富乎蓋謂使我而欲富則曷辭乎齊卿推予之心非欲富也而所以待我者則毋本旨矣門人猶未解此或以爲異且疑若孟子告之之意以爲不用已則已矣而又欲養弟子以鄉之祿則是王之處己也以利而非爲道之故吾之受之亦利之而已苟以利則何以異於龍斷之夫乎人孰不欲富貴此言人情之常也謂賢獨不欲則豈人情哉聖賢固欲道之行也而動必以義義所不安則或貧賤而終身可也其可以利誘乎嗟乎義利之幾君子之所深謹而去就之所由分也後世爲人臣者不明斯義故爲之君者謂利祿之果可以得士而士之所以求於我者亦不過乎此於是而有輕士自驕之心正猶征商之法因龍斷之夫而立耳夫彼孟子守義而不苟就所以開爲人臣之義也

【集疏】輔氏曰文王關譏不征是一代之初皆如是也○又曰張子恐讀者不察誤認孟子之意故辨明之

〇孟子去齊宿於晝晝如字或曰當作畫音獲下同

晝齊西南近邑也

有欲為王留行者坐而言不應隱几而臥為去聲下同隱於靳反

隱憑也客坐而言孟子不應而臥也

客不悅曰弟子齊宿而後敢言夫子臥而不聽請勿復敢見矣曰坐我明語子昔者魯繆公無人乎子思之側則不能安子思泄柳申詳無人乎繆公之側則不能安其身齊側皆反復扶又反語去聲

齊宿齊戒越宿也繆公尊禮子思常使人候伺道達誠意於其側乃能安而留之也泄柳魯人申詳子張之子也繆公尊之不如子思然二子義不苟容非有賢者在其君之左右維持調護之則亦不能安其身矣

〔或問〕泄柳申詳無人乎繆公之側，則不能安其身，二子之賢，其心固亦如是乎？曰：非謂二子之心爲然，此語其勢則然爾。若二子之心如此，則與世之苟偷行而事君、側媚取容之人者何以異乎？

〔纂疏〕輔氏曰：註云繆公尊禮子思，常使道達誠意，乃能安而留之者，好賢之心切，唯恐有子去，留其意故其計必出於此也。○又曰：或問云云，此李先生說也。謂若謂二人必欲常有人譽言於君側，乃能自安，則是先有徇也，豈足爲賢？况泄柳嘗閉門以避繆公，豈自計而若此乎？蓋二子直道以事君，義不苟合，非有賢者爲之主，則必不見容，非欲人之譽己者是也。泄柳申詳無人乎繆公之側則不能安其身，恐繆公不察己之誠也；繆公無人乎子思之側則不能安子思，恐子思弗察己之誠也。臣而惟恐君之弗察其誠，則其合也難，其行道也不易；使其君唯恐己之弗察其誠，則其合也易，其行道也不難。繆公之待二子，固不若子思矣。然子思之與二子，事皆其所自取，如形影之相似也。德若子思，則自有出處，若只及得泄柳申詳，則勿亦得如此耳，下是則苟容以徇君者也。

子爲長者慮，而不及子思，子絶長者乎？長者絶

長者孟子自稱也言齊王不使子來而子自欲爲王留我是所以爲我謀者不及繆公留子思之事而先絶我也我之卧而不應豈爲先絶子乎

張氏注

魯繆公無人乎子思之側則不能安子思魯繆公尊信子思惟恐其不安於魯不敢謂已能留子思而每每賢者共安之是則進退屈伸在子思而已若夫泄柳申詳無人乎繆公之側則不能安其身盖繆公尊信之有所未篤必待於知己者左右之於公所則進退屈伸不幾於在人乎然則泄柳申詳之於子思其相去盖有間矣孟子之去齊故宿於晝是矣而有欲爲王留行者是留行之意非出於王之悔悟而獨出於或者之私情孟子不應隱几而卧使之默喻其非而識夫之節也則引子思與泄柳申詳之事以告之其意以爲必待欲人之言而留則是已之心信之不篤求無由而可伸道矣孟子與子思之所以自處者其道一也

纂疏

輔氏曰孟子之言曰賢不在子思之下故意或人之爲我謀不及繆公留子思之事也蓋有欲爲王留行者

雖有愛賢之意而不知待賢之禮故孟子告之如此

○孟子去齊尹士語人曰不識王之不可以爲湯武則是不明也識其不可然且至則是干澤也千里而見王不遇故去三宿而後出晝是何濡滯也士則茲不悅識去声

尹士齊人也干求也澤恩澤也濡滯遲留也

高子以告

高子亦齊人孟子弟子也

曰夫尹士惡知予哉千里而見王是予所欲也不遇故去豈予所欲哉予不得已也夫音扶下同悪平声

見王欲以行道也今道不行故不得已而去非本欲如此也

予三宿而出晝於予心猶以爲速王庶幾改之王如改諸則必反予

所改必指一事而言然今不可考矣

纂疏 輔氏曰度孟子之於齊王必有爲之兆者王不能用故去之然孟子不言其事故不可考其所以不言者或是當時人自知之也

夫出晝而王不予追也予然後浩然有歸志予雖然豈舍王哉王由足用爲善王如用予則豈徒齊民安天下之民舉安王庶幾改之予日望之

浩然如水之流不可止也○楊氏曰齊王天資朴實如好勇好貨好色好世俗之樂皆以直告而不隱於孟子故足以爲善若乃其心不然而謬爲大言以欺人是人終不可與入堯舜之道矣何善之能爲

纂疏 輔氏曰齊宣王負質大略與齊威公漢高祖相似以僕實不欺又與孟子間諮不怒之心時亦有所發明故孟子拳拳然以爲足用爲善然終是志不足以帥氣苟道不足以勝習識孟子不得已而去之

予豈若是小丈夫然哉諫於其君而不受則怒悻悻然見於其面去則窮日之力而後宿哉悻形頂反見音現

悻悻怒意也窮盡也

尹士聞之曰士誠小人也

此章見聖賢行道濟時汲汲之本心愛君澤民惓惓之餘意李氏曰於此見君子憂則違之之情而荷蕢者所以爲果也

集義 范氏曰忠臣雖在畎畝猶不忘君雖處窮閻陋巷亦當思以濟天下之民是以孟子千里而見王不肯枉道

以事之不遇去三宿而後出晝其心猶未舍于望其庶幾改之賢者進退有義去就有心主於忠愛不敢忘君人臣知此則可以用天下之賢矣○楊氏曰考槃之詩言永矢弗過說者曰誓不過君之朝非世矣陳世亦曰永言不得過耳亦云曰王庶幾改之予日望之君子之心蓋如此考槃之詩雖其時君使賢者退而窮處為可罪夫苟一日有悔過遷善之心復以用我我必復立其朝何終不過之有

語錄 曰孟子與荷蕢皆是憂則違之但荷蕢果於去不若孟子之遲遲吾行蓋得時行道者聖人之本心不遇而去者聖人之不得已此與孔子去魯之心同蓋聖賢憂世濟時之誠心非若荷蕢之果於去也

或問 孟子見齊王而有去志矣而其去也則又曰王猶足用為善何也曰齊王雖無湯武之姿此孟子所以有去志也然比當時之諸侯則猶有可與者而況孟子居齊之久又當有所啓發而增益於前者且其君臣之義亦略定矣所以將去而不能無眷眷之情也

張氏註 詳味孟子答高子之語可謂溫厚和平而不迫切矣曰千里而見王是予所欲也不遇故去豈予所欲哉

不得已也何其溫厚而不迫與試紬繹而思之孟子千里
而欲見王之心其果何爲哉蓋孟子既嘗以道自任則其
出也有不可以已者聞齊王之或可以告語也則不憚千
里而見之故曰是予所欲也而卒不遇以去也豈有所望
哉蓋不得已焉者三宿出晝而心猶以爲速與幾乎王之
改則道之猶可行也及夫出晝而王莫追也則浩然有歸
志而猶曰吾雖然豈舍王哉蓋齊王在當時庶幾可與爲
善者哉曰王猶足用爲善歷觀宣王之爲人猶爲不敢以
飾詐者哉其未能領孟子之意也則曰吾惛不能進於是
問以好樂好樂則變乎色曰寡人非能好先王之樂也直好世
俗之樂耳好貨好色好勇自以爲疾言之而不諱其質雖
鈍而不敏然與夫飾非矯情以自欺者異耳故孟子有望
焉以爲王如用予則豈徒齊民安將天下之民舉安蓋其
安天下之道已素定于胸中施設次第固有條理而其本
則在於格君心故舉舉有望於王之改之也王一改悟而
孟子之道可行齊民可安齊民安而天下之民將舉安矣
其序固爾也又曰予日望之孟子非不知道之行否有命
而舉舉不已者吉凶與民同患之心也學者所宜反復詳
味之若夫諫而不用則怒悻悻然見於其面去則窮日之
力則是私意之發其諫也固無忠告之誠而其去也又

三五七

豈復有忠孝之心

此眞小丈夫哉

集說 覺軒蔡氏曰此章聖賢之本心餘意先師盡之矣然更以夫子俎豆之對明日遂行之意並玩之則聖賢氣象亦可見矣

集說 輯氏曰集註本心謂其初本欲如此已餘意則後來不得已之意耳詳玩此兩句便可見聖賢之心千里見王王如用予豈特齊民安天下之民舉安此其行道濟時汲汲之本心三宿出晝王庶幾改之予日望之此其愛君澤民惓惓之餘意

○孟子去齊充虞路問曰夫子若有不豫色然前日虞聞諸夫子曰君子不怨天不尤人

路問於路中問也豫悦也尤過也此二句實孔子之言蓋孟子嘗稱之以教人耳

曰彼一時此一時也

彼前日此今日

五百年必有王者興其間必有名世者

自堯舜至湯自湯至文武皆五百餘年而聖人出名世謂其人德業聞望可名於一世者爲之輔佐若皐陶稷契伊尹萊朱太公望散宜生之屬

由周而來七百有餘歲矣以其數則過矣以其時考之則可矣

周謂文武之間數謂五百年之期時謂亂極思治可以有爲之日於是而不得一有所爲此孟子所以不能無不豫也

夫天未欲平治天下也如欲平治天下當今之

世舍我其誰也吾何爲不豫哉夫音扶舍上聲

一言當此之時而使我不遇於齊是天未欲平治天下也然天意未可知而其具又在我我何爲不豫哉然則孟子雖若有不豫然者而實未嘗不豫也蓋聖賢憂世之志樂天之誠有並行而不悖者於此見矣

或問 孟子既曰憂天下之憂矣又曰何爲不豫何也曰或問文中子曰聖人有憂乎曰天下皆憂吾獨得不憂聖人有疑乎曰天下皆疑吾獨得不疑或人退文中子曰樂天知命吾何憂窮理盡性吾何疑若孟子不忘天下之憂而亦不害其樂天知命之樂其幾是乎

張氏注 充虞蓋亦察孟子顏色之閒若有不豫之意而識心所憂遂有不怨天不尤人之問也而不知孟子之心蓋疑王道之久曠憂生民之不被其澤是以君有不豫色然也曰彼一時也此一時也蓋疑辭也謂彼亦一時此亦一時何彼時王者之數與其充閒若不過五百年而名世閒出者亦有之矣而乃今七百有餘歲王政不行志言

不應若是其公嘁也而此孟子所以疑所以憂而未釋也若夫在孟子之進退去就則何疑何憂之有哉天未欲平治天下故我之道未可行使天而欲平治天下則吾我孰與爲之者則何不豫之有由前所言在君子不得不疑不得不憂由後所言在君子夫何憂夫何疑故下通謂樂天知命吾何憂窮理盡性吾何疑以因天下皆憂吾獨得不憂天下皆疑吾獨得不疑蓋近此意而心跡之論則非也雖然孔子所謂天之未喪斯文也匡人其如予何與孟子夫天未欲平治天下之語反復玩味之則亦可見聖賢之分也

【集疏】覺軒蔡氏曰憂世之志樂天之誠有並行而不悖者先師眞得聖賢之心矣然更以夫子如有用我者吾其爲東周乎與當今之世舍我其誰並玩之則聖賢氣象抑又可見矣

【纂疏】輔氏曰自五百年至則可矣觀之則孟子不能無不豫然也自夫天未欲平治以下觀之則孟子實未嘗不豫也又曰不能無不豫者憂世之心也所謂與民同憂之仁也○實未嘗不豫者樂天之誠也所謂與天爲一之誠也憂樂自常情觀之則相反聖賢言之則並行而不悖也即此章之事見矣

○孟子去齊居休公孫丑問曰仕而不受祿古之道乎

休地名

曰非也於崇吾得見王退而有去志不欲變故不受也

崇亦地名孟子始見齊王必有所不合故有去志變謂變其去志

繼而有師命不可以請久於齊非我志也

師命師旅之命也國既被兵難請去也○孔氏曰仕而受祿禮也不受齊祿義也義之所在禮有時而變公孫丑欲以一端裁之不亦誤乎

曰或謂師友之師非師旅之師曰欲授孟子室乃孟子辭去時所謂於崇吾得見王則初見齊王時事以此考之師旅爲當

張氏註 孟子謂千里見王是予所欲又其去也則三宿出書猶以爲速爭答公孫丑之問則謂初見王則退而有去志故不受其祿繼而有師旅之命而不敢以還去久於齊非我志也何哉盖孟子雖與幾宣王之可與有爲吾道之可以行而其可去之幾未嘗不先資兹聖賢之所以爲至也以公孫丑之辭考之則見孟子雖嘗爲卿於齊而未嘗食齊之祿特其繼廩繼粟則受之耳見而有去志則察士之情必有不能受者然其欲幾是用爲善則又以其實亦有可取也不然孟子亦當特自引去矣何待於久哉不欲變云者存欲去之意而不欲變也不欲變故不受其祿少留以觀其感悟與否也以於齊非我志也然則心欲去而遲則當聖賢有是哉盖謂初志雖欲去而猶有望焉故爲之淹久不然孟子豈徒爲苟留也哉此篇載孟子於齊始終去就久速之義甚備學者所宜深究其然也

集說 輔氏曰士受祿禮之常也孟子之不受齊祿禮之變也君子以義起禮故義之所在禮有時而變也盖禮則一定義則權其禮之可否者也可則行否則變如此然後得乎時措之宜也以公孫丑之學未能造此故欲以一端裁之此其所以惑也

孟子卷第五

諸儒集成

朱子集註　朱子集義　朱子語録　朱子或問

南軒張氏註　真氏講義　蔡氏集疏　趙氏纂疏

滕文公章句上

凡五章

滕文公為世子將之楚過宋而見孟子

世子太子也

孟子道性善言必稱堯舜

道言也性者人所稟於天以生之理也渾然至善未嘗有惡人與堯舜初無少異但衆人汩於私欲而失之堯舜則

無私欲之蔽爾充其性耳故孟子與世子言每道性善而必稱堯舜以實之欲其知仁義不假外求聖人可學而至而不懈於用力也門人不能悉記其辭而撮其大旨如此程子曰性即理也天下之理原其所自未有不善喜怒哀樂未發何嘗不善發而中節即無往而不善發不中節然後為不善故凡言善惡皆先善而後惡言吉凶皆先吉而後凶言是非皆先是而後非

語錄○曰天之生此人無不與之以仁義禮智之理亦何嘗有不善但欲生此物必須有氣然後此物有以聚而成質而氣之為物有清濁昏明之不同稟其清明之氣而無物欲之累則為聖稟其氣清明而未純全則未免微有物欲之累而能克以正之則為賢稟其昏濁之氣又為物欲之所蔽而不能去則為愚為不肖是皆氣稟物欲之所為而性之善未嘗不同也堯舜之生所受之性亦如是耳但以其氣稟清明自無物欲之蔽故為堯舜初非有所增益於性分之外也故學者知性善則知堯舜之聖非是強為識得堯舜做處則便識得性善底規模樣子而況吾

日用之間，所以去人欲、復天理者，皆是分內當然之事。其勢至順而無難，此孟子所以首爲文公言之，而又稱堯舜以實之。以上係玉山講義。 ○問：推堯舜爲能無物欲之蔽而充其性，人蓋有梏於嗜欲而不能充其者，何故？曰：不蔽於彼，則蔽於此；不蔽於此，則蔽於彼，畢竟須有蔽。物欲亦有多少般，如白日，須是雲遮方不見。若無些蔽，豈應不見？然此等處緊要在性與人，今且合思量如何是性？性在我爲何物？反求吾身，自纖細微能充不能充於此，以論堯如何，舜又如何。○又曰：性善發之者，可以爲堯舜，以稱堯舜，所以驗性善之實。[illegible] ○問：孟子言性善，繫辭却言一陰一陽之謂道，繼之者善也，成之者性也，何也？曰：在天地言之，則善在先，性在後；在人言之，則性在先，善在後。易以天道之流行言，孟子以人性之發見言，惟天道流行如此，所以人性發見亦如此。孟子言性善，是就發處說，故曰：乃若其情，則可以爲善，乃所謂善也。孟子只就見孺子入井，皆有怵惕惻隱之心，以示人，使知性之本善也。○又曰：易言繼善，是指未生之前；孟子言性善，是指已生之後。雖曰已生，然其本體初不相離也。[illegible] ○問：孔子言性與天道不可得而聞，而孟子教人乃開口便說性善，是如何？先生曰：孟子亦只是大概說性善，至於性之所

以善則也少間又說是如繫辭一陰一陽之謂道云云劉
方是說性與天道耳（時舉）○孔子說得細膩說了
孟子說得麄說得踈畧孟子不曾推原原頭不曾說上面
一截只是說成之者性也（義剛）○孟子比孔子時說得
高然孟子道性善言必稱堯舜是孟子說得實（李方子）
孔子只說忠信篤敬孟子便發出性善直是漏泄（廣）明
○孟子說性善其發於外也必善無惡惡非性也性不惡
矣（甘節）○問孟子說本性善不說氣稟曰是孟子不曾思
量到這裏但說太性善失却這一節（林夔孫）○以有善惡
性無不善其論氣質之性則有不善（同上）○問孟子道性
善言必稱堯舜人未能便至於堯舜而孟子言必稱之何
也曰道性善與稱堯舜一句正相表裏蓋人之所以不至
於堯舜者是他力量不至固無可奈何然人須當以堯舜
為法人到得堯舜地位方做得一箇人無所欠闕然也只
是本分事這便是止於至善（楊道夫）○伊川性即理也一
句直自孔子後惟是伊川說得盡這一句便是千萬世說
性之根基理是箇公共底物事不解會不善人做不是
是從了性却不是壞了著修（葉賀孫）（沈僩）○曰天理固
無對然既有人欲即天理便不得不與人欲為消長善亦
本無對然既有惡即善便不得不與惡為盛衰譬如晝夜

之下，莫非王土，率土之濵，莫非王臣。此亦豈有對哉？至於晉

有五胡，唐有三鎮，則華夷逆順不得不相對爲判矣。但其

初則有善而無惡，有天命而無人欲耳。見文集。○曰：性只

是此理。○又曰：性是天生成許多道理。○又曰：性是許多

理散在處爲性。○又曰：在人喚做性，在事喚做理。○又曰：

性即理也，四字撲不破，實自己上發得出來。○又曰：性

即理也，當然之理，無有不善者。○問：此言善惡，必先善而

後惡，何也？曰：然。有理而後有氣也。○曰：孟子七篇論性處

只此一處已說得盡，須是日

日識一過，以見其要。

總論一章之旨

問：性善之性與荀揚論性之之性如何？曰：性

善之性，氣性之之性，秉性之只是合下稟

得，自下便得來受用。又曰：反之而先失着了。

反之而後得，身之是把來身上做起節。

纂疏 輔氏曰：注云門人不能悉記其辭而撮其大旨如此。

然朱子既斷孟子之書以爲孟子自著，則似此處

當日改此，是後來不曾改得。○山貞氏曰：性即

理也，乃自昔聖賢所未言，萬世言性之標準。

世子自楚反，復見孟子。孟子曰：世子疑吾言乎？

夫道一而已矣。復扶又反，夫音扶。

時人不知性之本善，而以聖賢為不可企及，故世子於孟子之言，不能無疑，而復來求見，蓋恐別有卑近易行之說也。孟子知之，故但告之如此，以明古今聖愚本同一性，前言已盡，無復有他說也。

【語錄】曰：當戰國之時，聖學不明，天下之人但知功利之可求，而不知己性之本善，聖賢之可學，聞是說者非惟不信，往往亦不復致疑於其間。若滕文公則雖未能盡信，而已能有所疑矣，是其可與進道之萌芽也。故孟子於其去而復來，迎而謂之曰：「世子疑吾言乎？」而又告之曰：「夫道一而已矣。」蓋古今聖愚同此一性，則天下固不容有二道，但在篤信力行，則天下之理雖有至難，猶必可至，況善乃人之所本有，而為之不難乎。正山講義

【纂疏】〇輔氏曰：二說自不相礙。集註則言世子所以致疑者其意如此，講義則言世子比當時之人則尚能致疑於其間，二說相須，其義始備。

性本一理，則道無二致故也。

成覸謂齊景公曰彼丈夫也我丈夫也吾何畏彼哉顏淵曰舜何人也予何人也有爲者亦若是公明儀曰文王我師也周公豈欺我哉覸古莧反

成覸人姓名彼謂聖賢也有爲者亦若是言人能有爲則皆如舜也公明姓儀名魯賢人也文王我師也蓋周公之言公明儀亦以文王爲必可師故誦周公之言而歎其不欺也孟子既告世子以道無二致而復引此三言以明欲世子篤信力行以師聖賢不當復求他說也

總論二節之旨

孟子道性善稱堯舜此是第一義若得此看得透信得及直下便是聖賢更無一毫人欲之私做得病痛若信不及孟子又說箇第二節功夫又只引成覸顏淵公明儀三段說話教人如此發憤勇猛向前日用之間不得存留一毫人欲之私在這裏此外更無別法若於此有箇奮迅興起處方有箇地可下功夫不然只是畫脂鏤冰無真

實得力處終須

今滕絕長補短，將五十里也，猶可以爲善國。書曰：若藥不瞑眩，厥疾不瘳。瞑，莫甸反。眩，音縣。

絕，猶截也。書，商書說命篇。瞑眩，憒亂。言滕國雖小，猶足以爲治，但恐安於卑近，不能自克，則不足以去惡而爲善也。○愚按：孟子之言性善，始見於此，而詳具於告子之篇。然默識而旁通之，則七篇之中無非此理。其所以擴前聖之未發，而有功於聖人之門，程子之言信矣。

【纂疏】滕國小，絕長補短止五十里，不過如今之一縣。孟子與之說時，只說猶可以爲善國而已，終不成以所告齊梁之君者告之也。兼又不多時便爲宋所滅了。【輔廣】○又曰：人要爲聖賢，須是猛起，如服瞑眩之藥，麻了一上，及其定疊，病自退了。○又曰：如服瞑眩之藥，以除深痼之疾，直是不可悠悠。見文集

辨楊氏胡氏論性

曰：胡季隨主其家學，說性不可以善言。本然之性是上面一箇，其尊無對，善是下面底，纔說善時，便與那惡對，非本然之性矣。孟子道性善，非是說性之善，只是贊嘆之辭，說好箇性，如佛言善哉。

善哉此胡文定公之說某嘗聞之遂以性為固善然至善
無惡可對此天之賦予於我者然也然行之在人則有善有
惡行得善者即本然之性也若謂善者非本然之性君知
其言有本然之性又有善惡相對之性則是有兩性矣方
其得於天者此性也及其行得善者亦此性也只是纔有
箇行得善底便有箇不善底所以善惡須著對說不是元
有箇惡在那裏等待他來與之爲對只是行得錯底便流
入惡耳自致堂五峯以來其說益差遂成有兩性然文定之說
又得於龜山龜山得之東林總老總極聰明龜山嘗問孟
子道性善是否總曰是又問性豈可以善惡言總曰本然
之性不與惡對此語流傳自他然總之言本亦未有病蓋
本然之性是本無惡及至文定遂以性善爲贊嘆之辭到
得致堂五峯輩遂分成兩截說善底不是性若善底非本然
之性却那處得這善來既曰贊嘆性之辭便是性本善
若非性善何贊嘆之有二蘇論性亦是如此嘗言孟子道
性善猶云火之能熟物也荀卿言性惡猶云火之能焚物
也龜山反其說而詰之曰火之所以能熟物者以其能焚
故耳若火不能焚物何能熟物蘇氏論性自堯舜至孔子不
得已而命之曰中未嘗分善惡言也自孟子道性
善而荀卿始之爭便不看道理只說我之學便是諸

三七三

總論一章之旨

問性善一章集注中間所載三子之事成覵則若參校彼已顏子則希聖人學之必可至公明儀則篤信好學者也二者雖有淺深要之皆是尚志者也畧有箇淺深恁地看文字宜須看他

夫意又曰大抵看文字不恁地子細分別出來又却鬭亂到恁地細碎分別得出來後不曾看得大節目又只是在這草亂尋文問這段緊節目其初在道性善其中在夫道一而已矣其終在若藥不瞑眩厥疾不瘳究竟言只發揮

或問孟子道性善而言必稱堯舜者何也曰性善者理言之稱堯舜者質其事以實之所以互相發也知堯舜之可以為則其於性善也信之益篤焉而守之益固矣入門之途性與天道乎則猶有不得而聞者而孟子之言性善所以語之未嘗不子問之人得無陵節之甚耶曰性命之理若究其所以然而論之則誠有不易言者若其大體則人之所以爲人者固不可以不知也蓋必知此然後知天理人欲有主賓之分趨善從惡有順逆之殊審其所謂天降知自貴於物然後能知仁義知仁義然後重禮節重禮節然後安處善安處善然後樂循理此則所謂新論決丹書忠信之本誠

先立其大者皆謂此也曰世子疑孟子之言而孟子不之
非何也曰孟子之言非常情之所常聞也故聞者非徒不
之信也而亦莫之知也世子後來則皆其思之未得而有
合於心與哉孟子之言雖若怪之實則寫其能思而將有
以進乎此也或曰孟子之言性善非與荀揚之言也特發
美之辭耳信乎曰此亦畏吾所聞矣吾論于性善之論
至矣而荀揚韓氏或以爲惡或以爲善惡混或以爲有三品最
後釋氏者出然後復有無善無惡之論焉雖習聞孟
孟子之說然或未知性之所以爲性於是溺於彼說之高
而反蓋吾說爲不及則牽孟子之說以附焉而陷爲是說
以文之蓋推性於善惡之前而置孟子於異同之外自以
爲得性之真而有功於孟氏之門矣而不知其實陷於釋
氏之餘且以精神魂魄至靈之質而論仁義禮智至微之
理也且又不究秉彝之實德而指爲贅實以空言不察至
善之本然而別立無對之善位推而言之至以天理人欲
爲同體特因其發之中節與不中節而後有善惡之名焉則亦
勞力費辭而無復彷彿孟子之道意矣惜乎吾不
得從事於其門以面叩其說庶乎其有相長之益也

張氏曰 性善之論甚本於此以文義考之疑皆門人記錄以
爲孟子首性善言必稱堯舜也孟子所以道性善

君子道性善言也其淵源純粹可得而名言異於常言已所謂
善者以其仁義禮智之所存固是而藏無人欲之私亂
之則無非則惻隱羞惡辭讓是非之心發於人之有不善皆其
血氣之所為非性故也以其皆有是性故皆可以為堯舜
堯舜者能盡其性而已滕世子聞是言自能反復見孟子
蓋雖有動乎中而未免乎疑也孟子則告之曰夫道一而
已矣言天下無二道也因舉成覸與夫顏淵公明儀之語
使之知古今之無間聖愚之本同以人可以勉而進之滕
國雖小猶可以為善國亦在夫為之而已孟子所謂聞是語
之藥焉者欲使之舍其舊習遠法堯舜也人唯自棄以堯舜
為不可及是以安其故常終身不克進獨不知己之性即
堯舜之性而其不能如堯舜者非不能也不為耳故顏子
以謂舜何人也予何人也有為
者亦若是此誠萬世之準則也

講義 曰滕之為國方五十里國之至小者也間於齊楚勢
之至危者也以至小之國處至危之勢日我相尋而窮
焉從遷可立而待也文公思所以自全之策不敢之患而
營是文公之所以願乃問孟子而問焉孟子亦當告之以國若何
而富兵若何而強庶乎其可瘳也一則曰性善二則曰堯
舜何其好闊不切乎情卹曰性善者人之所得於天之理也

堯舜者盡此性者也苟盡此性堯舜可為也況於臨之文公
寫強乎人無賢愚皆具此性堯舜之聖人皆可為雖文公
而疑之哉孟子舉成覸顏淵公明儀之言所以釋文公
之屏卒之以若藥不瞑眩厥疾不瘳所以厲文公之志也
道之不明久矣舉天下之人汨沒於利欲之中貪夫徇財
烈士徇名夸者死權衆庶馮生天之所以與我而堯舜可
為者漠然莫覺也誰能深思孟子之言而厲之以自強之
志則將有以卓然獨立乎萬物之表而天下之至貴無以
復加矣

【纂疏】蔡氏曰方言曰飲藥而毒海岱之間謂之瞑眩○輔
氏曰此可見孟子之謂性與道非外事與物而言之
也○又曰孟子書是義理之綱領須識得性盡則凡出數語默
言論風旨凡孟子所說許多義理皆自此流出無有一事
是存在外者但人不識其性善故言不及惟程子之學以至到
故知得孟子此說真能擴前聖所未發而有功於聖人之
門也○西山真氏曰七篇之中無非此意者如言仁義言
四端蓋其大者至於因齊王之愛牛而勸之以行王政亦
因其好貨好色之心而引之當道
也以此推之他可類矣

○滕定公薨世子謂然友曰昔者孟子嘗與我言於宋於心終不忘今也不幸至於大故吾欲使子問於孟子然後行事

定公文公父也然友世子之傅也大故大喪也事謂喪禮

然友之鄒問於孟子孟子曰不亦善乎親喪固所自盡也曾子曰生事之以禮死葬之以禮祭之以禮可謂孝矣諸侯之禮吾未之學也雖然吾嘗聞之矣三年之喪齊疏之服飦粥之食自天子達於庶人三代共之

齊音資疏所居反飦諸延反

當時諸侯莫能行古喪禮而文公獨能以此爲問故孟子善之又言父母之喪固人子之心所自盡者蓋悲[illegible]之情

痛疾之意非自外至宜乎文公於此有所不能自也但所引曾子之言本孔子告樊遲者當曾子嘗誦之以告其門人歟三年之喪者子生三年然後免於父母之懷故父母之喪必以三年也齊衰下緝也不緝曰斬衰緝之曰齊衰疏粗也粗布也飦糜也喪禮三日始食粥既葬乃疏食此古今貴賤通行之禮也

【輯錄】孟子答滕文公喪禮不論到細碎上只說三年之喪齊疏之服飦粥之食自天子達於庶人此一項便是大原大本

【纂疏】

總論二章之旨

孟子當時也自理會那古制不甚得如曰諸侯之禮吾未之學然而吾嘗聞其畧合也這便是不曾知得那子細【黃氏義剛】○又曰此亦是講學之有闕孟子亦不及聖人之大故於天下事有包括不盡【輔氏廣】○孟子說制度只舉其綱而已如田之十一從天子達之類【楊方】【[illegible]】

【纂疏】覺軒蔡氏曰按中庸篇曰三年之喪達乎天子父母之喪無貴賤一也

然友反命，定為三年之喪。父兄百官皆不欲，曰：「吾宗國魯先君莫之行，吾先君亦莫之行也，至於子之身而反之，不可。且志曰：『喪祭從先祖。』」曰：「吾有所受之也。」

〔纂疏〕趙氏曰：自天子達於庶人，是無貴賤之別；三代共之，是無古今之異。

父兄，同姓老臣也。滕與魯俱文王之後，而魯祖周公為長。兄弟宗之，故滕謂魯為宗國也。然謂二國不行三年之喪者，乃其後世之失，非周公之法本然也。志，記也。引志之言而釋其意，以為所以如此者，蓋為上世以來有所傳受，雖或不同，不可改也。然志所言，本謂先王之世舊俗所傳禮文小異而可以通行者耳，不謂失禮之甚者也。

〔[illegible]〕古宗國如周公兄弟之為諸侯者，則皆以魯為宗，故孟子載滕之父兄百官語曰吾宗國魯先

之行至戰國時滕猶稱與爲宗國也輔廣曰范氏說

謂然友曰吾他日未嘗學問好馳馬試劍今也父兄百官不我足也恐其不能盡於大事子爲我問孟子然友復之鄒問孟子孟子曰然不可以他求者也孔子曰君薨聽於冢宰歠粥面深墨即位而哭百官有司莫敢不哀先之也上有好者下必有甚焉者矣君子之德風也小人之德草也草尚之風必偃是在世子好爲並去聲偃伏也歠川悅反

不我足謂不以我滿足其意也然者然其不我足之言不

可他求者言當責之於己冢宰六卿之長也歠飲也深墨甚黑色也即就也尚加也論語作上古字通也偃伏也孟子言但在世子自盡其哀而已。

【纂疏】輔氏曰註云當責之於己是應前面固所自盡之說在世子自盡其哀是應上句不可他求之意

然友反命世子曰然是誠在我五月居廬未有命戒百官族人可謂曰知及至葬四方來觀之顏色之戚哭泣之哀弔者大悅

諸侯五月而葬未葬居倚廬於中門之外居喪不言故未有命令教戒也可謂曰知疑有闕誤或曰皆謂世子之知禮也○林氏曰孟子之時喪禮既壞然三年之喪惻隱之心痛疾之意出於人心之所固有者初未嘗亡也惟其溺於流俗之弊是以喪其良心而不自知耳文公見孟子而聞性善堯舜之說則固有以啟發其良心矣是以至此而

哀痛之誠心發焉及其父兄百官皆不欲行則亦反躬自
責悼其前行之不足以取信而不敢有非其父兄百官之
心雖其資質有過人者而學問之力亦不可誣也及其斷
然行之而遠近見聞無不悅服則以人心之所同然者自
我發之而彼之心悅誠服亦有所不期然而然者人性之
善豈不信哉

或問三年之喪曰人子之心無窮也聖人以為子生三年
而後免於父母之懷也故為之立中制節使賢者不
得過不肖者不得不及也齊疏之服飦粥之食何也曰服
美不安而食旨不甘也其為大本大經何也曰自盡其心
者達禮之大本也三年齊疏飦粥喪禮之大經也孟子生
於戰國紛爭之際不得見先王之全經矣然其學得孔氏
之正傳而於文武之道則既識其大者故其致論制度雖
若疏闊有如張子之所病者而於大本大經之際則[illegible]隆
之間有不可得而亂者以是為主而酌以人情[illegible]文以文
之則禮雖先王未之有者亦可以義起矣後世議禮者不
明乎此故常以其度數節文之小不備而不敢為哀以就
乎大不備而後已此劉向所以深歎之也然無孟子之學

而強欲爲之如叔孫通曹褒之流
是又不究乎私意之鑿而已矣

張氏註 三年之喪自天子達漢文帝之欲薄其喪固爲行廢於公卿而景帝好變不篤遂廢先王之法滅人子之性流及後世以萬乘之尊居兆民之上而舉天下以薄不亦悲夫然考滕世子問孟子之辭則三年之喪其廢也久矣其在周之末世乎故曰吾宗國魯先君莫之行吾先君亦莫之行也又曰喪祭從先祖吾有所受之也然則其廢也久矣世之治亂皆非其根柢即至景帝始薦然從易月之制而不喪盡亦隋君之又不以爲大變也嗚呼三年之喪人子之至情而聖人制之以天理者也故孟子答世子之問皆切其良心以告之世子聞孟子之言於宋而於心終不忘蓋禮義本人心之所同然孟子之言有以感其所同然者也全於禮大變故於心有所不安而遣然友以問焉世子之資亦自可取矣孟子告之曰親喪固所自盡也夫人子之於親喪其至情深痛蓋爲不然者其哭泣哀痛之節祭祀之禮凡以自盡而已苟推知所以自盡則蓋有不待勉而行者矣生事之以禮死葬之以禮祭之以禮而後謂之孝所謂禮者蓋不可以不勉也三年之喪齊疏之服飦粥之食自天子達于庶人此所謂禮也然友

反命而父兄百官皆不欲夫父兄百官亦豈獨非人子哉唯夫狃於故常安於逸欲而亡其天性習以為吾先君莫之行而不可以反覆天下之事唯當其理而已矣前人偶未及此而後人韙而知之乃遂以為前之所未及者爲不可反則是其失將推詒於無窮衍後已甚不知後之人亦能改以從其是則非惟其身自此而上亦將以蓋其既往之失是今所望於後人之能改過從先祖謂先王之時禮缺而言之時說之謂孫皆有定制禮後出有所更張而於時則已後從後先祖且曾之先祖周公魯公也滕之先祖武王之庶弟叔繡也在當時所行皆先王三年之喪也若用喪禮孫從先祖之說則蓋不以其為當乎後人既已廢其先祖之舊而求先祖之猶已廢之失乃曰吾從先祖而已何其不之思乎大抵人心安於放肆故以反古復禮爲難而不知古先私意蔽之吾心夫何遠之有世子雖有好善之心而見理未明自信不篤故惑於父兄百官之浮議而復遂然亦以問焉其病亦在於他日未嘗學問之故也孟子以謂不可以他求者蓋以爲父兄百官之不欲亦在我有以孚之而已矣於是引孔子之言以告之君薨聽於冢宰歠粥面深墨即位而哭百官有司莫敢不哀者吾有以先之故爾此其上之風必偃也又曰是在

世子斷言欲世子立志爲本而無事於外也世子聞斯言決而以是誠在我此志已立而以實能務矣世子之志立而喪紀明其感化已有可見者故五月居廬未有命戒百官族人皆以爲可而謂之爲知夫百官族人何獨以爲非而今日以爲知盡均是人也吾有是心而彼亦有是心也吾有以先之則彼將從而感動矣此時百官族人四方之來觀者見其顏色之戚哭泣之哀而見不大悅於天下之心一而已嗟夫自漢景以來易月之制寖爲國俗而不可改堯舜三王之事則棄之不遵而文景之繆則襲之無疑以晉武帝之賢然欲復其舊禮而沮其議者當時所謂名儒杜預輩也元魏孝文居武帝乃能申其事情而其品節詳居多可憾此爲國之大經人倫之大節號謂更歷世莫明之主而獨不能乎良由父兄百官用至於子之身而反之不可之論與夫喪祭從先祖之說有以沮之也然乎盍不深慮於孟氏是在世子之言乎其亦庶能以此啓告乎

【輯釋】輔氏曰可謂曰知其如或者之說則可字當作皆字若作可字則不成文理○又按林氏之說舊集註纂疏載增益以成之然辭順義精說得人心事理曉然明白學者句能熟玩而深繹之則以有所發於己而知性善之旨

矣至若論文公反躬自責悼其前行之不足取信而不敢自非其父兄百官之心以為學問之力則尤有以益於學者大凡學者必須知此理然後有進而識古人為己為人之學之意矣

○滕文公問為國

文公以禮聘孟子故孟子至滕而文公問之

纂疏 輔氏曰前則云使然友問後則一公欲舉此問此但言滕文公問則知是文公以禮聘孟子也蓋孟子至公自即位固不可越國往見孟子則必是以禮聘孟子令至滕而文公問之也

孟子曰民事不可緩也詩云晝爾于茅宵爾索綯亟其乘屋其始播百穀綯音陶亟紀力反

民事謂農事詩豳風七月之篇于往取也綯絞也亟急也乘升也播布也言農事至重人君不可以為緩故引詩言治屋之急如此者蓋以來春將復始播百穀而不暇為此也

語錄 已筆莊從取言役而弑家然貝屋而必之不特胥 責貳而自相警戒以取休此見詩[illegible]其汲汲

纂疏 輔氏曰詩言民之趨於農功自然如此其汲汲 之以警其民事不可緩之意然孰知之便見織民事引 貞不可緩之意人君苟能真知民事之不可緩則於為 國也如遇[illegible]乎矣○饒氏曰綯索之微也所用盡野壹蠶之器者

民之為道也有恒產者有恒心無恒產者無恒心苟無恒心放辟邪侈無不為已及陷乎罪然後從而刑之是罔民也焉有仁人罔民而可為也

音義並見前篇

是故賢君必恭儉禮下取於民有制

恭則能以禮接下儉則能取民以制

纂疏 趙氏曰人君能恭敬則自然能以禮接下能儉約則 則自然能取民以制禮下所以開出祿及辛牧之

事也取民以制所以制民常產及貢助徹之法也

陽虎曰爲富不仁矣爲仁不富矣

陽虎陽貨魯季氏家臣也天理人欲不容並立虎之言此恐爲仁之害於富也孟子引之恐爲富之害於仁也君子小人每相反而已矣

【纂】輔氏曰天理人欲固不容於並立然先儒多以爲孟子取陽貨之言是不以人廢言之公心惟集註以爲所言雖同而所取各異者君子小人每相反而已若其說尤爲的當

夏后氏五十而貢殷人七十而助周人百畝而徹其實皆什一也徹者徹也助者藉也徹敕列反藉子夜反

此以下乃言制民常產與其取於民之制也夏時一夫五十畝而每夫計其五畝之入以爲貢商人始爲井田之

制以六百三十畝之地畫爲九區區七十畝中爲公田其外八家各授一區但借其力以耕公田而不復稅其

周時一夫授田百畝鄉遂用貢法十夫有溝都鄙用助法八家同井耕則同力而作收則計畝而分故謂之徹其實皆什一者貢法固以十分之一爲常數惟助法乃是九一而商制不可考周制則公田百畝中以二十畝爲廬舍一夫所耕公田實計十畝通私田百畝爲十一分而取其一蓋又輕於十一矣竊料商制亦當似此而以十四畝爲廬舍一夫實耕公田七畝是亦不過什一也徹通也均也藉借也

[illegible]曰貢助是決貢則直計其五畝之入自賦於官助則須計公田之中八家各助七畝只得五十六畝則十四畝須依古法折除一家各得一畝有二十步爲廬舍方成八家各助耕公田七畝也○嘗疑孟子所謂夏后氏五十而貢殷人七十而助周人百畝而徹恐不解如此先王疆理天下之初做許多畎溝澮洫之類大段是費人力了若是

五十而增爲七十，自七十而增百畝，則田間許多溝洫都合更改也，只無是理。此孟子當時未必親見，只是傳聞如此，恐亦難盡信也。觀廣。○問：「周制都鄙用助法，八家同井；鄉遂用貢法，十夫有溝。鄉遂所以不爲井者何故？」先生曰：「都鄙以四起數，五六家始出一人，故甸出甲士三人，步卒七十二人。鄉遂以五起數，家家出一人爲兵，以守衛王畿。役次以爵，故周禮惟挽轎則用之，此役之最輕。若近郊之民，王之內地也，共輦之事，職無虛月，近者之比，無時無之。其受廛爲民者，固有幾外之民，其中七尺以征，六十之舍，王非姑息於遂民也。遂郊之民，王畿之外地也，其溝洫之治，各有司存，野役之起，不及其羨，甘受廛爲氓者，固與內地之民異也。六尺之征，六十五之舍，王非矜毒於遐民也。閭里十而一，若輕於近郊也，而草萊之藪，大家之聚，不可以樓優，則不能以寧居，是故二十而稅一，漆林二十而五，若重於遠郊也，而器用之未作，商賈以資，貨利不可以爲則，必至忘本，是故一十而五，蓋近郊遠郊，勞逸所繫。」○問：「集注云：鄉遂用貢法，都鄙用助法，耕則通力而作，收則計畝而分。求嘉諸公皆謂鄉遂都鄙初無二制，不知何以證之？」「此亦不可詳知，但因洛陽議論中通徹而耕之說推之，或但耕則通力而耕，收則各得其畝，亦未可知也。鄉遂都鄙

御田制不同周禮分明如近年新説只教盡在繩上求亦畫
不成如何行得且若如此則有田之家一變受田一[illegible]甚矣
役彼役此交互難相統一官司自難稽考民間易生姦弊病公
私煩擾不可勝言聖人立法必不如此定【趙氏纂記】
【張氏註】張横渠曰徹是通徹之徹通徹而耕則功力均且
相驅率無一人得惰若及已收穫則計畝數裒分
之以裒分之數取什一之數楊龜山曰徹者徹也蓋兼貢
助而通用也故孟子曰請野九一而助國中什一使自賦
方里為井井九百畝八家皆私百畝其中為公田所謂九
一而助也國中什一使自賦則用貢法矣此周人所以為
徹也鄭氏謂周制畿内用貢
法邦國用助法有得於此歟
【纂疏】潛室陳氏曰夏商若同是井田則皆八家同為一井
但田有多寡耳夏之井則為五十畝者九其中五十
畝為公田商之井則為七十畝者九其中七十畝為公田
此以周井田法約之但孟子言唯助為有公田貢則什取
其即是夏之貢不井但於五十畝之中抽十之一以供
貢商之助則井却於七十畝之外別取公田一什一以輸
官○北溪陳氏曰周制國中鄉遂之地用貢法計不井授
但為溝洫一夫受田百畝與同溝之人通力合作計畝均

收之率什而稅其一野外都鄙之地用助法田以井授中
百畝為公田八家各私外百畝同養公田○止齋陳氏曰
鄉遂用貢法遂人是也都鄙用助法匠人是也按遂人云
百夫有洫十夫有溝溝即不見得包溝洫在內於是在內
當云百夫十夫之間矣匠人溝洫却在內故皆以間言方
十里者以開方法計之為九百夫方百里者以開方法計
之為九萬夫遂人匠人兩處各是一法朱子總其說謂貢
法十夫有溝助法八家同井其言簡而盡善矣但不知其以
分二法者何故竊意鄉遂之地在近郊遠郊之間六軍之
所從出必是平原曠野可畫為萬夫之田有溝有洫又有
途路方員可以如圖畫萬夫之地所占不多以井田一同
法約之止有九分之一故以徑法攤算逐一見其數
都鄙之地謂之鄙稍縣都乃公卿大夫之采地包山林陵
麓在內難用溝洫法整齊分畫故逐區畫為井田雖有溝
洫不能如圖故但言在其間其地綿亘一同之地曰為萬夫
者九故以徑法細算但止言其畝數○輔氏曰其曰耕法
乃是九一者是以文王治岐耕者九一及下文請野九一
而助知其然也而商制亦無可考其曰籍猶商制乃當
周制一夫實耕公田七畝通私田七十畝亦為十一分
而取其一與九一之制亦不合然十一而取其一則亦

與什一之制不爭多故曰其實皆什一也○又曰耕則通力而共作收謂徹法則計畝而均分也

龍子曰治地莫善於助莫不善於貢貢者校數歲之中以為常樂歲粒米狼戾多取之而不為虐則寡取之凶年糞其田而不足則必取盈焉為民父母使民盻盻然將終歲勤動不得以養其父母又稱貸而益之使老稚轉乎溝壑惡在其為民父母也樂音洛盻五禮反又從目從兮或音普見反者并養去聲惡平聲

龍子古賢人狼戾猶狼藉言多也糞壅也盈滿也盻恨視也勤動勞苦也稱舉也貸借也取物於人而出息以償之也益之以足取盈之數也稚幼子也

趙氏曰豐年樂之歲其粒米狼藉饒多雖多取之不為暴虐則以寡取之流之年皆[illegible]田[illegible]則

以取蒲貝常數焉是則校數歲之中以爲常之意也。

夫世祿，滕固行之矣。夫音扶。

孟子嘗言文王治岐，耕者九一，仕者世祿，二者王政之本也。今世祿滕已行之，惟助法未行，故取於民者無制耳。蓋世祿者，授之土田，使之食其公田之入，實與助法相爲表裏，所以使君子、野人各有定業，而上下相安者也。故下文遂言助法。

纂錄 世祿是食公田之人。問都長、比長之屬有祿否？曰：恐未必有。[illegible]

詩云：「雨我公田，遂及我私。」惟助爲有公田。由此觀之，雖周亦助也。雨，于付反。

詩小雅大田之篇。雨，降雨也。言願天雨於公田，而遂及私田，先公而後私也。當時助法盡廢，典籍不存，惟有此詩可

孟子教人君行仁政只是教他興養與教井田以養之學校以教之

見周亦用助故引之也

【語錄】○又曰言農夫之心先公後私故望其雨而曰天其雨我公田而遂及我之私田此詩傳只據詩裏說

【總論】二章之旨

井田也不曾見周制只據詩說公田遂及我私由此觀之雖周亦助也這是不曾識周禮只用詩意帶將去後面都說鄉田同井出入相友守望相助疾病相扶持井九百畝其中爲公田八家皆私百畝同養公田說井田只說得這幾句是後必好這也是大本大原見得不理會細碎【說見四學】

設爲庠序學校以教之庠者養也校者教也序者射也夏曰校殷曰序周曰庠學則三代共之皆所以明人倫也人倫明於上小民親於下

庠以養老爲義校以教民爲義序以習射爲義皆鄉學也學國學也共之無異名也倫序也父子有親君臣有義夫婦有別長幼有序朋友有信此人之大倫也庠序學校皆以明此而已

滕文公

〔語録〕問：鄉學始何時？曰：昉於虞周，而學已廢與。曰：鄉大夫有德行而致其仕者教之。〔[illegible]〕

〔或問〕曰：先王之教民，其效如此。後世學校固不嘗廢，而獨未睹其效，何耶？曰：先王之學以明人倫為本，故自其詠歌弦誦之間，洒掃進退之際，所以漸摩誘掖勸勵作成之者，無非有以養其愛親敬長之心，而教之脩己治人之術。是以當是之時，人材輩出，風俗淳厚，而聖賢出焉。後世學校雖存，而不復此意，所以教之者，不過務時文干祿之技，而其所以勸勉程督之者，又適所以作其躁競無恥之心，雖有良材美質，而消毀於聖賢之域者，亦往往反為俗學類薰習敗壞，而不得有所成就，尚何望其能致化民成俗之效，如先王之時哉？先王君子蓋有憂之，故程夫子兄弟皆嘗建言，欲以漸變流俗之謬，而復於先王之意。顧皆屈於俗儒之陋說，而不得有所施行也。後之君子有能深致其說而申明之，其亦庶幾矣乎。

〔纂疏〕輔氏曰：養老、序射，皆學校教人之事也。制三代欲異其名，故取義不同耳。然此三者皆鄉學也，故異其名。至於國學則但同謂之學而已，言學則庠校序皆學ゝ矣。鄉學雖有異名，國學雖無異名，然其明人倫以教之ゝ事則同也。

有王者起必來取法是爲王者師也

滕國褊小雖行仁政未必能興王業然爲王者師則雖不有天下而其澤亦足以及天下矣聖賢至公無我之心於此可見

【語錄】孟子見滕文公說許多井田也是一場疎脫云有王者起必來取法孟子也只是說得在這裏滕也只是做不得賀孫孟子語滕文公又却只說有王者起必來取法是爲王者師不曾說便可以王是亦要國大方做得小底亦不奈何今且說將百里教伱行王政伱做得從何處起便是古時聖賢易做後世聖賢難做黃義剛【饒氏】

【集說】輔氏曰集註所謂聖賢則總五帝三王及輔治之賢與夫孔子孟子而言之也恭儉德也禮下而民有制政事也貢助徹法度也學校教也所以成終也內外備盡政教具舉本末始終有序爲國之道備矣國雖褊小勢不能致王業之興然有王者作必來取法爲王者師則德澤亦足以及於天下矣於此可見聖賢無我之心而或者猶疑孟子不當勸齊王行王道者何哉齊以地廣民衆其不王者不爲耳故孟子勸以行王政滕國壤地褊小雖行仁政

未必能因此王業也故教以彊爲善以爲王者師
以此見孟子之道能大能小無所不可爲之事也
詩云周雖舊邦其命維新文王之謂也子力行
之亦以新子之國
詩大雅文王之篇言周雖后稷以來舊爲諸侯其受天命
而有天下則自文王始也子指文公諸侯未踰年之稱也
張氏註 滕文公問爲國孟子首告之以民事不可緩其斯
一語真有國之寶幾於一言而可以興邦者也周
公七月之詩其所爲諄諄懇懇如此者凡以民事之不可
緩故爾所謂晝爾于茅宵爾索綯亟其乘屋其始播百穀
之語蓋言農隙之時汲汲然治其屋廬以來歲將復始播
百穀而不暇於此之故也下所言與告梁惠王者同蓋其
理之深切者也賢君恭儉禮下取於民有制者蓋恭儉則
自奉養以節禮下則不敢以勢陵民而取於民以制矣
什一之法所謂制也過乎此則爲桀之道而不及乎此則爲
貊之道爲富不仁爲仁不富者蓋以爲富則爲害之徇雖

有害於人不頗偏也故必不仁爲仁則以愛人爲心當其
以害己爲事乎天理人欲之不兩立也言之可謂雖陽
亦不廢雖不以言取人而亦不以人廢言聖賢之公心也
夏商周之法或以五十或以七十或以百畝而皆以什一
蓋五十畝者以五畝爲貢七十畝者以七畝爲助百畝者
以十畝爲徹是皆什一也徹之爲言徹耕而通計之也助
之爲言借民之力助公上以耕也夏后氏之貢雖亦取其
什之一而未免有弊者蓋校數歲之中而立之常制故也
惟助法爲精密使民出其力以治上之公田上之人取公
田之入而已其多寡視歲之登凶與民同其豐歉也然而
夏后之時其弊未至如龍子之言也春秋戰國之際用夏
之貢法而暴君汙吏厲賦於民故使民至於終歲勤動而
無以養其父母見民之無以自養也則又稱貸之是名以
爲惠而實取其倍稱之息以自益使老弱轉死溝壑而後
已蓋先王之制本以仁民而後之所爲祗以爲富也成周
之法蓋壞於春秋戰國之際然畧有存者如世祿是也而
井田之制則壞也久矣助[illegible]周人亦兼用之於野故引雨
我公田遂及我私之詩惟[illegible]有公田以此見周之亦用
助也夫上與民同其豐歉而[illegible]樂其上之事故民之詩曰
遂先雨乎公田以及乎吾之私可見民之愛其上矣助

法之行固有以養民之良心也民既有以自養則庠序學
校之教可行焉三代之學曰校曰庠曰序名各不同而所教
以爲孝則一也序言其養庠言其材也校言其教教以道也所
言其射射考德也其所以孝者何也明人倫也人倫人之大倫
天之所敘而人性之所有也人惟不能明其理故不盡其分
以至於傷恩害義而淪胥其常性聖人有憂焉爲之學以
教之使之明夫君臣之有義父子之有親夫婦之有別長
幼之有序求以盡其分而無失其性故人倫明於上而小
民亦篤於孝愛親睦奉君上而不可離此三代風化之所以
爲美也後有王者起不必泥於是而何求乎蓋三代之治
實萬世王者之師也此中庸所謂王天下有三重焉之意
也周雖舊邦其命維新言周雖舊邦而天之眷顧則新盡
德之流行有以格于天心也然則滕邦雖小所
以新之者豈旨不在文公乎惟力行王政其可矣

使畢戰問井地孟子曰子之君將行仁政選擇
而使子子必勉之夫仁政必自經界始經界不
正井地不鈞穀祿不平是故暴君汙吏必慢其

經界既正，分田制祿，可坐而定也。夫音扶

畢戰滕臣文公因孟子之言而使畢戰主爲井地之事故又使之來問其詳也井地即井田也經界謂治地分田經畫其溝塗封植之界也此法不修則田無定分而豪強得以兼并故井地有不均賦無定法而貪暴得以多取故穀祿有不平此欲行仁政者之所以必從此始而暴君汙吏則必欲慢而廢之也有以正之則分田制祿可不勞而定矣

張氏注 經其正說而界之文

纂疏 輔氏曰因其使畢戰來問故知使畢戰主爲其事而因使之來問其詳也○愚謂孟子之來滕國不久便令公徹使畢戰往問之若孟子尚留滕國則文公亦必親與之商略矣○又曰治地謂開闢其分里爲井之地也分田謂分爲九百畝之田也田側有溝溝上有涂封植則封其所植之木以爲界也○又曰經畫界止之法不修則田無定制不定爲一夫授田百畝之制而民之豪強者惟其所取得以兼并其他人之所有我之所占者既多則人之所得者

或少或成於井地有不均賦无定法則不得所取公田十一之賦而暴君貪吏催其所收得以肆斂其私田之所入此穀得以祿之多出或得祿之少故於穀祿行不平○又曰若有仁君欲行仁政使彼此均平亦曰無多少之差則必從經界之當做起而暴君汙吏自得務多只知有我不知有民只知爲己不知爲人者則必欲慢而廢之也不肯須要做則能行井有慢心寧自捨於井界中○趙氏曰井地則言其始以地而畫井耳井則只其田既已成井而言之耳

夫滕壤地褊小，將爲君子焉，將爲野人焉。無君子莫治野人，無野人莫養君子。養去聲

言滕地雖小，然其間亦必有爲君子而仕者，亦必有爲小人而耕者，是以分田制祿之法，不可偏廢也。

【纂疏】輔氏曰國无大小小國亦有仕於朝爲君子者亦以有耕於野而爲野人者若无君子則誰治小人无野人則孰養君子言此以見分田制祿之法不可偏廢而有國者於經畫誠不可以慢也

請野九一而助，國中什一使自賦。

此分田制祿之常法，以治野人使養君子也。野郊外都鄙之地也，九一而助，爲公田而行助法也。國中郊門之内鄉遂之地也，田不井授，但爲溝洫，使什而自賦其一，蓋用貢法也。周所謂徹法者蓋如此。以此推之，當時非惟助法不行，其貢亦不止什一矣。

【語錄】曰：野謂甸、稍、縣、都，行九一法；國中什一，以在王城豈凶易察〇國中行鄉遂之法，如五家爲比，五比爲閭，四閭爲族，四族爲黨，五黨爲州，又如五人爲伍，五伍爲兩，四兩爲卒，五卒爲旅，五旅爲師，五師爲軍，皆五五相連屬，所以行不得助九一之法，故只得什一，使自賦。如鄉遂却行井牧之法，鄉遂之法次第是一家出一人，只是如五家爲比，比有一箇長了；井牧之法大率是一二十家方出得士十人從十人。井田之法，孟子說夏五十而貢，殷七十而助，周百畝而徹，此都是孟子擬度，且如先是五十，後是七十，又是一百，如此便是打碎一番，想聖人處事必不如是勞擾。〇此等亦難考，縱須是周禮爲本，而參取孟子、班固、何休諸說訂之，要識可見影彰，然恐終不能有定論也。但不

可不盡其異同日矣

張仁叔[illegible]

【纂疏】輔氏曰郊外都鄙用助法則取其公田之所入以為公君子之祿食國中用貢法則使自賦其什一而自賦其一以充國家之所用其遠近之所以不同者前已見前殷此周之所謂徹法也用此謂徹者通也均也皆所以釋徹字之義此則正言其法耳如此○又曰集註以其請野九一而助則知助法之不行又云國中什一使自賦則當時之貢法亦有彊取其賦於什一之外者矣

卿以下必有圭田圭田五十畝

此世祿常制之外又有圭田所以尊君子也圭絜也所以奉祭祀也不言世祿者滕已行之但此未備耳

餘夫二十五畝

程子曰一夫上父母下妻子以五口八口為率受田百畝如有弟是餘夫也年十六別受田二十五畝俟其壯而有

室然後更受百畝之田焉按此百畝常制之外又有餘夫之田以厚野人也

【附錄】問圭田餘夫之田是在公田私田之外否曰卿受田六十邑乃當二百四十井此外又有圭田五十畝餘夫二十五畝乃是十六歲以前所受在一夫百畝之外也孟子以是言其大槩耳未必曾見周禮也潘時舉【[illegible]】

○問卿士大夫之有圭田必有耕之者豈亦有耕爲可耕乎恐圭田只是給公田之在民者如井百畝亦百畝爲公田之類其制未及詳考大抵古者田祿皆是助法之公田充而八家因爲之耕如有田一成有衆一旅是也圭田恐亦如此故云制二六

圭田無征【通考】

死徙無出鄉鄉田同井出入相友守望相助疾病相扶持則百姓親睦

死謂葬也徙謂徙其居也同井者八家也友猶伴也守望防寇盜也

【集說】輔氏曰鄉謂萬二千五百人為鄉之鄉死徙無出鄉若死而葬若徙而居皆不出其鄉也鄉田同井者同鄉之人則八家同為一井一井之中出入則自相為伴防禦寇盗則自相為助疾病則自相扶持此張子所謂井田救災恤患之事也如此則朝夕同處自然親睦也〇又言助法之善也

方里而井井九百畝其中為公田八家皆私百畝同養公田公事畢然後敢治私事所以別野人也養去聲別彼列反

此詳言井田形體之制乃周之助法也公田以為君子之祿而私田野人之所受先公後私所以別君子野人之分也不言君子據野人而言省文耳上言野及國中二法此獨詳於治野者國中貢法當世已行但取之過於什一爾

【附錄】什一之法周禮詳於今者大畧如此其詳不可得而知矣以孟子考之周野九一而助國中什一使自賦其鄉遂用又不同而考之周禮則行貢法處有公田而行貢法則與公田也〇又問周制百畝之田以六畝收八十畝為餘若

物繫屢而田有限不知何以與之曰人多田少以今料之誠有此患但程張二先生以爲田無不足之理此必有說未暇考之

〔嚴氏通〕輔氏曰上既言助法之善故此下遂言周之助法〔纂疏〕方里而井井九百畝其中爲公田便是井田形體之制也

此其大畧也若夫潤澤之則在君與子矣夫音扶

井地之法諸侯皆去其籍此特其大畧而已潤澤謂因時制宜使合於人情宜於土俗而不失乎先王之意也〇呂氏曰子張子慨然有意三代之治論治人先務未始不以經界爲急講求法制粲然備具要之可以行於今如有用我者舉而措之耳嘗曰仁政必自經界始貧富不均敎養無法雖欲言治皆苟而已世之病難行者未始不以亟奪富人之田爲辭然兹法之行悅之者衆苟處之有術期以

數年不刑一人而可復所病者特上之未行耳乃言曰縱不能行之天下猶可驗之一鄉方與學者議古之法買田一方畫爲數井上不失公家之賦役退以其私正經界分宅里立斂法廣儲蓄立學校成禮俗救菑恤患厚本抑末足以推先王之遺法明當今之可行有志未就而卒○愚按喪禮經界兩章見孟子之學識其大者是以雖當禮法廢壞之後制度節文不可復考而能因畧以致詳推舊而爲新不屑屑於旣往之迹而能合乎先王之意眞可謂命世亞聖之才矣

集義 橫渠先生曰野九一而助郊之外助也國中什一使自賦郊門之內通謂之國中田不井授故使什一而自賦其一也

或問 所言井地之法以周禮詩說考之亦有未悉合者何也曰吾於前章固已論之矣大抵孟子之言雖曰推本三代之遺制然常舉其大而不必盡於其細也師其意而不泥於文也蓋其疏通簡易自成一家乃經綸之活法公

而豈拘儒曲士牽制文義者之所能知哉曰三代授田之多少不同何也曰張子嘗言之矣陳氏徐氏亦有論焉然皆若有可疑者蓋田制既定則其溝涂畛域亦必有一定而不可易者以易代更制每有增加則其勞民動衆毀壞已成之業使民不得服先疇之田畝其擾亦已甚矣不知孟子之言其所以異此者果何耶陳氏曰夏時洪水未去平可耕之地少至商而浸廣周而大備也徐氏曰古者民寡用約故田以而用近後世繁文而用廣故授田之際隨時而加焉曰貢法大禹之遺制而其不善若此何也曰蘇氏林氏嘗言之矣蘇氏曰作法必始於粗終於精古之不為此非不智也勢未及也方其未有貢也以貢為善矣及其既貢而後知其有不善也林氏曰禹貢之法九州之賦有錯出於他等者不以為歲之常數又因遊豫則視其豐凶而補助之周制鄉遂用貢法亦有司稼之官巡野觀稼視年之上下以出斂法則其弊未至如龍子之言乃當時諸侯用貢法之弊耳

【張氏註】至哉井田之為法也聖人既竭心思焉繼之以不忍人之政而仁覆天下者莫大於井田矣乎井田之法以經土地為本經云者經理之使其分界明辨也經界正則井地可均井地均則穀祿可平均公私以至於士

各有常祿自匹夫匹婦各有常產而鰥寡孤獨亦各有所
養首五人為伍而伍之而兵可衛也自五家為以而此之
可民可睦也鄉率黨執黍論夏弦而數化可行也賢能可
典也為治有要婦鄉黍而萬自獲者其借井田矣乎暴君
仟吏兵用之也典交故其取之也典極乃始慢其經界蓋
以經介之法明則無以肆其壇取之計不得不遂發之也
當試于之時具廢也蓋父矣勝文公撤然有意於治而使
單戰問及乎此且蓋子樂閒而除勉之也書子欲以下經
界為先蓋井田上政之本而經界又井田之本也一國
間有君子焉者以人焉其大要在故分十制祿二事而已
田得其分則小民安其集祿得其制則君子賴其養上下
制頃兩各直焉治之所由與也推夫為君子者其取而然
制為小人有呼散而不屬此井田之法所為壞而周之所
為春卅也於是稽先王之制而畝之使之丑然而易百請
野九一叩助國中什一使自賦野書如外九一而助私其
九而助其一也二為皆什一也民受田百畝畝大夫各賦
圭田五十畝民之有餘夫者入授之二十五畝此所謂公
平均一興主有倫者也有常產則有常心死徙不出其
鄉鄉田所井其出入樹交也分望相勤也疾病相扶持也
其所為井驻若以司官先王井田之制有以養其良沉敢

也方以家井井九百畝八家受[illegible]百畝其中百畝則為
公田以家各私其所自八百畝而同養公田先治公田以而
後汲其私盡其卑為治君後人上之公事由足節而生曰此所以
別野人也言此則在君與子矣事也孟子言其大略蓋亦
曰其纖悉夫人其之[illegible]而立法大綱既文[illegible]
其數相[illegible]理譯之則任君子與餘矣蓋可行也法曰人則
商之寮假要公發井田[illegible]之[illegible]而後[illegible]言考[illegible]
殷也秦孟公益孟子之闕門今以孟子之[illegible]并其名[illegible]
猶若君[illegible]孔義公[illegible]法所以易其變之[illegible]
有若君也轉[illegible]安求其之則法[illegible]数乃於益然
其王若[illegible]之轉[illegible]邇求之名之可[illegible]是[illegible]商[illegible]
秦以[illegible]而附[illegible]陳之與名之可後也全之[illegible]任之
以正以霽[illegible]而[illegible]之以高之祖之也是[illegible]有位之
夫不等[illegible]是特論士政而求後英[illegible]則其[illegible]不
而不近審[illegible]法設戴於先求而後焉則貝遊大武可
先[illegible]離[illegible]參千有[illegible]先於已之制而[illegible]然[illegible]大
復之[illegible]下之法[illegible]數[illegible]然之[illegible]論[illegible]然不[illegible]川則貝以
之難求北科以[illegible]恐[illegible]可[illegible]不可[illegible]隱則[illegible]以
是[illegible]民以[illegible]人情事理有所不可行[illegible]然則不可復[illegible]
在不可易也有聖君賢[illegible]起焉亦先[illegible]以民[illegible]其

心思擴以天道叶於時義而損益之其公平均一之道蓋
有可得而求者也夫豈有心於其間而事殊勝而不可行之患哉
【集疏】東萊呂氏曰以梁惠王公孫丑滕文公三篇首章攷
之孟子先適梁次適齊次適宋次適滕其在宋也雖
未嘗與宋王偃語如戴不勝戴盈之之徒其意亦將有爲矣然
皆志儒力弱不足以有爲獨滕以世子嘗見焉觀孟子答
畢戰井地之問曰子之君將行仁政選擇而使子則既命
戰推行之矣遠方之人聞願受一廛而爲氓者有踵至則滕行
亦既有効矣不幸文公信之不篤溺於許行之說誘於
楚之賊不能終其存豈非天哉○覺軒蔡氏曰孟子告
梁不以五畝之宅之說滕則以爲國則以爲民事不可緩
井地則告之以仁政必自經界始蓋有以厚民之生斯可
以善民之心三代
【纂疏】輔氏曰註云潤澤謂因時制宜使合於人情宜於土
俗而不失乎先王之意也此非以潤澤二字之義乃
就井田之法上言必能如此立法然後可謂之潤澤也○
又曰張子之意止到古聖人之心事欲見得治天下先務
必當以經界爲急於是力攷詳究其法之行說之若衆
苟行之於一鄉稍斷以數年不刑一人而可得既不得行則又

欲私爲而不驗之，以明先王之法無不可行者，以待後之
君子。嗚呼，仁哉！○又曰：常人而欲法古先哲王之事於後
世，若往往不皆先得古人之心，然後究其既往之迹，則
行一不得，則反出其私意，穿鑿杜撰以求其必濟，甚者立
於嚴刑峻法以箝人之議，彊民之從，於是與先王之道背
馳，非徒無益而又害之者多矣。此孟子之所以識其大者，謂
先得古先哲王之心也。是以雖當禮法廢壞之後，制度節目
文不可復考，而能因畧而致詳，謂因其大體而討其節目。
推舊以爲新，謂推其既往以爲今日之制，雖不循於已
往之迹，而能合於先王之意，此與聖賢同一心，事同一
轍，信非命世亞聖之大才不能爲也。

○有爲神農之言者許行，自楚之滕，踵門而告
文公曰：「遠方之人聞君行仁政，願受一廛而爲
氓。」文公與之處。其徒數十人，皆衣褐，捆屨織席
以爲食。衣，去聲。捆，音閫。

神農炎帝神農氏始爲耒耜教民稼穡者也爲其言者史遷所謂農家者流也許姓行名也踵門足至門也仁政上章所言井地之法也廛民所居也氓野人之稱褐毛布賤者之服也捆扣椓之欲其堅也以爲食賣以供食也程子曰許行所謂神農之言乃後世稱述上古之事失其義理者耳猶陰陽醫方稱黄帝之說也

張氏註 褐以毳織之或曰草衣也捆猶叩椓也叩椓使緻堅也

纂疏 輔氏曰此可見人心之所同不獨孟子以爲仁政云云當時之人亦莫不以爲仁政也○又曰前言市廛謂爲市中之宅此但言廛則爲民所居而已○又曰陰陽醫方所稱黄帝之說如素問靈樞之類是也彼負有[illegible]黄帝之言傳於世孔孟豈得而不辨之哉

陳良之徒陳相與其弟辛負耒耜而自宋之滕

曰聞君行聖人之政是亦聖人也願爲聖人氓

陳良楚之儒者者所以起士来其柄也

陳相見許行而大悅，盡棄其學而學焉。陳相見孟子，道許行之言曰：滕君則誠賢君也，雖然，未聞道也。賢者與民並耕而食，饔飧而治。今也滕有倉廩府庫，則是厲民而以自養也，惡得賢？

饔飧音孫。厲平聲

饔飧，熟食也。朝曰饔，夕曰飧。言當自炊爨以為食而當民事也。厲，病也。許行此言，蓋欲陰壞孟子分別君子野人之法。

【疏】韓氏曰：文公既有意於為國，以問於孟子，孟子既告之當以經界為始，而文公又使畢戰主為其事矣，故鄰國皆知之，而有志之士各欲以其所學來告至於異端邪說亦皆紛來售其說，如許行是也。許行謂君民尚當並

耕而食以自養則無君子而分者可知矣其說正與孟子分別君子野人相反故知許行欲陰壞其法也

孟子曰許子必種粟而後食乎曰然許子必織布而後衣乎曰否許子衣褐許子冠乎曰冠曰奚冠曰冠素曰自織之與曰否以粟易之曰許子奚為不自織曰害於耕曰許子以釜甑爨以鐵耕乎曰然自為之與曰否以粟易之衣去與平聲

釜所以煑甑所以炊爨然火也鐵耜屬也此語八反皆孟子問而陳相對也

以粟易械器者不為厲陶冶陶冶亦以其械器易粟者豈為厲農夫哉且許子何不為陶冶舍皆取諸其宮中而用之何為紛紛然與百工交

易何許子之不憚煩曰百工之事固不可耕且爲也舍上聲

此孟子言而陳相對也械器釜甑之屬也陶爲甑者冶爲釜鐵者舍止也或讀屬上句舍謂作陶冶之處也

然則治天下獨可耕且爲與有大人之事有小民之事且一人之身而百工之所爲備如必自爲而後用之是率天下而路也故曰或勞心勞力勞心者治人勞力者治於人治於人者食人治人者食於人天下之通義也與平聲食音嗣

此以下皆孟子言也路謂奔走道路無時休息也治於人者見治於人也食人者出賦稅以給公上也食於人者見

食於人也此四句皆古語而孟子引之也君子無小人則飢小人無君子則亂以此相易正由農夫陶冶以粟與械器相易乃所以相濟而非所以相病也治天下者豈必耕且爲哉

〔張氏註〕許行之說詭秘而淺近而乃盛行於時從之者數十人以滕文公之賢一入其說感而不悟陳相師周公仲尼之道一旦盡棄其學以從之其所以能動人者果何說哉蓋其人亦清苦高介之士遠慕古初而不[illegible]明見世有神農之說不知其爲後世僞學之謬則從而祖述之以謂農者天下之本善爲治者必使斷民盡力於農而人君必力耕以先之不當使民勞而已逸以爲功力以道治天下而非後世所及也其說若高而有以感於人者也樊遲請學稼圃夫子教之蓋亦親切於此矣嗟夫帝王之道如長安大路與性而不違者以其述天之理故爲異端之說好高者亦終歸於不可行者以其私意之所爲故爾愚每讀至此章未嘗不爲滕文公惜之也文公一聞孟子性善之論而不忘於心聞喪紀之隆而知是誠在我以至於問爲國問井地而使遠方之人感慕來歸以願爲之氓亦可謂賢君矣而不克終用孟子之說寂然無聞於後世惑於許行之言而以奪之也[illegible]文公[illegible]之觀則知文公

蓋親而信之矣今觀縉紳皆於孟子之論而猶未有得於
中此雖其未有得於心故他人得而惑之滕文公之惑許
行蓋亦志於為治而惟其燭理不明而不自知其非也許
行之論以謂賢者當與民並耕而食饔飧而治以有倉廩府庫
為厲民以自養孟子因陳相之論而明辨之非特以告陳
相之徒欲使滕文公聞之而有以悟其失且則問之以必
種粟而後食乎則應之曰然問之以織布而後衣乎猶有
以遁也曰許子衣褐問之以冠乎曰冠問之以奚冠曰冠
素自織之與又問之曰許子奚為不自織而其說固窮矣
蓋許子豈但食粟而已乎其不可無衣冠明矣許子之衣
冠獨不資諸人乎則又因其食粟而問之許子之粟亦必
種而後可成炊而後可食也則其種與炊之具又豈得以
資諸人乎以粟易械器不為厲陶冶而以器械易粟亦
得為厲農夫哉蓋百工各以其事而通有無者天下之常
也許子若但欲專以種粟為事則何不陶冶以自治其具
使凡所以種粟者皆取於它之家而用之而至於紛紛
交易又何其煩與至此理之不可行者不復更可遷就故
陳相但曰百工之事固不可耕且為也而其情無所遁矣
於是明義以諭之曰治天下獨可耕且為與夫以百工之
事猶不可耕且為則治天下之不可以耕且為亦明矣至

此而許行之說世安所措乎於是又從而推明之云人若治其大人之事於上而小民者則共其小民之事於下在上者勞心以治人而在下者聽治於人聽治於一人者出力以食其上而治人者則享其食焉此理天實爲之萬出所共由者故曰天下之通義也而許行之說則昧夫理之所當然務小惠以妨大德暱私情以害正䊸卒歸於不可行且以一人之身周貧於百工之所爲而欲必一一以爲之則是驅天下於一路而已其可行哉

纂疏 輔氏曰註云路謂奔走道路無時休息此但言其勞耳若曰以一人之身而欲自爲百工之事以足其用則譬如率天下之人奔走於道路而無時休息㐌其可哉

○又曰君子勞心以治人而食於人野人勞力以治於人而食人此理天實爲之天下萬世之所共由也正猶農夫與陶冶相資易事而以相濟相成也豈有相病之理乎

當堯之時天下猶未平洪水橫流汎濫於天下草木暢茂禽獸繁殖五穀不登禽獸偪人獸蹄鳥跡之道交於中國堯獨憂之舉舜而敷治焉

舜使益掌火，益烈山澤而焚之，禽獸逃匿。禹疏九河，瀹濟漯而注諸海；決汝漢，排淮泗而注之江，然後中國可得而食也。當是時也，禹八年於外，三過其門而不入，雖欲耕，得乎？瀹音藥。濟子禮反。漯他合反。

天下猶未平者，洪荒之世，生民之害多矣；聖人迭興，漸次除治，至此尚未盡平也。洪，大也。橫流，不由其道而散溢妄行也。氾濫，橫流之貌。暢茂，長盛也。繁殖，衆多也。五穀，稻黍稷麥菽也。登，熟也。道，路也。獸蹄鳥跡交於中國，言禽獸多也。敷，布也。益，舜臣名。烈，熾也。禽獸逃匿，然後禹得施治水之功。疏，通也，分也。九河：曰徒駭，曰太史，曰馬頰，曰覆釜，曰胡蘇，曰簡，曰絜，曰鉤盤，曰鬲津。瀹，亦疏通之意。濟漯，二水名。決、排，皆去其壅塞也。汝、漢、淮、泗，亦皆水名也。據禹貢及今水路，惟漢水入江耳。汝泗則入淮，而淮自入海。此謂四水皆入于江，記者之誤

語錄

孟子論益烈山澤而焚之是使民之除去障翳驅逐禽獸耳未必使之爲虞官也至舜命之作虞然後使之養育其草木鳥獸耳翳虞○決汝漢排淮泗而注諸江此但作文取其字數以足對偶而云耳若以水路之實論之便有不通而亦初無所害於理也說者見其不通便欲強爲之說然亦徒爲穿鑿而卒不能使之通也如沈存中引李習之來南錄云自淮沿流至于高郵乃泝于江因謂淮泗入江乃禹之舊迹故道必然但今江淮已深不能至高郵此說甚似其實非也按禹貢淮出桐栢會泗沂以入于海故以小江而列於四瀆正以其能專達于海耳若如此說則禹貢當云南入于江不應言東入于海而淮亦不得爲瀆矣且習之沿泝二字似亦未嘗蓋古今往來淮南只行邗溝運河皆築埭置閘儲閉潮汐以通漕運非流水也若使當時自有禹迹故道可通舟楫則不須更開運河矣故自淮至高郵不得爲沿自高郵以入江不得爲泝而習之又有自淮順潮入新浦之言則是入運河時偶隨淮潮而入有似於沿其過高郵後又迎江潮而出故復有似於泝而察之不審致此謬誤今人以是而論孟子是以誤而益誤也今按來南錄中無此語未詳其故近世又有立說以爲淮泗本不入江當洪水橫流之時排退淮泗然後能

決汝漢以入江此說亦尤不通蓋汝水入淮泗水亦入淮三水合而爲一若排退淮泗則汝水亦見排退而愈不得入江矣漢水自嶓冢過襄陽南流至漢陽軍乃入于江淮自桐柏東流會汝水泗水以入于海淮漢之間自有大山自唐鄧光黄亦與江漢不相干涉不待排退二水而後漢得入江也大抵孟子之言只是行文之失無害於義理不必曲爲之説開貫心力也吳雜祝氏録

張氏註 殺流也淪亦疏治之也排而下之也

集疏 覺軒蔡氏曰按爾雅九河一曰徒駭二曰太史三曰馬頰四曰覆釜五曰胡蘇六曰簡絜七曰鉤盤八曰鬲津其一則河之經流也先儒不知河之經流遂分簡絜爲二書傳引此與集註少異書傳得實經朱子晚年所訂正當以爲定也

纂疏 薛氏曰濟水出河東郡垣縣王屋山東南至武德入河軼出滎陽北地中又東至琅邪入海漯水出東郡東武陽縣東北至千乘入海

后稷教民稼穡樹藝五穀五穀熟而民人育人之有道也飽食煖衣逸居而無教則近於禽獸聖人有憂之使契爲司徒教以人倫父子有親君臣有義夫婦有別長幼有序朋友有信放勳曰勞之來之匡之直之輔之翼之使自得之又從而振德之聖人之憂民如此而暇耕乎契音薛別彼列反長放皆上聲勞來皆去聲

言水土平然後得以教稼穡衣食足然後得以施教化后稷官名棄爲之然言教民則亦非並耕矣樹亦種也藝殖也契亦舜臣名也司徒官名也人之有道言其皆有秉彝之性也然無教則亦放逸怠惰而失之故聖人設官而教

以人倫亦因其固有者而道之耳書曰天叙五典勅我五典五惇哉此之謂也放勳本史臣賛堯之辭孟子因以爲堯號也德猶惠也堯言勞者勞之來者來之邪者正之枉者直之輔以立之翼以行之使自得其性矣又從而提撕警覺以加惠焉不使其放逸怠惰而或失之蓋命契之辭也

【纂疏】林氏穎解放勳之放作推而放之四海之放比之程氏爲優【語錄】○又曰聞振德是施惠否曰是然不是財惠之惠只是施之以教化上文匡直輔翼等事是也彼既自得之後從而教之

【發明】西山真氏曰父子之親君臣之義夫婦之別長幼之序朋友之信皆人性所自有舜之命官數教亦因其有而導之耳非强之以所無也○輔氏曰集註與書説以爲叙者天叙即所謂固有也勅而厚之即所謂道之也○又曰勞者勞之來者來之所以安其生也邪者正之枉者直之所以正其德也輔以立之翼以行之所以助其行也自得謂自得其性也振謂提撕警省也此乃大學新民之功也德謂加惠也此數句先儒訓詁皆只大綱提過都無意

味朱集註而後字字研究其理如此亦見聖人之用又斷以爲堯命契之辭始得分當

堯以不得舜爲己憂舜以不得禹皋陶爲己憂

夫以百畝之不易爲己憂者農夫也易去聲夫音扶

易治也堯舜之憂民非事事而憂之也急先務而已所以憂民者其大如此則不惟不暇耕而亦不必耕矣

纂疏 輔氏曰農夫之所憂以比堯舜之憂見其小大廣狹之不倫則不暇耕與不必耕者可知矣

分人以財謂之惠教人以善謂之忠爲天下得人者謂之仁是故以天下與人易爲天下得人難爲易並去聲

分人以財小惠而已教人以善雖有愛民之實然其所以亦有限而難久惟若堯之得舜舜之得禹皋陶乃所謂爲

天下得人者而其恩惠廣大教化無窮矣此所以爲仁也

〔纂疏〕輔氏曰以己之善而教人使人皆爲善則是有變民之實然其所求止於吾力之所能與吾身之所及而已故有限而易又也。又曰堯之得舜舜之得禹皐陶則能廣吾力之所無而俾恩惠極於廣大繇吾身之所存而俾教化推於無窮矣然後可以謂之仁

孔子曰大哉堯之爲君惟天爲大惟堯則之蕩蕩乎民無能名焉君哉舜也巍巍乎有天下而不與焉堯舜之治天下豈無所用其心哉亦不用於耕耳與去聲

則法也蕩蕩廣大之貌君哉言盡君道也巍巍高大之貌不與猶曰不相關言其不以位爲樂也

吾聞用夏變夷者未聞變於夷者也陳良楚產

也。悅周公仲尼之道，北學於中國。北方之學者，
未能或之先也。彼所謂豪傑之士也。子之兄弟
事之數十年，師死而遂倍之。

此以下責陳相倍師而學許行也。夏，諸夏禮義之教也。變
夷，變化蠻夷之人也。變於夷，反見變化於蠻夷之人也。產，
生也。陳良生於楚，在中國之南，故北遊而學於中國也。先，
過也。豪傑，才德出衆之稱，言其能自拔於流俗也。倍，與背同。
陳良用夏變夷，陳相變於夷也。

集疏 輔氏曰：陳良楚人，而北學於中國，則是用夏變夷。
陳相素學於陳良，乃為許行所變，則是變於夷也。

昔者孔子沒，三年之外，門人治任將歸，入揖於
子貢，相嚮而哭，皆失聲，然後歸。子貢反，築室於
場，獨居三年，然後歸。他日，子夏、子張、子游以有

若似聖人欲以所事孔子事之彊曾子曾子曰不可江漢以濯之秋陽以暴之皜皜乎不可尚已彊上聲暴蒲木反皜音杲

三年古者爲師心喪三年若喪父而無服也任擔也場冢上之壇場也有若似聖人蓋其言行氣象有似之者如檀弓所記子游謂有若之言似夫子之類是也所事孔子所以事夫子之禮也江漢水多言濯之潔也秋日燥烈言暴之乾也皜皜潔白貌尚加也言夫子道德明著光輝潔白非有若所能彷彿也或曰此三語者孟子贊美曾子之辭也

【輯釋】輔氏曰註云夫子道德明著光輝潔白此自是曾子見得如此他人不知其味也學者須是深思而熟玩之直到曾子見處方知其味○趙氏曰皇覽云孔子冢前以瓴甓爲祠壇方六尺

今也南蠻鴃舌之人，非先王之道。子倍子之師而學之，亦異於曾子矣。鴃亦作䳌，古役反。

鴃，博勞也，惡鳥之聲。南蠻之聲似之，指許行也。

吾聞出於幽谷遷于喬木者，未聞下喬木而入於幽谷者。

小雅伐木之詩云：伐木丁丁，鳥鳴嚶嚶，出自幽谷，遷于喬木。

語錄

丁丁，伐木聲。嚶嚶，鳥聲之和也。以伐木之丁丁與鳥鳴之嚶嚶。幽，深。遷，升。喬，高也。見詩傳。

[illegible]戎狄是膺，荊舒是懲。周公方且膺之，子是之學，亦為不善變矣。

魯頌閟宮之篇也。膺，擊也。荊，楚本號也。舒，國名。懲，艾也。按今此詩為僖公之頌，而孟子以周公言之，亦斷章取義也。

【張氏曰】……當而劫之也

【考證】龍氏曰荊本州名春秋初以州舉曰荊後乃曰楚○又按春秋傳杜氏註舒國今廬江舒縣

從許子之道則市賈不貳國中無僞雖使五尺之童適市莫之或欺布帛長短同則賈相若麻縷絲絮輕重同則賈相若五穀多寡同則賈相若屨大小同則賈相若賈音價

陳相又言許子之道如此蓋神農始爲市井故許行又託於神農而有是說也五尺之童言幼小無知也許行欲使市中所鬻之物皆不論精粗美惡但以長短輕重多寡大小爲價也

【通攷】輔氏曰下繫謂神農氏取噬嗑之象日中爲市交易而退各得其所也○又曰若不看得精粗好惡來說則

無由說得通此義自孟子來無人看得出至集註而後其義始明

曰夫物之不齊物之情也或相倍蓰或相什伯或相千萬子比而同之是亂天下也巨屨小屨同賈人豈爲之哉從許子之道相率而爲僞者也惡能治國家夫音扶蓰音師又山綺反比必二反惡平聲

倍一倍也蓰五倍也什伯千萬皆倍數也比次也孟子言物之不齊乃其自然之理其有精粗猶其有大小也若大屨小屨同價則人豈肯爲其大者哉今不論精粗使之同價是使天下之人皆不肯爲其精者而競爲濫惡之物以相欺耳

集義 伊川先生曰氣有盛則必有衰衰則終必復盛若冬不春夜不晝則氣化息矣聖人主化如禹之治水順則當順之治則須治之古之伏羲豈不能垂衣裳必待堯舜然後垂衣裳據如此事只是一箇聖人都做得了然必

須數世然後成亦因時而已陽氏曰舜之臣十有一人
而孔子曰舜有臣五人而天下治所謂五臣者孟子所濟
若是也尹氏曰異端邪說眩惑時君各欲售其說若豈有
既截孟子力攻許行之言歸之正道可謂盡善盡美矣雖
然古之為異端者則亦自覬於異端而已至於後世則又
有条孔孟之道而志於異端邪說若此道之所以益難明也
其亦時之
不幸也哉

語錄 曰余隱之曰滕文公嘗行孟子道矣既而許子為神
農之言告文公文公與之廛孟子若盡自闢之以從許
子之道是相率而為偽豈能治國家則知文公行孟子之
道不克終矣當是時許行聞之曰故曰聖人亦不可謂
行孟子之言無驗於滕侯終禮孟子使為補
相而授以國政安知其不可為乎 愚按

或問 許行為神農之言而有君民並耕而不二賈之說何
耶曰程子之言盡矣然以易考之一若皆神農之所
為也當時民淳事簡俗或有如許行之說者及乎世變風
移至於唐虞之際則雖神農復生亦當隨時而立政而不
能固守其舊矣况許子之妄乃欲以是而行戰國之時乎
曰禹以功大矣而孟子以皋陶配之何也曰皋陶之卒絕

粹精密而其陳謨彰德明刑富教爲明尤多故舜然後得位於禹而禹獨讓之則其德業已盛固聖人之偶矣上尹氏之說如何曰是其爲說當矣然亦必有所指非徒言也

張氏注舉堯舜之事以見帝王之治天下者蓋如此洪水之爲患蓋自上古以來民巢居穴處至堯之時猶未可平也堯既居君之位任其責故獨以是爲憂憂之如何舉舜以治之而已舜與堯同其憂則舉益以治山澤舉禹以治水舉稷以播種而已逮夫禽獸逃匿中國可耕五穀熟而人賴以養則堯舜之所以憂民者庶幾可以少寬矣而未足也蓋以謂夫降衷于民而人之有道所以異乎萬物者以其有父子之親君臣之義夫婦之別長幼之序朋友之信也方洪水未平禽獸未遠粒食未播斯民方皇皇然昏墊憔悴以圖其生固有不暇議者今斯民旣得以飽食煖衣而逸居於此時而不有以教則安於欲而不知義異所與禽獸奚以遠聖人贊天地之化育者忍坐視斯民失其常性以爲萬物之歸哉宜以爲深憂也憂之如何舉契以教之而已於父子則有親於君臣則有義於夫婦則有別於長幼則有序於朋友則有信此理本具於民之性非彊有以與之也獨開導之而使自得其所有者而已故堯

之言曰勞之來之匡之直之輔之翼之使自得之又從而振德之勞來言撫循之也匡直言正救之也輔翼言扶持之也所以勞來匡直輔翼之者曲盡其道至其自得之則繫乎民焉則又於其間舉其有德者以爲之表凡此皆聖人吉凶與民同患至誠無息天之道也故堯以不得舜爲已憂舜以不得禹皐陶爲已憂盡以未得其人則民有未被吾之德故耳前稱禹益稷契而此獨言禹皐陶若龜山楊氏曰舜欲得此兩人而天下已治禹總百揆而皐陶施刑內外之治舉矣古者兵刑之官合爲一觀舜命皐陶以蠻夷猾夏是其責也皐陶雖不可與禹而禹不可以無皐陶故傳位之際禹獨推之而子夏亦謂舜選衆而舉皐陶也夫聖人爲天下計盡如此豈比農夫但爲百畝之憂哉則爲之推明大小之分以爲分人以財謂之惠可耳至於教人以善則宏矣以人皆可以爲善以善告之故謂之忠至於爲天下得人則足以成天地生物之功如是而後可以當仁之名也以天下與人比夫爲天下得人則猶爲易何也蓋堯舜未嘗有私天下之意也以天下與人在堯舜何有哉而其所以爲難者所待未得其人則非天意耳故堯以不得舜爲已憂而舜以不得禹皐陶爲已憂也惟天爲大惟堯則之蕩蕩乎民無能名焉謂堯之所以爲大者以其

法則於天是以民無能名也君哉舜也巍巍乎有天下而
不與焉謂舜誠非民之主也有天下而已不與焉故以堯
舜之治天下豈無所用其心哉亦不用於耕耳孟子所
言則堯舜之用心者可知矣以是觀之則夫許行之私意
小惠眞井蛙之見耳既闢許行之說則又從而救陳
相學之之失言諸夏者聖帝明王之道中正和平禮義之
所宗也夷狄者背禮而棄義者也夷狄之法以諸夏而由
夷狄之爲則夷狄之以夷狄而知禮義之爲則進之俾萬
世爲治論學者兢兢焉奉循其則以自免於夷狄禽獸之
歸也若夫異端之說溺於所偏以賊夫禮義之正則是淪
於夷狄而不自知者也孟子之論許行目之爲鴃舌之類亦舉
周公戎狄是膺荊舒是懲之語而不以爲過者爲是故也
夫許行自楚之滕則固楚人也而陳良亦楚産也孟子於
許行則以爲戎狄蠻夷之於陳良則以爲豪傑之士然則
孟子之夷其人豈以土地乎哉以陳良所學者周公仲尼
之道而許行之說以於夷狄之歸故也以孟子之言觀之
若陳良者雖未知其所得於聖道何如要其篤信不回能
自拔於流俗風靡之中者陳相不能守陳良之學而自變
於夷狄故謂之不善變然則陳相雖學於陳良未有以得乎
良也使相而果有所見則譬諸冰炭寒必不熱孰得而變之

哉故舉孔子之門人以告之孔子没門人執其喪皆三年比及其去相向而哭至於失聲此豈可強為乎是必有不可解於心者矣門人既歸而子貢獨留築室於場又三年然後歸此復何為乎是必有所以事者而非他人所繫而[illegible]者矣子夏子游子張亦聖門之高弟而欲以所事孔子者事有若豈有若在聖門年最高長亦德成行尊以石曰似孔子其氣象有似乎聖人也曾子獨不可若曾子有見於聖人卓然不可及者故也江漢以濯之秋陽以暴之皜皜乎不可尚已言夫子之道其為不可幾及如是之明且著言其所得者深也今之陳相輕背陳良之學以肯爲其下喬木而入幽谷舍高明而趨卑闇是未嘗有得於良者也明矣陳相聞斯言獨未之省也卒言許行之説以謂使其説行其效可使天下反於淳朴凡天下之物皆可齊也嗟乎豈有是理哉有天地則有萬物其巨細多寡高下美惡之不齊乃物之情而貫天之理也物各付物以於其所吾何加損於其間哉若強欲齊之私意橫生徒為膠擾而物終不可齊也故莊周之齊物強欲以理齊之猶為賊夫道況乎許子遂欲一天下之物而泯其一定之分其蔽豈不甚矣哉孟子應之曰夫物之不齊物之情也斯言也足以發明天理之大不但可以闢許行而莊周之説亦可坐

見其偏矣故曰從許子之道相率而爲僞者也巨者細多者寡高者下美者惡皆非相率而爲僞乎

○墨者夷之因徐辟而求見孟子孟子曰吾固願見今吾尚病病愈我且往見夷子不來辟音壁又音闢

墨者治墨翟之道者夷姓之名徐辟孟子弟子孟子稱病疑亦託辭以觀其意之誠否

【纂疏】輔氏曰雖不言孟子有疾而忽言今吾尚病病愈我且往見則孟子之意可見此亦所謂不屑之教誨也

他日又求見孟子孟子曰吾今則可以見矣不直則道不見我且直之吾聞夷子墨者墨之治喪也

以薄爲其道也夷子思以易天下豈以爲非是而不貴也然而夷子葬其親厚則是以所賤事親也不見之見音現

又求見則其意已誠矣故因徐辟以質之如此直盡言以相正也莊子曰墨子生不歌死無服桐棺三寸而無椁是墨之治喪以薄爲道也易天下謂移易天下之風俗也夷子學於墨氏而不從其教其心必有所不安者故孟子因以詰之

或問夷之請見而孟子不許何也曰雖以闢邪說爲己任然不過講明其說傳之當世使聞者有以發寤於心而自得之耳固不輒掇其人交口競辯以强吾道之尊也譬如蠻夷寇賊之害聖人固欲去之然豈肯被甲執兵而親與之角哉

纂疏輔氏曰先儒皆以夷子葬其親厚則是以所賤事親也此兩句爲孟子設辭此言以問夷子蓋於其事恐非至切處感發之今集註斷以爲夷子實嘗厚葬其親不從墨子諱館無椁之制者蓋墨子之說本是失於兼愛二本自若薄葬而特其教中一事夷子始安其教而至於厚葬親之時天理自然發動有不得如其師之說者故不用其制而凡事從厚也此於人情固有之故孟子因舉此一事以詰之而下文又舉上世不葬之說以發其意此政夷子之天理一點明處也

徐子以告夷子夷子曰儒者之道古之人若保赤子此言何謂也之則以爲愛無差等施由親始徐子以告孟子孟子曰夫夷子信以爲人之親其兄之子爲若親其鄰之赤子乎彼有取爾也赤子匍匐將入井非赤子之罪也且天之生

物也，使之一本，而夷子二本故也。夫音扶，下同。匍音蒲，匐蒲北反。

若保赤子，周書康誥篇文。此儒者之言也。夷子引之，蓋欲援儒而入於墨，以拒孟子之非己。又曰愛無差等，施由親始，則推墨而附於儒，以釋己所以厚葬其親之意，皆所謂遁辭也。孟子言人之愛其兄子與鄰之子，本有差等。書之取譬，本爲小民無知而犯法，如赤子無知而入井耳。且人物之生，必各本於父母而無二，乃自然之理，若天使之然也。故其愛由此立，而推以及人，自有差等。今如夷子之言，則是視其父母本無異於路人，但其施之姑自此始耳。非二本而何哉？然其於先後之間，猶知所擇，則又其本心之明有終不得而息者，此其所以卒能受命而自覺其非也。

【語錄】問夷子愛無差等施由親始夷子既知此說便益親疎合貴賤方得今却門施由親始則是又將親疎

對待而言，豈非吾之愛人有差等者哉？詞氣抵捂，信乎其遁而窮矣。曰：要之所謂愛無差等，此其大病。其言施由親始，雖片時有差別，然亦是施與差等之愛耳。故孟子但責其二本，而不論其下句之病，相爲皆也。以之所以卒能感動而自知其非義，因孟子極言二本之爲汕之，以有以切也，其病耳。此是緊要處，當看眼目也，已長敬之。○愛由親始，人多疑其知所先後而不知此正是夷子錯認處之有。愛本由親立，推以及物，自有等級，今夷子先以愛無差等而施之，則由親始，此夷子所以二本矣。夷子但以此解厚葬其親之言，而不知愛無差等之爲二本也。○金仁山曰：施由親始，乃是夷之臨時撰出來揍孟子，却不知愛無差等之一句已是不是了。他所謂施由親，便是把愛無差等之心施之，然把愛人之心推來愛親，是甚道理？○問：愛有差等，此所謂一本，蓋親親仁民愛物，具有本末也。所謂二本如何？曰：愛無差等，何止二本，蓋千萬本也。○[illegible]明二[illegible]論。○又曰：既是一本，其中便自然有許多差等。若二本者，便並立而無差等矣。○又曰：事他人之親如己之親，問：是兩本一樣重了，如一木有兩根也。[illegible]

[illegible]天之生物，使之一本，而夷子二本，何也？曰：天之生物有血氣者本於父母，無血氣者本於根荄，皆是出於一

而無二者也推其本出於一故其愛必主於一焉蓋一體
而分之殊焉則尊卑貴賤之情自不能已隨所施之可比也
自是之外則因其分之親疏遠近而所以爲愛有差焉
此儒者之道所以親親而仁民仁民而愛物而無不各得其
所也今夷之乃謂愛無差等則是不知此身之所從出而
視其父母無以異於路人也雖其施之先後稍不悖於正
理然於義而謂之施焉則亦不知愛之所由立矣是非二
本而何哉者乃或謂施由親始之言皆合於吾儒之一
本者愚竊以爲差之以毫釐謬以千里爲是說者亦自不知
一本所以爲一本矣又有以愛有差等爲一本者雖無大
失而於文義有所未盡蓋謂其本亦以有差等則可直
以愛有差等爲一本則不可也曰夷子之學於墨學矣而必
推其說以求合於儒者何也曰天下之理其本有正而無
邪其始有順而無逆故天下之物正而順者常自而無倚
於外邪而逆者常輕而不得不自謂出理勢之必然也
且胡不以近世之佛學觀之乎其以爲說也推波者至矣而
彼未嘗不求自附於吾儒也雖其陰陽闔闢合者不可信要
不如是則吾知其反側而無以自安也其實之悖亂之蔽
於此亦可默自揣乎世無孟子無能因其
所明以誘之者顧以卒於流蕩而不反也

【纂疏】輔氏曰夷子蓋以儒者所謂若保赤子一句有似於墨子愛無差等之論故舉之而附以此言爲證也是其意欲援儒以歸墨以折孟子之非也○又曰夷子蓋以墨子所謂愛無差等之論有以於儒者若保赤子之言是欲強推墨以附儒又言施由親始謂愛無差等則皆當致厚但其所施則當自親始以釋己所以厚其親之意也○又曰註云皆所謂遁辭蓋孟子之闢則已得夷子之心是他於理已屈不得以故爲此遁辭以避免也○又曰彼有取爾也一句先儒說皆不明自今觀之以爲書之取譬方說得通云若則是取譬也明矣今詳書之取譬本爲小民無知而犯法正猶赤子無知而入井非謂愛凡人之赤子與兄弟之子一般也言兄弟之子而不言己子者蓋兄弟之子則與己子之無異也○又曰人物之生各本於父母而無二此理乃自然而然故若天使之然也○又曰書云立愛自親始蓋人之愛皆始於事親因事親以立其愛即所謂孝弟爲仁之本也然後推以及民以及物自有等差輕重此仁義之道所以相爲用也○又曰夷子雖陷於墨子之學而其天理一點之明有不可息滅者自蓋秉彝之心也故其先親後疎之際知有所擇而不全安行錯然故孟子之言得以因其明而入之夷子亦得因其明

而受之地

蓋上世嘗有不葬其親者其親死則舉而委之於壑他日過之狐狸食之蠅蚋姑嘬之其顙有泚睨而不視夫泚也非為人泚中心達於面目蓋歸反虆梩而掩之掩之誠是也則孝子仁人之掩其親亦必有道矣蚋音汭嘬楚怪反泚七禮反睨音詣虆力追反梩力知反

因夷子厚葬其親而言此以深明一本之意上世謂太古也委棄也壑山水所趨也蚋蚊屬姑語助聲或曰螻蛄也嘬攢共食之也顙額也泚泚然汗出之貌睨邪視也視正視也不能不視而又不忍正視哀痛迫切不能為心之甚

也非爲人泚言非爲他人泚之而然也所謂一本者於此見之尤爲親切蓋爲至親故如此在他人則雖有不忍之心而其哀痛迫切不至若此之甚矣反覆也虆梩土籠也梩土轝也於是歸而掩覆其親之尸此葬埋之禮所由起也此掩其親者若所當然則孝子仁人所以掩其親者必有其道而不以薄爲貴矣

【張氏注】其顙汗出泚泚然也虆梩盛土之器

【纂疏】輔氏曰此又孟子畧其道辭而專以其良心之發有不容已處深明夫人惟一本故其於親之喪哀痛迫切非他人之所可得者而因以見先王所制葬埋之禮必誠必信勿之有悔者固皆自然之理而墨子二本薄葬之說爲杜撰之作而不可行也

徐子以告夷子夷子憮然爲閒曰命之矣憮音武閒如字

㦲然自失之貌。爲間，有頃之間也。命，猶教也。言孟子已教我矣。蓋因其本心之明，以攻其所學之蔽，是以吾之言易入而彼之惑易解也。

【語錄】問：「命之矣」之「之」字，當作夷子名看，方成句法；若作虛字，則不成句法。先生曰：是。[illegible]

【張氏注】仁，莫大於愛親，其達之天下，皆是心所推也。故其等差輕重，貫不有别焉，以仁義之道相爲用者也。若夫愛無等差，則是無義也；無義則亦害夫仁之體矣。以失其所以爲本之一者故也。故孟子於墨氏之説，所以深闢之，而發二本之論。於此章，夷子欲見孟子，孟子以病辭，而夷子不來。他日又欲求見，孟子[illegible]然出之之意也。然夷子既欲見，則當來見，而徒使徐子往來於其間，是夷子欲見之意，蓋猶疑也。孟子以爲不直則道不見，故示其端，使徐子言之。獨舉其治喪，若謂獨此入乎人之心哉！故於此至親至切，動感發之也。謂墨家治喪以薄，以易天下之治，是貴夫薄也。若使夷子而厚葬其親，則是以所賤事親矣，其必不然矣。夷子聞則言，蓋舉其答也，故獨以儒者之道以爲儒者謂若保赤子，若云者，則示他人與己子固有殊矣。以己所見，則初無等差，特施由親始，自近者始耳。孟子固已洞見其利欲之所在以謂夷子之意亦有所取而云然其所取者謂夫赤子匍匐將入井乃是時人之救之亦不分於兄之子與隣之子也蓋亦子無罪而就死也故雖他人之子人之見之者亦必惻隱而急救之乃獨與其重著而遂謂其愛與兄之子無不小異歟又然則欲強同之亦有不可解所同者矣故曰天之生物也使之一本而夷子二本也凡天生物莫非一本蓋自父母而推之等差由是而著焉所謂一本也其愛亦人使其親等則是本有二矣於是為之言曰古人雖於其親之道盡亡已也雖本有私鄉之閒而人心之不忍乎其親者固已具矣故見其以委諸壑而爲虫蚋食也則其痛閔之情油然發見於顙有不可自已者睨而非視非弗視也不忍視也曰夫泚非爲人泚中心達於面目言無所爲而其泚自見也蓋發於良心而達於面目不可泯沒者也孟子明於節會之源以提其綱以告之猶如此誰其泚之不可以已也故從而擯之其掩之誠是也聖人制爲葬埋之法棺槨之度亦本諸人心之不容已本諸人心之而爲之節文孝子仁人之掩其親亦其道蓋如此是蓋使知一本之所在也夷子雖溺於墨說然其秉彝不容泯於聞孟子斯言憮然莫知所對而曰命之矣謂門孟子有以命我矣而其陷溺之深終無以自救異說之溺人可不畏乎

纂疏 輔氏曰集註斷章賛孟子之善於教人能因其明而入之得納約自牖之義是以力不勞而功自倍也

孟子卷第五

孟子卷第六

諸儒集成之書

朱子集註　朱子集義　朱子語録　朱子或問

南軒張氏註　黄氏講義　蔡氏集疏　趙氏纂疏

滕文公章句下

凡十章

陳代曰：不見諸侯，宜若小然。今一見之，大則以王，小則以霸。且志曰：枉尺而直尋，宜若可為也。王，去聲。

陳代，孟子弟子也。小，謂小節也。枉，屈也。直，伸也。八尺曰尋。枉尺直尋，猶屈己一見諸侯，而可以致王霸，所屈者小，所伸者大也。

纂疏　輔氏曰：小節，謂自守於小節也。此正對下文所謂今一見之，大則以王，小則以霸而言之也。言不見諸侯此小則以窮。
又爲小也。
孟子曰。昔齊景公田。招虞人以旌。不至。將殺之。志
士不忘在溝壑。勇士不忘喪其元。孔子奚取焉。取
非其招不往也。如不待其招而往。何哉。聲
田。獵也。虞人。守苑囿之吏也。招大夫以旌。招虞人以
皮冠。元。首也。志士。固窮。常念死無棺槨。棄溝壑而不
恨。勇士輕生。常念戰鬪而死。喪其首而不顧也。此二
句。乃孔子歎美虞人之言。夫虞人招之不以其物。尚
守死而不往。況君子豈可不待其招而自往見之耶。
此以上。告之以不可往見之意。
語錄曰。齊景公田。招虞人以旌。不至。將殺之。刀鋸在前而
不避。非其氣不餒。如何强得。志士不忘在溝壑。勇士
不忘喪其元。此夫子所以有取於虞人。而孟子亦發明之
李先生說。不忘二字。是活句。須向這裏參取。愚謂若果

得此意，斯得此心，則無入而不自得，乃彼之權勢威力亦皆無所施矣。答廖子晦。○[illegible]

【纂疏】輔氏曰：讀孟子須是就一章之中又斷置得如此分明，方可玩索。

且夫枉尺而直尋者，以利言也。如以利，則枉尋直尺而利，亦可為與？夫音扶。與平聲。

此以下正其所稱枉尺直尋之非。夫所謂枉小而所伸者大則為之者，計其利耳。一有計利之心，則雖枉多伸少而有利，亦將為之邪？甚言其不可也。

【集義】尹氏曰：有枉尺而直尋之心，則亦必至於枉尋而直尺矣。

【語錄】孟子一生忍窮受餓，費盡心力，只破得枉尺直尋四字。今日諸賢苦心勞力，費盡言語，只成就得枉尺直尋四字。以利言，則如臨難致死，死義也。若不明其理而顧利害，則見危死事者反不如偷生苟免之人。可憐石頭城，寧為袁粲死，不作褚淵生。民之秉彝不可磨滅，如此豈不是自然？鄭可學。○問枉尺直尋。曰：援天下以道，若枉己便已枉道則是已失援天下之具矣更說甚自保身既已壞了如何直人林恪○【語錄】○天下事不可顧利害凡人做事多要趨利避害不知纔有利必有害吾雖處得十分利有害隨在背後不如且在理上求之○【[illegible]】

【纂疏】輔氏曰人心不可二用喻於義則昧於利喻於利則昧於義義天理也利私欲也天理有節而人欲橫流而不止夫人有計利之心則惟利是圖其始也猶有枉小直大之辨浸浸不已殆其終也則併與小大皆不復計不至於滅天理而壞人紀不止也此孟子所以極其流而言之見其不可也

昔者趙簡子使王良與嬖奚乘終日而不獲一禽嬖奚反命曰天下之賤工也或以告王良良曰請復之彊而後可一朝而獲十禽嬖奚反命曰天下之良工也簡子曰我使掌與女乘謂王良良不可曰吾為之範我馳驅終日不獲一為之詭遇一朝

而獲十。詩云：不失其馳，舍矢如破。我不貫與小人乘，請辭。乘去聲。彊上聲。女音汝。為去聲。舍上聲。

趙簡子，晉大夫趙鞅也。王良，善御者也。嬖奚，簡子幸臣。與之乘，為之御也。復之，再乘也。彊而後可，嬖奚不肯，彊之而後肯也。一朝，自晨至食時也。掌，專主也。範，法度也。詭遇，不正而與禽遇也。言奚不善射，以法馳驅則不獲，廢法詭遇而後中也。詩小雅車攻之篇。言御者不失其馳驅之法，而射者發矢皆中而力。今嬖奚不能也。貫，習也。

【蒙引】詭遇是做人不當做底，行險是做人不敢做底。〇子路則範我馳驅而不獲者也。中之功詭遇而獲禽耳。

【張氏註】詭遇，橫枉之也。

御者且羞與射者比，比而得禽獸，雖若丘陵，弗為

也如枉道而從彼何也且子過矣枉己者未有能直人者也比必二反

比阿黨也若丘陵言多也○或曰居今之世出處去就不必一一中節欲其一一中節則道不行矣楊氏曰何其不自重也枉己其能直人乎古之人寧道之不行而不輕其去就是以孔孟雖在春秋戰國之時而進必以正以至終不得行而死也使不卹其去就而可以行道孔孟當先爲之矣孔孟豈不欲道之行哉

[illegible]孟子非不欲道之行而不見諸侯者良以不如是則爲枉其道而無以行故也陳代不知此比之枉尺而直尋意謂枉己之事小而王霸之業則大故也蓋自春秋以來一時風俗習於霸者詭戰功利之説而有是言也孟子首言齊景公之事以示之意義可謂備矣虞人當以皮冠而景公招之以旌虞人守其官義不敢往蓋虞人存心於死故也夫使虞人而有一畏死之心應非其招則爲見利而忘其義矣然自常人觀之則必重一死

而以非其招爲繇事不知義之所任事無足以苟愛一身
之死而順受命之正則凡可以避死者無不爲而弑父與
君之所由生也夫處人之心行一不義殺一不辜而得天下
不爲之心也人知是之所由立也是以夫子取之夫非其招
猶不可往而況於枉其招而往者乎謂枉尺而欲以直
尋者以利言也爾以利言則何所不可將枉尋而直尺亦
可爲矣則又奚止良之事以明之古者射與御相資而成
故曰不失其馳舍矢如破不失其馳謂御之者以其度也
舍矢如破謂射者由其度而中節也今王良之御嬖奚奚乃
爲之範則不能由之而中爲之詭遇則有獲焉此王良之
所羞也故以爲不貫與小人乘而辭焉詭遇之獲御者且羞
之借使所獲如丘陵亦將不就而況於君子而肯枉道以人
觀其得乎故曰枉己者未有能直人者也夫君子之所以
能直人者爲其己之直也己先枉矣如直人何嗟乎事無
巨細莫不有義利之兩端存焉惟君子敬者爲能審其幾微
不然鮮不失矣曰比而獲禽獸雖若丘陵弗爲也學者要
當立此志而後
可以守身也

纂疏 輯氏曰饒氏只說何其不自重也一句便見得他是
有諸己者凡人不知立己故不自重徇利忘義枉己

四五七

賤人無所不至唯君子明道正義知所重在己故寧道之不行而不變其去就也其以孔孟爲言者欲學者知所法也欲道之行者仁也難必以正者義也仁義並行而不悖此其所以爲聖賢也

○景春曰公孫衍張儀豈不誠大丈夫哉一怒而諸侯懼安居而天下熄

景春人姓名公孫衍張儀皆魏人怒則說諸侯使相攻伐故諸侯懼也

【疏】輔氏曰儀衍二子皆破六國之從以爲横者也故或有觸其怒者則其險譎之術足以鬪六國之君使相攻伐故諸侯懼他若安居不出則天下熄然無事也

孟子曰是焉得爲大丈夫乎子未學禮乎丈夫之冠也父命之女子之嫁也母命之往送之門戒之

曰往之女家必敬必戒無違夫子以順爲正者妾婦之道也焉於虔反冠去聲女家之女音汝

加冠於首曰冠女家夫家也婦人內夫家以嫁爲歸也夫子夫也女子從人以順爲正道也蓋言二子阿諛苟容切取權勢乃妾婦順從之道耳非丈夫之事也

纂疏 輔氏曰二子之說諸侯亦非能擅其所欲也不過阿諛苟容以逢其惡而順其意耳是乃妾婦順從之道也婦人之事夫唯當以順爲正其或夫有過失亦當委曲巽順以開導之使得於義可也然亦或有遷就爲其夫而得正者要之非常道

居天下之廣居立天下之正位行天下之大道得志與民由之不得志獨行其道富貴不能

不能移威武不能屈此之謂大丈夫

廣居仁也正位禮也大道義也與民由之推其所得於人也獨行其道守其所得於己也淫蕩其心也移變其節也屈挫其志也○何叔京曰戰國之時聖賢道否天下不復見其德業之盛但見姦巧之徒得志橫行氣燄可畏遂以為大丈夫不知由君子觀之是乃妾婦之道耳何足道哉叔京名鎬邵武人

【語錄】觀孟子答景春之問直是痛快三復令人胸中浩然如濯江漢而暴秋陽也○居廣居以下唯集義養氣方到此地位富貴不能淫貧賤不能移威武不能屈以浩然之氣對著他便能如此彼以其富我以吾仁彼以其爵我以吾義在彼者皆我之所不為也在我者皆古之制也吾何畏彼哉【李閎祖】○【蔡氏模】○廣居是廓然大公無私欲之蔽正位是所立處都無差過大道是事事做得合宜居字是就心上說立字是就身上說行字是就施為上說【黃氏賢孫】○居者人之所有廣居無私意也纔有私意則一分為二二分為四四分為八只見分小著方著身之所處正位者當為此官則為此官當在此則在此行者事之所由大道者非偏旁之徑荊棘之場人生只是三事居

且如此心廓然無一毫私意直與天地同這箇便是
居天下之廣居便是居仁到得自家立身更無些子不當
於理這箇便是立天下之正位便是守禮及推而見於事
更無些子不合於義此便是行天下之大道便是由義論
上面兩句則居廣居是體立正位是用論下面兩句則立
正位是體行大道是用要知能居天下之廣居自然能立
天下之正位行天下之大道○廣居是不狹隘以天
下為一家中國為一人何廣如之正位大道只是不偏由
正位就身上說大道就
處事上說[illegible]○閎祖錄

或問大丈夫之說其詳可得聞乎曰廓然大公心不狹隘
則所居者真天下之廣居矣履繩蹈矩身不苟安則
所立者必天下之正位矣秉彝循理事不苟從則所行者
皆天下之大道矣得志則與民由之則出而推此於人也不
得志獨行其道則退而樂此於己也如是則富貴豈能誘
而淫其心貧賤豈能撓而移其志威武豈能脅而屈其節
哉此其視儀秦務以睢盱側媚得志於一時者可謂妾婦
為而所謂大丈夫者其不在彼而在此也必矣然此數言
者皆以居廣居立正位行大道為言
且必以三言者首又以廣居為主也

【張氏註】公孫衍張儀持合從連衡之說以動諸侯景春徒見其言足以揮闔搖撼而家之以爲大丈夫其說固爲陋矣而孟子以衍與儀比妾婦之道者蓋事君以阿意爲爲義不當徇其欲也衍與儀不知正救其心術而徒探其意之所欲爲以進其說此何以異於妾婦之道無違夫子以順爲正者乎廣居仁也正位禮也大道義也而以人受天地之中以生與天地萬物本無有間惟其私意自爲町畦而失其廣居失其廣居則滯奪流蕩亦無以立於正位而行其大道矣惟君子爲能反躬而求之故廓然大同物物無蔽所謂居廣居也視聽言動以其理所謂立正位也簡易平直行所無事所謂行大道也得志與民由之與之共由乎此也不得志獨行其道雖不得志此道未嘗不由於己也富貴不能淫不能淫此也貧賤不能移不能移此也威武不能屈不能屈此也此者何也廣居正位大道是也蓋得乎己而外物舉不足以貳之也所謂大丈夫者蓋如此然則景春之見豈不陋哉

【講義】曰古之仕者爲道故知有己而不知有人後之仕者爲利故知有人而不知有己古之君子非仁不居非禮不立非義不行所謂貴者良貴所樂者眞樂人之知不知□世之用不用於我何與焉富貴貧賤死生禍□□日交乎前

顧也後之君子心之所固有事之所當[illegible]何君為大
君為禮何者為義懵然莫覺也功名而已耳利祿而已
以區區之私意小智役役然求售於人慮人之不己用
以委曲遷就以求順於人幸而得志遂哆然自以為莫己若
也小不如意則戚戚然不能以終日矣公孫衍張儀戰
國之策士也一怒而諸侯懼安居而天下熄則其才亦有
足稱者矣以其無學而不知道也一切求順於人孟子至
以妾婦目之以其於孝不及古人才不及公孫衍張儀者夫
順於人者人之所喜也不順於人者人之所惡也然順於
人者未有能以其威福之權足以生殺榮辱乎我也即於
是心而充之則貪得嗜利背君賣國者皆君人也豈但妾
婦之可羞而已哉若夫守道之士不肯脂韋淟涊以順乎
人者不但出處去就言論風旨之得其正也抗六尺之孤
寄百里之命臨大節而不可奪也豈不毅然大丈夫也哉
允我同志仕而未達孝而未
仕者盍亦思所以自勉哉
【纂疏】輔氏曰註云與民由之則是推己之所得而與民共
由之也獨行其道則是其道有不容推之於人故但
守其道於一己而已守其道於己則雖不得志而其道未
嘗不行於己也○又曰集註斷[illegible]引何叔京之言說得當

[illegible]三月無君則弔是為[illegible]士先者仕後失位者言之子為士[illegible]子為大夫[illegible]以大夫[illegible]有[illegible]大位[illegible]不得[illegible]年有四時之[illegible]三月[illegible]一[illegible]故可[illegible]之弔其不[illegible]非弔其[illegible]君不然[illegible]三月無君[illegible]

時風俗人情出謂聖賢其道足以居天下不易其德業之盛者衆方好使聖賢之道得行而人道立天道成地道平萬物各得其所則斯民也當安然自適於泰和之域豈復以區區者爲驕戲既不復見聖賢之德業宜乎以是爲巧之人得行其志氣焰可畏之爲大丈夫也孟子力辯而深詆之其所以正人心之功大矣○蘭氏曰富貴則求得欲縱故多發蕩其心貧賤則居約勤困故多致變其節遇威武則以陽既隕獲震懼故多挫懾其志氣

○周霄問曰古之君子仕乎孟子曰仕傳曰孔子三月無君則皇皇如也出疆必載質公明儀曰古之人三月無君則弔傳直戀反質與贄同下同

周霄魏人無君謂不得仕而事君也皇皇如有求而弗得之意出疆謂失位而去國也質所執以見人者如士則執雉也出疆載之者將以見所適國之君而事之也

（新安）近者程沙隨深詆王蠋忠臣不事二君之言以爲矯疑其言之失將啟畏禍出不忠之禍并未出疆載質也[illegible]十之下

曾謂以是爲常耶楚漢之間
猶得多說之詳說況平世乎
三月無君則弔不以急乎
周霄問也以已通太也後章放此
曰士之失位也猶諸侯之失國家也禮曰諸侯耕
助以供粢盛夫人蠶繅以爲衣服犧牲不成粢盛
不潔衣服不備不敢以祭惟士無田則亦不祭牲
殺器皿衣服不備不敢以祭則不敢以宴亦不足
弔乎盛器皿成繅素刀切皿武求切
禮曰諸侯爲藉百畝冕而青紘躬秉耒以耕而庶人
助以終畝收而藏之御廩以供宗廟之粢盛使世婦
蠶于公桑蠶室奉繭以示于君遂獻于夫人夫人副
褘受之繅三盆手遂布于三宮世婦使繅以爲黼黻

方士助服以祀先王先公。又曰：士有田則祭，無田則薦。黍稷曰粢，在器曰盛。牲殺，牲必特殺也。皿所以覆器者。薦，在甸反。粢音咨。耒，力內反。繭，古典反。褘音暉。

【纂疏】輔氏曰：此先王之制，必如是然後能自盡其心。至於不得奉祭祀，則是不容以自安，而人亦以為弔焉。古人之重祭祀也如此。

出疆必載質，何也？

周霄問也。

曰：士之仕也，猶農夫之耕也。農夫豈為出疆舍其耒耜哉？舍，上聲。為，去聲。曰：晉國亦仕國也，未嘗聞仕如此其急。仕如此其急也，君子之難仕，何也？曰：丈夫生而願為之有室，女子生而願為之有家。父母之心人皆有之不待父母之命媒妁之言鑽穴隙相窺踰牆相從則父母國人皆賤之古之人未嘗不欲仕也又惡不由其道不由其道而往者與鑽穴隙之類也為去聲妁音酌隙去逆反惡平聲

晉國解見首篇仕國謂君子游宦之國霄意以孟子不見諸侯為難仕故先問古之君子仕否然後言此以風切之也男以女為室女以男為家妁亦媒也言為父母者非不願其男女之有室家而亦惡其不由道蓋君子雖不潔身以亂倫而亦不徇利而忘義也

或問 君子之必仕何也曰內則父子外則君臣人之大倫也況君子學先王之道必得君而事之然後有以行其道而及於人使其君為堯舜之君其民為堯舜之民是君子之所願欲也但退而窮處亦不得已而然耳

張氏注 周霄蓋有疑於孟子見其不輕聘於諸侯而不以疑
其欲仕也而未嘗有所就焉則又疑若不欲仕者
故從而問焉孟子以爲古之君子未嘗不欲仕也孔子三
月無君則皇皇如也皇皇云者求而不得之意古者臣執
贄以見君士之出疆必載其質以行是亦未嘗忘夫見君
也而公明儀又以爲古之人三月無君則弔焉以是
二者觀之則古之人豈不欲仕乎周霄疑三月無君而弔
爲急孟子則以爲士之失位猶諸侯之失國家諸侯之失
國家則無以祭士之失位無田以爲粢盛而牲殺器皿衣
服皆不備焉則亦無以祭祀也是則可弔矣蓋古人以祭祀
爲甚重諸侯必親率耕夫人必親蠶爲士者亦必躬治其
田備其牲器皿衣服以事其祖考所以自盡如此故
也周霄又以出疆載質爲疑孟子以士之載質比之農夫
之載耒耜盡其所當然者亦猶食飲衣服之不可闕於身
也周霄復疑仕若此其急而何君子之難於仕孟子謂丈
夫生而願爲之有室女子生而願爲之有家者同其常理
也然而必也待父母之命媒妁之言以禮行而後可不然
謂室家爲急乎禮而不恤其同乎士之欲仕其亦常理也
然而必也守道以待時可進而後進焉若謂仕爲急而不
由其道以求之則與兒女子之鑽穴隙者何異歟然[illegible]

此也凡一飲食一語默一動靜之際皆當以是驗之苟推見利而忘其義皆鑽穴隙之心也雖然往已者斈未成而欲仕其可乎子使漆雕開仕對曰吾斯之未能信而夫子悅之苟推所斈未至不勝其私假借聖賢之言而欲以輕試是亦鑽穴隙之心而已矣

纂疏 輔氏曰周霄亦須有策士之風但孟子據道之極不爲其所動但直述其義理以告之而已○又曰士之仕猶男女之願有室家名則正理也然於爲人男女而不待父母之命媒妁之言鑽穴隙相窺踰牆相從則父母國人皆賤之爲士而仕者不循天理之正不俟人君之招而已以徇利枉道以事君則爲聖賢之斈者皆賤之直與兒女子相窺相從者無異故君子之於仕未嘗潔身以亂倫而長往不顧亦未嘗徇利忘義而枉道以伸身也

○彭更問曰後車數十乘從者數百人以傳食於諸侯不以泰乎孟子曰非其道則一簞食不可受於人如其道則舜受堯之天下不以爲泰

子以爲泰乎更平聲乘從皆去聲傳直戀反簞音丹食音嗣

彭更孟子弟子也泰侈也

曰否士無事而食不可也

言不以舜爲泰但謂今之士無功而食人之食則不可也

趙氏曰彭更之意不以舜爲泰蓋以世之無事而不可虛食也

曰子不通功易事以羡補不足則農有餘粟女有餘布子如通之則梓匠輪輿皆得食於子於此有人焉入則孝出則悌守先王之道以待後之學者而不得食於子子何尊梓匠輪輿而輕爲仁義者哉羡延面反

通功易事謂通人之功而交易其事羡餘也有餘言無所

實易而積於無用也。梓人、匠人，木工也。輪人、輿人，車工也。

曰：梓匠輪輿，其志將以求食也；君子之爲道也，其志亦將以求食與？曰：子何以其志爲哉？其有功於子，可食而食之矣。且子食志乎？食功乎？曰：食志。與平聲。可食而食、食志食功之食，皆音嗣，下同。

孟子言自我而言，固不求食；自彼而言，凡有功者則當食之。

曰：有人於此，毀瓦畫墁，其志將以求食也，則子食之乎？曰：否。曰：然則子非食志也，食功也。墁，武安反。食亦音嗣。

墁，牆壁之飾也。毀瓦畫墁，言無功而有害也。既曰食功，則以士爲無事而食者，眞尊梓匠輪輿而輕爲仁義者矣。

或問：孟子之論食志食功之別，何也？曰：食志而不食功，則上□曰遠而苟賤不嫌之，以至食功而不當其大

之分梓匠輪輿得以
加焉為仁義者上矣。
張注 孟子當戰國之時，以身任道，其歷聘諸國，後車數
十乘，從者數百人，未嘗其尊己以自大乎？故以小利義
所□然，有不得而辭也。彭更之徒疑傳食以為泰，是以出
發□當貴賤之見觀聖賢也。孟子之所以告之者，蓋亦道
耳。非其道，則一簞食不可受於人；如其道，則舜受堯之
天下不以為泰。所謂其道者，天理之所安也，故從更疾
齊不食周粟之心，以舜禹受天下之心也。而孟子後車數
十乘，從者數百人，以傳食於諸侯之心，即顏子一簞食一
瓢飲在陋巷之心也，皆以其道故也。以為士無事而食不
可，觀更之意，求亦許行之類與？孟子又從而曉之，以為使子
而不通功易事，則農之餘粟，女之餘布，無所用之，而人之
饑寒者多矣，此固不可行也。子而通功易事，則梓匠輪
輿固得以其技而食於子矣。今有賢者而反不得食於子，
是子以梓匠輪輿為有用而尊之，以仁義者為無用而輕
之也。其辭由入則孝，出則悌，守先王之道，以待後之學者
既斷，四言也，則若人也，其為男行仁義可知矣。更則以為
梓匠輪輿志本在於求食，故食之，而君子之為道志非為
食也。孟子以為君子之志固不在食，而在為國者則當食

之也。如更之言，則是食志而不食功，毁瓦畫墁而志於求食，則亦將食之矣。更至此而其說窮矣。夫王者之禄夫人也，爲有以賴其用而可禄耳，豈必以其志之欲而禄之哉。如以其志，則是率天下而利也。觀孟子所以告之者，反覆曲折，辭氣不迫，而亦不屈焉，亦可窺夫所養之至者矣。

纂疏 饒氏曰：彭更至此，其辭已窮，故不復有說，則既以爲食功矣。以爲食功，則以士爲無事而食者，是以尊梓匠輪輿，以爲有事而可與之食，輕爲仁義者，以爲無事而不可與之食矣。

○萬章問曰：「宋，小國也。今將行王政，齊楚惡而伐之，則如之何？」惡，去聲。

萬章，孟子弟子。宋王偃嘗滅滕伐薛，敗齊楚魏之兵，欲霸天下，疑即此時也。

孟子曰：「湯居亳，與葛爲鄰，葛伯放而不祀。湯使人問之曰何為不祀曰無以供犧牲也湯使人遺之牛羊葛伯食之又不以祀湯又使人問之曰何為不祀曰無以供粢盛也湯使亳衆往為之耕老弱饋食葛伯率其民要其有酒食黍稻者奪之不授者殺之有童子以黍肉餉殺而奪之書曰葛伯仇餉此之謂也饋唯季反盛音成從為之為為去聲饋食酒食之食音嗣要平聲餉式亮反

葛國名伯爵也放而不祀放縱無道不祀先祖也亳衆湯之民其民葛民也授與也餉亦饋也書商書仲虺之誥也餉言與餉者為仇也

纂疏 趙氏曰葛國在梁國寧陵縣

為其殺是童子而征之四海之內皆曰非富天下也

也爲匹夫匹婦復讎也爲去聲

非富天下言湯之心非以天下爲富而欲得之也

或問湯爲童子復讎而四海之内皆知其非富天下何也曰聖人之心廓然大公義重而法誅一有所爲則天下信之如雨暘若無不感無不通也然書所謂葛伯仇餉者非孟子之言則人孰知其由於此哉湯征葛事亦類此

湯始征自葛載十一征而無敵於天下東面而征西夷怨南面而征北狄怨曰奚爲後我民之望之若大旱之望雨也歸市者弗止芸者不變誅其君弔其民如時雨降民大悦書曰徯我后后來其無罰

載始也十一征所征十一國也餘已見前篇

有攸不惟臣東征綏厥士女匪厥玄黃紹我周王見休惟臣附于大邑周其君子實玄黃于匪以迎其君子其小人簞食壺漿以迎其小人救民於水火之中取其殘而已矣食音嗣

按周書武成篇載武王之言孟子約其文如此然其辭時與今書文不類今姑依此文解之有所不惟臣謂助紂為惡而不為周臣者匪與篚同玄黄幣也紹繼也猶言事也言其士女以篚盛玄黄之幣迎武王而事之也商人而曰我周王猶商書所謂我后也休美也言武王能順天休命而事之者皆見休也臣附歸服也孟子又釋其意言商人聞周師之來各以其類相迎者以武王能救民於水火之中取其殘民者誅之而不為暴虐耳君子謂在位之人小人謂細民也

太誓曰我武惟揚侵于之疆則取于殘殺伐用張
于湯有光

太誓周書也今書文亦小異言武王威武奮揚侵彼紂之疆界取其殘賊而殺伐之功因以張大比於湯之伐桀又有光焉引此以證上文取其殘之義

不行王政云爾苟行王政四海之内皆擧首而望之欲以爲君齊楚雖大何畏焉

宋實不能行王政後果爲齊所滅王偃走死○尹氏曰爲國者能自治而得民心則天下皆將歸往之恨其征伐之不早也尚何強國之足畏哉苟不自治而以強弱之勢言之是可畏而已矣

〔語錄〕李氏常語云如孟子所言是家家可以行王道人人可以爲湯武則六尺之孤可託者誰乎朱子曰王道即

堯舜禹湯文武周公孔孟相傳之道自周公而上上而爲
君由孔子而下下而爲臣固家家可以得行矣湯武適遭
桀紂不幸而有征伐之事若幸生堯舜之時豈得左洞庭右
彭蠡而悍然有不服之心耶其在九官羣后之列濟濟而
和可知矣如此則人人爲湯
武又何不可之有[illegible]
[illegible]萬章之問竟答宋之君臣見孟子談王政而以爲
迂闊遲緩之事懼王政之利未見而齊楚之禍立
至故以爲疑也嗟乎爲是說者是未知王政之所以爲王
政者也故孟子引湯武之事以告之夫葛伯放而不祀而
湯使人問之爲其無犧牲也則饋之牛羊又不以祀而又
問之爲其無粢盛也則使亳衆往爲之耕夫湯豈爲勤勤
於葛伯若是哉蓋以天下爲己憂者也葛伯與之爲鄰
而曠不祀其先湯之所懼也故使問之至於使亳衆爲之
耕夫而葛伯殺餉饋之童子則其咈天心而殲人欲也甚
矣故湯爲殺是童子也而征之然則孰在上而湯專征可乎
蓋湯於是時當方伯連率之任諸侯有罪者固得以糾察
奉桀之命而征之若文武之於密於崇西伯然也四海之內
皆知湯非有富天下之心特爲匹夫匹婦復讐耳是以畢
起而應之周武之事亦何以異此有撥亂不惟臣東征言有

不臣於商者武王則以紂之命征之也非有他也綏厥士女而已故其國人執玄黃之篚願見周王莫不臣附而無二心夫其君子實玄黃以迎君子而小人則持漿以迎其小人所以樂從如此者以武王之心在於救民之急而除其害故也曰于湯有光云者言其相發揮云耳以是一君觀之則行王政若天下方將傾臬夋戴而恨其征伐之不早又何強大之足畏哉嗟乎後之人君其無以王政為迂闊而不務其無以敵人之強大為可畏深味孟子之言以究湯武之心則其綱領可知矣

【纂疏】輔氏曰尹氏說盡後世為國而不自彊但以強大為畏者之病誠能反是道而求之於己則仰仁者之果無敵而帝王之道是誠在我而已

〇孟子謂戴不勝曰子欲子之王之善與我明告子有楚大夫於此欲其子之齊語也則使齊人傅諸使楚人傅諸曰使齊人傅之曰一齊人

傅之衆楚人咻之雖日撻而求其齊也不可得矣引而置之莊嶽之間數年雖日撻而求其楚亦不可得矣傅與平聲咻音休

戴不勝宋臣也齊語齊人語也傅教也咻讙也齊齊語也莊嶽齊街里名也楚楚語也此先設譬言以曉之也

子謂薛居州善士也使之居於王所在於王所者長幼卑尊皆薛居州也王誰與為不善在王所者長幼卑尊皆非薛居州也王誰與為善一薛居州獨如宋王何長上聲

居州亦宋人言小人衆而君子獨無以成正君之功

張氏註 人君莫重於所與處蓋上智聖明之君小人自不可得而遠其所與處者固無非天下之賢也若天

貧降於此不幸而小人在旁薰染積習而與之胥亦化者多
矣試攷方冊所載亡國敗家之主固有天資甚不美者也
然而其間亦豈無根從幾者乎推其源於衆小人之間漸化
以亡者亦多矣是以善論治者必本於人君之身而尤謹
正其君者必欲多引善類與之共處蓋望其薰陶漸染有
以變革之也雖然君子難親而小人易狎不幸衆君子之
間而置一小人則或足以敗類使一君子而雜衆小人則
其決不能以自立也必矣愚讀一薛居州獨如宋王何之
語未嘗不歎息也夫長幼卑尊皆衆楚之咻也而望一居
州欲以變王之質豈不難哉非惟力不能勝居州有言於
前而衆人毀之於後居州且將不能以自立而況敢望有
益於王身乎然則為戴不勝者將如之何一薛居州未足
道也必廣引居州之類使君子之道長而可望於王之
感悟也雖然薛居州善士也尚何以輔成君德耳若曰格
君之事則非居州之任也有孟子者而戴不勝獨不能知
之乎使孟子之說行則君心可格群賢畢集而衆楚之咻
當如晛之消矣然其遇不遇則
天也不勝亦豈得而為之哉
纂疏熊氏曰古之大臣欲正其君者豈特取辦於一人之
己而已哉必也取其忠良求廣使取衆賢之士畢

集于朝在君之左右[illegible]役者無非正人端士然後可以熏陶漸染以復其良氣質成就其德性是豈獨欲輔事赴功而已哉置一小人於其間則使人以惑其君而敗其類況於長幼卑尊皆非君子而獨欲以一薛居州使王爲善豈可得哉

○公孫丑問曰不見諸侯何義孟子曰古者不爲臣不見

不爲臣謂未仕於其國者也此不見諸侯之義也

總論二章之旨

問孟子不見諸侯何義曰孟子入他國中亦有時可見諸侯只是不待諸侯召之則不往見之爾且如孟子將朝王王使人來曰寡人如就見者也有寒疾不可以風朝將視朝不識可使寡人得見乎孟子即便對曰不幸而有疾不能造朝孟子本是要去見他只爲來召他便辭疾不肯往盡是孟子以賓師自處不可以召之也故曰古者不爲臣不見又曰將有謀焉則就之又曰迫斯可以見矣皆此意也[illegible]○[illegible]

段干木踰垣而辟之泄柳閉門而不內是皆已甚迫斯可以見矣辟去聲內與納同

段干木魏文侯時人泄柳魯繆公時人文侯繆公欲見此二人而二人不肯見之蓋未爲臣也已甚過甚也迫謂求見之切也

纂疏 輔氏曰士固當守義而不可輕於見君至於文侯繆公俯屈己求見其意已切鄉前聽用與否未可知聖賢於此則以見之矣至於踰垣閉户則不成[illegible]亦爲過甚而非禮義矣

陽貨欲見孔子而惡無禮大夫有賜於士不得受於其家則往拜其門陽貨瞰孔子之亡也而饋孔子蒸豚孔子亦瞰其亡也而往拜之當是時陽貨先豈得不見先之見音現去聲瞰音勘

此又引孔子之事以明可見之節也欲見孔子欲召孔子來見己也惡無禮畏人以己爲無禮也受於其家對使人拜受於家也其門大夫之門也瞯窺也陽貨於魯爲大夫孔子爲士故以此物及其不在而饋之欲其來拜而見之也先謂先來加禮也

纂疏 輔氏曰陽貨欲見孔子而惡無禮雖小人秉彝不可殄而貨既先來加禮於己則己焉得而不答之然貨之意則非誠矣故但往答其禮而不欲見其人是亦不屑之教誨也天地之化生萬物者豈有差忒哉

曾子曰脅肩諂笑病于夏畦子路曰未同而言觀其色赧赧然非由之所知也由是觀之則君子之所養可知已矣 脅虛業反 赧奴簡反

脅肩竦體諂笑強笑皆小人側媚之態也病勞也夏畦夏月治畦之人也言爲此者其勞過於夏畦之人

也未同而言與人未合而強與之言也赧赧慙而面赤之貌由子路名言非己所知甚惡之之辭也孟子言由此二言觀之則二子之所養可知必不肯不俟其禮之至而輒往見之也○此章言聖人禮義之中正過之者傷於迫切而不洪不及者淪於汙賤而可恥

纂疏 問不見諸侯何義曰孟子之時時君重士爲士者不得不自重故必待人君致敬盡禮而後見自是當時做得規模如此是了如史記中列國之君擁篲先迎之類却非是當世輕士而孟子有意於矯之以自高也或問陽貨之矙亡此不足責孔子亦矙亡而往不幾於不誠也耶曰據道理合當如此彼以矙亡來我亦矙亡往一往一來禮甚相稱但孔子不幸遇諸塗耳 纂箋

張氏註 公孫丑意孟子之不見諸侯必有義存焉孟子以爲古者不爲臣不見是其義也爲臣謂委質事之也若君臣之分未定諸侯尊德樂義則固當就見之蓋欲見之意當在彼故也至於段干木踰垣而避泄柳閉門而

不內則爲已甚蓋繆公屈己就見所謂迫而欲見也其能
聽用與否雖未可知然旣以是心至則可以見矣於可以
見而不見則亦爲非義矣至於孔子則可謂處之盡其道
者陽貨欲使孔子見而知孔子之不可屈惡訣無名也禮
大夫有賜於士對使者拜而受賜不得拜使者則往拜於
門孔子士也貨大夫也貨饋孔子豚而矙其亡者欲使之
不得拜使者而必將過我也孔子往拜而亦矙其亡向也
旣先饋孔子以豚在禮當往拜則烏得而不往然貨之意
非誠篤也故往拜其禮而不欲見其人於此一事亦可以
窺聖人一言一動之間處之至精者也孟子之意以爲己
所師慕則孔子也曾子謂脅肩諂笑病于夏畦者言脅肩
諂笑之勞甚於盛夏之灌畦者也夫脅肩諂笑誠爲此以
求媚於人試循思其所萌其趣味之汙回鄙窘蓋亦甚矣
自君子觀之見其甚勞而小人安術而不頗也知脅肩諂
笑之病于夏畦則亦可以知良心所發之易[illegible]者矣子路
謂未同而言觀其色赧赧然其爲自欺論有不可得而揜
者也以曾子子路之言觀之則君子之所養可知矣蓋學者
一毫不慊于中君子不由也若於所不當見而見焉則是
勉強以求合與脅肩諂笑未同而
言者何以異哉孰謂君子而爲之乎

纂疏 輔氏曰曾子厚重篤實故見小人脅肩諂笑之態如病于夏畦之人而深惡之子路剛果勇决故以未同而言赧赧其色者爲非己所知而深惡之術猶不知况爲之乎此子路守己之嚴而惡不仁之甚也二子所守如此雖各因其資質然亦是各有所就也○又曰言心聲也觀二子之言而知其所斷然者如此則二子所養决不肯枉道以循人者可知矣○又曰孔子之事禮義之中正也差以毫釐則失之矣下不此則則過乎禮義之中正矣故傷於迫切而不泄曾子子路之所言則不及乎禮義之中正者故論於汙賤以汙泄此君子之行己所以戰戰兢兢而唯恐有過不及之失也然與其汙賤之可恥寧失於迫切而不與段干泄柳狷隘消者也○饒氏曰脅肩者竦縮其身諂笑者強容而笑治畦灌園也

○戴盈之曰什一去關市之征今茲未能請輕之以待來年然後已何如

盈之宋大夫也什一井田之法也關市之征商賈之稅

也已止也

孟子曰今有人日攘其鄰之雞者或告之曰是非君子之道曰請損之月攘一雞以待來年然後已攘如羊反

攘物自來而取之也損減也

[illegible]輔氏曰因物自來而攘取之則非盜劫者之比然若盜竊之爲則又大不可也

如知其非義斯速已矣何待來年

知義理之不可而不能速改與月攘一雞何以異哉

張氏注戴盈之之說蓋不知什一之法與夫關市無征之善政而暴斂苛征之爲非也雖未能復古制然謂輕之以待來年在春秋之時庸愈乎而孟子何拒之嚴也蓋君子之遠不義也如惡惡臭其不敢嚮邇也如[illegible]其不敢須臾寧也如坐塗炭而其從義也惟恐弗及蓋其見之之明而決之之勇以爲不如是不足以自拔而日新

故也今盈之既知其苛征之爲非而先王之制所當法則宜一日不敢安於其所非顧乃欲輕之以待來年是爲私意之所牽繫而不能果也若是者終不能舍其舊而圖新歸於悠悠而已矣故孟子設攘雞之喻以告之夫月攘一雞論其跡數雖愈於日攘者然其爲攘則一也且如知其爲非義斯速已矣何待來年辭氣凜乎其嚴蓋所以破其牽繫之私也噫士之持身於[illegible]而爲盈之之說則將終身陷沒於過失之中人臣之謀國於革弊復古之事而爲盈之之說則終陷於因循苟且之域故自脩身至於治國所謂智仁勇之三德闕一不可也知以知之仁以守之勇以決之可不務哉

【纂疏】輔氏曰天下事只有義利兩端纔出義便以利言也焉有兩存之理若知義理之不可而猶有吝惜之意不肯速改則亦終歸於悠悠必不能自拔而日新矣

○公都子曰外人皆稱夫子好辯敢問何也孟子曰予豈好辯哉予不得已也好去聲下同天下之

生久矣，一治一亂。治去聲

生，謂生民也。一治一亂，氣化盛衰，人事得失，反覆相尋，理之常也。

【纂疏】輔氏曰：觀孟子謂天下之生久矣，一治一亂，便見他胷中包括得宇宙過。先言氣化，後言人事者，氣化有盛衰，然後人事有得失，此理之常也。然亦有氣化衰而人事之得可以轉移氣化而使之常盛者，亦有氣化盛而人事之失有以戕敗氣化而使之遽衰者，此理之變也。蓋氣化無欲而有理，故盛則必衰，衰則必盛，猶晝夜反覆之相尋。人則有理有欲，順乎理則事得，從乎欲則事失，其得失雖亦反覆相尋，然人欲不行而唯理是順，則其事常得而無失，可幷與氣化而轉移之，若堯舜與賢之事是也。若肆人欲以滅天理，則雖氣化之盛，亦可以戕賊之使遽衰。三苗弗格于有虞之世，三監弗靖於成周之時，而漢唐之世一再傳之後，遽有呂武之禍，皆是也。向非舜禹周公之聖及漢唐之賢佐有以平之，則豈不至於衰敗乎？集註則但言其理之常者爾。

當堯之時，水逆行，氾濫於中國，蛇龍居之，民無所定。下者為巢，上者為營窟。書曰：「洚水警余。」洚水者，洪水也。洚音降，又胡貢、胡工二反。

水逆行，下流壅塞，故水倒流而旁溢也。下，下地；上，高地也。營窟，穴處也。書，虞書大禹謨也。洚水，洚洞無涯之水也。警，戒也。此一亂也。

纂疏 輔氏曰：此一亂，純由乎氣化也。

使禹治之，禹掘地而注之海，驅蛇龍而放之菹。水由地中行，江、淮、河、漢是也。險阻既遠，鳥獸之害人者消，然後人得平土而居之。菹，側魚反。

掘地，掘去壅塞也。菹，澤生草者也。地中，兩涯之間也。險阻

謂水之氾濫也遠去也消除也此一治也

【疏】輔氏曰此一治氣化人事相參者也夫人與鳥獸亦相爲多寡蓋同稟於氣故也纍氣盛則正氣衰正氣多則纍氣少聖人於其間有造化之用亦時焉而已

堯舜既没聖人之道衰暴君代作壞宮室以爲汙池民無所安息棄田以爲園囿使民不得衣食邪説暴行又作園囿汙池沛澤多而禽獸至及紂之身天下又大亂壞音怪行去聲下同沛蒲内反

暴君謂夏太康孔甲履癸商武乙之類也宮室民居也沛草木之所生也澤水所鍾也自堯舜没至此治亂非一及紂而又一大亂也

【疏】輔氏曰此一亂氣化人事相符者也自堯舜没其中夏太康孔甲履癸商武乙等暴君不一雖以桀癸繼至

紂則大敗極亂而無以復加矣故自推至紂以時言之想也
夏桀之時亦未必有飛廉等惡人與夫虎豹犀象之害也

周公相武王誅紂伐奄三年討其君驅飛廉於海隅而戮之滅國者五十驅虎豹犀象而遠之天下大悅書曰丕顯哉文王謨丕承哉武王烈佑啓我後人咸以正無缺

奄東方之國助紂爲虐者也飛廉紂幸臣也五十國皆紂黨虐民者也書周書君牙之篇丕大也顯明也謨謀也承繼也烈光也佑助也啓開也缺壞也此一治也

【疏】輔氏曰此一治以文氣化人事揭參者也舉書之說者此言文王武王謀謨之大功業之光所以佑助開迪夫後人者莫非大正之道周全盡美而無有一毫壞缺之失也蓋正何爲也無缺爲難無缺謂礼樂刑政四達而不悖三千三百之儀與至誠無倚之道並立而論凡所以正德利用厚生之具無一之不備防爲禁邪止慝之法無

一之或隳矣然後可以爲無然至春秋時則道墜于地而無復有存者矣○趙氏曰按奄國在淮夷之北○又曰飛廉善走以材力事紂周武王伐紂并殺之

世衰道微邪說暴行有作臣弑其君者有之子弑其父者有之有作之有讀爲又古字通用

此周室東遷之後又一亂也

纂疏 輔氏曰此一亂又氣化人事相符者也前乎此者雖曰世亂然止於禽獸繁殖有以戕民之生而猶未至賊人之性至此以後邪說則遂至傷壞人倫將使人盡爲禽獸之歸其禍又慘矣然此一亂又甚於前日是亦氣化人事之使然也

孔子懼作春秋春秋天子之事也是故孔子曰知我者其惟春秋乎罪我者其惟春秋乎

胡氏曰仲尼作春秋以寓王法惇典庸禮命德討罪其大要皆天子之事也知孔子者謂此書之作遏人欲於橫流存天理於既滅爲後世慮至深遠也罪孔子者以謂無其位而託二百四十二年南面之權使亂臣賊子禁其欲而不得肆則戕矣愚謂孔子作春秋以討亂賊則致治之法垂於萬世是亦一治也胡氏呂氏[illegible]進交人

【語錄】問孔子作春秋特載之空言亂臣賊子何緣便懼恐未足以爲春秋之一治曰非謂當時便一治只是存得箇治法使道理光明粲爛有能舉而行之爲治不難當時史書掌於史官想人不得見及孔子取而筆削之而[illegible]義大明孔子亦何嘗有意用某字使人知勸用某字使人知懼用某字有甚微詞奧義使人曉不得足以褒貶榮辱又來不過如今之史書直書其事善惡瞭然在目觀者知所懲勸故亂臣賊子有所懼而不敢犯爾

【纂疏】輔氏曰此一治又純乎人事者也雖氣化不興而不使夫子得位以撥亂而反之正然作春秋以討亂賊而致治之法于萬世之下則其功又大於舜矣○[illegible]陳氏曰此謂聖人以王法繩諸侯所褒所貶皆是奉行天

民有飢色野有餓莩　異本

法說空言以寓行事與天子無異比聖人大用非孟子不能知胡氏發明備矣

聖王不作諸侯放恣處士橫議楊朱墨翟之言盈天下天下之言不歸楊則歸墨楊氏為我是無君也墨氏兼愛是無父也無父無君是禽獸也公明儀曰庖有肥肉廄有肥馬此率獸而食人也楊墨之道不息孔子之道不著是邪說誣民充塞仁義也仁義充塞則率獸食人人將相食

橫爲皆去聲莩皮表反

楊朱但知愛身而不復知有致身之義故無君墨子愛無差等而視其至親無異衆人故無父無父無君則人道滅絕是亦禽獸而已公明儀之言義見首篇充塞仁義謂邪

說徧滿妨於仁義也孟子引儀之言以明楊墨道行則人
皆無父無君以陷於禽獸而大亂將起是亦率獸食人而
人又相食也此又一亂也。
楊墨只是差些子其末流遂至於無父無君楊氏見世
間人營營於名利埋沒其身而不自知故獨潔其身
以自高如荷蕢接輿之徒是也然使人皆如此潔身而自
為則天下事教誰理會此便是無君也墨氏見世間人自
私自利不能及人故欲兼天下之人而盡愛之然不知或
有一患難在君親則當先救之在他人則後救之若君親
與他人不分先後則是待君親猶他人也便是無父
二者之所以為禽獸也饒時峯○楊朱乃老子弟子其學專
為己列子云伯成子高拔一毛而利天下不為其言曰
毛豈能利天下天下人人不拔一毛不利天下則天下自治
一矣可學○問墨氏兼愛何遽至於無父曰人也只學得
箇父母那有七手八腳愛得許多能養其父母無
缺則已難矣想得他之所以養父母者粗衣糲食不能
堪盡歡既欲兼愛則其愛父母也必疎其孝不周全非無
父而何哉墨子尚儉惡樂所以說里號朝歌墨子回車想
得是箇淡泊枯槁底人其事父母也可想見○問禽獸食

人須深擇其與而極言之術責自出事人故無人可墨氏之道
便能如此楊氏自是簡退少愛身不肯管事人了墨氏
兼愛又弄得沒合殺使天下倀倀然必至於大亂而後已
非率獸食人而何如東晉之清談此便是楊氏之學楊氏乃老
莊之道少間百事廢弛遂啟夷狄亂華其禍豈不慘於洪
水猛獸之害又如梁武帝事佛至於社稷丘墟亦其驗也
〔纂疏〕輔氏曰此一亂又氣化人事相符者也聖人之道非
不愛身也然有殺身事君之義有殺身成仁之時故
不至於無君非不愛物也然親親而仁民仁民而愛物故
自然之序截不至於無父無君則人道滅絕又將說
然父與君而莫然不負矣是則人而反與禽獸無異也故
引以明義之說必吾說勝墨說行則人皆無父無君安為戕
賊以陷於禽獸而大亂將起是亦所謂率獸食
人人將相食者類於楊墨之道不息則邪說誣民孔子之
道不著則充塞仁義也此四句只是說天理人欲不並立
而已所謂邪說偏詖於仁義者是解邪說誣民充塞仁
義兩句也以偏滿字解充字以如字解塞字但不管解
民兩字耳其實謂邪說誣罔天下之人其勢至於充盛
塞人心固有之仁義使不能發也夫仁義具於人心而
邪說所誣而充塞之使不能達於外況能廣充之以全其

量耳嗚呼人之始生也既有氣稟之拘其少長也又有物欲之蔽其既長也又有異端邪説之誣不有聖賢之教左右扶翼之則將何而能有所立於世哉

吾為此懼閑先聖之道距楊墨放淫辭邪説者不得作作於其心害於其事作於其事害於其政聖人復起不易吾言矣為去聲復扶又反

閑衛也放驅而遠之也作起也事所行政大體也孟子雖不得志於時然楊墨之害自是滅息而君臣父子之道賴以不墜是亦一治也程子曰楊墨之害甚於申韓佛氏之害甚於楊墨蓋楊氏為我疑於義墨氏兼愛疑於仁申韓則淺陋易見故孟子止闢楊墨為其惑世之甚也佛氏之言近理又非楊墨之比所以為害尤甚

問墨氏兼愛何以疑於仁此易見楊氏為我何以疑於義曰楊朱看來不似義他全是老子之學只是箇逍遙

物外便只是其身不管世務之人只是他自愛其身界限齊
整不相侵越微似義耳然終不似也○又曰楊墨只是硬
恁地做便使民最有精微動得人處本
朝討多少塲得人無不陷焉【趙氏錄】
[illegible]輔氏曰此一治又亂乎人事也故禹伐不聽而孟子
亦不得志於時然因其言而楊墨之說熄息君臣父
子之道至今得以不墜此孟子之功所以不在禹下而亞
於孔子也○西山真氏曰事君以退之目政者事之綱○以
曰義者宜理而無情楊朱自一身之外截然弗恤故其爲
似乎義者仁者尚愛而主愛墨翟於親疏之間無平不愛故
其迹似乎仁殊不知天下之理本一而分則殊故君子親
親而仁民仁民而愛物心無不溥而其施有序心無不溥
則非爲義矣其施有序則非兼愛矣楊朱專於爲我則昧
乎理之一墨翟一於兼愛則昧乎分之殊若是而曰仁義
乃所以賊乎仁義也

昔者禹抑洪水而天下平周公兼夷狄驅猛獸而
百姓寧孔子成春秋而亂臣賊子懼

抑止也兼并之也總結上文也

【纂疏】西山真氏曰三聖事雖不同而其捄天下之禍立生民之極則一

詩云戎狄是膺荊舒是懲則莫我敢承無父無君是周公所膺也

說見上篇承當也

我亦欲正人心息邪說距詖行放淫辭以承三聖者豈好辯哉予不得已也行好皆去聲

詖淫解見前篇辯者說之詳也承繼也三聖禹周公孔子也蓋邪說橫流害人心術甚於洪水猛獸之災慘於夷狄篡弑之禍故孟子深懼而力捄之再言豈好辯哉予不得已也所以深致意焉然非知道之君子孰能眞知其所以不得已之故哉

大抵聖門求仁格物之學與釋氏所以異

語錄 常讀論閒偶因記憶自然及之非是特然立意與之爭勝負較曲直也想見孟子之闢楊墨亦是如此其言曰予豈好辯哉予不得已也今觀所示論說書乃有護釋氏之語殊使人驚歎不知吾友別後所見如何而為是語也

答許順之○當時如縱橫刑名之徒孟子却不管他蓋他只壞得箇麄底君楊墨則害了人心道着與之辯也然孟子於當時只在私下恁地說所謂楊墨之徒也未怕他到後世却因其言乃知聖人之道為是知異端之學為非乃是孟子有功於後世耳為時學

纂疏 輔氏曰洪水猛獸害人之身夷狄篡弒賊人之性害人之身或專出於氣化故曰災夷狄賊人之性則實出於人為故曰禍然人而為夷狄之行篡弒之事者但自賊夫己之性耳至邪說橫流不能救止則天下人心皆為之蠱壞將胥而為夷狄禽獸之歸矣此其所以為害愈慘宜乎孟子之深擯力詆而不少置也○又曰重言豈好辯哉言不得已也此以深致其意者欲人之察其心而知邪說之真可畏也○又曰知道者備人物於一身通古今於一息故知邪說之害特為深切而真有不得而不救之者也學者苟能考三聖之心味孟子之說詳求朱子之註則非徒能

眞知其所以不得已之故亦將併與斯道而得之矣人鑑

見孟子爲一匹夫耳而不知其所要者如是之大所任者如是之重也且歷代聖人之所爲皆不得已而爲之者也得已則聖人將無所爲矣豈獨孟子之辯哉

能言距楊墨者聖人之徒也

言苟有能爲此距楊墨之說者則其所趨正矣雖未必知道是亦聖人之徒也孟子旣答公都子之問而意有未盡故復言此蓋邪說害正人人得而攻之不必聖賢如春秋之法亂臣賊子人人得而討之不必士師也聖人救世立法之意其切如此若以此意推之則不能攻討而又唱爲不必攻討之說者其爲邪說之徒亂賊之黨可知矣○尹氏曰學者於是非之原毫釐有差則害流於生民禍及於後世故孟子辯邪說如是之嚴而自以爲承三聖之功也當是時方且以好辯目之是以常人之心而度聖賢之心也

【[illegible]】伊川先生曰大抵[illegible]者以下正道不容有[illegible]纔異然則不可[illegible]也過謂也不及者過聖人中道

師只是過於厚些，商只是不及些。然而厚則漸至於兼愛，不及則便至於為我。其過不及同出於儒者，其末遂至楊墨。至如楊墨，亦未至於無父無君。孟子推之便至於此，蓋其言必至於是也。

【僩錄】孟子苦死要與楊墨是如何？與他有甚冤惡？所以闢之渾如不共戴天之讎。能言距楊墨者，聖人之徒也。纔說道要距楊墨，便是聖人之徒。如人逐賊，有人見之，自不與捉，這便喚做是賊之黨。賊是人情之所當惡。若說道賊當捉當誅，這便是主人邊人；若說道賊也可憐也可恕，這便喚做賊邊人。【賀孫】○出邪則入正，出正則入邪，兩者之間，蓋不容髮。雖未知道，而能言距楊墨者，已是心術向正之人，所以以聖人之徒許之。與春秋討賊之意同。答石子重。○此段最好看。看見諸聖賢遭時之變，各行其道，是這般時節。其所以正救之者，是這般樣子。這是得聖賢是甚麼樣大力量。恰似天地有闕齾處，得聖賢出來補教周全。補得周全後，過得稍久，又不免有闕，又得聖賢出來補。這見得聖賢是甚力量，直有闔闢乾坤之功業。【賀孫】○【潘氏錄】○又與南軒張氏書曰：「近讀孟子至答公都子好辯一章，三復之餘，廢書太息。只為見得天理人欲分明，便自然如此住不得。若見不到此，又如何強得他？然

聖賢奉行天討却自有箇不易之理故曰能言距楊墨者
聖人之徒也此便與春秋討亂臣賊子之意一般舊來讀
過亦不覺近乃識之耳不審以爲如何答曰孟子答公都
子一章要須如此方爲聖賢作用此意某見得但力量卑
植未到要不敢不勉耳○東萊呂氏書曰謂異端之不息
由正學之不明此盛彼衰互相消長莫若盡力於此此道
光明盛大則彼之消鑠無日矣孟子所謂吾爲此懼閑先
聖之道舊說以閑爲閑習意味甚長楊墨肆行以吾道
之衰耳孟子所以不求之他而以閑習吾先聖之道爲急
務而淫辭詖行之放則固自有次第也所以爲此說者非
欲含糊縱釋黑白不辨但恐專意外攘而內脩工夫或少
耳朱子答曰所論閑先聖之道竊謂只當如闢邪之闢方
與上下文意貫通若作閑習意思固佳然恐非孟子意也
設使必如是說則閑習先聖之道者豈不辯析是非反覆
同異以爲致知格物之事若便以爲務爲攘斥無斂藏持
養之功而不敢爲則恐其所閑習者終不免乎毫釐之差
也此事本無可疑但人自以其氣質之偏緣情立義故見
得許多窒礙若大其心以天下至公之理觀之自不須如
此回互費力
卅 察氏録

孟子之欲息邪說距詖行放淫辭而必以正人心爲

或問先者何也曰此探本之言也以聖道之不明是以人

心不正而邪說得以乘間而入之也曰然則亦明聖道以正

人心而已矣又何以爲此紛紛而致於好辯之嫌乎曰

邪說既入則人心益以不正聖道益以不明矣此又其

之不可不闢者也故孟子之道性善稱堯舜必使天下曉

然知仁義之所在者正其所以正人心而爲息邪距詖之

本也排爲我斥衆妄必使天下曉然知邪詖之不可由者

此其所以息邪距詖而爲正人心之用也蓋其辨用不偏

首尾相應如此然後足以撥亂世而反之正此其所以難

得其本而不免於多言也然豈其心之所好哉亦畏天命

悲人窮不得已而然耳昔湯伐桀而誓其衆曰予畏上

帝不敢不正武王伐紂而誓其衆曰予弗順天厥罪惟鈞

夫豈好戰也哉孟子之心亦若此而已矣豈得以好辯之

小嫌而遂發不言哉曰其曰能言距楊墨者聖人之徒也

何也曰吾所既言之矣然反其言而行之則知不討[illegible]

而謂人勿討者凶逆之黨也不距楊墨而謂人勿[illegible]

獸之徒也聖賢立法之嚴蓋欲如此可不畏哉可不畏哉

[illegible] 孟子之時楊墨之說盛行時人未知其害也孟子

獨以爲權力排而深闢之當時未知孟子之心[illegible]

以爲好辯而已孟子答公都子之問首曰予豈好辯哉予不得已也辭氣不迫而意則深矣此其所以不得已而已者天理之不可已者也故夫禹之抑洪水周公之兼夷狄驅猛獸孔子之作春秋皆其不可已而不已者也蓋聖人成天地之化所以立人極者也使古無聖人者出則人之類胥而絶滅也久矣故孟子歷陳三聖人之事以見其不可以已者自生民以來治亂迭居方洪水之爲害下民昏墊其矣堯命禹以治之禹以是爲己任乃導水而除其害使民得以平土而居之此在禹之不可得而已者也堯舜既沒之後聖道衰微暴君相繼而作不恤民之艱推亡之逆欲是其崇侈使民無以爲安息衣食邪說暴行乘間而起沛澤益盛而禽獸多蓋人與天地之正氣衰而異類其繁氣也正氣粹則繁氣盛消長之理然也至於紂之時亂已盛矣周公出而佐武王以是爲己任討紂伐奄誅其君戮其臣滅國五十驅異類而遠之此在周公之不可得而已者也故書稱文王之謨武王之烈以爲啓佑後人咸以正罔缺文武之所以垂於後世者蓋無非天下之正理也迨周之末世王道衰微邪說暴行復作夫所謂邪說暴行者其端甚毫之差耳而其流禍不可勝言甚至於子弑父臣弑君皆邪說暴行之所致也孔子以是爲懼而不得位以拯斯

民則春秋之作其可已乎春秋明則天理渴人欲以示萬世
有國家者之大法故曰天子之事又曰知我者其惟春秋
乎罪我者其惟春秋乎蓋知之則以爲聖人繼天道而立
人極有不可已者不知則以爲專斷二百四十二年之行
事或云僭矣微禹則洪水之禍被於四海微周公則戎狄
之禍偏於中華微吾夫子則三綱不明五常不敘天下
貿然日趨於異類之歸矣三聖人之心一也孟子之時去
夫子之世爲未遠而楊墨肆行倡其爲我兼愛之說以亂
仁義之實孟子以爲楊氏爲我是無君也墨氏兼愛是無
父也無父無君是禽獸也夫爲我兼愛特其見之偏而
比之遠及於禽獸者何哉蓋爲我則自私自私則賊義而
君臣之義遂可廢也兼愛則無本無本則害仁而父子之
親遂可夷也人之異於庶物以其有君臣父子也無父無
君則與禽獸有異乎哉公明儀謂庖有肥肉廄有肥馬不
卹百姓之饑殍是率獸而食人孟子則以爲楊墨之道
不息則孔子之道不著是邪說誣民之良心而充塞
仁義之塗仁義充塞則將至於率獸而食人不獨食以言食人人
而無相與親愛之道則自將至於相食矣蓋其理必至此
也閑先聖之道閑云者有防閑也距楊墨放淫辭使人
心正而邪說不得而入之所謂閑也禹抑洪水而天下平

周公兼夷狄驅猛獸而百姓寧孔子成春秋而亂臣賊子懼兼夷狄云者用夏變夷之意也成春秋而亂臣賊子懼者亂臣賊子之情僞畢見而討絕之法著焉施於萬世皆無所遁其迹故也孟子之所以欲正人心息邪說距詖行放淫辭者所以承三聖人之心也故復終之曰豈好辯哉予不得已也而以爲能言距楊墨者聖人之徒蓋予者一毫入於楊墨之歸則終身不能以自拔必也卓然自立於乎不少背焉則庶乎其可以自進於聖門矣

講義曰道者何中而已無過不及之謂中時措之宜謂之時中是皆人心之本然而不容已天理之至正而不可易者也天地之化亦大矣小有偏焉則雨暘寒暑各失其節人受天地之中以生喜怒哀樂念慮云爲其可以有所偏邪楊氏之爲我墨氏之兼愛皆得其中之一莫之執中又非所以爲時中也孟子從而闢之所以正人心明天理爲天下後世慮至切也夫墨之兼愛不失爲仁楊之爲我不失爲義孟子極言其禍至於無父無君而以禽獸目之志於道而不得其中豈不甚可畏哉後世楊墨之患息而佛老之說興至於今日千有餘歲棄天常滅人類肖夷狄之教非先王之道盖不待其流之弊而與禽獸無異矣今士大夫不惟不能斥而遠之乃溺其禍福之說崇其法而信

之教甚者則文之以聖賢之言以爲助吾道與學者從
而信之以自絕於大中至正之道其爲天下後世之害豈
淺淺哉有志於學者惟以孔子孟子之言爲主
以六經之道爲法則異端之說無自而入矣
纂疏 輔氏曰孟子意謂自今以後不待有知道者真能息滅
楊墨之害然後可以繼聖人之事但能爲說以距則
是亦聖人之徒矣此可見孟子自任之重而望人之切也
○西山真氏曰所以勉天下學者皆以闢異端扶正道爲
心庶幾生人之類不淪胥於禽獸也○輔氏曰註云邪說
害正人人得而攻之不必聖賢如春秋之法亂臣賊子人
人得而討之不必士師也此義自朱子發之若朱子則真可
謂以是道自任者故言此以詔天下使天下人人存是心
則異端之說將無所容而聖人之道不復有蔽蝕之者矣
豈小補哉○又曰尹氏所謂害流於生民禍及於後世者
其亦真知孟子
不得已之故也
○匡章曰陳仲子豈不誠廉士哉居於陵三日
不食耳無聞目無見也井上有李螬食實者過

半矣匍匐往將食之三咽然後耳有聞目有見

咽音烏下於陵同　螬音曹咽音宴　匡章陳仲子皆齊人廉有分辨不苟取也於陵地名螬蠐螬虫也匍匐言無力不能行也咽呑也

孟子曰於齊國之士吾必以仲子為巨擘焉雖然仲子惡能廉充仲子之操則蚓而後可者也

擘薄厄反惡平聲蚓音引　巨擘大指也言齊人中有仲子如衆小指中有大指也充推而滿之也操所守也蚓丘蚓也言仲子未得為廉也必若滿其所守之志則惟丘蚓之无求於世然後可以為廉耳

集疏　輔氏曰齊俗奢侈放縱當戰國時士之傷廉者必多有之此東章之所以推仲子之操而孟子亦必以為巨

擘也其語意與子誠齊人也若相似

夫蚓上食槁壤下飲黃泉仲子所居之室伯夷之所築與抑亦盜跖之所築與所食之粟伯夷之所樹與抑亦盜跖之所樹與是未可知也夫音扶蹠平聲

槁壤乾土也黃泉濁水也抑發語辭也言蚓無求於人而自足而仲子未免居室食粟若所從來或有非義則是未能如蚓之廉也

曰是何傷哉彼身織屨妻辟纑以易之也辟音璧纑音盧

辟績也纑練麻也

曰仲子齊之世家也兄戴蓋祿萬鍾以兄之祿為不義之祿而不食也以兄之室為不義之室

而不居也。辟兄離母，處於於陵。他日歸，則有饋其兄生鵝者，已頻顣曰：「惡用是鶃鶃者爲哉？」他日，其母殺是鵝也，與之食之。其兄自外至，曰：「是鶃鶃之肉也。」出而哇之。蓋音閤。辟音僻。頻與顰同。顣與蹙同，子六反。鶃，魚一反。哇音蛙。

世家，世卿之家。兄名戴，食采於蓋，其入萬鍾也。歸，自於陵歸也。已，仲子也。鶃鶃，鵝聲也。頻顣而言，以其兄受饋爲不義也。哇，吐之也。

以母則不食，以妻則食之；以兄之室則弗居，以於陵則居之。是尚爲能充其類也乎？若仲子者，蚓而後充其操者也。」

言仲子以母之食、兄之室爲不義而不食不居，其操守如此。至於妻所易之粟，於陵所居之室，既未必伯夷之所爲，則亦不義之類耳。今仲子於此則不食不居，於彼則[illegible]之居之，豈爲能充滿其操守之類者乎？必其无求自足，如丘蚓然，乃爲能滿其志而得爲廉耳。然豈人之所可爲哉？范氏曰：天之所生，地之所養，无人爲大。人之所以爲大者，以其有人倫也。仲子避兄離母，無親戚君臣上下，是無人倫也。豈有無人倫而可以爲廉哉？

【語録】朱子讀余隱之尊孟辨曰：温公所謂「回非而身尊之」一時之小嫌，猶者之不爲；一身之小節，至於父子兄弟，乃人大倫，天地大義，一日去之，則禽獸夷狄矣。雖復謹小嫌，守小節，亦將安所施哉？此孟子絶仲子之本意。隱之云：仲子之兄非不友，孰使之避？仲子之母非不慈，孰使之離？愚謂：政使不慈不友，亦無逃去之理。觀舜之爲法於天下者，則知之矣。蔡氏録

【或問】問：司馬公曰：仲子以兄之禄爲不義之禄，蓋謂不以其道事君而得之也。以兄之室爲不義之室，蓋謂

以其道取於人而成之也君子之責人當探其情仲子之避兄離母豈其所願耶若仲子者誠非中行亦狷者有所不爲也孟子過之何其甚哉與其說奈何曰仲子齊之世家則其祿與室非其兄不義而得之矣設其果以不義得之而非有悖逆作亂之大故則夫母子兄弟之間豈可以是而遂滅天性之恩哉節小行以妨大倫是乃擾世亂俗之尤先王之所必誅而不以聽者也所謂狷者則亦言行之間小過乎中而已矣豈宜出於倫理之外若是其甚哉

張氏註

於陵仲子於其所當處而有不安引而避之亦甚窮至於無以食而食井上之螬李在當時或稱其廉謂其能不以一介取諸人也不知伊尹之不以一介與人不以一介取諸人以非其義非其道之故耳若於其所當居而不居則反害於道義矣故孟子極其病之所在而攻之以爲仲子於齊國之士號爲賢於他人哉猶巨擘之於衆指也然而烏得謂之廉哉若充其所操必如蚓之爲而後慊於其心耳仲子未能所居之不以室而所食之不以粟也以仲子之所自處者言之蓋亦不待伯夷之室而後居伯夷之粟而後食與其疑出於盜跖之爲之則仲子其可安乎此言充仲子之操其不可行必若是而後已也匡章以爲仲子身織屨妻辟纑以易之爲可[illegible]適孟

子因其言而揣其不能充類之實以告之曰夫仲子齊之世家也兄戴蓋祿萬鍾孟子之意以爲仲子之家齊不爲不光顯矣仲子以爲苟不當居其祿食當與兄共思社稷之計光輔其主治其國家保其民人則齊國有無窮之業而仲子之家亦有無窮之聞斯爲稱焉耳今乃昧正大之見爲狹隘之思以食粟受饑爲不義而不知避兄離母之爲非徒欲潔身以爲清而不知廢大倫之爲惡以廉妨大德私意害公義仲子本心亦豈不知母子之性重於其妻兄之居亦能於於陵乎惟其私意所蔽亂夫倫類如此極也衆人咸於其適以其清苦高介而取之而不知原其所蔽若是其甚殊也嗟乎世之貪冒苟得肆而爲惡者多矣而孟子於仲子之放獨闢之之深也蓋世之爲惡者其失易見而仲子之徒其過爲難知也惟其難知故可以惑世俗而禍仁義孟子反復闢之蓋有以也

纂疏 輔氏曰以仲子孤介自守足以爲高於一世之俗矣而孟子所以力闢之者蓋世衰道微學者大抵因其資質之偏而固執一說力行以取名初不顧義理之如何而告子不得於言勿求於心以至許行陳仲子之徒皆是也况如康章者既已稱仲子爲誠廉而傾向之矣此固以道自任者之所憂也則孟子烏得而不與之辯哉○又曰以

仲子之所守未必驗之他人也只自其身而推之則已病不能自滿其志者故孟子直以為蚓而後能充其操焉非之則仲子之行是豈人之所能為則是邪說詖行又豈可不深辯而力攻之耶○又曰聖賢之道充之則至於與天地同功仲子之道充之則至於與蚯蚓同操是豈人理也哉○又曰人倫天叙之秩也人唯有人倫然後可以與天地並立而為三此其所以為大也避兄離母則是無人倫矣雖有小廉僻行適足以夸於亂世而惑夫人心也可不謹哉可不畏哉

孟子卷第六

孟子卷第七

諸儒集成之書

朱子集註　朱子集義　朱子語録　朱子或問

南軒張氏說　黄氏講義　蔡氏集疏　趙氏纂疏

離婁章句上

凡二十八章

孟子曰：離婁之明，公輸子之巧，不以規矩，不能成方員；師曠之聰，不以六律，不能正五音；堯舜之道，不以仁政，不能平治天下。

離婁，古之明目者。公輸子，名班，魯之巧人也。規，所以爲員之器也。矩，所以爲方之器也。師曠，晉之樂師，知

管者也六律截竹爲管陰陽各六以節五音之上下

黄鍾大蔟姑洗蕤賓夷則無射爲陽大吕夾鍾仲吕林鍾南吕應鍾爲陰也五音宮商角徵羽也漢氏曰此言治天下不可無法度仁政者治天下之法度也

語録　人聲自有高下聖人制五聲以括之又制十二律以節五聲中又各有高下每聲又分十二等所謂律和聲也○又曰樂律自黄鍾至仲吕皆屬陽自蕤賓至應鍾皆屬陰此是一個大陰陽黄鍾爲陽大吕爲陰大蔟爲陽夾鍾爲陰每一陽間一陰又是一個小陰陽

纂疏　趙氏曰離婁黄帝時人能視於百步之外見秋毫之末○班一作般天下之巧工嘗作雲梯之械以攻城○又曰規者所以規圓器械令得其類也矩者所以矩方器械令不失其形也○又曰師曠字子野晉平公之樂太師也其聽至聰平公鑄鍾使工聽之皆以爲調師曠曰後世有知音者將知不調臣竊爲耻之至師涓果知音之不調○又曰黄帝使伶倫自大夏之西崑崙之陰取竹之解谷生其竅厚均者斷兩節間而吹之以

爲黄鍾之宫制十二筩用此黄鍾之宫而皆可以生之是爲律本陽六爲律陰六爲呂言六律不言六呂者陽統陰也○又曰五音始於宫宫數八十一商數七十二角數六十四徵數五十四羽數四十八以數之多少爲尊卑故曰宫商角徵羽

今有仁心仁聞而民不被其澤不可法於後世者不行先王之道也聞去聲

仁心愛人之心也仁聞者有愛人之聲聞於人也先王之道仁政是也范氏曰齊宣王不忍一牛之死以羊易之可謂有仁心梁武帝終日一食蔬素宗廟以麪爲犧牲斷死刑必爲之涕泣天下知其慈仁可謂有仁聞然而宣王之時齊國不治武帝之末江南大亂其故何哉有仁心仁聞而不行先王之道故也

或問孟子告齊宣王曰是心足以王矣則仁心若齊宣王豈之本也曰有仁心仁聞而不行先王之道則是所

者仁心者不忍人之政所謂先王之道者又在此心之外也曰是心只以王者言有是心而不能廣充之以行先王之道如其節末所論制民之産云者可以王耳非謂專恃此心而直可以王也先王之道因亦不由是而推之以為法耳但其盡心知性而無私意小智之累故其為法也盡天理合人心雖聖人復起而有所不能易者後之人君當因吾心而擴之以盡夫法制之善而充吾心之固有者非謂心外有法而後於它求也後人雖有是心而不能無私意小智之累苟不循是而之焉則雖有仁心仁聞而未免於徇私妄作之失譬之棄規矩而欲以手制方員其器之不至於苦窳也幾希矣

【纂疏】輔氏曰范氏引齊宣王梁武帝為有仁心仁聞之證甚當然論二君不能行先王之道則同若論其所以不能行之故則異齊宣王不學無術奪於功利而不能行先王之道者也武帝則惑於異端徼罪福而不肯行先王之道者也齊宣王有仁心而不能保武帝有仁聞而不被其實

故曰徒善不足以為政徒法不能以自行

徒猶空也有其心無其政是謂徒善有其政無其心是謂徒法程子嘗言為政須要有綱紀文章謹權審量讀法平價皆不可闕而又曰必有關雎麟趾之意然後可以行周官之法度正謂此也

【發明】所謂文章是合有節文是文飾那謹權審量讀法平價之類丹○又曰須是自閨門衽席之微積累到薰蒸洋溢天下無一夫不被其澤然後可以行周官之法度不然則為王莽矣

【纂疏】輔氏曰程子前一說所以證徒善不足以為政後一說所以證徒法不能以自行政須要詳備必須要誠實後世如漢文帝近於徒善如漢武帝近於徒法

詩云不愆不忘率由舊章遵先王之法而過者未之有也

詩大雅假樂之篇愆過也率循也章典法也所行不過差不遺忘者以其循用舊典故也

〔音義〕[illegible]之譖[illegible]加毀也見詩傳

〔纂疏〕輔氏曰詩云過差謂用意過當處遺忘謂照顧不及遵謂循用舊典則有所踏故不過[illegible]

聖人既竭目力焉繼之以規矩準繩以爲方員平直不可勝用也既竭耳力焉繼之以六律正五音不可勝用也既竭心思焉繼之以不忍人之政而仁覆天下矣勝平聲

準所以爲平繩所以爲直覆被也此言古之聖人既竭耳目心思之力然猶以爲未足以徧天下及後世故制爲法度以繼續之則其用不窮而仁之所被廣矣

〔纂疏〕輔氏曰規矩準繩所以爲方員平直之法度也六律所以正五音之法度也不忍人之政所以仁覆天下之法度也不爲之法度則聖人之耳目心思止於聖人之身而已固不能御天下與後世[illegible]法度

以繼續之使天下後世之爲方員平直正五音仁天下者皆是用而不得違之所謂不可勝用而仁覆天下也上言覆天下而不言及後世者舉大以該遠也能覆天下則能及後世矣百工之事皆聖人作故規矩準繩六律五音并與不忍人之政作統論了目力言耳力言心思者耳目之視聽以力而心之官則思也○趙氏曰準者所以揆平取正也繩者上下端直泒綷圳通也

故曰爲高必因丘陵爲下必因川澤爲政不因先王之道可謂智乎

丘陵本高川澤本下爲高下者因之則用力少而成功多矣○鄒氏曰自章首至此論以仁心仁聞行先王之道

是以惟仁者宜在高位不仁而在高位是播其惡於衆也

仁者有仁心仁聞而能擴而充之以行先王之道者也播惡於衆謂貽患於下也

上無道揆也下無法守也朝不信道工不信度君子犯義小人犯刑國之所存者幸也朝音潮

此言不仁而在高位之禍也道義理也揆度也法制度也道揆謂以義理度量事物而制其宜法守謂以法度自守工官也度即法也君子小人以位而言也由上無道揆故下無法守無道揆則朝不信道而君子犯義無法守則工不信度而小人犯刑有此六者其國必亡其不亡者僥倖而已

語錄曰上無道揆則下無法守雖有奉法守一官者亦將不能用而去之矣信如憑信之信言道箇道理只是要人信得及若信得及自然依那箇行不敢逾越惟其不信所以妄作如胥吏分明知得條法只是冒法以爲姦便是

不信度也（沈僩）

○觀趙氏說可

故曰城郭不完兵甲不多非國之災也田野不辟貨財不聚非國之害也上無禮下無學賊民興喪無日矣（喪去聲辟與闢同）

上不知禮則無以教民下不知學則易與為亂鄒氏曰自是以惟仁者至此所以責其君。

纂箋三節之旨

上無禮下無學此學謂國之俊秀若前面工是百官守法度者此學字是責學者之事惟上無教下無學所以不好之人並起而居高位執進退黜陟之權盡徹出不好事來則國之喪亡無日矣所以謂之賊民盡國害民非賊民而何然其要只在於仁者宜在高位所謂一正君而國定（沈僩）○陳氏說

詩曰天之方蹶無然泄泄（蹶居衛反泄弋制反）

詩大雅板之篇蹶顛覆之意泄泄怠緩悅從之貌言

天欲顛覆周室，羣臣無得泄泄然，不急救正之。

【音義】蹶，動也。泄泄，猶沓沓也。綴之意見諸傳。

【纂疏】輔氏曰：天之方蹶，而國家有傾覆之勢，常情類此，消沮喪墮，易得怠緩縱弛，故戒羣臣以無得泄泄然不急救正之。當出之際，自非君臣在下力加振作，於此奮發有爲，則何能救正也。責難陳善，便是振發底意。不然，則淪胥以亡而已。

泄泄，猶沓沓也。沓，徒合反。

沓沓，即泄泄之意。蓋孟子時人語如此。

【纂疏】輔氏曰：泄泄，東周時語；沓沓，戰國時語。孟子以沓沓解泄泄，蓋以泄泄古語難曉，而以當時之言人所易曉者釋之也。

事君無義，進退無禮，言則非先王之道者，猶沓沓也。

非，詆毀也。

恭之別曰敬又恭畢竟自卑尊人是恭與敬於禮一般恭有數報有對敬言者自即是數者如篤恭而天平之恭意謙一類即是敬言

故曰責難於君謂之恭陳善閉邪謂之敬吾君不能謂之賊

范氏曰人臣以難事責於君使其君爲堯舜之君者尊君之大也開陳善道以禁閉君之邪心惟恐其君或陷於有過之地者敬君之至也謂其君不能行善道而不以告者賊害其君之甚也鄒氏曰自詩云天之方蹶至此所以責其臣○鄒氏曰此章言爲治者當有仁心仁聞以行先王之政而君臣又當各任其責也

【語錄】問恭與敬何以別曰大既也一般只是恭意思較闊大敬意思較細密如以堯舜三代望其君不敢謂其不能便是責難於君便是恭陳善閉邪是就事上說蓋不惟責之以難凡事有善則陳之邪則閉之使其君不陷於過是敬責難之恭是尊君之辭先立箇大志以先王之道爲可必信可必行陳善閉邪是子細着功夫去照管務引其君於當道陳善閉邪使即是做那責難底工夫陳是恭是就人其以上理會把他做箇大底人看故恭之謂也○

敬只是就自家身上做如陳善閉邪是在己當如此做底

纂〇人臣之道但當以極等之事望其君責他十分事臨了只做得二三分若只責他二三分少間做不得一分矣如論才質之優劣志趣之高下固有不同然吾所以導之者則不可問其才志之高下優劣但當以堯舜之道望他豈可謂吾君不能而遂不以此望之也沈僩〇沈氏錄

或問所謂陳善閉邪者奈何曰君有邪心所當閉也然不知所以閉之之道而遽閉之則動有矯拂之患其言不可得而入矣故必爲之開陳善道使之曉然知善道之所在則所謂邪者亦不難乎閉之矣孟子與時君論事多類此其自謂敬王者豈虛語哉

張氏註離婁固明矣公輸子固巧矣而不能舍規矩以成方員也師曠固聰矣而不能捨六律以成五音也堯舜之道固大矣而其平治天下必以仁政惟夫能用規矩與六律是所以爲明爲聰也惟夫行仁政是所以爲堯舜之道也有仁心仁聞而不能行先王之道者雖有是心不能推而達之故民不得被其澤不足以垂法於後世先王有不忍人之心斯有不忍人之政所謂不忍人之政者即其仁心所推盡見用於事事物物之間者也徒善不

足以爲政謂有是心而不取法於先王則終不足以爲政
也爲徒善而已徒法不能以自行謂王政雖存苟非其人
則不能以自行也爲徒法而已言仁心之存乃可政之本
而上政之行即是心之用也詩所謂率由舊章者欲其遵
先王之法也大規矩準繩六律聖人竭耳目之力而制之
者故後世之爲方員曲直與夫正五聲者皆莫得而違焉
至於不忍人之政是乃聖人竭心思之所爲而仁覆天下
者然則後之爲治者可舍是而不遵乎不曰爲之下而曰
繼之者蓋竭其心思而止於此繼之乃大之所爲而非聖人
強爲之者言其於規矩準繩六律亦然爲高必因丘陵爲下
必因川澤者爲政者若不因先王之道而出於私意其得
謂之智乎仁者宜在高位爲其能以是心行先王之政也
不仁而在高位則以其忍心行其暴政是其在高位也適
所以播其惡於衆耳上無道揆者不以先王之道揆事也
下無法守者不循法度之守也然而上無道揆則下無法
守也朝不信道則工亦不信度矣君子而犯義則小人犯
刑矣若是則紀綱法度俱亡國幾何而不隨之矣此皆言
不仁之在高位其害必至於此也自後世功利之說觀之
城郭不完兵甲不多田野不辟貨財不聚宜其甚可懼而
上無禮下無學若未爲然而孟子之言乃反以彼爲非

國之留害而以此爲不可一日安向哉蓋三綱五常人之
彝所賴以生而國之所以爲國者也上無禮則失是理矣
下無學則不學乎此矣上失其禮下廢其學則三綱五常
日以淪棄國將何所恃以立乎民將何所恃以生乎雖有
高城深池誰與守之雖有堅甲利兵誰與用之雖有良田
積粟焉得而食之然使禮廢於上而學猶傳於下則庶
幾斯道未泯而猶覬其可行也上既無禮而下復無學則
邪說暴行並作而國隨喪矣賊民者言賊夫仁義者也詩
所謂天之方蹶無然泄泄泄泄言上帝方震動爾無泄泄然也
孟子釋泄泄以爲沓沓而曰事君無義進退無禮言則非
先王之道者猶沓沓也事君無義則是懷利以事其君也
進退無禮則是苟得而不顧也言非先王之道則是不稽
古昔而困於功利也如是則沓沓然遺亂而不已矣責難於
君謂之恭者以先王事業望其君不敢以君爲[illegible]此而
有望焉可不謂恭乎陳善閉邪謂之敬以發其邪慝之源
誠以如此可不謂敬乎若不務責難陳善而徒謂其君之
不能是賊其君者也然而責難陳善非在己者存其道
而能之乎在己有未至而徒以望於君難矣故此章之戒
欲人君推是心以行仁政而其終則欲人臣知禮義而必
先王蓋言不可以不學也人臣知學而後人主聞大道人臣

主聞六道而後王政可行焉此孟子之意也

【纂疏】輔氏曰孟子章長難看首尾易得支離此章唯鄭氏斷截得分明見其章雖長而首尾只是一意為治者固當以仁心仁聞而行先王之政然非君臣同心各任其責則亦安能有成哉

○孟子曰規矩方員之至也聖人人倫之至也

至極也人倫說見前篇規矩盡所以為方員之理猶聖人盡所以為人之道

【語錄】曰規矩是方員之極聖人是人倫之極蓋規矩便盡得方員聖人便盡得人倫故物之方員者有未盡處以規矩為之便見於人倫有未盡處以聖人觀之便見惟聖人都盡無一毫之不盡故為人倫之至○語

欲為君盡君道欲為臣盡臣道二者皆法堯舜而已矣不以舜之所以事堯事君不敬其君者也不以堯之所以治民治民賊其民者也

法堯舜以盡君臣之道猶用規矩以盡方員之極此孟子所以道性善而稱堯舜也

語錄 堯所以治民舜所以事君觀二典大槩可見是事事做得盡（董氏義剛）

孔子曰道二仁與不仁而已矣

法堯舜則盡君臣之道而仁矣不法堯舜則慢君賊民而不仁矣二端之外更無他道出乎此則入乎彼矣可不謹哉

語錄 問不仁何以亦謂之道曰道是譬如說有小路有大路何疑之有○又曰猶言好底道理不好底道理也若論正當道理只有一箇更無第二箇所謂夫道一而已矣者也沈僴（竇氏錄）

纂疏 輔氏曰仁與不仁只是一箇入理與入欲而已纔出天理便入人欲也豈復更有他道哉此古之聖賢所以兢兢業業而不敢不謹也

暴其民甚則身弒國亡不甚則身危國削名之曰

幽厲雖孝子慈孫百世不能改也。

幽暗厲虐皆惡謚也苟得其實則雖有孝子慈孫愛其祖考之甚者亦不得廢公義而改之言不仁之禍必至於此可懼之甚也。

【纂疏】輔氏曰不仁有淺深而其禍有大小以幽厲視桀紂則幽厲雖未至於身弒國亡然死後惡謚遺臭後來孝子慈孫欲改不可不仁之禍猶致如此豈不可懼之甚哉。

詩云殷鑒不遠在夏后之世此之謂也。

詩大雅蕩之篇言商紂之所當鑒者近在夏桀之世而孟子引之又欲後人以幽厲爲鑒也

【集義】伊川先生曰道二仁與不仁而已自然理如此道無無對有陰則有陽有善則有惡有是則有非無一亦無二故易曰三人行則損一人一人行則得其友只是二也。

【發明】此章之說曰人之生也均有是性均有是性故均有是倫均有是倫故均有是道然惟聖人能盡其性故

爲人倫之至，而所由無不盡其道焉。此堯舜之爲君臣所以各盡其道而爲萬世之法，猶規矩之盡夫方員而天下之爲方員者莫不出乎此也。故法堯舜以盡君臣之道，猶用規矩以盡方員之極。一有毫髮之私介乎其間，則蔽於人欲而不得盡乎天理之全矣。故仁與不仁，其間不能以髮，一出乎此則入乎彼，不可以不審其幾也。程子曰道無無對之言，柔何曰此雖非正爲孟子之言而發，然其所言亦可深味。與所謂性善無對之云者異矣。予嘗與人論此而問之曰：棊局之中一路者孰爲對乎？其人曰是所以對夫三百六十路者也。公爾其言深有會於予意，知此則程子之意可以推之而無窮矣。

〔張氏曰〕規矩盡天下之方圓，故爲方圓之至；聖人盡人倫之道，故爲人倫之至。至者，以其全盡而無以加焉耳。堯之爲君盡君道者也，舜之爲臣盡臣道者也，非有所增益也，無所虧焉耳。後之人舍堯舜其將安所法哉？以堯舜爲不可及者，是自誣其性者也。不以舜之所以事堯事君，則爲不敬其君，蓋不以敬君□同聖，是賊其君者也。不以堯之所以治民治民，則爲賊其民，蓋不以期民爲有常性，是暴其民者也。於是引夫子仁與不仁之論以斷之，夫

仁與不仁此爲二途顧所由何如耳不仁亦兩之道者若桀
不仁之道也如堯舜之爲是由夫仁之道也若幽厲之
爲是由夫不仁之道者也不仁之弊將於身危國削况
其極則至於身弒國亡其惡名錯孝子慈孫莫之能改也
嗟乎人君志於仁則爲舜可幾去仁則淪入於幽厲
此可不審擇其所由哉此有國家者所宜深鑒也

【纂疏】輔氏曰孟子此說將去不過是欲人以幽厲爲鑒且然熟玩之其提撕警省之功亦至切矣

○孟子曰三代之得天下也以仁其失天下也以不仁

三代謂夏商周也禹湯文武以仁得之桀紂幽厲以不仁失之

國之所以廢興存亡者亦然

國謂諸侯之國

天子不仁不保四海諸侯不仁不保社稷卿大夫

不仁，不保宗廟；士庶人不仁，不保四體。

今惡死亡而樂不仁，是猶惡醉而強酒。惡，去聲。樂，音洛。強，上聲。

言必死亡。

此承上章之意而推言之也。

張氏註 三代之得失廢興，以仁與不仁，可謂深切著明矣。豈獨有天下者爲然，諸侯之有國者，其廢興存亡，莫不由乎此。既言天子、諸侯之不可以不仁矣，又言卿大夫不仁則不能保宗廟，士庶人不仁則不能保四體。蓋仁者人之道，人之道既廢，則雖有四體，其能保諸？是不仁者乃惡死亡之道也。人莫不惡死亡，而樂於爲不仁，與惡醉而強飲酒者無以異也。雖然，此特未能真知不仁之可以死亡耳。使其真知不仁之可以死亡，則如蹈水火之不敢爲矣。

纂疏 輔氏曰：上章第三言道二，仁與不仁，與桀紂幽厲之事而已。此章又因其意而推及於諸侯、卿大夫、士庶人不仁之禍，皆必至之理也。○西山真氏曰：此章明白峻當，自天子以至庶人，皆當佩服以自警也。然所謂不仁者非他，縱人欲以滅天理而已。人欲縱而天理滅，其禍至於如此，可不畏哉。

五三八

○孟子曰愛人不親反其仁治人不治反其智禮人不答反其敬治人之治平聲不治之治去聲

我愛人而人不親我則反求諸己恐我之仁未至也智敬放此

行有不得者皆反求諸己其身正而天下歸之

不得謂不得其所欲如不親不治不答是也反求諸己謂反其仁反其智反其敬也如此則其自治益詳而身無不正矣天下歸之極言其效也

孟子此章勸[illegible]人顧向上工夫無退下來婦人愛人不親更不反求諸己教你不親也休治人不治更不反求諸己教你不治也休禮人不答更不反求諸己教你不答也休我也不渊思地諸你也不仁不義無禮無智我也不仁不義無禮無智大家做鶻突[illegible]會底人還有甚道理否○

輔氏曰自治詳則身無不正身無不正則天下無不歸極言其效是亦必然之理[illegible]本乎自反多

得本乎自求治國者能玩此則知所本矣。

詩云：永言配命，自求多福。

解見前篇。○亦承十一章而言。

〖張氏曰〗為國者反求諸己為至要。愛人而人不親，是吾仁有所未至也；治人而人不治，是吾知有所未明也；禮人而人不答，是吾敬有所未篤也。行有不得，不責諸人，而反求諸己，豈不至要乎。其身正而天下歸之，天地之間，惟感與應而已。在己者無不正，則在彼者無不順矣。反其仁者，非姑息以求悅也，敦其愛而已。反其智者，非鑿智以務術也，明其理而已。反其敬者，非卑巽以苟合也，盡諸己而已。盡仁則人自親，愛則同也；智則人斷治，理無敝也；敬則人斯合乇父子也。反躬則天理明，不能反躬則人欲肆，可不念哉。

〖纂說〗輔氏曰：此亦承上章得天下以仁而經言孔子以仁。

○孟子曰：人有恒言，皆曰天下國家。天下之本在

國國之本在家家之本在身恒胡登反

恒常也雖常言之而未必知其言之有序也故推言之而又以家本乎身也此亦承上章而言之大學所謂自天子至於庶人壹是皆以脩身爲本是故也

輯釋身脩而后家齊家齊而后國治國治而后天下平其序固如此未有身不脩而可以齊家家不齊而可以爲國爲天下者蓋無其本故也然則其可不以脩身爲先乎攷之大學脩身則又有道焉故欲脩其身者先正其心欲正其心者先誠其意欲誠其意者先致其知致知在格物此脩身之道人主所以貴於典學也

纂疏輔氏曰衆人之言雖同有序而但及其外君子之論則必分其本末而無有或遺得其本則末可舉矣以是而質於大學之言則曾子子思孟子相傳之學不可誣矣

○孟子曰爲政不難不得罪於巨室巨室之所慕一國慕之一國之所慕天下慕之故沛然德教溢

乎四海。

巨室，世臣大家也。得罪，謂身不正而取怨怒也。麥丘邑人祝齊威公曰：「願主君無得罪於羣臣百姓。」意蓋如此。慕，向也，心悅誠服之謂也。沛然，盛大流行之貌。溢，充滿也。蓋巨室之心，難以力服，而國人素所取信。今既悅服，則國人皆服，而吾德教之所施，可以無遠而不至矣。此亦承上章而言，蓋君子不患人心之不服，而患吾身之不修。吾身既修，則人心之難服者先服，而無一人之不服矣。○林氏曰：「戰國之世，諸侯失德，巨室擅權，爲患甚矣。然或者不修其本，而遽欲勝之，則未必能勝，而適以取禍。故孟子推本而言，惟務修德以服其心。彼既悅服，則吾之德教無所留礙，可以及乎天下矣。裴度所謂韓洪輿疾討賊，承宗斂手削地，非朝廷之力能制其死命，特以處置得宜，能服其心，故爾，正此類也。」

張氏註 役郡邑傳士曰巨室大家也似而有道又可因而有

妻子有兄有弟有臣有妾尊卑親疏一國之事負

公矣嚴而不屬寛而有閑此家之所以正也夫家雖難齊也不

得罪於大家則於治國治天下也何有哉況爲備之矣此

亦曰約章天下之本在國國之本在家向資臣然欲不得

罪於巨室則脩身其本也一家慕之則一國慕之國慕之斯天下慕之云

者言樂從之也輿斯以沛然於德教則德教溢於四海之

大矣其曰爲政不難者蓋言其在我而易以沛之意也

纂疏 輔氏曰此承上章家之本在身而言也君人者苟不

正其身所爲乖戾則致人怨怒其勢必自巨室大家

而始及巨室人之言亦先及羣臣而後及百姓也又

曰林氏謂或者不修其本者亦指身而言爾未以能勝而

適以取禍若如魯昭公之事是也吾之德教無所留礙者

大凡人君施教令發下其勢本甚易苟其德不足以服夫

人則近而公卿大夫必懷疑議而有不信奉行之心遠而

羣黎百姓必生非誹而公肆沮格之意如此則其爲留礙

也大矣安能有沛然莫之禦哉今也内而巨室外而天

下無不心悅而歸焉惟恐其德教之不下行如置郵之

速也如沛水之源無復有所留礙者矣若夫四海極其

遠而言之蓋極其言之所至非謂以德教之私於其家如邇

之九二，畜吾身然也。行大公至正之道，可殺則殺，可生則生殺之，而彼自不怨；利之，而彼自不庸，可也。夫然後能布然德教，溢乎四海。

○孟子曰：天下有道，小德役大德，小賢役大賢；天下無道，小役大，弱役強。斯二者，天也。順天者存，逆天者亡。

有道之世，人皆修德，而位必稱其德之大小；天下無道，人不修德，則但以力相役而已。天者，理勢之當然也。

語錄 曰：小德役大德，小賢役大賢，是以賢德論；小役大，弱役強，只是以力論，全不略見。○問：天下無道，小役大，弱役強，亦曰天，何也？曰：到那時不得不然，亦是理當如此。

集疏 輔氏曰：理無形，勢有形也。與夫專言之，則道也之意。向天下有道，則以德爲大小；無道，則以力爲強弱。

者皆理勢之所當然也順其理勢則存逆其理勢則亡以然之理也

齊景公曰既不能令又不受命是絕物也涕出而女於吳去如夫聲

引此以言小役大弱役強之事也令出令以使人也受命聽命於人也物猶人也女以女與人也吳蠻夷之國也景公羞與為昏而畏其強故涕泣而以女與之

【蒙引】胡氏曰既不能令又不受命是不能強又不能弱也既不能強於自治以昌其國而出令以使人又不能因時勢之宜屈己自下以聽人之命是與物睽絕也絕於物則絕於天矣景公之言宜若可取也然景公所用之國乃威公所以正天下霸諸侯者也雖時勢下衰然振起而作新之獨不在我乎而顧為是巽言遜辭以自盡何哉孟子獨取其說以證小役大弱役強之事其亦姑取自卑之辭未暇議也

今也小國師大國而恥受命焉是猶弟子而恥受

唯日時世如此然有大德者便能回天便精必勢孟子所以不說文王舜而說文王者文自七十至大由百里而一分有二不爲紂所代世可以見德足以勝勢處

命於先師也。

言小國不修德以自强其般樂怠敖皆若效大國之所爲者而獨恥受其教命不可得也。

如恥之莫若師文王師文王大國五年小國七年必爲政於天下矣。

此因其愧恥之心而勉以修德也文王之政布在方策舉而行之所謂師文王也五年七年以其所乘之勢不同爲差蓋天下雖無道然修德之至則道自我行而大國反爲吾役矣程子曰五年七年聖人度其時則可矣然凡此類學者皆當思其作爲如何乃有益耳。

集疏 輔氏曰小國師大國而恥受命焉是不當恥而恥者也然亦良心之苗裔所不能殄滅者故孟子因其羞而曉之○又曰註云所乘之勢指國之大小而言也○又曰文王自百里而興王業其政布在方策是必有道矣餘

其人行其政則人心自悅氣勢自回而不可大弱可強矣
國反爲吾役矣敵國雖大何畏焉○又曰程子之言所以
啓發文字者至矣惟聖人能知時故曰聖人畏其時可矣
文字者自獨理既明而經歷之久熟慮之深則自然見得
詩云商之孫子其麗不億上帝既命侯于周服侯
服于周天命靡常殷士膚敏祼將于京孔子曰仁
不可爲衆也夫國君好仁天下無敵祼音灌夫音扶好去聲
詩大雅文王之篇孟子引此詩及孔子之言以言
王之事麗數也十萬曰億侯維也商士商孫子之臣
也膚大也敏達也祼宗廟之祭以鬱鬯之酒灌地而
降神也將助也言商之孫子衆多其數不但十萬而
已上帝既命周以天下則凡此商之孫子皆臣服于
周矣所以然者以天命不常歸于有德故也是以商
士之膚大而敏達者皆執祼獻之禮助王祭事于周
之京師也因讀此詩而言有仁者則雖有十萬之衆

不能當之故國君好仁則必無敵於天下也不可爲

衆猶所謂難爲兄難爲弟云爾

【音釋】上不可爲衆猶言兄賢難敵他弟弟賢難敵他兄　仁者無敵難故衆去聲抵當他國他家遂○【通考】輔氏曰我賢則難於爲兄爲弟者也我仁則難於爲　衆者也仁道之大與物不辭故難於爲衆而天下無敵也○西山眞氏曰以商之孫子而爲周之諸侯以商之　美士而奔走周廟之祭天命何常之有哉成湯惟其仁也故天命歸于商紂惟其　不仁故天命轉而歸周

今也欲無敵於天下而不以仁是猶執熱而不以濯也詩云誰能執熱逝不以濯

恥受命於大國是欲無敵於天下也乃師大國而不師文王是不以仁也詩大雅桑柔之篇逝語辭也言誰能執持熱物而不以水自濯其手乎○此章言不能自強則聽天所命修德行仁則天命在我

【集義】范氏曰治天下莫大於仁故前章云堯舜不以仁政不能平治天下又曰道二仁與不仁而已矣又曰三代之得天下也以仁又曰愛人不親反其仁此章云仁不可以為衆也仁者天德之至尊聖人之最先天之所以大者仁而已聖之所以為聖者亦仁而已易乾卦元為四德之首孔子曰元者善之長也君子體仁足以長人在天則為元在君子則為仁君子法天行仁故足以長天下之人乾之德以仁為首故能統天聖人之德以仁為大故能長人天所以首出庶物為萬物父以其能養萬物也聖人所以首出庶物為萬民父母以其能生養萬民也天子所子君天下所治者天職也好仁則與天同德而王之所覆地之所載日月所照霜露所墜無不歸之矣

【語錄】曰今之為國者論為治則曰不消得十分底事只如此隨風俗做便得不必須欲如堯舜只恁地做天下也治為孝者則曰做人也不須做得孔子孟子十分事且恁得一二分也得盡是這般苟且之學所謂聽天所命者也【王東堂】

【張氏注】天下有道則道義明而功利之說息故小德役大德小賢役大賢各循其理而由其分此所謂治世若夫無道之世則功利勝而道義微競以勢利相雄長而已此所謂亂也雖然強弱小大之不一件亦豈得而戕哉

是亦天也若不自安其小與弱而欲與之爭則亡之
道矣此齊景公之所以涕泣而女於吳有不得已也所謂
小國師大國者其所爲相役而與以相違故也其所爲
則同而強弱小大則不同然則柰何而可以受其命乎雖然
強弱小大之不能以斯命也而有性焉反而勉之於吾身得
其道則其勢力有不足畏者矣故曰如恥之莫若師文王
夫師大國則爲其勢力所役師文王則道義所在就得而
踰之爲國者其亦審其所師也哉所謂師文王者好仁是
也大國五年小國七年必爲政於天下言其遠不過乎此
蓋理之所必然者也夫以商之子孫而侯服于周殷□□
而祼將于京則天命何常哉惟有德是歸耳曰仁不可爲
衆也言仁則衆無以爲也此之謂天下無敵戰國之君皆
有欲□命而求無敵之心然究其所爲則未嘗志於
仁是猶執熱而不以濯也爲之者可不鑒於斯邪
【纂疏】輔氏曰不能自強則聽命于天而爲強大所役使修
德行仁如文王則與天爲一而小可大弱可強昔之
強大者反爲役於我矣
豈非天命之在我乎
○孟子曰不仁者可與言哉安其危而利其菑樂

樂其所以亡者不仁而可與言則何亡國敗家之有

菑與災同樂音洛

安其危利其菑者不知其爲危菑而反以爲安利也所以亡者謂荒淫暴虐所以致亡之道也不仁之人私欲固蔽失其本心故其顛倒錯亂至於如此所以不可告以忠言而卒至於敗亡也

纂疏

輔氏曰仁本吾心之固有惟不知存養體認以去私欲所蔽故冥然無知頑然無覺甘處於危而反以爲安雖淪於菑而反以爲利益陷於其所以亡而反以爲樂其顛倒錯亂至於如此故不可告語而敗亡隨之自古危亂之君同出一轍若本心尚有一點之明可以爲受言之地則其禍亂猶有可以救藥者也○西山眞氏曰自昔危亂之世未嘗無忠言祖伊嘗諫紂矣召穆公嘗諫厲王矣而二君不之聽者蓋其心既不仁故顛倒迷繆以危爲安以菑爲利以取亡之道爲可樂也夫人君孰不欲安存而惡危亡而其反易至此者私欲蔽之而失其本心故耳

有孺子歌曰滄浪之水清兮可以濯我纓滄浪之水濁兮可以濯我足 浪音郎

滄浪水名纓冠系也

纂疏 蔡氏曰武當縣西北四十里漢水中有洲曰滄浪洲水曰滄浪水○趙氏曰滄浪漢水至其地因以名之

孔子曰小子聽之清斯濯纓濁斯濯足矣自取之也

言水之清濁有以自取之也聖人聲入心通無非至理此類可見

纂疏 輔氏曰聖人之心純是義理故人言纔入于耳則便與其心相契而無非至理如孔子一聞孺子之歌而便知濯足濯纓皆水之清濁有以自取之者是也夫不仁之人則雖忠言至論無自而入聖人之心則亦以言語聲入心通是亦莫非自取之也

夫人必自侮然後人侮之家必自毀而後人毀之

國必自伐而後人伐之。夫音扶

所謂自取之者。

太甲曰：天作孽，猶可違；自作孽，不可活。此之謂也。

解見前篇。○此章言心存則有以審夫得失之幾，不存則無以辨於存亡之著。禍福之來，皆其自取。

張氏注：不仁之人，賊其明則隱之端，故肆行而莫之顧。於可危之事則安之，於致禍之道則利之，於所亡者則反樂焉。是其性豈有異於人，以其陷溺於此。使夫不仁猶可與言，則豈不知其危與菑而懼夫亡哉？惟其不可與言，故至於亡國敗家之禍而後已也。試考自幽厲以來千餘載間，亡國之君，凡其所為，殆皆以為可以至於亂亡哉？類皆從欲而為之，雖有忠言，亦莫之顧也。孟子所謂安其危而利其菑，樂其所以亡而不可與言者，豈不信哉！惟漢武帝驕盈者欲盛民以逞，視秦政覆轍而遵之，蓋亦樂夫亡者，而晚歲因車千秋之言有動于中，下輪臺哀痛之詔，悔改前日之為，是以克保社稷。則夫所謂不仁而可與言，則何亡國敗家之有？又豈不信哉！夫請斯[illegible]

足者與。與足全係於人，而責備則出於水也。人之見侮於人，與家之見毀、國之見伐，人徒以人侮之也、人毀之也、人伐之也，而不知所以侮、所以毀、所以伐者，皆己實召之也。苟無以召之，則何由至哉？孟子於此反之道言之不一而足，非惟在當時乃撥亂反正之綱，實萬世爲治檢身者不易之理也。

纂疏 輔氏曰：人心存則仁，人心不存則不仁，得失之幾至微也；存亡之實至著也。安利樂，得失之幾也；亡國敗家，存亡之實也。禍福之來，皆其自取，即所謂禍福無不自己求之者。此亦承上章而言仁與不仁所取之不同也。

○孟子曰：「桀紂之失天下也，失其民也；失其民者，失其心也。得天下有道：得其民，斯得天下矣；得其民有道：得其心，斯得民矣；得其心有道：所欲與之聚之，所惡勿施爾也。惡，去聲。

民之所欲，皆爲致之，如聚斂然；民之所惡，則勿施於民晁錯所謂人情莫不欲壽三王生之而不傷人情莫不欲富三王厚之而不困人情莫不欲安三王扶之而不危人情莫不欲逸三王節其力而不盡此類之謂也

輔氏曰天理人欲同行異情聚斂雖是人欲若能如此聚民之所欲則便是天理也○又曰晁錯說此幾句直能得三王之用心○西山眞氏曰此章之要在於所欲與聚所惡勿施之二言

民之歸仁也猶水之就下獸之走壙也壙音曠壙廣野也言民之所以歸乎此以其所欲之在乎此

故為淵敺魚者獺也為叢敺爵者鸇也為湯武敺民者桀與紂也為去聲敺與驅同獺音闥爵與雀同鸇諸延反

淵深水也獺食魚者也叢茂林也鸇食雀者也言民之所以去此以其所欲在彼而所畏在此也

今天下之君有好仁者則諸侯皆為之敺矣雖欲
無王不可得已今之欲王者猶七年之病
求三年之艾也苟為不畜終身不得苟不志於仁
終身憂辱以陷於死亡
艾草名所以灸者乾久益善夫病已深而欲求乾久
之艾固難卒辦然自今畜之則猶或可及不然則病
日益深死日益迫而艾終不可得矣
詩云其何能淑載胥及溺此之謂也
詩大雅桑柔之篇淑善也載則也胥相也言今之所
為其何能善則相引以陷於亂亡而已
張氏曰孟子既言得天下之道由乎得民而又言得民之
道在於得民心又言得民心之道在於所欲與之
聚所惡勿施可謂深切詳盡矣夫民有欲惡天下之情一
也善為治者審其欲惡而已矣於其所欲則聚之集聚於

其所惡則不施焉則其心無不得矣所謂聚其所欲者非惟壽富安逸之類其志用捨從違無不合其公願而後為得也水之就下獸之走壙性則然也民之歸仁亦其性然也諸國之君孰曰吾豈厲乎民而吾獨仁乎民則孰不願為吾之民則其為不仁者皆為吾之敺而已今之欲王者猶七年之病必求三年之艾而後可艾不素畜則病將終其身不志於仁則亦終身在憂辱之域而已詩所謂其何能淑載胥及溺者言不能勉於善終論胥以亡而已鄒氏曰孟子所謂諸侯皆為之敺者非利乎他人之為己敺也特言其理之必然者耳猶夫天理無利天下之心而天下歸之也三王之所以王也假是道而亦以得天下者漢唐是也故秦為漢敺者也隋為唐敺者也季世之君肆於民上施施然自以為莫己若也而不知自為人敺也豈不哀哉

吳程說 輔氏曰至此則雖聖人亦末如之何矣詳味引詩之言則令人惕然警省有不容自已者矣

○孟子曰自暴者不可與有言也自棄者不可與有為也言非禮義謂之自暴也吾身不能居仁由

義謂之自棄也。暴猶害也，非猶毀也。自害其身者，不知禮義之爲美而非毀之，雖與之言，必不見信也。自棄其身者，猶知禮義之爲美，但溺於怠惰，自謂必不能行，與之有爲，必不能勉也。程子曰：「人苟以善自治，則無不可移者，雖昏愚之至，皆可漸磨而進也。惟自暴者拒之以不信，自棄者絕之以不爲，雖聖人與居，不能化而入也。此所謂下愚之不移也。」

輯釋　言非禮義，謂之自暴。非，如言則非先王之道之非，謂所言必非詆禮義之說爲非道，是之謂暴殄。我雖言而彼必不肯聽，是不足與有言也。自棄者，謂其意氣卑弱，志趣凡陋，甘心自絕，以爲不能。我雖言仁義之美，而彼以爲我必不能居仁由義，是不足與有爲也。故自暴者強，自棄者弱。黃氏○自暴者便是剛惡之所爲，自棄者便是柔惡之所爲也。饒氏○又曰：拒之以不信，只是說道没這道理；絕之以不爲，是知有道理，自割斷了不肯做。自暴所居弗由自棄者之事前說自暴自棄只說自棄者無自暴之人非毀禮義已不可教誨自棄而不能爲者尚知得仁義爲可居可由特爲之不勇耳猶爲可教所以孟子只說此一項歎息日棄之人有安宅已紹而不居不由是可哀也

者有強於爲意自棄者有懦弱意○【汲胡氏說同】

仁人之安宅也義人之正路也

仁宅已見前篇義者宜也乃天理之當行無人欲之邪曲故曰正路

【輯釋】安宅正路自人身言之則有動靜自體言之則是仁義自用言之

【纂疏】輔氏曰義者天理之當然無人欲之邪曲又當常行而不可須臾離之意故曰正路

曠安宅而弗居舍正路而不由哀哉舍上聲

曠空也由行也○此章言道本固有而人自絕之是可哀已此聖賢之深戒學者所當猛省也

【集義】伊川先生曰懈意一生便是自暴自棄○又曰天下自暴自棄者非必皆昏愚也往往強悍而才力有過人者商辛是也聖人以自絕於善謂之下愚然考其歸則誠愚也

【或問】此章之說曰曠其安宅則必放辟邪侈而安其所不可安者之居舍其正路則必行險僥倖而由其所不可由之塗矣安宅正路人皆有之而自暴自棄以至於此是可哀也

【張氏注】伊川先生曰自暴者拒之以不信自棄者絕之以不為蓋言非禮義以禮義為非而不信者也吾身不能居仁由義自以為不能而不為者也夫人均有是性孰不可為善氣質雖偏亦可反也惟其拒之以不信絕之以不為雖聖人有未如之何者故曰不可與言不可與為也於是推言仁義之美具於人者仁言安宅者謂其安而可處也義言正路者謂其正而可遵也是二者性之所有也曠之舍之以自絕其天性不亦可哀乎

【講義】人物並生於天地之間負陰而抱陽均氣而同體未始不相似也靈於物而謂之人賢於人而謂之士則其等級亦相遼絕矣渴飲而飢食趨利而避害人物之所同也士居其中獨超然有以異於人與物者何哉以其能立吾志而惟仁義之是趨也苟為不然則章甫之冠逢掖其衣漕然而無識頹然而無志其所尚者不過飲食利害之間謂之人已有愧矣亦何以當為士之名哉故為士者要當以立志為先而立志者要當以仁義為主仁義者天

理之自然，人心之固有也。爲宅也正而安，爲路也正而平。人之不可以不居而由之者也。言而非之，是自害也。委而不能，是自棄也。士之異於人物者，以其具仁義而惟仁義之趨也。自暴自棄，是舍其所以異於人與物者，而不足以謂之士矣。謂士者盍亦非正吾之講明見理，而力行之，庶幾居仁由義，而無愧於爲士之名矣。不然，則汩沒於飲食利害之間，識昏而志卑，醉生而夢死，孟子所謂哀哉，豈不甚可哀也哉。

○孟子曰：「道在爾而求諸遠，事在易而求之難。人人親其親、長其長而天下平。」爾、邇古字通用。易，去聲。長，上聲。

親長在人爲甚邇，親之長之在人爲甚易，而道初不外是也。舍此而他求，則遠且難而反失之。但人各親其親，各長其長，則天下自平矣。

張氏註　斯言讀之甚平，而理則甚深，蓋所謂邇與易者爲難盡也。夫親親長長之心，人之所同有也，惟夫戕賊害溺之深，甚至於爲爭奪攻犯之事，則以失其性故也。故以各各親其親、長其長，保其良心，以無失其常性，則順

德所在上下和睦而災害不興由是而積之禮樂可作四
靈可致也雖然使人各親其親長其長其本在於人君親
其親長其長而已親親仁也長長義也仁義本諸躬而達
之天下皆此道之通若平天下之所以平者實係乎此豈
非事在易者乎詳味此數語堯舜三王之治可得而推矣
後世私意橫生智巧百出而其弊愈無窮此無他不知其
為邇為易者而求之遠求之難日舍邇
而求遠捨易而求難則為非道故也

纂疏 輔氏曰先儒皆以遠近難易為反說以親親長長而
天下平為邇與易之事僅朱子直以親長為邇親之
長之為易極為切當道指道理言事指所事言求諸遠指
在事者言之也求之難指在人者言之也為人上者獨自
親其親長其長亦未能得天下平唯在我者有以倡率之
而使天下之人皆各親其親長其長則天下自平矣此又
可見孟子之說
周密無滲漏處

○孟子曰居下位而不獲於上民不可得而治也
獲於上有道不信於友弗獲於上矣信於友有道

事親弗悅弗信於友矣悅親有道反身不誠不悅於親矣誠身有道不明乎善不誠其身矣

獲於上得其上之信任也誠實也反身不誠反求諸身而其所以爲善之心有不實也不明乎善不能即事以窮理無以眞知善之所在也游氏曰欲誠其意先致其知不明乎善而欲誠乎身矣學至於誠身則安往而不致其極哉以內則順乎親以外則信乎交以上則可以得君以下則可以得民矣

【語錄】反身而誠見其本具是理而今不曾虧欠了此底[illegible]道〇【沈氏語錄】

【纂疏】輔氏曰人孰無爲善之心然隱微之際有一毫自欺之意則其心便不實〇又曰人孰不知善之可爲然不能即事以窮其理而推極吾之知識則所知者或未必眞〇又曰游氏之說始則本子思之次序終則中庸之極功也

是故誠者天之道也思誠者人之道也

誠者理之在我者皆實而無僞天道之本然也思誠者欲此理之在我者皆實而無僞人道之當然也

總論二章之旨

問思誠莫須明善否曰明善自是明善思誠自是思誠明善是格物致知思誠是毋自欺謹獨明善所以思誠而思誠上面又更有工夫在誠者都是實無了思誠者恐有不實處便思去實他誠者天之道天無不實寒便是寒暑便是暑更不待使他恁地聖人仁便真箇是仁義便真箇是義更無不實處在常人說仁時恐猶有不仁處說義時恐猶有不義處便須着思有以實之始得當時舉○語錄

雙峯饒氏曰集註以欲字解思字以本然二字解天道當然二字解人道自然分曉維天之命於穆不已至誠之理天道之本然也審思明辨自强不息思誠之事人道之當然也

至誠而不動者未之有也不誠未有能動者也。

至極也楊氏曰動便是驗處若獲乎上信乎友悅於親之類是也○此章述中庸孔子之言見思誠爲修身之本而明善又爲思誠之本乃子思所聞於曾子

而孟子所受乎子思者亦與入學相表裏學者宜潛
心焉。
集說 伊川先生曰孟子曰不明乎善不誠其身矣。易曰知至至之又曰明善在明守善在誠。
[illegible] 既力[illegible]貫所自能誠處得人也。譬時學
或問 此章之說以所謂獲上信友悅親誠身皆以有道言之則蓋自不可以詐偽之道以求之皆若巧說苟容以求
獲乎上便佞說隨以求信乎友阿意曲從以求悅乎親其
行助長而求以誠其身者皆非其道也孟子之言固已開其所
入之塗矣而其支徑別岐亦不可以弗之察也。又曰已
氏論明善直以為凡在我者皆明其情狀而知所從來殊
不知天下事物之理皆有所謂善要當明其當然而識其
所以然使吾心曉然真知善之為善而不可不為是乃所
謂明善者若曰知在我者之所從來而已則恐其狹而未
究於理也其於思誠直以為知有是善於吾身而已是亦
未知孟子之所謂誠身正謂心思言行之
間既實踐其所明之善而有諸身也。

發明

此詳見於子思子中庸之書子思述孔子之意而孟子傳乎子思者也夫君子居下位而不獲乎上則言而有不見信行而有不得為雖欲治民其可得乎居下位而不獲乎上固不可也雖然欲以獲乎上則或至於失己而喪道有之矣獲於上有道焉有以信於友則有以獲於上矣苟明交歡已者也道猶不見信於朋友而況上下之勢相遼邈而可以信於君哉雖然朋友之見信初不在於聲音笑貌之間也益有道焉有以悅乎親則有以信於友矣人道莫先於事親親於吾親而猶有所不順焉而況於他人乎雖然欲親之悅乎已豈徒温清之奉甘旨之養而已哉蓋有道焉反身而誠則有以順乎親矣蓋反身未誠則有安之心間於其間焉能以感格其親之心志乎雖不誠其身又不可以追切而強致也蓋有道焉在於明善而已善之所以為善者天理之實然者也不明乎此則動靜無所擬依將何以誠其身乎故反身而誠則天下之理得於順親信友獲上治民無所施而不可矣然誠之道存誠者有思誠者誠者天之道其實然之理天之所為也聖人則全此體身誠而善無不明也思誠者人之道則是以人之所為求合於天焉蓋明善言反身之功是也全誠而不動之者未之有也蓋誠之至極天下之感無不通也此又主

不誠未有能動者也言天下未有不誠而能動者也蓋言物無巨細其所以動者皆誠之所存故也然則將以順親信友獲上治民非誠身而可得也。

【集疏】覺軒蔡氏曰此章見孔子曾子子思孟子相傳與畀道而明善誠身實傳道之要訣也蓋明善即致知誠身即誠意誠者天之道思誠者人之道由思誠以造於誠由人道以造天道反身之誠也至誠而動不動只在誠不誠之間也又是子思孟子要人識微顯幽處察以告人欲學者以誠之言人之道而孟子易之以思誠子思言形著動變而孟子止於動者以思誠於文各有用功尤爲有力而動者止指上文獲上信友悅親而言也

【纂疏】輔氏曰有感必有應驗便是應處極其誠則合內外平物我感與應皆非自外也此其所以無有不動也○又曰明善者大學之本誠身者中庸之要於此可見中庸大學之相爲表裏曾子子思孟子之相爲授受者益不可誣矣

○孟子曰伯夷辟去聲紂居北海之濱聞文王作興曰

盍歸乎來吾聞西伯善養老者太公辟紂居東海之濱聞文王作興曰盍歸乎來吾聞西伯善養老者辟去聲

作興皆起也盍何不也西伯即文王也紂命為西方諸侯之長得專征伐故稱西伯太公姜姓呂氏名尚文王發政必先鰥寡孤獨庶人之老皆無凍餒故伯夷太公來就其養非求仕也

纂疏 輔氏曰恐人見太公後來佐武王伐商遂以作興為有求仕之意故明辨之太公之初來于周無是意也故孟子并太公與伯夷並說亦自可見

二老者天下之大老也而歸之是天下之父歸之也天下之父歸之其子焉往焉於虔反

二老伯夷太公也大老言非常人之老者天下之父言齒德皆尊如衆父然既得其心則天下之心不能外矣蕭何所謂養民致賢以圖天下者暗與此合但其意則有公私之辨學者又不可以不察也

【纂疏】輔氏曰衆父二字出莊子集註借用之其義則謂衆人之父耳父乃同氣至親父既歸之則其子焉往○又曰蕭何之說是欲為此以圖天下有為而為所謂私也文王之為此則初無所為也行吾義而已所謂公也二老之歸乃其自然之應耳學者不察此而以文王之事與蕭何一般看則不可也

諸侯有行文王之政者七年之内必為政於天下矣

七年以小國而言也大國五年在其中矣

【張氏注】人君得仁賢之心則天下之心歸之矣夫以紂在上而天下之賢有如伯夷太公者乃退避於海濱之不暇以紂之為虐不可邇故也文王在岐山之下而二老者乃不遠數千里而往歸之以文王之行仁政而善養老故也二老所以歸文王之心是天所以眷顧之心也曰天下之父云者以其德為達尊天下之所從也其父歸之

則其予又焉往而不歸哉嗟乎有國者其不可使仁賢有遐心哉仁賢不樂從之遊則天下之心日解矣雖然何代而無賢才患在人主無以致之耳故張良歸漢而項氏以亡孔明在蜀而炎綱幾振此亦皆庶幾為當時之老者其所繫輕重固如此然則戰國之諸侯有能行文王之政則天下之賢才歸之而七年之內為政於天下又何疑乎

纂疏 輔氏曰舉小國期言之則大國之五年固在其中矣

○孟子曰求也為季氏宰無能改於其德而賦粟倍他日孔子曰求非我徒也小子鳴鼓而攻之可也

求孔子弟子冉求季氏魯卿宰家臣賦猶取也取民之粟倍於他日也小子弟子也鳴鼓而攻之聲其罪而責之也

纂疏 輔氏曰王者征伐必鳴鼓以聲其罪而然伐之夫子蓋用此意以責冉求也

由此觀之君不行仁政而富之皆棄於孔子者也

况於爲之強戰爭地以戰殺人盈野爭城以戰殺人盈城此所謂率土地而食人肉罪不容於死（爲去声）

林氏曰富其君者奪民之財耳而夫子猶惡之况爲土地之故而殺人使其肝腦塗地則是率土地而食人之肉其罪之大雖至於死猶不足以容之也

【纂疏】趙氏曰率猶循也言循土地而食人肉謂以土地之故殺人而使之肝腦塗地則是由土地而食人之肉也其罪之大至於死猶不足以容之者言罪大而刑小死刑不足以容其罪也

故善戰者服上刑連諸侯者次之辟草萊任土地者次之（辟與闢同）

善戰如孫臏吳起之徒連結諸侯如蘇秦張儀之類辟開墾也任土地謂分土授民使任耕稼之責如李悝盡地力商鞅開阡陌之類也臏齊威王臣起衛人

爲魏文侯將，秦洛陽人。○悝，魏文侯臣，作盡地力之
教，以爲地方百里，提封九萬頃，除山澤邑居，三分去
一，爲田六百萬畝。治田勤謹則畝益三升，不勤則損
亦如之。○鞅，衛人，爲秦孝公相，封以商於之地，號曰
商君，始廢井田，開阡陌。

集義　范氏曰：天地之大德曰生，聖人所以守位曰仁。孔子曰：
斷一木，殺一獸，不以其時，非孝也。草木鳥獸殺之不
以時，則逆天地之理，猶爲不孝，况於人命，可不重哉？○尹
氏曰：湯武之征，以下伐上，不正，救民於塗炭也。戰國之戰，以
亂益亂，殘人民而求富強之爲之
強戰，是何異於助桀而富桀也。

語錄　曰問：若如李悝盡地力之類，不過亦教民而已。孟子
何以謂任土地者亦次於刑？曰：只爲他是欲富國，不
是欲爲民，但強占土地開墾，將去欲爲己物耳，皆爲君聚
斂之徒也。○又曰：阡陌便是井田，一横一直，如百夫有遂，
遂上有涂，言道涂便是陌；若千人涂良地，直在横頭，又作一夫
溝，謂上洫，洫上有路，言道路是阡陌。自阡陌之外有空地，則只
閑在那裏。先王所以要如此者，乃是要正其疆界，恐人相
侵占。今商鞅却破開了，遇可做田處便做田，更不要齊整。

豈開字非開創之開乃開闢之開蔡潛傳曰
破壞井田決裂阡陌觀此可見○**趙氏疏**
或問 此章之說曰范氏所論重人命者尤善尹氏
分別天理人欲於毫釐之間尤可深味也
張氏注 辨欲之事論語蓋嘗載之與孟子所載互相發也
論語則因其聚斂之名孟子則推明其無能改於
其德心之罪哉冉有之聚斂果若後世附會其斂以媚其上
之為乎殆不然也以左氏春秋考之哀公十一年季孫以
田賦訪諸孔子孔子不對而私於冉有曰君子之行也
度於禮施取其厚事舉其中斂從其薄如是則以丘亦足
若不度於禮而貪冒無厭則雖以田賦將又不足且季孫
若欲行而法則周公之典在若欲苟而行又何訪焉弗聽
明年正月用田賦用田賦者覆取而賦之也意者賦歛倍
他日其謂是與然則此季孫之為也而遷以為求之罪若
是之深乎蓋季氏為魯卿專制其上為日久矣一國之人
知有季氏而不知有魯君也求之為宰所當明君臣之義
以正救之俾革其為以事公室則求之責也今既不能使
之改於其德而季氏發法以厚取求又從而順從莫之能
救則求之罪深矣故論語正其聚斂之名而孟子又推明
其無能改於其德之罪然後聖人鳴鼓而攻之之意昭然

矣孟子謂以求之事言之則夫不務勉其君以仁政而求
以富之者其罪皆豈能逃聖人之責乎而況於與其君強
為戰鬬之事爭地爭城殺人而莫之禦者抑又甚焉矣曰
率土地而食人肉罪不容於死言以土地之故而殘民之
生罪無加於此也故以善戰者為當服上刑而連諸侯辟
草萊任土地皆以次論罪焉自當時論之孰不以能為其
君克敵為大功而孟子之言如此蓋
正義明道所以遏其利欲之横流也

【纂疏】輔氏曰集註引六人者當之是矣戰國之時人君之
所求與士之所以自任者不過有此三等故孟子因
列之而言其罪以遏其流寔是救時之言然
士而以此三者得名則其德下衰可知矣

○孟子曰存乎人者莫良於眸子眸子不能掩其
惡胸中正則眸子瞭焉胸中不正則眸子眊焉
眸音牟瞭音了眊音耄

良善也眸子目瞳子也瞭明也眊者蒙蒙目不明之

貌。蓋人與物接之時，其神在目。故胷中正則神精而明；不正則神散而昏。

【纂疏】輔氏曰：自體察之可見。神若不在，則目雖見物猶無見也，都不能有所識別矣。○又曰：心正則安裕完固，故其神之見於目者精聚而明白；心不正則驚惕掩覆，故神之見於目者渙散而昏暗。此其所謂不能掩者也。

聽其言也，觀其眸子，人焉廋哉？廋音搜。焉，於虔反。

廋，匿也。言亦心之所發，故幷此以觀，則人之邪正不可匿矣。然言猶可以僞爲，眸子則有不容僞者。

【張氏註】此觀人之法。初見其人，欲知其胷中所趣之邪正，當以是觀之也。胷中之所存，著見於眸子，誠之不可揜也。然則人之欲自掩者，其果何益哉？聽其言而觀其眸子，蓋人之於言猶可以僞爲，至於眸子之瞭眊，則不可僞也。聽其言而又參之以其眸子，則無所遁矣。此與夫子「人焉廋哉」之言同，而爲說則有異。蓋夫子之言爲觀其人設也，而孟子之言則見所欲識其大綱也。參是二者，觀人之法殆無餘蘊矣。若夫睟然見於面，盎於背，施於

四體以體不言而喻者則望而知其爲德人有不待考察
者矣學者讀此章非獨可得觀人之法又當知撿身之要
也私心邪氣其可頃刻而有邪一萌諸
中而昭昭然不可揜者矣其可不懼乎

纂疏 輔氏曰言亦心之所發雖或可以僞爲然有德者必
有言如所謂多寡游屈蔽陷離窮亦皆因言而後可
得以其言辭以驗其蘊觀其眸子以察其神則人之邪正
有不可得而隱者也○西山眞氏曰目者精神之所發而
言者心術之所形故審其言之邪正驗其目之明
昧而其人之賢否不可掩焉此觀人之一法也

○孟子曰恭者不侮人儉者不奪人侮奪人之君
惟恐不順焉惡得爲恭儉恭儉豈可以聲音笑貌
爲哉惡平聲

惟恐不順言恐人之不順已聲音笑貌僞爲於外也

語錄 聖人但顧義理之是非不問利害之當否衆人則反
是且如恭儉聖人但知恭儉之不可不爲爾衆人則

以爲我不侮人則人亦不侮我我不奪人則人亦不奪我便是計較利害之私要之聖人與衆人彼處便是胡氏所謂天理人欲同行而異情者也揚道夫○陳氏曰此推明恭儉之本也所謂不侮人不奪人者非特張氏曰爲見於行事然也蓋中心的然侮奪之意無纖毫之萌也此非毋我而忘欲者不能人惟有我而多欲也故侮奪人之意不期而自萌凡有所慢易有所驕怨皆侮也有所嗜欲有所求得皆奪也而況於居人上而得肆者其侮奪之機特纖然於胸中亂形畢見以爲恭者以爲儉其能有感乎故曰侮奪人之君惟恐不順焉烏得爲恭儉謂推恐不順者推恐不得順遂其侮奪之爲也如此而内爲恭儉其誰信之故曰恭儉豈可以聲音笑貌爲哉言當本諸其誠心也嗟乎使戰國之君知此義而反身以求之則乘爭凌犯之風庶乎其可息矣

○淳于髡曰男女授受不親禮與孟子曰禮也曰嫂溺則援之以手乎曰嫂溺不援是豺狼也男女

授受不親禮也嫂溺援之以手者權也與平聲援音爰

淳于姓髡名齊之辯士授與也受取也古禮男女不親授受以遠別也援救之也權稱錘也稱物輕重而往來以取中者也權而得中是乃禮也

曰事有緩急理有大小此等處皆須以權稱之○或

語錄 問執中無權之權與嫂溺援之以手之權微不同否曰執中無權之權稍輕嫂溺援之以手之權較重亦有深淺也[illegible]○

[illegible]

集疏 比溪陳氏曰權字乃秤錘上取義秤錘之為物能權輕重以取平故名之曰權權者變也在衡有星兩之不齊權便移來移去隨物以取平亦猶人之用權度度事物以取其中相似○又曰知中然後能權由權然後得中中者理所當然而無過不及者也權者所以度事理而取其當然無過不及者也○輔氏曰若是經禮更何須權唯是那經禮有行不得處故須用權以取中權而得中則是乃禮也若權而不得乎中則流乎漢儒權術權變之域矣豈可便謂權只是經乎

曰今天下溺矣夫子之不援何也

言今天下大亂民遭陷溺亦當以權援之不可守先王之正道也

曰天下溺援之以道嫂溺援之以手子欲手援天下乎

言天下溺惟道可以拯之非若嫂溺可手援也今子欲援天下乃欲使我枉道求合則先失其所以援之之具矣是欲使我以手援天下乎○此章言直己守道所以濟時枉道徇人徒為失己

語錄 曰古人所以救世者以其有道也既自放倒矣天下豈一手可援哉

張氏曰 所謂權者事有萬變稱其輕重而處之不失其正之謂也今夫嫂之有權其得名以夫嫂重雖不同而無不得其平故也自陋儒反經合道之論起而其害有不可勝[illegible]詭說曰反夫經矣而道豈乎合哉此論一行而

後出，竊權之名以自利，甚至於君臣父子之大倫蕩棄而不顧，曰吾用權也，不亦悲夫！孔子曰：可與共學，未可與適道；可與適道，未可與立；可與立，未可與權。權蓋非夫理明義精，卓然能立者，未易當此，而盡夫與權之宜也。故夫學者務正經而已。經正而不失，則將知夫權之所存矣。淳于髡之問，意以爲禮之經當不可執守於急難之際矣。孟子答之以男女授受不親，禮也；嫂溺援之以手者，權也。斷兩言也，而經權之義蓋可見矣。蓋不授受固禮之經，然嫂溺則遭其變也。援以手者，遭變而處之之道，當然也。故先之曰嫂溺不援是豺狼也，則可以見其道之在夫援也。若其不援則失道而陷於禽獸之域，然則其權也，豈非所以爲不失其經也歟？髡未識此意，因是而言。孟子在今日必當援取其道，用權以救世爲急也。孟子謂天下之溺，不可以手援之，當援之以道。苟若道先枉矣，則將何以援之乎？是猶援嫂溺之有賴於手，而將廢其手矣。然則孟子之不以髡以求濟者，是乃援溺之本，豈非天下之大經也。

【纂疏】輔氏曰：集註斷章言直己守道，所以濟時，云云。必如此斷置得分曉，然後出來做事，則規模自我，所立而有成。不然，枉道徇人，未有能自立者也。

○公孫丑曰君子之不教子何也

不親教也

輔氏曰易子而教則非不教也但不親教耳

孟子曰勢不行也教者必以正以正不行繼之以怒繼之以怒則反夷矣夫子教我以正夫子未出於正也則是父子相夷也父子相夷則惡矣

夷傷也教子者本爲愛其子也繼之以怒則反傷其子矣父既傷其子子之心又責其父曰夫子教我以正道而夫子之身未必自行正道則是子又傷其父也

古者易子而教之

易子而教所以全父子之恩而亦不失其爲教

父子之間不責善責善則離離則不祥莫大焉

責善朋友之道也。○王氏曰：父有爭子，何也？所謂爭者，非責善也，當不義則爭之而已矣。父之於子也如何？曰：當不義則亦戒之而已矣。

【語錄】問：此章之說，曰楊氏得之矣。徐氏引穀梁子曰：羈貫成童不就師傅，父之罪也。不以不孝爲罪而以不就師傅爲罪，亦善引據者。○【蔡氏錄】

【或問】父子之間不責善，固是。至於不教子，不亦過乎？楊氏曰：不教不親教也。雖不責善，豈不欲其爲善？然必親教之，其勢必至於責善。又曰孟子曰易子而教，蓋考之孔子爲然也。若孔子曰教其子[illegible]之所不至者，其必有以知之矣。又奚問焉？陳亢又奚稱曰君子之遠其子也。

【張氏曰】所謂教者，亦教之以善而已矣。善也者，根於天性者也。然則父子之間，親莫非教之本乎？今也必教之以善，而反使至於父子之間，而或繼以怒，則非所與益，乃有傷也。何若告之而後則其[illegible]道，不幸而有不能從則將曰夫子教我以正而夫子未嘗行於正為人子而萌是心則不亦反傷其性乎是以君子之不教子雖曰不責善也然而養其父子之天性使之親愛之心存焉是乃教之之本也不然責善之不得而天性之或傷尚何教之有責善之名者謂指其過惡而責之以善道也在師則當然為人父者易子而教之蓋以責善之義望於師也養恩於父子之際而以責善望之於師仁之盡而義之行也雖然在於人父者言之則責善於師以終其子使身修則將有不言而感不令而從者矣於為人子者言之則當敬恭以承命致其親愛勞而不怨也又豈可因責善而起離心以自絶夫天性也哉如此則父子兄弟之道得矣

【集説】輔氏曰王氏最得孟子之正意責善謂責之使必為善也責之使必為善則便有使之捐其所能去其所劣之意故必至於相傷至其所為或有惡而害義則豈可坐視而不管故在子則當爭在父則亦當戒折之也

○孟子曰事孰為大事親為大守孰為大守身為大不失其身而能事其親者吾聞之矣失其身而

能事其親者吾未之聞也

守身持守其身使不陷於不義也一失其身則虧體辱親雖日用三牲之養亦不足以爲孝矣

〔集說〕輔氏曰味集註之言則人之持守其身者豈可有一豪一息之不謹哉因此身者親之枝也枝葉茂盛則得以庇其本根枝葉傷殘則本根隨之矣不能事親便就其人不能守身便就其道義

孰不爲事事親事之本也孰不爲守守身守之本也

事親孝則忠可移於君順可移於長身正則家齊國治而天下平

曾子養曾晳必有酒肉將徹必請所與問有餘必曰有曾晳死曾元養曾子必有酒肉將徹不請所與問有餘曰亡矣將以復進也此所謂養口體者

也。若曾子，則可謂養志也。養去聲。復扶又反。

此承上文事親言之。曾晳名點，曾子父也。曾元，曾子子也。曾子養其父，每食必有酒肉。食畢將徹去，必請於父曰：此餘者與誰？或父問此物尚有餘否，必曰：有。恐親意更欲與人也。曾元不請所與，雖有言無，其意將以復進於親，不欲其與人也。此但能養父母之口體而已。曾子則能承順父母之志，而不忍傷之也。

輔氏曰：養父母之口體，若其事，承順父母之心志者，其思深矣。子之於父母，其體同氣，至親至密，故事之者當先意承事，必能聽於無聲，視於無形，然後為至。若必待其言而後從，固已不可說，況於先立其意，以拂其親之欲，唯口體是養，而不恤其心志之斷乎。

事親若曾子者，可也。

言當如曾子之養志，不可如曾元但養口體。程子曰：

子之身所能爲者皆所當爲無過分之事也故事親若曾子可謂至矣而孟子止曰可也豈以曾子之孝爲有餘哉

集義 明道先生曰事親若曾子而曰可者非謂曾子未盡善也○伊川先生曰子之身所能爲者皆所當爲也故曰事親若曾子可也未嘗以曾子孝爲有餘也○又曰孟子曰事親若曾子可也吾以謂事君若周公可也蓋子之事父臣之事君聞有自知其不足者矣未聞其爲有餘也周公之功固大矣然臣子之分所當爲也安得獨用天子之禮乎其因襲之弊遂使季氏僭八佾三家僭雍徹故仲尼論之非之以謂周公其衰矣又曰子之事父其孝雖過於曾子畢竟是以父母之身做出來豈是分外事若曾子者僅可以免責爾臣之於君猶子之於父也假如功業大於周公亦是以君之人民勢位做出來而謂人臣所不能爲可乎

或問 此章之說曰程子至矣所論曾子周公先儒所不及也

袁氏註 如所謂事君事大皆所謂事也如所謂守家守國皆所謂守也曰事親爲大守身爲大者非謂此之

而彼小也以是爲大謂所當先者也故又曰事親事之本
也守身守之本也道莫不有本惟務其本則爲莫孝者矣
蓋人道以親親爲大而莫先於事親有以事親則其所推
皆是心也然則烏往而不得其所以事身者依小國家之本
也有以守身則其所施皆是理也然則烏往而不得其所
守雖然守身所以事親也身失其道亦將何以事親哉
曰不失其身而能事其親者有矣失其身而能事其親者
未之聞也反復言之而欲人以守身爲事親之本也此中
庸反諸身不誠不順乎親矣之意若曾子者可謂能盡守
身事親之道者矣故舉其養志之事以爲人子之法夫將
徹必請所與問有餘則曰有蓋承順其親志意之中者也
視夫將徹不請所與問有餘則曰亡者意味不亦猶矣乎
故曰事親若曾子者可也伊川先生論周公之事以爲周
公之事人臣所當爲如孟子所謂事親若曾子可也未嘗
以曾子之孝爲有餘也蓋子之有是身者親也凡身之所
得爲者有一不盡則於事親爲有未足必若曾子之盡其道
而後成
人子也

纂疏 輔氏曰子之身即親之身也故凡子之身所能爲者
皆爲也但人爲物欲所昏蔽多不能自盡其分

大全是伊周之徒

理當復[illegible]分之事哉。孟子只平說去，曰事親若曾子可也。至程子方看得可也二字有深意，以此知讀書者不可不熟讀玩味，若但略綽地看過，何緣見得他意思也。

○孟子曰：人不足與適也，政不足間也，惟大人爲能格君心之非。君仁莫不仁，君義莫不義，君正莫不正。一正君而國定矣。適音謫。間去聲。

趙氏曰：適，過也。間，非也。格，正也。徐氏曰：格者物之所取正也。書曰格其非心。愚謂間字上亦當有與字。言人君用人之非，不足過謫，行政之失，不足非間，惟有大人之德，則能格其君心之不正以歸於正，而國無不治矣。大人者，大德之人，正己而物正者也。○程子曰：天下之治亂，繫乎人君之仁與不仁耳。心之非，即害於政，不待乎發之於外也。昔者孟子三見齊王而

不言事門人疑之孟子曰我先攻其邪心心既正而
後天下之事可從而理也夫政事之失用人之非知
者能更之直者能諫之然非心存焉則事事而更之
後復有其事將不勝其更矣人人而去之後復用其
人將不勝其去矣是以輔相之職必在乎格君心之
非然後無所不正而欲格君心之非者非有大人之
德則亦莫之能也徐名岑叟睢陽人

集釋 黃泉先生曰君心未免乎非則雖百賢衆政亦莫能○范氏曰大人正己而物正者也居仁由義先自治而後治人先正己而物自正故能正君君不正己則不能正人豈能正君君者本也庶民末也君者源也庶民流也本正則末正源清則流清故君仁則一國之人無不仁君義則一國之人無不義君正則一國之人無不正大人專以正君心為事君心一正則國自定矣楊氏曰孟子言人不足與適也政不足與間也惟大人為能格君心之非蓋人與政俱不足道則須使人君心術開悟然後天下事可得而整矣然格君心之非須要有大人之德大人過人

處只是正己由己則上可以正君下可以正人。

【語錄】曰格其非心與格君心之非格如合格之格謂使之歸于正也○又曰只是將此一物格其不正者如格其非心是說得深者大人格君心之非是說得淺者○【饒氏錄】○問大人格非有不好君如何格曰其精神動作之間亦須有以格之但亦須有說話因舉伊川易傳遇主于巷問蜀後主諸葛孔明如何曰他當時事皆自為曰孔明亦如何不能格之說更有大人能格之否曰孔子不能格定哀孟子不能格齊王如季桓子孔子亦須與之說話只是柰何他不下要之有此理在我而在人者不可必【鄭可學】○【饒氏錄】○又曰大人格君心之非此只是精神意氣自有感格處然亦須有箇開導底道理不但默默而已伊川謂遇主于巷所謂至誠以感動之盡力以扶持之明禮義以致其知杜其蔽以誠其意正此意也○又云人不足與適也政不足與間也惟大人為能格君心之非三句當作一句讀某嘗說此處與言不必信行不必果惟義所在皆不須急宜連下句讀鶻然脫去下句亦豈不害事○【饒氏錄】

【或問】此章之說曰程子張子范楊皆深得之可詳味也。

張氏註 此章孟子因當時之事而推原其本也所用之人才有不足責所行之政事有不足非也惟大人爲君心之非君心之非格而天下治矣蓋其本在此故耳夫心本無非非動於利欲所以非也君之心方自私於利欲之中蔽○長蔽塞則是非邪正莫知所適而萬事之統隳矣故當以格其心之非爲先格之爲言感通至到也書曰格于上帝格君心之非不可以氣力勝也感通至到而使之自消鑠焉所謂格也蓋積其誠意一動靜一語嘿無非格之之道也若心之非未格則雖責其人才更其政事幸其見聽而肯改易從己之所用所行亦未必是也何者其源不正不可勝救也心之非既格則人才政事有將源源而日新矣然而格君心之非非大人則不能若在己之非猶有未之能克者而將何以盡夫感通之道哉君仁莫不仁君義莫不義而又曰君正莫不正一正君而國定矣蓋仁義所以正也嗚呼後世道學不明論治者不過及於人才政事而已孰知其本在於君心而又孰知格君之本乃在於吾身乎惟大人爲能格君心之非孟子斯言眞萬世不可易者也

纂疏 蔡氏曰非心非僻之心也○輔氏曰集註解得格字義[illegible]所謂大人者道全德備與聖同以弭其邪心

[illegible]邑罔以貨其逸志非但取辨於頰舌之間諍爭之際而
已也然無大人之德與孚而有言責者則又不可以是藉
口○又曰孟子言君仁莫不仁君義莫不義君正莫不正
一正君而國定矣程子但言天下之治亂繫乎人君之仁
與不仁耳者言仁則發乎義與正也曰仁曰義而又曰正者
仁義乃所以正之也一正君而國定猶形影然也○又曰
孟子三見齊王事見荀子書以此章觀之必是孟子有此
事此一義最是事君者之大節目觀孟子之言如此則孟
子自任之重可知程
子發明其說已盡

○孟子曰有不虞之譽有求全之毀

虞度也○呂氏曰行不足以致譽而偶得譽是謂不虞
之譽求免於毀而反致毀是謂求全之毀言毀譽之
言未必皆實脩己者不可以是遽為憂喜觀人者不
可以是輕為進退

[illegible]
呂氏曰行不足以致譽而忽妄得譽是謂不虞之譽
求免於毀而反致毀是謂必全之毀不虞之譽得

非於義而求全之毀猶不失仁則不可不察也陳仲子然絜一身而顯然因兄於不義其爲不義均矣而時人反譽以爲廉匡章責父以善而不相遇是愛親之過者而時人反毀以不孝夫二子之行皆不合義而一毀一譽以亂其眞故仲子得譽孟子以不義拒之匡章遭毀孟子以近仁取之亦君子之所以救人於不得已取其所可也毀與譽豈可盡信哉此章言毀譽之不實矣然而在君子之撿身論之則正己而已不以毀譽亂吾之心以易吾之操也斯則善矣

【纂疏】輔氏曰毀譽出於公則固可信出於私則固不可信然公私之外又有見二者焉不可不察集註既得孟子之本意而又於人己兩有所益焉

○孟子曰人之易其言也無責耳矣易去聲

人之所以輕易其言者以其未遭失言之責故耳蓋常人之情無所懲於前則無所警於後非以爲君子之學必俟有責而後不敢易其言也然此豈亦有爲而言之與

張氏注 脩身者以謹言行為要易其言者是未嘗用力者也則其不能顧行可知若是者責之難矣

纂疏 輔氏曰謹言語自是君子之庸行何待於有責而後然孟子此言必有所為而發

○孟子曰：「人之患在好為人師。」好，去聲。

王勉曰：「學問有餘，人資於己，不得已而應之，可也。若好為人師，則自足而不復有進矣，此人之大患也。」

張氏注 學莫病於自足蓋古之所謂師者身明行脩人從而師之耳非有欲人師己之意也人師乎己從而以己之善善之其於問論辨之際亦有互相發者故斆學相半也若有好為人師之意則是乃矜己自大之私萌乎其中欲以益於人而不知其先損於己此其所以可懼也

纂疏 輔氏曰先儒多以好為人師為自尊大之意獨王氏謂最善故取之

○樂正子從於子敖之齊。從，去聲。

子敖，王驩字。

樂正子見孟子孟子曰子亦來見我乎曰先生何爲出此言也曰子來幾日矣曰昔者曰昔者則我出此言也不亦宜乎曰舍館未定曰子聞之也舍館定然後求見長者乎長上聲

昔者前日也館客舍也王驩孟子[illegible]與言者則其人可知矣樂正子乃從之行其失身之罪大矣又不早見長者則其罪又有甚者焉故孟子姑以此責之

曰克有罪

陳氏曰樂正子固不能無罪矣然其勇於受責如此非好善而篤信之其能若是乎世有強辯飾非聞諫愈甚者又樂正子之罪人也

輔氏曰人之心一有偏係之私則於其所當爲者必不能審於決爲而於其所不當爲者或反且遲回以

至於浸淫而不覺其非，雖以樂正子之好善，亦信良爵有所不免。以待孟子言之，然後知其有罪，況徇私忘義強辯飾非者乎？孟子可謂善教，樂正子可謂善學。

○孟子謂樂正子曰：子之從於子敖來，徒餔啜也。我不意子學古之道而以餔啜也。餔博孤反　啜昌悅反

徒，但也。餔，食也。啜，飲也。言其不擇所從，但求食耳。此乃正其罪而切責之。

或問：樂正子從子敖何也？曰：嘗攷孟子之書，王驩齊王之幸臣也。蓋欲自託孟子以取重，故孟子使滕，則王以以驩爲介。孟子未嘗與言行事。至弔於公行子之家，又不與之言焉，則所以絕之者深矣。樂正子不察乎此，而輕身以從之，意者特藉其資糧輿馬以見孟子而已，故孟子以餔啜罪之。若孟子之所以去齊，其事雖不可考，疑驩以是讒憾，而去也。

張氏註：孟子於樂正子從子敖之齊之事，言兩責之，而甚嚴也。吉良有以也。蓋子敖齊之嬖，況右師王驩也。

以樂正子之賢非有趨附其人之意也然其從之也於義亦有害矣故於其初見也則曰子亦來見我乎蓋樂正子既館於子敖則亦未免制於子敖欲俟舍館定而得見其師孟子責其不亟見使之自反其從子敖之非也故以謂子非不聞見長者之義不俟舍館之定也然則必俟舍館定而求見者樂正子亦可以知過之所由矣餔啜之論同此意也謂其從子敖也無與於義則是徒餔啜於子敖而已豈不與上道之意與乎觀此章則知君子之處已不可以不嚴而所與不可以不謹也

纂疏 趙氏曰樂正子能勇於受責然後孟子正其罪而切責之所謂可與言而後與之言者也

○孟子曰不孝有三無後為大

趙氏曰於禮有不孝者三事謂阿意曲從陷親不義一也家貧親老不為祿仕二也不娶無子絕先祖祀三也三者之中無後為大

纂疏 輔氏曰此必見於古傳記趙氏時其書尚存故引之今則不復存矣阿意曲從陷親不義者[illegible]也家貧親

老不爲祿仕者惛也不娶無子絕先祖祀此則□□簡苟且□
常啉理不在之其中故於三者之中最爲不孝守之大者

舜不告而娶爲無後也君子以爲猶告也爲無之爲大聲

舜告焉則不得娶而終於無後矣告者禮也不告者

權也猶告言與告同也蓋權而得中則不離於正矣

○范氏曰天下之道有正有權正者萬世之常權者

一時之用常道人皆可守權非體道者不能用也蓋

權出於不得已者也若父非瞽瞍子非大舜而欲不

告而娶則天下之罪人也

集義 伊川先生曰舜不告而娶者堯得以命瞽瞍又曰
孟子因舜不告而娶爲無後也此因爲無後而言

或問 此章之說曰范氏之說得孟子之意也程子又推明
一說尤見聖人所處義理之精然以事理推之但見

其未及告而受堯之命耳其後
固不容不告而遂娶以歸也

張宣公 或問於伊川曰舜之不告而娶何也曰舜三十登
庸此時未娶若必俟專娶於父必不爲况將以女蓋堯得

如果實穀實之
下面得許多生意
其中萌芽枝葉皆
是而生初焉五箇只
事親從兄兩件知得
節文這樂到生則
何已皆此實萌芽
與甲到枝葉處此与
語本立道生一句
似而孟子說得全

以命瞽瞍故不告也孟子曰不告而娶爲無後也此因爲無後而言也又曰堯命瞽瞍使舜娶堯雖不告堯之告也以君治之而已無後之所以爲不孝者蓋爲絕夫嗣其先之道故也是以君子懼焉雖不告而娶若舜不敢以謀於瞽瞍而前以君命詔之瞽瞍不得違焉故謂之不告而娶而君子以爲猶告也

纂疏 輔氏曰告者禮也不告者權也則禮與權同爲一矣至以不告爲猶告是[illegible]則不離於正故也

○孟子曰仁之實事親是也義之實從兄是也

仁主於愛而愛莫切於事親義主於敬而敬莫先於從兄故仁義之道其用至廣而其實不越於事親從兄之間蓋良心之發最爲切近而精實者有子以孝弟爲爲仁之本其意亦猶此也

語錄 此數句某煞喜人說思量來嘗與伯恭說實字有對名而言者謂名實之實有對理而言者謂理之實有對華而言者謂華實之實也今這實字不是名實事實之實仁之實本只是事親推而廣之愛人利物

無非是仁義之實，不只是從兄推廣之否。忠君弟長，無非是
義。事親從兄便是仁義之實，推廣出去者，乃是仁義底華
采。陳文蔚。○問：孟子言義之實，從兄是也。莫是言義者
宜也，尊賢為大，其不同如何？曰：義謂得宜，尊賢之等，道理
宜如何？曰：父子兄弟皆是恩合，今以從兄為義，何也？曰：以
兄弟比父子，已是爭得些。問：五典之常，義主於君臣，今曰
從兄，又曰尊賢，豈以隨事立言不同，其實則一否？先生曰：
然。寥德明。○問：有子以孝弟為行仁之本，孟子以事親為
仁，從兄為義，何也？蓋孔門論仁，舉體以言，所謂專言
之者也。孟子言仁，以其所謂偏言之者也。事親、從兄，得乎
愛而已，義則愛之宜者也。推其事親者以事其長，而得其
宜，則仁之道行焉。曰：此說是。○以是箇道理發出來，偏
於愛底，此子便是仁；偏於嚴底，此子便是義。節。○曰：且
如愛親、仁民、愛物，無非仁也，但是愛親乃是切近而真實
者，乃是仁最先發處，義之
實亦然。○語類同。
或問：實之為精實，已是有以實對虛而言者，有以
實對名而言者，有以實對華而言者，此所謂實，則以
對華而言耳。以實對虛而言，曰：仁義，理也；孝弟，事也。理
虛而事實，此孝弟所以為仁義之實也。然以實為實，亦可矣。

謂理爲虛則理豈虛而無物之謂乎以實對僞而言言其
莫非仁義也惟孝弟發於人心之不僞此孝弟所以爲仁
義之實也然謂孝弟爲不僞可矣謂凡則惻隱羞惡之發皆
人之所僞爲可乎惟以實對華而言則以爲凡仁義之見
於日用者惟此爲本根精實之所衍以及其外也加詳
其光華枝葉有以發見於其枝葉之間此說爲得之耳
【纂疏】輔氏曰仁主於愛然人之生使之知愛其親莫先於
敬及少長便知敬其兄未有知愛而不始於親者
亦未有知敬而不始於從兄者故事親從兄是良心之發最
爲切近而精實者也○西山真氏曰仁義之道大矣然其
切實處止在於事親從兄蓋二者人之良知良能天下之
真於焉發見欲爲仁義者惟致力乎此而已否則悠悠泛
泛然非可據之實地矣。

智之實知斯二者弗去是也禮之實節文斯二者是也樂之實樂斯二者樂則生矣生則惡可已也惡可已則不知足之蹈之手之舞之樂斯樂則之樂並音洛惡平聲

斯二者指事親從兄而言知而弗去則見之明而守之固矣節文謂品節文章樂則生矣謂和順從容無所勉強事親從兄之意油然自生如草木之有生意也既有生意則其暢茂條達自有不可遏者所謂惡可已也其又盛則至於手舞足蹈而不自知矣○此章言事親從兄良心真切天下之道皆原於此然必知之明而守之固然後節之密而樂之深也

集義 范氏曰所謂仁義禮智不出一端而已然事親從兄仁義禮智之本也知所以事親知所以從兄又能節文其為樂也豈不至哉○尹氏曰仁義之實莫若事親從兄是也不知仁義之實則禮樂為虛矣蓋有諸中然後有以形諸外也

語錄 專言仁則包四者言仁義則又管攝禮智二者如智之實知斯二者禮之實節文斯二者是也廖德明○問仁之實一段以無四者則有兩箇以禮為節文斯二者智是知斯二者弗去是兩箇仁義禮智又答曰太極初生亦

只是陰陽然後方有其他底節目節○問樂則生矣生則惡可已也曰如今恁地勉強安排如何得樂到得常常做得熟自然浹洽通快周流不息油然而生不能自已只是要到樂處實是難在若只恁地把捉安排遂忘記又斷了這如何得樂○如何得生○葉賀孫○節者等級也文是裝裹得好如升降揖遜之類也是節

總論一章之旨

此一段緊要在兩箇實字上○如仁是親親而仁民仁民而愛物義是長長貴貴尊賢然在家時未便到仁民愛物未事君時未到貴貴未從師取友時未到尊賢上須先從事親從兄上做將去這箇便是仁義之實仁民愛物貴貴尊賢便是仁義之英華若理會得這箇便知得其他那箇是得而守定不移便是智之實行得恰好便是禮之實由中而出無所勉強便是樂之實大凡一段中必有緊要處這一段便是這箇字緊要處

求

張氏注

仁義具於人之性而其實則見於事親從兄之間蓋仁故於愛愛莫大於愛親義主於宜宜之所施莫宜於從兄此擴而充之仁義蓋不可勝用而實事親從兄之心也故知者知此而弗去者也禮者節文此者也樂

者樂此二者也此有以此者哉知而弗去云弗去者蓋曰知之而
有特乎去之者有知者也知之至則弗去去之全矣有其理
則有其節有其質則有其文凡三千三百皆所以節文乎
此者也有以節文則内外進矣至於樂則自然自得之深涵
養之熟者無此味也樂則生矣生者心之發蓋其中心油
然有不自知其然也生則惡可已言其自不可已不可已
則手之所舞足之所蹈莫非是也至此則仁義之心睟然
於内而周流乎事事物物之間矣蓋仁義之道人所固有
然必貴於知之而弗失知之而弗失則有以擴充而禮樂
之用興焉而其實特在事親從兄之間而已孟子之時邪
說誣民仁義充塞孟子獨見其適其指歸故孟子
撫仁義之實而告之使於此充之則不善矣

【集疏】覺軒蔡氏曰孟子言四端苟之以樂而乃不及於信
者蓋四端之信猶五行之土而以金木無不待是
以中故土於四行無不在而四端亦無不在孟子所
謂仁義禮智樂之實即此信為之本也有子以孝弟為
仁之本孟子以事親屬之仁從兄屬之義皆不而合矣正而
朱子又以為其意亦猶此也何邪義有子之言亦即所謂事
言之仁也孟子所言仁義即所謂偏言之仁也事親主乎
愛而已義則愛之宜其兼言也合而言之則推其事親者以從

其此孝弟所以為仁之本也分而言之則事親而孝
從兄而弟所以為義之實也智之實則知斯二者弗去是
也說曰知斯二者已足以見智之實矣而又必曰弗去何
也易文言曰貞固足以幹事貞固一字朱子亦曰知正之
所在而固守之所謂知而弗去是也體仁嘉會利物皆一
字而貞固二字知則知其貞固則守之固然萬物之成
始而成終所以為貞也孟子言側隱羞惡辭遜皆是一面
底道理而貞獨有兩面則智之為二可知矣若又推之
凡屬北方者皆有兩面如五行水土俱王於子五藏之肝
肺脾皆一而腎獨二四方青龍朱雀白虎皆一而玄武獨
二造化之妙莫不皆然此貞之所以成終而復始智之所
以既知之而又弗去也此與孟子此章只以仁義為本而又
以事親從兄為行仁義之本蓋事親從兄乃良心之發最
為切近而精實者也智則吾心虛靈知覺之妙經緯乎其
中者也終之以禮樂又所以節之樂也使良心之發油然
生生而不能自已者也見得孟子此章論四端亦異乎
常談而其說自瞭然而不可易超乎常序而其字自井然
而不可棄此實孟子深造自得之妙所以有功於萬世也
蓋嘗論之天地之大德曰生生天地之所以為德該其全體
而極其大用不過生而已生之外無他道也人得天地

生之心以爲心故曰仁仁主於愛愛莫切於事親莫先於從兄則孟子其道孝弟而已矣正是要人就精實下立得根本根本親親而仁民民亦大孝弟行於家而後仁愛及於民物所謂親親而仁民仁民而愛物皆由此出而發生即本立而道生之意若智之知而弗去禮之節文皆是行之也到得樂則生矣生則惡可已不知手之舞足之蹈則化之矣此箇生意又復生生而不已正如天地造化一元之氣流洽通貫而萬物之生意自有所不容遏學者若就事親從兄良心真切處從精實做工夫來到得十分純熟便自樂樂則生生則惡可已亦自有所不容遏此學問之極功也[redacted]曰知而弗去所謂四德之貞也非是固爲弗去也知之明則自然弗去也如人知水火之不可蹈則自然不待說若有一豪勉強之心便是知之不明便不謂之智也故曰知而弗去是智之實如人既知親之當愛則孰肯不愛其親而不愛知兄之當敬則孰肯不敬其兄而不敬其自不愛其親不敬其兄者蓋其智爲物欲所昏而遂忘其當愛當敬故也○又曰事親從兄愈是良心真切然事親自有事親之道理粗言之如冬溫夏凊昏定晨省是也從兄自有從兄之道理粗言之如徐行後長及兄先弟從是也各有品節其文理便是禮之實○又曰和順從容不

待勉強事親從兄之意油然而生如草木之有生意是樂
之實。又曰草木既有生意則日長月茂無一息之停孰
能遏而止之哉事親從兄之意油然自生則亦如草木之
有生意自然日日暢滿茂盛條理通達自無一息之停々
烏得而遏止之哉。又曰此聖人之作樂所以必有舞也
樂之之意至於充盛之極則不假言說之意有然形見血
脉自然動盪手舞足蹈皆自然而然不待心使之然故不
自知也在上如大舜武王在下如曾子方是到此田地尚
有一豪勉強之意則便有亦要遏止息之時矣非所謂仁孝
矣。又曰事親從兄是良心之真切曰仁與義是斯道之
統會君便恁地說過亦只是說話須是以人躰之方可所
謂必知之明而守之固然後節之密而樂之深者此正如
魚之飲水冷暖自知
非言語之能盡也

○孟子曰天下大悅而將歸己視天下悅而歸己
猶草芥也惟舜為然不得乎親不可以為人不順
乎親不可以為子。

言舜視天下之歸己如草芥而惟欲得其親而順之也得者曲爲承順以得其心之悅而已順則有以諭之於道心與之一而未始有違尤人所難也爲人蓋泛言之爲子則愈密矣

〔語錄〕曰固有人承順顏色看父母做事不問是非一向不逆其志這是得親之心然猶是淺事惟順乎親則親之心皆順乎理必如此而後可以爲子〔輯釋〕○問爲人以心言爲子以道言恐如此方看得爲人爲子兩字出曰人字只說大綱子字却說得重〔東陽許〕○得乎親者不問事之是非但能曲爲承順則可以得親之悅苟有孝心者皆可能也順乎親則和那道理也順了非特得親之悅又使之不陷於非義此所以爲尤難也〔悅閒〕○〔倪氏〕

舜盡事親之道而瞽瞍厎豫瞽瞍厎豫而天下化瞽瞍厎豫而天下之爲父子者定此之謂大孝厎之履反

瞽瞍舜父名厎致也豫悅樂也瞽瞍至頑嘗欲殺舜至是而厎豫焉書所謂不格姦亦允若是也蓋舜至

此而有以順乎親矣是以天下之爲子者始天下無不可事之親顧吾所以事之者未若舜耳於是莫不勉而爲孝至於其親亦底豫焉則天下之爲父者亦莫不慈所謂化也子孝父慈各止其所而無不安其位之意所謂定也爲法於天下可傳於後世非止一身一家之孝而已此所以爲大孝也○李氏曰舜之所以能使瞽瞍底豫者盡事親之道共爲子職不見父母之非而已昔羅仲素語此云只爲天下無不是底父母了翁聞而善之曰唯如此而後天下之爲父子者定彼臣弑其君子弑其父者常始於見其有不是處耳仲素名從彥豫章人後居延平了翁姓陳名瓘李氏名侗皆延平人

集註 呂氏曰養志一云者養善志也順親一云者順常道也瞽瞍不去於善而舜曰以進善不害爲養志瞽曰爲不善而舜不順乎不善不諫焉爲順親

下大悦而將歸己而在聖人所性不存焉所性不存則謂視之猶草芥不爲過也古之人惟恐爲然舜視天下之歸猶草芥而於所以順乎親則惟恐不及焉此聖人之所以爲能盡其性者也不得乎親不可以爲人盡人道莫大乎事親而不得乎親則何以名爲人哉又曰不順乎親不可以爲子不有以順乎親則豈能得乎親不可以爲子則又焉可以爲人哉然順親實難能也起居食息視聽語嘿以至於無聲無形之際無一毫拂其性而后後可以言順夫親也斯須之不存毫髮之未安則不得爲順矣舜蓋盡乎此者故曰舜盡事親之道夫事親之道人人具於其性他人不能盡而舜能盡之舜能盡之亦非有所加益乎其間也盡事親之道而瞽瞍底豫惟天下之至誠有以感通也夫道一而已舜盡事親之道而天下之道無不得焉感一而已瞽瞍底豫而天下之化無不孚焉既曰瞽瞍底豫而天下化又曰瞽瞍底豫而天下之爲父子者定蓋不得乎親爲人子者推當求之己而已舜盡其道而瞽瞍豫然後父子之大經正此所謂定也舜爲法於天下豈特天下之爲人父子者定哉萬世之爲人父子之道亦莫不定矣嗟乎爲人子者苟以大舜爲不可跂及而不取法於舜是自絕其天性也欲取法於舜知何其亦曰反

誠其身而已矣。

【纂疏】輔氏曰：孝子之心與親為一。凡親之過皆己之過。舜之所以負罪引慝者此也。故人子自不見父母有不是處。羅氏之語其有力，蓋凡父母之不是皆子之不是也已。既是則父母豈有不是者哉。陳氏則又推其極而言之，亦事親之實也。○西山真氏曰：舜之所值者至難事之親也。然積誠感動，猶能使之底豫，況其不如瞽瞍者乎。故瞽瞍底豫而天下之為人子者皆知無不可事之親，而各勉於為孝。此所謂天下化也。○又曰：罪己而不非其親者，仁人孝子之心也；然親而不反諸己者，亂臣賊子之志也。後之事親者其必以舜為法。

孟子卷第七

元本孟子集成

第三册

元 吴真子撰
元刻本

山東人民出版社·濟南

孟子卷第八

諸儒集成之書

朱子集註　朱子集義　朱子語錄　朱子或問

南軒張氏註　黄氏講義　蔡氏集疏　趙氏纂疏

離婁章句下

凡三十三章

孟子曰舜生於諸馮遷於負夏卒於鳴條東夷之人也

諸馮負夏鳴條皆地名在東方夷服之地

或問　舜卒於鳴條則湯與桀戰之地也而竹書有南巡不𨑹禮記所謂舜葬於蒼梧之說何耶曰孟子之言必有所據二書駁雜恐難盡信然無他考驗則闕之可也

【纂疏】趙氏曰諸馮在冀州之分負夏春秋時衛地鳴條在安邑之西

文王生於岐周，卒於畢郢，西夷之人也。

岐周，岐山下周舊邑，近畎夷。畢郢，近豐鎬，今有文王墓。

【纂疏】趙氏曰畢豐鎬俱在長安豐文王所都鎬武王所都豐鎬相去二十五里書云周公薨成王葬于畢史記云文武葬于畢皇覽云文王周公冢皆在鎬聚東社中則畢在鎬東矣舊疏謂郢故楚都在南郡畢在郢之地者也

地之相去也，千有餘里；世之相後也，千有餘歲。得志行乎中國，若合符節。

得志行乎中國，謂舜為天子，文王為方伯，得行其道於天下也。符節以玉為之，篆刻文字而中分之，彼此各藏其半，有故則左右相合以為信也。若合符節，言其同也。

【語錄】曰古人符節多以玉爲之如牙璋以起軍旅又有竹虎符竹使符又有英蕩符蕩小即竹使符謂之蕩節也漢有銅虎以起兵竹使郡守用之凡符節右留君所左以與其人有故則君以其右合其左以爲信也曲禮曰獻田地者執右契右者取物之劵也如徵兵取物徵召皆以右取之也。又曰古人所爲恰與我相合只此便是至善前乎千百世之已往後乎千百世之未來只是此箇道理。

先聖後聖其揆一也。

揆度也其揆一者言度之而其道無不同也。范氏曰言聖人之生雖有先後遠近之不同然其道則一也。

【張氏註】先聖後聖其揆一也孟子獨舉舜與文王言之者蓋舜與文王其地相去爲最遠而世之相去爲最久故耳所謂得志行乎中國者聖人之道化行乎天下是所謂得志者也然自今觀之舜與文王所值之時周旋於父子君臣之際者蓋不同矣孟子謂若合符節者其何以見之耶曰從一而已其所契合者天之理也若夫人爲則

萬殊矣。聖人者，純乎天理者也。純乎天理，則其一云爲注措，莫非天之所爲，而有二乎哉？若舜所以事瞽瞍者，是文王所以事王季者也；而文王之事紂，是舜所以事瞍者也。文王之憂勤，是舜無爲而治者也。舜與文王易地則皆然。何者？舜與文王皆天也。使其間有一毫不相似，則不曰若符節之契也。然舜與文王之所以爲天者，則有道矣。堯、舜、文王、孔子，生知之聖也，故未有盛焉。聖雖生知，而亦必斈以成之。惟精惟一，允執厥中者，舜之斈也；緝熙敬止，克宅厥心者，文王之斈也。即其生知之聖，而斈以成之，此其所以爲天之無彊也。斈者讀此章，當深究其所以一者，於此有得，則先聖後聖之心可得而識矣。

集疏　輔氏曰：註云其道無不同也，孟子雖不曾說著道字，言行則便是道了。○又曰：范氏云先後以世之相後言，遠近以地之相去言。地雖相去千有餘里，世雖相後千有餘歲，然揆度其道則一而已矣。

○子產聽鄭國之政，以其乘輿濟人於溱洧。乘去聲。溱音臻。洧榮美反。

子產鄭大夫公孫僑也溱洧二水名也子產見人有徒涉此水者以其所乘之車載而渡之

【輯錄】鄭之虎牢即漢之成皋也虎牢之下即溱洧之水後又名爲汜水關子產以乘輿濟人之所也以爲溱洧之水其深不可以施梁柱其淺不可以涉豈可以濟乘輿蓋溱洧之水皆是沙故不可以施梁柱但可用舟渡而已李先生以爲疑或是偶然橋梁壞損耳○又曰此類亦不必深考 沉僩 【通釋】陳氏輯錄曰

孟子曰惠而不知爲政

惠謂私恩小利政則有公平正大之體綱紀法度之施焉

【輯錄】問子產之事以左傳考之類非不知爲政者孟子之言姑以其乘輿濟人一事而議之耳而夫子亦止以惠人目之又謂其猶衆人之母知食而不知教豈非子產所爲終以惠勝故歟不然所謂政與教者必如文武成康之世而後爲得歟孔孟之論蓋責備賢者之意否曰致堂於惠人也論此一段甚詳東坡云有及人之利無經世之遠圖不說得盡鄭國有章只是行惠人民規模若後世所謂呴者便只是惠賞 必大

纂疏 輔氏曰集註云惟其恩之出於私故其利之及者小此正指乘輿濟人之事而言也公平正大之體以理言紀綱法度之施以事言言體則知施之爲用言施則知體之爲本下云歲十一月徒杠成十二月輿梁成這箇便可見其體之爲公平正大其用之有法度紀綱也

歲十一月徒杠成十二月輿梁成民未病涉也

杠音江

杠方橋也徒杠可通徒行者梁亦橋也輿梁可通車輿者周十一月夏九月也周十二月夏十月也夏令曰十月成梁蓋農功已畢可用民力又時將寒沍水有橋梁則民不患於徒涉亦王政之一事也

附錄 先王之政細大具舉而無事不合民心順天理故其公平正大之體綱紀法度之施雖纖悉之間亦無遺恨如此 見文集

君子平其政，行辟人可也。焉得人人而濟之？

闢同。焉，於虔反。

辟，辟除也。如周禮閽人為之辟之辟。言能平其政，則出行之際，辟除行人，使之避己，亦不為過。況國中之水當涉者衆，豈能悉以乘輿濟之哉？

【輯釋】辟除之辟，乃趨避氏本說，與上下文意正相發明，蓋與合車濟人正相反也。見文集。○又曰：君子能行先王之政，使細大之務無不畢舉，則惠之所及亦已廣矣。是其出入之際，雖辟除人使之避己，亦上下之分固所宜然，何必曲意行私，使人人知己出，然後為惠？又況人民之衆，亦安得人人而濟之哉？見文集。

故為政者，每人而悅之，日亦不足矣。

言每人皆欲致私恩以悅其意，則人多日少，亦不足於用矣。諸葛武侯嘗言：治世以大德，不以小惠。得孟子之意矣。武侯名亮，琅琊人。

孔子以子產之惠為君子之道而子以私恩小惠言
之何也曰孔子之言偏乎曰細故不害其為君子之
道此承上文兼責濟人而言則私恩小利而已與子產
濟人之事有仁人心焉其惠雖小猶不失乎為政之本若
孟子所謂先王之政者乃獨以時脩橋梁而將不反為
治之末耶蓋於此而愛人之心不至於公其所以自結
於民者或反不若子產之深也曰子產之事所謂有不忍
人之心矣然先王則以不忍人之心而行不忍人之政是
以其制正大而均平其法精密而詳盡而其利澤之及人
如天地之於萬物莫不各足其分而莫知其功之所自尚
有是心而無是政則不過能以煦濡姁息苟取悅於目前
而結其歡譽之愛顧其耳目之所不及則恩惠之施已不
免於有所遺矣況以天下國家之大又安得人人而濟之
耶昔諸葛武侯嘗言治世以大德不以小惠而其治蜀也
官府次舍橋梁道路莫不繕理是亦庶幾乎先王之政矣
曰子產之事如何曰使都鄙有章上下有服田有封洫廬井有
伍則非不知為政者橋梁之脩尤非難事乃獨有闕於此
耶曰聞之師曰子產之未之學於先王之政雖有所未盡
然其於橋梁之脩蓋有餘力而其惠之及人亦有大於乘
輿之濟者矣意者出時偶有故而未就又不忍乎冬涉之

難乎為具耳蓋鳥鳥其小惠以悅於人人亦悅而稱之孟子慮其後之為政者或又悅而效之則其流以將有廢公道以市私恩違正理而干盛譽者故極語而深譏之以警其微示拔本塞源之意也

張氏曰子產擁乘輿以濟冬涉者孟子何貶焉蓋小惠妨大德聖賢之所惡也以人之病涉也則脩其政而已歲十一月而成徒杠十二月而成輿梁是乃政也所謂廣大平正公義之所存過是則私意矣顧乃區區然以己之輿濟人是特內交要譽惡其聲之為耳故雖可謂之惠而未知為政之道也君子平其政行辟人可也夫君子之政天下之公理也行法於此使人由之而已苟私意一生於其間則失其所以為平矣故夫先王之治為之井田為之封建與天下公共使俱得其平下至於鰥寡廢疾皆有所養而微至於次舍橋梁芻秣之事亦皆有經制此豈先王強為哉因事而制法而其法皆循乎天理所謂平其政也先王平其政而天下之人無不被其澤舉此皆愛戴之後人欲人人而悅之日亦不足公義私意之相去蓋如此善乎諸葛孔明之治蜀也立經陳紀纖悉備具而不以恩之計而言曰治世以大德不以小惠為專舉賢之意矣子產在春秋之際蓋名卿也傳稱其為政都鄙有章上下有

曠田有封洫廬井有伍其於上下之事詳矣而不知也以乘輿
濟渡獨欲示其爲惠之驚焉耳而不知政善者道也爲政出何
不知
此哉

[illegible]蘇氏曰此則正謂子產之用心錯亂也夫子產固賢
但以不知聖人之學是以有爲而以爲要譽之私萌
而不可揜孟子明辨之所以立教也○又曰
武侯之言欲得孟子之意而眞有王佐之心

○孟子告齊宣王曰君之視臣如手足則臣視
君如腹心君之視臣如犬馬則臣視君如國人
君之視臣如土芥則臣視君如寇讎

孔氏曰宣王之遇臣下恩禮衰薄至於昔者所進今日不
知其亡則其於群臣可謂邈然無敬矣故孟子告之以此
手足腹心相待一體恩義之至也如犬馬則輕賤之然猶
有豢養之恩焉國人猶言路人言無怨無德也土芥則踐

踏之而已矣斬艾之而已矣其賤惡之又甚矣寇讎之報仁亦何乎

〔通釋〕輔氏曰孟子此說特爲宣王發所謂有爲之言也孔氏之說政解着此意孟子之言雖是爲宣王而發然臣之於君視君之所施常加厚一等手足之與腹心雖爲同體然有大小之辨人類視犬馬爲尊土芥視寇讎爲甚其言雖若有所然亦理勢之實然也

王曰禮爲舊君有服何如斯可爲服矣爲去聲下爲之同

儀禮曰以道去君而未絕者服齊衰三月王疑孟子之言太甚故以此禮爲問

曰諫行言聽膏澤下於民有故而去則君使人道之出疆又先於其所往去三年不反然後收其田里此之謂三有禮焉如此則爲之服矣

導之出疆防剽掠也先於其所往稱道其賢欲其收用之也三年而後收其田祿里居前此猶望其歸也

【發明】輔氏曰導之出疆所以盡防衛之道於在我之境於其所往所以為其祿仕之地於所往之國去三年不反然後收其田里所以不拳拳屬望之厚義也

今也為臣諫則不行言則不聽膏澤不下於民有故而去則君搏執之又極之於其所往去之日遂收其田里此之謂寇讎寇讎何服之有

極窮也窮之於其所往之國如晉錮欒盈也○潘興嗣曰孟子告齊王之言猶孔子對定公之意也而其言有迹不若孔子之渾然也蓋聖賢之別如此楊氏曰君臣以義合者也故孟子為齊王深言報施之道使知為君者不可不以禮遇其臣耳若君子之自處則豈處其薄乎孟子曰王

庶幾改之，予日望之。君子之言蓋如此。

【集義】呂氏曰：此說君臣相待厚薄之理，非謂待之之禮常如此說。

【總論一章之旨】問：君臣之義，天倫中却與父子一般，然愛君之心不如愛父，何也？曰：離畔也，只是敬

民，君子不如此。因說：臣罪當誅兮，天王聖明。曰：退之此語，

敵何道是與？文王豈不知紂之無道，却如此說，盡臣子無

說君父不是底道理，只得說如此，是去不得處，便只得

君臣之義處。又云：孟子說得來怪差，云視君如寇讎，即是

他那時說得，如云三月無君則弔等語，以是逐旋去尋討

箇君模樣，與今不同。而今却只是有進退，無去之理，只得

退。又有一樣退，不待如貴戚之卿是也。又一云：賈誼弔屈原

云：歷九州而相其君兮，何必懷此都也。及為梁王傅，王墜

馬殤，自傷為傅無狀，悲泣以死。文潛有詩議之：當時誼

何不去？苟只是去不得，當初也只是胡說。林擇之錄

【張氏曰】此孟子告齊宣王之言也。嗟乎！君臣之際，其猶一

於乎！天道下濟，故地道得以上行而化成焉。君

不恃其尊，建下以禮，則人臣得以樂盡其心說一代令王

所以致治功享國長久也。戰國之際，[illegible]

臣下之執遂不相接故相因而不堪若仇讎後使然宜復有
交泰之理哉孔子嘗答魯定公之問以謂君使臣以禮
臣事君以忠而孟子所以告齊宣王者亦是意耳孟子之
意以爲人君患人臣之不忠在人君之以當反諸己不
以責人臣也吾待之如手足則彼將以我爲腹心矣吾視
之如犬馬則彼將視我如國人矣吾視之如草芥則彼將
視我如寇讎矣善惡感應報之理則然不責其應須報者
而反求諸己表立而影自從此知道之君所以務養一由
臣民之心而有餘裕也齊宣王所以望其臣者深而宜知
自省故孟子告之如此其功至也宣王聞斯言也而問舊
君之喪以爲禮蓋有舊君之服則人臣雖被讒逐於君而所
以事君者不可不念是亦未知自反而欲以責其臣下也
故孟子又發明而告之謂諫行言聽膏澤得下於民不得已
而去則爲之君者使人導之又先於其所往以安之及其
不反也至於三年矣而後收其田里所以全始終之義在
我者可謂曲盡矣則是人也雖不得已而去宗國而於君
所以待遇之之意豈其忍忘之乎君臣之恩未嘗絕而其
情有不能自已故爲之服也今也在國則無以施其諫去
國則待之如寇讎既欲搏執之又極其所往使之無以自
容去之日即收其田里以窮其歸路是則豈復有君臣之

恩意則其服何用制也此所以警夫宣王者深矣而司馬
氏疑此章以爲非所以勸爲人臣子者不知聖賢之言各
有攸當故曰孟子告齊宣王之言也此非獨齊宣王所
嘗謂爲人君者苟知此義念夫感應施報之可畏而崇高
之勢不可恃反己端本之不可一日忽待臣下以禮養臣
下以恩保臣下以忠信則上下交通而至治可成矣若夫
在爲人臣者之分君雖待我者有未至而我所以事君者
可以不自盡乎學者當玩味孟子三宿出晝之心則庶幾其
得之矣雖然孟子此章之意孔子所謂君使臣以禮臣事
君以忠之語盡之矣聖賢之言之分於此亦可見故伊
川先生曰仲尼元氣也顏子春生也孟
子并秋殺見之矣學者當以是思之
[illegible]○真氏曰孔孟之言可以見聖賢氣象之分雖然孟
子爲齊王言則然此而所以自處者則不然也千里
見王不遇故去而三宿出晝未嘗有悻悻之心猶幸王之
一悟而追己也曷嘗以寇讎視其君哉○輔氏曰就聖賢
言行觀之誠有差別然此豈容勉強爲哉○又曰據揚氏
明得孟子所爲言此意本分明觀孟子於齊王其言如此
則其視齊王也豈有視以爲寇讎之心哉君子固自
不肯薄待其君然人君則曰不可不以禮遇其臣耳

〇孟子曰無罪而殺士則大夫可以去無罪而戮民則士可以徙

言君子當見幾而作禍已迫則不能去矣

張氏曰此非獨使爲士大夫者知此義見幾而作以不陷於罪戮將使有國者聞之悚然不可以失士大夫之心也使大夫士而懷去與徙之心則國之危亡可立待矣在詩衛之北風在上者並爲威虐而民不恤百姓疾之莫不相攜持而去故其詩曰惠而好我攜手同行蓋相勉以去也又曰惠而好我攜手同車同車則非特賤者去之貴者亦去之矣於是而獨有我之禍可不畏哉雖然大夫士貴於見幾則比干非歟觀見紂殺其群臣如刈草菅也而獨不去邪蓋天下之理各有其分處其分而得其理非仁者不能此所謂大夫士者非其宗親又非其臣也又非其任國事者故得以從容於去就之際若夫比干以親則王子也以位則少師也況君之暴虐而忍不之教耶比干固與国同其存亡者也比干之諫非直爲一諫而死也然其言曰爾維宗社匹救君失無所不用其至

而誠盡力竭卒以諫死也故孔子稱其仁愚懼後世爲人臣者不識聖賢之意而假託可以去可以徙之義以爲苟免自利之計故并著焉

【纂疏】輔氏曰可以者在時義爲可也失此幾則有欲去而不能者矣此明夷之初所以不食而行遯之初所以有厲之戒也而孔子往趙所以及河而復彼皆不仁猶或莫知轉身一路此孟子所以致戒也然此特言其常理耳其間更有多少義理在時與位之不同則所以處之者必學者執此一說以爲臣則凡苟免自私之徒者得以藉口矣

〇孟子曰君仁莫不仁君義莫不義

張氏曰此章重出然上篇主言人臣當以正君爲急此章直誡人君義亦小異耳

【張氏註】見集註

【纂疏】輔氏曰上篇言人臣當以正君爲急此章言人君當以正己爲先亦大學所謂其機如此之說也

○孟子曰非禮之禮非義之義大人弗爲

察理不精故有二者之蔽大人則隨事而順理因時而處宜豈爲是哉

【集義】或問非禮之禮非義之義何謂也伊川先生曰恭本爲禮過恭是非禮之禮也以物予人爲義過予是非義之義也横渠先生曰非禮之禮非義之義但非時中者皆是也時中之宜甚大須精義入神始得觀其會通行其典禮此方是真義理也行其典禮而不達會通則有非時中者矣

【語錄】曰擇焉不精以爲善而爲之見文集

【張氏註】非禮之禮非義之義謂其事雖本是禮義而施之不當一偶其則則爲非禮非義矣故程子之說曰恭本爲禮過於恭是非禮之禮也以物與人爲義過於與是非義之義也此則是顯而易見矣若夫禮義本於天而著於人心

各有其則而不可過乃天下之公而非有我之所得私也一以己意加之則失其典常是則私情之細而已故其事曲以禮義言而君子謂之非禮之禮非義之義也天下之爲禮之義者鮮不陷於此矣此無他以其不知天故爾竊嘗觀孔門高弟猶亦有未能免者有如之恐過時而弗除曰予弗忍也以是爲禮而不知過夫先王之制矣爲宰而與之粟則辭而不受以是爲義而不知失夫當受之宜矣此皆賢者之過毫釐之閒一有差焉而未免流於私情而拂乎公理凡非公理者皆私情也甚矣中庸之難擇也夫惟大人者己私克盡天理純全非禮之禮非義之義有所不萌於胸中矣

纂疏 輔氏曰註云大人則隨事而順理因時而制宜如此則能盡時中之道矣

○孟子曰中也養不中才也養不才故人樂有賢父兄也如中也棄不中才也棄不才則賢不肖之相去其閒不能以寸 樂音洛

無過不及之謂中足以有爲之謂才養謂涵育薰陶俟其
自化也賢謂中而才者也樂有賢父兄者樂其能成己
也爲父兄者若以子弟之不賢遂遽絶之而不能教則吾
亦過中而不才矣其相去之間能幾何哉

總論二章之旨

養者扶速使之中使之才漸民以仁摩民以義之謂下以善養人同甘節

張氏註

此所謂中者以德言才者以質言也惟有德者爲能涵養其性情而無過與不及之偏故謂之中而其倚於一偏而不能正者則謂之不中天質美茂如忠厚剛毅明敏之類皆謂之才而其資禀之不美以流於刻薄柔懦愚暗之說則謂之不才父兄之於子弟見其有不中有不才也則當思所以教之教之之道莫如養之也養之云者如天地涵養萬物其雨露之所濡雷風之所振和氣之薰陶寧有間斷乎哉故物以生遂焉父兄所以養其子弟之道當若是也寬裕以容之義理以漸之忠信以成之開其明以祛其惑引之以其方而使之自喻夫豈歲月之功哉彼論曰不中不才涵養之久道無有窮焉今哉如其有窮焉則養道益可棄矣至於用朱頑象之驕則是其不

後之質有末如之何者然竟雖所以養之之意則無窮矣知其器識而不授以天位是乃所以養之也象憂亦憂象喜亦喜封之有庳而不及以政使之源源而來此其養之乎瀆父兄待子弟之道莫善於養之也養非恬然坐視之謂此恬然坐視是棄之也如其棄之則何所貴於賢父兄哉然則賢不肖之相去亦不遠矣故父兄待子弟之道雖不在於嚴威以傷恩而亦不可坐視以長惡惟當深思所謂養之者而已

【纂疏】輔氏曰中以德言才以才言德本於性才出於氣○又曰集註涵育以天地之生物言也薰陶以工冶之成物言也此循其理而彼自成其形焉無心也蓋父子兄弟之間皆難於責善正其在我者俾之自化而已○又曰賢則兼有才德者也○又曰父兄之賢者棄子弟之不賢者而不教是其心固以為賢不肖之相去為甚遠而不可教也而不知其自陷於教育成就之道則是亦棄乎中傷乎德而自陷於不才耳故孟子於其間不能以寸曉之使之自省也夫聖人有教無類而不賢者自至於棄子弟而不之教天理人欲之相反也如此哀哉

○孟子曰人有不為也而後可以有為

程子曰有不爲知所擇也惟能有不爲是以可以有爲無所不爲者安能有所爲耶

【精義】橫渠先生曰不爲不仁則可以爲仁不爲不義則可爲義

事有不可爲者有當爲者人能擇其所不可爲而不爲則其於所當爲者斯能爲之矣何者其用心必專而其所爲必果也苟惟泛然而無所擇於其所不可爲者必爲之是爲無所不爲則於其所當爲者斯無力矣又況無所不爲則將顛沛隨之烏能有爲耶故必有不爲也而後可以有爲蓋其有所不爲者是乃其可以有爲者也此亦觀人之方也

【纂注】

【纂疏】輔氏曰人能不爲其所不當爲則必能爲其所當爲矣蓋人心不可二用而精神氣力只有許多苟專於爲善則必無暇於爲惡苟溺於好利則必不能徇乎義矣

○孟子曰言人之不善當如後患何

此亦有爲而言

【或問】所謂後患者，謂得罪於其人，取禍忍其亦言己之不善，取曰是皆言之。然斷言必有爲而發，今不可知其所指矣。

【張氏注】此章謂言人之不善者，當念乎後患而言，早不可易也。所謂後患者，未論悔吝之何如，若專言悔吝，是止以利害論，而未究以孟子之本意。蓋君子於人之善則樂與之，人之不善則矜惜之，此其忠恕之心，所以爲人之道者也。故孔子稱吾之於人誰毀誰譽，如但云如有所譽者，其有所試矣，更不言毀也。世有好言人之不善者，此意一萌，即有害於良心，其損德亦已甚矣，此後患之可畏者也。若所謂悔吝，則固在其中矣。

【纂疏】輔氏曰：揚人之善，掩人之惡，是自是君子忠厚之心，豈爲有後患然後如此哉？今子言如後患何，故知其有所爲而言也。此必有人或訐人陰私，公肆詆訶而無所忌憚者，故孟子言此以警之。或是此等人既已被禍，故孟子引之以警後人也。君子語默，惟其時與義而已，義所當言，是是非非，不苟默也，豈計後患哉。

○孟子曰：仲尼不爲已甚者。

已猶太也。楊氏曰：言聖人所爲，本分之外不加毫末。非盡子真知孔子，不能以是稱之。

語錄曰：稱人之善不可有心於溢美，稱人之惡不可有心於溢惡，皆不爲已甚之事也。或曰：上龜山書曰：徐行後長得併堯舜之道，不爲已甚知仲尼之心。龜山曰：此兩句也。

或問楊氏之說，曰：所謂本分者，乃義理之至當，非苟然而已也。學者於此宜深察之，一有小差，則流而入於鄉原之亂德矣。

張氏註孟子嘗發已甚之論矣，曰：段干木踰垣而辟之，泄柳閉門而不納，是皆已甚。而舉孔子待陽貨之事以爲之準，此所謂不爲已甚也。雖然，善觀聖人者，於一事之細，亦可以味其無窮之旨；不善觀聖人者，則知其爲一事而已。故孟子所謂不爲已甚，亦可謂善言聖人者也。夫子之不爲已甚，非不欲爲已甚，有不至已甚也。何者？夫子範圍天地之化而不過者也，故可以仕則仕，可以止則止，可以速則速，可以久則久，皆天之所爲也。以至於動容周旋進退酬語默之際暑燥驟忽何莫非天則之在乎非聖人循天之則聖人因天也推其天也是以無不中節也然則不爲已甚者固聖人天則之所存也學者可不深潛而玩味之歟後世之士不知理義之所在詭隨以枉道徇情以長惡而曰吾不爲已甚也彼以聖人於陽貨負蒭而子爲不爲已甚而獨不思夫衛靈公問陳則明日遂行季桓子受女樂之饋則不稅冕而行爲魯司寇七日而誅少正卯聞陳恒之弑君以從大夫之後亦沐浴而請討此謂之已甚可乎不深求乎聖賢之權度而徒竊其語之疑似者以文其姦此賊仁義之甚者也

纂疏 輔氏曰楊氏說盡聖人用處聖人雖有過物之行而無過物之心爲其所用處雖曰高出絕俗非人所能及不過盡吾之性由仁義行耳

○孟子曰大人者言不必信行不必果惟義所在行去聲

必猶期也大人言行不先期於信果但義之所在則必從

之辛亦未嘗不信果也。尹氏曰主於義則信果在其中矣主於信果則未必合義王勉曰若不合於義而必信必果則妄人爾

集義 楊氏曰孔子曰言必信行必果硜硜然小人哉故孟子言大人言不必信行不必果惟義所在以發明孔子之意

或問 諸說曰尹氏所謂信果在其中者亦其言外之餘意也

張氏曰 言固欲其信也行固欲其果也今曰言不必信行不必果則大人者言有時而不信行有時而不果乎非然也蓋言行固欲信果然有必之之意則非也必乃私也故言必欲信而不知義將至於守其所不可復若私意相與而非所謂知也行必欲果而不知義而至於為其所不可捨者氣情徑行而非所謂果也故君子不必乎果與信而獨精於義焉且事事物物皆有義存焉而著於吾心苟能體是心而充之則義可得而精矣義精則有所不言言莫非義也而無不信之言矣有所不行莫非義也而無不果之行矣何者義得則信果在其中必於信果而

不知義則無以揆言行之發而尚何信果之云乎雖然言必信行必果亦豈異乎小人之無忌憚者矣蓋亦志乎善道特所見者小耳故子貢問何如斯可謂之士孔子告之至於三則曰言必信行必果硜硜然小人哉抑亦可以爲次矣蓋言其所見者小也知孔子之所謂硜硜然小人哉則知孟子之所謂惟義所在之爲大人者矣若夫世之無忌憚者不信其言不果其行而曰惟吾義之所在此則自棄絶於君子之歸者亦而尚何尤焉

纂疏 輔氏曰尹氏最得此章之指而集註又述其意而著明之以必爲期者更有必不然則無忌憚者或得以藉口王氏則又有不合於義而必信必果則爲妄人之說尤盡貫微尾生之信捷狄之果皆是物也

○孟子曰大人者不失其赤子之心者也

大人之心通達萬變赤子之心則純一無僞而已然大人之所以爲大人正以其不爲物誘而有以全其純一無僞之本然是以擴而充之則無所不知無所不能而極其大也

【集義】呂與叔曰喜怒哀樂之未發則赤子之心當其未發此心至虛無所偏倚故謂之中以此心應萬物之變無往而非中矣伊川先生曰喜怒哀樂未發之謂中赤子之心發而未遠乎中若便謂之中是不識大本也問雜說中以赤子之心爲已發是否曰已發而去道未遠也曰大人不失赤子之心若何曰取其純一近道也曰赤子之心與聖人之心若何曰聖人之心如明鏡如止水

【語錄】曰赤子之心固無巧僞但於理義未能知覺渾然赤子之心而已大人則有知覺擴充之功而無巧僞安排之鑿故曰不失著箇不失字便是不同處張敬夫謂從初不失此恐太拘既失而反之却到此地位亦何害其爲不失乎〇又曰大人無所不知無所不能却是赤子無所知無所能赤子之心純一無僞而大人之心亦純一無僞但赤子是無知能底純一無僞大人是有知能底純一無僞【蔡氏錄】〇又曰大人事事理會得只是無許多巧僞曲折便是赤子之心【趙氏錄】〇問赤子之心莫是發而未遠乎中不可作未發時看否先生曰赤子之心也有未發時也有已發時今欲將赤子之心專作已發看也不得赤子之心方其未發時亦與老稚賢愚一同但其已發時未有

私欲故未遠乎中耳。○人心莫不有未發之時不但赤子爲然而赤子之心亦莫不有已發之時不得專指爲未發也。○答方賓王。○赤子之心爲伊川道是已發而未遠如赤子飢則啼渴則飲便是已發然亦寓

【□氏□】【□□】赤子之心張氏呂氏以爲未發而程子以爲已發夫赤子之心固不可以爲未發然豈不亦自未發之時乎曰程子之告呂與叔固自以前所謂言心皆指已發者爲未當矣然赤子之心視衆人之心各有未發已發之時但赤子之心未有私意人欲之累故雖其未發而未必中節要亦爲未遠乎中耳曰程子所謂聖人之明鑑止水其所以異於赤子之純一無僞者何也曰赤子之心全未有知然以其未有私意人欲之累則其亦純一無僞而已爾衆人既有所知則雜乎私意人欲而失之聖人則察倫明物酬酢萬變而私意人欲消盡不留是以若明鑑止水之湛然不動而物無不照也曰程子言聖人之心若以別乎大人者何也曰程子言亦通言之以別乎赤子耳

【張氏註】赤子之心無聲色臭味之誘無智巧作爲之私其喜怒哀懼皆由於己者也推其物至而知知自幼浸長流於情動於欲狃於習亂於氣千緒萬端紛擾經營而其赤子之心日以斲喪一失而不能反者衆矣守也者

所以求反之也大人者能反之者也蓋人欲消而天理存聲色臭味不能移也知巧不為不復萌也此則渾然赤子之心以其未有是心今非能有加繞不失之耳故曰不失其赤子之心也由是而動無非天理之所存矣此所謂自明而誠者也若夫上智生知之聖則赤子之心元不喪失即此推而盡之天下之理無不得焉所謂自誠而明者也

【纂疏】輔氏曰大人之心通乎動靜體用兼全譬如明鏡萬物畢照應變無窮赤子之心雖已發動而去本未遠固不能如大人之通達萬變也然純一無偽而已然大人所以為大者正以其不為物欲所誘而有以全其純一無偽之本然由是而致知格物擴而充之至於無所不知無所不能以極其德之大耳夫不失其本之一而能極其用之妙者大人之事也溺於巧偽之末而遂失其純一之本然者細人之事也

〇孟子曰養生者不足以當大事惟送死可以當大事當去聲

事生固當愛敬然亦人道之常耳至於送死則人道之大

變孝子之事親舍是無以用其力矣故尤以爲大事而必
誠必信不使少有後日之悔也
【語錄】正父問德脩云親聞和靖說唯送死可以當大事曰親
之生也好惡取舍得以言焉及其死也好惡取舍無
得而言當是時親之心即子之心子之心即親之心故曰
唯送死可以當大事先生云亦說得好李閎祖【沈氏說】
【張氏註】事親者人心之至親切者也而送死者又事親之
最篤至者也以其殁之大是以道節之大以其節
之大是以爲事之大也故於送死之際可以觀人子之自
盡焉者盡也已矣不可得而復見也其所以自盡者惟
吾求所以慊於其心非有所勉而爲者故仁者可以觀其
愛焉知者可以觀其理焉強者可以觀其節焉然而人之
常情或能養於生而忘死之際往往有所怠且忽矣其所
以慎終追遠者以夫親既没而愛敬亦或隨而衰也是人也
其良心亦不之篤矣若夫愛敬之深者親雖有存没之間
而心則一也生事之以禮死葬之以禮祭之以禮所謂天
理者寧有二哉謂養生不足以當大事以夫對送死而言
猶爲可以勉也孟子斯言蓋以俗薄道微欲人勉所以篤
於其終者曾子亦嘗言曰人未有自致者也必也親喪
乎蓋於親喪可見其所以自致者是亦孟子之意也

【纂疏】輔氏曰集註云云指孟子之識心而言之也

○孟子曰君子深造之以道欲其自得之也自得之則居之安居之安則資之深資之深則取之左右逢其原故君子欲其自得之也造七到反

造詣也深造之者進而不已之意道則其進爲之方也資猶藉也左右身之兩旁言至近而非一處也逢猶值也原本也水之來處也言君子務於深造而必以其道者欲其有所持循以俟夫默識心通自然而得之於己也自得於己則所以處之者安固而不搖處之安固則所藉者深遠而無盡所藉者深則日用之間取之至近無所往而不值其所資之本也○程子曰學不言而自得者乃自得也有安排布置者皆非自得也然必潛心積慮優游饜飫於其間然後可以有得若急迫求之則是私己而已終不足以

得之也。

【集義】明道先生曰：學者須是潛心積慮，優游涵養，使之自得。又曰：學者須敬守此心，不可急迫，當栽培深厚，涵泳其間，然後可以自得。若急迫求之，只是私己，終不足以達道。

【語錄】問：集註道者進爲之方，是如何？曰：此是趙岐之說，亦未甚親切，却只是循道以進耳。○又曰：是日日怠弛做。○又曰：所謂深造者，當知非淺迫所可致。若欲淺迫求之，便是強探力取。深造只是既下工夫，又下工夫。○又曰：道是事事皆要得合道理，待其真積力久，則自得之矣。○又曰：資有資藉之意。○又曰：資字恰似資給資助一般。○又曰：深造之以道，語似倒了。以道字在深造字上，方是。蓋道是造道之方法，循此進進不已，便是深造之。猶言以善方法去深造之也。今曰深造之以道，是深造之以其方法也。以道是工夫，深造是做工夫。如博學審問謹思明辨力行之次序，即是造道之方法。若人爲學依次序，便是以道；不依次序，便不是以道。如爲仁而克己復禮，便是以道；若不克己復禮，別做一般模樣，便不是以道。能以道而爲之，不已，造之愈深，則自然而得之，既自得之而爲我有，則居之安居之安則資之深資之深這一句又要人看蓋是自家既自得之則所以資藉之者深取之無窮用之不竭只管取只管有衮衮地出來無窮自家資他他又資給自家如掘地在下藉上面原頭水來注滿若原頭深則源源來不竭若淺時則易竭矣又如富人大寶藏裏只管取只管有取之左右逢其原蓋這件事也撞着這本來底道理那件事也撞着這本來底道理事事物物頭頭件件皆撞着這道理如資之深那原頭水只是一路來到得左右逢原四方八面都來然這箇只在自得上纔自得則下面節次自是如此輔氏錄○又曰道理本自廣大只是潛心積慮緩緩養將去自然透熟若急迫求之則是起意趕趁他只是私意而已安足以入道○又曰必須以道方可潛心積慮優游厭飫若不以道則潛心積慮優游厭飫做甚底週氏錄○又曰所謂優游厭飫只深潛後自如此非深之外別又欲其自得也與下章博學而詳說之將以反說約之義同蔡氏錄

或問君子深造之以道欲其自得之也何也曰學是理則必是理之得於身也不得於身則口耳焉而已矣然又不可以強探而力取也必其深造之以道然後有以默識心通而自然得之也蓋造道之不深者用力於皮膚之

外而責效於日月之間不以其道者從事於虛無之域而妄意於言意之表是皆不足以致夫默識心通之中而自得之必也多致其力而不急其功必務其方而不躐其等則雖不期於必得而自然得之將有不可禦者矣曰自得之則居之安何也曰未得之則困無可居之地得而不出於自然則雖有所居而不安惟自得之則理之在我者吾皆得以居之如人有室廬之安動作起居種種便適自養息而不去也曰居之安則資之深何也曰未得其所居則無所藉以為用者淺迫而易窮也居之安則理之在我者吾皆得藉以為用而無窮如富人積畜之多金珠穀帛無求不獲見其出而不見其盡也曰資之深則取之左右逢其原何也曰無所資者固無本之可求資之淺者取之數遠而或值或不值也惟資之深者不待遠求而所取無不得如既取諸其身之左而值其所資之本又取其身之右而復值其所資之本以水譬之苟其原之盛則涓涓汩汩不舍晝夜或泝或沿無不值其來則此君子所以欲其自得也

張氏注 學貴於自得不自得則無以有諸己自得而後為己物也以其德性之知非他人之所能與非聰明智力之所可及故曰自得君子深造之以道者言其涵泳之深也工夫篤志而後能有得不然則為臆度而已深有

得也譬度者倚任此而想彼自得則此便是彼更無二也
蓋所得未眞實則其中心必有果然不安者自得則如水
之必寒火之必熱不可得而易故居之安居之安則資乎
此而所進日深矣資者憑藉之謂蓋居之既安則自
得之味愈無窮也故曰資之深資之深則萬理素定於此
事去物來隨所應之周流運用無非大端之所存故曰取
之左右逢其原於是又重言之曰君子欲其自得之也其亦
人至矣苟求有得則何所居無所居則又何所資而取
哉故自得其本也然欲其自得則
有道矣非深造之以道不可也

纂疏

輔氏曰道猶道路之道適燕則有適燕之道適越則
有適越之道求仁則有求仁之道爲義則有爲義之
道耳以求仁言之君子而深造乎仁必自求仁之道然後
有所持循進進不已乃可俟其工夫至到而默識以通不
假思惟而自然得之於己此正所謂亦在乎熟之而已也
○又曰既能自得於己則道已爲我所有矣故處之安而
無驟就之實與之固而無搖奪之患外物不能移橫議不
能惑矣所謂在我而與之既安則所藉以爲用者深遠浩
博取之而無盡酌之而不竭也所藉者深遠而無盡則日
用常行之間頭頭上明物物上顯在谷滿谷在坑滿坑雖

取之至近而非一，而其所資之本無所拘而不相通矣。○又曰集註章旨纂集程子三說合而為一，非親到自得之境者，安能言此？以貫人也。自得如子貢悟性天之不可聞，曾子唯吾道一貫之語，此所待於言語而後見，正張子所謂德性之知，不萌於見聞者也，豈容實有所安排布置哉？蓋其中心潛心積慮，優游而饜飫之久，全身在義理之中，及其真積力久，理與心融，物與我會，然後可以有得。若有一毫急迫之意，便是私己，顛倒便自斷處，如何到得自得田地。

○孟子曰：博學而詳說之，將以反說約也。

言所以博學於文而詳說其理者，非欲以誇多而鬭靡也，欲其融會貫通，有以反而說到至約之地耳。蓋承上章之意而言學非欲其徒博，而亦不可以徑約也。

【集義】伊川先生曰：博與約正相對，聖人教人只此兩字。博是博文多識、多聞多見之謂，約只是使人知要也。

楊氏曰：楊雄云多聞守之以約，多見守之以卓，其言終有病，與孟子之言異矣。蓋博學詳說所以趨約，至於約則其

道得矣謂之守以約卓於多聞多見之中將何以為約卓而守之乎

語錄 約自博中來既博學又詳說講貫得直是精確將來臨事自有箇頭緒纔有頭緒便見簡約若是平日講貫得不詳悉及至臨事只覺得千頭萬緒全理會不得如此則豈得為約約舍去為○問世間博學之人非不博却又不知箇約處者何故曰他合下博得來便不是了如何會約他便不窮究這道理是如何都見不透徹只是搜求隱僻之事鉤摘奇異之說以為博如此豈能得約今世博學之士大率類此沉僩○通貫處便是約不是通貫了又去裏面尋討箇約某嘗不喜揚子云多聞則守之以約多見則守之以卓說多聞了又要一箇約去守他正如公說隨箇是所守者約不是守之以約也沉僩

輯釋 ○又曰程子說格物處云但積累多後自脫然有貫通處積累多後便是博脫然有貫通處便是約輯釋

或問 此章之說曰所謂約者吾於論語已言之矣此則正以知要而言也然此亦上章之餘意故記者屬之蓋博學詳說者以資深逢原之謂其曰將以反說約者則欲其自得之深也曰楊氏分別孟揚得失如何曰其意極親切然

語亦有未盡，故讀者不能無疑。蓋所謂博約，由孟子之言，則博者所以極夫理之散殊，約則舉其散殊之理而一貫之耳。是以既博學之，文詳說之，而必會于約。蓋所謂博且詳者，固未嘗出於約之外，而所謂約於其博且詳者，又未嘗有所遺也。如揚子之言，則所謂約者乃博中之一物，方其博也，固不知此物之為約，而泛然從然雜取乎其人，及其約也，則又守此一物，而於所謂博者之中僅乃取其千萬之一焉。是亦何足以為約，而守之乎？以是推之，則揚氏之意得矣。

張氏說 天下之理常存乎至約，而約為難言也，為難識也。雖然，求約有道，其惟博學而詳說歟。博非雜也，詳非泛也，稽之前古，考之當今，以至於禮儀三百，威儀三千，朝夕從事而學焉，所謂博也。極天下之理，講論問辨而不置焉，所謂詳也。博學詳說，則心廣義精，而所謂約者可得於言意之表矣。故吾之博學而詳說，是將以反之於己而說約也。學不博，說不詳，而曰我知約者，是特陋而已矣。故約者道之所存也。守不約，則本不立，言不約，則義不明，而約不可徒得也。非功深力到，則末由至也。古之博學詳說而志不在於求約也，則是外馳其心，以務廣而誇多耳。非所謂

學也。昔者子貢嘗學博且詳而以求約者，及其一朝有感而
言曰：夫子之文章可得而聞也，夫子之言性與天道不可
得而聞也，則反約矣。孟子此章蓋欲學者知夫求約之道
所以博學而詳說之也。又將使學者知夫博學詳說所以
求約，而不至失於雜與陋之病也。然所甚言曰詳說之，又
曰反說約，必以反說爲言者，蓋說也者所以辨察吾進德
居業之實，君子於其
言無所苟而已矣。

【纂疏】輔氏曰：集註云云，文謂詩書六藝之文，理謂詩書六
藝所載許多道理。此常人之博學詳說者，則欲以誇
多鬭靡耳。若夫爲己之學則不然，所以博之於文、詳說其
理者，蓋欲其心理融會貫通，事物然後反而說到至約之
地。蓋必極其大然後中可求，盡其博與詳然後博可約，唯
能如此，然後可說一以貫之也。○又曰：博學詳說，則是深
造之意也；反說約，則是自得之事也。但上章以行言，此章
以知言，知與行盡互相發也。○又曰：徒博則泛而流蕩，徒
約則固而寡陋。

○孟子曰：以善服人者，未有能服人者也；以善

養人然後能服天下天下不心服而王者未之有也王去聲

服人者欲以取勝於人養人者欲其同歸於善蓋心之公私小異而人之嚮背頓殊學者於此不可以不審也

語錄 曰以善服人者推恐人之進於善如張華之對武帝恐吳人更立令主則江南之不可取之類是也以善養人者推恐人之不入於善若湯之事葛遺之牛羊使人往爲之耕是也見文集

陳氏語錄 以善服人者於政事之間勉而爲善而欲以服人夫爲善而欲以服人則是有爲而然於善之體固有害矣而果可以服人乎比之以善養人者非惟不同其意味蓋有霄壤之殊矣夫善者天下之公也先王修己以敬而天下之人舉在吾化育之中其發見於事業者如春風之被物物蒙其養而無不服者故未嘗有意於服人而心悅誠服有不期然而然者蓋以善道與人共之耳故詩曰自西自東自南自北無思不服如是則可以王去聲矣若五

伯之所爲其間善者不過於以善服人而已齊威公會首止而定王大子之位晉文公盟踐土率諸侯而朝王是皆欲以善服人者也當時服之者亦豈爲悅服哉其不服者固多矣比之三王深長久大涵養人心之事豈不有間乎故夫所謂以善服人以善養人之異學者要當深味其所以爲消長之殊則王伯之分判然矣

集疏 輔氏曰以力服人以德服人其不同易見以善服人以善養人其不同則難見也孟子之言至此則於以善愈密矣以德服人以力服人以事言也以善服人以善養人以心言也以善服人者以善爲己私也以善養人者以善爲天下之公也樂與人爲善者也

○孟子曰言無實不祥不祥之實蔽賢者當之

或曰天下之言無有實不祥者惟蔽賢爲不祥之實或曰言而無實者不祥故蔽賢爲不祥之實二說不同未知孰是疑或有闕文焉

張氏曰 張栻曰言而不祥莫大於蔽賢蓋此章之義謂言無實不祥其不祥之實蔽賢爲甚此蓋所謂

福者百順之名也而所謂不祥者逆理而反常者也理得於已中正和平無一不順也惟夫逆其常理則措之於身而不安以至害于而家凶于而國皆由此也故謂之不祥凡詩書所稱禍福盡如此言而不祥可以知蔽賢之爲甚蓋人賢有是善而吾蔽之是反其常理之甚也言人之所以蔽賢蓋出於娼嫉忮忮之私以其欲蔽人之賢也私意横起其不祥之氣固已充溢乎中而發越乎四體矣况乎天之生賢以爲人也蔽賢而使民不得被其澤則其爲不祥又有不可勝言者矣故秦誓謂如有一介臣斷斷猗無他技其心休休焉其如有容夫其所謂休休然者固百祥之所舍也嗟夫聖賢之論禍福盡如此彼後世不知道若謂蔽賢者必無後達賢者必有後此以區區之戋見測度天理亦以豈知所謂祥與不祥者哉

纂疏 趙氏曰集註所載二說不同愚謂祥下若有者字則當從前說言不若有而字則當從後說至於蔽賢爲不祥之實則一也

○徐子曰仲尼亟稱於水曰水哉水哉何取於

水也。亟，去吏反。

亟，數也。水哉水哉，歎美之辭。

語錄：問見大水必觀其瀾焉，是何意。曰：只川上之歎，恐是夫子本語。孟荀之言，或是傳聞之訛。呂或太。

孟子曰：原泉混混，不舍晝夜，盈科而後進，放乎四海。有本者如是，是之取爾。混，古本反。舍、放，皆上聲。

原泉，有原之水也。混混，湧出之貌。不舍晝夜，言常出不竭也。盈，滿也。科，坎也。言其進以漸也。放，至也。言水有原本，不已而漸進以至于海。如人有實行，則亦不已而漸進以至于極也。

苟為無本，七八月之間雨集，溝澮皆盈；其涸也，可立而待也。故聲聞過情，君子恥之。澮，古外反。涸，下各反。聞，去聲。

集聚也澮由間水道也涸乾也如人無實行而暴得虛譽
不能長久也聲聞名譽也情實也恥者恥其無實而將不
繼也林氏曰徐子之爲人必有躐等干譽之病故孟子以
是荅之○鄒氏曰孔子之稱水其旨微矣孟子獨取此者
自徐子之所急者言之也孔子嘗以聞達告子張矣達者
有本之謂也聞則無本之謂也然則學者其可以不務本
乎

【語錄】所謂聲聞過情這箇大段務外且更就此中間言之
如爲善無真實懇惻之意爲學而勉强苟且徇人皆
是不實處此反躬思
量方得【沈僩】【倪氏録】

【張氏註】仲尼之所以取夫水者歎其有本之無窮也夫其
所以混混然不舍晝夜盈科而後進以至於放乎
四海此何自而然哉以其有本故耳若夫溝澮之水兩集
則盈其涸也亦旋踵而至此其無本故也然則君子其可
以不務本乎故聲聞過其情實君子以爲恥者以其無本
故也然則其在人也本安在乎仁是也仁人心也人皆有

是心放而不知求則其本不立矣本不立則其知也聞見之所知而已其為也智力之所為而已豈不有限而易竭乎惟君子爲能身是心而存之存而擴之本立而道生故其所進有常而日新其事業深遠而無盡也有本無本之異蓋如此夫自可欲之善而進焉以至於極神聖之妙皆由夫自本而然其所以爲聖神者乃其可欲之善充擴變化若然耳亦猶水也至於放乎四海亦其源泉混混者之所積耳本乎本乎學者其可不務乎

【纂疏】輔氏曰此章指意都結在後兩句上故集註只以虛名實行爲言而乃引林氏鄒氏之說以明之蓋孟子之意專欲救徐子躐等干譽之病耳孔子之稱水固不專在此也然由是觀之雖一物具一理然亦隨人所取如何耳理固無盡也達者有本謂質直而好義聞者無本謂色取仁而行違取其無實而將不繼者羞惡之良心也苟能如是則既知本而能務實矣不以是爲恥則失其本心亦將何所不至哉今人每見人來獻諂諛則必有慚愧之心此正是聲聞過情羞惡之心發見最好察

○孟子曰人之所以異於禽獸者幾希庶民去

之君子存之

幾希少也庶衆也人物之本同得天地之理以爲性同得天地之氣以爲形其不同者獨人於其閒得形氣之正而能有以全其性爲少異耳雖曰少異然人物之所以分實在於此衆人不知此而去之則名雖爲人而實無以異於禽獸君子知此而存之是以戰兢惕厲而卒能有以全其所受之理也

語錄 人物之所同者理也所不同者心也人心虛靈無所不明禽獸便昏了只有一兩路子明如父子相愛雌雄有別之類人之虛靈皆推得去禽獸便更推不去人若以私欲蔽了這箇虛靈便是禽獸人與禽獸只爭這些子所以謂幾希潘時舉○飢食渴飲之類是其與禽獸同者父子有親君臣有義夫婦有別長幼有序朋友有信此乃與禽獸異者存是存所以異於禽獸者滕璘 賀氏錄○又曰存是存所以異於禽獸之道理今自謂能存只是存其與禽獸同者飢食渴飲之類皆其與禽獸同者耳趙氏錄

此言其民人之與物相去亦遠矣而孟子以爲幾

【纂疏】希者盖人物均有一心然人能存而物不能存所不同者惟此而已人類之中有凡民者亦有是心而不能存是即禽獸也惟君子能存之所以得異於物耳

舜明於庶物，察於人倫，由仁義行，非行仁義也。

物，事物也。明則有以識其理也。人倫說見前篇。察則有以盡其理之詳也。物理固非度外，而人倫尤切於身，故其知之有詳略之異。在舜則皆生而知之也。由仁義行，非行仁義，則仁義已根於心，而所行皆從此出。非以仁義爲美，而後勉強行之，所謂安而行之也。此則聖人之事，不待存之而無不存矣。○尹氏曰：存之者，君子也；存者，聖人也。君子所存，存天理也；由仁義行，存者能之。

【集義】伊川先生曰：人只箇天理，却不能存得，更做甚人也。泰山孫明復有詩云：人亦天地一物爾，飢食渴飲無休時。若非道義充其腹，何異鳥獸安鬚眉。又曰：舜明於庶物，察於人倫，然後由仁義行。橫渠先生曰：明庶物，察人倫，然後能精義致用皆其仁而行又曰明察之言不甚異明察物察人倫皆窮理也既知明理但知順理而行而未嘗有意以為仁義仁義之名但人名其行耳如天春夏秋冬何嘗有此名亦人名之爾

〔語錄〕問孟子何以只言舜曰舜是渾然舜却是就事物上一一理會過藥貫孫○問明察之義有深淺否曰察深於明明只是大既明得這箇道理爾又問此與孝經事天明故事地察之義如何曰這箇明察又別此察字却訓著字明字訓昭字事父孝則事天之道昭明事母孝則事地之道察著孟子所言明察與此條明於天之道察於人之故同金去偽○蔣舜功言只是由仁義行好行仁義便是有善利之分曰此是江西之學豈不見上面分明有箇舜字惟舜便由仁義行他人須窮理知其為仁為義從而好之〔廣德明〕

〔或問〕明物察倫而後能由仁義行程子張子之說何如曰是三言者以序言之則有序猶格物致知而後意誠心正也自聖人言之則生知安行不可以先後言矣夫子言之亦以其始終條理言之非真以為有先後

〔張氏曰〕人與萬物同乎天其體一也氣稟賦形則有分異至是禽獸亦為有情之類然而隔於形氣而不能

推也人則能推矣其所以能推者乃人之道而異乎物者
也故曰幾希言其分之不遠也人雖有是心而必貴於能
存能去之而後人道近不然放而不知求則與禽獸奚以
異哉此庶民之所以為庶民者以其去之君子之所以為
君子者則以其能存之耳曰去之者為其去之不反也曰
存之者為其存而不舍也去而不反則無以自别於禽獸
存之之極聖賢亦不可幾也去與存其幾本於毫釐之間可
不謹哉於是至舜之事以明之舜盡其極致者也明於庶
物者盡己之性而盡物之性也察於人倫者人倫之際處
之無不盡其道也由仁義行非行仁義者行仁義猶為二
物也由仁義行則如目視而耳聽手持而足履無非是矣
若舜者可謂全其所以為人者而無虧欠矣末本至於舜皆
為未盡也嗟乎人皆可以為
舜其本在乎存之而已矣
【纂疏】輔氏曰明只是知故集註以識字解之至於察則便
帶行底意思故以盡其詳言之○又曰天下無性外
之物故凡物之理皆非在吾度外至於人倫則又是吾身
至親切事故其所知自然有明與察詳與畧之異然非特
知之如此至於行亦如此觀親親而仁民仁民而愛物此則
行之詳畧也○又曰註云在舜則皆生而知之言舜乃是

生知之聖人所以言知之事也○又曰仁義行非行仁義所以言行之事也知既生知則行自安行○又曰尹氏說精確而平易辭畧于聖人之分量尤爲明切○西山眞氏曰由仁義行則身與理一行仁義則身與理二○又曰存之者猶待於用力時則身助理理助身渾然無間而不待於用力

○孟子曰禹惡旨酒而好善言（惡好皆去聲）

戰國策曰儀狄作酒禹飲而甘之曰後世必有以酒亡其國者遂疏儀狄而絶旨酒書曰禹拜昌言

【集疏】輔氏曰惡旨酒則物欲不行好善言則天理昭著

湯執中立賢無方

執謂守而不失中者無過不及之名方猶類也立賢無方惟賢則立之於位不問其類也

【語錄】執中自是執中立賢自是立賢只這執中却與子莫執中不同故集注謂執謂守而不失湯只是事事恰好無過不及而

又□□□事【□氏錄】

【纂疏】輔氏曰：執中則處義精審。立賢無方則用人無間。

文王視民如傷，望道而未之見。而讀爲如，古字通用。

民已安矣，而視之猶若有傷；道已至矣，而望之猶若未見。聖人之愛民深，而求道切如此，不自滿足，終日乾乾之心也。

【語錄】問：程張皆以望道爲望治，集註謂求道之切如此，竊謂博施濟衆，脩己以安百姓，堯舜猶以爲病，文王之心所以如此，公也。不知是否？曰：不顯亦臨，無射亦保，是文王望道如未見之事。○又曰：望道而未之見，此句與上文視民如傷爲對。孟子之意曰：文王保民之至，而視之猶若有傷；射道之極，而望之猶未見。其純亦不已如是。○【纂疏】

【或問】以而爲如，亦有據乎？曰：詩曰垂帶而厲，鄭箋云：而亦如也。此亦而爲如也。春秋星隕如雨，左氏曰與雨偕也，此以如爲而也。則其說讀而互用之久矣。曰：是則然矣。然其曰求道之切若恐弗所以言聖人之心也，奈何？曰：爲是說者，正以其德爲聖人，而心不自足如此，是乃所以賢明聖人之心，豈且子胡不以視民如傷者例而觀之乎？夫

文王之民固已無凍餒者矣而視之猶若有傷則其於道雖已與之爲一亦何害其望之如未見哉

【集説】輔氏曰民已安而視之猶若有傷則愛民深以道已至而望之猶若未見則與道無窮

武王不泄邇不忘遠

泄狎也邇者人所易狎而不泄遠者人所易忘而不忘德之盛仁之至也

【語録】泄邇忘遠此通人與事而言

泄字兼有親狎忽畧之意

【或問】有謂武王之不泄邇不忘遠非仁也勢不得不然也信乎曰此以世俗計較利害之私心窺度聖人者之言也聖人之心所以異於衆人者以其大公至正虛流貫徹無所偏倚以天下之大萬物之多而視之無異於身體曰以其於人之有痾癢疾痛無有不知而所以按摩而撫摩之惟無有不及此武王之不泄邇不忘遠所以爲德之盛而仁之至也今曰迫於勢而非仁則不知其視聖人之心爲如何而指所謂仁者爲何物哉

周公思兼三王者，思兼三王之事而措之，猶孔子之集大成

周公思兼三王，以施四事；其有不合者，仰而思之，夜以繼日；幸而得之，坐以待旦。

〔纂疏〕輔氏曰：於人所易狎而不狎，則敬心常存；於人所易忘而不忘，則誠心不息。

三王，禹也，湯也，文武也。四事，上四條之事也。時異勢殊，故其事或有所不合，思而得之，則其理初不異矣。坐以待旦，急於行也。○此承上章言舜，因歷叙羣聖以繼之，而各舉其一事，以見其憂勤惕厲之意。蓋天理之所以常存，而人心之所以不死也。○程子曰：孟子所稱，各因其一事而言，非謂武王不能執中立賢，湯却泄邇忘遠也。人謂各舉其盛，亦非也。聖人亦無不盛。

〔語錄〕曰：讀此一篇，使人心惕然而常存也。○又曰：此必周公曾如此說。大抵所舉四事極好，此一段自舜推之至于孔子。鄭可

【輔氏注】惡旨酒而好善言所欲不存而心純乎義禮之中立賢無方心無所偏係而用賢無方所也視民如傷望道而未之見憂民之憂望天下有道而未之得其心泄邇狎之無幾乎忽也不泄邇不忘遠近則不泄遠則不忘正大周徧之體也以四事皆舉其最甚者言之於其四者而觀四聖人之心則可見其運而不息化而不測矣其天地之心歟周公思兼三王以施四事方是時周公輔成王故以立經陳紀制禮作樂成一代之法度[illegible]出蓋推本三代四聖之心而施此四事垂之天下以為無窮之事業也其有不合者仰而思之所謂不合者思而未得者也故仰而思之夜以繼日幸而得之坐以待旦惟恐不及也如井田封建取士建官禮樂刑政鄉都[illegible]由而莫備於周是皆周公心思之所經綸本諸三王而得之者也周公之心孟子此章發明之可謂至矣

【纂疏】輔氏曰周公思兼三王則其於道也備矣以施四事則其於事也周矣於道也備所以成己於事也周所以及人有道然後能制事成己然後能及人且聖人之事同一揆安得有異而云其有不合者蓋以時[illegible]勢殊其施之或有不宜行之或有未當時勢遂以思思之而通憲之[illegible]將則其事雖有時措之宜而其理亦初無有異[illegible]

六六七

雅多是王者朝會燕饗樂章或是公卿大臣規諫獻納之所作東遷以後朝廷既無制作公卿又無獻納故雅詩遂亡獨有民俗歌謠其制亦自節與列國之風同故亦可謂之王風非聖人貶降之也

以往見則又見其紛無不行行無不時習之而措之天下之民謂之事業者有不可失幾者也○又曰集註謂詩陳公一事以見其憂勤惕厲之意者是矣而於其末句言周公所以無體道以制事遭變以濟時皇皇汲汲不已之意如此學者苟能深體而默識之則聖人之心與理明常存不泯而在吾心目之間矣○又曰程子恐後人輕看易了之言而提聖人於道互有得失故發明如此○又曰聖人二道之極是有所為無不各極其至豈皆可以盛不盛言哉

○孟子曰王者之迹熄而詩亡詩亡然後春秋作

王者之迹熄謂平王東遷而政教號令不及於天下也詩亡謂黍離降為國風而雅亡也春秋魯史記之名孔子因而筆削之始於魯隱公之元年實平王之四十九年也

語錄 問先儒謂自東遷之後黍離降為國風而雅亡矣恐是孔子刪詩之時降之曰亦是他當時自如此要識此詩便如周南召南當初在鎬豐之時其詩為二南後來在洛邑之時其詩為黍離只自二南進而為二雅自二雅退而為王風二南之於二雅便知登山到得黍離時節便是下坡了○這道理要緊在王者之迹熄一句上孟子

者之政存則禮樂征伐自天子出故雅之詩自作於上以教天下王迹滅熄則禮樂征伐不自天子出故雅之詩不復作於上而詩降而爲國風是以孔子作春秋定天下之邪正爲百王之大法也○【呂燾】

晉之乘楚之檮杌魯之春秋一也乘去聲檮音逃杌音兀。

乘義未詳趙氏以爲興於田賦乘馬之事或曰取記載當時行事而名之也檮杌惡獸名古者因以爲凶人之號取記惡垂戒之義也春秋者記事者必表年以首事年有四時故錯舉以爲所記之名也古者列國皆有史官掌記時事此三者皆其所記册書之名也

【纂疏】輔氏曰古人以善爲常多不記載以惡爲不常故特記之如堯典之末只載嚚朱兜共鯀數子而已以楚史記之名觀之則楚雖夷狄猶有古人遺意後世之人字大罪惡於身而初不知愧恥反一有小善則沾沾自喜以爲莫己若者亦可哀也已。

其事則齊桓晉文其文則史孔子曰其義則丘

竊取之矣。

春秋之時五霸迭興而威文爲盛史史官也竊取者謙辭
也公羊傳作其辭則丘有罪焉爾意亦如此蓋言斷之在
己所謂筆則筆削則削游夏不能贊一辭者也尹氏曰言
孔子作春秋亦以史之文載當時之事也而其義則定天
下之邪正爲百王之大法○此又承上章歷叙羣聖因以
孔子之事繼之而孔子之事莫大於春秋故特言之

集義 楊氏曰王者之迹熄而詩亡詩亡然後春秋作春秋
之時詩非盡亡也黍離降而爲國風則雅之詩亡矣
雅亡則無政春秋所以爲作也然孔子曰述而不作竊比於
我老彭而孟子曰孔子作春秋何也蓋當是時周雖未亡
所存者名位而已慶賞刑威不行焉孔子以一字爲褒貶
以代刑賞則此未有也故曰春秋天子之事也故謂之作
然其事則齊桓晉文其文則史
其義則竊取之是亦述之而已

或問 詩亡而後作春秋彼有以詩止於陳靈之後孔子作春
秋者何如曰詩之本義既不可知定又無以考其得失然

恐謂雅亡者
或近之也

張氏註 胡文定公曰按邶鄘而下多春秋時詩也而謂詩亡然後春秋作何也自黍離降為國風天下無復有雅而王者之詩亡矣春秋作於隱公適當雅亡之後故曰詩亡然後春秋作也蓋自黍離之詩以降為國風者周平王自為之也平王忘復讎之義棄宗國而遷東洛以天下之尊而自儕於列國於是王者之迹熄而詩亡天下貿貿然日趨於夷狄禽獸之歸孔子懼而作春秋春秋之作其事之大者不過於齊桓晉文則因其[illegible]魯史之舊然其義則聖人有取乎此蓋一字之間所以存天理遏人欲撥亂反正示王者之法於將來也方其未經筆削則固魯國之史耳及乎聖人有取焉則情見乎辭乃中外傳心之典也故孔子曰其義則丘竊取之矣程子曰春秋大義數十炳如日星乃易見也惟微辭隱義時措從宜者爲難知也或抑或縱或與或奪或進或退或微或顯而得乎義理之安文質之中寬猛之宜是非之公乃制事之權衡揆道之模範也嗟乎學者其可不盡心乎

集說 孫氏曰王者之迹熄傷王者之迹熄而其義不明也其事則齊桓晉文其文則史言春秋所載之事與其文

也其義則丘竊取之矣其義冒上文王者而言蓋王者之
義也孔子有王者之德而無王者之位故竊取王者之義
而定二百四十二年之邪正所謂爲百王不易之大法者
也竊取者以無其位而用其法所謂罪我者也春秋成而
亂臣賊子懼所
謂知我者也
【愚按】楊氏曰夫子之作春秋不過以史之文載當時之事
而已而其竊取之義則在於定天下之邪正爲百王
之大法也蓋春秋之善善惡惡撥亂世而反之正上明四代
之法禁下示百王之法程聖人之用備見此書而夫子之
言則又謙抑如此蓋各無自居其功之意此
孟子所以因而述之以繼群聖之後也
○孟子曰君子之澤五世而斬小人之澤五世
而斬
澤猶言流風餘韻也父子相繼爲一世三十年亦爲一世
斬絕也大約君子小人之澤五世而絕也楊氏曰四世而
緦服之窮也五世袒免殺同姓也六世親屬竭矣服窮則

遺澤寖微故五世而斬

【纂疏】輔氏曰流風以風喻之也餘韻以聲喻之也○又曰父子五世經歷百五十年則君子小人之遺澤皆當絕也○又曰九世則親盡服窮其澤亦當斬絕矣盡親也服也盡竹也澤也相因也

予未得為孔子徒也予私淑諸人也

私猶竊也淑善也李氏以為方言是也人謂子思之徒也自孔子卒至孟子遊梁時方百四十餘年而孟子已老然則孟子之生去孔子未百年也故孟子言予雖未得親受業於孔子之門然聖人之澤尚存猶有能傳其學者故我得聞孔子之道於人而私竊以善其身蓋推尊孔子而自謙之辭也○此又承上三章歷序舜禹至於周孔而以是終之其詞雖謙然其所以自任之重亦有不得而辭者矣

【集義】橫渠先生曰君子之澤五世而斬蓋謂孟子云孔子猶在五世之內雖不親為弟子其餘澤在人我得私取之以為善

【張氏注】程子曰當時門人只知闢楊墨為孟子之功故孟子發此說以推尊孔子之道言予未得為孔子徒

也。孔子流澤今此未五世其澤尚存人子則在於人而
已死此辭義其極隱諱觀之意可槩見也。雖然小人亦有
澤乎。蓋所謂澤者隨其小大淺深之所暨被。小人對君子
而小人者在上爲政亦未嘗不流澤也。然謂之小人之澤
則固與君子有間矣。論澤止於五世者大槩然爰如
此。自今觀之孔子之澤流浸彌萬世不斬也已。

【纂疏】輔氏曰：獨孟子用此私淑二字，而他無所見，故知是當時方言俗語耳。○趙氏曰：此雖是謙辭，然其所以自任之重，亦有不得而辭者，是非孟子之私言也，實天下之公論也。

○孟子曰：可以取，可以無取，取傷廉；可以與，可以無與，與傷惠；可以死，可以無死，死傷勇。

先言可以者，畧見而自許之辭也；後言可以無者，深察而自疑之辭也。過取固害於廉，然過與亦反害其惠，過死亦反害其勇，蓋過猶不及之意也。林氏曰：公西華受五秉之粟，是傷廉也；冉子與之，是傷惠也；子路之死於衛，是傷勇也。

【集義】王彥輔曰：可以死，可以無死，死傷勇。夫人之於死也，何以知其可不可哉？盡視義爲去就耳。死生之際，惟義所在，則義所以對死者也。明道先生聞而說之曰：不然，義無對。

【語錄】〇程子所謂義無對者，精約有味。〇問：取之傷廉，不難於擇矣。可與不可與，可死不可死之間，不幸擇之不精，與其吝也寧過與，與其苟生也寧就死。任事者則當寧日極其趨避之功，則於取舍死生之際不難於精擇也。曰：此意極好，但孟子之意却是恐人過乎而輕死也。[illegible]錄

〇此段正與孔子曰再斯可矣相似。凡事初看尚未定，再察則已審矣，便用決斷始得。若更加之思焉，則私意起而非義理之本然矣。〇夫取傷廉，固也；若與者本惠，死者本勇，而乃云傷惠傷勇者，謂其過與與爲無益之死耳。學者知所當與而不至於吝嗇，知所當死而不至於偷生，則幾矣。萬人傑〇孟子言可以取，可以無取，取傷廉；可以與，可以無與，與傷惠。他之意只在取傷廉上，且將那與傷惠來相對說。其實與之過厚些子，不害其爲厚；若纔過取，便傷廉，便是不好。過乎與，畢竟當下是好意思，與了再看之，方見得是傷惠。與傷廉不同，所以子華使於齊，冉子與之粟五秉，聖人雖說他不是，然亦不大故責他，只是纔過取

[illegible]深惡之如冉求爲之聚斂而欲攻之是也[illegible]
○看來可以取是其初畧看見得如此可以無取是又子[illegible]
察見得如此下二
節倣此【饒氏曰】
【或問】取若貪之屬不取若廉之屬猶與之爲惠不與之爲
嗇死之爲勇不死之爲怯也今以過取者爲傷於廉
則宜以不與爲傷惠不死爲傷勇矣而反以與爲傷惠死
爲傷勇何哉曰過取之傷廉過於此而侵奪於彼者也過
與之傷惠過死之傷勇過於此而反病乎此者也蓋奪乎
彼者其失爲易見而病乎此者其失爲難知故孟子[illegible]傷
餘以剛二者是亦孔
子過猶不及之意耳
【張氏曰】取與死生之義有灼然易判者亦有在可否之間
若在可否之間非義精者莫之能擇也蓋其幾間
不容息一或有偏則失之矣是以君子貴乎存養存之有
素則其理不昧養之有素則物莫能奪夫然後當事幾之
來有以處之而得其當也孟子於齊餽兼金而受其於宋
疑可受而不受蓋以其無處而餽之則爲傷廉故其亂子
於公西華之使冉子爲之請粟疑可與也而不與蓋以周
急不繼富而與之則傷惠故也吾於比干諫而死竊于疑

亦可死也。而併死以避害。以父師之義死之。則爲傷勇故也。然在賢者則於可不可之間能擇而處之。在聖人則動無非義。更不言擇矣。雖然。取之爲傷廉固也。然與爲傷惠。死爲傷勇何也。蓋所謂惠與勇者。以其義之所在故爾。若義所不存。雖曰惠以勇。而反害於惠勇之實。自於所不當然而然。則於其所當然者廢矣。豈不爲有害乎。

纂疏　輔氏曰。上文凡擇善處中。最爲難事。使人鹵莽不得。須思慮入於精微之中。一有不審。則所謂惠勇者。亦或陷於過當之域矣。

○逢蒙學射於羿。盡羿之道。思天下惟羿爲愈己。於是殺羿。孟子曰。是亦羿有罪焉。公明儀曰。宜若無罪焉。曰。薄乎云爾。惡得無罪。逢薄江反。惡平聲。

羿。有窮后羿也。逢蒙。羿之家衆也。羿善射。篡夏自立。後爲家衆所殺。愈。猶勝也。薄。言其罪差薄耳。

【[illegible]說】蔡氏曰窮國名羿窮國君之名也

鄭人使子濯孺子侵衛衛使庾公之斯追之子濯孺子曰今日我疾作不可以執弓吾死矣夫問其僕曰追我者誰也其僕曰庾公之斯也曰吾生矣其僕曰庾公之斯衛之善射者也夫子曰吾生何謂也曰庾公之斯學射於尹公之他尹公之他學射於我夫尹公之他端人也其取友必端矣庾公之斯至曰夫子何爲不執弓曰今日我疾作不可以執弓曰小人學射於尹公之他尹公之他學射於夫子我不忍以夫子之

道反害夫子雖然今日之事君事也我不敢廢

抽矢叩輪去其金發乘矢而後反他徒何反矣夫夫尹之夫並音扶去上聲乘去聲

之語助也僕御也尹公他亦衛人也端正也孺子以尹公正人知其取友必正故度庾公必不害己小人庾公自稱也金鏃也叩輪出鏃令不害人乃以射也乘矢四矢也孟子言使羿如子濯孺子得尹公他而教之則必無逄蒙之禍然夷羿篡弒之賊蒙乃逆儔庾斯雖全私恩亦廢公義其事皆無足論者孟子蓋特以取友而言耳

集義 伊川先生曰子濯孺子爲將之事孟子只取其不背師之意又曰國之安危在此一舉則廢之可也當之而無害於國權輕重可也何用虛發四矢也

復氏註 取友之道貴乎端雖然己必端人也而後能取友闕者有窮氏之墓臣也逢蒙學射而爲之服服

曰天下惟羿爲愈己也則從而殺之論者徒知逢蒙之殺羿其師爲罪固也而不知羿之不能取友此孟子以爲羿亦有罪其罪雖薄於逢蒙然不得爲無罪也然羿之不能取友以羿無以取友故也於是引子濯孺子之事以明之夫子濯孺子聞庾公之斯之名則信其必不我殺蓋以尹公之他而信之也則孺子之觀之他也審矣以之他之爲端人而知其取友之必端則孺子以爲人亦可知矣然則羿之爲罪豈不明乎程子曰孟子取庾公之斯不背師之意然人須就上理會事君之義當如何然則果何如哉蓋亦已審其重輕而已矣若是事也兩國之存亡安危係焉則君臣之義重而其餘有所不得而顧矣若因用師而相遇則已獨避之可也若抽矢去金而發則於義也何居孟子方明取友之道於斯固有不暇論者矣雖然即逢蒙之事論之蒙若委質爲夏廷之臣羿簒夏氏凡爲臣子據得而誅之蒙以義討賊則雖嘗學射於羿亦何罪之有而蒙也受學於羿而獨以己之私意忿羿而殺之是則爲殺其師耳以此而觀輕重之權衡可得而推矣

○孟子曰西子蒙不潔則人皆掩鼻而過之

西子美婦人蒙猶冒也不潔汚穢之物也掩鼻惡其臭也

雖有惡人齊戒沐浴則可以祀上帝齊側皆反

惡人醜貌者也○尹氏曰此章戒人之喪善而勉人以自新也

【纂註】此戒人自棄而勉人自新也人固有質美而自作者矣放其心以陷於小人之歸若有焉人固有平日所為不善者矣一知悔艾以進於君子之域者有焉示之以西子蒙不潔之喻所以使質美者毋或自肆兢懼自持而不替也示人以惡人齊戒沐浴之喻所以使有過者思所自新而然遷善之速也齊桓公一執陳轅濤塗而書之曰齊人蓋美狄之則以其不能自持故也其近於蒙不潔者歟秦穆公一有悔過詢黃髮之言則著秦誓於書則以其有遷善之意也其近於齊戒沐浴者歟學者玩此章其亦可以深儆矣

【纂疏】輔氏曰西子之質本美而蒙以不潔則自喪其美而反取人之惡孟子言此所以戒人之喪其所有之善惡人之貌本醜而能齊戒沐浴而全其誠自潔則可以事上帝孟子言此所以勉人以改過自新深玩孟子之言令人

物然而理也者然而行也

○孟子曰天下之言性也則故而已矣故者以

利爲本

性者人物所得以生之理也故者其已然之跡若所謂天下之故者也利猶順也語其自然之勢也言事物之理雖若無形而難知然其發見之已然則必有迹而易見故天下之言性者但言其故而理自明猶所謂善言天者必有驗於人也然其所謂故者又必本其自然之勢如人之善水之下非有所矯揉造作而然者也若人之爲惡水之在山則非自然之故矣

語錄曰性自是箇難言底物事惟惻隱羞惡之類却是已發見者乃可得而言只看這箇便見得性故集註下箇迹字 輯講 ○問伊川謂則語助也故者本如是者也今言天下萬物之性必求其故者只是欲順而不害之也

說如何曰則字亦不可故助語看了則有不定之意性最
難名狀天下之言性者止說得故而已矣故字外難爲說
下字如故有所以然之意利順也順其所以然則不失其
本性矣問伊川以爲言天下萬物之性何也曰此倒了他
文勢只是云天下之言性者止可說故而已矣如此則天
下萬物之性在其間矣余正叔錄○故只是已然之迹如水
之潤下火之炎上炎上潤下便是故也父子之所以親君
臣之所以義夫婦之所以別長幼之序然也有箇已然之迹但
只順利處便是故之本性水之性故下也然搏之過顙激
之在山豈不是水哉但非其性爾仁義禮智是爲性也仁
之側隱義之羞惡禮之辭遜智之是非此即性之故也若
四端則無不順利然四端皆有相反者如殘忍之非仁不恥
之非義不遜之非禮昏惑之非智即故之不利者也周謨
○故是箇已發見了底物事便分明易見所以集註謂故
者是已然之迹也是無箇字得下故下箇迹字也潘時舉
潘氏錄○又曰利是不假人爲而自然若如水之就下是
其性本就下只是順也其激之在山是不順其性而以人
爲之也若無惻隱之心非人無羞惡之心非人皆是自然
而然推智者知是此理不
假人爲順之而行饒氏錄

〔纂疏〕輔氏曰即性也雖曰無形而難知然不能不感發而形見於外既已形見則必有迹而可見也○又曰如人之性雖難知然其孺子入井時則怵惕惻隱發而形見於外是則有迹而可見也○又曰迹言人性之仁但言其發見而為怵惕惻隱之迹則仁之理自然也○又曰註云善言天者必驗於人此天字指天道而言天道無形而難知而其發動則形而為人即其所以為人者而驗之則知其所以為天者矣○又曰所謂發見已然之迹然亦有逆有順自然而然如人之善水之下者順也又有所矯揉造作而然如人之惡水之在山者逆也故言其故者所又當以順利為本言其故而不本於自然則以人性為惡水性為上者有矣○潛室陳氏曰善惡皆已然之迹但順者為本則善者其初也惡者非其初也水無有不下者水之本也若夫搏之使過顙激之使在山豈其本也哉

所惡於智者為其鑿也如智者若禹之行水也則無惡於智矣禹之行水也行其所無事也如智者亦行其所無事則智亦大矣惡為皆去聲

天下之理本皆利順小智之人務爲穿鑿所以失之禹之行水則因其自然之勢而導之未嘗以私智穿鑿而有所事是以水得其潤下之性而不爲害也

【集說】輔氏曰人物所得之理本皆順理無待於矯揉造作於其間如鯀也人不明吾性之智而以私意爲智於是每事務爲穿鑿以失其順利之理○歐陽氏曰言天下事物之理必自其發見已然之迹者盖本於天下順理自然之勢也天下事物之理莫不有順利自然之勢而莫不有跡之可驗自其已然之跡而驗之然後實見夫理之自然者爲不可易而其穿鑿造作者非徒無益而又害之也○又曰若禹之行水順夫水性之自然而不敢行夫已意之使然此其所以行其所無事也

天之高也星辰之遠也苟求其故千歲之日至可坐而致也

天雖高星辰雖遠然求其已然之迹則其運有常雖千歲

之久其日至之度可坐而得況於事物之近若因其故而求之豈有不得其理者而何以穿鑿為哉必言日至者造曆者以上古十一月甲子朔夜半冬至為曆元也○程子曰此章專為智而發愚謂事物之理莫非自然順而循之則為大智若用小智而鑿以自私則害於性而反為不智程子之言可謂深得此章之旨矣

【集義】橫渠先生曰天下之言性也則故而已矣故謂本如是說又曰故者素有所謂良知良能不慮而知不學而能者也惟其故則利矣

【語錄】朱子問苟求其故與前面故字一般否曰然

【總論一章之旨】伊川先生發明此意甚親切謂此一章專主智言鑿於智者非所謂以利為本也其初只是從性上說起不是專說性但謂天下之說性者只說得故而已後世如荀卿言性惡揚雄言善惡混但皆說得下面一截皆不知其所以謂之故者如何遂不能以利為本而然也荀卿之言只是橫說如此到底說這道理不

荀則就性惡篇謂塗之人皆可爲禹即此可見故字若
不將已然之迹言之則下文苟求其故之言如何可推曆
象家自今日推算而上極於太古開闢之時更無差錯只
爲有此已然之迹可以推測耳大與星辰間或躔度有少
差錯久之自復其常以此總本小猶大與星辰循
常度而行苟不如此皆鑿之謂也周謨錄

或問 程子以此章專爲智而發今以爲首之言指之以其
或爲性發而非智之謂也曰不然章首之言所以發
明天下事物莫不各有自然之理又皆有迹而可尋以見
智之不必用而不可用其下遂言禹之鑿智之說而卒又
歸章首之意發其專爲性發則其言之詳略又豈若是其
詞置然日今之說或但以爲日之所躔如何曰是亦可通
然非文義之所係則
亦兼而存之可也

張氏註 天下之言性言天下之性也故者本然之理非人
之所得而爲也有是理則有是事有是事則有是
物夫其有是理者性也順其理而不違則天下之性得矣
故曰故者以利爲本不順則無性而不利也所惡於智者爲其
鑿也鑿者以人爲爲之也無是理而強爲之故謂之鑿
則失其性則不可推而行無所利矣此所謂惡夫智也是

蓋以其私智爲智而非所謂智也若禹之行水則所謂智矣蓋就下者水之性也水之性非禹之所得爲禹能而[illegible]順之非智乎事事物物其理之素具者皆若水之就下然也智者之於事物也皆若禹之於水則智不亦大矣乎所謂行其所無事者非無所事也謂由其所當然未嘗致纖毫之力也天雖高日月星辰雖遠而其故皆可得而求蓋其非循自然之理也求其故則千歲之日至亦坐而致之而況此乎故夫上世聖人所以建立人極裁成萬化其事業爲無窮然在聖人亦何加毫末於此皆天下之性所當然而聖人特因以利之耳天下之謂性當有根焉率性之謂道萬化行焉聖人者能盡其性而盡人之性盡物之性以贊天地之化育者也雖然人皆有是性則其理未嘗不具也而人不能循其故者正以私意之爲亂之耳克己則人欲爲息而其所謂故者昭昭乎不可揜矣

【集疏】覺軒蔡氏曰禹之行水行其所無事功禹貢導河澤導岍導嶓冢導弱水導黑水導河導漾導江導沇水導淮導渭導洛凡十二處無非因水性之所以然而導達之也

【考證】韓氏曰此章先儒多只就性上說故皆失之鑿唯程子以爲此章專爲智而發然後其旨可明○又曰註

云用小智而自私則害及於性者有雖前水得潤下之性而言也蓋性本順利治之不順其本然之理而求之則反害其性也○歐陽氏曰天下之大智無所自為而常因天下之理天下之小智不能循理而常任一己之私○謝氏曰古者必得甲子朔日夜半冬至而日月五星皆會於子謂之上元以為曆始

○公行子有子之喪右師往弔入門有進而與右師言者有就右師之位而與右師言者

公行子齊大夫右師王驩也

孟子不與右師言右師不悅曰諸君子皆與驩言孟子獨不與驩言是簡驩也

簡略也

孟子聞之曰禮朝廷不歷位而相與言不踰階

而相揖也我欲行禮子敖以我為簡不亦異乎

朝音潮

是時齊卿大夫以君命弔各有位次若周禮凡有爵者之喪禮則職喪涖其禁令序其事故云朝廷也歷更涉也位他人之位也右師未就位而進與之言則右師歷己之位矣右師已就位而就與之言則已歷右師之位矣孟子右師之位又不同階孟子不敢失此禮故不與右師言也

總論二章之旨

孟子鄙王驩而不與言固是然朝廷之禮既然則當是之時雖欲鄙之亦不得與之言矣鄙王驩事於出弔則已見之此章之意則以朝廷之禮為重時事不同理各有當聖賢之言無所苟也答問叔京

或問

二十七章之說既嘗聞之師曰陳同甫譏孔子為有黨而孔子受之不辭右師以孟子為簡而孟子辯之如此其力豈其地位固不同也使孟子謝右師之言而曰禮也足矣然而曰朝廷不歷位而相與言不踰階而

偶揖則只欲見其甫矣然猶可也而又以盡其辭焉此所
以鋒芒發露而至以孔子之渾然也學者於此但致察焉

張氏注 右師王驩蓋齊之貴卿也有進而與右師言者有就
右師之位而與右師言者盡以其嬖於君而諂之
也孟子獨不與之言蓋道固然也右師不悅而以爲簡己者
蓋孟子一時之所尊敬雖小人亦以孟子爲重也故欲
幸假其辭色以爲己之榮是以望之於孟子而以其不我顧
爲簡也孟子獨舉朝廷之禮以爲言何其正大而不迫與
蓋君子之動無非禮也朝廷不歷位而相與言不踰階而
相揖此禮也君子行禮故常履安地而有餘裕他人不由
禮則自蹈於險艱而已所謂遠小人不惡而嚴者豈有他
哉亦曰禮而已矣禮之所在而何有於我哉或者勸伊川
先生公以加禮貴近先生曰獨不勸以盡禮而勸以加禮
乎禮盡則已豈容加乎此孟子之意也唐王毛仲置酒聞宋
璟之名而欲致之明皇敕使璟往至則北望再拜謝恩而
飲辭以退璟亦可謂正矣然毛仲君之所寵也非其焦
義何居乎若璟聞命而
引義以陳則爲盡善云矣

○孟子曰君子所以異於人者以其存心也君

子以仁存心，以禮存心。

以仁禮存心，言以是存於心而不忘也。

【輯錄】問君子以仁存心以禮存心是我本有此仁此禮只要常存而不忘否曰是也他這箇從存心上說下來言君子所以異於小人者以其存心不同耳君子則以仁以禮而存之於心小人則以不仁不禮而存之於心須看他上下文主甚麼說始得【沈僩】○這箇存心與存其心養其性底存心不同只是就心與人不同【甘節】○存心人不在紙上寫底且體認自家心是何物聖賢說得極分曉【李季札】【倪氏錄】

【纂疏】輔氏曰以仁存心而不忘如造次顛沛必於是也以禮存心而不忘如視聽言動必以禮也

仁者愛人，有禮者敬人。

此仁禮之施。

【纂疏】輔氏曰由乎內以施於外也

愛人者人恒愛之，敬人者人恒敬之。恒，胡登反。

此仁禮之驗

〔纂疏〕輔氏曰獲乎外以驗於內也

有人於此其待我以橫逆則君子必自反也我必不仁也必無禮也此物奚宜至哉 橫去聲下同

橫逆謂強暴不順理也物事也

〔纂疏〕輔氏曰強暴橫也不順理逆也

其自反而仁矣自反而有禮矣其橫逆由是也君子必自反也我必不忠 由與猶同下放此

忠者盡己之謂我必不忠恐所以愛敬人者有所不盡其心也

〔語錄〕忠者盡己也盡己者仁禮無一毫之不盡者也節 〔輯錄〕

【纂疏】輔氏曰理無窮盡人有作輟一息不存一物不體便是不盡其心

自反而忠矣其横逆由是也君子曰此亦妄人也已矣如此則與禽獸奚擇哉於禽獸又何難焉難去聲

奚擇何異也又何難焉言不足與之校也

是故君子有終身之憂無一朝之患也乃若所憂則有之舜人也我亦人也舜為法於天下可傳於後世我由未免為鄉人也是則可憂也憂之如何如舜而已矣若夫君子所患則亡矣非仁無為也非禮無行也如有一朝之患則君子

不患矣扶朱子曰

鄉人鄉里之常人也君子存心不苟故無後憂

【語錄】舜爲法於天下可傳於後世我猶未免爲鄉人是則可憂也此便是知恥知恥則進修不得不勇

【或問】古之聖人多矣必言舜爲法於天下向也曰法者人倫而已他聖人者因其常而處之不失未足以見人道之盡也惟舜遭其變而不失其常然以人道之盡於此尤可以見焉故特舉舜而爲言耳然其所謂法者亦皆舜之自爲哉但性天之妙人所難明而舜之所行有以盡發其藴使天下後世無不見聞故舉舜以見法耳程子所謂觀乎聖人則見天地者正謂此也曰楊氏以爲孟子三自反而不若顏子不校信乎曰自反所以自脩學者之事也不校不可以校成德之事也其淺深之序信如楊氏之說矣然自反之說謹嚴精切正學者所當用力處若反之未至而遽欲自以不校爲高則恐其無脩省之功而陷於苟且頹惰之域也

【輔氏曰】反身端本君子之道也故務盡其在己者而已橫逆之來我亦不爲其所動而亦未嘗易心而不加察惟

其要向如何以仁存心以禮存心者言存乎中也仁者愛人仁者必愛人也有禮者敬人有禮者必敬人也愛敬者人道之大端是以人孰無之故愛人者人恒愛之敬人者人恒敬之有是感必有是應其理然也而不幸有橫逆加焉則姑自反而已自反者求之於吾身端本之道也其自反則思吾必不仁與必無禮與不然則橫逆何以至吾前自反而仁自反而有禮是吾愛敬之本立矣而橫逆由是則又從而自反焉曰我必不忠盡己之謂忠即盡夫仁與禮者也而橫逆猶如是則歸之理而已曰是人妄耳人而妄向以異於禽獸哉此非疾而詆之之辭言其理然也所謂君子有終身之憂者憂不得如舜也其曰未免為鄉人也未有以異乎鄉之人也其欲如舜者非慕夫舜之事功也欲如舜之盡其道為難也為法於天下可傳於後世言舜為人倫之至也其憂不如舜者豈但憂之而已哉求所以則而效之者惟恐不及也故曰憂之如何如舜而已矣所謂一朝之患者橫逆之至前也吾非仁無為非禮無行而橫逆一朝至前則非所患也雖非所患然自反之功則無窮也若不務勉乎仁與禮而徒以橫逆為患則紛然置悔吝于胸中互錯然自反之功深矣所謂自反而仁矣自反而有禮矣自反而忠矣其工夫為如何哉而今之

者未能進乎此一旦横逆加之則曰吾仁矣吾有禮矣吾忠矣遂斷然以爲妄人之歸而不復致反身之道以爲觀之是則自陷於妄而已矣不可以不察也

纂疏 趙氏曰集註不必句二字不可淺看一 不仁而不自省見不自強便是苟且也

○禹稷當平世三過其門而不入孔子賢之

事見前篇

顏子當亂世居於陋巷一簞食一瓢飲人不堪其憂顏子不改其樂孔子賢之食音似樂音洛孟子曰禹稷顏回同道

聖賢之道進則救民退則脩己其心一而已矣

纂疏 輔氏曰道則以其所行言之也心則以其所存言之 救民者脩己之驗脩己者救民之本有是心則有

是道者是本則有是驗

禹思天下有溺者由己溺之稷思天下有飢者由己飢之也是以如是其急也由與猶同

集疏 禹稷身任其職故以為己責而救之急也輔氏曰禹稷既委質以事舜而以身任援溺救飢之責故視斯民之有飢溺者猶己使之飢溺是以救之如是其急所以盡其職分也

禹稷顏子易地則皆然

聖賢之心無所偏倚隨感而應各盡其道故使禹稷居顏子之地則亦能樂顏子之樂使顏子居禹稷之任亦能憂禹稷之憂也

集疏 輔氏曰聖賢之心其本然之體亭亭當當直上直下無所偏倚無所倚此其所謂中者天下之大本也然不

能不感於物故隨感而應有可喜之事感則喜心便應有可怒之事感則怒心便應如治則便須救民退則便須脩已皆吾大本中自然之體無或過無或不及各盡其道此其所謂和者天下之大道也如是故使禹稷居顏子之地亦能樂顏子之樂使顏子居禹稷之地亦能憂禹稷之憂同一大本同一達道故也

今有同室之人鬬者救之雖被髮纓冠而救之可也

不暇束髮而結纓往救言急也以喻禹稷

鄉鄰有鬬者被髮纓冠而往救之則惑也雖閉戶可也

喻顏子也○此章言聖賢心無不同事則所遭或異然處之各當其理是乃所以爲同也尹氏曰當其可之謂時前聖後聖其心一也故所遇皆盡善

【集義】伊川先生曰：記曰君子而時中，如三過其門而不入，如禹稷之出爲中，若居陋巷則不中矣。居陋巷在顔子之時爲中，三過其門而不入則非中矣。故曰禹稷顔回易地則皆然。○横渠先生曰：禹稷顔子易地則皆然，顔子固可以爲禹稷之事。如不伐善無施勞，是乃禹稷之事也。顔。顔子勿用者耳，然顔子當禹稷之世，禹稷復當顔子之時。其出其則更觀人臨時守如何。楊氏答陳華中書曰：禹思天下之溺猶己溺之，稷思天下之飢猶己飢之，過門不入，弗子其子，至胼胝手足而不爲病，君子不謂之過。顔淵在陋巷，飯疏飲水，終日如愚，然君子不謂之不及。言禹稷被髮纓冠而往救之者也，顔淵閉戶者也。故孟子曰易地則皆然。若顔淵禹稷不當其可，則是楊墨而已，君子不與也。

【語録】問：禹稷三過其門而不入，若己家有父母，豈可不入？曰：固是。然事亦須量箇緩急。若只是那九年泛底水，未便會傾國覆都，過家見父母亦不妨。若洪水之患甚急，有傾國覆都、君父危亡之災，也只得奔君父之急，雖不過見父母亦不妨也。又問：鄉鄰之鬬，有親戚兄弟在其中，豈可一例不管？曰：有兄弟固當救，然事也須量大小。若只是

小小鬬毆救之亦無妨若是有兵戈殺
人之事也只得閉門不管而已况聞

張氏曰 禹稷顏子之事疑不相似然而孔子皆賢之孟子
又斷以為同道何哉蓋以禹稷顏子之心一故也
心之所為一者天理之所存而無意必固我加乎其間當
其可而已此之謂時中禹稷以乎唐虞平治之朝當天下
之任故以生民之未得其所為已憂甫溺也猶已溺之其
飢也猶已飢之在禹稷之時在禹稷之任固當然也顏子其
生於亂世魯國之匹夫耳任行道之責者有孔子在則顏
子退居於陋巷可也在顏子之時顏子之地固當然耳
譬諸同室之鬬則當被髮纓冠而救之鄉人之鬬則閉戶
可也此禹稷顏回之事所以為不同然而為當其可則一
而已故曰禹稷顏子易地則皆然雖然在常情觀之顏子
未見其施為而遽比之禹稷不亦過乎殊不知禹稷之事
功果何所自乎德者本也事功者末也而本末一致也故
程子曰有顏子之德則有禹稷之事功所謂事功在聖賢
夫何有哉推其時而已矣然而孟子歷聘諸國皇皇然以
行道為任有異乎顏子之為後何哉方是時異端並作八
欲橫流世無孔子孟子烏得不以行道自任乎則曰顏子
孟子易地則皆然若夫墨氏兼愛則似乎禹稷之憂民者

楊氏爲我則以予顔子之在陋巷者惟其不知天理時中
而妄意以守一義蓋墨氏終身被髮纓冠以求救天下之
鬪而楊氏則坐視同室之鬪而不顧者
其賊乎道豈不甚哉是則以欲而已矣
【集疏】覺軒蔡氏曰按程子上仁君書有曰所謂道非大成
不苟於用者顔回之徒是也天之大命在夫子矣故
然得自善其身非至聖人則不出
也際有得乎顔子居亂世之意
【纂疏】輔氏曰集註章旨所謂聖賢之心無不同一本也事
則所遭或異其萬殊也然處之各當其理是乃所以爲
同者所謂萬殊一本吾道一以貫之也○又曰事雖萬殊
心一以貫則凡所以語默云爲達道也皆時中也豈復有
不盡善
者哉

○公都子曰匡章通國皆稱不孝焉夫子與之
遊又從而禮貌之敢問何也
匡章齊人通國盡一國之人也禮貌敬之也

〔釋疑〕輔氏曰禮貌猶所謂文貌謂其容貌有禮也文也人心燦然敬則見人便自有禮貌也

孟子曰：世俗所謂不孝者五：惰其四支，不顧父母之養，一不孝也；博弈好飲酒，不顧父母之養，二不孝也；好貨財，私妻子，不顧父母之養，三不孝也；從耳目之欲，以為父母戮，四不孝也；好勇鬬很，以危父母，五不孝也。章子有一於是乎？

好、從，皆去聲。很，胡懇反。

戮，羞辱也。很，忿戾也。

夫章子，子父責善而不相遇也。

夫音扶。

遇，合也。相責以善而不相合，故為父所逐也。

責善，朋友之道也；父子責善，賊恩之大者。

賊害也。朋友當相責以善。父子行之，則害天性之恩也。

夫章子豈不欲有夫妻子母之屬哉？爲得罪於父，不得近，出妻屛子，終身不養焉。其設心以爲不若是，是則罪之大者，是則章子已矣。」夫章之夫音扶。

爲，去聲。屛，必井反。養，去聲。

言章子非不欲身有夫妻之配，子有子母之屬，但爲身不得近於父，故不敢受妻子之養，以自責罰。其心以爲不如此，則其罪益大也。○此章之旨，於衆所惡而必察焉，可以見聖賢至公至仁之心矣。楊氏曰：「章子之行，孟子非取之也，特哀其志而不與之絕耳。」

語錄 據章子所爲，因責善於父而不相遇，雖是父不是，己亦不是。然但至如此廢業，出妻屛子，終身不養，則豈得爲孝？孟子言父子責善賊恩之大者，此便是責之以不孝也。但其不孝之罪，未至於可絕之地耳。然當時人則遂以

為不孝而絕之故孟子舉世俗之不孝者五以曉人若姬
以匡章者則亦在所絕耳後世因孟子不絕之則又以善查
康子之不孝而以為孝此皆不公不正倚於一偏也必若
孟子之所處然後可以見聖賢至公至仁之心矣輔廣

總論二章之旨

看得康章是篇擬張氏人因對曰觀其屬
意於陳仲子則可見先生甚欲之曰所筒
都是此樣人故
說得同輔廣

饒氏註

常人之私情纔聞人之過責人惟恐不深而不復
察其理君子恕以待人油然公平各以其分而是
非無不得矣匡章之事亦可謂處乎其不幸者也眾人皆
歸之以不孝之名而孟子獨明其不然者察其理故曰謂
諫於其父而父不受以至於怒而棄之以君子之法論之
章特未知夫有隱而無犯與夫號泣而從之之義耳夫其
所謂有隱而無犯與夫號泣而從者其懷愉委曲為如何
非致其深愛者不能也章之諫也無乃不能察其親之意
而或過於辭色歟是以為責善而賊恩也〻至於責善而
觸恩則非惟不能匡救其事而反以傷父子之天性其所
以處固不為無過然謂之不孝則抑甚矣蓋章本心亦厭幾
欲其父之為善耳而處之或過反以致其怒耳又以為

得罪於父而已亦不當更安夫妻子之養則其出妻屏其
身子謂不若是則已之罪益大也其深自咎責之意可見
矣夫察章之事既其平世俗之所謂不孝而原章之心則
又以得罪於父為不遑安則章亦庶幾其可進於善者又
豈當棄絕於君子之門哉若章得罪於父而不知懼則是
以怨懟之氣行於其間而同罪矣然則君子之觀人也豈
苟云乎哉夫齊國之士皆以仲子為賢通國皆稱匡章為
不孝而孟子獨明其不然世俗之毀譽亦無本之水非君
子孰能察之雖然孟子所論不孝五者蓋言世俗之所謂
不孝者世俗之所共知也若夫君子之行事則居處之不
莊非孝也事君不忠非孝也涖官不敬非孝也朋友不信
非孝也戰陣不勇非孝也一失其所以行事之理則為非
孝矣孟子特以衆人稱章子為不孝而欲棄絕
之故舉世俗之所謂不孝者而辨其不然耳

纂疏 輔氏曰衆惡之必察焉此孔子之明訓也而孟子之
意正如此故可以見其至公至仁之心至公則無有
私蔽於己至仁則不忍苟責於人必能至
公然後能全仁必能至仁然後能至公

○曾子居武城有越寇或曰寇至盍去諸曰無

寓人於我室毀傷其薪木寇退則曰修我牆屋
我將反寇退曾子反左右曰待先生如此其忠
且敬也寇至則先去以爲民望寇退則反殆於
不可沈猶行曰是非汝所知也昔沈猶有負芻
之禍從先生者七十人未有與焉與去聲

武城魯邑名盍何不也左右曾子之門人也忠敬言武城
之大夫事曾子忠誠恭敬也爲民望言使民望而效之沈
猶行弟子姓名也言曾子嘗舍於沈猶氏時有負芻者作
亂來攻沈猶氏曾子率其弟子去之不與其難言師賓不
與臣同輔氏曰師則父行也賓則兄行也故與爲人臣者不
同[illegible]父兄則當尊也臣則比二者爲微矣君之所以待
二者[illegible]而二者之
所以自處亦不同也

子思居於衛有齊寇或曰寇至盍去諸子思曰如伋去君誰與守

言所以不去之意如此

孟子曰曾子子思同道曾子師也父兄也子思臣也微也曾子子思易地則皆然

微猶賤也尹氏曰或遠害或死難其事不同者所處之地不同也君子之心不繫於利害惟其是而已故易地則皆能為之○孔氏曰古之聖賢言行不同事業亦異而其道未始不同也學者知此則因所遇而應之若權衡之稱物低昂屢變而不害其為同也

張氏曰君子不避難亦不入於難惟當夫理而已矣於其所不當避而避焉固私也而於其所不當蹈而蹈乃自以為就義是亦私而已矣故慷慨殺身者易從容就義者難蓋常人為血氣所蔽是以莫能擇義而動惟君子為能

理之明，克己之力，故於事事物物之間處之而從容也。此曾子、子思之所以同道歟。夫曾子，師也，父兄也，師之尊與父兄之分，同以師道居，則固非爲臣役矣。寇至而去之，寇退而反，無預其難，蓋在師之義當然也。子思，臣也，微也。爲之臣則固爲微，分卑賤，以服君之事，有難而可逃之乎？與君同守而不去，則爲臣之義當從也。從容乎義之所當然，曾子子思何有哉？故曰曾子子思易地則皆然，以其天理時中一而已。嗟乎！知曾子子思之所處，則知微子比干箕子之事矣。易之爲書，卦者事也，爻者事之時也，於其事當其時而各有處焉，蓋莫非天理之素也。非克己窮理者，其孰能與於斯哉！

纂疏 輔氏曰：曾子率弟子而去之，是遠害也；子思雖無死難之事，然寇至不去，則有死難之理也。其事如此不同者，蓋以曾子則處師賓之地，而子思則處爲臣之地，有不同焉故也。君子之心，不論事之利與害，唯顧理之是者則爲之耳。故雖易地而處，皆能爲其所當然者。若其心一繫於利害，則有隕穫而無安裕，有苟且而無詳允，爲臣而死難者處賓師之地則或不能遠乎害，爲師賓而遠害者處爲臣之地則或不能死於難，變動遷徙，或至於倒行逆施，而不自知也。○又曰：古人言行事業皆就其所遇之時所處之地爲之，故各自不同，至於道則一而已。知此歸于是者知此則與[illegible]所遇之時因所遇之地而如權衡之稱物物有輕重之不同則衡有低昂之或異我則進退其權以取平焉豈有不同者哉

○儲子曰王使人瞯夫子果有以異於人乎孟子曰何以異於人哉堯舜與人同耳瞯古莧反

儲子齊人也瞯竊視也聖人亦人耳豈有異於人哉

集義 楊氏曰聖人人倫之至也豈有異於人乎哉堯舜之道曰孝弟不過行止疾徐而已皆人所日用而昧者不知也夏葛而冬裘渴飲而飢食日出而作晦而息無非道者譬之莫不飲食而知味者鮮矣堯舜是而求之則堯舜與人同其可知也已

張氏註 齊王謂孟子而果賢則必有異於人者故使儲子瞯之孟子之言曰何以異於人哉堯舜與人同耳語雖至約其所包含至廣矣夫人若天地之心聖人之與衆人也豈有異乎哉衆人有喜怒哀樂聖人亦未嘗無

也衆人夏葛冬裘飢食渴飲聖人亦不能違也然而聖人之所以爲聖人衆人之所以爲衆人者果何在乎聖人率性而盡其道衆人則逆其道而失其性故曰然而衆人雖失其性而道固自若也聖人雖獨盡其道而立則俱立逆則俱逆未嘗不與人同也故曰堯舜與人同耳夫自常情觀聖賢之所爲疑若甚高而不可跂及曾不知聖賢之所爲無非天下之常理猶飢之當食渴之當飲然也惟夫以私欲蔽之而昧夫大同之理則差殊萬端視所謂常而不可易者反以爲甚高而難能者矣故不極高明則不足以道中庸是以君子貴乎學也

纂疏 輔氏曰集註謂聖人亦人耳所以先解堯舜與人同一句然後却言豈有異於人哉逆而解之意愈明白矣然堯舜不獨與人同其形至於其心所具之理則亦與人無異也孟子之言固兼舉之矣

○齊人有一妻一妾而處室者其良人出則必饜酒肉而後反其妻問所與飲食者則盡富貴也妻告其妾曰良人出則必饜酒肉而後反

問其與飲食者盡富貴也而未嘗有顯者來吾將瞯良人之所之也蚤起施從良人之所之徧國中無與立談者卒之東郭墦閒之祭者乞其餘不足又顧而之他此其爲饜足之道也其妻歸告其妾曰良人者所仰望而終身也今若此與其妾訕其良人而相泣於中庭而良人未之知也施施從外來驕其妻妾施音迤又音易墦音燔施施如字

章首當有孟子曰字闕文也良人夫也饜飽也顯者富貴人也施邪施而行不使良人知也墦冢也顧望也訕怨詈也施施喜悅自得之貌

由君子觀之則人之所以求富貴利達者其妻

妾不羞也而不相泣者幾希矣

孟子言自君子而觀今之求富貴者皆如此人耳使其妻妾見之不羞而泣者少矣言可羞之甚也○趙氏曰言今之求富貴者皆以枉曲之道昏夜乞哀以求之而以驕人於白日與斯人何以異哉

張氏註 意者孟子在齊適見齊人有此事而嘆息以為與世之求富貴利達者無以異也夫其施施然驕其妻妾徒知以得為貴而不知所以得之者為可賤也一日妻妾知其所為而以賤之以為不可望以終身而其驕猶未已妻妾知其為可賤而在己獨不知賤之為欲所蔽故也夫富貴利達豈可以求哉若有求之之意則苟可以求而遂其欲者枉道㒺身無所不至矣而彼方且以此而驕人是與墦間之乞者何以異哉其妻妾將未知其所以得之者爲可羞且彼其知則求將為之恥而相泣矣雖然墦間之乞若不過辱其身而已求富貴利達而不以其道則斯人也將至於敗其家之于其國一身之無恥而貽害之大不獨妻妾之泣不足以[illegible]終身而已也而彼方以此自驕不亦悲夫

○曰孟子於此辭受出處之際未嘗不拳拳焉齊王欲見則辭以疾曰暱輔行則不與言欲授以室則却而不從欲留其行則卧而不應枉尺直尋則非之不下禮義則非之既譬以鑽穴隙而相窺又譬之以登龍斷而罔利至於墦間之喻諄諄懇切若是者果何邪義與利之間君子小人之所分而天下國家治亂之所關係也義者天理之公利者人欲之私循天理之公則辭受出處惟義之從惟心之安是既足以全吾此心之德矣以之治人則必能立廉而懲貪以之事君則必能伏節而死義循人欲之私者不是卑辱苟賤惟利之趨既已喪其本心矣則傷風敗教其君誤國皆斯人爲之也聖賢安得不深致其戒哉今觀墦間一章所以形容其苟賤之態雖三尺童子亦知惡之然流俗滔滔務爲卑諂工諂媚事苞苴務肯諂笑搖尾乞憐自少至老自朝至暮無一念不在於是視吾身以爲何物視天下國家爲何事其未得之也則愁憂窮蹙若不可以終日志得意滿則驕肆鄙賤傲其閭里然其可賤尤甚於墦間而莫之責者也學者要當辨思義利之下充吾羞惡之心而養吾剛大之氣然後知孟子之言誠末俗之箴砭也

孟子卷第九

○諸儒集成之書

朱子集註　朱子集義　朱子語録　朱子或問

南軒張氏註　黄氏講義　蔡氏集疏　趙氏纂疏

萬章章句上　凡九章

萬章問曰舜往于田號泣于旻天何爲其號泣也

孟子曰怨慕也號平聲

舜往于田耕歷山時也仁覆閔下謂之旻天號泣于旻天呼天而泣也事見虞書大禹謨篇怨慕怨己之不得其親而思慕也

氏曰怨者怨己之不得其親而不能自已慕者思其親而不能自忘也夫父慈子孝理之常也何

有於怨嘆哉唯其遭人之變故深推其所以不得於親之故而自怨自咎其在我者有何罪戾而勤然思慕其無頃刻之忘必欲得其歡心而後已此舜之所以怨慕也

萬章曰父母愛之喜而不忘父母惡之勞而不怨然則舜怨乎曰長息問于公明高曰舜往于田則吾既得聞命矣號泣于旻天于父母則吾不知也公明高曰是非爾所知也夫公明高以孝子之心為不若是恝我竭力耕田共為子職而已矣父母之不我愛於我何哉（惡去聲夫音扶恝苦八反共平聲）

長息公明高弟子公明高曾子弟子于父母亦書辭言呼父母而泣也恝無愁之貌於我何哉自責不知己有何罪耳非怨父母也楊氏曰非孟子深知舜之

心夫能為此言蓋舜惟恐不順於父母未嘗自以為孝也若自以為孝則非孝矣

[illegible] 輔氏曰楊氏發明得舜之心以使舜自以是為孝則其心便自止息目如人子敢說饒實節則便止矣

帝使其子九男二女百官牛羊倉廩備以事舜於畎畝之中天下之士多就之者帝將胥天下而遷之焉為不順於父母如窮人無所歸

帝堯也史記云二女妻之以觀其內九男事之以觀其外又言一年所居成聚二年成邑三年成都是天下之士就之也胥相視也遷移以與之也如窮人之無所歸言其怨慕迫切之甚也

[illegible] 二女娥皇女英也蓋夫婦者人倫隱微之際示正始之道所繫尤重故觀人者於此為尤切也 [illegible] 輔氏曰怨慕之情迫切之至一如窮人之無所歸說其心焦然怵迫而無所底涯也

天下之士悦之，人之所欲也，而不足以解憂；好色，人之所欲，妻帝之二女，而不足以解憂；富，人之所欲，富有天下，而不足以解憂；貴，人之所欲，貴為天子，而不足以解憂。人悦之、好色、富貴，無足以解憂者，惟順於父母可以解憂。

孟子推舜之心如此，以解上文之意。極天下之欲不足以解憂，而惟順於父母可以解憂，孟子真知舜之心哉！

輔氏曰：上文是說舜之實事，此又孟子推述舜之心以解上文之意，言舜之心事實有如此者。自舉天下之所欲不足以解憂者，有所性不存焉故也；惟順於父母可以解憂者，有性之不可離而亦不可以不盡也。

人少，則慕父母；知好色，則慕少艾；有妻子，則慕妻子；仕則慕君，不得於君則熱中。大孝終身慕父母。

五十而慕者，予於大舜見之矣。好，皆去聲。

言常人之情因物有遷，惟聖人為能不失其本心也。艾，美好也。楚辭、戰國策所謂幼艾，義與此同。不得，失意也。熱中，躁急心熱也。言五十者，舜攝政時年五十也。五十而慕，則其終身慕可知矣。○此章言舜不以得衆人之所欲為己樂，而以不順乎親之心為己憂，非聖人之盡性，其孰能之。

張氏註 聖人盡性者也，能盡其性，故為人倫之至。常舜之怨慕，學者所當深思力孰，不可以易而論也。公明高蓋亦知此，故孟子舉其語而因以發明之。謂公明高之意以為孝子之心不若是恝然，蓋孝子之於親，貴愛之也深篤，故其望之也切，至不可磯，為不孝，而愈疎亦為不孝。蓋親親之心，於是為至。我竭力耕田，共為子職而已，父母之不我愛，於我何哉，述舜之言。一云：自謂我知竭力耕田，以共子職而已，父母不我愛，於我豈有所不盡而致然歟。不奔之命而存於胸，反復思念，求其道，所以未得於全子[illegible]，泣于旻天，此舜之所以為怨慕也。所謂於我何哉，是當為[illegible]

味帝舜之心於言意之表也方是時堯使其九男二女百
官牛羊倉廩備以事之於畎畝之中而天下之士亦皆歸
之堯且將以天下讓焉自舜之有得乎此以夫不順
於父母之故若窮人無所歸則之心果何如哉曰若窮
人無所歸則見其皇皇然有求而不得也人悅之好色富
貴衆人之所欲在舜則所欲不存焉所欲不存於此而
有至憂焉惟順於父母則可以解憂也蓋父母之意於我
有所未順是吾所以順乎父母者未至也此舜之所憂也
人莫不有所慕舜亦有所慕人之所慕一物欲誘之而舜之
所慕則天性之不可解者其於斯世無一毫存於胸中欲
身乎父母而已曰慕則無須臾而不在乎此至誠無息者
也此之謂大孝五十而慕於瞽瞍底豫而天下化至誠之能動也
孟子又復發明之可謂至矣夫仲弓問仁孔子以在邦
無怨在家無怨而易曰樂天知命故不憂舜亦未怨與憂
乎噫明乎此而後知聖
人之心以天之所為者矣

【集疏】西山真氏曰五十始衰禮所謂不致毀之時也大舜
於此猶慕焉聖人純孝之心不以老而衰也此其所
以終身之慕○蔡氏曰衆人之所欲者皆外物也順親
者人之本心也溺於外物而失其本心則性不存矣故集

註朱子盡性之言。○輔氏曰人欲有一毫物欲之累而於其親有一毫之不順則於吾固有之性便有不足處也能盡其性則能不失其本心而爲人倫之至矣

○萬章問曰詩云娶妻如之何必告父母信斯言也宜莫如舜舜之不告而娶何也孟子曰告則不得娶男女居室人之大倫也如告則廢人之大倫以懟父母是以不告也懟直類反

詩齊國風南山之篇也信誠也誠如此詩之言也懟讐怨也舜父頑母嚚常欲害舜告則不聽其娶是廢人之大倫以讐怨於父母也

集疏　輔氏曰人之大倫固不可廢亦不容廢之若由父母而廢之則是陷父母於過失而讐怨於父母也

萬章曰舜之不告而娶則吾旣得聞命矣帝之妻

舜而不告何也曰帝亦知告焉則不得妻也妻去聲

以女爲人妻曰妻程子曰堯妻舜而不告者以君治之而已如今之官府治民之私者亦多

【纂疏】輔氏曰謂以君命治之未必瞽瞍之不聽也如今之官府治民之私或有牽制而不必其聽者則官司以法定使之如此耳

萬章曰父母使舜完廩捐階瞽瞍焚廩使浚井出從而揜之象曰謨蓋都君咸我績牛羊父母倉廩父母干戈朕琴朕弤朕二嫂使治朕棲象往入舜宮舜在牀琴象曰鬱陶思君爾忸怩舜曰惟兹臣庶汝其于予治不識舜不知象之將殺己與曰奚而不知也象憂亦憂象喜亦喜弤都禮反忸女六反怩音尼與平聲

完治也揜去也階梯也捐蓋也按史記曰使舜上塗
廩瞽瞍從下縱火焚廩舜乃以兩笠自捍而下去得
不死後又使舜穿井舜穿井爲匿空旁出舜既入深
瞽瞍與象共下土實井舜從匿空出去即其事也象
舜異母弟也謨謀也蓋蓋井也舜所居三年成都故
謂之都君咸皆也績功也舜既入井象不知舜已出
欲以殺舜爲己功也干盾也戈戟也琴舜所彈五絃
琴也弤雕弓也象欲以舜之牛羊倉廩與父母而自
取此物也二嫂堯二女也棲牀也象欲使爲己妻也
象往舜宮欲分取所有見舜生在牀彈琴蓋既出即
潛歸其宮也鬱陶思之甚而氣不得伸也象言己思
君之甚故來見爾忸怩慙色也臣庶謂其百官也象
素憎舜不至其宮故舜見其來而喜使之治其臣庶
也孟子言舜非不知其將殺己但見其愛則憂見其
喜則喜兄弟之情自有所不能已耳萬章所言其[illegible]

歟不可□然舜之心則孟子有以知之矣他亦不是
辨他□子曰象憂亦憂象喜亦喜人情天理於是爲
至

語錄　問伊川言象憂亦憂象喜亦喜與孔子微服過宋事
相類二者只可謂之道並行而不相悖而以爲相類
何也先生曰舜知象之將殺己而象憂則亦憂象喜則亦
喜孔子知桓魋不能害己而又微服過宋此兩事若相拗
然皆是道理並行而不相悖故云相類非謂舜與孔子事
一一相類也董銖○象謀害舜者舜隨即化了更無一毫在
心但有愛象之心常存今人被弟激惱便常以爲恨而愛
弟之心減少矣沈僩○問至天下之物皆不足以解憂
惟順於父母可以解憂曰聖人一身渾然天理故極天下
之至樂不足以動其事親之心極天下之至苦不足以害
其事親之心一心所慕惟知有親凡天下事物皆是至重
施於兄弟亦然但知我是兄合當友愛其弟更不問如何
且如父母使之完廩又却捐階焚廩到得免死下來當如
何使之浚井又從而揜之到得免死出來又當如何若是
以下等人處此定是意不能平非獨下等人雖平日極知
當孝其親者到父母以此施於己此心亦不能平定是會

七二四

了父爲弟曰以殺舜爲事若是他人也須與他理會舜只知此只是兄惟知友愛其弟那許多不好景象都自不見了這道理非惟舜有之人人皆有之非獨舜能爲人人皆可爲所以大孝大要只要窮理舜明於庶物察於人倫推是許多道理見得極盡所以做出純是道理無有些子渣滓但舜是生知不待窮索如今須待窮索教盡莫說道只消做六七分那兩三分不消做盡也得。葉賀孫録○滕璘録

集疏西山真氏曰象欲殺舜之迹明甚舜豈不知之然見其憂則憂見其喜則喜略無一毫芥蔕於其中後世骨肉之間小有疑隙則猜防萬端惟恐發之不蚤除之不亟至此然後知聖人之心與天同量也○又曰世儒以帝堯在上二女嬪虞象無殺舜之理故以孟子爲疑不知孟子特論大舜之心使其有是處之不過如此豈必真有是哉○輔氏曰象曰以殺舜爲事肆人欲以絕兄弟之情者也象憂亦憂象喜亦喜順天理以盡兄弟之情者也象之人欲雖萬變而終有窮舜之天理則一定而未嘗易吾之象不格姦而激隙以來則舜之天理勝而象之人欲消矣

曰然則舜僞喜者與曰否昔者有饋生魚於鄭子

産。子産使校人畜之池，校人烹之，反命曰：「始舍之，圉圉焉；少則洋洋焉，攸然而逝。」子産曰：「得其所哉！得其所哉！」校人出，曰：「孰謂子産智？予既烹而食之，曰得其所哉，得其所哉。」故君子可欺以其方，難罔以非其道。彼以愛兄之道來，故誠信而喜之，奚僞焉？與，平聲。校，音效，又音教。畜，許六反。

校人，主池沼小吏也。圉圉，困而未紓之貌。洋洋，則稍縱矣。攸然而逝者，自得而遠去也。方，亦道也。罔，蒙蔽也。欺以其方，謂誑之以理之所有。罔以非其道，謂昧之以理之所無。象以愛兄之道來，所謂欺之以其方也。舜本不知其僞，故實喜之，何僞之有？○此章又言舜遭人倫之變，而不失天理之常也。

【集註】伊川先生曰：象憂亦憂，象喜亦喜，盡人情天理，於是爲至。舜之於象，周公之於管叔，其用心一也。

【或問】諸說如何？曰：程子所謂人情天理於是爲至者，大爲精切，學者所宜反復而深思焉。楊氏草草領略也。其所疑萬章之言，則林氏論之爲詳，然學者正欲識得舜之心耳，小亦不足以深論也。林氏曰：司馬公以爲是時堯將以天下禪舜，瞽叟雖愚，亦豈不利其子與兄之爲天子，而欲殺之乎？皆使殺之，兄必誅已，宜亦有所不敢矣。蘇氏以爲舜之側微，已能使瞽象不格姦矣，豈至此而猶欲害之哉？以此皆疑孟子之說。惟程子以爲此非孟子之言，乃萬章傳聞之誤，而孟子有不暇辨，且是數說者恐其皆未安也。蓋天下之事，有不可以常情測度者，使瞽象而猶知利害之所在，則亦未爲甚頑且傲，而舜之所處亦未足爲天下之至難矣。乃格姦者，但能使之不陷於刑戮，若家語所謂索而殺之未嘗可得，即焚廩揜井之事也。且聖賢於世俗傳聞之事，有非義者，必辨而明之，以曉天下後世，豈有知其不然而不暇辨者哉？

【張氏註】舜不告而娶，與常人異，前已論之詳矣。若完廩浚井，則事之所無也，故程子曰：論其理則堯在上而百官事舜於畎畝之中豈容象得以殺兄而二嫂治其棲乎是孟子者以意逆志可也故孟子未暇正其事之有無獨以其大意明舜之心謂舜非不知象之將殺己也然象憂亦憂象喜亦喜程子曰人情天理於是爲至舜之於象周公之於管叔用心一也蓋象憂喜舜亦憂喜其心與之爲一體之愛之未嘗間也夫象之所爲憂者舜欲害己也而舜亦憂其憂乎已何以使象之至此也象之喜喜者有時而彼以喜來則舜固不逆其詐亦從而爲之喜也其憂也純乎憂其喜也純乎喜親之愛之而不知其他此仁人之於弟也天理人情之至也象憂而舜漠然不以爲憂象喜而舜親之不以爲喜則在我之誠先不篤矣豈聖人之心也哉故周公不知管叔之將叛是大舜此心也萬言猶未之識意以爲憂或可也喜其僞乎孟子於是舉子產之事子產雖未足以準乎聖賢之事業然其不以詐待校人之心則君子之心也故曰君子可欺以其方難罔以非其道夫可欺以其方者以其忠信待人也難罔以非其道者以其理義素明也夫子產猶能以信待校人況於聖人人倫之至其於兄弟之間有一毫未盡者乎彼以愛兄之道來則我誠信而喜之豈有僞也此當深味而默識之要不可以言語盡也嗟乎舜處乎頑父嚚母傲弟之間

而烝烝乂不格姦終至於化成天下惟其純乎是心而已純乎是心皆純乎天也夫何爲哉恭己正南面而已蓋此心也

〔發明〕輔氏曰誣之以理之所有在君子猶或可欺也誣之以理之所無在君子則必不可惑也象以愛兄之道來止其欺之以其方者然後以愛兄之道來則舜以愛弟之道接此皆誠實之事何僞之有哉

○萬章問曰象日以殺舜爲事立爲天子則放之何也孟子曰封之也或曰放焉

放猶置也置之於此使不得去也萬章疑舜何不誅之孟子言舜實封之而或者誤以爲放也

萬章曰舜流共工于幽州放驩兜于崇山殺三苗于三危殛鯀于羽山四罪而天下咸服誅不仁也象至不仁封之有庳有庳之人奚罪焉仁人固如是乎在他人則誅之在弟則封之曰仁人之於弟

也，不藏怒焉，不宿怨焉，親愛之而已矣。親之欲其貴也，愛之欲其富也。封之有庳，富貴之也。身為天子，弟為匹夫，可謂親愛之乎？庳音鼻。

流，徙也。共工，官名。驩兜，人名。二人比周，相與為黨。三苗，國名，負固不服。殺，殺其君也。殛，誅也。鯀，禹父名。方命圮族，治水無功，皆不仁之人也。幽州、崇山、三危、羽山、有庳，皆地名也。或曰：今道州鼻亭即有庳之地也。未知是否。萬章疑舜不當封象，使彼有庳之民無罪而遭象之虐，非仁人之心也。藏怒，謂藏匿其怒；宿怨，謂留蓄其怨。

語錄 共工，蓋古之世官族也。○又曰：三苗在江南荊、揚之間，恃險為亂者也。○鯀，崇伯名，詳見書文集。

[illegible] 王氏曰：圓則行，方則止。方命者，逆命而不行，猶今言廢閣詔令也。蓋鯀之為人，悻戾自用，不從上令也。圮，敗；族，類也。言與衆不和，傷人害物也。楚辭言鯀悻直，是其方命圮族之證也。○趙氏曰：按幽州，北裔之地，舜分冀北

爲幽州崇山南裔之山在今澧州慈利縣一名南西裔之地禹貢在雍州或以爲燉煌未詳羽山東裔之山在今海州朐山縣○又曰漢書顔師古計云有鼻在零陵今鼻亭是也

敢問或曰放者何謂也曰象不得有爲於其國天子使吏治其國而納其貢稅焉故謂之放豈得暴彼民哉雖然欲常常而見之故源源而來不及貢以政接于有庳此之謂也

孟子言象雖封爲有庳之君然不得治其國天子使吏代之治而納其所收之貢稅於象有似於放故或者以爲放也蓋象至不仁處之如此則既不失吾親愛之心而彼亦不得虐有庳之民也源源若水之相繼也來謂來朝覲也不及貢以政接于有庳謂不待及諸侯朝貢之期而以政事接見有庳之君蓋古書之辭而孟子引以證源源而來之意見其親愛之無

已如此也○吳氏曰言聖人不以公義廢私恩亦不以私恩害公義舜之於象仁之至義之盡也

語錄 曰仁之至自是仁仁之至義之盡自是義之盡封之有庳富貴之也是仁之至使吏治其國而納其貢賦與義之盡後世如景帝之於梁王始則縱之太過不得謂之仁後又窘治之甚峻義又失之皆不足道

張氏註 舜之處象可謂盡矣象雖不道而吾之弟也仁人之於弟親愛之而已矣吾爲天子而可使弟爲匹夫乎故封之于有庳然象之不道也詎可以君國子民乎故使吏治其國納其貢稅而不得以暴彼民也而其親愛之至又欲常常而見之故使不拘於朝貢之時源源而來若天子以政事接于有庳之君然夫其所以與之曲折詳備如此仁之至義之盡親親之心而大公之體也雖然仁人之於弟也不藏怒不宿怨在他人則如之何其不藏怒不宿怨之心則同也然於他人則有可疏絕之道在弟則惟當親愛之而已耳此其異也或曰周公之於管蔡爲如之何蓋管蔡挾武庚以叛憂在王室社稷在生民周公爲國討亂也象之欲殺舜其事在舜之身且固不同也舜與周公易地則皆然蓋其存心爲天理人情之至則一也

【纂疏】輔氏曰吳氏說盡聖人事以公義廢私恩則不盡情其流必至於以私恩害公義則不盡義其害必以至於以不義殺舜之於象封之有庳富貴之也是不以公義廢私恩象不得有爲於其國天子使吏治其國而納其貢稅焉是不以私恩害公義如是則仁義兩盡而天理人情各得其至矣

○咸丘蒙問曰語云盛德之士君不得而臣父不得而子舜南面而立堯帥諸侯北面而朝之瞽瞍亦北面而朝之舜見瞽瞍其容有蹙孔子曰於斯時也天下殆哉岌岌乎不識此語誠然乎哉孟子曰否此非君子之言齊東野人之語也堯老而舜攝也堯典曰二十有八載放勳乃徂落百姓如喪考妣三年四海遏密八音孔子曰天無二日民無

二王。舜既爲天子矣，又帥天下諸侯以爲堯三年喪，是二天子矣。帥音所類反　魚及反

咸立，蒙，孟子弟子。語者，古語也。蹙，顰蹙，不自安也。岌岌，不安貌也。言人倫乖亂，天下將危也。齊東，齊國之東鄙也。孟子言堯但老不治事，而舜攝天子之事耳。堯在時，舜未嘗即天子位，堯何由北面而朝乎？又引書及孔子之言以明之。堯典，虞書篇名。今此文乃見於舜典，蓋古書二篇或合爲一耳。言舜攝位二十八年而堯死也。徂，升也。落，降也。人死則魂升而魄降，故古者謂死爲徂落。遏，止也。密，靜也。八音，金石絲竹匏土革木，樂器之音也。

語類曰：天地陰陽之氣交合便成人，氣便是魂，精便是魄。到得將死，熱氣上出，所謂魂升；下體漸冷，所謂魄降。魂歸于天，魄降于地，而人死矣。

張氏註 堯老而命舜攝天子之事是則堯猶為君而舜則臣也堯崩舜率天下之臣民以喪堯三年喪畢而猶以堯之事行於天下也至於堯崩三年之喪畢舜避堯之子而天下獄訟謳歌歸之不容舍焉而後舜始踐天子位此堯舜相繼之際書傳所載莫詳焉而獨見孟子之書也嗚乎聖人奉若天命其所處皆義理之精微而後世以私意求之幾何而不為齊東野人之論哉

纂疏 北溪陳氏曰徂是魂之升上落是魄之降下

咸丘蒙曰舜之不臣堯則吾既得聞命矣詩云普天之下莫非王土率土之濱莫非王臣而舜既為天子矣敢問瞽瞍之非臣如何曰是詩也非是之謂也勞於王事而不得養父母也曰此莫非王事我獨賢勞也故說詩者不以文害辭不以辭害志

以意逆志，是為得之。如以辭而已矣。雲漢之詩曰：
周餘黎民，靡有孑遺。信斯言也，是周無遺民也。
不臣堯，不以堯為臣，使北面而朝也。詩小雅北山之
篇也。普，徧也。率，循也。此詩今毛氏序云：役使不均，己
勞於王事而不得養其父母焉。其詩下文亦云：大夫
不均，我從事獨賢。乃作詩者自言天下皆王臣，何為
獨使我以賢才而勞苦乎。非謂天子可臣其父也。文，
字也。辭，語也。逆，迎也。雲漢，大雅篇名也。孑，獨立之貌。
遺，脫也。言說詩之法，不可以一字而害一句之義，不
可以一句而害設辭之志，當以己意迎取作者之志，
乃可得之。若但以其辭而已，則如雲漢所言，是周之
民真無遺種矣。惟以意逆之，則知作詩者之志在於
憂旱，而非真無遺民也。
語錄 問以意逆志。曰：此是教人讀書之法，須是虛心以待他
道理是如何，自家須迎接將來，今人讀書却是硬

捉他來，使不是逆志。○又曰：大抵讀書須是虛心平氣，優游玩味，徐觀聖賢立言本意所向如何，然後隨其遠近深淺輕重緩急而為之說，如孟子所謂以意逆志者庶乎可以得之。若便以吾先入之說橫於胸次，而驅率聖賢之言以從己意，設使義理可通，已涉私意穿鑿，而不免於郢書燕說之誚，況又義理窒礙，亦有不可行者乎。【蔡氏讀】○又曰：所謂迎若其至否速遲，不取自必而聽於彼也。【讀傳】○又曰：逆是前去追迎之之意，蓋是將自家意思去前面等候詩人之志來。○又曰：譬如有一客來，自家去迎他，他來則接之，不來則已，若必去捉他來則不可。

【集疏】輔氏曰：以文害辭，辭是泥一字之文而害一句之辭也。以辭害意，意是泥一向之辭而害詩人設辭之意也。○又曰：意是己意，志謂詩人之志，以我之意逆取詩人之志，然後可以得之。

孝子之至，莫大乎尊親；尊親之至，莫大乎以天下養。為天子父，尊之至也；以天下養，養之至也。詩曰：永言孝思，孝思維則。此之謂也。

瞽瞍既爲天子之父則當享天下之養此舜之所以爲尊親養親之至也豈有使之北面而朝之理乎

詩大雅下武之篇言人能長言孝思而不忘則可以爲天下法則也

[illegible]輔氏曰上既言讀詩之法以破萬章之惑此又言尊親養親之至以見舜無使父朝己之理夫舜既爲天子則瞽瞍實爲天子之父備享四海九州之奉如舜爲尊親養親之至矣故引下武詩以詠歎之以謂如舜者然後可謂能長言孝思而不忘天下以爲法則者矣舜盡事親之道而爲法於天下即其事也豈有使其父北面而朝之理乎

書曰祗載見瞽瞍夔夔齊栗瞽瞍亦允若是爲父不得而子也見音現齊側皆反

書大禹謨篇也祗敬也載事也夔夔齊栗敬謹恐懼之貌允信也若順也言舜敬事瞽瞍往而見之敬謹如此瞽瞍亦信而順之也孟子引此而言瞽瞍不能以不善及其子而反見化於其子則是所謂父不得而子者而非如咸丘蒙之說也

成氏注　於此非特可辨瞽瞍不爲臣之事蓋可以得讀詩之法也夫詩曰天之下莫非王土率土之濱莫非王臣此北山之篇曰勞於王事而不得養其父母者之所作也以爲普天之下皆王土也率土之濱皆王臣也何獨使己勞於外而獨不得養其父母而咸丘蒙遽引以證天下無非臣則瞽瞍亦當爲臣何其失詩人之旨也故孟子遂爲言說詩之法文者字也辭者聯綴其語以成辭者也以文害辭謂泥於文而失其立辭之本也以辭害意謂執其辭而昧其本意之所在也故必貴於以意逆志以意逆志者謂以其意之見於辭者而逆夫其志之存於中者如此則其大旨可得矣如雲漢之詩所謂周餘黎民靡有孑遺者蓋言王畿民之切以爲旱既太甚其君猶未已則周餘黎民將無孑遺矣若以辭害意則謂周果無遺民可乎孟子既辨咸丘蒙說詩之非於是言舜所以事瞽瞍者以告之夫孝子之心莫不以尊親爲至也而尊親之至有過於天下養者乎是所謂尊之至此舜之孝思所以爲天下萬世之則也然則天子固爲天下尊矣而天子之父又天子之所當尊此太極之所以爲一古今之通義也然則謂瞽瞍之爲臣不亦悖于理之甚乎兼孟語所謂盛德之士君不得而臣父不得而子則亦有說矣以舜之事論之父之詔子義當

舜也。又以瞽瞍之頑，舜盡子道，至于大和，感神而瞽亦允

若也。是感格之道，乃在於舜所以變化瞽瞍之愚頑者，舜

也。為君之父，不得而子之，可見矣。古之人君，蓋有受教於其

臣以成其德者，如太甲之於伊尹，成王之於周公，謂之君

不得而臣亦可也。蓋在子知盡事父之道而已，在臣知盡

事君之道而已，而自後世觀之，則見其有不得而臣不得

而子者焉。

故云不爾也。

【疏】蔡氏曰：張載謂敬其子舜之事也，齊莊敬也，栗戰栗

也，夔夔，莊敬戰栗之容也。舜之敬畏小心而盡於事

親者如此，故瞽瞍頑愚亦允若，即孟子之所謂底豫也。

○萬章曰：堯以天下與舜，有諸？孟子曰：否。天子不

能以天下與人。

天下者，天下之天下，非一人之私有故也。

然則舜有天下也，孰與之？曰：天與之。

萬章問而孟子答也。

天與之者諄諄然命之乎諄之淳反

萬章問也諄諄詳語之貌

曰否天不言以行與事示之而已矣行去聲下同

行之於身謂之行措諸天下謂之事言但因舜之行事而示以與之之意耳

曰以行與事示之者如之何曰天子能薦人於天不能使天與之天下諸侯能薦人於天子不能使天子與之諸侯大夫能薦人於諸侯不能使諸侯與之大夫昔者堯薦舜於天而天受之暴之於民而民受之故曰天不言以行與事示之而已矣暴步卜反下同

暴顯也言下能薦人於上不能令上必用之舜爲天人所受是因舜之行與事而示之以與之之意耳

纂疏 輔氏曰下薦人於上公心也君有令上必用之心則便是私意矣孟子此數句不惟説得二聖受授之義明白而於人臣薦賢薦善之道大公至正之心亦無餘蘊矣彼竊位蔽賢之徒固不足深責而進一善達一能亦止以必見君之用不以示一己之恩者皆私意也○又曰上只言天與之又説民而言者天人一理而天實以民爲視聽也舜相堯二十有八載此固天也至於朝覲訟獄謳歌則以民而亦曰天者以天統乎人人與天一也

曰敢問薦之於天而天受之暴之於民而民受之如何曰使之主祭而百神享之是天受之使之主事而事治百姓安之是民受之也天與之人與之故曰天子不能以天下與人舜相堯二十有八載非人之所能爲也天也堯崩三年之喪畢舜避堯

之子於南河之南。天下諸侯朝覲者，不之堯之子
而之舜；訟獄者，不之堯之子而之舜；謳歌者，不謳
歌堯之子而謳歌舜，故曰天也。夫然後之中國，踐
天子位焉。而居堯之宮，逼堯之子，是篡也，非天與
也。之去聲朝音潮夫音扶
南河在冀州之南，其南即豫州也。訟獄，謂獄不決而
訟之也。

纂疏 趙氏曰：冀州爲帝都，在帝都之西者謂之西河，在帝都之南者謂之南河，其實一河也。

泰誓曰：「天視自我民視，天聽自我民聽。」此之謂也。
自，從也。天無形，其視聽皆從於民之視聽。民之歸舜
如此，則天與之可知矣。

[illegible]氏註 聖人之動無非天也。其揖遜授受之際，豈有我之所得爲哉？孟子發明之曰：天子不能以天下與

人主以天下而以天下與人則是私意之所爲亂之道哉
之於舜擇於天下而薦之天且而發之於民而天下者天實
爲之豈堯能加毫末於此哉故謂之天與之也以行與事
示之者以其所行與當時之事觀之則可見天之所與矣
使之主祭而百神享之之主事而事治百姓安之是乃其
行與事之可見者也蓋祭而備順是百神所享也至於烈
風雷雨而弗迷又可見其享之之實也神人一理神之所
享民之所安者也天與之即人與之也然則堯何加毫末
於此哉舜之相堯歷年如是之久其薦於天暴於民者如
是其著此乃天也堯崩舜率天下而服堯之喪既喪除
舜避堯之子於南河之南不敢以己爲天子而聽天所命
也朝覲訟獄謳歌者皆相率而歸焉不容舍焉夫然後歸
而踐位而從容於天人之際蓋如此然則舜亦豈能加毫
末於此哉故曰聖人之動無非天也夫所謂天者至公無
私之辭也天之視聽何自而見民之視聽是也朝覲訟獄
謳歌之所歸是天命之所歸也玩此章則聖人所謂奉天
而天不違後天而奉天
時者殆可得而究矣
輔氏曰天無形體無耳目焉能有所視聽而天人之
[illegible]理不間毫髮故其視聽皆因民之視聽此又以人兼天也

○萬章問曰人有言至於禹而德衰不傳於賢而傳於子有諸孟子曰否不然也天與賢則與賢天與子則與子昔者舜薦禹於天十有七年舜崩三年之喪畢禹避舜之子於陽城天下之民從之若堯崩之後不從堯之子而從舜也禹薦益於天七年禹崩三年之喪畢益避禹之子於箕山之陰朝覲訟獄者不之益而之啓曰吾君之子也謳歌者不謳歌益而謳歌啓曰吾君之子也朝音潮

陽城箕山之陰皆嵩山下深谷中可藏處也啓禹之子也楊氏曰此語孟子必有所受然不可考矣但云天與賢則與賢天與子則與子可以見堯舜禹之心

皆無一毫私意也

纂疏胡氏曰孟子發天與賢則與賢天與子則與子兩句關係如此便見得是聖人之心渾是一箇天理更無有一毫私意爲之間也○趙氏曰陽城山在漢潁川郡箕山在嵩高之北

丹朱之不肖舜之子亦不肖舜之相堯禹之相舜也歷年多施澤於民久啟賢能敬承繼禹之道益之相禹也歷年少施澤於民未久舜禹益相去久遠其子之賢不肖皆天也非人之所能爲也莫之爲而爲者天也莫之致而至者命也

堯舜之子皆不肖而舜禹之爲相久此堯舜之子所以不有天下而舜禹有天下也禹之子賢而益相不久此啟所以有天下而益不有天下然此皆非人力所爲而自爲非人力所致而自至者蓋以理言之

義之天自人言之謂之命其實則一而已

〔語錄〕問莫之致而至者命也曰命有兩樣得之不得曰有命自是一樣天命之謂性又自是一樣雖是兩樣却只是一箇命天之命人有命之以厚薄脩短有命之以清濁偏正無非是命曰如舜禹益相去久遠是命之在外者其子之賢不肖是命之在內者聖人窮理盡性以至於命便能贊化育堯之子不肖他便不傳與子而傳與舜本是箇不好底意思却被他一轉轉得好〇〔饒氏〕

〔[illegible]〕輔氏曰天大無爲故非人力所爲而自爲者天也事未有無故而致者故非人力所致而自至者命也以理言之謂之天此所謂天則天專言之則道者是也以人言之謂之命此所謂命則天之命於人者是也理則天理之本體命則天理之命於人者皆非人力所爲所致故曰其實則一而已也〇北溪陳氏曰天與命只一理就其中却微有分別爲以做事言做事是人對此而反之非人所爲便是天至以吉凶禍福地頭言有因而致是人力對此而反之非力所致便是命天以全體言命以其中妙用言其曰以理言之謂之天是專就天之正面說義言却包命在

其中其已自人言之謂之命命是天命因人限之而後見

故吉凶禍福自天來到於人然後為命乃是於天理中截

命為一邊而言其指歸爾若只就天一邊

說吉凶禍福未有人受來如何見得是命

匹夫而有天下者德必若舜禹而又有天子薦之者故仲尼不有天下

孟子因禹益之事歷舉此下兩條以推明之言仲尼之德雖無愧於舜禹而無天子薦之者故不有天下

繼世以有天下天之所廢必若桀紂者也故益伊尹周公不有天下

繼世而有天下者其先世皆有大功德於民故必有大惡如桀紂則天乃廢之如啓及太甲成王雖不及益伊尹周公之賢聖但能嗣守先業則天亦不廢之故益伊尹周公雖有舜禹之德而亦不有天下

集疏　輔氏曰無天子薦之者在孔子之氣數有不完也繼世有賢君者在益伊尹周公之所遇有不同也亦皆莫之為而為莫之致而至者也

伊尹相湯以王於天下。湯崩，太丁未立，外丙二年，仲壬四年。太甲顛覆湯之典刑，伊尹放之於桐三年。太甲悔過，自怨自艾，於桐處仁遷義三年，以聽伊尹之訓己也，復歸於亳。相王皆去聲艾音乂

此承上文言伊尹不有天下之事。趙氏曰：太丁，湯之太子，未立而死。外丙立二年，仲壬立四年，皆太丁弟也。太甲，太丁子也。程氏曰：古人謂歲爲年。湯崩時，外丙方二歲，仲壬方四歲，惟太甲差長，故立之也。二說未知孰是。顛覆，壞亂也。典刑，常法也。桐，湯墓所在。艾，治也。說文云：芟草也。蓋斬絕自新之意。亳，商所都也。

【通考】問外丙二年仲壬四年集註兩存趙氏程氏之說則康節之說亦未可據邪曰如何便信得又問如此則堯即位於甲辰年亦不可據也曰此却據諸歷書如此說恐或有之然亦未可必曰若如此則一二年四年亦可推矣曰或者中間年代不可紀自共和以後方可紀則是時自無由可推此類且當闕之不必深考【語錄】

周公之不有天下猶益之於夏伊尹之於殷也

此復言周公所以不有天下之意

【纂疏】輔氏曰前既言益與伊尹之事矣故此復言以周公不有天下亦若益與伊尹爾所以足前義也

孔子曰唐虞禪夏后殷周繼其義一也禪音擅

禪授也或禪或繼皆天命也聖人豈有私意於其間哉○尹氏曰孔子曰唐虞禪夏后商周繼其義一也孟子曰天與賢則與賢天與子則與子知前聖之心者無如孔子繼孔子者孟子而已矣

【或問】舜禹避位之說或者疑之以為舜禹之為相攝行天子之事久矣至此而復往避之有如天下歸之而朱

苟不順則將從天下而廢其君之子邪抑將奉其君之子而違天下之心邪是皆事之至逆而由避有以致之也至益不度天命而受位矣避之而天下不從然後不敢爲匹夫猶且取之而謂益爲之乎是其說也奈何朱子曰愚嘗聞之師曰聖人未嘗有取天下之心也舜也禹也益也於其君之老也奉命以行其事而已未嘗攝其位也於其君之終也從冢宰總百官以行方喪之禮而已未嘗繼其統也及夫三年之喪畢則當還政嗣君而告歸之時也於是去而避之亦禮之常而事之宜耳然其避去也其心惟恐天下之不吾釋也舜禹蓋迫於天命人心而不獲已者君益則求仁而得仁又何恥之有哉論者之學不足以及此而狃於利害權謀之習妄意以爲聖賢之心亦若已之心而已矣蓋以曹操不肯釋兵歸國之心而爲舜禹益謀則宜其以爲不當去位而避朱均以曹丕累表陳遜之心而爲舜禹益謀則宜其以幸舜禹之得之而以益之不得爲可恥也嗚呼學者能反是心以求之則聖人之心庶乎其可見矣

蔡氏經

張氏陸 堯舜傳之賢禹傳之子而後世以爲逆有至禹而德衰之論此以私意觀聖人也非惟以私意觀禹亦以

私意觀堯舜者亦矣蓋堯之與賢非固舍其子以欲與賢以
示人也以是存心則是私意而已豈所以爲公哉而禹之
與子也亦豈以欲與其子者哉孟子之言著明矣曰天與賢則與
賢則與賢天與子則與子天與賢則賢者立焉天與子則
子立焉然則天與聖人果且有一乎哉此所謂天下之大
公若加毫末於此者私意也禹薦益於天與堯之薦舜
之薦禹其心一也益避禹之子與舜之在南河禹之在陽
城其心一也天而與益則朝覲訟獄謳歌者皆歸之益
天子也矣禹亦豈得而不與之哉而天則與子也禹亦豈
得而與之哉使天而與丹朱與舜之子則舜禹固得遂其
終避之意猶益得遂其終避之志者也故曰其心一也莫
之爲而爲者天也莫之致而至者命也其發明天人之際
深矣莫之爲言無有爲之者而其爲則天也莫之致言無
有致之者而其至則命也言天而又言命以言其體統而
命言其命乎人者也丹朱之不肖舜之子亦不肖而舜禹
之爲相歷年施澤之久故天下歸之啓賢能敬承繼禹之
道而益相禹未久故天下歸啓此豈有爲之者乎豈有致
之者乎而其爲也其至也則可以曰天與命也聖人樂天
而知命故無違也雖然人君爲不善而天命去之則是有
以爲而致也獨不可言天與命歟孟子蓋亦嘗論之矣曰

盡其道而死者正命也桎梏死者非正命也蓋知堯舜禹益之事天理之全而命之正也若夫為不善以及於亂亡則是自絕于天以過其命不得謂之得其正矣然而於為是事則行是難謂之命則可也孟子因論堯舜禹禪繼之事而遂及於凡夫有天下繼世有天下之理而論伊周孔子之事所以極乎天命之微也匹夫而有天下德必若舜禹而又有天子薦之者故仲尼之不有天下則以无薦之於天者也此天也繼世以有天下若以其罪如桀紂而後為天所廢不然則其繼世固宜啟益伊尹周公亦不敢奪而不有天下也太甲雖不敬于始伊尹放之於桐使之改行及其克終則奉而歸之皆順天命也以此可見繼世之君非若桀紂則不為天所廢也周公之不有天下亦若是矣此皆言天理之常也孔子曰唐虞禪夏后商周繼其義一也此一者何也亦曰奉天命而已矣而司馬君實蘇子由各以其私意立論愚不得而不辨也司馬氏之論曰禹子果賢而禹授益使天下自擇啓而歸焉是飾偽也益知啓之賢得天下之心已不足以間而受天下於禹是竊位也禹以天下授益啓以違父之命而為天子是不孝也惡有飾偽竊位不孝之人而謂之聖賢哉此未知禹不得而授之於益益不得受之於禹也禹以益之賢使宅百揆而薦

之於天且禹薦益以冢宰率天下行三年喪喪畢則避位焉禹之子啓賢而天下歸之因其所也禹也益也啓也皆豈能加毫末於此哉蘇氏之論曰使舜禹避之天下歸之而舜之子不賢將使天下而發其子賢將奉其子而違天下叛而事之至逆由避致之也至益不受天命而受位於禹禹遜之而天下不從而後不敢為匹夫猶且恥為之而謂益為之哉此尤不思之甚者也舜禹豈有當天下之意乎哉然其事而避其位若天下歸吾君之子固其所也而天下歸之自舍且舜禹若逆計其利害而遂自以則是何心哉益為禹所薦固終其冢宰之事三年喪畢避啓貫山天下歸啓益因得其所也而以私意得失輕重論聖賢何其不思之甚哉

纂疏輔氏曰孔子之言固斷胥得好又得孟子發明之尤更明白可謂自非能得前聖之心者孰知即知而得之也

○萬章問曰人有言伊尹以割烹要湯有諸要平聲下同

要求也按史記伊尹欲行道以致君而無由乃為有莘氏之媵臣負鼎俎以滋味說湯致於王道蓋戰國時有為此說者

【集疏】輔氏曰戰國之時去聖漸遠人不知有義理之學稍有才識者則汲汲然志於功名事業以求其富貴利達雖枉己辱身有所不暇故設爲此等議論以誣聖賢以便一己之私耳○趙氏曰湯娶有莘氏之女

孟子曰否不然伊尹耕於有莘之野而樂堯舜之道焉非其義也非其道也祿之以天下弗顧也繫馬千駟弗視也非其義也非其道也一介不以與人一介不以取諸人樂音洛

莘國名樂堯舜之道者誦其詩讀其書而欣慕愛樂之也駟四匹也介與草芥之芥同言其辭受取與無大無細一以道義而不苟也

【集疏】楊氏曰一介之與萬鍾若論利則有多寡若論義其理一也伊尹惟能一介知所取與故能祿之以天下弗顧繫馬千駟弗視自後世觀之則一介不以與人爲太吝一介不以取諸人爲太潔然君子之取守適於義而已

孔子於公西赤之富不恤其請於原憲之貧不許其辭此知所予者也孟子言非其道則一簞食不可受於人如其道則舜受堯之天下不以為泰此知所取者也

【訓録】先生問如何是伊尹樂堯舜之道對以飢食渴飲鑿井耕田自有可樂曰龜山答胡文定書是如此說要之不然須是有所謂堯舜之道如書云人心惟危道心惟微惟精惟一允執厥中此便是堯舜相傳之道如堯克明俊德以親九族至協和萬邦黎民於變時雍如欽明文思溫恭允塞歷象日月星辰敷五典齊七政同律度量衡之類伊尹在莘野時須曾一一學來不是每日只耕鑿食飲過了又問看伊尹升陑之事亦是曾學兵法曰古人皆如此如東漢李膺為度遼將軍必是曾復行陣又問傳說版築亦讀書否曰不曾讀書如何有說命三篇之文廖德明

【或問】樂堯舜之道之說曰楊氏亦過之矣田夫野老之所日用固莫非堯舜之道然堯舜之所以為堯舜者其盛德大業之全體但非一端所能盡而伊尹之所樂亦豈專在於此而已哉此蓋生於禪者之說昔有以此問某人如何是堯舜之道者其人荅云江上一犂春雨傳者以其言為高妙而不深考於其實遂取以為說而張大之其亦

誤矣且如其言則伊尹之耕於野其於堯舜之道固已親見之矣又何必堯舜其君堯舜其民而後爲親見之耶

問道義一物非其義則非其道矣一介不妄取予則其大者亦可知矣既曰非義又曰非道既曰一介又曰天下千駟何也曰道義二者兼體用而言也一介千駟極其多少而言也盖人之氣質不同器識有異或務大而忽小或拘小而遺大故必兼舉而極言之然後可以見其被之全耳夫豈贅於言哉

纂箋 輔氏曰道體也義用也既曰義又曰道者兼體用言之也先言義後言道者自其用處察之而見其體一也天下千駟所謂大也一介所謂細也物有大細而道義無大細苟害道義則豈問於大細哉此伊尹之辭受取與所以無間於萬鍾之大一介之細而一以道義斷之不以微細而苟於取與也○趙氏曰莘國即今同州郃陽縣

湯使人以幣聘之囂囂然曰我何以湯之聘幣爲哉我豈若處畎畝之中由是以樂堯舜之道哉

囂五高反又戶驕反

囂囂無欲自得之貌。

【纂疏】輔氏曰伊尹以堯舜之道自樂故常無慾而自得涵泳其言則舉天下之物果何足以累其心哉。

湯三使往聘之既而幡然改曰與我處畎畝之中由是以樂堯舜之道吾豈若使是君爲堯舜之君哉吾豈若使是民爲堯舜之民哉吾豈若於吾身親見之哉

幡然變動之貌於吾身親見之言於我之身親見其道之行不徒誦說向慕之而已也。

【語錄】伊尹是兩截人方其耕于莘野若將終身焉是一截人及湯三聘翻然而往使以天下之事爲己任是一截人○或謂耕田鑿井便是堯舜之道此皆不實不然何以有豈若吾身親見之哉一句若不著實只是脫空

【趙氏錄】

【纂疏】輔氏曰幡有反覆之意此爲變動之貌○又曰此皆是樂道之事也言我能使是君爲堯舜之君使是民爲堯舜之民則我之身親見其道之行而其樂不啻見於誦說嚮慕之而已也

天之生此民也使先知覺後知使先覺覺後覺也予天民之先覺者也予將以斯道覺斯民也非予覺之而誰也

此亦伊尹之言也知謂識其事之所當然覺謂悟其理之所以然覺後知後覺如呼寐者而使之寤也言天使者天理當然若使之也程子曰予天民之先覺謂我乃天生此民中盡得民道而先覺者也既爲先覺之民豈可不覺其未覺者及彼之覺亦非分我所有以予之也皆彼自有此理我但能覺之而已

【集考】明道程子曰天民之先覺譬之皆睡他人未覺來以我先覺故搖擺其未覺者亦非從外之覺及其覺也元無

此文蓋因未嘗有所增加也。

【語錄】問：此所謂天民，但言天所生之民耳，且曰天民之先覺，蓋曰天生此民，此民之中特爲先覺者而已。○問知與覺，是知此一事，覺是忽然自理會得。○又曰：知者因事因物皆可以知，覺則是自心中有所覺悟。○又曰：如知得君之仁，臣之敬，子之孝，父之慈，是知此事；又知得君之所以仁，臣之所以敬，父之所以慈，子之所以孝，是覺此理。○又曰：知覺二字，程子所云知是知此事，覺是覺此理，此言盡之，自不必別立說也。事親當孝，事兄當悌者，事也；所以當孝，所以當悌者，理也。答吳晦叔。○先覺後覺是自悟之覺，如大學說格物致知豁然貫通處。今人知得此事，講解得這箇道理，皆知之事；及至自悟，則又自有箇見解處。先知先覺、後知後覺，先覺覺後覺中央兩箇覺字，皆訓喚醒，是我喚醒他覺。

【輯釋】輔氏曰：知淺而覺深，知有界限而覺無偏全。○又曰：程子云譬之人睡，他人未覺而我先覺，以我先覺，故擿醒其未覺者，亦使之覺，及其已覺也，元無欠少，亦未嘗有增加，適一般耳。此說說得箇覺字極爲全備，謂覺之而已，非自所增益之也。○又曰：既爲先覺之民，豈可不覺其未覺者？此解非予覺之而誰也。向嘗大孝之道既明明

則於九都民到出地位則自然皆出不得正使不得時與位亦須着如孔孟著書立言以資萬世皆得此皆是不容已處

思天下之民匹夫匹婦有不被堯舜之澤者若己推而內之溝中其自任以天下之重如此故就湯而說之以伐夏救民推出向以內說音稅

書曰昔先正保衡作我先王曰予弗克俾厥后爲堯舜其心愧恥若撻于市一夫不獲則曰時予之辜孟子之言蓋取諸此是時夏桀無道暴虐其民故欲使湯伐夏以救之徐氏曰伊尹樂堯舜之道堯舜揖遜而伊尹說湯以伐夏者時之不同義則一也

饒氏曰徐氏於時義上看得分明故於下文止取之

吾未聞枉己而正人者也況辱己以正天下者乎

聖人之行不同也或遠或近或去或不去歸潔其

身而已矣。行，去聲。

辱己甚於枉己，正天下難於正人。若伊尹以割烹要湯，辱己甚矣，何以正天下乎？遠，謂隱遁也；近，謂仕近君也。言聖人之行雖不必同，然其要歸在潔其身而已。伊尹豈肯以割烹要湯哉？

[illegible]輔氏曰：枉己，謂枉其在己之道；辱己，則又有所辱之事及於己矣。然辱己實由於枉己，枉己固不可以爲未甚而有枉於己也。人則有所指而言，至於天下則所該廣矣。以其實較，故有難易之辨。然正天下實自正人始，未有不能正人而能正天下者也。○又曰：聖人之行本不同，其所以不同者，所遭之時不同耳。或隱遁而遂去，或出而仕以近君，雖有不同，然其要歸則在於潔其身而已。所謂潔其身者，不使其身陷於不義耳。蓋身者萬事之本也，身之不潔，則事無與[illegible]，率皆淆亂而無可爲者矣。

吾聞其以堯舜之道要湯，未聞以割烹也。

林氏曰：以堯舜之道要湯者，非實以是要之也，道在此，湯之聘自來耳。猶子貢言夫子之求之異乎人求之也。愚謂此語亦猶前章所論父不得而子之意。

【纂疏】輔氏曰：要，求也。聖人本無求人之心，但道德充足於己，而人自來求我，亦如聖人之求之耳。故子貢謂夫子之求之也，異乎人之求之與，正與此意相似。○又曰：前章所論父不得而子，謂為天子則可臣其父，故孟子謂舜不為瞽瞍所化而反化於其子，此則所謂父不得而子也。此章所問伊尹之要湯，謂其以割烹也，故孟子謂非以割烹而乃以堯舜之道要湯，其意亦正同也。

伊訓曰：天誅造攻自牧宮，朕載自亳。

伊訓，商書篇名，孟子引以證伐夏救民之事也。今書牧宮作鳴條。造、載，皆始也。伊尹言始攻桀無道，由我始其事於亳也。

【張氏注】所謂樂堯舜之道者，果何如哉？伊尹之在莘野，飢食而渴飲，朝作而夕息，何以異於田夫野人乎？惟其行著習察，順天命、樂天而無一毫損益於其間，此即堯舜之所以治天下者，而伊尹之所樂，有在乎是也。既曰非其道也，非其義也，祿之以天下弗顧，又曰非其義也，非其道也，一介不以與人，一介不以取諸人，蓋其祿以天下弗顧

繫馬千駟不視之以即一介不以取與之以也既曰義而
又以道兼體用而明之此其不詘殤之命若以其未可
也其幡然而改者以其可也非前日之不是而今日改之
是也蓋湯往三聘之則其意篤也於是幡然而從之也若
於其未可而遽起與於其可而不幡然則皆有害於堯舜
之道非其所樂者矣故於其未可則曰豈若處畎畝之中
由是以樂堯舜之道及其可則曰豈若使是君為堯舜之
君使是民為堯舜之民豈若於吾身親見之哉其從容於
出處之際者然也謂之非予覺之而誰者非不讓也理固若
是也思天下之民有不被堯舜之澤若己推而內之溝中
者仁者與萬物同體無不愛也前日處畎畝之中而民之
困窮有所不得而與一日以身許成湯則當以天下之重
自任此乃堯舜之道而天之理也即其飢食而渴飲朝作
而夕息者也伊川先生曰予天民之先覺者譬之昏寐天
下未覺以我先覺振動未覺者亦使之覺及其覺也元無
少欠亦無增加適同而已蓋天之生民均具此理惟聖賢
先得其所同然者是在天生此民中為先覺之民也衆人
方且懵而莫之知故有待於聖賢之覺其所以可得而覺
者以其本有故耳既言知而又言覺者知者知有此事覺
言有所以自覺固有淺深也雖然聖賢所以覺天下者則

行道矣非惟教化之行涵濡飫飴有以使之然而其感通之妙民由乎日用之中固有不言而喻未施而效者或謂語曰民可使由之不可使知之聖賢固不能使天下之皆覺也然而天下有可覺之道聖賢有覺之之理則覺雖存乎人而聖賢使之由於斯道雖出未之或知固在吾覺之之中矣伊尹之所以仕而就湯者蓋如此謂以割烹要乎枉己以正人無是理也既分枉則將何以正人乎枉己正人且不可而謂辱己而可以正天下有是理乎割烹之論殆出於春秋戰國之際枉己求合者之所為故不得不明辨也聖人之行不同或遠而避之或近而就之或辭祿而去或委身而不去雖曰不同而歸於潔其身則同蓋猶天理之常未嘗少枉以失其身也若後世不知天理之所在而務為小廉一節而求以自潔是則私意之為非聖賢歸潔其身之道也謂以堯舜之道要湯者言伊尹行堯舜之道而湯往致之耳非伊尹有要湯之心也若行道於此而要君以禪於道則皆所謂道者哉未引天誅造攻自牧宮朕載自亳以見伊尹所以出而佐湯伐夏救民之實也言天誅造攻於牧宮者蓋桀為不道是自造攻也造攻者桀也誅之者天也而伊尹則相湯始於亳而往征之然則其伐夏也何有哉奉天命以討有罪而已矣

【纂疏】輔氏曰此伊尹之所自言於此可見其任重之義則其不肯枉道以要君者必矣事故理明義順則雖犯天下之所甚疑於聖賢則無掩覆之意也

○萬章問曰或謂孔子於衛主癰疽於齊主侍人瘠環有諸乎孟子曰否不然也好事者為之也

癰於容反疽七余反好去聲

主謂舍於其家以之為主人也癰疽瘍醫也侍人奄人也瘠姓環名皆時君所近狎之人也好事謂喜造言生事之人也

【纂疏】輔氏曰好事謂其喜好撰造言說以生起事端者

於衛主顏讎由彌子之妻與子路之妻兄弟也彌子謂子路曰孔子主我衛卿可得也子路以告孔

子曰有命孔子進以禮退以義得之不得曰有命而主癰疽與侍人瘠環是無義無命也讎如字又音犨

顔讎由衛之賢大夫也史記作顔濁鄒彌子衛靈公幸臣彌子瑕也徐氏曰禮主於辭遜故進以禮義主於制斷故退以義難進而易退者也在我者有禮義而已得之不得則有命存焉

語録一揖而進一辭而退揚道夫○進以禮揖讓辭遜退以義果決剛斷辭謂閉祖○有命一段只前莫之致而至者命也之命

孔子不悦於魯衛遭宋桓司馬將要而殺之微服而過宋是時孔子當阨主司城貞子爲陳侯周臣要平聲

不悦不樂居其國也桓司馬宋大夫向魋也司城正

子亦宋大夫之賢者也陳侯名周按史記孔子爲魯司寇齊人饋女樂以間之孔子遂行適衛月餘去衛適宋司馬魋欲殺孔子孔子去至陳主於司城貞子孟子言孔子雖當阨難然猶擇所主況在齊衛無事之時豈有主癰疽侍人之事乎

纂疏 輔氏曰以孔子進以禮退以義得之不得曰有命觀之則以無主癰疽瘠環之理以孔子當阨主司城貞子爲陳侯周臣觀之則必無主癰疽瘠環之事

吾聞觀近臣以其所爲主觀遠臣以其所主若孔子主癰疽與侍人瘠環何以爲孔子

近臣在朝之臣遠臣遠方來仕者君子小人各從其類故觀其所爲主與其所主者而其人可知

集義 呂氏曰辭受有義得不得有命皆理之所以然有命有義是有可得可受之理故舜可以受堯之天下無命無義是無可得可受之理故孔子不主彌子以受衛卿二者義命有自合之理無從而間焉有義無命雖有可受

之義而無可得之命安得而受之是謂義合於命故益避
啓而不受禹之天下有命無義雖有可得之命而無可受
之義亦安得而受之是謂命合於義故也
國授室養弟子以萬鍾爲孟子之所辭也

張氏注

衆人不知有命故於其無益於求者强求而不止
昔賢者則安於命矣知命之不可求也故安之若
夫孔子所謂有命者則義命合　若也故孟子發明之曰
孔子進以禮退以義得之不得曰有命非聖人擇禮義而
爲進退聖人之進退無非禮義禮義之所在固命之所在
也此所謂義命之合　者也然則謂主癰疽與侍人瘠環
者何其不知聖人之甚哉於衛主顏讎由與夫微服而過
宋之時主司城貞子二子蓋亦此國之賢者故慕夫子而
爲之主非夫子之求之也觀近臣以其所爲主觀遠臣以
其所主此言觀人之法臣獨爲人臣者所當知爲人君
者尤當明此義也若能以其所主觀近臣以其所爲主觀
近臣則遠近以見而無蔽於耳目之私矣孟子因論孔子
而及於此實
觀人之要也

○萬章問曰或曰百里奚自鬻於秦養牲者五羊

繆音穆

之皮食牛以要秦穆公信乎孟子曰否不然好事者爲之也食音嗣好去聲下同

百里奚虞之賢臣人言其自賣於秦養牲者之家得五羊之皮而爲之食牛因以干秦穆公也

百里奚虞人也晉人以垂棘之璧與屈産之乘假道於虞以伐虢宮之奇諫百里奚不諫乘去聲

虞虢皆國名垂棘之璧垂棘之地所出之璧也屈産之乘屈地所生之良馬也乘四匹也晉欲伐虢道經於虞故以此物借道其實欲并取虞宮之奇亦虞之賢臣諫虞公令勿許虞公不用遂爲晉所滅百里奚知其不可諫故不諫而去之秦

纂疏 趙氏曰按虞國在漢河東郡大陽縣虢國在漢河南郡滎陽縣

知虞公之不可諫而去之秦年已七十矣曾不知

以食牛干秦穆公之為汙也可謂智乎不可諫而不諫可謂不智乎知虞公之將亡而先去之不可謂不智也時舉於秦知穆公之可與有行也而相之可謂不智乎相秦而顯其君於天下可傳於後世不賢而能之乎自鬻以成其君鄉黨自好者不為而謂賢者為之乎。相去聲。

自好自愛其身之人也孟子言百里奚之智如此必知食牛以干主之為汙其賢又如此必不肯自鬻以成其君也然此事當孟子時已無所據孟子直以事理反覆推之而知其必不然耳○范氏曰古之聖賢未遇之時鄙賤之事不恥為之如百里奚為人養牲無足怪也惟是人君不致敬盡禮則不可得而見豈有先自汙辱以要其君哉莊周曰百里奚爵祿不入

於心故飯牛而牛肥使穆公忘其賤而與之政亦可謂知百里奚矣伊尹百里奚之事皆聖賢出處之大節故孟子不得不辯尹氏曰當時好事者之論大率類此蓋以其不正之心度聖賢也

【集疏】范氏曰虞之將亡宫之奇諫而百里奚不諫若諫者是則不諫者非不諫者是則諫者非臣竊謂二人者皆是也宫之奇不忍虞公之亡諫而不聽然後以其族行君臣之義盡百里奚事虞公年七十而無所遇知其君不可諫不諫而先去之去就之理明宫之奇爲忠臣百里奚爲智士故曰二人者皆是也又曰按秦本紀晉獻公滅虞虜虞君與其大夫百里奚百里奚亡秦走宛楚鄙人執之穆公聞百里奚賢乃以五羖羊皮贖之穆公釋其囚與論國事授之國政號曰五羖大夫商鞅傳又載趙良之言曰五羖大夫荆之鄙人也聞穆公之賢而願見行而無資自鬻於秦被褐食牛期年穆公知之舉之牛口之下而加之百姓之上秦國莫敢望焉史記所傳自相矛盾如此蓋得之於好事者此正萬章之所疑也伊尹以割烹要湯百里奚以食牛要穆公皆聖賢出處之大節故孟子不得不辯

【或問】此章之説朱子曰范氏詳且明矣其論百里奚隱於市井本無干穆公之意又言聖賢未遇不恥鄙賤之

事而惡不由其道以得富貴此意甚正宜深味之所
引莊子之言亦甚善其辨史記之失尤佳

張氏注 戰國之際好爲此論以汙賢者此洪特疾賢惡善之意蓋其所爲類此而欲借賢者以自班耳故孟子反覆詳辨以救其流也百里奚雖霸者之佐然不可不謂之智者也知虞公之不可諫而不諫知虞亡不可救而亡之知繆公可與有行而相之相秦而顯其君於天下以是數者觀之非不智不能也而肯自鬻以成其君乎成之爲言求成之成字義之謂也自鬻之事雖鄉里知自好者不爲也使奚爲之故其人可見矣豈復能爲前數者哉雖然百里奚不諫虞公而去之可得謂之忠乎傳曰百里奚愚於虞而智於秦蓋百里奚不得用於虞雖在不必諫之地也故知其不可諫而不諫而不忍坐待其亡以爲僇辱之民故引而去之此所以爲智也不然百里奚在當諫之地而不諫則是不忠之臣也而何以爲智乎

集疏 覺軒蔡氏曰戰國之時人不知道惟知以功利爲急以枉尺直尋詭遇獲禽爲能甚者欲自誣於聖賢欲借以行其私如伊尹割烹要湯孔子主癰疽瘠環百里奚自鬻於秦其見愈卑其論愈下雖然爲是言之徒亦不知其爲

非而猶不究於衞閒者於後人之深
如此孟子安得不辭止數而明辨之哉
【纂疏】輔氏曰自鬻以成其君謂自賣我之身以成彼之爲
君即所謂鬻其君於天下者是也○又曰聖賢未遇
鄙賤之事不耻爲之吾夫子猶曰吾少也賤故多能鄙事
○又曰傳記載百里奚食牛之事亦多但非是閒欲寓此
以要君耳故莊子之言深得百里奚之意○又曰聖賢出
處之大節當時好事者以己度人妄爲議論以蠱敗成傷
之使人心之義理愈昏私欲愈熾彼流風靡而未知底止
故孟子不得不辨所以正人心息邪說距詖行放淫辭以
方人極豈好辯
哉不得已也

孟子卷第十

諸儒集成之書

朱子集註　朱子集義　朱子語録　朱子或問

南軒張氏註　黄氏講義　蔡氏集疏　趙氏纂疏

萬章章句下

凡九章

孟子曰伯夷目不視惡色耳不聽惡聲非其君不事非其民不使治則進亂則退横政之所出横民之所止不忍居也思與鄉人處如以朝衣朝冠坐於塗炭也當紂之時居北海之濱以待天下之清

也。故聞伯夷之風者，頑夫廉，懦夫有立志。治去聲，下同。横去聲。朝音潮。

横，謂不循法度。頑者，無知覺。廉者，有分辨。懦，柔弱也。餘並見前篇。

伊尹曰：「何事非君？何使非民？」治亦進，亂亦進。曰：「天之生斯民也，使先知覺後知，使先覺覺後覺。予，天民之先覺者也；予將以此道覺此民也。」思天下之民匹夫匹婦有不與被堯舜之澤者，若己推而內之溝中。其自任以天下之重也。與音預。

何事非君，言所事即君。何使非民，言所使即民。無不可事之君，無不可使之民也。餘見前篇。

柳下惠不羞汙君不辭小官進不隱賢必以其道遺佚而不怨阨窮而不憫與鄉人處由由然不忍去也爾爲爾我爲我雖袒裼裸裎於我側爾焉能浼我哉故聞柳下惠之風者鄙夫寬薄夫敦

鄙狹陋也敦厚也餘見前篇

〔語錄〕問夷惠皆言風而不以言伊尹何哉曰或者以伊尹爲得行其道而夷惠爲不得施其志故有此論以不必然亦偶然耳又問伊尹勝似夷惠得此曰也是伊尹負用較全須之復曰夷惠高似伊尹伊尹大似夷惠獨道夫

〔況氏〕〔錄〕

孔子之去齊接淅而行去魯曰遲遲吾行也去父母國之道也可以速而速可以久而久可以處而

處可以仕而仕孔子也淅先歷反

接猶承也淅漬米水也漬米將炊而欲去之速故以手承水取米而行不及炊也舉此一端以見其久速仕止各當其可也或曰孔子去魯不稅冕而行豈得爲遲楊氏曰孔子欲去之意久矣不欲苟去故遲遲其行也膰肉不至則得以微罪行矣故不稅冕而行非速也

孟子曰伯夷聖之清者也伊尹聖之任者也柳下惠聖之和者也孔子聖之時者也

張子曰無所雜者清之極無所異者和之極勉而清非聖人之清勉而和非聖人之和所謂聖者不勉不思而至焉者也孔氏曰任者以天下爲己責也愚謂孔子仕止久速各當其可蓋兼三子之所以聖者而

惠之至曰三黜不去所以爲[illegible]氣不肯枉道事人以至[illegible]黜乃其介處和而不失[illegible]亦可以爲聖之和

時出之非如三子之可以一德名也或疑伊尹出處合乎孔子而不得爲聖之時何也程子曰終是任底意思在

【或問】問伯夷不念舊惡求仁得仁似是清中之和下惠不以三公易其介似可見和中之清曰然凡所謂聖者以其偉然大中無一毫私意若所謂得百里之地而君之皆能以朝諸侯有天下行一不義殺一不辜而得天下者皆不爲也信便是聖人同處便是無私意處但只是氣質有偏比之夫子終有不中節處所以易中說中正伊川謂正重於中中不必正也言中則正已在其中蓋無中則做正不出來而單言正則未必能中也夷惠諸子其正處大子同而夫子之中則非諸子所及也○曰問清任和時皆以聖人名之但只謂之和曰任則猶倚於一偏而未得爲大聖謂之時則隨事制宜而可以兼數子之大全如斯而已耳曰得之○因說清任和都是箇有病痛底聖人問伊尹似無病痛曰五就湯五就桀孔子必不肯恁地只爲他任得過○又問伊尹莫是枉尺直尋否曰伊尹亦是任地只學之者便至枉尺直尋舉賢逐○問伊尹聖之任非獨於自任以天下之重處看如所謂祿之以天下弗顧繫馬

千駟弗視非其義非其道一介不以與人一介不以取諸人這般也見得任處何不要緊地看所謂任只就他治亦進亂亦進處看其自任以天下之重如此若如公說又與伯夷之清相類賀孫○問伊尹之任曰伊尹之任是自任以天下之重錄云祿之天下弗受繫馬千駟弗顧然終是任處多如柳下惠不以三公易其介固是介然然是和處多祖道○曰問伊尹終有任底意思在謂能有擔當作爲底意思只這些意思便非夫子氣象否曰然然此處極難看目夜那裏多之有道理熟自見得說不得若謂伊尹有這意思在爲非聖人之至則孔孟皇皇汲汲去齊去魯之深之勝非無意各具所以異伊尹者何也○問聖人若處伊尹之地也如他任如何曰夫子若處此地自是不同不如此著意問伊尹治亦進亂亦進無可無不可似亦可以爲聖之時曰伊尹終是有伯底意思在○問孔子時中所謂隨時而中否曰然問三子之德各偏於一亦盡其德之中否曰非也既云偏則不得謂之中矣三子之德但各至於一偏之極不可謂之中如伯夷雖有善其辭命而至者不受也此便是偏處若善其辭命而吾受之亦何妨只觀孔子便不然問既云一偏何以謂之聖曰聖只是做到那處自然安行不待勉強故謂之聖非中之謂也所謂

○視氏錄

張氏註

伯夷目不視惡色，耳不聽惡聲，凡色之過乎目，聲之接乎耳，固不得而避也，而所以視所以聽則在我也。於惡色惡聲，視聽不加焉，則其立心高而守己固矣。柳下惠不羞汙君，不卑小官，進不隱賢，必以其道，雖不事汙君而不羞，居小官而不辭，其進也未嘗隱賢焉，未嘗不以其道焉，此所以爲柳下惠也。不然，則是任己苟仕而已矣。雖然以三子而論之，伊尹最高乎！故於伯夷之風則以爲聞之者頑夫廉、懦夫有立志，於柳下惠之風則以爲聞之者鄙夫寬、薄夫敦，而獨不言伊尹之風所被者廣也。亦猶孟論流弊於二子有隘與不恭之言，而不及伊尹也。然以伊尹比孔子，則猶有任之意，不化也。若孔子則天也，其去齊接淅而行，去魯則曰遲遲吾行也。蓋其速也、其遲也，皆道之所在也。曰可以速而速，可以久而久，可以處而處，可以仕而仕，此公孫丑所云易一則字其而尤見從容不迫與時偕行之意。所謂聖之清、聖之任、聖之和者，言其精極於是三者也。三子者雖或清或任或和之不同，然所以極其至則一也，故皆以聖言之。若夫孔子聖之時，則其可以一道名之哉？蓋時云者，非聖人之趣時，聖人之動固無

不時也而其曰聖
則舉其成終也
【纂疏】輔氏曰孟子之說盡矣清有所勉則有時而雜和有
所勉則有時而異○又曰伊尹便其任底意思在故
未能與天爲一而不得爲聖之時若孔子則雖視天下無
不可爲之時在己無不可行之道然却無伊尹這些意思
曰如有用我者朞月而已可也如有用我者吾其爲東周
乎多少合當底意思此其所以與天爲一而謂之聖之時也

孔子之謂集大成集大成也者金聲而玉振之也
金聲也者始條理也玉振之也者終條理也始條
理者智之事也終條理者聖之事也

此言孔子集三聖之事而爲一大聖之事猶作樂者
集衆音之小成而爲一大成也成者樂之一終書所
謂簫韶九成是也金鐘屬聲宣也如聲罪致討之聲
玉磬也振收也如振河海而不洩之振始始之也終

終之也。條理猶言脉絡，指衆音而言也。智者知之所及，聖者德之所就也。蓋樂有八音：金、石、絲、竹、匏、土、革、木。若獨奏一音，則其一音自爲始終，而爲一小成。猶三子之所知偏於一，而其所就亦偏於一也。八音之中，金石爲重，故特爲衆音之綱紀。又金始震而玉終詘然也，故並奏八音，則於其未作，而先擊鎛鐘以宣其聲；俟其既闋，而後擊特磬以收其韻。宣以始之，收以終之。二者之間，脉絡通貫，無所不備，則合衆小成而爲一大成，猶孔子之智無不盡而德無不全也。金聲玉振，始終條理，疑古樂經之言。故倪寬云：惟天子建中和之極，兼總條貫，金聲而玉振之。亦此意也。

附錄 朱子曰：三子如是，則一向流出，雖是過當，直是無纖毫查滓。○問孔子集大成。曰：孔子無所不該，無所不備，非特兼三子之所長而已。但與三子比並說時，亦皆兼其所長。沈僩○金聲玉振，只是解集大成。聲猶聲衆之聲。古人

作樂，擊一聲鍾，衆音遂作，又擊一聲鍾，衆音皆又齊作，故金
所以發衆音，末則以玉振之，所以收合衆音在裏面。陳淳
○金聲初打聲高，其後漸低，於衆樂之作，必以此聲之；玉
聲先後一般，初打恁地響，到住時也恁地響，但玉聲住時
截然便住，於衆樂之終，必以此收斂也。葉賀孫○金聲之變
無窮，玉聲首尾如一。振之者，振而節之，猶今樂之有拍也。
凡作樂者，始以金奏，而後以玉振之，猶聖人之合衆理而
備於身也。條理，衆理之脈絡也。始窮其然而纖析毫分者，
智也；終然備於身而渾然一貫者，聖也。二者推孔子全之，三
子則始不盡而終不備也。○金聲或洪或殺，清濁萬殊，玉
聲清越和平，首尾如一。故樂之作也，八音克諧，雖甚煕然，所
先後然奏之以金，節之以玉，其序亦有不可紊者焉。蓋其
奏之也，所以極其變也；其節之也，所以成其章也。變者雖
殊，而所以成者未嘗不一；成者雖一，而所歷之變，洪纖清
濁亦無不具於至一之中。聖人之智，精粗小大，無所不周；
聖人之德，精粗大小，無所不備。其始終相成，蓋如此。此金
聲而玉振之，所以譬夫孔子之集大成，而非三子之得與
也。然即其全而論，其偏則洪而不能纖，清而不能濁者，是
其金聲之不備也。不能備乎金聲而遽以玉振之，雖其所
以振之者未嘗有異，然其所振一全一闕，則其玉之爲聲

亦有所不能同矣賀張敬夫〇伯夷聖之清伊尹聖之任
柳下惠聖之和都如樂器有一件相似是金聲底從頭到
尾只是金聲是玉聲底從頭到尾只是玉聲是絲竹聲底
從頭到尾只是絲竹之聲賀孫〇曰金聲有洪殺始震
終細玉聲則始終[illegible]叩之其聲詘然而止〇問始終條理
脈絡如一條竹從中斷之上截為始條理下截為終條理
上截小一節則下截亦少一節上截不少則下截亦不多
此之謂始終條理僩〇始條理是致知終條理是力行
如中庸說博學審問謹思明辨與夫大學物格知至這是始
條理如篤行與誠意正心脩身以下是終條理賀孫
〇問始條理智之事終條理者聖之事功夫全在智字
上三子所以各極於一偏緣他合下少致知工夫看得道
理有偏故其終之成也亦各至於一偏之極孔子合下盡
得致知工夫看得道理周偏精切無所不盡故其德之成
也亦兼該畢備而無一德一行之或闕先生曰然僩〇
始條理猶箇絲線頭相似孔子是擧得箇絲頭故許多條
絲都在這裏三子者則各是拈得一邊耳人傑〇又曰
伯夷合下只見得清底其終成就亦只成就得清底伊尹
合下只見得任底其終成就亦只成就得任底柳下惠合
下只見得和底其終成就亦只成就得和底〇[illegible]見[illegible]夫

乃建中和之極，兼總條貫，金聲而玉振之。未必是引孟子，恐古樂家自有此語。又金聲玉振，孟荀皆用之，荀子非孟，必不肯用其語也。李閎祖（）說民誤

【或問】問：玉振金聲，程子以喻始終，或者之意以出有變有不變，其說孰是？曰：二說相關，不可偏廢。金聲固是喻其始，然始則有變；玉振固是喻其終，然終則無變也。

【纂疏】輔氏曰：註云宣以始之，謂擊鎛鐘以始八音之聲；收以終之，謂擊特磬以終八音之韻也。自始及終，中間八音之脉絡相與通貫，而共底於大成。亦如孔子之智以始之，聖以終之，中間於三子清任和之脉絡亦無不通貫，故能時而出之，以集其大成也。

智譬則巧也，聖譬則力也。由射於百步之外也，其至爾力也，其中非爾力也。

此復以射之巧力發明智聖二字之義，見孔子巧力俱全，

而聖智兼備三子則力有餘而巧不足是以一節雖至於聖而知不足以及乎時中也○此章言三子之行各極其一偏孔子之道兼全於衆理所以偏者由其蔽於始是以缺於終所以全者由其知之至是以行之盡三子猶春夏秋冬之各一其時孔子則太和元氣之流行於四時也

【集義】伊川先生曰此皆時也夷是聖人極清處惠是聖人極和處又曰伊尹始在畎畝五就湯五就桀三聘翻然而從豈不是時然後來見其以天下自任故以爲聖人之任又曰金聲而玉振之此孟子爲學者言終始之義也樂之作始以金奏而以玉聲終之始於致知智之事也行所知而至其極聖之事也易曰知至至之知終終之是也横渠先生曰夷惠所言聖之者以其於清和成性也柳下惠之和和而若無所守則成何道理故不易其介以直道事人此和而近於清也伯夷之清既如此又恐拘則隘甚矣不念舊惡求仁得仁何怨此清而近於和也若不然何以備於聖人但德差偏耳又曰伊尹在畎畝樂堯舜之道亦同學聖之始以備然自任以天下之重有一夫不獲其所

則其已□而紛之滿中乃爲聖人之任又曰智譬則巧也
聖譬則力也如夷惠力而不巧孔子則巧且力也夷惠智
不關於至善故偏入於清和然而卒能成性故雖聖而不
曾孔子智旣明於至善故集大成如清和時旨皆有之無
不出當也故聖且智金聲而玉
振也夷惠但有玉振而無金聲
語錄 皆是見得徹之名聖是行得到之處有先後而無淺
深聖而不智如水母之無蝦亦將何所到乎○問此章
皆却重□曰以緩急論則智居先若把輕重論則聖爲重且
如今有一等資質好底人忠信篤實却於道理上未甚通
曉又有一樣資質淺薄底人却自會曉得道理這須是
還資質忠厚底人做重始得賀孫○問夫子所以能集
三子而大成者由其始焉知之深也蓋所知之全行之必至
三子之智始焉知之未盡故其後行之雖各極其至終未
免各失一偏非終條理未到以其始條理已差之矣先生
曰甚好金去僞○問巧力曰三子力已至但射不親知處
如故至處亦偏孔子則旣聖且智巧力兼全故孔子箭箭
中紅心三子則每人各中一邊緣他當初見得偏故至處
亦偏問如此則三子不可謂之聖曰不可謂聖人大成中
竟做清是聖之清和是聖之和雖使聖人清和亦不過如

比顏子則巧處工夫已至但只是力不至耳

【或問】問三子之偏如此而孟子以聖名之何也曰三子之聖因其氣質之偏而力行以造極乎至乎不思不勉之地而表裏洞然無一毫人欲之私者謂之聖然於孔子則有不得而班者故三子而論之則伊尹之學又溺於夷惠矣

【張氏註】所謂集大成者言集乎道之大成也金聲而玉振之者樂之始作以金奏而以玉聲終之言孔子之道始終條一而無不盡者也因論孔子而遂推言學聖人始終之義使學者有所則而進焉始條理即易所謂知至至之終條理即易所謂知終終之此未及乎聖智也學者從事于此固所以為聖智之道也故曰智之事聖之事條理云者言有序而不紊也所謂終條理者即終其始條理者也此非先至其知而後為有終也致知力行蓋互相發然知常在前故有始終之異也於是以射之巧力為譬夫射於百步之外其至於百步者由夫力也力可勉也而其中與否則非力之可為也夫巧也智譬則巧者言其妙於中也聖譬則力者言其能至也若三子者其用力可謂至

極矣故其時於清任和者皆以聖名之以言其於是三者臻
其極也然方之孔子終有所未及者以其力之不至也於
聖人大而化之者猶有所憾蓋其智於是三者之外未能
盡中也孔子則知聖俱極者也論學則知聖有始終之序
論道則聖之極即知之極者也惟孔子爲盡之故三子不
能班也若顏子之在聖門蓋知聖幾矣其至與中在毫釐
之間者與學者當以孔子爲標的
而致知力行以終吾身焉可也

【講義】曰孔子之異於三子者知之至而行之盡三子之不
及孔子者知有所蔽於始而行有所闕於終也此孔
子之所以獨得其全而三子僅得其偏也知有不至行有
不盡雖以伊尹夷惠之賢尚不能無愧於孔子而況他者乎

【集疏】覽軒蔡氏曰以射譬之孔子則垜垜中的三子則各
中其垜之的移之他垜則不能中矣此即集註各一
其時流行四
時之意也

【纂疏】輔氏曰註云一節雖至於聖者指清任和而言也智
不足以及乎時之中者謂其始之智但知其清任和此
而不得如孔子爲聖之時也若孔子則速久處仕皆得其
時中蓋由其始之智足以及乎時中故也○潛室陳氏曰

發言之射遠也至於百步之外而有中不中者言巧者知所中
到則力也發而百中力者行得到則至而未必中由是觀之
聖者不難於行而難於知猶射不難於力而難於巧也又曰
三子智皆不及於全故行到處亦只是一偏之聖夫子知得
天下道理四方八面周匝皆備故成就
渾全無欠缺如貫萬箇不可以一節名也

○北宮錡問曰周室班爵祿也如之何錡魚綺反

北宮姓錡名衛人班列也

孟子曰其詳不可得聞也諸侯惡其害己也而皆去其籍然而軻也嘗聞其略也惡去聲去上聲

當時諸侯兼并僭竊故惡周制妨害己之所為也

疏 輔氏曰兼并則其國日大僭竊則其祿日侈

天子一位公一位侯一位伯一位子男同一位凡五等也君一位卿一位大夫一位上士一位中士

一位，下士一位，凡六等。

此班爵之制也。五等通於天下，六等施於國中。

【纂疏】輔氏曰：位以爵定也。

天子之制，地方千里，公侯皆方百里，伯七十里，子男五十里，凡四等。不能五十里，不達於天子，附於諸侯，曰附庸。

此以下班祿之制也。不能，猶不足也。小國之地不足五十里者，不能自達於天子，因大國以姓名通，謂之附庸，若春秋邾儀父之類是也。

【纂疏】輔氏曰：田以祿分也。按君以下所食之祿，皆助法之公田，藉農夫之力以耕而收其租者也。又可見周制都鄙用助法也。

天子之卿受地視侯，大夫受地視伯，元士受地視子男。

視，比也。徐氏曰：王畿之内亦制都鄙受地也。元士，上士也。

【纂疏】趙氏曰：王畿内亦制都鄙，若言食采邑於畿内，祿之多少以視諸侯爲差也。○又曰：言上士而不言中下士者，蓋以視附庸也。

大國地方百里，君十卿祿，卿祿四大夫，大夫倍上士，上士倍中士，中士倍下士，下士與庶人在官者同祿，祿足以代其耕也。

十，十倍之也。四，四倍之也。倍，加一倍也。徐氏曰：大國君田三萬二千畝，其入可食二千八百八十人；卿田三千二百畝，可食二百八十八人；大夫田八百畝，可食七十二人。上士田四百畝，可食三十六人。中士田二百畝，可食十八人。下士與庶人在官者田百畝，可食九人至五人。庶人在官，府史胥徒也。愚按：君以下所食之祿，皆助法之公田，藉農夫之力以耕，而收其租。士之無田，與庶人在官者，則但受祿於官，如田之入而已。

【語錄】古者制國，土地亦廣，非如孟子百里之説。禹會塗山，執玉帛者萬國，後來更相吞噬，到周初，只有千八百國，是不及五分之一矣。想得併得來儘大，周封新國，若只用百里之地，介在其間，豈不爲大國所吞？亦緣是誅紂伐奄滅國者五十，得許多土地，方封得許多人。又問：周禮所載諸公之國方五百里，諸侯之國方四百里云云，若是否？曰：看來怕是如此。孟子時，去周初已六七百年，既無載籍可考。又問：王制疏家所載，周初封建只是百里，後來滅國漸廣，方添封至數百里。曰：此説非是。諸國分地，先來已定了，若後來旋添，便須移動了幾國，徙去別處，方得，豈不勞擾？（僩）問：府史胥徒，不知皆民爲之，抑別募游手爲之？曰：不可曉。想只是民爲之，然府史胥徒各自有祿以代耕。

則又似別募游手矣以周禮考之人數極多亦安得許多閑祿給之耶其嘗疑周禮一書亦是起草未曾得行何以知之蓋左氏所記當時官員職號甚詳而未嘗見於府史胥徒則疑其方出於周公草定之本而未經施行也使其有之人數極多亦何不略見於他書如左氏說緊要事亦破人甚多不知何故但嘗觀自漢以來及前代題名碑所帶人從胥史亦甚多又不知如何皆不可曉況僩○直卿問府史胥徒當是庶人在官者不知如何有許多曰嘗看子由古史他疑三事其一謂府史胥徒人多宜當時却多是祿官其實府史胥徒無許多黃義剛○**況氏曰**

次國地方七十里君十卿祿卿祿三大夫大夫倍上士上士倍中士中士倍下士下士與庶人在官者同祿祿足以代其耕也

三謂三倍之也徐氏曰次國君田二萬四千畝可食二千一百六十人卿田二千四百畝可食二百十六人

小國地方五十里君十卿祿卿祿二大夫大夫倍上士上士倍中士中士倍下士下士與庶人在官者同祿祿足以代其耕也

二即倍也蔡氏曰小國君田一萬六千畝可食千四百四十人卿田一千六百畝可食百四十四人

語錄 問天子六卿諸侯大國三卿次國一卿小國孤卿一國之地君為大夫士分了國君所得殊不多曰君十卿祿猶今之俸祿蓋君所自得為私用者至於貢賦賓客朝覲祭享聘往來又別有財儲為公用非所謂祿也如今之太守既有料錢至於貢賦則公用又自有錢也況僩○祝氏錄

纂疏 趙氏曰由卿而上三等之國異其田大夫而下三等之國同者蓋卿而上其祿浸厚苟不為之殺則地之所出不足以供大夫而下其祿已甚薄苟為之殺則臣之所養食不能自給也

耕者之所獲一夫百畝百畝之糞上農夫食九人

上次食八人中食七人中次食六人下食五人庶人在官者其祿以是爲差饒曰嗣

獲得也一夫一婦佃田百畝加之以糞糞多而力勤者爲上農其所收可供九人其次用力不齊故有此五等庶人在官者其受祿不同亦有此五等也○愚按此章之說與周禮王制不同蓋不可考闕之可也程子曰孟子之時去先王未遠載籍未經秦火然而班爵祿之制已不聞其詳今之禮書皆掇拾於煨燼之餘而多出於漢儒一時之傅會柰何欲盡信而句爲之解乎然則其事固不可一一追復矣

【語錄】問百畝之田可食九人其次八人七人又其次六人五人此等差別是地有肥瘠耶抑糞漑之不同也曰皆人力之不同耳然亦大約如此緣有此五等之祿故百畝所食亦有此五等○論周室制祿自上農夫食九人

之孔子使原思爲之宰與之粟九百而孟子爲齊卿其祿十萬鍾然則自古至於秦漢無不以數禀制祿也○問孟子所論周室班爵祿與周禮王制不同未知孰是曰此也難考然畢竟周禮底是蓋周禮是个全書經聖人手作必不會差孟子時典籍已散亡想見没理會沉僩

或問 孟子所論班爵封國之制皆與周禮不同何也朱子曰是不可考然蓋自孟子時已無明驗而周禮後出又有不可盡信者是以諸儒之說紛然而卒不能得其正也曰畿內受地之制其有稽乎曰周禮所謂公邑家邑小都大都者是矣而王制亦有天子縣內諸侯之數但其多寡與周禮復不同耳曰陳氏以爲王之子弟及公卿以下其官不少也皆受地如列國之君則千里之畿有所不容疑亦覩此以爲差降殺以盡如之也此說如何曰以周禮考之其制亦與孟子不同然大都則方百里而小都亦五十里也但王制以天子縣內諸侯祿之則國不繼世而食之亦無嫌於不容矣其據土以傳世者殆周禮之末失與

張氏註 先王制法其高下輕重皆天理之大公而非私意之得爲故其廣大公平定以一天下之心後王以

私意加於其間其綱紀紊故上下交紀於洞而法之所由
壞也戰國之時列王之名號僭程而其法廢也久矣諸侯
僭越常度惡其害己併與其籍而去之故曰諸侯之罪而
周之失政亦已久矣故曰文武之政布在方冊其人存則
其政舉其人亡則其政息豈不然哉孟子答北宮錡之問
蓋出於師友之所傳故家遺俗之所聞者爾已甚略而大
綱可得而推矣故自天子至于子男凡五等自國君至于
下士凡六等此班爵之制也自天子之地方千里公侯方百
里而下此頒祿之制也所謂方千里者先儒以為千十畿方
千里積百同九百萬夫之地是也蓋方千里則為方百里
者百為田百萬井九百萬夫之地受田者八百萬夫百倍
諸侯之國夫如是而後可以為天子都畿鎮撫天下而鄉
大夫元士之采地皆有所谷焉故公侯之方百里伯七十
里子男五十里者皆以其田言之也獨以其田言之則地
雖有廣狹之不齊山林川澤之相間而制田之多寡則自
若地而王制謂山陵林麓川澤溝瀆城郭宮室塗巷三分
去一者則傳者之失矣諸侯之國自卿至于下士受祿各
有差下士代耕之祿與庶人在官者同庶人在官者佐史
胥徒之類是也一夫一婦受田百畝而田有肥磽故耕者
之所獲有上中下之不同而庶人在官者於其中又有差

焉。其輕重多寡，皆天理之安，人情之宜，差等之平，而用度之節者也。彼湯王出舉而行之，則戰國之諸侯侵暴王畧壞有其地者，豈不在所削乎？戰國之卿大夫務富私室，占田無制者，豈不在所奪乎？宜乎當時惡其害己而去其籍也。今去古既遠，而賴有孟子之說存，學者以是章而折衷他說，則庶乎其有據也。推周禮所載，亦往往與此不同，如曰諸公之地封疆方五百里，其食者半；諸侯之地封疆方四百里，其食者四分之一；諸伯之地封疆方三百里，其食者參之一；諸子之地封疆方二百里，其食者四之一。蓋不知分田建國之意，遷就而為此說耳。要當以孟子為正。夫在孟子之時已云去其籍矣，又更秦絶滅之餘，周官之書僅存者無幾矣。今之所傳，先儒以為雜出漢儒一時之傅會，是不可以不攷也。

【纂疏】輔氏曰：程子之說足以救陋儒泥古之失，但據其所傳而姑存之，使千百世之後，一遇大聖，則必能因其大體而詳其節目，推其既往，以為一時之制，而先代聖王之法庶乎其可復見矣。

○萬章問曰：「敢問友。」孟子曰：「不挾長，不挾貴，不挾兄弟而友也。友也者，友其德也，不可以有挾也。

挾者，兼有而恃之之稱。

纂疏 輔氏曰：謂其兼夫有與恃二者之意，方謂之挾也。若徒有之而不恃，則猶未謂之挾也。

孟獻子，百乘之家也，有友五人焉：樂正裘、牧仲，其三人則予忘之矣。獻子之與此五人者友也，無獻子之家者也。此五人者，亦有獻子之家，則不與之友矣。

乘，去聲。下同。

孟獻子，魯之賢大夫仲孫蔑也。張子曰："獻子忘其勢，五人者忘人之勢。不資其勢而利其有，然後能忘人之勢。若五人者有獻子之家，則反為獻子之所賤矣。"

纂疏 輔氏曰：獻子忘其勢，不挾貴也。五人者忘人之勢，無獻子之家者也。無獻子之家者，不資其勢而利其有者也孟子歷舉四人之事自小至大皆以見其不敢有所挾之意而首於孟獻子之事詳之又以見上之友下固不可有所挾至於在下者爲上之所友則亦不可資其勢以利其有也一有資之利之之意則便爲人所賤矣又豈肯與之爲友哉

非惟百乘之家爲然也雖小國之君亦有之費惠公曰吾於子思則師之矣吾於顏般則友之矣王順長息則事我者也費音祕般音班

惠公費邑之君也師所尊也友所敬也事我者所使也

非惟小國之君爲然也雖大國之君亦有之晉平公之於亥唐也入云則入坐云則坐食云則食雖蔬食菜羹未嘗不飽蓋不敢不飽也然終於此而

已矣弗與共天位也弗與治天職也弗與食天祿
也士之尊賢者也非王公之尊賢也疏食之食音嗣平公王公
下諸本多無之字疑闕文也
亥唐晉賢人也平公造之唐言入公乃入言坐乃坐
言食乃食也疏食糲飯也不敢不飽敬賢者之命也
○趙氏曰位曰天位職曰天職祿曰天祿言天所以
待賢人使治天民非人君所得專者也

纂疏 輔氏曰平公之於亥唐則知所敬矣然不能與之共天位治天職食天祿則是不能推廣是心以體天而
治民以及於國也○西山真氏曰位者天位所以處賢者也職者天職所以命賢者也祿者天祿所以養賢者也三
者皆天所以待賢人使治天民者也而晉平公之於亥唐特虛尊之而已未嘗畀之以位命之以職食之以祿此
豈王公之尊賢之道哉

舜尚見帝帝館甥于貳室亦饗舜迭爲賓主是天子而友匹夫也

尚上也舜上而見於帝堯也館舍也禮妻父曰外舅謂我舅者吾謂之甥堯以女妻舜故謂之甥貳室副宮也堯舍舜於副宮而就饗其食

用下敬上謂之貴貴用上敬下謂之尊賢貴貴尊賢其義一也

貴貴尊賢皆事之宜者然當時但知貴貴而不知尊賢故孟子曰其義一也○此言朋友人倫之一所以輔仁故以天子友匹夫而不爲詘以匹夫友天子而不爲僭此堯舜所以爲人倫之至而孟子言必稱之也

【語錄】親親長長貴貴尊賢皆天下之大經固當各有所尚
然亦不可以此而廢彼故鄉黨宗族之間而有爵者則
俟賓主獻酬禮畢然後入又席於尊東使自為一列不為
衆人所壓亦不壓却他人即所謂遵亦作僎也如此則長
長貴貴各不相妨固不以齒先於爵亦
不以爵加於齒也皆嚴於此 【[illegible]錄】
【張存疑】挾友與挾兄弟以父子兄弟夫婦同爲大倫天所序也
內入了至于庶人未有不須友而成者後世以一
介之[illegible]朋友之道缺矣而挾以勢位而上之者哉蓋不知
德之可貴而不知成身之為重此友道之所為缺也使其知
德之為貴成身之為重則其所以求友者惟恐其不獲也
况敢有挾乎哉孟獻子百乘之家而能取友者也獻子與
此五人友者不敢有其百乘之富也故曰無獻子之家者
也言降意忘勢若無其家焉耳此五子者其視獻子之貴
勢亦無動乎其中也或此五人而有獻子之家則獻子亦
不與之友矣橫渠張子曰獻子忘其勢者也五人者忘人
之勢者也然惟獻子之自忘其勢也故五人者從之不
然獻子先以勢自居則賢者亦將望望然去之其亦可得
而友之耶若費惠公則小國之君而能友者也於子思則師
之於顏般則友之王順長息則以爲事我者然則四人者

其相去可知矣。士使人君至於不敢臣之，而又不敢友之，則其道德之積于躬，必有感通於言意之表者矣。若晉平公則大國之君而能取友者也。於亥唐入云則入，云坐則坐，云食則食，蔬食菜羹未嘗敢不飽，蓋尊敬之而不敢不飽也。則平公忘其勢，與亥唐忘人之勢，亦可見矣。雖然，人君之尊賢，當與之共天位，治天職，食天祿，是則公天下之道而極尊賢之義也。曰位曰職曰祿，皆以天言者，言非人臣之所得私，天之所爲也。平公雖能忘勢以尊亥唐，然不能與之共治，故以爲士之尊賢，而非王公之尊賢。若堯之於舜，則所謂極尊賢之義者也。以天子而友匹夫，女以二女，館于貳室，迭爲賓主，蓋將薦之於天，此爲天下得人者也。論友而至於此，其人倫之至者歟？貴貴尊賢，其義一者，言莫非天之理也。在下而敬上，所以盡貴貴之義；居上而敬下，所以極尊賢之道。夫然，故上下交而泰治身矣。

纂疏 輔氏曰：戰國之時，惟知權勢之爲尊，而不知義理之爲貴；但知貴貴，而不知尊賢。是以孟子因萬章之問而極言朋友之道，以見貴貴尊賢之義未嘗不一也。○又曰：自天子至於匹夫，未有不須友以成者。故推至於極，則以堯爲天子而下友於舜，不爲屈；以舜爲匹夫而上友於堯，不爲僭。以見朋友爲人倫之一，不可以貴賤尊卑間也。

八〇六

以至於堯舜然後能盡其道耳

○萬章問曰敢問交際何心也孟子曰恭也

際接也交際謂人以禮儀幣帛相交接也

曰卻之卻之為不恭何哉曰尊者賜之曰其所取之者義乎不義乎而後受之以是為不恭故弗卻也

卻不受而還之也再言之未詳萬章疑交際之間有所卻者人便以為不恭何哉孟子言尊者之賜而心竊計其所以得此物者未知合義與否必其合義然後可受不然則卻之矣所以卻之為不恭也

【纂疏】輔氏曰孟子言尊者有所賜而既以禮矣則是與之者恭也與之者既恭則只當恭以受之豈可竊計其所與我之物其初得之合義與否然後為辭受哉如此則若其不義則遂卻之矣有是心則不可謂之恭也

曰：請無以辭卻之，以心卻之，曰其取諸民之不義也，而以他辭無受，不可乎？曰：其交也以道，其接也以禮，斯孔子受之矣。

萬章以爲彼旣得之不義，則其餽不可受，但無以言語間而卻之，直以心度其不義，而託於他辭以卻之，如此可否邪？交以道，如餽贐聞戒、周其飢餓之類。接以禮，謂辭命恭敬之節，孔子受之，如受陽貨烝豚之類也。

【疏】正義曰：萬章之意，言彼所餽我之物，旣得之不義，則我固不當受之，君言其不義而直卻之爲不恭，則但以心度其爲不義而託爲他辭以卻之，不知可邪？夫人之處事，要以在義理上行，過與不及皆非也。萬章交際之間以辭卻之之說，其視貪名嗜利者固優矣，然其有意於卻如此，則亦失之過也。由是而極之，則必至爲於陵仲子之爲而後已。○又曰交以道，謂來交我之以道理也；接以禮，謂來接我之有禮節也。

萬章曰今有禦人於國門之外者其交也以道其餽也以禮斯可受禦與曰不可康誥曰殺越人于貨閔不畏死凡民罔不譈是不待教而誅者也殷受夏周受殷所不辭也於今爲烈如之何其受之與平聲譈書作憝徒對反

禦止也止人而殺之且奪其貨也國門之外無人之處也萬章以爲苟不問其物之所從來而但觀其交接之禮則設有禦人者用其禦得之貨以禮餽我則可受之乎康誥周書篇名越顛越也今書閔作愍無凡民二字譈怨也言殺人而顛越之因取其貨閔然不知畏死凡民無不怨之孟子言此乃不待教戒而當即誅者也如何而可受之乎商人至爲烈十四字

語意不倫李氏以為此必有斷簡或闕文者近之而愚意其直為衍字目然不可考姑闕之可也

【或問】殷受夏周受殷所不辭也於今為烈趙氏謂三代相傳以此法不須辭問也於今為烈烈明法或者又謂若義在可受則三代受人之天下而不辭今禦人者乃為暴烈不義如此如何而可受其饋乎烈如詩序所謂厲王之烈者暴虐之意云爾或又以為烈光也三代相受而光烈至今也是二說者擇一而從之可也何至闕而不為之說乎曰熟讀本文此十四字自與上下文不相屬如趙氏之說則辭受二字與上下文亦不相似或者二說亦齊貫力不若從李氏闕之之愈也

【集疏】輔氏曰孟子既已開曉之如此萬章猶不能反其意之偏以味孟子之言而復為此問此正所謂詖辭蓋陷於卻之之意而不覺也故孟子又引康誥之說以曉之

曰今之諸侯取之於民也猶禦也苟善其禮際矣

斯君子受之敢問何說也曰子以爲有王者作將
比今之諸侯而誅之乎其教之不改而後誅之乎
夫謂非其有而取之者盜也充類至義之盡也孔
子之仕於魯也魯人獵較孔子亦獵較獵較猶可而
況受其賜乎比去聲夫音扶較音角
比連也言今諸侯之取於民固多不義然有王者起
必不連合而盡誅之必教之不改而後誅之則其與
禦人之盜不待教而誅者不同矣夫禦人於國門之
外與非其有而取之二者固皆不義之類然必禦人
乃爲眞盜其謂非有而取爲盜者乃推其類至於義
之至精至密之處而極言之耳非便以爲眞盜也然
則今之諸侯雖曰取非其有而豈可遽以同於禦人

之盜也哉又引孔子之事以明世俗所尚猶或可從
況受其賜何爲不可乎獵較未詳趙氏以爲田獵相
較奪禽獸以祭孔子不違所以小同於俗也張氏以
爲獵而較所獲之多少也二說未知孰是
纂疏 輔氏曰萬章終不肯置其偏見而詳味孟子之說至此則氣愈平意愈密說愈精而都無輕重之差矣故
孟子復問以有王者作將遂連合今之諸侯而盡誅之乎雖章之說亦必知其不然也若必待其教之不改而後
誅之則與不待教而誅之者固不可同日而語矣○又曰世俗之所尚猶未合禮聖人猶或從之以小同於俗而況
於以禮來賜何爲不可受乎其教之不改而後誅之乎於此可見孟子待人之恕矣謂非其有而取之者盜也充類
至義之盡也於此又可見孟子析理之精矣夫執其充類盡義之說而欲一槩以繩人幾何而不流於於陵仲子之爲哉
曰然則孔子之仕也非事道與曰事道也事道奚
獵較也曰孔子先簿正祭器不以四方之食供簿

正曰奚不去也曰爲之兆也兆足以行矣而不行而後去是以未嘗有所終三年淹也

此因孔子事而反覆辯論也事道者以行道爲事也事道奚獵較也萬章問也先簿正祭器未詳徐氏曰先以簿書正其祭器使有定數不以四方難繼之物實之夫器有常數實有常品則其本正矣彼獵較者將久而自廢矣未知是否也兆猶卜之兆蓋事之端也孔子所以不去者亦欲小試行道之端以示於人使知吾道之果可行也若其端既可行而人不能遂行之然後不得已而必去之蓋其去雖不輕而亦未嘗不決是以未嘗終三年留於一國也

語錄 兆是事之端猶縫罅也

纂疏 輔氏曰以孔子所謂吾豈匏瓜也哉焉能繫而不食之說與夫著之空言不如載之行事之說而觀之可見

是乃聖人之心也。○又曰：魯人獵較，孔子亦獵較，以見
聖人同物之仁；簿正祭器，不以四方之食供簿正，以見
聖人處事之智；未嘗有所終三
年之淹，于以見聖人制行之勇。

孔子有見行可之仕，有際可之仕，有公養之仕。於季桓子，見行可之仕也；於衛靈公，際可之仕也；於衛孝公，公養之仕也。

見行可，見其道之可行也。際可，接遇以禮也。公養，國君養賢之禮也。季桓子，魯卿季孫斯也。衛靈公，衛侯元也。孝公，春秋史記皆無之，疑出公輒也。因孔子仕魯而言其仕有此三者。故於魯則兆足以行矣而不行，然後去，而於衛之事，則又受其交際問餽而不卻之一驗也。○尹氏曰：不聞孟子之義，則自好者為於陵仲子而已。聖賢辭受進退，惟義所在。愚按：此章文

義多不可曉不必強爲之說。

問孔子於季威子見行可之仕孔子仕於定公而言

【語錄】威子何也曰當時威子執國柄定公亦自做主不起

孔子之相皆由威子又受女樂孔子便行矣如陳常

弒齊君孔子沐浴而告魯公又告威子事勢可見問墮三

都季氏何以不怨曰季氏是時自不奈家臣何故假孔

子之力以去之及墮成則三威之勢遂衰所以威子

甚悔臨死謂康子曰使仲尼之去而魯不終治者由我故

也正如五代羅紹威不奈魏博偏兵何假朱温之勢以除

之既誅衙兵而魏博之分大弱紹威大悔正此

類也孔子是時也失了機會不曾做得成疏濶

【張氏注】讀孟子此章所以答萬章反復曲折可謂義之精

矣問交際何心則曰恭盖交際之道生乎恭也問不

却之何以爲不恭則以謂尊者有賜若念其取之義與不

義而後受則非所以敬事乎其尊者也吾知不虛其賜我

之意而已豈暇問其所自哉若夫萬章之說以心却之而

以他辭無受則是乃不恭之心而辭何爲乎然而其受也

必交以道而接以禮使交之不以道接之不以禮則固有

所不受矣於齊餽兼金百鎰而不受是亦尊者之賜也然

未有辭則是貸我而已其交也固非道其接也固非禮
所爲不受也蓋亦非謂其取之不義之故初亦無害乎交
際之恭也萬章於此有疑焉謂有人於此禦人以兵而得
貨然及以道餽以禮則君子固亦受與孟子謂禦人而奪
貨者此所謂大憝有國者之所必禁不待教令而誅者三
代之法同不必設辭而可知者居今之世其法爲甚著奈
何而可受其餽乎萬章謂既以爲不可則今之諸侯以非
道取民與此何異而君子以善其禮際而受之可乎孟子
謂事固有輕重若以爲有王者作將不待教而盡誅今之
諸侯乎抑亦教而不改而後誅之也以理論之則必待教
而不改然後誅之明矣然則其可與不待教而誅者同日
而語乎夫謂非其有而取之爲盜者盡充之言非其有而取
之之類以極義之所在而比之爲盜則可若便以爲與禦
人奪貨之盜同罪則豈可哉大抵聖賢因時降而起變化
辭受取予皆天下正理過與不及爲失其正理則均也魯
之習俗必獵較而後以祭孔子生於魯亦不違也而況於
受其賜乎萬章聞是言則又疑孔子之仕所事者道而何
獵較爲也孟子以爲孔子於宗廟之祭先簿正其祭器位
之彝典不以四方之食供簿正蓋四方之食非簿正之常
典故也然於獵較而供祭之事猶有所未廢蓋由簿正之定

事而正之其施設則有次第矣而萬章以爲旣不能遂盡正之則易爲不聽去孟子謂爲之兆也爲之兆者正本開端而爲可繼者也聖人之爲如天地之化不疾不徐雖曰爲之兆而化育之大體已具矣在他人緩則失時速則反害蓋非博溥淵泉而時出之是以無序而不和也兆足以行而不行者蓋以其兆固可繼而以行而有所不得行焉則命也夫然後去之故亦未嘗有三年之淹焉其先後久速皆天理也此所謂聖之時者歟於是遂論孔子之仕有三焉行可之仕謂見其兆可以行者也際可之仕謂遇學人以禮者也公養之仕謂養賢人以道者也遇以禮而養以道者聖人亦豈得而絕之乎讀是章者涵泳而精思之亦可以窺聖賢之用而知辭受取予之方也

【纂疏】輔氏曰見行可然乎道之行也際可道其禮之宜也公養受其養之義也

○孟子曰仕非爲貧也而有時乎爲貧娶妻非爲養也而亦有時乎爲養爲貧爲娶爲養並去聲下同

仕本爲行道而亦有家貧親老或道與時違而但以[illegible]

祿仕者如娶妻本爲繼嗣而亦有爲不能親操井臼而欲資其饋養者

爲貧者辭尊居卑辭富居貧

貧富謂祿之厚薄蓋仕不爲道已非出處之正故其所處但當如此

辭尊居卑辭富居貧惡乎宜乎抱關擊柝惡平聲柝音託

柝行夜所擊木也蓋爲貧者雖不主於行道而亦不可以苟祿故惟抱關擊柝之吏位卑祿薄其職易稱爲所宜居也李氏曰道不行矣爲貧而仕者此其律令也若不能然則是貪位慕祿而已矣

孔子嘗爲委吏矣曰會計當而已矣嘗爲乘田矣曰牛羊茁壯長而已矣委烏僞反會工外反當丁浪反乘去聲茁阻刮反長上聲

此孔子之爲貧而仕者也委吏主委積之吏也乘田

主苑囿芻牧之吏也茁肥貌言以孔子大聖而嘗爲賤官不以爲辱者所以爲貧而仕官卑祿薄而職易稱也

【語錄】程先生說孔子爲乘田則爲乘田爲委吏則爲委吏爲司寇則爲司寇無不可者孟子則必得賓師之位方能行道此便是他能大而不能小處是聖人則無不備大小方圓無所不可【[illegible]】○【祝氏錄】

位卑而言高罪也立乎人之本朝而道不行恥也

朝音潮

以出位爲罪則無行道之責以廢道爲恥則非竊祿之官此爲貧者之所以必辭尊富而寧處貧賤也○尹氏曰言爲貧者不可以居尊居尊者必欲以行道

【語錄】問位卑而言高罪也以君臣之分言之固是如此然時可以言而言亦豈得謂之出位曰前世固有草茅韋布之上言者然皆有所因皆有次第未有無故忽然犯分而言者縱言之亦不見聽徒取辱爾若是明君自[illegible]

釁隙之患不言亦見矣所以然豈可不慎所而徒取失言之辱哉如史記說商鞅范雎之事彼雖小人然言皆有序不肯妄發鞅初說孝公以帝道次以王道而後及於霸道彼非能為帝王之事也特借是為漸進之謀而後吐露其情中之所欲言先說得孝公動了然後方深說范雎欲奪穰侯之位以擅權未敢便深說穰侯之惡故先言外事以探其君曰穰侯越韓魏而取齊之剛壽非計也昭王信之然後斷然深說彼小人之言尚有次序如此則君子之言豈可妄發也嘗說賈誼固有才文章亦雄偉只是言語急迫失進言之序看有甚事都一齊說了宜乎絳灌之徒不悅而文帝謙遜未遑也如韓信鄧禹諸葛孔明輩無不有一定之規模漸漸做將去所以所為皆卓然有成方是有定力會做事如賈誼胸次終是闊疏著事不得只管跳躑暴躁不已如乘生駒相似制御他未下所以言語無序而不能有所為也易曰艮其輔言有序悔亡聖人之意可見矣

總論一節之旨

此說為貧而仕聖賢在當時只要任下位不當言責之地亦是聖賢打乖處若是公言處便須當說非在幾人都不得言其於立乎人之本朝而道不行則恥矣故辭尊居卑辭富居貧當如此○劉氏錄

張氏注此章言爲貧而仕之義夫仕者豈爲貧乎哉蓋將以行道也而亦有爲貧而仕者焉是猶娶妻本爲
繼嗣非爲養也而亦有爲養而娶者焉然則爲貧而仕與
爲養而娶是亦皆義也雖然既曰爲貧矣則不當處夫尊
與富居于卑與貧者可也若處其尊與富則是名爲爲貧
而其實竊位也處其尊與富則當任其責此豈爲貧之比
哉是則非義也故抱關擊柝以爲宜若本爲貧故也孔
子嘗爲委吏與嘗爲乘田矣聖人能識雖居下位必敬其
事曰會計當而已矣曰牛羊茁壯長而已矣以其職在乎
是而不越也蓋位卑者人責不加焉言高則罪矣故可以
姑守其職也爲貧而仕之法也若夫立人之本朝則當以
行道爲任道不行而竊其位君子之所恥也然則高位厚
祿非所以養貧也後世不明此義假爲貧之名要享寵利
曾不以爲愧此何賤哉必不得已爲貧而仕其思抱關
擊柝之爲乎已則可以辭矣觀夫子爲委吏而曰會計當而
已矣爲乘田而曰牛羊茁壯長而已矣則夫子得政於天
下其所當爲者何如哉事有小大
而心則一也所曰在其所而已矣

○萬章曰士之不託諸侯何也孟子曰不敢也諸

侯失國而後託於諸侯禮也士之託於諸侯非禮也

託寄也謂不仕而食其祿也古者諸侯出奔他國食其廩餼謂之寄公士無爵土不得比諸侯不仕而食祿則非禮也

【纂疏】輔氏曰諸侯之視諸侯雖其爵有五等之殊然其實則皆國君也且本有爵土不去出奔而來適我國則其國君以廩餼之是乃禮之所宜也故可受而謂之寄公君士之於諸侯則有尊卑貴賤之不同又本無爵土豈可自比於諸侯故必仕而後當賦以祿爲士者若不仕而食其祿則非禮矣

萬章曰君餽之粟則受之乎曰受之受之何義也

曰君之於民也固周之

周救也視其空乏則周卹之無常數君待民之禮也

【纂疏】輔氏曰天生民而立之君君所以養之也既已制其常産而養之矣然當常常視其有空乏者則周救之是

亦禮

也。

曰周之則受賜之則不受何也曰不敢也曰敢問其不敢何也曰抱關擊柝者皆有常職以食於上無常職而賜於上者以為不恭也。

賜謂予之祿有常數君所以待臣之禮也。

纂疏 輔氏曰君擇賢而以為臣將與之共治天職則必與之共食天祿雖至於抱關擊柝之微亦皆有常職以食於上則又當因其高卑勞逸而為之多少之定數。是乃其禮之宜也。

曰君餽之則受之不識可常繼乎曰繆公之於子思也亟問亟餽鼎肉子思不悅於卒也摽使者出諸大門之外北面稽首再拜而不受曰今而後知

君之犬馬畜伋。蓋自是臺無餽也。悅賢不能舉，又不能養也，可謂悅賢乎？亟，去聲，下同。摽，音杓。使，去聲。

亟，數也。鼎肉，熟肉也。卒，末也。摽，麾也。數以君命來餽，當拜受之，非養賢之禮，故不悅。而於其末後復來餽時，麾使者出，拜而辭之。犬馬畜伋，言不以人禮待己也。臺，賤官，主使令者。蓋繆公愧悟，自此不復令臺來致餽也。舉，用也。能養者未必能用也，況又不能養乎？

纂疏　輔氏曰：繆公之於子思，非不知所餽賢也，而猶若此者，一是思慮或有不至，一是敬心或有未盡。然敬心既盡，則思慮必無不至也。○又曰：悅而不能用，如晉平公於亥唐之類也。世有欲徇養賢之虛名，而無用賢之實事者，固不足道，況於養之之道又有所不至乎？是焉能得賢者而臣之也。

曰：「敢問國君欲養君子，如何斯可謂養矣？」曰：「以君命將之，再拜稽首而受。其後廩人繼粟，庖人繼肉，

八二四

以君命將之子思以爲鼎肉使己僕僕爾亟拜也非養君子之道也

初以君命來餽則當拜受其後有司各以其職繼續之無復以君命來餽不使賢者有亟拜之勞也僕僕煩猥貌

纂疏 輯氏曰不使賢者有亟拜之勞則繼以粟肉因饋致矣

堯之於舜也使其子九男事之二女女焉百官牛羊倉廩備以養舜於畎畝之中後舉而加諸上位故曰王公之尊賢者也女下字去聲

能養能尊悅賢之至也唯堯舜爲能盡之而後世之所當法也

集釋 胡氏曰周禮王燕則以膳夫爲獻主說者曰君臣之義不可以燕褻曰是不然此孟子所謂養君子之法

也。禮，受爵於君前，則降而再拜。燕所以待群臣嘉賓也，而使之有升降拜揖之勞，是以犬馬畜之矣，故以膳夫爲獻主，而君不自獻酬焉，是乃所以爲養君子之道，而廩人繼粟，庖人繼肉之義也。

張氏註 萬章所謂託於諸侯，諸侯蓋以爲士，雖不得行其道，而託祿於諸侯以自養，宜若可也，而孟子以爲非禮，以其無畀理故也。然周之則可以受，周之與賜所以異者，蓋居其國則爲其民，君以其飢餓而餽焉，受斯可也。若欲以自託而虛享其祿賜，則於義可居乎？名不正則失其序而不和，故孔子論之，至於禮樂不興，而民無所措手足，君子之於禮樂，不斯須去身者，其動未嘗不待名正而言順故也。曰不敢，答以其無常職而受賜，陷於不恭，故不敢也。雖然，此士之所以自處者當然也，在國君之待士，則有養賢之禮焉。故與子思之事以告之，夫子思蓋以繆公之餽者周之而受之之義也，至於餽之之久，而僕僕然亟拜，則是徒爲餽而已，徒爲餽則與養犬馬之道何異焉？有君子而受其犬馬之畜者乎？故及其久也，則再拜稽首而不受，蓋愍公雖有悅賢之名，不能舉而用，又不能以禮養之也。賢者其肯勤乎？以禮養者，繼粟繼肉是也，蓋不敢以是而煩僅之，故使繼之而已。雖然，此又言養之之禮，而未及言舉之之道也若堯之於舜則尊賢之極而養道之盡也事之以九男女之以二女百官牛羊倉廩備而養之於畎畝之中惟恐其不得當其意○舉而加諸上位如是而可以謂之王公之尊賢也孟子每以堯舜之事爲言者蓋語道者必稽諸聖人所以爲萬世之準的蓋聖人人倫之至故也學乎爲士者於畎畝之際可不思夫名正而言順者乎爲君者之待士又何可不深思所以養之之道乎

纂疏 輔氏曰堯之於舜則尊賢養賢之極養賢之至用賢之周也

○萬章曰敢問不見諸侯何義也孟子曰在國曰市井之臣在野曰草莽之臣皆謂庶人庶人不傳質爲臣不敢見於諸侯禮也質與贄同

傳通也質者士執雉庶人執鶩相見以自通者也國内莫非君臣但未仕者與執贄在位之臣不同故不敢見也

【纂疏】輔氏曰在國之內者雖莫非君之臣然唯傳質以自通於君既仕而有祿位者則正名之曰臣若其他則在野隨所居而名爲之臣其實皆庶人庶人既未曾執贄在位則不敢自屍於已仕者以見於君是乃禮之當然也

萬章曰庶人召之役則往役君欲見之召之則不往見之何也曰往役義也往見不義也

往役者庶人之職不往見者士之禮

【纂疏】輔氏曰庶人則當服君之賤事故召之役則往役者庶人之職也爲士則知學問崇禮義不惟士之自處當如此而人君亦以此望之故召之則不往見之者爲士之禮也

且君之欲見之也何爲也哉曰爲其多聞也爲其賢也曰爲其多聞也則天子不召師而況諸侯乎爲其賢也則吾未聞欲見賢而召之也繆公亟見

於子思曰：古千乘之國以友士，何如？子思不悦，曰：古之人有言曰事之云乎，豈曰友之云乎？子思之不悦也，豈不曰：以位，則子君也，我臣也，何敢與君友也？以德，則子事我者也，奚可以與我友？千乘之君求與之友而不可得也，而況可召與？爲去聲。乘去聲。召與之與平聲。

孟子引子思之言而釋之，以明不可召之意。

[illegible] 問多聞何以謂爲之師大賢[illegible]小大記曰以人望人則賢者可知至於多識前言往行以畜其德易之大

故可以爲師曰賢與多聞細切當有別恐不必深説也齊連篇言

齊景公田，招虞人以旌，不至，將殺之。志士不忘在溝壑，勇士不忘喪其元。孔子奚取焉？取非其招不往也。喪息浪反。

說見前篇。

曰：敢問招虞人何以？曰：以皮冠，庶人以旃，士以旂，大夫以旌。

皮冠，田獵之冠也。事見春秋傳。然則皮冠者，虞人之所有事也，故以是招之。庶人，未仕之臣。通帛曰旃。士，謂已仕者。交龍為旂，析羽而注於旂干之首曰旌。

纂疏 趙氏曰：皮冠，弁也。以鹿皮或手黄白者為之。○又按春秋傳曰：齊侯田于沛，招虞人以弓，不進。公使執之，辭曰：昔我先君之田也，旃以招大夫，弓以招士，皮冠以招虞人。臣不見皮冠，故不敢進。乃舍之。仲尼曰：守道不如守官。君子韙之。○又曰：通帛曰旃。通帛謂大赤，從周正色，無飾。交龍為旂，謂畫交龍於旂之上。○士因析取鳥羽注於干之首，全而用之名曰旞，析而用之名曰旌。

以大夫之招招虞人虞人死不敢往以士之招招庶人庶人豈敢往哉況乎以不賢人之招招賢人乎

欲見而召之是不賢人之招也以士之招招庶人則不敢往以不賢人之招招賢人則不可往矣

【疏】輔氏曰不賢人之招非是謂不以招賢人之禮招之蓋召之使見者是招不賢人之法耳○又曰以貴者之招而招賤則不敢往者畏義也以不賢之招而招賢則不可往者重禮也

欲見賢人而不以其道猶欲其入而閉之門也夫義路也禮門也惟君子能由是路出入是門也詩云周道如底其直如矢君子所履小人所視

夫音扶底詩作砥之履反

詩小雅大東之篇底與砥同礪石也言其平也矢言

其直之權視以爲法也引此以證上文能由是路之義。

【纂疏】輔氏曰以周旋爲君子所履而證義路爲賢者之所由也。

萬章曰孔子君命召不俟駕而行然則孔子非與曰孔子當仕有官職而以其官召之也與平聲

孔子方仕而任職君以其官名召之故不俟駕而行徐氏曰孔子孟子易地則皆然○此章言不見諸侯之義最爲詳悉更合陳代公孫丑所問者而觀之其說乃盡

【總論三章之旨】此章論難甚詳其綱領只在義路也禮門也推君子能由是路出入是門曰固是不出此二者然所謂義所謂禮裏面煞有節目如云往役義也往見不義也周之則受賜之則不受之類都是義之節目如云廩人繼粟庖人繼肉以君命將之類都是禮之節目又如齊王餽兼金一百鎰而不受於宋餽七十鎰

辭而受此等辭受都有箇義君子於細微曲折一一都要合義所以易中說精義入神以致用也義至於精則應事接物之間無一非義不問小事大事千變萬化吾之所以應他如利刀快劒迎刃而解件件剖作兩片去孟子平日受用便是得這箇氣力今觀其所言所行無不是這箇物事初見梁惠王便說箇義利兩邊去葉賀孫○蔡氏曰

張氏曰萬章問不見諸侯何義孟子答之以庶人之常分既不傳贄為臣則其不敢見宜也萬章謂既自比於庶人庶人召之役而往役也豈有君欲見而不往見者哉孟子謂召之之役者是以庶人待之耳以貴役賤理之常也故往役為義若欲見之則欲見之之意果何為乎為其多聞與賢也為其多聞則將資之以成德天子且不召師而況下此者乎為其賢則當尊之而不可慢蓋在我則當守庶人之分在彼則當隆事師之禮也故曰往役義也往見不義也有往役之義而無往見之義也繆公以千乘之君高欲以友士宜亦可取也而子思不悅蓋曰友之則猶為有所挾而驕吝之心未盡降也子思豈尊己而自大乎以為爾之望於我者欲以成身也一毫未盡則是私意所挾焉能以從吾乎故以位言則貴賤之勢殊在我者固不敢言友也以德言則道義之為重在彼者亦豈得

而言之哉蓋君臣之相與獨有貴貴尊賢二者而已貴貴
分也尊賢德也分立而德尊天之理也夫君欲與之友子思
不可得召之人無一毫貶就之心如此虞人不敢應景公
之招若爲其所以招之若非其物將守常分而不敢踰是
以夫子取之夫可召而召可得而爵祿者此固不賢者之
所常也而以此招賢者是以不賢人之招招賢人賢者其
肯就乎曰猶欲其入而閉之門也謂非見賢之道故爾義
之所以謂之路者以其宜之可推也禮之所以謂之門者
以其節之不可越也一者人性之所有譬之路與門有足
者皆可以由可以出入也而君子獨能之者何哉衆人迷
於物欲而君子存其良心固也周道如砥其直如矢君子
所履小人所視詩人之意以爲大道坦然君子則能由之
而小人亦將視以從也萬章又以孔子不俟駕之説爲疑
孟子謂孔子仕於朝君以其官而召之是以不俟駕也立
其朝而任其事則有常守固與在草野
異矣不俟駕之義微孟子孰能發明之

【纂疏】輔氏曰孔子當仕有官職而以其官名召之謂如爲魯
司寇時魯公以司寇召之故不俟駕而行以敬君之
命而不敢慢也○又曰觀答陳代章則見孟子之不見諸
侯得不肯枉道從人之義觀此章及答公孫丑章則又見

孟子之不見諸侯，得古之君子不爲臣不見之禮與夫賢者有不可召之義。蓋君子之出處進退，一惟其禮與義而已，無適莫也。

○孟子謂萬章曰：一鄉之善士，斯友一鄉之善士；一國之善士，斯友一國之善士；天下之善士，斯友天下之善士。

言己之善蓋於一鄉，然後能盡友一鄉之善士。推而至於一國天下皆然，隨其高下以爲廣狹也。

【纂疏】輔氏曰：善士雖有大小之不同，皆士於善者也。若在我之善不足以蓋一鄉之善士，則隨其所主而取之，以有偏而或遺者。惟在我之善足以盡其一鄉，然後能盡友一鄉之善士，而周[illegible][illegible]無有或遺者矣。推而廣之，至於一國天下，皆隨其高下以爲廣狹耳。

以友天下之善士爲未足，又尚論古之人。頌其詩，

讀其書不知其人可乎是以論其世也是尚友也
尚上同言進而上也頌誦通論其世論其當世行事
之迹也言旣觀其言則不可以不知其爲人之實是
以又考其行也夫能友天下之善士其所友衆矣猶
以爲未足又進而取於古人是能進其取友之道而
非止爲一世之士矣

張氏注

善士雖有小大之不同皆志於善道者也一鄉之
善士斯友一鄉之善士非惟取友固然而其合志
同方的相求也所見者愈大則所友者愈廣矣故一國之
善士斯友一國之善士而天下之善士斯友天下之善士
也至於天下之善士則其立心高其執德固必不肯安於
卑近而小成也故以友天下之善士爲未足又尚論古之
人焉其求道之心蓋無窮也自友一鄉之善士至於尚論
古之人每進而愈上也夫世有先後理無古今古人遠矣
而言行見於詩書頌其詩讀其書而不知其人則何益乎
頌詩讀書必將尚論其世而後古人之心可得而明矣尹

氏曰尚論其世謂論其所遇之時蓋古人所遇之時不同故其行事有異而其道則一而已必考其跡以究其用而後其心可得而明如堯舜禪讓湯武征伐禹稷過門不入而顏子居於陋巷又豈可不尚論其世乎尚友之道至此而後爲盡矣。

【纂疏】輔氏曰上而友於天下之善士可謂取友之衆矣然不過是一世之士捨是進而友於古人則其取友更無窮盡而不可謂一世之士也蓋在我之善愈備則取於友者益廣然善無窮盡也故大而天下遠而前古無不在所取焉蓋時雖有先後而理則無古今也。

○齊宣王問卿孟子曰王何卿之問也王曰卿不同乎曰不同有貴戚之卿有異姓之卿王曰請問貴戚之卿曰君有大過則諫反覆之而不聽則易位

大過謂足以亡其國者易位易君之位更立親戚之

賢者蓋與君有親戚之恩無可去之義以宗廟爲重不忍坐視其亡故不得已而至於此也

王勃然變乎色

勃然變色貌

曰王勿異也王問臣臣不敢不以正對

孟子言也

王色定然後請問異姓之卿曰君有過則諫反覆之而不聽則去

君臣義合不合則去○此章言大臣之義親疎不同守經行權各有其分貴戚之卿小過非不諫也但以大過而不聽乃可易位異姓之卿大過非不諫也雖小過而不聽已可去矣然三仁貴戚不能行之於紂而霍光異姓乃能行之於昌邑此乃委任權力之不

同不可以執一論也

或問 卒章之說，朱子曰：孟子所謂易位者，言其理當如是耳。若仁人之事，則比於箕子固有所不及，爲若微子之去，亦或其勢之不使也。然觀其引身而去以全先王之世，則其計慮亦豈苟然者哉？若其功之可爲，則伊尹、霍光固以異姓之卿而行之矣，況有骨肉之親者乎？然世或疑此言有以啓篡奪之禍者，則孟子豈不嘗曰有伊尹之志則可，無伊尹之志則篡乎？

張氏註 貴戚之卿與異姓之卿有親疏之異，故不得而同論也。貴戚之卿諫君之大過，反覆而不聽，則有易位之義，蓋任宗社之責，故得更擇其宗族之賢以易之。然非謂貴戚之卿諫君反覆而不從，便可以易位，蓋極其理而言之，有可以易位之道，所謂以正對也。宣王聞斯言而懼，是以勃然變乎色，則其所以警之者亦切矣。若夫異姓之卿，見君有過則當諫，反覆之而不聽則可以去。或曰孟子易位之論不亦過矣乎？蓋對其君之言，不如是無以警其心也。

輔氏曰：註云行經行權，尤足以發孟子之義。蓋行權者，非至於甚不得已則不可爲；守經者，則日月常行而須臾不可離者也。

孟子卷第十

孟子卷第十一

諸儒集成書目

朱子集註　朱子集義　朱子語録　朱子或問

南軒張氏言　黄氏講義　蔡氏集疏　趙氏纂疏

告子章句上　凡二十章

告子曰性猶杞柳也義猶桮棬也以人性為仁義猶以杞柳為桮棬杞音起桮音杯棬丘圓反

性者人生所稟之天理也杞柳柜柳桮棬屈木所為若巵匜之屬告子言人性本無仁義必待矯揉而後成如荀子性惡之說也

語録　告子只是認氣為性見得性有不善須拗他方善此惟是程子斷得定所謂性即理也○又曰桮棬所以

棬杉合字杞柳恐是今做人合箱底柳北人以此爲箭謂之柳箭即蒲柳也

孟子曰子能順杞柳之性而以爲桮棬乎將戕賊杞柳而後以爲桮棬也如將戕賊杞柳而以爲桮棬則亦將戕賊人以爲仁義與率天下之人而禍仁義者必子之言夫戕音牆與平聲夫音扶

言如此則天下之人皆以仁義爲害性而不肯爲是因子之言而爲仁義之禍也

語錄

杞柳必矯揉而爲桮棬性非矯揉而爲仁義孟子辯告子數處皆是辯倒著告子便休不曾說盡道理田節

[illegible]氏註

有太極則有兩儀故立天之道曰陰與陽立地之道曰柔與剛立人之道曰仁與義仁義者性之所有而萬善之宗也人之爲仁義乃其性之本然自親親而推之至於仁不可勝用自長長而推之至於義不可勝用皆順其所素有而非外之也若逆其性而爲仁義則爲失其性矣而告子以杞柳爲桮棬喩其言何以人將爲仁義則

矣。文甘令反。蓋仁義性也，而因以人爲爲仁義，則是性別爲
一物，以人爲矯揉而爲仁義，其失豈不甚乎？孟子謂是爲
子所言，則是以杞柳之質比性，其爲桮棬也，固不能順
柳之性而爲之，以必將戕賊而爲之也。然則人之爲仁義也，
亦將戕賊其性而爲之也。是將使天下以仁義爲禍而迷
失其本真，其害豈不甚乎？故以爲禍仁義之言也。雖然，曲直
者木之性也，非有使之也，自有也，木不可
有也，自之理也。以是而論性，則可矣。

纂疏

輔氏曰：不言戕賊杞柳，而言戕賊人者，人之所以爲人
者仁義也。爲仁義之禍者，仁義何以禍哉？人自禍之耳。
亦猶言道非亡也，幽厲不由也。○公曰○西山真氏曰：告子
之說，蓋謂人性本無仁義，必用力而強爲，若杞柳本非桮
棬，必矯揉而後就也。何其昧於理邪！夫仁義即性也，告子
乃曰以人性爲仁義，如杞柳則性自性，仁義自仁義也，其四
乎？夫以杞柳爲桮棬，必斬伐之，雖折之，乃克有成。若人之
爲仁義，乃性之所固有，孩提之童皆知愛親，即所謂仁；及
其長也，皆知敬兄，則所謂義，何勉強矯揉之有？使告子之
言行，世之人必曰仁義乃戕賊人之物，將畏憚而不肯爲，
是率天下而害仁義，其禍將不可
勝言。此孟子所以不容不辯也。

○告子曰性猶湍水也決諸東方則東流決諸西方則西流人性之無分於善不善也猶水之無分於東西也湍他端反

湍波流瀠回之貌也告子因前說而小變之近於揚子善惡混之說

【[illegible]】【纂疏】湍水即揚子之說曰告子以善惡皆性之所無而生於習揚子以善惡皆性之所有而成於習此亦有小異也輔氏曰告子本以氣爲性因此說亦然故集註曰因前說然所謂小變之者但前說以性爲惡必矯揉而後可爲善而此說則以性爲本無善惡但可以爲善可以爲惡耳此其爲小變也然揚子則謂人性實有善惡相混於其中此則謂性中實無善惡但由人所爲而分善與惡耳亦不全同故曰近也

孟子曰水信無分於東西無分於上下乎人性之善也猶水之就下也人無有不善水無有不下

言水誠不分東西矣，然豈不分上下乎？性即天理，未有不善者也。

〔總論二章之旨〕性則故而已矣，何言語之可形容哉？故善言性者，不過即其發見之端而言之，而性之蘊因可默識矣。如孟子之論四端是也。觀水之流而必下，則水之性下可知；觀性之發而必善，則性之蘊善亦可知矣。○孟子所言不是氣禀之性，但是性自不容說，纔說性時便以說箇善字。所謂天下之言性者則故而已者，正謂此也。答潘謙之。○祝氏附錄

今夫水，搏而躍之，可使過顙；激而行之，可使在山。是豈水之性哉？其勢則然也。人之可使爲不善，其性亦猶是也。夫，音扶。搏，補各反。

搏，擊也。躍，跳也。顙，額也。水之過額在山，皆不就下也。然其本性未嘗不就下，但爲搏激所使而逆其性耳。

○此章言性本善故順之而無不善本無惡反之而後爲惡非本無定體而可以無所不爲也

【集義】謝氏曰如水之就下搏[illegible]之非不可上但非水之性

【張氏注】伊川先生曰荀子之言性杞柳之論也楊子之言性湍水之論也蓋荀子謂人之性惡以仁義爲僞而揚子則謂人之性善惡混脩其善則爲善人脩其惡則爲惡人故也告子不識大本故始譬性爲杞柳謂以人性爲仁義今復譬性爲湍水謂無分於善不善夫無分於善不善則性果爲何物耶論貞實之理而委諸茫昧之地所害大矣善乎孟子之言曰人無有不善水無有不下可謂深切著明矣原人之生天命之性純粹至善而無惡之可萌者矣孩提之童無不知愛其親者及其長也莫不知敬其兄以至於飢食而渴飲其始亦莫非善也推此則可見矣何獨人爾物之始生亦莫不有善者惟人得二氣之精五行之秀其虛明知覺之心有以推之而萬善可備以不失其天地之全故性善之名獨歸於人而爲天地之心也然人之或行不善何也蓋有是身則形得以拘之氣得以汩之欲得以誘之而情始亂情亂則失其性之正是以爲不善也而豈性之罪哉告子以水可決而東西譬性之可

以爲善可以爲不善而不知水之可決而東西者有以使之也性之本然孰使之邪故水之就下非有以使之也水之所以爲水故有就下之理也若有以使之則非獨可決而東西也搏之使過顙激之使在山亦可也此豈水之性也哉搏激之勢然也然搏激之勢盡則水仍就下也可見其性之本然而不可亂矣故夫無所爲而然者性情之正乃所謂善也若有以使之則爲不善故曰人之可使爲不善然雖爲不善而其秉彝終不可殄滅亦猶就下之理不泯於激搏之際也或曰程子謂善固性也惡亦不可不謂之性也然則與孟子有二言乎曰程子此論蓋謂氣稟有善惡言也如羊舌虎之生已知其必滅宗之類以其氣稟而知其末流之弊至此謂惡亦不可不謂之性者言氣稟之性也氣稟之性可以化而復其初夫其可以化而復其初者是乃性之本善者也可不察哉

【集說】覺軒蔡氏曰人性之善猶水之就下此善字却是就人物稟受以後而言據其發用之初對其成就之極又自爲陰陽也

【纂疏】輔氏曰告子之見止以爲人之性本無定體可以爲善可以爲不善故也故善是順性而爲本非難事而

爲善者常若難，惡是反性而爲，本是難事，而爲惡者常若易，此蓋由氣稟所拘，物欲所蔽，積習之久，以妄爲眞而然。故學者須是主敬以涵養，放教生處漸漸熟，熟處漸漸生，然後可以復歸其本，順者自然易，而逆者自然難也。〇西山眞氏曰：告子杞柳之喩，旣爲孟子所闢，而又小變其說，而取喩於湍水。蓋前說專指人性爲惡，至是又謂可以爲善，可以爲惡，而借水以明之。不知水之性未嘗不就下，雖搏之過顙，激之在山，可暫違其本性，而終不能使不復其本性也。人之爲不善者固有之矣，然其所以然者，往往爲物欲所誘，利害所移，而非其本然之性也。故雖甚愚無知之人，罵之以惡逆，斥之以盜賊，鮮不變色。若至於見赤子之入井，則莫不怵惕而救之。朱子章旨數言盡之矣。

〇告子曰：生之謂性。

生，指人物之所以知覺運動者而言。告子論性，前後四章，語雖不同，然其大指不外乎此，與近世佛氏所謂作用是性者略相似。

〔語錄〕曰：告子只說那生來底便是性，手足運行，耳目視聽，與夫心有知覺之類。他却不知生便屬氣稟，自氣稟而言人物便有不同處若說理之謂性則可然理之在人在物亦不可做一等說○又曰生之謂性只是就氣上說得蓋謂人也有許多知覺運動物也有許多知覺運動人物只一般却不知人之所以異於物者以其得正氣故具得許多道理如物則氣昏而性亦昏了○潘氏錄○明道先生曰生之謂性性即氣氣即性生之謂也人生氣稟理有善惡然不是性中元有此兩物相對而生也有自幼而善有自幼而惡本此一云后稷之克岐克嶷子越椒始生人知其必滅若敖氏之類是氣稟有然也善固性也然惡亦不可不謂之性也蓋生之謂性人生而靜以上不容說纔說性時便已不是性也凡人說性只是說繼之者善也孟子言性善是也夫所謂繼之者善也者猶水流而就下也皆水也有流而至海終無所汚此何煩人力之為也有流而未遠固已漸濁有出而甚遠方有所濁有濁之多者有濁之少者清濁雖不同然不可以濁者不為水也如此則人不可以不加澄治之功故用力敏勇則疾清用力緩怠則遲清及其清也則却只是元初水也不是將清來換却濁亦不是取出濁來置在一隅也水之清則性善之謂也故不是善與惡在性中為兩物相對各自出來此遺書語本章多所引用故載全段○明道生之謂性一段當作三

節看其間有言天命者有言氣質者生之謂性是一節水流就下是一節清濁又是一節也黃㽦○問遺書中生之謂性一段難看自起頭至惡亦不可不謂之性也成兩三截曰此一段極難看但細尋語脈卻亦可曉上云不是兩物相對而生蓋言性善也既言性善下卻言善固性也然惡亦不可不謂之性也卻是言氣稟之性似與上文不相接曰不是言氣稟之性蓋言性本善而今乃惡亦是此性為惡所汩正如水為泥沙所混不成不喚做水又問人生而靜當作斷句曰只是連下文至不容說作句性自稟賦而言人生而靜以上未有形氣理未有所受安得謂之性又問纔說性時便已不是性又問凡人說性只是說繼之者善也繼之者善如何便指作性曰吾友疑得極是此卻是就人身上說繼之者善若就向上說則天理方流出亦不可謂之性生之謂性性即氣氣即性此言人生性與氣合曰有此氣為人則理具於身方可謂之性○問性即氣氣即性曰那箇是說性便在氣稟上稟得此氣理便附搭在上面○問氣出於天否曰性與氣皆出於天性只是理氣則已屬於形象性之善固人所同氣便有不齊處明道生之謂性一條性字有指其墮在氣質中者而言有指其本原至善者而言須且分別此一字令分明不差方可

逐項子細消詳。繼之者善，易中本指造化流行之妙而言，此却是就人身上指其發用之端而言。如孟子論性善只以情可以爲善爲說，蓋此發用處便見本原之至善，不待別求。若可別求，則是人生而靜以上却容說也。答王晉輔

○問：程氏謂「善固性也，惡亦不可不謂之性也」者，指上文氣稟而言，則如子越椒之生，濁有之，不應稟氣賦形有善惡有焉。若指下文水流下而言，則若有可使爲不善之意，然濁水沙石非水本然也。惡亦不可不謂之性，此語未曉。所指曰：此章性字說得最雜，有是說本性者，有是說氣稟者，其言水之下與水之清，亦是兩意，須細分別。曰答林德久

○性是天賦與人，只一同；氣質所稟，却有厚薄。人只是一般人，厚於仁而薄於義，有餘於禮而不足於智，便是氣質上來。除去燾

○問：繼之說性便不是性，此是就未稟時說，就已稟時說？曰：就已稟時說。性者渾然天理而已，纔說性時，則已帶氣矣。所謂離了陰陽更無道，此中最宜分別。

又問：水流而就下以後，此是說氣稟否？若說氣稟，則生下已定，安有遠近之別？曰：此是說氣質可學。

○程子又以水之清濁譬之水之清者，性之善也。流至海而不污者，氣稟清明，自幼而善，聖人性之而全其天者也。流未遠而已濁者，氣稟偏駁之甚，自幼而惡者也。流既遠而方濁者，長而

見異物而遷焉失其赤子之心者也獨有多寡氣之昏明純駁有淺深也不可以濁者不爲水惡亦不可不謂之性也然則人雖爲氣所昏流於不善而性未嘗不在其中特謂之性則非其本然謂之非性則初不離是以其如此故人不可以不加澄治之功惟能學以勝氣則知此性渾然初未嘗壞所謂元初水也雖濁而清者存故非將清來換濁既清則本無濁故非取濁置一隅也如此則其本善而已矣豈有兩物對立而並行也哉○生之謂氣生之理謂性李閎祖

○祝氏錄

【集疏】覺軒蔡氏曰程子言生之謂性者二其曰性即氣氣即性者朱子謂發明告子之說其曰人生氣稟理有善惡然不是性中元有此兩物相對而生也有自幼而善有自幼而惡是氣稟有然也善固性也惡亦不可不謂之性也此言告子但知氣底性有善有不善不知理底性無不善也又曰生之謂性人生而靜以上不容說凡人說性只是繼之者善也孟子言性善是也夫所謂繼之者善也猶水流而就下也此又發明孟子性善之說所謂理之性也初不雜乎氣底性也

此孟子於性上論氣處

纂疏北溪陳氏曰：佛氏把作用是性，便喚蠢動含靈皆有佛性，運水搬柴無非妙用，不過只認得箇氣，而不論着那理爾。○輔氏曰：人物之生，則有知覺能運動，死則無知覺不能運動，此○又曰：集註謂與佛氏略相似者，蓋釋氏又說得周遮些，然此岸儒大略則相類也。

孟子曰：「生之謂性也，猶白之謂白與？」曰：「然。」「白羽之白也，猶白雪之白；白雪之白，猶白玉之白與？」曰：「然。」

與，平聲。下同。

白之謂白，猶言凡物之白者同謂之白，更無差別也。白羽以下，孟子再問而告子曰然，則是謂凡有生者同是一性矣。

「然則犬之性，猶牛之性；牛之性，猶人之性與？」

孟子又言若果如此，則犬牛與人皆有知覺，皆能運動其性皆無以異矣於是告子自知其說之非而不能對也○愚按性者人之所得於天之理也生者人之所得於天之氣也性形而上者也氣形而下者也人物之生莫不有是性亦莫不有是氣然以氣言之則知覺運動人與物若不異也以理言之則仁義禮智之禀豈物之所得而全哉此人之性所以無不善而爲萬物之靈也告子不知性之爲理而以所謂氣者當之是以杞柳湍水之喻食色無善無不善之說縱横繆戾紛紜舛錯而此章之誤乃其本根所以然者蓋徒知知覺運動之蠢然者人與物同而不知仁義禮智之粹然者人與物異也孟子以是折之其義精矣

【集疏】伊川先生曰犬牛人限以形不可更相如隙中日光方圓不移其光一也惟所禀各異故生之謂性告子以爲一孟子以爲非也○横渠先生曰生之謂性言所異之性皆天性也不分人物之異釋氏之說其陷人于小人者

其待天下萬物之性爲一，猶告子生之謂性之言也。有
慢無執守，所以臨事不精。學者先須立本。學者先須見
之性。學所以爲人。
問：犬牛之性與人之性不同，天下如何解有許多性？
[illegible]錄 答曰：人有孝弟忠信，犬牛還能事親孝、事君忠也？而
又問：濂溪作太極圖，自太極以至萬物化生，只是一箇圈
子，何嘗有異？曰：人物本同，氣稟有異，故不同。甘節。○形而
上者一理渾然，無有不善；形而下者則紛紜雜揉，善惡有
所分矣。○又曰：論萬物之一原，則理同而氣異；觀萬物之
一體，則氣猶相近，而理絕不同也。氣之異者，粹駁之不齊；
理之異者，偏全之或異。○曰：氣相近，如知寒暖，識飢飽，好
生惡死，趨利避害，人與物都一般。理不同，如蜂蟻之君臣，
只是他義上有一點明；虎狼之父子，只是他仁上有一點
明，其他更推不去。○[illegible]氏錄○知覺運動，人物皆異，而其
中却有同處。仁義禮智是同，而其中却有異，須是子細
疏理教有條理。又曰：物也有這性，只是稟得來氣偏了，這
性便也隨氣轉了。又曰：畜獸稟得昏塞底氣，然間或稟得
些子清氣，便也有明
處，只是不多。義剛

總論一章之旨

告子所言是氣，孟子所言理。李閎祖○問告子言生之謂性曰合下便是錯了他只是言生處精神魂魄凡動用處是也正如禪家說作用是性蓋謂目之視耳之聽手之提執足之運奔皆性也說來說去只說得箇形而下者故孟子闢之曰生之謂性也猶白之謂白歟又闢之曰犬之性猶牛之性牛之性猶人之性歟三節語猶戲謔然只得告子不知所答便休了竟亦不曾說得性之本體是如何或云董子言性者生之質也否曰其言亦然大雅○伊川說性即理也便見得惟人得是理之全物得是理之偏告子止把生為性更不說及理孟子卻以理言性所以見人物之辨○犬牛人之形氣既異而有知覺能運動者生也有生雖同然形氣既異則其生而有得乎天之理亦異蓋在人則得其全而無有不善在物則有所蔽而不得其全是乃所謂性也今告子曰生之謂性如白之謂白而凡白無異白焉則是指形氣之生者以為性而謂物之所得於天者亦無不同矣故孟子以此詰之而告子理屈詞窮不能復對也此章乃告子迷謬之本根孟子開示之要切蓋知覺運動者形氣之所為仁義禮智者天命之所賦學者於此正當審其偏闕而求知所以自貴於物不可以有生之同反自昧於仁

與而不自知己性之
大全○答程子思

總論三章之旨

問生之謂性莫止是以知覺運動〃爲性否曰便是此正與食色性也同意孟子當初辨得人恁地平鋪就他蔽處撥他却一向窮詰他縱那一角頭攻將去所以然分難理會若要解煞用添言語犬牛人謂其得於天者未嘗不同惟是人得是理之全至於物止得其偏今欲去犬牛身上全討仁義便不得告子止是不曾分曉道這子細到這裏說不得却道是天下是有許多般性牛自是牛之性馬自是馬之性犬自是犬之性則又不是陳

賀孫○說氏錄

子以告子論性數章皆本乎生之謂性之一言何也

或問 曰性之爲說吾既詳言之矣告子不知理之爲性乃即人之身而指其能知覺運動者以當之所謂氣者是也始而見其但能知覺運動非教不成故有杞柳之譬既屈於孟子之言而病其說之偏於惡也則又繼而爲湍水之喻以見其但能知覺運動而非有善惡之分又以孟子爲未喻己之意也則又於此章極其立論之本意而索言之至於孟子折之則其說又窮而終不悟其非也其以食色

為言蓋猶生之云爾而公都子之所引又湍水之餘論也以是考之凡告子之論性其不外乎生之一字明矣但前此未有深究其弊者往往隨其所向各為一說以與之辯而不察其所以失之之端獨在於此是以其說雖多而訖無一定之論也曰然則告子固指氣質而言歟曰告子之所謂性者固不離乎氣質然未嘗知其為氣質而亦不知其有清濁賢否之分也程子曰論性不論氣不備論氣不論性不明者則又極至之言蓋孟子之言性善者前聖所未發也程子此言又孟子所未發也

張氏註 論性之本則一而已矣而其流行發見人物之所稟有萬之不同也蓋何莫而不由於太極何莫而不具於太極是其本之一也然有太極則有二氣五行絪縕交感其變不齊故其發見於人物者其氣稟各異其有萬之不同也雖有萬之不同而其本之一者亦未嘗不各具於其氣稟之內故原其性之本一而察其流行之各異知其流行之各異而本之一者初未嘗不完也而後可與論性矣故程子曰論性而不論氣不備論氣而不論性不明蓋論性而不及氣則昧夫人物之分而太極之用不矣論氣而不及性則迷夫大本之一而太極之體不立

用之不行體之不立烏得謂之知性求異端之所以非仁
害義皆自此也告子生之謂性之說以言夫各正性命之
際則可也而告子氣與性不辨人物之分混而無別莫適
其所以然孟子知其蔽於此也故以白之謂白爲譬而又
以下之與猶羽之與雪爲比告子以爲然是告子以人物
之性爲無以異也以人物之性爲無以異是不察夫流形
所變之殊而亦莫知其本之所以爲一者矣則其所謂生
之之謂性者詭辭似而實亦差也或曰氣之在人在物固
有殊矣而人之氣稟亦有異乎曰人者天地之精五行之
秀其所以爲人者大體固無以異也然各就其身亦有參
差不齊者焉故有剛柔緩急之異稟而上智生知之最靈
愚者昏窒而難發由其不齊故也至於禽獸草木就其類
之中亦各有所不同者焉此又其一身還有一乾坤者也
故太極一而已矣散爲人物而有萬殊就其萬殊之中而
復有所不齊焉而皆謂之性性無乎不在也然而在人有
脩道之教焉可以化其氣稟之偏而復其全盡己之性盡
人之性盡物之性其極與天地參此
人所以爲人之道而異乎庶物者也
【纂疏】黃氏曰告子既不知性與氣之所以分而自以氣爲
性又不知氣或不齊性因有異而遂指凡有生者以

爲同是以孟子以此語之而毎退無所據○輔氏曰孟子反復詰之以盡告子之辭然後告子自知其說之非而不能對此孟子所以爲知言而善教也

○告子曰食色性也仁内也非外也義外也非内也

告子以人之知覺運動者爲性故言人之甘食悅色者即其性故仁愛之心生於内而事物之宜由乎外學者即當用力於仁而不必求合於義也

【語録】問甘食悅色固非性而全其天則食色固天理之自然曰此說亦是但告子却不知有所謂天則但見其能甘食悅色即謂之性耳（答鄭可學）○告子以其主於愛者爲仁故曰内以其制提非者爲義故曰外

【總論二章之旨】

問告子前云仁義猶杞棬而下云以人性爲仁義其意蓋謂仁義出於本性但人下文又指仁爲在内疑告子本皆以仁義爲外既得孟子説略認着以爲内而尚未知其所以愛故猶執義爲外告子以愛之由乎仁則亦知義之不離乎仁矣仁内義外之説告子何以附於食色性也之下○疑告子指食色爲性

以爲由心出故亦畧指愛以爲在心曰初意亦只如此看適細推之似亦不以仁爲性之所有但比義差在內耳答鄭可學録

祝氏附録

纂疏 輔氏曰人之甘食者知其食之美而甘之也悅色者知其色之美而悅之也知謂知覺也甘與悅即運動也○又曰告子以仁愛之心生於內故以仁爲內事物之宜由乎外故以義爲外殊不知愛雖生於心而可愛之物則在外事理之宜雖見乎外而所以宜之者則在內是於一物之中彊生此一見也

孟子曰何以謂仁內義外也曰彼長而我長之非有長於我也猶彼白而我白之從其白於外也故謂之外也長上聲下同

我長之我以彼爲長也我白之我以彼爲白也

語録 曰告子只知得人心却不知有道心只見那趨利避害飢食渴飲等處而不知辯別那義利等處正是本

然之性所以道彼長而我長之盖謂我無長彼之心由彼長故不得不長之所以指義為外也

曰異於白馬之白也無以異於白人之白也不識長馬之長也無以異於長人之長與且謂長者義乎長之者義乎

張氏曰上異於二字疑衍李氏曰或有闕文焉愚按白馬白人所謂彼白而我白之也長馬長人所謂彼長而我長之也白馬白人不異而長馬長人不同是乃所謂義也義不在彼之長而在我長之之心則義之非外明矣

【語錄】白馬白人我道這是白馬這是白人言之則一若長馬長人則不同長馬則是口頭道箇老大底馬若長人則是誠敬之心發自於中推誠而敬之所以謂內也林子蒙○祝氏錄

輔氏曰白馬白人則但同謂之白可也至於長馬長人則不同矣人孰肯以長人之心以長馬乎此所以然者是乃吾心之義有不同耳以此觀之則義不在彼之長而在我長之之心明此豈可謂義為外而不事哉

曰吾弟則愛之秦人之弟則不愛也是以我為悅者也故謂之內長楚人之長亦長吾之長是以長為悅者也故謂之外也

言愛主於我故仁在內敬主於長故義在外

曰耆秦人之炙無以異於耆吾炙夫物則亦有然者也然則耆炙亦有外與耆與嗜同夫音扶

言長之耆之皆出於心也林氏曰告子以食色為性故因其所明者而通之○自篇首至此四章告子之辨屢屈而屢變其說以求勝卒不聞其能自反而有

所疑也。此正其所謂不得於言，勿求於心者，所以卒於鹵莽而不得其正也。

【集義】饒泉先生曰：忠恕一貫於道，道者忠體也，恕用也。循是末之，如易云立人之道曰仁與義，忠即仁也，恕即義也。自古聖賢有是言，仁義者甚多，獨於此言之，義則宜之謂也。仁則識人之自體，然後為得也。仁義云者，亦不越乎體用云耳。至孟子則仁義不絕於口，於此知孟子之功於道為大，蓋以義為外者，不識仁之何可以外之也。

【[illegible]】四章之說曰：仁於飲食男女，固出於性，然告子以生為性，則以性為仁，於是因此又生仁內義外之說，正與今日佛老之言以作用為性，義理為障者相類。然孟子不攻其食色之云，而否者，使彼知義之非外，則性之不止於食色，其有以察之矣。

【張氏注】食色固出於性，然莫不有則焉。今告子乃舉物而遺其則，是固出於性，然紛於善不善之論也。其說行而天理不明，而人欲莫之遏矣。至於仁內義外之說，其失又甚焉。彼以為長之在人，如白之在彼，皆不知白之為色一定而不變，而長之所宜則隨事而不同也。若一槩而論，則馬之長將亦無以異於人之長，而何可哉？夫長雖在彼而長之者在我。蓋長之之理素具於心，非因彼長而有也。有是性則具是理，其輕重親疏小大遠近之宜，固森然於秉彝之中而不可亂。事物至于前者，雖有萬之不同，而有物必有則，泛應曲酬，各得其當，皆吾素有之義，而非外取之。此天之所命也。惟夫昧於天人命，而以天下之公理爲有我之得私，而始有義外之說。孟子告之曰：且謂長者義乎？長之者義乎？使思夫長之之爲義，則知義之非外矣。而告子猶惑焉，謂愛吾弟而不愛秦人之弟，是以我爲悅，故曰仁內也；長吾長，而以長楚人之長，是以長爲悅，故曰義外也。曾不知所以長之者非在我而何出哉？故孟子復以耆炙喻之，同爲炙也，所以耆之則在我，然則以其在彼之同而謂耆炙之爲外，可乎？雖然長吾之長義也，長楚人之長亦義也。長則同，而所待吾兄與待楚人固有間矣，其分之殊豈人之所能爲哉？觀告子義外之說，固爲不知義矣。不知義則其所謂仁內者亦烏知仁之所以爲仁者哉？彼徒以愛爲仁，而不知愛之施有差等，固義之所存也；徒以長爲義，而不知所以長之者固仁之體也。不知仁義而以論性，宜乎莫適其指歸也。

纂疏　輔氏曰：炙在外而耆之者在我，長在外而長之者在我，理初無異也。○又曰：許引林氏正說，請看孟子意。孟子正欲就告子之說明處以通之也。○又曰：告子自不見性，又不能因孟子之言以致思，徒守其舊所聞者以爲說，雖其辭屢屈，不過屢變其說以求勝，是其意只欲說得行便休，終不肯反求深以造乎自得之地，皆其不得於言勿求於心者錮之，是以卒於鹵莽而墮於詖淫邪遁之流也。

○孟季子問公都子曰：「何以謂義內也？」

孟季子，疑孟仲子之弟也。蓋聞孟子之言而未達，故私論之。

曰：「行吾敬，故謂之內也。」

所敬之人雖在外，然知其當敬而行吾心之敬以敬之，則不在外也。

「鄉人長於伯兄一歲，則誰敬？」曰：「敬兄。」「酌則誰先？」曰：「先酌鄉人。」「所敬在此，所長在彼，果在外，非由內也。」

長上聲。伯長也。酌，酌酒也。此皆季子問，公都子答，而季子又言如此，則敬長之心果不由中出也。

纂疏 輔氏曰：季子因公都子之言，而復疑敬雖在內，而長在外，故以伯兄、鄉人爲問，而曰所敬在此，所長在彼，則敬長之心果不由中出也。

公都子不能答，以告孟子。孟子曰：「敬叔父乎？敬弟乎？彼將曰『敬叔父』。曰：『弟爲尸，則誰敬？』彼將曰『敬弟』。子曰：『惡在其敬叔父也？』彼將曰『在位故也』。子亦曰『在位故也。庸敬在兄，斯須之敬在鄉人』。」惡平聲。

尸，祭祀所主以象神，雖子弟爲之，然敬之當如祖考也。在位，弟在尸位，鄉人在賓客之位也。庸，常也。斯須暫時也。言因時制宜，皆由中出也。

【纂疏】趙氏曰：因時制宜，乃義之事也。兄與叔父，固所當敬，此理之常也。若弟在尸位，鄉人在賓客之位，則亦當敬，然此只是暫時之敬耳。或常或暫，因時制宜，則皆本於吾心權度，故曰由中出也。

季子聞之曰：「敬叔父則敬，敬弟則敬，果在外，非由內也。」公都子曰：「冬日則飲湯，夏日則飲水，然則飲食亦在外也？」

此亦上章耆炙之義。○范氏曰：二章問答大指略同，皆反覆譬喻以曉當世，使明仁義之在內，則知人之性善而皆可以為堯舜矣。

【集義】伊川先生易傳曰：守義以方其外。義形而外方。義形於外，非在外也。范氏曰：孟子以惻隱之心人皆有之，推其所為則是仁也，羞惡之心人皆有之，推其所為則是義也。下章云：人皆有所不忍，達之於其所忍，仁也；人皆有所不爲達之於其所爲義也夫有所不忍有所不爲豈有內外哉皆出於人之心也孩提之童無不知愛其親及其長也無不知敬其兄親親仁也敬長義也親親敬長亦豈有內外哉皆出於人之性也學者皆知仁義皆出於心本於性則知孟子之言是道一而已告子之言是道有二矣

語錄

曰向與陸氏辯義外之說某謂事之合如此者雖是在外然於吾心以爲合如此而行之便是內也且如人有性質魯鈍或一時見不到因他人說出來見得[illegible]從而行之亦內也陸氏以謂此乃告子之見直要自得於己者方是若以他人之說爲義而行之是求之於外也遂於事當如此處亦不如此不知此乃告子之見耳陸氏錄

○又曰告子仁內義外之說固是不是然近年有欲硬破其說者又更不是謂義專在內只發於我之先見者便是如夏日飲水冬日飲湯之類是也若在外面商量要如此便不是義乃是義襲其說如此然不知飲水飲湯固是內也如先酌鄉人與敬弟之類若不問人來怎生得知今固有人素知敬父兄而不知鄉人之在所當敬者亦有人平日知弟之爲卑而不知其爲尸之時乃祖宗神靈之所依不可不敬者若不因講問商量何緣會自從裏面發出其說乃與佛

氏不得擬議不得思量直下便是之說相似此大害理又論
義處全不是如此都把文義也說錯了當時舉【陳氏曰】
季氏不知性故於義內之說有疑焉公都子答以
【張氏註】行吾敬故謂之內亦未為失也蓋敬之所施各有
攸當是乃義也然公都子未能本於性而論故聞季子先
酌鄉人之論則無以對之蓋庸敬於兄義也以鄉人長酌
而先之亦義也所敬雖在彼而敬之者在我故孟子以弟
爲尸爲喻言兄之當敬猶鄉人之酌當先與夫爲尸者之當
敬皆其理之素定而不可易者也然則其爲在內也明矣
而吾特因時而酌焉蓋以叔父與弟爲在外而不知其義之有
於內內外之本一也公都子蓋有發於孟子之言故以冬
日飲湯夏日飲水譬之蓋冬之飲以湯夏之飲以水是乃
義也而豈外乎哉敬以直內義以方外敬義立而德不孤
伊川先生曰敬立而內直義形而外方義形於外非在外
也蓋主於敬而義自此形焉
敬與義體用一源而已矣
【愚按】輔氏曰若以義爲外則便於性之本體偏枯了安能
知人性之本善既不知人性之本善則豈能知人皆
可以爲堯
舜也哉

○公都子曰告子曰性無善無不善也

此亦生之謂性食色性也之意近出蘇氏胡氏之說蓋如此蘇氏名軾眉山人胡氏名宏安國子

語錄曰告子之意說道性是不曾有善不曾有惡底物事他說食色性也便見得他只道手能持足能履目能視耳能聽便是物事○又曰胡氏說言凡人之生粹然天地之心道義全具無適無莫不可以善惡辨不可以是非分即告子性無善無不善之論○又段蘇氏論性只揀許多好底話說○

陳氏說

或曰性可以為善可以為不善是故文武興則民好善幽厲興則民好暴

此即湍水之說也

或曰有性善有性不善是故以堯為君而有象以瞽瞍為父而有舜以紂為兄之子且以為君而有

微子啓王子比干。

韓子性有三品之説蓋如此。按此文則微子比干皆紂之叔父，而書稱微子爲商王元子，疑此或有誤字。

〔語録〕曰韓子分三品，却只説得氣，不曾説得性。〇告子曰性無善無不善，非推無善并不善亦無之謂，性中無惡則可謂無善，無善則性是何物用節

〔纂疏〕北溪陳氏曰韓子謂人之所以爲性者五，曰仁義禮智信，此語似看得性字端的，但分爲三品又差了。三品之説只説得氣稟，然氣稟之不齊蓋或相什百千萬，豈但三品而已哉。他本要求勝荀揚，却又與荀揚無甚異。

今曰性善，然則彼皆非與。孟子曰：乃若其情則可以爲善矣，乃所謂善也。與平聲

乃若，發語辭。情者，性之動也。人之情本但可以爲善，而不可以爲惡，則性之本善可知矣。

【語錄】性不可說，情却可說。所以告子問性，孟子却答他情。蓋謂情可爲善，則性無有不善。所謂四端者，皆情也。仁是性，惻隱是情也。惻隱是仁發出來底端芽，如一箇穀種相似，穀之生是性，發爲萌芽是情也。所謂性只是那仁義禮智四者而已。四件無不善，發出來則有不善，何故？殘忍便是那惻隱反底，冒昧便是那羞惡反底。【周謨】○問：孟子謂「乃若其情則可以爲善」，而周子有五性感動而善惡分，是又以善惡於動處並言之，皆孟子就其情之未發而周子就其已發者言之乎？曰：情未必皆善，而本則可以爲善而不可以爲惡。唯反其情，故爲惡耳。孟子指其正者而言也，周子兼其正與反者而言也。程子有道又云情之語亦此意也。答張敬夫。○心如水，情即動處。○【沈氏錄】

【纂疏】輔氏曰：情只是性之動，性既如此，則情亦如此也。但出則因其情之善而可以知其性之本善。若程子謂天下之理，原其所自，無有不善。喜怒哀樂未發，何嘗不善？發而中節，則無往而不善。此則又因其性之善而知其情之無不善也。○北溪陳氏曰：在心裏面未發動底是性，這動底只是就性中發出來，不是別物。○又曰：情之中節，是從本性發來，便是善，更無不善。其不中節，是感物欲而動，不從本性發來，便有箇不善。孟子論情，有把做善者，是專指其材。○發猶言也。

若夫為不善，非才之罪也。夫音扶。

才猶材質，人之能也。人有是性，則有是才。性既善則才亦善。人之為不善，乃物欲陷溺而然，非其才之罪也。

語錄 曰：問才與材字之別。曰：才字是就理義上說，材字是就用上說。孟子說人見其濯濯也，則以為未嘗有材焉，是用材字。便是指適用底說；非天之降才爾殊，便是就理義上說。問：才字是以其能解作用底說，材質是合形體說否？曰：是兼形體說，便是說那好底材。問：如說材料相似否？曰：是。○又曰：才是能主張運動做事底。如這事有人會做得，有不會做得；有人會發揮得，有不會發揮得，這便可見其才。○問：孟子論才專言善，何也？曰：才本是善，但為氣所染，故有善不善。亦是人不能盡其才。人皆有許多才，聖人却做許多事，我不能做得些子。故孟子謂或相倍蓰而無算者，不能盡其才者也。○又曰：孟子是說本來善底才。○問：孟子言情與才皆善，如何？曰：情本自善，其發也未有染汚何嘗不善才只是資質亦無不善譬物之白者未染時只是白也○【□氏通】○又曰孟子道性善無形容處故說其發出來底曰乃若其情可以爲善則性善可知若以爲不善非才之罪也是人自要爲不善自非才之不善也情本不是不好底李翶滅情之論乃釋老之言程子言情其性性其情之說亦非全說情不好也【滕璘】○問情性才曰情乃性之發處性如水也情如水之流也情既發則有善有不善在人如何耳才可以爲善者也彼其性既善則其才亦可以爲善今乃至於爲不善是非才如此乃自家使才如此故曰非才之罪也【滕璘】○問性之所以無不善以其出於天也才之所以有善不善以其出於氣也要之性出於天才亦出於天何故便至於此曰性是形而上者氣是形而下者形而上者全是天理形而下者只是那查滓至於形又是查滓至濁者也楊道夫○【□氏錄】

【纂疏】輔氏曰才物之能爲是器之能爲是事者皆其材質也○西山眞氏曰善者性也而能爲善者才也性以體言才以用言才本可以爲善而不可以爲惡今乃至於爲不善是豈才之罪哉陷溺使然也

惻隱之心人皆有之羞惡之心人皆有之恭敬之

心人皆有之是非之心人皆有之惻隱之心仁也羞惡之心義也恭敬之心禮也是非之心智也仁義禮智非由外鑠我也我固有之也弗思耳矣故曰求則得之舍則失之或相倍蓰而無筭者不能盡其才者也惡去聲舍上聲蓰音師

恭者敬之發於外者也敬者恭之主於中者也鑠以火銷金之名自外以至內也筭數也言四者之心人所固有但人自不思而求之耳所以善惡相去之遠由不思不求而不能擴充以盡其才也前篇言是四者爲仁義禮智之端而此不言端者彼欲其擴而充之此直因用以著其本體故言有不同耳

語錄 才固是善若能盡其才可知是善是好所以不能盡其才處只緣是氣禀恁地徐寓○問不能盡其才曰才

是能去恁地做底性本好發於情也只是好到得動用去做也只是好不能盡其才是發得略好便自阻隔了不順他道理做去若盡其才如盡惻隱之才則必當至於博施濟衆盡羞惡之才則必當至於一介不以與人一介不以取諸人祿之千乘弗顧繫馬千駟弗視這是本來自合恁地循從做去止緣人爲私意阻隔多是略有些發動後便遏折了。葉賀孫

總論四端之旨

性是太極渾然之體本不可以名字言之但其中含具萬理而綱理之大者有四焉故命之曰仁義禮智孔門未嘗備言至孟子而始備言之者蓋孔子時性善之理素明雖不詳著其條而說自具至孟子時異端蠭起往往以性爲不善孟子懼是理之不明而思有以明之苟但曰渾然全體則恐其如無星之秤無寸之尺終不足以曉天下於是別而言之界爲四破而四端之說於是而立蓋四端之未發也性雖寂然不動而其中自有條理自有間架不是儱侗都無一物所以外邊纔感中間便應如赤子入井之事感則仁之理便應而惻隱之心於是乎形如過廟過朝之事感則禮之理便應而恭敬之心於是乎形蓋由其中間衆理渾具各各分明故

外邊所遇隨感而應所以四端之發各有面貌之不同是以孟子析而爲四以示學者使知渾然全體之中而粲然有條若此則性之善可知矣然四端之未發也所謂渾然全體無聲臭之可言無形象之可見何以知其粲然有條如此蓋是理之可驗乃依然就他發處驗得凡物必有本根性之理雖無形而端緒之發最可驗故由其惻隱所以必知其有仁由其羞惡所以必知其有義由其恭敬所以必知其有禮由其是非所以必知其有智使其本無是理於內則何以有是端於外由其有是端於外所以必有是理於內而不可誣也孟子言乃若其情則可以爲善矣乃所謂善也是則孟子之言性善蓋亦遡其情而逆知之耳

仁義禮智既知得界限分曉又須知四者之中仁義是箇對立底關鍵蓋仁仁也而禮則仁之著義義也而智則義之藏猶春夏秋冬雖爲四時然春夏皆陽之屬也秋冬皆陰之屬也故曰立天之道曰陰與陽立地之道曰柔與剛立人之道曰仁與義是知天地之道不兩則不能以立故端雖有四而立之者則兩耳仁義雖對立而成兩然仁實貫通乎四者之中蓋偏言則一事專言則包四者故仁者仁之本體禮者仁之節文義者仁之斷制智者仁之分別猶春夏秋冬雖不同而同出乎春春則春之生也夏則春

之長也秋則春之成也冬則春之藏也自四而兩自兩而一則統之有宗會之有元矣故曰五行一陰陽陰陽一太極是亦此之理固然也仁包四端而智居仁之末者蓋冬藏也亦所以始萬物而終萬物者也智有藏之義焉有始終之義焉則惻隱羞惡恭敬是三者皆有可為之事而智則無事可為但分別其為是為非耳是以謂之藏也又惻隱羞惡恭敬皆是一面底道理而是非則有兩面既別其所是又別其所非是終始萬物之象故仁為四端之首而智則能成始能成終猶元者雖四德之長元不生於元而生於貞蓋天地之化不翕聚則不能發散理固然也仁智交際之間乃萬物之機軸此理循環不窮脗合無間程子所謂動靜無端陰陽無始者此也當通○祝氏錄北溪陳氏曰恭就貌上說敬就心上說恭主容敬主蒙引事○輔氏曰仁義禮智性也惻隱羞惡恭敬辭遜是非情也今但謂之心者心統性情者也四者之心人所固有非鑠火之鑠金自外而至內也但思而求之則常存舍而不思則失之矣存則善失則惡然有失之多者有失之少者有失之久者有失之暫者以至於相去之遠一倍十倍而不可數者皆由於不思不求而不能廣而充之以盡其才也○西山真氏曰性我所固有非自外來獨患夫人

之弗思弗求爾。夫物有求而弗得者，在外故也。性則求其在我者，何不得之有。本然之才，初無限量，極天下之善，無不可爲者。今乃善惡相去之遠，由不能盡其才也。曰思曰求，而又曰盡，此孟子教人用功之至要。

詩曰：天生烝民，有物有則。民之秉夷，好是懿德。孔子曰：爲此詩者，其知道乎！故有物必有則，民之秉夷也，故好是懿德。好，去聲。

詩大雅烝民之篇。烝，衆也。物，事也。則，法也。夷，詩作彝，常也。懿，美也。有物必有法，如有耳目則有聰明之德，有父子則有慈孝之心，是民所秉執之常性也，故人之情無不好此懿德者。以此觀之，則人性之善可見，而公都子所問之三說，皆不辨而自明矣。程子曰：性卽理也，理則堯舜至於塗人一也。才稟於氣，氣有清濁，稟其清者爲賢，稟其濁者爲愚。學而知自氣質之性看、地之性分而言之者箇性分而言之只是一箇性人未生以前不與做性説生以後才哭做性以往便夾在氣質中所以看者看不善以氣質性也然性之本然惟有善而已就氣質中指那本然説所以天地之性也若分作兩箇性説則知性不離氣氣不離性而無分曉不可下一箇説則混作兩件物事了

之則氣無清濁皆可至於善而復性之本湯武身之是也孔子所言下愚不移者則自暴自棄之人也又曰論性不論氣不備論氣不論性不明二之則不是張子曰形而後有氣質之性善反之則天地之性存焉故氣質之性君子有弗性者焉愚按程子此說才字與孟子本文小異蓋孟子專指其發於性者言之故以爲才無不善程子兼指其稟於氣者言之則人之才固有昏明強弱之不同矣張子所謂氣質之性是也二說雖殊各有所當然以事理考之程子爲密蓋氣質所稟雖有不善而不害性之本善性雖本善而不可以無省察矯揉之功學者所當深玩也

【集義】伊川先生曰乃若其情則可以爲善若夫爲不善非才之罪此言人陷溺其心者非關才事才猶言材料曲可以爲輪直可以爲梁棟若是毀鑿壞了豈關才事又曰仁者公也人此者也義者宜也權量輕重之極禮者別此定分知者知也信者有此者也萬物皆有性此五常性也若夫惻隱之類皆情也凡動者謂之情性者自然完具

信只是有此因有信然後見故四端不言信橫渠先生曰孟子之言性情才皆一也亦觀其文勢如何情未必爲惡哀樂喜怒發而皆中節謂之和不中節則謂惡又曰孝者先務當明性情有歸要且如惻隱之心自何處來其發忍之心亦自何處來於此理會乃是切處楊氏曰孟子引天生烝民有物有則民之秉彝好是懿德曰故有物必有則民之秉彝也故好是懿德其釋詩也於其本文加三四字而已而詩語自分明今之說詩者殊不知此

【語錄】曰生而知者氣極清而理無蔽也學知以下則氣之清濁有多寡而理之全闕繫焉耳見文集○曰天地間只是一道理性便是理人之所以有善有不善只緣氣質之禀各有清濁○問才禀於氣如何曰氣亦天也理精一故純氣粗故雜○又曰理如寶珠氣如水有是理而後有是氣有是氣則必有是理但禀氣之清者爲聖爲賢如珠落在清水中禀氣之濁者爲愚爲不肖如珠落在濁水中○曰論性不論氣則無以見生質之異論氣不論性則無以見理義之同見文集○曰本然之性只是至善然不以氣質而論之則莫知其有昏明開塞剛柔強弱故有所不備徒論氣質之性而不自本原言之則雖知有昏明開塞剛柔彊弱之不同而不知至善之源未嘗有異故有所不

明須合性與氣觀之然後盡○又曰性自是性氣自是氣
須是兩邊都說理方明備之名正指上兩句也○曰論天
地之性則專指理而言論氣質之性則以理與氣雜而言
之○又曰天地之性是理也纔到陰陽五行便有氣質之
性至此便有分明厚薄之殊得其秀而最靈乃氣質以後
事○又曰天地之性則太極本然之妙萬殊之一本也氣
質之性則二氣交運而生一本而萬殊也○又曰氣質之
性便只是這箇天地之性却從那裏過好底性如水氣質
之性如殺些醬與鹽便是一般滋味○又曰性只是理然
無那天氣地質則此理沒安頓處但得氣之清明則不蔽
固此理順發出來蔽固少者發出來天理勝蔽固多者則
私欲勝便見得本原之性無有不善只被氣質有昏濁則
隔了○學以反之則天地之性存矣故說性須兼氣質方
備○又曰氣質是陰陽五行所為性即太極之全體但論氣
質之性則此全體墮在氣質之中耳非別有一性也○又曰
氣質之說起於張程極有功於聖門有補於聖學讀之使
人深有感○曰天地之所以生物者理也其生物者氣與
質也人物得是氣質以成形而其理之在是者則謂之性
然所謂氣質者有偏正純駁昏明厚薄之不齊故性之在
是者其為品亦不一所謂氣質之性者告子所謂生之謂

性程子所謂生質之性所稟之性所謂才者皆謂是也然其本然之理則純粹至善而已所謂天地之性者也孟子所謂性善程子所謂性之本所謂極本窮原之性皆謂此者也○曰集註中以程子爲密即見得孟子所說未免少有跡處今假以程子爲主而推其說以陰補孟子之不足則於理無遺矣見文集○問孟程所論才字同異曰才只一般能爲之謂才才之初亦無不善緣他氣稟有善惡故其才亦有善惡孟子自其向者言之故以爲出於性程子則自其異者言之故以爲稟於氣大抵孟子多是專以性言故以爲性善才亦無不善到周子程子張子方兼說到氣上要之須兼是二者言之方備○又曰程子說才與孟子說才自不同然不相妨須是子細看始得○閩氏錄○問孟程張子之說同異答曰近思錄中一段云心一也有指體而言者注云寂然不動是也有指用而言者注云感而遂通天下之故是也夫寂然不動是性感而遂通是情故橫渠云心統性情者也此說最爲穩當如明道感爲情動爲心感與動如何分得若伊川云自性而有形者謂之心某直理會他說不得以此知是門人記錄之誤也若孟子與伊川論才則皆是孟子所謂才止是指本性之發用無有不善處如有才事事做得出來一性之中萬善

完備發將出來便是才也又云惻隱羞惡是心也能惻隱羞惡者才也如伊川論才却是指氣質而言也氣質之性古人雖不曾說着考之經典却有此意如書云人惟萬物之靈亶聰明作元后與夫乃錫王勇智之說皆此意也孔子謂性相近也習相遠也孟子辨告子生之謂性亦是說氣質之性近世被濂溪拈出來而横渠二程始有氣質之性之說此伊川論才所以云有善不善者蓋主此而言也如韓愈所引越椒等事若不着箇氣質說後如何說得他通韓愈論性比之荀揚最好將性分三品此亦是論氣質之性但欠一箇氣字耳（周謨）○祝氏錄

（或問）公都子問性而孟子以情與才者告之何也曰性之本體理而已矣情則性之動而有爲才則性之具而能爲者也性無形象聲臭之可形容也故以二者言之誠知二者之本善則性之爲善必矣曰然則程子何以言才之有不善也曰此以其稟於氣者言之也蓋性不自立依氣而形形此質具則性之在是者爲氣所拘而其理之爲善者終不可得而變但氣之不美者則其情多流於不善才亦有時而偏於不善若其所以爲情與才之本然者則初亦未嘗不善也曰孟子程子之說所以小異而不害其爲同何也曰孟子初未嘗有氣質之說也孔子雖以性

之相近而言然亦不明言其為氣質也程張之說亦何所據而云乎曰孔子雖不言相近之為氣質然其以於易大傳之言性則皆與相近之云者不類是固不無二者之分矣但聖人於此蓋罕言之而弟子有不得而聞者故其傳者止是而無以互相發明耳孟子雖不言氣質之說然其告子生之謂性之辨則亦既微發其端矣但告子辭窮無復問辨故亦不得盡其辭焉孟子既沒學失其傳及周子出始復推明太極陰陽五行之說以明人物之生其性則同而氣質之所從來其變化錯揉有如此之不齊者至於程子則又始明性之為理而與張子皆有氣質之說然後性之為善者無害於氣質之有不善氣質之不善者終亦不能亂性之必為善也曰孟子之言性也情也才也皆未嘗不善也而程子以來乃有以才為有善不善者何也曰以性而言則才與情本非有不善也特氣質之稟不齊是以才有所拘而情有所徇而不能一於義理耳至於性則理而已矣其純粹至善之德不以氣質之美而加多不以氣質之惡而為有損也其蔽之厚薄隨在不同耳曰荀揚韓子之說孰為近曰是皆不知性之為理而以氣為性者荀揚之失蓋不難見韓子以仁義禮智信為言則固已優於二子而近世諸儒所未有及之者然亦不察乎其所以

不承者爲氣使之然是以其論有所闕而不完耳

【張氏曰】道學不明性命之說莫知所宗故公都子舉三說以爲問告子無善無不善之說此以善惡不出於性也或謂可以爲善可以爲不善此以習成爲性也或謂有性善有性不善此以氣禀爲性者也抑無分於善不善之說孟子既辨之於前矣若謂可以爲善可以爲不善乎不知其可以爲善者固性也而其爲不善者豈性也哉文武興而民好善人皆秉彝而好懿德其性則然也幽厲興而民好暴習之所染有以變移其善心淪胥以亡而至此耳性豈有是哉若以爲有性善有性不善乎不知其善者乃爲不失其性而其不善者皆氣禀而汨於有生之後也蓋有生而鍾其純粹之最者亦有偏駁之甚者其最粹者固行其不然之常性不待復而誠此所謂生知聖人也若其偏駁者其爲不善必先就其所偏而發此固可得而反也若偏駁之甚則有於其生也而察其聲音顏色而知其必爲不善如叔向之母知叔虎之必滅羊舌氏之類是也然使其長也而能力自矯揉則亦可以反惟其偏駁之甚故不復知矯揉則武庚爲君而有象瞽叟爲父而有舜紂爲兄之子且以爲君而有微子比干抑何性

乎。蓋所稟之昏明在人各異而其不善者終非性之本然
者也故孟子謂乃若其情則可以為善矣乃所謂善也若
訓順書曰弗克若天自性之有動者謂之情順其情則何
莫非善謂循其性之本然而發見者也有以亂之而非順
之謂是則為不善矣故曰非才之罪由夫善者性也能為
善者才也人皆可以為堯舜者以其才則然也何以知其
然以惻隱羞惡恭敬是非之心人皆有之也惻隱羞惡恭
敬是非之所以然是乃仁義禮智之具乎性者也性之中
有是四者而已外是則非天性矣充盡此四者則為聖人
聖人非能有加也能盡其才者也衆人之所固有亦豈與
聖人異乎哉得其思耳又曰求則得之舍則失之斯言可
謂涵蓄而有味矣然所謂思所謂求者蓋必有其道此字
之不可以不講也人之相去或倍蓰或無算者由能盡與
不能盡之異也天生蒸民有物有則民之秉彝好是懿德
夫子謂作此詩者為知道而孟子獨於本文增益四字而
詩意煥然矣有物有則者莫非物也視聽言動則有視聽
言動之則喜怒哀樂則有喜怒哀樂之則何莫不有則
蓋天所命也以其至當而不可過故謂之則有太極則有
物故性外無物有物必有則故物外無性所謂道也人之
所共有所共由非有我之得私也舜言之者必言本然之

常性人所均有故好是懿德以其秉彝故也而其不知好
者是有以亂其常故也雖然惻隱羞惡恭敬是非其發見
者以此爲仁義禮智之幹則未可然特仁義禮智
之端也孟子蓋即此以是言之故於此言之略也、

【講義】古之言性者多矣而其紛紛而不一邪在商書則言常性
在周書則言節性至孔子則言性相近在孟子則言性善
聖賢立論固已不同至荀子則言性惡揚子則言善惡混
韓子言三品佛氏則又以知覺言性然則後世將何所折衷耶
蓋嘗即數說而考之性即理也理無不善氣質之稟不能皆同
則所受之理亦隨異此善不善之所由分也商書之言常性孟
子之言性善此指理而言也周書之言節性孔子之言相近此
指氣而言也所指雖異亦何害其爲同哉若楊佛氏則敢爲異
論而不顧者也謂之惡則性無善矣謂之混則善惡相對而生
也此豈理之本然者哉知覺者人之精神而又非所以言性也
惟韓愈氏生於數子之後獨有得於聖賢之意其曰性之品有
三則孔子相近之謂也所以爲性者五則孟子性善之謂也故
其自視以爲世無孔子不當在弟子之列而每以孟子自比者
夫豈無所見而妄發歟之言則善矣然性之品有三亦未知其
所以然也若我　本朝關洛之學發明孔孟不傳之遺旨曰性
即理也天下之理原其所自未有不善又曰人生氣稟理有善

惡。又曰：形而後有氣質之性，善反之則天地之性存焉。然後聖賢之意始然明白，而諸子與蘇氏始無所容其喙矣。今學者知理之無不善，則當加存養之功；知氣質之有善不善，則當施矯揉之力。務本之學，未有急於此者也。

【集疏】蔡氏曰：論性不論氣，是語上而遺下，故不備；論氣不論性，是語下而遺上，故不明。○覺軒蔡氏曰：公都子有疑於孟子性善之論，故舉告子與或人三説以爲辯。朱子曰：三者雖同爲説氣質之性，然兩或之説猶知分別善惡，使其知以性而兼言之，則無病矣。惟告子無善無不善之説最爲無狀，他就此無善無惡之名，混然無所分別，雖爲善爲惡，總不妨也。與今世之不擇善惡，而顛倒是非稱爲本性者何以異哉？公都子歷舉此三説，正欲破孟子性善之論，然孟子不直以性善告之，而告之以情與才者何也？蓋性之本體，理而已，本無形影聲名之可形容，故以情與才言之，誠知情與才之無不善，則性之本善可知矣。下文説惻隱羞惡恭敬是非，正是就性之初發動處以明未發動之理。末引烝民之詩，皆當然之則，無物不然，而此理之妙實根於人性之本然，惟人之生各禀其有常之性，所以應事接物，皆好此懿美之德，而不容已也。所謂懿德即所謂物之則也。其曰好是者，即指上文秉彝而言，以天命

之所賦者謂之則人性之所稟者謂之彝有於心而有所
得者則謂之德其實一而已矣孔子又加一必字於有則
之上加一故字於好是之上其旨愈明矣孟子舉此詩者
蓋謂秉彝好德以之所好處即是性之發動處就性初發
處指出以示人之
見得此性之本善

纂疏　輔氏曰莫非物也集註獨舉其耳目父子言者蓋耳
目則人身之所具而最切者父子則人身之所接而
最親者故特舉其聰明慈孝之則而言之使人就其切近
者驗而認之則餘皆可以類推而性之本善可得而見〇
又曰孟子專以其發於性者言之故以爲性本善情與才
皆無不善此固足以使人知性善而皆可爲堯舜矣程子
兼指其稟於氣者言之則人雖有不善而初不害所謂本
善又曰見性雖本善而賦命受生之後人不可不加省察
矯揉之功也故學者於程子之說尤當深玩〇北溪陳氏
曰只論大本而不及氣稟則所論有欠闕未備若只論氣
稟而不及大本便只說得粗底而道理全然不明千萬世
而下學者只得按他說更不可改易〇又曰氣質之性是
以氣稟言之天地之性是以大本言之其實天地之性亦
不離乎氣質之中只是就那氣質中分別出天地之性不

與相雜爲言爾

○孟子曰富歲子弟多賴凶歲子弟多暴非天之降才爾殊也其所以陷溺其心者然也

富歲豐年也賴藉也豐年衣食饒足故有所顧藉而爲善凶年衣食不足故有以陷溺其心而爲暴

語錄尹叔問性相近一章程子謂此言所稟之性又曰所稟之性才也又曰語其才則有下愚之不移與孟子所非天之降才爾殊也語意似不同曰孟子之說自是與程子小異孟子只見得許善便把才都做善不知有所謂氣稟各不同所以被幾个善惡混底來妙程子說得較密此論蓋自濂溪太極言陰陽五行有不齊處推出氣質之性來使程子生在周子之前未必能發明到此

今夫麰麥播種而耰之其地同樹之時又同浡然而生至於日至之時皆熟矣雖有不同則地有肥

磽，雨露之養，人事之不齊也。夫音扶　麰音牟　耰音憂　磽口交反

麰，大麥也。耰，耰覆種也。日至之時，謂當成熟之期也。磽，瘠薄也。

故凡同類者，舉相似也，何獨至於人而疑之？聖人與我同類者。

聖人亦人耳，其性之善無不同也。

故龍子曰：不知足而為屨，我知其不為蕢也。屨之相似，天下之足同也。蕢音匱

蕢，草器也。不知人足之大小而為之屨，雖未必適中，然必似足形，不至成蕢也。

口之於味，有同耆也。易牙先得我口之所耆者也。如使口之於味也，其性與人殊，若犬馬之與我不

同類也則天下何耆皆從易牙之於味也至於味天下期於易牙是天下之口相似也耆與嗜同下同

易牙古之知味者言易牙所調之味則天下皆以為美也

【集疏】趙氏曰按易牙齊桓公臣也淄澠二水為合食易牙亦知二水之味桓公試之驗

惟耳亦然至於聲天下期於師曠是天下之耳相似也

師曠能審音者也言師曠所和之音則天下皆以為美也

惟目亦然至於子都天下莫不知其姣也不知子都之姣者無目者也姣古卯反

子都古之美人也姣好也

故曰口之於味也有同耆焉耳之於聲也有同聽焉目之於色也有同美焉至於心獨無所同然乎心之所同然者何也謂理也義也聖人先得我心之所同然耳故理義之悅我心猶芻豢之悅我口

然猶可也草食曰芻牛羊是也穀食曰豢犬豕是也程子曰在物爲理處物爲義體用之謂也孟子言人心無不悅理義者但聖人則先知先覺乎此耳非有以異於人也程子又曰理義之悅我心猶芻豢之悅我口此語親切有味須實體察得理義之悅心眞猶芻豢之悅口始得

【集義】呂氏曰今夫麰麥皆可以爲美實不可言無善無不善也地有肥磽猶稟厚者惡有不能移稟薄者善亦不易以進非人十己百未足以若人雨露之養人事之不齊猶習之變化而雨露之滋播種以時猶習善者也不溢不

者猶習惡者也習善則成善習惡則成惡謝氏曰嘗問伊
川先生養心莫善於寡欲此一句如何先生曰此一句淺
近不如理義之悅我心猶芻豢之悅我口最親切有滋
味然須是體察得理義之悅我心真个猶芻豢始得
【語錄】曰理是在此物上便有此理義是於此物上自家處
置合如此便是義義便有箇區處○又曰凡物皆有
理蓋理不外乎事物之間處物為義義宜也是非可否處
之得宜之謂義也○又曰且如這卓子是物於理可以安
頓物事我把他如此用便是義○又曰楊雄言義以宜之
韓愈言行而宜之之謂義若以義為宜則義有在外意思
須如程子言處物為義則是處物者在心而非外也○又
曰非處物為義一句則後來人恐未免有義外之見蓋物
之宜雖在外而所以處之使得其宜者則在內也【趙氏錄】義
○心之所同然然是然否之然人心同以為然者即理
也故云理義之悅我心猶芻豢之悅我口【蔡氏錄】○曰孟
子這一段前面說許多只是引喻理是人所同然有那許
多既相似這箇如何會不相似理只是事物當然底道理
義是事之合宜處程子曰在物為理處物為義這心下看
甚麼道理都有之如此做人人都道是好纔不恁地做人
人都道不好賀孫○理如此自家行之便是義節○

祝氏
錄

張氏註

此章大意謂義理素具於人心衆人與聖人本同然也而其莫之同者以衆人失其養故也故自以富歲凶歲之子弟為喻富歲之多賴者以衣食足而他意不萌也凶歲之多暴者以飢寒迫之而不善之念起也夫豈天降才之殊哉所陷溺其心故耳所陷溺言因循淪胥而莫之覺也以此言之人心本無不善因陷溺之故而不齊也復引麰麥以為喻均是麰也種之地同樹之時同則其生也其熟也宜無不齊者矣而有不同者則地有肥磽之異與夫雨露之養人事之不齊故也此亦猶人本同類由不得其養則不相似也聖人可謂至矣而亦與我同類者耳既曰同類則不應有殊而其有殊者可不思其故哉口之於味耳之於聲目之於色此亦出於性也故口之耆耳之聽目之美有同者焉蓋均是人也則其理不得不同其大焉則不得與吾同其理以其不同類故也易牙先得我口之所耆者也易牙非能有加也能盡夫味之理而已易牙之所味即我口之所耆者也彼先得之耳以天下之味皆從易牙則知天下之口無異也猶聖人之所以為聖人者以盡人道故也聖人之所盡者即吾心之所同然者也聖

人先得之耳善夫孟子之發明也曰至於心獨無所同然乎夫既曰同類口耳目皆有同也何獨心之不然也所當關思者也口耳目屬乎氣故有形者皆得其同而心則宰之者也形而上者也故其所同者反隔於有形而莫之能通反躬而去其蔽則斯見其大同者矣其所同然者理也義也曰理而又曰義在心爲理處物爲義謂體用也理義者天下之公也不爲堯桀而存亡聖人之先得者即衆人之所有者也而何有所增益哉理義之所以悅我心者以理義者固心之所以爲心者也得乎理義則由然而悅矣以芻豢之悅我口爲喻蓋言適其同而有不期然而然者也雖然人蓋有甘於非義理而不知理義之爲悅者獨何與有以亂之而失其正故也亦猶口之於味固同悅乎芻豢而人亦有所耆不然者則非其正故也

【纂疏】輔氏曰事亦物也凡一事一物各有一理理體也處其事物使之各得其理則爲義義用也此亦先儒之所未及到程子而其義始明○又曰雖聖人亦只是先知先覺乎此而已無有不同也○又曰芻豢謂蹢菜力穀也人之口悅芻豢自是相引入相宜相悅有不可形容者心之悅理義也亦然故程子以爲親切有味學者須是着實

隨究其意味，方爲有益。

○孟子曰：牛山之木嘗美矣，以其郊於大國也，斧斤伐之，可以爲美乎？是其日夜之所息，雨露之所潤，非無萌蘗之生焉，牛羊又從而牧之，是以若彼濯濯也。人見其濯濯也，以爲未嘗有材焉，此豈山之性也哉？蘗，五割反。

牛山，齊之東南山也。邑外謂之郊。言牛山之木前此固嘗美矣，今爲大國之郊，伐之者衆，故失其美耳。息，生長也。日夜之所息，謂氣化流行未嘗間斷，故日夜之間凡物皆有所生長也。萌，芽也。蘗，芽之旁出者。濯濯，光潔之貌。材，材木也。言山木雖伐，猶有萌蘗，而牛羊又從而害之，是以至於光潔而無草木也。

【纂疏】輔氏曰問此但言夫物耳而人之良心亦係於氣化乎曰古者氣化盛而聖人多後世氣化衰而聖人少雖有之而又不得其時與位焉是亦係乎氣化也云至於平旦之氣清明之時良心油然而生長者則又係乎一身之氣耳是亦氣化也

雖存乎人者豈無仁義之心哉其所以放其良心者亦猶斧斤之於木也旦旦而伐之可以爲美乎其日夜之所息平旦之氣其好惡與人相近也者幾希則其旦晝之所爲有梏亡之矣梏之反覆則其夜氣不足以存夜氣不足以存則其違禽獸不遠矣人見其禽獸也而以爲未嘗有才焉者是豈人之情也哉好惡並去聲

良心者本然之善心即所謂仁義之心也平旦之氣謂未與物接之時清明之氣也好惡與人相近言得人心之所同然也幾希不多也梏械也反覆展轉也言人之良心雖已放失然其日夜之間亦必有所生長故平旦未與物接其氣清明之際良心必猶有發見者但其發見至微而旦晝所爲之不善又已隨而梏亡之如山木既伐猶有萌蘖而牛羊又牧之也晝之所爲既有以害其夜之所息夜之所息又不能勝其晝之所爲是以展轉相害至於夜氣之生日以寖薄而不足以存其仁義之良心則平旦之氣亦不能清而所好惡遂與人遠矣

【饒錄】曰氣與理本相依日晝之所爲不害其理則夜氣之所養益厚夜之所息既有助於理則日晝之所爲益無不當矣日間梏亡者寡則夜氣自然清明虛靜至平旦亦然至日中應事接物時亦莫不然曰平旦之氣只是夜

間息得許多時節不與事物接纔醒來便有得這些自然清明之氣此心自恁地虛靜少間纔與物接依舊又汨沒了○曰幾希不遠也後人求幾希字下註開了便覓意不連○曰氣只是這箇氣日裏也生夜間也生只是日間生底爲物欲梏亡隨手又耗散了夜間生底則聚得在那裏不曾耗散所以養得那良心且如日間目視耳聽口裏說話手足運動若不曾操存得無非是耗散底時節夜間則停留得在那裏如水之流夜間則閘得許多水住在這裏這一些水便滿日又放乾了到夜裏又聚得些少若從平旦起時便接續操存而不放則此氣常生而不已若日間不存得此心夜間雖聚得些小又不足以勝其旦晝之梏亡少間這氣都乾耗了便不足以存其仁義之心○又曰夜氣是母所息者是子蓋所息者本自微了旦晝只管梏之今日梏一分明日梏一分所謂梏之反覆而所息者浸夜氣亦不足以存若能存便是息得仁義之良心又曰反覆非顛倒之謂蓋有互換更迭之意○又曰反覆只是循環見文集○又曰良心當初本有十分被他展轉梏亡則他長一分自家止有九分明日他又進一分自家又退止有八分他日會進自家日會退○又曰今若壞了一分夜氣漸薄明日又壞便壞成兩分漸漸消只管無到消得

多夜氣益薄雖息一夜也存不得○又曰氣清則能存固有之良心如日晝之所爲有以汨亂其氣則良心爲之不存矣然暮夜止息稍不紛擾則良心復生譬如一井水終日攪動他便渾了那水至夜稍靜便有清水出所謂夜氣不足以存者便是攪動得太甚則雖有止息時此水亦不能清矣○問凡物日夜固有生長若良心旣放而無操存之功則安得自能生長曰放之未遠故亦能生長曰氣清則心清其日夜之所息平旦之氣益是靜時有這存勢發見○周氏錄○日夜之所息底是良心平旦之氣自是氣那件物事夜氣如雨露之潤良心如萌蘖之生人之良心雖是有梏亡而彼未嘗不生梏之如被他禁械在那裏更不容他轉動了如將自家物失去了葉賀孫○問夜氣旦氣曰此段首尾止爲良心設夜氣不足以存蓋言夜氣至清足以存得此良心耳平旦之氣亦清亦足以存得此良心故其好惡猶與人相近但此心存得不多時也至旦晝之所爲則梏亡之矣所謂梏亡之者人多謂梏亡其夜氣亦非也謂旦晝之所爲能梏亡其良心也金去僞○不能存得夜氣皆是旦晝所爲壞了所謂好惡與人相近者幾希今只要得去這好惡上理會日用間於這上見得分曉有得力處夜氣方與你存夜氣上却未有工夫只是去旦晝

理會這兩字是箇大關鍵這裏有工夫日間進得一分道
理夜氣便添得一分到第二日更進得一分道理夜氣便
添得二分第三日更進得二分道理夜氣便添得三分日
間只管進夜間只管添添來添去這氣便盛徐寓○問夜
氣一章又說心又說氣是如何曰本是說心氣共清則
心得所養自然存得清明氣濁則心失所養便自濁了兼貧
際○問夜氣曰夜氣靜人心每日梏於事物斲喪戕賊所
餘無幾唯夜氣靜庶可以少存耳至夜氣之靜而猶不足
以存則去禽獸不遠言人理都喪也前輩皆無明說某因
將孟子一段反覆熟讀方看得出後看程子却說夜氣之所存
者良知良能也與聰見仍以此知觀書
不可苟須熟讀深思道理自見余大雅

總論三節之旨

這一段其所主在心程先生云夜氣之
所存者良知也良能也此說為當仁義
之心人所固有但放而不知求則天之所以與我者始有
所汩沒矣是雖如此然其日夜之所休息至於平旦其氣
清明不為利欲所昏則本心好惡猶有與人相近處至其
旦晝之所為又有以梏亡之梏之反覆則雖有這些夜氣
亦不足以存養其良心反覆只是循環夜氣不足以存則
雖有人之形其實與禽獸不遠故復云苟得其養無

九〇四

物不長苟失其養無物不消言心之消長只在得其養與
失其養耳牛山之木嘗美矣是喻人仁義之心郊于大國
斧斤伐之猶人之放其良心日夜之所息雨露之所潤非
無萌蘖之生便是平旦之氣其好惡與人相近處旦晝之
所梏亡則又所謂牛羊又從而牧之節芽蘖
之萌亦且戕賊之[illegible]楊道夫○[illegible]
或問曰此章之義以仁義之良心爲主以爲雖或流於物
慾而其晝夜休息則其氣復清明而有以存夫此心
耳及其旦晝之所接物也則又梏而亡之是以流於禽獸而
不反其存其亡蓋皆以心言之初不以爲氣之存亡也
故其下文引孔子之言以明心
之不可不操者則其意益明矣
纂疏輔氏曰一身之氣清明則其良心自然發見雖未能
與聖人同其極致然亦大綱與人相近所爭不多也
○趙氏曰仁義性也而集註以心言者心
統乎性也良心即仁義之心即所謂性也
故苟得其養無物不長苟失其養無物不消長上聲
山木人心其理一也

體夜氣曰氣曰此段緊要在苟得其養四句〔闕解〕○〔祝氏録〕

總論一節之旨

〔集疏〕輔氏曰此總結上一段意也

孔子曰操則存舍則亡出入無時莫知其鄉惟心之謂與舍音捨與平聲

孔子言心操之則在此捨之則失去其出入無定時亦無定處如此孟子引之以明心之神明不測得失之易而保守之難不可頃刻失其養學者當無時而不用其力使神清氣定常如平旦之時則此心常存無適而非仁義也程子曰心豈有出入亦以操舍而言耳操之之道敬以直内而已○愚聞之師曰人理義之心未嘗無唯持守之即在爾若於旦晝之閒不至梏亡則夜氣愈清夜氣清則平旦未與物接之時湛然虚明氣象自可見矣孟子發此夜氣之說於學

者極有力宜熟玩而深省之

【集義】問夜氣如何【伊川】先生曰此只是言休息時氣清耳至平旦之氣未與事接亦清又曰夜氣之所存者良知良能也【橫渠】先生曰萬物息於夜夜氣言至靜至存時也平旦之氣言將接物也思慮之時也又曰夜氣不足以有者以日晝汨沒併夜以亦不能靜至于夢寐間亦未嘗有時乎存蓋往而不反天理亦幾滅矣

【語錄】曰心豈有出入出只指外而言入只指內而言只是要人操而存之耳非是如物之散失而後收之也○曰問既云操則常存則疑其有一定之所矣曰無定所此四句但言本心神明不測不存即亡不出即入本無定所如今處處常要操存安得有定所○孔子此四句只是狀人之心是箇難把捉底物事而人之不可不操出入便是上面操存舍亡入則是在這裏出則是亡失了此大約言人心如此非指已放者而言亦不必要於此論心之本體也【程端蒙】○問尋常於操存處覺纔著力則愈紛擾這莫是太把做事否曰自然是恁地能不操而常存者是到甚麼地位孔子曰操則存舍則亡操則便在這裏若著力去求便蹉過了今若說操存已是剩一箇存字亦不必深

着力這物事本自在但自家略加提省則便得必有事焉而勿正心勿忘勿助長也[illegible]道夫○孔子言操則存舍則亡出入無時莫知其鄉四句而以推心之謂與一句結之正是直指心之體用而言其周流變化神明不測之妙孔子只是說人心是箇活物須是操守不要放舍亦不須如此安排也心一也操而存則義理明而謂之道心舍而亡則物欲肆而謂之人心亡不是無只是走作逐物去了自人心而收之便是道心自道心而放出便是人心頃刻之間恍惚萬狀所謂出入無時莫知其鄉也○答許順之○心體固本靜然亦不能不動其用固本善然亦能流而入於不善夫其動而流於不善者固不可謂心體之本然然亦不可不謂之心也但其誘於物而然耳故先聖只說操則存存則靜而其動也無不善矣舍則亡於是乎有動而流於不善者出入無時莫知其鄉出者亡此入者存也本無一定之時亦無一定之處特係於人之操舍如何耳只此四句說得心之體用始終真妄邪正無所不備又見得乃心不操即舍不出即入別無閑處可以安頓之意所論出入有時爲心之正然則孔子所謂出入無時者乃心之病矣不應却以推心之謂與一句直指而總結之也○答游誠之○或謂心出無外固然心[illegible]有出入語是一箇意

思言無出入也是一箇意思。愚謂以夫子之言求之，他分明道出入無時，且看自家今汎的說說在這裏非出入而何？惟其神明不測，所以有出入；惟其能出入，所以神明不測。揚道夫〇陳氏曰〇程子以為操之之道，惟在敬以直内而已。如今要緊要工夫，只在主一無適上，其他道理總包括在裏面。〇問：范淳夫女讀孟子，曰孟子誤矣，心豈有出入？伊川聞之曰：此女雖不識孟子，卻識心。伊川此語是許之？是不許之？曰：此女必天資自見此心常湛然安定，無出入。然衆人不能皆如此。若論衆人論之，心卻是箇走作底物。孟子所引夫子之言，是通衆人說耳。〇陳氏曰

總論一章之旨

孟子大意只在操則存舍則亡兩句上。心一放時，便是斧斤之戕，牛羊之牧；一收斂在此，便是日夜之息，雨露之潤。他是要人於日暮時不為事物所汩。陳文蔚〇夜氣日氣，此亦只就氣上說，故孟子末後收歸心上去，曰操則存，舍則亡。蓋人心能操則常存，豈特夜半平旦耳。輔廣〇陳氏曰

或問曰：程子以為心無出入，然則其有出入者，其無乃非心之正耶？曰：出而逐物者，固非本心之正，然不可謂本心之外別有出入之心也。但不能操而存之，則其出而逐物於外，與其偶存於內者，皆荒忽無常，莫知其定處耳。

然所謂入者亦非此心既出而復自外入也亦曰逐物之心暫息則此心未嘗不在內耳學者於此苟能操而存之則此心不放而常爲主於內矣

張氏註 此章言人皆有良心能存而養之則生生之辭自爾不息若放而不知存則日以斵喪矣故以牛山之木喻之牛山之木其美者本然也斧斤伐之則不得爲美矣然木之生理固在日夜之所息雨露之所潤則其萌蘖不容不生於其生也又爲牛羊牧之於是有不得其生而常濯濯者矣其生者山之性也而濯濯者豈山之性哉蓋生之者日寡而所以害之者則不已故也亦猶人放其良心然秉彝亦不容遂泯也故有時因其休息而善端萌焉於其方萌而物復亂之則所傷益多而其息也益微矣曰日夜之所息者蓋人雖終日汩汩於物欲然亦有休息之時也程子曰息有二義訓休息亦訓生息所以生也如夜氣是已常人終日汩汩爲氣所使至於夜則氣定而思慮寧息焉於其興也未與事接未萌他慮則平旦之好惡與人理亦庶幾其相近此夜氣所積也自旦而往其晝之所爲則無非害之者矣曰梏一者謂爲血氣所拘役而其公理也梏之反覆遞變而然有以則其夜氣之所息亦亡

有然又可得而存乎夜氣不足以存則人理幾無而違禽獸不遠矣是豈人之情也哉蓋所謂情者始亦無有不善也是故君子察乎此收其放心存而不舍養而不害人道之所爲立也故曰苟得其養無物不長苟失其養無物不消天以生爲道者也君子之養之也勿忘也勿助長也而天理不亡焉君有所加益於其間則亦害於天理矣故其長也猶木之生焉日夜之所息雨露之所潤斧斤牛羊莫之害而其理自遂也操則存舍則亡出入無時莫知其鄉此又深明夫存養之功不可斯須亡也心非有存亡出入因操舍而言也操則在此舍則不存焉矣蓋操之者乃心之所存也以其在此則謂之入可也以其不存焉則謂之出可也而孰知其鄉乎心雖無形可見然旣曰心則其鄉蓋昭昭矣學者要當於操舍之際深辨之

【纂疏】北溪陳氏曰忽然出忽然入無有定時忽在此忽在彼亦無定處操之便在此舍之便亡失了。○輔氏曰孔子之説是直指人心言之孟子引之是言人心神明不測得失之易而保守之難存者不可以無持養工夫也○潛室陳氏曰此段境界乃指示喪失良心者欲其認取此時射後從此養去也蓋旦晝之氣乃夜氣之所生又關

乎日晝之所為,推日晝之所為者,能不與物俱往,則夜氣
方和平;夜氣和平,則平旦之氣亦清明,那時有隙光半點萌
蘗,便是良心發見處,人於此時能持循涵養,使其萌蘗漸
漸光明,則日晝當日晝也,如平旦矣。今人但晨興略略見得
些微,才動步便去利欲,血氣上走,終日昏昏,所以索然
無有平旦之氣,所形雖具而心則亡,於禽獸奚擇焉。

○孟子曰:無或乎王之不智也。

或與惑同,疑怪也。王,疑指齊王。

雖有天下易生之物也,一日暴之,十日寒之,未有能生者也。吾見亦罕矣,吾退而寒之者至矣,吾如有萌焉何哉。

易,去聲。暴,步卜反。見,音現。

暴,溫之也。我見王之時少,猶一日暴之也;我退則諂諛雜進之日多,是十日寒之也。雖有萌蘖之生,我亦安能如之何哉。

【纂疏】西山真氏曰：人主之心，養之以理義則明，敝之以物欲則昏。猶草木然，煦之以陽則生，寒之以陰則悴。正人賢士進見之時常少，理義灌溉之益其能幾何？退而以邪說進者至矣，所謂暴之日寡而寒之日多，雖有萌芽，旋復摧折，以久如之何哉？

今夫弈之為數，小數也；不專心致志，則不得也。弈秋，通國之善弈者也。使弈秋誨二人弈，其一人專心致志，惟弈秋之為聽；一人雖聽之，一心以為有鴻鵠將至，思援弓繳而射之，雖與之俱學，弗若之矣。為是其智弗若與？曰：非然也。夫，音扶。繳，音灼。射，食亦反。為是之為，去聲。若與之與，平聲。

弈，圍棋也。數，技也。致，極也。弈秋，善弈者名秋也。繳，以繳繫矢而射也。○程子爲講官言於上曰人主一日之間接賢士大夫之時多親宦官宮妾之時少則可以涵養氣質而薰陶德性時不能用識者恨之范氏曰人君之心惟在所養君子養之以善則智小人養之以惡則愚然賢人易疏小人易親是以寡不能勝衆正不能勝邪自古國家治日常少而亂日常多蓋以此也

張氏註 物固有生之理然不養焉而害之則雖易生之物亦不能以生是則物未有不待養而能生者也一日暴之十日寒之則養之也微而害之者衆矣則其生理烏得而遂哉孟子告齊王未嘗不引之以當道王豈無秉彝之心乎則其端倪亦有時而萌動矣而孟子見之之時寡他人朝夕在旁利欲以汨之諂諛以驕之順其意而逢其惡所以害之者何可勝也吾如有萌芽何哉言雖有如萌芽之發亦有摧折而無以自達無足怪哉故又以弈秋爲喻蓋心不容有二事雖弈爲小技專心致志者則得之苟方弈而他思則莫之得也是一人者嘗與之相遠哉或專或不

專故耳。而況於欲治其身而不專心致志，其可哉？是以古之明君惟一暴十寒之為害也，則博求賢才，賓諸左右，朝夕與處，而遠佞人，所以養德也。豈獨人君為然？一暴十寒之為害，君子其可一日而獨不念乎？然其要則在乎專心致志而已。專心致志，學之大方，居敬之道也。

【講義】曰：性稟於天，故在人者無不善之性；情發乎性，故在人者無不善之情。所以不善者，氣稟之欲汨之也。迨其氣清而欲窒，則善端未有不油然而生者，性善故也。書曰：「惟皇上帝，降衷于民。」詩曰：「天生烝民，有物有則。」孩提之童，孰無知也？而皆知愛其親；赤子入井，於己無與也，而見之者皆怵惕惻隱。火然泉達，誰獨無是心哉？有是心而不能養之，養之而不能致其志，善端雖萌，而為氣稟所昏，為欲所汨，天固予我，而我固賊之，則與禽獸奚異哉？誠能存養於齋莊靜一之中，常常於念慮云為之際，使吾之善端之萌，通達而無窒礙，充廣之而無欠缺，如萌蘖之生，無牛羊斧斤，一暴十寒之患，則其至於千雲蔽日也可必矣。故為人而合乎天，為士而至於聖，亦即此心而充養之爾。孟子發明養心之論，而申之以專心致志之戒，其示人之意切矣。讀書至此，而猶不惕焉，則亦終於為小人之歸也，豈不深可歎哉！

【纂疏】輔氏曰後世作事無本知求治而不知正君知攻過而不知養德若程子范氏之說是乃所謂正君養德之道必如是然後君德成而治有本庶幾三代可復不然雖欲言治亦苟而已

○孟子曰魚我所欲也熊掌亦我所欲也二者不可得兼舍魚而取熊掌者也生亦我所欲也義亦我所欲也二者不可得兼舍生而取義者也舍上聲

魚與熊掌皆美味而熊掌尤美也

【語錄】義在於生則舍死而取生義在於死則舍生而取死上蔡謂義重於生則舍生而取義生重於義則舍義而取生旣曰義在於生又豈可言舍義取生乎又問生人心義道心乎曰欲生惡死人心也惟義所在道心也權輕重却又是義明道言義與利對或曰義與利對又問若曰利者義之和則義依舊無對曰正是恁地楊道夫○【饒氏錄】

生亦我所欲所欲有甚於生者故不爲苟得也死

亦我所惡，所惡有甚於死者，故患有所不辟也。辟去聲，下同。

釋所以舍生取義之意。得，得生也。欲生惡死者，雖衆人利害之常情，而欲惡有甚於生死者，乃秉彝義理之良心，是以欲生而不爲苟得，惡死而有所不避也。

輔氏曰：利害者，天下之常情，即所謂私慾也。義理者，秉彝之良心，即所謂天理也。孟子只就欲惡二者之中分別出天理人欲，最爲明切，使學者易於辨察也。

如使人之所欲莫甚於生，則凡可以得生者何不用也？使人之所惡莫甚於死者，則凡可以辟患者何不爲也？

設使人無秉彝之良心，而但有利害之私情，則凡可

以偷生免死者皆將不顧禮義而為之矣

輔氏曰偷謂偷竊免謂苟免此兩字說盡私情之意蒙推其不然則知秉彝之良心乃吾所固有而利害之私情乃因物而後生出耳

由是則生而有不用也由是則可以辟患而有不為也

由其必有秉彝之良心是以其能舍生取義如此

輔氏曰由是之是蓋指秉彝之良心而言也

是故所欲有甚於生者所惡有甚於死者非獨賢者有是心也人皆有之賢者能勿喪耳

蓋羞惡之心人皆有之但衆人汩於利欲而忘之惟賢者能存之而不喪耳

嘑呼內反

【纂疏】輔氏曰羞惡之心即所謂秉彝之良心也秉彝之良心是指其全體而言羞惡之心則又於全體之中指其所謂義者言之也亦猶失其心也義乃吾之性不解亦失人但汨没於利欲中而失卻之耳才失卻便與無相似則是喪亡之矣存則操而存也喪則舍而亡也存之之道亦惟敬而已矣

一簞食一豆羹得之則生弗得則死嘑爾而與之行道之人弗受蹴爾而與之乞人不屑也食音嗣嘑呼故反蹴子六反

豆木器也嘑咄啐之貌行道之人路中凡人也蹴踐踏也乞人丐乞之人也不屑不以爲潔也言雖欲食之急而猶惡無禮有寧死而不食者是其羞惡之本心欲惡有甚於生死者人皆有之也

【集疏】輔氏曰路人與乞人至微賤者也簞食豆羹生死言之所與者利害之至急切者也於此而猶惡無禮

而不食則羞惡之本心欲惡有甚於生死者固人無有無是心者矣言羞惡而併及夫欲者蓋羞惡則既爲惡矣及反之而不羞惡焉者則是亦所欲也

萬鍾則不辨禮義而受之萬鍾於我何加焉爲宮室之美妻妾之奉所識窮乏者得我與爲去聲與平聲

萬鍾於我何加言於我身無所增益也所識窮乏者得我謂所知識之窮乏者感我之惠也上言人皆有羞惡之心此言衆人所以喪之由此三者蓋理義之心雖曰固有而物欲之蔽亦人所易昏也

【纂疏】輔氏曰凡人所以喪其良心者固不止此三事但姑舉其端而言之則其他可以類推矣理義之心雖是本來固有然微妙而難存物欲之蔽雖是旋旋生出然汚下而易溺此君子所以貴於戰兢自持而於窒欲克己不敢緩也

鄉為身死而不受，今為宮室之美為之；鄉為身死而不受，今為妻妾之奉為之；鄉為身死而不受，今為所識窮乏者得我而為之，是亦不可以已乎？此之謂失其本心。鄉為並去聲。為之之為並如字。

言三者身外之物，其得失比生死為甚輕。鄉為身死猶不肯受嘑蹴之食，今乃為此三者而受無禮義之萬鍾，是豈不可以止乎？本心，謂羞惡之心。○此章言羞惡之心，人所固有。或能決死生於危迫之際，而不免計豐約於宴安之時，是以君子不可頃刻而不省察於斯焉。

集疏 呂氏曰：死生、貴賤、貧富、榮辱，此衆物者，君子莫適就也。君子心存目見惟義而已，無是衆物之紛紛也。故所守至約，無所往而不為義。孟子論舍生取義者，乃喻未知者當以義在生則生，義在死則死，我之所知者義也，何生

死之擇哉

【語錄】曰昔程子之門人有爲不義者或問之曰是人從學之久豈其全無知識以至是邪程子曰謂之全無知識則不可但義理不能勝私欲之心即至此耳愚謂此言以責人言之則恕以數人言之則切尤足以發明孟子此章之意也。

○【蔡氏語錄】

【或問】此章之說曰孟子所論宮室之美妻妾之奉窮乏之得我此三者或物欲之尤人所易溺或意之私人所不能免者自非燭理素明涵養素定而臨事有省察之功未有不以此而易彼者也

【張氏注】二者不可得兼言權其輕重而取舍之也夫樂生而惡死人之常情賢者亦豈與人異哉而有至於舍生而取義者非真知義之重於生其能然乎其舍生而取義由飢渴之食飲亦盡其所當然者而已故曰所欲有甚於生者所惡有甚於死者所欲謂理義所惡謂非理義也所惡若是乃爲得天性之正矣若但知樂生惡死而已則凡可以求生可以辟患者無所不爲天理滅而流入於禽獸之歸何擇焉哉由此可以生由此可以辟患而賢

者莫之顧者以其欲惡有在焉故也是心豈獨賢者有之而衆人無之乎賢者能不喪其所有而已何以知衆人之本有乎簞食豆羹得之則生弗得則死生之分然嘑爾而與之則行道之人有所不受蹴爾而與之則乞人有所不屑此其羞惡之端在者也其所以然者蓋人之困窮其欲未肆故其端尚在至於爲萬鍾所動則有不復顧者矣曰萬鍾於我何加焉人能深味斯言而得其旨則亦可見外物之無足慕矣萬鍾於我何加而人之所以不辨禮義而受之者則亦有爲而然耳爲宮室之美妻妾之奉所識窮乏者得我其他有所不顧也此三者大率其端其他可類推耳向也簞食豆羹不得則死而與之非其道則有所不受今也萬鍾之多乃不辨禮義之當否而受之萬鍾之不受未至於死也均是人也何向者一死之不卹而今者冒昧若此歟蓋欲有以蔽之而羞惡之端陷溺而莫之萌也故曰此之謂失其本心嗟乎舉世擾擾以欲爲事於得失之際蓋不能以自擇也而況於死生乎是故君子遏人欲而存天理其於斯世何所求哉惟禮義之是安耳故窮達死生舉不足以二其心而人道立矣

〔疏〕輔氏曰生死至重二者至輕今乃以重爲輕以輕爲重者蓋爲物欲所昏是以倒行而逆施之故以是不

可以已乎。警之際，深味此言，自能使人惕然有省也。○又曰：羞惡之心，雖人之所固有，但危迫之際，私慾未肆，三者之念都未萌芽，故天理之發，其不可遏有如此者。至於宴安之時，私慾紛紜，展轉不已，以至計較豐約，都忘義理之心，乃其勢之使然也。人能於此而省察焉，則知所以存天理而遏人欲矣。

○孟子曰：仁，人心也；義，人路也。

仁者心之德，程子所謂心如穀種，仁則其生之性是也。然但謂之仁，則人不知其切於己，故反而名之曰人心，則可以見其爲此身酬酢萬變之主，而不可須臾失矣。義者行事之宜，謂之人路，則可以見其爲出入往來必由之道，而不可須臾舍矣。

【語錄】仁人心也，是就心上言；義人路也，是就事上言。【章道】羽○【魏氏錄】○曰：仁只是天地間一箇生底道路。程子所謂譬如穀種，仁則其生之性，玩此則仁可識矣。○又曰：生之性便是愛之理。○【趙氏錄】

【纂疏】黃氏曰心是穀種心之德是穀種中生之性也生之性便是理謂其具此生理而未生也○又曰若生出了後已是情須認得生字不涉那喜怒哀樂去○西山眞氏曰仁者心之德也而孟子直以爲人心者蓋有此心卽有此仁心而不仁則非人之心矣孔門之言仁多矣皆指其用功處而言此則欲學者使人知心卽仁仁卽心而不可以二視之也○又曰義者人所當行之路跬步而不由乎此則陷於邪僻之徑矣○輔氏曰但謂之仁而不着人身上說則人不知己之所自有或不知求或求之外故反而名之曰人心反謂反之於身也既曰人心則是吾身之所以酬酢萬變之主豈可以須臾失哉失對放字而言○又曰謂之人路則是乃吾身出入往來之道又豈可以須臾舍也舍對弗求而言○問孟子謂道若大路然又曰義路也道爲義與義爲道用均謂之路何邪潛室陳氏曰道以路言謂事事物物各有當行之路義亦言路者謂處事處物各就他當行路上行故各以路言然道若大路則取其明白易知義爲人路則取其往來必由不知道之猶路無目者也不知義之猶路無足者此孟子言意別處

舍其路而弗由放其心而不知求哀哉舍上聲

哀哉二字最宜詳味，令人惕然有深省處。

總論二節之旨

問仁人心也曰仁無形迹底物事孟子恐人理會不得便說道只人心便是却不是把仁來形容人心乃是把人心來指示仁也所謂明放其心而不知求蓋存得此心便是仁若此心放了又使理會其仁令人之心靜時昏動時擾亂便皆是放了當時塞○問仁人心也義人路也曰此猶人之行路耳心即人之有知識者路即聖賢所共由者孟子恐人不識故以此喻之然疑論要歸只是心爾君於此心常得其正則仁在其中矣放自捨正路而不由放其心而不求以下一向說從心上去余大體○

說約

纂疏 輔氏曰集註拈起哀哉兩字說討其親言切字者至哀矣惕然則仁之發也深省則智之用也

人有雞犬放則知求之，有放心而不知求。

程子曰：心至重，雞犬至輕。雞犬放則知求之，心放則不知求，豈愛其至輕而忘其至重哉？弗思而已矣。愚謂上兼言仁義，而此下專論求放心者，能求放心，則不違於仁，而義在其中矣。

雞犬放則有未必可求者，惟是心纔求則便在。未有

【語錄】求而不可得者，知其爲放而求之，則不放矣，而求之

三字剩了。○放心不獨是走作喚

做放，纔昏睡去也則是放卅格

【纂疏】輔氏曰：程子重輕之論，正謂看孟子意脈。夫人皆有

是心，豈知愛其至輕而忘其至重哉？特以不思之故

是以昧夫輕重之分○[illegible]○又曰：人之道曰仁與義。

仁體也，義用也，體用不可相離，故上兼言之。然仁義之理

具於一心，若心放而不知求，則兩失之矣。能求其心則心

存，心存則無適而非天理之流行，故集註曰不違仁。既曰

無適而非天理之流行，則其應事接物之際，必能合乎時

措之宜矣，故曰義在其中。蓋有體則不能無用矣。○西山

眞氏曰：借至輕而喻至

重，所以使人知警也。

學問之道無他，求其放心而已矣。

學問之事固非一端，然其道則在於求其放心而已。

蓋能如是，則志氣清明，義理昭著，而可以上達；不然，

則昏昧放逸，雖曰從事於學，而終不能有所發明矣。

言仁念也[……]其心而不知求[……]言無學問之道求放心而已蓋無學之道非一端如讀書討論玩索涵養持守踐行擴充克治皆學問之事所以如此者非有他也不過求吾所失之心而已此乃學問之道也三箇心脈絡貫皆是指仁言

故程子曰聖賢千言萬語只是欲人將已放之心約之使反復入身來自能尋向上去下學而上達也此乃孟子開示要切之言程子又發明之曲盡其指學者宜服膺而勿失也

語録曰學問亦多端矣而孟子直以爲無他蓋身如一屋子心如一家主有此家主然後能灑掃門戶整頓事務若是無主則此屋不過一荒屋爾實何用焉且如中庸言學問思辨四者甚切然而放心不收則何者爲學問思辨哉收斂此心不容一物乃是用功也曰須就心上做得主定方驗得聖賢之言有歸着自然有契○又曰只是知求則心便在便是反復入身來○又曰自能尋向上去這是存得此心方可做去不是塊然守得這心便了○又曰看自能尋向上去下學而上達也二句亦不至空守此心

趙氏録○上有學問二字在不只是求放心便休且節○孟子言學問之道惟在求其放心而程子亦言要在腔子裏今一向耽着文字令此心全不在都羇在冊子上更不知有己便是無知覺不識痛癢之人雖讀得書亦何益於吾事耶答廖子晦○求其放心時便是克己復禮恐不可分爲兩

事蓋放却心即視聽言動皆非禮非禮而視聽言動即是
放却心此處可答作亦節答呂子約○倪氏錄○伊川謂
心本善流入於不善乃放也四端備於吾心心存然後能
廣而充之心放則顛冥莫覺流入不善如向爲身死而不
受今爲妻妾之奉爲之又如大孝心不在焉亦是放○求
放心也不是在外面求得箇放心來只是求時便在我欲
仁斯仁至矣只是欲仁便是仁了黃義剛○又曰程子所
謂反復入身來不是將已縱出底依舊收拾轉來如七日
來復終不是已往之陽重新將來復生舊底已自過去
了這裏自然生出來○又曰求放心非以一心求一心只
求底便是已收之心雖放千百里之遠只一收便在此他
本無去來也童伯羽○又曰如學禮亦只是求放心學樂
亦只是求放心讀書讀詩致知力行皆只是求放心饒氏
錄○孟子謂學問求放心又曰有是四端於我者知皆擴
而充之孟子說得最好人之一心在外者又要收入來在
內者又要推出去孟子一部書皆是此意曾祖道○孟子
說舍生取義故結云是之謂失其本心此章
求放心是承上章失其本心說○倪氏錄
張氏註所以謂仁人心者天理之存乎人也義人路者天
下之所共由也仁義立而人道備矣舍其路而弗

由放其心而不知求，則人亦何異於庶物乎？是可哀也。雖然舍其路而弗由者，以放其心而不知求放也。是以學問之道，以求放心爲主。人之愛其雞犬，於其放也則知求之，至於心獨不知求，可謂昧夫輕重之分矣。然心豈遠人哉？知其放而求之，則在是矣。所謂放者，其幾間不容息，故君子造次克念，戰兢自持，非禮勿視，非禮勿聽，非禮勿言，非禮勿動，所以收其放而存之也。存之久則天理寖明，是心之體將周流而無所蔽矣。以堯舜禹相授受之際，獨曰人心惟危，道心惟微，心豈有二乎哉？放之則人心之危無有墜也，知其放而求之則道心之微豈外是哉？故貴於精一之而已。學者豈可不深思而默體者乎？

【講義】心者，神明之舍，虛靈洞徹，具衆理而應萬物者也。然耳目口鼻之欲，喜怒哀樂之私，皆足以爲吾心之累也。此心一爲物欲所累，則舛逆流蕩，失其至理而無所不至矣。是以古之聖賢戰戰兢兢，靜存動察，如履淵冰，如奉槃水，不使此心小有所放，則成性存存而道義行矣。此孟子求放心之一語，所以警學者之意切矣。自秦漢以來，學者所習，不曰詞章之富，則曰記問之博也，視古人存心之學爲何事哉？及周程倡明絕學，以繼孟子不傳之緒，故其所以誨門人者，尤先於持敬，敬則此心自存，而所以求放心之要旨也。

【集疏】覺軒蔡氏曰：或者但見孟子有無他而已矣之語，便立爲不必讀書，不必窮理，只要存本心之說，所以卒流於異學。集註學問之事固非一端，然其道則在於求放心而已，正所以發明孟子之本意，以指異學之失，學者切宜字字玩味，不可容易讀過也。

【纂疏】輔氏曰：誦詩讀書，學禮，忠信無非學之事也，然其道則皆只欲求其放心而已。○又曰：志者，心也，氣者，一身之氣，所謂夜氣與平旦之氣是也。志，氣之帥也；義理則性之所具也。人心存則志與氣皆清明，而義理自然昭著，由是而可以知性知天。不然則志氣昏昧，而不清明，放逸而不收斂，雖曰從事於學問，而終不能有所發明於己也。○又曰：聖賢教人，雖曰多方，然其道則不過欲人將已放之心收約之，使反復入身來，則志足以帥氣，無放逸之失而日就於清明，道足以制欲，無晦蝕之病，而日趨於理義，自能尋向上去，下學而上達也。

○孟子曰：今有無名之指，屈而不信，非疾痛害事

也。如有能信之者，則不遠秦楚之路，為指之不若
人也。信與伸同，為去聲。
無名指，手之第四指也。
指不若人，則知惡之；心不若人，則不知惡。此之謂
不知類也。惡去聲。
不知類，言其不知輕重之等也。
人有雞犬放，則知求之；無名之指屈而不信，則求
張氏註 信之。拱把之桐梓，欲其生，則必養之。此皆事理之
易見者。孟子於其易者舉以示之，使之以類而思之，則知
夫切於吾身，蓋有甚於此而不之察也。曰有放心而不知
求，曰心不若人則不知惡，曰豈愛身不若桐梓哉，所以不
人也至矣。夫人與聖人類，則須心亦同然，苟有不同焉，若
有以陷溺之故也。以類而思，則此之指不若人，何啻於相
千萬耶？而反不知惡，故謂之不知類也。人惟不知類，故其
行而不自覺，使其知類而推之，則晨夕之間，其悚然而作
者，豈獨此哉？雖然，知惡則必求所以免於惡，蓋有須臾

不敢違當者負矣此古之君子所以學如不及猶恐失之也

○孟子曰拱把之桐梓人苟欲生之皆知所以養之者至於身而不知所以養之者豈愛身不若桐梓哉弗思甚也

拱兩手所圍也把一手所握也桐梓二木名

語録 思可以勝欲亦是居莫是要喚醒曰然鄭可學

張氏註 愛其身必思所以養之然所以養之者則有道矣古之人理義以養其心以至於動作起居聲音容色之間莫不有養之之法焉所以尊德性而道問學以成其身也於桐梓而知所以養則自拱把至於合抱可以馴致也於身而知所以養則為聖為賢亦循循可進矣曰弗思甚也蓋思之則知身之為貴而不可以失其養也弗思則待其身曾一草一木之不若也皆是矣孟子此篇大抵多言存養之功學者尤宜深味也

天運乎上地處乎下陰陽五行居流乎中而人物生
焉則人物者均稟天地之氣以爲體而均得天地之
心以爲心也然人之所以異於物者又以其稟氣之正而
其心爲最靈人物並生於天地之間而獨異於萬物者如
此其可不知所以自貴乎聖賢教人必使之正其心修其
身者蓋不若是則無以全天地之賦予而異於萬物也
所謂正其心修其身者亦盡吾當然之理而已耳目手足
百骸具焉身也視明而聽聰手恭而足重此身之理而所
以爲身者也虛靈知覺百慮生焉心也仁義禮智以爲體
惻隱羞惡辭遜是非以爲用此心之理而所以爲心者也
內而察諸精神念慮之間外而審諸動容周旋之際無適
而不當於理此心之所以正身之所以修也苟爲不然則
徇情縱欲悖理傷道亦將無所不至矣雖曰具人之形而
與禽獸奚異哉孟子憂世之切故舉其至重以明其至
重欲使斯人反而思之庶乎有以全
吾身心之理而無愧於所以爲人也
○孟子曰人之於身也兼所愛兼所愛則兼所養
也無尺寸之膚不愛焉則無尺寸之膚不養也所

以考其善不善者豈有他哉於己取之而已矣人於一身固當兼養然欲考其所養之善否者惟在反之於身以審其輕重而已矣

〔語錄〕此身不從分身心爲兩節言身則心具焉豈是皆以將身爲本體已分但云以理義養其心則德尊而身安矣意亦自見得何叔京

〔纂疏〕趙氏曰人之於身無所不愛則固當無所不養然體有貴賤有小大養其貴且大者則善養其賤且小者則不善此豈待他人言之而後知哉則亦反之於身而審其輕重於心焉則自知矣

體有貴賤有小大無以小害大無以賤害貴養其小者爲小人養其大者爲大人

賤而小者口腹也貴而大者心志也

今有場師舍其梧檟養其樲棘則爲賤場師焉舍上

檟音賈　樲音貳

場師治場圃者梧桐也檟梓也皆美材也樲棘小棗非美材也

養其一指而失其肩背而不知也則為狼疾人也

狼善顧疾則不能故以為失肩背之喻

飲食之人則人賤之矣為其養小以失大也

為去聲

飲食之人專養口腹者也

飲食之人無有失也則口腹豈適為尺寸之膚哉

此言若使專養口腹而能不失其大體則口腹之養軀命所關不但為尺寸之膚而已但養小之人無不失其大者故口腹雖所當養而終不可以小害大賤害貴也

語錄　飲食之人無有失也則口腹豈適為尺寸之膚哉這數句被恁地說得倒了也自難曉意謂使飲食之人

貞箇無所失則口腹之養本無害然人胥胥理會口腹則必有所失無疑是以當知養其大體而口腹底他自會去討喫不到得餓了也輿賀孫○輔氏曰

纂註人有是身則知其皆在所愛愛之則知其皆在所養而無尺寸之膚不愛也然人知有口腹之養而已而莫知其所受於天者有所甚重於此者可不知所以養之乎故曰所以考其善不善者豈有他哉於己取之而已矣今欲考察善不善之分則在吾身所取者何如耳所取有二端焉然有貴賤有小大是也以小害大以賤害貴則是養其小者所謂不善也不以小害大不以賤害貴則是養其大者所謂善也何以爲大且貴人心是已小且賤則血氣是已血氣亦稟於天非可賤也而心則爲之宰者也不得其宰則從之大過情流爲一物則爲可賤矣人惟不安天理之存故懽然獨以養其口腹爲事自農工商賈之賤毋論已以至於公卿大夫士之競乎祿仕是皆然也良心日喪人道幾乎息而不自知此豈不類於場師之舍梧檟而游事於貳棘治疾者養一指而失其肩背者獻餅然人飢渴而飲食是亦理也初何罪焉然飲食之人人所爲賤之者爲其但知有口腹之養而失其大者耳如使飲食

之人而不失其大者則口腹豈但爲養其尺寸之膚哉固
亦理義之所守也故失其大者則役於血氣而爲人欲先
立乎其大者則本諸天命而皆至理人欲流則口腹之須
何有窮極此人之所以爲禽獸不遠者也天理明則一飲
一食之間亦莫不有則焉此人之所以成
身而徧乎此者也然則可不謹其源哉

○公都子問曰鈞是人也或爲大人或爲小人何
也孟子曰從其大體爲大人從其小體爲小人

鈞同也從隨也大體心也小體耳目之類也

曰鈞是人也或從其大體或從其小體何也曰耳
目之官不思而蔽於物物交物則引之而已矣心
之官則思思則得之不思則不得也此天之所與
我者先立乎其大者則其小者弗能奪也此爲大

人而已矣。

官之爲言司也，耳司聽，目司視，各有所職而不能思。是以蔽於外物，既不能思而蔽於外物，則亦一物而已。又以外物交於此物，其引之而去不難矣。心則能思，而以思爲職，凡事物之來，心得其職，則得其理，而物不能蔽；失其職，則不得其理，而物來蔽之。此三者皆天之所以與我者，而心爲大。若能有以立之，則事無不思，而耳目之欲不能奪之矣，此所以爲大人也。然此天之此，舊本多作比，而趙注亦以比方釋之，今本既多作此，而注亦作此，乃未詳孰是，但作比字，於義爲短，故且從今本云。○范浚心箴曰：茫茫堪輿，俯仰無垠，人於其間，眇然有身，是身之微，太倉稊米，參爲三才，曰惟心耳。往古來今，孰無此心，心爲形役，乃獸乃禽。惟口耳目手足動靜，投閒抵隙，為厥心病。一心之微，衆欲攻之，其與存者，嗚呼幾希。君子存誠，克念克敬，天君泰然，百體從令。○浚字茂明，婺女人。

語錄 曰：問：「蔽是遮蔽否？」曰：「然。」問：「如目之視色，從他去時便是為他所蔽，若能思則視其所當視，不視其所不當視，則不為他所蔽矣。」曰：「然。若不思則耳目亦只是一物。」○耳目之官不能思，故蔽於物。耳目一物也，外物一物也，以外物而交乎耳目之物，自然是被他引去也。唯心之官則思，故思則得之，不思則不得。惟在人思不思之間耳。然此物乃天之與我者，所謂大者也。君子固當於思處用工，能不妄思，是能先立其大者。立字下得有力。夫然後耳目之官小者弗能奪也。是安得不為大人哉。余大雅。○問「物交物」處。曰：「上箇物字主外物言，下箇物字主耳目言。孟子說得此一段好，要子細看。耳目謂之物者，以其不能思。心能思，所以謂之大體。」問：「官字如何？」曰：「官是主。心主思，故曰先立乎其大者。」曾祖道。○心之官則思，固是元有此思，只恃其有此，任他如何，却不得。須是去思，方得之，不思則不得也。此最要緊。下云先立乎其大者，即此思也。心元有思，須是要人主張起來。輔廣。○心之官固是主於思，然須著

思方得其所思若不思則邪思雜慮便順他去與害事蔡

覺軒〇祝氏錄〇曰按本文耳目之官不思而蔽於物心

之官則思此兩節方是分別小體之不可從而大體當從

之意下文始結之云此二者皆天之所以與我者但當先

立乎其大者則小者不能奪耳此章主立乎其大者一句

方是說用力處而此句內立字尤爲要切〇合張敬夫〇祝

氏錄〇語丁說先立乎其大者則小者弗能奪此語最有

力且看他下一箇立字若有人問焦先生爲學之道焦曰

其只是先立乎其大者以此觀之他之學亦自有要卓然

豎起此心使自立所謂敬以直內也陳文蔚〇問所載范

銘不知范從誰學曰不曾從人但他自見得到說得此件

物事如此胡向見呂伯恭甚忽之問似甚地說諸人也多

說得到須取他則甚曰正爲少見有人

能說得如此者此意蓋有在也輔廣

雙峯此章之說曰其要止在未先立乎其大者之一言耳

蓋大者既立則凡動靜云爲皆主於思而不隨於物

其不中理者鮮矣范氏之

箴蓋得其指未可易之也

[illegible]箴其大體心之官也從其小體耳目之官也官云者主守之謂盡目曰爲之主則不思而蔽於物矣

九四一

耳目物也以物而交於物則為其引取固宜若心為之主
則能思矣思則得之而物不能奪也所謂思而得之者也
豈外取之乎乃天之所以與我是天理之存於人心者也
人皆有之不思故不得思則得矣先立乎其大者則其小
者不能奪矣言心為之主則耳目不能以移有以宰之故
也故君子之動以理小人之動以物動以理者心得其宰
而物循之動以物者心放而欲流其何有極也然所謂思
者非泛泛而無統也泛泛而無統則思之亂也不得謂心之官
矣事事物物皆有所以然其所以然者天之理也思其所
以然而得天理之所無事則雖曰與事物接而心躰無乎
不在也斯則為大人矣此所謂大人者非必為己至於
流實瀞洗之地者也蓋對小人而言謂得其大者也

集疏 覺軒蔡氏曰孟子暨陳貴賤小大之説又分別養其
小者為小人養其大者為大人從其大躰為大人從
其小躰為小人至天之所以與我者先立乎其大者不能
奪也又直指爭者用力之要正與人心道心克己復禮之
訓相為表裏學者讀此便當惕然奮發精擇而力
行庶乎不至為小人之歸也可不畏哉可不勉哉

○孟子曰有天爵者有人爵者仁義忠信樂善不

倦。此天爵也。公卿大夫，此人爵也。樂音洛

天爵者，德義可尊，自然之貴也。

古之人脩其天爵，而人爵從之。

脩其天爵，以爲吾分之所當然者耳。人爵從之，蓋不待求之而自至也。

【語録】只先脩天爵，人爵自從後面來，如禄在其中矣之意。金去偽

【或問】有以爲從之者，猶言其任之云爾，如何？曰：是蓋嫌其猶有意於人爵之求，而殊不知此章之意所以爲天理人欲之别者，特在乎求與不求之間。有意於求，則是乃所謂脩天爵以要人爵者，孟子固已斥之矣。其或不求而自至，則是乃理勢之必至者，而又何嫌之有哉。

今之人脩其天爵以要人爵，既得人爵而棄其天爵，則惑之甚者也。終亦必亡而已矣。要音邀

要求也。脩天爵以要人爵，其心固已惑矣。得人爵而
棄天爵，則其惑又甚，終必并其所得之人爵而亡之
也。

〔語録〕古人尚脩天爵以要人爵，今人皆廢
天爵以要人爵，曰便是如此。〔葉賀孫〕

〔或問〕脩天爵以要人爵者，雖曰脩之，而實已棄之久矣，何
待得人爵之後，始謂之棄耶？曰：若是者，猶五霸之假
仁，猶愈於不假而不脩，且聖人之心寬宏平正，善善速而
惡惡遲，不如是之急迫也。且若是言，則彼直棄而不脩者
又將何以
處之耶？

〔張氏註〕天爵謂天之所貴也。仁義又言忠信者，在己爲忠，
與人爲信，忠信者只是誠實此二者也。既曰仁義
忠信，而又曰樂善不倦，樂善不倦好懿德之常性也。推樂
善不倦，則於仁義忠信，斯源源而進矣。古之人脩其天爵
而已，非有所爲而爲之，目人爵從之者，言其理則然也。今
之人脩其天爵以要人爵，夫有一毫要人爵之心，則有害
於天爵，其脩之也，亦慕其名而爲其事耳，及遂其欲，則并
與其所假者而棄之，可謂惑之甚者，又况終亦必亡而已

矣言既萌要利之心則其所爲雖亦必亡勢則然也嗚呼古之士脩身於下無一毫求於其君之心而人君求賢於上毋懷不及之意上下皆循乎天理是以人才衆多而天下治道德之隆在下者假名而要利在上者徇名而忘實而人才始壞矣降及後世則不復以仁義忠信取士而乃求之於文藝之間自設提之章則使之懷利心而習爲文辭則所以興其假者亦所不務矣則人亦何怪於其然哉

○孟子曰欲貴者人之同心也人人有貴於己者弗思耳

貴於己者謂天爵也

語錄　孟子於此只云弗思耳孟子便實知得功夫只在這裏　黄番

人之所貴者非良貴也趙孟之所貴趙孟能賤之

人之所貴謂人以爵位加己而後貴也良者本然之善也趙孟晉卿也能以爵祿與人而使之貴則亦能奪之

而使之賤矣君良貴則人安得而賤之哉

詩云既醉以酒既飽以德言飽乎仁義也所以不願人之膏梁之味也令聞廣譽施於身所以不願人之文繡也聞去聲

詩大雅既醉之篇飽充足也願欲也膏肥肉梁美穀令善也聞亦譽也文繡衣之美者也仁義充足而聞譽彰著皆所謂良貴也○尹氏曰言在我者重則外物輕

張氏註人皆有欲貴之心言人莫不欲貴其身而不知在己有至貴者焉德性之謂也一人之性萬善具備焉不其貴乎善乎孟子之言曰人人有貴於己者弗思耳推夫弗思故雖素有之而莫之能有也苟自知其貴於己者則見外誘之不足慕矣惟夫不知也是以慕於外而求於人故曰人之所貴者非良貴也人之所貴云者言貴於人而貴者也良貴云者言己素有之善也趙孟之所貴趙孟能賤之其所貴者貴於人則能貴之者亦能賤之矣良

貴在我得於天者也人何預焉得於天者公理而資於人者私欲也故飽乎仁義而不願膏粱之飫聞譽施於身而不願文繡之加爲其在我者而不願乎外也雖然令聞廣譽固有乎非有欲之之心也願乎仁義則令聞廣譽自加焉猶言爲善有令名是理之固然者也

講義 曰富與貴是人之所欲也聖賢之論乃獨重禮義而輕富貴何哉蓋理義天之所賦也富貴人之所畀也人之所畀人得而奪之天之所賦根於人心不可易也一輕一重蓋有不難辨者然闇者之人知有富貴而不知有理義學士大夫則知理義矣然未有不爲富貴所移而忘其所可重居其貧知富貴之爲輕理義之爲重非知道者孰能識之仁義禮智天之畀乎我而吾心之所固有也充吾之仁則愛人利物而覆天下之廣居充吾之禮則別嫌明微而立天下之正位充吾之義則躬常盡變而行天下之達道充吾之智則經綸萬物而成天下之大業以之爲己則和而平以之爲人則仁而公推之天下國家則兼澤施於今令名垂於後回視世之所謂富貴者曾不過輿馬之赫奕飲食之豐居美宮室之壯麗賢者得志有所不爲不賢者亦以驕奢不肖之身而遺臭於萬世豈若向道之不若而又

何足以介於人哉故善學者要當深明夫内外輕重之分在内者重則在外者輕在外者愈輕則在内者愈重眞積力久胷中泰然天理流行一毫物欲不能爲之累顔子之簞瓢陋巷曾點之舞雩浴沂翛然悠然蓋將與造物相爲酬酢天下之至貴無以復加於此矣孟子之言豈欺我哉

○孟子曰仁之勝不仁也猶水勝火今之爲仁者猶以一杯水救一車薪之火也不熄則謂之水不勝火此又與於不仁之甚者也

與猶助也仁之能勝不仁必然之理也但爲之不力則無以勝不仁而人遂以爲眞不能勝是我之所爲有以深助於不仁者也

【語錄】仁之勝不仁也猶水勝火以理言之則正之勝邪天理之勝人欲甚易而邪之勝正人欲之勝天理若甚難以事言之則正之勝邪天理之勝人欲甚難而邪之勝正人欲之勝天理却甚易蓋纔是蹉失一兩件事便被邪

來勝將去若以正勝邪則須是做得十分工夫方勝得他。然猶恐怕勝他未盡在正如人身正氣稍不足邪便得以干之矣。

通備

纂疏 趙氏曰仁之勝不仁也猶水勝火此以仁之理而言也今之爲仁者猶以一杯水救一車薪之火此就人之爲仁者言也云息則謂之水不勝火此又與於不仁之甚也此則指當時之人爲仁不至不能反己遂謂眞不能勝而自己亦於爲仁者言也如此則深有助於爲不仁者矣

亦終必亡而已矣。

言此人之心亦且自怠於爲仁終必并與其所爲而亡之。○趙氏曰言爲仁不至而不反諸己也。

張氏注 此爲有志於仁而未力者言也仁與不仁特係乎操舍之間而天理人欲分焉天理存則人欲消固不兩立也故以水勝火諭之然用力於仁貴於久而勿舍若一暴十寒倏得而復失則暫存之天理豈能勝無窮之人欲哉是猶以杯水救車薪之火也救之不得而遂以爲仁不可以勝不仁而不加勉焉是則同於不仁之甚者其

論曰以亡也必矣學者觀於此其可斯須而不存是心乎天理寖明則人欲寖消矣及其至也人欲消盡純是天理以水勝火其不然乎

纂疏 輔氏曰能反求諸己則其身正而天下歸之如水勝火斯可見焉趙氏雖未知夫仁然以其能求句中意而得之凡解經者只當如此

○孟子曰五穀者種之美者也苟為不熟不如荑稗夫仁亦在乎熟之而已矣荑音啼稗蒲賣反夫音扶

荑稗草之似穀者其實亦可食然不能如五穀之美也但五穀不熟則反不如荑稗之熟猶為仁而不熟則反不如為他道之有成是以為仁必貴乎熟而不可徒恃其種之美又不可以仁之難熟而甘為他道之有成也○尹氏曰日新之不已則熟

集義 横渠先生曰敦篤虛靜者仁之本不輕妄則是敦厚也無所繫閡昏塞則是虛靜也

【語錄】曰釋氏問話只是一言兩句荑稗之熟者也儒者明經若通徹了不用費辭亦一言兩句義理便明白了則却是五穀不熟不如荑稗者也（周謨）○【蔡氏說】

【張氏曰】此章言學者爲仁貴於有成也五穀不熟不如荑稗言雖種之美苟惟不熟亦無益也仁者人之所以爲人者也然爲之而不已則未可謂成人況於仁乎明作暗若存若亡無篤學深思之功則終亦必亡而已矣熟之柰何其亦猶善種者乎勿舍也亦勿助之長也深耕易耨而已而不忘於種也日夜之所息雨露之所潤未易長畝而秀秀而實蓋有不期然而然者爲仁之方論語一書所以示後世者至矣致知力行久而不息則存乎其人焉其淺深次第亦惟自知之而已要之未至於顏子之地皆未可語夫熟也

【纂疏】輔氏曰尹氏所謂日新者日進也不已者無間斷也必如是然後能熟夫仁

○孟子曰羿之教人射必志於彀學者亦必志於彀（彀古候反）

羿善射者也志猶期也彀弓滿也滿而後發射之法也學謂學射

大匠誨人必以規矩學者亦必以規矩

大匠工師也規矩匠之法也○此章言事必有法然後可成師舍是則無以教弟子舍是則無以學曲藝且然況聖人之道乎

張氏註 彀者張弓向的處也射者期於中鵠也然羿之教人使志於彀鵠在彼而彀在此心存乎此雖不中不遠矣學者之學為聖賢也聖賢曷為而可至哉求之吾身而已求之吾身其則蓋不遠心之所同者人所固有也學者亦存此而已存乎此則聖賢之門牆可漸而入也規矩所以為方圓也大匠誨之使之用規矩而已至於巧則存大匠之所能誨存乎其人焉然巧固不外乎規矩也學者之於道其為有漸其進有序自灑掃應對至於禮儀之三百威儀之三千猶木之有規矩也亦循乎此而已至於形而上之事則在其人所得何如形而上者固不外乎灑掃

瘷對之間也，舍是以求道，是猶舍規矩以求巧也。此章所舉二端，教人者與受教於人者。

【纂疏】輔氏曰：集註謂事必有法然後可成者，當矣。然彀之治，以爲射法者，盡射以滿而後力，始有則，故易於求中；規矩之爲匠法者，器必先正其方圓而無失，方可以言巧。故射者志乎彀而盡精力以焉，則能中矣；工者守乎規矩而盡精力以焉，則能巧矣。抑夫教者與受教者舍彀而言中，舍規矩而言巧，則皆所謂詖也。若夫爲學乎道而勉上窺高遠，言近說遠，不務下學而徑欲上達者，則亦終無所成而已矣。

孟子卷第十一

元本孟子集成

第四册

元 吴真子撰
元刻本

山東人民出版社·濟南

孟子卷第十二

諸儒集成之書　朱子集註　朱子集義　朱子語録　朱子或問

南軒張氏註　黄氏講義　蔡氏集疏　趙氏纂疏

告子章句下

凡十六章

任人有問屋廬子曰禮與食孰重曰禮重任平聲

任國名屋廬子名連孟子弟子也

色與禮孰重

纂疏 趙氏曰按任薛同姓之國在齊楚之間

任人復問也

曰禮重曰以禮食則飢而死不以禮食則得食必以禮乎親迎則不得妻不親迎則得妻必親迎乎屋廬子不能對明日之鄒以告孟子孟子曰於荅是也何有。迎去聲於荅如字。

何有不難也。

輯錄 親迎則不得妻不親迎則得妻如古者國有凶荒則殺禮而多昏周禮荒政十二條中亦有此法蓋貧窮不能備親迎之禮法許如此洗濶〇祝氏錄

不揣其本而齊其末方寸之木可使高於岑樓。揣初委反

本謂下末謂上。方寸之木至卑。喻食色。岑樓樓之高銳似山者至高喻禮若不取其下之平而升寸木於岑樓之上。則寸木反高岑樓反卑矣。

【纂疏】輔氏曰物之不齊固當揣其本則以齊其末不可只據其末以定其高卑

金重於羽者豈謂一鉤金與一輿羽之謂哉

鉤帶鉤也金本重而帶鉤小故輕喻禮有輕於食色者羽本輕而一輿多故重喻食色有重於禮者

【纂疏】輔氏曰物固有重而有輕然重者少而輕者多則輕者反重而重者反輕矣

取食之重者與禮之輕者而比之奚翅食重取色之重者與禮之輕者而比之奚翅色重

翅與啻同古字通用施智反

禮食親迎禮之輕者也飢而死以滅其性不得妻而廢人倫食色之重者也奚翅猶言何但言其相去懸絕不但有輕重之差而已

往應之曰紾兄之臂而奪之食則得食不紾則不

得食則將紾之乎踰東家牆而摟其處子則得妻不摟則不得妻則將摟之乎紾音軫摟音婁

紾戾也摟牽也處子處女也此二者禮與食色皆其重者而以之相較則禮爲尤重也○此章言義理事物其輕重固有大分然於其中又各自有輕重之別聖賢於此錯綜斟酌毫髮不差固不肯枉尺而直尋亦未嘗膠柱而調瑟所以斷之一視於理之當然而已矣

或問 首章之說曰禮之大體固重於食色矣然其間事之大小緩急不同則小或有反輕於食色者惟明理明義精者爲能權之而不失耳權之不失是乃所以全禮之重而深明食色之輕也觀於寸木鉤金之喻孟子之意亦可見矣

張氏註 食色雖出於性而其流則以害性苟無禮以止之則將何所止哉禮之重於食色固不待較而明矣惟夫汩於人欲而昧夫天性於是始有禮與食色孰重之疑矣孟子謂不揣其本而齊其末者蓋以天下之禮其本

一定有不可易者苟不揣其本而齊其末則失其理矣緊方寸之木而高於岑樓遂謂木高於山積一輿之羽而重於鉤金遂謂羽重於金而山之爲高金之爲重其理終不可易也今任人舉食色之重者以較禮之輕者何以異乎故孟子因其説而告之謂以禮則不得食則紾兄之臂而得食亦將爲之乎謂親迎則不得妻則踰牆而得妻亦將爲之乎以此而權之則可見禮之爲重而食色之爲輕其理之所在爲不可易矣所謂揣其本以齊其末者也而或者乃謂孟子之説與孔子食可去信不可去之意異又謂如孟子之説將使天下之人棄禮而不顧是殆未之思也蓋子貢善問欲以探其理之至極則曰必不得已而去於斯二者何先又曰於斯二者何先故聖人明信爲本以示之若任人蓋徇乎欲者其問之意固以食色爲重若但告之以寧不食而死必以禮食也寧不取妻必以親迎也則理不盡而意有窒非啓告之之道也故孟子獨揣其本而告之使之反其本而知理之不可易者則其説將自窮與孔子謂食可去而信不可去之意蓋無殊也或者未之思邪

【纂疏】輔氏曰草廬之説於聖賢處事之權度固已深得其要矣苟或義理未精權度未審則凡於事物輕重難

辨之際巧者必至於狂狂入而自尋出者必至於膠柱而調瑟終不能得夫時措之宜矣

○曹交問曰人皆可以爲堯舜有諸孟子曰然

趙氏曰曹交曹君之弟也人皆可以爲堯舜疑古語或孟子所嘗言也

【語錄】孟子道人皆可以爲堯舜何曾道便是堯舜便不假修爲耶【魏鶴】○【況氏錄】

【纂疏】輔氏曰孟子言必稱堯舜故恐或是孟子所嘗言然曹交之問又初不言是孟子說故疑是古語有之○趙氏曰春秋末曹已滅矣交特姓曹者耳謂爲曹君之弟者趙氏誤也

交聞文王十尺湯九尺今交九尺四寸以長食粟而已如何則可

曹交問也食粟而已言無他材能也

曰奚有於是亦爲之而已矣有人於此力不能勝

一匹雛則爲無力人矣。今曰擧百鈞則爲有力人矣。然則擧烏獲之任。是亦爲烏獲而已矣。夫人豈以不勝爲患哉。弗爲耳。勝平聲。

匹字本作鴄。鴄鴨也。從省作匹。禮記說匹爲鶩是也。烏獲古之有力人也。能擧移千鈞。趙氏曰。秦武王好以力戲。力士烏獲至大官。

徐行後長者謂之弟。疾行先長者謂之不弟。夫徐行者豈人所不能哉。所不爲也。堯舜之道。孝弟而已矣。後去聲。長上聲。弟去聲。先去聲。夫音扶。

陳氏曰。孝弟者人之良知良能自然之性也。堯舜人倫之至。亦率是性而已。豈能加毫末於是哉。楊氏曰。堯舜之道大矣。而所以爲之。乃在夫行止疾徐之閒。

非有甚高難行之事也。百姓蓋日用而不知耳。

【語錄】堯舜之道孝弟而已矣。這只是對那不孝不弟底說孝弟便是堯舜之道不孝不弟便是桀紂【況個】

【纂疏】輔氏曰孩提之童無不知愛其親者及其長也無不知敬其兄者是所謂良知良能也本於性之自然初非有所勉強矯揉而能也雖堯舜之聖爲人倫之至亦不過率是性而行其量則豈能加毫末於其間哉。又曰陳氏是就孝弟上說而極於堯舜之聖揚氏是就堯舜上說而本於孝弟之近二說互相發明所謂百姓蓋日用而不知者直設譬發於人尤爲切至也

子服堯之服誦堯之言行堯之行是堯而已矣子服桀之服誦桀之言行桀之行是桀而已矣之行並去聲

言爲善爲惡皆在我而已。詳曹交之問淺陋麤率必其進見之時禮貌衣冠言動之間多不循理故孟子告之如此兩節云。

【集疏】覺軒蔡氏曰孟子以人皆可爲堯舜所以誘曹交之
進也然亦豈謂不假脩爲而即可爲堯舜耶勉之以
孝弟又勉之以衣服言行之間固不以難而沮人
亦不以易而許人惜乎曹交之不足以進此也
【纂疏】輔氏曰詳云曹交進見多不循理指其以身之長短
與湯文較也又人皆可以爲堯舜豈謂是歟觀此之問
則交蓋全未知夫孝又以孟子所告兩問言之則其進
見之時禮貌衣服言語之不循乎理其必有所不免矣

曰交得見於鄒君可以假館願留而受業於門見音現

假館而後受業又可見其求道之不篤

【纂疏】輔氏曰此亦是富貴者之習氣卻未知那居無求安之味在

曰夫道若大路然豈難知哉人病不求耳子歸而
求之有餘師夫音扶

言道不難知若歸而求之事親敬長之間則性分之
內萬理皆備隨處發見無不可師不必留此而受業

[illegible]
大路然為義路也蓋
賢以為……者謂事物
當行之路義亦
言路者謂處事處物
各執他當行路上行道
曰大路者取其明白易
又義曰人路者取其注
來不舍

也。○曹交事長之禮既不至，求道之心又不篤，故孟子教之以孝弟，而不容其受業。蓋孔子餘力學文之意，亦不屑之教誨也。

【集義】或曰：聖人之道，知之甚難。伊川先生曰：仲尼但曰「未之思也，夫何遠之有」，此言極有深意思。孟子言「夫道若大路然，豈難知哉」，只下這一个「豈」字，便露筋骨，聖人之言不如此。如下面說「人病不求耳，子歸而求之，有餘師」，這數句却說得好。○横渠先生曰：徐行折技之類，孟子所舉其易者言之，推此則事無巨細，莫不自天德至纖，至深至實處所由出也。

【總論一章之旨】孟子此段發意如此，大抵只合在徐行後長上，而要知工夫須自理會，只在此，不是別人十分頂得底事。（齋賈孫）○曹交識致凡下，又有挾貴求安之意，故孟子拒之，然所以告之者亦極親切，非終拒之也。使其因此明辨力行而自得之，則孟子之發己也深矣。曹交必不能，且容擇之。○【汪氏錄】

【或問】學莫難於知道，故欲修身者必以致知為先。今曰道豈難知，而特患於不為，何哉？曰：道之精微，固難知也然自始學言之則知如是而爲孝知如是而爲弟知如是而爲不孝知如是而爲不弟其大躰向背之間豈不明而易知乎致知云者亦曰即其已行之知而推致之耳今曹交於此似有所未知昔曰知之亦未必能行之也亦何暇及乎致知之方乎

張氏注 曹交問人皆可以爲堯舜蓋亦習聞孟子有此說而疑之也孟子引而進之反復明備所謂誨人不倦者歟曰奚有於是亦爲之而已矣蓋人皆有是性故皆可以爲堯舜而其所以異者則其不爲之故耳力不能勝一匹雛則爲無力人能舉百鈞則爲有力人能舉烏獲之任則是亦烏獲此言人能爲堯舜之事則是亦堯舜而已又曰人豈以弗勝爲患哉弗爲耳言人皆可以爲堯舜非其力不勝也特不爲耳故以徐行疾行明之蓋徐行後長者是乃天理之當然若疾行先長者則爲不循其理矣夫徐行者豈其所不能哉以其不爲而已以是而思則凡天理之具乎人者初何遠哉特昔之而不爲爾不肯徐行者耳推徐行不敢先之心是乃孝弟之端也堯舜之道孝弟而已矣孝弟足以盡堯舜之道蓋人性之道莫大於仁義仁莫先於愛親義莫先於從兄此孝弟之所由立也盡

得孝弟則仁義亦無不盡是則堯舜之道豈不可一言蔽之乎人孰無是心哉顧勉而充之何如耳夫服其服誦其言行其行則將與其人無以異矣善惡皆然則可不勉於為善乎交於此有受業之意而欲假館於鄒君則交也猶汨沒於勢利之中而非誠篤求道者故使之歸而求之道者天下之公人所共由初不遠於人謂之為難不可也故曰豈難知哉而謂之為易亦不可也故曰人病不求耳然求之則有道矣故曰歸而求之有餘師所謂誠能歸而求之則其為師也抑有餘矣蓋道無乎不在貴於求而自得之而已辭意反復抑揚者所宜深味也

纂疏　輔氏曰道若大路然人所共由者也初無難知但患人蔽於私役於氣自暴自棄而不肯求耳誠能反求其孝親弟長之良知良能而推廣其自然之性則一性之上萬理皆備日用之間隨所感處無不發見而深察之而躬之則師不必求於外而得道不必求於外而存矣○又曰使交欲因是而見孟子所以不容已受業之故也得其說則是亦所以教誨之也

○公孫丑問曰高子曰小弁小人之詩也孟子曰

何以言之曰怨弁音盤

高子齊人也小弁小雅篇名周幽王娶申后生太子宜臼又得褒姒生伯服而黜申后廢宜臼於是宜臼之傅爲作此詩以叙其哀痛迫切之情也

曰固哉高叟之爲詩也有人於此越人關弓而射之則己談笑而道之無他疏之也其兄關弓而射之則己垂涕泣而道之無他戚之也小弁之怨親親也親親仁也固矣夫高叟之爲詩也關與彎同射食亦反夫音扶

固謂執滯不通也爲猶治也越蠻夷國名道語也親親之心仁之發也

輔氏曰此即程子所謂性中只有箇仁義禮智而已曷嘗有孝弟來仁主於愛愛莫大於愛親者是也

曰凱風何以不怨

凱風邶風篇名衛有七子之母不能安其室七子作此以自責也

曰凱風親之過小者也小弁親之過大者也親之過大而不怨是愈疏也親之過小而怨是不可磯也愈疏不孝也不可磯亦不孝也

磯音機

磯水激石也不可磯言微激之而遽怒也

問親之過大則傷天地之大和矣父子之至愛若此而不怨焉則是坐視其親之陷于大惡恝然不以動其心而父子之情益薄矣此之謂愈疏親之過小則特以一時之私心而少有懟于父子之天性若由而遽怨焉則是水中不可容一激石一有激石則呼號而奮怒矣此之謂不可磯故二者均為不孝也不可磯如此不可得之見文集

孔子曰舜其至孝矣五十而慕

言舜猶怨慕。小弁之怨，不為不孝也。○趙氏曰：生之膝下，一體而分，喘息呼吸，氣通於親，當親而疏，怨慕號天，是以小弁之怨，未足為愆也。

【集義】伊川先生曰：小弁之怨，與舜別。

【語錄】問：小弁詩，古今說詩者皆以為此詩之意與舜怨慕之意同，切以謂只我罪伊何一句，與舜於我何哉之意同，至後面君子秉心，維其忍之，與君子不惠，不舒究之分明是怨其親，却與舜怨慕之意似不同。先生曰：作小弁者自是未到得舜地位，蓋亦常人之情耳。只我罪伊何，上面說何辜于天，亦一似自以為無罪，相似，未可與舜同日而語也。○

【祝氏錄】

【或問】程子論小弁之怨與舜不同，何也？曰：舜之怨曰：父母之不我愛，於我何哉，蓋反諸身以求其所未至之詞。小弁之怨曰：何辜於天，我罪伊何，則自以為無罪矣。此其所以不同也與。

【張氏註】傳曰：仁人不過乎物，孝子不過乎物者，其實然之理也。不以此心事其親者，不得為孝子。小弁之作本於幽王惑褒姒而黜申后於是廢太子宜臼太子之傅作是詩述太子之意云爾家國之念深故其憂苦以子之情切故其辭哀曰何辜于天我罪伊何此與大舜號泣于旻天同意故曰小弁之怨親親也親親仁也其怨慕乃所以為親親親親仁之道也故引關弓之疏戚為喻以見其為親親者焉若夫凱風之作則以母氏不安其室而亡七子引罪自責責以為使母之不安則已之故其曰母氏聖善我無令人又曰有子七人母氏勞苦又曰有子七人莫慰母心辭氣不迫蓋與小弁異也其事異故其情異其情異故其辭異當小弁之事而怨慕不形則是漠然而不知者也當凱風之事而遽形於怨則是激於情而莫遏也此則皆為失親親之義而賊夫仁矣故曰親之過大而不怨是愈疏也親之過小而怨是不可磯也而皆以不孝斷之蓋皆為過乎物非所以事乎親者也於是舉舜之孝以為法焉舜以此事親者也終身安乎天理而無一毫之間人樂之好色富貴皆不足以解憂惟親之慕而已曰五十而慕以見其至誠不自已終身於此也萬世之準的也高子徒見小弁之怨遂以為小人之詩不即其事而繹其親親之心亦可謂固矣雖然怨一也由小弁之所存則為天理由高子之所見則為人欲不可以不察也詩三百篇夫子所

取以其本於情性之正而已所謂思無邪也學者讀詩平心易氣諷詠反覆而將有所興起焉不然幾何其不為高叟之固也

【纂疏】輔氏曰説中趙氏數語極切但不見得他説到這裏與孟子語意相貫

○宋牼將之楚孟子遇於石丘牼口莖反

宋姓牼名石丘地名

曰先生將何之

趙氏曰學士年長者故謂之先生

曰吾聞秦楚構兵我將見楚王說而罷之楚王不悅我將見秦王說而罷之二王我將有所遇焉說音稅

時宋牼方欲見楚王恐其不悅則將見秦王也遇合也按莊子書有宋銒者禁攻寢兵救世之戰上說下教強聒不舍疑云齊宣王時人以事考之疑即此人

也

曰軻也請無問其詳願聞其指說之將何如曰我將言其不利也曰先生之志則大矣先生之號則不可

徐氏曰能於戰國擾攘之中而以罷兵息民為說其志可謂大矣然以利為名則不可也

【纂疏】輔氏曰當戰國擾攘之時而為罷兵息民之說其志之大者固有所不能然以利害為說則不可蓋聖學不明人雖有害心而不知所以為之之道故反陷於不善而不自知也

先生以利說秦楚之王秦楚之王悅於利以罷三軍之師是三軍之士樂罷而悅於利也為人臣者懷利以事其君為人子者懷利以事其父為人弟

者懷利以事其兄是君臣父子兄弟終去仁義懷利以相接然而不亡者未之有也先生以仁義說秦楚之王秦楚之王悅於仁義而罷三軍之師是三軍之士樂罷而悅於仁義也為人臣者懷仁義以事其君為人子者懷仁義以事其父為人弟者懷仁義以事其兄是君臣父子兄弟去利懷仁義以相接然而不王者未之有也何必曰利樂並音洛。不王之王去聲。

此章言休兵息民為事則一然其心有義利之殊而其效有興亡之異學者所當深察而明辨之也

張氏曰宋牼欲說秦楚之君使之罷兵而孟子以為志則大矣而號則不可其故何哉蓋事一也而情有異

有異,則所感與其所應皆不同。是以古之謀國者以理義不以利害,此天理人欲之所以分而治忽之所由係,蓋不可不謹於其原也。夫説二君而使之罷兵,非不善也,然由宋牼之説而説之,以利使其能從,亦利以耳。罷兵雖息一時之患,而利實傷萬世之彝。自衆人論之,惟欲其説之行而不睹其害於後世,在君子則寧説之不行,不忍失正理而啓禍源也。故使二君説於利而聽從,則三軍之士樂罷而悦於利,以至於觀聽之間亦莫不動焉,上下憧憧,徒知利之爲利,則於私己而自便者無不爲也,人欲肆行,君臣父子兄弟之大倫亦且不暇䘏矣,則豈非危亡之道乎?由孟子之説而説以仁義,使二君幸而聽,則是其心復於正道,三軍之士樂罷而悦於仁義,則皆知仁義爲重,將於君臣父子兄弟之際無非以是心相與,人心一正而治道興矣。三代之所以王者用此道也,然則其説則一而所以説者異,其毫釐之間,霄壤之分,可不謹哉?學者有見乎此,則知五霸之在春秋爲功之首而罪之魁也,又知曾西之所以卑管晏而尊子路也,則庶乎知入德之門矣。

【集疏】覺軒蔡氏曰:按此章與首篇首章相爲表裏,見得孟子凛乎義利之辨,其嚴如此。宋牼亦當時賢者,亦是年

德之高者故孟子以先生呼之而猶不免溺於利害之私蹊不知仁義之正道也俗從可知矣

【纂疏】西山真氏曰戰國之兵之禍烈矣宋牼一言而罷之豈非生民之福而亡人之所甚願者哉顧利[illegible]一開君臣父子兄弟之大倫皆將以利而動其禍又有甚於交兵者是以聖賢不得不嚴其防也

○孟子居鄒季任為任處守以幣交受之而不報處於平陸儲子為相以幣交受之而不報任平聲相去聲下同

趙氏曰季任任君之弟任君朝會於鄰國季任為之居守其國也儲子齊相也不報者來見則當報之但以幣交則不必報也

【語錄】初不自來但以幣交又未為非禮但孟子既受之後便當來見而又不來則其誠之不至可知矣故孟子過而不見報之宜也亦不屑之教誨也[illegible]○【祝氏錄】

【纂疏】輔氏曰來見則禮足意重幣交則禮意輕也

他日由鄒之任見季子由平陸之齊不見儲子屋廬子喜曰連得閒矣

屋廬子知孟子之處此必有義理故喜得其間隙而問之連屋廬子之名也

問曰夫子之任見季子之齊不見儲子爲其爲相與

爲其之爲去聲下同與平聲

言儲子但爲齊相不若季子攝守君位故輕之邪

曰非也書曰享多儀儀不及物曰不享惟不役志于享

書周書洛誥之篇享奉上也儀禮也物幣也役用也言雖享而禮意不及其幣則是不享矣以其不用志于享故也

【纂疏】蔡氏曰享朝享也享不在於幣而在於禮幣有餘而禮不足亦所謂不享也○趙氏曰儀物相稱然後成享一或偏勝是以有慢其亦幾與不享同

爲其不成享也

孟子釋書意如此

屋廬子悅或問之屋廬子曰季子不得之鄒儲子得之平陸

徐氏曰季子爲君居守不得往他國以見孟子則以幣交而禮意已備儲子爲齊相可以至齊之境內而不來見則雖以幣交而禮意不及其物也

【張氏註】孟子之居鄒季任與儲子皆以幣交焉在於近境與居其國中致幣以交禮之常也故不得而不受其幣受其幣則當報之然孟子之任則見季子之齊而不見儲子故屋廬子疑之以爲有間而可問也曰爲其爲相

與見盧子以世俗之見尊賢者之心也孟子以洛誥之語告之洛誥之意謂所貴乎享者爲其多儀也物所以達其意耳若徒具其物而儀不及焉則不得享之義享以儀爲貴而不惟物之徇古之人不役志於享故也孟子釋之曰爲其不成享也屋廬子於此始得孟子之意蓋季任爲任處守其國而不得越境以幣交儀及物矣若儲子得相齊卿在其境中則固可得而親造也而亦遣幣焉是儀不及物也或見或不見皆得乎理之當然耳然就世俗之見論之既受其幣及之齊而不見之則無使彼不慊於心乎在君子則申公義而絕私情行吾典章而已遑恤其他哉使儲子疑夫不見之意反己而深思焉乎亦有得於義矣

集疏 覺軒蔡氏曰此章見孟子於禮意之間是否之際權衡輕重各稱其宜如此然皆以幣交而皆受之豈孟子當時亦有幣交之禮而季子儲子皆非與人而亦有可答之理歟

纂疏 輔氏曰不得之鄒而不來則見制於禮者也不得乎陸而不至則是簡於禮者也制於禮者猶爲可恕而不可簡於禮者可爲而不欲君子之所爲一視其禮意之輕重而行吾之義而已

○淳于髡曰先名實者爲人也後名實者自爲也夫子在三卿之中名實未加於上下而去之仁者固如此乎先後爲皆去聲

名譽聲譽也實事功也言以名實爲先而爲之者是有志於救民也以名實爲後而不爲者是欲獨善其身者也名實未加於上下言上未能正其君下未能濟其民也

孟子曰居下位不以賢事不肖者伯夷也五就湯五就桀者伊尹也不惡汙君不辭小官者柳下惠也三子者不同道其趨一也一者何也曰仁也君子亦仁而已矣何必同惡趨並去聲

仁者無私心而合天理之謂尹氏曰伊尹之就湯以

三聘之勤也。其就桀也，湯進之也。湯豈有伐桀之意哉？其進伊尹以事之也，欲其悔過遷善而已。伊尹既就湯，則以湯之心爲心矣。及其終也，人歸之，天命之，不得已而伐之耳。若湯初求伊尹即有伐桀之心，而伊尹遂相之以伐桀，是以取天下爲心也。以取天下爲心，豈聖人之心哉？

【集義】伊川先生曰：五就湯，五就桀，此伊尹後來事，蓋已出了，則當以湯之心爲心，所以五就桀，不得不如此。橫渠先生曰：伯夷、伊尹、柳下惠皆稱聖人，出於仁之一端，莫非仁也。三子者各以足成性，故得稱仁，又皆可以稱聖人。

【纂疏】輔氏曰：無私心以存諸心而言，合天理以行諸仁而言。人固有雖無私心而行事有不合天理者，唯仁則內外合，天人備矣。○問：論語於令尹子文、陳文子之事謂引師說，以爲當理而無私心則仁矣，今又以爲仁者無私心而合天理，其先後不同，何也？曰：彼就二子之事而言，故以爲當理而無私心；此直指本心而言，故曰[illegible]無私心而合天理。○又曰：楊氏真得湯、伊尹之心，足以加說出盛之意。

曰魯繆公之時公儀子爲政子柳子思爲臣魯之削也滋甚若是乎賢者之無益於國也

公儀子名休爲魯相子柳泄柳也削地見侵奪也髡譏孟子雖不去未必能有爲也

曰虞不用百里奚而亡秦穆公用之而霸不用賢則亡削何可得與與平聲

百里奚事見前篇

曰昔者王豹處於淇而河西善謳緜駒處於高唐而齊右善歌華周杞梁之妻善哭其夫而變國俗有諸內必形諸外爲其事而無其功者髡未嘗覩之也是故無賢者也有則髡必識之華去聲

王豹衛人善謳淇水名縣駒齊人善歌高唐齊西邑
華周杞梁二人皆齊臣戰死於莒其妻哭之哀國俗
化之皆善哭髡以此譏孟子仕齊無功未足為賢也

纂疏 趙氏曰按淇水出漢河內郡共縣北山東至黎陽入河

曰孔子為魯司寇不用從而祭燔肉不至不稅冕
而行不知者以為為肉也其知者以為為無禮也
乃孔子則欲以微罪行不欲為苟去君子之所為
衆人固不識也稅音脫為肉為無之為去聲

按史記孔子為魯司寇攝行相事齊人聞而懼於是
以女樂遺魯君季威子與魯君往觀之怠於政事子
路曰夫子可以行矣孔子曰魯今且郊如致膰乎大
夫則吾猶可以止威子卒受齊女樂郊又不致膰俎
于大夫孔子遂行孟子言以為為肉者肉不足道以

爲爲無禮則亦未爲深知孔子者蓋聖人於父母之國不欲顯其君相之失又不欲爲無故而苟去故不以女樂去而以膰肉行其見幾明決而用意忠厚固非衆人所能識也然則孟子之所爲豈髡之所能識哉○尹氏曰淳于髡未嘗知仁而未嘗識賢也宜乎其言若是

〔語錄〕一段見論語微子篇齊人歸女樂章

〔張氏註〕淳于髡以孟子爲欲爲卿於齊未久而遽去疑其爲自爲而非仁者之所爲蓋髡徒知以爲人爲仁而不知仁之理存乎性者也故伯夷之不以賢事不肖伊尹之五就柳下惠之不惡不辭而皆爲趨於仁以其皆本於其天理之正故耳若徇夫爲人之名以爲仁而悖其性之理則所謂愛之本然亡而其所以爲愛者特其情之流而已豈不反害於仁乎髡又以賢者爲無益於人之國孟子以不用賢則亡告之而髡又以有諸內必形諸外爲言大抵髡之意皆徇乎外以事功爲重而不知理義之所存故也孟子告之以君子之所爲未易識也孔子不稅冕之事不

知者固不足言而其知者不過以爲爲無禮是亦不爲知孔子也若夫孔子之意則以兆足以行而不行而去之又恐夫苟去而無節也故因燔肉之不至以微罪行焉安乎天理而人之知與不知聖人所不與也雖然孔子之去曾非孟子發明於世則後世固亦未知也雖然聖賢之所爲載於方冊而莫知其故者固多矣考此以觀學者其可習於所聞而不深原其故乎。

纂疏 輔氏曰觀孟子引孔子之事以答淳于髡則孟子之去齊亦必有所爲而不欲言之者矣至孔子之事集註以見幾明決用意忠厚兩語斷之亦可謂善言聖人也不曰髡所不識但曰衆人固不識者此又見孟子忠厚之意○又曰凡此斷髡其實唯其如此故承當孟子之言不得也

○孟子曰五霸者三王之罪人也今之諸侯五霸之罪人也今之大夫今之諸侯之罪人也

趙氏曰五霸齊桓晉文秦穆宋襄楚莊也三王夏禹

商湯周文武也。丁氏曰夏昆吾商大彭豕韋周齊威晉文。謂之五霸。丁氏名公著。唐蘇州人

纂疏 輔氏曰此必有所傳授然此說大齊威晉文之霸亦恐非創始為之必有所自來故取其說而附見之

○趙氏曰丁氏說本於陶弘景注

天子適諸侯曰巡狩。諸侯朝於天子曰述職。春省耕而補不足。秋省斂而助不給。入其疆土地辟野治養老尊賢俊傑在位則有慶。慶以地。入其疆土地荒蕪遺老失賢掊克在位則有讓。一不朝則貶其爵。再不朝則削其地。三不朝則六師移之。是故天子討而不伐。諸侯伐而不討。五霸者摟諸侯以伐諸侯者也。故曰五霸者三王之罪人也。朝音潮。

典闕句 治平要覽

慶賞也益其地以賞之也掊克聚斂也讓責也移之
者誅其人而變置之也討者出命以討其罪而使方
伯連帥帥諸侯以伐之也伐者奉天子之命聲其罪
而伐之也摟牽也五霸牽諸侯以伐諸侯不用天子
之命也自入其疆至則有讓言巡狩之事自一不朝
至六師移之言述職之事

五霸桓公爲盛葵丘之會諸侯束牲載書而不歃
血初命曰誅不孝無易樹子無以妾爲妻再命曰
尊賢育才以彰有德三命曰敬老慈幼無忘賓旅
四命曰士無世官官事無攝取士必得無專殺大
夫五命曰無曲防無遏糴無有封而不告曰凡我

同盟之人既盟之後言歸于好今之諸侯皆犯此五禁故曰今之諸侯五霸之罪人也軸所治反糴音狄好去聲

按春秋僖公九年葵丘之會陳牲而不殺讀書加於牲上壹明天子之禁樹立也已立世子不得擅易初命三事所以脩身正家之要也賓賓客也旅行旅也皆當有以待之不可忽忘也士世祿而不世官恐其未必賢也官事無攝當廣求賢才以充之不可以闕人廢事也取士必得必得其人也無專殺大夫有罪則請命于天子而後殺之也無曲防不得曲爲隄防壅泉激水以專小利病鄰國也無遏糴鄰國凶荒不得閉糴也無有封而不告者不得專封國邑而不告天子也

張氏註

誅不孝言其宜舉兵以誅之也已立世子不得擅易賓客羈旅勿以忽忘也官事無攝無曠官也取士必

得必得賞也無專殺大夫不得以私怒行誅戮也無曲防無敢違王法以己曲意設防禁也無有封而不告無以私恩擅自所賞而不告明王也

【纂疏】輔氏曰一明天子之禁但一意以明天子之禁而已○又曰不孝是惡之大者故居首世子必生於天子而後立既立則豈可擅自易之不孝是不子易樹子是不父以妾為妻則無夫婦之道

長君之惡其罪小逢君之惡其罪大今之大夫皆逢君之惡故曰今之大夫今之諸侯之罪人也長上聲

君有過不能諫又順之者長君之惡也君之過未萌而先意導之者逢君之惡也○林氏曰邵子有言治春秋者不先治五霸之功罪則事無統理而不得聖人之心春秋之間有功者未有大於五霸有過者亦未有大於五霸故五霸者功之首罪之魁也孟子此章之義其亦若此也與然五霸得罪於三王今之諸

侯得罪於五霸，皆出於異世，故得以逃其罪。至於今之大夫，宜得罪於今之諸侯，則同時矣，而諸侯非惟莫之罪也，乃反以爲良臣而厚禮之。不以爲罪而反以爲功，何其繆哉。

張氏注 此章述三王之事，以見五霸之罪；又述五霸之事，以見當時諸侯之罪。三王盛時，天子有巡狩之制，諸侯有朝王之禮，而又有省耕省斂之常焉。天子之巡狩入諸國之境，首察其土地田野，遂詢其老者，與其賢者，其在位者，而賞罰之。蓋爲國之道，莫先於農桑，莫要於人才也。諸侯至於貶爵削地而不悛，則天子聲其罪以六師臨之，所謂討而不伐。諸侯之君，各率其賦，從天子之討，而致伐焉，所謂伐而不討。未有諸侯得專其討者也。五霸徇利而棄義，不禀王命，擅率諸侯以伐人之國，雖使有成功，而發制紊紀，啓禍兆亂，故以爲三王之罪人也。舉五霸之盛，無若齊桓，葵丘之五禁，蓋以假仁義而言者，而孟子之時諸侯雖此五禁亦皆犯之，故以爲五霸之罪人也。長君之惡，謂君有惡從而順承以長之；逢君之惡，謂逆探其君之意而成之。長君之惡，固爲罪矣，而逢君之惡者，其罪猶

奸謀為甚，而戕賊蠹害為深。蓋人君萌不善之念，其始必
有所未安於心，不敢以遽達也。已則迎而安之，安之則其
發之也必果。君以為己之意未形於事，而彼能先之，則其
愛之也必篤。故長其惡於外者，其罪易見；而逢其惡於中
者，其罪難知。易見者其害猶淺，而難知者其蠹為不可言
也。自古姦臣之得君者，未有不自於逆探其君之意以成其
惡，故君臣之相愛不可解，卒至於俱廢而後已。易曰：入于
左腹，獲明夷之心，于其門庭。此之謂也。逢君之惡云者，可
謂極小人之情狀矣。雖然，有五霸為三王之罪人，則有諸
侯為五霸之罪人矣；有諸侯為五霸之罪人，則有大夫為
諸侯之罪人矣。何者？理固爾也。有明君者出，本於
三王之法以制治，則拔本塞源，不得罪於天下矣。

【集說】輔氏曰：長君之惡者，無能而巽懦阿諛之人也；逢君
之惡者，有才而傾險邪之人也。○又曰：鄒子可謂善
治春秋者。孟子繇取威公之五命，而又以
五霸為三王之罪人，得春秋之大指矣。

○魯欲使慎子為將軍。上

慎子，魯臣。

孟子曰不教民而用之謂之殃民殃民者不容於堯舜之世

教民者教之禮義使知入事父兄出事長上也用之使之戰也

【疏】孫氏曰能如是而教其民乃可以即戎使之敵愾禦侮臨戰之際皆如手足之捍頭目子弟之衛父兄矣不然則是陷之於死地也故謂之殃民在堯舜之世不容之哉

一戰勝齊遂有南陽然且不可

是時魯蓋欲使愼子伐齊取南陽也故孟子言就使愼子善戰有功如此且猶不可

【疏】孫氏曰使愼子伐齊只以孟子獨言遂有南陽使可見也

愼子勃然不悅曰此則滑釐所不識也滑音骨

滑釐愼子名

曰吾明告子天子之地方千里不千里不足以待諸侯諸侯之地方百里不百里不足以守宗廟之典籍

待諸侯謂待其朝覲聘問之禮宗廟典籍祭祀會同之常制也

【纂疏】輔氏曰觀此一句則知先王之制封國大小自有定義豈私意可得而損益之哉

周公之封於魯爲方百里也地非不足而儉於百里太公之封於齊也亦爲方百里也地非不足也而儉於百里

二公有勳勞於天下而其封國不過百里儉止而不過之意也

語錄

問王制疏家所載周初封國皆是百里後來拓國疆廣方添封至數百里曰此說非是諸國分地先來定了若後旋添便須移動了幾國徙去別處方得豈不勞擾說僩○問孟子說齊魯皆封百里而先生向說齊魯始封七百里者何邪曰此等處皆難考如齊東至于海西至于河南至于穆陵北至于無棣魯跨許宋之境皆不可謂非五七百里之闊又問王制與孟子同而周禮諸公之國封疆方五百里諸侯方四百里伯三百里子二百里男百里鄭氏以王制爲夏商制謂夏商中國方三千里周公斥而大之中國方七千里所以不同鄭氏只以文字上說得好看然甚不曉事情且如百里之國周人欲增到五百里須併四箇百里國地方做得一國其所併四國又當別裂地以封之如此則天下諸侯東遷西移改立宗廟社稷皆爲之騷動矣且如此擴去不數大國便無地可容了許多國何以處之恐其不然竊意其初只方百里後來吞併遂漸漸大如禹會諸侯於塗山執玉帛者萬國到周時只千八百國自非吞併如何不見許多國武王時諸國地已大武王亦不奈何只得就而封之當時許多功臣百里之國緣當初滅國者五十得許多空地可封不然則周公太公亦自無安頓處若割取諸國之地則寧不謀反如漢晁錯之

時說然則孟子百里之說亦只是大綱如此說不是實攷見得古制如何○纂疏

今魯方百里者五子以爲有王者作則魯在所損乎在所益乎

魯地之大皆幷吞小國而得之有王者作則必在所損矣

徒取諸彼以與此然且仁者不爲況於殺人以求之乎

徒空也言不殺人而取之也

纂疏輔氏曰不殺人而取彼與此仁者猶且不爲以其非所當得故也況於殺民而求廣土地者乎

君子之事君也務引其君以當道志於仁而已

當道謂事合於理志仁謂心在於仁

【集義】范氏曰：君子之事上也，引其君於正；小人之事上也，引其君於邪。君子引其君於仁義，引其君於愛民，引其君於聽諫，引其君於恭儉，引其君於爭臣。此君子之所以引其君者，志於仁而已矣。小人引其君於好利，引其君於好戰，引其君於用刑，引其君於聚斂，引其君於驕侈。此小人之所以引其君者，志於不仁而已矣。伊尹以堯舜之道引成湯，故成湯為堯舜之君；周公以文武之道引成王，故成王為文武之君。此引其君以當道者也。榮夷公以專利引周厲王，故周亂；趙高以刑法引秦二世，故秦亡。此引君以當非道也。

【張氏注】所謂不教民者，不教之以三綱五典之義，而驅於戰爭，用之以無道也。一戰勝齊，遂有南陽，若當時可謂雋功矣；然其為徇利忘義以殘民，則一且。故孟子以為不可，而慎子莫之識，則又明以告之。夫王者制國，諸侯各受分地，不得相踰越也。周公、太公可謂勳德之盛矣，而封國亦不過百里，則然也。戰國之時，互相陵奪，魯之地至於方百里者五，是肆貪欲而隳王度，使明王作，興其壟而正之必矣。取彼與此，使無傷害，仁者猶且不為，以其非所當得故也，況於殘殺民人而求廣土地者邪？君子之事君也，務引其君以當道，志於仁而已。當道謂志於仁也。志於仁者存不忍人之心也，存不忍人之心，則其忍為當時諸侯之所為乎？然而引君以當道，古之人所以盡其心於事君之際者，其志蓋深矣。程子所謂至誠以感動之，盡心以維持之，明義理以致其知，杜蔽惑以誠其意者，其引之以當道之方歟。

纂疏 輔氏曰：事合於理，則必不敢并小以為大；心在於仁，則必不肯殺人以從欲。然此亦內外之符也。心不在於仁，則事必不合於理矣。先言當道者，就事說故耳。〇西山真氏曰：道之與仁，非有二也。以事之理而言，則曰道；以心之德而言，則曰仁。心存於仁，則其行無不合道矣。

〇孟子曰：今之事君者曰：我能為君辟土地，充府庫。今之所謂良臣，古之所謂民賊也。君不鄉道，不志於仁，而求富之，是富桀也。為，去聲。辟，與闢同。鄉與向同，下皆同。

辟，開墾也。

我能爲君約與國戰必克今之所謂良臣古之所謂民賊也君不鄉道不志於仁而求爲之強戰是輔桀也

約要結也與國和好相與之國也

由今之道無變今之俗雖與之天下不能一朝居也

言必爭奪而至於危亡也

總論二章之旨

鄉道志仁不可以爲二事中庸曰修道以仁孟子言不志於仁所以釋上文不鄉道之實也前章務引其君以當道志於仁而已亦言志仁之爲當道爾努何叔京○**張氏說**

張氏註 此章大抵與前章意同戰國之臣所以輔君者徒以能富國強兵爲忠而其君亦同以此爲臣之忠於我抑而孟子以爲民賊何哉蓋君不鄉道不志於仁而但爲之爲富強之計則君益以驕肆而民益以憔悴是上成君之惡而下絕民之命也當時諸侯乃以民賊爲良臣豈不痛哉孟子之言曰爲今之道無變今之俗雖與之天

下不能一朝居也此聖賢拔本塞源之意今之道功利之道也今之俗功利之俗也由是道之不變其俗本源既差縱使其間節目之善亦終無以相遠也故必以不由其道爲先不由其道則由仁義之道矣由仁義之道變而爲仁義之俗然後名正言順而事可成也所謂不能一朝居者功利既勝人紀隳喪雖得天下何以維持主守之乎故功愈就而害愈深利愈大而禍愈速富國強兵之說至於秦可謂獲其利矣然自始皇初幷天下固已在絕滅之中入心內雖豈復爲秦之臣也哉孟子謂雖與天下不能一朝居者豈不信乎知此義而後可以謀人之國矣

纂疏 輔氏曰自當時觀之孟子之說以爲過當然其後六國卒幷於秦而秦亦不一世而亡則孟子之言驗矣

○白圭曰吾欲二十而取一何如

白圭名丹周人也欲更稅法二十分而取其一分 林氏曰按史記白圭能薄飲食忍嗜欲與童僕同苦樂樂觀時變人棄我取人取我與以此居積致富其爲此論蓋欲以其術施之國家也

孟子曰子之道貉道也貉音陌

貉北方夷狄之國名也

萬室之國一人陶則可乎曰不可器不足用也

孟子設喻以詰圭而圭亦知其不可也

曰夫貉五穀不生惟黍生之無城郭宮室宗廟祭祀之禮無諸侯幣帛饔飧無百官有司故二十取一而足也夫音扶

北方地寒不生五穀黍早熟故生之饔飧以飲食饋客之禮也

今居中國去人倫無君子如之何其可也

無君臣祭祀交際之禮是去人倫無百官有司是無君子

陶以寡且不可以爲國況無君子乎

因其辭以折之

欲輕之於堯舜之道者大貉小貉也欲重之於堯舜之道者大桀小桀也

什一而稅堯舜之道也多則桀寡則貉今欲輕重之則是小貉小桀而已

饒氏註 先王什一之法蓋天理之安人情之至所以爲萬世不易者也夫無君子莫治野人無野人莫養君子君子勞心以治其民而小人勞力以共其公上是理之當然也然取之過乎多則是厲民以自養民日有不贍之憂而疾怨然畔之心所從生固不可也君取之過乎寡則夫城郭宮室宗廟祭祀之所須諸侯幣帛饔飧之所出百官有司之所仰給凡所以爲國者何自而資焉則禮樂盡廢上下混殽而亦亂之道矣故先王於此本天理酌人情而爲之中制定之以什一使民養公田以共其上故上有以爲國而下有以爲養取與有序交適其宜君子野人之

分明而三綱五常之教與此三代之所以治也過乎此與不及乎此則皆私意之所爲而已其有不弊者乎故白圭欲二十而取一孟子以萬室之邑一人陶爲喻而以爲貉之道也貉之所以爲可行者以其夷狄之國凡中國者之所當有皆溝然無之故二十取一而足耳豈中國而可效貉之爲乎夫中國之所以爲中國者以其有人倫之常君子之道也公卿百官之爲則其勢必至於去人倫無君子而後可是以夏而變於夷也豈不悖哉又曰欲輕之於堯舜之道者大貉小貉也欲重之於堯舜之道者大桀小桀也夫堯舜之道非堯舜之所自爲也天之理而已有所重輕乎其間則私意之所加矣其曰大貉小貉大桀小桀猶言是亦貉與桀而已矣烏乎後之爲治者察乎重輕之弊而稽古法制庶乎得中道而止矣

【纂疏】輔氏曰什一中正之制也故以爲堯舜之道三代聖人雖因時損益有所不同然一本於中正則無以異也惟其中正所以行之天下而安傳之萬世而無弊周衰王制盡廢兼幷之俗起而貧富遂以不均白圭壓貝禁欲樂觀時變知取知予以此居積致富此三代盛時所無有也其犯先王之禁大矣顧乃私憂過計創爲輕賦之說欲

以其術治國家。故孟子明辨其不可。觀其始則取其事之易辨者以開其智，中則歷陳其不可之實以破其說，末則舉堯舜之道不可得而輕重者，使之有所歸著，亦可謂委曲詳盡矣。

○白圭曰：丹之治水也，愈於禹。

趙氏曰：當時諸侯有小水，白圭為之築堤，壅而注之他國。

孟子曰：子過矣。禹之治水，水之道也。

順水之性也。

是故禹以四海為壑。今吾子以鄰國為壑。

壑，受水處也。

水逆行謂之洚水。洚水者，洪水也，仁人之所惡也。吾子過矣。

惡，去聲。

水逆行者，下流壅塞，故水逆流。今乃壅水以害人，則

與洪水之災無異矣

【張氏註】事事物物皆有其道是天之所爲也循其道則各止其所而無不治者一以私意加之則紛紛然而亂矣夫順下者水之道也禹之治水未嘗有所加知水之性而因水之所以爲水者耳故以四海爲壑順其性而然之今白圭欲免其國之害而以鄰國爲壑是私意以處之如此水逆而行則爲人害仁人之所惡者以其不順理而爲害故也

○孟子曰君子不亮惡乎執惡平聲

亮信也與諒同惡乎執言凡事苟且無所執持也

【張氏註】經書皆以亮訓信然信可包亮亮有執持之意夫人而君臣父子兄弟夫婦朋友之間微而至於洒掃應對獻酬交際之末苟不推亮之誠則終日其行無非妄而已矣故言而不亮則爲妄言行而不亮則爲妄行亮則有是事有是物妄則無是事無是物也然則君子其可斯須不執於此乎執之爲言守之意然亮與諒同而孔子謂君子貞而不諒何也孔子之言貞諒在其中者也對貞而言則貞其事於諒者未必貞也求以貞者以己之私意爲諒而非諒之正也孟子之言亮亮之正也孔子所謂友諒是矣

【纂疏】輯氏曰：以實之謂信，不信則不實，不實則無物，而輕飄浮搖，故凡事苟且，無所執守也。此與論人而無信章同意。此以守言，彼以行言也。○潛室陳氏曰：此可以言不欺，而却謂之不亮，蓋不信實者，必苟且自欺也。

○魯欲使樂正子爲政。孟子曰：「吾聞之，喜而不寐。」

喜其道之得行。

公孫丑曰：「樂正子强乎？」曰：「否。」「有知慮乎？」曰：「否。」「多聞識乎？」曰：「否。」

此三者皆當世之所尚，而樂正子之所短，故丑疑而歷問之。

【纂疏】輯氏曰：强謂有强力可辦事者，戰陳之事皆在其中。有智慮謂能爲計謀，如縱橫捭闔之類是也。多聞識謂廣聞博識，多知而能言之士也。此三者皆戰國之所尚，而善信之士所不屑也。

「然則奚爲喜而不寐？」

丑問也。

曰其爲人也好善。好善足乎。好去聲下同。

丑問也。

曰好善優於天下，而況魯國乎。

優，有餘裕也。言雖治天下尚有餘力也。

蒙說 輔氏曰：善取於己則有盡，善取於人則無窮，此其所以雖治天下猶有餘力也。

夫苟好善，則四海之內皆將輕千里而來告之以善。夫音扶。下晌。

輕，易也。言不以千里爲難也。

蒙說 輔氏曰：上之人好善，則人有善者皆喜得其伸，故人不以千里之遠爲難，致而皆來告之也。

夫苟不好善，則人將曰：訑訑，予既已知之矣。訑訑

之聲音顏色距人於千里之外士止於千里之外
則讒諂面諛之人至矣與讒諂面諛之人居國欲
治可得乎訑音移治去聲
訑訑自足其智不嗜善言之貌君子小人迭爲消長
直諒多聞之士遠則讒諂面諛之人至理勢然也○
此章言爲政不在於用一己之長而貴於有以來天
下之善
張氏曰孟子聞魯欲使樂正子爲政喜而不寐聖賢之心
其大也生物之心與當時之人徒知強者有志慮
若多聞識者爲可用而孟子所取於樂正子乃在於好
且蓋孟子之論人論其本而當時之求求於末而已故曰
好善優於天下言其於天下亦優爲之也好之之爲言誠篤
乎此也此非克其私者不能能克其私則中虛虛則能來
天下之善天下之善歸之其於爲天下也何有蓋善者天
下之公也苟自以爲是則專己而絶天下之公理其擬勢

甚憂故於好善之誠必則見必訑訑然以爲一既知之人矩
其若是則良胥進其聲音顏色逆距人於千里之外也
士止於千里之外則惟讒諂面諛之至與讒諂面諛之
人居則志氣日以驕肆禍至而不自知矣原注六作起於予
既已知之之意明了小而已然則可不思乎使斯人而雖
聰也有知慮也多聞識也亦一己之知識耳與幾何哉
以亡而已矣秦穆之誓曰如有一介臣斷斷猗無他技其
心休休然其如有容人之有技若己有之人之彥聖其心
好之不啻如自其口出寔能容之以保我子孫黎
民信斯言也然則亦畏乎後山之論人才者矣
纂疏輔氏曰世間此等人亦其多然其所謂智者是乃所
以爲愚也然原其始則起於予既已知之之意萌于
中而已可不畏乎○又曰公孫丑所問三者不過是己之
長而已所謂實於有以來天下之善者蓋指四海之內輕
千里而來而告之以善言也
○陳子曰古之君子何如則仕孟子曰所就三所

在下

迎之致敬以有禮言將行其言也則就之禮貌未衰言弗行也則去之

所謂見行可之仕若孔子於季威子是也受女樂而不朝則去之矣

其次雖未行其言也迎之致敬以有禮則就之禮貌衰則去之

所謂際可之仕若孔子於衛靈公是也故與公遊於囿公仰視蜚鴈而後去之

其下朝不食夕不食飢餓不能出門戶君聞之曰吾大者不能行其道又不能從其言也使飢餓於我土地吾恥之周之亦可受也免死而已矣

所謂公養之仕也。君之於民固有周之之義，況此又有悔過之言，所以可受。然未至於飢餓不能出門戶則猶不受也。其曰免死而已，則其所受亦有節矣。

〔語類〕朱子讀疑孟子辨曰：孟子言所就三，所去三，其上以言之行不行為去就者，仕之正也。其次以禮貌衰未衰為去就，又其次則以於不得已而受其賜，則豈君子之本心哉？蓋當是時舉天下莫能行吾言者，則有能接我以禮貌而周我之窮困者，豈不善於彼哉？是以君子以為猶可就也。然孟子蓋通上下言之，若君子之自處則在所擇矣。孟子於其受賜之節又嘗究言之，曰飢餓不能出門戶則周之亦可受也，明未至於是。如是之質則不可受，免死而已矣，言受之有限，不求贏餘，明不多受。以是而觀，則溫公可以無疑於孟子矣。

〔饒氏曰〕君子之仕，以義之所存，而非為利祿也。故其上者則以行其言而就，若言有可行，則是吾所以就之之意矣。禮貌雖存，亦何為[illegible]去之也。其次雖未行其言，而迎之致敬以有禮，以是[illegible]則烏得而不就？若禮貌衰，則是心息矣，則烏可以不[illegible]？三者其始之就，亦固有淺[illegible]也。其下則至於飢餓不[illegible]門戶，而君以賢者飢餓

也爲恥所周之則亦可受也免死而已若未至
於此而受之則非義矣雖然於飢餓不能出門戶亦非
有求於君也君周我而受之三者足以盡君子去
就之分舍是三者則皆爲以利而非義之所存矣
纂箋 輔氏曰見行可之仕謂見其可行之幾而仕也際可
之仕謂因其交際之禮爲可而仕也公養之仕謂因
君以周民爲義養已而仕也見其有可行之幾而仕故言
之弗行則去之以其交際之禮爲可而仕故禮貌衰則
去之此皆不以身利而變其初心也爲君以周民爲義養
已而仕則飢餓瀕死然後受之然其受之亦以免死無累
其君則已矣固不可苟安貪得而因以爲利也言將行其
言也則就之爲道而仕也迎之致敬以盡禮則就之爲禮
而仕也道在我禮在彼至於周之亦可受也則享其意而
已此君子之不得已也○文曰集註恐後之貪利苟得者
以是藉口而全不顧彼己之義遂流於欲而不自知也故
言此以防微謹之爾然使上之賜下以周其身下受其賜止
以免其死則
時可知矣
○孟子曰舜發於畎畝之中傅說舉於版築之閒

膠鬲舉於魚鹽之中，管夷吾舉於士，孫叔敖舉於海，百里奚舉於市。說音悅。

舜耕歷山，三十登庸。說築傅巖，武丁舉之。膠鬲遭亂鬻販魚鹽，文王舉之。管仲囚於士官，威公舉以相國。孫叔敖隱處海濱，楚莊王舉之爲令尹。百里奚事見前篇。

故天將降大任於是人也，必先苦其心志，勞其筋骨，餓其體膚，空乏其身，行拂亂其所爲，所以動心忍性，曾益其所不能。曾與增同。

降大任，使之任大事也，若舜以下是也。空，窮也。乏，絕也。拂，戾也，言使之所爲不遂，多背戾也。動心忍性，謂竦動其心，堅忍其性也。然所謂性，亦指氣稟食色而善耳。程子曰：君要熟也，須從這裏過。
【輯錄】動心忍性者，動其仁義禮智之心，忍其聲色臭味之
性。【董銖】○問程子之説曰：只是要事事經歷過，似一
條路須每日從上面往來，行得熟了，方認得許多險阻去
處，若素不曾行，忽然一日撞行，取去不聞定墮坑落塹去
也。【沈僩】○
【蔡氏錄】
輔氏曰：竦動其心則心活，堅忍其性則性定。心活則
【纂疏】不爲欲所役，性定則不爲氣所動。○又曰：人不經憂
患困窮，煩性摧挫，則心不平，氣不易，察理不盡，處事多率，
故謂人要熟，須從這裏過。○潜室陳氏曰：更嘗變故多，則
閱義理之會熟，熟謂義理與
泊相便習，如復吾身中。
人恒過，然後能改；困於心，衡於慮，而後作；徵於色，
發於聲，而後喻。衡與橫同。
恒，常也，猶言大率也。橫，不順也。作，奮起也。徵，驗也。喻，
曉也。此又言中人之性，常必有過，然後能改，蓋不能

達於平日，故必事勢窮蹙，以至困於心，橫於慮，然後能奮發而興起；不能燭於幾微，故必事理暴著，以至驗於人之色，發於人之聲，然後能警悟而通曉也。

【語錄】困心衡慮，徵色發聲，謂人之有過而能改者如此。困心衡慮者，心覺其有過；徵色發聲者，其過形於外，爲人辨。○

【陳氏】辨

【纂疏】趙氏曰：舜大聖人之事也，傅說而下，則皆上智之事也。自人常過而下，則中人之事也。纔言常過，而後能改，便見是中人之性矣。下兩句只是改過之事，雖是不能謹於平日，至於事勢窮蹙，困於心，橫於慮，始能奮發而興起，然必竟是其才尚足以有爲。雖是不能燭於幾微，至於事理暴著，著於色，發於聲，始能警悟而通曉，然必竟是其智尚足以有察。如此，故亦可以進於善。若至是而猶不之覺焉，則下愚而已。

入則無法家拂士，出則無敵國外患者，國恒亡。拂與弼同。

此言國亦然也。法家，法度之世臣也。拂士，輔拂之賢

士

【纂疏】輔氏曰上既言上智中人之事矣故此推言在國亦然○又曰法度之世臣則能正其失於事輔拂之賢士則能救其過於身

然後知生於憂患而死於安樂也樂音洛

以上文觀之則知人之生全出於憂患所死亡由於安樂矣○尹氏曰言困窮拂鬱能堅人之志而熟人之仁以安樂失之者多矣

【張氏曰】夫將以大任之於後而憂患先之以成其德此豈人之所爲哉所謂莫之爲而爲者天也其所遭遇之所以成就若是是乃天也此六人者雖有聖賢淺深之異然以爲經歷之艱而卒焉能勝其任則一也以舜之生知非有待於憂患以成其德也舉發之起於畎畝以見聖人亦由側微而興耳若在他人因憂患以成德則如下所云是已夫苦其心志勞其筋骨餓其體膚空乏其身行拂亂其所爲是使之動心忍性而已動心言其心有所

感動也忍性言忍其性之偏也動心則善端日萌而良心可存忍性則氣稟日化而天性可復此所謂曾益其所不能也人恒過然後能改言凡人常見其有過而後能改過夫其眞然不察其有過則過將日深何改之有知用力則悉吾過之多而改之惟恐不暇矣困於心衡有所拂於心衡於慮謂有所鬱塞於慮必知見而後作作者油然有所興起於中也徵於色發於聲謂憂患憤排發見於聲色必如是而後喻喻者言益然默識其理之所在也作也喻也身觀則能知之非言詞所可盡也則又推而言之以謂爲國者亦然入則無法家拂士出則無敵國外患者國常亡蓋泰然自以爲是自以爲莫予毒則驕怠日長至於滅亡而不悟矣大抵治亂興亡常分於敬肆之間使在内而每聞逆耳之規在外而每存窺覦之患則戒懼之心存是心存則國可爲也然後知生於憂患而死於安樂生言生之道也在身而身泰施之天下國家無往而不爲福也死言死之道也天命絕于其躬而敗于乃家凶于乃國害也然而紈射之君公侯之裔生而處安樂之地無憂患之可懼則將如之何必也念安樂之可畏思天命之無常戒謹恐懼不敢有其安樂是乃困心衡慮之方生之道也然則所謂死於安樂者非安樂能死之也以其溺於安樂而

自得焉耳故在君子則雖處憂患之樂而生即未嘗不在小人則雖處於憂而亦未嘗不死於憂患所謂小人窮斯濫矣是也

【講義】曰貧賤憂戚是人之所惡也聖賢之論乃獨以是爲進德之地何哉恐懼修省常生於憂患驕奢淫泆必起於宴安當窮困窮之餘其操心危其慮患深其刻厲奮發以進於德有不期而然者矣天地之間有陰則有陽有晝則有夜禍福吉凶貧富貴賤死生憂樂之變二者常相對而不能以偏無也人生其間隨所付受盡有一定而不可易者雖其戚戚於貧賤而卒不能以自免就若因其所遇而反以成吾德邪是以古之君子有以爲命之當然而安之者貧而無諂是也有以義理之可貴而忘之者不改其樂是也有以爲天將降大任於我而反以爲進德之地者孟子之言是也其處之者若是故其貧賤泰然一毫外物不能爲之累顏淵原憲之貧一簞之食百結之衣可謂極矣惟知聖道之可樂而不知一身之爲貧後之學者其貧且賤未必如顏淵原憲之甚也少不如意志氣銷沮卑辱苟賤靡所不爲不能進德而反以敗德不能遠辱而重以取辱讀孟子之言亦可以釋然而悟惕然而改矣

【纂疏】輔氏曰憂患則知儆戒知儆戒則心身流行而不息是生道也安樂則怠肆怠肆則心死矣心死則身亦隨之○又曰尹氏之言深切非深體而得其味者不能知也

○孟子曰教亦多術矣予不屑之教誨也者是亦教誨之而已矣

多術言非一端屑潔也不以其人為潔而拒絕之所謂不屑之教誨也其人若能感此退自脩省則是亦我教誨之也○尹氏曰或抑或揚或與或不與各因其才而篤之無非教也

【總論二章之旨】趙氏曰屑潔也考孟子不屑就與不屑不潔之言屑字皆當作潔字解所謂不屑之教誨者謂不以其人為潔而教誨之如坐而言不應隱几而卧之類是萬人傑○【倪氏輯】

【[illegible]氏註】屑與不屑就不屑去之屑同訓凡教人之道不一而以聖賢之教人固不倦也然有時而不屑其教

盡心知性而知天，知之事也；存心養性以事天，行之事也。

孟子卷第十三

諸儒集成之書

朱子集註　朱子集義　朱子語録　朱子或問

南軒張氏註　吕氏講義　蔡氏集疏　趙氏纂疏

盡心章句上　凡四十六章

孟子曰：盡其心者，知其性也。知其性，則知天矣。

心者，人之神明，所以具衆理而應萬事者也。性則心之所具之理，而天又理之所從以出者也。人有是心，莫非全體，然不窮理，則有所蔽而無以盡乎此心之量。故能極其心之全體而無不盡者，必其能窮夫理而無不知者也。既知其理，則其所從出亦不外是矣。以大學之序言之，知性則物格之謂，盡心則知至之謂也。

【集義】伊川先生曰只心便是天盡之便知性知天橫渠先生曰聖人不以聞見梏其心其視天下無一物非我孟子謂盡心則知性知天以此

【語錄】曰盡心神明不測至虛至靈是其次第○性便是許多道理得之於天而具於心者○盡心如明鏡無些子蔽翳只看鏡子若有些小照不見處便是本身有些塵汙此心本來虛靈萬理具備事事物物皆所當知今人多是氣質偏了又爲物欲所蔽故昏而不能盡知故聖賢所以貴於窮理【潛室】○盡其心者知其性也者知其性不可不子細看心能盡者只爲知其性知性却在先陳文蔚○盡其心者由知其性也先知得性之理然後明得此心廖德明○伊川云盡心然後知性此不然盡字大知字零星若未知性便要盡心則懸空無下手處推就知性上積累將去自然盡心杯上卿【潛室】○盡其心只是窮盡其在心之理性情與心固是一理然命之以心却似包著性情在裏面故孟子語意以說盡其心者以其知性故也又曰心性本不可分況其語脈是盡其心者知其性心只是包著這道理盡知得其性之道理便是盡其心此句文義與得其民者得其心也此明說得其心之實理若不知得

却盡箇甚又曰盡其心者知其性也知其性則知天矣言
人能盡其心則是知其性能知其性則知天也蓋天者理
之自然而人之所由以生者也性者理之全體而人之所
得以生者也心則人之所以主於身而具是理者也天大
無外而性禀其全故人之本心其體廓然亦無限量惟其
梏於形氣之私滯於聞見之小是以有所蔽而不盡人能
即事即物窮究其理至於一日會通貫徹而無所遺焉則
有以全其本然之體而吾之所以為性與天之所以為天
者皆不外此而一以貫之矣問盡心只是知得盡未說行
否曰初間亦只消知得盡如人學誠意一般盡所謂盡心
者言心之所存更無一毫不盡好善便如好好色惡惡便
如惡惡臭徹底如此無一毫虛偽不實如所謂盡心力而為
之[illegible]氏曰○問孟子所謂盡心今既定作知至說則知天
一[illegible]當何[illegible]屬繫之知性之下而盡心之前與知性俱為
一參事郎[illegible]系之盡心之下乃知至後又精熟底事耶夫
二者固[illegible]各截然分先後然就其間細論之亦豈得謂全
無小[illegible]別可知然則知天矣揆此文勢只合在知性裏說答
陳安[illegible]盡心謂事物之理皆知之而無不盡知性謂知
君臣[illegible]兄弟夫婦朋友之各循其理知天則知此理之
自然[illegible]之性如在君臣則義在父子則親在兄弟則愛

之類[illegible]之不盡盡人之性如黎民於變時雍各得其所盡[illegible]性如鳥獸草木咸若如此則可以贊天地之化育皆[illegible]曰天[illegible]事非私之做像也萬人欲○問知其性則知天矣曰[illegible]以賦於我之分而言天以公共道理而言天便是箇[illegible]大底人人便是箇小底天吾之仁義禮智即天之元亨[illegible]貞凡吾之所有者皆自彼而來也故知吾性則自然知[illegible]矣潘時舉○知性者物格也盡心者知至也物字對性字知字對心字甘節[illegible]民錄○又曰不[illegible]工不能以盡其心物格而後知至也○又曰知得到時必盡我這心去做如事君必要極忠為子必要極孝不是備禮如此既知得到這裏君於心猶有此二子未盡便打不過便不足○潤民錄

集說 陵陽李氏曰舊說謂盡心則知性知性則知天而集註異焉嘗如舊說當云盡其心則知其性矣知其性則知天矣而後文義相協今乃不然故集註別按平文更定今說程子曰自理言之謂之天自稟受言之謂之性自存諸人言之謂之心三者蓋所從言之異耳要之皆即理也理則一而已矣故凡能盡此心者必其知此性者也苟不知之若之何其盡之況亦之矣則所謂天者豈外此而他求哉出之學者[illegible]心性天之蘊竊謂必先盡其

心而後可以循致其極以知人性然不知性與心初無間
而知與盡則有序性與心無間則謂知性故能盡心者是知
義爲得知與盡有序則謂盡之爲先而知之爲後者是
其先後之倫也讀者可以曉然無疑矣○覺軒蔡氏曰李
氏說於集註極有功但心小性大之說將以性與
心初無間言之則恐其猶未盡心統性情之說耳
纂疏 黃氏曰心也者與生俱生者也虛靈而善應神妙而不測者乎一身總括乎衆理應酬乎萬事○輔
氏曰集註斷得心性天三者可謂精密矣知性始能盡
心尤爲明白性非是無形像却是實理心似乎有形像然
其體却虛惟其虛故神明不測容受得衆理而應變不窮
性只是理雖無形像而實具於心可以體認識察若未能
究窮得此實理便要盡其心之體量則懸空無下手處將
又不墮於虛無混淪之中則無奈這心何觀之如窺賊而
不可制矣惟能於實理上窮究得一一分明則心之神明
都無所蔽而運用酬酢可以盡其體量之大且如性之實
理莫大於仁義禮智人須是就此四者上體認得明各極
其至更無一毫欠缺然後吾心之體至通至明隨其運量
亦無一毫慊闕斯爲盡其心矣○又曰知性而盡心若譬
如一家主盡識得一家中所有之物然後隨取隨有隨用

閩足方盡得家主之職知性而知天則如家主既識得家中之物則自然知其物所來處此物是向從而來此物是何處而有也

存其心養其性所以事天也。

存謂操而不舍養謂順而不害事則奉承而不違也。

【語錄】問存心養性先後曰先存心而後養性養性云者養而勿失之謂性不可言存又曰存得父子之心盡方養得仁之性存君臣之心盡方始養得義之性【祝氏附錄】○又曰存之養之便是事心性便是天故曰所以事天也孟子說知性是知得性中物事既知得須盡知得方始是盡心存其心養其性方始是做工夫處如大學既物格而後知至物格者物理之極處無不到知性也知至者吾心之所知無不盡盡心也至於意誠則存其心養其性也【蔡氏錄】○孟子言存心養性便欲得居至孔子教人居處恭執事敬與人忠等語則就實行處做工夫如此則存心養性自在裡端

錄○【祝氏附錄】

纂疏 輔氏曰心是活物須是收拾則存不然則便放去矣性是實理須當順之而不害害謂違悖而戕傷之性本不可以戕傷言但為自家違悖了便是戕傷之也○奉錄云協而不違便只是存心養性事

殀壽不貳脩身以俟之所以立命也

殀壽命之短長也貳疑也不貳者知天之至脩身以俟命則事天以終身也立命謂全其天之所付不以人為害之○程子曰心也性也天也一理也自理而言謂之天自禀受而言謂之性自存諸人而言謂之心張子曰由太虛有天之名由氣化有道之名合虛與氣有性之名合性與知覺有心之名愚謂盡心知性而知天所以造其理也存心養性以事天所以履其事也不知其理固不能履其事然徒造其理而不履其事則亦無以有諸己矣知天而不以殀壽貳其心智之盡也事天而能脩身以俟死仁之至也智有

不盡，固不知以爲仁，然盡而不仁，則亦將流蕩不法，而不足以爲盡矣。

【集義】呂氏曰：乾道變化，各正性命。彼所謂性者，猶吾以職授之而已。或偏或正，性其所受，人得之正，故可通天；物得之偏，故不得達。彼所謂命者，猶吾以令使之而已。死生壽夭雖殊，是從自物觀者大異，於牛羊異於人，皆謂之由不得於仁義禮智與桎梏而死，皆謂之命。事天若如事君，性夫職也，不敢不盡；命夫命也，不敢不順。盡性順命，爲幾矣，而猶未與天一。達大德者，物我幽明，不出吾體，屈伸聚散，莫非吾用。性命之稟，雖與物同，其達乃與天一。大德必受命，則命合於性，位祿名壽皆吾性之所能致，天命之謂性，則性合於命，我受於天，亦天所命，性命一也。聖人之於天道有性焉，則性與天道一也。

【語錄】殀壽不貳，不以生死爲吾心之欣戚也。殀壽不貳，是不疑他，若一日未死，一日要是當，百年未死，百年要是當，這便是立命。既不以殀壽貳其心，又以脩身以俟，方始能立命。殀壽不貳，便是知性知天之力；脩身以俟，便是存心養性之功。立命一句，更用通下章看。此與西銘都相貫穿。【蔡氏曰】〇曰：用太原楊氏之說，言命之流行出氣化有道之名，這道就着事物上，如率性之謂道，性只是理，率性方見得許多道，且如君臣父子之道，有那君臣父子，方見這箇道理。○又曰：由太虛有天之名，是箇自然底，由氣化有道之名，是虛底物，在實上見，無形底物因有形而見，所謂道者，如天道地道人道是也。合虛與氣有性之名，自然中向得許多物事。○又曰：由太虛有天之名，由氣化有道之名，此是總說，合虛與氣有性之名，合性與知覺有心之名，此就人上說。○又曰：四句本只是說太虛，漸細分說得密，且由太虛有天之名，這是四者之總體，而不雜乎四者而言。由氣化有道之名，氣化便是那陰陽造化，金木水火土皆是，只便是那太虛，將氣化雜了說。雖雜氣化，實不離乎太虛，然亦未說到人物各具當然之理。太虛便是太極圖上面一圓圈，氣化便是陰靜陽動。合虛與氣有性之名，有這氣便有這道理，隨在這裏，若無此氣，這道理去甚處安頓？合性與知覺有心之名，知覺又是那氣之虛靈處，聰明視聽作爲運用皆是知覺。○問：氣化何以謂之道？曰：天地間無有一物不由其道者。○問：合虛與氣何以有性？曰：此語詳看亦得其意，然小有未盡處。言虛即是性，氣即是人，以氣盛明則性寓于中，故合虛與氣有性之名，雖說略盡，而終有二意。問：如此則莫是性離於道邪？曰：非此之謂，到這處則有是名在人如何看然皆有性離於道之理○又曰氣有形而虛無迹以有形之氣負無形之理是之謂性○又曰虛只是說理合虛與氣所以有人○問合性與知覺有心之名曰亦有未瑩處有心則有知覺又何合性與知覺之有了又曰太虛而下四向極精密○**讀書錄**

九峯蔡氏答學者曰橫渠四語只是理氣二字而細分之由太虛有天之名即無極而太極之謂以理而言也由氣化有道之名即一陰一陽之謂道之謂以氣而言合虛與氣有性之名即繼之者善成之者性之謂以人物稟受而言也合性與知覺有心之名即人心道心之謂以心之體而言也但知覺字與心相迫近不如人字分別得明白且故先師有未瑩之疑

心無限量者也此其言盡心何也曰心之體無所不統而其用無所不周者也今窮理而貫通以至於可以無所不知則固盡其無所不統之體無所不周之用矣是以平居靜處虛明洞達固無毫髮疑慮有於胸中至於事至物來則雖舉天下之物或素所未嘗接於耳目思慮之間者亦無不判然迎刃而解此其所以爲盡心而所謂

心者則固未嘗有限量也大槩此章所謂盡心者物格知
至之事曾子所以一唯而無疑於夫子之言者是也所謂
事天者誠意正心修身之事曾子所以臨深履薄而無日
不省其身者是也所謂立命者如是以沒身焉曾子所以
啓手足而知免得正斃而無求者是也以是推之則一章
之指略可見矣然則心之爲物與其盡之之方奈何曰由
窮理致知積累以至於盡心則心之體用在我不必
先事揣量長度修而別求所以盡之也然則存心養
性之說可得聞乎曰存心者氣不逐物而常守
其至正也養性者事必循理而不害其本然也

張氏註

理之自然謂天之命於人爲性主於性爲心天也
心也性也所取則異而體則同盡其心者格物致
知積習之久私意脫落萬理貫通盡得此生生無窮之體
也盡得此體則知性之稟於天者蓋無不具也知性之所
素具於我者則知天之所以爲天者矣此格物知至之事
然人雖能盡心之體以知性之理而存養之未至則於事
事物物之間其用有未能盡者則心之體未能周流而無
所滯性之理亦爲有所未完也故必貴於存心養性焉存
者顛沛造次必於是也養者全之而弗害也存之養之是
乃所以事天者也程子云事天者奉順之者也若是而久焉

則有以盡其心之用而無以見其性之理[illegible]之道亦備於
是矣然壽夭不貳脩身以俟之言死生不貳由[illegible]心惟知脩身
以事天命而已脩身之事即其盡心知性存心養性之見
於躬行者也所以立命者盡所遇係於天而脩德在乎已
係乎天者不可以人力加焉脩其在己者以聽天之所爲
則無往而不得其正所謂立命也大學所謂物格而後知
至知至而後意誠意誠而後心正心正而後身脩其兹之
序歟雖然不能盡其心知其性者恬然無事於存養乎蓋
大體言之必盡心知性而後存養有所施焉然在學者則
當收放心而操存之其操存之也雖未能盡其體而體亦固在
其中矣用力之久則於盡心之道有所進而存[illegible]之功愈
得其所施焉若夫在聖人則自誠而明[illegible]盡而其用
亦無不盡焉故孟子曰盡心知性
不假存養其性聖人乎蓋謂此也

【纂疏】覺軒蔡氏曰孟子此章與大學相表裏盡心如
大學之誠意知性如大學之致知知天如大學之物
此[illegible]而盡心知性以知天以窮其理則中庸所謂智也存
心[illegible]養性以事天所以踐其事則中庸所謂仁也然誠
不貳脩身以俟之所以立命而不渝則中庸所謂勇也何
謂盡心言其心之所存更無一毫之不盡也好善便如好

好色，惡惡便如惡惡臭，徹底如此，無少虛僞不實，如所謂盡心力而爲之。然若要盡得，須先知得所以學者要先致知。要先明善，要先窮理，致其知之至，既明其善之本，既窮其理之極，則天之所以爲天者亦不外是矣。此知性知天，即中庸之所謂智。存，謂深而不舍，如居處恭、執事敬、與人忠，便是存心之法。養，謂順而不害，如戒慎乎其所不睹、恐懼乎其所不聞，便是所以養。養性，事謂奉承而不違，如存吾順事，沒吾寧也，便是所以事天。但存之養之，又便是事，心與性，又便是天，非有二也。此存心養性所以事天，即中庸之所謂仁。知天而能不以殀壽貳其心，此可見其智之盡。事天而能脩身以俟死，此可見其仁之至。以此而立命，則全其天之所付，無一毫人欲之私以害之，此則中庸之所謂勇也。

【纂疏】論脩身立命

輔氏曰：天賦命於人，有長有短，雖若可疑，是亦理也，何疑之有？知天之至，則更無商量，不用計較，以道脩身，敬俟其死而已。脩身以俟死，便是事天以終身也。○又曰：天所賦爲命，物所受爲性，命與性，其實一也。事天，全其理也；立命，全其身也。曾子臨終而啓手足，曰吾知免矣，兩全其極也。徇私以賊理，縱欲以傷生，皆所謂以人爲害之也。

論朱子程子之旨　蔡氏曰：曰心，曰性，曰天，一理而已。朱子曰：心者，人之神明，所以具衆理而應萬事者也；性則心之所具之理，而天又理之所從以出者也。先言心，後言天，是遡流以窮其源。程子曰：自理而言謂之天，自禀受而言謂之性，自存諸人而言謂之心。先言天，後言心，是推原以及其流，初無異旨也。

論張子之旨　北溪陳氏曰：由太虛有天之名，此氣化有道名，此是推原來歷。天即理也，古聖賢說天多是就理上論。理無形狀，以其自然而言，故謂之天。若就天之形體論，也只是箇積氣，蒼蒼茫茫，實何有形質？但張子此天字是說理。理不成是死定在這裏，一元之氣流出來生人生物，便有箇路脈，怎地便是人物所通行之道，此就造化推原其所從始如此。○又曰：虛是以理言，理與氣合，遂生人物，受得去成這性，於是乎方有性之名。性從理來，不離氣；知覺從氣來，不離理。合性與知覺，遂成這心，於是乎方有心之名。○趙氏曰：集註並舉程子、張子二說，正欲學者於三者同處分析得異處，分明於異處會得同處，親切耳。

輔氏曰聖人下工夫知與行兩下都要到盡心知性而知天則是知之事也存心養性以事天則是行之事也不知其理而履其事則是冥行妄作而已然徒知其理而不履其事則亦無以有諸己甚則以至於妄想空虛只務上達不務下學卒歸於異端而已〇又曰智所以知仁所以守知有不盡則不知仁之爲仁雖欲爲之不爵於姑息則流於兼愛故以爲不知所以爲仁然智而不仁則又所謂智及之仁不能守之必將穿鑿剖意作起事端以至流蕩忘反與法度背馳而不足以爲智者矣〇又曰須是如集註所謂造其理履其事仁智兩極其至日用行事之間無時無處而不用其力直到聖人大而化之之地位方無退轉不然則窮格之功不至而所見日以昏蝕踐履之功不力而所得日以忘廢致知而不盡守之或渝則終必爲異端曲學之所惑矣學者豈可不自警哉

〇孟子曰莫非命也順受其正。

人物之生吉凶禍福皆天所命然惟莫之致而至者乃爲正命故君子脩身以俟之所以順受乎此也

語錄 曰在天言之皆是正命在人言之便有正不正如順其然而然者是正命在桎梏死者便是不正之命問

有當然而或不然，不當然而或然者，如何？曰：如孔孟老死不遇，須喚做不正之命始得。在孔孟言之，亦是正命。然在天之命，却自有差。○問：此命是指氣言否？曰：然。若我與以致之，則命之壽夭皆是合當如此者，如顔子之夭、伯牛之疾是也。○遺氏錄

是故知命者不立乎巖牆之下。

命謂正命。巖牆，牆之將覆者。知正命，則不處危地以取覆壓之禍。

語錄 曰：若先說道我自有命，雖立巖牆之下亦不妨，即是先指定一箇命，如此便是紂說我生不有命在天相似也。○遺氏錄

纂疏 輔氏曰：立乎巖牆之下，以致覆壓而死，則乃是人於自取耳，非天爲之也。蓋巖牆有傾覆之勢，自家却趨下面立地，便是自取其覆壓也。是故君子戰戰兢兢，如履薄冰，非禮勿動，擇地而行者，無他焉，知命而已。

盡其道而死者，正命也。

盡其道則所值之吉凶皆莫之致而至者矣。

【語錄】問：人或死於干戈，或死於患難，如比干之類，亦是正命乎？曰：固是正命。問：以理論之則謂之正命，以死生論之則非正命，如何？曰：如何恁地說？只得盡其道而死者正命也。當死而不死却是失其正命。此處須當見看古人所以殺身成仁舍生取義者，此不是不為命，只是箇要上不得不殺其元。學者於此處見得利害分明，便將以義所判了，直須是壁立萬仞始得。而今人有小利害便生計較，便欲說道只死得了，非正命如何得。○【輯釋】

桎梏死者非正命也。

桎梏所以拘罪人者。言犯罪而死，與立巖牆之下者同，皆人所取，非天所為也。○此章與上章蓋一時之言，所以發其末句未盡之意。

【集義】問：桎梏而死者非正命也，然亦是命否？伊川先生曰：聖人只教人順受其正，不說命。或曰：桎梏死者非命乎？曰：孟子說了莫非命也，然聖人却不說是命。橫渠先生曰：今立巖牆之下壓而死，不可言正命。盡其道而死者則始到其本分所受之命也。饒氏曰：知命者不立乎巖牆之下。巖牆者，岐牆也。立巖牆之下，則有覆壓之虞，作不善之行，則有及身之災。此乃人自取之，不可歸之於命也。盡其脩身之道而以壽終者，正命也。桎梏而死者，刑戮也。刑戮死者，人自取之，非正命也。小人不能遠害，是不知命故被刑戮而死者，非正命也。君子不能遠害，是不知命故立巖牆而死者，非正命也。

〔語錄〕問：桎梏死者雖非正，然亦以命言，此乃自取，如何謂之命？曰：亦是自作而天殺之，但非正命耳。使文王死於羑里，孔子死於桓魋，却是命。〔[illegible]〕○問：莫非命也，此一句是總說氣稟之命與天命之謂性之命同否？曰：孟子之意未說到氣稟。孟子自來不甚說氣稟。看來此句只是說人物之生，吉凶禍福皆天所命，人但當順受其正。若桎梏而死，與立乎巖牆之下而死，固是自取，又曰莫非命也。是活絡在這裏看他如何來。〔[illegible]〕○問：莫非命也，順受其正。曰：前面事都見未得，吉凶禍福皆不可知，但有正有不正。自家只既受他正底，自家身分無過，恁地死了，便是正命。若立巖牆之下與桎梏而死，便不是正命。

張氏註 凡窮達貴賤禍福死生在君子小人均曰命也然君子則循其性由其道而聽天所命焉所謂順受其正謂正命也若小人則不由其道不循其性行險僥倖入於罟擭陷阱之中而不知所謂非正命也莫之致而至者命也不容加損益焉君子脩其在己者天命之流行之而已故謂之正也小人則以爲有以致之人爲有以致之則畀下其自然之理然因其自以致之亦命亦隨焉是亦論此而不得謂之正故知命者不立乎巖牆之下非禮非義之事其爲危殆有甚於巖牆君子不由者所以順命也然君子亦有不幸而夭如顏子不幸而見殺如比干者其爲盡其道而死則一也命之正也桎梏死者謂有以致之而非其正也孟子之言特舉其大者言之耳窮達貴賤禍福亦莫不皆然蓋命一也而受之有異故有正有非正之別正者其常也而非正則有以亂其常故也學者於此可以知命之道矣

纂疏 輔氏曰上章止言壽殀而已故集註於此又推言吉凶禍福皆天所命然惟人爲莫與之而天所自至者則爲正命[illegible]章所謂君子脩身以俟之[illegible]所謂順受乎此也

○孟子曰求則得之舍則失之是求有益於得也求在我者也在我者謂仁義禮智凡性之所有者求之有道得之有命是求無益於得也求在外者也有道言不可妄求有命則不可必得在外者謂富貴利達凡外物皆是○趙氏曰言爲仁由己富貴在天如不可求從吾所好

伊川先生曰君子有義有命求則得之舍則失之是求有益於得也求在我者也此言義也求之有道得之有命是求無益於得也求在外者也此言命也至於聖人則惟有義而無命行一不義殺一不辜而得天下不爲也此言義不言命也横渠先生曰求有益求無益道[illegible][illegible]則無不至人皆可以爲堯舜於富貴則有得有不得求有道得有命是有義有命也寡尤寡悔禄在其中求有道也然禄未必得是有命也

【總論一章之旨】義理身心所自有，失而不知所以復之；富貴身外之物，求之惟恐不得，縱使得之，於身心無分毫之益，況不可必得乎？若義理，求則得之，能不喪其所有，可以為賢為聖，利害甚明。李閎祖

【總論數章之旨】孟子論命字皆盡心章之詳，得盡其義剛。【說式録】

【或問】此章之所謂以求在我者為義，以在外者為命。以求在我者為求義乎，則下言求在外者非求命也。謂以義而求乎，則求在外者何可言以命而求也？又有聖人有義而無命，則義命之云似專為求在外者設，此乃析內外而言之，何也？曰：在我者如仁義禮智之屬，皆此理所當爲，以其求之得之莫不有義，故曰義。在外者如富貴利達之類，皆命有所制，以其求之雖有道而得之則有命，故曰命。然聖人則力爲我之所當爲，而不問彼之所制，故曰有義而無命。此以所求之內外而言也。若專爲在外者言，則後段所謂求之有道者義也，得之有命者命也，是其言各有當，意各有指，然錯綜而言，則理亦無所不通也。曰：張子後說如何？曰：其言義命似專爲求在外者言之，其曰有內有外者，是又以求在外者爲自有內外，錯綜而觀，亦無不通。

張氏注此章爲警告未達者言也。言求在我者有益於得，所以操其大理也。言求在外者無益於得，所以遏其人欲也。所謂求而得，舍而失者，心之謂也。求與舍，得失在毫釐之分。然則可不勉於求哉？所謂求之有道，得之有命者，富貴利達之謂也。富貴利達，衆人謂已有求之之道，然不知其有命焉。固有求而得之者矣，是亦有命，而非求之能有益也。蓋亦有巧求之而不得者多矣。以此可見其無益於得也。然則亦可以已矣。程子曰：賢者惟知義而已，命在其中。中人以下，乃以命處義。如言求之有道，得之有命，是求無益於得。知命之不可求，故自處以不求。若賢者則求之以道，得之以義，不必言命。孟子所言求之有道，謂自以爲求之有道者也。程子曰言求之以道者，謂守其道而不妄求者也。求之以道，故其得之未嘗不以義。若是者推道義之安，而命在其中。比之以命爲不可強而不求者，又有間矣。故曰孟子斯言，爲警告未達者言也。

○孟子曰：萬物皆備於我矣。

此言理之本然也。大則君臣父子，小則事物細微，其

當然之理無一不具於性分之内也

輯釋 輔氏曰理之本然即所謂性也理之本然一而已然於應事接物之際則其所限品則各自不同故極其大者言之則如君臣父子總其小者言之則如事物之細微其當然之理無一而不具於性分之内蓋雖有萬之不同然其理之本然則一也

反身而誠樂莫大焉樂音洛

誠實也言反諸身而所備之理皆如惡惡臭好好色之實然則其行之不待勉強而無不利矣其爲樂孰大於是

語録 誠是實有此理檢點自家身上果無欠闕事君眞箇忠事父眞箇孝仰不愧於天俯不怍於人其樂孰大於此横渠謂反身而誠則不慊於心此說極好慊去聲

總論二節之旨

萬物不是萬物之迹只是萬物之理皆備於我如萬物莫不有君臣之義自家

這裏也有萬物莫不有父子之親自家這裏也有萬物莫不有兄弟之愛自家這裏也有萬物莫不有夫婦之別自家這裏也有是這道理本備於吾身反之吾身於君臣必盡其義於父子必盡其親於兄弟必盡其愛於夫婦必盡其別莫不各盡其當然之實理而無一毫之不盡則仰不愧俯不怍自然是快活若是反之於身有些子不實則仰愧俯怍心愧怍不能以自安如何得會樂橫渠曰萬物皆備於我矣言萬物皆素定於我也行有不慊於心則餒矣故反身而誠樂莫大焉若不是實做工夫到這裏如何見得恁地黃氏曰○萬物皆備於我橫渠一段說得甚實所謂萬事皆備於我者便只是君臣本來有義父子本來有親夫婦本來有別之類○若事君有不足於敬事親有不足於孝以至夫婦無別兄弟不友朋友不信便是我不能盡之反身則是不誠其苦有不可言者安得所謂樂苦如禪家之語只空空虛中打箇筋斗者無着力處○倪氏曰

通攷

輔氏曰集註云云盡性之事也夫萬物之理雖備於我然反身不誠則我自我理自理事物之來千頭萬緒而皆無以應之但有紛擾憂懼而已豈能樂乎須是見得到信得及反之於身而實有是理為君而實有仁為臣

而實有敬爲父而實有慈爲子而實有孝隨事而觀皆如吾之好好色惡惡臭皆實如此而無毫髮之或慊則行之不待勉强而自然無不利矣其爲樂孰有大於此者乎

强恕而行求仁莫近焉强上聲

强勉强也恕推己以及人也反身而誠則仁矣其有未誠則是猶有私意之隔而理未純也故當凡事勉强推己及人庶幾心公理得而仁不遠也○此章言萬物之理具於吾身體之而實則道在我而樂有餘行之以恕則私不容而仁可得

集義明道先生曰萬物皆備於我不獨人爾物皆然都自這裏出去只是物不能推人則能推之又曰學者須先識仁仁者渾然與物同體義禮智信皆仁也識得此理以誠敬存之而已横渠先生曰萬物皆備於我言萬事皆有素於我也反身而誠謂行有不慊於心則樂莫大焉又曰萬物反身者指言萬物在我者皆誠則樂若不誠則責

力作德心逸日休作僞心勞日拙也尹氏曰萬物皆備天理也反身而誠謂所照不慊於身也強恕而行誠之者也

總論二節之旨

此是兩截工夫反身而誠蓋知之已至而自然循理所以樂強恕而行是知之未至且恁地把捉勉強做去少間到熟處便是仁纔未之○問反身而誠樂莫大焉是大賢以上事強恕求仁是學者身分上事否曰然又問大賢以上是知與行俱到大賢以下是知與行相資發否曰然楊道夫○反身而誠乃是反求諸身而實有是理如仁義忠孝應接事物之理皆眞有而非出於勉強僞爲也此是見得透信得及處到此地位則推以及物不待勉強而仁在我矣下言勉強而行者蓋言見未至於此則當強恕以去己私之蔽而求得夫天理之公也○曰如今人所以害事處只是這些私意難除纔有些私意隔着了便只是見許多般

總論一章之旨

萬物皆備於我下文反身強恕皆蒙此句爲義不可只說一截舒高子晦○強恕者亦是他見得萬物皆備於我了只爭着一箇反身而誠便須要強恕上做工夫所謂強恕是他心裏不能推己及人便須勉強行恕拗轉這道理然亦只是要去箇私意而已私意既去則萬物自然入關處矣呂燾○問孟子曰

學者須先識仁仁者渾然與物同體孟子言萬物皆備於我反身而誠則爲大樂若反身未誠則猶是二物有對又安得樂訂頑意思乃備言此體夫訂頑一篇下横渠作也其說萬物皆備於我段宜與明道意合今觀其說似不如此其言曰萬物皆備於我言萬事皆有素於我也反身而誠謂行無不慊於心則樂莫大焉如明道之說則物只是物更不須作事字說且更下文求仁之說意思貫串橫渠解反身而誠爲行無不慊之義又似未得不推以物爲事如下文強恕而行求仁莫近焉如何通貫得爲一意答曰橫渠之說亦好反身而誠實也謂有此理更無不慊處則仰不愧俯不怍樂莫大焉強恕而行即是推此理以及人也我誠有此理在人亦必有此理能使人亦有此理亦如此焉則近於仁矣如明道這般說話極好只是說得太廣學者難入金去僞○況氏錄

或問此章之說曰萬物之生同乎一本其所以生此一物者即其所以生萬物之理也故一物之中莫不有萬物之理也所謂萬物皆備云者亦曰有其理而已矣曰強恕初不言忠無忠何以爲恕耶曰有心爲恕則忠固在其中矣所謂無忠做恕不出兩字不容去一者正謂此也

凡有是性者理無不具是萬物無不備也程子曰

【張氏註】非獨人也物亦皆然盖人與物均本於天而具是性故也物雖具是理爲氣質所隔而不能推人則能推矣故反身而誠者所以爲人之道反身未誠則强以此合彼不能貫通而實有之又安得樂反身而至於誠則心與理一不待以己合彼而其性之本然萬物之素備者皆得乎此矣然則其爲樂又烏可以言語形容哉然而在學者欲進於斯必自强恕而行於原人之所以反身而未誠者由其有己而自私也誠能推己及人以克其私私欲既克則廓然大公天理無蔽矣必曰强者蓋勝其私爲難也求仁之道孰近於此乎

【纂疏】輔氏曰註云勉强推己及人者求仁之事也反身而誠則人與仁合是矣然其未誠者非有他也私意隔之與理爲二而未純乎一也故當凡事勉强推己及人庶幾其心公平得夫天理而仁之道不遠矣大抵學莫先於誠身誠身莫要於求仁求仁莫切於强恕其指級分明其工夫有序學者由是而進焉則聖人之道庶乎其可至也其與坐談高妙馳志空虛而卒無所依據者不可同年而語矣○又曰章指之説簡切明盡所以言指聖賢盡性之

實開示學者求仁
之方且功大矣

○孟子曰行之而不著焉習矣而不察焉終身由之而不知其道者衆也

著者知之明察者識之精言方行之而不能明其所當然既習矣而猶不識其所以然所以終身由之而不知其道者多也

語錄 方行之際則明其當然之理是行之而著既行之後則識其所以然是習矣而察初間是照管向前去後來是回頭後面看所行之道理如何滋潤 ○ 況氏錄

張氏註 程子曰行之而不著謂人行之而不明曉也習矣而不察謂人習之而不省察也如愛親敬長慈幼鄉閭之人皆能行之而莫明曉其理也夏葛冬裘飢食渴飲人皆朝夕習於其間而莫省察其然在人也雖不著不察然道實未嘗離終身由之而不知其道道之所存如是者多矣故曰衆也是故大學之道以格物致知爲先程子

曰至孟軻雖孔門中亦有由之而不知者豈孟門人雖曰習於聖人之教至其知之則存乎其人聖人亦所不能與故也

【纂疏】輔氏曰著有明意故集註以爲知之明察有密意故曰註云所當然是就事上說所以然是就理上說凡事皆有所當然其所當然必有理也此則是其所以然人能於方行之時明其事之所當然既習之後又識其理所以然則能知夫道矣但凡人不知此理故方行之時倒行逆施而不能明其事之所當然既習之後鹵莽滅裂而猶不識其理之所以然然雖不著不察而道實未嘗相離所以終其身由乎道之中而不知夫道之實體者比比皆是此大學之道所以格物致知爲先也

○孟子曰人不可以無恥無恥之恥無恥矣

趙氏曰人能恥己之無所恥是能改行從善之人終身無復有恥辱之累矣

【張氏註】恥者吾固有羞惡之心所推也恥吾之未能進於善則善可遷恥吾之未能遠於過則過可消不憤則不啓不悱則不發人烏可無恥也苟懵冥然無所恥則安於無所忌憚而已矣故人當以無所恥爲恥也趙氏曰人能恥己

之無所恥是爲改行從善之人終身無復有恥辱之累矣
予亦以此說爲得之蓋不知所恥安於其恥將終身可恥
亦不反知所恥則思去其所恥
而恥可無也然則其可無恥哉

纂疏 輔氏曰恥者改過遷善之幾也故人不可以無恥又
就無恥而言之也能以己之無恥爲恥則可以終其
身無恥辱之累也然
則人豈可以無恥哉

○孟子曰恥之於人大矣

恥者吾所固有羞惡之心也存之則進於聖賢失之
則入於禽獸故所繫爲甚大

纂疏 輔氏曰恥乃人之羞惡之心性之義也存之則有所
不爲故可以進於聖賢失之則無所不爲故必至入
於禽獸其所
繫豈不大哉

爲機變之巧者無所用恥焉

爲機械變詐之巧者所[illegible]之事皆人所深恥而彼方

凡自以爲得計故無所[illegible]其愧恥之心也

纂疏 輔氏曰陷溺其心於機械變詐之巧則是無所不爲者也故人雖以爲深恥而已方自以爲得計其愧恥之心雖其固有亦自窒塞而不復發見矣

不恥不若人何若人有

但無恥一事不如人則事事不如人矣或曰不恥其不如人則何能有如人之事其義亦通○或問人有恥不能之心如何程子曰恥其不能而爲之可也恥其不能而掩藏之不可也

或問 六章七章之說曰六章李氏以爲人而無恥則其爲恥也無復可恥矣七章亦有謂人若不恥其不及人則終不能及人者於義亦通

張氏註 此章亦表裏前章之意而謂爲機變之巧者無所用恥焉則極小人之情狀者也小人用機變之巧飾其小慧矜其私智不本於誠意而發爲掩覆機變愈巧而良心愈斲喪故其爲善也則務驕其名而無善之實其

有過也非惟頑之又從而爲之辭安於自欺而不恤是與
所用其恥也既不以己之不若人爲恥則終不若人而已
矣夫舜何人也予何人也舜爲法於天下可傳於後世我
猶未免爲鄉人此古人之所以憂也今人乃環視其身無一
可取聞古者聖賢之言行顧已不能然
何動其心焉則亦末如之何也已矣

【纂疏】輔氏曰集註兩說前說指幾之人言之後說則泛
言人不可以無恥之意前一說精切後一說軟緩。○
又曰程子是用第二說然恥其不能而爲之則無不能矣
恥其不能而掩藏之則終不能矣世之人往往不能強於
爲善故吝於改過甚至於護疾而
忌醫者多矣故程子因以是警之

○孟子曰古之賢王好善而忘勢古之賢士何獨
不然樂其道而忘人之勢故王公不致敬盡禮則
不得亟見之見且由不得亟而況得而臣之乎好去
聲樂音洛
亟去吏反

言君當屈己以下賢士不枉道而求利二者勢若相反而實則相成蓋亦各盡其道而已

【張氏注】不知道義之可貴則以物為重矣好善而忘勢者其心獨知有善之可好其求之也惟恐不及夫豈知有勢之在己者哉樂其道而忘人之勢者循乎天理樂其所樂夫豈知有勢之在人者哉蓋在上者每自謙損不以勢自居而為賢矣而未若好善而忘勢之為善也在下者安其貧賤無慕於人之有勢者亦為賢矣而未若樂其道而忘人之勢者為深也在上者忘其勢而惟恐不得天下之善在下者忘人之勢而惟義是從此為俱得其道使二者一日而相合則上下交而為泰矣故王公不致敬盡禮於賢士雖欲亟見之且不得況可得而臣之蓋士非以此自高也其道固當爾也

【纂疏】輔氏曰君好善則不知勢之在己士樂道則不知勢之在人兩盡其道則勢雖相反而實相成不然君以勢而驕夫士士以勢而徇乎君則兩失其道矣尚何足與有為哉

○孟子謂宋句踐曰子好遊乎吾語子遊句音鉤好語皆去聲

宋姓句踐名遊遊說也

人知之亦囂囂人不知亦囂囂

趙氏曰囂囂自得無欲之貌

【纂疏】輔氏曰遊說之士大病是不識義理而唯欲其言之售故往往以人之知不知爲輕重欣戚是以語以自得無欲之訣

曰何如斯可以囂囂矣曰尊德樂義則可以囂囂矣

樂音洛德謂所得之善尊之則有以自重而不慕乎人爵之榮義謂所守之正樂則有以自安而不徇乎外物之誘也

【纂疏】輔氏曰尊如尊[illegible]之尊尊其德則有以自重樂如樂天知命之樂樂[illegible]義則有以自安夫人爵之榮外物之誘皆勉強矯揉之[illegible]能免哉必在我者有所得而自重有所守[illegible]自安而後能之也

故士窮不失義達不離道離力智反

言不以貧賤而移不以富貴而淫此尊德樂義見於行事之實也

窮不失義故士得己焉達不離道故民不失望焉

得己言不失己也民不失望言人素望其興道致治而今果如所望也

纂疏尹氏曰窮不失義則在我者得其所守達不離道則能興道致治以顯斯民平日之所望

古之人得志澤加於民不得志脩身見於世窮則獨善其身達則兼善天下見音現

見謂名實之顯著也此又言士得己民不失望之實

○此章言內重而外輕則無往而不善

集義范氏曰孟子每言道德以義配之窮不失義達不離道此以義配道而言也尊德樂義以義配德而言

也道無義不足以為道德無義不足以為德率性之謂道得於己之謂德行而宜之之謂義士不知義則無以為道德故孟子每言道德必以義配之謂其行而得宜也

張氏註 宋句踐之好遊遊言遊於世若歷聘之類意句踐之為人循名而外求若孟子語之以遊使求之於吾身而已囂囂者恃己而傲世也趙氏以為自得無欲之貌善矣尊德樂義者尊其性之德而樂於義之所存也尊德樂義則其在己有不可得而亡者奚必而外何所求於外哉夫士窮所不離之道即其窮所不失之義也道言與義言用互相明耳窮而不失義則無慕乎外故有以自得其己一違於義則失己矣達而不離道則凡其注措設施無非道之所在故有以副民望也得志澤加於民其道得行也不得志脩身見於世推義之安也其曰得志不得志者蓋澤加於民雖所性不存焉而固君子志之所欲也其曰脩身見於世者言脩其身而其德足以名自不可掩於世也非君子之脩身欲以自見於世也此亦學者不可以不察也

纂疏 輔氏曰古之人得志澤加於民乃民不失望之實不得志則脩身見於世乃士得己之實又極其用而

之，則窮則獨善其身，達則兼善天下也。

〇孟子曰：「待文王而後興者，凡民也。若夫豪傑之士，雖無文王猶興。」夫，音扶。

興者，感動奮發之意。凡民，庸常之人也。豪傑，有過人之才智者也。蓋降衷秉彝，人所同得，惟上智之材無物欲之蔽，爲能無待於教，而自能感發以有爲也。

【集義】洪氏曰：凡民待文王而後興，若夫豪傑之士，雖無文王猶興，聖人則不然。前聖後聖，其揆一也。舜與文王相去千有餘歲，若合符節。由堯舜至於湯，五百有餘歲，湯聞堯舜之道而知之；由湯至於文王，五百有餘歲，文王聞湯之道而知之；由文王至於孔子，五百有餘歲，孔子聞文王之道而知之。聞而知之者，聖同也。孔子曰：文王既沒，文不在茲乎？揚雄曰：存則人，亡則書。責後世去文王既遠，讀其書，行其道，是亦文王矣。凡民興起，必待文王；豪傑之士，亦不待文王；聖人則與文王同道。孟子但言豪傑之士者，欲爲賢人法也。

語錄曰范氏推言聖人一節其
得於言外之意○蔡氏録

張氏註興者興起於善道也文王風化之盛若必待風化
之盛薰陶漸漬而後興起此衆民耳若夫豪傑之
士則卓然自立無待於人雖無文王
猶能興起也此孟子勉人使自立耳

纂疏輔氏曰文王以興則民好善幽厲興則民好暴此皆中
人以下之資所謂凡民者是也蓋無特立之操裁之
善則爲善不然則爲惡矣若夫才智過人之士則天理易
明物欲難蔽故雖不待上之人有以教之而自能感發而
興起以
有爲也

○孟子曰附之以韓魏之家如其自視欿然則過
人遠矣欿音坎

附益也韓魏晉卿富家也欿然不自滿之意尹氏曰
言有過人之識則不以富貴爲事

張氏註凡外物之爲吾有者不得其欲則不足得則驕矣此
與小人之所係乎外物者也苟附之以韓魏之家曾

自得[illegible]則見不以外物為重輕志存乎道義而已則其所進又可量乎其過人遠矣

【纂疏】輔氏曰尹氏說其善以人而以區區富貴為事若[illegible]皆庸之人吝驕封閉不足與有為矣

〇孟子曰以佚道使民雖勞不怨以生道殺民雖死不怨殺者

程子曰以佚道使民謂本欲佚之也播穀乘屋之類是也以生道殺民謂本欲生之也除害去惡之類是也蓋不得已而為其所當為則雖咈民之欲而民不怨其不然者反是

【或問】此章之說曰去惡除害固尹氏所引程子之說也而程子又自有救焚拯溺之說二者不同此何也曰救焚拯溺非常有之事所指者狹若曰去惡除害則正所謂辟以止辟者彼為惡以害人其罪當死吾求所以生之者不得而後殺之以安衆而懲其餘凡此皆以生道殺之也彼亦何怨之有曰或去惡如伐叛除害如救

水火往焉而不幸而死亦無所怨也又

足以兼彼之說而彼不足以兼此也

【張氏注】佚道謂本為佚之之道雖或至於勞而民知其本以佚己是其勞也固亦佚之之道也則奚怨生道謂本為生之之道雖或至於死而民知其本以生己是其死也固亦生之之道也則奚怨佚道使民謂教民趨其農畝亟其乘屋之類生道殺民謂如水火之類或有禁務而死者雖死不怨雖然猶士之制刑法亦猶是也明刑法以示之本欲使之知所避避是乃生之之道也而民有不幸而陷於法則不得已而殺辟焉固將以遏絕其流也是亦生道而已又況於先王哀矜忠厚之意薰然乎其間其為生意未嘗有間斷哉若後世嚴刑厲法者固不足道而其得情而喜與夫有果於疾惡之意一毫之萌則亦為失所謂生道者矣

【纂疏】輔氏曰播穀乘屋之類雖不免於勞然其本意則乃欲佚之而已故雖勞而不怨除害去惡之類雖不悅於殺然其本意則乃欲生之而已故雖死而不怨殺者○又曰不得已者事也為其所當為者理也事雖不得已而吾但為其理之所當為耳雖勞之殺之可謂拂民之欲矣而民自不怨不然則是私意妄作而已民之怨怒其可得

而泯迹乎君子方其小補謂其所謂楚敗與殺之事哉

○孟子曰霸者之民驩虞如也王者之民皥皥如也皥胡老反

驩虞與歡娛同皥皥廣大自得之貌程子曰驩虞有所造爲而然豈能久也耕田鑿井帝力何有於我如天之自然乃王者之政楊氏曰所以致人驩虞必有違道干譽之事若王者則如天亦不令人喜亦不令人怒

纂疏 輔氏曰楊氏說即程子意也但楊氏說得明切程子說得渾全且霸者亟民之從規模狹窄故必至如此時下雖得其民之歡娛然豈能久哉事過意息則忘之矣至於王者則如天道之自然當生則生當殺則殺而民自忘其喜怒也

殺之而不怨利之而不庸民日遷善而不知爲之者

此所謂皡皡如也庸功也豐氏曰因民之所惡而去之非有心於殺之也何怨之有因民之所利而利之非有心於利之也何庸之有輔其性之自然使自得之故民日遷善而不知誰之所爲也豐氏名稷字相之明州人

輯釋 輔氏曰因民之所利而利之非有心於利之也何庸之有此句包甚闊凡帝王之政教皆是因民之性輔其自然使自得夫善如堯所謂匡之直之輔之翼之使自得之是也惟其如是故民日遷於善而不知誰之使我如此也此即程子所謂耕田鑿井何力於我之事

夫君子所過者化所存者神上下與天地同流豈曰小補之哉 夫音扶

君子聖人之通稱也所過者化身所經歷之處即人

無不化，如舜之耕歷山而田者遜畔，陶河濱而器不苦窳也。所存者神，心所存主處便神妙不測，如孔子之立斯立，道斯行，綏斯來，動斯和，莫知其所以然而然也。是其德業之盛，乃與天地之化並行同運，舉一世而甄陶之，非如霸者但小小補塞其罅漏而已。此則王道之所以爲大，而學者所當盡心也。

【集義】明道先生曰：所存者神，在己也；所過者化，及物也。

【語録】過化只是過處便化，更不待久；存神，此纔有所存，彼便化，似言感應之速。陳文蔚。○問：「蔡云：所過者化，便所存者神，所存者神便所過者化。」曰：「此是就心説，事來不留於心便是存神，存神便能過化。橫渠云：性性爲能存神，物物爲能過化。亦是此意。」鄭可學。○君子所過者化，伊川本處説略，易傳大人虎變處説得詳，荀子亦有仁人過化存神之語，此必古語。呂燾。○上下與天地同流，豈曰小補之哉？小補只是逐片逐些子補綴，上下與天地同流，重鑄一番過相似。林恪。○曰：經歷亦不必爲經行之地，只是身之所臨、政之所及、風聲氣化之所被，皆謂經歷也。見文蔚。

○曰不獨是所居久處只皆經涉處便皆化○又曰如舜
耕歷山陶河濱略略做這裏過便自感化不待久留言其
化之速也○曰存是存主處不是主宰是存這事便來應
○又曰存是自家主意處便不測亦是人見其如此○
趙氏錄○附纂註云所存主處便神妙不測所經歷處皆
化如此即是民化之也非所謂大而化之之化曰作大化
之化有未過了者化則是未過時卻凝滯於此只是所經
歷處纔經歷些便化化一番萬物俱生動霜一降而
萬物皆成實無不化者書曰俾予從欲以治四方風動亦
是此意所存主處便神妙不測立之斯立道之斯行綏之
斯來動之斯和莫知其所以然而然也問同流是與天同
其神化否曰此難言各有上下分在裏曰是箇參贊意否曰
亦不是參贊處
德明○祝氏錄
或問造化有神之說曰張謝皆疑於老佛之意以此章上
文考之恐其指不爲是也故程子直以所過者化爲[illegible]
及物而於易傳又有所過必變化如虎豹蔚之言其旨[illegible]
矣蓋言所過者化則凡所經歷物無不化不必久於此而
際治之然後物從其化也其曰在已者蓋以化者無意而
及物此則誠於此而動於彼如所謂從欲以治也但其感

應之速如影響形聲之召召有不知其所以然者是則所謂神耳

【張氏曰】霸者之爲利小而近目前之利民欣樂之故曰驩虞如也王者之化遠而大涵養斯民富而教之民安於其化由於其道而莫知其所以然也故曰皥皥如也詳味此兩言則王霸之分可見矣殺之而不怨者以生道殺民也利之而不庸者以義爲利而莫見其利之用也民日遷善而不知爲之者薰陶長育之深有以變其俗而莫知其然也於是指其實而言之曰君子所過者化所存者神程子曰過謂身之所經歷處存謂存主處凡事事物物過乎吾前皆吾所經歷也感而遂通各止其所不其化乎所存主者謂其體也寂然不動無有方所不其神乎所過者化以其所存者神猶云忠恕忠爲體恕爲用也橫渠張子曰性性爲能存神物物爲能過化亦此意也若此則上下與天地同流矣言其配化育之流行也視霸者之區區求以利之者不亦小乎夫以王者功用之大而其本特在於過化存神而已而此二者又存神爲之主焉此帝王所傳精一之爲要也

【纂疏】輔氏曰德以其得於己者而言業以其見於事者而言聖人之德業兩極其盛故能與天地之化同運而

非行也舉一世而甄陶之蓋言其功用之大成就之廣云
可以一事一物而言也言五霸者之所爲但隨事小小補
塞其罅漏
而已矣

○孟子曰仁言不如仁聲之入人深也

程子曰仁言謂以仁厚之言加於民仁聲謂仁聞謂有仁之實而爲衆所稱道者也此尤見仁德之昭著故其感人尤深也

【纂疏】輔氏曰仁言如書所載訓誥誓命之類是也仁聲如邠人之聞大王之爲仁人伯夷大公之聞文王善養老之類是也仁聲仁聞非聖人之仁博厚悠遠自然昭明則不能有也故其感於人也亦深非言語聲色之化而已

善政不如善教之得民也

政謂法度禁令所以制其外也教謂道德齊禮所以格其心也

【纂疏】輔氏曰善政亦非徒尚末法度禁令也固亦有德行乎其間但道之以政齊之以刑終不若道之以德齊

之以賢者得民之心感而誠服也

善政民畏之，善教民愛之。善政得民財，善教得民心。

得民財者百姓足而君無不足也得民心者不遺其親不後其君者也

【集註】程子曰仁言為政者道其所為仁聲民所稱道夫至於能使民稱道其仁則其誠意感孚蓋澤淪浹之者深矣非仁言之所能及也善政謂立之制度善教謂陶以風化夫政之未善則民無以自養而況得以事其公上乎善政則養民有道取民有制而民樂輸之故曰得民財然未及乎教也善教則遜悌長養使興於善其尊君親上之心有不期然而然者所謂得其心也雖然善政立而後善教可行所謂富而教之者也孟子論得民心必歸之善教者蓋至此而後為得民之至也後世及乎善政者亦鮮矣而況及於教乎

【纂疏】輔氏曰百姓足而君無不足者取之有道用之有節故民先自足而君亦無不足也不遺其親不後其君使民之於君親之如父母愛之如四體尊而敬之則得其財與無不足又有不足道者也

○孟子曰：人之所不學而能者，其良能也；所不慮而知者，其良知也。

良者，本然之善也。程子曰：良知良能，皆無所由，乃出於天，不係於人。

【纂疏】輔氏曰：本然之善，謂其善不知其所由來，自然而然。知所謂良，以爲而爲費之欲而至，故程子以爲皆無所由，乃得於天，不係於人，此論切矣。○西山眞氏曰：善出於性，故有本然之能，不待學而能；本然之知，不待學而知。

孩提之童，無不知愛其親者；及其長也，無不知敬其兄也。長，上聲，下同。

孩提，二三歲之間，知孩笑、可提抱者也。愛親敬長，所謂良知良能者也。

【纂疏】輔氏曰：孩提而下，文所以指其良知良能之在人者。識之，是豈待學而後能、慮而後知哉！

親親仁也敬長義也無他達之天下也

言親親敬長雖一人之私然達之天下無不同者所以為仁義也

集註 良云者有本然之義有善之義蓋其本然者無非善也不學而能不慮而知則無一毫人為加於其間天之所為而性之所有也孩提之童莫不知愛其親及其長也莫不知敬其兄此其知豈待於慮乎而其能也又嘗待於學乎此所謂良能良知也然而孟子此章下文獨曰知者蓋知常在先也愛敬者良心之大端蓋親親為仁敬長為義人道不越是而已能存是心以達之則仁義之道不可勝窮矣雖然人之良能良知如饑而食渴而飲手執而足履亦何莫非是乎何孟子獨以愛親敬長為言也蓋如飢食渴飲手持足履之類猶非性之自然形乎氣體者也形乎氣體則有天理有人欲循其自然則固莫非天理也然毫釐之差則為人欲亂之矣其愛敬之所發乃仁義之淵源故孟子之所以啓告人者惟指乎此揭天理之粹以示人也若異端舉物而遺則天理人欲混淆而莫識其源矣為蔽有不可勝言者矣

【纂疏】輔氏曰親親敬長雖若出於一人之私然其所謂
所謂義所以建立人極綱紀人道以至於不可勝用
者亦過即是心而
達之於天下耳

〇孟子曰舜之居深山之中與木石居與鹿豕遊其所以異於深山之野人者幾希及其聞一善言見一善行若決江河沛然莫之能禦也行去聲

居深山謂耕歷山時也蓋聖人之心至虛至明渾然之中萬理畢具一有感觸則其應甚速而無所不通非孟子造道之深不能形容至此也

【語錄】問舜聞善言見善行若決江河沛然莫之能禦也不知未有所聞見時氣象如何朱子曰湛然而已其理充塞具備一有所觸便沛然不可禦

【蔡氏註】深山野人窮作而夕息舜亦朝作而夕息飢食而渴飲舜亦飢食而渴飲是果何以異哉舜則純乎

天理日新無息深山之野[illegible]則中之而不知也何以知舜之若是哉於其聞一善言[illegible]一善行若決江河則加之矣蓋所謂善言善行者豈外有[illegible]於舜之性哉推舜之心純乎天理故聞善言見善行不待[illegible]强而自趨沛然若決江河之莫禦也

纂疏 輔氏曰聖人渾是一團義理感非自外應非自中故能至健而無不通也

○孟子曰無爲其所不爲無欲其所不欲如此而已矣

李氏曰有所不爲不欲人皆有是心也至於私意一萌而不能以禮義制之則爲所不爲欲所不欲者多矣能反是心則所謂擴充其羞惡之心者而義不可勝用矣故曰如此而已矣

集義 范氏曰君子所當爲者義也所不可爲者不義也所可欲者善也所不可欲者不善也不爲不義則所

皆義不欲一不善則所欲皆善

君子之心亦如此而已矣

語錄曰人心至靈其所不當爲不當欲之事何嘗不知但初間自知了到計較利害却自以爲不妨便自冒昧爲之欲之耳今既知其所不當爲所不當欲便要求這裏截斷然不爲不欲故曰如此而已矣○輯錄

張氏栻曰爲謂爲於事欲謂欲於中性無有不善其爲善而欲善猶水之就下然也若所謂不善者皆是其所不爲也所不欲也亦猶水也搏而躍之使過顙激而行之使在山者然也雖然其所不爲而人爲之其所不欲而人欲之則爲私欲所動而逆其性故耳善學者何爲哉無爲其所不爲無欲其所不欲順其性而已矣

纂疏輔氏曰凡人有所不爲有所不欲者心爲之宰而禮義有以制之也若夫爲所不爲欲所不欲則心不在焉而無禮義以制之耳雖然心非在外也放而不知求則君不在焉耳能反是心則是擴充其羞惡之心者將見其義至於不可勝用矣○又曰上言不能以禮義制之而後又獨言羞惡與義者所不可爲所不可欲者謂非禮也至於不爲其所不可爲不欲其所不可欲其所不可欲則是羞惡之心義而已矣

○孟子曰人之有德慧術知者恒存乎疢疾知去聲疢丑刃反

德慧者德之慧術知者術之知疢疾猶災患也言人必有疢疾則能動心忍性增益其所不能也

【纂疏】輔氏曰德之慧謂慧德也與智相反術之智謂智術也與愚正相反疢疾則非真是病故曰猶災患也人惟有災患故竦動其仁義禮智之心堅忍其食色臭味之性故能增益其所不能而有夫德慧術知也

獨孤臣孽子其操心也危其慮患也深故達

孤臣遠臣孽子庶子皆不得於君親而常有疢疾者也達謂達於事理即所謂德慧術知也

【輯錄】德慧純粹術知聰明須有朴實工夫方磨得去[illegible]

【張氏注】疢疾謂憂患也蓋人平居無事之時溟然不省者多矣惟夫疢疾加焉則動心忍性有以感發故德慧術智由此而生以孤臣孽子觀之可見孤臣孽子操心危慮患深危故專一而不敢肆深故精審而不敢忽[illegible]精之

極哉於事皆能有所通達也然所謂德慧術知者蓋有小大
所謂達節亦有戒深要之由憂患而有所發則一也然則
處安樂之地者誦斯言可不思夫逸豫之弱人而深求所
以戒懼乎當憂患之際者誦斯言可不念其為進德脩業
之要而自勉厲哉此孟子
之所以啓告學者之意也

【疏】趙氏曰孤臣孽子宜不得於君親者則是所謂常存乎疢疾以憂患者也操心危慮患深故能動心忍性而不至於昏愚達大事理之當然而有所謂德慧術知矣

〇孟子曰有事君人者事是君則為容悅者也

阿徇以為容逢迎以為悅此鄙夫之事妾婦之道也

【注】容悅取容以悅君者也

【疏】趙氏曰阿徇為容謂長君之惡以求容其身者逢迎為悅謂逢君之惡以求君之悅者

有安社稷臣者以安社稷為悅者也

言大臣[illegible]社稷如小人之務悅其君眷眷於此而不忘也

纂疏 輔氏曰[illegible]此則所謂[illegible]人欲同行而異情也其眷眷不忘[illegible]同而[illegible]情則異一則務爲容悅之私一則務安社稷以爲忠也

有天民者達可行於天下而後行之者也

民者無位之稱以其全盡天理乃天之民故謂之天民必其道可行於天下然後行之不然則寧沒世不見知而不悔也不肯小用其道以徇於人張子曰必功覆斯民然後出如伊呂之徒

纂疏 輔氏曰天之生民具理無不具而人之斲喪者多矣故程子謂天民爲能踐形也是指伊尹太公未出之時而言註云必其道可行於天下然後行之是指伊尹太公已出之時言也若使當時不遇湯與文王則二子寧沒身不見知而不悔蓋樂天知命也不肯小用以徇於人大匠不爲拙工改廢繩墨以道事君不可則止者也○又曰張

子之說縱衡，伊呂之心學也。

有大人者，正己而物正者也。

大人德盛而上下化之，所謂見龍在田天下文明者。○此章言人品不同，略有四等。容悅佞臣不足言。安社稷則忠矣，然猶一國之士也。天民則非一國之士矣，然猶有意也。無意無必，惟其所在而物無不化，惟聖者能之。

【集義】呂氏曰：如伊尹乃得天民之稱，孟子所謂天民之窮而無告，伊尹所謂予天民之先覺，止謂天生之民，與此民皆同。又曰：爲政以德，自治之道備，則不求於民而民歸之。故大人之政，正己而已。楊氏曰：孟子言大人正己而物正，荊公卻云正己而不期於正物，則無義；正己而必期於正物，則無命。若如所論，孟子自當言正己以正物，不應言正己而物正矣。物正，物自正也。大人只知正己而已，若物之正，何可必乎？惟能正己，物自然正。此乃篤恭而天下

字之意荊公之斈本不知此

總論二章之旨

所示天民大人不可分如大聖神之不可僭旁其切意此等向上地位與荅者今日充身娛天民懸絕故難遙度今且以諸先生之言求之則聖神固不可分橫渠曰聖不可知謂神莊生謬妄又謂有神人焉伊川曰神則聖而不可知非聖人之上又有一等神人大與聖則不可不分伊川曰大而化之已與聖一也未化者如操尺度量物用之尚不免差已化者己即尺度尺度即己顏子大而未化若化則達於孔子矣橫渠曰大可為也化不可為也在熟之而已易所謂窮神知化乃養盛自致非智力能強也又曰大人未化未有其大化而後有其大又曰大幾聖矣化則位乎天德矣更以言語氣象揣度則達可行於天下而後行之與正己而物正者亦不得不異且如伊尹曰吾豈若使是君為堯舜之君哉吾豈若使是民為堯舜之民哉吾豈若於吾身親見之哉又曰予將以斯道覺斯民也非予覺之而誰也此可謂達可行於天下而後行之矣其於正己而物正者而已矣如何哉似此恐未可謂不可分也但其分難見耳顏子之未達一間處只是顏子自知耳荅汪尚書○[illegible]又曰天民專

一〇七六

指賢者也待位者若大人則其德已著如乾之二五通上下
而言之也此不言聖人者如乾之大人皆必以為充實光
輝而不可化者
非○**蔡氏家**

張氏注 以事是君為容悅者鼠竊祿而從君者也以安社稷為悅則志存功業者也視為容悅者固有間矣然未及乎道義也蓋志存乎功業則苟可以就其功業而遂其志則亦所皆為矣大人之人惟知有道明義而已故猶有
蓋由之功業在前則可為而在我者有一毫未安則不敢徇
也蓋功業一時之事而良心萬世之彝舍彝常而徇近利
君子不忍為故目故所謂天民者必明見夫達而其道可
行於天下而後行之蓋其所主在道而非必於行也謂之
天民者言能全夫天性此民之理者也天之生民也其理
無不具而人之[illegible]者多矣故程子謂天民為能踐形者
也以其在下[illegible]達故謂之民大人者即天民之得時得
位者也若伊[illegible]在莘野則為天民出而佐商則為大人
也正己而物[illegible]若正己而物自正也蓋一身者天下之
本若規規然[illegible]於正物則其道亦狹矣至正而天下之
感無不通焉[illegible]有不言而信不令而從者此大人正己而
物正之事也[illegible]要而下其間號為賢臣者不過極於以安

社稷爲悅而[illegible]若夫天民事業則時矣嗟乎孟[illegible]傳亦已久矣

【纂疏】輔氏曰[illegible]云云上謂君下謂民大人德盛於上而君下而民[illegible]無不化也乾之九二可以當之矣盡大人一出而天下[illegible]文明是聖人之事也○又曰孟子言此所以分品節人[illegible]品有此四等謂役之臣則是徇私而忘理者也固不足道矣安社稷者則行理以盡忠者也然猶是一國之士而已所謂一國之士知有其國而不知有天下也春秋之賢大夫是矣至於天民則如伊呂之徒非止一國之士也可以大用而不可以小知者也然猶微有意焉以其道可行於天下然後行之不肯小用其道以徇於人如孟子所謂伊尹此聖人然是有化底意思者是也大人則聖人矣如周公孔子方能當之周公在上而能使天下文明者也孔子在下而能使得此文明者也故曰無意無必唯其所在而物無不化唯聖者能之至公不私進退以道周公之無意無必也行止久速無可無不可孔子之無意無必也

○孟子曰君子有三樂而王天下不與存焉父母

俱存兄弟無故一樂也樂音洛王與皆去聲下並同

此人所深願而不可必得者今旣得之其樂可知

仰不愧於天俯不怍於人二樂也

程子曰人能克己則仰不愧俯不怍心廣體胖其樂可知有息則餒矣

【語錄】曰此說極有味

得天下英才而教育之三樂也

盡得一世明睿之才而以所樂乎己者教而養之則斯道之傳得之者衆而天下後世將無不被其澤矣聖人之心所願欲者莫大於此今旣得之其樂為如何哉

【纂疏】輔氏曰此與學而有朋自遠方來之樂同而有人焉故以為聖人之所願欲者莫大乎是也

君子有三樂而王天下不與存焉

林氏曰此三樂者一係於天一係於人其可以自致者惟不愧不怍而已學者可不勉哉

張氏註 勤於欲者以物爲樂以物爲樂者逐物以肆志而已豈所謂性情之正者哉故孟子言君子有三樂而王天下不與存焉君子之樂樂其天而已夫父母俱存兄弟無故則吾所以從容乎天倫之際有所狎而熙熙可慊矣仰不愧於天俯不怍於人則中心無斯須而不比於理義矣得天下英才而教育之則以是道與人共由而所以涵泳發揮者深矣是三者皆本夫性情而樂其天者也於此得所樂則視王天下之事如太虛中浮雲耳果何與於我不而況其他哉雖然於是三樂之中仰不愧俯不怍其本歟蓋不愧不怍在我者可得而勉者也至於父母俱存兄弟無故則有命焉然使吾胸中多所愧怍則雖處乎父母兄弟之間固亦不得而樂其樂也至於得天下英才而教育之其所以教育之者是吾之不愧不怍者也故曰三樂之中不愧不怍其本歟

集說 輔氏曰父母俱存兄弟無故此天所與非人所爲故曰係於天得天下英才而教育之須是有那明睿之

人循從欲已得以施其教，使無其人，則無所施矣。故曰：係
於人。至於仰不愧俯不怍，則在我自致之而已。故學者不
可不以是自勉也。反求自己，不能不愧不怍，則雖有父母
兄弟而亦不能有其樂，雖有明睿之才而亦何以為教哉。

○孟子曰：廣土衆民，君子欲之，所樂不存焉。樂音洛，下同。

地闢民聚，澤可遠施，故君子欲之，然未足以為樂也。

中天下而立，定四海之民，君子樂之，所性不存焉。

其道大行，無一夫不被其澤，故君子樂之，然其所得
於天者則不在是也。

輔氏曰：地闢民聚，澤可遠施，則得以推吾之仁，故君
子欲之。中天下而立，則其道大行，而地無遠近之限；
定四海之民，則無一夫不被其澤，而民無衆寡之分。是又
得以遂吾之仁，故君子樂之。要之兩事皆只是仁，但有廣
狹之辨，故所欲者未足以為樂，至於樂則所謂博施濟衆，
聖人之事也。所得於天，則是指性而言也。所欲所樂固亦
非性外之事，但於吾所受
之全體則有何增損哉。

君子所性雖大行不加焉雖窮居不損焉分定故也分去聲

分者所得於天之全體故不以窮達而有異

語錄出略○君子是通聖人而言所性是說生來承受之性君子所性只是這一箇道理雖達而爲堯舜在上亦不是加添些子若窮而爲孔孟在下亦不是減少些子蓋這一箇道理合下都定了更添減不得又云這所性字說得虛如堯舜性之之性字說得實

總論二節之旨

中天下而立定四海之民固是人所欲與其欲願之小孰若進而得行其道使天下皆被其澤要得出行其道者是亦人之所欲但其用其舍於我性分之內本不相關進而大行退而窮居於我性分之內無所加損彙賀際○祝氏錄

纂通輔氏曰事雖有窮達而性之全體何嘗有一毫之加損分定蓋言性之全體自有一定之分故也

君子所性，仁義禮智根於心，其生色也睟然，見於面，盎於背，施於四體，四體不言而喻。睟音粹。見音現。盎，烏浪反。

上言所性之分與所欲所樂不同，此乃言其蘊也。仁義禮智，性之四德也。根，本也。生，發見也。睟然，清和潤澤之貌。盎，豐厚盈溢之意。施於四體，謂見於動作威儀之間也。喻，曉也。四體不言而喻，言四體不待吾言而自能曉吾意也。蓋氣禀清明，無物欲之累，則性之四德根本於心，其積之盛，則發而著見於外者，不待言而無不順也。程子曰："睟面盎背，皆積盛致然。四體不言而喻，惟有德者能之。"○此章言君子固欲其道之大行，然其所得於天者則不以是而有所加損也。

【集義】明道先生曰："得之於心，謂之有德，自然睟然見於面，盎於背，施於四體，四體不言而喻，豈待勉強也？"伊川先生曰："學得一事是一事，二事是二事，觸類至於百千，至於然窮盡，亦只是學，不是德。有德者不如是，好以得之則

翹四體四體不言而喻譬如文字書其若未得者須心[illegible]雖應而文字句得之矣下筆便說盡不以讀字

語錄 問根字之義曰意得到見得明便自然生根此是人工夫做來黃義剛○仁義禮智根於心便見得四端著在心上相離不得纔有些子私意便剗斷了那根便無生意譬如木根著在土上方會生其色也睟然都從那根上發出來且性字從心便見得先有這心便有許多物在其中[illegible]○**胡氏**曰君子氣質清明無物欲之累故合下生時[illegible]著上所以生色形見於外衆人則合下[illegible]氣稟物欲一重隔了這箇根便未著土在蓋有[illegible]底心便陷沒了仁之根有頑鈍底心便陷沒了義之根有[illegible]底心便陷沒了禮之根有冒昧底心便陷沒了智之根都各有一重隔了而今人便只要去其氣稟物欲之隔蔽四者之根蕃生而已○四體不言而喻可見四體不待命令而自如此謂手容恭不待自家教他恭而手容自然恭足容重不待自家教他重而足容自然重蓋不待教他如此自然如此也呂燾

集註 廣土衆民君子欲之者為其可以行道而濟當世耳非有樂乎此也中天下而立定四海之民則是道

可行而世可濟矣故君子樂之然窮達出處有命有義非
君子所性也所性謂與生俱生者也故君子之所性雖大行
不加窮居不損以其分定也天賦已定此則有是分雖之
不能盡其分者多矣惟君子為能全之故道行乎天下而
無所加獨善於一身無所損分定故也於是又指言其所
性之實謂仁義禮智也四者具於性而根於心猶木之著
本水之發源由是而生生不息也仁義禮智根於心而生於
色於外充盛著見有不可掩故其睟然之和見於面盎於
背施於四體四體不言而喻涵養擴充積久而熟天理融
會動容周旋無非理而內外一也不言而喻言其自然
由於此而無待於防檢耳故程子曰睟面盎背德
盛之熟發然後四體不言而喻惟有德者能之
【集疏】覺軒蔡氏曰先師云看孟子當看大意又看句語中
妙字最切要孟子謂仁義禮智根於心只根字甚有
意蓋根於心者培壅得厚則發見於外者自然睟面盎
背何得手段便慣不費其所以然此是甚次第廣土衆民
其道大行自有不容
竭窮蹉不見道地
【纂疏】輔氏曰此所以為聖賢之樂也孟子若於此不發其
蘊則性只是一懸空之物都無實事即與釋老之見

興異

○孟子曰伯夷辟紂居北海之濱聞文王作興曰盍歸乎來吾聞西伯善養老者太公辟紂居東海之濱聞文王作興曰盍歸乎來吾聞西伯善養老者天下有善養老則仁人以爲己歸矣辟去聲下同大讀作泰盍胡臘反

己歸謂己之所歸餘見前篇

五畝之宅樹牆下以桑匹婦蠶之則老者足以衣帛矣五母雞二母彘無失其時老者足以無失肉矣百畝之田匹夫耕之八口之家足以無飢矣衣去聲

此文王之政也一家養母雞五母彘二也餘見前篇

集疏 輔氏曰五畝之宅而下梁惠王上篇已言之矣今又言之者故集註以爲此是文王之政也觀五雞二彘

之事則文王之政亦可謂周悉矣君無此心誠則人往往將文王之養只如後世尊養老五更之禮文而已

所謂西伯善養老者制其田里教之樹畜導其妻子使養其老五十非帛不煖七十非肉不飽不煖不飽謂之凍餒文王之民無凍餒之老者此之謂也

田謂百畝之田里謂五畝之宅樹謂耕桑畜謂雞豚也趙氏曰善養老者教導之使可以養其老耳非家賜而人益之也

張氏注

以伯夷太公之事觀之則知天下有善養老者則仁人必歸之蓋善養老則見其仁心之所存仁政之所行可知矣仁人見其然是以樂從之自五畝之宅樹墻下以桑以其善養老之道也以制田里爲先者田里之制不定則多寡貧富之不齊而政教亦未由行也惟先制其田里使各有常産公平均一而俱無不足之患然後政教可行焉於是而教其樹畜又教之導其妻子以養其老者至於五十者可以衣帛七十者可以食肉而無凍餒之老

者也謂善養老者者言矣王政如於
養老者美善俗教民之本故也

〇孟子曰易其田疇薄其稅斂民可使富也易斂皆去聲

易治也疇耕治之田也

食之以時用之以禮財不可勝用也勝音升

教民節儉則財用足也

民非水火不生活昏暮叩人之門戶求水火無弗與者至足矣聖人治天下使有菽粟如水火菽粟如水火而民焉有不仁者乎焉於虔反

水火民之所急宜其愛之而反不愛者多故也尹氏曰言禮義生於富足民無常產則無常心矣

〖集義〗范氏曰聖人治天下常使家給人足財用有餘五穀易得有如水火若使菽粟如水火則人知廉恥興於

禮義豈有不仁者乎聖人之治天下既庶而後富之既富
而後教之倉廩實而知禮節衣食足而知榮辱所謂菽粟
如水火則民無有不仁者矣三王之盛皆由此道也又曰
先王養天下之民非人人衣食之也惟不奪農時則皆得
治其田疇薄稅斂飭用則可以薄其稅斂此二者使富足之
道也天生時而地生財則所以養人食之不以時用之不以
禮則天地之力亦不能給足以治之明主欲治天下先治
其心人君之心清靜而省事淡泊而寡欲則萬民得其所
萬物得
其性矣

張氏註 富足使民治其田疇而輕為之賦斂則民皆可使富
盡有以仰事俯育而無不足也食之以時食民之
力則以其時如樂歲寡取而凶年不責其田而不足乃取羸
焉則非以時矣此助法之所以為貴也用之以禮如賦斂
宮室宗廟祭祀幣帛饔飧[illegible]百有司之類是其用之不可
闕者而莫不有制焉所謂[illegible]也或用於其所不必用或
之而過皆為非禮也孟子[illegible]所謂理財蓋如此先之以民
可使富而後繼之以財不[illegible]勝用蓋百姓足而後君無不
足也後世但以足國為[illegible]不及乎民所謂人其本也蓋
粟人賴以生古亦猶水[illegible]不可一日無昏暮叩人之門

戶而求水火無不得者[illegible]然則菽粟亦當使如
水火然也菽粟如水火[illegible]無不足民無不足則無所求
而有常心故教化可得[illegible]焉此其所以興於
仁也大抵聖賢之論富民[illegible]有不及於教者也
纂疏 輔氏曰丑氏之說當[illegible]觀此則人心本仁
可知已其或有不仁者[illegible]陷溺其本心焉耳

○孟子曰孔子登東山而小魯登太山而小天下
故觀於海者難為水遊於聖人之門者難為言

此言聖人之道大也東山蓋魯城東之高山而太山則
又高矣此言所處益高則其視下益小所見既大則其
小者不足觀也難為水難為言猶仁不可為眾之意

纂疏 輔氏曰孟子因孔子之言以明聖道之大○又曰註
云所處益高則視下益小以行而言也所見既大則
小者不足觀以知而言也○又曰觀於海則天下之水皆
不足以動吾之視遊於聖人之門則天下之言皆不足以
入吾之聽亦猶仁則天下之眾皆莫能與之敵故亦曰難
為眾也○潛室陳氏曰仁不可為眾言仁者曰難為眾者有

幾多人衆來剗亡者面前皆使不得滿

太山之前難爲山大海之前難爲水

觀水有術必觀其瀾日月有明容光必照焉

此言道之有本也瀾水之湍急處也明者光之隙光

者明之用也觀水之瀾則知其源之有本矣觀日月

於容光之隙無不照則知其明之有本矣

集義 伊川先生曰觀瀾必照言其道之無窮瀾水之動處

尚非源之無窮則無以爲瀾非日月之明無窮則無

以容光必照成章者篤實而有光輝也又曰日月之明有

本故凡容光必照君子之道有本故無不及也成章易曰

美在其中而暢於

四支之謂也

語録 問觀其瀾處使見其本耶抑觀其瀾知其有本了又

須窮其本所自來曰説觀其瀾便是就瀾處便見其

本更去那裏別討个

本寓義剛 ○ 況氏録

或問 此章之説曰程子至矣其曰無窮又曰有本當合之

曰言道之有本而無窮則善其論成章亦然此章雜

取衆理錯比成文以明難明之理。

【纂疏】輔氏曰：聖人之道所以大者，以其有本也。然程子以此爲言道之無窮，而集註獨以爲言其有本者，蓋有本而後能無窮故也。○趙氏曰：大波爲瀾，小波爲淪。○又曰：明者盡瑩照徹之本，射光者即此明之發揮著見於外。

流水之爲物也，不盈科不行；君子之志於道也，不成章不達。

言學當以漸，乃能至也。成章，所積者厚，而文章外見也。達者，足於此而通於彼也。○此章言聖人之道大而有本，學之者必以其漸，乃能至也。

【語錄】成章是做得一箇成片段，有文理可觀，如子貢之辯、子路之勇，都是眞箇做得成了，不是半上落下。今日做得，明日又休也。況潤

總論一章之旨

此一章蓋詩之有比興。比者但比之以它物而不說其事如何；興則引物以發

其意而繇破其事也如孔子登東山而小魯至遊聖人之門者難為言此興也觀水有術必觀其瀾至容光必照焉此比也流水之為物也至不成章不達此又是興也比者如鶴鳴于九皋之類興也他人有心予忖度之上句毚兔采木之類是也流水之為物也不盈科不行君子之志於道也不成章不達盡人之為學須是務實乃能有進共這裏工夫又□□□是要透過那裏不得闇昧處〇

祝氏錄

張氏註

登東山而覺魯之小登泰山而覺天下之小聖人蓋有所感歎於斯也孟子因而推之以言聖人之道大亦若是也莫非水也而海為之至觀於海則天下之水皆難以進於前矣莫非言也而聖人為之至遊於聖人之門則天下之言皆難以進於前矣以其至而不可有加故也又推而言之以謂觀水有術必觀其瀾程子曰瀾水之動[illegible]蓋生意流形自然不息以其源之有本無窮故且非獨水也日月之明雖容光之隙無不照及焉亦以其明之有本而無窮也道之無窮亦猶是耳又因流水而言之以明流水之行必盈科而後進不盈科則不進也君子之志於道必循其本末先後之序實有諸己成章而後達成章成其章矣如語所載由志學至于從心不踰

矩每積一坎然後能成章而一進也不成章則就其所至
有所未盡焉能以遽達乎此章首言聖賢之大次言其無
窮蓋欲知聖道之大當求於其無窮者觀之而末又言志於
此道者以實有諸己為貴者能有諸己積之以久而後其
無窮者可
循而達也、
【纂疏】輔氏曰集註云所積者厚而文章外見則即程子所
謂譬如珠玉在中則有小光輝大積則有大光輝也
○又曰達者足於此而通於彼也如自有諸己之謂信至
於大而化之之謂聖自志學至從心不踰矩其間步步皆有
是足於此而通於彼須實體之方知其味非妄想懸空者
所能測識也○又曰聖道之大固有其本矣然自學者言
之則又豈能一蹴而遽至哉故又以水必盈科而後行君
子之志於道必成章而後達者喻之以見學者當務實而
有漸不可躐等陵節也
妄想乎而卒歸於無所得、

○孟子曰雞鳴而起孳孳為善者舜之徒也孳與孜同
孳孳勤勉之意言雖未至於聖人亦是聖人之徒也、

語錄 問孳孳爲善曰如今且須常存箇誠敬做主學問方有所歸著如有箇屋舍了要得粧修方有頓處不然却似無家之人雖有千萬之寶亦無安頓處今日放在東邊草裏明日放在西邊草裏終非己物 賀孫

集說 輔氏曰孳孳勤勉不已之意舜之爲善蹠之之爲利皆以孳孳爲之猶一人並人從同行而異趨也

雞鳴而起孳孳爲利者蹠之徒也

蹠盜蹠也

欲知舜與蹠之分無他利與善之間也

程子曰言間者謂相去不遠所爭毫末耳善與利公私而已矣才出於善便以利言也〇楊氏曰舜蹠之相去遠矣而其分乃在利善之間而已是豈可以不謹然講之不熟見之不明未有不以利爲義者又學者所當深察也或問雞鳴而起若未接物如何爲善程子曰只主於敬便是爲善

集註　呂氏曰與舜爲徒則入於舜與蹠爲徒則入於蹠人皆可以爲舜亦可以爲蹠惟在利與善而已故曰欲知舜與蹠之分無他利與善之間也孟子曰道二仁與不仁而已矣天下之道惟善與惡惟義與利好善則終於爲舜好利則終於爲蹠君子小人各趨一塗是故君子憂其不如舜也

語錄　利與善之間曰不是冷水便是熱湯無那中間溫吞並入聲煖處也添間纔有心要人知要人道好要以此求利譽皆爲利也這箇極多般樣雖所爲皆善但有一毫歆慕外物之心便是利了如一塊潔白物事上面只着一點黑便不得爲白矣添間

或問　此章之說曰程子未接物時之論尤能發明言外之意又嘗言不獨財利之利凡有利心便不可如作一事須尋自家穩便處皆利心也如此則善利之間謂去害髮苟辨之不明其不反以利爲善者鮮矣此大學之道所以雖誠意正心爲重而必以格物致知爲先也

張氏曰　此章論善利爲舜蹠之分啓告學者可謂深切著明矣善出義則入利矣利則爲善也此不過毫髮

之間而介白黑之異實幾之隔焉故程子曰間云者謂相去不遠也夫善者天理之公孳孳為善者存乎此而不舍也若夫利則一己之私而已蓋其處心積慮惟以便利於己而然皆孳孳者遇君子喻於義小人喻於利之意夫義利二者相去之微不可以不深察也學者於操舍之際驗之則可見其天壤之分而知所用力矣初舜蹠之分未嘗不以戚也蓋所謂善者雖人性之所素有而所謂利者乃積習之深固不易遽以消除也斯須之間是心存焉則為善之所存而舜之徒也一不存焉則為利之所乘而蹠之徒矣可不畏哉是以君子存敬以為本遏欲以克念戰兢自持養日積則善端益著及其全也私欲盡而天理純舜之所以聖者盡可得而幾矣

講義 事之當為為之之謂善有為而為之之謂利為君而仁為臣而敬為子而孝為父而慈事之所當為者也為內交為要譽為宮室之美為妻妾之奉有為而為之者也善者天理之公利者人欲之私公私之間相去甚近而一則為舜一則為蹠是由是而分焉蓋人心之靈與天同體純粹至善萬理具足雞鳴而起孳孳在是則舜之兢兢業業由仁義行者自此心也見便則趨見利則奪在枉尺直尋則為之損人益己則為之雞鳴而起孳孳在是則盜蹠之黨

矣然雖日[illegible]是心也一善利之間而已嘗下墮之

[illegible]如此[illegible]毫釐之差以千里可不謹思孟子發明善[illegible]之際而

之論而尤[illegible][illegible]所謂間者蓋欲學者精別於毫釐之際而

審其所幾[illegible]至其合際[illegible]之問朱子程子之詞皆舉於

義利之別其[illegible]人之息切矣學者誠能澄心靜慮反觀內

省於其所謂[illegible]諸者而發焉凡吾一念之發果善乎果利

乎善則行之[illegible]利則遏之幾於斯於斯就其如舜者去其

不如舜者[illegible]亦舜徒也矣苟為[illegible]不然則計較於毫髮之盛

其甚至於父[illegible]兄弟不相保其不同[illegible]

歟若無幾[illegible]一念之善間若此此

纂疏 輔氏曰程子之說精切使學者知致謹於毫釐之間

楊氏說尤為有[illegible]出入序[illegible]所以始於致知而中庸所

以先於明善也○又曰程子主敬便見為善之誠又教學

者以靜時工夫也動靜相涵誠敬兩立孳孳不已則庶乎

可以進於聖

人之學矣

○孟子曰楊子取為我拔一毛而利天下不為也

為我之

楊十六[illegible]

楊子名取者僅足之意取爲我者僅足於爲我而已不及爲人也列子稱其言曰伯成子高不以一毫利物是也

語錄 莊子數稱楊子居楊氏之學如今道流修鍊之士其保嗇神氣雖一向話不妄與人說〔淵僩〕○楊朱看來不以義他全是老子之學只是箇逍遙物外僅足其身不屑以義耳然不以也〔僩〕

墨子兼愛摩頂放踵利天下爲之放上聲

墨子名翟兼愛無所不愛也摩頂摩突其頂也放至也

張氏注 摩其頂以至於踵一身之間凡可以利天下者皆不惜也

子莫執中執中爲近之執中無權猶執一也

子莫魯之賢人也知楊墨之失中也故度於二者之間而執其中近近道也權稱錘也所以稱物之輕重而取中也執中而無權則膠於一定之中而不知變

是亦執一而已矣程子曰中字最難識須是默識心通且試言一廳則中央為中一家則廳非中而堂為中一國則堂非中而國之中為中推此類可見矣又曰中不可執也識得則事事物物皆有自然之中不待安排安排着則不中矣

【集義】伊川先生曰欲知中庸無如權須是時而為中若當手足胼胝則於此為中當閉戶不出則於此為中權之為言秤錘之謂也何物為權義也又然也只是說得到義義以上更難說在人自看如何橫渠先生曰權也者亡之用義之精也近譬諸物權衡之謂也商量斟酌於輕重向否之間適當其宜權之義也取多則近取稍則難實聖人之精微非常人之所及也又曰執中無權雖君子之所惡苟無忌憚則不若無權之為愈

【纂疏】輔氏曰楊氏資質於理略偏於剛毅墨子資質於理略偏於寬厚只緣講學不明不知至理之所在况治不力而各流於其所偏淪胥不已遂至於各極其偏一則不肯拔一毛以利天下而僅足於為我一則欲摩頂至踵

以利天下而為之至於兼愛至於子莫則又自其末流觀之而知楊墨之皆失中也然無所師承害蠹拴撥而變於為我兼愛二者之間而執其中則其意固善而於道亦近矣然時移事變事有萬殊物有萬類而中無定體若但膠於二者一定之中而執之不能如所謂權然因事物之輕重而前却以取中則與二子之說一耳不然其失○又曰程子第一節言中是難識須是默識心通故能隨物應變以求上第二節又言中是難識須先識得則事事物物天然有箇中在上面不假人力安排才涉安排計較則便不中矣蓋義理精微處看人力之安排武斷所能與哉子莫是要安排箇中來執之也

所惡執一者，為其賊道也，舉一而廢百也。惡為並去聲

賊，害也。為我害仁，兼愛害義，執中者害於時中，皆舉一而廢百者也。○此章言道之所貴者中，中之所貴者權。楊氏曰：「禹稷三過其門而不入，苟不當其可，則與墨子無異。顏子在陋巷不改其樂，苟不當其可，則與楊氏無異。子莫執為我兼愛之中而無權，鄉鄰有鬭

而不知閉戶有鬬而不知救之是亦猶執一耳故孟子以爲道禹稷顔回易地則皆然以其有權也不然則是亦楊墨而已矣

總論一章之旨

問楊墨固是皆不得中至子莫又要安排討箇中執之曰子莫見楊墨皆偏在一處要就二者之中而執之正是安排尋討也原其意思固好只是見不分明依舊不是且如三過其門而不入在禹稷之時則可在顔子則不可居陋巷在顔子之時則是中在禹稷之時則非中矣居陋巷則似楊氏三過其門而不入則似墨氏要之禹稷似兼愛而非兼愛顔子似爲我而非爲我燾中[illegible]名而[illegible]一以義[illegible]中與[illegible]發之中異與時中[illegible]之中同然而道大〇二聖相[illegible]一於道[illegible]孟子則[illegible]論[illegible]中莫[illegible]同[illegible]其中者其同允執則非依然而不執之矣[illegible]微爲[illegible]中一[illegible]其爲中我不敢爲楊朱之爲我[illegible]不敢爲墨翟之[illegible]過而於中一者之[illegible]中以執其一節以爲中耳故由三聖[illegible]以爲中則其中[illegible]死者則非孝乎聖人之孝不能有以[illegible]所以權而無不中之節[illegible]權之而常適於中也權者權衡之權言其可以權物之輕重

重而推移前卻以適其平蓋所以節量仁義之輕重而時
措之非如近世所謂將以濟乎仁義之窮者也答宋深之
○程子謂子莫執中比楊墨爲近而中則不可執也當知
子莫執中與舜禹湯之執中不同則知此說矣蓋聖人義
精仁熟非有意於執中而自然無過不及故有執之名
而實未嘗有所執也以其無時不中故又曰時中若子莫
至理未明而徒欲以求夫所謂中者而執之則所謂中者果
何形狀而可執也哉殆愈執而愈失矣子莫是也既不識中
乃慕夫時中者而欲隨時以爲中吾恐其失之彌遠未必
不流而爲小人之無忌憚也中庸但言擇善而不言擇中
其曰擇乎中庸亦以繼之曰得一善者不知善端可求
而中體難識必夫惟明善則中可得而識矣【張氏錄】
【張氏註】爲我兼愛皆偏滯於一隅焉能中節至於子莫則
又於爲我兼愛之間執其中執中之名雖爲近之
然徒守執中之名而不能用權以取中則與執一者何異
乎蓋爲我兼愛皆道也當爲我則爲我當兼愛則兼愛是
乃道也使其偏於二偏者固賊夫道而於其間取中者是
亦舉其一而廢其百者哉夫時有萬變事有萬殊物有萬類
而中無定體也無定體者以夫極無適而不爲中如富
此時則此爲中於彼時則彼爲中矣當此事則此爲中於他

事則非中矣即是物則此爲中於他物則非中矣蓋〔……〕
以爲中者天理之所存也故論其體統則一而已〔……〕
萬殊而萬殊之中各有中焉其所以爲萬殊者要統乎一
而所謂一者未嘗不各完具於萬殊之中也故謂中
也者天下之大本此言大體統之一也又曰君子而時中
此言其散殊之萬也然則即其本之一者而言之謂之中
有定體可也而即其無適而不爲中者言之謂之中無定
體可也是則非知權者其能執之而勿失乎今夫權之得
各以夫權量輕重而未嘗不得其平也執中之權亦猶是
也是以君子戒謹恐懼存於未發之前察於既發之後大
本立而達道行則有以權之矣故堯舜湯武之征讓不
同而同於中夷惠之出處不同而同於中三仁之死生不
同而同於中顏孟之語默不同而同
於中明夫此則可與論聖人之時矣

講義 見滕文公下
問好辯章

參疏 輔氏曰仁義所以立人之道並行而不悖者爲我者只
知有我而不知有人故偏於私而遂至於害仁兼愛
者只知有人而不知有我故蔽於愛而遂至於害義執二
者之間以一定之中則不能隨時隨事以取中故兩失其亡

義而害於時中是皆舉一而廢百也百只是言其多耳○又曰楊氏以禹稷顏回之事發明中之所貴乎權之義其爲明白使禹稷顏回不能易地皆然便是執中無權與無權則是亦楊墨而已矣

○孟子曰飢者甘食渴者甘飲是未得飲食之正也飢渴害之也豈惟口腹有飢渴之害人心亦皆有害

口腹爲飢渴所害故於飲食不暇擇而失其正味人心爲貧賤所害故於富貴不暇擇而失其正理

纂疏 輔氏曰飲食有美惡之正味口腹固能辨之然常人一爲飢渴所害則不暇擇其美惡而皆以爲甘美故失其正味富貴有當得不當得之正理人心固能辨之然常人一爲貧賤所害則不暇擇其當得不當得而失其正理

人能無以飢渴之害爲心害則不及人不爲憂矣

人能不以貧賤之故而動其心則過人遠矣

【張氏註】飲食有正味，天下之公也。惟人為飢渴所移，則其食飲無不甘焉，[illegible]失飲食之正矣。推其心亦有限也，飢渴害之，故於人心莫不有善。蓋人心虛明知覺，萬理森然，其好惡是非本何適而非正，惟其動於私欲，則有所忿懥，有所恐懼，有所好樂，有所憂患，而其正理昏昧矣。人能正其心，不使外物害之，如飢渴之害於口腹，則無適而非天理之所存矣。若是人者，必無不及人之憂矣。不及人猶公心不若人之謂也。

【集疏】輔氏曰：人若能不以貧賤動其心，而於富貴辨其所當得而受之，與不當得則不受之，則過於常人遠矣。過人之遠，則不憂其不及人矣。

○孟子曰：柳下惠不以三公易其介。

介有分辨之意。柳下惠進不隱賢，必以其道，遺佚不怨，阨窮不憫，直道事人，至於三黜，是其介也。○此章言柳下惠和而不流，與孔子論夷齊不念舊惡意正相類，皆聖賢微顯闡幽之意也。

集義楊氏曰不羞汙君不辭小官可謂和矣和而不以三
公易其介則雖和而不流此所以爲柳下惠也又曰
只不卑小官之意便可見其介如柳下惠之才以爲
大官何所不可而樂於爲小官則其剛介可知矣

或問柳下惠不辭小官楊氏以爲和又以爲介也曰
不辭小官則和而介矣人知其爲和而不知其爲介也

張氏注易曰介于石謂其所守之堅也孟子斯言發明下
惠之心以與夫子伯夷叔齊不念舊惡同意耳夫以
夷齊之不立於惡人之朝不與惡人言其不屑就之風疑
於隘矣而夫子稱其不念舊惡其心量之廣大如此然則
夷齊之清可得而論矣以下惠之不羞汙君不卑小官其
不屑去之風疑於不恭矣而孟子稱其不以三公易其介
其所守之不可奪如此然則下惠之和可得而論矣蓋下
惠援而止之而止其心非有所慕也亦行其天理之當然
君耳故於小官有所不辭至於爲士師則三黜矣彼雖三
公之貴無以易其堅守則其於世果何所屈哉是乃和而
不流所爲和之至也若夫老氏和光同塵之論與物胥變
而謂之節下惠是乃賊夫和之理者也然則欲知下惠者
當以孟子斯
言而玩味之

【纂疏】輔氏曰：訓云介有分辨之意，如此則與界分之界同。凡事各有界限，其分明不可踰越。○又曰：程子謂孔子以介為大，則之清卻言其不念舊惡，以為微顯闡幽之意。故集註亦以孟子此說為發明下惠之和而不流。

○孟子曰：「有為者辟若掘井，掘井九軔而不及泉，猶為棄井也。」辟讀作譬。軔音刃，與仞同。

八尺為仞。言鑿井雖深，然未及泉而止，猶為自棄其井也。○呂侍講曰：仁不如堯，孝不如舜，學不如孔子，終未入於聖人之域，終未至於天道，未免為半塗而廢，自棄前功也。侍講名希哲，河南人。

【張氏註】天下之事，為之貴於有成。譬之掘井，至於九仞，其用力亦勞矣，若不及泉而止，則前為棄井而已。今夫士之為仁義，固當循循不已，以極其至。若中道而廢，雖勞未有所歸而盡焉，則亦不得為成人而已。

【纂疏】輔氏曰：君子所為，只自皆當盡其至而止。世俗以小成為常人之情，則往往銳始怠終，得少為足，故為所[illegible]而自[illegible]而畫于塗。

而廢者多矣。如此則皆為自棄其前功也。故以孟子發此說以啟之。呂氏推說廣矣。若夫為人而未得為聖人，言亦而不及於堯舜者，為未及上原也。

○孟子曰：堯舜，性之也；湯武，身之也；五霸，假之也。

堯舜天性渾全，不假修習。湯武修身體道，以復其性。五霸則假借仁義之名，以求濟其貪欲之私耳。

語錄 性之，是合下如此；身之，是做到那田地。○又曰：性是自然有底，身是從身上做得來底。只是其初資稟有些子不相似耳。○湯武固皆身之，但細觀其書，湯身之之功，恐更精密。又如湯誓與牧誓數桀紂之罪，詞氣亦不同。史記但書湯放桀而死，書武王則遂斬紂頭，懸之白旗。又曰湯有慚德，如武王恐未必有此意也。○祝氏錄

纂疏 輔氏曰：堯舜生而知之者也，故其氣質清明，天性渾全者自然渾全，何待脩習。湯武學而知之者也，故脩身體道，以復其本然之性。五霸之事皆矯詐偽者，所為類聖人，用數天地懸隔。

久假而不歸，惡知其非有也。惡平

歸還也。有實有也。言切其名以終身而不自知其非真有。或曰：蓋歎世人莫覺其僞者，亦通。舊說久假不歸，即爲真有，則誤矣。○尹氏曰：性之者與道一也；身之者，履之也，及其成功則一也。五霸則假之而已，是以功烈如彼其卑也。

【集義】有問伊川先生曰：堯舜湯武事迹雖不同，其心德有間否？曰：無間。曰：孟子言堯舜性之，湯武身之，湯武豈不性之耶？曰：堯舜生知，湯武學而知之，及其成功一也。身之，言履之也；反之，言歸於正也。又曰：身踐履也，假之者尊不行而假借之也。横渠先生曰：堯舜固無優劣，及至湯武則有別。孟子言性之反之，自古無人如此言，惟孟子分出𧰼知堯舜是生知，湯武學而能之。又曰：仁者安仁，知者利仁，利者以仁爲利也，則與安而行之者遠矣。孟子曰：五霸假之，利仁者不至於假。

【語錄】久假最難說，前輩多有辨之者，然卒不得其說。惡知二字爲五霸設也。如一不五霸自不知，況五霸久假而不歸，安知其亦非已有也。（金去僞）○謂久假不歸，惡知非有，舊讀多謂使其能久假而不歸，惡知終非其有？此蓋緣

多如此說後引者甚得遍公東坡來關孟子又問假之之事
如責楚包茅不貢與夫初命三命之類否曰他從頭都是
無一事不是如齊威尚自白直恁地假將去至晉文做了
千般蹺蹊所以夫子有正譎之論博議說正譎處甚好但
說得以遍自家都不好了又問假之之事曰所以幽沉仁
義非獨為害當時又且流毒後世曰此孟子所以不道威
文而已管仲是也比如興滅繼絕誅殘禁暴懷諸侯而尊周
室百般好事他都做只是無惻怛之誠心他本欲他事之
行又恰有這題目入得故不得不舉行又問此召子所以
有功之首罪之魁之論曰他合下便是恁地○【倪氏】
【張氏註】堯舜性之者自誠而明率性而安然也湯武身之
者自明而誠體之於身以盡其性也性之則不假
人為天然純全身之則致其踐履之功以極其至也然而
其至則一也此生知學知之所以異堯舜湯武之聖孟子
特以兩言明之而其所以聖者小無不盡矣五霸則異乎
是特慕夫仁義之名而非有所為而為之非能誠體之者也夫
假之則非真有矣而孟子謂久假而不歸惡知其非有何
哉此蓋幽以示人之意蓋五霸暫假而暫歸者也五霸威
公為盛召陵之盟伐楚之事以責楚亦可謂義矣而執
陳轅濤塗葵丘之會殺牲載書而不歃血

亦可謂危矣震而矜之叛者九國也皆歸之憂者也若使
其久假而不歸亦豈不美乎夫假之者未有不歸者也使
假而能久久之而不歸則必有非苟然者矣是必因乎己
其假而有所感發于中而後能然也至其不歸則孰曰非
有乎有之者不係於假而係於不歸也孟子斯言與人為
善而開其自新之道所以待天下與來世者亦可謂弘裕矣

纂疏 輔氏曰註云切其名以終身而不自知其非眞有凡以
假之者無不然其初不過以之欺人而其終遂至以
之自欺○又曰註引或人之說雖通然却說得太慢了○
又曰尹氏云云與道一者無氣稟之蔽也復之者以自復
踐之而至也及其成功一者皆眞切為之故有成而氣稟
不足以為之閒也若但假而已則已是作偽其意思都別
了是以功烈
如是之卑也

○公孫丑曰伊尹曰予不狎于不順放太甲于桐
民大悅太甲賢又反之民大悅

予不狎于不順太甲篇文狎習見也不順言太甲所為

爲不順義理也餘見前篇

賢者之爲人臣也其君不賢則固可放與孟子曰有伊尹之志則可無伊尹之志則篡也與平聲

伊尹之志公天下以爲心而無一毫之私者也

或問出亳之說朱子曰孟子但論在我者有是心則伊尹之事可以一旦篡奪之爲雖其間則不免爲篡賊耳

張氏註蓋言乎孟子論伊尹之事也曰有伊尹之志則可志謂所謂立處伊尹受湯之託居冢宰之任而太甲初立固已顛覆湯之典刑惟伊尹之志有乎宗社憂而得其中方是時太甲在諒陰也故放之桐宮密邇先王之墓使去國都而處郊野使之動心忍性而有以深思焉書曰王徂桐宮居憂是伊尹以冢宰攝政而太甲居憂于桐用太甲在桐克終允德則於諒除之際稽首奉而歸亳焉伊尹之心始終純一以宗社爲主而非私乎太甲者也太甲之克終蓋由其自怨自艾以能改過而實亦由伊尹之至誠無息有以感格之也然則伊尹之志蓋可見矣苟無伊尹之志徒以君不賢而放之則是篡亂之所爲耳孟子斯言所以垂訓來世者嚴矣秦漢以來惟霍光廢賀立宣之事庶

幾事以在宗祀者然而其始也建立之不審而至誠敬容又不加焉其於伊尹之志慮有擬也是以嚴延年之劾以爲霍光廢立無人臣禮而識者有取焉霍光且爾而況於今乎姜之權卒爲貫其一身因害討正所謂亢悲大戮必誅而無赦者也

【集疏】愚按蔡氏曰孟子出兩語不推見伊尹之心如青天白日而百世之下姦臣賊子亦無所逃其罪矣而則可之辭亦不見勇篡篡可之意而非禁止之法也

【纂疏】輔氏曰公天下以爲心謂合天下之心以爲心而在我無一毫適莫之私意也然此豈一朝夕勉強而能哉非道全德備其素行有以信於人至誠有以通於天者不能也

○公孫丑曰詩曰不素餐兮君子之不耕而食何也孟子曰君子居是國也其君用之則安富尊榮其子弟從之則孝弟忠信不素餐兮孰大於是餐七丹反

一一一四

詩魏國風伐檀之篇素空也無功而食祿謂之素餐

此與告陳相彭更之意同

按 伐檀之刺蓋謂仕上者無功德於民而享其奉故以不稼不穡而得禾不狩不獵而得獸者為比非必欲君子稼穡而後食也公孫丑以君子不耕而食為素餐其為詩也亦陋矣且此幾於為許行之徒之論矣故孟子告之以不素餐之人者夫君子仁義脩乎身其居是國也用之則民被其澤而安富君由其道而尊榮如其未用子弟從之則亦薫陶乎孝悌忠信之習而足以善俗君子之教人使之由於孝悌忠信為先也忠信對言之忠則存於己者無不實信則待人者無有欺也君子有益於人之國若是其為不素餐孰大焉不然飾小廉而妨大德徇末流而忘正義排君子之道也

○王子墊問曰士何事墊丁念反

墊齊王之子也上則公卿大夫下則農工商賈皆有所事而士居其間獨無所事故王子問之

孟子曰尚志

尚高尚也志者心之所之也士既未得行公卿大夫之道又不當爲農工商賈之業則高尚其志而已

【纂疏】輔氏曰士雖未得位以行其道而其志則超高尚方可見於仁義則高尚而溺於利欲則卑污

曰何謂尚志曰仁義而已矣殺一無罪非仁也非其有而取之非義也居惡在仁是也路惡在義是也居仁由義大人之事備矣

惡平聲

非仁非義之事雖小不爲而所居所由無不在於仁義此士所以尚其志也大人謂公卿大夫言士雖未得大人之位而其志如此則大人之事體用已全若小人之事則固非所當爲也

【語錄】曰志字與父在觀其志之志同否曰善未見於所行乃存於心所存也曰

【輯錄】

張氏注 尚志者以立志為先也士乎仁義所謂志也不主乎仁義則悵悵然何所據乎謂之志不立可也殺一無罪非其有而取之舉此二者欲其推類而知仁義之所存也夫殺一無罪而非仁是不體之則仁之所以能愛者可得而推矣非其有而取之為非義由是而推之則義之所以為宜者亦可得而推矣至仁由義居則不違由則不他也居仁則體立由義則用行大人之事亦不越此而已矣然則學者可不以尚志為先乎志如木之有根必有是而後可以有進也

講義 見離婁上篇仁宅義路章

纂疏 輔氏曰仁體也義用也大人之事體用已全得時得位則舉而措之耳

〇孟子曰仲子不義與之齊國而弗受人皆信之是舍簞食豆羹之義也人莫大焉亡親戚君臣上下以其小者信其大者奚可哉舍音捨食音嗣

仲子陳仲子　言仲子設若非義而與之齊國必不肯受齊人皆信其賢然此但小廉耳其辟兄離母不食君祿無人道之大倫罪莫大焉豈可以小廉信其大節而遂以為賢哉

張氏注　簞食豆羹得之則生弗得則死嘑爾而與之則不受謂斯人也一旦而遇萬鍾之祿苟惟不義必不受也可乎蓋人之難知也以其小者信其大者固不可也於陵仲子以兄之祿為不義辟兄離母處於於陵齊人高之以謂若斯人者不義而與之齊國亦將必不受也孟子以為是簞食豆羹之義也蓋孟子以人倫之際察之而知其不可信也人之所以為人者莫大乎人倫今仲子廢親戚君臣上下而徼以潔其身飾小廉而妨大德其不知義固已甚矣又烏能不受不義之齊國乎古之善觀人者必於人倫之際察之而其人之得失淺深可槩見矣四岳之舉舜則曰克諧以孝而已堯之降舜以二女觀其儀于寡而已出舜之所以聖也與郤缺與其妻相待如賓而臼季知其能治民茅容殺雞洗奉其母而郭林宗知其可以成德是亦善觀人者也仲子廢天倫而徇私意以其小

廉信其大節烏乎可哉

【發明】胡氏曰觀前篇所論仲子之事其介然自守如此則不義而與之齊國必不肯受此徇名而強矯者或能之故孟子以為是特舍簞食豆羹之義而已蓋未以為賢也若夫安於人倫使之各盡其道則非盡性而與循理者不能故孟子言此以曉世人使之勿迷於小而不察其大者也

○桃應問曰舜為天子皐陶為士瞽瞍殺人則如之何

桃應孟子弟子也其意以為舜雖愛父而不可以私害公皐陶雖執法而不可以刑天子之父故設此問以觀聖賢用心之所極非以為真有此事也

孟子曰執之而已矣

言皐陶之心知有法而已不知有天子之父也

【音讀】曰法者天下公共在皐陶亦只得執

然則舜不禁與與平聲

桃應問也

曰夫舜惡得而禁之夫有所受之也夫音扶惡平聲

言皐陶之法有所傳受非所敢私雖天子之命亦不得而廢之也

然則舜如之何

桃應問也

曰舜視棄天下猶棄敝蹝也竊負而逃遵海濱而處終身訢然樂而忘天下蹝音徙訢與欣同樂音洛

蹝草履也遵循也言舜之心知有父而已不知有天下也孟子嘗言舜視天下猶草芥而惟順於父母可

以解憂與此意互相發○此章言爲士者但知有法
而不知天子父之爲尊爲子者但知有父而不知天
下之爲大蓋其所以爲心者莫非天理之極人倫之
至學者察此而有得焉則不待較計論量而天下無
難處之事矣

總論一章之旨

此節言舜之心見非請必有是事此陳父爲○某嘗問李先生瞽瞍殺人事先生曰瞽瞍父子只爲與此心所以爲法律所縛都轉動不得若舜之心則法律縛他不住終身訢然樂而忘天下求仁得仁何怨之有然此只是論其心爾豈容他如此去得問先儒議之諸如何曰此乃蔽罪時事其初須者執之不執則師失職矣其嘗以先生之意參諸明道及文定之說明道說見師訓文定說見哀二年蒯聵父子之事其進退可否自輒之如何爾若蒯聵有拒父之心則固無可論若有[illegible]則備之臣子以君臣之義當拒蒯聵而輒之若其必辭則請命而更立君可矣設或輒賢而國人不屬其去則爲輒者又當權輕重而處之使君臣父子之間道並行而不相悖亦必有道苟不能然則逃之而已矣義至於此已極[illegible]但不可有毫髮私意於其間耳

【或問】此章之[illegible]朱子曰桃應之問孟子之答皆非以爲眞有是事蓋特極論聖賢之心以爲臯陶知有法而不知有天子之父舜知有父而不知有天下各盡其道而不相悖焉[illegible]又曰此章設辭論辨皆以發明聖賢愛親守法之誠與[illegible]天理之極人倫之至脫然無一毫計較利害之私而權[illegible]之宜義理之法所未暇論此文字者深玩乎此而有得乎[illegible]天下無鄭愛之[illegible]矣

【張氏註】以[illegible]舜之德至於瞽瞍亦允若則豈復有平於殺人之事哉桃應特設是問以觀聖人處事之變何如耳孟子因其問而告之以所宜處者於[illegible][illegible]之權可謂盡之矣臯陶爲士奉舜之命以行法若縱生殺之權而不問則非所以爲天下之公而失於民之心矣臯陶乎何敢故以執之以示天下畏天命而不違命也舜之有天下受之於天也受之於天則烏得以其私而禁臯陶之執哉故曰夫有所受之也雖然瞽瞍父也廢法於父可乎舜則有以處此矣舜之有天下初不以天下與於己也循天理之當然而已舜何有哉故竊瞽瞍殺人而枉其[illegible]則失吾道之公若致辟於瞽瞍則虧父子之倫是皆雖有天下不可一朝居者也舜[illegible]天下而存此義故曰舜視棄天下猶

棄敝蹝也。舜非輕天下而易言之也，義所當去，視天下猶敝蹝耳。是故在臯陶則使舜得以申其竊負之義，在舜則以此而可以終身，復曰終身訢然樂而忘天下，夫何求哉？猶乎天理而已矣。又其居深山之中，飯糗茹草，若將終身焉者也，此心也。及其受堯之天下，垂衣裳而治，若此心也，全於義所當以棄天下而遺海濱，則亦此心而已矣，無往而非天理也。然則善發明舜之心者，其推孟子乎？若後出以利害之見論之，則謂天下方歸戴於舜而賴其治，舜乃舍而去之，得無發已成之業而孤天下之望乎？此豈不知天命之大也？聖人之所以爲治者，奉天命而已，若汨於利害而失夫天理之所在，則雖舜亦何以治天下哉？故或者以舜竊負爲狂盡乖之思也，又以爲臯陶既執瞽瞍，則舜烏得而竊之，是又未之思也。臯陶既執瞽瞍於前，而使舜得以申其竊負之義於後，是乃天理時中，全夫君臣父子之義者也。微孟子孰能推之？

【纂說】輯氏曰：集註謂桃應故設此問以觀聖賢用心之極，非以爲眞有此事者。既已得桃應問之之意，而又發明孟子所以告之之說，以爲是皆聖賢之心、天理之極、人倫之至者，可謂曲盡其旨矣。學者能致察乎此而有得於心則天下萬事雖紛紜轇轕，皆自至吾前，亦將如水到渠成，時至物熟，皆不待計較，不待安排，而舉無難處者也。

○孟子自范之齊，望見齊王之子，喟然歎曰：「居移氣，養移體，大哉居乎！夫非盡人之子與？」夫音扶。與平聲。

范，齊邑。居，謂所處之位。養，奉養也。言人之居處所繫甚大，王子亦人子耳，特以所居不同，故所養不同，而其氣體有異也。

孟子曰：

張、鄒皆云羨文也。

「王子宮室、車馬、衣服多與人同，而王子若彼者，其居使之然也；况居天下之廣居者乎？

廣居，見前篇。尹氏曰：「睟然見於面，盎於背，居天下之廣居者然也。」

魯君之宋，呼於垤澤之門。守者曰：此非吾君也，何

其聲之似我君也？此無他，居相似也。呼去聲

垤澤，宋城門名也。孟子又引此事為證。

總論一章之旨　此孟子歎言居移氣、養移體，後却只論居曰不見君則有是養在公卿有公卿底奉養，居貧賤有貧賤底奉養，言居則養在其中。○沈氏錄

張氏注　孟子一見齊王之子而其感歎若斯，蓋德盛仁熟，無往而非精義之所在也。夫居可以移氣，養可以移體，外物之奉猶足以移其氣體如此，則所謂居者不大乎？莫非人子也，而王子若此，以其居之異，故其氣象亦殊乎彼人也。此其初望見王子之時而有所歎者然也。王子宮室車馬衣服亦多與人同耳，而王子若彼者，以其居是勢位，不知所以然而然，氣體為之移也。況於居天下之廣居，則其深粹質所當如何哉？魯君呼於垤澤之門，守者以其聲之似而疑其為宋之君。其聲之所以相似者，則以其居相似故耳。此又其既見王子之後，退與門人講論者然

也居天下之廣居大者也宅之之久則其氣質變
化有不期然而然者矣聖賢相去雖有先後而觀其氣
象如出一人者以其所居之同故也故居天下之廣居則
天下之物舉不足以移之矣觀舜之為天子與在深山之
中無以異則夫氣體
之養豈得而移之哉

○孟子曰食而弗愛豕交之也愛而不敬獸畜之
也食音嗣 畜許六反

交接也畜養也獸謂犬馬之屬

恭敬者幣之未將者也

將猶奉也詩曰承筐是將程子曰恭敬雖因威儀幣
帛而後發見然幣之未將時已有此恭敬之心非因
幣帛而後有也

恭敬而無實君子不可虛拘

此言當時諸侯之待賢者，特以幣帛爲恭敬，而無其實也。拘，留也。

【張氏注】此章言交際之道。夫徒食之而愛心不加焉，徒愛之而敬心不加焉，則與豕交獸畜何以異？蓋人道之相與以敬爲主也。夫必有是恭敬，而後幣帛以將之。蓋恭敬者先存於幣帛未行之前者也。若無是恭敬，則幣帛何所施乎？雖然，幣帛者，所以將其恭敬者也。恭敬存於中，而義物實於外，此君子之道所以爲內外之宜、文質之中也。若恭敬之心雖存而無以實之於外，君子亦惡乎虛拘也。昔者夫子遇程子於途，傾蓋而語終日而别，使子路攝束帛乘馬以贈之；遇舊館人之喪而出涕，則解左驂以賻之，曰：「吾惡夫涕之無從也。」蓋是意也。夫古之人於交際之道，豈苟然哉？故有燕享之禮焉，有摯獻之禮焉，有問遺之禮焉。此皆其恭敬之所生也。恭敬爲之主，而其節文品式森然備具，而又有貴賤貧富之不同、小大多寡之或異，則是皆天之所爲也。若昧乎此，不陷於豕交獸畜，則或失之於虛拘，皆非君子之道也。

【纂疏】輔氏曰：世衰道微，在上者皆不知有恭敬待賢之誠，而惟恃其有幣帛之聘；在下者惟知有幣帛之可慕

孟子以形色爲性是以氣爲道理以未爲性是以道人理小形氣外去

下則不知察夫上之人所以待之之誠上下之情交致焉於利而不知有義理之爲故孟子發此論以警之

○孟子曰形色天性也惟聖人然後可以踐形

人之有形有色無不各有自然之理所謂天性也踐如踐言之踐蓋衆人有是形而不能盡其理故無以踐其形惟聖人有是形而又能盡其理然後可以踐其形而無歉也○程子曰此言聖人盡得人道而能充其形也蓋人得天地之正氣而生與萬物不同既爲人須盡得人理然後稱其名衆人有之而不知賢人踐之而未盡能充其形惟聖人也楊氏曰天生烝民有物有則物者形色也則者性也各盡其則則可以踐形矣

集義 明道先生曰形色性所有也聖人人倫之至故可以踐形伊川先生曰惟聖人爲能盡人之道故可以踐形人道者君臣父子兄弟夫婦之類皆是也

語錄○曰形色上便有天性視便有視之理聽便有聽之理
問形是目耳鼻口之類色是如何曰一顰一笑皆
有至理○問形色天性下却云惟聖人然後踐形而缺不
言色何也曰有此形即有此色如鳥獸之形自有鳥獸之
色草木之形自有草木之色言形則色在其中矣金去偽
○曰性即理之謂也然衆人有是形而不能全其形之理
故有形體人而實禽獸見不足以踐其形矣惟聖人能
全其形之理故可以踐其形也見文集○又曰可以踐形
則無愧於形矣踐猶踐言踐約之踐非謂踐行所具之理
也見文集○踐非踐履之謂蓋言聖人所為使踏着箇痕
色之性耳葉賀孫○問何以是聖人如何却方可以踐形曰
踐如踐履得過底模樣伊川說充其形色自是說得好了
形只是這形體色如臨喪則有哀色介冑則有不可犯之
色之類天之生人人之得於天其具耳目口鼻者莫不皆
有此理耳便必當無有不聰目便必當無有不明口便必
能盡別天下之味鼻便必能盡別天下之臭聖人與常人
都一般惟衆人有氣稟之雜物欲之累雖同是耳也而不
足於聰雖同是目也而不足於明雖同是口也而不足以
別味雖同是鼻也而不足以別臭是雖有是形而不足
故不能充踐此形惟聖人耳則十分聰而無一毫之不聰

目十分明而無一毫之不明至於口鼻莫不皆然惟聖人知此方可以踐此形惟衆人知彼目不可以踐此形衆賢踐

或問踐形之說曰人之生於天地之間非莫不有形其有是形也莫不有色而本其所得於天者則是形是色莫不有所以然之故焉莫不有所當然之則焉是則所謂天性者也然衆人拘於氣稟之偏汨於習俗之蔽而不能無人欲之私是以視則不明聽則不聰貌則不恭言則不從盡不能盡其形色本然之理則雖有是形而無以踐其形也惟聖人能盡其性而無一毫人欲之私雜於其間是以視則極明聽則極聰言則極從蓋凡形色本然之理無一不盡既有是形而又有以踐其形焉云

者本有是物而又能備其實以當之也

張氏註告子謂食色性也此爲舉物遺則隔於人欲之私而莫識天理之一源若孟子謂形色天性而繼之以聖人踐形之論是爲物則兼具者也惟聖人然後可以踐形踐之爲言踐履之踐也蓋二五交運流賦形萬殊惟人得其秀而最靈有是性則具是形以生人雖有是性然不能盡其道則形雖人也而其實莫之能踐焉惟賢者則求以踐之修其身所以踐形也非禮勿視非禮勿聽非禮勿言非禮勿動以謂不如是則爲隨軀殼工八之所命無以爲人之

一一三〇

道而失其賦形之理故也然踐之非聖人莫能盡人之道至於聖人而後無所歉故必聖人然後可以踐形其曰可以者猶言事親若曾子者可也言至於聖人而適得為能踐其人之形者也然則有是形者皆可以為聖人而其不為聖人者以其不能復之故也中庸曰惟天下之至誠為能盡其性盡性則可以踐形矣盡形之外無餘性也或以此章首云形色而其後止云踐形為疑蓋形之有色亦其自然者耳然踐形則仁義禮智充於內而睟然生色於外蓋亦無不盡矣

纂疏 輔氏曰人受天地之正氣以生物受天地之偏氣以生故物則有能有不能人則無不能也須是為人則須盡得人之理方稱人之名不然則與物無異矣衆人雖得天地之正氣故得天地之全理然其氣亦有清濁昏明之異故衆人則雖有之而不知賢人則雖踐形而未盡能充其形而全其理者惟聖人而已○又曰楊氏即程子意各盡其則又說得周徧○潛室陳氏曰學未至於聖人則於性分道理未免虧欠才於性分有虧欠即是空具此形色不能充踐滿足也

○齊宣王欲短喪公孫丑曰爲朞之喪猶愈於已乎
已猶止也
孟子曰是猶或紾其兄之臂子謂之姑徐徐云爾
亦教之孝弟而已矣紾之忍反
紾戾也教之以孝弟之道則彼當自知兄之不可戾
而喪之不可短矣孔子曰子生三年然後免於父母
之懷予也有三年之愛於其父母乎所謂教之以孝
弟者如此蓋示之以至情之不能已者非強之也
王子有其母死者其傅爲之請數月之喪公孫丑
曰若此者何如也爲去聲
陳氏曰王子所生之母死厭於嫡母而不敢終喪其
傅爲請於王欲使得行數月之喪也時又適有此事

丑問如此者是非何如按儀禮公子爲其母練冠麻衣縓緣既葬除之疑當時此禮已廢或既葬而未忍即除故請之也

曰是欲終之而不可得也雖加一日愈於已謂夫莫之禁而弗爲者也

言王子欲終喪而不可得其傅爲請雖止得加一日猶勝不加我前所譏乃謂夫莫之禁而自不爲者耳

○此章言三年通喪天經地義不容私意有所短長示之至情則不肖者有以企而及之矣

張氏註喪服之制本於人心之不可已者聖人節文之而爲之中節所謂天理人情之至者也而宣王乃欲短之則其良心之陷溺亦已甚矣公孫丑以謂使之爲期猶愈於已孟子以紾兄之臂喻之知紾兄之爲非則知可爲也而謂之徐徐是亦紾之而已矣先王之制不可不及也三年之間賢者視之如白駒之過隙將以制禮之中不

斷以有過且若於此欲有所損焉則為發禮而不仁矣故曰亦教之孝弟而已矣夫使其知孝之所以然則為弟者其忍紾其兄乎所為人子者其有不三年喪者乎所謂教之孝悌者亦即其良心而感發之耳方是時王子有其母死而其傅為之請數月之喪謂雖加一日愈於已以王子之心欲終之而弗得遂其志故耳若宣王之服喪則孰為之禁哉莫之禁而不為則三年之制雖一日不可以有損也嗟乎漢文雖有遺命以日易月然亦莫得而禁也而景帝乃易之其不仁甚哉然而傳習之久莫之禁而不之改者亦過矣

○孟子曰君子之所以教者五

下文五者蓋因人品高下或相去遠近先後之不同

纂疏 輔氏曰如時雨化之者品之高者也成德達財者品之次者也答問者品之下者也相去之遠近先後則言私淑艾者爾蓋有雖同時而相去或遠或近者又有或先或後而不同時者故近與先者則得以親承其教遠與後者則有不能及門而受業者也

有如時雨化之者

時雨及時之雨也草木之生播種封植人力已至而未能自化所少者雨露之滋耳及此時而雨之則其化速矣教人之妙亦由是也若孔子之於顏曾是已

【語錄】時雨化者不先不後適當其可而已○又曰他地位已到因而發之如孔子於顏曾是也【趙氏語錄】○又曰孔子告顏子以博文約禮告曾子以一貫此所謂時雨化之者○【[illegible]氏語錄】

有成德者有達財者

財與材同此各因其所長而教之者也成德如孔子之於冉閔達財如孔子之於由賜

【語錄】曰成德成就其德如孔子於冉閔德則天資純粹者達才通達其才如孔子於由賜才是明敏者【趙氏語錄】

有答問者

就所問而答之若孔孟之於樊遲萬章也

語錄 答問者未及師承，只是相答問而已。○又曰：答問則但費言語。

集義 輔氏曰：樊遲之屬、鄙萬章之求率孔孟，皆必俟其問而後告教之是也。

有私淑艾者。艾音乂。

私，竊也。淑，善也。艾，治也。人或不能及門受業，但聞君子之道於人，而竊以善治其身，是亦君子教誨之所及，若孔孟之於陳亢、夷之是也。孟子亦曰：予未得為孔子徒也，予私淑諸人也。

語錄 曰：艾，芟草也。自艾、淑艾，皆有斬絶自新之意。艾亦取諸此。見艾集。○私淑艾者，未嘗親見而劉只是或聞其風而誦慕之，或私竊其善言善行學之以善於其身，是亦君子之教誨也。通證 ○問：橫渠云：顏子私淑艾以教人，隱而未見之仁也，如何？曰：舊解有私淑艾者，謂自善其身而不教於人，故橫渠如此說。然若孟子所謂予未得為孔子徒也，予私淑諸人也，此人者是孟子指其師友之徒，以謂予不得親見孔子而師之，只是我私

竊傳其善於人，如有私淑艾之者也。是君子所以教者五。○說叢錄

此五者，君子之所以教也。

聖賢施教，各因其材，小以成小，大以成大，無棄人也。

語錄 問此五者節緊一節。

張氏曰 記曰：當其可之謂時。所謂有如時雨化之者也，言如時雨之造化萬物也。今夫物之萌者欲發，甲者欲拆，於是時也，而雨及之，則皆得以遂矣。蓋不先不後，當其可而適與之會，無待於彼之求也。君子之教人，其察之精矣，於其時而告之，得之者如物之被時雨焉。其於欲達未達之間，所賴者深矣。龜山楊氏以為如告曾子以吾道一以貫之是也。蓋曾子未嘗問，而夫子呼以告之，當其可也。成德者，因其有德而成之，如顏閔仲弓之徒，其德之所存，雖存乎其人，而成之者聖人也。達財者，因其才而達之，如賜之達，由之果，求之藝，雖其天資所稟，而達之使盡其材，則教之功也。成德達財，亦答問固在其中，而又有所謂答問者，苟此，則專為凡答其來問者也。雖鄙夫之空空，所以

答之者亦無非竭兩端之教也又有所謂私淑艾者也蓋不在於言辭之間身行於此而觀者化焉凡動容周旋之間無非教也君子之善治其自身者為教人也身脩而教在其中成己成物之道也其所以教不越是五者然私淑艾者又其本也

【纂疏】趙氏曰君子之教人如天地之生物各因其才而篤焉故小以成小大以成大天地無棄物聖賢無棄人

〇公孫丑曰道則高矣美矣宜若登天然似不可及也何不使彼為可幾及而日孳孳也孟子曰大匠不為拙工改廢繩墨羿不為拙射變其彀率幾音機為去聲彀古候反率音律

彀率彎弓之限也言教人者皆有不可易之法不容自貶以徇學者之不能也

君子引而不發躍如也中道而立能者從之

引引弓也發發矢也躍如如踊躍而出也因上文彀率而言君子教人但授之以學之法而不告以得之之妙如射者之引弓而不發矢然其所不告者亦如踊躍而見於前矣中者無過不及之謂中道而立言其非難非易能者從之言學者當自勉也○此章言道有定體教有成法卑不可抗高不可貶語不能顯默不能藏

引而不發謂漸啟其端而不竟其說躍如謂義理昭著如有物躍然於心目之間

語錄

躍如是道理活潑潑地發出在面前如由中躍出答黃少卿○君子引而不發躍如也須知得是引箇甚麽是怎生地不發又是甚麽物事躍在面前須是聳起這心與他看教此心精一無些子夾雜方見得他那精微妙處又曰道理散在天下事物之間聖賢也不是不說然也全說不得自是那妙處不容說然雖不說只纔挨動那頭了時那箇物事自跌落在面前如張弓十分滿而不發箭雖不發箭然已知得真箇是中這物事了須是精一其心無些子他慮夾雜方看得出黃

氏錄○

【張氏注】公孫丑之意，以爲孟子之道高大，學者有難進之患，欲少抑而就之，庶其可以幾及而爲之孳孳也。夫聖人之道，天下之正理，不可過也，不可不及也。自卑者視之以爲甚高，而不知其高之所以爲中也；自隘者視之以爲甚大，而不知其大之爲常也。徇彼而遷就，則非所以爲道矣。故孟子以大匠之繩墨、羿之彀率爲譬。夫繩墨而可改，則非所以爲繩墨矣；彀率而可變，則非所以爲彀率矣。君子之教人，引而不發，引之使向方，而發則係於彼也。躍如者，言其自得之，如有所興起於中也。蓋理義素存乎其心，向也陷溺，而今焉興起，目道以中爲至，中道而立，其能者固從之，其不能者亦莫如之何也已。亦猶大匠設繩墨、羿爲彀率，以示人，其能與不能，則存乎其人。目中道而立，能者從之，此正大之體而天地之情也。雖然，文字者，於聖賢之言，當以身體之，以心驗之，循其所謂繩墨彀率者而勿舍焉。及其久也，將自有得。不然，而先起求躐之意，則是歉獲助長，爲害纔甚矣。

【纂疏】輔氏曰：引，謂但授之以學之之法；不發，謂不告以得之之妙。○又曰：過乎中則高難而不可，不及乎中則

又苟易者之所便也。唯中道而立，是以無難無易，能者從
之，則又學者所當自勉也。中道而立，成己之事，能者從之，
又所以成物也。○又曰：道有定體，率性而已。教有成法，循
道而已。唯其道有定體，故教有成法。卑者不可抗而隆，禮
卑法地是也；高者不可貶而下，知崇效天是也。不因有言
而可以益其顯，不因無言而可以晦其藏，中道而立，能者
從之
而已。

○孟子曰：「天下有道，以道殉身；天下無道，以身殉道；
殉，如殉葬之殉，以死隨物之名也。身出則道在必行，
道屈則身在必退，以死相從而不離也。
纂疏 趙氏曰：道不可離也。雖時有治亂，己有窮達，非
道殉身，則身殉道，以死相從，豈可得而離哉。
未聞以道殉乎人者也。」
以道從人，妾婦之道。
集義 范氏曰：殉若從也。天下有道，治世也，君子遭世之治，
則身顯而道行，得志澤加於民，故以道從身。天下無

道亂世也君子遭亂世之亂則身隱而道不行不得志脩身見於世故以身從道以道殉乎人者謂枉尺而直尋也若聖賢以道殉身伊尹周公是也以身殉道孔子孟子是也君子窮達不離乎道道可以處則處道可以出則出故論語曰守死善道人君用人不用其身唯用其道以道殉人者雖得之無所用也

張氏注 天下有道則身達而道行所謂以道殉身也天下無道則身退而守道所謂以身殉道道之在己不可離也故非道殉身即身殉道若以道而殉乎人則身可離也烏所謂道者哉以身殉道云者可見堅守確乎不可拔之意蓋與無道之世為轉也

纂疏 輔氏曰此正如莊子所謂盜亦有道者言是亦道耳但只是妾婦之道妾婦以順從為道者也

○公都子曰滕更之在門也若在所禮而不答何也 更平聲

趙氏曰滕更滕君之弟來學者也

孟子曰挾貴而問挾賢而問挾長而問挾有勲勞而問挾故而問皆所不答也滕更有二焉〔長上聲〕

趙氏曰二謂挾貴挾賢也○尹氏曰有所挾則受道之心不專所以不答也○此言君子雖誨人不倦又惡夫意之不誠者

【張氏曰】受道者以虛心為本則受有所挾則私意介横於胸中而可告語乎故孔子之鄙夫聖人未嘗不竭兩端之教而滕更之在門若在所禮而不答也使滕更思其所以不答之故於其所挾致力以消弭之其庶幾乎然則孟子之不答是亦誨之而已矣其以堯舜之賢周公之勲業曾閔之賢行而有一毫横於胸中其於道則為有所妨矣而況於其他乎

【纂疏】趙氏曰更乃滕君之弟則知其挾貴矣而肯來學於孟子則知其挾賢矣○又曰學者之心須是專一方有受教之地有所挾則二三也○又曰誠則一二則不誠矣

○孟子曰於不可已而已者無所不已於所厚者薄無所不薄也

已止也不可止謂所不得不爲者也所厚所當厚者也此言不及者之弊

其進鋭者其退速

進鋭者用心太過其氣易衰故退速○三者之弊理勢必然雖過不及之不同然卒同歸於廢弛

張氏註此觀人之法也人之秉彝不可殄滅故其日用之間有不可已者焉有所厚者焉皆其良心之存者也不可已者如哭死而哀之類是也所厚者若人倫之際是也若於其不可已而已焉則之人也何所不已乎若於厚者而薄焉則之人也何所不薄乎已則生理息薄則恕道亡是殘賊陷溺其心之甚者矣天下之理進之鋭則退必速蓋不進則退矣其進之鋭者即其所爲退之速者也寅緣之詩始而夜未央中而未艾終而鄉晨君子於其未央

也則知其必至於亂此三者有國之法而亦自治之要也故君子於其不可已者而推之則凡吾之不可已者將皆不自得而已矣於其所厚者而薄之則凡天倫之所當厚者其親疏遠近將無不得其宜矣於其進也而察之中心易氣以消其序則其進也日裕而無退矣嗚呼是豈非爲仁之要乎

集說 覺軒蔡氏曰大學言其所厚者薄而其所薄者厚未之有也朱子曰厚謂是以家對國言之又曰所厚者謂父子兄弟骨肉之恩理之所當然而人之不能已者又曰進銳退速其病正在於氣方盛之時已有易衰之勢不徒意氣已衰之後然後見其失也

纂疏 輔氏曰不及者之弊則愈見其不及流於欲者之所爲也過者之弊則其退也可立而待役於氣者之所爲也欲肆則無極氣過則易衰循理而行則有則而可繼也

○孟子曰君子之於物也愛之而弗仁於民也仁之而弗親親親而仁民仁民而愛物

物謂禽獸草木愛謂取之有時用之有節○程子曰仁推己及人如老吾老以及人之老於民則可於物則不可統而言之則皆仁分而言之則有序楊氏曰其分不同故所施不能無差等所謂理一而分殊者也尹氏曰何以有是差等一本故也無僞也

【集義】橫渠先生曰親親仁民愛物此言仁惟是恕己以及人也於物愛則可恕以及之以恕而及之則不可如己欲立而立人己欲達而達人施之於人則可施之於物則不可也

【張氏註】理一而分殊者聖人之道也蓋究其所本則固原於一而循其所推則不得不殊明乎此則知仁義之未嘗不相須矣夫君子之於物無不愛者備人之一身無尺寸之膚而非其體則無尺寸之膚不愛也然曰愛之而弗仁何也夫愛固亦仁也然物對人而言則有分矣蓋人爲萬物之靈在天地閒爲至貴者也人與人類則其性同物則各從其類而其性不得與吾同矣不得與吾同則其分不容不異仁之者如老其老以老幼其幼之類所以爲交於人之道也若於物而欲仁之則無其理故於人得以愛之而已則是但以物交而人之隨宜處之故雖子以人循仁之

物則愛之雖然於人道之中有所親者焉自吾之父等而上之自吾之子等而下之自吾之身旁而殺之而五服有其序自吾之母而推之自吾之伉儷而推之又有甥舅昏姻之聯焉於所親之中而有輕重等差之不齊毫分縷析皆非人之所能爲人叙天秩則然者一毫不可以參過與不及皆非天之理矣親親而仁民仁民而愛物由一本而循其分施仁若爲能敬而不失也

〔纂疏〕輔氏曰統而言之則皆自吾一性之仁分而言之則有輕重之序然孔孟者言之則於此三者之序有由之而不知者有得於此而失於彼者又有倒行逆施雜亂無次者要當因聖賢之言反求之心踐養於未發之前體察於已發之後毋惑於異端毋汨於私欲安焉樂循理凡形於愛物仁民親親之際一皆與聖賢之說自然脗合而無差然後是聖賢之學工夫○西山真氏曰凡生於天壤之間者莫非天地之子而吾之同氣者也是之謂理一然親者吾之同體民者吾之同類而物則異類矣是之謂分殊以其理一故仁愛之施無不徧以其分殊故仁愛之施則有差○輔氏曰尹氏說尤要切一本故無僞而有差等若無差等則是僞而二本也

○孟子曰知者無不知也當務之為急仁者無不愛也急親賢之為務堯舜之知而不徧物急先務也堯舜之仁不徧愛人急親賢也知者之知並去聲

知者固無不知然常以所當務者為急則事無不治而其為知也大矣仁者固無不愛然常急於親賢則恩無不洽而其為仁也博矣

【纂疏】當務之急如所謂勞心者治人勞力者治於人堯舜之治天下豈無所用其心哉亦不用於耕耳又如夫子言務民之義雖係所當為者皆是也賢謂人傑○堯以不得舜為己憂舜以不得禹皋陶為己憂此聖人之所急也上好禮則民莫敢不敬上好義則民莫敢不服上好信則民莫敢不用情若季文子季孫斯是不急樂賜孫○【[illegible]】

不能三年之喪而緦小功之察放飯流歠而問無齒決是之謂不知務飯扶晚反歠昌悅反

三年之喪服之重者也緦麻三月小功五月服之輕
者祭致詳也放飯大飯流歠長歠不敬之大者也齒
決齧斷乾肉不敬之小者也問講求之意○此章言
君子之於道識其全體則心不狹知所先後則事有
序豐氏曰智不急於先務雖徧知人之所知徧能人
之所能徒弊精神而無益於天下之治矣仁不急於
親賢雖有仁民愛物之心小人在位無由下達聰明
日蔽於上而惡政日加於下此孟子所謂不知務也
【輯錄】問不能三年之喪而緦小功之察放飯流歠而問無齒決是之謂不知務却止說智不說仁曰便是并與仁說所謂急親賢之爲務豈不爲仁乎萬人傑遂○講文既能得其大者則小小文義自是該通若只於淺處用功則必不免沈溺之患矣萬人傑○[illegible]
【張氏曰】此章發明仁智可謂要矣智者固貴於無不知而以當務爲急仁者固貴於無不愛而以急親賢爲務聖人之道有綱有目有本有末非若諸子異端之偏而無統也堯舜之知而不徧物堯舜固有所不能徧者[illegible]江

之事堯舜豈能盡知乎惟能急先務故其知無不知也堯
舜之仁不徧愛人如博施濟衆堯舜固以爲病矣惟能急
親賢故仁無不被焉皆以急爲言者以言其所當先者也
雖然所謂親賢者是乃先務也仁之所爲即知之所施也
不能三年之喪而緦小功之察放飯流歠而問無齒決大
之不圖而小焉是較顛倒如此爲不知務矣後世之爲治
者紛紛然於事爲之間盡亦有甚勤勞者矣惟其不知務故
卒無善治焉非特治天下爲然也自身以至於天下皆有
當務蓋天下之事未有無先後者傳曰知所先後則近道
矣此所以貴乎格物也雖然孟子之所喻特言其大而徇
小者爲不知務耳非謂能三年之喪則緦小功有不足察
無放飯流歠則齒決有不必問矣先後具與本末畢貫此
所以爲道學者又
不可以不知矣

【纂疏】輔氏曰註云識其全體則心不狹是言仁知所先後則事有序是言知○又曰豐氏是講道之說故推言
之如此然孟子
之意亦是如此

孟子卷第十二

孟子卷第十四

諸儒集成之書　朱子集註　朱子集義　朱子語録　朱子或問

南軒張氏註　黄氏講義　蔡氏集疏　趙氏纂疏

盡心章句下

凡三十八章

孟子曰不仁哉梁恵王也仁者以其所愛及其所不愛不仁者以其所不愛及其所愛

親親而仁民仁民而愛物所謂以其所愛及其所不愛也

公孫丑曰何謂也梁恵王以土地之故糜爛其民

而戰之大敗將復之恐不能勝故驅其所愛子弟以殉之是之謂以其所不愛及其所愛也

梁惠王以下孟子答辭也糜爛其民使之戰鬬糜爛其血肉也復之復戰也子弟謂太子申也以土地之故及其民以民之故及其子皆以其所不愛及其所愛也○此承前篇之末三章之意言仁人之恩自內及外不仁之禍由疏逮親

張氏註 此愛者仁之道也而有所不愛者是爲私意所蔽而愛之理蔽於內也善推其所爲者自親以及疏雖各有等差而愛無不加焉至於不仁者則不能推矣不能推故日以陷溺非惟無以及於人且將併與其親愛者亦不之卹也豈人之道哉夫○戰故而殘[illegible]伐殺外至天下之至慘而子弟者人之所甚愛也以其慘加於其所愛雖至愚者不爲今梁惠王以貪土地之故不勝利欲之私始則糜爛其民其於民素所不愛者也至於一戰之後不知悔

反而求以勝復恐其不勝也雖己所愛子弟亦驅之
使從死也而不顧以其所不愛者及其所愛其不仁之甚
一至於此故仁者推其愛與愛者以愛人不仁者以其忍於
他人者忍於其親仁與不仁之分其端甚微而其流如此
可不畏哉

纂疏 輔氏曰仁人之恩自內以及外者皆自本而推之也惟
其自本而推之故能無所不愛而輕重先後蓋不可
紊也不仁之禍由疏逮親者徇欲而從流者也徇其所欲
而從流故橫放逆施莫之紀極也始也糜爛其民人而殘
賊其子弟終不至
殺身覆族不已也

○孟子曰春秋無義戰彼善於此則有之矣
春秋每書諸侯戰伐之事必加譏貶以著其擅興之
罪無有以爲合於義而許之者但就中彼善於此者
則有之如召陵之師之類是也

征者上伐下也敵國不相征也

征所以正人也諸侯有罪則天子討而正之此春秋所以無義戰也

張氏注 謂春秋無義戰者蓋不論其得失利害循其本而言之也夫以上征下則其征也諸侯不禀命於天子而互相征討亂則為不義矣然而彼善於此則有之蓋本非盡善者也以此而方諸彼則淺深輕重之間有無幾者且而其為不義則一也如齊桓公侵蔡伐楚如晉文公城濮之戰在當時宜若善雖若善矣至於不禀王命而擅用其師則均為不義而已矣然則一時諸侯當如之何寡怨息爭睦鄰撫衆以保時承事於軍旅或不幸而為他國之所侵陵理義所在蓋不可得而屈也若是則得之矣

○孟子曰盡信書則不如無書

程子曰載事之辭容有重稱而過其實者學者當識其義而已苟執於辭則時或有害於義不如無書之愈也

吾於武成取二三策而已矣

武成周書篇名武王伐紂歸而記事之書也策竹簡也取其二三策之言其餘不可盡信也程子曰取其奉天伐暴之意反政施仁之法而已

仁人無敵於天下以至仁伐至不仁而何其血之流杵也

杵舂杵也或作鹵楯也武成言武王伐紂紂之前徒倒戈攻于後以北血流漂杵孟子言此則其不可信者然書本意乃謂商人自相殺非謂武王殺之也孟子之設是言懼後世之惑且長不仁之心耳

【集義】橫渠先生曰不以文害辭不以辭害意此教人讀詩法也其說武成取二三策此教人讀書法也

【或問】血流漂杵乃紂之前徒倒戈之所為荀子以為殺者皆商人非周人者是也而孟子不之信何哉朱子曰此亦拘本塞源之論蓋雖殺者非我而亦不忍言也程子以為孟子設為是言蓋得其微意余嘗[illegible]魯語曰俎豆

之事則嘗聞之矣軍旅之事未之學也孔子之意可見矣

客有問陶弘景註易與本草孰先陶曰註易誤不至殺人註本草誤則有不得其死者世以爲知言唐子西嘗曰弘景知本草而未知經註本草誤其禍疾而小註六經誤其禍遲而大前世儒臣引經誤國其禍至於伏尸百萬流血千里武成曰血流漂杵武王以此自多之辭當時倒戈攻後殺傷固多非止一處豈至血流漂杵乎孟子深慮戰國之君以此藉口故曰盡信書則不如無書而謂血流漂杵未足爲多豈示訓之至哉經註之禍正此類也反以孟子爲畔經豈不惑哉

張氏註 此讀書之法其言曰盡信書則不如無書爲夫盡信之有害如血流漂杵之言是也仁人無敵於以至仁伐至不仁天人應之又何待戰鬪殺傷之多也以是知血流漂杵之言爲不足信者矣戰國之際日以干戈相尋糜爛其民而莫之䘏意者血流漂杵之言未必不爲其藉口耳故孟子以爲武成之策吾所不盡信者焉雖然詳味當時武成之所記特以形容紂有如林之衆雖前徒倒戈自攻其後而有漂杵之勢用以見周之無敵然而漂杵之言則不無過矣學者苟讀書要當默會其理若執辭以害意則失之遠矣

【纂疏】輔氏曰如血流漂杵一語雖是商人之自殺然畢竟過乎實武王伐紂遇此等事亦必自處置豈肯使之殺人至於如此之多也而不措辭於後世或疑之以爲聖人在上亦或有時殺人如此則助長其不仁之心也其爲害可大矣

〇孟子曰有人曰我善爲陳我善爲戰大罪也陳去聲

制行伍曰陳交兵曰戰

國君好仁天下無敵焉南面而征北狄怨東面而征西夷怨曰奚爲後我

此引湯之事以明之解見前篇

武王之伐殷也革車三百兩虎賁三千人兩去聲賁音奔

又以武王之事明之也兩車數一車兩輪也千書序作百

【纂疏】趙氏曰鼓風俗通云車有兩輪故一車謂之一兩

王曰無畏寧爾也非敵百姓也若崩厥角稽首

書武成之文與此小異孟子之意當云云謂商人曰無
畏我也我來伐紂本爲安寧汝非敵商之百姓也於
是商人稽首至地如角之崩也

張氏注 厥蹷也角額角也

征之爲言正也各欲正己也焉用戰焉於虔反

民爲暴君所虐皆欲仁者來正己之國也

張氏注 戰國之際以功力相勝善爲陳善爲戰者則謂之
能臣矣而孟子前以爲當服上刑今又以爲大罪
何其言之嚴而深切歟蓋所以深救當時之弊使之循其
本也循其本則有道焉其惟好仁乎好仁則無敵於天下
如湯武是也湯之征四方之民皆有後我之歎武王之征
也兵非多也武王撫其民曰無畏我蓋欲以寧爾而非
與爾敵也故百姓趨之若崩厥角稽首而惟恐後此好仁
之驗也征之爲言訓夫正也人望其來正己也而何戰之
有哉若不志於仁而徒欲以力取勝則天下孰非吾敵
勝與負均爲殘民而已民此鮮然斃陳君子之所不取而

大司馬有教戰之法何也先王之制兵亦仁政之大者所以禁暴止亂而救民之生也有兵斯有用兵之法非若後世詭譎之爲也蓋明其節制一其號令使民之服習而其本則出於仁義是以無敵於天下若窮兵黷武以召外侮而曰吾好仁而已是烏所謂仁者哉

○孟子曰梓匠輪輿能與人規矩不能使人巧

尹氏曰規矩法度可告者也巧則在其人雖大匠亦末如之何也已蓋下學可以言傳上達必由心悟莊周所論斲輪之意蓋如此

張氏註 規矩則固在巧則係於人梓匠輪輿能與之以規矩而已固不能使之巧也聖賢之教人自灑掃應對進退而上皆規矩也行著習察則存乎人聖賢亦豈能使之然哉然而巧固不外乎規矩舍規矩以求巧無是理也

纂疏 輔氏曰巧謂熟後自得之妙

○孟子曰舜之飯糗茹草也若將終身焉及其爲

天子也被袗衣鼓琴二女果若固有之飯上聲糗去久反茹音汝袗之忍反果說文作婐烏果反

飯食也糗乾糒也茹亦食也袗畫衣也二女堯二女也果女侍也言聖人之心不以貧賤而有慕於外不以富貴而有動於中隨寓而安無預於己所性分定故也

語錄曰趙氏以果爲侍廣韻從女從果者亦曰侍也

張氏註若將終身焉若固有之可謂善形容舜者矣舜於窮通之際果何有哉其飯糗茹草則若將終身焉其爲天子則若固有之蓋所欲不存樂天而安土窮而在下則無一毫之虧達而在上亦無一毫之加故無適而不得也玩此二語則所謂無爲而治者蓋可見矣

纂疏輔氏曰所性謂天所予我之性也分定謂雖大行不加窮居不損也夫貧富貴賤皆外物之儻來寄也聖

人盡其敬其心則收斂而無所馳騁於其間偷惰而安是不以物動己也無與於己是不以己隨物也○趙氏曰畫衣者畫爲黼黻絺繡之衣也

○孟子曰吾今而後知殺人親之重也殺人之父人亦殺其父殺人之兄人亦殺其兄然則非自殺之也一間耳間去聲

言吾今然後知者必有所爲而感發也一間者我往彼來間一人耳其實與自害其親無異也范氏曰知此則愛敬人之親人亦愛敬其親矣

【集疏】纂言曰天有顯道厥類惟彰感應之理未有不以類者人事則然盡天之顯道也殺人之親則人亦思殺其親矣此其以類也出乎爾者反乎爾者也非推報復之必至抑其理之當然方其殺人之親也孰知人之殺吾親其機固已在此乎孟子斯言可謂痛切欲使當時之君無動於忿欲寡怨息爭以保其宗廟親戚亦仁術也慮人

孰無愛親之心哉於此亦可以動矣觀親之宜南北朝之君互相屠戮自今觀之屠戮他人者實自絕滅而已矣其相去識一間耳

纂疏 輔氏曰集註閑字説得分明其感發於人尤切

○孟子曰古之爲關也將以禦暴

今之爲關也將以爲暴

譏察非常征稅出入○范氏曰古之耕者什一後世或收太半之稅此以賦斂爲暴也文王之囿與民同之齊宣王之囿爲阱國中此以囿囿爲暴也後世爲暴不止於關若使孟子用於諸侯必行文王之政凡此之類皆不終日而改也

張氏[illegible] 禦暴者譏非常以待暴客也爲暴者察出入而爲苛征也然則失之遠矣蓋古者以理義爲關後世

則徇利以理義爲國且創法立制盡天下公共以公於民

耳以利爲國則惟己私之徇雖古所以之尚存者亦皆轉而

爲一己之計矣孟子特因爲關之暴舉此一端以肯特

是哉本原不正其往而不失先王之意矣可勝歎哉

【纂疏】輔氏曰關則一而古今所以爲關之意則不同識察

非常爲義也征稅出入爲利也○又曰先王制其本

若天理也後世流於末者人欲也天下之事莫不然孟子

舉關之一事言之故范氏推言及賦斂園囿之事且曰使

孟子用於諸侯必行文王之政者有六説得孟子之

事實矣蓋孟子言句句是事實言之則必行之

○孟子曰身不行道不行於妻子使人不以道不能行於妻子

身不行道者以行言之不行者道不行也使人不以

道者以事言之不能行者令不行也

【語錄】問上不行於妻子是百事不可行不可使亦在其中下

不行於妻子即以指使人一事言之否曰然○石子重

君子之道譬如行遠必自邇譬如登高必自卑道

【張氏曰】行於身則行於妻子矣莫近於妻子也由是則無

猶而不行矣若身自不行道則何以行於妻子乎不行於妻子則他可知矣不以道謂咈其理也順理之事則人易從若不以道則雖妻子亦不能使之必從也前言不躬行則無以化之後言使之非其道則不得而強之然使之雖以道而躬行有未至則彼亦不信從均於不行而已是知以行道爲本也然在行道者言之使人以道亦行道也古人謂進德者必考之於妻子其是之謂歟

○孟子曰周于利者凶年不能殺周于德者邪世不能亂

周足也言積之厚則用有餘

張氏註 周者盡其道之謂周于利則備具有素雖凶年焉能殺之周于德則在我者全盡雖邪世豈能亂之蓋不獨至於変易其守而後謂之亂也一毫有動於中則是爲其所亂矣易曰幽人貞吉中不自亂也其遯世無悶不見是而無悶而後爲至歟曰周于利周于德並言與喻於利喻於義者相似以公天下爲利者非專精積久則不能周

也進德者盡亦皇皇而勿舍乎其所未盡則不得為周而出變尤得以亂之也故君子務周其德而已小雅曰戰戰兢兢如臨深淵如履薄冰

纂疏 輔氏曰德貴積蓄然後有餘用而外物不足以亂之若狹狹一善一長自以為足而欲以濟於邪世則難有不為其所亂者矣故良農不患乎年之有凶而惟患乎蓄積之不厚君子不患乎世之亂而惟患乎積德之不周戰兢自持死而後已皆以周其德也

○孟子曰：好名之人能讓千乘之國，苟非其人，簞食豆羹見於色。好乘食皆去聲見音現

好名之人矯情干譽是以能讓千乘之國然若本非能輕富貴之人則於得失之小者反不覺其真情之發見矣蓋觀人不於其所勉而於其所忽然後可以見其所安之實也

〈講錄〉能讓千乘之國惟賢人能之然好名之人亦有時而能之然於小節不覺發見矣蓋好名之人本非真能讓國也徒出一時之慕名而勉強爲之耳然這邊雖能讓千乘之國那邊簞食豆羹必見於色東坡所謂人能碎千金之璧而不能無失聲於破釜正此意也苟非其人其人指真能讓國者非指好名之人也〈參大雅〉

〈總論二章之旨〉當見此一段對向爲自外而不受一段爲義蓋前段是好名之心勝大處打得過小處滲漏綻也動於萬鍾者是小處遮掩得過大處發露也〈參大雅〉○〈說統錄〉

〈或問〉或問好名之人能讓國矣而不能忘情於小物何哉曰千乘之國辭受之間十目所視十手所指之地也簞食豆羹得失之際則微矣人亦何暇注其耳目於斯哉此好名之士所以飾情於彼以取美名而不意其敗露之真情實態之發露於忽易而不虞之地也

〈張氏註〉孟子此章言人之度量相越有如是其遠者夫均是人也而有讓千乘之國若焉而有與人簞食豆羹則德見於色者焉何其不侔也蓋其所存有厚薄而所見有廣狹故也夫能讓千乘之國亦可謂高矣而孟子謂

之好名之人者何哉蓋未能得夫理之實然者則亦由
爲徇其名而已如季札之徒是也季子之父兄所以肯[illegible]
於季子之立者爲其賢也此公理而非私意也而季子三
辭焉是未究夫當立之義也爲季子之私也就世俗論之
可謂超然獨出矣而揆之以道義以好名而蔽其實故也
人有江海之量有斗筲之量江海之量比於斗筲之量其
相去固甚有間矣亦未免於有限也好名之人雖能讓千
乘之國然囿限於名矣若夫大賢而上循乎天理雖以舜
禹受天下受其所當受而不爲泰以泰伯之讓夷齊之讓
讓其所當讓而不爲好名故孔子稱舜禹則曰有天下而
不與焉稱泰伯則曰民無得而稱焉稱夷齊則曰求仁而
得仁聖人之意盡可見矣故夫能讓千乘之國亦非所以
稱聖賢也孟子
立言其嚴矣哉

纂疏　輔氏曰矯情者務其勉於人而難以至誠若不忍於
其小而有常是故觀人之法不於其所勉而於其所
忽人之誠與僞見
矣所安即誠也

○孟子曰不信仁賢則國空虛

空虛言若無人然

無禮義則上下亂

禮義所以辨上下定民志

無政事則財用不足

生之無道取之無度用之無節故也○尹氏曰三者以仁賢爲本無仁賢則禮義政事處之皆不以其道矣

張氏註　信仁賢則君有所輔民有所庇社稷有所託姦宄有所憚國本植立而堅固矣不然其國謂之空虛可也有禮義則自身以及國君君臣臣父父子子而上下序所爲治也故無禮義則上下亂有政事則先後綱目粲然具舉百姓足而君無不足焉故無政事則財用不足此三者爲國之大要然信仁賢其本也信仁賢而後禮義興禮義興而後政事脩雖三王之所以治亦不越是矣然而無政事則財用不足後世治財者無惜斯民其說不過嚴

苟取之法爲聚斂之計以爲君乃政
事也夫豈知先王之所謂政事者哉

【纂疏】輔氏曰仁者德之自賢則總言其有德耳國以賢而
立無仁賢則其國虛矣有之而不能行之則與無
同尹氏謂三者以仁賢爲本自當矣禮義由此以出政事
以得人爲本故無仁賢則處之皆不得其當禮義則以非
禮爲禮非義爲義政事之施
則先後無序寬猛失宜也

○孟子曰不仁而得國者有之矣不仁而得天下
未之有也

言不仁之人騁其私智可以盜千乘之國而不可以
得丘民之心鄒氏曰自秦以來不仁而得天下者有
矣然皆一再傳而失之猶不得也所謂得天下者必
如三代而後可

【張氏註】此章蓋見夫當時之君不知有仁義惟務富強以
爲兼并之計故歎息焉謂不仁而可以得一國之

土地則有之然欲以得天下則無是理也雖然不仁而得國亦得其土地而已豈得其民人之心哉然則是終可保乎孟子之言所當深味而不可執辭以害意也後之取天下者其立國若差久者其始所行亦必庶幾有合於仁者不然則雖得土地於一時而亂亡亦相踵而至豈其得也適以速其覆滅之禍烏乎得哉

【纂疏】輔氏曰不仁而得天下如曹操司馬氏以及五代之君皆是也鄒氏斷以得天下必如三代而後可者得孟子之旨也

○孟子曰民爲貴社稷次之君爲輕

社土神稷穀神建國則立壇壝以祀之蓋國以民[redacted]本社稷亦爲民而立而君之尊又係於二者之存亡故其輕重如此

【或問】民貴君輕之說得不啓後世篡奪之端乎曰以理言之則民貴以勢言之則君貴此固兼行而不悖也各於其時稱其輕重之所在而已爲君者不肖是而姑借聖賢之說則亦何嫌然亦可借而所以啓後人之端者又豈

正於
斷乎

【纂疏】趙氏曰社所以祭五土之神稷所以祭五穀之神稷非土無以生土非稷無以見生生之效故祭社必及稷以其同功均利以養人故也周禮大司徒設其社稷之壝壝者築土以爲堳也不屋而壇社壇在東稷壇在西

是故得乎丘民而爲天子得乎天子爲諸侯得乎諸侯爲大夫

丘民田野之民至微賤也然得其心則天下歸之天子至尊貴也而得其心者不過爲諸侯耳是民爲重也

諸侯危社稷則變置

諸侯無道將使社稷爲人所滅則當更立賢君是君

輕於社稷也

犧牲既成粢盛既潔祭祀以時然而旱乾水溢則變置社稷盛音成

祭祀不失禮而土穀之神不能為民禦災捍患則毀其壇壝而更置之亦年不順成八蜡不通之意是社稷雖重於君而輕於民也

【纂疏】問伊川云勾龍配食於社棄配食於稷始以其有功於水土故祀之今以其水旱故易之夫勾龍與棄誠有功於水土者也後世祀之不忘本爾旱乾水溢數存乎天以是變置彼何罪焉二神之功萬世所賴旱溢水溢二時之災以一時之災而遽忘萬世之功可乎二神天下之通祀者也此國水旱此國變之豈能使他國之皆不祀耶一國之不祀而他國祀之猶無廢也伊川乃如此言果可盡信否曰變置社稷非謂易其人而祀之如伊川之說也蓋言遷社稷壇場於他處耳周覽○【輯釋】○又曰集註變置社稷出於彭城陳無己之論曰古者為古以谷今多監毆

置社稷而加禮焉既而遂止竊以爲此或有合於古人之意故取之以爲說焉。○〔蔡氏曰〕

〔張氏曰〕孟子斯言爲國者聞之亦可以悚然知懼矣得者得其心也丘民丘井之民也得乎丘民則是百姓之心歸之斯能繼天而爲天子矣不然雖居其位是虛器耳庸可保乎故爲大夫者以其得乎諸侯爲諸侯者以其得乎天子而爲天子者乃以得乎丘民耳則民不亦貴乎諸侯有危社稷之行則天子得而變置之爲社稷故耳以此見社稷之重於君也社稷非可易也然而有水旱之災則變置社稷變置者撤而更新之以此見社稷之輕於民也反覆而言皆以發明民爲貴之意且夫自其勢而言則人君據宗廟之位宜莫重矣然公天下之理而觀之則民爲貴社稷次之君爲輕人君推特崇高之勢而忽下民之微故肆其私欲輕失人心以危其社稷若使其知民之爲貴社稷次之而己不與焉則必兢兢業業不敢自恃惟懼其失之也則民心得而社稷可保矣是以三王畏其民而闇主使民畏己畏其民者知夫得失所係在於民也使民畏己者驕亢自居民雖迫於勢與威而憚之然其心日離民心離之是天命去之者也嗚呼可不畏哉

[illegible]胡氏曰天生民而立之君以司牧之是君為民而也世衰道微至戰國之時為君者不知其職而反視其民如草芥而不之恤也故孟子發此輕重之論而并及夫社稷焉蓋社稷亦為民而立故也於是反覆明辨之其丁寧警切之意可謂仁矣

○孟子曰聖人百世之師也伯夷柳下惠是也故聞伯夷之風者頑夫廉懦夫有立志聞柳下惠之風者薄夫敦鄙夫寬奮乎百世之上百世之下聞者莫不興起也非聖人而能若是乎而況於親炙之者乎

興起感動奮發也親炙親近而熏炙之也餘見前篇

總論三章之旨 孟子之於三子其論之詳矣雖或以為聖之清或以為聖之和然又嘗病其隘

輿不恭且以其道不同於孔子而不願學也及其一旦豁
然發為此論乃以前此之所歸之而孔子以不與聖孔子
道大德中而無迹故孟子之者沒身鑽仰而不足二子志慕
行高而迹著故慕之者一日感慨而有餘也然則二子之
功誠不為小而孟子之意
其所可知也已。倪氏曰

或問 孟子學孔子者也乃屢稱夷惠而深歎仰之何耶曰
夷惠之行偏矣然偏勝而易能有迹而易見自世人
之貪懦鄙薄者聞其風而興起焉則其為効也速而
所及者衆譬如藥性大黃之劑雖非中和然其於去病之
功為捷而用大敗婦人寒大暑者之所便也若孔子之道則
廣大而中正渾然而無迹非深於道者不能庶幾其萬一
如參苓芝朮之為藥平居有養性之益而緩急有伐病之
功未必優於藥性大黃非所以施於閭巷之間危惡之際
也孟子屢稱夷惠而不及
於孔子其意殆以此耶。

張氏注 夷惠之所以稱聖人者以其聖於清聖於和而得
名也清之所被可使頑廉而懦立和之所被可使
薄敦而鄙寬至於百世之下聞風者莫不有所興起焉此
聖人莫能然也所化有大小至於聖則所被者為無窮蓋

有不言而信不約而從者雖然夷惠之聖壅於清和而已故其感化之所以為無窮者亦獨在於清和也比於伊尹則亦有間矣而況於堯舜文王孔子者乎聞風者猶若此則親炙之者可知矣所謂興起者特一時興起耳未能使之涵泳成就也故比夫親炙者則有間焉

○孟子曰仁也者人也合而言之道也

仁者人之所以為人之理也然仁理也人物也以仁之理合於人之身而言之乃所謂道者也程子曰中庸所謂率性之謂道是也○或曰外國本人也之下有義也者宜也禮也者履也智也者知也信也者實也凡二十字今按如此則理極分明然未詳其是否也

【集義】伊川先生曰仁理也人物也以仁合在人身言之乃是人之道也○橫渠曰所生曰仁必人主持非人孰行之者又非人何以近人之道故仁與人合則是道也

【語録】曰此仁字不是別物即是這人底道理○此是說
仁是人之道理就人身上體認出來又就人身上說
合而言之便是道也黄㽦○又曰人之所以得名以其仁
也言仁而不言人則不見理之所寓言人而不言仁則人
不過是一塊血肉耳必合而言之方見得道理出來仁字
最難形容是箇柔軟有知覺相酬接之意此須是自去體
切問而近思仁在其中矣輔廣○仁者人也合而言之
道只仁與人合而言之便是道猶言公而以人體之便
是仁也程端蒙○尤延之云云孟子仁也者人也章下高
麗本云義也者宜也禮也者履也智也者知也信也者實
也合而言之道也
此說近是李儒用

總論二章之旨

問仁與道如何分別曰道是統言仁是
一事如道路之道千枝百派皆有一路
去故中庸分道德曰父子君臣以下為天下之達道智仁
勇為天下之達德君有君之道臣有臣之道德便是箇行
道底故為君主於仁為臣主於敬仁敬可喚做德不可喚做
道際僩○程子謂此猶率性之謂道也如中庸仁者人也
是對義言宜也意又不同人字是以人身言人自有生意
將道以仁便說仁者人也是切己言之孟子是統而言之

倪氏輯釋此章之說曰言人而不及仁則血氣物欲之私而已

或問言仁而不即人之身以明之則又徒為懸空言而無以

見天理流行之實故必以仁之理合於人之身而言然後

仁之為道可見蓋仁則性而已矣道則父子之親君臣之

分見於人之身而尤著也

張氏注仁者人也仁謂仁之理人謂人之身仁字本自人

身上得名合而言之則人而仁矣是乃人之道也

故伊川曰仁固是道道却是總名蓋人之生其發之理具

其性是乃所以為人之道者惟其私意日以蔽隔故其理

雖存而人不能合之則人道亦幾乎息矣惟君子以克己

為務己私既克無所蔽隔而天理晬然則人與仁合而為

人之

道矣

○孟子曰孔子之去魯曰遲遲吾行也去父母國

之道也去齊接淅而行去他國之道也

重出

張氏注 當其可即是道蓋事事物物之間道無往而不有極無適而不爲中也孔子之去魯遲遲其行是去父母國之道也去齊接淅而行是去他國之道也雖或遲或速之不同而其爲道則一苟執一以爲道則有所不能貫徧而非道矣故師冕之見夫子所以待之者乃相師之道也凡一飲食一起居之間莫不有其道焉賢者隨時而備理在聖人則如影之隨形道固不離乎聖人也孔子以魯人也道不行於家國去而他之亦不得已焉耳故其去父母之邦也有不忍遽之意焉今他國可留則留不可則去非吾宗國比也蓋當去魯之時則遲遲其行爲道當去齊之時則接淅而行爲道其所以爲道者乃天之理而非人之所爲也雖然孟子學孔子者也其去齊也非爲家國而有三宿出晝之濡滯何耶孟子於宣王蓋有望焉故於其去也亦有眷眷不能以已者夫其不能以已者是固道之所存時異事異則其道亦異若使孟子執夫子去他國之義而於去齊之際無所動其心是亦爲舉一而廢百非聖人之所以爲道者也

○孟子曰君子之戹於陳蔡之閒無上下之交也

君子孔子也戹與厄同君臣皆惡無所與交也

【張氏註】無上下之交者若其君臣皆莫知敬聖人也孔子在當時諸國之君雖莫能行其道然其臣下亦有知敬而願交者矣如蘧伯玉王巢公之徒是也至陳蔡而無上下之交則一國之人才可知矣聖人盡顯比之道親己與否則在其人無上下之交至戹於陳蔡是亦天也聖人樂天而已故於是時子路問君子亦有窮乎則應之曰君子固窮窮小人窮斯濫矣

【纂疏】輔氏曰陳蔡之厄聖人之極否也故孟子特原其事以爲蓋緣君臣俱惡無所與交之故是亦氣數之窮在聖人則何與焉

○貉稽曰稽大不理於口貉音陌

趙氏曰貉姓稽名爲衆口所訕理賴也今按漢書無俚方言亦訓賴

【張氏注】理，治也。

【纂疏】輔氏曰：理雖訓賴，而曰大不賴於口，若言大爲衆口所訕，不見理於衆口，是無所賴於衆口也。

孟子曰：「無傷也。士憎茲多口。

趙氏曰：爲士者益多爲衆口所訕。按此，則憎當從土。今本皆從心，蓋傳寫之誤。

【張氏注】憎，益也。

詩云：『憂心悄悄，慍于羣小。』孔子也。『肆不殄厥慍，亦不隕厥問。』文王也。」

詩邶風柏舟及大雅緜之篇也。悄悄，憂貌。慍，怒也。本言衛之仁人見怒于羣小，孟子以爲孔子之事可以當之。肆，發語辭。隕，墜也。問，聲問也。本言太王事昆夷，雖不能殄絕其慍怒，亦不自墜其聲問之美，孟子以

爲文王之事可以當之。○尹氏曰言人顧自處如何

盡其在我者而已

語錄　問衛邶柏舟之詩何與孔子而孟子以此稱孔子何也曰此不必疑如見毀於叔孫幾害於桓魋皆慍于羣小也辭則衛詩意以孔子之事故孟子以此言孔子至於緜詩肆不殄厥慍之語註謂文王以詩考之正說文王太王下文豈得便言文王如此意其間須有闕文

張氏注　肆猶言遂也承上起下之辭貉稽意以欲爲善士而不勝於流俗之訕毀故有此問孟子告之以無傷也蓋君子修其在我者當己而已豈議當爲傷乎常情於衆人固有置而不問者至於有欲自修之人則衆口以萃之故曰士憎兹多口然自爲士者觀之使其訕毀而是則可以增修己之德使其非也吾果何所傷乎所謂無傷比其言辭氣不迫而意則盡矣又言文王孔子之事以謂文王孔子之聖也而猶不免焉況於其他哉孔子亦慍于羣小矣然其所爲慍者憂其害正道而禍斯民且孔子何有乎文王亦慍於昆夷矣而不遂殄絕之以增修吾德不隊矣今問爲先且孝者存心乎聖人賢之以公理則不理於口何足病哉雖然聖人亦有慍乎喜怒憂患聖人與衆

人同有而所以喜怒憂患則異矣知是數者聖人
不能無又知其所以異則亦可以窺聖人之心矣
纂疏 輔氏曰尹氏深得此章之旨孔子文王之心亦如是而已矣
○孟子曰賢者以其昭昭使人昭昭今以其昏昏
使人昭昭
昭昭明也昏昏闇也尹氏曰大學之道在自昭明德
而施於天下國家其有不順者寡矣
張氏注 賢者自明其德以其明德而以明人成己成物一道也不賢者在己之不明而責人之明難矣故賢
者之教人人樂從之以其身先之故也不然則無以
孚信於人將惕然而不服雖欲使之然其可得哉
纂疏 輔氏曰以己之昭昭使人昭昭者求之己也以己昏昏使人昭昭者求之人也尹氏引大學之說當矣能明
明德則施於天下國家其有不順者寡矣若不自明其德
則如面牆一物無所見一步不可移雖至近如妻子亦且
不順之物
况於人乎

○孟子謂高子曰：山徑之蹊間，介然用之而成路；為間不用，則茅塞之矣。今茅塞子之心矣。介音戛。

徑，小路也。蹊，人行處也。介然，倏然之頃也。用，由也。路，大路也。為間，少頃也。茅塞，茅草生而塞之也。言理義之心不可少有間斷也。

【張氏注】此章言學者初聞善道，其心不無依慕而開明，猶山徑之有蹊間介然也。由是而躬認擴充，朝夕於斯，則德進而業廣矣，猶用之而成路矣。苟惟若有若亡而不用其力，則内為氣習所蔽，外為物欲所誘，向之開明者幾何不復窒塞邪？是不用而茅塞之故也。今茅塞子之心矣。然則山徑之蹊間在夫用與不用，士之於學亦係於思與不思而已。思則通，不思則窒矣。

【纂疏】輔氏曰：理義之心，人所固有，雖易發而亦易窒。日用之間，才有所感，其端固未嘗不發見也。此正猶山中之小徑，人能由之，則倏然之間遂可以成路；亦猶人於善端發見處能察而力行之，則亦可以成德。若或少頃之間不一能由之則萌芽生而塞之矣然功利之端紛然發於左右或不能自覺察而力充之則內爲氣習所蔽外爲物欲所誘而遂窒之矣孟子言此蓋以見學者於理義之心不可少有間斷也

○高子曰禹之聲尚文王之聲

尚加尚也豐氏曰言禹之樂過於文王之樂

孟子曰何以言之曰以追蠡追音堆蠡音禮

豐氏曰追鍾紐也周禮所謂旋蟲是也蠡者齧木蟲也言禹時鍾在者鍾紐如蟲齧而欲絕蓋用之者多而文王之鍾不然是以知禹之樂過於文王之樂也

〔表氏註〕尚貫尚也追鍾紐也蠡欲絕之貌蠡齧之深也

〔纂疏〕趙氏曰按考工記鍾縣謂之旋旋蟲謂之幹蓋縣鍾之紐也其形如環環則有盤旋之義縣鍾則假物以爲之附著鍾假於此若盤旋然於旋之上爲蟲形以飾之自漢以來鍾旋之上以銅篆作蹲熊及盤龍獸

名辟邪皆旋蟲之類也

曰是奚足哉城門之軌兩馬之力與與平聲

豐氏曰奚足言此何足以知之也軌車轍迹也兩馬一車所駕也城中之涂容九軌車可散行故其轍迹淺城門惟容一車車皆由之故其轍迹深蓋日久車多所致非一車兩馬之力能使之然也言禹在文王前千餘年故鍾久而紐絕文王之鍾則未久而紐全不可以此而議優劣也○此章文義本不可曉舊說相承如此而豐氏差明白故今存之亦未知其是否也

集義 尹氏曰城門之軌豈兩馬之力哉歲久而用之多也高子以追蠡言之失矣

張氏注 觀高子之問則抑可見其學淺之心矣故記者列於前章之後

○齊饑陳臻曰國人皆以夫子將復爲發棠殆不可

可復之復扶又反、

先時齊國嘗饑孟子勸王發棠邑之倉以振貧窮至此又饑陳臻問言齊人望孟子復勸王發棠而又自言恐其不可也、

集義 范氏曰孟子在賓師之位方以仁義説齊王幸而聽其言故發棠邑之粟然而不行王政孟子言終不合及再饑孟子遂不復言旣知其不可言也、

孟子曰是爲馮婦也晉人有馮婦者善搏虎卒爲善士則之野有衆逐虎虎負嵎莫之敢攖望見馮婦趨而迎之馮婦攘臂下車衆皆悅之其爲士者笑之

手執曰搏卒爲善士後能改行爲善也之適也負依也山曲曰嵎攖觸也笑之笑其不知止也疑此時齊王已不能用孟子而孟子亦將去矣故其言如此

【張氏注】君子之動，惟其時而已。前日之飢，勸之使發棠，時乎可言也；今日之飢而不之勸，時乎不可言也。苟徒慕夫言發棠之爲美，而不度其時之可否，則爲徇乎血氣，而不中理義之節，非君子之道矣。故陳臻以復發棠爲問，而以馮婦應之。馮婦始以搏虎聞，其後爲善士矣。乘車而之野，見虎負嵎，衆莫敢攖，扭夫前日之搏，而忘夫今日之不可搏也，於是攘臂下車焉。是爲氣習所動而不能勝矣。故衆雖悅之，而爲士者則笑之，以其非所宜施也。發棠之事，言於前日時也，若於其不當言而必欲言之，是蔽於事爲而昧乎時義，與馮婦之攘臂下車何異哉？世固有勇於爲善事，若不察夫義理之當然與否，而必爲之，蓋亦足以悅於流俗，然發不中節，有害於君子之道，是皆馮婦之類耳。學者其無惑於衆之悅而有動哉！審諸己而已矣。

【纂疏】輔氏曰：齊人之所望於孟子者，利也，而孟子之所以自守者，義也。夫告君以發粟振民，是亦美事，固君子所樂爲者。但是時齊王已不能用孟子，而孟子亦將去矣，故其義不當復有所言耳。君子之所爲，與時屈伸，不主故常，唯義理如何耳。饒氏曰：言徇其常所爲，若以取人之悅，馮婦之類也。

○孟子曰：口之於味也，目之於色也，耳之於聲也，鼻之於臭也，四肢之於安佚也，性也，有命焉，君子不謂性也。

程子曰：五者之欲，性也。然有分，不能皆如其願，則是命也。不可謂我性之所有而求必得之也。愚按：不能皆如其願，不止爲貧賤。蓋雖富貴之極，亦有品節限制，則是亦有命也。

語錄曰：此性字指氣質而言，此命字卻合理與氣而言。○又云：五者之欲，這雖說道性，其實這已不是性之本原。惟性中有此理，故口必於味，耳必於聲，目必於色，鼻必於臭，四肢必於安佚，自然發出如此。若本無此理，口自不欲味，耳自不欲聲，目自不欲色，鼻自不欲臭，而四肢自不欲安佚。寓　賀孫○五者之欲，固是人性，然有命分。既不可謂我性之所有而必求得之，又不可謂我分可以得而必極其欲。如貧賤不能如願，此固分也；富貴之極，可以無所

上五者是人心，人皆欲之以徇其在人，而君子則抑之以天；下五者是道心，人皆知委其在天，而君子則勉之以人，此知命盡性孟學也

不爲然亦有限制裁節，又當安之於理。如紂之酒池肉林，却是富貴之極，而不知限節之意。若以其分言之，固無不可爲，但道理却恁地不得。今人只說得一邊，不知合而言之，未嘗不同也。

【纂疏】輔氏曰：程子不謂性之說固已盡之，其曰不可謂我性之所有而求必得之，便是解不謂性一句也。○又曰：若謂貧賤故五者不能如其所願，則只說得一邊，如武帝之千門萬户，却是不知限節。

仁之於父子也，義之於君臣也，禮之於賓主也，智之於賢者也，聖人之於天道也，命也，有性焉，君子不謂命也。

程子曰：仁義禮智天道，在人則賦於命者，所稟有厚薄清濁，然而性善可學而盡，故不謂之命也。張子曰：晏嬰智矣，而不知仲尼，是非命耶？愚按：所稟者厚而清，則其仁之於父子也至，義之於君臣也盡，禮之於

賓主也恭實之於賢否也哲聖人之於天道也無不脗合而純亦不已焉薄而濁則反是是皆所謂命也或曰者當作否人衍字更詳之○愚聞之師曰此二條者皆性之所有而命於天者也然世之人以前五者爲性雖有不得而必欲求之以後五者爲命一有不至則不復致力故孟子各就其重處言之以伸此而抑彼也張子所謂養則付命於天道則責成於已其言約而盡矣

【集義】横渠先生曰性也命也皆天所與我莫非定分惟求諸己付諸天爲有異耳勉而可至者吾將求諸己欲而不得者吾將付諸天而已○尹氏曰性者言其有命者言其有性蓋以人之所欲者君子不專以言性人之當爲者君子不專以言命君子所能衆人所病究言其實有教存焉

【語錄】曰命也有性焉此命字專指氣而言此性字却指理而言如舜遇瞽瞍固是所遇氣數然舜卻推盡事親之

道理於底蘊此所謂盡性夫凡清濁厚薄之禀皆命也一以所禀言之一以所值言之所造之有淺有深所感之有應有不應皆厚薄清濁之分不同且如聖人之於天道如堯舜則是性之湯武則是反之禹則入聖域而不優此是合下所禀有清濁而所造有淺深不同文王之囚羑里夫子之不得位此是合下所禀有厚薄而所遇有應有不應但其命雖如此又有性焉故當盡性○又曰以厚薄言命則是天之降才爲有殊矣曰孟子言降才自如此説若命則誠有兩般由禀受有厚薄也又不可謂禀受爲非命也大抵天命流行物各有得不謂之命不可也命如人有貧富貴賤豈不是有厚薄○命有兩般有以氣言者厚薄清濁之不同也如所謂道之將行將廢命也得之不得曰有命是也有以理言者天道流行付與在人則爲仁義禮智之性如所謂五十而知天命天命之謂性是也二者皆天所付與故皆曰命○横渠云晏嬰之智而不知仲尼是非命歟此命字恐作兩般看若作所禀之命則是嬰禀得智之淺者若作命分之命則是嬰偶然蔽於此遂不知夫子此當作兩般看○曰清而厚則仁之於父子也至若瞽瞍之於舜則薄於仁矣義之於君臣也盡若桀紂之於逢干則薄於義禮薄而至於賓主之失其禮智薄而至於賢者之不

能盡知其極至於聖人之於天道有性之反之之不同是皆所謂命也。

總論二節之旨

曰、口之於味五者也、因同性之所欲、然在人則有所付之分、在那則有不易之則、皆命也。是以不謂之性。付命於天、仁之於父子五品在我、則有隆薄之稟、在彼則有遇不遇之殊、是皆命也。然有性焉、是以君子不謂之命、而責成於己、須如此看、意思方圓、無交關處。○[illegible]○口之於味、目之於色、耳之於聲、鼻之於臭、四肢之於安佚、屬是性、然亦便是合下賦予之命。仁之於父子、義之於君臣、禮之於賓主、智之於賢者、聖人之於天道、屬是命、然亦便是各得其所受之理、便是性。孟子恐人只見得一邊、故就其所主而言。舜禹相授受、只說人心惟危、道心惟微、論來只有一箇心、那得有兩樣？只就他所主而言、那箇便喚做人心、那箇便喚做道心。人心如口之於味、目之於色、耳之於聲、鼻之於臭、四肢之於安佚、若以為性所當然、一向惟意所欲、却不可、蓋有命存焉、須着安於定分、不敢少過始得。道心如仁之於父子、義之於君臣、禮之於賓主、智之於賢者、聖人之於天道、若以為命已前定、任其如何、更不盡心、却不可、蓋有性存焉、須着盡此心以求合乎理始得。○上二云性也、是氣稟之性、有命焉是斷制人心欲其不敢過也下云命也蓋其所受氣稟亦有厚薄之不齊有性焉是亦識道以欲其無不及也〔新安〕〔陳〕○曰此章只要遏人欲長天理前一節人以爲性我所有須要必得後一節人以爲命則在天多委之而不備所以孟子到人說性處却自有命人說命處却曰有性○〔[illegible]〕

〔或問〕所謂性命者何不同曰性者人之所受乎天者其體則不過仁義禮智之理而已其發則雖食色意欲之私亦無不本於是也命則因夫氣之厚薄而賦於人之名也不惟智愚賢否之所繫雖貧富貴賤之所[illegible]不由於是也故君子於食色意欲之私則不謂之性而[illegible]於貧富貴賤之有命於智愚賢否之殊則不謂之命而從於仁義禮智之有性也或謂以五者之命皆爲所值之不同如舜之於瞽瞍則仁或不得於父子文王之於紂則義或不得於君臣孔子之於陽貨則禮或不得於賓主子貢不能聞一知十則智或不得於賢者孔子不得堯舜之位則聖人或不得於天道此皆命也然君子當勉其在己者而不歸之命其義亦通

〔張氏〕曰口之於味目之於色耳之於聲鼻之於臭四肢之於安佚人之所同然有是形則有是性謂之性可

也然而是皆有定分而不可以越此其人之所得爲實天所制也故曰有命焉世徒以此爲性而不知命之所存則縱欲而莫知所止反賊夫天性之理矣故君子不謂性所以遏人欲之流而保其天性者也父子之有仁君臣之有義賓主之有禮此其出於自然者以賢者之知異於衆人而天道備於聖人之身亦由其稟質之異也故謂之命可也然人均有是性仁義禮智之體無不完具於一性之内天道亦無所虧欠也故於父子之仁而可極於仁之至充夫君臣之義而可至於義之盡充夫賓主之禮而禮無所不備以至於賢者之知聖人之天道皆可學而及焉蓋人皆可以爲聖人而不爲聖人者是其充之未至不能盡其性耳故曰有性焉若徒以此爲命而不知其性之所有則委之自然而莫之進德反隳其命之正矣故君子不謂命所以有天理之公而立其正命者也一則不謂性而性之理所以明一則不謂命而命之理所以著性命之理互相發明其義益精微矣

纂疏 潛室陳氏曰此一節以上五者爲性則見血氣而不見道理以下五者爲命則見氣數而不見道理孟子於常人說性處却以命言則人之所嗜欲雖所同有而有品節限制不可必得於常人說命處却以性言則人之於義

理其氣禀雖有清濁不齊但是著力自做工夫不可一一委之天大要止是以心以人此皆知循其在己而君子則斷之以天下是道以人皆知委其在天而君子亦斷之以人此君子之言知命盡性之學所以異乎常人之言也歟

○浩生不害問曰：樂正子何人也？孟子曰：善人也，信人也。

趙氏曰浩生姓不害名齊人也

何謂善？何謂信？

不害問也

曰：可欲之謂善，

天下之理，其善者必可欲，其惡者必可惡，其為人也，可欲而不可惡，則可謂善人矣。

語錄 曰有可欲之善然後有諸己而充實將去若無可欲者則充實箇甚物譬如必先討得眞實藥材然後修

製以至爲圓爲散若是藥材不眞須百般羅碾畢竟不是

蔡氏録○曰可欲是說這人可愛也○又曰只是渾全一箇好人都可愛可欲更無些憎嫌處○又曰人之所同愛而目爲好人者謂之善人○

饒氏録

或問此一節曰善者人之所欲惡者人之所惡其爲人也蓋以造事行己接物凡其所爲一皆可欲而不可惡則是可謂善人矣

纂疏輔氏曰先儒多以可欲爲己之欲如書所謂欲脩其可願之意獨集註不然可欲是別人以爲可欲蓋若以爲己之欲則說得太輕且人之欲有善惡不同故也

有諸己之謂信。

凡所謂善皆實有之如惡惡臭如好好色是則可謂信人矣○張子曰志仁無惡之謂善誠善於身之謂信。

或問此一節曰善人者或其天資之美或其知及而勉慕焉耳必其眞以爲然而果能不失也必其用力之久

一曰脫然有以真知其善之在己而不得不然決定真實而無一毫虛僞之意然後可以謂之信人矣。

【纂疏】輔氏曰善固多端故集註言凡所謂善以欲之如惡惡臭如好好色則表裏誠實無一毫勉强假托之意也

充實之謂美，力行其善至於充滿而積實則美在其中而無待於外矣。

【語錄】曰不待於外都是裏面流出來。

【或問】此一節曰信足以自信於心而已未必其行之充足飽滿而無欠闕於身也然既信之則其行必力其守必固如是而不可已焉則其所以之善充足飽滿於其身雖其隱微曲折之間亦皆清和淳懿而無不善之雜是則所謂美者也。

【纂疏】輔氏曰有諸己則已是知至意誠之事然又須見於踐履方得故云力行其善至於充滿其裏畜積成實然後美在其中而無所待於外矣。

充實而有光輝之謂大

和順積中而英華發外美在其中而暢於四支發於
事業則德業至盛而不可加矣

【或問】此一節曰美只是充盛於其內而已而未必行能發見於外也又如是而不可已焉則其善充是於內者彌滿布濩洋溢四出而不可禦其在躬也則睟面盎背而施於四體其在事也則德成盛化熟而天下文明是則所謂大人者也

【纂疏】輔氏曰大則形見於外矣故集註以德業至盛不可加言之

大而化之之謂聖

大而能化使其大者泯然無復可見之迹則不思不
勉從容中道而非人力之所能為矣張子曰大可為
也化不可為也在熟之而已矣

【語錄】伊川曰大而化之只是理與己一橫渠云大成性之謂聖又先生云化其大之迹之謂聖二者恐是一意

先生曰然

萬人傑

【或問】此一節曰大而不化則其所謂大者未必離乎方軆形迹之間必其德之盛者日以益盛仁之熟者日以益熟則向之所謂大者且將春融凍解混然無迹而與天地合德日月合明四時合序鬼神合其吉凶矣是則所謂聖人者也

【纂疏】輔氏曰大則猶可以目見而指言至於化則無迹不可以目見不可以言傳無待於思惟無假於勉強從容自然與道為一而非人之智力所能及矣

聖而不可知之之謂神

程子曰聖不可知謂聖之至妙人所不能測非聖人之上又有一等神人也

【總論六節之旨】程子曰乾聖人之分也可欲之謂善屬焉坤賢人之分也有諸己之信屬焉一箇是自然一箇是做工夫積習而至又曰善信美大聖神是六等人可欲之謂善是說資稟無惡可欲是別人以為可

欲有諸己之謂信是說文字李閎祖○善人只是箇資稟好底人孔子所謂不踐迹亦不入於室者是也是箇都無惡底人亦不知得如何是善只是自是箇好人而已有諸己之謂信便是都知得了實是如此做此是就心上說心裏都理會得充實之謂美是就行上說事事都行得盡充滿積實美在其中而無待於外又曰善是渾全底好人無可惡之惡有可欲之善有諸己之謂信是實有此善若不有諸己則若有若亡如此則不可謂之信自此而下雖一節深如一節却易理會充實謂積累之光輝謂發見於外化則化其大之之迹之謂聖不可知便是神也所以明道言仲尼無迹顏子微有迹孟子其迹著或問顏子之微有迹處答云如顏子無伐善無施勞皆是若孔子有迹只是人捉摸不著○金去偽○饒氏錄○此六位為六等人耳合所謂善者乃指其理而非目其人之言與後五位文意不同又舊說信為自信之信今按此六位皆指人而名之之辭然則亦不得為自信之信矣答張敬夫○饒氏錄

或問此一節曰至於聖則造道入德之功至矣盡矣不可以有加矣是其盛德至善之極無聲無臭之妙必有非耳目所能見聞心思所能測者是則所謂神者而非聖人之上復有神人也夫自可欲而至於大則思勉之所及也

至於聖且神焉則雖非思勉之所及然非思勉之所不已焉則亦未有至焉者也

樂正子二之中四之下也

蓋在善信之間觀其從於子敖則其有諸己者或未實也張子曰顏淵樂正子皆知好仁矣樂正子志仁無惡而不致於學所以但爲善人信人而已顏子好學不倦合仁與智具體聖人獨未至聖人之止耳○程子曰士之所難者在有諸己而已能有諸己則居之安資之深而美且大可以馴致矣徒知可欲之善而若存若亡而已則能不受變於俗者鮮矣尹氏曰自可欲之善至於聖而不可知之神上下一理擴充而至於神則不可得而名矣

語錄 曰樂正子二之中是知好善而未能有諸己故有從子敖之失

或問 樂正子以善名矣而以餔啜從子敖先能全後長者何也曰言在二者之中則有所能於善而不足於信矣

此凡六等之中，謂善與信之中也，四之下者美

張氏註

之下也。可欲者動之端也。蓋人具天地之性，仁義禮智之所存，其發見則爲惻隱羞惡辭遜是非，所謂可欲也。以其端緒純粹，故謂之善。蓋於此照察之可萌也。至於爲不善者，是則知誘物化，動於血氣，有以使之，而失其正，非其所可欲者矣。故信者，信此而已；美者，美此而已；大則充此而有輝光也；化則爲聖，而其不可知則神也。至於聖與神，其體亦不外此而已。人雖不有是善，而爲濁習所蔽，莫之能有，惟其有之久而後能實有之。夫有之，如他人之物，有諸己而後爲己物也。自是而不已焉，則進乎充實之地。充實者，充盛篤實也。美者，美在其中，成章之謂也。美之所積者厚，則光輝之所發者充塞而不可揜，故謂之大。然猶有大之可名也。至於大而化，則大不足以名之。程子謂未化者如操尺度量物，用之尚不免於有差；至於化，則己即是尺度，尺度即己，蓋成乎天者也。若夫所謂神，則是聖人之妙，人不可得而測者，不疾而速，不行而至，是也。非聖之外復有所謂神，神即聖人不可知者也。雖然，可欲之善，聖神之事備焉，人之生而靜，皆具此體也。惟夫有以斲喪之，故必貴乎學以復其初。學而後能有由是而進，則所謂美且大可以馴致，至於化而聖，然後爲全盡純於此者歟。若

夫生知之聖則初無喪失即其體而無不至焉故程子曰
乾聖人之事也可欲之善屬焉坤學者之事也有諸己之
信屬焉此章言進學之序甚明在學者當以聖人為標的
循其序以進有常而不息終吾身焉可也若有要成之意
臆度而躐等則非學之道矣稱樂正子而曰善
人信人者蓋欲存所謂善而進於有諸己者也

講義 學之所造有淺深則德之所至有高下聖賢推明其
序使學者循而進焉其望於斯世亦至矣由善而信
由信而美以至於大而為聖為神夫聖神者豈常人之所敢
望哉孟子當戰國之際其告人者不曰堯舜則曰湯武豈
固強人以其所不能哉蓋人性皆善聖神者亦吾性之
所固有爾學者豈以不能為患哉患不為也雖然聖神固
可學也而乃始之以可欲之謂善何哉此孟子指其至易
曉者而示人以入道之門也蓋學者入道之初將以決其
所趨向不必它求也求之於可欲不可欲之間而已今有
人焉孝悌忠信樂善不倦不拂吾之所欲而人亦以為可欲
也不仁不智無禮無義不惟人以為可惡而吾亦自知其
可惡也學者反而思之凡吾言行之間果可欲乎果可惡
乎從其所可欲捨其所可惡斯可以為善人矣由是而進
焉雖聖神可為也孟子教人而其約而易知簡而易行也

哉。又曰：無爲其所不爲，無欲其所不欲，如斯而已矣。亦此意也。然之以人之所難能，而曉之以人之所易知，聖賢之望於學者如此，而學者顧不思焉，其亦可歎也哉。

【纂疏】輔氏曰：意者樂正子雖能明善，而亦止大卞到於善未誠，使其以誠有諸己，則於欲仔殺之事，當如惡惡臭，而自不斷間斷也。○又曰：張子幷顏子言之，以見學之不可已如此。○又曰：程子又發明學者只要有諸己，有諸己則生不得自然趲將去，故美且大可以循致，不然徒知其善而若存若亡，則爲流俗所變，而終亦必亡之矣。○又曰：尹氏上下一理之說，尤得其要。推其不可得而名，故謂之神也。

○孟子曰：逃墨必歸於楊，逃楊必歸於儒。歸，斯受之而已矣。

墨氏務外而不情，楊氏太簡而近實，故其反正之漸大畧如此。歸斯受之者，閔其陷溺之久，而取其悔悟之新也。

纂疏　輔氏曰：兼愛固仁之事，若泛然而無差等，則反至於徇外；爲我固義之事，若徒知有己而不知有人，則遂至於太簡。徇外則不能若其情，故有所獨有所獨故不情；太簡則畧於外，故猶近實，近實則反正爲易矣。自其外而觀之，則兼愛若勝於爲我；自其心而觀之，則兼愛之失爲甚，而爲我之失猶近也。

今之與楊墨辯者，如追放豚，既入其苙，又從而招之。

放豚，放逸之豕豚也。苙，闌也。招，罥也，羈其足也。言彼既來歸而又追咎其既往之失也。○此章見聖賢之於異端，距之甚嚴，而於其來歸，待之甚恕。距之嚴，故人知彼說之爲邪；待之恕，故人知此道之可反，仁之至，義之盡也。

語錄　曰：楊墨皆是邪說，無大輕重，但墨氏之說尤出於矯僞，不近人情而難行，故孟子之言如此，非以楊氏爲可取也。

張氏注　兼愛者棄本而外馳者也，故兼愛而行之有弊，則必思所以逃，逃而反諸其身，而從夫爲我，爲我則有狹隘私勝之患行之有弊則必思所以逃而求所以攢之者而歸於儒矣墨之比楊猶奢之比儉獨爲者固非然猶愈於兼愛之泛也泛者尤難反耳聖賢之心量之弘猶天地也歸斯受之不亦弘乎蓋與人爲善之公也人孰不可以爲善哉如逐放豚入其欄苙又從而縶之者惟恐其復逸也聖賢之待人其歸也受之而已固不保其往也畔與不畔蓋在彼也豈恐其叛去而必欲堅之則是私意之所加而非天之理矣故夫歸而不受則是逆詐億不信而拒乎物矣受而必欲其不去則是有固有必而滯於物矣有一於此皆非聖賢之心故辯異端之失以待來者而不拒焉此聖賢之心乃天地之心也

【纂疏】輔氏曰集註發明聖賢待異端之道以拒之甚嚴爲義之盡以待之甚恕爲仁之至其亦異乎楊墨之所謂仁義者乎

○孟子曰有布縷之征粟米之征力役之征君子用其一緩其二用其二而民有殍用其三而父子離

征賦之法歲有常數然布縷取之於夏粟米取之於
秋力役取之於冬當各以時若并取之則民力有所
不堪矣今兩稅三限之法亦此意也尹氏曰言民爲
邦本取之無度則其國危矣
張氏註先王之所以征者什一之法助而不稅耳然有布
縷之征爲其有宅而不毛者使之出里布也有粟
米之征爲其有田而不耕者使之出屋粟也有力役之征
爲其無職事者使之出夫家之征也若農之服田所出不
過助穀耳是古者未嘗不用其一而緩其二也至戰國之
際既廢什一之法而是三者又斂於並征而民始困窮矣
故用其二而民有殍用其三而父子離取之既極仰事俯
育不能給也凶年饑歲不能支也而必至此極也是豈爲
民父母之道哉嗟乎後世取民之制謂莫善於唐而租庸
調之法亦三者並征矣又況於自更兩稅之後無名之征
日以滋蔓而山澤所出又皆竭取農民困苦窮歲猶有不
足之事一不幸而遭値水旱則莩殍滿道父子不相保甚
至於殘人理而相食者有矣今予兆民若使之至此可不動
心乎有王者出必於一身躬行之道以達於天下節以御

度而無不足之患然後可征
可得而弛民生可得而阜矣

【纂疏】輔氏曰此乃孟子言之以警夫取民無度者今■稅三限之法其意亦如此而有司乃有頭借之名重催之弊其不仁甚矣○問布縷粟米力役之征周禮皆取之而孟子言用其一而緩其二朱子乃有夏秋之辨夫秋夏之說始出於唐不知何所據而云潛室陳氏曰緩恐發其征但不作一時并征之耳月令孟夏蠶事畢而獻繭稅孟秋農乃登穀始收斂布縷征之夏粟米征之秋乃古法非唐分兩稅也布縷粟米之征乃是取大曆十四年應干賦斂之數併而為兩稅名同實異失孟子之意矣

○孟子曰諸侯之寶三土地人民政事寶珠玉者殃必及身

尹氏曰言寶得其寶者安寶失其寶者危

【張氏注】土地吾受之於先君者也人民吾所恃以為國者政事吾所以治也以之為寶則必敬之而不敢

尊重之而不敢輕褻愛惜護持而惟恐其有所玷失也常存是心故兢兢業業不行焉而國家可寶矣夫是三者之所以爲寶者以理義所在故也若寶珠玉則是貴於物而已貴於物則息於物息於物則逐物而不知止矣於是崇欲而棄道於其所當寶者皆忽然忘之矣然則不亦殆乎故曰殃必及身西旅獻獒而太保有玩物喪志之戒必曰不寶遠物則遠人格所寶惟賢則邇人安蓋懼夫一爲物所移則移其所當寶者也子罕辭玉而曰子以玉爲寶我以不貪爲寶若以與我皆喪寶也不若人有其寶亦可謂知所擇也

○盆成括仕於齊孟子曰死矣盆成括見盆成括見殺門人問曰夫子何以知其將見殺曰其爲人也小有才未聞君子之大道也則足以殺其軀而已矣

盆成姓括名也恃才妄作所以取禍徐氏曰君子道其常而已括有死之道焉設使幸而獲免孟子之言猶信也

【語録】語録曰：恃才妄作，謂不循理了，硬要胡做。

【張氏注】才如聰給敏捷之類。小有才而未聞大道，則必求所以用其才，謂聰明智力之可以有爲，而不知理義之所在。若是者，極其才而不知所止，不至於顚覆則不已。故盆成括仕於齊國之時，孟子知其必見殺也。蓋不聞道義則爲才所役，聞道則有以爲用矣。所謂道者，非他也，理義之存乎人心者也。於此有聞，則其進退語默之際，皆有所據，而才有所不敢恃矣。故夫人之有才，本不足以爲人害，惟其無所本而徒用其才，於是而才始足以病己，甚至於有取死之道。又不若魯鈍無才之爲愈也。夫小有才而未聞道者，苟且不能保，而爲國者乃信而用之，亡國敗家，其何日之有。

【纂疏】輔氏曰：才出於氣而有限，故曰小；道本於性而無方，故曰大。況曰小才，則又才之小者也。夫道者，義理之總名也。不顧義理而惟才是逞，則行險僥倖，無所不至，不至於顚覆不已也。○又曰：孟子之言，但述其理之當然耳，不以是爲前知也。若不逆而以是爲奇，則必以料事爲明，而駸駸然入於逆詐億不信矣。

○孟子之滕館於上宮有業屨於牖上館人求之弗得

館舎也上宮別宮名業屨織之有次業而未成者蓋館人所作置之牖上而失之也

或問之曰若是乎從者之廋也曰子以是爲竊屨來與曰殆非也夫子之設科也往者不追來者不距苟以是心至斯受之而已矣

從爲去聲與平聲夫子如字舊讀爲扶余者非

或問之者問於孟子也廋匿也言子之從者乃匿人之物如此乎孟子答之而或人自悟其失因言此從者固不爲切屨而來但夫子設置科條以待學者苟以[illegible]向道之心而來則受之耳雖夫子亦不能保其

往也門人取其言有合於聖賢之指故記之

【張氏註】讀此章可見孟子於世俗酬酢無不曲盡其理也疑從者之廋屨其人亦難語矣孟子應之辭氣不追不曰從者之必不然但問之曰子以是爲竊屨來與謂子以爲彼來從我者爲竊屨而來歟此雖甚愚人亦知其不然也故曰殆非也則告之云夫子之設科其往者固不追而來者亦不拒也以是心至則受之矣固不能保其往其含洪光大無內無外亦以酬酢之名可謂無不盡矣夫往者不追來者不拒此所以王用三驅失前禽之意至公無私者也以是心至則受之矣人皆可以爲善固爾或以爲此不已泛乎蓋以是心至而後受之則固不泛也以是心謂有信之之心若不然求孺悲辭以疾而於滕更亦有所不答矣

【纂疏】輔氏曰先儒多讀夫子作扶子而以爲孟子自說朱子獨以爲夫子而作問者自悟其失而言者蓋不僭以殆非也下無曰字而知其然若以爲孟子之言則不惟處殆非也所以字文若將使文字者不自重惟以爲問者之言則可取愚常與朋友共講論若往往以字者之失而識先生長者是其識量又不逮於當時織屨而矣苟以是

心至斯受之者與人爲壽之公心也公去於孺悲之欲見則
辭以疾識更之方有則不見答是又義者所當然也然教
亦固在
於中矣、

○孟子曰人皆有所不忍達之於其所忍仁也人皆有所不爲達之於其所爲義也

惻隱羞惡之心人皆有之故莫不有所不忍不爲此仁義之端也然以氣質之偏物欲之蔽則於他事或有不能者但推所能達之於所不能則無非仁義矣

〔纂疏〕輔氏曰此一節言凡人皆有所不忍有所不爲夫不忍者惻隱之事也不爲者羞惡之事也是皆本於性發於情而統於心人之所固有者也但爲氣稟所拘物欲所蔽則心失其正而不能統夫性與情故有所當發而不發亦有所不當發而反發遂至於其所不忍者或有時而忍於其所不爲者或有時而爲而性亦從而梏亡之矣今教之以推所不忍以達於所忍推所不爲以達於所爲如是則心得其職情得其正而性之所以爲仁義者得矣○

西山眞氏曰有所不忍有所不爲者此心之正也能即是心而推之雖所忍者亦不忍即仁也雖所爲者亦不爲即義也

人能充無欲害人之心而仁不可勝用也人能充無穿踰之心而義不可勝用也勝平聲

充滿也穿穿穴踰踰牆皆爲盜之事也能推所不忍以達於所忍則能滿其無欲害人之心而無不仁矣能推其所不爲以達於所爲則能滿其無穿踰之心而無不義矣

纂疏 輔氏曰此一節因前說而教人以充滿其本心之量無欲害人之心即是所不忍也無穿踰之心即是所不爲也是心也其量甚大其用有常人能推所不忍以達於其所忍然後能充滿其無欲害人之心量推所不爲以達於其所爲然後能充滿其無穿踰之心量能充滿其心量則其用自常而仁義不可勝用矣

人能充無受爾汝之實無所往而不爲義也

此申說上文充無穿踰之心之意也蓋爾汝人所輕賤之稱人雖或有所貪昧隱忍而甘受之者然其中心必有慚忿而不肯受之之實人能即此而推之使其充滿無所虧缺則無適而非義矣

【語錄】曰看來實字對名字說不欲人以爾汝之稱加諸我是惡爾汝之名也然反之於身而去其無可爾汝之行是能充其無受爾汝之實也若我身有未是處則雖惡人以爾汝相稱亦自有所愧矣○【通證】

【纂疏】輔氏曰此一節事愈微而理愈密夫人不受爾汝之稱其事雖微然皆是其羞惡之實心存養之不加體察之不至則不受之心雖有得於此而或遂失於彼則亦不能充滿其實心之量而義有時而不行矣惟能推所不受而達之於所受不以事之微而不察不以迹之麄而姑自恕亦必推所不受以達於所受而無所滲漏然後能充滿其無受爾汝實心之量無所適而不為義也

士未可以言而言是以言餂之也可以言而不言

是以不言餂之也是皆穿踰之類也（餂音忝）

餂探取之也今人以舌取物曰餂即此意也便佞隱默皆有意探取於人是亦穿踰之類然其事隱微人所忽易故特舉以見惻明必推無穿踰之心以達於此而悉去之然後爲能充其無穿踰之心也

【集義】呂氏曰達者與此心加諸彼充者充己性之所有惻隱之心仁之端也不能充之則不能仁民而愛物故擴而充之此惻隱無欲害人之心則仁不可勝用言仁有餘也羞惡之心義之端也不能充之雖不爲穿踰小盜萬鍾之祿則不辨禮義而受故擴而充之此羞惡不爲穿踰之心則義不可勝用

【語録】餂是鉤致之意如本不必說自家却强說幾句要去動人要去悅人是以言餂之也如合當與他說却不說須故爲要難要使他來問我是以不言餂之也又問或使當言而言苟有悅人之意是亦穿踰之類否曰固是沈

【通】○不直心而私意如此便是穿踰之類又一云裏面是个如此外面不如此外面恁地裏面却不恁地（四書語）

問此章兼言仁義而後專言義者何也

曰仁只是一路只是箇不忍之心苟能

總論章旨

充此心便了義頭項多又問人能充無穿窬之心是就至纖悉處說未可以言而言與可以言而不言是說入至細處否曰然能充無受爾汝之實處工夫却甚大了到這田地時工夫大段周密了所以說無所往而不為義也便有己有一毫未盡便不能無受爾汝之實矣達皆推之是展開去充填滿須填塞教滿也沈潤○祝氏錄

張氏註

人皆有所不忍皆有所不為此其秉彝之不可殄滅者也然有所不忍矣而於他則忍之有所不為矣而於他則為之此豈有異心哉爲私欲所蔽而生道息故也若以其所不忍而達之於其所忍豈非仁之方乎以所不為而達之於其所為豈非義之方乎自無欲害人之心而充之則其愛無所不被仁有不可勝用矣自無穿窬之心而充之則其宜無所不得義有不可勝用矣蓋其理本具於性貴於充之而已達謂達於用充謂充其所有者也又推而言之謂人能充無受爾汝之實無所往而不為義蓋爾汝者人之所不受其所以不受之實由有所愧恥故也能充其所愧恥者則何往而非義乎又推而言之謂於未可言而言是欲以言餂之也於其可以言而不言是

欲以不言取之也以言取之者其猶以諂爲悦者乎以不
言取之者其猶以默爲容者乎以是爲穿踰之類者以其
有取之之心故耳凡有他而動若是之類皆穿踰之心也
此章始言仁義而末獨言義何也蓋仁義體用相須者也
人之不仁以非義害之也不爲非義而後仁可得
而存故反復再三推而言之使人知所用力也
【纂疏】輔氏曰此一節事之微而理之近又有甚於前者故
以士言之夫不爲穿踰與受爾汝在士則有所不足
道然一語一默之微發於計較安排而有意探取於人則
是亦穿踰之類故集註亦以爲其事隱微人所忽易故特
舉以見例必推無穿踰之心而達之於此類至纖至悉處
亦不容有不盡方始能充其無穿踰之心也其義亦精矣

○孟子曰言近而指遠者善言也守約而施博者善道也君子之言也不下帶而道存焉

古人視不下於帶則帶之上乃目前常見至近之處
也舉目前之近事而至理存焉所以爲言近而指遠
也

【纂疏】輔氏曰言近而指遠，故測之而益深，窮之而益遠，是君子教人之事。

君子之守，脩其身而天下平。

此所謂守約而施博也。

【纂疏】輔氏曰守約而施博，故推之而無不準，動之而無不化，是君子治天下之事。

人病舍其田而芸人之田，所求於人者重，而所以自任者輕。

此言不約守而務博施之病。

【或問】此章之說，曰不知道者務爲高遠之言，則固荒唐而無餘味，然欲近則又鄙淺而無深遠之趣也。不知約之可守，則固汎濫而不仁矣，然欲其約則又狹隘而無廣博之功也。然則所謂善言善道者，非有道之君子，其孰能知之乎。

【張氏註】所謂指遠者固存乎近，所謂施博者固存乎約也。不下帶而道存，言近而指遠也。盖其所言只其身中事在目前者耳而至理初不外是也脩身而天下平守約而施博也脩身則本正由是而家齊國治天下平皆其所推耳舍其田而芸人之田者不治其身而以治人之譬也不務其在己者而責諸人其自任亦輕矣蓋不知一身爲天下之本故也夫諸子百家之言非無高遠者矣然究其意則意短而有弊不得於近故也世之爲治者非無功業之可喜矣然使人無所玩味而感化不知其約故也

○孟子曰堯舜性者也湯武反之也

性者德全於天無所汙壞不假脩爲聖之至也反之者脩爲以復其性而至於聖人也程子曰性之反之古未有此語蓋自孟子發之呂氏曰無意而安行性也有意利行而至於無意復性者也堯舜不失其性湯武善反其性及其成功則一也

【集義】明道先生曰堯與舜更無優劣及至湯武便別孟子言性之反之自古無人如此説只是孟子分別出來

便知得堯舜是生而知之，湯武是學而能之。文王之德則似堯舜，禹之德則似湯武。要之皆是聖人。【語錄】○呂氏注「無意而安行，性也」，性下合添「之者」二字，說闊。○湯武反之，其反之雖同，然細看來，武王終是踈畧。成湯却孜孜向進，如其伐桀，所以稱桀之罪，只平說過。又放桀之後，惟有慙德。武王數紂至於極其過惡，於此可見矣。萬人傑。

○【況氏說】

【蒙引】集註「性者」以下，言生而知之者也。氣禀清明，故其所得之天理無所汚壞，既無所汚壞，則自然不假修為。此乃聖人之極致也。○又曰：「反之者」以下，言學而知之者也。其初氣禀不能無所偏，故其所得之天理亦不能無遮蔽虧欠，必賴人力修為克治，去其偏而復其全。及其全也，則亦與聖人無異矣。○又曰：前說是明生知、學知合下有此不同。呂氏則又自其生知、學知之後有意無意、安行利行處說耳。復性則是反之者也。堯舜不失其性，則是生而知之者。湯武善反其性，則是學而知之者。初雖不同，及其至於聖，則無不同矣。故曰「及其成功一也」。

動容周旋中禮者，盛德之至也。哭死而哀，非為生者也。經德不回，非以干祿也。言語必信，非以正行也。中、爲、行，並去聲。

細微曲折，無不中禮，乃其盛德之至，自然而中，而非有意於中也。經，常也。回，曲也。三者亦皆自然而然，非有意而爲之也，皆聖人之事，性之之德也。

【語錄】問：「信言語以正行，莫無害否？」曰：「言語在所當信。若有意以此而正行，便是有爲而然也。」○呂壽

【纂疏】輔氏曰：若有意於中，則必有所偏倚，持守之意力勝，意弛則必有所不中者矣。觀鄉黨所載孔子之事，則何以當之矣。○曰：三者又特舉聖人之事行人所易曉者，以例其餘。聖人之動無不時也，豈有意而爲之者哉。故集註斷以爲皆聖人之事，性之之德也。

君子行法，以俟命而已矣。

法者，天理之當然者也。君子行之，而吉凶禍福有所

不計蓋雖未至於自然而已非有所爲而爲矣此反之之事董子所謂正其義不謀其利明其道不計其功正此意也○程子曰動容周旋中禮者盛德之至行法以俟命者朝聞道夕死可矣之意也吕氏曰法由此立命由此出聖人也行法以俟命君子也聖人性之君子所以復其性也

【語錄】聖人是人與法爲一已與天爲一學者是人未與法爲一已未與天爲一故須行法以俟命也楊道夫○

【饒氏】

【[illegible]】

【或問】此章之說曰程子至矣其論堯舜禹湯文武一條尤有功其所謂動容周旋中禮盛德之至者兼夫經德不回以下而言聖人之事也行法俟命朝聞夕死者以言近學之方也此其等級明矣行法以俟命者則是理也二代以降惟董子嘗言之而諸葛忠武侯言於其君有曰臣鞠躬盡力死而後已至於成敗利鈍非臣之明所能逆覩也程子語其門人有曰今容貌必端言語必正非欲獨善其身以求知於人但天理當然亦曰爲之而已矣此二言

者所指雖殊要皆行法俟命之意外此則亦寂寥而無聞矣嗚道之傳不傳考之於此其所同見也夫

〔張氏曰〕前言堯舜性之也今言性者也語意密矣反之者復之者也自明而誠復其天性之本然者也動容周旋皆中禮盛德之至蓋生知之事也哭死而哀以下蓋學知之事所謂反之者也夫動容周旋皆中禮是純於天理無毫釐絲髮之不盡德之至盛者也若使其勉而中其能皆中乎哭死而哀非爲生者經德不回非以干祿言語必信非以正行亦曰循乎天理之所當然而已若有所爲而然則失其理矣然哭死而爲生者經德而以干祿之爲私意固也言語必信非以正行亦與此二者同科何耶蓋其爲有爲則同也言語本當信若以正行之故而爲之則是有事焉而正之者也有害於天理矣君子行法以俟命而已哭死而哀而非爲生經德不回而非以干祿言語必信而非以正行所謂行法也行法於身而聽天之命富貴貧賤夷狄患難無往而不自得焉所貴乎孝子者進於此而已

〔纂疏〕輔氏曰法者古聖賢之所制者皆是也蓋莫非天理之當然者也爲君而仁爲臣而敬爲子而孝爲父而

慈皆是也君子行法而言凶禍福有所不計是則所謂俟命者也雖未至於聖人自然而不為惡也但知所謂行吾之法以俟天之命而已此反之之事正與董子之論合也○又曰體道故能行法行吾之法則雖夕死可矣

○孟子曰說大人則藐之勿視其巍巍然說音稅藐音眇

趙氏曰大人當時尊貴者也藐輕之也巍巍富貴高顯之貌藐藐焉而不畏之則志意舒展言語得盡也

〔語錄〕曰大人固當畏而所謂藐者乃是藐其堂高數仞之類耳言過為世上有人把大人許多崇高富貴當事有言不敢出口故孟子云爾○問說大人則藐之蓋主於說而言故曰見大人則藐之則失之矣曰得之答當謙之○

〔蔡氏〕〔愚〕

〔或問〕或問孔子畏大人而孟子藐之何也曰程子以為記錄之誤或然而未可必也孟子之藐大人者不視其其巍巍然者而已矣故雖不肯枉尺而直尋而齊人之所敬王莫孟子如也特以當世之士以道徇人內無所守故特發此以立其志使其意氣舒展無所攝懼而得以盡其所言耳若夫君子以禮存心固將無所不用其敬豈惟於

丈人而反

藐之說

纂疏 輔氏曰若不藐視之則是為其巍巍者所動矣志氣一有所懾怯則必不能展盡底蘊剛彊者有時或不敢盡柔弱者則必至於失其所欲言而反徇之矣

堂高數仞榱題數尺我得志弗為也食前方丈侍妾數百人我得志弗為也般樂飲酒驅騁田獵後車千乘我得志弗為也在彼者皆我所不為也在我者皆古之制也吾何畏彼哉榱楚危反般音盤樂音洛乘去聲

榱桷也題頭也食前方丈饌食列於前者方一丈也此皆其所謂巍巍然者我雖得志有所不為而所守者皆古聖賢之法則彼之巍巍者何足道哉○楊氏曰孟子此章以己之長方人之短猶有此等氣象在

孔子則無此矣

【纂氏註】大人當世尊貴者之稱藐當讀作眇左氏傳曰以是藐諸孤藐之云者小之也小之者小其所挾者也故曰勿視其巍巍然蓋視其巍巍然則動於中動於中則慕夫在彼之勢而詘其在我之義矣夫所以視其巍巍然果何爲乎爲其堂高數仞榱題數尺乎爲其食前方丈侍妾數百人乎爲其般樂飲酒驅騁田獵後車千乘乎是三端者君子得志則弗爲蓋君子所存者理義而欲不存焉然則何慕於彼哉在彼者無所慕而在我者皆古之制則亦何畏於彼也藐之者非輕之也見外誘之不足慕耳如是而係在己之義可得而申使在我者不知古制之守則爲其巍巍者所動矣故程子曰內重則可以見外之輕得深則可以見誘之小嗟乎後世爲士者惟不知古制之爲務故未得志則有所慕既得志則行其所慕遂欲而不已以爲天下之害士必寡欲而後能守古制守古制而後知所自重知自重而後不爲勢所詘使其言聽而道行則小民斯受其福矣

【纂箋】輔氏曰在我者皆古之制以理爲守也在彼之所恃者不過區區之物欲耳何足道哉○又曰孟子有資深

山巖巖然之氣象便是指此等處言也若聖人則大而化
之泯然不見其大之迹故不至如此然非聖人資此而有
為也德盛仁熟大而化之則
自然不至有此等氣象矣
○孟子曰養心莫善於寡欲其為人也寡欲雖有
不存焉者寡矣其為人也多欲雖有存焉者寡矣
欲如口鼻耳目四支之欲雖人之所不能無然多而
不節未有不失其本心者學者所當深戒也程子曰
所欲不必沉溺只有所向便是欲
集義 明道先生曰孟子言養心莫善於寡欲欲寡則心自
誠荀子言養心莫善於誠既誠矣又何養此已不識
誠又不如
所以養
語錄 孟子只是言天地人欲相為消長分數其為人也寡
欲則人欲分數少故雖有不存焉者寡矣不存者寡
則天理分數多也其為人也多欲則人欲分數多故雖有
存焉者寡矣存焉者寡則是天理分數少也程端蒙○多

字對寡字說纔要多些子便是欲說箇○若眼前事事貪
要時這心便一齊走出了未便說到邪僻不好底物事只
是眼前底事纔多欲便將本心都紛雜了○周子言寡欲
以至於無蓋恐人以寡欲為便得了故言不止於寡而已
必至於無然後可然無底工夫則由於能寡欲
寡欲到無欲非聖人不能也○蔡氏錄

【或問】周子之言不止於寡而存者未向曰孟子語其所至則固
然矣然未有不由寡欲而能至於無者也語其所至
而不由其序則無自而進語由其序而不要其至則或恐
其安於小成也是以周子之說於此為有相發之功焉

【張氏註】養心莫善於寡欲此言寡欲為養心之要也然人
固有天資寡欲者有多欲者其為人寡欲則不存焉
者寡多欲則存焉者寡是以知養心莫善於寡欲也存者
謂其心之不外也蓋心有所向則為欲多欲則百慮紛紜
其心外馳尚何所存乎寡欲則思慮澄血氣平其心虛以
發而不存者寡矣雖然大爲寡欲之人其不存焉者固寡
然不知存其存則亦莫之能充也若學者以寡欲為要則當
存養擴充由寡欲以至於無欲則其清明高遠者自無窮矣

【輯釋】孟子嘗言求放心矣又言曰存其心矣操之則存舍之
則亡以心之存亡決於操舍而又曰莫善於寡欲何也

操存固學者之先務然人能一心而攻之者衆聲色臭味
交乎外紛華得喪利害憂樂乎內隨感而應無有窮已則清明純
一之體又安能保其常存而不放哉出門如見大賓承事如祭
夫子之告仲弓操存之謂也非禮勿視非禮勿聽非禮勿
言非禮勿動夫子之告顏淵寡欲之謂也二子之問仁則
同而夫子告之異者何其所到固有淺深高城深淺也重
門學析固已明且以自守矣以外充擴之際伺候一有少懈而
果之者固已實矣良心萌蘖剛決以掃除妨害而後清明矣
矣此孟子發明操存之說而又以為莫善於寡欲也雖然
寡欲固學者之要矣然非真知夫天理人欲之分則何以施其克
治之功哉故格物致知又所以為
寡欲之要此又學者之所當察也

集疏 呂存齋曰天下之難持者莫如心天下之易染者莫
如欲○覺軒蔡氏曰此章孟子教學者存心之要法
周子推之曰養心不止於寡而存耳蓋寡焉以至於無則
誠立明通此是周子發聖賢此心體用之妙然學者且
能寡欲以存其本心久而不失則亦誠立而實
體安固明通而體用流行不可以不勉也

纂箋 輔氏曰口鼻耳目四支之欲即前面不謂性章所言
嗜欲之人之欲亦不過此五事但有淺深耳此即所謂

人心也人雖不能無然須是以道心爲主有以宰制節約之方得不然即轉而相之則氣勢周張浩大而反勝去道心此李若所當深戒○又曰樸子又極其微細言之學者須是於欲有所向動克治存待其周張則用力又難矣

○曾晳嗜羊棗而曾子不忍食羊棗

羊棗實小黑而圓又謂之羊矢棗曾子以父嗜之父沒之後食必思親故不忍食也

語錄 曰只是北邊小棗如羊矢大者

公孫丑問曰膾炙與羊棗孰美孟子曰膾炙哉公孫丑曰然則曾子何爲食膾炙而不食羊棗曰膾炙所同也羊棗所獨也諱名不諱姓姓所同也名所獨也

肉聶而切之爲膾炙炙肉也

張氏注 曾子不忍食羊棗之意愛親之篤不死其親者也親之所嗜見之而不忍食焉惟是一端則凡其日用之間所以感發於其親者多矣常人於其親日遠而日忘矣惟君子則不然親雖日遠而其心不可泯也故雖事事物物之間觀之所存者吾亦有之而未嘗忘而況於其言行乎此之謂不死於其親或曰屈到嗜芰於其終也命家老我死必薦芰而屈建命去之然則非歟蓋於親之所嗜而不忍食此其愛親之心也至於祭祀則有常物事神之禮不可以紊屈建不敢以私意害其親而祭之以禮未為失也然屈建[illegible]曾子不忍食羊棗之意則其不薦也義固當然然其精微曲折之間必更有以處者遺其命去之之辭則其傷於[illegible]亦未免為有害也

○萬章問曰孔子在陳曰盍歸乎來吾黨之士狂簡進取不忘其初孔子在陳何思魯之狂士

盍何不也狂簡謂志大而略於事進取謂求望高遠不忘其初謂不能改其舊也此語與論語小異

輯釋 輔氏曰此語雖與論語異然以曾晳言志之事觀之則此語亦以異乎二子之撰則志大而略於事可知

直欲躐乎聖人之樂處則期望高遠可知終不肯做下學工夫後至於臨人之喪而歌不能改其舊亦可知然論語狂簡二字又却該括此下兩句進取即是志大不忘其初即是略於事也

孟子曰孔子不得中道而與之必也狂獧乎狂者進取獧者有所不爲也孔子豈不欲中道哉不可必得故思其次也獧音絹

不得中道至有所不爲據論語亦孔子之言然則孔子字下當有曰字論語道作行獧作狷有所不爲者知恥自好不爲不善之人也孔子豈不欲中道以下孟子言也

集疏 覺軒蔡氏曰按論語公冶長篇子在陳曰歸與歸與吾黨之小子狂簡斐然成章不知所以裁之

敢問何如斯可謂狂矣

萬章問

曰如琴張曾皙牧皮者孔子之所謂狂矣

琴張名牢字子張子桑戶死琴張臨其喪而歌事見莊子雖未必盡然要必有近似者曾皙見前篇季武子死曾皙倚其門而歌事見檀弓又言志異乎三子者之撰事見論語牧皮未詳

韓氏曰琴張止有莊子所載一事故朱子以爲其他言行雖未必盡然必有近似者若曾皙一二事則盡備狂者之態至於牧皮則罔無所考而不可知矣

何以謂之狂也

萬章問

曰其志嘐嘐然曰古之人古之人夷考其行而不掩焉者也

嘐火交反行去聲

嘐嘐志大言大也重言古之人見其動輒稱之不一稱而已也夷平也掩覆也言平考其行則不能覆其言也程子曰曾皙言志而夫子與之蓋與聖人之志同便是堯舜氣象也特行有不掩焉耳此所謂狂也

【集義】明道先生曰過猶不及如琴張曾皙之狂皆過也然而行不掩焉是無實也

【發明】嘐嘐遠大之志

【纂疏】輔氏曰曾皙之志固不止於如此然其不屑之於事爲而直欲徑探乎聖人之樂處則與所謂嘐嘐然曰古之人古之人之意亦不相遠而其行有不能掩其言者則又自有不可誣者也故集註取程子之說以釋之夫子與之者是與其志大言大也便是堯舜氣象者是亦所謂古之人古之人之類也

狂者又不可得欲得不屑不潔之士而與之是獧也是又其次也

此因上文所引遂解所以思得獧者之意狂有志者也獧有守者也有志者能進於道有守者不失其身屑潔也

〔語錄〕不屑一段見告子下篇。○狂者是知之過狷者行之過沈僩○〔[illegible]氏[illegible]〕

〔纂疏〕輔氏曰狂者是合下氣質高明便自有所見者獧者是合下氣質貞固便自有所守者狂者則於知上所得分數多獧者則於行上所得分數多聖門學者必皆中與和合德知與行並進然後爲貴所謂中道者是也此等人既不可得故不得已而與夫狂獧也然必先知而後能行故獧又爲狂之次○又曰其所志大則是其所知之大也故可與進於道守之固則行之力故不至於失其身○又曰不屑不潔即前所謂知恥自好而不爲不善之人也

孔子曰過我門而不入我室我不憾焉者其惟鄉原乎鄉原德之賊也曰何如斯可謂之鄉原矣

鄉原非有識者原與愿同荀子原愨字皆讀作愿謂

謹愿之人也苟鄉里所謂愿人謂之鄉原孔子以其似德而非德故以爲德之賊過門不入而不恨之以其不見親就爲幸深惡而痛絕之也萬章又引孔子之言而問也

【纂疏】輔氏曰先儒皆以原爲善不惟無所據又善字所包廣貨既曰善人則不應遂以爲德之賊故集註引荀子爲證以原爲愿且曰鄉人無知其所謂愿人謂之鄉原愿字固淺狹又鄉人以爲愿則亦未爲真愿者也孔子以其似德而非德而遂斥以爲德之賊深惡而痛絕之是亦聖人性情之正也

曰何以是嘐嘐也言不顧行行不顧言則曰古之人古之人行何爲踽踽涼涼生斯世也爲斯世也善斯可矣閹然媚於世也是鄉原也行去聲踽其禹反閹音奄踽踽獨行不進之貌涼涼薄也不見親厚於人也鄉原譏狂者曰何用如此嘐嘐然行不掩其言而徒每

事必稱古人耶。又譏狷者曰：何必如此踽踽涼涼，無所親厚哉？人既生於此世，則當但為此世之人，使當世之人皆以為善則可矣。此鄉原之志也。閹如奄人之奄，閉藏之意也。媚求悅於人也。孟子言此深自閉藏以求親媚於世，是鄉原之行也。

【語錄】曰：鄉原務為謹愿，不欲忤俗，以取容，專務徇俗，欲使人人無所非刺，既不肯縱狂，又不肯縱狷，一心只要得人人說好，更不理會自己所見所得與夫理之是非。彼狂者嘐嘐然以古人為志，雖行之未至，而所知亦甚遠矣。狷者便只是有志力行，不為不善。二者皆能不顧流俗汙世之是非，雖是不得中道，卻都自是為己，不為他人。彼鄉原便反非笑之曰：何以是嘐嘐也？言不顧行，行不顧言，則言古之人古之人。此是鄉原笑狂者也。行何為踽踽涼涼？生斯世也，為斯世也，善斯可矣。此是鄉原笑狷者也。彼其實所尚則是閹然媚於世而已。孔子以他心一向外馳，更不反己，故以為德之賊。○又曰：生斯世也，為斯世也，善斯可矣，此是鄉原本情。○鄉原者為他做得好，使人皆稱之，而不

如其有無窮之禍，如五代馮道者，此真鄉原也。【潘時舉】〇

【語錄】〇問：老子可謂鄉原否？曰：老子不似鄉原。鄉原却尚在倫理中行，那老子却是出倫理外。他自處得雖甚卑，不好聲，不好色，又不要官做，然其心却是出於倫理之外，其說煞害事。如鄉原便却只是箇無見識底好人，未害倫理。【黃義剛】〇問：色取仁而行違比鄉原如何？曰：色取仁而行違是大拍頭揮人，鄉原是不做聲不做氣欲罪過底人。【黃義剛】〇【[illegible]】

【張氏注】踽踽猶區區，涼涼猶淒淒。閹然，順媚之狀。

【纂疏】輔氏曰：閹然媚於世，此是鄉原之隱情慝志。

萬章曰：一鄉皆稱原人焉，無所往而不爲原人，孔子以爲德之賊，何哉？

原亦謹厚之稱，而孔子以爲德之賊，故萬章疑之。

曰：非之無舉也，刺之無刺也，同乎流俗，合乎汙世，

居之似忠信行之似廉潔衆皆悅之自以爲是而不可與入堯舜之道故曰德之賊也

呂侍講曰言此等之人欲非之則無可舉欲刺之則無可刺也流俗者風俗頹靡如水之下流衆莫不然也汙濁也非忠信而似忠信非廉潔而似廉潔

輔氏曰鄉原既欲人以爲謹愿故欲非之則無可舉欲刺之則無可刺同乎流俗了不敢自異合乎汙世而不能自拔雖或勉爲忠信廉潔而其心則實不然不[illegible]欲徇俗諧世而已推其[illegible]是故衆皆悅之自以爲是則多迷而不知反故不可與入堯舜之大中至正貞實之道也

孔子曰惡似而非者惡莠恐其亂苗也惡佞恐其亂義也惡利口恐其亂信也惡鄭聲恐其亂樂也惡紫恐其亂朱也惡鄉原恐其亂德也惡去聲莠音有

孟子又引孔子之言以明之莠似苗之草也佞才智之稱其言似義而非義也利口多言而不實者也鄭聲淫樂也樂正樂也紫間色朱正色也鄉原不狂不獧人皆以爲善有似乎中道而實非也故恐其亂德

纂疏 輔氏曰據論語所載求與此不同雖有詳略然其惡是而非之意則一也。又曰佞者有口才能辯說故以爲才智之稱惟其能言則其說多似義而實則有不然者故以爲害義。又曰巧言之人徒尚口而初無誠實者故以爲害信。又曰鄉原既譏狂者故不狂又譏獧者故不獧衆皆悅之故人皆以爲善而不可與入堯舜之道故有似乎中道而實非此聖人所以恐其亂德而深惡之也

君子反經而已矣經正則庶民興庶民興斯無邪慝矣

反復也經常也萬世不易之常道也興興起於善也邪慝如鄉原之屬是也世衰道微大經不正故人人

得爲異說以濟其私而邪慝並起不可勝正君子於此亦復其常道而已常道既復則民興於善而是非明白無所回互雖有邪慝不足以惑之矣○尹氏曰君子取夫狂獧者蓋以狂者志大而可與進道獧者有所不爲而可與有爲也所惡於鄉原而欲痛絕之者爲其似是而非惑人之深也絕之之術無他焉亦曰反經而已矣

輯錄 問反經之說曰經便是大經君臣父子夫婦兄弟朋友五者君便集義目先後此大經天下事未有出此五者首其間却煞有曲折如大學亦先指此五者爲言使大綱既正則其他節目皆可舉若不先此大綱則其他細碎工夫如何做萬人從○問經正還只是躬行不及政事曰這箇不通說兩件說既經正則端拱無爲只敵事便從這裏做出那皆恁地出了○賀孫錄○又曰孟子論鄉原亂德之害而卒以君子反經爲說此所謂上策莫如自治若乃異端邪說日增月益其害無窮近年尤甚者有不可勝攻者惟吾學既明則彼自滅熄此等學者所

當勉而不可以外求者也

【發明】聖人取狂狷而惡鄉原狂狷雖於道未中然亦爭聖門者也鄉原自謂得乎中庸然似是而非者也學者雖未中乎道然亦爭乎聖門則可以裁約而使進於中道若夫自謂得乎中庸則難以告語似是而非則易以惑人此所以惡乎鄉原也道以中爲貴然中道而立爲難故非極高明則不能以道中庸孔子因欲中道者而爲之惟其難得故思其次狂狷之士狂者所以進於高遠狷者所守斂之隘介故曰狂者進取狷者有所不爲狂者之志大矣嘐嘐然曰古之人古之人以古之聖賢爲高者以其知足以及之也至於考其所行則有不能掩其言者以其言之高行有所未能踐故且琴張或以爲子張或曰非也牧皮之事無所考惟曾晳詠而歸之語載於魯論甚詳於此一段則晳也於道體蓋有以自得之矣然未免謂之狂者未若顏淵仲弓工夫之深潛縝密故未能撙乎中庸而不失也若獧者則又狂者之次不屑不潔者言不潔爲不絜是有所不爲也而其知有未至故其所爲不能以中節又次於狂者也若中庸所謂知者過之其狂者歟賢者過之其獧者歟至於鄉原則所謂小人之中庸也孔子謂德之賊

門而不入我室而我不憾者貴且雖與責以其自謂得行乎
中庸似是而非故以爲德之賊何以是嘐嘐也言不顧行
行不顧言此鄉原譏夫狂者之辭也謂狂者何爲若是嘐嘐
然也言行之不相顧乎則曰古之人古之人行何爲踽踽
凉凉也此鄉原譏夫獧者之辭也謂古之人操行何必拘拘之
若是乎此鄉原既不以爲狂者又不爲獧者自謂己之爲已
得其中以爲生斯世也爲斯世也之事人以爲善斯可矣
故閹然媚於當世使當世稱之以是爲才德故曰鄉原也
萬章曰其既稱一鄉之善人則無往而不爲善人孟子言
其所謂善者非吾之所謂善也如下所云可謂極鄉原之
情狀矣非之無舉刺之無刺者言其善自矯飾也同乎流
俗合乎汙世流俗而縱同之汙世而合之則其人無所
義乎可非刺矣居之似忠信行之似廉潔白似則非其旨矣
衆皆悅之則異乎所謂鄉人之善者好之矣自以爲是則
是自以爲得夫中庸矣雖其自以爲是此其所以卒爲鄉
原而不可反與堯舜之道夫中至正天理之存乎人心者
也此所謂善也若鄉原之所謂善則出於一己之私竊中
庸之善而已異端之於正道如莠之與苗本不足以賊德
其似道之人不明世俗之見易以惑溺以爲德之賊也正
猶莠之亂苗佞之亂義利口之亂信鄭聲之亂雅樂紫之

亂矣以其不明者惑之故耳經者天下之常理中之見於事者也君臣父子兄弟朋友夫婦敘而序之而其倫有序仁義禮智推而達之而其道不窮所謂經也惟不背而去之資而所止故君子反經以為民極經正則人興於善而邪慝自不能作此中庸之所以為至道帝王之所以治孔子之所以教不越於反經而已矣

【□□】北溪陳氏曰經是日用常行道理○輔氏曰集註反經之說實辨異端息邪說之大機也

○孟子曰由堯舜至於湯五百有餘歲若禹臯陶則見而知之若湯則聞而知之

趙氏曰五百歲而聖人出天道之常然亦有遲速不能正五百年故言有餘也尹氏曰知謂知其道也

【□□】勉齋黃氏曰天道固有常矣然亦不能截然整齊須有先後遲速

由湯至於文王五百有餘歲若伊尹萊朱則見而知之若文王則聞而知之

趙氏曰萊朱湯賢臣或曰即仲虺也爲湯左相

由文王至於孔子五百有餘歲若太公望散宜生則見而知之若孔子則聞而知之散素亶反

散氏宜生名文王賢臣也子貢曰文武之道未墜於地在人賢者識其大者不賢者識其小者莫不有文武之道焉夫子焉不學此所謂聞而知之也

由孔子而來至於今百有餘歲去聖人之世若此其未遠也近聖人之居若此其甚也然而無有乎爾則亦無有乎爾

林氏曰孟子言孔子至今時未遠鄒魯相去又近然而已無有見而知之者矣則五百餘歲之後又豈復有聞而知之者乎愚按此言雖若不敢自謂已得其

傳而憂後世遂失其傳然乃所以自見其有不得辭者而又以見夫天理民彝不可泯滅百世之下必將有神會而心得之者耳故於篇終歷序羣聖之統而終之以此所以明其傳之有在而又以俟後聖於無窮也其指深哉○有宋元豐八年河南程顥伯淳卒潞公文彥博題其墓曰明道先生而其弟頤正叔序之曰周公沒聖人之道不行孟軻死聖人之學不傳道不行百世無善治學不傳千載無眞儒無善治士猶得以明夫善治之道以淑諸人以傳諸後無眞儒則天下貿貿焉莫知所之人欲肆而天理滅矣先生生乎千四百年之後得不傳之學於遺經以興起斯文爲已任辨異端闢邪說使聖人之道煥然復明於世蓋自孟子之後一人而已然學者於道不知所向則孰知斯人之爲功不知所至則孰知斯名之稱情

也哉、

【集義】横渠先生曰舍我其誰與則無有乎爾同

意范氏曰則亦無有乎爾非賢無也

【語錄】問然而無有乎爾則亦無有乎爾先生曰惟三山林

少穎向某說得最好若禹皋陶則見而知之湯則聞

而知之蓋曰若非前面見而知得後之人如何聞而知之

也孟子去孔子之世如此其未遠近聖人之居如此其甚

然而已無有見而知之者則五百歲之後又

豈復有聞而知之者乎〔金去偽〕〇【張氏曰】

【或問】此章之說曰范氏所謂上篇之意若得之矣但禹皋

陶之徒本皆名世之士伊尹太公又湯文之師非必

見其君而後知之也至於湯文孔子又或生知之聖亦非

必聞前聖之道而後得之也此而曰見而知之聞而知之

者蓋以同時言之則斯道之統臣當以君爲主以異世言

之則斯道之傳後聖當以前聖爲師學者不以辭害意焉

可也至於章末二句則孟子之致意深矣觀其所謂然而

無有乎爾則若訝於不得而自任之實可見觀其所

謂則亦無有乎爾則雖若歎其將絕而所以啓夫萬世無

窮之傳者又未嘗不在於斯也學者[illegible]其言而自

得之則古人雖遠而其志意之所[illegible]者亦可以見其[illegible]子曰相
[illegible]言而授受於一堂之上也故[illegible]恩於此編以[illegible]焉
[illegible]之君子其必有[illegible]於斯者矣[illegible]說

覺軒蔡氏曰有宋慶元六年[illegible]朱子熹仲晦卒門人黃
榦[illegible]行狀有曰竊聞道之正統待人而後傳自周以來
任傳道之責得統之正者不過數人而能使斯道章章
較著者一二人而止耳由孔子而後曾子子思繼其微
至孟子而始著由孟子而後周程張子繼其絕至朱子
而始著[illegible]千有餘年間孔孟之徒所以推明是道者既
已煨燼殘闕離析穿鑿而微言幾絕矣周程張子崛起
於斷絕之餘人心蠹壞之後扶持植立厥功偉然
未及百年踳駁尤甚先生出而自周以來聖賢相傳之
道一旦豁然如大明中天昭晰呈露則摭其言行以可
略歟

【張氏註】此章言道之所傳堯舜禹湯文武孔子皆舉其聖之
盛者見而知之者見聖人而知其道者也聞而知
之者聞聖人而知其道者也堯對則並言文武則獨稱文
王者文武皆聖人而文則生知武則學知故曰舉其盛也自堯舜

至于孔子各五百歲而一大聖人出元氣之會大運又事
蓋相參也道不爲今古而有加損聖人先得我心之所同
然者耳苟得其所同然則雖越宇宙與親見之何以異哉
孟子以謂由孔子之後至于今語其世則百有餘歲爲未
遠語其居則鄒之去魯爲甚近而未有繼孔子而出者終
之曰則亦無有乎爾謂遂無也疑之之辭也孟子於孔
子實聞而知之者然其爲言如此不敢居其傳且爲學者
勉來世之意深矣門人載此章於篇終殆有旨哉嗟乎自
孟子而後千有餘歲間學士失其本宗未有能究大道而
明其傳者其天道邪抑人事邪至伊洛君子出其於孔孟
之傳實聞而知之然自伊洛以來至于今未百載當時見
而知之者固不爲無人其風采議論猶接於耳目也然而
今之學者豈無有乎爾
哉然則可不勉之哉

【纂疏】輔氏曰孟子雖不敢自謂已得其傳而憂後世遂失
其傳然乃所以自見其有不得辭者而又以見夫天
理民彝不可泯滅百世之下必將有神會而心得之者使
萬世之下學者即夫在己之不可泯滅者以求夫聖賢之
言則道統可得而傳其仁天下後世深且遠矣○又曰集
註以程子之說若見程子果得其傳於遺經而孟子之

遂驗也

孟子卷第十四